PAULO RENATO FERNANDES DA SILVA

ORGANIZADOR

A REFORMA TRABALHISTA

NOVAS TECNOLOGIAS EM TEMPOS DE PANDEMIA

VOLUME II

LTr®

LTr Editora Ltda.

Rua Jaguaribe, 571
CEP 01224-001
São Paulo, SP — Brasil
Fone (11) 2167-1101
www.ltr.com.br
Junho, 2022

Produção Gráfica e Editoração Eletrônica: SÓ TEXTO DESIGN
Projeto de Capa: DANILO REBELLO
Impressão: RENOVAGRAF

Versão impressa — LTr 6357.9 — ISBN 978-65-5883-126-6
Versão digital — LTr 9842.7 — ISBN 978-65-5883-131-0

Dados Internacionais de Catalogação na Publicação (CIP)
(Câmara Brasileira do Livro, SP, Brasil)

Reforma trabalhista : novas tecnologias em tempos de pandemia / Paulo Renato Fernandes da Silva, organizador. — São Paulo, SP : LTr, 2022.
Vários autores.

Bibliografia.
ISBN 978-65-5883-126-6

1. COVID-19 — Pandemia 2. Direito do trabalho 3. Inovações tecnológicas 4. Reforma trabalhista — Brasil I. Silva, Paulo Renato Fernandes da.

21-95046 CDU-34:331.001.73

Índice para catálogo sistemático:

1. Reforma trabalhista : Inovações tecnológicas : Direito do trabalho 34:331.001.73

Eliete Marques da Silva — Bibliotecária — CRB-8/9380

A REFORMA TRABALHISTA

NOVAS TECNOLOGIAS EM TEMPOS DE PANDEMIA

Organizador e Coautor

Paulo Renato Fernandes da Silva

Doutor em Ciências Jurídicas e Sociais pela Universidade Federal Fluminense do Rio de Janeiro — UFF. Mestre em Direito Empresarial pela Universidade Candido Mendes. Especialista em Contrato de Trabalho e em Relações de Trabalho pela Universidade de Coimbra — Portugal. Professor Adjunto de Direito Material e Direito Processual do Trabalho do Departamento de Ciências Jurídicas da Universidade Federal Rural do Rio de Janeiro — UFRRJ. Professor da Escola de Negócios da Pontifícia Universidade Católica — PUC-Rio e dos Cursos de MBA, LLM e da Escola de Direito da Fundação Getúlio Vargas — FGV Direito— Rio. Coordenador acadêmico de Cursos de Especialização em Direito realizados na Universidade de Coimbra e na Universidade Católica Portuguesa — UCP. Coordenador acadêmico do Curso de Pós-Graduação em Direito e Processo do Trabalho, da Faculdade de Direito da Universidade Cândido Mendes — Centro. Autor, organizador e coautor de diversos livros e artigos publicados em revistas especializadas de Direito e Processo do Trabalho. Professor dos cursos de pós-graduação e de extensão da Escola de Magistratura do Estado do Rio de Janeiro — EMERJ e da Escola Judicial do Tribunal Regional do Trabalho da 1ª Região. Membro de bancas examinadoras de concursos públicos. Orientador do Grupo de Pesquisa Trabalho, Empresa e Cooperativa e Empresa da UFRRJ — Cnpq. Advogado, parecerista e consultor jurídico nas áreas trabalhista, ambiental e de acidentes de trabalho no Rio de Janeiro, São Paulo, Pernambuco e Espírito Santo. Sócio-fundador do Escritório de Advocacia Fernandes & Silva Advogados Associados (F&S Advogados Associados — p.renato@fsadvogados.net.br). Presidente da Comissão de Direito Cooperativo do Instituto dos Advogados Brasileiros — IAB. Avaliador externo da Revista CIRIEC-España, Revista Jurídica de Economía Social y Cooperativa. Vice-Presidente da Comissão de Relações Institucionais da Ordem dos Advogados do Brasil — Secção do Rio de Janeiro. Membro do Conselho Editorial da Editora Juruá e da Revista do IAB. Membro da Diretoria da Câmara Portuguesa de Comércio e Indústria do Rio de Janeiro. Diretor da Escola Superior do Instituto dos Advogados Brasileiros — ESIAB.

Dedicatória

Dedico esta obra aos nossos queridos alunos de graduação e de pós-graduação em Direito da Universidade Federal Rural do Rio de Janeiro — UFRRJ, da Fundação Getulio Vargas — FGV, da Pontifícia Universidade Católica do Rio de Janeiro — PUC-Rio, da Escola de Magistratura do Estado do Rio de Janeiro — EMERJ, da Universidade de Coimbra e da Plataforma Dialética, bem como aos membros do Grupo de Pesquisa em Trabalho, Empresa e Cooperativa da UFRRJ.

Agradecimentos

Um agradecimento muito especial à parceria e ao apoio da Comissão de Relações Institucionais da Ordem dos Advogados do Brasil — Secção do Estado do Rio de Janeiro — OAB/RJ, a Caixa de Assistência dos Advogados do Estado do Rio de Janeiro — CAARJ, do Instituto dos Advogados Brasileiros — IAB, da Associação Brasileira de Magistrados do Trabalho — ABMT, da Associação dos Juízes do Trabalho — AJUTRA, da Associação dos Magistrados do Trabalho — AMATRA-1, da Associação Carioca dos Advogados da Justiça do Trabalho e da Plataforma Dialética.

A fantástica revolução tecnológica do novo milênio mudou em definitivo os rumos da humanidade, entretanto, o homem continua sua busca incessante pelo sentido da vida.

(O Organizador)

Sumário

Nota do Organizador

Os coautores e as coautoras desta obra merecem nossos aplausos pela altíssima qualidade dos capítulos produzidos. Enfrentaram temas novos e complexos com assaz percuciência e versatilidade teórica dos grandes juristas que são. Como idealizador e organizador do livro, fico muito feliz em perceber e constatar que, mesmo em tempos tão áridos e difíceis de pandemia, a ciência jurídica, *in casu*, o Direito do Trabalho ressurge com todo fulgor e energia revigorada para oferecer soluções possíveis e respostas arrojadas aos desafios da humanidade no novo milênio.

As novas tecnologias devem ser concebidas como caudatárias da pessoa humana. Devem estar voltadas para aprimorar a fantástica experiência existencial em todas as suas facetas e dimensões. A ciência tem o condão de transformar os mistérios em problemas e estes em soluções. Por isso, esta obra tem o escopo irrefreável de contribuir para um mundo do trabalho mais harmônico em uma sociedade planetária em que todos possam se encontrar e brinda os valores essenciais da vida, como a família, o amor, o labor, a amizade, a compaixão, a solidariedade, a religiosidade, a integridade e a dádiva divina do compartilhamento.

Creio que esta missão foi cumprida com galhardia pelos coautores e coautoras do presente livro.

Prefácio

Um dos efeitos mais marcantes da pandemia que tem assolado o mundo nestes tempos terríveis que atravessamos consiste, sem dúvida, no aumento da presença e na maior visibilidade do tecnológico, do digital, do remoto, do virtual, nas nossas vidas. A todos os níveis, em todos os planos das nossas vidas. E também, claro, no plano da nossa vida profissional. O exemplo mais óbvio constitui, sem dúvida, a centralidade que o teletrabalho, o trabalho prestado à distância, fora da empresa (amiúde, prestado a partir do domicílio do trabalhador), por meio de recurso que as tecnologias de informação e de comunicação, passou a deter. De modalidade contratual com expressão marginal ou residual no plano estatístico, o teletrabalho revelou-se uma peça essencial no combate à propagação do novo coronavírus. A pandemia obrigou ao confinamento, ao distanciamento, ao isolamento, sendo que, em muitas empresas e em muitos setores, a prossecução da atividade laboral foi mantida em novos moldes, à distância, com o precioso e indispensável auxílio das tecnologias hoje disponíveis.

A experiência vivida durante a pandemia desvelou as insuficiências do regime jurídico do teletrabalho para dar resposta a várias questões que a *praxis* veio a colocar: o problema dos custos (quem suporta os custos inerentes ao trabalho à distância?), o problema do tempo (como conciliar vida profissional e vida pessoal e familiar, quando a nossa casa se converte no local de trabalho? como assegurar a separação entre tempo de trabalho e tempo de vida, com a inerente desconexão do trabalhador?), o problema do controlo e vigilância patronal (até onde pode ir o legítimo desejo patronal de vigiar, dirigir e monitorizar a atividade do teletrabalhador? onde começa a inviolável reserva da vida privada deste, para mais quando se encontra na sua casa?), o problema do isolamento (como evitar que o teletrabalho acentue o isolamento, quiçá a solidão, do teletrabalhador, que deixa de ter no trabalho presencial, prestado na empresa tradicional, um espaço de convivência e de sociabilidade? como permanecer solidário, apesar de solitário?), o problema da segurança e saúde no teletrabalho (como adaptar as normas sobre acidentes de trabalho à circunstância de o trabalhador passar a trabalhar a partir da sua própria casa?) etc. Passamos a trabalhar a partir de nossa casa ou, como alguns receiam, passamos a morar no emprego?

A pandemia veio acelerar um processo que já se encontrava em curso, de transição digital, em que o virtual toma o lugar do presencial, em que a comunicação e a interação humana se processam com largo recurso aos dispositivos tecnológicos hoje disponíveis para a generalidade da população (o computador, a internet, o *smartphone* etc.). A inteligência artificial, as *apps* que para tudo servem, a robotização que vai alastrando, tudo sinais de um mundo novo, o mundo 4.0 (quiçá não tão admirável assim...) que já chegou e que vai continuar a surpreender a espécie humana nas próximas décadas.

Os reflexos de tudo isto no plano das relações laborais são óbvios, são incontestáveis, são imparáveis e são irreversíveis. E temos a perfeita consciência de que os problemas suscitados pela inteligência artificial, pelo algoritmo, pelas *apps*, pela robotização, por tudo isto, no terreno laboral, são inúmeros e, quiçá, muitos deles ainda nem sequer os estamos a entrever.

Nesta obra, que temos a honra de prefaciar, um vasto e diversificado lote de autores dedica-se a refletir sobre esta panóplia de temas, todos desafiantes para o Direito do Trabalho, suscitados pelo prodigioso avanço da tecnologia. Desde o desafio representado pela prestação de serviços via *apps*, através de plataformas digitais que permitiram pôr em contacto a oferta e a procura de um determinado serviço (o transporte de um passageiro, a entrega de uma refeição em casa etc.) em moldes inovadores, interpelando o Direito do Trabalho, sobretudo quanto à magna questão de saber se a atividade desses prestadores de serviços poderá ou não ser regulada por este ramo do direito, até ao que poderíamos designar por desafio final, a questão de saber se, a prazo, o trabalho humano não vai perder a sua atual centralidade, se a inteligência artificial e os robôs não irão tornar dispensável que as pessoas humanas trabalhem e se, portanto, o Direito do Trabalho está condenado a desaparecer, acompanhando o inexorável decesso do trabalho humano.

As questões que se colocam são múltiplas e de grande complexidade. O algoritmo, por exemplo, começa a ocupar um lugar crescente nos vários domínios da relação de trabalho (na fase da seleção dos trabalhadores a contratar, na distribuição de tarefas e na monitorização e avaliação da prestação realizada pelos trabalhadores, na seleção dos trabalhadores a despedir etc.), sendo cada vez mais evidentes os riscos de, sob a capa da pretensa cientificidade, neutralidade e objetividade do algoritmo, velhas discriminações serem reproduzidas e relegitimadas. O algoritmo, enquanto sistema computacional de matemática aplicada, não tem coração nem sensibilidade, mas a inteligência artificial pode reproduzir os preconceitos, conscientes ou não, de quem programa o algoritmo, isto é, de quem fornece ao algoritmo os dados (*input*) que irão permitir ao algoritmo tomar as suas decisões (*output*).

Em particular, o trabalho prestado com recurso a plataformas digitais, seja a que nos proporciona uma alternativa de transporte ao clássico táxi, seja a que nos permite encomendar a refeição através de uma cómoda *app*, tem colocado questões delicadas, dir-se-ia que à escala universal, a primeira das quais consiste na qualificação da relação que se estabelece entre a empresa que opera na plataforma digital e os respectivos prestadores de serviços, aqueles que transportam os clientes ao seu destino (os motoristas) ou que lhes levam a casa o produtos (os entregadores). As *apps*, ao permitirem novas formas de prestar serviços, colocando em contacto a oferta e a procura, representam, sem dúvida, um dos desafios emergentes para o Direito do Trabalho. Afinal, os serviços fornecidos *via apps* relevam para o Direito do Trabalho, situando-se dentro das fronteiras deste ramo do ordenamento? Ou, pelo contrário, quem presta tais serviços são trabalhadores independentes, são, quiçá, microempresários, cuja atividade já está para além das fronteiras do direito laboral?

É claro que qualificar o trabalho em plataformas, o trabalho realizado com recurso a *apps*, como autónomo ou dependente sempre dependerá de uma apreciação casuística, que leve em conta os dados resultantes de cada tipo de relação, de cada concreto contrato. E também é claro que estas novas formas de prestar serviços levantam consideráveis dificuldades de enquadramento, até porque, infelizmente, não dispomos de um qualquer "subordinómetro" que nos forneça uma resposta infalível e irrefutável. Não espanta, por isso, que a doutrina e os tribunais, um pouco por toda a parte, se tenham confrontado com esta questão, chegando a resultados nem sempre coincidentes.

De tudo isto e muito mais trata o livro que ora se prefacia. Também do tratamento de dados pessoais dos trabalhadores, da crise pandémica e da insolvência, do cooperativismo, dos testes genéticos, do trabalho intermitente etc. Um livro que, de algum modo, encontra as suas raízes na colaboração estabelecida, há anos, entre o IDET – Instituto de Direito das Empresas e do Trabalho, da Faculdade de Direito da Universidade de Coimbra, e a Plataforma Dialética, graças ao engenho e ao empenho do seu coordenador académico dos cursos internacionais, Prof. Paulo Renato Fernandes da Silva.

Aos autores, os meus parabéns pelo magnífico trabalho realizado! Ao leitor caberá apreciar os méritos do esforço desenvolvido, que agora, em boa hora, se dá à estampa.

Coimbra, fevereiro de 2022

João Leal Amado

Vice-Presidente da Direção do IDET.
Professor da Faculdade de Direito da Universidade de Coimbra

A Questão do Tratamento de Dados de Localização do Trabalhador em Tempos de Pandemia: Perspectiva Brasileira sobre o Conflito entre a Privacidade e a Saúde Pública e Corporativa

Paulo Renato Fernandes da Silva[(1)]
Paula Guedes Fernandes da Silva[(2)]
Patrícia Estacio de Lima Corrêa[(3)]

1. *Introdução*

Descoberto em dezembro de 2019 na província chinesa de Wuhan, o novo Coronavírus (COVID-19) espalhou-se mundialmente, declarado pandêmico em março de 2020 pela Organização Mundial de Saúde (OMS).[(4)] Nesse cenário, além da constante preocupação com a saúde do trabalhador, governos, empresas e outros interessados na luta contra o vírus utilizam tecnologias digitais e análise de dados para lidar com essa nova ameaça.[(5)]

Nesse sentido, com o intuito de obtenção de respostas eficazes de combate à doença, foram criadas estratégias de saúde pública ao redor do mundo, principalmente baseadas em dados coletados de diferentes fontes, como torres telefônicas, aplicativos de celular, *Bluetooth*, vídeo de vigilância, *feeds* de mídias sociais, termômetros inteligentes, registros de cartão de crédito, *wearables* e diversos outros dispositivos da Internet das Coisas (*Internet of Things* — IoT).[(6)]

No âmbito privado, as empresas passaram a adotar os protocolos de saúde e prevenção do coronavírus previstos pela legislação brasileira de crise, especialmente com base na Lei Federal n. 13.979, de 6 de fevereiro de 2020, que dispõe sobre as medidas para enfrentamento da emergência de saúde pública de importância internacional decorrente da rápida proliferação do coronavírus.

Muitos governos e entidades privadas estão buscando tecnologias para ajudar a monitorar e rastrear

(1) Doutor em Direito. Professor Adjunto da UFRRJ e da FGV — Direito Rio. Professor convidado dos cursos de pós-graduação, LLM e MBA da PUC-Rio, da FGV e da EMERJ. Advogado. Presidente da Comissão de Direito Cooperativo do Instituto dos Advogados Brasileiros — IAB Nacional. Diretor da Escola Superior do IAB — ESIAB. Vice-Presidente da Comissão de Direito do Trabalho do IAB. Vice-Presidente da Comissão de Relações Institucionais da OAB/RJ.

(2) Doutoranda em Direito e Mestre em Direito Internacional e Europeu pela Universidade Católica Portuguesa Escola do Porto (UCP Porto). Pesquisadora do grupo de pesquisa em Direito e Tecnologia da PUC-RJ (Legalite). Pós-graduanda em Direito Digital pelo Instituto de Tecnologia e Sociedade do Rio de Janeiro (ITS-Rio) em parceria com a Universidade Estadual do Rio de Janeiro (UERJ). Pós-graduada em Direito Digital pela Fundação Escola Superior do Ministério Público (FMP). Formada pela Pontifícia Universidade Católica do Rio de Janeiro (PUC-Rio). Analista Acadêmica do Data Privacy Brasil. Advogada no Brasil e em Portugal.

(3) Mestranda em Direito Internacional e Europeu pela Universidade Católica Portuguesa — Escola do Porto (UCP Porto); formada pelo Centro Universitário do Distrito Federal (UDF); advogada.

(4) ORGANIZAÇÃO MUNDIAL DA SAÚDE (OMS). *WHO Director-General's opening remarks at the media briefing on COVID-19.* Março de 2020. Disponível em: <https://www.who.int/dg/speeches/detail/who-director-general-s-opening-remarks-at-the-media-briefing-on-covid-19---11-march-2020>. Acesso em: 5 jun. 2020.

(5) UNIÃO EUROPEIA. Conselho. *Contact Tracing Apps* (Council of Europe Portal). Disponível em: <https://www.coe.int/en/web/data-protection/contact-tracing-apps>. Acesso em: 5 jun. 2020.

(6) IENCA, Marcello *et al. Digital tools against COVID-19: Taxonomy, Ethical Challenges, and Navigation Aid.* The Lancet Digital Health 2020, 29 jun. 2020. p. 1. Disponível em: <https://www.thelancet.com/journals/landig/article/PIIS2589-7500(20)30137-0/fulltext>. Acesso em: 12 jun. 2020.

a disseminação da COVID-19.(7) Consequentemente, a coleta e o tratamento de dados de localização e geolocalização (GPS), além de rastreamento de contatos (*contact tracing*), ganharam força nos governos e junto aos empregadores, por vezes em parceria com empresas de tecnologia.(8)

Diante desse cenário, muitos direitos fundamentais são impactados pela pandemia, principalmente no que diz respeito à estratégias de vigilância em massa das populações para identificação de pessoas infectadas a partir da coleta de dados pessoais, com o uso de ferramentas como, por exemplo, drones de reconhecimento facial e de coleta de imagens térmicas, aplicativos de rastreamento, acesso aberto a dados sensíveis de saúde pública e criação de passaportes de imunidade.(9) Algumas dessas iniciativas foram também implementadas em relações de trabalho.

Considerando que os dados coletados para monitoramento, como os de localização, tanto podem ser anônimos quanto dados pessoais e, ainda, potencialmente classificados como dados sensíveis,(10) o objetivo deste trabalho é lançar luz sobre o debate acerca do aparente conflito entre os supracitados direitos fundamentais no contexto da utilização dos dados pessoais no combate à atual pandemia, com foco específico em seu uso no contexto de relações de trabalho.

2. *Do direito à privacidade dos dados de localização do trabalhador*

Dados podem ser definidos como informação potencial que necessita de processamento para ser utilizada.(11) Metadados, por outro lado, são "dados sobre dados", consistindo em toda a informação sobre quaisquer dados em determinado momento, em qualquer nível de agregação — em outras palavras, é informação estruturada sobre uma fonte de informação de qualquer tipo ou formato de mídia.(12) Já os dados pessoais, nos termos da Lei Geral de Proteção de Dados (LGPD — Lei n. 13.709/2018), constituem informações relacionadas a pessoas naturais, identificadas ou identificáveis.(13) A partir dessa definição, é possível enquadrar diferentes atores de relações de trabalho, sejam empregados, empresários, servidores públicos, estagiários, autônomos, cooperados, trabalhadores em domicílio, informais, estudantes, aposentados etc.

Antes de enquadrarmos a questão específica, ainda é necessário definir a ideia de privacidade de localização. O conceito relaciona-se às informações de localização de um indivíduo, no sentido de impedir que terceiros saibam a sua localização atual ou passada.(14) Nas palavras de Krumm, "essa definição abrange a ideia de que a pessoa cuja localização está sendo mensurada deve controlar quem pode ter conhecimento sobre ela",(15) o que está em consonância com a ideia de autodeterminação informativa prevista como um dos fundamentos da LGPD. O direito à privacidade, previsto em diversos instrumentos internacionais e regionais de proteção de direitos humanos fundamentais, engloba, portanto, o direito à privacidade de localização.(16)

No caso das relações de trabalho, esse monitoramento só pode ocorrer durante a jornada de trabalho do empregado, mesmo que esta se dê fora do estabelecimento empresarial, período no qual os poderes de direção e de fiscalização do empregador

(7) UNIÃO EUROPEIA. Agência dos Direitos Fundamentais da União Europeia (FRA). *Tech answers to COVID-19 should also safeguard fundamental rights*. Viena: FRA Press Release, 28 maio 2020. Disponível em: <https://fra.europa.eu/sites/default/files/fra_uploads/pr-2020-covid-rights-impact-apps_en.pdf>. Acesso em: 6 jun. 2020.

(8) ELECTRONIC FRONTIER FOUNDATION (EFF). *COVID-19 and Digital Rights*. Disponível em: <https://www.eff.org/issues/covid-19>. Acesso em: 11 jun. 2020.

(9) *Idem*.

(10) De acordo com o artigo 5º, inciso II da Lei Geral de Proteção de Dados (LGPD), dado pessoal sensível é todo dado pessoal sobre origem racial ou étnica, convicção religiosa, opinião política, filiação a sindicato ou a organização de caráter religioso, filosófico ou político, dado referente à saúde ou à vida sexual, dado genético ou biométrico, quando vinculado a uma pessoa natural.

(11) POMERANTZ, Jeffrey. *Metadata*. Cambridge: The MIT Press, 2015. p. 21.

(12) BACA, Murtha (ed.). *Introduction to Metadata*. 3. ed. Los Angeles: Getty Research Institute, 2016. p. 2.

(13) BRASIL. Lei n. 13.709, de 14 de agosto de 2018 (LGPD), art. 5º, I.

(14) ATAEI, Mehrnaz; KRAY, Christian. Ephemerality is the New Black: A Novel Perspective on Location Data Management and Location Privacy in LBS. In: GERTNER, Georg; HUANG, Haosheng (ed.). *Progress in Location-Based Services 2016*. Switzerland: Spring, 2017. p. 360.

(15) "*This definition captures the idea that the person whose location is being measured should control who can know it*". KRUMM, John. A survey of computational location privacy. *Pers Ubiquit Comput* 13: p. 391-399, 2009.

(16) Declaração Universal dos Direitos Humanos, art. XII; Pacto Internacional sobre os Direitos Civis e Políticos, art. 17; Carta dos Direitos Fundamentais da União Europeia, art. 7º; Convenção Europeia dos Direitos Humanos, art. 8º.

se protraem sobre a vida profissional daquele. Com efeito, estão afastadas desse raio de projeção patronal os lapsos temporais nos quais o trabalhador encontra-se em intervalo de repouso e alimentação (artigo 71 da Consolidação das Leis do Trabalho — CLT — Decreto-Lei n. 5.452/43)[17] ou em banheiros e vestiários. Isso, entretanto, não afasta o dever do empregado de cumprimento das normas de saúde pública e empresarial de combate à pandemia da COVID-19.

O empregado que esteja, por exemplo, visitando um cliente pode ter sua geolocalização monitorada pelo empregador, caso seja uma medida proporcional previamente estabelecida, expressamente, no âmbito do seu contrato de emprego, em face dos princípios da boa-fé, transparência e lealdade entre as partes.

No ensejo, merece destaque de que o fato de o trabalho ser realizado à distância pelo colaborador não afasta, por si só, a caracterização do vínculo empregatício, segundo o artigo 6º da CLT, assim como não elide, por conseguinte, o poder do empregador de controlar seus trabalhadores, *in verbis:*

> Art. 6º Não se distingue entre o trabalho realizado no estabelecimento do empregador, o executado no domicílio do empregado e o realizado a distância, desde que estejam caracterizados os pressupostos da relação de emprego.
>
> Parágrafo único. Os meios telemáticos e informatizados de comando, controle e supervisão se equiparam, para fins de subordinação jurídica, aos meios pessoais e diretos de comando, controle e supervisão do trabalho alheio. (Destacamos)

Por outro lado, os dados médicos ou biomédicos do trabalhador são protegidos pelo direito fundamental à intimidade. Ao mesmo tempo, porém, esse direito deve se harmonizar ao poder-dever do empregador de garantir um meio ambiente de trabalho adequado, isto é, seguro, sadio e urbano (artigo 7º da Constituição Federal c/c artigo 157[18] da CLT), para toda a comunidade empresarial.

Nesse sentido, cabe ao empregador exigir de seus colaboradores (empregados ou não) a observância e o efetivo cumprimentos das normas de saúde e proteção contra a pandemia da COVID-19, sejam aquelas previstas na legislação de saúde pública sejam as criadas e regulamentadas pela própria empresa ou até em normas coletivas, em atenção aos princípios da prevenção e da precaução que incidem sobre esta.

A legislação do trabalho brasileira, nesse aspecto, revela-se arrojada, pois já previa o dever do empregador de afastar o empregado do trabalho e encaminhá-lo para a segurança social, diante da mera suspeita de adoecimento deste. Portanto, o controle patronal epidemiológico, no contexto empresarial, deve ser feito preventivamente (com a adoção dos equipamentos de proteção individual — EPIs e dos equipamentos de proteção coletiva — EPCs) e repressivamente no caso do monitoramento da saúde do trabalhador.[19]

A Lei Federal n. 14.128, de 26 de março de 2021[20] prevê que, durante o período da emergência em saúde pública da COVID-19, a imposição de isolamento dispensa o empregado de comprovação de doença por 7 (sete) dias. Se o afastamento for superior a esse período, o trabalhador poderá apresentar como justificativa válida, documento de unidade de saúde do Sistema Único de Saúde (SUS) ou documento eletrônico regulamentado pelo Ministério da Saúde.

Portanto, o controle de dados quanto a saúde do trabalhador é menos invasivo, mas deve ser feito pela empresa, pois a própria CLT estabelece que nenhum interesse individual pode se sobrepujar ao interesse

(17) CLT: "Art. 71. Em qualquer trabalho contínuo, cuja duração exceda de 6 (seis) horas, é obrigatória a concessão de um intervalo para repouso ou alimentação, o qual será, no mínimo, de 1 (uma) hora e, salvo acordo escrito ou contrato coletivo em contrário, não poderá exceder de 2 (duas) horas."

(18) CLT: "Art. 157 — Cabe às empresas: I — cumprir e fazer cumprir as normas de segurança e medicina do trabalho; II — instruir os empregados, através de ordens de serviço, quanto às precauções a tomar no sentido de evitar acidentes do trabalho ou doenças ocupacionais; III — adotar as medidas que lhes sejam determinadas pelo órgão regional competente; IV — facilitar o exercício da fiscalização pela autoridade competente."

(19) É o que pode ser identificado sob a alcunha de Princípio Constitucional da Integridade Psicofisiológica do Trabalhador. Esse princípio pode ser localizado no inciso XXII do artigo 7º da CF/88, cujo dispositivo prevê que são direitos dos trabalhadores a redução dos riscos inerentes ao trabalho por meio de normas de saúde, higiene e segurança no trabalho. A expressão "redução dos riscos" deve ser entendida no sentido da adoção de medidas voltadas para a efetiva proscrição dos acidentes de trabalho. A noção de **tolerância zero** para com os acidentes de trabalho é um parâmetro que deve nortear a gestão empresarial, não sendo crível que em pleno século XXI o Brasil ostente índices tão alarmantes de infortúnios.

(20) A referida lei dispõe sobre a compensação financeira a ser paga pela União aos profissionais e trabalhadores de saúde que, durante o período de emergência tenham trabalhado no atendimento direto a pacientes acometidos pela COVID-19.

coletivo (artigo 8º, CLT).[21] Isso é essencial para que o empregador possa redirecionar suas políticas de saúde corporativa para um grau cada vez maior de eficiência e qualidade. A ideia central que pode ser extraída do sistema constitucional de proteção do meio ambiente de trabalho pode ser sintetizada na concepção de tolerância zero com os infortúnios laborais.

Para tanto, uma eficiente política empresarial de monitoramento da saúde e dos problemas epidemiológicos eventualmente existentes é medida de grande importância e está em harmonia com o sentido e o alcance das normas constitucionais. Todavia, tais práticas devem respeitar também as regras estabelecidas pela LGPD no que tange aos dados pessoais dos empregados, já que o regramento é também aplicável a relações trabalhistas. Isso exige que sejam escolhidas bases legais adequadas para o tratamento dos dados pessoais, assim como o cumprimento dos princípios e direitos, além de imposição de salvaguardas técnicas e administrativas que evitem eventuais incidentes de segurança.

A utilização de dados de localização para fins de controle da pandemia evidencia, portanto, um aparente conflito entre o direito à privacidade e a saúde pública, que se traduz no próprio direito à vida. Tal conflito, no entanto, não é absoluto. O direito à privacidade não deve ser entendido como empecilho ao tratamento de dados de localização para fins de controle do surto de coronavírus que, neste momento, assola o mundo, desde que adotadas medidas de segurança dos dados e da informação adequadas, como veremos nos próximos tópicos.

3. *Tecnologias digitais de saúde e empresarial utilizadas para controle da pandemia*

Pesquisa recente realizada pelo *The Lancet Digital Health*[22] identificou quatro principais categorias funcionais de tecnologias digitais de saúde pública para gerenciamento da pandemia. São elas:

(i) proximidade e rastreamento de contatos (*contact tracing*) — essas ferramentas medem a proximidade espacial entre os usuários para rastrear sua interação, o que permite identificar quando os usuários são expostos a um indivíduo testado positivo para o Coronavírus;

(ii) monitoramento de sintomas — ferramentas de vigilância de sintomas que coletam, analisam, interpretam e disseminam dados relacionados à saúde de determinado indivíduo. Com o uso dessa tecnologia, os usuários relatam seus sintomas, obtém um diagnóstico inicial e, ainda, podem tomar uma decisão de triagem;

(iii) controle de quarentena — essas ferramentas envolvem o monitoramento, em tempo real, de indivíduos (sintomáticos ou não) que cumprem as regras de isolamento social (quarentena), de acordo com as regras de saúde pública locais; e

(iv) modelagem de fluxo — também são chamadas de relatórios de mobilidade e funcionam a partir da quantificação e rastreamento dos movimentos das pessoas em regiões geográficas específicas. Em regra, essas ferramentas precisam de um conjunto de dados anônimos e agregados de localização geográfica dos usuários, podendo fornecer informações sobre a eficácia das políticas de resposta à doença, como distanciamento físico ou quarentena forçada.

Todas essas medidas podem ser potencialmente adotadas pelos empregadores para aprimorar os processos internos de promoção e proteção da comunidade empresarial como um todo, com especial destaque para os trabalhadores que se relacionam com o público, sejam eles trabalhadores internos ou externos.

Especificamente quanto às ferramentas de rastreamento e proximidade, há dois grandes sistemas. O primeiro baseia-se não em sinal de *Bluetooth* de cada celular, o que é aplicado para as ferramentas de *contact tracing*, ou seja, aquelas capazes de rastrear com quem determinado indivíduo potencialmente infectado com a COVID-19 esteve em contato.[23]

---

(21) CLT: "Art. 8º As autoridades administrativas e a Justiça do Trabalho, na falta de disposições legais ou contratuais, decidirão, conforme o caso, pela jurisprudência, por analogia, por equidade e outros princípios e normas gerais de direito, principalmente do direito do trabalho, e, ainda, de acordo com os usos e costumes, o direito comparado, mas sempre de maneira que nenhum interesse de classe ou particular prevaleça sobre o interesse público. (...)" (Destacamos)

(22) IENCA, Marcello *et al. Op. cit.* p. 2.

(23) LANA, Alice de Perdigão; MECABÔ, Alex; SANTOS, Sanalí de Lima. *As tecnologias de geolocalização e crise epidemiológica: reflexões para uma solução conciliatória.* Grupo de Estudos de Direito Autoral e Industrial da Universidade Federal do Paraná, revisão por Roberto Nelson Brasil Pompeo Filho, junho 2020. Disponível em: <https://www.gedai.com.br/as-tecnologias-de-geolocalização-e-crise-epidemiologica-reflexoes-para-uma-solucao-conciliatoria/>. Acesso em: 7 jun. 2020.

Nesse caso, não é necessária a localização exata do indivíduo alvo, mas apenas a informação acerca da proximidade com outrem. Em outras palavras, aplicativos ou estratégias que utilizam esta tecnologia são capazes de determinar quais dispositivos estiveram próximos, de forma a possibilitar que as próprias pessoas contaminadas possam notificar outras, com quem tiveram proximidade física, de que seus exames deram positivo para a doença, o que também pode ser utilizado para desenvolvimento de políticas públicas.(24)

Já o segundo sistema de rastreamento é configurado, não por *Bluetooth*, mas a partir de dados de geolocalização, isto é, informações precisas de coordenadas geográficas de onde um dispositivo móvel, normalmente celular, está ou esteve em determinado momento, detectadas por triangulação de antenas, a partir de dados coletados por empresas de telecomunicações ou provedores de serviços de internet.(25)

No que se refere às tecnologias de rastreamento no contexto da atual pandemia, os dados de geolocalização dos indivíduos podem ser utilizados de forma agregada ou individualizada. No primeiro caso, são vistos como um conjunto de dados para fins estatísticos apenas, o que é eficiente para o monitoramento de concentrações para avaliação da efetividade das medidas de isolamento social. Já na forma individualizada, é possível averiguar o trajeto individual de cada pessoa.(26)

No entanto, isoladamente, os dados de localização não são suficientes para rastrear com quem um indivíduo infectado com o Coronavírus esteve em contato por meio do *contact tracing*, já que o contágio pressupõe uma proximidade de 2 metros. Para realizar tal análise, seria necessário o tratamento conjunto com um volume de dados muito maior, como dados de mídias sociais e informações sobre contas de cartão de crédito, o que teria potencial violador da privacidade e das regras acerca da proteção de dados pessoais. Sendo assim, para além da coleta de dados pessoais diversos e combinados, há algumas iniciativas de *contact tracing* por meio de rastreio do sinal de Bluetooth de cada celular.(27)

De forma simplificada, as técnicas digitais de *contract tracing* funcionam da seguinte maneira: diante da premissa de que aparelhos de celular registram suas próprias localizações, quando o proprietário de um desses aparelhos testa positivo para COVID-19, um registro de seus movimentos recentes é compartilhado com as autoridades de saúde e, no caso de relações trabalhistas, com o seu empregador.

Os donos de quaisquer outros dispositivos móveis que tenham tido contato próximo recente com o celular do indivíduo infectado (especialmente colegas de trabalho e clientes da empresa) são notificados do potencial risco de contágio e recomendados a seguir medidas de auto isolamento. Desta forma, para que o sistema seja eficiente, os desenvolvedores da tecnologia precisam de informações mínimas acerca da proximidade dos indivíduos e seus respectivos *status* de saúde, além da necessidade de definição de onde essas informações serão armazenadas, quem terá acesso e em qual formato.(28)

Nesse cenário, não há dúvidas de que a forma como os dados são tratados pode causar grandes violações aos direitos fundamentais dos trabalhadores (e das pessoas em geral), especialmente a privacidade, proteção de dados pessoais e o direito a não discriminação, principalmente quando não há transparência e salvaguardas mínimas.

Caso as informações pessoais sejam tratadas em modelo centralizado, quando o Estado tem acesso aos dados e a quem eles pertencem, é fundamental que as autoridades emitam notificações para os indivíduos que entraram em contato com a pessoa infectada para alertá-la da situação. Contudo, o conhecimento desses dados, considerados sensíveis pelo conceito da LGPD, pode significar e dar ensejo a demissões discriminatórias ou até indicar outros aspectos sensíveis da vida do trabalhador para além da saúde, como participação em sindicatos, em determinado

(24) LANA, Alice de Perdigão, *et al. Op. cit.*
(25) *Idem.*
(26) *Idem.*
(27) *Idem.*
(28) SERVICK, Kelly. *Cellphone Tracking Could Help Stem the Spread of Coronavirus. Is privacy the Price?* Science Magazine, mar. 2020. Disponível em: <https://www.sciencemag.org/news/2020/03/cellphone-tracking-could-help-stem-spread-of-coronavirus-privacy-price>. Acesso em: 8 jul. 2020.

grupo político, religioso ou minoria, principalmente em governos autoritários.[29]

Apesar dos riscos potenciais para a privacidade e proteção de dados dos trabalhadores, muitos argumentam que essas tecnologias, ao analisarem os registros de localização armazenados nos celulares dos pacientes e cruzá-los com dados de outras fontes, tenderiam a ser muito mais eficientes para determinar quem pode ser contaminado e, assim, combater a doença do que a identificação tradicional por agentes de saúde. A adoção de tais medidas em alguns países, a exemplo da Coreia do Sul, foi considerada essencial no combate local da COVID-19.

Diante da propagação mundial do vírus, o governo sul coreano utilizou um sistema que, ao detectar um indivíduo contaminado pelo Coronavírus, possibilitava que a cidade ou distrito no qual a pessoa residia enviasse um alerta para outros cidadãos residentes da mesma região, inclusive com o compartilhamento de informações sobre locais onde o paciente positivo esteve, com detalhes a respeito de sua idade, gênero e movimentação. Tais dados eram coletados a partir de um circuito fechado que incluía, dentre outras, informações de televisão e até de cartão de crédito para proceder à identificação dos locais por onde o indivíduo contaminado passou.[30]

Apesar dos aparentes resultados positivos do sistema implementado na Coreia do Sul, que obteve achatamento da curva de novos casos de forma eficiente, a Comissão Nacional de Direitos Humanos do país classificou a coleta massiva de dados pelas autoridades coreanas como uma violação dos direitos humanos. Para o presidente da Comissão, o uso da tecnologia de rastreamento e alerta foi uma situação clara de exposição pública de informação privada já que, em alguns casos, foram liberadas informações demasiadamente detalhadas, o que possibilitou a identificação nas mídias sociais das pessoas infectadas, que acabaram por ser sujeitas a críticas, constrangimento e mensagens de ódio online.[31] Ainda, a coleta injustificada e desproporcional de dados sensíveis, como informações sobre gênero, poderia ensejar situações de discriminação ou até reforçar preconceitos socialmente enraizados na sociedade em razão da não testagem da tecnologia para *bias*.

A exemplo da Coreia do Sul, grandes volumes de dados para controle e monitoramento do Coronavírus já estão sendo analisados no Brasil. A partir do objetivo de um controle efetivo da disseminação da COVID-19, os Estados de São Paulo e do Rio de Janeiro elaboraram parcerias governamentais com as operadoras de telefonia para acesso aos dados de geolocalização anonimizados de seus usuários para auxiliar no enfrentamento da doença. Nesse caso específico, o rastreamento dos indivíduos é realizado por meio de sinais emitidos pelos celulares que irão representar "mapas de calor" para indicação de locais e períodos de maior ou menor concentração de pessoas. A partir desse sistema, seria possível identificar áreas de maior tendência à aglomeração, mapear o fluxo de pessoas e, em consequência, comprovar a eficácia (ou não) das medidas de distanciamento e isolamento social, com o intuito de prevenção de disseminação da doença.[32]

Outro exemplo de utilização de ferramenta de monitoramento para combate da COVID-19 foi implementado pela prefeitura do Recife, que passou a monitorar 700 mil aparelhos para coordenar ações de incentivo ao isolamento social.[33] A tecnologia utilizada baseia-se em triangulação de redes de Wi-Fi e sensores de bússola dos *smartphones* para a coleta de dados, a partir de aplicativos de terceiros que dispõem, em suas políticas de privacidade e termos de uso, a autorização de transmissão de dados a parceiros comerciais para fins de *marketing* direcionado, principalmente.[34][35]

(29) LANA, Alice de Perdigão, *et al. Op. cit.*

(30) CLEMENTE, Rachel Ellmann; JUNI, Amanda. Contact Tracing e Privacidade em Tempos de Pandemia. *Migalhas*, 31 mar. 2020. Disponível em: <https://www.migalhas.com.br/depeso/323077/contact-tracing-e-privacidade-em-tempos-de-pandemia>. Acesso em: 8 jul. 2020.

(31) MAH, Luís. O Modelo Sul-coreano na Luta Contra a COVID-19: *Estado, Transparência e Direitos Individuais*. Público Portugal, 15 maio 2020. Disponível em: <https://www.publico.pt/2020/05/15/opiniao/modelo-sulcoreano-luta-covid19-estado-transparencia-direitos-individuais-1916540/amp>. Acesso em 8 jul. 2020.

(32) LANA, Alice de Perdigão, *et al. Op. cit.*

(33) G1. *Recife rastreia 700 mil celulares para monitorar isolamento social e direcionar ações contra Coronavírus*. 24 mar. 2020. Disponível em: <https://g1.globo.com/pe/pernambuco/noticia/2020/03/24/recife-rastreia-700-mil-celulares-para-monitorar-isolamento-social-e-direcionar-acoes-contra-coronavirus.ghtml>. Acesso em 9 jul. 2020.

(34) G1. *Op. cit.*

(35) AMARAL, Bruno do. Prefeitura do Recife Coleta Localização dos Celulares para Mapear Isolamento Social. *Teletime*, 25 mar. 2020. Disponível em: <https://teletime.com.br/25/03/2020/prefeitura-do-recife-coleta-localizacao-dos-celulares-para-mapear-isolamento-social/>. Acesso em 9 jul. 2020.

Nesse exemplo, diferente do que ocorre na iniciativa de São Paulo e Rio de Janeiro, que baseava a utilização dos dados em sua suposta anonimização pelas empresas de telecomunicação, a tecnologia implementada em Recife teria por base o consentimento do usuário obtido indiretamente pelas políticas de privacidade dos aplicativos vinculados.(36) Tal aplicação é uma clara utilização ilegal de dados pessoais já que, diante da maneira como o sistema foi implementado, não era possível comprovar o consentimento livre, informado e inequívoco exigido pela LGPD, além não ser razoável que dados pessoais, inicialmente tratados para controle de crise de saúde pública, fossem compartilhados com parceiros comerciais para fins de marketing direcionado.

Diante do exposto, é de grande importância que, em um momento de pandemia mundial, as entidades do mundo do trabalho não se inspirem nos exemplos desproporcionais de tratamento de dados de localização de seus trabalhadores para fins diversos do inicialmente previsto, garantindo proporcionalidade e respeito aos ditames da lei. Por isso, é essencial que os empregadores convirjam seus interesses e seus esforços para a criação de um sistema de proteção da pessoa humana que conecte e processe os dados epidemiológicos com rapidez, segurança e eficiência, com respeito aos direitos fundamentais, principalmente a privacidade dos trabalhadores, e, ao mesmo tempo, salvando vidas.

4. Da utilização de dados de localização no combate à pandemia: conflito entre privacidade e saúde da comunidade empresarial?

Há muito se discute a existência de uma dicotomia absoluta entre a utilização de dados pessoais e o direito à privacidade. No entanto, a privacidade, especialmente no mundo digital, é um conceito fluido que não se encaixa em nenhum dos dois extremos: de um lado aqueles que se posicionam contra qualquer divulgação de informações pessoais e, do outro, os que entendem que todas as informações já foram divulgadas e, portanto, não haveria que se falar em privacidade.(37) Com o desenvolvimento exponencial de novas tecnologias e a rápida construção de uma sociedade da informação, o direito à privacidade ganhou novos contornos, para além do direito à vida privada, a partir a ideia de proteção de dados pessoais, baseada no estabelecimento de proteções mínimas e controle dos indivíduos sobre os seus dados.(38)

No contexto da segurança pública, Daniel Solove(39) argumenta que entendê-la como diametralmente oposta à privacidade não é o caminho para lidar com a questão, já que, para ele, o direito à privacidade sairia "perdendo" em termos de importância. De acordo com o autor, os argumentos de oposição absoluta entre privacidade e segurança são baseados em visões equivocadas sobre os custos e benefícios da proteção da privacidade, o que acarretou um enquadramento incorreto do debate, como se o equilíbrio entre tais valores fosse uma proposição absoluta de tudo ou nada. No entanto, argumenta que a proteção da privacidade não precisa ser fatal para as medidas de segurança, mas demanda fiscalização e regulamentação adequadas. Em regra, a privacidade pode ser protegida sem prejuízos à segurança e, quando isso não seja possível, o equilíbrio deve ser buscado da maneira mais justa para os dois lados.

O mesmo raciocínio pode ser aplicado ao aparente conflito entre a privacidade e a saúde de todos aqueles que laboram ou prestam serviços no âmbito das empresas. A utilização de dados dos empregados para o combate à atual pandemia não precisa — e não deve — necessariamente violar o direito à proteção dos dados pessoais. Para tanto, deve haver controle legislativo, judicial e da sociedade organizada com a participação dos sindicatos profissionais e econômicos, além de efetivação de medidas técnicas e um robusto quadro legal-regulatório, combinado com medidas efetivas e eficazes de controle de aplicação das regras mínimas previstas nos diplomas normativos.

Desta forma, o controle legislativo-social deve incluir a previsão de padrões mínimos obrigatórios de medidas tecnológicas que garantam a segurança das informações tratadas e efetivação das regras dispostas na legislação de proteção de dados pessoais

---

(36) LANA, Alice de Perdigão, *et al. Op. cit.*

(37) CREMONINI, Marco *et al.* Privacy on the Internet. *In* VACCA, John R. (ed.). *Computer and Information Security Handbook.* 2. ed. Waltham, EUA: Morgan Kaufmann Publishers, 2013. p. 739-740.

(38) RODOTÀ, Stefano. *A vida na sociedade da vigilância:* a privacidade hoje. Rio de Janeiro: Renovar, 2008. p. 381; MAGRANI, Eduardo. *Entre dados e robôs:* ética e privacidade na era da hiperconectividade. 2. ed. Porto Alegre: Arquipélago Editorial, 2019. p. 99-101.

(39) SOLOVE, Daniel J. *Nothing to Hide:* The False Tradeoff between Privacy and Security. New Haven: Yale University Press, 2011.

vigente, bem como penalidades para aqueles que não os cumpram. A CLT confere ao empregador o poder-dever de garantir a higidez das normas de saúde e segurança no trabalho, podendo valer-se do seu poder disciplinar para tal.(40)

Aliado ao controle legislativo, o judicial deve cuidar dos casos em que tais medidas não são cumpridas, de modo a garantir a efetiva aplicação das medidas legais-regulatórias e, em consequência, a segurança jurídica.

4.1. Métodos para segurança do tratamento de dados (controle tecnológico)

A privacidade dos dados de localização pode ser dividida em três categorias.(41) A primeira é a privacidade de identidade, que se relaciona à proteção da identidade associada à informação sobre a localização. Quanto a essa categoria, as medidas de proteção da privacidade objetivam minimizar a revelação de informações que possibilitem que seja inferida a identidade do indivíduo relacionado à localização — ou mesmo sua errônea identificação. Tais medidas podem ser adotadas em aplicativos ou programas que não demandem a autenticação/identificação do utilizador.

Também existe a dimensão da privacidade da posição do indivíduo. Nesse caso, as medidas de proteção visam acrescentar "barulho" às informações, reduzindo a precisão da informação de localização. É aplicável às situações em que a identificação do utilizador é necessária à prestação do serviço. Uma técnica de proteção bastante usada consiste no aumento da granularidade (de metros para centenas de metros, de um bairro para uma cidade e assim por diante).

Existe, ainda, a privacidade do trajeto, associada à movimentação do indivíduo, o caminho percorrido por ele. Com relação a essa dimensão, a mera desidentificação dos indivíduos pode não ser suficiente para garantir a privacidade, dado que as informações de trajeto podem ser rastreadas a ponto de serem encontradas as suas residências, locais de trabalho etc. Nesse contexto, existem outros métodos de proteção, tal como algoritmos que "perturbam" a informação, cruzando os trajetos de indivíduos onde eles se encontram, a fim de minimizar as chances de rastreio.(42)

Existem diferentes técnicas para garantia de privacidade em cada uma das dimensões relacionadas à privacidade dos dados de localização do trabalhador. Há diversos esquemas de proteção, que podem ser classificados de acordo com suas propriedades arquitetônicas (como, por exemplo, se são baseadas em servidores ou em dispositivos móveis) e métricas de privacidade (como, por exemplo, k-anonimato, entropia da localização etc.)(43) Em breve resumo, podem ser citadas as abordagens abaixo elencadas.

A abordagem de camuflagem (*cloaking*) pode ser espacial ou temporal. A primeira consiste numa chamada área camuflada que engloba o utilizador e pelo menos todos os outros utilizadores de um grupo com os mesmos parâmetros. Já a temporal consiste em camuflar o momento em que a localidade do utilizador é acessada pelo serviço de localização.(44)

A abordagem de áreas misturadas (*mix zones*) consiste, grosso modo, na anonimização da identidade do utilizador pela restrição das posições onde os utilizadores podem ser localizados por meio do uso de "pseudônimos múltiplos" (*multiple pseudonyms*).(45) A abordagem de utilização de localizações "falsas" (*dummy locations*) também pode ser empregada: o programa recupera a verdadeira localização do utilizador juntamente com dados falsos de localização.(46) Além disso, a fim de evitar a necessidade de um servidor de localização que armazene os referi-

(40) O artigo 482 da CLT estabelece os tipos de condutas infracionárias do contrato de emprego que o trabalhador pode incorrer, dentre elas estão as figuras da indisciplina (desentendimento a ordens gerais emanadas do empregador ou seus prepostos) e insubordinação (descumprimentos de ordens especificamente dirigidas a certo ou certos empregados).

(41) CREMONINI, Marco *et al. Op. cit.*, p. 746.

(42) HOH, Baik; GRUTESER, M. *Protecting Location Privacy Through Path Confusion*. First International Conference on Security and Privacy for Emerging Areas in Communications Networks (SECURECOMM'05), Atenas, 2005. p. 194-205.

(43) XIN, Kang G. *et al.* Privacy protection for users of location-based services. *IEEE Wireless Communications*, v. 19, n. 1, p. 30-39, fev. 2012.

(44) TAN, Rong; SI, Wen; WANG, Jian. A privacy protection model for location-based social networking services. *In:* SHAO, Fun; SHU, Wise; TIAN, Tracy (eds.). *Engineering Technology and Applications*. Londres: CRC Press, 2014. p. 142.

(45) FREUDIGER, Julien; SHOKRI, Reza; HUBAUX, Jean-Pierre. On the optimal placement of Mix Zones. *In:* GOLDBERG, Ian; ATALLAH, Mikhail J. (eds.). *Privacy Enhancing Technologies*. Berlim, Springer, 2009. p. 217.

(46) QU, Youyang *et al.* Privacy Preservation in Smart Cities. *In:* RAWAT, Danda B.; GHAFOOR, Kayhan Zrar (eds.). *Smart Cities Cybersecurity and Privacy*. Amsterdã: Elsevier, 2019. p. 83.

dos dados dos utilizadores, foram criados sistemas ponto-a-ponto (*peer-to-peer systems*), que possibilitam requisições de localização anónimas. Por fim, podem ser citados os protocolos de recuperação de informações privadas baseados em criptografia.[47]

Quanto a privacidade e proteção de dados pessoais, é fundamental que as empresas e os órgãos públicos que desenvolvam e utilizem tecnologias inteligentes baseadas em dados, como a Inteligência Artificial, apliquem o *privacy by design and default*. Em outras palavras, é essencial que apliquem as regras e princípios da proteção de dados durante todo o ciclo de vida dos dados (coleta, tratamento, utilização e descarte) e durante todo o processo de desenvolvimento da tecnologia aplicada, a partir da adoção de medidas técnicas e organizativas adequadas para garantia de uma proteção de dados adequada e eficiente.[48] Para além da privacidade, recomenda-se que a construção de tecnologias seja orientada por princípios éticos e direitos humanos desde a sua concepção e por padrão.

Apesar de não haver um plano fixo para implementação do *privacy by design*, há algumas estratégias sugeridas, a exemplo de: (i) minimização — o sistema deve ser programado para coletar e processar apenas as quantidades mínimas de dados necessários; (ii) ocultação — os dados pessoais devem ser ocultados da *plain view*; (iii) separação — dados pessoais devem ser processados e armazenados em compartimentos separados dos demais, sempre que possível; (iv) agregação — os dados pessoais devem sempre ser processados do nível mais alto de agregação possível, em um estado em que esteja protegido, mas ainda útil; (v) estratégias orientadas — sempre que os dados pessoais forem utilizados, a tecnologia deve informar deste uso; (vi) controle — os titulares de dados pessoais devem ter autonomia e agência sobre seus dados tratados, podendo interferir quando desejarem; (vii) imposição — garantia de políticas de privacidade adequadas à legislação e que sejam, de fato, aplicáveis pelos sistemas baseados em dados; (viii) demonstração — as empresas e órgãos devem ser capazes de demonstrar cumprimento de todos os requisitos legais.[49];[50]

Esses são apenas alguns exemplos das metodologias utilizadas para garantir a privacidade dos trabalhadores, baseados em localização (em inglês, *Location based services*: *LBS*). No entanto, é necessário que haja um quadro legal e regulatório eficaz a fim de determinar as diretrizes mínimas de proteção no nível de controle tecnológico da privacidade do trabalhador, além de um controle judicial, arbitral e corporativo-sindical quanto ao cumprimento da legislação e regulações aplicáveis.

4.2. Regulação e fiscalização (controle legislativo, judicial e coletivo)

O controle legislativo é imprescindível para a imposição do controle tecnológico. A legislação deve definir níveis mínimos de segurança aceitáveis a fim de minimizar as chances de violação. O controle judicial, por sua vez, é igualmente imprescindível para a efetiva aplicação e observância da legislação.

Nesse contexto, registra-se que a Constituição brasileira resguarda o direito à privacidade.[51] Contudo, diante dos avanços tecnológicos e da ascensão da sociedade e economia de dados, a privacidade como o "direito de ser deixado só" já não era suficiente, o que tornou necessário o desdobramento da proteção em seu viés positivo, a partir da proteção de dados pessoais.[52] Nesse contexto, o direito à proteção dos dados pessoais é atualmente considerado direito fundamental autônomo[53] que, apesar de não estar expressamente previsto na Constituição,[54] já foi

---

(47) KHOSHGOZARAN, Ali; SHAHABI, Cyrus; SHIRANI-MEHR, Houtan. Location privacy: Going beyond K-anonymity, cloaking and anonymizers. *Knowledge and Information Systems*, v. 26, p. 435-465, mar. 2011.

(48) MAGRANI, Eduardo. *Entre Dados e Robôs:* Ética e Privacidade na Era da Hiperconectividade. Porto Alegre: Arquipélago Editorial, 2019. p. 129.

(49) HOEPMAN, Jaap-Henk. Privacy design strategies. *In:* CUPPENS-BOULAHIA, Nora *et al.* (ed.). *ICT Systems and Privacy Protection*. Nova Iorque: Springer, 2014. p. 452-457.

(50) MAGRANI, Eduardo. *Op. cit.* p. 129-130.

(51) Como um direito negativo, a exemplo da inviolabilidade da intimidade e da vida privada prevista no art. 5º, X.

(52) RODOTÁ, Stefano. *A vida na sociedade de vigilância:* a privacidade hoje. Rio de Janeiro: Renovar, 2008. p. 24.

(53) RODOTÁ, Stefano. *Op. cit.* p. 17.

(54) Atualmente, a Proposta de Emenda à Constituição (PEC) 17/19 está em tramitação no Congresso Nacional do Brasil e busca inserir a proteção de dados pessoais no rol expresso de direitos fundamentais e garantias individuais da Constituição Federal de 1988. A O objetivo é conferir competência privativa à União para legislar sobre o assunto. Agência Câmara de Notícias. *PEC Transforma*

reconhecido pelo Supremo Tribunal Federal (STF) como direito fundamental do ordenamento jurídico brasileiro.[55]

No âmbito infraconstitucional, a LGPD determina níveis mínimos de segurança e princípios orientados à proteção dos dados pessoais. Tais garantias incluem, por exemplo, o cumprimento de princípios, bases legais, direito dos titulares e regras específicas sobre boas práticas em termos de segurança da informação. O tratamento dos dados pessoais, principalmente os de localização e de saúde, sendo este último considerado sensível, pode ocorrer quando presente uma das bases legais dispostas no art. 7º para dados pessoais em geral e art. 11 para dados sensíveis. Neste âmbito, podemos citar o consentimento do titular, que deve ser sempre livre, informado e inequívoco, considerado a base legal mais conhecida e utilizada para se permitir o uso de dados pessoais por terceiros,[56] apesar de não existir, em regra, hierarquização entre as bases legais da LGPD.

A institucionalização dessas técnicas de controle pode, ainda — e o ideal é que seja —, ser objeto de uma autorregulação superveniente e compartilhada entre trabalhadores e empresas, através de regular processo de negociação coletiva de trabalho, que observe regras de *compliance*[57] e os direitos fundamentais ligados à privacidade e a saúde, a fim de contemplar e harmonizar todos os interesses, direitos e obrigações que estão em aparente tensão, dentro do contexto do princípio da prevalência ampla do negociado sobre o legislado. Nesse cenário, é recomendável também a realização de relatórios de impacto, conforme previsto no art. 38 da LGPD, além de auditorias prévias e constantes.

Comprometer a sociedade civil organizada, *in casu*, as entidades sindicais, com a busca de soluções possíveis para criação de um sistema eficaz e adequado de proteção desses direitos fundamentais constitui medida democrática e que pode ser um fator decisivo para que essa matéria ingresse efetivamente nas pautas de preocupação coletiva dos protagonistas sociais e econômicos.

No contexto excepcional de saúde do trabalhador (o que envolve a própria noção de saúde pública), existem situações em que os dados pessoais, ainda que sensíveis, sejam tratados mesmo sem o consentimento do titular, desde que observados requisitos específicos como: (i) a proteção da vida ou da incolumidade física do trabalhador ou de terceiros (como é o caso da comunidade empresarial);[58] (ii) a tutela da saúde, exclusivamente, em procedimento realizado por profissionais de saúde das empresas e/ou dos sindicatos, serviços de saúde ou autoridade sanitária;[59] (iii) no caso da administração pública, é possível o tratamento e uso compartilhado de dados necessários à execução de políticas públicas previstas em leis e regulamentos ou respaldadas em contratos", além de convênios e outros instrumentos;[60] e (iv) no âmbito da administração privada, o empregador também deve manipular esses dados com o escopo de instituir, acompanhar, redirecionar ou calibrar sua política interna (corporativa) de prevenção de

---

Proteção de Dados Pessoais em Direito Fundamental. Câmara dos Deputados: Ciência, Tecnologia e Comunicações, 9 ago. 2019. Disponível em: <https://www.camara.leg.br/noticias/565439-PEC-TRANSFORMA-PROTECAO-DE-DADOS-PESSOAIS-EM-DIREITO-FUNDAMENTAL>. Acesso em: 10 jul. 2020.

(55) ABRUSIO, Juliana; CAMPOS, Ricardo; MARANHÃO, Juliano. A Proteção de Dados Pessoais no STF e o Papel do IBGE. *Consultor Jurídico*, maio 2020. Disponível em: <https://www.conjur.com.br/2020-mai-29/maranhao-campos-abrusio-protecao-dados-stf-ibge>. Acesso em: 8 jul. 2020.

(56) BRASIL. LGPD, arts. 5º, XII e 7º, I.

(57) O *Compliance* está ligado diretamente ao princípio da boa-fé que pode ser definido como: "É o dever ético de comportamento reto, leal para com os interesses do outro contratante, tendo por fundamento a confiança recíproca que um deposita no outro no senso de que devem agir sempre de acordo com as intenções manifestadas e vertebralizadas nas cláusulas do ajuste. O elemento confiança, assim, atua de maneira a diminuir a complexidade das relações contratuais, reduzindo, para o sujeito, a insegurança quanto ao futuro. Com ela, a parte tem condições de projetar sua ação conforme um conjunto relativamente pequeno de possibilidades, excluindo do seu planejamento aquilo em que confia — mais do que espera — que não acontecerá. (...) Assim, o artigo 422 (do Código Civil) tem perfeita adaptação na seara laboral, consolidando em definitivo a noção de que o contrato de trabalho rende ensejo a uma duplicidade de espécies de deveres: os de prestação e os genéricos de conduta. A boa-fé, portanto, configura um elemento intrínseco ao contrato de emprego, na medida em que, limitando a autonomia da vontade das partes, resgata o conteúdo ético da relação capital-trabalho". (SILVA, Paulo Renato Fernandes da. As repercussões do Código Civil de 2002 sobre o contrato de trabalho e o neoconstitucionalismo. *Revista do Tribunal Regional do Trabalho da 10ª Região* (Brasília), v. 19, n. 20, 2015).

(58) BRASIL. LGPD. arts. 7º, VII e 11, II, "e".

(59) *Ibidem*, arts. 7º, VIII e 11, II, "f".

(60) *Ibidem*, art. 7º, III.

acidentes de trabalho e de promoção da saúde do trabalhador.[61]

Mesmo nos casos de coleta e tratamento de dados de saúde sem o consentimento do titular (o empregado), a natureza dos dados se mantém sensível, o que exige cautelas especiais, principalmente contra incidentes de vazamento, o que deve constar de um Relatório detalhado de Impacto de Dados Pessoais,[62] além de observação estrita aos princípios legais da proteção de dados. Dentre eles, merecem destaque os princípios da finalidade[63] e adequação,[64] que criam a obrigação para o controlador de cumprimento da finalidade específica para qual os dados do titular foram coletados (saúde do trabalhador que, em última instância, reverbera diretamente na saúde pública), sob pena de graves violações aos regramentos de proteção de dados que orientam o Brasil.[65]

Ainda, entende-se que o tratamento de dados em conformidade com a LGPD deve se reger pelo princípio da necessidade[66] que, a partir da ideia de minimização, impõe o dever de coletar apenas os dados estritamente necessários para as finalidades definidas pelo controlador. Além disso, a fim de resguardar a privacidade dos titulares, os dados pessoais devem ser, sempre que possível, anonimizados ou pseudonimizados,[67] inclusive no contexto de estudos, análises e pesquisas relativas às políticas empresariais de proteção à saúde do trabalhador e do meio ambiente de trabalho e, claro, de saúde pública também.[68] Apesar de semelhantes, os processos de pseudonimização e anonimização são distintos. Enquanto no primeiro a informação permanece identificável, a partir de informações suplementares, no segundo a reidentificação é, em tese, impossível. Daí resulta que sobre o tratamento dos dados anônimos não incidem as regras da LGPD, pois não dizem respeito a uma pessoa física singular identificada ou identificável.[69]

No mesmo sentido, caso os dados de localização e proximidade sejam divulgados pelas empresas de telecomunicações, a lei exige que a empresa envolvida apenas divulgue a terceiros (no caso ao empregador) informações agregadas sobre o uso de seus serviços por usuários quando não for possível sua identificação, direta ou indireta, ou a violação de sua intimidade.[70] Em outras palavras, no caso de divulgação dos dados por essas empresas, eles não podem ser dados pessoais que identifiquem ou levem à identificação dos indivíduos, de forma a afastar a aplicação da LGPD.

Nesse ponto, devemos remarcar que, dentro do poder diretivo do empregador, reside também o poder de controle sobre os empregados, motivo pelo qual esse tipo de monitoramento vinculado ao contrato de emprego e no exercício dos poderes e deveres inerentes a este, faz parte integrante das atribuições deferidas à empresa.

O controle judicial também deve ser rígido. De maneira geral, o controle exercido pelo Judiciário brasileiro é sólido e consistente no que diz respeito à proteção dos dados pessoais. Ilustrado pela jurisprudência do Supremo Tribunal Federal, o entendimento preponderante é o de estabelecer garantias robustas para a manutenção da privacidade e outros direitos igualmente fundamentais do trabalhador.[71][72] No contexto da atual pandemia, o Supremo Tribunal Federal deferiu medida cautelar impedindo a disponibilização de dados de clientes pelas operadoras

---

(61) CF/88: "Art. 194. A seguridade social compreende um conjunto integrado de ações de iniciativa dos Poderes Públicos e da sociedade, destinadas a assegurar os direitos relativos à saúde, à previdência e à assistência social."

(62) BRASIL. LGPD. art. 38.

(63) *Ibidem*, art. 6º, I.

(64) *Ibidem*, art. 6º, II.

(65) CLEMENTE, Rachel Ellmann; JUNI, Amanda. *Contact Tracing* e Privacidade em Tempos de Pandemia. *Migalhas*, 31 mar. 2020. Disponível em: <https://www.migalhas.com.br/depeso/323077/contact-tracing-e-privacidade-em-tempos-de-pandemia>. Acesso em: 1º jul. 2020.

(66) BRASIL. LGPD, art. 6º.

(67) Nos termos da LGPD, art. 13, § 4º, a pseudonimização é o processo pelo qual os dados perdem a "possibilidade de associação, direta ou indireta, a um indivíduo, senão pelo uso de informação adicional mantida separadamente pelo controlador em ambiente controlado e seguro". Por sua vez, de acordo com o art. 5º, XI, da Lei, a anonimização refere-se ao processo de desidentificação de dados pela utilização de "meios técnicos razoáveis e disponíveis no momento do tratamento, por meio dos quais um dado perde a possibilidade de associação, direta ou indireta, a um indivíduo".

(68) BRASIL. LGPD, arts. 7º, IV, 11, II, "c"; e 13.

(69) *Ibidem*, art. 12.

(70) BRASIL. Lei n. 9.472, de 16 de julho de 1997 (Lei Geral das Telecomunicações), art. 72, § 2º.

(71) BRASIL. Supremo Tribunal Federal. HC 86094, Rel. Min. Marco Aurélio, Primeira Turma. Julgado em 20.09.2005.

(72) *Id.* RE 389808, Rel. Min. Marco Aurélio, Tribunal Pleno. Julgado em 15.12.2010.

de telefonia ao Instituto Brasileiro de Geografia e Estatística — IBGE por força de medida provisória alegadamente inconstitucional.

A medida provisória em questão dispõe que as operadoras de telefonia fixa e móvel devem disponibilizar ao IBGE "a relação dos nomes, dos números de telefone e dos endereços de seus consumidores, pessoas físicas ou jurídicas" para produção estatística oficial, com o objetivo de realizar entrevistas em caráter não presencial no âmbito de pesquisas domiciliares.(73) A Corte Suprema deferiu o pedido de medida cautelar para suspensão de tal obrigação por considerar, dentre outros fatores, que a ausência de garantias de tratamento adequado e seguro dos dados compartilhados, aliada ao fato de que, à época, ainda não se encontrava em vigor a LGPD, que define os critérios de responsabilização dos agentes por eventuais danos ocorridos em virtude do tratamento de dados pessoais, violaria o direito fundamental à privacidade e da inviolabilidade do sigilo dos dados pessoais previstos no artigo 5º, X e XII, da Constituição brasileira.

5. *Conclusão*

O debate acerca do aparente conflito entre o direito à privacidade/proteção de dados pessoais e o direito à saúde pública e corporativa, principalmente no contexto das políticas de saúde do trabalhador, vem sendo travado há muito tempo. No entanto, tal batalha não se baseia em um tudo ou nada: não é necessário violar um direito para que se tenha acesso ao outro.

O mesmo pressuposto se aplica à saúde do trabalhador e de todos que com ele compartilham o ambiente empresarial. Existem mecanismos que, ainda que não sejam completamente infalíveis, permitem o tratamento de dados pessoais (inclusive os dados de localização), de maneira a minimizar possíveis violações da privacidade dos empregados, impedindo um cenário de vigilância e arbitrariedade.

Nessa seara, o Brasil conta com um robusto quadro regulatório e fiscalizador. Nesse contexto de pandemia, caberá à sociedade organizada, especialmente aos entes de representação profissional e empresarial, e às cortes brasileiras, em conjunto com os órgãos de fiscalização, encontrar o equilíbrio entre o direito à proteção dos dados de localização e a saúde do trabalhador. Além disso, seria igualmente alvissareiro elaborar novos regulamentos que se adequem às tecnologias, cada vez mais avançadas, bem como se adaptem às demandas e necessidades de setores econômicos ou de empresas específicas, tanto para utilização e tratamento de dados de localização quanto para minimizar o risco de eventuais violações.

Assim, ainda que a proteção da privacidade do trabalhador no contexto das novas tecnologias (em especial da multiplicação dos sistemas baseados em localização) ainda se mostre um desafio, tanto do ponto de vista regulatório e judicial quanto do tecnológico, a privacidade não deve ser, em regra, um obstáculo às políticas públicas e corporativas de saúde, especialmente aquelas voltadas para o combate da pandemia, desde que em consonância com boas práticas técnicas e mandamentos regulatórios. O que deve ser levado em consideração pelas autoridades é o caminho a ser seguido numa realidade pós-pandêmica, para que a vigilância exacerbada dos trabalhadores (e dos cidadãos) continue sendo a exceção e não a regra geral.

6. *Referências*

ABRUSIO, Juliana; CAMPOS, Ricardo; MARANHÃO, Juliano. A Proteção de Dados Pessoais no STF e o Papel do IBGE. *Consultor Jurídico*, maio 2020. Disponível em: <https://www.conjur.com.br/2020-mai-29/maranhao-campos-abrusio-protecao-dados-stf-ibge>. Acesso em: 8 jul. 2020.

AGÊNCIA CÂMARA DE NOTÍCIAS. *PEC Transforma Proteção de Dados Pessoais em Direito Fundamental*. Câmara dos Deputados: Ciência, Tecnologia e Comunicações, 9 ago. 2019. Disponível em: <https://www.camara.leg.br/noticias/565439-PEC-TRANSFORMA-PROTECAO-DE-DADOS-PESSOAIS-EM-DIREITO-FUNDAMENTAL>. Acesso em: 10 jul. 2020.

AMARAL, Bruno do. Prefeitura do Recife Coleta Localização dos Celulares para Mapear Isolamento Social. *Teletime*, 25 mar. 2020. Disponível em: <https://teletime.com.br/25/03/2020/prefeitura-do-recife-coleta-localizacao-dos-celulares-para-mapear-isolamento-social/>. Acesso em: 9 jul. 2020.

ATAEI, Mehrnaz; KRAY, Christian. Ephemerality is the New Black: A Novel Perspective on Location Data Management and Location Privacy in LBS. *In:*

(73) BRASIL. Medida Provisória n. 954, de 17 de abril de 2020.

GERTNER, Georg; HUANG, Haosheng (ed.). *Progress in Location-Based Services 2016*. Switzerland, spring 2017.

BACA, Murtha (ed.). *Introduction to Metadata*. 3. ed. Los Angeles: Getty Research Institute, 2016.

BRASIL. Lei n. 9.472, de 16 de julho de 1997.

______. Lei n. 13.709, de 14 de agosto de 2018.

______. Medida Provisória n. 954, de 17 de abril de 2020.

______. Supremo Tribunal Federal. HC 86094, Rel. Min. Marco Aurélio, Primeira Turma. Julgado em 20.9.2005.

______. Supremo Tribunal Federal. RE 389808, Rel. Min. Marco Aurélio, Tribunal Pleno. Julgado em 15.12.2010.

CARTA dos Direitos Fundamentais da União Europeia, 2000. Disponível em: <https://eur-lex.europa.eu/legal-content/PT/TXT/PDF/?uri=CELEX:12016P/TXT&from=FR>. Acesso em: 10 jul. 2020.

CLEMENTE, Rachel Ellmann; JUNI, Amanda. Contact Tracing e Privacidade em Tempos de Pandemia. *Migalhas*, 31 mar. 2020. Disponível em: <https://www.migalhas.com.br/depeso/323077/contact-tracing-e--privacidade-em-tempos-de-pandemia>. Acesso em: 8 jul. 2020.

CLEMENTE, Rachel Ellmann; JUNI, Amanda. Contact Tracing e Privacidade em Tempos de Pandemia. *Migalhas*, 31 mar. 2020. Disponível em: <https://www.migalhas.com.br/depeso/323077/contact-tracing-e--privacidade-em-tempos-de-pandemia>. Acesso em: 1º jul. 2020.

CONVENÇÃO Europeia dos Direitos Humanos, 1953. Disponível em: <https://www.echr.coe.int/Documents/Convention_POR.pdf>. Acesso em: 10 jul. 2020.

CREMONINI, Marco *et al.* Privacy on the Internet. *In:* VACCA, John R. (ed.). *Computer and Information Security Handbook*. 2. ed. Waltham: Morgan Kaufmann, 2013.

DECLARAÇÃO Universal dos Direitos Humanos, 1948. Disponível em: <https://www.ohchr.org/EN/UDHR/Documents/UDHR_Translations/por.pdf>. Acesso em: 10 jul. 2020.

ELECTRONIC FRONTIER FOUNDATION (EFF). *COVID-19 and Digital Rights*. Disponível em: <https://www.eff.org/issues/covid-19>. Acesso em: 11 jun. 2020.

FREUDIGER, Julien; SHOKRI, Reza; HUBAUX, Jean-Pierre. On the optimal placement of Mix Zones. *In:* GOLDBERG, Ian; ATALLAH, Mikhail J. (eds.). *Privacy Enhancing Technologies*. Berlim, springer, 2009.

G1. *Recife rastreia 700 mil celulares para monitorar isolamento social e direcionar ações contra Coronavírus*. 24 mar. 2020. Disponível em: <https://g1.globo.com/pe/pernambuco/noticia/2020/03/24/recife-rastreia--700-mil-celulares-para-monitorar-isolamento-social-e-direcionar-acoes-contra-coronavirus.ghtml>. Acesso em: 9 jul. 2020.

HOEPMAN, Jaap-Henk. Privacy design strategies. *In:* CUPPENS-BOULAHIA, Nora *et al.* (ed.). *ICT Systems and Privacy Protection*. Nova Iorque, springer 2014.

HOH, Baik; GRUTESER, M. Protecting Location Privacy Through Path Confusion. *First International Conference on Security and Privacy for Emerging Areas in Communications Networks* (SECURECOMM'05), Atenas, 2005.

IENCA, Marcello *et al.* Digital tools against COVID-19: Taxonomy, Ethical Challenges, and Navigation Aid. *The Lancet Digital Health* 2020, 29 jun. 2020. p. 1. Disponível em: <https://www.thelancet.com/journals/landig/article/PIIS2589-7500(20)30137-0/fulltext>. Acesso em: 12 jun. 2020.

KHOSHGOZARAN, Ali; SHAHABI, Cyrus; SHIRANI-MEHR, Houtan. Location privacy: Going beyond K-anonymity, cloaking and anonymizers. *Knowledge and Information Systems*, v. 26, p. 435-465, mar. 2011.

KRUMM, John. A survey of computational location privacy. *Pers Ubiquit Comput* 13, p. 391-399, 2009.

LANA, Alice de Perdigão; MECABÔ, Alex; SANTOS, Sanalí de Lima. *As tecnologias de geolocalização e crise epidemiológica:* reflexões para uma solução conciliatória. Grupo de Estudos de Direito Autoral e Industrial da Universidade Federal do Paraná, revisão por Roberto Nelson Brasil Pompeo Filho, jun. 2020. Disponível em: <https://www.gedai.com.br/as-tecnologias-de-geolocalização-e-crise-epidemiologica-reflexoes-para-uma-solucao-conciliatoria/>. Acesso em: 7 jun. 2020.

MAGRANI, Eduardo. *Entre Dados e Robôs:* Ética e Privacidade na Era da Hiperconectividade. Porto Alegre: Arquipélago Editorial, 2019.

MAH, Luís. O Modelo Sul-coreano na Luta Contra a COVID-19: Estado, Transparência e Direitos Individuais. *Público Portugal*, 15 maio 2020. Disponível em: <https://www.publico.pt/2020/05/15/opiniao/modelo-sulcoreano-luta-covid19-estado-transparencia-direitos-individuais-1916540/amp>. Acesso em: 8 jul. 2020.

ORGANIZAÇÃO MUNDIAL DA SAÚDE (OMS). *WHO Director-General's opening remarks at the media briefing on COVID-19*, mar. 2020. Disponível em: <https://www.who.int/dg/speeches/detail/who-director-general-s-opening-remarks-at-the-media-briefing-on-covid-19---11-march-2020>. Acesso em: 5 jun. 2020.

PACTO Internacional sobre os Direitos Civis e Políticos, 1966.

POMERANTZ, Jeffrey. *Metadata*. Cambridge: The MIT, 2015.

QU, Youyang *et al.* Privacy Preservation in Smart Cities. *In:* RAWAT, Danda B.; GHAFOOR, Kayhan Zrar (eds.). *Smart Cities Cybersecurity and Privacy*. Amsterdã: Elsevier, 2019.

RODOTÁ, Stefano. *A vida na sociedade de vigilância:* a privacidade hoje. Rio de Janeiro: Renovar, 2008.

SERVICK, Kelly. Cellphone Tracking Could Help Stem the Spread of Coronavirus. Is privacy the Price? *Science Magazine*, mar. 2020. Disponível em: <https://www.sciencemag.org/news/2020/03/cellphone-tracking-could-help-stem-spread-of-coronavirus-privacy-price>. Acesso em: 8 jul. 2020.

SILVA, Paulo Renato Fernandes da. As repercussões do Código Civil de 2002 sobre o contrato de trabalho e o neoconstitucionalismo. *Revista do Tribunal Regional do Trabalho da 10ª Região*, Brasília, v. 19, n. 20, 2015. Disponível em: <https://revista.trt10.jus.br/index.php/revista10/issue/view/3>.

SOLOVE, Daniel J. *Nothing to Hide:* The False Tradeoff between Privacy and Security. New Haven: Yale University Press, 2011.

TAN, Rong; SI, Wen; WANG, Jian. A privacy protection model for location-based social networking services. *In:* SHAO, Fun; SHU, Wise; TIAN, Tracy (eds.). *Engineering Technology and Applications*. Londres: CRC Press, 2014.

UNIÃO EUROPEIA. Agência dos Direitos Fundamentais da União Europeia (FRA). *Tech answers to COVID-19 should also safeguard fundamental rights*. Viena: FRA Press Release, 28 maio 2020. Disponível em: <https://fra.europa.eu/sites/default/files/fra_uploads/pr-2020-covid-rights-impact-apps_en.pdf>. Acesso em: 6 jun. 2020.

UNIÃO EUROPEIA. Conselho. *Contact Tracing Apps* (Council of Europe Portal). Disponível em: <https://www.coe.int/en/web/data-protection/contact-tracing-apps>. Acesso em: 5 jun. 2020.

XIN, Kang G. *et al.* Privacy protection for users of location-based services. *IEEE Wireless Communications*, v. 19, n. 1, fev. 2012.

A Impulsão da Telemedicina e do Teletrabalho pela Covid-19

Juliana da Motta Bergler[(1)]
Nicole Felisberto Maciel[(2)]
Ricardo Cordova Diniz[(3)]

1. Introdução

Com o avanço dos meios tecnológicos, novas formas de exploração e execução do trabalho humano surgiram, exigindo do trabalhador o desenvolvimento de novas habilidades técnicas.

A tecnologia da informática, por exemplo, faceta da expansão da Revolução Industrial, proporcionou a redução de fronteiras e a praticidade em manter contatos profissionais, sendo que, em todas as esferas da sociedade, ela ganhou contornos, a ponto de criar um ambiente de naturalidade para sua aplicação.

No campo da medicina, essa revolução não foi diferente, pois permitiu a realização de trabalho por meio da telemedicina. Desta forma, um paciente em busca de esclarecimento de um profissional médico pôde acelerar o contato desejado sem comparecer a um consultório médico.

O ano de 2020 foi marcado pela COVID-19, doença causada pelo novo coronavírus, a qual ganhou rapidamente o *status* de pandemia. Enquanto alguns infectados são assintomáticos ou apresentam sintomas leves e rápida recuperação, parcela considerável da população mundial experimentou consequências gravíssimas, como o óbito. Além disso, a COVID-19 é um grande desafio para o sistema de saúde, pois consome quase todos os seus recursos.

Na era da tecnologia da informatização, este foi o primeiro episódio grave de dimensão planetária de uma doença. Como o vírus causador é principalmente transmitido por meio de gotículas expelidas no ar pelas vias aéreas, a sua propagação é rápida, e a contenção dele exige determinadas medidas, como isolamento e distanciamento sociais. Isto tem, como adiante será demonstrado, potencial para expandir a medicina por meio da internet.

Diante do isolamento social e das ordens de quarenta expedidas pelos Governos de diversos países, a realização do trabalho ligado à medicina por meio das comunicações tecnológicas se tornou fundamental para acelerar a quantidade de informação, diagnóstico, prevenção e cura. Isto não apenas no tocante ao tratamento para a COVID-19, mas, em todas as esferas, o atendimento médico pelo teletrabalho se mostrou necessário, visto que a população, mesmo isolada ou afastada, com uso de equipamentos de proteção, continuava a sofrer de outras doenças, precisando, pois, de consulta médica para atingir esclarecimento e cura.

(1) Mestranda em Ciências Jurídicas pelo Programa de Pós-Graduação Stricto Sensu em Ciência Jurídica — PPCJ da Universidade do Vale do Itajaí — UNIVALI, por meio do Programa de Suporte à Pós-Graduação de Instituições de Ensino Particulares — PROSUP/CAPES. Pós-graduada em Direito e Processo do Trabalho pela Associação dos Magistrados do Trabalho da 12ª Região — AMATRA 12. Pós-graduada em Direito e Processo do Trabalho pela Escola Luiz Flávio Gomes — LFG. Endereço eletrônico: julianamotta@edu.univali.br.

(2) Mestranda em Ciências Jurídicas pelo Programa de Pós-Graduação *Stricto Sensu* em Ciência Jurídica — PPCJ da Universidade do Vale do Itajaí — UNIVALI, por meio do Programa de Suporte à Pós-Graduação de Instituições de Ensino Particulares — PROSUP/CAPES. Pós-graduada em Direito Médico pelo Complexo de Ensino Renato Saraiva — CERS. Pós-graduanda em Relações Internacionais Contemporâneas pela Universidade do Vale do Itajaí — UNIVALI. Endereço eletrônico: nicole_maciel@edu.univali.br.

(3) Mestre em Ciências Jurídicas pela Universidade do Vale do Itajaí — UNIVALI, ex-juiz do trabalho pelo TRT 12ª Região, especialista em Direito e Processo do Trabalho, professor universitário, advogado, autor e coautor de diversos livros e artigos científicos. Endereço eletrônico: ricardodiniz@cordovadiniz.com.br

Assim, a pandemia da COVID-19, na verdade, acelerou algo já existente, tornando-o aceitável, usual e necessário. Antes da pandemia, a telemedicina parecia à opinião pública insegura e ineficiente. Verifica-se, pois, que a desmistificação da telemedicina foi acelerada, passando a ser aceita com maior naturalidade e confiança pelos pacientes e pelas autoridades médicas. Neste aspecto, a ocorrência da COVID-19 foi um facilitador para o exercício da telemedicina.

Para maior compreensão deste fenômeno, interessante apresentar um sucinto histórico sobre a relação do trabalho humano com as epidemias e a tecnologia.

2. *Trabalho humano, tecnologia e epidemias*

A ideia de trabalho humano pressupõe uma atividade física ou mental, desenvolvida e orientada para a produção de bens.

Nos primórdios, o homem interagia com a natureza, produzindo bens para o consumo próprio e imediato. Com o passar do tempo, criou técnicas e fabricou instrumentos para facilitar o trabalho. Com isto, o trabalho gerou excedentes de produção, que passaram a ser comercializados. Neste momento, ao trabalho humano foi agregado valor econômico. A produção de excedentes foi intensificada proporcionalmente ao aprimoramento destas técnicas e ferramentas.

O trabalho humano e a tecnologia, no âmbito evolutivo, sempre se entrelaçaram numa espécie de dependência mútua, capazes de gerar grandes transformações. A tecnologia é fruto do trabalho humano, e tem, por sua vez, capacidade de gerar grandes modificações nos métodos de trabalho, ou seja, há um processo permanente de realimentação entre trabalho e tecnologia.

A partir da agregação de novos valores ao trabalho humano, o homem, que matava seus inimigos, passou a escravizá-los, a fim de aumentar a produção de excedentes e vincular, no meio social, o poder econômico ao poder político.

A intenção de obter mais riquezas por meio da produção de excedentes, causou, no curso da história, o surgimento de outras modalidades de exploração em larga escala do trabalho humano, bem como o desenvolvimento de novas tecnologias, capazes de aumentar ainda mais o acúmulo de riquezas e de produzir uma grande transformação no mundo do trabalho.

Nos séculos X, XI, XII e XIII, lê-se na produção científica de Ricardo Cordova Diniz[(4)], *no seio da sociedade medieval europeia havia fortes sinais de que uma nova ordem econômica estava se formando, sustentada, em parte, por uma descoberta: O Tempo Vale Dinheiro.* Jacques-Francis Rolland, citado por Pazzinato e Senise (1992, p. 14), descreve essa nova situação com muita precisão:

> O mundo alcança um estágio técnico novo, que marcará, de maneira duradoura, a mentalidade dos homens. Eles haviam conquistado o tempo. Até então à exceção do nascer e do pôr-do-sol, nenhum outro ritmo alterava a vida do homem. Entretanto, aos poucos, os sinos dos mosteiros foram convocando às orações, em horas certas, e depois, no século XIII, os relógios mecânicos passaram a interpretar a marcha do tempo. As cidades começaram a levar uma vida regular e, em consequência disso, implantaram-se hábitos de ordem e organização. O tempo era contado, passava a ser importante, tinha valor. O mundo era mensurável. Desta precisão, deste ritmo, nasceriam a ciência e a máquina, que viriam aumentar de maneira extraordinária o poderio dos homens. Logo todos se compenetrariam de que o tempo vale dinheiro. Como os homens descobriram quase simultaneamente uma nova dimensão — a perspectiva, pode-se afirmar que a expansão urbana dos séculos XI ao XIII trouxe uma civilização nova, a de homens que viam com outros olhos, que viviam em ritmo diferente.

No final do século XIII e no século XIV, ainda na obra de Ricardo Cordova Diniz[(5)]:

> [...] novos acontecimentos abalaram o sistema feudal. As Cruzadas acentuaram o empobrecimento dos camponeses, pois eles eram alvo de saques por parte dos cavaleiros que não recebiam pagamento durante os períodos de trégua. De outro lado, os senhores feudais gastavam fortunas para proteger os feudos, e eram, dessa forma, obrigados a pedir dinheiro emprestado aos burgueses, mediante o pagamento de juros. Endividados, entregavam suas terras ao credor e, aos poucos, a terra mudou de mãos. No término do século XIV choveu intensamente no verão e no outono de 1315, e as plantações foram destruídas. A

(4) DINIZ, R. C. *A natureza jurídica da aposentadoria espontânea e seus efeitos no contrato individual de trabalho.* 2002. Dissertação (Mestrado) — Mestrado em Ciência Jurídica, Universidade do Vale do Itajaí — Univali, Itajaí, 2002. p. 42-43.

(5) DINIZ, R. C. *A natureza jurídica da aposentadoria espontânea e seus efeitos no contrato individual de trabalho.* p. 43-44.

fome era tanta que em alguns países eslavos praticou-se o canibalismo.

Como se vê na citação supra, a história da humanidade é marcada pelos grandes impérios, guerras, avanços tecnológicos, epidemias e pandemias que afetaram o mundo do trabalho.

Maranhão, Martines e Belmonte[(6)] ensinam:

> As epidemias que aconteceram e foram registradas ao longo da história causaram momentos de grande tensão e foram catalisadores de transformações em alguns casos. São acontecimentos que colocaram sociedades inteiras sob ameaça e, por isso, são objeto de estudo de historiadores [...]

Segundo o Dr. Dráuzio Varela[(7)], em seu texto "O fantasma da varíola":

> O vírus da varíola conviveu com a humanidade por milênios. Teria surgido nos primeiros agrupamentos agrícolas, no nordeste da África, há 10 mil anos. A múmia de Ramsés V — morto em 1.156 a.C — trazia na pele as cicatrizes das lesões características da varíola. Há evidências de que a doença já estava presente na China, nesse tempo. Introduzido na Europa no tempo dos romanos, o vírus provocou epidemias que coincidiram com os primeiros estágios da decadência do Império. A que se disseminou na época de Antonino teria provocado milhões de mortes. Altamente transmissível, a varíola ficou limitada à Eurásia até o século 15, com taxas de mortalidade que chegavam a 90%. As cruzadas levaram o vírus ao Oriente Médio, e as descobertas dos navegadores, às Américas, ao Caribe e à África, através do tráfico de escravos.

Acumulação de capital, a liberação da mão de obra, a peste, o aperfeiçoamento de novas técnicas e a ampliação dos mercados, na visão de Ricardo Cordova Diniz[(8)], formaram as precondições para o desencadeamento da Revolução Industrial, e, entre meados dos séculos XVIII e XIX, fez surgir uma nova forma de produção de riquezas. O trabalho braçal começou a ser substituído por máquinas. Neste sentido, ensina Oliveira[(9)]:

> O vapor era a grande energia do século XIX, a tecnologia da idade do carvão, ferro. [...] A grande indústria, com tecnologias mais avançadas, mais mecanizadas, com sua gerência científica exerce pressões sobre os operários, alienando-o do seu saber sobre o produto por ele criado e transformando-o em um mero apêndice da máquina, cada vez mais precarizado.

Inúmeras foram as transformações que ocorreram em razão das novas tecnologias, impulsionadas, em parte, por epidemia, principalmente nas áreas das comunicações, meios telefônicos, surgindo, assim, novas formas de relações de trabalho. De acordo Fontes[(10)]:

> O surgimento das indústrias revolucionou o modo como se via o trabalho humano e passou a ser questão central nas políticas interna e externa dos países europeus naquele tempo, proporcionando um crescimento exponencial de bens disponíveis no mercado.

Contudo, com essas novas técnicas, o trabalho, além de exaustivo, passou a ser cada dia mais perigoso, haja vista que, em meio às máquinas, os trabalhadores estavam vulneráveis a equipamentos com potenciais riscos de gerar grande número de sinistros ligados ao trabalho humano.

Aqueles que tinham que se afastar em decorrência de problemas de saúde não recebiam seu salário, isto quando não eram dispensados dos seus empregos, sendo substituídos por outro trabalhador. Então, como efeito colateral da Revolução Industrial, muitas crises sociais surgiram.

Em vista da piora gradativa das condições de trabalho, bem como das jornadas prolongada e fatigantes, os trabalhadores começaram a se mobilizar, fazendo nascer dois grandes movimentos caracterizados como forma de protesto, na primeira metade

---

(6) BELMONTE, A. A.; MARTINEZ, L.; MARANHÃO, N. *Direito do Trabalho na crise da Covid-19*. Salvador: Juspodivm, 2020. p. 19.

(7) VARELA, D. *O fantasma da varíola*. Disponível em: <https://drauziovarella. uol.com.br/drauzio/artigos/o-fantasma-da-variola-artigo>. Acesso em: 24 ago. 2020.

(8) DINIZ, R. C. *A natureza jurídica da aposentadoria espontânea e seus efeitos no contrato individual de trabalho*. p. 44-45.

(9) OLIVEIRA, E. M. Transformações no mundo do trabalho, da Revolução Industrial aos nossos dias. *Caminhos de Geografia*, v. 6, n. 11, p. 84-96, fev. 2004. Disponível em: <file:///C:/Users/nicol/Downloads/15327-Texto%20do%20artigo-58099-1-10-20060809.pdf>. Acesso em: 24 jul. 2020.

(10) FONTES, F. B. *Direito do trabalho e tecnologias de compartilhamento:* o futuro das relações individuais e sindicais de trabalho para além da dogmática jurídica. Dissertação (Doutorado) — Centro de Ciências Jurídicas, Universidade Federal de Pernambuco, Recife, 2018. p. 15. Disponível em: <https://repositorio.ufpe.br/handle/123456789/32188>. Acesso em: 15 ago. 2020.

do século XIX, na Inglaterra, que são o ludismo e o cartismo. De acordo com Neves e Sousa(11):

> O primeiro atuou no período entre os anos de 1811 e 1816 e ficou marcado pela mobilização de trabalhadores para invadir as fábricas e destruir as máquinas. Os adeptos do ludismo acreditavam que as máquinas estavam roubando os empregos dos homens e, assim, era necessário destruí-las. A repressão das autoridades inglesas sobre o ludismo foi duríssima, e o movimento teve atuação muito curta. O segundo surgiu na década de 1830 e mobilizou trabalhadores para lutar por direitos trabalhistas e também por direitos políticos. Os cartistas tinham como uma de suas principais exigências o sufrágio universal masculino, isto é, exigiam que todos os homens tivessem direito ao voto. Além disso, reivindicavam que a classe trabalhadora tivesse representação no Parlamento.

Durante essa fase, surge a transformação do estado liberal para a criação de um Estado de Bem-Estar Social, com a conquista de direitos pela classe trabalhadora. Com isto, criaram-se partidos trabalhistas, sindicatos e o alargamento das funções positivas do Estado, objetivando a redução das desigualdades de classes sociais e o acesso a serviços básicos como saúde, educação e segurança por parte dos cidadãos e, com isto, evitar a expansão do comunismo.

O percursor desse Estado de Bem-Estar Social foi o alemão Otto Von Bismarck, que introduziu os programas de assistência social em seu país, bem como seguro saúde, indenizações a trabalhadores, pensões por morte e invalidez.

Expõe Oliveira(12):

> Até 1929, houve uma melhoria de vida para os operários dos países ricos e devido aos intensos movimentos sociais comuns ao final do século XIX, à pressão e perigo que os mesmos causavam à ordem social e econômica como um todo, estabeleceu-se o sistema de previdência social, pública e estatal, isto é, foram colocados em prática elementos do *welfare state* (Estado de Bem-Estar Social), no qual caberia ao Estado prover aos seus cidadãos serviços de previdência social, como seguro desemprego, aposentadoria, cobertura de educação e saúde em todos os níveis sociais e até mesmo a garantia de uma renda mínima, além de recursos adicionais para a manutenção da vida.

Destaca-se nessa época a criação a Organização Internacional do Trabalho — OIT, em 1919, marcando a conquista da justiça social entre os povos com a manutenção da paz internacional. Ao mesmo tempo, a promulgação das Constituições do México (1917) e da Alemanha (1919) contribuíram para o nascimento dos direitos que revolucionaram as relações trabalhistas em toda a Europa. O trabalho humano ganhou, pois, um novo valor, o jurídico.

No Brasil, os primeiros direitos trabalhistas vieram com a Constituição da República dos Estados Unidos do Brasil de 1934 — CREUB/34(13), em seus artigos 120 e 121 que previam o direito do trabalhador ao recebimento de salário mínimo, férias, repouso semanal (não remunerado), jornada de oito horas diárias, pluralidade sindical, indenização por despedida imotivada e criação da Justiça do Trabalho.

Após a edição de inúmeras leis e decretos, no ano de 1943, surge a Consolidação das Leis Trabalhistas(14) — CLT, escrita e compilada, a qual trouxe mais direitos ao trabalhador e, após inúmeras modificações, está vigente até hoje.

A Constituição da República do Brasil de 1988 — CRFB/88(15), além de elevar ao *status* constitucional diversas garantias já existentes na CLT, trouxe ainda mais direitos aos trabalhadores (principalmente no artigo 7º e 8º), prestigiando as relações coletivas de trabalho, com o fortalecimento da autonomia sindical e liberdade de organização.

Apesar da invasão das máquinas em meio ao trabalho do homem e seus aspectos negativos, a era da modernidade marcou, com o passar nos anos, grandes conquistas relativas à saúde, segurança e

(11) NEVES, D.; SOUSA, R. *Revolução Industrial*. Disponível em: <https://mundoeducacao.uol.com.br/historiageral/revolucao-industrial-2.htm>. Acesso em: 6 jun. 2020.

(12) OLIVEIRA, E. M. *Transformações no mundo do trabalho, da Revolução Industrial aos nossos dias*. p. 93.

(13) BRASIL. Constituição (1934). Constituição da República dos Estados Unidos do Brasil, de 16 de julho de 1934. Nós, os representantes do povo brasileiro, pondo a nossa confiança em Deus, reunidos em Assembleia Nacional Constituinte para organizar um regime democrático, que assegure à Nação a unidade, a liberdade, a justiça e o bem-estar social e econômico, decretamos e promulgamos a seguinte. Brasília.

(14) BRASIL. Decreto n. 5.452, de 1º de maio de 1943. Aprova a Consolidação das Leis do Trabalho. Brasília.

(15) BRASIL. Constituição (1988). Constituição da República Federativa do Brasil de 1988. Brasília.

direitos dos trabalhadores, como também expandiu as novas formas de trabalho.

Com a adoção de novas tecnologias virtuais e digitais, a organização do trabalho sofreu alterações, conforme Silva[(16)]:

> Segundo Raffaele de Luca Tamajo, no século XXI novos atores sobem ao palco da história industrial: são trabalhadores que não dispõem de instrumentos de produção tradicionais, mas que possuem uma "nova riqueza", um patrimônio de conhecimento, de *know how*, de especialização profissional, que os torna capazes de fornecerem um resultado, um serviço, um programa, sem a necessidade da rigorosa direção que tipifica o trabalho subordinado. [...] Giancarlo Perone chama a atenção para a atual inadequação do esquema legal da subordinação em face da evolução da tecnologia e dos sistemas de produção: o modelo de organização produtiva centralizada, hierarquizada e fundado na distribuição rígida das tarefas cedeu o seu lugar a um novo modelo, baseado no processo de coordenação horizontal e de exteriorização de fases do ciclo produtivo.

As mudanças na forma de trabalho foram muitas, seja pelo avanço da tecnologia e/ou outros aspectos sociais, políticos, econômicos e sanitários, como pandemias. No Brasil, no século XXI, diante da pandemia que se instalou, a qual será tratada no item a seguir, a orientação sanitária de distanciamento social não se deu apenas como uma alternativa para barrar a doença, mas também como uma forma de permitir a continuação do trabalho e simultaneamente proteger a saúde das pessoas Assim, novamente a forma de trabalhar foi impactada por uma pandemia, trazendo novas formas tecnológicas de operacionalizar o trabalho e a consequente criação de novos regramentos jurídicos para as relações trabalhistas.

A pandemia causada pelo novo coronavírus gerou uma nova fase no mundo do trabalho, com mudanças bruscas e cheias de consequências. O trabalho à distância foi uma delas.

3. A impulsão do teletrabalho pela covid-19: a realidade no Brasil

Novamente os direitos dos trabalhadores sofreram impactos que se assemelharam muito aos da época da Revolução Industrial, isto é, ocorreram mudanças relativas tanto a legislação trabalhista, como a imposição de novas tecnologias à vida do homem.

Essa reiterada alteração na vida do trabalhador foi por conta do surgimento do novo vírus Sars-CoV2, COVID-19[(17)].

No século XXI, no final do ano de 2019, possivelmente na China, em um mercado de animais na cidade de Wuhan, a variação de um vírus já conhecido infectou um humano, que, por sua vez, passou a transmiti-lo para outra pessoas. Alguns meses depois, a Organização Mundial da Saúde reconheceu e declarou situação de pandemia pelo novo coronavírus (Sars-CoV2).

No mês de janeiro do ano 2020, foram diagnosticados os primeiros casos da doença no Brasil e, em vista dessa nova realidade, no dia 7 de fevereiro de 2020 foi publicada a Lei n. 13.979[(18)], que dispôs sobre as medidas para enfrentamento da emergência de saúde pública de importância internacional decorrente do coronavírus. Belmonte, Martinez e Maranhão[(19)] ilustram os conceitos apresentados pela referida norma:

> A lei conceituou "isolamento", como separação de pessoas doentes ou contaminadas, ou de bagagens meios de transporte, mercadorias ou encomendas postais afetadas, de outros, de maneira a evitar a contaminação ou a propagação do coronavírus (art. 2º, I). Foi também definida a "quarentena" como restrição de atividades ou separação de pessoas suspeitas de contaminação das pessoas que não estejam

(16) RIFKIN, J. *O fim dos empregos*. Tradução de Ruth Gabriela Bahr. São Paulo: Makron Books, 1996. p. 63-64.

(17) "Segundo o Ministério da Saúde do Brasil, a COVID-19 é uma doença causada pelo coronavírus SARS-CoV-2, que apresenta um quadro clínico que varia de infecções assintomáticas a quadros respiratórios graves. De acordo com a Organização Mundial de Saúde (OMS), a maioria dos pacientes de Covid-19 (cerca de 80%) podem ser assintomáticos e cerca de 20% dos casos podem requerer atendimento hospitalar por apresentarem dificuldade respiratória e, desses casos, 5% podem necessitar de suporte para o tratamento da insuficiência respiratória. Coronavírus é uma família de vírus que causam infecções respiratórias. O novo agente do coronavírus foi descoberto em 31.10.2019, após casos registrados na China. Provoca a doença chamada de coronavírus (COVID-19)". (BELMONTE, A. A.; MARTINEZ, L.; MARANHÃO, N. *Direito do Trabalho na crise da COVID-19*. p. 353).

(18) BRASIL. Lei n. 13.979, de 2020. Dispõe sobre as medidas para enfrentamento da emergência de saúde pública de importância internacional decorrente do coronavírus responsável pelo surto de 2019. Brasília.

(19) BELMONTE, A. A.; MARTINEZ, L.; MARANHÃO, N. *Direito do Trabalho na crise da COVID-19*. p. 353.

doentes, ou de bagagens, contêineres, animais, meios de transporte ou mercadorias suspeitos de contaminação, de maneira a evitar possível contaminação ou propagação do coronavírus (art. 2º, II). A lei seguiu as definições estabelecidas no Regulamento Sanitário Internacional.

No âmbito trabalhista, foi definido no § 3º do artigo 3º, da citada lei, que os trabalhadores que se ausentassem do serviço para cumprimento de tais medidas, teriam suas faltas justificadas. O governo, então, declarou estado de calamidade pública no Brasil com a expedição do Decreto Legislativo n. 6, de 20 de março de 2020[20].

Apesar da preocupação com a saúde pública, a atenção se voltou também para a economia, com destaque para as relações de trabalho.

A pandemia espalhou preocupação por todo o País, o que levou governadores e prefeitos a determinarem, por meio de decretos, o isolamento social, com a proibição de circulação de transportes coletivos, aulas presenciais, cinemas, teatros, casas noturnas e eventos esportivos em várias cidades e estados do país, com o objetivo de evitar aglomerações e consequente contaminação comunitária acelerada.

Em razão disso, além de expedição de ofício por parte da Secretaria Especial da Previdência e Trabalho do Ministério da Economia, contendo orientações gerais aos trabalhadores e empregadores acerca da prática da boa higiene e conduta no local de labor, foram expedidas, também, medidas provisórias para minimizarem os efeitos da pandemia, que, segundo Belmonte[21]:

> A ideia geral foi de preservar o emprego e a renda, viabilizar a atividade econômica, diante da diminuição das atividades e reduzir o impacto social em razão das consequências do estado de calamidade pública e de emergência de saúde pública. Nesse contexto, foram editadas diversas Medidas Provisórias, uma vez que claramente presentes os requisitos de relevância e urgência previstos no art. 62 da Constituição da República. Em relação ao Direito do Trabalho, as principais Medidas Provisórias editadas foram a n. 927, de 22 de março de 2020 e a n. 936, de 1º de abril de 2020.

Os efeitos da pandemia na economia e no sistema de saúde foram devastadores. Pequenas e médias empresas se viram impossibilitadas de cumprir suas obrigações contratuais, tanto com seus empregados, quanto com seus tomadores e prestadores de serviços, e esses efeitos levaram a edição de diversas medidas provisórias, como anteriormente relatado.

A primeira Medida Provisória n. 927[22], a qual caducou no dia 19.07.2020, por não ter sido votada a tempo pelo Senado Federal, dispôs sobre medidas trabalhistas que poderiam ser adotadas pelos empregadores para com seus empregados, inclusive com estagiários e aprendizes, com o objetivo de preservar emprego e renda diante das grandes questões e dificuldades presentes nesse período turbulento de calamidade pública reconhecida.

Em uma das citadas medidas estava prevista no artigo 4º , § 1º, que se referia ao teletrabalho, modalidade essa que pode ser adotada por vontade unilateral do empregador no estado de exceção, ao invés da exigência da prestação de forma presencial por parte de seu empregado.

Por sua vez, a Medida Provisória n. 936[23], convertida na Lei n. 14.020/20[24], que instituiu o Programa

(20) BRASIL. Senado Federal. Decreto n. 6, de 2020. Reconhece, para os fins do art. 65 da Lei Complementar n. 101, de 4 de maio de 2000, a ocorrência do estado de calamidade pública, nos termos da solicitação do Presidente da República encaminhada por meio da Mensagem n. 93, de 18 de março de 2020. Brasília.

(21) BELMONTE, A. A.; MARTINEZ, L.; MARANHÃO, N. *Direito do Trabalho na crise da COVID-19*. p. 354.

(22) BRASIL. Medida Provisória n. 927, de 22 de março de 2020. Dispõe sobre as medidas trabalhistas para enfrentamento do estado de calamidade pública reconhecido pelo Decreto Legislativo n. 6, de 20 de março de 2020, e da emergência de saúde pública de importância internacional decorrente do coronavírus (Covid-19), e dá outras providências. Brasília.

(23) BRASIL. Medida Provisória n. 936, de 1º de abril de 2020. Institui o Programa Emergencial de Manutenção do Emprego e da Renda e dispõe sobre medidas trabalhistas complementares para enfrentamento do estado de calamidade pública reconhecido pelo Decreto Legislativo n. 6, de 20 de março de 2020, e da emergência de saúde pública de importância internacional decorrente do coronavírus (Covid-19), de que trata a Lei n. 13.979, de 6 de fevereiro de 2020, e dá outras providências. Brasília.

(24) BRASIL. Lei n. 14.020, de 6 de julho de 2020. Institui o Programa Emergencial de Manutenção do Emprego e da Renda; dispõe sobre medidas complementares para enfrentamento do estado de calamidade pública reconhecido pelo Decreto Legislativo n. 6, de 20 de março de 2020, e da emergência de saúde pública de importância internacional decorrente do coronavírus, de que trata a Lei n. 13.979, de 6 de fevereiro de 2020; altera as Leis ns. 8.213, de 24 de julho de 1991, 10.101, de 19 de dezembro de 2000, 12.546, de 14 de dezembro de 2011, 10.865, de 30 de abril de 2004, e 8.177, de 1º de março de 1991; e dá outras providências. Brasília.

Emergencial de Manutenção de Emprego e Renda, além da preservação do emprego e da renda, foi editada para garantir a continuidade das atividades laborais e empresariais e reduzir o impacto social decorrente dos fatos que ensejaram o estado de calamidade pública e de emergência de saúde pública. Nesta medida provisória, autorizou-se a adoção de redução proporcional de jornada de trabalho e salários, a suspensão do contrato de trabalho e o pagamento de benefício emergencial de preservação do emprego e da renda. A aplicação de alguma das referidas medidas carecia, todavia, do acordo individual, convenção ou acordo coletivo de trabalho, entre as partes envolvidas no contrato de trabalho antes de sua adoção.

Muitas foram as discussões acerca da forma, procedimento e utilização prática dessas medidas, porém, em que pese a diversidade de opiniões, elas tiveram o intuito de minimizar os efeitos da crise, sanitária e econômica, instaladas sobre a economia, em especial sobre as relações de trabalho.

Um dos recursos muito adotado durante o momento de calamidade pública foi o teletrabalho, que ganhou visibilidade em virtude das restrições quanto ao contato físico e aglomeração que quase todo o ambiente de trabalho possui. Muito embora a alternativa de trabalho a distância tenha se tornado comum na pandemia da COVID-19, a prática não foi uma novidade, já que estava presente nos países europeus desde a década de 70. De acordo com Barros[25]:

> O teletrabalho começou a surgir principalmente nos países da Europa, em meados dos anos 70 como uma "nova revolução industrial". Esta nova modalidade de emprego teve sua inspiração no trabalho que era realizado no próprio domicílio familiar que servia apenas para o sustento da própria família onde os lucros eram destinados a necessidade destes.

Esta forma de trabalho passou a ser exercida nos Estados Unidos em épocas de crise, no intuito de reduzir o gasto com deslocamento até a sede da empresa, expandindo-se para vários países da Europa. Para Belmonte, Martinez e Maranhão[26], o conceito de teletrabalho é:

> De origem etimológica grega, *tele* significa distância. O teletrabalho é modalidade especial de trabalho a distância, tipo específico, contido neste. Não à toa, o legislador reformista o colocou com requisitos específicos e formalidades intrínsecas à contratação, que o fazem um contrato de tipo especial.

No Brasil, o teletrabalho foi adotado por muitas empresas para superar o período pandêmico e assegurar o trabalho dos trabalhadores, não ensejando em desempregos em massa e a falência de instituições. Porém, o primeiro sinal do teletrabalho no Brasil se deu no ano de 2011, com a alteração do artigo 6ª da CLT, onde passou a constar seu *caput* que "Não se distingue entre o trabalho realizado no estabelecimento do empregador, o executado no domicílio do empregado e o realizado a distância, desde que estejam caracterizados os pressupostos da relação de emprego". Todavia, foi no ano de 2017, por meio da Lei n. 13.467[27], que nasceu a regulamentação da modalidade do Teletrabalho na Consolidação das Leis do Trabalho, prevista no Capítulo II-A, artigo 75-B, o qual conceitua o teletrabalho:

> Considera-se teletrabalho a prestação de serviços preponderantemente fora das dependências do empregador, com a utilização de tecnologias de informação e de comunicação que, por sua natureza, não se constituam como trabalho externo.
>
> Parágrafo único. O comparecimento às dependências do empregador para a realização de atividades específicas que exijam a presença do empregado no estabelecimento não descaracteriza o regime de teletrabalho.

Por meio do teletrabalho, os elementos daquela contratualidade podem atuar com a presença forte da tecnologia da informação e comunicação, otimizando o tempo que possuem sem a necessidade de se deslocarem até a sede da empresa para desenvolver suas tarefas.

Não há limites no teletrabalho, que, dessa forma, prioriza o trabalho intelectual e ultrapassa

---

(25) BARROS, A. M. *Contratos e Regulamentações Especiais de Trabalho:* peculiaridades, aspectos controvertidos e tendências. 3. ed. São Paulo: LTr, 2009. p. 512.

(26) BELMONTE, A. A.; MARTINEZ, L.; MARANHÃO, N. *Direito do Trabalho na crise da COVID-19*. p. 344.

(27) Conhecida como "A Reforma Trabalhista". (BRASIL. Lei n. 13.467, de 13 de julho de 2017. Altera a Consolidação das Leis do Trabalho (CLT), aprovada pelo Decreto-Lei n. 5.452, de 1º de maio de 1943, e as Leis ns. 6.019, de 3 de janeiro de 1974, 8.036, de 11 de maio de 1990, e 8.212, de 24 de julho de 1991, a fim de adequar a legislação às novas relações de trabalho. Brasília.).

fronteiras territoriais tradicionais, conforme disciplina Barros[28]:

> Aliás, esta nova forma de trabalhar transcende os limites territoriais e poderá ser transregional, transnacional e transcontinental. Ela permite até mesmo a atividade em movimento. Esse tipo de trabalho é executado por pessoas com média ou alta qualificação, as quais se utilizam da informática ou da telecomunicação no exercício das atividades.

Essa modalidade de labor pode ser exercida em domicílio, conhecido como *home office*, como também em telecentros, que são espaços para trabalho. Este último sem se confundir com a sede do empregador do empregado.

Os gastos para a aquisição de equipamentos tecnológicos e infraestrutura necessária para prestação desse trabalho remoto, ou mesmo a disponibilização disso, devem estar previstos no contrato escrito entre as partes envolvidas, de acordo com o artigo 75-D, da CLT.

Esta forma de trabalhar deverá constar expressamente no contrato individual de trabalho e, caso haja, durante a contratualidade, alteração do regime de trabalho, é necessário o mútuo acordo entre empregado e empregador.

Conforme já apontado, em razão da declaração de estado de calamidade, o teletrabalho teve procedimento flexibilizado pela Medida Provisória n. 927/20[29]. Veem-se os artigos de referência:

> Art. 3º Para enfrentamento dos efeitos econômicos decorrentes do estado de calamidade pública e para preservação do emprego e da renda, poderão ser adotadas pelos empregadores, dentre outras, as seguintes medidas:
>
> I — o teletrabalho;
>
> Art. 4º Durante o estado de calamidade pública a que se refere o art. 1º, o empregador poderá, a seu critério, alterar o regime de trabalho presencial para o teletrabalho, o trabalho remoto ou outro tipo de trabalho a distância e determinar o retorno ao regime de trabalho presencial, independentemente da existência de acordos individuais ou coletivos, dispensado o registro prévio da alteração no contrato individual de trabalho.

De acordo com a MP referida, o formato de prestação do teletrabalho, conforme o artigo 4º, poderia ser alterado a critério do empregador e a comunicação dessa escolha ao trabalhador deve ocorrer com antecedência mínima de 48 (quarenta e oito) horas. Belmonte, Martinez e Maranhão[30] opinam:

> (...) Durante a vigência do Decreto Legislativo n. 06/2020, que decreta Estado de Calamidade no Brasil, estima-se que uma grande parte da população trabalhadora brasileira alterará o perfil de seu contrato para a prestação remota de serviços, ensejando uma série de questionamentos e desdobramentos. Mesmo antes do vigor da Medida Provisória n. 927/2020, especialistas alertavam para o potencial do teletrabalho como mecanismo que permitiria a conciliação da continuidade do trabalho com as políticas de isolamento social.

Percebe-se que, diferentemente da regra geral contida na CLT, que em estado de emergência, a opção de teletrabalho não dependeu da existência de acordos individuais ou coletivos, nem do registro prévio de alteração contratual. O motivo claro disso é o período curto que se tem e as necessidades tormentosas por ambas as partes da relação trabalhista.

Na hipótese de o empregado não possuir os equipamentos tecnológicos e infraestrutura necessária para o exercício da prestação do teletrabalho, igualmente a previsão de origem, o empregador poderá fornecer esses equipamentos em regime de comodato e pagar por serviços de infraestrutura (cadeira ergonômica, uma boa internet), que não caracterizarão verba de natureza salarial.

No Brasil, diante da nova realidade que se instalou, muitas foram as funções que ganharam espaço no dito *home office*, como é o caso de empresas com grandes setores administrativos, departamento pessoal, telemarketing, escritórios de advocacia e outras dos mais variados gêneros.

Esta realidade advinda com mais uma pandemia, colocou em voga um novo recurso de trabalho que será cada vez mais utilizado pelas instituições como forma de gerar uma grande economia nos custos que se tem com o setor operacional, energia elétrica, limpeza do espaço físico corporativo e até mesmo o deslocamento de pessoal.

---

(28) BARROS, A.M. de. *Curso de Direito do Trabalho*. 10 ed. São Paulo, LTr, 2016, p. 213.

(29) Caducou no dia 19 de julho de 2020 por não ter sido votada a tempo pelo Senado Federal.

(30) BELMONTE, A. A.; MARTINEZ, L.; MARANHÃO, N. *Direito do Trabalho na crise da COVID-19*. p. 347.

Em estudo publicado pelo IPEA — Instituto de Pesquisa Econômica Aplicada(31):

> [...] O maior potencial de teletrabalho foi identificado no Distrito Federal, onde 31,6% dos empregos podem ser executados de forma remota (em torno de 450 mil pessoas). Na sequência vêm os estados de São Paulo (27,7% dos empregos, aproximadamente 6,1 milhões de pessoas) e Rio de Janeiro (26,7%, ou pouco mais de 2 milhões de trabalhadores). O Piauí é o que apresenta o menor potencial de teletrabalho (15,6% das atividades, ou cerca de 192 mil pessoas). Na análise internacional, Luxemburgo tem a maior proporção de teletrabalho entre os 86 países avaliados (53,4% dos empregos). No final do ranking aparece Moçambique (5,24%). Dentre os 9 países da América Latina que constam no estudo (Brasil, Bolívia, Chile, El Salvador, Equador, Guatemala, Honduras, México e Panamá), o Chile apresenta a maior participação de teletrabalho (25,74%). No Brasil, de acordo com a 11ª edição da pesquisa TIC Domicílios (2015), que mede o acesso e os usos da população em relação às tecnologias de informação e comunicação, citada pelo Portal Brasil (2016), mostra que 58% da população brasileira utilizam a internet — o que representa 102 milhões de internautas. A proporção é 5% superior à registrada na pesquisa de 2014. Segundo esse levantamento, o telefone celular é o dispositivo mais utilizado para o acesso individual da internet pela maioria dos usuários: 89%, seguido pelo computador de mesa (40%), computador portátil ou notebook (39%), tablete (19%), televisão (13%) e videogame (8%).

A notícia divulgada no Jornal O Estadão(32), mostra a veloz evolução da tecnologia neste estado de excepcionalidade:

> O isolamento social provocado pela pandemia de Covid-19 trouxe novos hábitos para a população e uma corrida das empresas para se adaptar a eles.
>
> Companhias que já eram digitais cresceram durante o confinamento e tiveram seus ativos valorizados. As que estavam no meio do caminho aceleraram a digitalização, viraram multicanais e passaram a transitar com mais facilidade entre os mundos *off-line* e *on-line*. "Nesse processo as empresas ganharam 5 anos em 5 meses. Mas, num contexto geral, podemos ter um ganho de uma década", afirma o presidente da Trevisane Escola de Negócios, VanDyck Silveira. As grandes companhias já tinham um plano de digitalização montado, mas para ser tocado num ritmo mais lento. Com a pandemia, aceleraram os projetos.

Foi perceptível, em razão do isolamento social, a necessidade do consumidor adquirir produtos por meio da internet. Com isso, as empresas foram forçadas a revisar suas formas de atuação no mercado, o que, em muitos seguimentos gerou efeitos positivos, e, em razão disso, as mudanças na forma de atuação das empresas no mercado de consumo foram ganhando caráter definitivo.

Apesar da superação e sequelas engrandecedoras, o serviço prestado na modalidade de teletrabalho também trouxe ônus ao trabalhador, como diz um entrevistado, em artigo publicado por Ramos(33):

> Analisando o teletrabalho antes da pandemia, em um relato de um estudo de um trabalhador no caso na Shell Brasil, empresa que, desde 2000, promove a migração de alguns funcionários para o regime *home office*, apresenta: "*O mais negativo é que eu trabalho mais. Eu acho que não me desligo do trabalho, estou sempre trabalhando. Parece que a Shell está dentro da minha casa (...) que, a qualquer momento, eu posso ser acionada. (...) A barreira entre a minha casa e o trabalho não existe mais, ficou muito tênue. (...)*

Outro dado importante é que empregados em teletrabalho são propensos a se tornarem *workaholics*, patologia psíquica que afeta consideravelmente a saúde do trabalhador, caracterizada pelo "vício" em trabalho, no que concerne às consequências para o trabalhador: "*No que concerne às consequências do workaholismo, as investigações enfatizam o seu lado negativo (e.g. Killinger, 1991), muito embora alguns trabalhos sugerem haver benefícios para indivíduos e organizações (e.g. Machlowitz, 1980). Os dados obtidos neste estudo corroboram a perspectiva negativa, havendo apenas uma resposta de carácter positivo (progressão na carreira). Todos os restantes sujeitos focam factores nocivos como o afastamento de amigos e família, problemas pessoais e de saúde ou perda de valores. As consequências do workaholismo são analisadas segundo várias perspectivas: satisfação*

(31) Instituto de Pesquisa Econômica Aplicada — IPEA. *Teletrabalho pode chegar a 22,7% das ocupações nacionais, aponta estudo.* 2020. Disponível em: <https://www.ipea.gov.br/portal/index.php?option=com_content&view=article&id=35648>. Acesso em: 18 ago. 2020.

(32) ESTADÃO. *Com pandemia, digitalização nas empresas avança cinco anos em cinco meses.* 2020. Elaborada por Renée Pereira. Disponível em: <https://www.estadao.com.br/infograficos/economia,com-pandemia-digitalizacao-nas-empresas-avanca-cinco-anos-em-cinco-meses,1119274>. Acesso em: 13 set. 2020.

(33) RAMOS, L. N. Desordem social: quarentena, teletrabalho e saúde do trabalhador. *Consultor Jurídico*, São Paulo, v. 1, n. 1, abr. 2020. Disponível em: <https://www.conjur.com.br/2020-abr-13/opiniao-quarentena-teletrabalho-saude-trabalhador>. Acesso em: 20 maio 2020.

com o trabalho e carreira; saúde mental, perfeccionismo e desconfiança; sucesso na carreira, relações sociais e saúde física; e o papel do tempo (curto prazo vs longo prazo)" (GOMES; SOARES, 2011).

A percepção do trabalhador em regime de teletrabalho, por vezes, pareceu ambígua ante a dificuldade de se fazer a distinção de trabalho e vida pessoal, quando se está 24 (vinte e quatro) horas no mesmo ambiente, misturando trabalho e cuidados com a família. Perceptível é esta questão no diálogo do personagem acendedor de lampiões do livro Pequeno Príncipe[34], cuja conversa travada entre ele e o principezinho é ora transcrita para montar a situação de quem vive a sensação de ser o trabalho ininterrupto:

> — Bom dia. Por que acabas de apagar teu lampião?
>
> — É o regulamento, respondeu o acendedor. Bom dia.
>
> — Que é o regulamento?
>
> — É apagar meu lampião. Boa noite.
>
> — Mas por que acabas de acendê-lo de novo?
>
> — É o regulamento, respondeu o acendedor.
>
> — Eu não compreendo, disse o principezinho.
>
> — Não é para compreender, disse o acendedor. Regulamento é regulamento. Bom dia.
>
> E apagou o lampião.
>
> Em seguida enxugou a fronte num lenço de quadrinhos vermelhos.
>
> — Eu executo uma tarefa terrível. Antigamente era razoável. Apagava de manhã e acendia à noite. Tinha o resto do dia para descansar e o resto da noite para dormir...
>
> — E depois disso, mudou o regulamento?
>
> — O regulamento não mudou, disse o acendedor. Aí é que está o drama! O planeta de ano em ano gira mais depressa, e o regulamento não muda!
>
> — E então? Disse o principezinho.
>
> — Agora, que ele dá uma volta por minuto, não tenho mais um segundo de repouso. Acendo e apago uma vez por minuto!

O teletrabalho, por óbvio, tem potencial, assim como ocorreu com o personagem acendedor de lampiões, para gerar um desequilíbrio nos papéis em que o indivíduo desempenha na vida e, com o passar do tempo, apagar os limites entre trabalho, descanso, lazer e vida social, de modo a criar a sensação de que a pessoa não tem *um segundo de repouso*.

4. *A telemedicina em tempos de covid-19*

De fato, o cenário provocado pela pandemia causou reflexos significativos na estrutura econômica, política e social do mundo. Como demonstrado acima, as carreiras tiveram que se adaptar às novas demandas, sendo a migração para o teletrabalho a mudança mais significativa. Igualmente foi inevitável que o setor da saúde também fosse afetado, trazendo aos profissionais desta categoria uma nova forma de prestação de serviços, a telemedicina[35].

Todavia, a telemedicina não foi uma novidade. Acredita-se que o uso da tecnologia tenha se iniciado em meados dos anos de 1960. Registra-se que o primeiro sistema interativo de telemedicina tenha se dado "[...] entre o Massachusetts General Hospital e o aeroporto internacional Logan, em Boston, EUA"[36].

A comunicação "[...] era dada por transmissão através de canal micro-ondas que comunicava os dois locais entre si"[37]. A telemedicina formada entre ambos "[...] possibilitava o atendimento médico a viajantes e funcionários do aeroporto, realizado por enfermeiras no local supervisionado por médicos ba-

(34) SAINT-EXUPÉRY, A. d. *O pequeno Príncipe*. São Paulo: Saraiva, 2018. p. 40.

(35) "[...] todo esforço organizado e eficiente do exercício médico a distância que tenha como objetivos a informação, o diagnóstico e o tratamento de indivíduos isoladamente ou em grupo, desde que baseado em dados, documentos ou outro qualquer tipo de informação confiável, sempre transmitida através dos recursos da telecomunicação". FRANÇA, Genival Veloso. *Direito Médico*. 12. ed. Rio de Janeiro: Forense, 2014. p. 54.

(36) WEN, C. L. Telemedicina e telessaúde: aplicação de tecnologia para promover educação interativa e formação de rede de interconsulta profissional em saúde. In: TRINDADE, M. A. B. (Org.). *As tecnologias da informação e comunicação (TIC) no desenvolvimento profissional de trabalhadores do SUS*. São Paulo: Instituto de Saúde, 2011. p. 97.

(37) KHOURI, Sumaia Georges El. *Telemedicina:* análise da sua evolução no Brasil. Dissertação (Mestrado) — Curso de Faculdade de Medicina, Universidade de São Paulo, São Paulo, 2003. p. 104. Disponível em: <https://teses.usp.br/teses/disponiveis/5/5160/tde-24102007-143128/publico/sumaiagekhouri.pdf>. Acesso em: 28 set. 2020.

seados no hospital"[38], oferecendo "[...] um cardápio completo de serviços de atendimento primário e de emergência"[39].

Na Europa, a telemedicina avançou na década de 1970, sendo a Itália a pioneira a testar por meio das escolas médicas das universidades o sistema da telemedicina. "O projeto mais antigo foi conduzido pelo hospital da Universidade Católica de Roma (Policlínico Gemelli), em 1971, e consistia na realização de teleconsultas telefônicas voltadas para suspeitas de envenenamento e intoxicações"[40].

No Brasil, o desenvolvimento da telemedicina foi mais tardio, registrando-se o primeiro caso oficial em 1994. Nessa época "[...] foram iniciadas as operações da TELECÁRDIO, empresa especializada em realizar eletrocardiogramas à distância, e a empresa de serviços InterClínicas começou a oferecer um serviço de aconselhamento por telefone"[41].

Mais tarde, no ano de 2007, foi instituído, por meio da Portaria do Ministério da Saúde (MS) n. 35[42], o Programa Nacional "Telessaúde Brasil Redes", que foi reformulado posteriormente por duas vezes. Atualmente permanece em vigor pela Portaria MS n. 2.546/2011[43], e trata-se de "[...] uma ação nacional que busca melhorar a qualidade do atendimento e da atenção básica no SUS, integrando ensino e serviço por meio de ferramentas de tecnologias da informação [...]"[44]. Todavia, a proposta do programa não possui diretrizes suficientes que regulamentem o exercício da telemedicina no país. Neste sentido, pode-se considerar que a primeira e ainda vigente norma a disciplinar a telemedicina no Brasil foi instituída pela Resolução n. 1.643/2002[45] do Conselho Federal de Medicina (CFM). Dada a ausência de atualização, a referida resolução apresenta um conteúdo extremamente limitador[46]:

> [...] a Resolução CFM n. 1.643, de 2002 restringe o uso da telemedicina, ao defini-la como o exercício da medicina por meio da utilização de metodologias interativas de comunicação, audiovisual e dados, aplicadas apenas com fins de assistência, educação e pesquisa em saúde. Essa definição limita claramente o potencial de aplicação que a telemedicina apresenta.

Em 2018, na tentativa frustrada de tornar a telemedicina mais abrangente, foi criada a Resolução n. 2.227/18[47] do CFM, a qual, todavia, nem sequer superou o período de *vacatio legis*, e fora revogada no mesmo mês de sua publicação pela Resolução n. 2.228/18[48] do CFM por força de reivindicações de profissionais e entidades médicas.

Um dos pontos contrários à Resolução n. 2.227/18 do CFM levantados por muitos profissionais foi o distanciamento da relação médico-paciente, que restou prejudicada pelos meios tecnológicos, diminuindo a humanidade da relação. Destaca Luz[49]:

---

(38) WEN, C. L. *Telemedicina e telessaúde:* aplicação de tecnologia para promover educação interativa e formação de rede de interconsulta profissional em saúde. p. 97.
(39) KHOURI, Sumaia Georges El. *Telemedicina:* análise da sua evolução no Brasil, p. 103.
(40) KHOURI, Sumaia Georges El. *Telemedicina:* análise da sua evolução no Brasil, p. 124.
(41) KHOURI, Sumaia Georges El. *Telemedicina:* análise da sua evolução no Brasil, p.130.
(42) BRASIL. Portaria n. 35, de 2007. Institui, no âmbito do Ministério da Saúde, o Programa Nacional de Telessaúde. Brasília.
(43) BRASIL. Portaria n. 2.546, de 2011. Redefine e amplia o Programa Telessaúde Brasil, que passa a ser denominado Programa Nacional Telessaúde Brasil Redes (Telessaúde Brasil Redes). Brasília.
(44) DOMINGUES, D. A. M.; MARTINEZ, I. B.; CARDOSO, R. B.; *et al.* História da evolução da telemedicina no mundo, no Brasil e no Rio Grande do Sul. In: LOPES, Maria H. I.; SCHWARTSMANN, Leonor C. B. (Org.). *Registros da História da Medicina.* Porto Alegre: Luminara Editorial, 2014. p. 214.
(45) BRASIL. Conselho Federal de Medicina. Resolução n. 1.643, de 2002. Define e disciplina a prestação de serviços através da Telemedicina. Brasília.
(46) MALDONADO, J. M. S. d. V.; MARQUES, A. B.; CRUZ, A. Telemedicina: desafios à sua difusão no Brasil. *Cad. Saúde Pública,* Rio de Janeiro, v. 32, 2016, p. 05. Disponível em: <http://www.scielo.br/scielo.php?script=sci_arttext&pid=S0102-311X2016001402005&lng=en&nrm=iso>. Acesso em: 27 mai. 2020.
(47) BRASIL. Conselho Federal de Medicina. Resolução n. 2.227, de 2018. Define e disciplina a telemedicina como forma de prestação de serviços médicos mediados por tecnologias. Brasília.
(48) BRASIL. Conselho Federal de Medicina. Resolução n. 2.228, de 2019. Revoga a Resolução CFM n. 2.227, publicada no DOU. de 6 de fevereiro de 2019, Seção I, p. 58, a qual define e disciplina a telemedicina como forma de prestação de serviços médicos mediados por tecnologias, e restabelece expressamente a vigência da Resolução CFM n. 1.643/2002, publicada no DOU de 26 de agosto de 2002, Seção I, p. 205. Brasília.
(49) LUZ, P. L. d. Telemedicina e a Relação Médico-Paciente. *Arq. Bras. Cardiol.,* São Paulo, v. 113, n. 1, p. 100-102, jul. 2019. Disponível em: <http://www.scielo.br/scielo.php?script=sci_arttext&pid=S0066-782X2019000700100&lng=en&nrm=iso>. Acesso em: 27 maio 2020.

> [...] Como é possível transmitir carinho, compreensão, comprometimento, compaixão, calor humano sem olhar nos olhos do paciente? [...] Aliás, quando o tribunal do júri se reúne para julgar delitos importantes, as testemunhas e os réus são pessoalmente ouvidas. É justamente para que os jurados possam avaliar a autenticidade dos relatos. O contato médico—paciente tem significado semelhante. Tanto o médico avalia o paciente quanto o paciente avalia o médico. É questionável se uma — teleimagem pode substituir esse contato pessoal com a mesma precisão.

Preocupou também as entidades contrárias à resolução a questão da privacidade do paciente, afinal "[...] ninguém vai falar de impotência sexual, problemas de relacionamentos com cônjuges, filhos ou familiares para um aparelho que pode gravar a conversa"[(50)]. As consultas realizadas por aplicativos de conversa podem armazenar dados que eventualmente poderão ser extraviados, revelando fatos do paciente e consequentemente ferindo o disposto no artigo 73 do Código de Ética Médica — CEM[(51)], violando, assim, as barreiras éticas da profissão.

Porém, todas essas controvérsias a respeito do uso da telemedicina sofreram mudanças devido às circunstâncias emergenciais da pandemia da Covid-19. Com a proliferação rápida do vírus e de fácil contágio, a telemedicina se tornou um mecanismo essencial no dia a dia do profissional da saúde, sendo reconhecida sua importância pelo CFM por meio do Ofício n. 1.756/20[(52)], indicando a indispensabilidade do recurso nesse momento.

Contudo, em vista de a Resolução n. 1.643 do CFM ser rasa quanto ao uso da telemedicina em situações de pandemia, foi criada, por meio do Projeto de Lei n. 696/2020[(53)], a Lei n. 13.989/2020(54), que dispôs acerca do uso da telemedicina durante a crise causada pelo coronavírus (SARS-CoV-2).

Referida lei trouxe diversas inconsistências no seu texto e críticas sobre sua vigência, afinal presumia-se que, ao definir o caráter emergencial e específico para a doença, a existência da telemedicina estaria apenas condicionada a esse fato, podendo ser revogada quando cessar o período pandêmico. Tal fator é preocupante, pois as circunstâncias normativas do momento não traziam uma completa certeza de que a telemedicina poderia se tornar um mecanismo a ser adotada futuramente, muito menos que sofreria uma intervenção legislativa positiva pós pandemia.

Ademais, alguns questionamentos surgiram com a criação da Portaria MS n. 639/20[(55)]. Tal portaria dispõe sobre a ação estratégica intitulada de "O Brasil Conta Comigo — Profissionais da Saúde", consistindo na capacitação e cadastramento de profissionais da área de saúde para o enfrentamento da pandemia do coronavírus.

No entanto, havia dúvidas sobre a ação estratégica, como se, por exemplo, o profissional convocado para atuar na linha de frente contra a COVID-19 poderia abandonar o seu cargo particular para atender a emergência pública. De fato, neste caso, pelo caráter emergencial — e quase de estado de guerra — interpretou-se que seria inquestionável a obrigatoriedade, até porque o próprio Código de Ética Médica preceitua que é vedado "deixar de colaborar com as autoridades sanitárias ou infringir a legislação pertinente"[(56)], embora a proibição seja exclusiva ao médico e não a outros profissionais, por isso a necessidade da interpretação.

(50) LUZ, P. L. d. *Telemedicina e a Relação Médico-Paciente*. p. 101.

(51) "Art. 73. Revelar fato de que tenha conhecimento em virtude do exercício de sua profissão, salvo por motivo justo, dever legal ou consentimento, por escrito, do paciente". (Código de Ética Médica: Resolução CFM n. 2.217, de 27 de setembro de 2018, modificada pelas Resoluções CFM ns. 2.222/2018 e 2.226/2019. Brasília: Conselho Federal de Medicina, 2019).

(52) BRASIL. Conselho Federal de Medicina. Ofício n. 1.756, de 2020. Brasília. Disponível em: <https://portal.cfm.org.br/images/PDF/2020_oficio_telemedicina.pdf>. Acesso em: 28 maio 2020.

(53) BRASIL. Câmara dos Deputados. Projeto de Lei n. 696, de 2020. Dispõe sobre o uso da telemedicina durante a crise causada pelo coronavírus (2019-nCoV). Brasília, Disponível em: <https://www.camara.leg.br/proposicoesWeb/fichadetramitacao?idProposicao=2239462>. Acesso em: 20 ago. 2020.

(54) BRASIL. Lei n. 13.989, de 2020. Dispõe sobre o uso da telemedicina durante a crise causada pelo coronavírus (SARS-CoV-2). Brasília.

(55) BRASIL. Ministério da Saúde. Portaria n. 639, de 2020. Dispõe sobre a Ação Estratégica "O Brasil Conta Comigo — Profissionais da Saúde", voltada à capacitação e ao cadastramento de profissionais da área de saúde, para o enfrentamento à pandemia do coronavírus (COVID-19). Brasília. Disponível em: <http://www.in.gov.br/en/web/dou/-/portaria-n-639-de-31-de-marco-de-2020-250847738>. Acesso em: 1º jun. 2020.

(56) "É vedado ao médico: Art. 21. Deixar de colaborar com as autoridades sanitárias ou infringir a legislação pertinente". (Código de Ética Médica: Resolução CFM n. 2.217, de 27 de setembro de 2018, modificada pelas Resoluções CFM ns. 2.222/2018 e 2.226/2019. Brasília: Conselho Federal de Medicina, 2019).

A proibição da não colaboração, entretanto, levantou outro questionamento acerca da disponibilidade dos hospitais — principalmente públicos — por EPI (equipamento de proteção individual) hospitalar. Com a demanda excessiva de pacientes com Covid-19, os profissionais da saúde temiam ser penalizados futuramente caso se recusassem a trabalhar em um ambiente onde não houvesse segurança. Tal procedimento, inclusive, estaria em desacordo com as disposições e procedimentos técnicos relacionados à segurança e medicina do trabalho, que são as normas regulamentadoras[(57)].

As receitas médicas digitais também foram alvo de discussão por parte dos profissionais da saúde. Isso em razão do veto presidencial do Parágrafo Único[(58)] do artigo 2º da Lei n. 13.989/2020, que autorizava e validava as receitas médicas apresentadas em suporte digital. Em agosto de 2020, o Senado Federal derrubou o veto[(59)], reestabelecendo a possibilidade deste procedimento durante a pandemia da COVID-19.

Outro questionamento levantado por muitos profissionais foi a remuneração, caso fossem convocados a combater o vírus. A Portaria MS n. 639/20 não mencionava claramente isso, todavia, a Lei n. 13.979/20 estabelece no inciso VII do seu artigo 3º, que a "requisição de bens e serviços de pessoas naturais e jurídicas, hipótese em que será garantido o pagamento posterior de indenização justa".

O Projeto de Lei n. 1.826/2020[(60)], que havia sido aprovado pelo Congresso Nacional, concedia indenização no valor de R$ 50.000,00 (cinquenta mil reais) para trabalhadores da saúde incapacitados pela COVID-19[(61)], todavia, houve o veto presidencial de forma integral.

Desta forma, o momento foi oportuno para uma reflexão sobre investimentos na produção de novas tecnologias na área da saúde no Brasil, sobretudo uma atualização normativa acerca da telemedicina. O recurso foi a grande ponte que ligou o médico ao paciente, possibilitando o tratamento à longa distância. Preceitua Baptista[(62)]:

> Uma das principais potencialidades da Telemedicina é de proporcionar um aumento de acessibilidade aos cuidados de saúde. Esta prática diminui a necessidade de deslocações de utentes e/ou profissionais e reduz o tempo necessário para efectuar o diagnóstico e/ou iniciar terapêutica. É, pois, um avanço muito importante para a quebra do isolamento de profissionais e utentes. Assim, como uma das vantagens, para além da evidente melhoria da acessibilidade aos cuidados de saúde, podemos apontar a rentabilização dos recursos e a redução dos custos, uma vez que a Telemedicina permite a prestação de cuidados diferenciados à distância e a um maior número de indivíduos, garantindo uma melhor triagem e uma redução na necessidade de deslocação de pessoas com a consequente poupança de recursos e sem quebra de qualidade nos cuidados.

Em entrevista[(63)] para o canal TILT da plataforma de notícias online UOL, o médico do esporte Ruben Chavez confessa que a experiência nova decorrente

---

(57) Disposições complementares criadas pelo Ministério da Economia/Secretaria do Trabalho, do Capítulo V da Consolidação das Leis Trabalhistas, que consistem em obrigações, direitos e deveres a serem cumpridos por empregadores e trabalhadores com o objetivo de avalizar trabalho seguro e sadio, prevenindo a ocorrência de doenças e acidentes de trabalho, atualmente são 37 NRs.

(58) "Parágrafo único. Durante o período a que se refere o *caput*, serão válidas as receitas médicas apresentadas em suporte digital, desde que possuam assinatura eletrônica ou digitalizada do profissional que realizou a prescrição, sendo dispensada sua apresentação em meio físico". (BRASIL. Lei n. 13.989, de 2020. Dispõe sobre o uso da telemedicina durante a crise causada pelo coronavírus (SARS-CoV-2). Brasília.).

(59) Senado Federal. *Com derrubada de veto, receitas médicas digitais estão liberadas.* 2020. Disponível em: <https://www12.senado.leg.br/noticias/audios/2020/08/com-derrubada-de-veto-receitas-medicas-digitais-estao-liberadas>. Acesso em: 24 ago. 2020.

(60) BRASIL. Senado Federal. Projeto de Lei n. 1826, de 2020. Dispõe sobre compensação financeira a ser paga pela União aos profissionais e trabalhadores de saúde que, durante o período de emergência de saúde pública de importância nacional decorrente da disseminação do novo coronavírus (SARS-CoV-2), por terem trabalhado no atendimento direto a pacientes acometidos pela Covid-19, ou realizado visitas domiciliares em determinado período de tempo, no caso de agentes comunitários de saúde ou de combate a endemias, tornarem-se permanentemente incapacitados para o trabalho, ou ao seu cônjuge ou companheiro, aos seus dependentes e aos seus herdeiros necessários, em caso de óbito; e altera a Lei n. 605, de 5 de janeiro de 1949. Brasília. Disponível em: <https://www25.senado.leg.br/web/atividade/materias/-/materia/142085>. Acesso em: 24 ago. 2020.

(61) Senado Federal. *Bolsonaro veta indenização a trabalhador da saúde incapacitado por covid-19.* 2020. Disponível em: <https://www12.senado.leg.br/noticias/materias/2020/08/04/bolsonaro-veta-indenizacao-a-trabalhador-da-saude-incapacitado-por-covid-19>. Acesso em: 24 ago. 2020.

(62) BAPTISTA, F. J. *Telemedicina em catástrofe.* Dissertação (Mestrado) — Curso de Ciências Biomédicas, Universidade do Porto, Porto, 2010. p. 61. Disponível em: <https://repositorio-aberto.up.pt/bitstream/10216/57087/2/telemedicina%20catastrofe.pdf>. Acesso em: 4 maio 2020.

(63) UOL (TILT). *"Senti como se estivesse em consultório", diz paciente sobre telemedicina.* 2020. Colaboração de Marcos Bonfim. Disponível em: <https://www.uol.com.br/tilt/noticias/redacao/2020/05/17/telemedicina-vira-hit-na-pandemia-mas-ainda-substitui-mal-exame-fisico.htm>. Acesso em: 28 set. 2020.

da pandemia tem o agradado e pensa que no futuro "poder fazer as consultas de retorno por vídeo seria uma estratégia interessante para esse tipo de situação".

Da mesma forma, em entrevista para o presente artigo, a psicóloga Janete Aparecida Cardoso, que atua há mais de 30 anos na área, considera que a telemedicina possui mais prós do que contras. Enaltece que os atendimentos realizados com crianças ainda possuem alguns entraves, e que, nesse caso é necessário acompanhar o paciente de perto, o mesmo vale para aqueles com transtornos específicos.

Entretanto, a psicóloga aponta que a telemedicina se apresentou como um mecanismo positivo, pois trouxe flexibilidade nos horários de seus pacientes que necessitavam de consultas após o horário comercial. Apontou ainda que houve o retorno de pacientes que haviam interrompido o tratamento por terem se mudado de cidade, de estado e até para outro país. No geral, destacou que os pacientes têm se mostrado bastante receptivos e alguns, dizem não querer retornar ao presencial.

Ademais, os médicos, psicólogos e enfermeiros que ficaram na linha de frente no combate ao vírus, além de oferecerem os seus serviços por meio da telemedicina, também usufruíram do mecanismo para se consultarem, afinal, por de trás de qualquer exímio profissional, há um ser humano que, naquele contexto, se ausentou de sua família, presenciou momentos de grande tensão e comprometeu sua própria vida em função de milhares de outras que foram vítimas da doença.

Pensando nisso, uma das iniciativas para amenizar os impactos na saúde mental dos operadores da saúde foi tomada pelo Conselho Federal de Enfermagem — COFEN em parceria com Conselho Regional de Enfermagem — COREN. Ambos criaram o site "juntos contra o coronavírus"(64), na plataforma digital, que, além de obter várias recomendações de segurança para os enfermeiros, conta com um *chat* virtual de apoio à saúde mental voltado exclusivamente para os profissionais da Enfermagem e Radiologia.

Para tanto, embora, durante esse período pandêmico, restou evidenciado que a utilização da tecnologia mostrou resultados positivos no que corresponde a consultas médicas, ainda assim há muitos obstáculos para a implementação da telemedicina no país. Na prática, dentre os desafios para a "sua efetiva utilização, citam-se a escassez de recursos e expertise técnica, bem como a questão da infraestrutura. O Brasil é um país de distribuição regional extremamente desigual no que tange à disponibilidade de banda larga"(65).

Além disso, a tecnologia contou também com muitos fraudadores que acabaram interrompendo os resultados positivos que a telemedicina veio adquirindo. Essa foi uma das precauções que o CFM em parceria com o Conselho Federal de Farmácia (CFF) e o Instituto Nacional de Tecnologia da Informação (ITI) tiveram ao elaborar o "Projeto Prescrição Eletrônica", viabilizando o trâmite de documentos digitais seguros, tais como prescrições e atestados médicos para fins laborais(66).

Estes, talvez, sejam os maiores obstáculos que a telemedicina enfrentou no Brasil, e que enfrentou durante a pandemia da COVID-19, para que então haja a sua atualização normativa e até mesmo um respaldo constitucional, afinal há a falta de "[...] recursos, problemas de gestão, falta de profissionais, remuneração inadequada, instalações físicas defasadas, insuficiência de equipamentos e materiais de consumo, entre vários outros aspectos [...]"(67) que impossibilitam que essa tecnologia se torne uma realidade na saúde brasileira.

5. *Conclusão*

Ao longo do tempo, a relação entre o homem e o trabalho foi se intensificando. Não bastava mais uma pequena produção de bens para suprir as necessidades, era primordial que o trabalho fosse feito de modo a cobrir outras demandas da sociedade e, para isso, era indispensável que os setores produtivos se tornassem mais céleres e inovadores.

Com o passar dos anos, percebeu-se que evidentemente o trabalho não se consistia apenas em um exercício para o sustento alimentar das famílias, mas sim, um ato fundamental para a sobrevivência

(64) Pode ser conferido por meio do *site*: <https://www.juntoscontracoronavirus.com.br/>.
(65) MALDONADO, J. M. S. d. V.; MARQUES, A. B.; CRUZ, A. *Telemedicina:* desafios à sua difusão no Brasil. p. 9-10.
(66) Pode ser acessado por meio do site:< https://prescricaoeletronica.cfm.org.br/>.
(67) MALDONADO, J. M. S. d. V.; MARQUES, A. B.; CRUZ, A. *Telemedicina:* desafios à sua difusão no Brasil. p. 9.

em uma sociedade que se tornava progressivamente capitalista.

Assim, o trabalho começou a ser adaptado de forma a produzir mais e em um curto período. Para isso, novas tecnologias surgiram para aprimorá-lo nos mais diferentes ramos. Por outro lado, a excessiva busca pelo aperfeiçoamento das atividades laborais fez com que os trabalhadores adoecessem mais rápido, surgindo a urgência de criação de normas que os protegessem desse sistema que se tornava cada vez mais exaustivo e com grandes metas econômicas para se cumprir.

Deste modo, embora tenha sido considerado que a invasão das máquinas em meio ao trabalho ensejou na cobrança excessiva por metas de produção, o trabalhador começou a adquirir alguns direitos que equilibraram essa nova forma de trabalho com a saúde e bem-estar do proletariado.

No mesmo sentido, os avanços tecnológicos aplicados ao trabalho do homem possibilitaram que novos cargos fossem criados e igualmente que houvesse a ampliação de oportunidades para todos os tipos de carreiras e de perfil profissional.

Percebe-se que novamente as tecnologias revolucionaram a forma de o homem aplicar o seu conhecimento e atender as suas necessidades. Em meio à crise pandêmica que assolou o mundo nos anos de 2020 e 2021, constatou-se que ainda é possível se reinventar no mercado de trabalho mesmo restando dúvidas se todas as tecnologias já não foram descobertas e/ou saturadas.

Embora o cenário caótico da pandemia da COVID-19 tenha gerado desempregos em massa e uma consequente crise econômica mundial, no presente trabalho se pretendeu demonstrar que algumas modalidades de trabalho ressurgiram e auxiliaram alguns setores no reestabelecimento das funções e na retomada da economia.

O teletrabalho faz parte dessa nova forma de o homem se conectar ao trabalho e, sobretudo, trouxe esperanças tanto ao empregador como ao empregado durante esse período. Por meio da tecnologia, o trabalho presencial foi retomado na forma de *home office* e impediu, por pouco, que o sistema econômico mundial entrasse em colapso, e que, para tanto, carreiras e famílias não fossem prejudicadas pelo desemprego.

O destaque no presente trabalho igualmente foi para a telemedicina que não apenas se mostrou uma alternativa eficiente de trabalho, como revolucionou a forma de viabilizar o acesso a saúde.

A pesquisa, portanto, demonstrou como a pandemia da Covid-19 impulsionou não só o ressurgimento intenso da telemedicina e do teletrabalho, mais encorajou todos os demais setores de produção a se tornarem mais tecnológicos como forma de superar a crise inevitável que se instalou, e a repensar as normas existentes a respeito do trabalho remoto.

Dessa forma, este trabalho contribui para a discussão acerca da importância da telemedicina e os próximos passos para que futuramente o trabalho a distância tenha os mesmos benefícios e obrigações que um trabalho presencial requer. O estudo provoca, pois, a reflexão sobre uma atualização normativa acerca da telemedicina e anseia pela gradual evolução do recurso tecnológico como forma de promover o alcance da saúde a todas as pessoas e em quaisquer regiões, principalmente num país de tamanho continental como o Brasil.

6. Referências

BAPTISTA, F. J. *Telemedicina em catástrofe.* Dissertação (Mestrado) — Curso de Ciências Biomédicas, Universidade do Porto, Porto, 2010. Disponível em: <https://repositorio-aberto.up.pt/bitstream/10216/57087/2/telemedicina%20catastrofe.pdf>. Acesso em: 4 maio 2020.

BARROS, A. M. de. *Contratos e Regulamentações Especiais de Trabalho:* peculiaridades, aspectos controvertidos e tendências. 3. ed. São Paulo: LTr, 2009.

______. *Curso de Direito do Trabalho.* 10. ed. São Paulo, LTr, 2016.

BELMONTE, A. A.; MARTINEZ, L.; MARANHÃO, N. *Direito do Trabalho na crise da COVID-19.* Salvador: Juspodivm, 2020.

BRASIL. Câmara dos Deputados. Projeto de Lei n. 696, de 2020. Dispõe sobre o uso da telemedicina durante a crise causada pelo coronavírus (2019-nCoV). Brasília, Disponível em: <https://www.camara.leg.br/proposicoesWeb/fichadetramitacao?idProposicao=2239462>. Acesso em: 20 ago. 2020.

______. Conselho Federal de Medicina. Resolução n. 1.643, de 2002. Define e disciplina a prestação de serviços através da Telemedicina. Brasília.

______. Conselho Federal de Medicina. Ofício n. 1.756, de 2020. Brasília. Disponível em: <https://portal.cfm.org.br/images/PDF/2020_oficio_telemedicina.pdf>. Acesso em: 28 maio 2020.

______. Conselho Federal de Medicina. Resolução n. 2.227, de 2018. Define e disciplina a telemedicina como forma de prestação de serviços médicos mediados por tecnologias. Brasília.

______. Conselho Federal de Medicina. Resolução n. 2.228, de 2019. Revoga a Resolução CFM n. 2.227, publicada no DOU de 6 de fevereiro de 2019, Seção I, p. 58, a qual define e disciplina a telemedicina como forma de prestação de serviços médicos mediados por tecnologias, e restabelece expressamente a vigência da Resolução CFM n. 1.643/2002, publicada no DOU de 26 de agosto de 2002, Seção I, p. 205. Brasília.

______. Constituição (1934). Constituição da República dos Estados Unidos do Brasil, de 16 de julho de 1934. Nós, os representantes do povo brasileiro, pondo a nossa confiança em Deus, reunidos em Assembleia Nacional Constituinte para organizar um regime democrático, que assegure à Nação a unidade, a liberdade, a justiça e o bem-estar social e econômico, decretamos e promulgamos a seguinte. Brasília.

______. Constituição (1988). Constituição da República Federativa do Brasil de 1988. Brasília.

______. Decreto-Lei n. 5.452, de 1º de maio de 1943. Aprova a Consolidação das Leis do Trabalho. Brasília.

______. Lei n. 13.979, de 2020. Dispõe sobre as medidas para enfrentamento da emergência de saúde pública de importância internacional decorrente do coronavírus responsável pelo surto de 2019. Brasília.

______. Lei n. 14.020, de 6 de julho de 2020. Institui o Programa Emergencial de Manutenção do Emprego e da Renda; dispõe sobre medidas complementares para enfrentamento do estado de calamidade pública reconhecido pelo Decreto Legislativo n. 6, de 20 de março de 2020, e da emergência de saúde pública de importância internacional decorrente do coronavírus, de que trata a Lei n. 13.979, de 6 de fevereiro de 2020; altera as Leis ns. 8.213, de 24 de julho de 1991, 10.101, de 19 de dezembro de 2000, 12.546, de 14 de dezembro de 2011, 10.865, de 30 de abril de 2004, e 8.177, de 1º de março de 1991; e dá outras providências. Brasília.

______. Lei n. 13.467, de 13 de julho de 2017. Altera a Consolidação das Leis do Trabalho (CLT), aprovada pelo Decreto-Lei n. 5.452, de 1º de maio de 1943, e as Leis ns. 6.019, de 3 de janeiro de 1974, 8.036, de 11 de maio de 1990, e 8.212, de 24 de julho de 1991, a fim de adequar a legislação às novas relações de trabalho. Brasília.

______. Lei n. 13.989, de 2020. Dispõe sobre o uso da telemedicina durante a crise causada pelo coronavírus (SARS-CoV-2). Brasília.

______. Medida Provisória n. 927, de 22 de março de 2020. Dispõe sobre as medidas trabalhistas para enfrentamento do estado de calamidade pública reconhecido pelo Decreto Legislativo n. 6, de 20 de março de 2020, e da emergência de saúde pública de importância internacional decorrente do coronavírus (Covid-19), e dá outras providências. Brasília.

______. Medida Provisória n. 936, de 1º de abril de 2020. Institui o Programa Emergencial de Manutenção do Emprego e da Renda e dispõe sobre medidas trabalhistas complementares para enfrentamento do estado de calamidade pública reconhecido pelo Decreto Legislativo n. 6, de 20 de março de 2020, e da emergência de saúde pública de importância internacional decorrente do coronavírus (Covid-19), de que trata a Lei n. 13.979, de 6 de fevereiro de 2020, e dá outras providências. Brasília.

______. Ministério da Saúde. Portaria n. 639, de 2020. Dispõe sobre a Ação Estratégica "O Brasil Conta Comigo — Profissionais da Saúde", voltada à capacitação e ao cadastramento de profissionais da área de saúde, para o enfrentamento à pandemia do coronavírus (Covid-19). Brasília. Disponível em: <http://www.in.gov.br/en/web/dou/-/portaria-n--639-de-31-de-marco-de-2020-250847738>. Acesso em: 1º jun. 2020.

______. Portaria n. 35, de 2007. Institui, no âmbito do Ministério da Saúde, o Programa Nacional de Telessaúde. Brasília.

______. Portaria n. 2.546, de 2011. Redefine e amplia o Programa Telessaúde Brasil, que passa a ser denominado Programa Nacional Telessaúde Brasil Redes (Telessaúde Brasil Redes). Brasília.

______. Senado Federal. Projeto de Lei n. 1.826, de 2020. Dispõe sobre compensação financeira a ser paga pela União aos profissionais e trabalhadores de saúde que, durante o período de emergência de saúde pública de importância nacional decorrente da disseminação do novo coronavírus (SARS-CoV-2), por terem trabalhado no atendimento direto a pacientes acometidos pela Covid-19, ou realizado visitas domiciliares em determinado período de tempo, no caso de agentes comunitários de saúde ou de combate a endemias, tornarem-se permanentemente incapacitados para o trabalho, ou ao seu cônjuge ou companheiro, aos seus dependentes e aos seus herdeiros necessários, em caso de óbito; e altera a Lei n. 605, de 5 de janeiro de 1949. Brasília. Disponível em: <https://www25.senado.leg.br/web/atividade/materias/-/materia/142085>. Acesso em: 24 ago. 2020.

______ . Senado Federal. Decreto n. 6, de 2020. Reconhece, para os fins do art. 65 da Lei Complementar n. 101, de 4 de maio de 2000, a ocorrência do estado de calamidade pública, nos termos da solicitação do Presidente da República encaminhada por meio da Mensagem n. 93, de 18 de março de 2020. Brasília.

CÓDIGO de Ética Médica: Resolução CFM n. 2.217, de 27 de setembro de 2018, modificada pelas Resoluções CFM ns. 2.222/2018 e 2.226/2019. Brasília: Conselho Federal de Medicina, 2019.

DINIZ, R. C. *A natureza jurídica da aposentadoria espontânea e seus efeitos no contrato individual de trabalho.* Dissertação (Mestrado) — Mestrado em Ciência Jurídica, Universidade do Vale do Itajaí — Univali, Itajaí, 2002.

DOMINGUES, D. A. M.; MARTINEZ, I. B.; CARDOSO, R. B. *et al.* História da evolução da telemedicina no mundo, no Brasil e no Rio Grande do Sul. In: LOPES, Maria H. I.; SCHWARTSMANN, Leonor C. B. (Org.). *Registros da História da Medicina*. Porto Alegre: Luminara, 2014.

ESTADÃO. *Com pandemia, digitalização nas empresas avança cinco anos em cinco meses.* 2020. Elaborada por Renée Pereira. Disponível em: <https://www.estadao.com.br/infograficos/economia,com-pandemia-digitalizacao-nas-empresas-avanca-cinco-anos-em-cinco-meses,1119274>. Acesso em: 13 set. 2020.

FONTES, F. B. *Direito do trabalho e tecnologias de compartilhamento:* o futuro das relações individuais e sindicais de trabalho para além da dogmática jurídica. Dissertação (Doutorado) — Centro de Ciências Jurídicas, Universidade Federal de Pernambuco, Recife, 2018. Disponível em: <https://repositorio.ufpe.br/handle/123456789/32188>. Acesso em: 15 ago. 2020.

FRANÇA, Genival Veloso. *Direito Médico.* 12. ed. Rio de Janeiro: Forense, 2014. Disponível em: <https://www.academia.edu/36052726/Direito_Medico_Genival_Veloso_de_Franca>. Acesso em: 25 set. 2020.

INSTITUTO de Pesquisa Econômica Aplicada — IPEA. *Teletrabalho pode chegar a 22,7% das ocupações nacionais, aponta estudo.* 2020. Disponível em: <https://www.ipea.gov.br/portal/index.php?option=com_content&view=article&id=35648>. Acesso em: 18 ago. 2020.

KHOURI, Sumaia Georges El. *Telemedicina:* análise da sua evolução no Brasil. Dissertação (Mestrado) — Curso de Faculdade de Medicina, Universidade de São Paulo, São Paulo, 2003. Disponível em: <https://teses.usp.br/teses/disponiveis/5/5160/tde-24102007-143128/publico/sumaiagekhouri.pdf>. Acesso em: 28 set. 2020.

LUZ, P. L. d. Telemedicina e a Relação Médico-Paciente. *Arq. Bras. Cardiol.*, São Paulo, v. 113, n. 1, p. 100-102, jul. 2019. Disponível em: <http://www.scielo.br/scielo.php?script=sci_arttext&pid=S0066-782X2019000700100&lng=en&nrm=iso>. Acesso em: 27 maio 2020.

MALDONADO, J. M. S. d. V.; MARQUES, A. B.; CRUZ, A. Telemedicina: desafios à sua difusão no Brasil. *Cad. Saúde Pública,* Rio de Janeiro, v. 32, 2016. Disponível em: <http://www.scielo.br/scielo.php?script=sci_arttext&pid=S0102-311X2016001402005&lng=en&nrm=iso>. Acesso em: 27 maio 2020.

NEVES, D.; SOUSA, R. *Revolução Industrial.* Disponível em: <https://mundoeducacao.uol.com.br/historiageral/revolucao-industrial-2.htm>. Acesso em: 6 jun. 2020.

OLIVEIRA, E. M. Transformações no mundo do trabalho, da Revolução Industrial aos nossos dias. *Caminhos de Geografia,* v. 6, n. 11, p. 84-96, fev. 2004. Disponível em: <file:///C:/Users/nicol/Downloads/15327-Texto%20do%20artigo-58099-1-10-20060809.pdf>. Acesso em: 24 jul. 2020.

RAMOS, L. N. Desordem social: quarentena, teletrabalho e saúde do trabalhador. *Consultor Jurídico,* São Paulo, v. 1, n. 1, abr. 2020. Disponível em: <https://www.conjur.com.br/2020-abr-13/opiniao-quarentena-teletrabalho-saude-trabalhador>. Acesso em: 20 maio 2020.

RIFKIN, J. *O fim dos empregos.* Tradução de Ruth Gabriela Bahr. São Paulo: Makron Books, 1996.

SAINT-EXUPÉRY, A. de. *O pequeno Príncipe*. São Paulo: Saraiva, 2018.

SENADO FEDERAL. *Com derrubada de veto, receitas médicas digitais estão liberadas*. 2020. Disponível em: <https://www12.senado.leg.br/noticias/audios/2020/08/com-derrubada-de-veto-receitas-medicas-digitais-estao-liberadas>. Acesso em: 24 ago. 2020.

______. *Bolsonaro veta indenização a trabalhador da saúde incapacitado por covid-19*. 2020. Disponível em: <https://www12.senado.leg.br/noticias/materias/2020/08/04/bolsonaro-veta-indenizacao-a-trabalhador-da-saude-incapacitado-por-covid-19>. Acesso em: 24 ago. 2020.

UOL (TILT). *"Senti como se estivesse em consultório", diz paciente sobre telemedicina*. 2020. Colaboração de Marcos Bonfim. Disponível em: <https://www.uol.com.br/tilt/noticias/redacao/2020/05/17/telemedicina-vira-hit-na-pandemia-mas-ainda-substitui-mal-exame-fisico.htm>. Acesso em: 28 set. 2020.

VARELA, D. *O fantasma da varíola*. Disponível em: <https://drauziovarella. uol.com.br/drauzio/artigos/o-fantasma-da-variola-artigo>. Acesso em: 24 ago. 2020.

WEN, C. L. Telemedicina e telessaúde: aplicação de tecnologia para promover educação interativa e formação de rede de interconsulta profissional em saúde. In: TRINDADE, M. A. B. (Org.). *As tecnologias da informação e comunicação (TIC) no desenvolvimento profissional de trabalhadores do SUS*. São Paulo: Instituto de Saúde, 2011.

A Inteligência Artificial e a Situação do Trabalhador em Contexto Insolvencial: os Poderes do Administrador da Insolvência

Alexandre de Soveral Martins[(1)]

1. Desenvolvimento tecnológico e Direito

As inovações tecnológicas quase diárias pressionam de forma considerável os quadros jurídicos vigentes. Os próprios conceitos tradicionais dificilmente permitem enquadrar uma realidade para que não foram pensados[(2)].

Aqueles desenvolvimentos conduziram, nos últimos anos, a um aumento de importância da Inteligência Artificial (IA)[(3)], utilizada atualmente, por exemplo, na determinação da estrutura tridimensional das proteínas ou na previsão de falhas agudas do funcionamento dos rins humanos[(4)], nos veículos autónomos, nos telefones móveis ou na construção de contratos.

Os riscos que essas novidades envolvem não dizem apenas respeito a trabalhadores menos qualificados[(5)]. É verdade que hoje existem veículos autónomos, que poderão dispensar motoristas, maquinistas, pilotos ou capitães[(6)]. Os que empacotam encomendas em armazéns e colocam a mercadoria nas prateleiras veem o seu emprego em perigo atendendo ao que hoje é feito por Robots.

Mas experiências realizadas na China demonstraram que mesmo as profissões mais especializadas podem estar ameaçadas quando o Robot Xiao Yi passou no exame que deve ser realizado para se ser médico naquele país[(7)]. No setor financeiro, ganha especial dimensão o recurso à consultoria por Robots (*Robo Advice*), não estando afastado que tomem decisões de investimento[(8)]. No âmbito do que hoje se chama Legal Tech, também será possível a substituição de advogados por soluções tecnológicas em muitas áreas[(9)]. Até a arte e a escrita de romances estarão ao alcance de máquinas[(10)].

A inovação tecnológica e a própria IA não são negativas só por si. Podem ser bem ou mal utilizadas. A utilização da IA no combate ao crime ou na utilização mais eficiente da energia (nas cidades ou nos meios de transporte, por exemplo) demonstra que há igualmente vantagens claras que lhe podem ser associadas. Muitos olham para os Robots consoante as memórias que guardam das experiências passadas. R2D2 era simpático, mas o HAL deixou-nos de sobreaviso.

A substituição do trabalho de seres humanos por máquinas com IA não é apenas ficção científica. Há quem entenda mesmo que a lei deve ter uma posição neutra acerca da IA[(11)], como se o Direito não devesse ser orientado por uma Ideia de Justiça. O que pode

(1) Professor Associado – UC, IJ, FDUC. ORCID ID 0000-0001-6480-3492.

(2) Sobre a pressão que a inovação tecnológica coloca sobre os conceitos jurídicos, BROWNSFORD & SCOTFORD & YEUNG, 2017, p. 3.

(3) Discute-se qual será a melhor definição de IA: sobre o tema, HARASIMIUK & BRAUN, 2021, p. 6 e ss..

(4) Como lembra ABBOTT, 2020, p. 1 e s..

(5) ABBOTT, 2020, p. 2.

(6) Chamando a atenção para a utilidade que poderia ter um navio sem tripulação, cujas instalações a bordo poderiam ser utilizadas para transportar carga, SCHELIN, 2021, p. 261.

(7) Para um relato, ABBOTT, 2020, p. 2.

(8) LOFF, 2018, p. 195.

(9) CORRALES & FENWICK & HAAPIO, 2019, p. 2.

(10) NIDA-RÜMELIN & WEIDENFELD, 2018, p. 18.

(11) ABBOTT, 2020, p. 4.

surgir a seguir também exige reflexão: desemprego ou lazer são duas alternativas que não têm o mesmo valor. Sendo certo que o futuro dos que não perderem o posto de trabalho numa "gig economy" está ameaçado por um controlo muito mais apertado[12].

A riqueza que a automação pode criar deixará em muitos a esperança de que um novo Estado Social surja, numa sociedade de abundância em que cada um poderá explorar livremente as suas capacidades sem necessidade de se preocupar com o mínimo necessário para viver confortavelmente. Entretanto, os Robots tratariam da limpeza da casa, da comida na mesa e da segurança do lar. Cada um passaria a ser integralmente senhor do seu tempo.

2. *Novas tecnologias, despedimento por inadaptação, despedimento coletivo e extinção do posto de trabalho*

A introdução de novas tecnologias pode gerar situações que levem o empregador a despedir trabalhadores que não conseguem enquadrar-se nas novas exigências. O Código do Trabalho português contém um regime para as situações de inadaptação nos seus arts. 373º a 380º.

No primeiro dos mencionados preceitos é possível ler que o despedimento por inadaptação consiste na "cessação do contrato de trabalho promovida pelo empregador e fundamentada em inadaptação superveniente do trabalhador ao posto de trabalho". E podemos estar a falar, obviamente, de um trabalhador que não se adapta à utilização da IA na empresa.

A lei caracteriza a situação de inadaptação no art. 374º do CT. Aquela situação pode verificar-se em dois grupos de casos:

> a) Se, em alternativa, há (i) redução continuada de produtividade ou de qualidade, (ii) avarias repetidas nos meios afetos ao posto de trabalho ou (iii) riscos para a segurança e saúde do trabalhador, de outros trabalhadores ou de terceiros, desde que, em qualquer dos casos, seja determinada pelo modo de exercício de funções do trabalhador e torne praticamente impossível a subsistência da relação de trabalho;
>
> b) Se o trabalhador está afeto a cargo de complexidade técnica ou de direção e não se cumpram os objetivos previamente acordados por escrito, em consequência do modo de exercício de funções pelo trabalhador, e desde que seja praticamente impossível a subsistência da relação de trabalho.

O art. 375º do CT enumera depois vários requisitos para que o despedimento por inadaptação possa ter lugar em qualquer um dos casos referidos. Em ambos se verifica que a introdução de modificações resultantes de novas tecnologias ou equipamentos baseados em diferente ou mais complexa tecnologia pode acabar por legitimar o despedimento.

Por sua vez, os arts. 359º e ss. do CT ocupam-se do despedimento coletivo. Este também pode verificar-se, designadamente, se ocorrer o encerramento de uma ou várias secções ou estrutura equivalente ou redução do número de trabalhadores determinada por motivos tecnológicos (art. 359º, 1, do CT). Consideram-se "motivos tecnológicos" as "alterações nas técnicas ou processos de fabrico, automatização de instrumentos de produção, de controlo ou de movimentação de cartas, bem como informatização de serviços ou automatização de meios de comunicação". O despedimento coletivo pode ser também o único caminho ao alcance do empresário para conseguir a salvação da empresa.

O art. 367º, 1, do CT português prevê ainda a possibilidade de extinção do posto de trabalho "devida a motivos de mercado, estruturais ou tecnológicos, relativos à empresa". No entanto, e para além de outros requisitos, esta causa de cessação do contrato de trabalho pressupõe que não seja aplicável o despedimento coletivo (art. 368º, 1, d, do CT).

3. *Quem não se adapta é ultrapassado pela concorrência*

O despedimento de trabalhadores por inadaptação pode não ter lugar ou pode não ser suficiente para recuperar a empresa. A pressão dos mercados pode mesmo acabar por conduzir a que as empresas que não fazem a substituição de humanos por Robots deixem de ser rentáveis. Se a concorrência robotiza a produção ou o atendimento, terá disponíveis modernos escravos, trabalhando 24 horas por dia, 7 dias por semana. Não reivindicarão aumentos salariais nem férias pagas. Se os consumidores aceitaram os produtos que assim são colocados no mercado, será possível baixar preços e esmagar os que, teimosamente, decidirem continuar a pagar os salários de seres humanos.

(12) MÉNDEZ, 2020, p. 1 e s.

Note-se, porém, que mesmo essa leitura que olha para os Robots como meros instrumentos já está a ser posta em causa. No Parlamento Europeu já se admitiu a necessidade de discutir a personalidade jurídica dos *robots* (v. a Resolução de 16 de fevereiro de 2017)[13], o que abre a porta, por exemplo, a novas organizações geridas por códigos de computador. A Arábia Saudita reconheceu a cidadania ao Robot Sophia e a discussão sobre o estatuto dos Robots está em cima da mesa, levando a questionar o que torna o ser humano único[14].

A incapacidade da empresa em adaptar-se às exigências do ambiente económico em que se movimenta ou as escolhas que deliberadamente faça no sentido de não substituir seres humanos por máquinas podem levar a que apenas reste o caminho da insolvência. Mas a declaração de insolvência, por sua vez, pode ser a forma de organizar a desgraça.

Com efeito, a declaração de insolvência não significa que a empresa do devedor seja necessariamente encerrada e destruída. Pode ser possível recuperá-la na titularidade do devedor através de um plano de insolvência. Quando esse plano se destine "a prover à recuperação do devedor designa-se plano de recuperação" (art. 192º, 3, do CIRE). A recuperação do devedor pode passar pela recuperação da sua empresa. Será, aliás, o que frequentemente sucederá quando o insolvente é uma sociedade comercial. Estão, igualmente, identificados casos em que a insolvência é procurada como peça fundamental de uma determinada estratégia para alcançar poder dentro da sociedade, falando-se inclusivamente em "insolvências estratégicas"[15].

E pode também ser possível encontrar quem adquira a empresa enquanto tal e evite o seu desmantelamento, mantendo-a em funcionamento. No entanto, a situação em que podem ficar os trabalhadores nem sempre é a desejável do ponto de vista dos interesses destes últimos. Podem ser afetados também pela atuação do administrador da insolvência e pela necessidade de ter em conta, precisamente, a inovação tecnológica. É sobre tudo isso que pretendemos refletir nas próximas páginas.

4. *A insolvência do empregador, os trabalhadores e a IA*

4.1. O encerramento do estabelecimento

O CIRE português não contém um regime próprio quanto aos efeitos da declaração de insolvência do empregador sobre os contratos de trabalho anteriormente celebrados[16]. É no art. 347º do CT que encontramos os principais aspetos daquele regime.

De acordo com o art. 347º, 1, do CT, a "declaração judicial de insolvência do empregador não faz cessar o contrato de trabalho, devendo o administrador da insolvência continuar a satisfazer integralmente as obrigações para com os trabalhadores enquanto o estabelecimento não for definitivamente encerrado".

Assim, é inequívoco que a declaração de insolvência do empregador não faz cessar o contrato de trabalho. E não parece sequer que este contrato se suspenda, visto que o administrador da insolvência deve continuar a satisfazer integralmente as obrigações para com os trabalhadores. Isto, naturalmente, se a administração da massa insolvente não tiver sido atribuída ao devedor[17], caso em que caberá a este a referida satisfação[18]. Com efeito, e verificados determinados pressupostos, o juiz pode atribuir a administração da massa insolvente ao devedor desde que a massa compreenda uma empresa e o processo de insolvência não diga respeito ao que o CIRE considera ser um pequeno empresário.

Pode, porém, suceder que a revolução tecnológica sentida no setor em que atua o insolvente seja de tal ordem que não é possível pensar em recuperar a sua empresa. O investimento para realizar a mo-

(13) Sobre a discussão, MIGNON, 2019, p. 6-7.

(14) V., a propósito, GELLERS, 2021, p. 2.

(15) Não está afastada a possibilidade de utilização oportunística do processo de insolvência. Nomeadamente, para prejudicar sócios minoritários perante as alternativas que podem ser utilizadas no plano de insolvência. Sobre a utilização abusiva do processo de insolvência, BULGRIN, 2016, p. 2-3, dando como exemplo um caso de um plano de insolvência que previa a transformação de uma *GmbH & Co. KG* numa sociedade anónima para obter a extinção de direitos especiais de um sócio minoritário.

(16) Podem encontrar-se desenvolvimentos em MARTINS, 2021.

(17) Cfr. o Ac. RC de 17.07.2010, Proc. n. 562/09.7T2AVR-P.C1, in www.dgsi.pt.

(18) FERNANDES, 2009, p. 230.

dernização da empresa, envolvendo eventualmente a formação a dar aos trabalhadores, pode ser incomportável para aquele devedor. Pode, então, tornar-se necessário encerrar o estabelecimento. Nesse caso, os contratos de trabalho cessam (art. 347º, 3, do CT).

A cessação do contrato de trabalho que ocorre com o encerramento definitivo do estabelecimento dá-se por caducidade (cfr. o art. 346º, 3, CT)[(19)]. A decisão de encerramento definitivo do estabelecimento não deverá ser, em geral, tomada pelo administrador da insolvência. Com efeito, o encerramento do estabelecimento está, em regra, dependente de deliberação da assembleia de credores. Assim o dispõe o art. 156º, 2, do CIRE, que atribui tal competência à assembleia de credores de apreciação do relatório que o administrador da insolvência deve elaborar de acordo com o art. 155º do CIRE.

No entanto, o administrador da insolvência pode, em certos casos, proceder ao encerramento antes da assembleia de apreciação do relatório (encerramento antecipado, regulado no art. 157º do CIRE). Trata-se de um encerramento antecipado porque terá lugar antes da realização da assembleia de credores de apreciação do relatório.

Há, no entanto, requisitos que devem ser observados. Assim, no caso de existir comissão de credores, o seu parecer favorável será necessário. Não existindo comissão de credores, das duas, uma: ou o devedor não se opõe ao encerramento antecipado, ou opõe-se, e neste último caso será necessário que o juiz autorize o encerramento "com fundamento em que o adiamento da medida até à data da referida assembleia acarretaria uma diminuição considerável da massa insolvente". Com esse encerramento antecipado poderá tornar-se muito difícil a recuperação posterior.

4.2. Os trabalhadores cuja colaboração não seja indispensável ao funcionamento da empresa

Mesmo antes do encerramento definitivo do estabelecimento o art. 347º, 2, do CT permite que o administrador da insolvência faça cessar "o contrato de trabalho de trabalhador cuja colaboração não seja indispensável ao funcionamento da empresa". Quando assim ocorra, a extinção do contrato de trabalho terá lugar, na nossa opinião, por resolução[(20)] (e não por caducidade[(21)]). A cessação em causa deve ser também permitida ao devedor que tenha a administração da massa insolvente[(22)].

Pode o administrador da insolvência concluir que a empresa continuará a funcionar sem aquele trabalhador porque a utilização de IA o permite. E isso tanto pode ser assim devido à tecnologia já existente na empresa, como porque se trata de tecnologia que se pretende introduzir na empresa.

Há, porém, que ter presente que o administrador da insolvência não é livre de fazer cessar o contrato de trabalho de trabalhador cuja colaboração não seja indispensável ao funcionamento da empresa. Se, por um lado, é necessário verificar se o trabalhador em causa é ou não indispensável àquele funcionamento, por outro a decisão do administrador da insolvência não pode ser arbitrária. Terá de se justificar pelos interesses que o processo de insolvência prossegue. Um trabalhador pode não ser indispensável ao funcionamento da empresa, mas pode ser importante para que a empresa funcione de determinada forma. Isso mesmo pode ser relevante para que se possa aprovar um plano de recuperação ou para que se possa vender a empresa como um todo (v. art. 162º do CIRE[(23)]).

Por outro lado, deve ser tido em conta que, como veremos melhor adiante, a introdução de nova tecnologia na empresa pode constituir um ato de especial relevo, tornando necessário o consentimento, consoante os casos, da comissão de credores ou da assembleia de credores (art. 161º do CIRE). É certo que a prática do ato de especial relevo sem o devido consentimento da comissão de credores ou da assembleia de credores, em regra, não torna o ato ineficaz. No entanto, essa ineficácia já surgirá se as obrigações assumidas pelo administrador da

(19) No sentido da extinção por caducidade nos casos referidos, VASCONCELOS, 2009, p. 1098, MARTINEZ, 2013, p. 875, FERNANDES, 2009, p. 235, LEITÃO, 2007, p. 875, e 2009, p. 214, COSTEIRA, 2013, p. 57, GOMES, 2013, p. 288), LOBO, 2019, p. 15.

(20) LEITÃO. *As repercussões da insolvência no contrato de trabalho*, cit., p. 875 (olhando ainda para o anterior CT), COSTEIRA, 2013, p. 50, SANTOS, 2018, p. 61.

(21) Mas v. MARTINEZ, 2013, p. 876, ainda no sentido da caducidade.

(22) FERNANDES, 2009, p. 233, COSTEIRA, 2013, p. 48. Sobre a compensação devida ao trabalhador, cfr. o art. 347º, 5 (mas tenha-se em atenção o seu âmbito de aplicação temporal).

(23) O art. 162.º, 1, do CIRE, dispõe que a «empresa compreendida na massa insolvente é alienada como um todo, a não ser que haja proposta satisfatória ou se reconheça vantagem na liquidação ou na alienação separada de certas partes».

insolvência "excederem manifestamente as da contraparte". Mesmo que assim não seja, não se pode colocar de lado a possibilidade de os atos praticados pelo administrador da insolvência implicarem a sua responsabilidade civil (ou, até, penal).

Com efeito, o administrador da insolvência responde civilmente "pelos danos causados ao devedor e aos credores da insolvência e da massa insolvente pela inobservância culposa dos deveres que lhe incumbem", sendo a culpa apreciada "pela diligência de um administrador da insolvência criterioso e ordenado" (art. 59º, 1, do CIRE). Este regime mostra, por um lado, que o administrador da insolvência não tem apenas deveres para com os credores, pois também pode responder para com o devedor insolvente.

Por outro lado, a bitola do administrador criterioso e ordenado também suscita uma outra interessante questão: a de saber em que medida pode ser exigível ao administrador da insolvência, no âmbito dos seus poderes de administração da massa insolvente, recorrer à IA. Com efeito, não é de afastar a possibilidade de o administrador da insolvência ser responsabilizado se não recorrer à IA. Nomeadamente, na obtenção de informações para a tomada de decisões de administração da massa insolvente.

4.3. A transmissão da empresa ou do estabelecimento em processo de insolvência

De acordo com o art. 162º, 1, do CIRE, o administrador da insolvência deve procurar alienar como um todo a empresa do devedor insolvente que integre a massa insolvente no caso de liquidação desta. Não será assim perante a ausência de proposta satisfatória para que a alienação se realize ou "se reconheça vantagem na liquidação ou na alienação separada de certas partes". A opção terá de ser efetuada olhando para as finalidades do processo de insolvência, que surgem identificadas no art. 1º, 1, do CIRE: o "processo de insolvência é um processo de execução universal que tem como finalidade a satisfação dos credores [...]".

Se, após a declaração de insolvência do empregador, tiver lugar no âmbito do processo de insolvência a transmissão de empresa ou estabelecimento, ou de parte de empresa ou estabelecimento que constitua uma unidade económica, decorre do art. 285º, 1, do CT que se transmitem para o adquirente "a posição do empregador nos contratos de trabalho dos respetivos trabalhadores [...]". Esse regime é aplicável, nos termos do art. 285º, 1, do CT, em "caso de transmissão, por qualquer título, da titularidade de empresa, ou estabelecimento ou ainda de parte de empresa ou estabelecimento que constitua uma unidade económica [...]". Para os casos de transmissão, cessão ou reversão da exploração de empresa, estabelecimento ou unidade económica v. o art. 285º, 2 e 6, do CT.

Acrescenta o n. 6 que o transmitente será também responsável solidariamente "pelos créditos emergentes do contrato de trabalho, da sua violação ou cessação, bem como pelos encargos sociais correspondentes", que tenham vencido até à data da transmissão, mas apenas durante os dois anos subsequentes a esta(24). Este regime visa proteger os trabalhadores, mas pode tornar mais difícil a transmissão da empresa ou estabelecimento e, dessa forma, inviabilizar a sua recuperação.

Além disso, a eventual responsabilização do adquirente por coimas aplicadas pela prática de contraordenação laboral reforça a importância da realização de uma *due diligence* anterior à transmissão(25). Contudo, o art. 285º, 4, também estabelece que o "disposto nos números anteriores não é aplicável em caso de trabalhador que o transmitente, antes da transmissão, transfira para outro estabelecimento ou unidade económica, nos termos do disposto no artigo 194º, mantendo-o ao seu serviço, exceto no que respeita à responsabilidade do adquirente pelo pagamento de coima aplicada pela prática de contraordenação laboral".

A Lei n. 14/2018, de 19 de março, aditou ao CT o art. 286º-A, que estabelece um direito de oposição do trabalhador quanto à referida transmissão da posição do empregador no contrato de trabalho. Esse direito de oposição pode ser exercido quando a transmissão da posição do empregador "possa causar-lhe prejuízo sério, nomeadamente por falta de solvabilidade ou situação financeira difícil do adquirente ou, ainda, se a política de organização do trabalho deste não lhe merecer confiança".

---

(24) Sobre a responsabilidade solidária do transmitente referida no texto, podem ler-se FERNANDES, 2009, p. 240 e ss., LEITÃO, 2007, p. 881, e COSTEIRA, 2013, p. 67 e s., VASCONCELOS, 2009, p. 1109.

(25) Sobre a *due diligence* em contexto de «crise da empresa», QUAGLIOTTI, 2019, p. 243.

Questão que certamente acabará por se colocar é a que diz respeito ao aprofundamento do que significa "possibilidade de causar prejuízo sério ao trabalhador". Suponha-se que o trabalhador identifica indícios de que o adquirente da empresa ou estabelecimento tem em curso um processo de substituição de humanos por Robots com inteligência artificial. Poderá isso constituir um exemplo de que a transmissão da posição do empregador pode causar ao trabalhador prejuízo sério?

Note-se também que a evolução tecnológica permite conceber empresas e estabelecimentos sem trabalhadores pessoas humanas. A total automatização e a utilização de IA na gestão dos processos tornam-no possível. As próprias empresas virtuais — "unidade jurídica fundada em organização de meios essencialmente informáticos que constitui um instrumento relativamente autónomo para produzir bens imateriais (serviços) trocáveis (apenas) na internet", na definição de ABREU(26) — são uma realidade.

Nas linhas anteriores estivemos apenas a olhar para os contratos de trabalho celebrados antes da declaração de insolvência. O art. 55º, 4, do CIRE confere ao administrador da insolvência poderes para "contratar a termo certo ou incerto os trabalhadores necessários à liquidação da massa insolvente ou à continuação da exploração da empresa". A existência de termo poderá permitir a cessação do contrato quando inovações tecnológicas torne desnecessário o contributo daqueles trabalhadores.

Aqueles novos contratos "caducam no momento do encerramento definitivo do estabelecimento onde os trabalhadores prestam serviço, ou, salvo convenção em contrário, no da sua transmissão"(27). Se os trabalhadores a termo foram contratados para a liquidação da massa insolvente, parece possível convencionar que os contratos de trabalho não caducam com o encerramento definitivo do estabelecimento ou com a sua transmissão. E se os trabalhadores a termo foram contratados para a continuação da exploração da empresa, também não estará afastado que se convencione a transmissão da posição de empregador com a transmissão do estabelecimento.

A caducidade do contrato de trabalho a termo prevista no art. 55º, 4, pressupõe que os trabalhadores a termo contratados prestem serviço num estabelecimento. Mas, como muito bem lembra Leitão, pode dar-se o caso de aqueles trabalhadores terem sido contratados para a liquidação de uma massa insolvente que não contém um estabelecimento(28). Se assim for, e como parece propor aquele autor (sustentado uma interpretação extensiva), a caducidade deverá ocorrer com o encerramento da liquidação da massa insolvente se não houver convenção em contrário.

4.4. Atos de especial relevo

O administrador da insolvência só pode praticar atos jurídicos de especial relevo para o processo de insolvência se obtiver o consentimento da comissão de credores, se existir, ou, na falta daquela, da assembleia de credores.

O CIRE não dá uma definição de ato de especial relevo. Contudo, o art. 161º, 2, esclarece que na "qualificação de um ato como de especial relevo atende-se aos riscos envolvidos e às suas repercussões sobre a tramitação ulterior do processo, às perspetivas de satisfação dos credores da insolvência e à suscetibilidade de recuperação da empresa". Por sua vez, o art. 161º, 3, acrescenta uma lista exemplificativa de atos de especial relevo, que deve ser utilizada na interpretação do n. 2.

Por um lado, a despesa na aquisição de novas tecnologias pode ser elevada e, com isso, envolver riscos consideráveis para as perspectivas de satisfação dos credores da insolvência. Muitas vezes, o acesso a novas tecnologias vai acompanhado de contratos de manutenção ou de utilização. O próprio art. 161º, 3, e), expressamente considera como ato de especial relevo a "celebração de novos contratos de execução duradoura".

5. *Reflexões finais*

Tentar segurar o mar com as mãos é um esforço inútil. No atual estado de desenvolvimento das

(26) ABREU, 2003, p. 602.

(27) Lembrando que a hipótese de caducidade no caso de transmissão do estabelecimento onde os trabalhadores contratados a termo prestam serviço «suscita dúvidas quanto à sua conformidade com o Direito Comunitário, que afirma um princípio irrenunciável de subsistência dos vínculos laborais apesar da mudança de titularidade do estabelecimento», SANTOS, 2018, p. 62.

(28) LEITÃO, 2021, p. 214.

sociedades humanas, os avanços tecnológicos são esmagadores e dificilmente poderão ser postos de lado. São esses avanços que nos permitem encarar um futuro em que as pandemias serão controladas. A IA tem desempenhado um papel relevantíssimo no desenvolvimento das vacinas e na construção de modelos de previsão.

O legislador terá de saber encontrar os caminhos para regular a tecnologia de forma a que a dimensão ética não seja desvalorizada. A entrega às máquinas de decisões que devem obrigar a ponderações de valores, por exemplo, é extremamente arriscada, levando a que se fale de uma "*ethical ansiety*"(29), também justificada por não sabermos se os Robots obedecerão às famosas "Three Laws of Robotics" de Asimov(30).

Se as transformações estruturais nas empresas estão a revelar-se inevitáveis, adequadas e justas compensações para quem perde o seu emprego em resultado de alterações tecnológicas, bem como formação que atribua ferramentas para que todos, e em especial os mais fracos e desprotegidos, possam enfrentar os desafios desse Mundo Novo que está aí, são das mais importantes tarefas do Estado Social, pilar fundamental do contrato legitimador da apropriação.

6. Referências

ABBOTT, Ryan. *The Reasonable Robot.* Cambridge: Cup, 2020.

ABREU, Coutinho de. Empresas virtuais (Esboços). In: *Estudos em homenagem ao Professor Doutor Inocêncio Galvão Telles*. Coimbra: Almedina, 2003. v. IV.

BROWNSFORD, Roger; SCOTFORD, Eloise; YEUNG, Karen. Law, regulation, and technology: the field, frame, and focal questions. In: BROWNSFORD, Roger; SCOTFORD, Eloise; YEUNG, Karen (ed.). *The Oxford Handbook of Law, Regulation and Technology.* Oxford: OUP, 2017.

BULGRIN, Gerrit. *Die strategische Insolvenz*. Tübingen: Mohr Siebeck, 2016.

CORRALES, Marcelo; FENWICK, Mark; HAAPIO, Helena. Digital Technologies, Legal Design and the Future of the Legal Profession. In: CORRALES, Marcelo; FENWICK, Mark; HAAPIO, Helena (ed.). *Legal Tech, Smart Contracts and Blockchain*. Singapore, springer 2019.

COSTEIRA, Joana. *Os efeitos da declaração de insolvência no contrato de trabalho:* a tutela dos créditos laborais. Coimbra: Almedina, 2013.

FERNANDES, Carvalho. Efeitos da declaração de insolvência no contrato de trabalho segundo o CIRE. In: CARVALHO, Fernandes; LABAREDA, João. *Colectânea de estudos sobre a insolvência.* Lisboa: Quid Juris, 2009.

GELLERS, Joshua. *Rights for Robots. Artificial Intelligence, Animal and Environmental Law.* Oxon: Routledge, 2021.

GOMES, Júlio. Nótula sobre os efeitos da insolvência do empregador nas relações de trabalho. In: SERRA, Catarina (coord.). *I Congresso de direito da insolvência.* Coimbra: Almedina, 2013.

HADDADIN, Sami; KNOBBE, Dennis. Robotics and Artificial Intelligence. The Present and Future Visions. In: MARTIN, Ebers; NAVAS, Susana (ed.). *Algorithms and Law.* Cambridge: CUP, 2020.

LEITÃO, Luís Menezes. As repercussões da insolvência no contrato de trabalho. *In:* AAVV. *Estudos em memória do Professor Doutor Dias Marques.* Coimbra: Almedina, 2007.

______ . *Direito da insolvência.* 10. ed. Coimbra: Almedina, 2021.

LOBO, Gonçalo Gama. As compensações laborais em face do regime insolvencial: a insolvência das massas insolventes?, *RDI*, 3, p. 9-27, abr. 2019.

LOFF, Detmar. Digital Asset Management/Robo Advice. In: KLEBECK, Ulf; DOBRAUZ-SALDAPENNA, Günther (her.). *Rechtshandbuch Digitale Finanzdienstleistungen*. München: Beck, 2018.

MARTINEZ, Romano. *Direito do Trabalho*. 6. ed. Coimbra: Almedina, 2013.

MARTINS, Alexandre de Soveral. *Um Curso de Direito da Insolvência.* 3. ed. Coimbra: Almedina, 2021. v. I.

MÉNDEZ, Lourdes Mella. A reflection on the challenges posed by digitalisation of labour markets. In: CARBY-HALL, Jo; MÉNDEZ, Lourdes Mella (ed.). *Labour Law and the Gig Economy. Challenges Posed by*

(29) YEUNG, 2019, p. 21.
(30) Para uma análise, HADDADIN & KNOBBE, 2020, p. 6.

the Digitalisation of Labour Processes. Oxon: Routledge, 2020.

MIGNON, Vincent. Blockchain — perspectives and challenges. In: KRAUS, Daniel; OBRIST, Thierry; HARI, Olivier (ed.). *Blockchain, Smart Contracts, Decentralised Autonomous Organisations and the Law*. Cheltenham: Elgar, 2019.

NIDA-RÜMELIN, Julian; WEIDENFELD, Nathalie. *Digitaler Humanismus*. München: Piper, 2018.

QUAGLIOTTI, Leonardo. Due diligence delle imprese in crisi. In: FAZZINI, Marco. *Due diligence*. Milano: Wolters Kluwer, 2019.

SANTOS, Catarina Gomes. Os trabalhadores das PME e a reforma do direito da insolvência. In: MARTINS, Alexandre de Soveral (coord.). *As PME perante o (novo) direito da insolvência*. Coimbra: Instituto Jurídico, 2018.

SCHELIN, Joahan. Manning of unmanned ships. In: RINGBOM, Henrik; RØSÆG, Erik; SOLVANG, Trond (ed.). *Autonomous Ships and the Law*. Oxon: Routledge, 2021.

VASCONCELOS, Joana. Insolvência do empregador e contrato de trabalho. In: *Estudos em homenagem ao Prof. Doutor Manuel Henrique Mesquita*. Coimbra: Universidade de Coimbra, 2009. v. II.

YEUNG, Karen. Why Worry about Decision-Making by Machine? In: YEUNG, Karen; LODGE, Martin. *Algorithmic Regulation*. Oxford: OUP, 2019.

A Ocorrência do Auxílio-Doença Acidentário Durante o *Home Office*

Camila Rodrigues da Costa[1]

1. Introdução

Para que se busque a paz social, é necessário que o Estado assegure ao seu povo, nos casos de eventos previsíveis, ou não, aptos a causar conturbação social, recursos para manter, ao menos, o mínimo existencial, corolário da dignidade da pessoa humana.

Os benefícios previdenciários têm como objetivo assegurar a dignidade da pessoa humana. São benefícios pagos em dinheiro àqueles que demonstrarem perda permanente da capacidade para o trabalho, em razão de morte, invalidez, idade avançada, além de incapacidade temporária por doença, acidente, maternidade e reclusão. Desta feita, os benefícios previdenciários são divididos em benefícios prestados continuamente e auxílios.

O auxílio-doença acidentário é um benefício concedido ao segurado por sua incapacidade para o trabalho em razão de doença ou acidente, ocorrido em virtude deste.

A doença COVID-19 se alastrou pelo mundo e obrigou os países a tomarem medidas drásticas como o isolamento social na tentativa de reduzir a contaminação pelo vírus que a causa, bem como conter a transmissão entre as pessoas. No Brasil, as medidas adotadas nesse período refletiram-se na ordem jurídica, especialmente no campo trabalhista e previdenciário, acarretando o aumento do *home office* e, inclusive, o fechamento das Agências do INSS, atrasando ainda mais as perícias realizadas pelo gestor da Previdência Social. Consequentemente, os requerimentos dos benefícios de auxílio-doença tiveram sua análise prejudicada visto que os solicitantes precisam da perícia médica para terem reconhecida sua incapacidade.

Neste artigo, discutem-se as medidas tomadas, até o momento, para solucionar a questão da ocorrência do auxílio-doença durante o *home office* e evitar prejuízos àqueles que necessitam do benefício.

Para atingir o objetivo proposto foram realizadas leituras doutrinárias, por meio de livros físicos ou digitais e artigos publicados em revistas especializadas, além da análise da legislação vigente.

2. A modernização da relação de trabalho

O trabalho está na base da estrutura social, sendo fator determinante para várias questões da vida humana. Por essa razão, os impactos decorrentes das transformações impostas pelo paradigma tecnológico refletem substancialmente na forma como é exercido o trabalho, assim como em sua organização, que permanece em constante transformação.

Somado ao fator do interesse das empresas por uma categoria de trabalhadores mais flexíveis, a inserção das tecnologias nas relações laborais reconfigurou o exercício do trabalho, viabilizando uma execução de tarefas mais célere e facilitada e sendo determinante na capacidade de inovação e competitividade das empresas. Além disso, as tecnologias fornecem a estrutura apta a viabilizar a flexibilização e a descentralização da força laboral, assim como a adaptabilidade ao longo do processo produtivo (CASTELLS, 2016).

Em razão do aumento exponencial do setor de serviços e da priorização do trabalho imaterial, que se refere às ideias, à informação, ao conhecimento, à comunicação etc., passa a ser dada maior importância à qualificação profissional do trabalhador.

---

(1) Pós-Graduada (MBA) em Direito e Processo do Trabalho e Direito Previdenciário pela Universidade Estácio de Sá. Pós-Graduação em Direito Internacional, ambos pela mesma instituição. Membro da Comissão da OAB/RJ Mulher e da Comissão de Celeridade Processual.

O que importa para as empresas é a qualidade e a autonomia de seus trabalhadores, dependendo diretamente dessas características para conseguir a produtividade e competitividade necessárias à economia eletrônica ou informacional.

No contexto da Sociedade da Informação valoriza-se o compartilhamento de informações com o trabalho coletivo. A característica de trabalho coletivo, em equipe, que permite a interação aberta é inerente à configuração da empresa em rede (CASTELLS, 2016).

A tendência descentralizadora da produção, aliada à globalização, ou à mundialização, culminou com a eliminação das fronteiras, o que viabilizou o surgimento de formas ou sistemas alternativos de trabalho. A multiplicidade de formas de exercício da atividade laboral disponibiliza às empresas e trabalhadores, a escolha de um modo específico, que coexiste em perfeita harmonia com os demais.

O modelo do contrato clássico de trabalho industrial, de produção fabril, onde o trabalhador permanecia executando suas atividades em tempo integral em uma fábrica, sob a fiscalização direta do empregador, perde espaço para novas formas de trabalho. A partir da tendência de descentralização, flexibilização e preponderância do trabalho intelectual sobre o manual, evidenciaram-se novas formas de execução da atividade laboral visando a adequação do labor aos anseios da economia informacional.

A Revolução Industrial implicou substituição de mão de obra humana, pela automação viabilizada pelas máquinas. Desse modo, tal qual no período industrial, atualmente, com a ascensão das novas tecnologias, os humanos, que costumavam ser essenciais para realizar muitas atividades, hoje, são substituídos por computadores e robôs. Desse modo, existe uma tendência de sobreposição das máquinas com relação aos humanos, na execução de muitas tarefas (HARARI, 2016).

Dessa tendência surge uma preocupação quanto à incorporação das ferramentas tecnológicas em âmbito laboral, no que diz respeito a uma possível substituição do homem, desqualificado, pela máquina.

O desenvolvimento das tecnologias e de algoritmos não orgânicos13 permite que diversas atividades sejam executadas com maior celeridade e eficácia, quando comparadas aos humanos (HARARI, 2016).

O temor do desemprego em massa no período industrial não efetivou-se, posto que, a medida em que algumas profissões tornaram-se obsoletas e inúteis em decorrência da automação e mecanização, outras profissões surgiram (HARARI, 2016). Resta o questionamento se, com a modernização e desenvolvimento de algoritmos não orgânicos, o homem permanecerá indispensável a realização de alguma atividade.

Outra preocupação relacionada ao trabalho na Sociedade da Informação refere-se ao fato de que, em razão da descentralização e multiplicidade de formas de exercício do labor, existir uma tendência, a busca pela mão de obra de baixo custo, que ocasiona um aumento dos índices de desemprego. Corroborando com esse entendimento, Santos (2010) registra que o veloz avanço das tecnologias ocasionou, durante um período, verdadeira crise, aumentando os números referentes ao desemprego. A resolução desse problema resta dificultada em razão de que qualquer análise produzida, rapidamente torna-se obsoleta, ante a dinamicidade e celeridade com que ocorrem as mudanças.

O mundo globalizado não se preocupa, portanto, com o emprego, mas sim com as vantagens econômicas que pode aferir a partir dos novos mercados. A necessidade de redução de custos fixos com o fim de garantir a competitividade pode traduzir-se em redução dos direitos dos trabalhadores e precarização das relações de trabalho, tanto do ponto de vista dos contratos individuais de trabalho, quanto das negociações coletivas em uma dimensão mais abrangente (WINTER, 2015).

Esse problema dá-se, em parte, em razão da tendência de flexibilização dos processos de trabalho. A flexibilidade não abrange somente os processos de trabalho, mas a relação de trabalho como um todo, desde as formas de contratação até as formas de remuneração, dando novas formas de contratação, como a terceirização e o contrato temporário de trabalho.

Contudo, a flexibilidade não significa necessariamente a precariedade de empregos, podendo as modalidades de trabalho mais flexíveis representarem uma melhoria nas condições de trabalho e uma forma de absorver os desempregados no mercado de trabalho.

Outro ponto que merece destaque, quanto à transformação do trabalho, é o aspecto inerente ao tempo de serviço. Na Sociedade da Informação, há uma maior flexibilidade da jornada de trabalho, visto que na economia informacional a compreensão temporal da jornada "não depende principalmente de extrair mais tempo dos trabalhadores ou mais trabalho do tempo sob o imperativo do relógio" (CASTELLS, 2016, p. 519).

As modificações de espaços e tempos das organizações desvinculam o trabalho do suporte material estático e dos horários rígidos e sincronizados. A priorização do controle por objetivos, ou resultados, faz com que o trabalhador "venda" não o seu tempo de trabalho, mas o objeto dele. Consequentemente, a desnecessidade de fiscalização de tempo de trabalho em detrimento da fiscalização de resultados, permite que seja feita a distância, tornando irrelevante o local de prestação de serviços (MASI, 2003).

Além da ressignificação do tempo, houve uma ressignificação do local de trabalho. A integração das TICs no ambiente de trabalho eliminou as barreiras decorrentes da distância física entre funcionários de uma mesma empresa, entre esses e seus superiores hierárquicos e os clientes.

3. O home office

Teletrabalho é apenas um nome diferente para coisa antiga conhecida por trabalho em domicílio ou, mais apropriadamente, trabalho à distância. O termo já era usado na década de 70, por conta do telégrafo (BARBA FILHO, 2018).

O teletrabalho teve início na década de 1970, ocasião em que os escritórios satélites eram conectados aos *mainframes* centrais, fazendo uso de linhas telefônicas. Pouco a pouco os custos foram reduzidos, o desempenho e a usabilidade dos computadores de uso pessoal aumentaram e observou-se que muitas pessoas mudaram seus escritórios para suas residências (RIBEIRO, 2018).

No começo da década de 1980, foi possível que filiais e trabalhadores domésticos se conectassem a *mainframes* de organizações valendo-se de computadores individuais e emuladores de terminal. Atualmente, o teletrabalho conta com muitas outras facilidades, posto que existe uma diversidade de ferramentas a exemplo da tecnologia de voz sobre IP (VOIP), possibilidade da realização de videoconferências, redes privadas e *call center* virtuais e, especialmente, em razão da melhor qualidade e substancial redução dos custos dos computadores portáteis. Isto agregou eficiência às empresas, pois viabilizou a comunicação dos trabalhadores por longas distâncias, gerando economia de tempo e também de custo, em razão de ter tornado possível que o número de viagens fosse reduzido. À medida que as conexões de Internet foram se popularizando e passaram a apresentar maior qualidade, o empregado pode se valer dessas ferramentas e vincular sua residência à intranet corporativa ou às redes de telefonias internas (RIBEIRO, 2018).

O teletrabalho é uma modalidade de trabalho flexível, que usa de meios tecnológicos, para a prestação de serviço fora das dependências físicas da empresa, mantendo o vínculo empregatício.

Segundo Alves (2008), é no trabalho que o profissional investe grande parte de sua atenção, pois é no trabalho que os profissionais ocupam a maior parte do tempo de sua vida. Contudo, com as mudanças do mercado de trabalho e necessidade de se destacar profissionalmente e a dificuldade em gerir seu tempo torna-se uma questão complicada para a maioria dos indivíduos que, cada vez mais, buscam estar presentes em momentos familiares e de lazer.

O teletrabalho, pode ser visto como uma modalidade flexível de gestão, em três dimensões: local, pelo fato de não ser em apenas em um local único (escritório central/empresa); pela flexibilização do tempo, pois se pode trabalhar em horários alternativos e mais convenientes e do meio, pelo fato de não utilizar de meios de transportes e sim recursos de telecomunicações (SILVA, 2015).

No Brasil, embora já se falasse em *home office* em meados nos anos 70 com as famosas malas diretas, esse modelo surgiu oficialmente em 1997 durante o Seminário *Home Office/Telecommuting* e em 1999 foi fundada a Sociedade Brasileira de Teletrabalho e Teleatividade, período esse que o acesso à internet e computadores começa a se disseminar no Brasil. A Sociedade Brasileira de Teletrabalho surgiu como uma associação nacional de especialistas em teletrabalho, que além de ser uma fonte de informações das novas práticas trabalhistas, também influenciaram na criação de leis e incentivos fiscais, tributários e trabalhistas em todo o país.

Na legislação trabalhista consta na Lei n. 12.551/2011, a qual traz uma grande discussão acerca dos benefícios e malefícios ao trabalhador e classificou o teletrabalho como "a prestação de serviços preponderantemente fora das dependências do empregador, com a utilização de tecnologias de informação e de comunicação que, por sua natureza, não se constitua como trabalho externo" (art. 6º), e ainda:

> Art. 1º Não se distingue entre o trabalho realizado no estabelecimento do empregador, o executado no domicílio do empregado e o realizado a distância, desde que estejam caracterizados os pressupostos da relação de emprego. Parágrafo único. Os meios telemáticos e informatizados de comando, controle e supervisão se equiparam, para fins de subordinação jurídica, aos meios pessoais e diretos de comando, controle e supervisão do trabalho alheio.

Com a promulgação da Lei n.13.467, de 2017, chamada por muitos de nova reforma trabalhista, elencou-se de maneira mais pontual o teletrabalho:

> O artigo 75-C diz: "A prestação de serviços na modalidade de teletrabalho deverá constar expressamente do contrato individual de trabalho, que especificará as atividades que serão realizadas pelo empregado."
>
> § 1º Poderá ser realizada a alteração entre regime presencial e de teletrabalho desde que haja mútuo acordo entre as partes, registrado em aditivo contratual.
>
> § 2º Poderá ser realizada a alteração do regime de teletrabalho para o presencial por determinação do empregador, garantido prazo de transição mínimo de quinze dias, com correspondente registro em aditivo contratual.

O novo modelo contratual permite que, desde que respeitados requisitos mínimos, as partes passam a ter maior autonomia, podendo de acordo com as suas necessidades, realizarem alterações de forma mais liberal.

Desta forma, teletrabalho é uma forma de trabalho flexível, mutável e que vem de encontro com as mudanças necessárias do atual e globalizado mercado de trabalho.

A Lei n. 13.467, de 13 de julho de 2017 definiu o teletrabalho: "Considera-se teletrabalho a prestação de serviços preponderantemente fora das dependências do empregador, com a utilização de tecnologias de informação e de comunicação que, por sua natureza, não se constituam como trabalho externo".

Cumpre aqui destacar, que a previsão que foi trazida pela reforma trabalhista, em muito se assemelha com a definição de teletrabalho, já consagrada no Código do Trabalho português, em seu art. 165, no qual considera-se teletrabalho a prestação laboral realizada com subordinação jurídica, habitualmente fora da empresa e através do recurso a tecnologias de informação e de comunicação.

Dessa forma podemos concluir que teletrabalho é a utilização de tecnologias para realizar as práticas de trabalho, podemos citar como exemplo as vendas por telefone ou a utilização de certas tecnologias para realizar suas atividades trabalhistas, sendo fornecida pela empresa toda estrutura necessária para o desenvolvimento de tal trabalho.

Essa alteração na norma trabalhista gerou um certo descontentamento por parte dos empregados externos, por exemplos revendedores ou consultores comerciais, que realizam as atividades de venda direta se locomovendo para realizar suas atividades. Uma vez que a lei foi aprovada não existe mais a necessidade que o mesmo realize o procedimento de locomoção, podendo realizar os processos via telefone ou meios tecnológicos (BARROS, 2018).

Alguns estudiosos apontam essa inclusão aos tipos de contratos de trabalho, observando o grande crescimento que se dá no mercado de pessoas realizando o processo de venda ou consultoria por telefone, sem que tivesse qualquer vínculo com a empresa e não gerando para a mesma os custos necessários ao recolhimento dos impostos devidos em uma relação trabalhista normal (WINTER, 2015).

Dessa forma os empregados ou mesmo prestadores de serviços relacionados a essa modalidade de atividade podem passar a ser contratos pelas empresas ou mesmo a empresa pode realizar a contratação de pessoas nessa modalidade dando uma reduzida nos funcionários externos.

4. *O auxílio-doença acidentário*

Os benefícios previdenciários têm como objetivo assegurar a dignidade da pessoa humana. São benefícios pagos em dinheiro àqueles que demonstrarem perda permanente da capacidade para o trabalho, em razão de morte, invalidez, idade avançada, além de incapacidade temporária por doença, acidente, maternidade e reclusão. Desta feita, os benefícios previdenciários são divididos em benefícios prestados continuamente e auxílios.

O auxílio doença, segundo Massambani (2013, p. 75), "é o benefício pago ao segurado com incapacidade para o trabalho ou para a sua atividade habitual por mais de quinze dias consecutivos, podendo ser decorrente de acidentes em geral ou de acidentes do trabalho" neste caso sendo chamado de auxílio-doença acidentário.

Conforme disposição legal prevista no art. 19 da Lei n. 8.213/91;

> Art. 19: Acidente de trabalho é o que ocorre pelo exercício do trabalho a serviço da empresa ou pelo exercício do trabalho dos segurados referidos no inciso VII do art. 11 desta lei, provocando lesão corporal ou perturbação funcional que cause a morte ou a perda ou redução, permanente ou temporária, da capacidade para o trabalho.

Ao lado do conceito acima mencionado, de acidente de trabalho típico, em virtude de expressa determinação legal, as doenças profissionais e/ou ocupacionais são equiparadas a acidentes de trabalho.

Os incisos do art. 20 da Lei n. 8.213/91 as conceitua:

> Art. 20. Consideram-se acidente do trabalho, nos termos do artigo anterior, as seguintes entidades mórbidas:
>
> I — doença profissional, assim entendida a produzida ou desencadeada pelo exercício do trabalho peculiar a determinada atividade e constante da respectiva relação elaborada pelo Ministério do Trabalho e da Previdência Social;
>
> II — doença do trabalho, assim entendida a adquirida ou desencadeada em função de condições especiais em que o trabalho é realizado e com ele se relacione diretamente, constante da relação mencionada no inciso I.

Cumpre aqui destacar que seria inviável listar todas as hipóteses dessas doenças, em virtude de tal fato o § 2º do mencionado artigo da Lei n. 8.213/91 estabelece que:

> Art. 20. (...) § 2º Em caso excepcional, constatando-se que a doença não incluída na relação prevista nos incisos I e II deste artigo resultou das condições especiais em que o trabalho é executado e com ele se relaciona diretamente, a Previdência Social deve considerá-la acidente do trabalho.

O art. 21 da Lei n. 8.213/91 equipara ainda a acidente de trabalho:

> I — o acidente ligado ao trabalho que, embora não tenha sido a causa única, haja contribuído diretamente para a morte do segurado, para redução ou perda da sua capacidade para o trabalho, ou produzido lesão que exija atenção médica para a sua recuperação;
>
> II — o acidente sofrido pelo segurado no local e no horário do trabalho, em consequência de:
>
> a) ato de agressão, sabotagem ou terrorismo praticado por terceiro ou companheiro de trabalho;
>
> b) ofensa física intencional, inclusive de terceiro, por motivo de disputa relacionada ao trabalho;
>
> c) ato de imprudência, de negligência ou de imperícia de terceiro ou de companheiro de trabalho;
>
> d) ato de pessoa privada do uso da razão;
>
> e) desabamento, inundação, incêndio e outros casos fortuitos ou decorrentes de força maior;
>
> III — a doença proveniente de contaminação acidental do empregado no exercício de sua atividade;
>
> IV — o acidente sofrido pelo segurado ainda que fora do local e horário de trabalho:
>
> a) na execução de ordem ou na realização de serviço sob a autoridade da empresa;
>
> b) na prestação espontânea de qualquer serviço à empresa para lhe evitar prejuízo ou proporcionar proveito;
>
> c) em viagem a serviço da empresa, inclusive para estudo quando financiada por esta dentro de seus planos para melhor capacitação da mão de obra, independentemente do meio de locomoção utilizado, inclusive veículo de propriedade do segurado;
>
> d) no percurso da residência para o local de trabalho ou deste para aquela, qualquer que seja o meio de locomoção, inclusive veículo de propriedade do segurado.
>
> § 1º Nos períodos destinados a refeição ou descanso, ou por ocasião da satisfação de outras necessidades fisiológicas, no local do trabalho ou durante este, o empregado é considerado no exercício do trabalho.

A renda mensal dos benefícios de auxílio-doença corresponde a 91% (noventa e um por cento) do salário de benefício e o segurado precisa ainda comprovar sua condição de incapacidade laborativa junto à perícia do Instituto, para fazer jus ao benefício (MASSAMBANI, 2013).

Para se ter direito ao auxílio-doença acidentário é necessário o cumprimento de três requisitos, quais sejam: a) ser segurado do RGPS; b) cumprir a carência exigida na lei; c) estar incapaz para exercer o trabalho ou atividade laborativa. Os segurados do RGPS são aqueles dispostos no art. 12 e parágrafos da Lei n. 8.212/1991, e art. 11 e parágrafos da Lei n. 8.213/1991. Nesse sentido, Castro e Lazzari aludem:

> É segurado da Previdência Social, nos termos do art. 12 e parágrafos da Lei n. 8.212, de 1991, e art. 11 e parágrafos da Lei n. 8.213, de 1991, de forma obrigatória, a pessoa física que exerce atividade remunerada, efetiva ou eventual, de natureza urbana ou rural, com ou sem vínculo de emprego, a título precário ou não, bem como aquele que a lei define como tal, observadas, quando for o caso, as exceções previstas no texto legal, ou exerceu alguma atividade das mencionadas acima, no período imediatamente anterior ao chamado "período de graça". Também é segurado aquele que, sem exercer atividade remunerada, se filia facultativa e espontaneamente à Previdência Social, contribuindo para o custeio das prestações sem estar vinculado obrigatoriamente ao Regime Geral de Previdência Social — RGPS — ou a outro regime previdenciário qualquer (art. 14 da Lei de Custeio e art. 13 da Lei de Benefícios) (CASTRO; LAZZARI, 2020, p. 245).

Dessa maneira, são segurados obrigatórios aqueles que exercem (1) atividade remunerada e contribuem para o regime de previdência; (2) que desempenham atividade especial, mesmo sem contribuição, nos casos determinados em lei; (3) que contribuem para previdência de forma facultativa; (4) que se encontram no período de graça, isto é, lapso temporal no qual as pessoas mantêm a sua qualidade de segurado independente de contribuição, conforme previsto no art. 15 da Lei n. 8.213/1991.

No tocante ao segundo requisito, consoante disposto no art. 24 da Lei n. 8.213/1991, o "período de carência é o número mínimo de contribuições mensais indispensáveis para que o beneficiário faça jus ao benefício, consideradas a partir do transcurso do primeiro dia dos meses de suas competências" (BRASIL, 1991, s.p.). A carência exigida para a concessão do auxílio-doença é de 12 (doze) contribuições mensais, conforme prevê o art. 25, inc. I, da referida lei. Ocorre que, para os casos de incapacidades derivados de acidentes de trabalho, o chamado benefício de auxílio-doença acidentário, não há exigência de cumprimento de carência.

O último requisito é a incapacidade para o trabalho ou para atividade habitual por mais de 15 dias consecutivos, prazo aplicado aos empregados formais, cujos empregadores têm a competência de pagar os primeiros 15 dias de afastamento do empregado. Tal incapacidade é averiguada através de perícia médica realizada pelo próprio órgão do INSS (CAMPOS; MAZZEI, 2020).

4.1. A ocorrência do auxílio-doença acidentário durante o *home office*

Durante a pandemia da COVID-19, grande parte das empresas passaram a priorizar o *home office* e, nesse sentido, é importante identificar como fica a ocorrência do auxílio-doença acidentário neste contexto.

Conforme o acima narrado, acidente de trabalho em suma é aquele que acontece devido ao exercício da função, ou aquele que de alguma forma se vincula a relação de trabalho.

Uma vez que este ocorrido dentro da empresa a sua verificação e comprovação é algo muito mais simples. Mas durante o *home office,* como fazer essa configuração? Como separar os acidentes domésticos cotidianos do acidente de trabalho?

O fato de o trabalhador não ter se machucado dentro da empresa, mas sim em sua residência, em virtude da função durante o efetivo exercício desta não afasta a responsabilidade da empresa. Este empregado tem que estar protegido como qualquer outro.

No caso de um acidente cotidiano ou de uma doença sem relação com o exercício da sua função, o segurado, se enquadraria dentro do benefício do auxílio-doença, enquanto no caso de acidente advindo da relação de trabalho este se encaixaria no auxílio-doença acidentário.

Apesar de ambos terem a mesma renda mensal, o auxílio-doença acidentário gera estabilidade na relação de emprego, sendo esta a maior diferença entre ambos os benefícios.

A Lei n. 8.213/91 que dispõe sobre os Planos de Benefícios da Previdência Social previu em seu art. 118 a estabilidade para o trabalhador em função da gravidade de acidente do trabalho, nos seguintes termos:

> Art. 118. O segurado que sofreu acidente do trabalho tem garantida, pelo prazo mínimo de doze meses, a manutenção do seu contrato de trabalho na empresa, após a cessação do auxílio-doença acidentário, independentemente de percepção de auxílio-acidente.

Conforme, já citado anteriormente a Lei n. 6.367/76 tratou de conceituar didaticamente o que se enquadra como acidente de trabalho:

> Art. 19. Acidente do trabalho é aquele que ocorrer pelo exercício do trabalho a serviço da empresa, provocando lesão corporal ou perturbação funcional que cause a morte, ou a perda ou redução permanente ou temporária da capacidade para o trabalho.

Uma vez configurada a ocorrência do acidente de trabalho, a empresa deve proceder com a Comunicação do Acidente de Trabalho (CAT), devendo efetuar o encaminhamento do funcionário a Previdência Social, caso o tempo de afastamento seja superior a 15 dias, onde após pericia, se ocorrer concordância do médico, irá receber o benefício do auxílio-doença acidentário, passando a fazer jus ao período de estabilidade no emprego pelo prazo estipulado, na Lei n. 8.213/91, de 12 meses após a alta do órgão previdenciário.

Neste caso, da ocorrência do acidente em regime de teletrabalho, não há como se impor uma resposta padrão. Não há como, se iniciar o procedimento acima descrito de forma automática, como ocorria durante um acidente com um empregado que trabalha de forma presencial. A análise terá que ser feita caso a caso, de forma minuciosa e cautelosa, para que a caracterização do acidente seja verificada, para podermos atribuir de forma correta a responsabilidade pelo ocorrido ao empregador ou do funcionário.

Para tentar se facilitar a configuração da ocorrência do acidente, o ideal seria que o trabalhador efetuasse contato imediato com a empresa informando sobre a ocorrência do acidente. Também é importante que este, envie para ao contratante a documentação médica referente ao seu atendimento, bem como qualquer outro tipo de documentação formal que possuir, sobre a ocorrência do seu acidente.

Cumpre aqui destacar, que o ideal seria que não ocorressem acidentes. Desta forma a prevenção é algo essencial. O art. 75-E incluído pela Lei n. 13.467, de 2017, atribui esta responsabilidade ao empregador:

> **Art. 75**-E. O empregador deverá instruir os empregados, de maneira expressa e ostensiva, quanto às precauções a tomar a fim de evitar doenças e acidentes de trabalho.

Está estabelecido no ordenamento jurídico que é obrigação da empresa oferecer todas as orientações necessárias para se evitar esse tipo de ocorrência. Desta forma a empresa deve fazê-lo de forma ostensiva, para assim assegurar o bem-estar do seu funcionário, durante o regime do trabalho a distância, prevenindo assim o acontecimento de acidentes.

Destaca-se que a proteção ao meio ambiente de trabalho e a segurança do empregado, que também se aplicam, ao *home office* são decorrentes de uma garantia constitucional, que estabelecem os valores sociais do trabalho como pilares da Ordem Social e da Ordem Econômica, ordenando ainda a plena proteção da saúde e da integridade física do funcionário na localidade na qual exerce suas atividades laborais.

Assim sendo, conforme o já mencionado, a Consolidação da Lei do Trabalho impõe o dever patronal de instruir os empregados acerca de prevenção de acidentes de trabalho e doenças ocupacionais, retificando os princípios estabelecidos pela Carta Maior.

4.2. Da atual postura do INSS na concessão de benefícios durante a Pandemia

Ainda deve ser considerada, uma outra vertente, que é a concessão dos benefícios previdenciários durante a pandemia.

Para que o trabalhador tenha configurada a sua incapacidade laborativa, este necessita passar pela perícia da Previdência Social, para que se avalie o seu estado de saúde, verificando a origem da incapacidade, para a concessão do benefício adequado.

Antes da pandemia, o segurado se dirigia ao posto de atendimento, após agendamento prévio, pelo telefone ou pela internet, para efetuar a sua avaliação pericial. Todavia, em razão da necessidade de distanciamento social, seguindo essas orientações, as Agências do INSS foram fechadas e os atendimentos presenciais suspensos, por meio da Portaria n. 412, de 20 de março de 2020. Assim surge a seguinte indagação: como efetuar a avaliação dos pedidos de benefícios que dependem de perícia médica para análise e eventual deferimento?

Em resposta a essa indagação, o INSS noticiou em seu site oficial que os segurados serão dispensados da perícia médica presencial, devendo requerer o benefício e enviar um atestado médico através da plataforma "Meu INSS", por meio de página eletrônica ou de aplicativo do celular. A medida foi tomada tanto para ajudar aqueles que precisam receber o benefício e não podem esperar a situação se normalizar, bem como para evitar o contato entre pessoas, diminuindo, assim, a possibilidade de transmissão da COVID-19. Cabe ressaltar que a notícia informa apenas da dispensa da perícia presencial, mas não comenta sobre a perícia nos laudos anexados pelo médico do INSS.

Além disso, é preciso levar em conta que grande parte da população não tem acesso aos meios eletrônicos. Pensando nisso, a Portaria n. 412 prevê em seu art. 3º que as agências do INSS deverão manter regime de plantão para prestar informações. No entanto, há de se considerar ainda que, no momento, a população pode ter dificuldade em obter um laudo médico.

Referente ao período da COVID-19, Campos e Mazzei (2020) apontam algumas observações que se fazem necessárias referentes ao auxílio-doença.

A primeira observação é em relação ao valor do benefício, limitado à antecipação a um salário-mínimo: mesmo que o cálculo do auxílio-doença seja maior, o INSS só poderá adiantar até a quantia estabelecida pela lei, sendo o restante pago após a perícia médica presencial. Ademais, caso a perícia seja marcada para ser realizada em prazo inferior a três meses, a antecipação do benefício só poderá se realizar até a data agendada, continuando o segurado a receber após esse período, caso confirmada na perícia a sua incapacidade.

A segunda observação é que a Lei n. 13.982/2020 condiciona o recebimento do benefício ao cumprimento de carência, todavia não considera sua dispensa prevista na legislação previdenciária. Nesse ponto, a lei colocou como requisito para receber o auxílio-doença a observância da carência e omitiu os casos de dispensa da carência pela Lei n. 8.213/1991, como, por exemplo, os casos de auxílio-doença por acidente de trabalho, já mencionado neste artigo. O art. 3º, *caput*, da Portaria n. 9.381/2020, corrigiu a omissão, condicionando o cumprimento de carência apenas quando for exigida. Assim, a omissão observada na Lei n. 13.982/2020 não trará prejuízos práticos para o segurado, até porque, houve a correção na Portaria n. 9.381/2020.

A terceira é sobre a necessidade de apresentação do atestado médico, no momento do requerimento administrativo, devendo observar os seguintes parâmetros: i) estar legível e sem rasuras; ii) conter a assinatura do profissional emitente e carimbo de identificação, com registro do Conselho de Classe; iii) conter as informações sobre a doença ou CID; iv) e conter o prazo estimado de repouso necessário. Outrossim, o art. 2º, § 3º, da Portaria n. 9.381/2020, alerta para a configuração de crime de falsidade documental a emissão ou a apresentação de atestado falso ou que contenha informação falsa, isto acarretará aos responsáveis as sanções penais e o ressarcimento dos valores indevidamente recebidos.

A quarta é referente à possibilidade de o segurado requerer a prorrogação da antecipação do auxílio-doença, utilizando como justificativa o atestado médico juntado ou anexar novo atestado que comprove que a sua incapacidade permanece. Contudo, é preciso observar que o prazo máximo de recebimento a antecipação é de três meses, não sendo possível prorrogar para além disso.

A quinta e última consiste na omissão de ambas as normas a respeito de um futuro indeferimento, ou seja, se o segurado que recebeu a antecipação do benefício por três meses realizar a perícia médica presencial e tiver seu pedido negado, precisará devolver o valor?

Essa brecha na legislação gerada pela omissão do legislador traz grande insegurança jurídica, principalmente para o segurado. Isso porque a Lei n. 8.213/1991 no seu art. 115 prevê que o INSS pode descontar dos segurados os valores recebidos de benefícios previdenciário e assistencial indevidamente. O INSS tem a previsão legal de cobrar esses valores e na prática ele atua dessa maneira, seguindo a regulamentação do art. 154 do Decreto n. 3.048/1999.

Sobre esse tema, como se trata de pagamento feito por erro do INSS, ou seja, não observou o atestado médico juntado pelo segurado, estando o beneficiário de boa-fé, "[...] A jurisprudência do STJ se firmou no sentido de que, em razão do caráter alimentar dos proventos aliado à percepção de boa-fé, é impossível a devolução de valores recebidos a título de benefício previdenciário por razão de erro da Administração, aplicando-se ao caso o princípio da irrepetibilidade dos alimentos"(2). Ocorre que, a 1ª Seção do Superior Tribunal de Justiça impôs como Repetitivo (Tema 979) a questão relativa a devolução de valores recebidos de boa-fé a título de benefício previdenciário e decretou a suspensão nacional de todos os processos pendentes, individuais ou coletivos, com isso, o assunto ainda não está sedimentado e aguarda o posicionamento do STJ (CASTRO; LAZZARI, 2020).

---

(2) STJ. RECURSO ESPECIAL1666566 Acórdão 2017.00.70974-2; Relator(a) Herman Benjamin, 2ª Turma. Dj: 19.06.2017. CJF, 2017. Disponível em: <https://www2.cjf.jus.br/jurisprudencia/unificada/>. Acesso em: 9 mar. 2021.

É preciso levar em conta que o momento que estamos vivendo requer um olhar diferente para as questões que sofreram consequências geradas pela pandemia da COVID-19, tanto que foram necessários atos normativos serem editados para regulamentar a situação que atingiu o Brasil, como foi o caso da possibilidade de antecipar os valores do auxílio-doença.

Cabe ressaltar, que para receber a antecipação o segurado precisou juntar atestado médico que seguisse todas as recomendações, isso já demonstra a incapacidade laborativa do segurado. Até porque o art. 2º, § 3º, da Portaria n. 9.381/2020 prevê quando o atestado for falso, o segurado deverá ressarcir ao INSS os valores indevidamente recebidos e essa ressalva não está prevista no caso de indeferimento após a realização da perícia médica presencial.

Portanto, a cobrança dos valores considerados indevidos pelo INSS, recebidos a título de antecipação do auxílio-doença, está em descompasso não só com boa parte da jurisprudência do STJ, bem como irá na contramão das ações tomadas pelo Governo Federal para minimizar os prejuízos gerados pela pandemia da COVID-19, ignorando o momento delicado que os brasileiros estão vivenciando.

5. *Conclusão*

Com o avanço da tecnologia que acabou sendo impulsionado pela pandemia da COVID—19, cada vez mais temos empresas adotando o regime do trabalho em casa, popularmente conhecido como *home office.*

Apesar deste tipo de serviço gerar uma diminuição de custos, fato este que tem agradado a muitas empresas, há uma dificuldade de controle e de direção do funcionário. Não existe como se efetuar uma verificação efetiva que o empregado está trabalhando durante horário da empresa, sem se utilizar deste horário para realizar atividades diversas. Deste fato se origina, a grande dificuldade em diferenciar o que é um acidente cotidiano e um acidente de trabalho.

Em consequência desta dificuldade, para a configuração do acidente de trabalho, os empregados estão se deparando com uma grande dificuldade para solicitar este benefício. Muitas empresas se negam a emitir a Comunicação do Acidente de Trabalho (CAT), se utilizando deste argumento.

Além da dificuldade em conseguir a documentação necessária advinda da empresa para configurar, o acidente, o empregado, ainda tem que deparar com a avaliação do órgão previdenciário para conseguir, seu benefício.

Em virtude do atual cenário proveniente da COVID-19, para minimizar o prejuízo do trabalhador, a Previdência Social, está aplicando a Lei n. 13.982/2020 e a Portaria Conjunta n. 9.381/2020 preveem a possibilidade de antecipar 1 salário mínimo mensal durante o período de 3 meses ou até a realização de perícia médica federal, o que ocorrer primeiro. Assim, tal medida irá amparar as pessoas que possuem direito ao benefício e necessitam que seja efetivado.

A melhor resposta para esta situação é a prevenção. O empregador deve seguir as normas regulatórias do trabalho, mesmo em casos da prestação de serviços na modalidade *home office,* e treinar o trabalhador para ter certeza de que esse está em um ambiente seguro, para assim evitar ao máximo qualquer tipo de acidente com o seu funcionário.

6. *Referências*

ALVES, R. V. Teletrabalho: um conceito complexo no direito brasileiro. *Revista da Faculdade de Direito de Uberlândia,* 2008.

BARBA FILHO, Roberto Dala. *Reforma trabalhista & direito material do trabalho.* Curitiba: Juruá, 2018.

BARROS, Alice Monteiro de. *Contratos e regulamentações especiais de trabalho:* peculiaridades, aspectos controvertidos e tendências. 3. ed. rev. e ampl. São Paulo: LTr, 2018.

BRASIL. *Lei n. 8.213, de 24 de julho de 1991.* Disponível em: <http://www.planalto.gov. br/ccivil_03/leis/l8213cons.htm>. Acesso em: 9 mar. 2021.

______. *Lei n. 13.467, de 13 de julho de 2017.* Altera a Consolidação das Leis do Trabalho (CLT), aprovada pelo Decreto-Lei n. 5.452, de 1º de maio de 1943, e as Leis ns. 6.019, de 3 de janeiro de 1974, 8.036, de 11 de maio de 1990, e 8.212, de 24 de julho de 1991, a fim de adequar a legislação às novas relações de trabalho. Recuperado de <http://www.planalto.gov. br/ccivil_03/_ato2015-2018/2017/lei/L13467.htm>.

______. *Portaria n. 454, de 20 de março de 2020.* Disponível em: <http://www.in.gov. br/en/web/dou/-/portaria-n-454-de-20-de-marco-de-2020-249091587>. Acesso em: 9 mar. 2021.

______. *Lei n. 13.982, de 2 de abril de 2020.* Disponível em: <http://www.planalto.gov. br/ccivil_03/_ato2019-2022/2020/Lei/L13982.htm>. Acesso em: 9 mar. 2021.

CAMPOS, Adriana Pereira; MAZZEI, Rodrigo. *Questões Jurídicas Decorrentes da COVID-19*. Curitiba: Juruá, 2020. v. 2.

CASTRO, Carlos Alberto Pereira de; LAZZARI, João Batista. *Manual de Direito Previdenciário.* 23. ed. Rio de Janeiro: Forense, 2020.

MASSAMBANI, Vania. *Resumo de previdência social:* para concursos públicos de técnico e analista do INSS, TRF, TRT e MPS. 2. ed. Curitiba: Juruá, 2013.

PORTUGAL. *Código do Trabalho*. Aprovado pela Lei n. 7, de 12 de fevereiro de 2009. Disponível em: <https://dre.pt/legislacao-consolidada/-/lc/34546475/view>. Acesso em: 1º maio 2021.

RIBEIRO, Rafael E. Pugliese. *Reforma trabalhista comentada*. Curitiba: Juruá, 2018.

SILVA, A. *A aplicação do teletrabalho no serviço público brasileiro.* Santa Maria: UFSM, 2015. Disponível em: <http://googleacademico.com.br>. Acesso em: 16 set. 2020.

WINTER, Vera Regina Loureiro. *Teletrabalhador:* uma forma alternativa de emprego. São Paulo: LTr, 2015.

A Pandemia da Covid-19 Poderá Ser um Ponto de Inflexão para a Automação do Trabalho?

Vanessa Ferreira de Almeida[(1)]
Túlio de Oliveira Massoni[(2)]

1. Introdução

A pandemia da COVID-19 foi um duro golpe para os fabricantes em todo o mundo. Os bloqueios e as proibições de viagens interromperam a produção e as cadeias de abastecimento. Novos surtos em fábricas e outros locais de trabalho destacaram a necessidade de proteger melhor a saúde e a segurança dos trabalhadores. A atual crise é particularmente diferente da que ocorreu em 2008, pois não envolve as instituições financeiras, mas sim os setores produtivos[(3)]. Contudo, ambas são similares quanto à extensão de seus efeitos, que irão se perdurar por anos, fazendo com que a economia se torne diferente da que existia anteriormente.

Além dos altos índices de mortalidade, a pandemia impactou em um aumento considerável da miserabilidade da classe trabalhadora. De outubro a dezembro de 2020, a taxa de desocupação alcançou 13,9%, percentual menor do que os 14,6% do trimestre imediatamente anterior, de acordo Pesquisa Nacional por Amostra de Domicílios Contínua (PNAD) do Instituto Brasileiro de Geografia e Estatística (IBGE). No entanto, aumentou 3 pontos percentuais na comparação com o trimestre de outubro a dezembro de 2019 (de 11%)[(4)]. Enquanto alguns setores irão se recuperar rapidamente, para outros setores, a pandemia terá efeitos duradouros. Especificamente, a COVID-19 e a ameaça de futuras pandemias têm o potencial de acelerar o processo de automação, à medida que os empregadores substituem os trabalhadores por computadores e robôs que não são afetados pelas pandemias.

Como os locais de trabalho e escritórios em todos os lugares têm lutado para lidar com as restrições trazidas pelos mandatos de distanciamento social, a adoção de soluções automatizadas disparou. Claro, isso abre algumas questões importantes a serem consideradas. Por exemplo, o que isso pode significar para o emprego pós-pandemia e como a automação pode ser usada no futuro para mitigar os impactos que estamos experimentando atualmente. À medida em que a COVID-19 se espalhava pelo mundo, muitas empresas de repente se viram em uma situação muito difícil — especialmente aquelas que não eram consideradas essenciais e, portanto, não podiam continuar abertas para ajudar a reduzir o risco para seus funcionários. Para tentar combater isso, muitas empresas adotaram ferramentas variadas para simplificar suas responsabilidades e maximizar sua produção — incluindo automação.

Além disso, à medida em que os fabricantes começam a reabrir suas instalações, eles precisarão implementar práticas seguras de distanciamento

---

(1) Bacharel em Direito pela Universidade Presbiteriana Mackenzie. Mestranda em Direito Político e Econômico pela Universidade Presbiteriana Mackenzie.

(2) Bacharel em Direito pela PUC-SP e em Ciências Sociais pela USP. Mestre e Doutor em Direito do Trabalho pela USP. Professor de Direito do Trabalho da UNIFESP — Universidade Federal de São Paulo. Pesquisador Visitante da Università degli Studi di Roma Tor Vergata, na qual também atua como Professor Convidado em cursos de Extensão em Direito do Trabalho. Especialista em Direito Sindical pela Universidade de Módena, Itália. Professor de Pós Graduação da PUC-COGEAE e da FGV-RJ. Membro do Conselho Superior de Relações de Trabalho (CORT) da FIESP.

(3) MELLO, Guilherme *et al.* A Coronacrise: natureza, impactos e medidas de enfrentamento no Brasil e no mundo. *Nota do Cecon*, [S.l.], n. 9, mar. 2020. Disponível em: <https://www.eco.unicamp.br/ images/arquivos/nota_cecon_oronacrise_natureza_impactos_e_medidas_de_enfrentamento.pdf>. Acesso em: 23 mar. 2020

(4) Desemprego cai para 13,9% no quarto tri, mas taxa anual é a maior da história. *CNN Brasil.* São Paulo. Publicado em 28/02/2021. Disponível em: <https://www.cnnbrasil.com.br/business/2021/02/26/desemprego-recua-para-13-9-no-ultimo-trimestre-de-2020>.

social. Os processos desenvolvidos para colaboração homem-máquina serão uma grande vantagem. Por exemplo, uma etapa do processo que envolve dois ou mais trabalhadores de produção trabalhando juntos pode ser dividida em várias etapas do processo ou pode se transformar em uma etapa do processo que envolve um trabalhador e um robô[(5)].

Este artigo contribui para o debate sobre as consequências no mercado de trabalho da implantação das tecnologias da indústria 4.0, por exemplo, automação, digitalização, computação cognitiva e *chatbots*, que provocaram mudanças radicais na forma como vivemos e trabalhamos. A crise do coronavírus (COVID-19) acelerou isso além de qualquer coisa que poderíamos ter imaginado. Essas mudanças levantam questões essenciais sobre a precariedade dos empregos, o suporte disponível se não conseguirmos trabalhar ou nos aposentar, as habilidades de que precisamos para empregos atuais e futuros, a qualidade desses empregos e que voz temos na definição desses resultados.

Essas tecnologias adotadas podem criar novas tarefas, complementar tarefas humanas (o efeito complementar) ou automatizar tarefas anteriormente realizadas pelo trabalho (o efeito de substituição). Assim, a automação pode aumentar a demanda de algumas ocupações e diminuir outras. Em meio às rápidas mudanças tecnológicas e ao aumento da automação, no entanto, a polarização de empregos e o aumento da desigualdade salarial poderão ocorrer, pois essas tendências colocaram os empregos manuais e de rotina em maior risco de serem deslocados[(6)]. Por fim, volta-se o olhar para o panorama brasileiro e as atuais ferramentas de proteção aos trabalhadores face à automação.

2. *Os impactos da pandemia da covid-19 no mercado de trabalho*

A pandemia da COVID-19 trouxe o maior deslocamento econômico desde a Grande Depressão. A crise em curso atingiu o setor corporativo de uma forma única. Enquanto os choques anteriores na atividade empresarial vieram através de canais como o fornecimento de capital (a Crise Financeira) ou tecnologia (digitalização e automação), a COVID-19 atingiu o componente de capital humano do processo de produção. Nenhuma máquina foi destruída ou se tornou obsoleta, nenhum banco faliu e o acesso ao crédito não entrou em colapso — em vez disso, o capital humano foi ameaçado por uma crise de saúde global.

A atual crise trouxe uma gama mais ampla de mudanças em como e onde trabalhamos, as formas como o trabalho, os locais de trabalho e as forças de trabalho são organizados e a relação empregado-empregador. A partir de abril 2020, 93% dos trabalhadores do mundo residiam em países com alguma forma de medida de fechamento de locais de trabalho em vigor para evitar a disseminação do coronavírus[(7)]. Empresas que prestavam serviços essenciais, como saúde, logística, alimentação e varejo, continuaram a operar com novas medidas de saúde e segurança em vigor. Negócios considerados não essenciais e impossíveis de realizar remotamente, incluindo em setores como viagens e o turismo foram suspensos durante os bloqueios, levando milhões de trabalhadores a serem dispensados ou demitidos. As empresas mudaram suas práticas operacionais essencialmente da noite para o dia, levando muitas a reexaminar até que ponto seus funcionários estavam preparados e apoiados para desempenhar suas funções. Embora antes da pandemia as organizações já estivessem empreendendo iniciativas para apoiar e equipar sua força de trabalho com os tipos certos de habilidades, empregos e ferramentas, muitas estavam fazendo isso em um ritmo não alinhado com a velocidade acelerada de mudança provocada pela Quarta Revolução Industrial e outras tendências globais[(8)].

A crise contínua da COVID-19 teve um efeito sem precedentes nos locais de trabalho em todo o mundo. A extensão da infecção viral, doenças e fatalidades transformou ou fechou muitos locais

(5) FÓRUM ECONÔMICO MUNDIAL. *Here's why human-robot collaboration is the future of manufacturing*. Colônia, Alemanha. Publicado em 16 de agosto de 2020. Disponível em:< https://www.weforum.org/agenda/2020/08/here-s-how-robots-can-help-us-confront-covid/>.

(6) GOOS, Maarten; MANNING, Alan; SALOMONS, Anna. Explaining Job Polarization: routine-biased technological change and offshoring. *American Economic Review*, [S.L.], v. 104, n. 8, p. 2509-2526, 1º ago. 2014. American Economic Association. Disponível em: <http://dx.doi.org/10.1257/aer.104.8.2509>.

(7) ORGANIZAÇÃO INTERNACIONAL DO TRABALHO. *ILO Monitor:* COVID-19 and the world of work. Genebra, Suíça. Publicado em 23 de setembro de 2020. Disponível em: <https://www.ilo.org/global/topics/coronavirus/impacts-and-responses/WCMS_755910/lang--en/index.htm>.

(8) FÓRUM ECONÔMICO MUNDIAL. *The Future of Jobs Report 2020*. Colônia, Alemanha. Publicado em 21 de outubro de 2020. Disponível em: <http://www3.weforum.org/docs/WEF_Future_of_Jobs_2020.pdf>.

de trabalho e resultou em um grande número de trabalhadores temporariamente afastados ou desempregados. Os mais suscetíveis ao vírus e seus efeitos são os idosos ou vulneráveis do ponto de vista médico, mas o distanciamento físico, as ordens de ficar em casa e o isolamento produziram drásticas consequências sociais, econômicas e de saúde para trabalhadores de todas as idades, com um impacto desproporcional sobre aqueles mais desfavorecidos. Algumas empresas e locais de trabalho estão começando a reabrir, embora sob regras extraordinárias relativas ao distanciamento físico, equipamentos de proteção individual e guardas físicos. A eficácia de tais medidas no local de trabalho é desconhecida e temos muito a aprender sobre como os trabalhadores se adaptam e funcionam nessas circunstâncias.

Alguns dos desafios do retorno dos trabalhadores ao local de trabalho refletem algumas das questões que reconhecemos como lugar-comum na literatura de retorno ao trabalho e reabilitação ocupacional — a natureza idiossincrática da saúde e do trabalho, vulnerabilidade individual a doenças, suscetibilidade a riscos ambientais, a necessidade de flexibilidade e modificação no trabalho e diferenças no estilo de trabalho, capital social e suporte organizacional. Um tema recorrente na literatura sobre deficiência no trabalho é a heterogeneidade dos resultados de retorno ao trabalho para trabalhadores com uma ampla gama de lesões, doenças e procedimentos médicos (por exemplo, parada cardíaca, trauma grave). O processo de abertura do local de trabalho do COVID-19 também pode precisar lidar com essa complexidade de fatores.

Assim como lesões e doenças têm efeitos variáveis na capacidade de trabalho, a pandemia provavelmente afetará os trabalhadores de maneira diferente por causa de questões como ameaça de infecção viral, vulnerabilidade à saúde, percepções organizacionais, níveis de renda e antiguidade e estabilidade no emprego. A pandemia da COVID-19 está nos forçando a repensar o local de trabalho e as cadeias de suprimentos globais. A automação constitui uma grande parte desse pensamento.

Para aqueles com níveis mais baixos de educação, o efeito da COVID-19 sobre o emprego foi muito mais grave do que para aqueles com níveis mais altos de educação. O total de pessoas desocupadas em agosto de 2020 foi de 12,9 milhões de pessoas, 5,5% acima do total de julho (em termos absolutos, equivale a 673 mil pessoas). Segundo os resultados da PNAD COVID (PNAD 2020), a taxa de desocupação aumentou em 0,5 pontos percentuais de julho para agosto (passou de 13,1% para 13,6%) e ao analisar o nível de escolaridade, aqueles com nível superior completo ou pós-graduação tiveram as menores taxas de desemprego, sendo de 6,8%[(9)].

Isso também se reflete no trabalho remoto (*home office*). Das 8,8 milhões de pessoas trabalhando de forma remota no Brasil (*home office* ou teletrabalho), 0,5% correspondiam a pessoas com ensino fundamental completo e 1,7% correspondiam às com o ensino médio incompleto. Para comparativo, pessoas com nível superior correspondiam a 31,0% e os com pós-graduação correspondiam a 50% do trabalho remoto no Brasil[(10)].

As consequências para os mercados de trabalho são provavelmente profundas e duradouras. Embora os dados agregados apontem para interrupções sem precedentes no mercado de trabalho[(11)], compreender e abordar as forças que impulsionam os movimentos agregados exigirá a identificação das empresas, empregos, locais, indústrias e o nível de qualificação dos trabalhadores mais diretamente afetados pela pandemia.

O que teremos certamente é um período de mudanças perturbadoras à frente. A COVID-19 não apenas tirou milhões de pessoas do trabalho, mas a mistura de empregos que emergiram desta crise é provavelmente diferente daqueles que foram perdidos. As pessoas com rendimentos e níveis de escolaridade mais baixos foram afetadas de forma desproporcional, o que prejudica o crescimento inclusivo e aumenta potencialmente a desigualdade de rendimentos.

(9) Desemprego no Brasil sobe para 13,8% em julho, maior taxa desde 2012, e atinge 13,1 milhões. *Portal G1*. Publicado em 30 de setembro de 2020. Disponível em: <https://g1.globo.com/economia/noticia/2020/09/30/desemprego-sobe-para-138percent-em-julho-mostra-ibge.ghtml>.

(10) *Home Office* é o novo indicador de desigualdade econômica no Brasil. *Jornal Folha de S. Paulo*. Publicado em 30 de agosto de 2020. Disponível em: <https://www1.folha.uol.com.br/mercado/2020/08/home-office-e-novo-indicador-de-desigualdade-economica-no-brasil.shtml>.

(11) CAMPELLO, Murillo; KANKANHALLI, Gaurav; MUTHUKRISHNAN, Pradeep. Corporate Hiring under COVID-19: labor market concentration, downskilling, and income inequality. *Nber Working Paper No. 27208*, [S.L.], p. 15-20, maio 2020. National Bureau of Economic Research. Disponível em: <http://dx.doi.org/10.3386/w27208>.

Os efeitos diferenciais da COVID-19 sobre as empresas e os empregos podem determinar quais políticas são mais prováveis de serem eficazes no restabelecimento de um mercado de trabalho que funcione bem. Eles podem nos informar sobre a extensão e a velocidade de uma recuperação potencial. Parece quase certo que, muito depois de a crise da COVID ter diminuído, a proporção de trabalhadores que trabalham parcial ou principalmente em casa será substancialmente maior do que era antes da crise. Essa projeção, é claro, se aplica principalmente ao quadro de trabalhadores com ensino superior cujo trabalho é facilmente feito remotamente[(12)].

À medida em que os fabricantes começam a reabrir suas instalações, eles precisarão implementar práticas seguras de distanciamento social. Os processos desenvolvidos para colaboração homem-máquina serão uma grande vantagem. Por exemplo, uma etapa do processo que envolveu dois ou mais trabalhadores de produção trabalhando juntos pode ser dividida em várias etapas do processo ou pode se transformar em uma etapa do processo que envolve um trabalhador e um robô[(13)].

A pandemia certamente deu aos empregadores mais motivos para procurar maneiras de substituir os trabalhadores por máquinas, e evidências recentes sugerem que estão fazendo isso[(14)]. Alguns argumentam que a automação generalizada é o preço que pagamos pela prosperidade: as novas tecnologias aumentarão a produtividade e nos enriquecerão, mesmo que desloquem alguns trabalhadores e interrompam os negócios e indústrias existentes. A evidência não apoia esta interpretação.

3. *Uma nova onda de polarização do emprego e recuperação sem empregos*

Conforme Schumpeter (1942), a economia é uma entidade dinâmica onde a inovação de processo e produto conduz a criação e destruição incessantes de produtos, empregos e empresas. As percepções de Schumpeter sobre a natureza dinâmica de uma economia capitalista também se estenderam ao importante papel das recessões em trazer mudanças transformacionais que aumentam a produtividade. O reexame dos anos 1990 da visão schumpeteriana de que as recessões permitem a atualização tecnológica não é surpreendente, visto que a economia havia acabado de passar por uma recessão e estava passando pela revolução das TIC. O impacto dessa revolução na força de trabalho tornou-se objeto de investigação, liderada pelo trabalho seminal de Autor, Levy e Murnane (2003)[(15)], que documentam o fenômeno da polarização do trabalho, em que a tecnologia está substituindo o emprego de rotina (seja cognitivo ou manual) no meio de a distribuição de habilidades e salários.

A pandemia de Coronavírus (COVID-19) causou impactos sem precedentes na saúde e nas economias globais. Esses impactos resultaram em um interesse renovado no uso de Inteligência Artificial (IA) e seus subcampos para responder à crise de saúde e mitigar seus efeitos em muitas indústrias e na sociedade. A Inteligência Artificial é o amplo conjunto de tecnologias que podem igualar ou superar as capacidades humanas, particularmente aquelas envolvendo cognição, como aprendizagem e resolução de problemas. As aplicações de IA são abrangentes e incluem raciocínio de conhecimento, aprendizado de máquina, processamento de linguagem natural, visão computacional e robótica.

Antes do surto da COVID-19, o debate a respeito do impacto no mercado de trabalho com o crescente uso da robótica e da inteligência artificial se concentrava na especulação de um possível desemprego em massa a partir da automação de uma ampla gama de empregos que envolviam trabalho repetitivo e previsível. As contra visões propunham um futuro da IA e da robótica, aumentando muitos cargos existentes, automatizando tarefas em vez de ocupações inteiras[(16)]. No entanto, a pandemia global revigorou

---

(12) DINGEL, Jonathan; NEIMAN, Brent. *How Many Jobs Can Be Done at Home?* Chicago: Becker Friedman Institute. Universidade de Chicago, 2020.

(13) FÓRUM ECONÔMICO MUNDIAL. *Here's why human-robot collaboration is the future of manufacturing*. Colônia, Alemanha. Publicado em 16 de agosto de 2020. Disponível em: <https://www.weforum.org/agenda/2020/08/here-s-how-robots-can-help-us-confront-covid/>.

(14) CHERNOFF, Alex; CASEY, Warman. COVID-19 and Implications for Automation. *NBER Working Paper* 27249, National Bureau of Economic Research, Cambridge, MA. Publicado em setembro de 2020.

(15) AUTOR, David; LEVY, Frank, MURNANE, Richard. 2003. The skill content of recent technological change: an empirical exploration. Quarterly Journal of Economics. *NBER Working Paper n. 8337.*

(16) AUTOR, David; LEVY, Frank, MURNANE, Richard. 2003. The skill content of recent technological change: an empirical exploration. Quarterly Journal of Economics. *NBER Working Paper n. 8337.*

este debate com vários acadêmicos e comentaristas argumentando que a COVID-19 fornecerá o ponto de inflexão que acelera a adoção generalizada da IA.

Autor e Reynolds(17) observam que as restrições da COVID-19 forçaram a automação em muitas indústrias e argumentam que muitas empresas não voltarão ao seu processo de produção pré-pandemia, mesmo depois que o local de trabalho for seguro para retornar(18). Existe a preocupação de que a automação induzida pela COVID possa aumentar a desigualdade. Para os líderes empresariais, a dependência do trabalho humano pode agora parecer um risco empresarial sistêmico, ao passo que os consumidores podem começar a preferir serviços menos intensivos em mão de obra.

Desde o início da década de 1980, as ocupações rotineiras e de média qualificação declinaram, enquanto as ocupações não rotineiras de alta qualificação tiveram um crescimento substancial. Curiosamente, ocupações orientadas para serviços não rotineiras e de baixa qualificação também experimentaram crescimento de empregos. Os economistas Daron Acemoglu e David Autor(19), popularizaram a categorização das ocupações em duas dimensões: rotineiras e não rotineiras. Essas ocupações, por sua vez, se dividem em quatro categorias: cognitivas e não rotineiras (desenvolvedores de software, médicos e cirurgiões, artistas etc.), cognitivas e rotineiras (equipe de vendas, secretárias e auxiliares administrativos etc.), manual e de rotina (linha de montagem e outros trabalhadores da produção, transporte e mudanças etc.), e manuais e não rotineiras (zeladores, jardineiros, auxiliares de saúde, domésticas etc.).

Ou seja, a partir dos anos 80 as tarefas rotineiras diminuíram pois foram claramente definidas e codificadas por robôs e computadores programáveis, além da terceirização de operações de *back office* e *offshoring* de atividades de produção de mão de obra intensiva para a China e outros de baixo custo, esvaziaram as ocupações de média qualificação. Enquanto isso, as profissões caracterizadas por atividades cognitivas e não rotineiras floresceram e tiveram alto crescimento salarial. Também houve um aumento nas ocupações de orientação manual e não rotineira. O crescimento dos salários nessas ocupações, entretanto, foi moderado, pois muitos ex-trabalhadores da produção foram forçados a se juntar a outros na competição por empregos de serviços de baixa qualificação(20). Este fenômeno é chamado de "polarização dos empregos"

A polarização dos empregos é o resultado de uma crescente demanda por qualificação que pode ser verificada através de mudanças no rendimento e na estrutura ocupacional. Seus principais contribuintes são a automação do trabalho de rotina e a integração internacional dos mercados de trabalho(21). A tecnologia, o comércio e a terceirização não são, de modo algum, a única explicação possível para a polarização do emprego. Embora a queda de postos de trabalho possa ser atribuída principalmente à automação do trabalho de produção de rotina e à crescente concorrência internacional em produtos manufaturados, a magnitude das perdas de renda para os trabalhadores é seguramente ampliada pelo fato de que as perdas de emprego estão em indústrias intensivas(22).

Ao longo do tempo, os empregos de alta habilidade (tarefas cognitivas) e de baixa habilidade (tarefas manuais) tem crescido. Esse crescimento foi acompanhado por um esvaziamento das ocupações de rotina de habilidade média. Por isso, houve uma polarização no emprego das tarefas rotineiras e de habilidade média para tarefas cognitivas e manuais não rotineiras. Em 1982, as ocupações de rotina representavam aproximadamente 56% do emprego total nos EUA. Em 2012, essa participação caiu para 44%(23)

O preço da tecnologia da informação caiu a um ritmo notável nos últimos anos, o que pode ser

(17) AUTOR, David; REYNOLDS, Elisabeth. *The nature of work after the COVID crises:* to few low-wage jobs. The Hamilton Project. Washington, Estados Unidos. Publicado em julho de 2020.
(18) AUTOR, D.; REYNOLDS, Elisabeth. The nature of work after the COVID crisis: Too few low-wage jobs. *Brookings Institute*, 2020.
(19) ACEMOGLU, Daron; AUTOR, David H. Skill, Tasks and Technologies: Implications for Employment and Earnings. In: ASHENFELTER, Orley; CARD, David (eds.). *Handbook of Labor Economics*, v. 4, p. 1043-1171, Elsevier: Amsterdam, 2011.
(20) AUTOR, David; LEVY, Frank; MURNANE, Richard. The skill content of recent technological change: an empirical exploration. Quarterly Journal of Economics. *NBER Working Paper No. 8337*, 2003.
(21) AUTOR, David H. The Polarization of Job Opportunities in the U.S. Labor Market: Implications for Employment and Earnings. *The Center for American Progress and The Hamilton Project*. Washington. Publicado em abril de 2010.
(22) *Idem.*
(23) JAIMOVICH, Nir; SIU, Henry. Job Polarization and Jobless Recoveries. *National Bureau of Economic Research Working*, [S.L.], p. 201-250, ago. 2012 (revisado em 2018). National Bureau of Economic Research. Disponível em: <http://dx.doi.org/10.3386/w18334>.

apontado como um dos fatores que incidência da polarização. Em 2007, o economista da Universidade de Yale, William Nordhaus, estimou que o custo real de executar um conjunto padronizado de tarefas computacionais usando a tecnologia da informação havia caído cerca de 1/3 a 1/2 por ano nas últimas seis décadas, levando a um declínio acumulado de pelo menos um trilhão de vezes o custo da computação. As tarefas de processamento que eram incrivelmente caras há 30 anos, são agora trivialmente baratas(24). Esse declínio rápido e secular dos preços criou enormes incentivos econômicos para que os empregadores substituam a mão de obra humana por tecnologia da informação, na realização de tarefas no local de trabalho. Simultaneamente, cria vantagens significativas para os trabalhadores cujas habilidades se tornam cada vez mais produtivas à medida que o preço da computação cai.

A crescente demanda por trabalhadores altamente qualificados, está contribuindo para maiores níveis de desigualdade de ganhos. A demanda por empregos de habilidades médias está em declínio e, consequentemente, os trabalhadores que não obtêm o acesso ao ensino superior, possuem dificuldades em se manterem em seus postos de trabalho, pois os salários estagnaram ou caíram ao longo de três décadas, fazendo que muitos trabalhadores se movam para baixo na distribuição de habilidades e ganhos ocupacionais, saindo de um emprego que exige habilidades médias para os que exigem baixas habilidades(25).

O fenômeno da polarização do emprego não se limita aos países desenvolvidos. Dao *et al.*(26) argumentam que os países em desenvolvimento com maior rotinização de tarefas e maior participação nas cadeias de valor globais experimentam mais declínios na parcela da renda do trabalho de trabalhadores de média qualificação.

Além disso, os economistas Nir Jaimovich e Henry Siu(27) descobriram que as recuperações de desemprego (que se referem a uma situação em que a recuperação do emprego agregado segue significativamente a recuperação da produção agregada) experimentadas pelos EUA desde meados da década de 1980 estão relacionadas ao forte aumento nas perdas de empregos em ocupações de rotina durante crises econômicas. Em outras palavras, as mudanças provocadas pela polarização do emprego não ocorreram de maneira gradual. Em vez disso, a perda de empregos em ocupações de rotina tem sido altamente concentrada em torno de crises econômicas. As recessões costumam ser seguidas por ondas de automação que podem levar a "recuperações sem empregos". Desde 1990, toda recessão nos EUA foi seguida por uma recuperação sem empregos, causada pela polarização do mercado de trabalho e o esvaziamento das ocupações de média qualificação(28). A recuperação sem empregos também foi identificada em países em desenvolvimento(29).

De acordo com as experiências históricas, após uma recessão os empregos facilmente automatizáveis não retornam. Há, portanto, uma exploração da relação entre a polarização de empregos e as recuperações sem emprego. A partir dos polos criados nos períodos de recessão, o que se observa é a reação da economia sem ser acompanhada pelo mercado de trabalho a partir da década de 1990. Assim, os empregos rotineiros conseguem ser substituídos por computadores, o que ocorre em função do avanço tecnológico, já que as tecnologias têm se tornado cada vez mais acessíveis, fazendo com que os níveis da taxa de desemprego fiquem em patamares mais elevados mesmo com a economia voltando a níveis saudáveis(30).

Dada a natureza única do choque pandêmico, vale a pena considerar a seguinte questão: Será que

(24) GRAETZ, Georg; MICHAELS, Guy. Is Modern Technology Responsible for Jobless Recoveries? *American Economic Review*, [S.L.], v. 107, n. 5, p. 168-173, 1º maio 2017. American Economic Association. Disponível em: <http://dx.doi.org/10.1257/aer.p20171100>.

(25) AUTOR, David H. The Polarization of Job Opportunities in the U.S. Labor Market: Implications for Employment and Earnings. *The Center for American Progress and The Hamilton Project.* Washington. Publicado em abril de 2010.

(26) DAO, Mai Chi e outros. *Why is Labor Receiving a Smaller Share of Global Income? Theory and Empirical Evidence. Fundo Monetário Internacional.* 2017. Disponível em: <http://www.imf.org/en/Publications/WP/Issues/2017/07/24/Why-Is-Labor-Receiving-a-Smaller-Share-of-Global-Income-Theory-and-Empirical-Evidence-45102>.

(27) JAIMOVICH, Nir; SIU, Henry. Job Polarization and Jobless Recoveries. National Bureau of Economic Research.Working, [S.L.], p. 201-250, ago. 2012 (revisado em 2018). National Bureau of Economic Research. Disponível em: <http://dx.doi.org/10.3386/w18334>.

(28) *Idem.*

(29) GRAETZ, Georg; MICHAELS, Guy. Is Modern Technology Responsible for Jobless Recoveries? *American Economic Review*, [S.L.], v. 107, n. 5, p. 168-173, 1 maio 2017. American Economic Association. Disponível em: <http://dx.doi.org/10.1257/aer.p20171100>.

(30) JAIMOVICH, Nir; SIU, Henry. Job Polarization and Jobless Recoveries. National Bureau of Economic Research Working, [S.L.], p. 201-250, ago. 2012 (revisado em 2018). *National Bureau of Economic Research.* Disponível em: <http://dx.doi.org/10.3386/w18334>.

a recessão de 2020 polarizará ainda mais o mercado de trabalho e nos deixará com outra recuperação sem empregos? A recessão causada pela pandemia de COVID-19 é diferente das recessões anteriores porque foi em grande parte autoimposta. Em resposta a um novo vírus altamente infeccioso sobre o qual sabíamos pouco e para o qual estávamos mal preparados, demos um passo sem precedentes de encerrar a economia à força em um esforço para reduzir sua propagação. No entanto, embora o gatilho para essa recessão tenha sido diferente, o choque de um fechamento generalizado produziu uma recessão que não pode ser revertida simplesmente com uma reabertura. Assim, a automação pode aumentar a demanda de algumas ocupações e diminuir outras. Sob esta perspectiva, a pandemia da COVID-19 em curso pode servir como um catalisador para o esvaziamento de tarefas em várias ocupações tendo efeitos permanentes no mercado de trabalho.

4. A pandemia como catalizadora da automação no mercado de trabalho

A dimensão física do trabalho é um novo fator que molda o futuro do trabalho, trazido à tona por considerações de saúde e segurança. A COVID-19 trouxe grande interrupção para a força de trabalho, destacando a importância da proximidade física no trabalho e estimulando mudanças nos modelos de negócios e no comportamento do consumidor, muitos dos quais provavelmente perdurarão. Ao forçar consumidores e empresas a se adaptarem rapidamente à necessidade de muito menos contato físico e interação humana durante a pandemia da COVID-19 afetou duas tendências além do trabalho remoto que terá efeitos duradouros na força de trabalho: o uso de ferramentas digitais para transações, consulta e colaboração; e a adoção de tecnologias de automação e IA no ambiente de trabalho. Embora essas duas tendências estivessem em andamento antes do surgimento do vírus, a COVID 19 alterou suas trajetórias de maneira duradoura[31].

A pandemia da COVID-19 acelerou o processo de automação à medida em que as empresas lutam para evitar infecções da COVID-19 no local de trabalho e manter os custos operacionais baixos. As demissões em massa induzidas pela pandemia atingiram empregos automatizáveis, especialmente aqueles nos setores de serviços, particularmente difíceis, colocando esses empregos em um risco elevado de serem totalmente automatizados. Enquanto as empresas lutam para evitar infecções da COVID-19 no local de trabalho e evitar paralisações durante a crise, máquinas e softwares, que não são suscetíveis ao vírus, tornam-se opções mais atraentes do que recontratar os trabalhadores humanos temporariamente deslocados. Espera-se que isso seja mais evidente em ocupações mais vulneráveis à pandemia, como aquelas que apresentam maior risco de transmissão do vírus ou não permitem o trabalho remoto. Essa automação pode se tornar permanente se os trabalhadores deslocados puderem ser facilmente substituídos por tecnologias prontamente disponíveis e se as empresas estiverem satisfeitas com a tecnologia que economiza mão de obra.

Alguns exemplos que podem ser citados sobre o uso da IA na substituição de trabalhadores afastados durante a pandemia são o do gigante varejista americano Walmart, que está usando robôs para ajudar na limpeza do chão, e a Amazon já está explorando o uso crescente de robôs em seus depósitos para ajudar na classificação, envio e embalagem[32]. Robôs desinfetantes ultravioleta dinamarqueses estão sendo usados em hospitais chineses para destruir o DNA ou RNA de qualquer microrganismo ao alcance. Os robôs podem operar de forma autônoma, garantindo que os humanos não corram o risco de serem expostos aos nocivos raios ultravioleta. Robôs estão sendo implantados em Ruanda em resposta à pandemia para rastrear a temperatura dos pacientes, identificar pessoas que não usam máscaras e entregar medicamentos aos pacientes infectados[33] ou a substituição dos trabalhadores do hotel por quiosques com *check-in* automático durante a pandemia e a dispensa permanente dos cobradores de pedágio na Pensilvânia[34].

---

(31) *The Future of work after COVID-19*. McKinsey Global Institute. Amsterdã, Holanda. Publicado em fevereiro de 2021. Disponível em: <https://www.mckinsey.com/featured-insights/future-of-work/the-future-of-work-after-covid-19>.

(32) THOMAS, Zoe. *Coronavirus:* Will COVID-19 speed up the use of robots to replace human workers? BBC Londres. Londres. Publicado em 18 de abril de 2020. Disponível em: <https://www.bbc.com/news/technology-52340651>.

(33) TUCKER, Ian. *The five:* Robots helping to tackle coronavirus. The Guardian. Londres. Publicado em 31 de maio de 2020. Disponível em: <https://www.theguardian.com/technology/2020/may/31/the-five-robots-helping-to-tackle-coronavirus>

(34) *Idem*.

É claro que a adoção da automação pode ser cara e demorada, e as inovações adotadas durante a pandemia podem ser temporárias se as empresas acharem que o *recall* dos trabalhadores temporariamente dispensados é mais fácil e mais econômico em comparação com grandes investimentos em automação. Mesmo que haja um aumento da demanda por certas ocupações durante a pandemia, a escassez de mão de obra de curto prazo causada por políticas de bloqueio e preocupações com a saúde incentivam as empresas a usar tecnologia para substituir os trabalhadores. Essas substituições podem ser arranjos temporários, mas a ameaça de futuras pandemias também pode tornar essas mudanças permanentes.

Além disso, as demissões em massa provavelmente reduzem os custos de ajuste associados à automação, que costumam ser muito altos durante tempos de expansão, e tornam mais fácil para as empresas — não necessariamente nos setores duramente atingidos — substituir trabalhadores que podem ser substituídos pela tecnologia existente.

A COVID 19 acelerou três grandes tendências que podem remodelar o trabalho mesmo após o retrocesso da pandemia. Consideramos os possíveis efeitos duradouros sobre a força de trabalho, analisando três grupos de tendências aceleradas pela COVID-19 que podem persistir após o retrocesso da pandemia, interrompendo como e onde o trabalho é feito. Eles são a mudança para trabalho remoto e interações virtuais, o aumento no uso de *e-commerce* e outras plataformas digitais e a implantação de automação e IA. Em cada caso, a pandemia levou empresas e consumidores a adotar novos comportamentos rapidamente. Consequentemente, vemos uma descontinuidade acentuada entre o nível de adoção antes e durante a pandemia. Ainda não se sabe até que ponto essas tendências persistem após a pandemia, mas há evidências crescentes de que muitos dos novos comportamentos persistirão, mesmo que em níveis um pouco mais baixos do que o pico[35].

A pressão para usar tecnologia de automação em ocupações com escassez de mão de obra temporária, juntamente com o aumento do risco de substituir trabalhadores deslocados por máquinas e software conforme a pandemia se arrasta, provavelmente acelerará a automação, ou como Autor e Reynolds[36] a denominaram, "automação forçada". A automação forçada durante a pandemia pode ser temporária e limitada, mas também pode ser mais generalizada e permanente, dependendo de quanto tempo leva para a pandemia ser contida e se a crise de saúde evolui para uma crise econômica prolongada. Mesmo após a pandemia, a ameaça de futuras pandemias e a maciça transição tecnológica para o mundo virtual induzida pela pandemia podem induzir mudanças significativas no mercado de trabalho e fornecer um catalisador para mais automação a longo prazo[37]. O crescimento do comércio eletrônico, da educação online e do trabalho remoto nesta transição, por exemplo, pode ser permanente. É claro que a iminente crise econômica e os choques de demanda induzidos pela pandemia podem desestimular novos investimentos em automação. No entanto, Leduc e Liu[38] sugerem que a incerteza de trabalho induzida pela pandemia provavelmente impulsionará a automação, mesmo depois de levar em consideração a possível redução da demanda agregada.

De acordo com Ding e Molina[39], em um estudo que identificou as perdas atuais de empregos conforme o nível de automação, no Estados Unidos, em agosto de 2020 as ocupações mais automatizáveis perderam 4,2 empregos a mais por 100 do que as ocupações com baixo risco de automação. Isso equivale a 2,6 milhões de empregos pré-crise que estavam expostos a um risco elevado de serem permanentemente automatizados. A automação acelerada, ao deslocar trabalhadores para ocupações mais automatizadas que são mais vulneráveis aos efeitos da pandemia, como aquelas que não permitem trabalho remoto, têm alto risco de transmissão da COVID-19 ou estão em setores duramente atingidos.

(35) *The Future of work after COVID-19*. McKinsey Global Institute. Amsterdã, Holanda. Publicado em fevereiro de 2021. Disponível em: <https://www.mckinsey.com/featured-insights/future-of-work/the-future-of-work-after-covid-19>.

(36) AUTOR, David; REYNOLDS, Elisabeth. *The nature of work after the COVID crises:* to few low-wage jobs. The Hamilton Project. Washington, Estados Unidos. Publicado em julho de 2020.

(37) AUTOR, David; REYNOLDS, Elisabeth. *The nature of work after the COVID crises:* to few low-wage jobs. The Hamilton Project. Washington, Estados Unidos. Publicado em julho de 2020.

(38) LEDUC, Sylvain; LIU, Zheng. Can pandemic induced job uncertainty stimulate automation? *Working Paper n. 19*. Federal Reserve Bank of San Francisco. São Francisco, Estados Unidos. Publicado em 20 de maio de 2020.

(39) DING, Lei; MOLINA, Julieth Saenz. "Forced Automaton" by COVID-19? Early Trends from current population survey data. *Federal Reserve Bank of Philadelphia*. Filadelfia, Estados Unidos. Publicado em setembro de 2020.

Os empregos automatizáveis mantidos por trabalhadores de minorias foram atingidos pela pandemia, colocando esses trabalhadores que já eram vulneráveis no mercado de trabalho em maior risco de perda permanente do emprego. Em agosto de 2020, empregos automatizados mantidos por trabalhadores de minorias experimentaram 5,1 mais perdas de empregos por 100 empregos do que aqueles ocupados por brancos não hispânicos. Caso a crise da COVID-19 evolua para uma crise econômica prolongada, muitas perdas de empregos em ocupações automatizáveis podem se tornar permanentes na economia pós-pandemia, semelhante ao que aconteceu durante a recuperação da recessão de 2008[(40)].

A experiência tem mostrado que, em períodos de recessão, a parcela de empregos com tarefas principalmente de rotina diminui à medida que as empresas procuram controlar sua base de custos ao mesmo tempo em que lidam com a pressão de margem e para mitigar a incerteza melhorando a eficiência. Duas maneiras de fazer isso são adotando tecnologias de automação e redesenhando os processos de trabalho. Quando olhamos as consequências da crise financeira de 2008, por exemplo, encontramos um declínio duradouro nos empregos de rotina nos Estados Unidos e em vários países da União Europeia. Embora muitas empresas tenham evitado o aumento de gastos durante a pandemia, estão surgindo evidências de que o investimento em automação pode aumentar durante a recuperação[(41)].

Pablo Engaña Del Sol e Alejandro Micco argumentam que o efeito do deslocamento sobre os trabalhadores normalmente associado à adoção de tecnologias de automação será complementado pelos efeitos de curto prazo induzidos pela pandemia, em particular nas ocupações onde (i) a tecnologia de automação está disponível e o setor investiu em tecnologias de TIC na última meia década; (ii) o grau de proximidade física com colegas de trabalho e a exposição a doenças infecciosas é alto; e (iii) a capacidade para trabalhar remotamente é baixa. Trabalhadores em ocupações que desempenham na proximidade de outras pessoas são mais afetados, enquanto ocupações capazes de trabalhar remotamente são menos afetadas. Setores com uma grande fração de ocupações em risco de automação apresentam uma contração significativamente maior do emprego. A contração é impulsionada principalmente por setores que passaram por um processo de aprofundamento de capital em tecnologias de informação e a implementação de softwares antes da pandemia. Estimou-se que um setor com um desvio padrão a mais na participação do emprego nas ocupações com risco de automação diminui cerca de 5% a mais no emprego durante o período da COVID-19. O mesmo setor, mas com um aumento de um desvio padrão maior no capital de tecnologia, corta o emprego em cerca de 7%[(42)].

A pandemia está catalisando a transformação da economia em sua matriz produtiva, especialização comercial e, portanto, no tipo de políticas de mercado de trabalho necessárias. Esse ajuste no emprego foi acelerado quando o grau de proximidade física com os colegas de trabalho e a exposição a doenças infecciosas é alto e a capacidade de trabalhar remotamente é baixa. Os trabalhadores em ocupações que atuam na proximidade de outras pessoas são mais afetados, enquanto as ocupações capazes de trabalhar remotamente são menos afetadas[(43)].

Assim a automação é mais prevalente, não entre tarefas e trabalhos que podem ser executados remotamente, mas para a maioria que não pode. Nesses casos, as organizações terão adicionado incentivos para automatizar partes de seus processos a fim de proteger a saúde de seus trabalhadores, diminuindo as interações entre trabalhadores[(44)]. Com o surgimento dos robôs interativos, pode ser possível intercalar estes em todas as operações, a fim de substituir as interações humano-humano por humano-robô (por exemplo, transferências de produtos intermediários entre uma estação e a próxima). Além disso, a maneira para as empresas realmente mitigarem os riscos da COVID-19 para suas operações, seja por causa de trabalhadores que adoecem ou que recebem ordens

(40) DING, Lei; MOLINA, Julieth Saenz. "Forced Automaton" by COVID-19? Early Trends from current population survey data. *Federal Reserve Bank of Philadelphia*. Filadelfia, Estados Unidos. Publicado em setembro de 2020. .

(41) *The Future of work after COVID-19*. McKinsey Global Institute. Amsterdã, Holanda. Publicado em fevereiro de 2021. Disponível em: <https://www.mckinsey.com/featured-insights/future-of-work/the-future-of-work-after-covid-19>.

(42) SO, Pablo Egana del; MICCO, Alejandro. Can COVID-19 Accelerate Technologicaltransformations? *Ssrn Electronic Journal*, [S.L.], p. 10-44, 2020. Elsevier BV. Disponível em: <http://dx.doi.org/10.2139/ssrn.3688690>.

(43) SO, Pablo Egana del; MICCO, Alejandro. Can COVID-19 Accelerate Technologicaltransformations? *Ssrn Electronic Journal*, [S.L.], p. 10-44, 2020. Elsevier BV. Disponível em: <http://dx.doi.org/10.2139/ssrn.3688690>.

(44) *Idem.*

do governo para ficarem em casa, é automatizar totalmente suas operações.

As empresas podem acelerar a adoção de tecnologias de automação e IA à medida que reimaginam o futuro pós-pandêmico. Durante a severa recessão que a pandemia desencadeou, muitas empresas pararam de investir não essenciais para se concentrar em colocar em prática as ferramentas e plataformas digitais essenciais para permitir o trabalho remoto e alcançar os clientes. Daqui para frente, as empresas podem acelerar a adoção de automação e IA por uma variedade de razões: para melhor lidar com os surtos de demanda induzidos pela pandemia (por exemplo, em processamento de alimentos e bens de consumo), para reduzir a densidade em espaços lotados (como no processamento de carne fábricas que foram o local de epidemias de vírus), para fornecer aos clientes experiências de cliente sem contato (por exemplo, autocheckout em supermercados, pedidos em aplicativos ou por códigos QR em restaurantes) e simplesmente para aumentar a velocidade, eficiência e produtividade como eles reimaginam os negócios após a pandemia[(45)].

As empresas que já exploravam o uso da Inteligência Artificial antes da COVID-19 expandiram o seu uso, antes restrito a algumas funções, para substituir os trabalhadores que foram afastados ou demitidos, sem perder a produtividade[(46)]. Essas mudanças rápidas desencadeadas pela COVID-19 podem fornecer a experiência para que os empregadores se tornem mais confiantes na adoção de Inteligência Artificial para tarefas manuais e repetitivas, reduzindo a necessidade de alguns trabalhadores. A adoção de tecnologias de automação — incluindo robótica, veículos autônomos e software dirigido por IA que podem realizar fluxos de trabalho de processamento se tornaram uma tendência durante a pandemia, refletindo a capacidade da automação de facilitar as interações sem contato em um momento de distanciamento social e maior consciência de higiene, bem como pressões de custo que podem surgir da desaceleração econômica causada pela COVID-19.

Segundo uma pesquisa realizada pelo Instituto McKinsey, em que entrevistou 800 executivos em todo o mundo, acerca da adoção de novas tecnologias durante o período pandêmico, à medida que os trabalhadores não essenciais passaram a trabalhar em casa, 85% dos entrevistados na pesquisa disseram que seus negócios aceleraram um pouco ou muito a implementação de tecnologias que permitem digitalmente a interação e colaboração dos funcionários, como videoconferência e compartilhamento de arquivos. Aproximadamente metade dos entrevistados relatou um aumento na digitalização dos canais do cliente, por exemplo, via *e-commerce*, aplicativos móveis ou *chatbots*. Cerca de 35% digitalizaram ainda mais suas cadeias de suprimentos, por exemplo, conectando seus fornecedores com plataformas digitais na gestão da cadeia de suprimentos[(47)].

Quase metade dos executivos observou que a adoção da automação tem acelerado moderadamente e cerca de 20% relatam um aumento significativo na automação. Em todos os países, os Estados Unidos e a Índia se destacam, com 83% dos executivos entrevistados nos Estados Unidos e 70% dos executivos entrevistados na Índia, relatando adoção mais rápida da automação. Empresas de todos os setores estão relatando uma maior adoção da automação[(48)].

Embora os executivos de todos os setores relatem uma maior adoção da digitalização e automação, os dos setores de serviços financeiros e de tecnologia viram a maior aceleração dessas tecnologias desde o surto da COVID-19. Cerca de 88% dos executivos de finanças e seguros e 76% dos executivos de informação e tecnologia relataram um aumento na implementação de automação e IA desde o início da pandemia. Esses setores eram líderes em digitalização e automação antes da pandemia, e as peculiaridades do coronavírus deixaram clara a vantagem dos pagamentos digitais e outras atividades movidas a máquinas[(49)].

(45) *The Future of work after COVID-19*. McKinsey Global Institute. Amsterdã, Holanda. Publicado em fevereiro de 2021. Disponível em: <https://www.mckinsey.com/featured-insights/future-of-work/the-future-of-work-after-covid-19>.

(46) CORKERY, Michael; GELLES, David. Robots welcome to take over, as pandemic accelerates automation. *The New York Times*. Nova York. Publicado em 10 de abril de 2020. Disponível em: <https://www.nytimes.com/2020/04/10/business/coronavirus-workplace-automation.html>.

(47) *What 800 executives envision for the postpandemic worforce*. MCKinsey & Company. Londres. Publicado em setembro de 2020. Disponível em: <https://www.mckinsey.com/featured-insights/future-of-work/what-800-executives-envision-for-the-postpandemic-workforce>.

(48) *Idem*.

(49) *Idem*.

A adoção da automação e da IA se expandiu principalmente entre as empresas que tiveram uma maior mudança para o trabalho remoto desde a eclosão da COVID-19. Entre os executivos de empresas que transferiram a maioria de seus funcionários para trabalho remoto durante a pandemia, 80% disseram que aumentaram a automação, enquanto apenas 51% dos executivos de empresas que adotaram o trabalho remoto para apenas alguns funcionários disseram que a automação aumentou[(50)]. Um aspecto da pandemia é que as empresas descobriram que podem adotar novas tecnologias muito mais rápido do que se pensava anteriormente.

Em todos os setores, 15% dos executivos pesquisados em meio à pandemia disseram que pelo menos uns décimos de seus funcionários poderiam trabalhar remotamente dois ou mais dias por semana daqui para frente, quase o dobro dos 8% dos entrevistados que expressaram essa intenção antes da COVID-19. Isso varia de acordo com o país, com 20% dos executivos entrevistados no Reino Unido e na Alemanha dizendo que pelo menos um décimo de seus funcionários poderia trabalhar remotamente dois ou mais dias por semana daqui para frente, o que cai para apenas 4% entre os entrevistados na China. Estender o trabalho remoto além de dois dias por semana, no entanto, foi menos popular entre os entrevistados em geral, com apenas 7% dizendo que pelo menos um décimo de seus funcionários poderia trabalhar três ou mais dias por semana remotamente[(51)].

O potencial para trabalho remoto é altamente concentrado em um punhado de setores, como informação e tecnologia, finanças e seguros e gestão, e os executivos desses setores mostram maior intenção de empregar seus funcionários remotamente. Cerca de 34% dos entrevistados do setor de informação e tecnologia disseram que esperam ter pelo menos um décimo de seus funcionários trabalhando remotamente por pelo menos dois dias por semana após a COVID-19, em comparação com 22% dos executivos desse setor pesquisados, antes da pandemia. Com a tendência em adotar o trabalho remoto, é provável que se torne uma maneira de reduzir os custos imobiliários e competir por talentos[(52)].

De acordo com o relatório "The Future of Jobs 2020" produzido pelo Fórum Econômico Mundial[(53)], baseada nas projeções de líderes empresariais seniores (normalmente, diretores de recursos humanos e diretores de estratégia) que representam cerca de 300 empresas globais, que empregam coletivamente 8 milhões de trabalhadores, sugere que a pandemia acelerou a eliminação dos empregos através da automação. Serão 85 milhões de empregos perdidos até 2025, com a criação de 97 milhões de vagas, as quais deverão estar adaptadas à nova divisão do trabalho. Prevê-se que em 2025, a participação de trabalhadores e máquinas estará quase igual: aos humanos caberá 53% das atividades.

Entre os líderes empresariais pesquisados, pouco mais de 80% relatam que estão acelerando a automação de seus processos de trabalho e ampliando o uso do trabalho remoto. Significativos 50% também indicam que pretendem acelerar a automação de empregos em suas empresas. Além disso, mais de um quarto dos empregadores espera reduzir temporariamente sua força de trabalho e um em cada cinco espera fazê-lo permanentemente. Em particular, 55% das empresas pesquisadas indicam que também procuram transformar a composição de sua cadeia de valor, 43% pretendem introduzir mais automação e reduzir a força de trabalho atual, 34% irão expandir sua força de trabalho como resultado de uma integração tecnológica mais profunda, e 41% vão expandir o uso de contratados para tarefas de trabalho especializado[(54)].

Quanto ao Brasil, as empresas ouvidas destacaram que os principais impactos da pandemia foram o deslocamento para o trabalho remoto e a automação dos processos da rotina de trabalho. Cerca de 92% das empresas citaram o uso de videoconferências e de ferramentas digitais. Já 68% das empresas aceleraram o processo de automação de tarefas para que

(50) *What 800 executives envision for the postpandemic worforce.* MCKinsey & Company. Londres. Publicado em setembro de 2020. Disponível em: <https://www.mckinsey.com/featured-insights/future-of-work/what-800-executives-envision-for-the-postpandemic-workforce>..
(51) *Idem.*
(52) *What 800 executives envision for the postpandemic worforce.* MCKinsey & Company. Londres. Publicado em setembro de 2020. Disponível em: https://www.mckinsey.com/featured-insights/future-of-work/what-800-executives-envision-for-the-postpandemic-workforce>.
(53) The Future of Jobs Report 2020. FÓRUM ECONÔMICO MUNDIAL. *The Future of Jobs Report 2020.* Colônia, Alemanha. Publicado em 21 de outubro de 2020. Disponível em: <http://www3.weforum.org/docs/WEF_Future_of_Jobs_2020.pdf>. Colônia, Alemanha. Publicado em 21 de outubro de 2020. Disponível em: <http://www3.weforum.org/docs/WEF_Future_of_Jobs_2020.pdf>.
(54) *Idem.*

fosse possível manter a produtividade em patamares anteriores à crise[(55)].

É importante ter em mente, que em países menos desenvolvidos economicamente, como é o caso do Brasil, a proporção de trabalhadores incapazes de trabalhar remotamente é maior. O potencial para trabalho remoto depende da natureza das tarefas realizadas; trabalhadores em empregos que requerem interação com máquinas ou em espaços ao ar livre, por exemplo, são menos propensos a trabalhar remotamente do que aqueles que usam computadores para fazer seu trabalho. Dado que as ocupações de alta qualificação (cognitivas e não rotineiras) já dominam a lista de profissões que podem ser exercidas remotamente, a última rodada de mudanças tecnológicas enviesadas por habilidades tem o potencial de causar uma polarização ainda maior do mercado de trabalho.

É provável que ocorra uma dinâmica semelhante em razão da pandemia da COVID-19, tendo em vista a escala da recessão e os incentivos para a automatização. Tal efeito já é discutido na Europa[(56)] e nos Estados Unidos[(57)]. Ou seja, há a expectativa de que o mercado se recupere, contudo, o mesmo não é esperado em relação aos empregos, que não irão crescer conforme a economia.

Na verdade, os efeitos da COVID-19 estão alimentando tendências que já haviam exposto os trabalhadores de média qualificação ao deslocamento e à redução da jornada de trabalho e da renda. À medida em que a transformação digital acelera, habilidades antigas tendem a se depreciar e se tornar obsoletas mais rapidamente.

5. *O desalento brasileiro face à automação: o enfraquecimento dos sindicatos e a ausência de regularização do art. 7º, XXVII, da CF/88*

O cenário anteriormente debatido tem implicações profundas para a fortaleza de direitos e benefícios que foi construída na base da relação de trabalho. À medida em que a tecnologia se torna um substituto cada vez mais capaz e econômico para os trabalhadores humanos, ela permite que as empresas contornem as estratégias legais prevalecentes para proteger os trabalhadores e fortalecer a fortaleza do emprego. A questão é como proteger os direitos e prerrogativas dos trabalhadores e, ao mesmo tempo, reduzir o incentivo das empresas para substituir funcionários por contratados e substituir trabalhadores humanos por máquinas.

Os ambientes de trabalho atuais não foram projetados para essas novas restrições impostas pela pandemia e, embora as soluções alternativas possam fornecer alguma continuidade de negócios, é provável que haja uma capacidade reduzida. A inteligência artificial é atraente como uma alternativa para burlar a queda de produtividade durante a pandemia, mas também pode exigir uma reconfiguração substancial dos ambientes de trabalho.

De acordo com o relatório da *International Bar Association*, publicado em abril de 2017, produzido por uma equipe de advogados trabalhistas, a inteligência artificial e a robótica irão forçar os governos a legislarem medidas de proteção aos trabalhadores ameaçados. A pesquisa, que sugere que um terço dos empregos de nível de pós-graduação em todo o mundo pode eventualmente ser substituído por máquinas ou software, adverte que os quadros legais que regulam o emprego e a segurança estão se tornando rapidamente desatualizados. A vantagem competitiva das economias mais pobres e emergentes — com base em mão de obra mais barata — logo será corroída à medida que as linhas de produção de robôs e os sistemas informáticos inteligentes reduzam o custo do esforço humano, sendo necessária uma nova legislação trabalhista para acompanhar o aumento da automação. O relatório sugere algumas posições, como por exemplo, uma redução máxima de horas de trabalho por lei para que os empregos existentes sejam alocados para vários funcionários. A este respeito, uma semana de 30 ou 35 horas ou

(55) The Future of Jobs Report 2020. FÓRUM ECONÔMICO MUNDIAL. *The Future of Jobs Report 2020.* Colônia, Alemanha. Publicado em 21 de outubro de 2020. Disponível em: <http://www3.weforum.org/docs/WEF_Future_of_Jobs_2020.pdf>. Colônia, Alemanha. Publicado em 21 de outubro de 2020. Disponível em: <http://www3.weforum.org/docs/WEF_Future_of_Jobs_2020.pdf>.

(56) O'BRIEN, Fergal; BOSLYE, Catherine. A jobless recovery is becoming a real risk for Europe's economy. *Bloomberg*. Nova York. Publicada em 21 de julho de 2020. Disponível em: <https://www.bloombergquint.com/global-economics/a-jobless-recovery-is-becoming-a-real-risk-for-europe-s-economy>.

(57) ALDRICK, Philip. US jobless increase as coronavirus surges. *The Times Journal. Londres*. Publicado em 24 de julho de 2020. Disponível em: <https://www.thetimes.co.uk/article/us-jobless-claims-rise-as-surge-in-covid-stalls-recovery-rg7g6nbh3>.

uma semana de 4 dias poderia ser considerada uma solução para amenizar o desemprego[(58)].

É importante que os sindicatos possam incluir em suas negociações coletivas cláusulas que permitam a reciclagem dos trabalhadores desatualizados em questões tecnológicas, exigindo que as empresas disponibilizem cursos de requalificação profissional. É provável que os sindicatos evitem o taylorismo moderno, onde as máquinas assumem o controle e o planejamento de todos os processos de trabalho. A requalificação profissional regular desempenha um papel cada vez mais importante. A fim de ajudar os funcionários a manterem-se atualizados com as normas técnicas atuais, será necessário um treinamento adicional na área de "alfabetização digital" em intervalos regulares, que iria desde o aprendizado básico de como os computadores e os dispositivos de comunicação são projetados, até treiná-los a navegar e expressar-se em comunidades *on-line*[(59)].

Contudo, ao analisar o contexto brasileiro, é necessário destacar o enfraquecimento dos sindicatos após a reforma trabalhista, o que tem dificultado as negociações coletivas no contexto pandêmico. Segundo a Pesquisa Nacional por Amostra de Domicílios (PNAD) sobre mercado de trabalho em 2019, o percentual da população ocupada filiada a sindicatos vem caindo desde 2012, quando era de 16,1%, e teve sua queda mais intensa no ano de 2018, quando chegou a 12,5%. Nos seis anos analisados, os sindicatos perderam quase 2,9 milhões de associados, grupo que chegou ao total de 11,5 milhões em 2018. A queda registrada em 2018 fez com que todas as atividades da economia atingissem o menor patamar de sindicalização da série histórica, iniciada em 2012[(60)].

Após um ano da reforma trabalhista, houveram menos acordos e convenções coletivas, o que demonstra o receio dos sindicatos nas negociações diante da pressão patronal pela flexibilização. As novas formas contratuais consagradas pela reforma afetam mais fortemente os trabalhadores não sindicalizados e ainda estão pouco presentes nos instrumentos normativos. Por fim, a sobrevivência dos sindicatos está ameaçada por razões de ordem financeira. A queda na arrecadação decorrente do fim da obrigatoriedade do imposto foi de grande magnitude, situação agravada pela desestruturação do mercado de trabalho (desemprego, queda da renda e informalidade) e pela crise econômica[(61)].

A reforma trabalhista mexeu com as estruturas sindicais, especialmente por (1) alterar as bases de representação; (2) minar as bases de financiamento das entidades; (3) redefinir o papel dos sindicatos, retirando atribuições e introduzindo novas, de modo a comprometê-lo com a "competitividade" da empresa e oferecer "segurança" para que as práticas patronais não sejam questionadas no judiciário. Em termos concretos, há um processo de fragilização das possibilidades de regulação pública do trabalho e das entidades sindicais, especialmente em sua capacidade de representar e negociar em termos mais centralizados e abrangentes. Com uma negociação coletiva cada vez mais descentralizada, como preservar direitos e proteções sociais de caráter universal?[(62)].

Uma clara demonstração do enfraquecimento dos sindicatos pode ser vista nos efeitos do Programa Emergencial de Preservação do Emprego e da Renda (Medida Provisória n. 936/2020). Apesar da medida ter sido tomada para mitigar as consequências socioeconômicas da pandemia e das necessárias medidas de isolamento social, observou-se que o desemprego e a perda de renda decorrentes da pandemia distribuem-se de forma mais homogênea e com mais concentração nas camadas médias. Isso significa que esse grupo, usualmente não exposto a riscos de perda de renda e emprego, encontra-se, nesse contexto extraordinário, vulnerabilizado, do ponto de vista socioeconômico. A medida causou uma redução de

(58) WISSKIRCHEN, Gerlind; BIACABE, Blandine Thibault *et al.* Artificial Intelligence and Robotics and Their Impact on the Workplace. *IBA Global Employment Institute.* 2017. Disponível em: <https://www.ibanet.org/Article/NewDetail.aspx?ArticleUid=012a3473-007f-4519-827c-7da56d7e3509>.

(59) *Idem.*

(60) PARIZOTTI, Roberto. Após reforma trabalhista, sindicatos perdem 1,5 milhões de associados em 2018. *Portal IG.* Publicado em 18/12/2019. Disponível em: <https://economia.ig.com.br/2019-12-18/apos-reforma-trabalhista-sindicatos-perderam-15-milhao-de-associados-em-2018.html>

(61) GALVÃO, Andreia. Reforma Trabalhista: efeitos e perspectivas para os sindicatos. In: KREIN, José Dari; OLIVEIRA, Roberto Véras de; FILGUEIRAS, Vitor Araújo (orgs.). *Reforma trabalhista no Brasil:* promessas e realidade. Campinas: Curt Nimuendajú, 2019. p. 199.

(62) GALVÃO, Andréia; CASTRO, Bárbara; KREIN, José Dari; TEIXEIRA, Marilane Oliveira. Reforma trabalhista: precarização do trabalho e os desafios para o sindicalismo. *Caderno Crh,* [S.L.], v. 32, n. 86, p. 253-270, 4 nov. 2019. Universidade Federal da Bahia. Disponível em: <http://dx.doi.org/10.9771/ccrh.v32i86.30691>.

aproximadamente R$ 30,00, resultando também um pequeno efeito de aumento da pobreza. A MP n. 936 impõe perdas aos trabalhadores formais, ainda que, no agregado não sejam de grande monta. Não está claro, contudo, se de fato foi uma via de proteção contra perdas de empregos — nem se os indivíduos que optaram pelos acordos estarão seguros em seus postos de trabalho após o prazo estabelecido(63).

Assim, é questionável o poder de negociação dos sindicatos em futuros acordos e convenções coletivas que tratem de incentivos para uma requalificação profissional ou estabelecer meios de proteção dos trabalhadores em face do desemprego estrutural numa sociedade pós-pandemia.

Os sindicatos deveriam participar, com os trabalhadores, em todo o processo de automação, da fase de estudos até a implementação de novas tecnologias, com vista a eliminar consequências sociais(64), ou ainda na fase de introdução do seu sistema mecanizado, se estabelecer, em conjunto, um planejamento que busque a manutenção dos empregos, a recapacitação e a realocação dos trabalhadores ou, em sendo o caso, a adoção das medidas necessárias à proteção da saúde e segurança destes nas atividades desenvolvidas diante de máquinas(65). Ainda no contexto da negociação coletiva, cumpre salientar a sua importância diante de eventual dispensa coletiva produzida pela adoção de processos de automação(66), uma vez que por meio dela é possível estabelecer, em conjunto, caminhos que minorem os prejuízos causados aos trabalhadores dispensados.

No Brasil, a Constituição Federal previu, como direito dos trabalhadores, "a proteção em face da automação, na forma da lei" (art. 7º, XXVII). Quando da promulgação do texto constitucional, mostra Arnaldo Süssekind, a preocupação era a de que as normas constitucionais deviam atender as exigências do mundo do trabalho adaptado aos fantásticos progressos da informática, com reflexos na automação dos processos de produção. E recorda que "Não tratou, porém, a Constituição, especificamente, dos *serviços de treinamento, reciclagem e readaptação profissional,* de vital importância para o aproveitamento dos trabalhadores em funções que se multiplicarão em detrimento de outras.(67) Importante destacar o Projeto de Lei (PL n. 1.091/2019), que visa regular o citado dispositivo, contudo, desde março de 2019 não teve grandes avanços na Câmara dos Deputados. Em 2018, com a questão trabalhista em alta, o extinto Ministério do Trabalho lançou o Comitê de Estudos Avançados sobre o Futuro do Trabalho, criado para "discutir e propor formas de proteção ao emprego diante do avanço da automação". O grupo foi formado por 23 representantes dos poderes Executivo e Judiciário, de instituições acadêmicas, sindicatos e entidades de classe. O comitê chegou a se reunir cinco vezes e realizar três audiências públicas, além de ter disponibilizado um canal aberto por e-mail para receber sugestões da população. Contudo, com a incorporação da pasta no Ministério da Economia, as conclusões do grupo perderam prioridade e foram adiadas(68).

Em estudo monográfico dedicado ao tema da tecnologia e do emprego, Jouberto de Quadros Pessoa Cavalcante destaca a importância dos processos de informação, consulta e participação dos trabalha-

(63) BARBOSA, Rogério Jerônimo; PRATES, Ian. Efeitos do desemprego, do Auxílio-Emergencial e do Programa Emergencial de Preservação do Emprego e da Renda (MP n. 936) sobre a renda, a pobreza e a desigualdade durante e depois da pandemia (Effects of Unemployment, Basic Emergency Income and the Emergency Employment and Income Preservation Program (MP 936) on Income, Poverty and Inequality during and after the Pandemic in Brazil). *Ssrn Electronic Journal,* [S.L.], p. 15-30, 2020. Elsevier BV. Disponível em: <http://dx.doi.org/10.2139/ssrn.3630693>.

(64) MARTINEZ, Luciano; MALTEZ, Mariana. O direito fundamental à proteção em face da automação. *Nova Hileia — Revista Eletrônica de Direito Ambiental da Amazônia,* [S.l.], v. 2, n. 2, dez. 2018. Disponível em: <http://periodicos.uea.edu.br/index.php/novahileia/article/view/1240>. Acesso em: 23 out. 2020.

(65) MARTINS, Sergio Pinto. *A continuidade do contrato de Trabalho.* Rio de Janeiro: Atlas, 2000

(66) SANTOS, Rosenjura; SOARES, Érica. O direito à proteção em face da automação e desemprego tecnológico: parâmetros constitucionais para regulamentação. *Anais 3º Congresso Internacional de Direito e Contemporaneidade,* 2015, Santa Maria, RS.

(67) Em seus escritos, mostra Süssekind os debates da época: necessidade de legislação infraconstitucional estimulando investimentos na pesquisa sem descurar da dimensão laboral. Já se discutia, naquela década, as vantagens inegáveis das novas tecnologias, por um lado, mas, ao mesmo tempo, ocasionava o desemprego, além da insegurança no emprego. Os sindicatos de trabalhadores de vários países reconheciam que as inovações tecnológicas eram indispensáveis para a competitividade das empresas. Reivindicavam, no entanto, maior segurança no emprego e nos locais de trabalho, além de facilidades para o trabalhador adaptar-se às novas técnicas" (SÜSSEKIND, Arnaldo. *Direito Constitucional do Trabalho.* 4. ed. Rio de Janeiro: Renovar, 2010. p. 319-325).

(68) Automação sem lei: 30 anos depois, ainda não há regulamentação para robôs no País. *Jornal O Estado de S. Paulo.* Publicado em: 15 de julho de 2019. Disponível em: <https://arte.estadao.com.br/focas/estadaoqr/materia/automacao-sem-lei-30-anos-depois-ainda-nao-ha-regulamentacao-para-robos-no-pais>.

dores não apenas em casos de dispensas coletivas, atenuando os impactos nocivos desta, mas também na absorção e implementação de novas tecnologias. Em sua pesquisa, colaciona diversas cláusulas constantes de instrumentos coletivos negociados por entidades sindicais neste terreno, tratando dos mais variados aspectos, desde a qualificação e reciclagem de mão de obra, passando por alterações das rotinas de condições de trabalho, até uma mais eficaz proteção em face da automação.[69]

Os tribunais brasileiros ainda não enfrentaram a contento a situação[70]. Se de um lado o empregador pode efetuar leves modificações no contrato de trabalho, como desdobramento de seu poder diretivo (*jus variandi*), de outro lado as alterações não podem gerar prejuízo ao trabalhador (CLT, art. 468). A CLT, ademais, em seu art. 456, parágrafo único, consagra o princípio da colaboração do empregado com as atividades compatíveis com suas condições pessoais. Como se vê, em tais casos, os riscos mais comuns pleiteados em ações judiciais são: acúmulo de função, desvio de função, salário-substituição e um pagamento de uma majoração salarial em decorrência das modificações funcionais ao longo do contrato de trabalho. Uma forma de mitigar tais riscos na implementação de tais planos é o caráter voluntário e facultativo, vale dizer, apenas participarão do programa *job rotation* os empregados que a ele candidatarem e forem selecionados conforme as disponibilidades entre as áreas envolvidas.

Pede-se dos trabalhadores competências como inventividade, aprendizado contínuo, além de contribuições e aportes deles para a empresa. Cláusulas especiais do contrato de trabalho, como cessão de inventos, confidencialidade, não concorrência, e até mesmo cláusulas de permanência, estas últimas para as hipóteses das empresas que custearam cursos a empregados e dele exigem o compromisso de ficarem na empresa que neles investiu, são temas que passam a ser cada vez mais usuais.

Por fim, caso o art. 7º, XXVII houvesse sido regulamentado, o dispositivo poderia estabelecer medidas, delineamentos e diretrizes que tenham por objetivo uma maior efetivação da proteção em face da automação. Não antecipar essa questão em tempo hábil poderá se tornar um enorme custo econômico e social para o país.

6. *Considerações finais*

À medida em que uma nova recessão global provocada pela pandemia da COVID-19 afeta as economias e os mercados de trabalho, milhões de trabalhadores passaram por mudanças que transformaram profundamente suas vidas dentro e fora do trabalho, seu bem-estar e sua produtividade. O efeito imediato da pandemia da COVID-19 no mercado de trabalho ocasionou em milhares de empregos destruídos devido a respostas comportamentais voluntárias ou à variedade de restrições impostas por governos (quarentena, confinamentos, toques de recolher, políticas de distanciamento social etc.). O colapso da atividade também implicou em uma grande contração da demanda ao nível da economia. Sob a influência da atual recessão econômica, as tendências subjacentes ao aumento tecnológico do trabalho se aceleraram, bem como as tendências existentes de polarização de empregos foram ampliadas. Aqueles que podiam trabalhar remotamente e permanecerem produtivos foram amplamente protegidos, enquanto aqueles em empregos no setor de serviços intensivos em contato direto sofreram o impacto das perdas de empregos. Infelizmente, as ocupações orientadas para os serviços de baixa qualificação (manuais e não rotineiras), enfrentam um choque estrutural negativo. Os estudos apresentados sugerem que a pandemia levou a perdas de empregos significativamente maiores em ocupações mais tecnicamente automatizáveis. Há um risco potencial de que algumas das dispensas temporárias se tornem permanentes e, assim, resultem em outra recuperação sem emprego. Do ponto de vista da política, é necessária uma resposta flexível e centrada no trabalhador. Como o ritmo da automação provavelmente está sendo acelerado pela pandemia, os legisladores precisam repensar como melhorar a rede de segurança para os trabalhadores abruptamente deslocados pela pandemia, que também enfrentam um risco iminente de serem substituídos

(69) CAVALCANTE, Jouberto de Quadros Pessoa. *Sociedade, tecnologia e a luta pelo emprego*. 1. ed. São Paulo: LTr, 2018.

(70) Confira-se a seguinte decisão, que afastou a mídia de alterações prejudiciais e pleito de acúmulo de função ou desvio funcional porque, no caso concreto, era pátria entre o nível gerencial e os salários eram os mesmos, não havendo que se falar, assim, em alteração do pactuado em moldes caracterizadores de ofensa ao disposto no art. 468 da Consolidação das Leis do Trabalho. (TRT-12 — RO: 00008905820135120022 SC 0000890-58.2013.5.12.0022, Relator: Gisele Pereira Alexandrino, Secretaria da 3ª Turma, Data de Publicação: 26.09.2014)

pela tecnologia, bem como se prepararem para as complexas transições da força de trabalho à frente induzidas pela automação potencialmente acelerada, oferecendo requalificação e subsídios para que os trabalhadores deslocados possam se adaptar ao mundo do trabalho pós-pandêmico.

7. *Referências*

ALBUQUERQUE, Pedro Henrique Melo *et al.* Na era das máquinas, o emprego é de quem?: Estimação da probabilidade de automação nas ocupações no Brasil. Texto para discussão — *Instituto de Pesquisa Econômica Aplicada*, v. 2457, 2019.

ALDRICK, Philip. US jobless increase as coronavirus surges. *The Times Journal.* Londres. Publicado em 24 de julho de 2020. Disponível em: <https://www.thetimes.co.uk/article/us-jobless-claims-rise-as-surge-in-covid-stalls-recovery-rg7g6nbh3>.

ACEMOGLU, Daron; AUTOR, David. H. Skill, Tasks and Technologies: Implications for Employment and Earnings. In: ASHENFELTER, Orley; CARD, David (eds.). *Handbook of Labor Economics*, v. 4, p. 1043-1171, Elsevier: Amsterdam, 2011.

ALVARENGA, Darlan; SILVEIRA, Daniel. Desemprego no Brasil sobe para 13,8% em julho, maior taxa desde 2012, e atinge 13,1 milhões. *Portal G1.* Publicado em 30 de setembro de 2020. Disponível em: <https://g1.globo.com/economia/noticia/2020/09/30/desemprego-sobe-para-138percent-em-julho-mostra-ibge.ghtml>.

AUTOR, David H. The Polarization of Job Opportunities in the U.S. Labor Market: Implications for Employment and Earnings. *The Center for American Progress and The Hamilton Project.* Washington. Publicado em abril de 2010.

AUTOR, David H.; REYNOLDS, Elisabeth. The nature of work after the COVID crises: to few low-wage jobs. *The Hamilton Project.* Washington. Publicado em julho de 2020.

AUTOR, David H.; LEVY, Frank, MURNANE, Richard. *The skill content of recent technological change: an empirical exploration.* Quarterly Journal of Economics. *NBER Working Paper n. 8337*, 2003.

______ . Why Are There Still So Many Jobs? The History and Future of Workplace Automation. *Journal of Economic Perspectives, MIT*, v. 29, n. 3, p. 3-30, 2015.

BARBOSA, Rogério Jerônimo; PRATES, Ian. Efeitos do desemprego, do Auxílio Emergencial e do Programa Emergencial de Preservação do Emprego e da Renda (MP n. 936) sobre a renda, a pobreza e a desigualdade durante e depois da pandemia (Effects of Unemployment, Basic Emergency Income and the Emergency Employment and Income Preservation Program (MP n. 936) on Income, Poverty and Inequality during and after the Pandemic in Brazil). *Ssrn Electronic Journal*, [S.L.], p. 15-30, 2020. Elsevier BV. Disponível em: <http://dx.doi.org/10.2139/ssrn.3630693>.

CAMPELLO, Murillo; KANKANHALLI, Gaurav; MUTHUKRISHNAN, Pradeep. Corporate Hiring under COVID-19: labor market concentration, downskilling, and income inequality. *Nber Working Paper No. 27208*, [S.L.], p. 15-20, maio 2020. National Bureau of Economic Research. Disponível em: <http://dx.doi.org/10.3386/w27208>.

CAVALCANTE, Jouberto de Quadros Pessoa. *Sociedade, tecnologia e a luta pelo emprego*. 1. ed. São Paulo: LTr, 2018.

CARVALHO, Ana Luiza de; BEHNKE, Emilly. Automação sem lei: 30 anos depois, ainda não há regulamentação para robôs no País. *O Estado de S. Paulo*. Publicado em: 15 de julho de 2019. Disponível em: <https://arte.estadao.com.br/focas/estadaoqr/materia/automacao-sem-lei-30-anos-depois-ainda-nao-ha-regulamentacao-para-robos-no-pais>.

CORKERY, Michael; GELLES, David. Robots welcome to take over, as pandemic accelerates automation. *The New York Times*. Nova York. Publicado em 10 de abril de 2020. Disponível em: <https://www.nytimes.com/2020/04/10/business/coronavirus-workplace-automation.html>.

DING, Lei; MOLINA, Julieth Saenz. "Forced Automaton" by COVID-19? Early Trends from current population survey data. *Federal Reserve Bank of Philadelphia*. Filadelfia, Estados Unidos. Publicado em setembro de 2020.

DINGEL, Jonathan; NEIMAN, Brent. How Many Jobs Can Be Done at Home? *Becker Friedman Institute.* Universidade de Chicago. 2020.

DAO, Mai Chi e outros. *Why is Labor Receiving a Smaller Share of Global Income? Theory and Empirical Evidence. Fundo Monetário Internacional.* 2017. Disponível em: <http://www.imf.org/en/Publications/WP/Issues/2017/07/24/Why-Is-Labor-Receiving-a-Smal-

ler-Share-of-Global-Income-Theory-and-Empirical--Evidence-45102>.

FREY, Carl; OSBOURNE, Michael. The future of employment: how susceptible are jobs to computerisation? *Oxford Martin Programme on Technology and Employment*. Universidade de Oxford. Reino Unido. Publicado em setembro de 2013.

FREY, Carl. COVID-19 will only increase automation anxiety. *Financial Times*. Londres. Publicado em 21 de abril de 2020. Disponível em: <https://www.ft.com/content/817228a2-82e1-11ea-b6e9-a94cffd1d9bf>.

FÓRUM ECONÔMICO MUNDIAL. *Here's why human-robot collaboration is the future of manufacturing*. Colônia, Alemanha. Publicado em 16 de agosto de 2020. Disponível em: <https://www.weforum.org/agenda/2020/08/here-s-how-robots-can-help-us-confront-covid/>.

FÓRUM ECONÔMICO MUNDIAL. *The Future of Jobs Report* 2020. Colônia, Alemanha. Publicado em 21 de outubro de 2020. Disponível em: <http://www3.weforum.org/docs/WEF_Future_of_Jobs_2020.pdf>.

GALVÃO, Andreia. Reforma Trabalhista: efeitos e perspectivas para os sindicatos. In: KREIN, José Dari Roberto; OLIVEIRA, Véras de; FILGUEIRAS, Vitor Araújo (orgs.). *Reforma trabalhista no Brasil:* promessas e realidade. Campinas: Curt Nimuendajú, 2019.

GALVÃO, Andréia; CASTRO, Bárbara; KREIN, José Dari; TEIXEIRA, Marilane Oliveira. REFORMA TRABALHISTA: precarização do trabalho e os desafios para o sindicalismo. *Caderno Crh,* [S.L.], v. 32, n. 86, p. 253-270, 4 nov. 2019. Universidade Federal da Bahia. Disponível em: <http://dx.doi.org/10.9771/ccrh.v32i86.30691>.

GARCIA, Diego. Home Office é o novo indicador de desigualdade econômica no Brasil. Jornal *Folha de S. Paulo*. Publicado em 30 de agosto de 2020. Disponível em: <https://www1.folha.uol.com.br/mercado/2020/08/home-office-e-novo-indicador-de--desigualdade-economica-no-brasil.shtml>.

GRAETZ, Georg; MICHAELS, Guy. Is Modern Technology Responsible for Jobless Recoveries? *American Economic Review,* [S.L.], v. 107, n. 5, p. 168-173, 1º maio 2017. American Economic Association. Disponível em: <http://dx.doi.org/10.1257/aer.p20171100>.

GOOS, Maarten; MANNING, Alan; SALOMONS, Anna. Explaining Job Polarization: routine-biased technological change and offshoring. *American Economic Review,* [S.L.], v. 104, n. 8, p. 2509-2526, 1º ago. 2014. American Economic Association. Disponível em: <http://dx.doi.org/10.1257/aer.104.8.2509>.

JAIMOVICH, Nir; SIU, Henry. Job Polarization and Jobless Recoveries. National Bureau Of Economic Research. Working, [S.L.], p. 201-250, ago. 2012 (revisado em 2018). *National Bureau of Economic Research.* Disponível em: <http://dx.doi.org/10.3386/w18334>.

LEDUC, Sylvain; LIU, Zheng. Can pandemic induced job uncertainty stimulate automation? *Working Paper n. 19.* Federal Reserve Bank of San Francisco. São Francisco, Estados Unidos. Publicado em 20 de maio de 2020.

MARTINEZ, Luciano; MALTEZ, Mariana. O direito fundamental à proteção em face da automação. *Nova Hileia | Revista Eletrônica de Direito Ambiental da Amazônia* [S.l.], v. 2, n. 2, dez. 2018. Disponível em: <http://periodicos.uea.edu.br/index.php/novahileia/article/view/1240>. Acesso em: 23 out. 2020.

MARTINS, Sergio Pinto. *A continuidade do contrato de trabalho.* Rio de Janeiro: Atlas, 2000.

MCKINSEY GLOBAL INSTITUTE. *What 800 executives envision for the postpandemic worforce.* Londres. Publicado em setembro de 2020. Disponível em: <https://www.mckinsey.com/featured-insights/future-of-work/what-800-executives-envision-for--the-postpandemic-workforce>.

MELLO, Guilherme *et al.* A Coronacrise: natureza, impactos e medidas de enfrentamento no Brasil e no mundo. *Nota do Cecon,* [S.l.], n. 9, mar. 2020. Disponível em: <https://www.eco.unicamp.br/images/arquivos/nota_cecon_oronacrise_natureza_impactos_e_medidas_de_enfrentamento.pdf>. Acesso em: 23 mar. 2020.

O'BRIEN, Fergal; BOSLYE, Catherine. A jobless recovery is becoming a real risk for Europe's economy. *Bloomberg*. Nova York. Publicada em 21 de julho de 2020. Disponível em: <https://www.bloombergquint.com/global-economics/a-jobless-recovery-is-becoming-a-real-risk-for-europe-s-economy>.

ORGANIZAÇÃO INTERNACIONAL DO TRABALHO. *ILO Monitor:* COVID-19 and the world of work. Genebra, Suíça. Publicado em 23 de setembro de 2020.

Disponível em: <https://www.ilo.org/global/topics/coronavirus/impacts-and-responses/WCMS_755910/lang--en/index.htm>.

PARIZOTTI, Roberto. Após reforma trabalhista, sindicatos perdem 1,5 milhões de associados em 2018. *Portal IG.* Publicado em 18.12.2019. Disponível em: <https://economia.ig.com.br/2019-12-18/apos-reforma-trabalhista-sindicatos-perderam-15-milhao-de-associados-em-2018.html>.

SANTOS, Rosenjura; SOARES, Érica. O direito à proteção em face da automação e desemprego tecnológico: parâmetros constitucionais para regulamentação. *Anais do 3º Congresso Internacional de Direito e Contemporaneidade,* 2015, Santa Maria, RS.

SO, Pablo Egana del; MICCO, Alejandro. Can COVID-19 Accelerate Technologicaltransformations? *Ssrn Electronic Journal,* [S.L.], p. 10-44, 2020. Elsevier BV. Disponível em: <http://dx.doi.org/10.2139/ssrn.3688690>.

SILVEIRA, Daniel. Desemprego diante da pandemia bate recorde no Brasil em setembro, aponta IBGE. *Portal G1.* Publicado em 23 de outubro de 2020. Disponível em: <https://g1.globo.com/economia/noticia/2020/10/23/no-de-desempregados-diante-da-pandemia-aumentou-em-34-milhoes-em-cinco-meses-aponta-ibge.ghtml>.

SÜSSEKIND, Arnaldo. *Direito constitucional do trabalho.* 4. ed. Rio de Janeiro: Renovar, 2010.

SCHUMPETER, Joseph A. *Capitalismo, socialismo e democracia.* Rio de Janeiro: Fundo de Cultura, 1961.

THOMAS, Zoe. Coronavirus: Will Covid-19 speed up the use of robots to replace human workers? *BBC Londres.* Londres. Publicado em 18 de abril de 2020. Disponível em: <https://www.bbc.com/news/technology-52340651>.

TUCKER, Ian. The five: Robots helping to tackle coronavirus. *The Guardian.* Londres. Publicado em 31 de maio de 2020. Disponível em: <https://www.theguardian.com/technology/2020/may/31/the-five-robots-helping-to-tackle-coronavirus>.

A Plataformização do Trabalho como Produto da Ortodoxia Neoliberal

Nívea Maria Santos Souto Maior[1]
José Auricio Lopes Araújo[2]

1. Introdução

Os vinte anos dolorosos (BOYER, 2004) — que sucederam aos trinta anos gloriosos — foram caracterizados pela guinada neoliberal como resposta à crise estrutural ocorrida no final dos anos de 1970, colocando fim à hegemonia do modelo Taylorista-Fordista de produção em massa e consumo de bens duráveis. O modelo Toyotista de produção que já era experienciado há alguns anos no Japão, vai aperfeiçoando, paulatinamente, o obsoleto e agora insustentável padrão Keynesiano-Fordista, ocasionando com isso profusas transformações no *modus operandi* capitalista.

Esse novo modelo de gestão econômica e política deixa de lado o processo de ganho salarial e proteção social construído após a esgotamento do liberalismo na década de 1920, culminado na grande depressão de 1929. Percebeu-se que, em certa medida, a intervenção estatal era necessária já que, como provado no período supradito, o mercado é incapaz de autorregular-se. Nessa tessitura, o Estado se (re) funcionaliza, haja vista:

> A aplicação das políticas econômicas neoliberais [que] efetuou mudanças significativas nos aspectos jurídicos das relações de trabalho, dando garantias legais às empresas para admitir e demitir trabalhadores de acordo com os seus interesses (ALVES; ALMEIDA; 2009, p. 242).

O Neoliberalismo, para além de uma mudança na forma de produção, passou a requisitar um novo perfil de trabalhador. Agora não mais aquele técnico de chão de fábrica, que realizava apenas uma única função como no fordismo. Era necessário, um trabalhador polivalente capaz de atender às novas tendências do mercado, apto a realizar as mais diferentes atividades no menor período de tempo possível. Ou noutros termos, as relações sociais decorrentes da sua realização mudam drasticamente após a reviravolta causada pelo neoliberalismo.

Nesse panorama, se faz necessário um olhar crítico para a realidade social que ora se apresenta, no sentido de capturar como se tem consubstanciado socialmente essas mudanças no mundo do trabalho, mais especificamente, a sua plataformização na era do capitalismo informacional-financeiro-especulativo. É preciso também fazer um resgate histórico para que seja possível a real compreensão do momento pelo qual estamos passando, bem como a sua relação com a crise estrutural do capital e, não menos importante, também se faz necessário uma investigação de como as Tecnologias da Informação e Comunicação (TICs) tem dado as cartas no atual momento no jogo do capitalismo mundial.

Para que alcancemos tais objetivos, é indispensável a orientação metodológica do materialismo histórico, com meio de não descolarmos a nossa análise da realidade social que se apresenta e que não caiamos nem na mera abstração, ou então, na discussão esvaziada de uma teoria, levando em consideração que "a teoria, sendo um instrumento da ciência, é utilizada para conceituar os tipos de dados a serem analisados" (MARCONI; LAKATOS, 2002, p. 17).

Sendo assim, nós utilizamos de fontes que tratam das questões propostas a serem analisadas

---

(1) Mestre em Direito Público pela Universidade Estácio de Sá/RJ. Mestre em Serviço Social — Universidade Estadual da Paraíba Especialista em Direito do Trabalho pela Universidade Cândido Mendes/RJ. Advogada. Professora. *E-mail:* legaliteadv@yahoo.com.br
(2) Graduando do Curso de Bacharelado em Serviço Social do Instituto Federal de Educação Ciência e Tecnologia do estado do Ceará — IFCE Campus Iguatu. *E-mail*: auricioaraujo8@gmail.com.

à luz da teoria social crítica de Marx, considerando e problematizando os contornos de uma sociedade capitalista que visa primordialmente a manutenção das condições gerais de acumulação de riqueza. Portanto, o presente trabalho visa contribuir para a análise dessa nova gestão de plataformização do trabalho, como sendo um sistema produtivo que intensifica mais ainda as condições flexíveis e precárias da classe trabalhadora.

2. *A crise do fordismo e a implementação do neoliberalismo*

Não é possível analisarmos o momento atual do capitalismo sem que façamos um resgate do que precedeu o vigente estágio. Para tanto, precisaremos voltar os nossos olhos para a crise do liberalismo clássico de 1929 e a sua consequente reestruturação produtiva, e como esses fenômenos na época afetaram a classe trabalhadora, para termos o subsídio teórico suficiente para discutir a plataformização do trabalho como produto do descalabro neoliberal.

No início do século XX ainda perdurava a ideia de que o mercado era capaz de se autorregular através do que chamavam de mão invisível, pressuposto clássico do liberalismo ortodoxo que tem como seus expoentes David Ricardo e Adam Smith que justificara o liberalismo como "cada indivíduo agindo em seu próprio interesse econômico, quando atuando junto a uma coletividade de indivíduos, maximizaria o bem-estar coletivo. É o funcionamento livre e ilimitado do mercado que asseguraria o bem-estar" (BEHRING; BOSCHETTI, 2011, p. 56).

Entretanto, esse modelo entra em colapso, passava então o capitalismo por uma crise histórica conhecida como o *Crash* de 1929. Corroídas as suas bases ideológicas e materiais, via-se a necessidade de buscar estratégias de superação dessa crise. Entra em cena então o modelo de produção Fordista, aliado a teoria Keynesiana visando colocar em prática uma forma de reestruturar-se produtivamente no qual caberia ao Estado um papel novo, como um produto da divisão social do trabalho. Surgiu da autonomia crescente de certas atividades superestruturais, mediando a produção material, cujo papel era sustentar uma estrutura de classe e relações de produção" (MANDEL, 1982; p. 333).

Dentro desse prisma, o Estado agora teria um papel fundamental. Segundo a teoria Keynesiana, antes de evitar as crises — aqui levando em consideração que as crises cíclicas são inerentes ao sistema capitalista de produção — o Estado deveria, portanto, amortecê-las, dessa forma os seus impactos seriam sentidos de maneira mais leve, como podemos observar:

> Cabe ao Estado, a partir de sua visão de conjunto, o papel de reestabelecer o equilíbrio econômico, por meio de uma política fiscal, creditícia e de gastos, realizando investimentos ou inversões reais que atuem nos períodos de depressão como estímulo à economia. A política Keynesiana, portanto, a partir da ação do Estado, deve elevar a demanda global, antes de evitar a crise, vai amortecê-la através de alguns mecanismos, que seriam impensáveis pela burguesia liberal *stricto sensu* (BEHRING; BOSCHETTI, 2011, p. 85-86).

Aliado a isso, o modelo de produção fabril de Henry Ford, que tinha como filosofia a produção em massa para consumo de massa de bens duráveis, parecia uma receita infalível para a superação da crise. Destarte, como podemos perceber que:

> A separação entre gerência, concepção, controle e execução (e tudo o que isso significava em termos de relações sociais hierárquicas e de desabilitação dentro do processo de trabalho) também já estava bem avançada em muitas industrias. O que havia de especial em Ford (e que, em última análise, distingue o fordismo do taylorismo) era a sua visão, seu reconhecimento explícito de que produção de massa significava consumo de massa, um novo sistema de reprodução da força de trabalho, uma nova política de controle e gerência do trabalho, uma nova estética e uma nova psicologia, em suma, um novo tipo de sociedade tecnocrática, racionalizada, modernista e populista (HARVEY, 1992, p. 121).

Vale aqui destacar alguns fatores, o primeiro deles é a capacidade do capital sempre se reproduzir em dois níveis, no da materialidade e no da subjetividade. Para além das condições gerais de acumulação, o capitalismo precisa criar uma ideologia e fazer com que ela seja introjetada na classe trabalhadora de forma que justifique as suas práticas cada vez mais escusas. No caso do Fordismo, o trabalhador não precisava saber a motivação de realização de determinada atividade, ele precisava apenas fazê-la, o que também podemos chamar de um esvaziamento da subjetividade humana.

Nesse sentido, temos uma mudança nas relações de trabalho, tendo em vista que o tempo de sua execução era controlado rigidamente, o perfil de trabalhador exigido era agora mais técnico, especialista em realizar determinada atividade, uma maior divisão social e técnica do trabalho, separando dessa maneira quem pensa e quem produz. Vale também destacar que, se ocorreu uma mudança nas relações de trabalho, essas mudanças perpassam os demais espaços do cotidiano desse trabalhador, mudando dessa maneira também as relações sociais que do trabalho decorrem. Nesse sentido:

> [...] um princípio geral de organização da produção (compreendendo paradigma tecnológico, forma de organização do trabalho e estilo de gestão). Neste plano, podem ser destacados os seguintes traços característicos ou princípios constitutivos do paradigma fordista: a) racionalização taylorista do trabalho: profunda divisão — tanto horizontal (parcelamento das tarefas) quanto vertical (separação entre concepção e execução) — e especialização do trabalho; b) desenvolvimento da mecanização através de equipamentos altamente especializados; c) produção em massa de bens padronizados; d) a norma fordista de salários: salários relativamente elevados e crescentes — incorporando ganhos de produtividade — para compensar o tipo de processo de trabalho predominante (FERREIRA *et al.*, 1997, p. 169-170).

Outro fator que não podemos esquecer de destacar na nossa análise, é que de fato por um período, a cartilha Keynesiana-Fordista deveras deu certo, pois este regime de produção por quase 30 anos tentou atenuar os desequilíbrios da acumulação capitalista. Para além do capital ter se reestruturado produtivamente, a classe trabalhadora também conseguiu significativos ganhos salariais, aumento no poder de consumo, melhora nas condições de vida e de trabalho dentre outras coisas. Esses fatos deixam claro que, quando necessário, o capitalismo concede melhorias salariais a classe trabalhadora, desde que o seu poder de acumulação seja assim beneficiado. Não podemos esquecer também o cenário político da época, tínhamos uma alternativa socialista que se apresentava como opção ao capitalismo e temos que levar em consideração que se essas melhorias que ocorreram, também sofreram influência da alternativa da URSS.

O resultado dessa reestruturação produtiva ficou conhecida como *Welfare State*. Os trinta anos de ouro do capitalismo como ficou conhecido o período, foi possível graças ao incremento de novas tecnologias nas cadeias produtivas, instituição de políticas de saúde, educação e habitação para a classe trabalhadora, além de um significativo aumento da industrialização. Cabe destacar que, esse fenômeno ficou restrito apenas aos países de capitalismo central, chegando à periferia do capital desacompanhado de desenvolvimento social, como é o caso do Brasil. Destarte:

> No contexto do pós-guerra a teoria de Keynes ganhou força, impulsionando Estados mais fortes. Estes se valiam de políticas macroeconômicas expansionistas, as quais prezavam pela manutenção do padrão de acumulação fordista, baseado em consumo e produção em massa, e dos Estados de Bem-estar Social, mantendo o padrão de vida da população. Essas ideias mantiveram certo prestígio por um tempo, mantendo como resultado um crescimento e estabilidade — vide a denominação "trinta gloriosos" usada para se referir a esse período (LIMA; STERNICK; 2017, p. 8-9).

Nesse sentido, entre limites e possibilidades ainda cabe o destaque de que mesmo restrito aos países de capitalismo central, o *Welfare State* não foi vivenciado por todos eles da mesma maneira, como também "o Estado Social capitalista jamais conseguiu (e nunca teve a intencionalidade) assegurar o bem-estar ou o bem comum" (BOSCHETTI, 2018, p. 132).

Evidencia-se ainda que apesar dos ganhos da classe trabalhadora nesse período, isso não significou uma diminuição da pobreza ou ainda do distanciamento entre as duas classes fundamentais do capitalismo. Ao contrário, esse período serve para elucidar o que nós conhecemos como a Lei Geral da Acumulação Capitalista, que se traduz no fato de que na medida em que a sociedade produz riqueza, inversamente produz pobreza na mesma medida:

> Tanto mais a sociedade se revelava capaz de progressivamente produzir mais bens e serviços, tanto mais aumentava o contingente de seus membros que, além de não ter acesso efetivo a tais bens e serviços, viam-se despossuídos das condições materiais de vida de que dispunham anteriormente (NETTO, 2001, p. 42).

Em suma, ratifica-se as crises cíclicas como inerente ao capitalismo e, após viver 30 anos de uma onda expansiva, o modelo Keynesiano-Fordista começou a apresentar sinais de esgotamento ao final dos anos de 1960. O capitalismo passou, portanto, por uma crise estrutural, essa que nós conhecemos como de superprodução; os fatores dessa nova crise estavam postos e via de consequência eclodiram novas formas de gestão de trabalho, inclusive a plataformização.

3. *A emergência da plataformização e a uberização do trabalho*

Como no fordismo a produção era de bens duráveis, chegou um momento e que as pessoas não precisavam mais comprar determinados produtos, destarte a produção começou a acumular-se. Esse modelo torna-se nitidamente insustentável diante das novas determinações impostas pelo capitalismo tardio.

A saída para tanto foi a adoção do modelo japonês de produção e a consequente implementação da cartilha neoliberal de gestão política e econômica. A partir de uma análise perfunctória, é fácil perceber as principais mudanças de um modelo para o outro, a produção que antes era concentrada agora se espraia a nível mundial, o perfil de trabalhador requisitado não é mais aquele técnico, mas sim, um trabalhador capaz de desempenhar múltiplas tarefas, as formas de contratação também sofrem mudanças profundas, dando mais liberdade aos empregadores, detentores dos meios de produção e das condições materiais de produzir na hora de admitir ou demitir os seus empregados. Nesse direcionamento:

> O neoliberalismo é mais um movimento de internacionalização capitalista, levado a cabo pela fração financeira da burguesia, instalada nos aparelhos de Estado, subordinado às grandes corporações transnacionais, gigantescas associações monopolistas. Trata-se de um fenômeno circunscrito, do ponto de vista histórico, ao fim da II Guerra Mundial; da ótica econômico-financeira, como de recomposição sistêmica; e da esfera político-militar, como de transição de um mundo multipolar para uma conformação unipolar — passando por uma configuração bipolar (EUA/URSS), desde a segunda década do século XX até o fim da Guerra Fria. Nesse contexto, registra-se uma crise mais geral no seio do capitalismo, evidenciada desde o início dos anos 1970, que acabou impelindo o sistema a forjar uma reestruturação tipificada nas adequações econômicas das políticas neoliberais, sem que seus ajustes estruturais implicassem, tanto nas sociedades de economias periféricas quanto nas centrais, uma ruptura em sua inter-relação e na relação com os centros capitalistas (ALVES; ALMEIDA, 2009, p. 241).

Diferentemente do que pudemos observar ao analisar o modelo de produção e gestão do trabalho no período supracitado na seção anterior, onde os ganhos reais ficaram restritos aos capitalistas centrais, a guinada neoliberal leva toda a perversidade do capitalismo para o mundo. Ou noutros termos, a periferia capitalista, que não vivenciou uma melhoria na qualidade de vida, tinha agora uma nova agenda política e econômica a ser colocada em prática.

Outra mudança perceptível nesse novo modelo de gestão política e econômica que é a retórica neoliberal como discurso usado pelo capitalista, se antes o trabalhador era tratado como empregado subordinado às ordens do seu superior, agora, apesar de permanecer nessa condição, ele não é mais tratado dessa maneira, mas sim como "parceiro" ou ainda "colaborador", sendo introjetado nele a ideia de que ele tem que "vestir a camisa da empresa" afinal o discurso capitalista prega que "são uma família". Essa prática nada mais é do que uma forma de acobertar e disfarçar a forte retirada de direitos trabalhistas que a classe proletária duramente adquiriu no período anterior. Sendo assim: "essa nova planta produtiva, baseada no Toyotismo, combina ampliação do maquinário técnico-científico informacional, intensa exploração do trabalho, aumento da informalidade e perda de direitos" (EDITOR, 2011, p. 196).

A chegada do novo milênio e a consequente revolução tecnológica que acontece, proporciona ao capital a capacidade de criar novas formas de exploração. Nesse cenário entram em cena as TICs que materializam o sonho capitalista de trabalho por apenas um tempo (*just in time*), onde tem-se um aumento de lucratividade e, consequentemente da exploração do trabalho, em detrimento de uma maior exploração da classe que vive do trabalho e a consequente precarização salarial. Então:

> Trata-se de uma espécie de trabalho sem contrato, no qual não há previsibilidade de horas a cumprir nem direitos assegurados. Quando há demanda, basta uma chamada e os trabalhadores e as trabalhadoras devem estar on-line para atender o trabalho intermitente (ANTUNES; 2018, p. 27-28).

O cenário atual mostra uma nova metamorfose no mundo do trabalho, uma acelerada transição advinda do fluxo migratório de trabalhadores assalariados formais com garantias mínimas de proteção social para — doravante — o novo setor de serviços intermediados pelas plataformas digitais, levando uma imensa quantidade de trabalhadores à informalidade; trazendo como principal consequência o aumento dos desamparados do sistema de previdência social e a marginalização dos direitos.

Essa transformação foi evidenciada principalmente nos últimos três anos, mais especificamente, após a vigência da Lei n. 13.467/2017 (contrarreforma trabalhista)[3], no qual a plataformização do trabalho evidenciou uma cultura do empreendedorismo,

---

(3) A Reforma Trabalhista/2017 trouxe como uma das seguintes consequências: "em cinco anos (entre 2014 e 2019), o contingente de desocupados no Brasil aumentou de 6,7 para 12,6 milhões, elevação de quase 90%" (DIEESE, 2020, p. 1). Mais recentemente,

uma forma disfarçada para caracterizar os trabalhadores uberizados como gerentes de si mesmo, por intermédio de *softwares* e dos algoritmos: um novo mecanismo da era digital para intensificação da desvalorização da força de trabalho.

> Conjugando o rótulo do trabalho autônomo (ou a negação da própria relação de trabalho) com o contrato por tarefa, o/as trabalhadores/as, além de não terem salário, renda ou jornada garantida em seus contratos, não gozam de qualquer direito, mesmo quando conseguem um serviço. Assim, a grande novidade na organização do trabalho introduzida pelas novas TIC é, além de potencializar exponencialmente as formas de obtenção de lucros e até mesmo de extração do mais valor, é o de permitir que as empresas utilizem essas ferramentas como instrumental sofisticado de controle da força de trabalho, de que são exemplos o registro em tempo real da realização de cada tarefa, velocidade, local e movimentos realizados; a mensuração das avaliações; tudo sob o aparente comando dos algoritmos (ANTUNES; FILGUEIRAS, 2020, p. 33).

Portanto, no *gig economy* — setor de forte expansão no país — o trabalhador passa a ser chamado de infoproletariado como aquele que depende diretamente do maquinário digital e informacional para desempenhar suas atividades, com o agravante de ficarem à margem de qualquer lei que imponha limites mínimos de remuneração e máximos de jornada.

A reorganização na base produtiva, ora analisada e sob a égide da Indústria 4.0, faz parte da lógica do capital financeirizado, onde tem como principal interesse uma maior apropriação do fundo público, advinda do aumento de desempregados e informais, cujo milhões de invisíveis são paradoxalmente a base social do capitalismo e os excluídos da proteção social.

Sob a ótica neoliberal estamos assistindo uma mudança significativa das condições de vida e de trabalho da classe proletária. O neoliberalismo e sua franca política de arrocho fiscal torna flagrante que a necessidade do capital nesse momento é a manutenção do padrão de acumulação a qualquer custo, seja sob a lógica financeira, terceirização do trabalho, precarização ou ainda a sua plataformização, tendo por objetivo final a concentração de riqueza na mão dos poucos que já possuem muito mais que a grande massa da população que vive do trabalho, ou seja, "a ordem do capital é hoje, reconhecidamente, a ordem do desemprego e da insegurança no trabalho" (NETTO, 2012, p. 210). Destarte:

> É sob a mundialização do capital que assistimos, portanto, à vigência do capitalismo parasitário e rentista. É o desenvolvimento desta lógica da financeirização que irá instaurar um novo perfil do Toyotismo, depurando-o, em sua "ocidentalização", tão-somente como técnica (e princípio) de manipulação universal do "trabalho vivo" subsumido à lógica do capital (ALVES, 1999, p. 131).

É a partir dessas novas condições impostas e de novas demandas requisitadas pelo capital que começa a acontecer, de forma paulatina e gradual a plataformização do trabalho, que trataremos a partir de agora como "Uberismo". Esse fenômeno, em suma, é a materialização do sonho capitalista na contemporaneidade. Como o neoliberalismo impôs que milhares de pessoas perdessem a sua segurança trabalhista pautada em leis e contratos, e a imposição de trabalho intermitente dentre outros elementos, esses trabalhadores, agora desprovidos das condições que anteriormente dispunham, se aglomeram na alameda da informalidade.

O aumento do trabalho informal é substancialmente grande na era neoliberal e, sob o novo discurso capitalista de que "você pode ser o seu próprio chefe" ou ainda "fazer a sua própria jornada de trabalho" essas pessoas, na obrigação de suprir as suas necessidades mais elementares, estão cada vez mais aderindo as formas de trabalho plataformizado. Essas plataformas se tratam de *Startups* que, disfarçam de maneira descarada a exploração da classe trabalhadora.

> A chamada uberização do trabalho somente pode ser compreendida e utilizada como expressão de modos de ser do trabalho que se expandem nas plataformas digitais, onde as relações de trabalho são cada vez mais individualizadas (sempre que isso for possível) e invisibilizadas, de modo a assumir a aparência de prestação de serviços (ANTUNES; FILGUEIRAS, 2020, p. 32).

Essa uberização do trabalho diz respeito, sumariamente a uma fração da sociedade que na nossa análise é conhecida como o "Setor Informal", ou seja, elas não possuem nenhum vínculo empregatício, mas

---

os últimos dados registram um recorde de informais em toda a série histórica da Pesquisa Nacional por Amostra de Domicílios (PNAD), melhor explicando, mais da metade dos brasileiros em idade de trabalhar (população economicamente ativa) está sem emprego formal (IBGE, 2020).

precisam trabalhar. A fração do fundo público que antes era destinada a essa classe que possuía políticas de seguridade social, agora é destinada à fração da burguesia financeira-especulativa-informacional, tendo em vista que o atendimento exclusivo somente aos seus interesses e em detrimento resta as "quotas de sacrifícios"[(4)] para os trabalhadores. Isto posto, elas se submetem a formas de exploração cada vez mais perversas e precárias, como podemos observar:

> O processo de informalidade se dá mediante contratações consensuais e mesmo legais, em razão de mudanças na legislação trabalhista realizadas para permitir o estabelecimento de vínculos de trabalho flexíveis, assim como por meio da transferência de atividades, pela terceirização, para "a ponta inferior" das cadeias produtivas, ou seja, para pequenas oficinas, microempresas ou para o trabalho totalmente desprotegido. Entram nesta categoria formas de trabalho que indicam um processo intenso de precarização, como as cooperativas de trabalho, as empreiteiras de mão de obra, agências de trabalho temporário, locadoras de mão de obra e as variadas formas de prestação de serviço, dissimuladas sob o nome de trabalho autônomo, que é também um assalariamento disfarçado (ARAÚJO; LOMBARDI, 2013, p. 458).

As TICs não podem ser esquecidas na nossa análise, pois temos que levar em consideração que elas não se colocam como empresas que ofertam postos formais de trabalho, mas sim, ressaltando que são: "1) são empresas de tecnologias digitais; 2) fazem a intermediação de atividades nas quais trabalhadores/as oferecem serviços de forma autônoma; 3) convertem a força de trabalho em clientes; 4) eliminam a subordinação, alegando liberdade para trabalhar quando, onde e como quisessem" (ANTUNES; FILGUEIRAS, 2020, p. 32).

Apesar do discurso neoliberal ortodoxo exalar aos quatro cantos do mundo e de forma idílica, que nessa modalidade o proletário tem mais liberdade, a coisa não funciona bem assim. Ao aceitar os termos de uso dos aplicativos que oferecem essa modalidade de "não trabalho", o proletário se submete a uma maior e nunca antes vista na história da sociedade capitalista, a regulação do seu trabalho, tendo em vista que ele tem metas a cumprir ou será desligado do app. A introdução da tecnologia não trouxe a tão sonhada liberdade para os trabalhadores fazerem a sua própria jornada de trabalho ou serem seus próprios chefes, ao contrário:

> O controle e a subordinação são ainda mais exacerbados pela transferência dos riscos a/os assalariados/as, que inclui a assunção de custos, como a aquisição de carros, celulares, computadores, bem como a sua manutenção. As empresas conseguem, então, transformar instrumentos de trabalho em capital constante, sem nenhum risco e sem necessidade de terem sua propriedade formal (ANTUNES; FILGUEIRAS, 2020, p. 34-35).

Os autores ainda complementam:

> Ademais, o controle do capital se reforça e se reproduz com a ideia de que os/as trabalhadores/ as estão se autogerindo. Mas, contrariamente, as plataformas digitais controlam todo o processo, determinam os formatos exatos dos contratos de trabalho, pagam, mobilizam, ameaçam e dispensam. Os/as trabalhadores/as são induzidos a adotar estes comportamentos e estas atitudes, não lhes cabendo outra alternativa, se querem permanecer exercendo o seu labor. O fato de serem submetidos a estas condições, então, não significa que a iniciativa, o controle e a autonomia das atividades estejam em suas mãos (*ibidem*, 2020, p. 38).

Outro fator que comprova que a enrascada que o capitalismo contemporâneo está nos colocando parece não ter fim, é o fato de que, com essas novas tecnologias, em tese, poderia existir uma maior fiscalização das condições de trabalho bem como desenvolver formas de assegurar direitos para essa classe. No entanto, o que acontece é inverso disso, ou seja, alega-se que é muito difícil criar normativas legais que deem subsidio para a melhora das condições de realização da atividade laborativa.

> Forma-se, então, uma situação aparentemente contraditória: poucas vezes o trabalho foi tão estritamente controlado (agora pela via informacional-digital), enquanto o discurso apologético não para de propagandear as benesses do trabalho autônomo, livre, do empreendedorismo, etc. (ANTUNES; FILGUEIRAS, 2020, p. 35).

Esse tipo de atividade laborativa disfarçada de não trabalho tem se tornado a cada dia que passa mais comum. Ou seja, o capitalismo contemporâneo encontrou no uberismo uma saída para a necessidade de sempre acumular mais. Nesse sentido, a classe trabalhadora passa a ter baixíssimos ganhos,

---

(4) A expressão é de autoria de Evilásio da Silva Salvador, em *Desmonte do financiamento da seguridade social em contexto de ajuste fiscal* (2017, p. 428). Em síntese, refere-se ao orçamento público como instrumento de natureza política, sendo resultado da luta de classes e orientado pela correlação de forças sociais.

nenhuma estabilidade, além de ter as suas condições de existência precarizadas.

Urge destacar, que no período de elaboração desse referido texto, a passagem pela pandemia da COVID-19 (SARS-Cov-2), que de forma brutal e impiedosa escancarou a face mais perversa dessas novas formas de exploração do capitalismo, materializadas na sua consequente plataformização do trabalho. A respeito desse "capitalismo virótico" (ANTUNES, 2020, p. 21), observa-se o achatamento da renda e as longas jornadas do motofretistas neste modelo de economia digital (entregadores da *Uber Eats*, 99, Ifood, Rappi etc.), como prova a seguinte estatística:

> O tempo de trabalho dos entregadores continuou elevado durante a pandemia da COVID-19. A indicação de 56,7% trabalhar mais de nove horas diárias, combinado ao fato de 78,1% desempenhar atividades de entrega em seis dias ou mais por semana, aponta para uma elevada carga horária. Os longos tempos de trabalho, entretanto, tiveram repercussão inversa na remuneração, indicada pela redução de trabalhadores nas faixas remuneratórias mais altas (ABÍLIO *et al.*, 2020, p. 15).

A classe proletária submetida a essas condições de labor em plena pandemia global, enfrenta agora o risco iminente de morte diante da ameaça invisível aos nossos olhos que apareceu, a situação piora ainda mais, em razão do descaso das ditas *startups* a essas novas imposições da realidade social; a tendência é uma intensificação na luta de classes com a reinvenção das formas de enfrentamento pelos movimentos sociais.

4. Considerações finais

No tangente a esse novo quadro, há de se convir que, essa forma de exploração do trabalho digital espraiada a nível mundial, ainda está se consubstanciando e ganhando características específicas de acordo com cada região do globo terrestre. Entretanto, nem tudo é trágico.

Apesar do cenário não parecer nada fácil para a classe trabalhadora perante as novas imposições do capital financeiro-especulativo-informacional contemporâneo, a classe que vive dessas novas formas de trabalho, ou de "não trabalho", para usar a narrativa ideológica capitalista, de certa maneira, tem conseguido se organizar, e se fazer ser notada. Fato comprobatório do supradito foi o novo movimento grevista *#BrequeApps* dos trabalhadores plataformizados que prestam serviços a essas empresas, que por um dia resolveram parar as suas atividades, protestando dessa maneira contra toda a exploração, baixo assalariamento, condições de trabalho precárias etc.

Se levarmos em consideração que todo o cenário mundial tem influenciado diretamente no desmonte da organização sindical da classe que vive do trabalho, bem como de uma luta por pauta unívoca, o *#BrequeApps* sinaliza que a classe trabalhadora também é capaz de se reorganizar social e politicamente frente às imposições do capital. Perante isso, parece ainda haver saída para um novo cenário, para uma nova sociabilidade livre dessas formas de exploração, para tanto, a classe trabalhadora precisa mais do que nunca entender a necessidade da frase "*trabalhadores do mundo, uni-vos*".

5. Referências

ABÍLIO, Ludmila Costhek *et al.* Condições de trabalho de entregadores via plataforma digital durante a COVID-19. *Revista Jurídica Trabalho e Desenvolvimento Humano,* Campinas, edição especial — dossiê COVID-19, p. 1-21, 2020.

ALVES, Ana Elizabeth Santos; ALMEIDA, José Rubens Mascarenhas de. Trabalho informal em tempos "globalizacionistas". *Revista HISTEDBR On-Line,* Campinas, v. 9, n. 33, p. 238-250, 2009.

ALVES, Giovani. *Trabalho e Mundialização do Capital:* a nova degradação do trabalho na era da globalização. 2. ed. Londrina: Práxis, 1999.

ANTUNES, Ricardo. *Coronavírus:* o trabalho sob fogo cruzado [recurso eletrônico]. São Paulo: Boitempo, 2020.

______. *O privilégio da servidão:* o novo proletariado de serviços na era digital. 1. ed. São Paulo: Boitempo, 2018.

ANTUNES, Ricardo; FILGUEIRAS, Vitor. Plataformas digitais, Uberização do trabalho e regulação no Capitalismo contemporâneo. *Revista Contracampo,* Niterói, v. 39, n. 1, p. 27-43, 2020.

ARAÚJO, Ângela Maria Carneiro; LOMBARDI, Maria Rosa. Trabalho informal, gênero e raça no Brasil do início do século XXI. *Cadernos de Pesquisa,* v. 43, n. 149, p. 452-477, 2013.

BERING, Elaine Rossetti; BOSCHETTI, Ivanete. *Política social:* fundamentos e história. 9. ed. São Paulo: Cortez, 2011. v. 2.

BOSCHETTI, Ivanete. *Expropriação e direitos no capitalismo.* São Paulo: Cortez, 2018.

BOYER, Robert. *La théorie de la régulation.* Paris: La Découverte, 2004.

DEPARTAMENTO INTERSINDICAL DE ESTATÍSTICA E ESTUDOS SOCIOECONÔMICOS (DIEESE). *Boletim de conjuntura n. 23:* Brasil em crise. Qual será o futuro? São Paulo: DIEESE, jul./ago. 2020.

EDITOR, Rea. Resenhas & livros ALVES, Giovanni. Trabalho e subjetividade: o espírito do toyotismo na era do capitalismo manipulatório. *Revista Espaço Acadêmico,* Maringá, v. 11, n. 121, p. 196-197, 2011.

FERREIRA, Cândido Guerra *et al.* O "fordismo", sua crise e algumas considerações sobre o caso brasileiro. *Nova economia,* v. 7, n. 2, p. 165-201, 1997.

HARVEY, David. *A condição pós-moderna.* 17. ed. São Paulo: Loyola, 1992.

INSTITUTO BRASILEIRO DE GEOGRAFIA E ESTATÍSTICA (IBGE). *Pesquisa Nacional por Amostra de Domicílios Contínua (PNAD Contínua):* Trimestre Móvel. Rio de Janeiro: IBGE, abr./jun. 2020.

LIMA, Ana Carolina Bottega de; STERNICK, Ivan Prates. Teoria da Regulação e Crise do Fordismo. *Revista Multiface Online,* Belo Horizonte, v. 5, n. 2, p. 7-21, 2017.

MANDEL, Ernest. *O capitalismo tardio.* São Paulo: Abril Cultural, 1982.

MARCONI, Marina de Andrade; LAKATOS, Eva Maria. *Técnicas de pesquisa:* planejamento e execução de pesquisas, amostragens e técnicas de pesquisas, elaboração, análise e interpretação de dados. 5. ed. São Paulo: Atlas, 2002.

NETTO, José Paulo. Capitalismo e barbárie contemporânea. *Argumentum,* Vitória, v. 4, n. 1, p. 202-222, jan./jun. 2012.

______. Cinco notas sobre a questão social. *Temporalis,* Brasília, n. 3, p. 41-49, jan./jul. 2001.

A Popularização do Teletrabalho e a Necessidade da Proteção de Dados em Acordo com a Lei n. 13.709/2018 (Lei Geral de Proteção de Dados)

Lincoln Zub Dutra[(1)]
Heggon Mario Balduino de Lima[(2)]

1. Introdução

Ao utilizar internet, deixamos informações pessoais nos sites e redes sociais visitadas, as interações realizadas e o tempo de visita em algum *site*, o que foi curtido ou não, dizem muito a respeito de uma pessoa. As informações pessoais possuem grande valor na sociedade atual, veja-se que referidas informações armazenadas dizem respeito ao gênero, religião, política, sexualidade, entre outros, moldando como a pessoa é e se comporta na sociedade e na internet, possibilitando assim através do uso e armazenamento dos dados, com o emprego de tecnologias de cruzamento de dados, determinar o que uma pessoa deve comprar por exemplo, a utilização de dados coletados por empresas dos mais diferentes ramos com o uso e tratamento dos dados colhidos possibilitam uma maior influencia no comportamento das pessoas e sua posição na sociedade.

Com o surgimento da COVID-19 e orientações governamentais para a realização de isolamento e distanciamento social, empresas de diferentes setores da economia precisaram repensar seu meio produtivo de trabalho, reformulando maneiras que permitissem dar continuidade a suas atividades sem a suspensão total da linha produtiva, com isso muitas empresas passaram a apostar no teletrabalho para manter suas atividades, buscando diminuir os impactos financeiros. A utilização e implementação do teletrabalho, passou a ser vista como sinônimo de benefícios, tanto aos empregados quanto para empregadores, os quais aliados a ferramentas possibilitaram a continuidade das atividades de maneira remota.

Ocorre que a implementação do teletrabalho se deu de maneira imediata, sem qualquer preparo dos funcionários ou programas que possibilitassem garantir a segurança de arquivos empresariais e dados pessoais, eis que a implementação do teletrabalho em regime de urgência sem um preparo e segurança preventiva, onde possibilita ao trabalhador acesso a dados e servidores de maneira remota aumenta expressivamente a vulnerabilidades dos sistemas e dados corporativos, evidenciando uma fragilidade em referida modalidade de trabalho.

Assim, se faz necessária, mesmo que ainda não esteja vigente, o que dispõe a Lei Geral de Proteção de Dados (Lei n. 13.709, de 14 de agosto de 2018) a qual estabelece diretrizes às empresas em como tratar os dados pessoais que se utilizam, destacando a necessidade de proteção e inviolabilidade dos dados que se utilizam, buscando garantir uma maior proteção aos dados armazenados e as empresas que possuem suas informações em diferentes bancos de dados existentes.

2. A evolução do banco de dados e a necessidade de proteção dos dados pessoais como um direito fundamental contemporâneo

O avanço da tecnologia e a utilização de dados pessoais está cada vez mais presente em nosso

---

(1) Doutorando em Direito pela Pontifícia Universidade Católica do Paraná (PUC/PR). Mestre em Direitos Fundamentais e Democracia pelo Centro Universitário Autônomo do Brasil— UNIBRASIL. Pós-graduado em Direito do Trabalho e Processo do Trabalho pela Pontifícia Universidade Católica do Paraná (PUC/PR). Graduado em Direito pela Universidade Católica do Paraná (PUC/PR). Professor Universitário na Universidade Católica de Santa Catarina. Coordenador da pós-graduação em Direito do Trabalho da Universidade Católica de Santa Catarina. Professor convidado em programas de pós-graduação. Sócio fundador do escritório Lincoln Zub Sociedade de Advogados. Escritor e Coordenador de obras jurídicas. E-mail: lincoln.zub@gmail.com

(2) Advogado, pós-graduado em Direito material e processual do trabalho no Centro Universitário Curitiba. Mestrando em direitos fundamentais e democracia no centro universitário autônomo do Brasil (UNIBRASIL). E-mail: heggon_@hotmail.com

cotidiano, entretanto, seu armazenamento, uso e processamento não é algo privativo da sociedade moderna.

Buscando conceituar os dados pessoais, Souza aponta que são o conjunto de fatos e acontecimentos que formam a personalidade de cada pessoa, podendo descrever de maneira precisa a história de cada individuo. Ao longo do desenvolvimento histórico, essas informações se davam de diferentes maneiras, como por exemplo, diários, cartas, telegramas e fotos chegando finalmente a era internet, por meio de e-mail, blogs, redes sociais.(3)

Zanon destaca que a formação de arquivos e coleta de dados pessoais já ocorria na idade média, onde a igreja católica organizava registros de batismos, casamentos e óbitos, posteriormente o banco de dados foi se desenvolvendo igualmente no comércio e atividades econômicas, onde os comerciantes passaram a armazenar dados dos clientes e consequentemente criar um banco dessas informações.(4)

Já na sociedade pré-industrial a documentação e levantamento de dados passa a ser criada, eis que anteriormente, as negociações eram feitas entre pessoas próximas e firmadas através de um simples aperto de mãos, e, com o advento de uma maior comercialidade e forma de se relacionar e comercializar produtos, tornou-se necessária a existência de papéis específicos com o levantamento de dados para saber em quem poderia se confiar para realizar uma negociação.(5)

Com o desenvolvimento da sociedade e o inicio da produção industrial, viu-se necessário um aprimoramento no registro dos fatos e acontecimentos, como meio a auxiliar a memória e o planejamento do cotidiano, sendo que a organização e divisão de tarefas, máquinas e produtos demandavam um planejamento mais elaborado, onde sem o uso de documentação e contabilidade seria inviável.(6)

Destaca-se nesse cenário o surgimento dos cartões perfurados (*lochkarten*) o qual posteriormente foi aprimorado pela IBM que possibilitou o aprimoramento em relação a coleta e processamento de dados.(7)

Referido modelo de banco de dados compartilhado, possibilitava aos usuários armazenar e recuperar grande quantidade de informações, e posteriormente foi substituído por um sistema comercial de banco de dados compartilhados, possibilitando pela primeira vez a reunião e análise de um número de dados e informações de forma fácil, rápida e barata.(8)

Com o avanço e desenvolvimento tecnológico e industrial ao longo dos anos, passou-se a realizar o cadastro de informações pessoais em computadores, e é a partir desse momento, que se tem origem aos primeiros problemas decorrentes da atividade de coleta e armazenamento de dados pessoais, problemas que decorriam da facilidade com que as pessoas conseguiam acessar informações de terceiros com o uso do computador.(9)

Evidente que as evoluções em relação ao uso e armazenamento dos dados pessoais são úteis para a sociedade, possibilitando que pesquisas importantes tenham um embasamento em uma extensa quantidade de dados coletados, ou ainda, possibilitando ao comerciante um significativo aumento no número de vendas através de uma combinação de dados que

(3) SOUZA, Luíza Ribeiro de Menezes. Proteção de Dados Pessoais: Estudo Comparado do Regulamento 2016/679 do Parlamento Europeu e Conselho e o Projeto de Lei Brasileiro n. 5.276/2016. *Caderno Virtual*, v. 1, n. 41, 2018. Disponível em: <https://www.portaldeperiodicos.idp. edu.br/cadernovirtual/article/view/3153/1484>. Acesso em: 5 jan. 2021.

(4) ZANON, João Carlos. *Direito à Proteção dos Dados Pessoais*. São Paulo: Revista dos Tribunais, 2013. p. 69-70.

(5) RUARO, Regina Linden; RODRIGUEZ, Daniel Piñeiro; FINGER, Brunize; O direito a proteção de dados pessoais e a privacidade. *Revista da Faculdade de Direito — UFPR*, Curitiba, n. 47, p. 29-64, 2020. Disponível em: <https://revistas.ufpr.br/direito/article/view/30768>. Acesso em: 5 jan. 2021.

(6) RUARO, Regina Linden; RODRIGUEZ, Daniel Piñeiro; FINGER, Brunize; O direito a proteção de dados pessoais e a privacidade. *Revista da Faculdade de Direito — UFPR*, Curitiba, n. 47, p. 29-64, 2020. Disponível em: <https://revistas.ufpr.br/direito/article/view/30768>. Acesso em: 5 jan. 2021.

(7) RUARO, Regina Linden; RODRIGUEZ, Daniel Piñeiro; FINGER, Brunize; O direito a proteção de dados pessoais e a privacidade. *Revista da Faculdade de Direito — UFPR*, Curitiba, n. 47, p. 29-64, 2020. Disponível em: < https://revistas.ufpr.br/direito/article/view/30768>. Acesso em: 5 jan. 2021.

(8) SOUZA, Luíza Ribeiro de Menezes. Proteção de Dados Pessoais: Estudo Comparado do Regulamento 2016/679 do Parlamento Europeu e Conselho e o Projeto de Lei Brasileiro n. 5.276/2016. *Caderno Virtual*, v. 1, n. 41, 2018. Disponível em: <https://www.portaldeperiodicos.idp. edu.br/cadernovirtual/article/view/3153/1484>. Acesso em: 5 jan. 2021.

(9) NASCIMENTO, Letícia. *Os principais direitos fundamentais garantidos na lei geral de proteção de dados pessoais.* Disponível em: <https://jus.com.br/imprimir/76752/os-principais-direitos-fundamentais-garantidos-na-lei-geral-de-protecao-de-dados-pessoais>. Acesso em: 5 jan. 2021.

possibilite conhecer de forma mais precisa o perfil de seus clientes, mas há também aspectos negativos nesse avanço, como por exemplo, a identificação por radio frequência em que pode ser utilizado para monitorar todos os passos de seu usuário.(10)

Os bancos de dados existentes hoje, comuns ao cotidiano, oportunizam uma nova definição em relação aos poderes e direitos sobre informações pessoais, aumentando o número de sujeitos que podem ter acesso a informações cada vez mais detalhadas e precisas, fazendo com que o estatuto jurídico desses dados se torne um dos pontos centrais para definir a própria autonomia, identidade e liberdade do cidadão contemporâneo.(11)

Ao abordar a temática de dados pessoais, tem-se como referencia aqueles dados que estão diretamente ligados ao individuo como nome, RG, CPF, tipo sanguíneo, características físicas, ou mesmo informações biométricas. Em relação ao mundo da internet, também se pode incluir os dados que geramos todos os dias como, por exemplo, o conjunto de curtidas, de postagens, de preferências de compra, histórico do navegador, entre outras que definem o individuo como um usuário da rede, em qualquer plataforma que seja.(12)

Banco de dados é em sua acepção fundamental, um conjunto de informações estruturadas de acordo com uma determinada lógica, a qual costuma ser utilitarista, procurando proporcionar a extração do máximo de proveito possível a partir de um conjunto de informações.(13)

Os dados pessoais hoje possuem imensos atrativos, principalmente para o mercado consumidor, ocorre que a prática de coleta de dados vem trazendo sérios danos para o cidadão que possui suas informações armazenadas em bancos organizados por alguma empresa privada ou pública, eis que antes da vigência da Lei Geral de Proteção de Dados não existia a necessidade de autorização do individuo para que seus dados fossem coletados ou que fossem repassados a outra empresa, o que resultava em violação da dignidade humana e sua intimidade.(14)

Com o avanço tecnológico, a necessidade em garantir um espaço saudável para o cidadão passa igualmente pela ideia em garantir que sua esfera digital, no tocante aos seus dados pessoais, seja respeitada, sendo importante pensar o direito à proteção de dados pessoais como um direito fundamental para a constituição da personalidade do indivíduo na era contemporânea.(15)

A proteção de dados perseguida pela nova Lei Geral de Proteção de Dados decorre da tutela da privacidade, protegida conjuntamente com a intimidade do indivíduo, prevista no art. 5º, X, da Constituição Federal, que estabelece como sendo invioláveis a intimidade, a vida privada, a honra e a imagem das pessoas, assegurado o direito a indenização pelo dano material ou moral decorrente de sua violação.(16)

Ainda, como garantia constitucional em relação à proteção de dados, convém destacar que o art. 5º, XII garante aos indivíduos à inviolabilidade do sigilo

---

(10) SOUZA, Luíza Ribeiro de Menezes. Proteção de Dados Pessoais: Estudo Comparado do Regulamento 2016/679 do Parlamento Europeu e Conselho e o Projeto de Lei Brasileiro n. 5.276/2016. *Caderno Virtual*, v. 1, n. 41, 2018. Disponível em: <https://www.portaldeperiodicos.idp. edu.br/cadernovirtual/article/view/3153/1484>. Acesso em: 5 jan. 2021.

(11) DONEDA, D. A proteção dos dados pessoais como um direito fundamental. *Espaço Jurídico Journal of Law* [EJJL], v. 12, n. 2, p. 91-108, 13 dez. 2011.

(12) VIEIRA, Victor Barbieri Rodrigues; CORASSA, Eugênio Delmaestro. *A importância da proteção de dados pessoais como direito fundamental.* Disponível em: <https://irisbh.com.br/a-importancia-da-protecao-de-dados-pessoais-como-direito-fundament/>. Acesso em: 5 jan. 2021.

(13) DONEDA, Danilo. *A proteção de dados pessoais nas relações de consumo:* para além da informação creditícia. Escola Nacional de Defesa do Consumidor. Disponível em: <https://www.defesadoconsumidor.gov.br/images/manuais/vol_2_protecao_de_dados_pessoais.pdf>. Acesso em: .5 jan. 2021.

(14) NASCIMENTO, Letícia. *Os principais direitos fundamentais garantidos na lei geral de proteção de dados pessoais.* Disponível em: <https://jus.com.br/imprimir/76752/os-principais-direitos-fundamentais-garantidos-na-lei-geral-de-protecao-de-dados-pessoais>. Acesso em: 5 jan. 2021.

(15) VIEIRA, Victor Barbieri Rodrigues; CORASSA, Eugênio Delmaestro. *A importância da proteção de dados pessoais como direito fundamental.* Disponível em: <https://irisbh.com.br/a-importancia-da-protecao-de-dados-pessoais-como-direito-fundament/>. Acesso em: 10 jan. 2021.

(16) MACHADO, Joana de Moraes Souza. Tutela da privacidade no controle de dados pessoais no direito brasileiro. *Arquivo Jurídico*, Teresina-PI, v. 2, n. 2, p. 43-65, jul./dez. 2015. Disponível em: <https://revistas.ufpi.br/index.php/raj/article/view/4671/2694>. Acesso em: 10 jan. 2021.

da correspondência e das comunicações telegráficas, de dados e das comunicações telefônicas.(17)

Ainda, a proteção de dados possui características de direito fundamental diante da declaração de Santa Cruz de La Sierra, firmada pelo governo brasileiro em 15 de novembro de 2003, onde no item 45 da referida declaração, os países signatários concordam que a proteção de dados pessoais é um direito fundamental das pessoas, destacando sobre a importância e necessidade de proteção à privacidade dos cidadãos.(18)

Tendo como base esse enfoque é que foi criada a Lei Geral de Proteção de Dados Pessoais (n. 13.709/2018), tendo como objetivo a existência de uma norma que regulamente a prática do tratamento dos dados pessoais colhidos, objetivando proteger os direitos fundamentais de liberdade e privacidade e o livre desenvolvimento da personalidade da pessoa natural. Referida lei busca traçar uma uniformização de como deverá ser o tratamento dos dados, definindo direitos e deveres, criando um perfil ético para a sua realização.(19)

Empresas de todos os setores correm para regulamentar e adequar-se a referida lei, eis que referida lei manteve em seu texto a aplicação de sanções a serem aplicadas, sendo de uma advertência a aplicação de multa de 2% do faturamento da empresa, limitada ao valor de 50 (cinquenta) milhões de reais.(20)

Não é só, portanto, os setores de tecnologia e de internet que são afetados pela LGPD, eis que todos os outros setores da sociedade, inclusive os mais tradicionais, devem tratar os dados dos seus consumidores e colaboradores de acordo com a LGPD, o que ocasionará em um impacto maior do que foi a edição do Código de Defesa do Consumidor nos anos 1990, tendo em vista que abraça relações do cidadão com o poder publico, bem como atinente às relações de trabalho.(21)

3. O teletrabalho e sua popularização frente à pandemia da COVID-19

O teletrabalho foi fenômeno construído no espaço entre a administração de empresas e a tecnologia da informação, acredita-se que por isso teve seu termo importado dessas ciências. No Brasil ganhou maior destaque nas últimas duas décadas, tendo sido regulamentado pela Lei n. 13.467/2017.

A exploração do trabalho à distância alcança um novo patamar em razão da economia que resulta, sendo que ao empregador, basta disponibilizar ao empregado um computador com acesso à internet para tornar a sua presença física dispensável à grande parte das atividades produtivas, transferido à força de trabalho os custos que sempre foram próprios do empregador, tais como: água, luz, alimentação, transporte, manutenção das ferramentas de trabalho etc.(22)

Definir a expressão teletrabalho não é algo simples diante da quantidade de variações terminológicas existentes, Denise Fincato o define como sendo qualquer atividade profissional que é realizada fora do local tradicional de trabalho, com utilização de alguma das técnicas de telecomunicação tendo como objetivo possibilitar o envio do trabalho aos trabalhadores, em vez de levar estes ao trabalho.(23)

Para Muniz, teletrabalho trata de modalidade viabilizada pela tecnologia da informação e da comunicação, aperfeiçoando o relacionamento entre empregado e empregador, diminuindo custos de

(17) BRASIL. Constituição da República Federativa do Brasil de 1988. Disponível em: <http://www.planalto.gov.br/ccivil_03/constituicao/constituicaocompilado.htm>. Acesso em: 10 jan. 2021.

(18) DONEDA, D. A proteção dos dados pessoais como um direito fundamental. *Espaço Jurídico Journal of Law* [EJJL], v. 12, n. 2, p. 91-108, 13 dez. 2011.

(19) NASCIMENTO, Letícia. *Os principais direitos fundamentais garantidos na lei geral de proteção de dados pessoais.* Disponível em: <https://jus.com.br/imprimir/76752/os-principais-direitos-fundamentais-garantidos-na-lei-geral-de-protecao-de-dados-pessoais>.

(20) RODAS, Sergio. *Senado aprova vigência imediata da LGPD, mas prazo depende de sanção.* Disponível em: <https://www.conjur.com.br/2020-ago-26/lei-geral-protecao-dados-vigencia-imediata-senado>. Acesso em: 10 jan. 2021.

(21) BIONI, Bruno Ricardo. *A formação de uma cultura de proteção de dados a partir da nova legislação pode trazer valor agregado para as organizações,* p. 132.

(22) ESTEVES, Juliana Teixeira; FILHO, Carlos Consentino. *O teletrabalho na Lei n.13.467/17 (reforma trabalhista):* uma regulamentação em desacordo com as evidências empíricas. Disponível em: https://ead.trt9.jus.br/moodle/pluginfile.php/49211/mod_resource/content/1/Revista%20Eletr%C3%B4nica%20%28FEV%202019%20-%20n%C2%BA%2075%20-%20Teletrabalho%20e%20a%20Reforma%20Trabalhista%29.pdf>.

(23) FINCATO, Denise. *A regulamentação do teletrabalho no Brasil:* indicações para uma contratação minimamente segura. Disponível em: <http://www.cidp.pt/revistas/rjlb/2016/2/2016_02_0365_0396.pdf>. P. 372/373>.

produção, eis que realizado fora da estrutura física tradicional do tomador do serviço.[24]

Referida modalidade de prestação de serviços pode ser classificado pelo grau de conexão existente entre empregado e empregador em três modalidades, teletrabalho *offline* realizado quando o trabalhador efetua seus afazeres sem vinculação telemática com seu empregador, o computador não é utilizado como meio de comunicação, mas tão somente como ferramenta de trabalho e processamento de informação; teletrabalho *on way line*, onde não existe interatividade simultânea, e por fim, o mais usual nos dias de hoje, o teletrabalho *on-line*, que ocorre quando o trabalhador está em comunicação direta com seu empregador, em total sincronia e de modo bidirecional, ação facilitada pelas tecnologias disponíveis hoje na sociedade.[25]

O teletrabalho possui previsão legal no art. 6º da Consolidação das Leis do Trabalho, que afasta diferenciações entre o trabalho realizado no estabelecimento do empregador, o executado no domicílio do empregado e o realizado a distância, desde que caracterizados os pressupostos da relação de emprego. O parágrafo único do dispositivo estabelece que "os meios telemáticos e informatizados de comando, controle e supervisão se equiparam, para fins de subordinação jurídica, aos meios pessoais e diretos de comando, controle e supervisão do trabalho alheio".[26]

Com o advento da Lei n. 13.467/2017 foi introduzido o Capítulo II-A na CLT, o qual dedica-se especialmente ao teletrabalho com os artigos 75-A a 75-E. Referidos textos definem o teletrabalho como "sendo a prestação de serviços preponderantemente fora das dependências do empregador, com a utilização de tecnologias de informação e de comunicação que, por sua natureza, não se constituam como trabalho externo". Desconsiderando operações externas como motoristas e vendedores, eis que referidas atividades não possuem local fixo para labor.[27]

Existe ainda, duas outras referências ao teletrabalho na CLT, sendo os artigos 62, III, que inclui o teletrabalho entre as formas de prestação de serviço subordinado excluídas do controle da duração de jornada e o artigo 611-A, VIII, para mencionar sobre o tema em relação a aplicação de convenção coletiva.[28]

Referida modalidade de trabalho teve um grande aumento recentemente, isso decorre do confinamento adotado pelos poderes governamentais, objetivando a diminuição de contagio e com isso o risco de maiores pessoas adoecidas pelo referido vírus. Veja-se que o isolamento social estabelecido pelos poderes governamentais na pandemia decorrente do COVID-19, as empresas tanto privadas como públicas, passaram a se utilizar de tecnologias que possibilitassem dar continuidade às suas atividades, buscando com isso diminuir impactos econômicos na sociedade.

Diante desse cenário foi publicado em fevereiro de 2020 a Lei n. 13.979, a qual dispõe sobre medidas para enfrentamento da emergência de saúde pública decorrente do coronavírus, em relação ao direito do trabalho as principais Medidas Provisórias editadas foram a n. 927, de 22 de março de 2020 e a n. 936, de 01 de abril de 2020. Foi através da Medida Provisória n. 927, em seu art. 3º que o poder público, buscando o enfrentamento dos efeitos econômicos decorrentes do estado de calamidade pública e preservação do emprego e da renda, possibilitou aos empregadores, dentre outras medidas, o uso do teletrabalho.[29]

O capitulo II da referida MP destinava-se exclusivamente a tratar sobre o teletrabalho e sua aplicação no período de calamidade pública, dispondo em seu artigo 4º que o empregador poderá, a seu critério,

(24) MUNIZ, Mirella Karen de Carvalho Bifano; ROCHA, Cláudio Jannotti da. O teletrabalho à luz do artigo 6º da CLT: o acompanhamento do direito do trabalho às mudanças do mundo pós-moderno. *Rev. Trib. Reg. Trab. 3ª Reg.*, Belo Horizonte, v. 57, n. 87/88, p. 101-115, jan./dez. 2013. Disponível em: <https://www.trt3.jus.br/escola/download/revista/rev_87_88/claudio_jannotti_rocha_e_mirella_karen_carvalho_bifano_muniz.pdf>. Acesso em: 10 jan. 2021.

(25) FINCATO, Denise. *A regulamentação do teletrabalho no Brasil:* indicações para uma contratação minimamente segura. Disponível em: <http://www.cidp.pt/revistas/rjlb/2016/2/2016_02_0365_0396.pdf>.

(26) TRIBUNAL SUPERIOR DO TRABALHO (TST). *Especial Teletrabalho:* o trabalho onde você estiver. Disponível em: <http://www.tst.jus.br/teletrabalho>. Acesso em: 10 jan. 2021.

(27) TRIBUNAL SUPERIOR DO TRABALHO (TST). *Especial Teletrabalho:* o trabalho onde você estiver. Disponível em: <http://www.tst.jus.br/teletrabalho>. Acesso em: 10 jan. 2021.

(28) STURMER, Gilberto; FINCATO, Denise. *Teletrabalho e COVID-19.* Disponível em: <https://www.pucrs.br/direito/wp-content/uploads/sites/11/2020/06/2020_06_22-direito-covid-19-ppgd-artigos_e_ensaios-teletrabalho_e_covid-19.pdf>. Acesso em: 10 jan. 2021.

(29) STURMER, Gilberto; FINCATO, Denise. *Teletrabalho e COVID-19.* Disponível em: <https://www.pucrs.br/direito/wp-content/uploads/sites/11/2020/06/2020_06_22-direito-covid-19-ppgd-artigos_e_ensaios-teletrabalho_e_covid-19.pdf>. Acesso em: 10 jan. 2021.

alterar o regime de trabalho presencial para o teletrabalho, o trabalho remoto ou outro tipo de trabalho à distância e determinar o retorno ao regime de trabalho presencial, independentemente da existência de acordos individuais ou coletivos, dispensado o registro prévio da alteração no contrato individual de trabalho.[30]

No Brasil o isolamento social levou para o trabalho à distância uma enorme quantidade de pessoas, segundo dados do IBGE antes da pandemia em 2018, o total de pessoas que laboravam em teletrabalho era de 3,8 milhões de pessoas. Em pesquisa realizada pelo mesmo instituto no mês de junho de 2020, estimou que 8,6 milhões de brasileiros trabalhavam de maneira remota, totalizando o percentual de 12,4% da população ocupada do país.[31]

Ainda, segundo dados do IPEA, em maio de 2020 o teletrabalho foi exercido por 13,3% das pessoas ocupadas no Brasil o que totalizava o equivalente a 8,7 milhões de trabalhadores.[32]

Certo de que referida mudança foi inesperada e súbita, a utilização e obrigatoriedade do teletrabalho para os trabalhadores foi impactante, e ainda, considerando que o teletrabalho implica na implementação de recursos de tecnologias de informação e comunicação, onde muitos empregadores não tiveram um tempo hábil para disponibilizar os instrumentos mínimos necessários aos trabalhadores, muitos empregados passaram a utilizar equipamentos pessoais para a realização do labor, sem qualquer preparou ou proteção adequado para o trato dos dados empresariais.[33]

O TST através de matéria especifica sobre o tema, destacou softwares e aplicativos para auxiliar a implementação do teletrabalho, citando como exemplo alguns destinados ao gerenciamento de equipes, mas ressaltando a importância e a necessidade da segurança da informação em atividades desempenhadas em *home office*, eis que é comum ao trabalhador manipular dados sensíveis ou sigilosos, sendo essencial manter um sistema operacional do computador do trabalhador devidamente atualizado e, se possível, utilizar de softwares de VPN[34] fornecido pelo empregador, bem como a o uso de antivírus.[35]

Os riscos do teletrabalho e o consequente impacto na privacidade e proteção de dados pessoais resultam na necessidade de adoção e aprimoramento de procedimentos de segurança, adoção de instruções básicas de segurança a respeitar procedimentos de autenticação nos equipamentos, atualização constante dos sistemas operativos e softwares antivírus, bem como, a revisão do enquadramento normativo aplicável aos trabalhadores e não menos importante uma implementação de políticas internas relacionadas com a segurança de informação e a proteção de dados.[36]

Com o advento e implementação do teletrabalho, a vigência e aplicação LGPD impacta diretamente na vida das empresas e órgãos públicos, eis que referido texto legal irá regulamentar o uso, a proteção, a transferência dos dados pessoais, prevendo as autoridades responsáveis, competências e punições aos que não se adequarem aos seus preceitos. Veja-se que toda empresa, pessoa física, órgão governamental, que utiliza ou se utilizar de dados, necessariamente deverá adotar meios de proteção aos dados pessoais, sofrendo fiscalização em relação à implementação da lei, para que adotem medidas de tratamento e

---

(30) BRASIL. Medida Provisória n. 927, de 22 de março de 2020. Disponível em: <http://www.planalto.gov.br/ccivil_03/_ato2019-2022/2020/mpv/mpv927impressao.htm>. Acesso em: 10 jan. 2021.

(31) OLIVEIRA, Nelson. *Teletrabalho ganha Impulso na pandemia, mas regulação é objeto de controvérsia.* Disponível em: <https://www12.senado.leg.br/noticias/infomaterias/2020/07/teletrabalho-ganha-impulso-na-pandemia-mas-regulacao-e-objeto-de-controversia>. Acesso em: 10 jan. 2021.

(32) CAMPOS, Ana Cristina. *Em maio, 13,3% das pessoas ocupadas exerceram teletrabalho.* Disponível em: <https://agenciabrasil.ebc.com.br/economia/noticia/2020-07/em-maio-133-das-pessoas-ocupadas-exerceram-teletrabalho#>. Acesso em: 10 jan. 2021.

(33) Teresa Patrício e associados. *COVID-19:* Teletrabalho e Proteção de Dados. Disponível em: <https://www.tpalaw.pt/destaques/noticias/COVID-19-Teletrabalho-e-Proteccao-de-Dados/253/>. Acesso em: 10 jan. 2021.

(34) VPN é uma sigla, em inglês, para "Rede Virtual Privada" e que, como o nome diz, funciona criando uma rede de comunicações entre computadores e outros dispositivos que têm acesso restrito a quem tem as credenciais necessárias. *TechTudo.* Disponível em: <https://www.techtudo.com.br/noticias/noticia/2015/11/o-que-e-vpn-saiba-tudo-sobre-rede-virtual-privada.html#:~:text=VPN%20%C3%A9%20uma%20sigla%2C%20em,quem%20tem%20as%20credenciais%20necess%C3%A1rias.>. Acesso em: 10 jan. 2021.

(35) TRIBUNAL SUPERIOR DO TRABALHO (TST). Especial teletrabalho: o trabalho onde você estiver. Disponível em: <http://www.tst.jus.br/teletrabalho>. Acesso em: 10 jan. 2021.

(36) Teresa Patrício e associados. *COVID-19:* Teletrabalho e Protecção de Dados. Disponível em: <https://www.tpalaw.pt/destaques/noticias/COVID-19-Teletrabalho-e-Proteccao-de-Dados/253/>. Acesso em: 10 jan. 2021.

proteção, elaborando relatórios e demonstrando a metodologia utilizada para a coleta e segurança das informações salvas em seus bancos de dados.[37]

Diante dessa aplicação é que se verifica a dificuldade de controle do teletrabalho eis que a empresa necessariamente deve disponibilizar além de informações e dados necessários ao bom desempenho de seus empregados, meios que possibilitem garantir a segurança de trânsito dos referidos dados, utilizando-se de sistemas criptografados, senhas e *tokens* como meios a garantir uma maior segurança contra possíveis vazamento de dados pessoais e sensíveis de seus clientes ou ainda, da própria empresa e seus trabalhadores.

4. *A necessidade de proteção de dados pessoais no implemento do regime de teletrabalho*

A pandemia e o distanciamento social decorrente do surto provocado pelo coronavírus (COVID-19) mudou drasticamente a vida das pessoas, e isso inclui os hackers, que no segundo trimestre de 2020 utilizaram-se da doença para aumentar as campanhas fraudulentas na internet, o que fez com que ataques envolvendo *ransomware*[38] e tentativas de *phishing*[39] crescessem exponencialmente nesse período, onde os criminosos se valendo de temas relacionados à doença, isolamento social e *home office*, aumentassem as tentativas para roubar dados sigilosos.[40]

Segundo pesquisa, entre os meses de março e abril de 2020, o total de ataques virtuais no Brasil passou de 14.000 para 105.000, representando assim um aumento de 86,6%, somente no mês de ocorreram mais de 20 milhões de acessos a links maliciosos, isso decorre de uma estratégia utilizada por criminosos para que o golpe permaneça mesmo após um dos endereços usados seja localizado, aumentando assim a quantidade de possíveis vítimas. Ainda, necessário destacar outro exemplo de golpe virtual ocorrido no Brasil, onde antes mesmo do governo federal liberar o cadastro para beneficiários do auxílio-emergencial[41], criminosos criaram uma página *fake* prometendo o pagamento entre 200 e 1200 reais, e imitando ser um canal do governo federal conseguiu ser acessada mais de 11 milhões de vezes por pessoas que buscavam receber o referido auxílio, afetando assim que ao longo do mês de abril uma média de 364.000 brasileiros.[42]

Embora cientes dos riscos, empresas veem no teletrabalho uma forma de otimização da linha produtiva e redução de custos de infraestrutura, economizando com salas, mobiliários, não necessitando adquirir locação ou sede para suas atividades, diminuindo expressivamente além de recursos espaço necessário para desenvolver sua atividade, ainda, economiza em custos diversos como cafezinho, água, telefone, refeição, transporte dos trabalhadores, e ainda possibilita uma redução em relação aos riscos risco de acidentes de trajetos de seus funcionários.[43]

Com o benefício visto pelas empresas na adoção do teletrabalho, certamente a grande maioria vai continuar o utilizando ao menos de maneira parcial, é o caso do fundador e executivo-chefe do Facebook, Marck Zuckerberg, por exemplo, que informou

(37) ANDRADE, Fabio. *O teletrabalho e a LGPD*. Disponível em: <https://fabioandradems.jusbrasil.com.br/artigos/805677127/o-teletrabalho-e-a-lgpd?ref=feed>. Acesso em: 10 jan. 2021.

(38) *Ransomware* é um *software* malicioso que infecta seu computador e exibe mensagens exigindo o pagamento de uma taxa para fazer o sistema voltar a funcionar. Essa classe de *malware* é um esquema de lucro criminoso, que pode ser instalado por meio de links enganosos em uma mensagem de e-mail, mensagens instantâneas ou sites. Disponível em: <https://www.kaspersky.com.br/resource-center/definitions/what-is-ransomware>. Acesso em: 10 jan. 2021.

(39) *Phishing* é o crime de enganar as pessoas para que compartilhem informações confidenciais como senhas e número de cartões de crédito. Como em uma verdadeira pescaria, há mais de uma maneira fisgar uma vítima, mas uma tática de *phishing* é a mais comum. Disponível em: <https://br.malwarebytes.com/phishing/#:~:text=Phishing%20%C3%A9%20o%20crime%20de,phishing%20%C3%A9%20a%20mais%20comum.>. Acesso em: 10 jan. 2021.

(40) DEMARTINI, Felipe. *Ransomware e phishing lideram golpes mais populares no segundo trimestre de 2020*. Disponível em: <https://canaltech.com.br/seguranca/ransomware-e-phishing-lideram-golpes-mais-populares-no-segundo-trimestre-de-2020-171329/> Acesso em: 10 jan. 2021.

(41) Benefício financeiro concedido pelo Governo Federal destinado aos trabalhadores informais, micro empreendedores individuais (MEI), autônomos e desempregados, e tem por objetivo fornecer proteção emergencial no período de enfrentamento à crise causada pela pandemia do Coronavírus — COVID 19. Disponível em: <https://www.caixa.gov.br/auxilio/Paginas/default2.aspx>. Acesso em: 10 jan. 2021.

(42) LOPES, André. *Na pandemia, golpes na internet aumentam; o surto é isca dos criminosos*. Disponível em: <https://veja.abril.com.br/tecnologia/na-pandemia-golpes-na-internet-aumentam-o-surto-e-isca-dos-criminosos/>. Acesso em: 10 jan. 2021

(43) OLIVEIRA NETO, Célio Pereira. *Trabalho em ambiente virtual: causas, efeitos e conformação*. Tese (Doutorado em Direito) — Programa de Estudos Pós-Graduados em Direito, Pontifícia Universidade Católica de São Paulo, São Paulo, 2017. p. 111-112.

recentemente em entrevista que metade de sua equipe (45.000 empregados) passará a exercer suas atividades de maneira remota nos próximos anos, apontando que metade dos empregados trabalhará remotamente até o ano de 2030.[44]

Certo de que o teletrabalho passará a ser cada vez mais utilizado como meio de produção, se faz necessário que empresas se utilizem de regramentos procedimentos, programas de software e hardware que possibilitem a garantia de uma maior proteção de suas informações e dos dados pessoais com que trabalham, se utilizando de meios que possibilitem rastrear registros de acesso realizados pelos empregados que exercem o teletrabalho, adotando políticas de segurança da informação para evitar mal uso dos dados pessoais.[45]

A necessidade de acesso a rede, servidores e arquivos pelos empregados que se ativam em regime de teletrabalho fragiliza os meios de segurança das empresas, possibilitando a *cyber* criminosos capturar dados, informações estratégicas ou dados pessoais. Ainda, existe o risco dos próprios empregados, devido a falta de capacitação colocar a empresa e seus dados em risco por exemplo, quando o trabalhador clicar em um arquivo viral que permita aos criminosos criptografar o servidor da empresa remotamente, sendo assim, a possibilidade de danos que podem resultar a empresas vai muito além de somente a captura de informações e dados, podendo prejudicar a imagem da empresa e inclusive a continuidade do negócio.[46]

Ainda, algumas dicas de como reduzir os riscos associados ao *home office*, é o fornecimento de uma VPN (Rede Privada Virtual) para as equipes se conectarem com segurança à rede corporativa; a restrição aos direitos de acesso dos usuários que se conectam à rede corporativa, melhor adequação e informação as equipes sobre os perigos em responder mensagens não solicitadas e acessar links ou baixar arquivos com origem desconhecida; a instalação de atualizações mais recentes dos sistemas operacionais e de aplicativos e a proteção de todos os dispositivos da empresa (*smartphones, laptops* e *tablets*) com uma solução de segurança adequada.[47]

Convém destacar que o tratamento de dados previsto na LGPD não se restringe apenas em coletar informações, mas envolve igualmente todas as operações mencionadas no item X do art. 5º quais sejam: coleta, produção, recepção, classificação, utilização, acesso, reprodução, transmissão, distribuição, processamento, arquivamento, armazenamento, eliminação, avaliação ou controle da informação, modificação, comunicação, transferência, difusão ou extração.[48]

Assim, não importa se o acesso aos dados de clientes, parceiros, colaboradores e fornecedores ocorre dentro do ambiente físico de uma corporação, bastando tão somente que no ambiente digital da empresa, essa por sua vez que deverá dispor de medidas técnicas e administrativas que possibilitem a proteção dos dados pessoais, de acessos não autorizados, situações acidentais ou ilícitas de destruição, perda, alteração, comunicação ou difusão, prevenindo ainda eventuais danos decorrentes do uso de dados pessoais.[49]

Em linhas gerais, a lei disciplina toda operação de dados pessoais realizada por pessoa natural ou pessoa jurídica, de direito público ou privado, independente do meio, devendo a empresa estar adequada aos termos nela previstos.

O objetivo é trazer uma maior segurança e impor limites ao tratamento dos dados, estabelecendo

(44) SANDOVAL, Pablo Ximenes de. *Facebook espera que metade da sua equipe trabalhe à distância na próxima década.* Disponível em: <https://brasil.elpais.com/tecnologia/2020-05-22/facebook-espera-que-metade-da-sua-equipe-trabalhe-a-distancia-na-proxima-decada.html>. Acesso em: 10 jan. 2021.

(45) GUIMARÃES, Guilherme. *Home office exige protocolos corporativos contra o vazamento de dados.* Disponível em: <https://www.securityreport.com.br/destaques/home-office-exige-protocolos-corporativos-contra-o-vazamento-de-dados/#.X2kqPfZKjIU>. Acesso em: 10 jan. 2021.

(46) GUIMARÃES, Guilherme. *Home office exige protocolos corporativos contra o vazamento de dados.* Disponível em: <https://www.securityreport.com.br/destaques/home-office-exige-protocolos-corporativos-contra-o-vazamento-de-dados/#.X2kqPfZKjIU>. Acesso em: 10 jan. 2021.

(47) RODRIGUES, Renato. *Coronavírus:* dicas para empresas adotarem *home office.* Disponível em: <https://www.kaspersky.com.br/blog/coronavirus-dicas-home-office/14497/>. Acesso em: 10 jan. 2021.

(48) BRASIL. Lei n. 13.709, de 14 de agosto de 2018. *Lei Geral de Proteção de Dados Pessoais (LGPD).* (Redação dada pela Lei n. 13.853, de 2019). Disponível em: <http://www.planalto.gov.br/ccivil_03/_ato2015-2018/2018/lei/l13709.htm>. Acesso em: 20 jan. 2021.

(49) GUIMARÃES, Guilherme. *Home office exige protocolos corporativos contra o vazamento de dados.* Disponível em: <https://www.securityreport.com.br/destaques/home-office-exige-protocolos-corporativos-contra-o-vazamento-de-dados/#.X2kqPfZKjIU>. Acesso em: 20 jan. 2021.

regras específicas para garantir a privacidade aos titulares de dados, tanto no ambiente digital quanto fora dele.[50]

Igualmente merece destaque três pontos importantes na Lei Geral de Proteção de Dados que trazem maiores consequências do ponto de vista da gestão empresarial, que é a estruturação geral para atendimento eficaz e eficiente ao tratamento de dados, garantindo a sua proteção; a criação ou contratação de agentes que realizarão o correlato tratamento e; as indicações procedimentais elencadas no capítulo da lei que trata das boas práticas e da governança.[51]

Assim, a aplicação da LGPD busca nortear as empresas e assegurar uma maior proteção de dados pelas disposições nela contidas, no caso em especifico, faz-se necessária a aplicação de meios que possibilitem garantir proteção aos trabalhadores em regime de teletrabalho que irão utilizar do banco de dados de seus empregadores para desenvolver seu labor, eis que esses, quando não possuem meios adequados de proteção são alvos fáceis de cyber criminosos, que buscam se apropriar indevidamente de referidos dados.

5. Conclusão

Conforme se verificou do presente estudo, o uso de dados não é uma inovação dos tempos modernos, sendo que ao longo do desenvolvimento histórico, informações eram armazenadas de diferentes maneiras, como por exemplo, diários, cartas, telegramas e fotos chegando finalmente a era internet, por meio de e-mail, blogs, redes sociais, sendo que a Igreja católica formava e organizava registros de batismos, óbitos casamentos, óbitos etc.

Dados pessoais podem ser caracterizados como o conjunto de fatos e acontecimentos que formam a personalidade de cada pessoa.

O avanço e desenvolvimento tecnológico facilitou a colheita e armazenamento dos dados pessoais, trazendo a sociedade facilidades e otimização de tempo, entretanto, referidas informações podem ser igualmente utilizadas para prejudicar a vida das pessoas.

Hoje os dados pessoais podem estar diretamente ligados ao indivíduo como o nome, RG, CPF, tipo sanguíneo, características físicas, ou mesmo informações biométricas, mas também armazenam informações geradas no pelo seu uso na internet e redes sociais, como o número de curtidas, postagens, preferências de compra, entre outras, os quais possuem imenso atrativo para o mercado consumidor por exemplo.

Dessa forma se faz necessária a garantir ao cidadão uma maior proteção em relação aos seus dados pessoais, podendo pensar nessa proteção até como um direito fundamental ao indivíduo contemporâneo, embasando esse pensamento nos mesmos direitos fundamentais constitucionalmente previstos como o a tutela da privacidade, e a intimidade do indivíduo, expressos na constituição.

Como mencionado, o avanço tecnológico busca favorecer a vida das pessoas, como é o caso do teletrabalho, uma modalidade de labor já bastante utilizada nos processos produtivos como sendo o trabalho realizado em um lugar distante do escritório e/ou centro de produção, permitindo a separação física através do emprego de tecnologias que facilitem a sua comunicação e realização.

O teletrabalho hoje possui previsão legal no artigo 6º da Consolidação das Leis do Trabalho, e teve um grande aumento de seu uso recentemente, diante do confinamento e isolamento social adotados como meios de conter e evitar o contagio da COVID-19, onde o governo e empresas passaram a se utilizar da modalidade do teletrabalho/ *home office* como meio apto a dar continuidade às atividades, buscando diminuir impactos econômicos na sociedade e evitar um número ainda maior de demissões no país.

Ocorre que a utilização irrestrita teletrabalho sem avaliar os riscos atinentes a privacidade e proteção de dados pessoais podem ser de grande prejuízo a sociedade, sendo necessário que empresas adotem procedimentos de segurança, respeitando procedimentos de autenticação nos equipamentos, atualização implementem políticas internas relacio-

---

(50) SANTOS, Natacha Armstrong dos. LGPD: Lei geral de proteção de dados pessoais e seus reflexos empresariais. *Anais do EVINCI —UniBrasil*, Curitiba, v.5, n. 1, p. 142-142, out. 2019. Disponível em: <https://portaldeperiodicos.unibrasil.com.br/index.php/anaisevinci/article/view/4852>. Acesso em: 20 jan. 2021.

(51) MEZZAROBA, Orides; BASTOS LUPI, André Lipp Pinto; DASSAN, Lucas Amaral. Lei geral de proteção de dados: impactos normativos no direito empresarial. *Relações Internacionais no Mundo Atual* [S.l.], v. 2, n. 23, p. 272-288, abr. 2019. Disponível em: <http://revista.unicuritiba.edu.br/index.php/RIMA/article/view/3899>. Acesso em: 20 jan. 2021.

nadas com a segurança de informação e a proteção de dados, bem como utilizem de diferentes medidas de segurança para evitar que os dados pessoais armazenados sejam utilizados por pessoas que tenham intenções criminosas em relação a essas informações.

O Teletrabalho se mostra atraente as empresas como forma de aperfeiçoar os serviços, possibilitando produtividade aliada a uma redução de custos, entretanto, seu uso deve respeitar e assegurar a proteção de dados em acordo com o que prevê a LGPD, buscando garantir segurança e confiabilidade no uso e tratamento de dados pessoais, eis que, o empregado em regime de teletrabalho, que não possui meios seguros de acesso remoto aos dados da empresa para desenvolver seu labor, acaba tornando-se alvo de criminosos e outros que buscam acessar informações para diferentes finalidades.

6. Referências

ANDRADE, Fabio. *O teletrabalho e a LGPD.* Disponível em: <https://fabioandradems.jusbrasil.com.br/artigos/805677127/o-teletrabalho-e-a-lgpd?ref=feed>.

BIONI, Bruno Ricardo. A formação de uma cultura de proteção de dados a partir da nova legislação pode trazer valor agregado para as organizações. *GV Executivo,* v. 18 n. 4, jul./ago. 2019.

______. *Constituição da República Federativa do Brasil de 1988.* Disponível em: <http://www.planalto.gov.br/ccivil_03/constituicao/constituicaocompilado.htm>.

______. Lei n. 13.709, de 14 de agosto de 2018. Lei Geral de Proteção de Dados Pessoais (LGPD). (Redação dada pela Lei n. 13.853, de 2019). Disponível em: <http://www.planalto.gov.br/ccivil_03/_ato2015-2018/2018/lei/l13709.htm>.

______. Medida Provisória n. 927, de 22 de março de 2020. Disponível em: <http://www.planalto.gov.br/ccivil_03/_ato2019-2022/2020/mpv/mpv927impressao.htm>.

CAMPOS, Ana Cristina. *Em maio, 13,3% das pessoas ocupadas exerceram teletrabalho.* Disponível em: <https://agenciabrasil.ebc.com.br/economia/noticia/2020-07/em-maio-133-das-pessoas-ocupadas-exerceram-teletrabalho#>.

CAVALCANTE, Jouberto de Quadros Pessoa; NETO, Francisco Ferreira Jorge. A tecnológica, o teletrabalho e a reforma trabalhista. Teletrabalho e a reforma trabalhista. *Tribunal Regional do Trabalho da 9ª Região,* v. 8, n. 75, p. 112 a 125, fev. 2019. Disponível em: <https://ead.trt9.jus.br/moodle/pluginfile.php/49211/mod_resource/content/1/Revista%20Eletr%C3%B4nica%20%28FEV%202019%20-%20n%C2%BA%2075%20-%20Teletrabalho%20e%20a%20Reforma%20Trabalhista%29.pdf.>.

DEMARTINI, Felipe. *Ransomware e phishing lideram golpes mais populares no segundo trimestre de 2020.* Disponível em: <https://canaltech.com.br/seguranca/ransomware-e-phishing-lideram-golpes-mais-populares-no-segundo-trimestre-de-2020-171329/>.

DONEDA, D. A proteção dos dados pessoais como um direito fundamental. *Espaço Jurídico Journal of Law* [EJJL], v. 12, n. 2, p. 91-108, 13 dez. 2011.

DONEDA, Danilo. A proteção de dados pessoais nas relações de consumo: para além da informação creditícia. *Escola Nacional de Defesa do Consumidor.* Disponível em: <https://www.defesadoconsumidor.gov.br/images/manuais/vol_2_protecao_de_dados_pessoais.pdf>.

ESTEVES, Juliana Teixeira; CONSENTINO FILHO, Carlos. *O teletrabalho na Lei n. 13.467/17 (reforma trabalhista):* uma regulamentação em desacordo com as evidências empíricas. Disponível em: <https://ead.trt9.jus.br/moodle/pluginfile.php/49211/mod_resource/content/1/Revista%20Eletr%C3%B4nica%20%28FEV%202019%20-%20n%C2%BA%2075%20-%20Teletrabalho%20e%20a%20Reforma%20Trabalhista%29.pdf>.

FELICÍSSIMO, Laura; LEITE, Renato. *O direito comparado no ambiente de trabalho conectado.* Disponível em: <http://docplayer.com.br/114040814-O-direito-comparado-no-ambiente-de-trabalho-conectado-white-paper.html>.

FINCATO, Denise. *A regulamentação do teletrabalho no Brasil:* indicações para uma contratação minimamente segura. Disponível em: <http://www.cidp.pt/revistas/rjlb/2016/2/2016_02_0365_0396.pdf>.

GUIMARÃES, Guilherme. *Home office exige protocolos corporativos contra o vazamento de dados.* Disponível em: <https://www.securityreport.com.br/destaques/home-office-exige-protocolos-corporativos-contra-o-vazamento-de-dados/#.X2kqPfZKjIU>.

LOPES, André. *Na pandemia, golpes na internet aumentam; o surto é isca dos criminosos.* Disponível em: <https://veja.abril.com.br/tecnologia/na-pandemia-golpes-na-internet-aumentam-o-surto-e-isca-dos-criminosos/>.

MACHADO, Joana de Moraes Souza. Tutela da privacidade no controle de dados pessoais no direito brasileiro. *Arquivo Jurídico,* Teresina-PI, v. 2, n. 2,

p. 43-65, jul./dez. 2015. Disponível em: <https://revistas.ufpi.br/index.php/raj/article/view/4671/2694>.

MEZZAROBA, Orides; BASTOS LUPI, André Lipp Pinto; DASSAN, Lucas Amaral. Lei geral de proteção de dados: impactos normativos no direito empresarial. *Relações Internacionais no Mundo Atual*, [S.l.], v. 2, n. 23, p. 272-288, abr. 2019. Disponível em: <http://revista.unicuritiba.edu.br/index.php/RIMA/article/view/3899>.

MUNIZ, Mirella Karen de Carvalho Bifano; ROCHA, Cláudio Jannotti da. O Teletrabalho à luz do artigo 6º da CLT: o acompanhamento do direito do trabalho às mudanças do mundo pós-moderno. *Rev. Trib. Reg. Trab. 3ª Reg.*, Belo Horizonte, v. 57, n. 87-88, p. 101-115, jan./dez. 2013. Disponível em: <https://www.trt3.jus.br/escola/download/revista/rev_87_88/claudio_jannotti_rocha_e_mirella_karen_carvalho_bifano_muniz.pdf>.

NASCIMENTO, Letícia. *Os principais direitos fundamentais garantidos na lei geral de proteção de dados pessoais.* Disponível em: <https://jus.com.br/imprimir/76752/os-principais-direitos-fundamentais-garantidos-na-lei-geral-de-protecao-de-dados-pessoais>.

OLIVEIRA, Nelson. *Teletrabalho ganha Impulso na pandemia, mas regulação é objeto de controvérsia.* Disponível em: <https://www12.senado.leg.br/noticias/infomaterias/2020/07/teletrabalho-ganha-impulso-na-pandemia-mas-regulacao-e-objeto-de-controversia>.

OLIVEIRA NETO, Célio Pereira. *Trabalho em ambiente virtual:* causas, efeitos e conformação. Tese (Doutorado em Direito) — Programa de Estudos Pós-Graduados em Direito, Pontifícia Universidade Católica de São Paulo, São Paulo, 2017.

OIT — Organização Internacional do Trabalho. *Convenção n. 177. Sobre o trabalho a domicilio.* Disponível em: <https://www.ilo.org/dyn/normlex/es/f?p=NORMLEXPUB:12100:0::NO::P12100_INSTRUMENT_ID:312322>.

PATRÍCIO, Teresa e associados. *COVID-19:* Teletrabalho e protecção de dados. Disponível em: <https://www.tpalaw.pt/destaques/noticias/COVID-19-Teletrabalho-e-Proteccao-de-Dados/253/>.

RODAS, Sergio. *Senado aprova vigência imediata da LGPD, mas prazo depende de sanção.* Disponível em: <https://www.conjur.com.br/2020-ago-26/lei-geral-protecao-dados-vigencia-imediata-senado>.

RODRIGUES, Renato. *Coronavírus:* Dicas para empresas adotarem *home office.* Disponível em: <https://www.kaspersky.com.br/blog/coronavirus-dicas-home-office/14497/>.

RUARO, Regina Linden; RODRIGUEZ, Daniel Piñeiro; FINGER, Brunize. O direito a proteção de dados pessoais e a privacidade. *Revista da Faculdade de Direito — UFPR*, Curitiba, n. 47, p. 29-64, 2020. Disponível em: <https://revistas.ufpr.br/direito/article/view/30768>.

SANDOVAL, Pablo Ximenes de. *Facebook espera que metade da sua equipe trabalhe à distância na próxima década.* Disponível em: <https://brasil.elpais.com/tecnologia/2020-05-22/facebook-espera-que-metade-da-sua-equipe-trabalhe-a-distancia-na-proxima-decada.html>.

SANTOS, Natacha Armstrong dos. LGPD: Lei geral de proteção de dados pessoais e seus reflexos empresariais. *Anais do EVINCI —UniBrasil*, Curitiba, v. 5, n. 1, p. 142-142, out. 2019. Disponível em: <https://portaldeperiodicos.unibrasil.com.br/index.php/anaisevinci/article/view/4852>.

SENADO FEDERAL. *Nota de esclarecimento* — Vigência da LGPD. Disponível em: <https://www12.senado.leg.br/assessoria-de-imprensa/notas/nota-de-escla recimento-vigencia-da-lgpd>.

SOUZA, Luíza Ribeiro de Menezes. Proteção de dados pessoais: Estudo comparado do Regulamento n. 2016/679 do Parlamento Europeu e Conselho e o Projeto de Lei Brasileiro n. 5.276/2016. *Caderno Virtual*, v. 1, n. 41, 2018. Disponível em: <https://www.portaldeperiodicos.idp. edu.br/cadernovirtual/article/view/3153/1484>.

STURMER, Gilberto; FINCATO, Denise. *Teletrabalho e COVID-19.* Disponível em: <https://www.pucrs.br/direito/wp-content/uploads/sites/11/2020/06/2020_06_22-direito-covid-19-ppgd-artigos_e_ensaios-teletrabalho_e_covid-19.pdf.>.

TRIBUNAL SUPERIOR DO TRABALHO (TST). *Especial teletrabalho:* o trabalho onde você estiver. Disponível em: <http://www.tst.jus.br/teletrabalho>.

VIEIRA, Victor Barbieri Rodrigues; CORASSA, Eugênio Delmaestro. *A importância da proteção de dados pessoais como direito fundamental.* Disponível em: <https://irisbh.com.br/a-importancia-da-protecao-de-dados-pessoais-como-direito-fundament/>.

ZANON, João Carlos. *Direito à proteção dos dados pessoais.* São Paulo: Revista dos Tribunais, 2013.

A Saúde Metal do Trabalhador na 4ª Revolução Tecnológica como um Desafio para os Sindicatos

Jouberto de Quadros Pessoa Cavalcante[1]
Giovana Aiello Soares da Costa[2]

1. Introdução

O presente artigo aborda os impactos da 4ª Revolução Tecnológica sobre a saúde dos trabalhadores e procura demonstrar a necessidade de uma atuação sindical para garantir meios de proteção ao trabalho digno e de um ambiente saudável para o trabalhador.

No início do século XXI, em decorrência das inovações oriundas da 4ª Revolução Tecnológica, estamos vivenciando um verdadeiro "Mundo 4.0", em que os efeitos tecnológicos promovem alterações em todos os aspectos da sociedade contemporânea, *v. g.*, nas relações sociais, aspectos comportamentais, tratamentos médicos, produção de alimentos e no mundo do trabalho.

As mudanças não ocorreram somente na implementação de inovações tecnológicas no processo de produção, com o desenvolvimento de novos produtos, novos sistemas de produção, aumento da produção e redução de custos, mas também ensejaram outras formas de contratação dos trabalhadores (como contrato por prazo determinado, teletrabalho e jornadas de trabalho com horários flexíveis), exigências de qualificação profissional, criação e extinção de postos de trabalho e na saúde física e mental dos trabalhadores.

Se história mostra que, na 1ª Revolução Industrial (século XVIII), as máquinas poderiam substituir a força física, a 4ª Revolução Tecnológica permite que a inteligência artificial e um conjunto de inovações substituam a capacidade intelectual do trabalhador, implementando um novo modelo industrial (a Indústria 4.0).

Por conta disso, é possível afirmar que "o desenvolvimento do processo tecnológico está diretamente vinculado a um processo social"[3], visto que as tecnologias desenvolvidas por cada período histórico refletem diretamente no contexto de relações sociais e, consequentemente, na exigência do mercado de trabalho na qualificação do trabalhador ou, o que é ainda mais grave, no desencadeamento doenças mentais causadas por altos níveis de cobrança e *stress*.

Neste sentido, importante destacar a atuação dos sindicatos no combate de novas doenças ou até mesmo o agravamento de outras, como ansiedade, depressão, *stress* etc.

Em um "mundo 4.0", as entidades sindicais e patronais devem adotar estratégias que incluam esse tema cada vez mais nas mesas de discussões e negociações, de tal forma que compreendam quais são as necessidades de proteção da saúde dos trabalhadores.

O desenvolvimento tecnológico deve estar em harmonia com a dignidade do trabalhador, para que assim seja garantido progresso econômico e social de um país.

2. A 4.0 revolução tecnológica e o mundo do trabalho

No início do século XXI, o primeiro país a introduzir o conceito de "Indústria 4.0." foi a Alemanha.

---

(1) Professor Doutor da Faculdade de Direito da Universidade Presbiteriana Mackenzie. Professor Convidado na Faculdade de Direito da Universidade de Lisboa (ULisboa) e em diversos Cursos de Pós-Graduação *Lato Sensu*. Doutor em Direito do Trabalho pela Faculdade de Direito da Universidade de São Paulo (USP). Mestre em Direito Político e Econômico pela Universidade Presbiteriana Mackenzie. Mestre em Integração da América Latina pela USP/PROLAM. Membro da Academia Paulista de Letras Jurídicas.

(2) Mestranda em Direito Político e Econômico da Faculdade de Direito da Universidade Presbiteriana Mackenzie. Pós-graduanda em Direito e Processual do Trabalho na Universidade Presbiteriana Mackenzie.

(3) CAVALCANTE, Jouberto de Quadros Pessoa. *Sociedade, tecnologia e a luta pelo emprego*, p. 15.

O governo alemão, as universidades e indústrias se uniram "com o objetivo de tornar o país um pioneiro na produção e utilização de tecnologia de informação industrial, que promete revolucionar a produção industrial"[(4)]. Ou seja: para manter a sua "posição dominante" tanto em exportação de produtos industriais como em tecnologias, o governo alemão viu a necessidade de promover uma nova maneira de produção em parceria com o setor privado (indústrias) e incentivando a pesquisa (universidades).

Tal parceria conferiu à Alemanha um resultado bastante significativo, visto que "a posição de liderança internacional da Alemanha em sistemas integrados (...) tornou possível que o país assumisse um papel pioneiro (...)" bem como a criação de serviços que tornaram possível a existência da Revolução 4.0. Assim, não bastou que as indústrias, por si só, corressem sozinhas na largada da 4ª Revolução Industrial: foi necessária a intervenção do governo alemão e as pesquisas elaboradas pelas universidades. Desta forma, segundo o Instituto de Estudos para o Desenvolvimento Industrial (2017), "a Indústria 4.0 é efetivamente a inovação baseada em ciência ao lado da aplicação e da inovação induzida pelo cliente".[(5)]

Preocupada com tais questões desde a década de 80, com o olhar fixo para as atuais transformações das reações laborais, a Organização Mundial do Trabalho (OIT) publicou a Declaração do Centenário no Relatório IV, da Conferência Internacional do Trabalho, 108ª Sessão (2019), cuja proposta versa sobre a "iniciativa sobre o futuro do trabalho", ocasião em que a organização "celebra seu centenário num momento em que o mundo do trabalho atravessa mudanças profundas, impulsionadas por inovações tecnológicas (...), que colocam em questão a natureza e o futuro do trabalho."

Note-se uma maior preocupação da OIT a respeito das inovações tecnológicas e dignidade do trabalho como tema principal de celebração do centenário (2019), de tal forma que "a abordagem ao futuro do trabalho centrada no ser humano". Há um cuidado constante dos trabalhadores para "explorar todo o potencial do progresso tecnológico para garantir o bem-estar material, a realização pessoal e a dignidade de todos os seres humanos (...)"[(6)].

As implementações tecnológicas proporcionadas pela Indústria 4.0. garantem uma série de aspectos positivos, tanto no ponto de vista econômico, bem como no ponto de vista profissional.

No aspecto econômico, por exemplo, observa-se uma expansão e uma ampliação dos setores de produção e comércio global. O processamento de indústrias e fábricas inteligentes permitem o desenvolvimento de novos produtos, garantem uma maior vantagem comercial, pois as máquinas podem aumentar a produção em um tempo reduzido, com baixo consumo de energia e diminuição das perdas. Além disso, multinacionais se expandem ao redor do mundo, sobretudo em países em desenvolvimento, garantindo uma ampla comunicação e disseminação de consumidores e marcas.

Para acompanhar esta rápida expansão, as empresas buscam profissionais "com maior destreza social, gente mais criativa e com capacidade de tomada de decisão em ambientes de incerteza"[(7)]. Além disso, esperam um empregado proativo que consigam atender às novas realidades das empresas. Contudo, apesar da criação líquida de muitas funções, a consequência da automação dos processos produtivos é justamente na substituição das atividades tradicionais por inovações tecnológicas.

A implementação de *softwares*, de robôs e de inteligência artificial contribui para o desenvolvimento e lucratividade da empresa. Dessa forma, o uso da tecnologia também pode proporcionar uma maior segurança no dia a dia dos trabalhadores, pois tais máquinas os substituiriam de funções mais perigosas ou que demandam maior concentração.

---

(4) INSTITUTO DE ESTUDOS PARA O DESENVOLVIMENTO INDUSTRIAL. *Indústria 4.0:* A Política Industrial da Alemanha para o Futuro. 807. ed. São Paulo: IEDI, 2017. Disponível em: <https://iedi.org.br/cartas/carta_iedi_n_807.html>. Acesso em: 10 fev. 2021.

(5) INSTITUTO DE ESTUDOS PARA O DESENVOLVIMENTO INDUSTRIAL. *Indústria 4.0:* a Política Industrial da Alemanha para o Futuro. 807. ed. São Paulo: IEDI, 2017. Disponível em: <https://iedi.org.br/cartas/carta_iedi_n_807.html>. Acesso em: 10 fev. 2021.

(6) Contudo, apesar de toda a preocupação com o bem-estar dos trabalhadores, fato é que as exigências e competitividade no mercado fazem com que as empresas e indústrias busquem inovações tecnológicas como forma de produção mais eficiente, rápida e barata a fim de atender a demanda dos consumidores, de tal forma que "a digitalização dos processos produtivos nas fábricas por meio de sensores e sistemas de informação que têm como meta a transformação dos processos produtivos para torná-los mais eficientes" ROCHA, Marcelo Oliveira; ZAVANELLA, Fabiano (Org.). *O primeiro ano de vigência da Lei n. 13.467/2017 (Reforma Trabalhista):* reflexões e aspectos práticos, p. 13.

(7) RONCATI, João; SILVA, Mhileizer T. A.; MADEIRA, Felipe. O desafio dos empregos na Quarta Revolução Industrial. In: SILVA, Elcio B.; SCOTON, Maria L. R. P. D.; PEREIRA, Sérgio L.; DIAS, Eduardo M. *Automação & Sociedade*, v. 4, p. 212.

Em seus estudos, Patrícia Dittrich Ferreira Diniz[8] assegura que o uso de novas tecnologias também protege o empregado de acidentes e de doenças, além da maior inserção de pessoas com deficiência no mercado de trabalho.

No entanto, também há aspectos negativos a serem discutidos com atenção.

Segundo dados do Fórum Econômico Mundial (*World Economic Forum*) (2016), há uma previsão de que em cinco anos haverá uma predominante substituição de funções, "(...) um deslocamento das funções mais operacionais para aquelas que exigem uma qualificação maior, devido ao crescimento e ao potencial das transformações da Indústria 4.0", além da perda de milhões de postos de trabalho, sobretudo em atividades operacionais e com tarefas repetitivas[9].

Nelson Mannrich[10] afirma que, entre as diversas formas de extinção do contrato de trabalho, a implantação ou mudança de tecnologias podem ser configuradas como uma das causas. Isto é caracterizado pelo "desemprego estrutural", ou seja, a modernização da economia reduz a utilização da mão de obra humana, eis que a máquina é capaz de suprir esta necessidade com menor custo benefício e, até mesmo, perfeição técnica.

Belinda Mandelbaum e Marcelo Ribeiro também apontam que o desemprego pode se dar por razões econômicas, como "os processos de reestruturação produtiva, acirramento da revolução tecnológica, falta de ação do governo, exagero nos critérios de seleção e saturação do mercado formal", ou por razões pessoais, "como desqualificação, falta de vontade, idade avançada ou, ainda, pouca experiência"[11].

Em síntese, o desemprego tem causas diversas, como motivos políticos, econômicos e sociais, sendo que o desemprego estrutural pode resultar em dispensas coletivas ou individuais, além do fato de acarretar a alienação do trabalhador, sobretudo os mais velhos, por conta, das dificuldades e até mesmo do "analfabetismo digital".

A sociedade está diante do fenômeno conhecido por "desemprego tecnológico"[12].

Certo é que a falta de regulamentação da proteção dos trabalhadores desencadeia a flexibilização dos contratos de trabalho e o surgimento de diversas modalidades de subempregos, as quais "possuem algumas características do emprego, mas que tiram vários direitos e proteções sociais do trabalhador"[13]. Portanto, os trabalhadores ainda são vulneráveis em relação à automação.

Seguramente, o Direito do Trabalho não pode impedir ou desestimular o desenvolvimento tecnológico nas empresas, "sob pena de ficarmos à margem do processo de revolução tecnológica e nos tornarmos um país dependente tecnologicamente das grandes potências"[14].

A OIT, em seu relatório *Work for a brighter future — Global Comission on the future of work* (2019), enfatiza a necessidade de os países agirem para que as inovações tecnológicas criem novas oportunidades de trabalho ao invés de excluí-las. A OIT, entre uma série de recomendações, aponta que os governos, bem como a organização de empregados e trabalhadores, devem "revigorar o contrato social que dá aos trabalhadores uma participação justa no progresso econômico" de tal forma que respeite os direitos trabalhistas e "proteção contra o risco em troca de sua contribuição contínua para a economia"[15].

No entanto, com o crescimento do número de desempregados e de trabalhadores informais, os sindicatos se encontram em uma frágil e delicada situação, considerando "os espaços de trabalho atualmente estruturados ao redor de funções e não de profissões", o que dificulta "as identificações dos trabalhadores entre si e inviabilizam a sua or-

---

(8) DINIZ, Patrícia Dittrich Ferreira. *Trabalhador versus automação:* impactos na inserção da tecnologia no meio ambiente do trabalho à luz da tecnodireito e da tecno ética, p. 150.

(9) WORLD ECONOMIC FORUM — WEF. Future of Jobs. WEF, Related Reports, jan. 2017. Disponível em: <http://www3.weforum.org/docs/WEF_Future_of_Jobs.pdf>. Acesso em: 12 fev. 2021.

(10) MANNRICH, Nelson. Futuro do Direito do Trabalho: no Brasil e no mundo. *Revista LTr*, São Paulo, v. 81, n. 11, p. 40, nov. 2017.

(11) MANDELBAUM, Belinda; RIBEIRO, Marcelo. *Desemprego:* uma abordagem psicossocial, p. 29.

(12) KEYNES, John Maynard. *Economic Possibilities for our Grandchildren*, 1930. Disponível em: <http://www.econ.yale.edu/smith/econ116a/keynes1.pdf>. Acesso em: 12 fev. 2021.

(13) MANDELBAUM, Belinda; RIBEIRO, Marcelo. Ob. cit., p. 22.

(14) CAVALCANTE, Jouberto de Quadros Pessoa. *Sociedade, tecnologia e a luta pelo emprego*, p. 15.

(15) Disponível em: <https://www.ilo.org/wcmsp5/groups/public/---dgreports/---cabinet/documents/publication/wcms_662410.pdf>. Acesso em: 12 fev.2021.

ganização em torno de algo comum"(16). Segundo Leôncio Martins Rodrigues, "a implementação das novas tecnologias na produção implica a redução do número de trabalhadores no setor industrial e, consequentemente, afeta de forma significativa os níveis de sindicalização"(17).

Nesse contexto de inovações e desafios, os sindicatos possuem um papel fundamental para a garantia e manutenção dos postos de trabalho, como também na proteção da saúde do trabalhador em um ambiente de trabalho 4.0.

3. *A saúde mental dos trabalhadores no mundo 4.0*

No âmbito internacional, a saúde e segurança do trabalho é tema de preocupação para a OIT. Entre as 21 convenções sobre o tema, destaca-se a Convenção n. 155, a qual visa proporcionar um ambiente de trabalho seguro, bem como treinamentos e adoção de medidas de urgência em casos de acidentes a todos os setores da atividade econômica. Importante destacar que, conforme alínea "e" do artigo 3º da referida Convenção, o termo "saúde" abrange não somente as condições físicas do trabalhador, como também a saúde mental.(18)

Outra convenção igualmente importante é a Convenção n. 161 da OIT, a qual dispõe sobre os serviços de saúde do trabalho e também ressalta a importância da saúde mental nas relações de trabalho (artigo 1º, alínea "a", incisos I e II).

A observância da saúde mental é tema de preocupação em ambas as Convenções, vez que a adoção de uma adequada "política de prevenção dos acidentes ocupacionais impede que os empregados e os sistemas de seguridade social sofram prejuízos absolutamente evitáveis e assegura a preservação da vida e da integridade física dos empregados"(19). Não se trata apenas de uma questão "humanitária" ou de direitos sociais, mas também econômica.

Neste aspecto, "se as novas tecnologias asseguram a saúde física do trabalhador", não se pode deixar de também se preocupar com a saúde mental, já que houve um agravamento de patologias "decorrentes da intensificação do trabalho e do desemprego tecnológico"(20), vez que a exigência do mercado de trabalho por produtividade e capacitação não acompanham a qualidade de vida dos trabalhadores, como (i) alcoolismo crônico; (ii) reações ao *stress* grave e transtornos de adaptação e *stress* pós-traumático; (iii) neurose profissional; (iv) transtorno do ciclo vigília-sono devido a fatores não orgânicos; bem como (v) Síndrome do Excesso de Informação, Síndrome de Burnout (Síndrome do Esgotamento Profissional), Síndrome de FOMO etc.

Destaque-se que entre as cinco patologias mencionadas, três também estão se relacionam com os problemas sociais e pessoais decorrentes do desemprego (alcoolismo crônico, neurose profissional e transtorno do ciclo vigília-sono devido a fatores não orgânicos).

Para Jorge Cavalcanti Boucinhas Filho, um dos gatilhos de aumento de *stress* no ambiente de trabalho pode estar relacionado à forma de cálculo da remuneração com base em resultados, eis que "a expectativa de maior rendimento impulsiona o trabalhador a desenvolver mais rapidez na execução da tarefa, a fim de manter um rendimento estável", o que pode acarretar a um "estado de fadiga geral em razão da incerteza e do estado de tensão em atingir as metas de produtividade"(21).

Na visão de Ricardo Antunes, "a *superexploração* do trabalho, então, deixou de ser um discreto charme

---

(16) MANDELBAUM, Belinda; RIBEIRO, Marcelo. Ob. cit., p. 77.

(17) RODRIGUES, Leôncio Martins. *Destino do sindicalismo*, p. 35.

(18) Artigo 3º Para todos os fins da presente Convenção: e) o termo "saúde", com relação ao trabalho, abrange não só a ausência de afecção ou de doenças, mas também os elementos físicos e mentais que afetam a saúde e estão diretamente relacionados com a segurança e a higiene no trabalho.

(19) BOUCINHAS FILHO, Jorge Cavalcanti. *Reflexões sobre as Normas da OIT e o Modelo Brasileiro de Proteção à Saúde e à Integridade Física do Trabalhador.* 2012. Disponível em: <http://www.lex.com.br/doutrina_23686422_REFLEXOES_SOBRE_AS_NORMAS_DA_OIT_E_O_MODELO_BRASILEIRO_DE_PROTECAO_A_SAUDE_E_A_INTEGRIDADE_FISICA_DO_TRABALHADOR.aspx>. Acesso em: 13 fev. 2021.

(20) CAVALCANTE, Jouberto de Quadros Pessoa. *Sociedade, tecnologia e a luta pelo emprego,* p. 48.

(21) BOUCINHAS FILHO, Jorge Cavalcanti. *Reflexões sobre as Normas da OIT e o Modelo Brasileiro de Proteção à Saúde e à Integridade Física do Trabalhador.* 2012. Disponível em: <http://www.lex.com.br/doutrina_23686422_REFLEXOES_SOBRE_AS_NORMAS_DA_OIT_E_O_MODELO_BRASILEIRO_DE_PROTECAO_A_SAUDE_E_A_INTEGRIDADE_FISICA_DO_TRABALHADOR.aspx>. Acesso em: 13 fev. 2021.

da burguesia dependente e subordinada e adentrou o coração do *welfare state*"[22].

Assim, a intensificação do trabalho, o *stress* e o medo do desemprego desencadeiam uma série de transtornos mentais aos trabalhadores, os quais constantemente são cobrados por metas, atualizações técnicas e cumprimentos de prazos.

Por suas limitações, o ser humano não tem sido capaz de lidar e de processar o grande volume de informações que recebe no dia a dia, inclusive em ambientes profissionais, o que tem sido considerado responsável por impactos negativos na saúde das pessoas, como ansiedade, irritabilidade, perda de memória, insônia, sentimento de obsolescência etc. É a denominada Síndrome do Excesso de Informação ou Síndrome da Fadiga da Informação, como prefere David Lewis.

Já a Síndrome de Burnout, segundo a Organização das Nações Unidas (ONU), é caracterizada por três condições: "sentimentos de exaustão ou esgotamento de energia; aumento do distanciamento mental do próprio trabalho, ou sentimentos de negativismo ou cinismo relacionados ao próprio trabalho; e a redução da eficácia profissional".[23] A gravidade da doença é tamanha que a Organização Mundial da Saúde (OMS) incluiu a Síndrome de Burnout na edição de Classificação Internacional de Doenças de 2022 (CID-11), classificando-a como doença ocupacional.

Considerado um dos grandes distúrbios psíquicos do século XXI, a Síndrome de Burnout é definida como "um esgotamento profissional provocado por constante tensão emocional no ambiente de trabalho"[24]. Entre diversos fatores que podem ocorrer durante o trabalho, conclui-se pelo "excesso de carga horária de trabalho, múltiplos vínculos empregatícios para ter qualidade de vida, preocupação com a perda do emprego e meritocracia profissional"[25]. Dados divulgados em pesquisas realizadas pela *International Stress Management Association* Brasil (ISMA-BR) (2018), 72% dos brasileiros sofre uma sequela de *stress* e, entre esses, 32% foram diagnosticados com a Síndrome de Burnout[26].

A jurisprudência dos tribunais brasileiros vem reconhecendo a Síndrome de Burnout como doença decorrente das relações de trabalho (doença profissional)[27].

Outro exemplo de patologia psicológica é a Síndrome de FOMO (*Fear of missing out syndrome*), fenômeno que causa ansiedade no indivíduo de ficar ausente de algumas tecnologias ou rede social, como acentua Miriam Díez Bosch[28].

Como enfatiza Ana Merzel Kernkraut, nessa nova realidade, as empresas deverão manter "a segurança do ambiente de trabalho, cumprir as normas, propiciar o descanso conforme a jornada profissional da categoria do trabalhador e fazer a gestão das pessoas dentro das melhores práticas"[29].

Diante das transformações no mundo do trabalho e o surgimento de novas doenças que afetam a saúde mental, é inquestionável a necessidade de os sindicatos avançarem na proteção da dignidade dos trabalhadores.

---

(22) ANTUNES, Ricardo. *O privilégio da servidão:* o novo proletariado de serviços na era digital, p. 30.

(23) ORGANIZAÇÃO DAS NAÇÕES UNIDAS. *Síndrome de burnout é detalhada em classificação internacional da OMS.* 2019. Disponível em: <https://nacoesunidas.org/sindrome-de-burnout-e-detalhada-em-classificacao-internacional-da-oms/>. Acesso em: 15 fev. 2021.

(24) DALLEGRAVE NETO, José Afonso. *Responsabilidade Civil no Direito do Trabalho*, p. 50.

(25) MIRANDA, Paulo. *A Síndrome de Burnout em decorrência das relações de trabalho pós Reforma Trabalhista.* 2018. Disponível em: <https://jus.com.br/artigos/67408/a-sindrome-de-burnout-em-decorrencia-das-relacoes-de-trabalho-pos-reforma-trabalhista>. Acesso em: 13 fev. 2021.

(26) SÁ, Fabiane de. *Burnout:* mais próximo do setor da saúde do que se imagina. 2017. Disponível em: <http://www.ismabrasil.com.br/img/estresse105.pdf>. Acesso em: 12 fev. 2021.

(27) BRASIL. Tribunal Superior do Trabalho. Acórdão n. TST-RR-959-33.2011.5.09.0026. Relator: José Roberto Freire Pimenta. Brasília, DF, 29 de abril de 2015. *Diário Oficial da União.* Brasília, Disponível em: <https://jurisprudencia.s3.amazonaws.com/TST/attachments/TST_RR_9593320115090026_f35fb.pdf?Signature=1Vkv%2BsrX%2Fp3AIbx%2FHPg8oPg7BmQ%3D&Expires=1580762704&AWSAccessKeyId=AKIARMMD5JEAO765VPOG&response-content-type=application/pdf&x-amz-meta-md5-hash=f9d6bcbd03b5a732c47e9a7f896457af>. Acesso em: 15 fev. 2021.

(28) "... es la patologia psicológica producida por el miedo a quedarse fuera del mundo tecnológico o de desarrollarse al mismo ritmo que la tecnologia. Por ejemplo, ansiedade por no tenere l último modelo de móvil del mercado, no esar al día de alguna tendencia de la comunidade virtual, no conocer alguna campaña viral, etc." (BOSCH, Miriam Díez. *Las 10 enfermedades tecnológicas que nos están afectando.* 2017. Disponível em: <https://es.aleteia.org/2017/11/14/las-10-enfermedades-tecnologicas-que-nos-estan-afectando/>. Acesso em: 15 fev. 2021.

(29) FABIANE DE SÁ (Brasil). ISMA Brasil. *Burnout*: mais próximo do setor da saúde do que se imagina. 2017. Disponível em: <http://www.ismabrasil.com.br/img/estresse105.pdf>. Acesso em: 5 fev. 2021.

4. *Algumas premissas da luta sindical para a preservação da saúde dos trabalhadores*

A saúde mental do trabalhador é um tema complexo e precisa ser inserido na pauta da luta sindical.

A OIT prevê, no preâmbulo de sua Constituição, a proteção aos trabalhadores, bem como "a afirmação do princípio de liberdade sindical", sendo que a atuação sindical, em especial, a liberdade sindical e o direito de negociação coletiva, é expressamente tratada pelas Convenções ns. 87 e 98.

Na era da automação e do avanço tecnológico, o sindicato é um ator social relevante para conter a precarização do ambiente de trabalho e mitigar os possíveis efeitos desencadeados pelo desemprego tecnológico.

Desde a década de 80, os sindicatos alertavam sobre os possíveis efeitos negativos da implementação tecnológica nas relações de trabalho. Importante ressaltar que as organizações sindicais não se mostram contra os avanços tecnológicos, mas queriam que beneficiasse também os trabalhadores, garantindo-lhes "segurança do emprego, a melhoria e condições de trabalho, a redução das horas de trabalho e a conclusão de acordos de tecnologia entre bancos e sindicatos"(30).

Os sindicatos, segundo Amauri Mascaro Nascimento,(31) devem estar preparados para "negociar outros temas antes não usuais", para que assim possam se "modernizar" e entender exatamente qual é a necessidade do empregado moderno. Dentre os temas citados pelo autor, estão presentes a (i) garantia de emprego; (ii) redução de salários; (iii) suspensão do contrato de trabalho por período determinado; (iv) dispensas coletivas; (v) compensação de horas; bem como (vi) programas de requalificação profissional com coparticipação do Estado.

Outros temas igualmente importantes para serem incluídos na pauta de debates dos sindicatos envolvem a seguridade social e segurança e higiene do trabalho(32).

Apesar disso, estudos realizados pelo Departamento Intersindical de Estatística e Estudos Socioeconômicos (DIEESE) (2015)(33) poucas cláusulas convencionais de fato versam ou reivindicam a pauta de saúde do trabalhador no Brasil(34).

No âmbito da OIT, a Convenção n. 155 da OIT dispõe sobre a saúde e segurança dos trabalhadores e enfatiza a necessidade de cooperação entre os empregadores e os trabalhadores para a adoção de medidas necessárias para evitar qualquer atividade que pode ocasionar dano ou risco à saúde do trabalhador (artigo 20), bem como o direito de informação e de treinamentos dentro do ambiente de trabalho (artigo 19).

Nesse aspecto, o direito de informação(35) é de suma importância para a garantia e aprimoramento do processo de diálogo entre os atores sociais, o qual deverá abranger, desde os projetos de implementação tecnológica, alterações do processo de produção, uso de substâncias químicas, nanotecnologia etc. que de alguma forma possa impactar na estrutura funcional da empresa, na vida profissional e a integridade física e mental dos trabalhadores.

---

(30) Organização Internacional do Trabalho — OIT. *Les partenaires sociaux face au changement tecnologique 1982-1985*, p. 117.

(31) NASCIMENTO, Amauri Mascaro. *Compêndio de Direito Sindical*, p. 71.

(32) CASTILLO, Carlos Reynoso (Org.). La industria 4.0 y los sindicatos. Industria 4.0: Trabajo y seguridad social. *Ciudad de Mexico*, v. 2019, n. 1, p. 358, set. 2019.

(33) Departamento Intersindical de Estatística e Estudos Socioeconômicos. Estudos e pesquisas: a saúde do trabalhador no processo de negociação coletiva no Brasil [Internet]. São Paulo: DIEESE; 2015. Disponível em: <http://www.dieese.org.br/estudosepesquisas/2015/estpesq76saudeTrabalhador.pdf>. Acesso em: 15 fev. 2021.

(34) Um exemplo de cláusula convencional que aborda o tema da saúde mental do trabalhador pode ser observado na Convenção Coletiva de Trabalho de 2018/2020 do Sindicato das Indústrias de Produtos de Higiene Pessoal, Cosméticos e Perfumaria do Estado do Paraná e Sindicato dos Trabalhadores nas Indústrias Químicas e Farmacêuticas do Estado do Paraná, mais especificamente na Cláusula 32ª, na qual está expressamente recomendado às empresas a elaborar um código de ética que visa coibir qualquer tipo de manifestação contra a saúde física e mental dos trabalhadores, em particular o assédio moral e sexual. Disponível em: <https://www.sindicosmeticospr.com.br/img/convencoes/6-20181210093353cct2018_2020_sindicosmeticos.pdf>. Acesso em: 10 fev. 2021.

(35) No âmbito da OIT, o acesso às informações necessárias pelos interlocutores sociais na negociação coletiva de trabalho tem previsão na Recomendação n. 163 (1981). O direito de os representantes dos trabalhadores serem informados e consultados em caso de dispensa por motivos econômicos, tecnológicos, estruturais ou análogos está previsto no artigo 13 da Convenção n. 158 (1982). A Carta da Organização dos Estados Americanos (OEA) (1948), com seus Protocolos de Reforma, prevê que os Estados-membros se comprometem a garantir a negociação coletiva entre empregadores e os trabalhadores, tanto rurais como urbanos, além de envidar os seus maiores esforços na aplicação de sistemas e processos justos e eficientes de consulta e de colaboração entre os setores da produção, levada em conta a proteção dos interesses de toda a sociedade (artigo 45, "c" e "d").

O setor bancário no Brasil é um típico exemplo de situação a ser analisada. Com o constante crescimento da *internet banking* e *mobile banking*, muitas das funções exercidas pelos bancários foram substituídas por simples aplicativos, nos quais de forma intuitiva e de fácil manuseio, o próprio cliente do banco consegue fazer transações, pagar contas e aplicações financeiras quando, onde e como quiser. Isto ocasionou a redução significativa do número de empregados nos bancos nas duas últimas décadas, sem, contudo, diminuir a lucratividade do setor(36).

Assim, "preocupados com essas mudanças, no início dos anos 1980, o Sindicato dos Bancários de São Paulo já reivindicava a garantia de emprego e salário para os trabalhadores deslocados pela automação", de tal forma que "o medo de perder o emprego (...) foi um estímulo à mobilização e às lutas para inclusão dos empregados (...)".(37)

No entanto, apesar da pressão, os sindicatos de trabalhadores não conseguiram alcançar resultados positivos nos instrumentos coletivos.

Por motivos de implementações tecnológicas e um "possível" desemprego tecnológico, "as questões da falta de segurança e da violência no trabalho foram abordadas pelos bancários como importantes geradores de desgaste mental", eis que "os assaltos às agências e aos caixas eletrônicos, cada vez mais comuns, fazem os trabalhadores se sentirem inseguros em seus locais de trabalho"(38).

O Sindicato dos Bancários e Financiários de São Paulo, Osasco e Região (Brasil) enfatiza que não basta somente a situação do sindicato, mas as instituições empresariais deverão rever a estrutura organizacional para a prevenção de doenças mentais:

> (...) Não adianta apenas o presidente da empresa reconhecer o problema dos adoecimentos mentais, sendo que os trabalhadores ficam doentes justamente devido a estrutura organizacional do banco baseada na imposição de metas abusivas e jornadas extenuantes que geral assédio moral e resultam na epidemia de doenças psíquicas entre os bancários (...). Nós identificamos um distanciamento entre a realidade do ambiente de trabalho do banco com a sua política de saúde, que muitas vezes ignora as doenças e os sofrimentos dos bancários. Os médicos do trabalho desconhecem a atividade bancária. Servem ao interesse exclusivo do banco. Um descaso(39).

A Organização Mundial da Saúde (OMS) vem alertando sobre a importância de as empresas promoverem um ambiente de trabalho saudável para os empregados, com a adoção de medidas evitar os possíveis transtornos psíquicos.

Dados da OMS (2017) indicam que "globalmente, mais de 300 milhões de pessoas sofrem com depressão, principal causa de incapacidade. Mais de 260 milhões vivem com transtornos de ansiedade. Muitas dessas pessoas vivem com ambos os transtornos" e que ainda "a depressão e os distúrbios de ansiedade são transtornos mentais comuns que têm impacto em nossa habilidade de trabalhar e de trabalhar de maneira produtiva"(40). Em números, os transtornos mentais podem custar à economia global o valor de US$ 1 trilhão por ano.

O desenvolvimento tecnológico deve estar em harmonia com a dignidade do trabalhador e com um meio ambiente do trabalho saudável.

Por isto, os sindicatos devem estar atentos às novas necessidades dos trabalhadores e às mudanças decorrentes da 4ª Revolução Tecnológica, de modo que a luta sindical deve inserir nas rodadas de discussões a preocupação com o meio ambiente do trabalho e a prevenção da saúde mental do trabalhador.

Além da pressão social e política, os instrumentos coletivos também podem se tornar relevante no

---

(36) A 28ª edição da pesquisa de Tecnologia Bancária 2020 realizada pela Federação Brasileira de Bancos (FEBRABAN), em parceria com a empresa de consultoria Deloitte, revelam que no ano de 2019 houve o aumento de 48% de investimento em tecnologias bancárias; além do crescimento de 41% nas transações com movimentação financeira por meio do *Mobile Banking*. No contexto da pandemia do COVID-19, "as transações de pessoa física nos canais digitais chegaram a representar 74%" das operações. Disponível em: <https://portal.febraban.org.br/pagina/3106/48/pt-br/pesquisa>. Acesso em: 6 mar. 2021.

(37) CAVALCANTE, Jouberto de Quadros Pessoa. *Sociedade, tecnologia e a luta pelo emprego*, p. 53.

(38) SILVA, Mariana Pereira da *et al.* Relação entre saúde mental e trabalho: a concepção de sindicalistas e possíveis formas de enfrentamento. *Revista Brasileira de Saúde Ocupacional*, Campinas, v. 23, n. 41, p.1-12, 01 jun. 2016. Disponível em: <http://www.scielo.br/pdf/rbso/v41/2317-6369-rbso-41-e23.pdf>. Acesso em: 12 fev. 2021.

(39) SINDICATO DOS BANCÁRIOS E FINANCIÁRIOS DE SÃO PAULO OSASCO E REGIÃO. Itaú aborda saúde mental, mas segue adoecendo bancários. 2019. Disponível em: <https://spbancarios.com.br/11/2019/itau-aborda-saude-mental-mas-segue-adoecendo-bancarios>. Acesso em: 15 fev. 2021.

(40) WORLD HEALTH ORGANIZATION. Mental health in the workplace. 2019. Disponível em: <https://www.who.int/mental_health/in_the_workplace/en/>. Acesso em: 15 fev. 2021.

aprimoramento do sistema de proteção da saúde mental e física dos trabalhadores, pautados pelos princípios da informação, além do estímulo para "o aumento da produtividade e para melhores condições de vida do trabalhador, elementos indispensáveis à paz social"(41).

No direito brasileiro, os instrumentos coletivos podem ser mais flexíveis do que as normas trabalhistas previstas na Consolidação das Leis Trabalhistas (CLT), por justamente compreenderem e se adequarem às condições peculiares de cada ambiente de trabalho e as necessidades de empregados e trabalhadores. Para Alice Monteiro de Barros, tais instrumentos traduzem a afirmação do poder dos sindicatos "e da faculdade que lhe foi atribuída no sentido de resolver problemas e de melhorar as condições de vida dos trabalhadores"(42).

Neste sentido, a importância do direito de informação e de consulta dos representantes dos trabalhadores previstos na Carta da Organização dos Estados Americanos (OEA), em Diplomas Normativos da OIT, ao lado do princípio da função social da propriedade (da empresa) consagrado pela Constituição Federal Brasileira, podem e devem alcançar sua máxima efetivação pela negociação coletiva de trabalho, materializando o espírito do Texto Constitucional e a proteção do empregado perante as inovações tecnológicas (artigo 7°, XXVII, da Constituição Federal).

Pelas peculiaridades do sistema jurídico brasileiro, é indispensável a presença dos sindicatos no processo de negociação coletiva e na celebração de acordos e de convenções coletivas de trabalho (artigo 8º).

O direito de consulta e de informação poderão garantir instrumentos negociados que visem a minimizar possíveis efeitos negativos decorrentes da implementação tecnológica no ambiente de trabalho, promovendo a importância da saúde mental por meio de sessões de terapias, ginásticas laborais, organização de tempo, integração de equipes etc.

Outro aspecto que os sindicatos também podem atuar é no limite das horas extras e regime de sobreaviso, para que assim os trabalhadores tenham o direito de "se desligarem" quase por completo do trabalho (direito à desconexão).

Diante dos inúmeros problemas existentes e seus efeitos econômicos, os sindicatos laborais e as entidades de representação patronal não têm outras alternativas, senão inserirem o tema na pauta de reivindicação e modernizarem o processo de diálogo.

As relações de trabalho já mudaram com as inovações tecnológicas e a luta operária não pode ficar atrelada a uma "falsa e ultrapassada realidade".

5. *Considerações finais*

No século XXI, os países desenvolvidos e em desenvolvimento estão vivenciando uma nova realidade, um "mundo 4.0", com alterações significativas em todos os aspectos na vida social, inclusive, com implicações nas relações de trabalho.

A 4.0 Revolução Tecnológica tem promovido uma série de fatores positivos, como a expansão e ampliação dos setores econômicos, redução de custos e aumento da produtividade, inclusão do trabalho à distância nas empresas, a criação de novas profissões, bem como a garantia de maior segurança do trabalho, com a eliminação de trabalhos manuais perigosos e penosos.

Contudo, é também necessário apontar aspectos negativos, como o desemprego tecnológico e o surgimento de novas doenças mentais, como a Síndrome do Excesso de Informação, Síndrome de Burnout Síndrome e a Síndrome de FOMO.

Estudos demonstram que a ocorrência de tais doenças está relacionada ao fato de que os trabalhadores não acompanham o desenvolvimento tecnológico na mesma velocidade em que ocorre, ao mesmo tempo em que as empresas exigem uma maior produtividade, novas competências e desempenho profissional, além da cobrança de metas excessivas, jornadas de trabalho extenuantes, a exposição à novos produtos químicos e o medo do desemprego tecnológico.

Nesse contexto, a saúde mental dos trabalhadores precisa ser discutida de forma ampla.

Os sindicatos, guardiões dos instrumentos de negociação coletiva, precisam estar atentos ao fato de que as inovações tecnológicas devem caminhar em conjunto com o bem-estar do trabalhador, ga-

(41) BARROS, Alice Monteiro de. *Curso de direito do trabalho*, p. 1001.
(42) BARROS, Alice Monteiro de. Ob. cit., p. 1001.

rantindo-lhe não somente uma maior segurança em ambiente de trabalho, mas uma ferramenta de auxílio em suas tarefas, conforme orienta a Convenção n. 155 da OIT.

Necessário preservar direitos e condições mínimas aos trabalhadores por meio de cláusulas convencionais, sobretudo à luz do princípio da informação voltada à saúde do trabalhador, eis que o direito e dever de informação é um elemento essencial no diálogo entre os atores sociais e para a proteção dos empregados frente às implementações tecnológicas e às alterações do processo produtivo.

Assim, como forma de aprimorar o modelo estatal de proteção, as negociações coletivas são instrumentos de suma importância para atender a novas demandas de proteção dos trabalhadores.

É importante que os sindicatos compreendam as novas necessidades dos trabalhadores na Indústria 4.0, que vão além de cláusulas tradicionais como as relacionadas ao banco de horas ou ao reajuste salarial.

Se o empregado não está bem em seu estado mental, automaticamente sua produtividade não será a mesma. Portanto, problemas relacionados à saúde mental do trabalhador não afetam somente a sua pessoa, mas a produtividade da empresa.

Desta forma, os sindicatos precisam trazer para as discussões às questões relacionadas à saúde mental dos trabalhadores, as quais se distinguem e podem se especificas, a depender de cada atividade e setor econômico que se analise.

6. *Referências*

ANTUNES, Ricardo. *O privilégio da servidão:* o novo proletariado de serviços na era digital. São Paulo: Boitempo, 2018.

BARROS, Alice Monteiro de. *Curso de direito do trabalho.* 8. ed. São Paulo: LTr, 2012.

BOSCH, Miriam Díez. *Las 10 enfermedades tecnológicas que nos están afectando.* 2017. Disponível em: <https://es.aleteia.org/2017/11/14/las-10-enfermedades-tecnologicas-que-nos-estan-afectando/>. Acesso em: 4 fev. 2020.

BOUCINHAS FILHO, Jorge Cavalcanti. *Reflexões sobre as Normas da OIT e o Modelo Brasileiro de Proteção à Saúde e à Integridade Física do Trabalhador.* 2012. Disponível em: <http://www.lex.com.br/doutrina_23686422_REFLEXOES_SOBRE_AS_NORMAS_DA_OIT_E_O_MODELO_BRASILEIRO_DE_PROTECAO_A_SAUDE_E_A_INTEGRIDADE_FISICA_DO_TRABALHADOR.aspx>. Acesso em: 3 fev. 2020.

CASTILLO, Carlos Reynoso (Org.). La industria 4.0 y los sindicatos. Industria 4.0. *Trabajo y seguridad social,* Ciudad de Mexico, v. 2019, n. 1, p. 333-359, set. 2019.

CAVALCANTE, Jouberto de Quadros Pessoa. *Sociedade, tecnologia e a luta pelo emprego.* São Paulo: LTr, 2018.

DALLEGRAVE NETO, José Afonso. *Responsabilidade Civil no Direito do Trabalho.* 4. ed. São Paulo: LTr, 2010.

DEPARTAMENTO INTERSINDICAL DE ESTATÍSTICA E ESTUDOS SOCIOECONÔMICOS. ESTUDOS E PESQUISAS. *A saúde do trabalhador no processo de negociação coletiva no Brasil [Internet].* São Paulo: DIEESE, 2015. Disponível em: <http://www.dieese.org.br/estudosepesquisas/2015/ estpesq76saudeTrabalhador.pdf>. Acesso em: 5 fev. 2020.

DINIZ, Patrícia Dittrich Ferreira. *Trabalhador versus automação:* impactos na inserção da tecnologia no meio ambiente do trabalho à luz da tecnodireito e da tecnoética. Curitiba: Juruá, 2015.

FEDERAÇÃO BRASILEIRA DE BANCOS (FEBRABAN). *Tecnologia Bancária 2020.* Disponível em: <https://portal.febraban.org.br/pagina/3106/48/pt-br/pesquisa>. Acesso em: 6 mar. 2021.

INSTITUTO DE ESTUDOS PARA O DESENVOLVIMENTO INDUSTRIAL. *Indústria 4.0:* A Política Industrial da Alemanha para o Futuro. 807. ed. São Paulo: IEDI, 2017. Disponível em: <iedi.org.br/cartas/carta_iedi_n_807.html>. Acesso em: 29 set. 2019.

KEYNES, John Maynard. *Economic Possibilities for our Grandchildren,* 1930. Disponível em: <http://www.econ.yale.edu/smith/econ116a/keynes1.pdf>. Acesso em: 6 fev. 2020.

MANDELBAUM, Belinda; RIBEIRO, Marcelo. *Desemprego:* uma abordagem psicossocial. São Paulo: Blucher, 2017.

MANNRICH, Nelson. Futuro do Direito do Trabalho: no Brasil e no mundo. *Revista LTr,* São Paulo, v. 81, n. 11, nov. 2017.

MIRANDA, Paulo. *A Síndrome de Burnout em decorrência das relações de trabalho pós-Reforma Trabalhista.* 2018. Disponível em: <https://jus.com.br/artigos/67408/a-

-sindrome-de-burnout-em-decorrencia-das-relacoes-de-trabalho-pos-reforma-trabalhista>. Acesso em: 3 fev. 2020.

NASCIMENTO, Amauri Mascaro. *Compêndio de Direito Sindical*. 5. ed. São Paulo: LTr, 2005.

ORGANIZAÇÃO DAS NAÇÕES UNIDAS. *Síndrome de burnout é detalhada em classificação internacional da OMS*. 2019. Disponível em: <https://nacoesunidas.org/sindrome-de-burnout-e-detalhada-em-classificacao-internacional-da-oms/>. Acesso em: 5 fev. 2020.

ORGANIZAÇÃO INTERNACIONAL DO TRABALHO (OIT). *Documento final do Centenário da OIT*. Genebra, 2019. (Relatório IV). Disponível em: <https://www.ilo.org/wcmsp5/groups/public/---europe/---ro-geneva/---ilo lisbon/documents/publication/wcms_706928.pdf>. Acesso em: 13 fev.2021.

______. *Conheça a OIT*. Disponível em: <https://www.ilo.org/brasilia/conheca-a-oit/lang--pt/index.htm>. Acesso em: 13 fev. 2021.

SINDICATO DOS BANCÁRIOS E FINANCIÁRIOS DE SÃO PAULO OSASCO E REGIÃO. *Itaú aborda saúde mental, mas segue adoecendo bancários*. 2019. Disponível em: <https://spbancarios.com.br/11/2019/itau-aborda-saude-mental-mas-segue-adoecendo-bancarios>. Acesso em: 15 fev. 2021.

ROCHA, Marcelo Oliveira; ZAVANELLA, Fabiano (Org.). *O primeiro ano de vigência da Lei n. 13.467/2017 (Reforma Trabalhista)*: reflexões e aspectos práticos. São Paulo: LTr, 2018.

RODRIGUES, Leôncio Martins. *Destino do sindicalismo*. São Paulo: Edusp, 2002.

RONCATI, João; SILVA, Mhileizer T. A.; MADEIRA, Felipe. O desafio dos empregos na Quarta Revolução Industrial. In: SILVA, Elcio B.; SCOTON, Maria L. R. P. D.; PEREIRA, Sérgio L.; DIAS, Eduardo M. *Automação & Sociedade*. São Paulo: Brasport, 2019. v. 4.

SÁ, Fabiane de. *Burnout:* mais próximo do setor da saúde do que se imagina, 2017. Disponível em: <http://www.ismabrasil.com.br/img/estresse105.pdf>. Acesso em: 15 fev. 2021.

SILVA, Mariana Pereira da *et al*. Relação entre saúde mental e trabalho: a concepção de sindicalistas e possíveis formas de enfrentamento. *Revista Brasileira de Saúde Ocupacional*, Campinas, v. 23, n. 41, p. 1-12, 1 jun. 2016. Disponível em: <http://www.scielo.br/pdf/rbso/v41/2317-6369-rbso-41-e23.pdf>. Acesso em: 12 fev. 2021.

WORLD ECONOMIC FORUM — WEF. Future of Jobs. *Related Reports*, jan. 2017. Disponível em: <http://www3.weforum.org/docs/WEF_Future_of_Jobs.pdf>. Acesso em: 15 fev. 2021.

WORLD HEALTH ORGANIZATION. *Mental health in the workplace*. 2019. Disponível em: <https://www.who.int/mental_health/in_the_workplace/en/>. Acesso em: 15 fev. 2021.

A Transformação das Relações de Trabalho em Razão do Avanço da Tecnologia: Teletrabalho Pós-Covid-19

Viviane Ribeiro[1]
Pamela Krug[2]

1. *Avanço das novas tecnologias e teletrabalho*

O avanço do conhecimento trouxe novas tecnologias e com elas novas formas de prestação de serviços. Dentre tais formas, destaca-se o teletrabalho, modalidade de prestação de serviços que vem ganhando cada vez mais espaço, principalmente, após a pandemia da COVID-19.

Em dois momentos históricos distintos, a saber: durante a Revolução Industrial e durante a Revolução Tecnológica, as relações humanas foram transformadas no âmbito do trabalho, tendo a primeira substituído homens pelas máquinas e a segunda proporcionado um incremento da circulação de informações. Hoje estamos diante de uma nova revolução, com o surgimento do Direito Digital e seus profundos impactos do Direito do Trabalho.

Antonio Carlos Aguiar apresenta três desdobramentos práticos desta nova revolução indicando-os como círculos explicativos que se entrelaçam. São eles: (i) a substituição da mão de obra humana por robôs; (ii) o convívio de empresas, robôs e trabalhadores com novas tecnologias; e (iii) a pós-integração entre estes sujeitos e o surgimento de novos conceitos[3].

Dentro deste segundo desdobramento podemos destacar as novas tecnologias como possibilitadoras do teletrabalho.

Mas o que vem a ser o teletrabalho?

Espécie do gênero trabalho à distância[4], teletrabalho é aquele realizado com ou sem subordinação, através do uso de antigas e novas formas de telecomunicação em virtude de uma relação de trabalho, permitindo a sua execução à distância, prescindindo da presença física do trabalhador em lugar específico de trabalho, ou seja, podendo ser executado também tanto na internet bidirecional, tridimensional conforme o seu uso como na internet superficial profunda ou escura segundo a sua realidade.[5]

Ou seja, para que se classifique uma prestação de serviços como teletrabalho, nos termos da legislação vigente, é necessário que coincidam três requisitos específicos: (i) local de prestação de serviços, assim considerado como ambiente diverso do estabelecimento do empregador; (ii) natureza deste serviço prestado, ou seja, atividade que poderia ser prestada no estabelecimento do empregador; e (iii) utilização de meios tecnológicos e de comunicação na realização das atividades que permitem a entrega das atividades e trabalhos realizados ainda que haja distância do ambiente físico do empregador.[6]

Assim, nessa modalidade de prestação de serviços, o trabalhador não necessita se deslocar até o local de trabalho ou sede do empregador para que possa trabalhar já que os meios telemáticos fazem com que

---

(1) Mestranda em Direito do Trabalho e Seguridade Social pela Universidade de São Paulo. Pós-graduada em Direito do Trabalho pela FGV. Pós-graduada em Direito do Trabalho e Direito Civil pela Universidade Dom Bosco. Pesquisadora do GETRAB-USP. Membro da Comissão de Direito do Trabalho da OAB/SP. Advogada e professora em sua área de atuação.

(2) Mestranda em Direito do Trabalho e Seguridade Social pela Universidade de São Paulo. Pós-graduada em Direito e Processo do Trabalho pela Faculdade Damásio. Pesquisadora do GETRAB-USP. Advogada e professora em sua área de atuação.

(3) AGUIAR, Antonio Carlos. *Direito do trabalho 2.0:* digital e disruptivo — São Paulo: LTr, 2018. p. 72.

(4) MARTINS, Sergio Pinto. *Reforma trabalhista:* comentários às alterações das Lei ns. 13.467/2017, 13.454/2017 e da Medida Provisória n. 808/2017. São Paulo: Saraiva Educação, 2018. p. 46.

(5) ESTRADA, Manuel Martín Pino. *Teletrabalho & Direito. O trabalho à distância e sua análise jurídica em face aos avanços tecnológicos.* Curitiba: Juruá, 2014.

(6) BATALHA, Elton Duarte. Teletrabalho — a reforma trabalhista brasileira e a experiência estrangeira. In: MANNRICH, Nelson (coord.). *Reforma Trabalhista:* reflexões e críticas. São Paulo: LTr, 2018. p. 92-93.

o trabalho possa ser prestado, independentemente da localidade em que o trabalhador se encontre.

Porém, não há como se confundir o teletrabalho com o trabalho externo previsto no art. 61, I, da CLT, visto que este se caracteriza pela imprescindibilidade de locomoção (vendedor externo, motorista, dentre outros), enquanto aquele exerce, na maior parte do tempo, suas atividades fora das dependências de empresa, mas, via de regra, em um local específico.

Da mesma forma, o teletrabalho não se confunde com o trabalho em domicílio, previsto no art. 83 da CLT, que é aquele em que o obreiro executa "na habitação do empregado ou em oficina de família, por conta de empregador que o remunere".

Outra distinção importante a ser feita é entre o teletrabalho e o *home office* já que este se caracteriza quando o trabalho é realizado remotamente de maneira eventual na residência do empregado, podendo ou não configurar a hipótese de teletrabalho, visto que nem todas as atividades em *home office* se utilizam da tecnologia, que é condição preponderante para caracterização do teletrabalho.

No *home office* pode existir uma flexibilização no regime de trabalho presencial, onde o empregado pode prestar o serviço alguns dias em sua residência remotamente. Não precisa necessariamente constar em contrato individual de trabalho ou aditivo contratual, devendo ser regulado por política interna da empresa.

Neste sentido, o *home office* poderá ser caracterizado como teletrabalho, quando utilizar tecnologias de informação e comunicação, não for eventual e não configurar qualquer hipótese de trabalho externo.

Quando o regime de *home office* não se enquadrar como teletrabalho, o empregado continuará, em regra, com os mesmos direitos trabalhistas dos empregados na modalidade em que existe a prestação do serviço presencial.

Além disso, o teletrabalho diferencia-se do sobreaviso por pressupor a efetiva prestação de serviços com instrumentos de comunicação e informação, enquanto por sobreaviso se entende o ato de aguardar o contato e chamado para a referida prestação de serviços[7].

Por certo que, diante da realidade vivenciada pelo legislador em 1940, a CLT não possuía regramento sobre o teletrabalho e apenas com o advento da Reforma Trabalhista de 2017 — Lei n. 13.467/2017 — esta modalidade de prestação de serviços foi efetivamente regulamentada, inobstante exista quem defenda[8] que apesar da defasagem celetista sobre o tema no período pré-reforma, a imprecisão e amplitude dos textos originais permitia ao intérprete a aplicação do direito às novas formas de prestação de serviços, incluindo o teletrabalho.

Contudo, diante da utilização cada vez mais frequente do teletrabalho, por conta dos problemas enfrentados em razão da COVID-19, importante o estudo mais aprofundado sobre as vantagens e desvantagens dessa nova modalidade de prestação de serviço, bem como do aumento de questões envolvendo o teletrabalho e a necessidade premente de regulamentação, além das experiências que podemos adquirir em razão das legislações estrangeiras sobre essa questão.

Em virtude da pandemia enfrentada por conta da COVID-19, foram editadas Medidas Provisórias, inclusive a n. 927, de 22 de março de 2020, que estabelecia, dentre outras condutas para enfrentamento dos efeitos econômicos decorrentes do estado de calamidade pública e para a preservação do emprego e da renda, que poderiam ser adotadas pelos empregadores, o teletrabalho, porém a Medida Provisória n. 927 perdeu a eficácia por não ter sido convertida em lei.

O isolamento social decorrente da necessidade de evitar a propagação da COVID-19 levou para o trabalho à distância um contingente ainda não claramente contabilizado. Antes da pandemia, o IBGE anunciara, em 2018, um total de 3,8 milhões de pessoas trabalhando "no domicílio de residência". Já na semana de 21 a 27 de junho de 2020, no contexto da PNAD-Covid-19, o IBGE estimou em 8,6 milhões o número de brasileiros que "trabalhavam remotamente", ou seja, 12,4% da população ocupada do país menos os afastados por causa do distanciamento social (69,2 milhões). No período de 28 de junho a 4 de julho de 2020 a estimativa de pessoas trabalhando remotamente atingiu o seu pico e o IBGE estimou que

(7) CEZARIO, Priscila Freire da Silva. Caracterização do teletrabalho no ordenamento pátrio e aplicação da norma no teletrabalho transnacional e no teletrabalho transregional. *Revista do Tribunal Superior do Trabalho*, Brasília, v. 85, n. 4, p. 185-201, out./dez. 2019. Disponível em: <https://hdl.handle.net/20.500.12178/167993>. Acesso em: 7 mar. 2021.

(8) Neste sentido DELGADO, Maurício Godinho. *Curso de Direito do Trabalho*. 14. ed. São Paulo: LTr, 2015. p. 973.

8,8 milhões de pessoas estavam trabalhando nestas condições e, embora na semana de 20 a 26 de setembro do mesmo ano a estimativa de trabalhadores "remotos" tenha diminuído, ela ainda representava 7,9 milhões de pessoas(9).

Não há dúvida, portanto, de que a pandemia explicitou as potencialidades das atividades laborais exercidas remotamente.(10)

Esse novo modelo de labor vinha sendo adotado de maneira mais lenta, mas ganhou maior adesão e parece que prevalecerá no chamado "novo normal" com o fim, ou pelo menos o arrefecimento, da ação do SARS-CoV-2, merecendo uma melhor definição legislativa. Portanto, o processo de globalização, aliado ao enfrentamento da pandemia da COVID-19, torna necessária uma revisão do Direito do Trabalho, já que se o processo globalizatório o impactou profundamente, conforme atesta Arion Sayão Romita:

> No que tange aos efeitos da globalização econômica sobre o mundo do trabalho, cabe considerar os impactos sobre a empresa e sobre o emprego. Quanto ao último aspecto, cumpre salientar o relevo que adquire o direito ao trabalho em confronto com o Direito do Trabalho.(11)

Portanto, para que continue sendo bem sucedida a utilização do teletrabalho como medida para manutenção dos empregos durante a pandemia da COVID-19 e para que possa continuar a ser utilizada de forma segura após a normalização dessa situação há necessidade de se verificar a legislação a respeito.

2. *Reforma trabalhista e a regulamentação do teletrabalho.*

Antes mesmo da Reforma Trabalhista inserir o Capítulo II-A no Título II da CLT a regulamentação do teletrabalho a Lei n. 12.551/2011 havia alterado a redação do caput do artigo 6º da CLT e nele inserido um parágrafo único prevendo a equiparação, para fins de subordinação jurídica, dos meios telemáticos e informatizados de comando àqueles pessoais e diretos

Após seis anos de tal inserção a Lei n. 13.467/2017, que alterou a Consolidação das Leis do Trabalho, introduziu o art. 75-B, passando a considerar como teletrabalho "a prestação de serviços preponderantemente fora das dependências do empregador, com a utilização de informação e de comunicação que, por sua natureza, não se constituam como trabalho externo".

A normatização própria acerca do teletrabalho, por meio dos artigos 75-A ao 75-E da CLT foi de extrema importância já que a CLT não fazia distinção quanto ao trabalho realizado no estabelecimento do trabalhador ou à distância.(12)

Assim, passou-se a prever que o teletrabalho deverá constar expressamente em contrato individual de trabalho ou em aditivo, devendo existir mútuo acordo entre as partes onde empregador e empregado formalizarão como se dará o custeio e o fornecimento de materiais e equipamentos necessários para prestação da atividade, como por exemplo, de computador, *tablet*, energia elétricas, internet, impressora e *softwares*.

No que toca ao custeio da infraestrutura, existem divergências acerca da intenção do legislador e validade do ali disposto. A despeito do que dispõe a Lei n. 13.467/2017 a Associação Nacional dos Magistrados da Justiça do Trabalho, por meio do Enunciado n. 70 da 2ª jornada de Direito Material e processual do Trabalho já se posicionou no sentido da impossibilidade de se transferir ao trabalhador os custos da atividade desempenhada(13):

> En. n. 70. TELETRABALHO: CUSTEIO DE EQUIPAMENTOS. O CONTRATO DE TRABALHO DEVE DISPOR SOBRE A ESTRUTURA E SOBRE A FORMA DE REEMBOLSO DE DESPESAS DO TELETRABALHO, MAS NÃO PODE TRANSFERIR PARA O EMPREGADO SEUS CUSTOS, QUE DEVEM SER SUPORTADOS EXCLUSIVAMENTE PELO EMPREGADOR. INTERPRETAÇÃO SISTEMÁTICA DOS

(9) Dados extraídos do sítio eletrônico do IBGE — Disponível em: <https://covid19.ibge.gov.br/pnad-covid/trabalho.php>. Acesso em: 7 mar. 2021.

(10) Disponível em: <https://www12.senado.leg.br/noticias/infomaterias/2020/07/teletrabalho-ganha-impulso-na-pandemia-mas-regulacao-e-objeto-de-controversia>. Acesso em: 26 dez. 2020.

(11) ROMITA, Arion Sayão. *Globalização da economia e Direito do Trabalho*. São Paulo: LTr, 1997.

(12) *Home office e a Reforma Trabalhista*. Disponível em: <https://jus.com.br/artigos/61197/home-office-e-a-reforma-trabalhista>. Acesso em: 27 dez. 2020.

(13) *Home office e a Reforma Trabalhista*. Disponível em: <https://jus.com.br/artigos/61197/home-office-e-a-reforma-trabalhista>. Acesso em: 27 dez. 2020.

ARTIGOS 75-D E 2º DA CLT À LUZ DOS ARTIGOS 1º, IV, 5º, XIII E 170 D A CONSTITUIÇÃO DA REPÚBLICA E DO ARTIGO 21 DA CONVENÇÃO N. 155 DA OIT.

No mesmo sentido do Enunciado acima transcrito, há quem entenda[14] que, por força do art. 2º da CLT e da necessidade de o empregador suportar os riscos do seu negócio, cabe ao empregador assumir os custos com a aquisição e manutenção de equipamentos, de modo que eventual repasse de tal incumbência ao empregado pode ser objeto de discussão no âmbito judicial.

Por outro lado existe defesa no sentido de que, seguindo uma interpretação mais literal do dispositivo, o custo de fornecimento de equipamentos e sua respectiva manutenção serão objeto de contrato escrito para estabelecimento destas questões[15], de modo que o empregador apenas não poderia exigir utensílios diferenciados (internet mais rápida e computador mais potente, por exemplo) para o exercício do trabalho, sob pena de ofensa ao art. 2º da CLT — princípio da alteridade[16].

Seguindo linha um pouco diversa, há entendimento no sentido de que a interpretação do disposto no art. 75-D da CLT deve ser cuidadosa e realizada, justamente, em harmonia com o art. 2º da CLT[17], de modo que a exegese do texto parece indicar que pode recair, apenas por uma questão prática, tanto sobre o empregador quanto sobre o empregado a responsabilidade pela compra e manutenção dos equipamentos, sendo evidente, por outro lado, que por caber ao empregador o risco da atividade econômica, a ele compete o custeio de tais aquisições[18]. Inclusive, corroboraria tal entendimento o fato de que o parágrafo único do artigo 75-D da CLT dispõe acerca da ausência de integração de tais utilidades na remuneração do empregado, e apenas um equipamento fornecido pelo empregador poderia estar sujeito às discussões acerca da integração ou não da remuneração.[19]

Assim, as divergências na interpretação deste dispositivo, por si só, demonstram a necessidade de uma maior — e melhor — regulamentação sobre o tema.

Outra questão a ser discutida acerca do teletrabalho cinge-se à possibilidade (ou não) de enquadramento desta nova modalidade contratual nas hipóteses de trabalhadores não sujeitos a controle de jornada já que em tese a Reforma Trabalhista inseriu os teletrabalhadores no capítulo reservado àqueles que não tem controle de jornada de trabalho (art. 62, III, da CLT) ensejando como efeitos da exclusão a relativização de intervalos, a realização de horas extras sem compensação, horas extras e trabalho noturno sem pagamento de adicionais etc.[20]

Porém, há entendimento no sentido de ser possível a vigilância dos teletrabalhadores já que os equipamentos de informática possibilitam visualizar os períodos de conexão, horários de *login/logout*, sem falar na possibilidade de contatos periódicos. Acerca do tema, a Associação Nacional dos Magistrados da Justiça do Trabalho também já se posicionou — Enunciado n. 71 da 2ª Jornada de Direito Material e Processual do Trabalho (2017):[21]

> Jornada da Anamatra. En. n. 71. SÃO DEVIDAS HORAS EXTRAS EM REGIME DE TELETRABALHO, ASSEGURADO EM QUALQUER CASO O DIREITO AO REPOUSO SEMANAL REMUNERADO INTERPRETAÇÃO DO ART. 62, III E DO PARÁGRAFO ÚNICO DO ART. 6º DA CLT CONFORME O ART. 7º, XIII E XV, DA CONSTITUIÇÃO DA REPÚBLICA, O ARTIGO 7º, "E","G" E "H" PROTOCOLO ADICIONAL À CONVENÇÃO AMERICANA SOBRE DIREITOS HUMANOS EM MATÉRIA DE

(14) CAVALCANTE, Rodrigo Arantes; VAL, Renata do. *Reforma trabalhista comentada artigo por artigo* — de acordo com princípios, Constituição Federal e Tratados Internacionais. 2. ed. São Paulo: LTr, 2018. p. 49.

(15) OLIVEIRA, Francisco Antônio de. *Reforma trabalhista* — Comentários à Lei n. 13.467, de 13 de julho de 2017 — vigência em 11.11.2017 .2. ed. São Paulo: LTr, 2018. p. 34.

(16) MARTINS, Sergio Pinto. *Reforma trabalhista:* Comentários às alterações das Lei n. 13.467/2017, 13.454/2017 e da Medida Provisória n. 808/2017. São Paulo: Saraiva Educação, 2018. p. 50.

(17) DELGADO, Mauricio Godinho. *A reforma trabalhista no Brasil*: com comentários à Lei 13.467/2017. São Paulo: LTr, 2017. p. 139.

(18) BATALHA, Elton Duarte. Teletrabalho — A reforma trabalhista brasileira e a experiência estrangeira. In: MANNRICH, Nelson (coord.). *Reforma Trabalhista:* reflexões e críticas. São Paulo: LTr, 2018. p. 94.

(19) BATALHA, Elton Duarte. Teletrabalho — A reforma trabalhista brasileira e a experiência estrangeira. In: MANNRICH, Nelson (coord.). *Reforma Trabalhista:* reflexões e críticas. São Paulo: LTr, 2018. p. 95.

(20) Home office *e a Reforma Trabalhista*. Disponível em: <https://jus.com.br/artigos/61197/home-office-e-a-reforma-trabalhista>. Acesso em: 27 dez. 2020.

(21) Home office *e a Reforma Trabalhista*. Disponível em: <https://jus.com.br/artigos/61197/home-office-e-a-reforma-trabalhista>. Acesso em: 27 dez. 2020.

DIREITOS ECONÔMICOS, SOCIAIS E CULTURAIS ("PROTOCOLO DE SAN SALVADOR"), PROMULGADO PELO DECRETO N. 3.321, DE 30 DE DEZEMBRO DE 1999, E A RECOMENDAÇÃO N. 116 DA OIT.

O posicionamento adotado pela Anamatra, contudo, está longe de ser unanimidade. Maurício Godinho Delgado e Gabriela Neves Delgado, por exemplo, discordam parcialmente dele ao reconhecerem que em diversas situações de teletrabalho se mostra difícil efetuar um controle estrito da duração do trabalho, de modo que a presunção jurídica apresentada no inciso III do artigo 62 da CLT teria sua razão de ser, ressaltando-se tratar-se, contudo, apenas de presunção relativa de ausência de submissão ao controle de jornada e pagamento de horas extras[22].

Neste contexto, é possível encontrar posicionamento no sentido de que a previsão do inciso III do artigo 62 da CLT deve ser lida em conjunto com os artigos 75-A e 75-E, e havendo meios para controle de jornada, deve-se entender o inciso III do 62 de forma restritiva, apenas retirando o direito ao recebimento de horas extras daqueles que realizarem atividades incompatíveis com o controle de jornada[23].

Assim, aqueles que se filiam a este entendimento alegam que diante da necessidade de o inciso mencionado ser interpretado de forma sistemática com o parágrafo único do artigo 6º da CLT[24], farão jus ao recebimento de horas extras os empregados que possuírem controle de jornada e dados no computador.

Na contramão deste entendimento, há quem defenda que a previsão literal do inciso III do artigo 62 e exclusão dos trabalhadores submetidos ao teletrabalho do regime de controle de jornada, por se tratar de vontade do legislador[25], deve ser respeitada nos estritos termos da legislação.

Diante das considerações acima, conclui-se que a Lei n. 13.467/2017 não cumpriu a finalidade de proteção jurídica ao teletrabalhador, visto que questões essenciais da relação de trabalho são relegadas ao contrato entre as partes, sofrendo de insuficiência legislativa e insegurança jurídica.

3. *Aumento de demandas, projeto de lei e o futuro do teletrabalho*

Conforme mencionado, à medida que o teletrabalho é cada vez mais utilizado durante a crise pandêmica ocasionada pela COVID-19, cresce, também, o número de ações judiciais trabalhistas envolvendo essa modalidade de prestação de serviços.

Segundo dados levantados pela plataforma Termômetro da COVID-19 do Datalawyer Insights, dentre quase 130 mil processos trabalhistas relacionados ao coronavírus, 5.138 citavam a expressão *home office*[26] até dezembro de 2020.

A preferência pelo trabalho remoto durante a pandemia pode explicar o aumento, mas, segundo Ricardo Calcini, um dos responsáveis pela elaboração do projeto de lei que visa a regulamentação do teletrabalho, este também pode ser compreendido pela "falta de uma regulamentação mínima necessária para disciplinar esta nova modalidade de trabalho à distância" e segundo José Roberto Dantas "já se tem notícias de jornadas estafantes à distância, de controles excessivos e invasivos à privacidade dos trabalhadores, condições inadequadas de trabalho, trabalhadores assumindo, sozinhos, despesas com energia elétrica, equipamentos"[27].

Quanto à inexistência de previsão atual referente ao fornecimento dos equipamentos necessários ao trabalho, por exemplo, o Projeto de Lei n. 5.581/2020 prevê, em seus artigos 3º e 5º, tratar-se de obrigação do empregador a responsabilidade pela implementação de condições para o trabalho e adoção de medidas para a redução dos riscos à saúde e segurança dos trabalhadores, com o fornecimento, no trabalho integral, de equipamentos de proteção e infraestrutura mínima necessária em condições ergonômicas adequadas:

---

(22) DELGADO, Mauricio Godinho. *A reforma trabalhista no Brasil*: com comentários à Lei n. 13.467/2017. São Paulo: LTr, 2017. p. 138.

(23) SILV, Homero Mateus da. *Comentários à Reforma Trabalhista*. 2. ed. rev. e atual. São Paulo: Revista dos Tribunais, 2017. p. 57.

(24) MARTINS, Sérgio Pinto. *Reforma trabalhista*: Comentários às alterações das Lei n. 13.467/2017, 13.454/2017 e da Medida Provisória n. 808/2017. São Paulo: Saraiva Educação, 2018. p. 46.

(25) BATALHA, Elton Duarte. Teletrabalho — a reforma trabalhista brasileira e a experiência estrangeira. In: MANNRICH, Nelson (coord.). *Reforma Trabalhista:* reflexões e críticas. São Paulo: LTr, 2018. p. 96.

(26) Disponível em: <https://www.datalawyer.com.br/dados-covid-19-justica-trabalhista>. Acesso em: 27 dez. 2020.

(27) *Sem regulamentação necessária, disparam processos sobre* home office. Disponível em: <https://www.conjur.com.br/2020-out-24/regulamentacao-necessaria-disparam-processos-home-office>. Acesso em: 27 dez. 2020.

> Art. 3º Obriga-se o empregador, de acordo com o estado atual de técnica, a implementar condições para o pleno bem estar físico e psicossocial de seus teletrabalhadores, nos termos da legislação e das disposições administrativas complementares, que se prestarão notadamente à:
>
> IV — adaptação do local de trabalho, inclusive no âmbito doméstico (*home office*), incluídas suas instalações, máquinas, métodos e ferramentas, às características e capacidade física e mental dos trabalhadores.
>
> Art. 5º Os empregadores devem adotar medidas para redução dos riscos à saúde e segurança dos teletrabalhadores, decorrentes da prestação de serviços no seu interesse, observando no que couber, o que decorre do art. 200 do Decreto-lei n 5.452, de 1º de maio de 1943 - Consolidação das Leis do Trabalho.
>
> § 2º Nas hipóteses de teletrabalho integral, o empregador fornecerá os equipamentos de proteção individual ou coletiva e a infraestrutura mínima necessária em condições ergonômicas adequadas, para a prestação dos serviços por teletrabalho, ou, alternativamente, indenizará as respectivas despesas previamente aprovadas incorridas pelo empregado, observados os termos do § 4º.

Assim, caso seja aprovado o projeto de lei, passará a haver regramento próprio na legislação quanto à responsabilidade do empregador em relação aos equipamentos e infraestrutura já que os trechos trazidos pela reforma trabalhista não deixaram claro se tais questões, necessárias para o trabalho remoto, seriam de responsabilidade do empregador, estabelecendo apenas que isso seria previsto em contrato escrito.

Quanto ao controle da jornada à distância, pelo fato de a lei não trazer nenhuma exigência específica sobre como deve ocorrer a marcação dos horários, passa a ser bem vinda a previsão contida no artigo 4º que restou assim estabelecida:

> Art. 4º No uso do seu poder regulamentar, os empregadores com mais de 50 (cinquenta) empregados instituirão, em prol dos respectivos teletrabalhadores, códigos de conduta ou regramentos equivalentes que promovam o meio ambiente do trabalho equilibrado, a sadia qualidade de vida no trabalho e a implementação das diretrizes elencadas no artigo anterior.
>
> § 1º Os códigos de conduta devem tratar, entre outros, dos seguintes aspectos:
>
> I — desconexão laboral e, quando aplicáveis, os limites dos artigos 59, *caput* 66 e 67 do Decreto-Lei n. 5.452, de 1º de maio de 1943 — Consolidação das Leis do Trabalho.

Assim, passa-se a regulamentar o direito de desconexão, entendido como o direito ao lazer e descanso, em oposição ao trabalho, tão importante em razão da sociedade em rede em que vivemos, podendo ocasionar transtornos e doenças decorrentes do esgotamento mental causado pela incapacidade de separar minimamente trabalho e família.

Além disso, o projeto de lei sugere a alteração da redação do inciso III do artigo 62 da CLT como forma de resolver as divergências acerca do dispositivo quanto à exclusão do controle de jornada dos trabalhadores no regime de teletrabalho ao prever como exceção as hipóteses nas quais o contrato de trabalho estabelecer jornada de trabalho determinada, e ao inserir o artigo 75-F determinando que o contrato de trabalho especifique se o trabalhador submetido ao teletrabalho possuirá liberdade de horário ou deverá cumprir jornada preestabelecida:

> Art. 32. Ficam alteradas as seguintes disposições da Consolidação das Leis do Trabalho (CLT):
>
> "Art. 62....
>
> III — Os empregados em regime de teletrabalho, salvo quando o contrato de trabalho estabelecer jornada de trabalho determinada.
>
> Art. 75-F. O contrato de trabalho especificará se o empregado terá liberdade de horário ou se deverá cumprir jornada de trabalho determinada.
>
> § 1º Quando o contrato de trabalho prever o cumprimento de jornada de trabalho determinada, a empregadora realizará o controle do horário de trabalho por qualquer meio idôneo, sendo permitida, inclusive, a utilização do controle de ponto por exceção.
>
> § 2º Este artigo e parágrafos aplicam-se tanto aos dias em que o empregado prestar serviços na modalidade de teletrabalho, quanto o trabalho for executado em regime misto.

Portanto, o projeto de lei apresentado pretende resolver questões não esclarecidas pela Reforma Trabalhista visando, justamente, os conflitos surgidos especialmente neste período de pandemia e adequando a legislação ao futuro — e presente — das relações trabalhistas e, consequentemente, do teletrabalho.

4. *Experiência estrangeira na regulamentação do teletrabalho*

As relações trabalhistas, evidentemente, se aprimoram em decorrência da utilização de tecnologias de forma geral e diversos países já vinham a adotando o teletrabalho. Com a ocorrência da pandemia da COVID-19 e a imposição de distanciamento social, a utilização desta modalidade de prestação de serviços acabou se consolidando em muitos países, com maior ou menor regulamentação sobre o tema.

Na Espanha o teletrabalho também se caracterizou como uma importante evolução na prestação de serviços nos últimos anos com particularidades próprias e um marco normativo para regulação da matéria(28). A conceituação do teletrabalho no país é a adotada pela Organização Internacional do Trabalho e relaciona-se, assim como no Brasil, ao trabalho realizado à distância efetuado com o auxílio de meios de comunicação ou computadores.

O marco normativo da regulação do trabalho à distância naquele país é o Real Decreto n. 3/2012 que alterou o artigo 13 do Estatuto de Trabalhadores para definir o fenômeno(29), determinando, por exemplo, que se caracteriza como teletrabalho aquele no qual a prestação de serviços ocorre de maneira completa ou majoritária no domicílio do profissional, de modo que, se 50% ou mais da prestação de serviços for realizada na empresa, há a descaracterização da atividade como teletrabalho.

Assim como ocorre no Brasil, o teletrabalho na Espanha pressupõe o exercício de atividades mediante utilização de tecnologias de informação e comunicação (TIC). Após a introdução do conceito na legislação espanhola em 2012, o Real Decreto Ley n. 6/2019 se prestou a alterar novamente o Estatuto de Trabalhadores e regulou questões relacionadas, por exemplo, à duração da jornada e conciliação da vida profissional e familiar daqueles que prestam serviços nestes moldes, prevendo a necessidade de registro da jornada de tais trabalhadores(30).

Em Portugal o teletrabalho foi introduzido no ordenamento jurídico pelo Código do Trabalho (CT) de 2003 (arts. 233º a 243º) como uma novidade legislativa, visto que na ocasião a figura não era regulada na maioria dos países(31) e, atualmente, é regulamentado pelo artigo 166 do Código do Trabalho, onde se prevê a necessidade de contrato específico para a prestação subordinada de serviços mediante utilização de teletrabalho (número 1) e a possibilidade de o trabalhador prestar serviços nesta modalidade caso possua filho de até 3 anos de idade (número 3) e a atividade realizada seja compatível com esta modalidade de trabalho. Há previsão no artigo 169 do mesmo diploma no sentido de que o trabalhador em regime de teletrabalho possui os mesmos direitos e deveres dos demais trabalhadores (n. 1), inclusive relacionados aos limites de trabalho além do período normal(32).

Recentemente o México aprovou a lei que modifica trecho de sua Lei Federal do Trabalho para regulamentar o trabalho à distância e *home office*. Dentre as alterações realizadas, destacou-se a obrigação das empresas realizarem o pagamento proporcional da eletricidade e serviços de internet daqueles que prestarem serviços em suas próprias casas.

Constata-se, pois, que embora a legislação estrangeira possua, em alguns casos, detalhamento maior do que a brasileira acerca das peculiaridades do teletrabalho, bem como do próprio teletrabalho em si, em razão de haver se tornado uma modalidade de prestação de serviços cada vez mais utilizada diante da necessidade de distanciamento social imposta pela pandemia da COVID-19, ainda existem pontos na legislação de todos os países acima mencionados que devem ser aprimorados.

Por tal incremento da utilização desta modalidade de prestação de serviços ser proveniente do impacto da transformação da sociedade e decorrer do surgimento das novas tecnologias, certamente existem pontos que apenas serão melhor regulamentados com o tempo e diante das necessidades que venham a ser apresentadas em demandas judiciais.

(28) BAYÓN PEREZ, Jessica; ZERBI, Anna. El teletrabajo: avances y retos dentro de la sociedade actual. *Revista Internacional y Comparada de Relaciones Laborales y Derecho Del Empleo*. Rev. 3/2020. Coord. PORRAS, Maria Salas. Escuela Internacional de Alta Formación en Relaciones Laborales y de Trabajo de ADAPT: Málaga, 2020. p. 190.

(29) BAYÓN PEREZ, Jessica; ZERBI, Anna. El teletrabajo: avances y retos dentro de la sociedade actual. *Revista Internacional y Comparada de Relaciones Laborales y Derecho Del Empleo*. Rev. 3/2020. Coord. PORRAS, Maria Salas. Escuela Internacional de Alta Formación en Relaciones Laborales y de Trabajo de ADAPT: Málaga, 2020. p. 192

(30) BAYÓN PEREZ, Jessica; ZERBI, Anna. El teletrabajo: avances y retos dentro de la sociedade actual. *Revista Internacional y Comparada de Relaciones Laborales y Derecho Del Empleo*. Rev. 3/2020. Coord. PORRAS, Maria Salas. Escuela Internacional de Alta Formación em Relaciones Laborales y de Trabajo de ADAPT: Málaga, 2020. p. 193-194.

(31) RAMALHO, Maria do Rosário. *Tratado de Direito do Trabalho*: Parte II — Situações Laborais Individuais. 5. ed. 2º v. Almedina: Coimbra, 2014. p. 340.

(32) Disponível em: <https://dre.pt/web/guest/legislacao-consolidada/-/lc>. Acesso em: 7 mar. 2021.

5. *Breves considerações sobre a privacidade do trabalhador e seu direito à desconexão*

Com a maior utilização do teletrabalho em diversos países, especialmente em decorrência da pandemia da COVID-19, um tema que foi bastante discutido entre o final de 2016 e o início de 2017 — com a aprovação da Lei da Desconexão na França — voltou à tona: o direito à desconexão. Mas não apenas ele, visto que a privacidade do trabalhador também passou a ser melhor avaliada.

No que diz respeito ao direito à privacidade do trabalhador, embora este não tenha sido previsto pelo legislador brasileiro, a sua apreciação e a discussão do assunto se mostra essencial tendo em vista que, com o controle e monitoramento remoto das atividades realizadas pelo trabalhador, é possível que haja violação à privacidade[(33)], sobretudo considerando que, diante dos avanços tecnológicos, a exposição reduziu os níveis de privacidade dos cidadãos de forma geral, que se sujeitam à permanente sensação de vigilância[(34)]. Não é demais ressaltar que o artigo 5º, inciso X, da Constituição Federal de 1988 prevê como direito fundamental a inviolabilidade da intimidade, vida privada, honra e imagem dos cidadãos.

Em Portugal o artigo 170 do Código do Trabalho[(35)], por exemplo, trata sobre a privacidade daqueles que prestam serviços no regime de teletrabalho e dispõe sobre a obrigatoriedade de o empregador respeitar a privacidade do trabalhador, de modo que as visitas ao local de trabalho apenas tenham como objeto o controle da atividade laborativa e dos instrumentos de trabalho.

Assim, se mostra mister que a legislação trabalhista brasileira se debruce sobre o assunto com o intuito de regulamentar e proteger a privacidade dos trabalhadores, especialmente aqueles que prestam serviços na modalidade de teletrabalho.

No mais, é evidente que a expansão da prestação de serviços na modalidade de teletrabalho garantiu a manutenção do distanciamento social em setores onde era possível a realização das atividades no domicílio do empregado e a manutenção de postos de trabalho no período da pandemia da COVID-19. Mas, por outro lado, diante da facilidade de contato com o trabalhador fora da jornada de trabalho, muitas vezes este possui dificuldade de estar, efetivamente, *offline* do trabalho.

Em razão disso, o direito de o trabalhador se desconectar das suas atividades laborais nos momentos em que não está prestando serviços é um tema que merece maior esmero do legislador — o assunto foi tratado timidamente no Projeto de lei n. 5.581/2020 — e sua regulamentação contemplaria o direito ao lazer e interação com a família, garantidos pelo artigo 6º da Constituição Federal de 1988[(36)].

O direito à desconexão objetiva a concessão de um período de descanso e lazer aos trabalhadores com o efetivo afastamento digital do trabalho. Esta desconexão se relaciona diretamente com a necessidade de preservação da intimidade e vida privada dos trabalhadores[(37)] e em Portugal, assim como no Brasil, a questão não foi devidamente regulamentada até o momento.

Além da pioneira legislação francesa sobre o tema, na Espanha o direito à desconexão digital fora do horário de trabalho foi reconhecido pela Ley Orgánica n. 3/2018 e pelo artigo 20 do Estatuto de Trabalhadores, que garante o respeito à intimidade do trabalhador diante da utilização de dispositivos de vigilância por vídeo e geolocalização com o intuito de favorecer a conciliação da vida familiar e profissional do trabalhador.[(38)]

---

(33) BATALHA, Elton Duarte. Teletrabalho — A reforma trabalhista brasileira e a experiência estrangeira. In: MANNRICH, Nelson (coord.). *Reforma Trabalhista:* Reflexões e críticas. São Paulo: LTr, 2018. p. 97.

(34) CAMPOS, María Belen Adriasola; MUÑOZ, Daniela Allende. Vida privada en la relación laboral. *Revista de Direito do Trabalho*, v. 196, p. 317-334, dez. 2018.

(35) Disponível em: <https://dre.pt/web/guest/legislacao-consolidada/-/lc/123915628/202103072341/73775522/diploma/indice>. Acesso em: 7 mar. 2021.

(36) MONTEIRO, Thiago Loures Machado Moura; VIEIRA, Isabela Vaz. Teletrabalho em tempos de covid 19: do limite de jornada ao direito à desconexão. In: VEIGA, F. S.; LEVATE, L. G.; GOMES, M. K. (dirs.). *Novos métodos disruptivos no direito*. Porto — Belo Horizonte: Instituto Iberoamericano de Estudos Jurídicos e Escola de Direito Dom Helder, 2020. p. 758.

(37) OLIVEIRA, Leonardo Foeppel de. Análise do direito à desconexão digital. In: AMORIM, J. C.; VEIGA, F. S.; AZEVEDO, P. A. *Desafios do legaltech*. Porto: Instituto Iberoamericano de Estudos Jurídicos — IBEROJUR, 2020. p. 185.

(38) BAYÓN PEREZ, Jessica; ZERBI, Anna. El teletrabajo: avances y retos dentro de la sociedade actual. *Revista Internacional y Comparada de Relaciones Laborales y Derecho Del Empleo*. Rev. 3/2020. Coord. PORRAS, Maria Salas. Escuela Internacional de Alta Formación em Relaciones Laborales y de Trabajo de ADAPT: Málaga, 2020. p. 198.

Não se trata, neste contexto, da impossibilidade de contato do empregador com os trabalhadores em caso de urgência, mas, sim, da necessária desconexão em casos de contatos frequentes a todo momento — ou a expectativa de ser contatado.

6. *Considerações finais*

O teletrabalho, ao que tudo indica, passará a ser adotado com frequência por propiciar diversas vantagens para as empresas, para os trabalhadores e para a própria sociedade de um modo geral.

Constata-se ser inevitável a necessidade de mudança do Direito do Trabalho clássico perante as novas formas de trabalho, dentre elas o teletrabalho.

Inexiste dúvidas que as alterações advindas com a Lei n. 13.467/17 — Reforma Trabalhista são insuficientes para suportar as necessidades verificadas após o incremento da prestação de serviços por meio dessa modalidade em razão da pandemia da COVID-19.

Devido a carência de regulamentação profunda sobre o teletrabalho, verificamos o aumento das discussões judiciais sobre questões nebulosas tais como: jornada, custeio de materiais e equipamentos, direito a desconexão e privacidade, além de problemas relacionados à saúde e meio ambiente do trabalho.

Contudo, em razão desta nova forma de trabalho flexível ser uma alternativa válida e eficaz para criação de postos de trabalho e manutenção destes, não apenas durante a pandemia da COVID-19 que enfrentamos, mas, principalmente, após a normalização desta situação.

Portanto, a utilização das novas tecnologias e das formas inovadoras de organização do trabalho, como se dá no teletrabalho, devem visar o crescimento econômico e manutenção dos postos de trabalho sem deixar de observar o valor social do trabalho e da dignidade humana.

Embora existam pontos nebulosos e obscuros que necessitem de regulamentação o quanto antes, não há que se retirar dessa nova modalidade de prestação de serviços a sua utilidade e validade como forma de oferecer e manter diversos postos de trabalho durante a crise econômica mundialmente enfrentada.

7. *Referências*

AGUIAR, Antonio Carlos. *Direito do trabalho 2.0:* digital e disruptivo. São Paulo: LTr, 2018.

BATALHA, Elton Duarte. Teletrabalho — a reforma trabalhista brasileira e a experiência estrangeira. In: MANNRICH, Nelson (coord.). *Reforma Trabalhista:* reflexões e críticas. São Paulo: LTr, 2018.

BAYÓN PEREZ, Jessica; ZERBI, Anna. El teletrabajo: avances y retos dentro de la sociedade actual. *Revista Internacional y Comparada de Relaciones Laborales y Derecho del Empleo.* Rev. 3/2020. Coord. PORRAS, Maria Salas. Escuela Internacional de Alta Formación em Relaciones Laborales y de Trabajo de ADAPT: Málaga, 2020.

CAMPOS, María Belen Adriasola; MUÑOZ, Daniela Allende. Vida privada en la relación laboral. *Revista de Direito do Trabalho,* v. 196, p. 317-334, dez. 2018.

CAVALCANTE, Rodrigo Arantes; VAL, Renata do. *Reforma trabalhista comentada artigo por artigo* — de acordo com princípios, Constituição Federal e Tratados Internacionais. 2. ed. São Paulo: LTr, 2018.

CEZARIO, Priscila Freire da Silva. Caracterização do teletrabalho no ordenamento pátrio e aplicação da norma no teletrabalho transnacional e no teletrabalho transregional. *Revista do Tribunal Superior do Trabalho,* Brasília, v. 85, n. 4, p. 185-201, out./dez. 2019. Disponível em: <https://hdl.handle.net/20.500.12178/167993>. Acesso em: 7 mar. 2021.

DELGADO, Mauricio Godinho. *Curso de Direito do Trabalho.* 14. ed. São Paulo: LTr, 2015.

DELGADO, Mauricio Godinho; DELGADO, Gabriela Neves. *A reforma trabalhista no Brasil:* com comentários à Lei n. 13.467/2017. São Paulo: LTr, 2017.

ESTRADA, Manuel Martin Pino. *Teletrabalho & Direito.* O trabalho à distância e sua análise jurídica em face aos avanços tecnológicos. Curitiba: Juruá, 2014.

HIGÍDIO, José; VOLTARE, Emerson. *Sem regulamentação necessária, disparam processos sobre home office.* Disponível em: <https://www.conjur.com.br/2020-out-24/regulamentacao-necessaria-disparam-processos-home-office>.

IBGE — *O IBGE apoiando o combate à Covid-19.* Trabalho — Trabalho Desocupação, renda, afastamentos, trabalho remoto e outros efeitos da pandemia no trabalho. Disponível em: <https://covid19.ibge.gov.br/pnad-covid/trabalho.php>. Acesso em: 7 mar. 2021.

______. *Home Office e a Reforma Trabalhista*. Disponível em: <https://jus.com.br/artigos/61197/home-office-e--a-reforma-trabalhista>. Acesso em: 7 mar. 2021.

MARTINS, Sergio Pinto. *Reforma trabalhista:* Comentários às alterações das Lei ns. 13.467/2017, 13.454/2017 e da Medida Provisória n. 808/2017. São Paulo: Saraiva Educação, 2018.

MONTEIRO, Thiago Loures Machado Moura; VIEIRA, Isabela Vaz. Teletrabalho em tempos de covid 19: do limite de jornada ao direito à desconexão. In: VEIGA, F. S.; LEVATE, L. G.; GOMES, M. K. (dirs.). *Novos métodos disruptivos no direito*. Porto — Belo Horizonte: Instituto Iberoamericano de Estudos Jurídicos e Escola de Direito Dom Helder, 2020.

OLIVEIRA, Francisco Antônio de. *Reforma trabalhista* — Comentários à Lei n. 13.467, de 13 de julho de 2017 — vigência em 11.11.2017. 2. ed. São Paulo: LTr, 2018.

OLIVEIRA, Leonardo Foeppel de. Análise do direito à desconexão digital. In: AMORIM, J. C.; VEIGA, F. S.; AZEVEDO, P. A. *Desafios do legaltech*. Porto: Instituto Iberoamericano de Estudos Jurídicos — IBEROJUR, 2020.

RAMALHO, Maria do Rosário. *Tratado de Direito do Trabalho:* Parte II — Situações Laborais Individuais. 5. ed. 2º v. Coimbra: Almedina, 2014.

ROMITA, Arion Sayão. *Globalização da economia e Direito do Trabalho*. São Paulo: LTr, 1997.

SILVA, Homero Mateus da. *Comentários à Reforma Trabalhista*. 2. ed. rev. e atual. São Paulo: Revista dos Tribunais, 2017.

TERMÔMETRO COVID-19 NA JUSTIÇA DO TRABALHO. Disponível em: <https://www.datalawyer.com.br/dados-covid-19-justica-trabalhista>. Acesso em: 27 dez. 2020.

A Utilização de Tecnologias Assistivas para a Inclusão de Pessoas com Deficiências no Mercado de Trabalho

Lincoln Zub Dutra[(1)]
Heggon Mario Balduino de Lima[(2)]

1. Introdução

O trabalho e o direito ao trabalho são entendidos como objetos de promoção para a inclusão social, possuindo reconhecimento como direito fundamental no artigo XXIII da Declaração Universal dos Direitos Humanos a qual dispõe que "Todo ser humano tem direito ao trabalho, à livre escolha de emprego, a condições justas e favoráveis de trabalho e à proteção contra o desemprego".

Durante toda a história, é possível verificar a existência de discriminação e preconceito contra as pessoas com deficiência (PCD), em relação ao âmbito do trabalho, essas pessoas são rotuladas como pessoas incapacitadas para o trabalho, e com o pensamento capitalista presente na sociedade onde se busca maximizar o lucro e a produtividade, essas pessoas foram excluídas da sociedade e do ambiente laboral.

Com a evolução da sociedade que busca se tornar justa para todos os seus integrantes e a criação de políticas públicas que possibilitassem a inserção de todos como iguais na sociedade e no ambiente de trabalho se verificou a necessidade em proporcionar a todos os cidadãos oportunidades de desenvolvimento das competências necessárias para o trabalho.

No presente artigo busca-se discorrer sobre como o uso de tecnologias assistivas possibilita facilitar a vida e diminuir as dificuldades para os indivíduos que as utilizam, contribuindo para a promoção da inclusão e possibilitando a elas autonomia e independência tanto nas atividades do dia a dia como nas atividades de cunho laboral.

2. A busca pela inclusão social e a luta pela igualdade das pessoas com deficiências

Durante toda a história da humanidade, as pessoas com deficiência (física, intelectual, passageira, permanente) passavam uma imagem de deformação e inferioridade, logo, muitos recém-nascidos eram abandonados ou escondidos para não "envergonharem" seus familiares.[(3)]

Considera-se pessoa com deficiência aquela que tem impedimento de longo prazo de natureza física, mental, intelectual ou sensorial, o qual, em interação com uma ou mais barreiras, pode obstruir sua participação plena e efetiva na sociedade em igualdade de condições com as demais pessoas.[(4)]

Historicamente os deficientes sempre sofreram preconceitos e passavam por provações desde a época

---

(1) Doutorando em Direito pela Pontifícia Universidade Católica do Paraná (PUC/PR). Mestre em Direitos Fundamentais e Democracia pelo Centro Universitário Autônomo do Brasil— UNIBRASIL. Pós-graduado em Direito do Trabalho e Processo do Trabalho pela Pontifícia Universidade Católica do Paraná (PUC/PR). Graduado em Direito pela Universidade Católica do Paraná (PUC/PR). Professor Universitário na Universidade Católica de Santa Catarina. Coordenador da pós-graduação em Direito do Trabalho da Universidade Católica de Santa Catarina. Professor convidado em programas de pós-graduação. Sócio fundador do escritório Lincoln Zub Sociedade de Advogados. Escritor e Coordenador de obras jurídicas. E-mail: lincoln.zub@gmail.com

(2) Advogado, pós-graduado em Direito material e processual do trabalho no Centro Universitário Curitiba. Mestrando em direitos fundamentais e democracia no centro universitário autônomo do Brasil (UNIBRASIL). E-mail: heggon_@hotmail.com

(3) LEMOS, Rafael Diogo Diógenes. Direito ao trabalho como elemento de inclusão social da pessoa com deficiência: análise da Lei n. 13.146/2015. *Revista de Informação Legislativa: RIL*, v. 54, n. 214, p. 153-173, abr./jun. 2017. Disponível em: <http://www12.senado.leg.br/ril/edicoes/54/214/ril_v54_n214_p153-154>.

(4) BRASIL. *Lei n. 13.146, de 6 de julho de 2015*. Dispõe sobre Inclusão da Pessoa com Deficiência (Estatuto da Pessoa com Deficiência). Disponível em: <http://www.planalto.gov.br/ccivil_03/_ato2015-2018/2015/lei/l13146.htm>. Acesso em: 20 jan. 2021.

de seu nascimento, alguns exemplos de crueldade que ocorriam ao longo da história em diferentes culturas, citam-se os índios da tribo Masai que matavam suas crianças deficientes, os Jukun, do Sudão, achavam que essas pessoas eram um produto dos espíritos do mal e as abandonavam à morte, os Hebreus viam a doença e os defeitos físicos como uma marca dos pecadores, na Idade Média, os deficientes físicos e mentais eram frequentemente vistos como possuídos pelo Demônio e, portanto eram queimados como as bruxas, além de outros exemplos de preconceitos e barbáries que eram cometidos pela humanidade.[5]

Na idade média a deficiência era entendida como um fenômeno metafísico e espiritual, sendo relacionada com desígnios divinos, ou por possessão demoníaca, sendo que a atitude da sociedade com relação ao deficiente era de intolerância e de punição, representada por ações de aprisionamento, tortura, açoites e outros castigos severos.[6]

Após o inicio da revolução burguesa no final do século XV, a evolução dos meios de produção e da implementação do capitalismo mercantil, passa-se a valorar cada vez mais o trabalho e da mão de obra de cada indivíduo, e nesse contexto as pessoas com deficiência passam a ser excluídas do processo de trabalho, eis que a ideia central pregada pelo capitalismo é o de maximizar lucro e produtividade, sendo então o deficiente visto pela sociedade como um indivíduo não produtivo gerador de despesas para a sociedade eis que totalmente dependentes não conseguindo se sustentar ou manter-se.[7]

No século XIX o capitalismo, vê a necessidade de estruturação de sistemas ensino e escolarização para todos, buscando formar cidadãos produtivos e a mão de obra necessária para a produção, começando a desenvolver políticas para pessoas com deficiência, mas é somente no século XX, após as duas grandes guerras, que surge a ideia de integrar socialmente o deficiente, surgindo primeiramente nos EUA à ideia do estado reconhecer a responsabilidade e cuidado dessas pessoas em relação às suas necessidades de educação e treinamento.[8]

Isso decorreu após a ocorrência da primeira guerra mundial, devido ao elevado de números de soldados feridos na guerra que retornavam ao país, e que retornando necessitavam de treinamento e assistência, para serem alocados no mercado de trabalho.

Assim, o governo estadunidense ao perceber essa necessidade tanto do soldado deficiente que retornava, bem como das indústrias que necessitavam de mão de obra para melhorar a produtividade e economia do país, passa então a buscar garantir ações e suporte financeiro para programas de reabilitação, que foram acelerados após a segunda guerra mundial, essa que além de aumentar a necessidade de serviços para os cidadãos com deficiências, serviu também para mostrar o potencial de trabalho das pessoas deficientes durante o período de escassez de mão-de-obra, sendo criadas inúmeras oportunidades para deficientes, o que fortaleceu a ideia de que PCD podiam trabalhar e para ter voz e participação na sociedade.[9]

No século XX pode se verificar a existência de quatro fases em relação à inclusão das PCD na sociedade, uma de exclusão na década de 1960, onde predominava a exclusão social em vários âmbitos da sociedade em relação aos portadores de necessidades especiais os quais eram tratados com desleixo, como se fossem animais. Uma segunda fase, na década de 1970, onde as PCD começam a conquistar direitos mínimos, e a saúde busca atender suas necessidades, criando asilos, manicômios e centros de reabilitação, o que em verdade não deixava de ser uma maneira de excluir essas pessoas que possuíam algum tipo de deficiência.[10]

A terceira fase, chamada de integração, ocorre nos anos 1980, nela busca-se uma maior integração

(5) BUSCAGLIA, L. *Os deficientes também são pessoas. Os Deficientes e Seus Pais* — um desafio ao aconselhamento. Rio de Janeiro: Record, 1993. Disponível em: <http://feapaesp.org.br/material_download/325_Os%20deficientes %20e%20seus%20pais%20-%20 Leo%20Buscaglia.pdf>. Acesso em: 20 jan. 2021.

(6) ARANHA, Maria Salete Fábio. Integração social do deficiente: análise conceitual e metodológica. *Temas Psicol.*, Ribeirão Preto, v. 3, n. 2, p. 63-70, ago. 1995. Disponível em: <http://pepsic.bvsalud.org/scielo.php?script= sci_arttext&pid=S1413-389X1995 000200008&lng=pt&nrm=iso>. Acesso em: 20 jan. 2021.

(7) *Idem.*

(8) *Idem.*

(9) *Idem.*

(10) MELO, Thielen Taveira; BARREIRA, Heleni S. *Inclusão e gestão da pessoa com deficiência no mercado de trabalho*. Disponível em: <https://laboratoriodeinclusao.files.wordpress.com/2012/12/inclusc3a3o-e-gestc3a3o-de-pcd-no-mercado-de-trabalho.pdf>. Acesso em: 20 jan. 2021.

das PCD na sociedade, inclusive encaminhando jovens mais aptos a escolas, embora sem nenhuma assistência. A quarta fase que ocorre em 1990 cria-se o paradigma efetivo de inclusão social, onde a sociedade passa a atender e se tornar mais acessível ao convívio com pessoas com deficiências, proporcionando a elas condições necessárias e suficientes para sua inclusão social e no mercado profissional.(11)

Conforme citado, a partir da segunda metade do século XX e no século XXI os projetos de diversidade ganham maior destaque, tornando-se um valor universal, criando-se um discurso que busca destacar a importância de politicas de diversidade, que tem como objetivo juntar grupos segmentados como mulheres, negros, pessoas com deficiência, entre outros.(12)

Essas políticas públicas que se iniciaram, tendo como objetivo inserir as pessoas com deficiências no contexto social, possuem características filosóficas, já difundidas por grandes pensadores como Jhon Rawls, em sua teoria de justiça onde defendia a ideia de equidade entre as pessoas em uma sociedade.

Em sua obra, Rawls aponta que para uma sociedade efetivamente ser entendida como justa, os indivíduos devem possuir uma igualdade primária, não podendo haver qualquer distinção ou diferença entre eles, aplicando o princípio da diferença para os mais desprivilegiados e com isso, buscar maximizar a liberdade e a igualdade para os que se encontram mal posicionados em uma sociedade, buscando se estabelecer uma justiça social entre todos.(13)

De maneira resumida, a teoria de Rawls baseia-se na ideia de que há inúmeras "concepções do bem" em uma sociedade e que, para Rawls existem certos bem primários como "direitos e liberdades fundamentais", "liberdade de movimento e livre escolha de ocupação em um contexto de oportunidades diversificadas", "poderes e prerrogativas de cargos e posições de responsabilidade nas instituições políticas e econômicas da estrutura básica", "renda e riqueza", e "as bases sociais do autor respeito".(14)

E é sobre esses bens primários que Amartya Sen apresenta suas críticas à teoria de justiça de Rawls, pois segundo ele, o autor deixa de considerar outros fatores importantes para a questão de igualdade das pessoas na sociedade, sendo inúmeros os motivos que podem gerar dificuldades para as pessoas na conversão dos bens primários, como o caso de doenças ou deficiências por exemplo.(15)

Segundo Amartya Sen, ao apreciar a justiça não deve ser levado em consideração somente os recursos financeiros ou poder aquisitivo de um sujeito, é importante distinguir a capacidade dos bens primários (recursos) e realizações (funcionamentos realmente desfrutados). Buscando exemplificar sua teoria o autor cita que uma pessoa com deficiência pode ter riquezas e liberdades, mas essa mesma pessoa tem menos capacidade, devido a sua deficiência.(16)

Como solução, Sen defende a utilização das capacitações como método para tornar a sociedade justa, destacando que existem dois tempos de bem-estar, o bem-estar alcançado pela pessoa e a liberdade para alcançar esse bem-estar, sendo que esta diferenciação é que embasa os conceitos de funcionamentos e capacitações. Funcionamentos, consiste nos estados e atividades que as pessoas valorizam em suas vidas, como por exemplo, estar saudável, poder escapar de mortalidade prematura, ser feliz, entre outros.(17)

As capacitações dizem respeito à liberdade para alcançar o bem-estar, necessitando de outros fatores que possibilitem isso, ou seja, são capacitações e combinações possíveis de funcionamentos que venham

(11) *Idem.*

(12) MOURA, Ricardo Damasceno; CONRADO, Moura e Mônica Prates. Diálogos interculturais: variações do conceito de diversidade à inclusão da pessoa com deficiência através de dispositivos digitais. *Revista de Direitos Fundamentais & Democracia*, Curitiba, v. 22, n. 3, p. 253-271, set./dez. 2017. Disponível em: <http://revistaeletronicardfd.unibrasil.com.br/index.php/rdfd/article/view/984>. Acesso em: 25 jan. 2021.

(13) VITA, Álvaro de. *A justiça igualitária e seus críticos.* São Paulo: Editora Unesp, 2000. p. 216.

(14) KANG, Thomas H. Justiça e desenvolvimento no pensamento de Amartya Sen. *Rev. Econ. Polit. São Paulo,* v. 31, n. 3, p. 352-369, sept. 2011. Disponível em: <http://www.scielo.br/scielo.php?script=sci_arttext&pid=S0101 -31572011000300002&lng=en&nrm=iso>. Acesso em: 25 jan. 2021.

(15) SEN, Amartya Kumar. *Desigualdade reexaminada.* 2. ed. Tradução e apresentação de Ricardo Doninelli Mendes. Rio de Janeiro: Record, 2008. p. 60.

(16) *Ibidem,* p. 136-137.

(17) KANG, Thomas H. Justiça e desenvolvimento no pensamento de Amartya Sen. *Rev. Econ. Polit. São Paulo,* v. 31, n. 3, p. 352-369, sept. 2011. Disponível em: <http://www.scielo.br/scielo.php?script=sci_arttext&pid=S0101-315720110003 00002&lng=en&nrm=iso>. Acesso em: 25 jan. 2021.

a refletir na liberdade da pessoa de viver e o tipo de vida que deseja.[18]

Segundo Amartya Sen os portadores de deficiência física que, eventualmente possuírem mais bens primários, na forma de renda, riqueza, liberdades, e assim por diante, tem menos capacidade devido à sua deficiência, isso por que tais pessoas geralmente vão gastar muito mais de suas riquezas como bem primário que uma pessoa sem nenhuma deficiência, além disso, em termos de privação de capacidades a pobreza suportada pelas pessoas deficientes facilmente vão superar a pobreza financeira.[19]

Para o autor se faz necessária à atuação do poder público para prestar assistência a grupos vulneráveis, sendo que além de as pessoas deficientes possuírem as dificuldades já decorrentes de suas peculiaridades, geralmente não possuem renda suficiente para fazer frente as suas despesas.[20]

É sobre essa ideia de assistência, capacitação e fatores inclusivos que possibilitem tornar justa a vida das pessoas com deficiência, possibilitando e facilitando a sua entrada e permanência no mercado de trabalho que passaremos a abordar nos capítulos seguintes.

3. O trabalho como fator de inclusão social da pessoa com deficiência

Conforme exposto em tópico anterior, é necessária a criação de políticas públicas para garantir aos portadores de deficiência direitos fundamentais comuns a todos, de maneira que possibilite a inclusão dessas pessoas na sociedade.

O referido estudo pondera sobre os direitos fundamentais e a inclusão da pessoa com deficiência no mercado de trabalho e para isso se faz necessário conceituar adequadamente o que é direito fundamental.

Para Cavalcante Filho são *"direitos considerados básicos para qualquer ser humano, independentemente de condições pessoais específicas. São direitos que compõem um núcleo intangível de direitos dos seres humanos submetidos a uma determinada ordem jurídica."*[21]

Direitos fundamentais é a base para a condição e existência de outros direitos, mas muitas vezes se confunde com direitos humanos, entretanto, referidos direitos não podem ser considerados os mesmos, eis que possuem concepções diferentes, sendo que os direitos positivados na constituição são fundamentais, mas nem todos esses direitos se referem a direitos humanos.[22]

Alexy, afirma que o catálogo de direitos fundamentais regulamenta de maneira abrangente questões geralmente controversas acerca da estrutura normativa do estado e sociedade, citando a dignidade, liberdade e a igualdade, sendo que esses direitos quando adicionados aos fins do estado e a sua estrutura democrática chega-se a um sistema de conceitos que abarca os conceitos-chave do direito moderno.[23]

Do ponto de vista social, o trabalho é hoje afirmado como ponto primordial do direito à cidadania e dignidade da pessoa, tendo recebido destaque como algo crucial na inclusão das pessoas com deficiência na sociedade.[24]

O significado que um trabalho representa na vida das pessoas é o de sentimento de inclusão que o indivíduo com deficiência enfrenta socialmente, sendo esse ideal de inserção no mercado de trabalho, encarado pelas pessoas com deficiência como algo relacionado ao direito a cidadania, do estigma, da dignidade, da inclusão, entre outros.[25]

(18) KANG, Thomas H. Justiça e desenvolvimento no pensamento de Amartya Sen. *Rev. Econ. Polit. São Paulo,* v. 31, n. 3, p. 352-369, sept. 2011. Disponível em: <http://www.scielo.br/scielo.php?script=sci_arttext&pid=S0101-315720110003 00002&lng=en&nrm=iso>. Acesso em: 25 jan. 2021.

(19) SEN, Amartya Kumar. *Desigualdade reexaminada.* 2. ed. Tradução e apresentação de Ricardo Doninelli Mendes. Rio de Janeiro: Record, 2001. p. 136.

(20) *Ibidem,* p. 217.

(21) CAVALCANTE FILHO, João Trindade. *Teoria geral dos direitos fundamentais.* Disponível em: <http://www.stf.jus.br/repositorio/cms/portaltvjustica/portaltvjusticanoticia/anexo/joao_trindadade__teoria_geral_dos_direitos_fundamentais.pdf>. Acesso em: 25 jan. 2021.

(22) LIMA, Bruno Ceren; DANTAS, Lucas Emanuel Ricci. Inclusão: um direito fundamental da pessoa com deficiência. *I Simpósio Regional sobre Direitos Humanos e Fundamentais,* Marília: UNIVEM, 2013. Disponível em: <https://www.univem.edu.br/ii-simposio-regional-sobre-direitos-humanos-e-fundamentais>. Acesso em: 25 jan. 2021.

(23) ALEXY, Robert; *Teoria dos direitos fundamentais.* 5. ed. Tradução de Vírgilio Afonso da Silva. São Paulo: Malheiros, 2008. p. 26-27.

(24) PEREIRA, Ana Cristina Cypriano; RODRIGUES, Graciela; PASSERINO, Liliana Maria. "Dê-me um ponto de apoio e eu moverei o mundo": a importância da tecnologia assistiva na inclusão de pessoas com deficiência no mercado de trabalho. *Symposium Internacional Discapacidad: Imaginar, crear, innovar con computadoras,* 2010, Mondevideo. Disponível em: <http://capacidad.es/fida2010sica/C-0311.pdf>. Acesso em: 25 jan. 2021.

(25) PEREIRA, Ana Cristina Cypriano; RODRIGUES, Graciela; PASSERINO, Liliana Maria. "Dê-me um ponto de apoio e eu moverei o mundo": a importância da tecnologia assistiva na inclusão de pessoas com deficiência no mercado de trabalho.

O trabalho pode ser entendido como uma atividade de caráter social e seu significado transcende a função de subsistência, assumindo papel de atividade humana como realidade social, devido à frequência e relevância que tem na vida das pessoas. A necessidade de incluir pessoas com deficiência envolve questões de identidade dos cidadãos, solidariedade, autonomia e dignidade humana, devendo o poder estatal promover e editar normas éticas que contenham mecanismos para a promoção da igualdade de direitos entre todos os indivíduos, fomentando a inclusão com sensibilidade para as diferenças.(26)

Em 1998, a Conferência Internacional do Trabalho aprovou a Declaração dos Princípios e Direitos Fundamentais no Trabalho. A Declaração estabelece quatro princípios fundamentais, o da liberdade sindical e reconhecimento efetivo do direito de negociação coletiva, a eliminação de todas as formas de trabalho forçado, abolição efetiva do trabalho infantil e a eliminação de todas as formas de discriminação no emprego ou na ocupação.(27)

Da mesma forma, a OIT buscou através da publicação da convenção 159 promover a reabilitação profissional e emprego de pessoas deficientes, estabelecendo que *"todo país membro deverá considerar que a finalidade da reabilitação profissional é a de permitir que a pessoa deficiente obtenha e conserve um emprego e progrida no mesmo, e que se promova, assim, a integração ou a reintegração dessa pessoa na sociedade."*(28)

Referida convenção orienta que todos os países membros a formular e aplicar as políticas que visem assegurar medidas adequadas de reabilitação profissional de todas as categorias de pessoas deficientes, promovendo oportunidades de emprego, buscando respeitar igualdades de oportunidades e de tratamento, tendo sido ratificado pelo Brasil em 1991.(29)

Além de adequar-se as convenções previstas pela OIT, o Brasil desde a promulgação de sua Constituição Federal em 1988 vem buscando garantir os direitos de cidadania e dignidade para as pessoas que possuem algum tipo de deficiência, a título exemplificativo cita-se o artigo 23, II onde a Carta Magna prevê que é de competência comum da União, Estados, Distrito Federal e Municípios, cuidar da saúde e assistência pública, da proteção e garantia das pessoas com deficiência.(30)

Em seguida, já em seu art. 24, XIV dispõe que compete à União, Estados e Distrito Federal legislar concorrentemente sobre a proteção e integração social das pessoas com deficiência.(31)

Além das previsões constitucionais que buscam garantir os direitos fundamentais das pessoas com deficiência, o Brasil possui inúmeras leis que buscam garantir a inclusão das pessoas com deficiência, buscando sua inclusão na sociedade e punição aos que agem contra eles de maneira discriminatória.

Ainda, a constituição prevê outras garantias e direitos aos portadores de deficiência, tais como a proibição de qualquer discriminação em relação à salário e critérios de admissão do trabalhador portador de deficiência (artigo 7º, inciso XXXI, da CF) e a vedação a adoção de requisitos e critérios diferenciados para a concessão de aposentadoria aos servidores portadores de deficiência (art. 40 da CF).(32)

Em relação ao direito do trabalho e a proteção dos portadores de deficiências, instituições públicas e

---

Symposium Internacional Discapacidad: Imaginar, crear, innovar con computadoras, 2010, Mondevideo. Disponível em: <http://capacidad.es/fida2010sica/C-0311.pdf>. Acesso em: 25 jan. 2021.

(26) MELO, Thielen Taveira; BARREIRA, Heleni S. *Inclusão e gestão da pessoa com deficiência no mercado de trabalho.* Disponível em: <https://laboratoriodeinclusao.files.wordpress.com/2012/12/inclusc3a3o-e-gestc3a3o-de-pcd-no-mercado-de-trabalho.pdf>. Acesso em: 28 jan. 2021. .

(27) ONU (Organização das Nações Unidas). OIT *Organização Internacional do Trabalho.* Disponível em: <https://nacoesunidas.org/agencia/oit/>. Acesso em: 28 jan. 2021.

(28) OIT. *Organização Internacional do Trabalho.* Convenção n. 159. Convenção sobre Reabilitação Profissional e Emprego de Pessoas Deficientes. Disponível em: <https://www.tecnolegis.com/estudo-dirigido/auditor-fiscal-do-trabalho-2009/convencao-159-oit.html>. Acesso em: 28 jan. 2021.

(29) BRASIL. *Decreto n. 129, de 22 de maio de 1991.* Promulga a Convenção n. 159 da Organização Internacional do Trabalho — OIT, sobre Reabilitação Profissional e Emprego de Pessoas Deficientes. Disponível em: <http://www.planalto.gov.br/ccivil_03/decreto/1990-1994/D0129.htm>. Acesso em: 28 jan. 2021.

(30) BRASIL, Presidência da República, Casa Civil, Subchefia para Assuntos Jurídicos. *Constituição da Republica Federativa do Brasil,* 1988. Disponível em: <https://www.senado.leg.br/atividade/const/con1988/con1988_03.07.2019/art_23_.asp>. Acesso em: 28 jan. 2021.

(31) *Idem.*

(32) BRASIL, Presidência da República, Casa Civil, Subchefia para Assuntos Jurídicos. *Constituição da Republica Federativa do Brasil,* 1988. Disponível em: <http://www.planalto.gov.br/ccivil_03/Constituicao/Constituicao.htm>. Acesso em: 28 jan. 2021.

privadas devem observar e cumprir o que determina a Lei n. 8.213/1991, artigo 93, onde garante os direitos dos trabalhadores com deficiência, e determina como sendo obrigatório o preenchimento de vagas em empresas, estabelecendo percentuais em acordo com o a quantidade de pessoas em seu quadro funcional, sendo que o preenchimento deve ocorrer da seguinte maneira: se a empresa possuir 100 ou mais empregados está obrigada a preencher de 2% (dois por cento) de suas vagas com PCD; se possuir 201 a 500 funcionários, 3% de suas vagas estão destinadas a PCD; se possuir entre 501 a 1.000 funcionários, 4% das vagas pertencem a PCD; de 1.001 em diante. A empresa deve destinar 5% das suas vagas para pessoas com deficiência.(33)

Entretanto, cabe destacar que até 1999 o cumprimento de referidas cotas não era fiscalizado pelo poder público bem como não eram definidas as sanções e punições em caso de descumprimento de referida norma, o que passou a ocorrer somente com o Decreto n. 3.298, de 20 de dezembro de 1999, que instituiu que o poder publico deve buscar cumprir e buscar obter êxito no preenchimento das vagas reservadas.(34)

Outra lei que merece destaque no presente trabalho, é a convenção sobre os direitos da pessoa com deficiência, incorporado pelo sistema jurídico com status de norma constitucional por meio do Decreto n. 6.949/2009, onde tem como embasamento princípios *in dubio pro capacitas* e intervenção mínima, apresenta a substituição da expressão "pessoa portadora de deficiência" por "pessoa com deficiência", reconhece a deficiência como um conceito em evolução, aponta a necessidade da superação de barreiras sociais e o reconhecimento da diversidade das PCDs como temas primordiais na elaboração de qualquer política que preveja a sua inclusão social.(35)

Outro preceito que trouxe e buscou garantir mais direitos as pessoas com deficiência é a Lei n. 13.146/2015, chamada estatuto da pessoa com deficiência, a qual trouxe avanços fundamentais para a conquista da autonomia na causa da deficiência, como por exemplo garantir às pessoas com deficiência o direito de casar ou constituir união estável e exercer direitos sexuais e reprodutivos em igualdade de condições com as demais pessoas, assegurou a oferta de sistema educacional inclusivo em todos os níveis e modalidades de ensino, inclusive com a adoção de um projeto pedagógico que institucionalize o atendimento educacional especializado, com fornecimento de profissionais de apoio, criou benefício assistencial para a pessoa com deficiência moderada ou grave que ingresse no mercado de trabalho em atividade que a enquadre como segurada obrigatória do Regime Geral de Previdência Social.(36)

Regulamentações como as apresentadas acima buscam melhorar a vida e a inclusão das pessoas com deficiência na sociedade de maneira mais adequada, e muitas delas, através de ações do poder público, aliada com ONGs e instituições filantrópicas auxiliam muito nessa busca pela igualdade a ser alcançada.

Exemplo disso, é que em fevereiro de 2019, o Ministério da Economia divulgou uma nota sobre a introdução de PCDs no trabalho, destacando que devido a ações de fiscalização da Secretaria Especial de Previdência e Trabalho do Ministério da Economia houve a contratação de 46,9 mil pessoas com Deficiência e reabilitados em 2018, sendo considerado o número de empregados formais (44.782) e aprendizes (2.118), onde no total foram realizadas 11,4 mil inspeções em todo o país.(37)

Segundo o próprio ministério confirma, o espaço das pessoas com alguma deficiência ainda é pequeno, eis que os Dados da Relação Anual de Informações

---

(33) BRASIL. *Lei n. 8.213, de 24 de julho de 1991*. Dispõe sobre os Planos de Benefícios da Previdência Social e dá outras providências. Disponível em <http://www.planalto.gov.br/ccivil_03/LEIS/L8213cons.htm>. Acesso em: 28 jan. 2021.

(34) CARDOSO, Laísa Mangela Gomes. *Pessoas com deficiência e inclusão no mercado de trabalho*: um estudo sobre lei de cotas, conflitos e cont(r)atos. Dissertação (Mestrado em Ciência Política) — Universidade de Brasília, Brasília, 2017. Disponível em: <http://repositorio.unb.br/handle/10482/23420>. Acesso em: 28 jan. 2021.

(35) LEMOS, R. D. D. Direito ao trabalho como elemento de inclusão social da pessoa com deficiência: análise da Lei n. 13.146/2015. *Revista de Informação Legislativa*, Brasília, 54 n. 214 abr./jun. 2017. Disponível em: <https://www12.senado.leg.br/ril/edicoes/54/214/ril_v54_n214_p153.pdf>. Acesso em: 28 jan.2021.

(36) BRASIL. Agencia Senado. Lei Brasileira de Inclusão entra em vigor e beneficia 45 milhões de pessoas. 21 de jan de 2016. Disponível em: <https://www12.senado.leg.br/noticias/materias/2016/01/21/lei-brasileira-de-inclusao-entra-em-vigor-e-beneficia-45-milhoes-de-brasileiros>. Acesso em: 28 jan. 2021.

(37) BRASIL. Secretaria de trabalho, ministério da economia. *Contratação de pessoas com deficiência bate recorde após fiscalização do Trabalho*. 12 de fev de 2019. Disponível em: <http://trabalho.gov.br/noticias/6856-contratacao-de-pessoas-com-deficiencia-bate-recorde-apos-fiscalizacao-do-trabalho>. Acesso em: 28 jan. 2021.

Sociais (RAIS) entre 2011 e 2017, o número de pessoas com deficiência inseridas no mercado de trabalho passou de 325.291 para 441.339, somente 116 mil pessoas a mais. O Cadastro Geral de Empregados e Desempregados (CAGED) informa que no ano de 2018 a totalidade de trabalhadores com deficiência era de 442.007 pessoas — apenas 668 empregados a mais de um ano para o outro.(38)

Leis e politicas públicas, como a lei de cotas e a fiscalização do seu cumprimento, são formas do estado compensar as desigualdades e buscar assegurar os direitos sociais de forma coletiva, entretanto, ao mesmo tempo em que é garantida a entrada desse grupo de pessoas no mercado de trabalho, ainda é possível se ver discriminações destes indivíduos, eis que o estudo acima relatado deixa de lado a apuração sobre a preparação, instrução e qualidades técnicas dos indivíduos para exercer algum cargo profissional, certo ainda que muitas das contratações não decorrem de opção das empresas mas muitas são entendidas como obrigações decorrentes de uma imposição legal, e diante disso, as pessoas com deficiência se deparam com duas situações frequentes, ou são tratados com pena no local de trabalho, ou poupadas de correções e de atos de reconhecimento profissional.(39)

Embora o estudo apontado pelo governo apresente um esboço de evolução, deixa ainda de levar em consideração outros fatores, como o fato de que a dificuldade na contratação das pessoas com deficiência, muitas vezes decorre da escolarização desse grupo, sendo comum as empresas preferirem contratar portadores de deficiência auditiva, física ou visual, pois essas deficiências possuem maiores recursos desenvolvidos que possibilita promover a aprendizagem e adaptação mais fácil dessas pessoas no trabalho, o que não extirpa o preconceito com pessoas que possuem outros tipos de deficiência (40)

Outra informação que merece destaque é que embora o mercado de trabalho busque cumprir com a legislação e contratar as pessoas com deficiência, a contratação é seletiva, oferecendo baixa remuneração salarial e restrição a alguns direitos trabalhistas.(41)

Em levantamento realizado sobre a média salarial das pessoas com deficiência no período compreendido entre dezembro de 2018 a julho de 2019, através de dados oficiais do CAGED — Cadastro Geral de Empregados e Desempregados da Secretaria da Previdência e Trabalho do Ministério da Economia, verificou-se que cerca de 6,7% de pessoas com deficiência no Brasil segundo o IBGE não estão tendo seus direitos respeitados.(42)

Referida pesquisa constatou que 18.926.564 profissionais efetivos admitidos e desligados com carteira assinada em regime CLT um total de 139.992 profissionais são PCDs (Pessoas Com Deficiência), o que representa uma participação no mercado de trabalho de 0.74%, constatou ainda que somente 8,4% desses trabalhadores correspondem a pessoas com deficiência mental, sendo que a grande maioria (48%) corresponde a empregados com deficiência física.(43)

Ainda, no levantamento realizado, restou constatado que os setores que mais contratam pessoas com deficiência no Brasil são o do comércio varejista de mercadorias em geral, com predominância de produtos alimentícios(supermercados), no total de 9.615 vagas, auferindo um salário médio de R$ 1.054,00, o setor de atividades de atendimento hospitalar (exceto pronto-socorro e unidades para atendimento a urgências), com total de 5.541 vagas e salário de R$ 1.346,00 e em 3º lugar o setor de limpeza em prédios e em domicílios, que contratou 3.203 pessoas com deficiência com salário médio de R$ 1.018,00.(44)

Dentre as cidades que mais contrataram, cita-se São Paulo/SP com 7.219 contratações formais, Rio de Janeiro/RJ com 3.184 e Brasília/DF com 2616, Curi-

(38) BRASIL. Secretaria de trabalho, ministério da economia. *Contratação de pessoas com deficiência bate recorde após fiscalização do Trabalho*. 12 de fev de 2019. Disponível em: <http://trabalho.gov.br/noticias/6856-contratacao-de-pessoas-com-deficiencia-bate-recorde-apos-fiscalizacao-do-trabalho>. Acesso em: 28 jan. 2021.

(39) MELO, Thielen Taveira; BARREIRA, Heleni S. *Inclusão e gestão da pessoa com deficiência no mercado de trabalho*. Disponível em: <https://laboratoriodeinclusao.files.wordpress.com/2012/12/inclusc3a3o-e-gestc3a3o-de-pcd-no-mercado-de-trabalho.pdf>. Acesso em: 28 jan. 2021.

(40) XAVIER DE FRANÇA, Inacia Sátiro; FREITAG PAGLIUCA, Lorita Marlena; SANTOS BAPTISTA, Rosilene. Política de inclusão do portador de deficiência: possibilidades e limites. *Acta Paulista de Enfermagem*, v. 21, n. 1, p. 112-116, ene./mar. 2008. Disponível em: <http://www.redalyc.org/articulo.oa?id=307023823018>. Acesso em: 28 jan. 2021.

(41) *Idem*.

(42) SALÁRIO. Pesquisa Cargos e Salários PCD 2019 — Tabela Salarial de Pessoas com Deficiência. Disponível em: <https://www.salario.com.br/tabela-salarial/salarios-pcd-pessoas-com-deficiencia/>. Acesso em: 28 jan. 2021.

(43) *Idem*.

(44) *Idem*.

tiba/PR ficou em 5º colocação com o total de 1.858 contratações.[45]

Embora a legislação busque a inserção de referido grupo no mercado de trabalho, tal política não é suficiente, sendo igualmente necessária uma gestão e adequação dessas pessoas, pois são diversos os tipos de deficiências que podem impactar sobre diferentes necessidades de adequação, nas condições e praticas de trabalho no cotidiano. Referidas adequações nas condições de trabalho dessas pessoas, são mudanças de vivencias, estruturas e culturas nas empresas contratantes buscando possibilitar melhores condições de igualdade e equidade no trabalho entre pessoas com deficiência.[46]

Segundo estudo realizado por Maria Nivalda de Carvalho-Freitas em pesquisa sobre a inserção de pessoas com deficiência no mercado de trabalho existem três fatores que buscam proporcionar melhores condições para garantir igualdade no trabalho às pessoas com deficiência. O primeiro seria da sensibilização, este fator focaliza a percepção das pessoas em relação às ações da empresa no sentido de sensibilizar chefes e demais funcionários para inserir as pessoas com deficiência e fornecer informações sobre saúde e segurança no trabalho às pessoas com deficiência contratadas. O segundo é a adaptação, onde identifica a percepção das pessoas em relação às adaptações nas condições e instrumentos de trabalho, realizadas pela empresa, para facilitar a inserção de pessoas com deficiência. O terceiro e último fator seria as práticas de Recursos Humanos, cujo fator indica a percepção das pessoas em relação à adequação das práticas de seleção, treinamento, promoção e transferência, realizadas pela empresa, com vistas a inserir as pessoas com deficiência.[47]

No capítulo a seguir buscamos discutir mais especificamente sobre as adaptações condições e instrumentos que facilitem não somente a inclusão das pessoas com deficiência no mercado de trabalho, mas também a sua permanência nesse núcleo social.

4. A utilização da tecnologia assistiva para inserção e manutenção do PCD no ambiente laboral

Embora a legislação e as políticas sociais busquem a inclusão de pessoas no mercado de trabalho para que essas façam parte integrante da sociedade e garantam sua posição de equidade entre as demais pessoas, se faz necessária não somente o mero cumprimento legal de inserção de pessoas no mercado de trabalho, mas também, atender as suas deficiências com modificações estruturais necessárias, fazendo uso de tecnologias que possibilitem a integração e manutenção dessas pessoas em seus empregos, construindo uma ideia não somente de inserção, mas uma verdadeira inclusão desse grupo de pessoas.[48]

Segundo Diógenes lemos, o conceito social de inclusão estabelece que não basta a sociedade aceitar as pessoas com deficiência, já que em direitos e obrigações são iguais perante os demais, a inclusão, que é proveniente das relações aos direitos humanos busca tratar esse grupo de pessoas como aptos a ter uma vida com total independência e pleno desenvolvimento de todas as capacidades individuais.[49]

Evidente que a evolução tecnológica busca tornar a vida das pessoas mais fácil, sendo certo que sem nos darmos conta, utilizamos constantemente ferramentas e tecnologias desenvolvidas para facilitar e simplificar as atividades diárias, como talheres, canetas, controle remoto, relógio, dentre outras em uma enorme lista de recursos, que já fazem parte do nosso dia a dia.[50]

---

(45) SALÁRIO. Pesquisa Cargos e Salários PCD 2019 — Tabela Salarial de Pessoas com Deficiência. Disponível em: <https://www.salario.com.br/tabela-salarial/salarios-pcd-pessoas-com-deficiencia/>. Acesso em: 28 jan. 2021.

(46) MELO, Thielen Taveira; BARREIRA, Heleni S. *Inclusão e gestão da pessoa com deficiência no mercado de trabalho*. Disponível em: <https://laboratoriodeinclusao.files.wordpress.com/2012/12/inclusc3a3o-e-gestc3a3o-de-pcd-no-mercado-de-trabalho.pdf>. Acesso em: 28 jan. 2021.

(47) CARVALHO FREITAS, Maria Nivalda; MARQUES, Antonio Luiz. *A inserção de pessoas com deficiência em empresas brasileiras:* uma dimensão específica da diversidade nas organizações. Disponível em: <http://www.anpad.org.br/admin/pdf/EOR-B879.pdf>. Acesso em: 28 jan. 2021.

(48) MELO, Thielen Taveira; BARREIRA, Heleni S. *Inclusão e gestão da pessoa com deficiência no mercado de trabalho*. Disponível em: <https://laboratoriodeinclusao.files.wordpress.com/2012/12/inclusc3a3o-e-gestc3a3o-de-pcd-no-mercado-de-trabalho.pdf>. Acesso em: 30 jan. 2021.

(49) LEMOS, R. D. D. Direito ao trabalho como elemento de inclusão social da pessoa com deficiência: Análise da Lei n. 13.146/2015. *Revista de Informação Legislativa*, Brasília, 54 n. 214 abr./jun. 2017. Disponível em: <https://www12.senado.leg.br/ril/edicoes/54/214/ril_v54_n214_p153.pdf>. Acesso em: 30 jan. 2021.

(50) BERSCH, R. *Introdução à Tecnologia Assistida. Centro Especializado em Desenvolvimento Infantil.* Porto Alegre, 2008. Disponível em: <http://www.assistiva.com.br/Introducao_Tecnologia_Assistiva.pdf>. Acesso em: 30 jan. 2021.

Como bem destaca o conselho nacional sobre deficiência dos estados unidos *"Para os americanos sem deficiência, a tecnologia facilita as coisas. Para os americanos com deficiência, a tecnologia torna as coisas possíveis"*, referido termo, obviamente não se aplica somente nos Estados Unidos, mas em todo o mundo e a todos os cidadãos de diferentes nações.(51)

Dito isso é necessário destacar a importância das tecnologias assistivas no mercado de trabalho.

Segundo Galvão Filho, Tecnologia Assistiva é um conceito ainda em processo de construção e sistematização, sendo que sua utilização, remonta aos primórdios da história da humanidade ou até mesmo da pré-história, eis que qualquer pedaço de pau utilizado como uma bengala improvisada, por exemplo, caracteriza o uso de um recurso de Tecnologia Assistiva.(52)

No Brasil, o Comitê de Ajudas Técnicas (CAT), instituído pela Portaria n. 142/2006 conceitua a tecnologia assistiva da seguinte maneira: *"Tecnologia Assistiva é uma área do conhecimento, de característica interdisciplinar, que engloba produtos, recursos, metodologias, estratégias, práticas e serviços que objetivam promover a funcionalidade, relacionada à atividade e participação de pessoas com deficiência, incapacidades ou mobilidade reduzida, visando sua autonomia, independência, qualidade de vida e inclusão social."*(53)

Em consonância, a lei brasileira de inclusão de pessoas com deficiência dispõe em seu artigo 37 que *"Constitui modo de inclusão da pessoa com deficiência no trabalho a colocação competitiva, em igualdade de oportunidades com as demais pessoas, nos termos da legislação trabalhista e previdenciária, na qual devem ser atendidas as regras de acessibilidade, o fornecimento de recursos de tecnologia assistiva e a adaptação razoável no ambiente de trabalho."*(54)

Existem diversos tipos de objetos e produtos que permitem maior autonomia e independência de pessoas deficientes nas tarefas cotidianas, ajudando permitindo ou facilitando o cuidado de pessoas em situação de dependência ou não, como por exemplo a alimentação, a cocção de alimentos, se vestir, tomar banho e realizar necessidades pessoais.(55)

Podemos citar ainda a titulo exemplificativo, fixadores de talheres à mão, teclados expandidos e programáveis, projetos de edificação e urbanismo que garantem acesso a pessoas com dificuldade em mobilidade, funcionalidade de mobilidade como banheiros adequados, órteses e próteses, cadeiras de rodas, entre muitas outras que possibilitam às pessoas com deficiências possuírem maior autonomia e liberdade no cotidiano.(56)

Conforme se verifica o maior objetivo das tecnologias assistivas é proporcionar as pessoas com deficiência maior independência, qualidade de vida e inclusão social, através da ampliação de sua comunicação, mobilidade e controle de seu ambiente de trabalho.(57)

Feita essas breves considerações sobre o conceito de tecnologia assistiva, se faz agora necessário verificar como essas tecnologias podem ser incluídas, implementadas e utilizadas no ambiente laboral.

A classificação utilizada pelo Ministério da Fazenda; Ciência, Tecnologia e Inovação e pela Secretaria Nacional de Direitos Humanos da Presidência da República que faz parte integrante da Portaria n. 362/2012 a qual discorre e regulamenta os critérios em relação a linhas de crédito subsidiados pelo governo para aquisição de bens e serviços de Tecnologia Assistiva destinados às pessoas com deficiência, apresenta um rol bastante amplo em relação a bens

(51) DISABILITY, National council on study on the financing of assistive technology devices and services for individuals with disabilities. Disponível em: <https://ncd.gov/publications/1993/Mar41993>. Acesso em: 30 jan. 2021.

(52) GALVÃO FILHO, T. Tecnologia assistiva: favorecendo o desenvolvimento e a aprendizagem em contextos educacionais inclusivos. In: GIROTO, C. R. M.; POKER, R. B.; OMOTE, S. (Org.). *As tecnologias nas práticas pedagógicas inclusivas.* Marília: Cultura Acadêmica, 2012. p. 65-92. Disponível em <http://www.galvaofilho.net/TA_educacao.pdf>. Acesso em: 30 jan. 2021.

(53) BRASIL. Subsecretaria Nacional de Promoção dos Direitos da Pessoa com Deficiência. Comitê de Ajudas Técnicas. *Tecnologia Assistiva.* Brasília: CORDE, 2009. Disponível em: <https://www.mpes.mp.br/Arquivos/Anexos/385c40f5-66aa-42a6-beef-eb7621350f95.pdf>. Acesso em: 30 jan. 2021.

(54) BRASIL. *Lei n. 13.146, de 6 de julho de 2015*. Institui a Lei Brasileira de Inclusão da Pessoa com Deficiência (Estatuto da Pessoa com Deficiência). Disponível em: <http://www.planalto.gov.br/ccivil_03/_ato2015-2018/2015/lei/l13146.htm>. Acesso em: 30 jan. 2021.

(55) BERSCH, R. *Introdução à tecnologia assistida*. Centro Especializado em Desenvolvimento Infantil. Porto Alegre, 2008. Disponível em: <http://www.assistiva.com.br/Introducao_Tecnologia_Assistiva.pdf>. Acesso em: 30 jan. 2021.

(56) *Idem.*

(57) SILVA JUNIOR, Geraldo Elias. *Tecnologia assistiva e as contribuições para a permanência da pessoa com deficiência no ambiente de trabalho de uma Instituição Federal de Ensino Superior*. Dissertação (Mestrado em Desenvolvimento, Tecnologia e Sociedade) — Universidade Federal de Itajubá, Itajubá, 2019.

e serviços que são considerados como tecnologias assistivas.[58]

Aplicando um filtro na classificação apresentada pela instituição, se faz interessante destacar alguns que estão intimamente relacionados com o ambiente de trabalho, como por exemplo as pranchas de comunicação, aparelhos que produzem voz/vocalizadores, computadores com programações/softwares/ hardwares específicos, destinadas a pessoas com dificuldade em falar ou escrever.[59]

Em relação a tecnologias em relação a uso de computadores Bersch aponta a necessidade de um conjunto de *hardware* e software especialmente idealizado para tornar o computador acessível a pessoas com privações sensoriais (visuais e auditivas), intelectuais e motoras citando como exemplos teclados modificados, os teclados virtuais com varredura, mouses especiais e acionadores diversos, *software* de reconhecimento de voz, dispositivos apontadores que valorizam movimento de cabeça, movimento de olhos, onda cerebrais (pensamento), órteses e ponteiras para digitação, entre outros.[60]

Outro exemplo que merece destaque em relação à inclusão de PCD no mercado de trabalho é referente a objetos que possibilitem auxiliar e amplificar a visão das pessoas através de programas/aparatos que traduzem conteúdos visuais em áudio ou informação tátil, como lentes/lupas manuais e eletrônicas, programas que ampliam o tamanho da imagem na tela, mapas e gráficos possíveis de leitura com o tato entre outros.[61]

Galvão Filho em um artigo específico em relação à tecnologia assistiva em ambiente computacional proporciona diversas ideias e recursos, com imagens dos aparatos utilizados no dia a dia, nos possibilitando visualizar e entender como é possível que tecnologias assistivas integrem as pessoas na sociedade e no trabalho.

Destaques para a máscara de teclado ou colmeia que é uma placa de plástico ou acrílico com um furo correspondente a cada tecla do teclado, buscando evitar que a pessoa com dificuldades de coordenação motora pressione, involuntariamente, mais de uma tecla ao mesmo tempo.[62]

Figura 1 — exemplo de máscara de teclado ou colmeia.

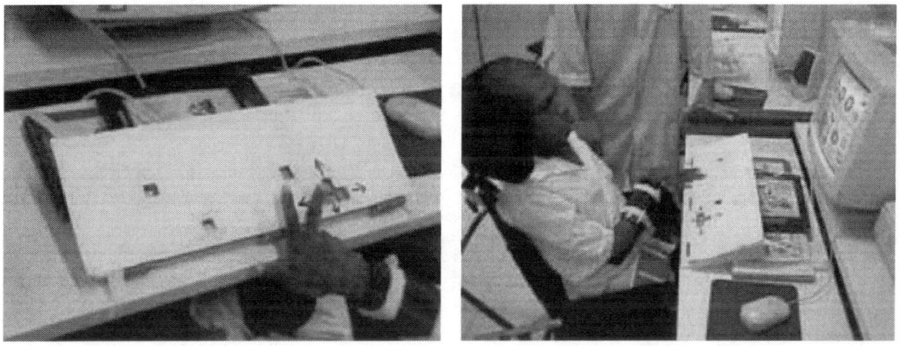

Fonte: GALVÃO FILHO, T. Tecnologia Assistiva: favorecendo o desenvolvimento e a aprendizagem em contextos educacionais inclusivos. In: GIROTO, C. R. M.; POKER, R. B.; OMOTE, S. (Org.). *As tecnologias nas práticas pedagógicas inclusivas.* Marília: Cultura Acadêmica, 2012. p. 65-92. Disponível em <http://www.galvaofilho.net/TA_educacao.pdf>. Acesso em: 30 jan. 2021.

O autor cita outros exemplos de Softwares Especiais de Acessibilidade, como os simuladores de teclado e de mouse, que podem ser operados de forma simples, citado um aluno do programa

(58) BRASIL. Ministério da Economia, Fazenda. *Portaria interministerial n. 362, de 24 de outubro de 2012.* Dispõe sobre o limite de renda mensal dos tomadores de recursos nas operações de crédito para aquisição de bens e serviços de Tecnologia Assistiva destinados às pessoas com deficiência e sobre o rol dos bens e serviços. Disponível em: <http://fazenda.gov.br/acesso-a-informacao/institucional/legislacao/portarias-interministeriais/2012/portaria-362>. Acesso em: 30 jan. 2021.

(59) BERSCH, R. *Introdução à Tecnologia Assistida.* Centro Especializado em Desenvolvimento Infantil. Porto Alegre, 2008. Disponível em: <http://www.assistiva.com.br/Introducao_Tecnologia_Assistiva.pdf>. Acesso em: 30 jan. 2021.

(60) *Idem.*

(61) *Idem.*

(62) GALVÃO FILHO, T. Tecnologia Assistiva: favorecendo o desenvolvimento e a aprendizagem em contextos educacionais inclusivos. In: GIROTO, C. R. M.; POKER, R. B.; OMOTE, S. (Org.). *As tecnologias nas práticas pedagógicas inclusivas.* Marília: Cultura Acadêmica, 2012. p. 65-92. Disponível em <http://www.galvaofilho.net/TA_educacao.pdf>. Acesso em: 30 jan. 2021.

Informática na Educação Especial, que começou a trabalhar com computador mesmo sendo portador de tetraplegia, onde, através de programas/aparelhos específicos e adaptados, ele consegue transmitir seus comandos ao computador por meio de sopros em um microfone, o permitindo com isso escrever, desenhar, jogar e realizar outras atividades que antes eram impossíveis.(63)

Figura 2 — Pessoa tetraplégica utilizando computador adaptado

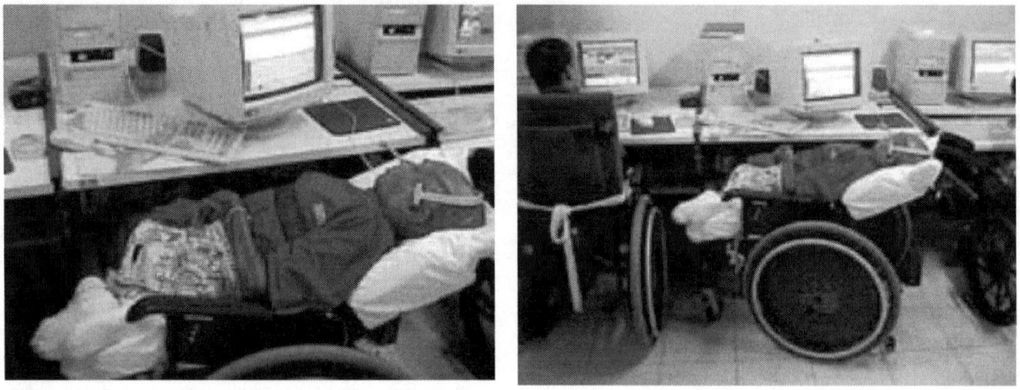

Fonte: GALVÃO FILHO, T. Tecnologia Assistiva: favorecendo o desenvolvimento e a aprendizagem em contextos educacionais inclusivos. In: GIROTO, C. R. M.; POKER, R. B.; OMOTE, S. (Org.). *As tecnologias nas práticas pedagógicas inclusivas*. Marília: Cultura Acadêmica, 2012. p. 65-92. Disponível em <http://www.galvaofilho.net/TA_educacao.pdf>. Acesso em: 30 jan. 2021.

Ainda, além de periféricos e hardwares existentes para computadores, existem também aplicativos de celular que se enquadram como tecnologias assistivas, como por exemplo, o Access Earth, que busca oferecer informações sobre a acessibilidade dos estabelecimentos em diferentes partes do mundo, tornando viagens mais fáceis para as pessoas com deficiência.(64)

Outro programa incrivelmente elaborado é o Essential Acessibility que auxilia pessoas com diferentes tipos de deficiência a navegar na internet permitindo controlar o cursor com movimentos da cabeça ou comando de voz, facilitando a vida dos usuários que têm dificuldades para usar mouse e teclado, realizando também leitura do conteúdo na tela, buscando beneficiar pessoas com dificuldades de visão.

Mais um exemplo a ser citado é o Dot Smart Watch, um smart watch acessível para as pessoas com deficiência visual que possui um painel com 24 pinos que exibem mensagens em Braille, onde os pinos vão subindo e descendo para formar as palavras e o usuário pode ler e-mails, documentos e outros conteúdos por meio do toque.(65)

O que se verifica quando se fala no processo de inclusão da pessoa com deficiência no mercado de trabalho, é que embora se verifique a existência de leis que busquem a integração e a garantia de inclusão das pessoas com deficiência no ramo laboral, ainda é pouco perto do grande número de pessoas que se encontram com alguma deficiência e não conseguem se integrar na sociedade através de um emprego, e quando conseguem se deparam com dificuldades, como salários menores, dificuldades de estabilização no emprego, preconceitos sofridos, entre outros.

A utilização de tecnologias assistivas, como um tipo de mediação instrumental, auxilia e busca confirmar a igualdade entre as pessoas com deficiência a todas as demais, e com o avanço da tecnologia existente, e o seu uso para a criação de ferramentas, suportes e instrumentos, a inclusão dessas pessoas

(63) GALVÃO FILHO, T. Tecnologia Assistiva: favorecendo o desenvolvimento e a aprendizagem em contextos educacionais inclusivos. In: GIROTO, C. R. M.; POKER, R. B.; OMOTE, S. (Org.). *As tecnologias nas práticas pedagógicas inclusivas*. Marília: Cultura Acadêmica, 2012. p. 65-92. Disponível em <http://www.galvaofilho.net/TA_educacao.pdf>. Acesso em: 30 jan. 2021.

(64) BOGAS, João Vitor. *Tecnologias assistivas*: os aplicativos e plataformas mais incríveis que você não conhecia. Disponível em: <http://blog.handtalk.me/tecnologias-assistivas-gringas/>. Acesso em: 30 jan. 2021.

(65) *Idem*.

será muito mais fácil e justa na sociedade como um todo.

5. *Conclusão*

Conforme se verificou das pesquisas bibliográficas realizadas, as pessoas com deficiência sofreram discriminações e preconceitos ao longo de toda a história, e somente após muita luta, reivindicações e movimentos sociais obtiveram evoluções e conquistas de seus direitos.

O direito ao trabalho que possui característica de direito fundamental reconhecido pela ONU contribui para a autonomia dessas pessoas, lhe proporcionando condições de aprendizagem e desenvolvimento, garantindo a elas segurança e independência financeira tornando-as mais autônomas.

Certo de que a inclusão de maneira justa dessas pessoas na sociedade não é algo imediato e fácil, pode-se afirmar que o emprego e o trabalho possibilitam que estas sintam-se parte integrante de uma sociedade como um todo, tirando o estigma de que não produzem ou são dependentes de algo ou alguém, sendo em sua essência uma maneira de promover a igualdade com os demais.

Certo de que a tecnologia por si só não garanta a imediata inclusão, tanto na sociedade quanto no mercado de trabalho, podemos ao menos nos manter esperançosos que a sua utilização, e os constantes avanços tecnológicos certamente proporcionarão ao trabalhador com deficiência uma maior participação, manutenção e qualificação para a atividade laboral que pretende exercer ou já está desempenhando, e com isso aprimore e melhore suas relações interpessoais e desempenho profissional.

As tecnologias assistivas empregadas no ambiente de trabalho buscam aperfeiçoar e aumentar o ingresso e permanência das pessoas com deficiência no mundo do trabalho, possibilitando sua autonomia, o exercício da cidadania, e o resgate de sua autoestima, e a utilização desses meios amplifica o sentimento de igualdade perante todos os demais.

6. *Referências*

ALEXY, Robert. *Teoria dos direitos fundamentais.* 5. ed. Tradução de Vírgilio Afonso da Silva. São Paulo: Malheiros, 2008.

ARANHA, Maria Salete Fábio. Integração social do deficiente: análise conceitual e metodológica. *Temas Psicol.*, Ribeirão Preto, v. 3, n. 2, p. 63-70, ago. 1995. Disponível em: <http://pepsic.bvsalud.org/scielo.php?script=sci_arttext&pid =S1413-389X1995000200008&lng= pt&nrm=iso>.

BERSCH, R. *Introdução à Tecnologia Assistida.* Centro Especializado em Desenvolvimento Infantil. Porto Alegre, 2008. Disponível em: <http://www.assistiva.com.br/Introducao_Tecnologia_ Assistiva.pdf>.

BRASIL, Presidência da República, Casa Civil, Subchefia para Assuntos Jurídicos. *Constituição da Republica Federativa do Brasil, 1988.* Disponível em: <http://www.planalto.gov.br/ccivil_03 /Constituicao/Constituicao.htm>.

______. Subchefia para Assuntos Jurídicos. *Constituição da Republica Federativa do Brasil, 1988.* Disponível em: <https://www.senado.leg.br/atividade/const/con1988/con1988_ 03.07.2 019/art_23_.asp>.

______. *Decreto n. 129, de 22 de maio de 1991.* Promulga a Convenção n. 159 da Organização Internacional do Trabalho — OIT, sobre Reabilitação Profissional e Emprego de Pessoas Deficientes. Disponível em: <http://www.planalto.gov.br/ ccivil_03/decreto/1990-1994/D0129.htm>.

______. *Lei n. 8.213, de 24 de julho de 1991.* Dispõe sobre os Planos de Benefícios da Previdência Social e dá outras providências. Disponível em: <http://www.planalto.gov.br/ccivil_03/LEIS/L8213cons.htm>.

______. Subsecretaria Nacional de Promoção dos Direitos da Pessoa com Deficiência. *Comitê de Ajudas Técnicas. Tecnologia Assistiva.* Brasília: CORDE, 2009. Disponível em: <https://www.mpes.mp.br/Arquivos/Anexos/385c40f5- 66aa-42a6- beef-eb7621350f95.pdf>.

______. Ministério da Economia, Fazenda. *Portaria interministerial n. 362, de 24 de outubro de 2012.* Dispõe sobre o limite de renda mensal dos tomadores de recursos nas operações de crédito para aquisição de bens e serviços de Tecnologia Assistiva destinados às pessoas com deficiência e sobre o rol dos bens e serviços. Disponível em: <http://fazenda.gov.br/acesso-a-informacao /institucional/legislacao/portarias-interministeriais/ 2012/portaria-362>.

______. *Lei n. 13.146, de 6 de julho de 2015.* Dispõe sobre Inclusão da Pessoa com Deficiência (Estatuto da Pessoa com Deficiência. Disponível em: <http://www.planalto.gov.br/ ccivil_03/_ato2015-2018/2015/lei/l13146.htm>.

______ . Agencia Senado. *Lei Brasileira de Inclusão entra em vigor e beneficia 45 milhões de pessoas.* 21 de jan de 2016. Disponível em: <https://www12.senado.leg.br/noticias/materias/2016/01/21/lei-brasileira-de-inclusao-entra-em- vigor-e-beneficia-45-milhoes-de-brasileiros>.

______ . Secretaria de trabalho, ministério da economia. *Contratação de pessoas com deficiência bate recorde após fiscalização do Trabalho.* 12 fev. 2019. Disponível em: <http://trabalho.gov.br/noticias/6856-contratacao-de-pessoas-com-deficiencia-bate-recorde-apos-fiscalizacao-do-trabalho>.

______ . *Lei n. 13.146, de 6 de julho de 2015.* Institui a Lei Brasileira de Inclusão da Pessoa com Deficiência (Estatuto da Pessoa com Deficiência). Disponível em: <http://www.planalto.gov.br/ ccivil_03/_ato2015-2018/2015/lei/l13146.htm>.

BOGAS, João Vitor. *Tecnologias assistivas:* os aplicativos e plataformas mais incríveis que você não conhecia. Disponível em: <http://blog.handtalk.me/tecnologias-assistivas-gringas/>.

BUSCAGLIA, L. *Os deficientes também são pessoas. Os deficientes e seus pais* — um desafio ao aconselhamento. Rio de Janeiro: Record, 1993. Disponível em: <http://feapaesp.org.br/material_download/325_Os%20deficientes% 20e%20seus%20pais%20-%20Leo%20Buscaglia.pdf>.

CARDOSO, Laísa Mangela Gomes. *Pessoas com deficiência e inclusão no mercado de trabalho:* um estudo sobre lei de cotas, conflitos e cont(r)atos. Dissertação (Mestrado em Ciência Política) Universidade de Brasília, Brasília, 2017. Disponível em: <http://repositorio.unb.br/handle/10482/23420>.

CARVALHO FREITAS, Maria Nivalda; MARQUES, Antonio Luiz. *A inserção de pessoas com deficiência em empresas brasileiras:* uma dimensão específica da diversidade nas organizações. Disponível em: <http://www.anpad.org.br/ admin/pdf/EOR-B879.pdf>.

CAVALCANTE FILHO, João Trindade. *Teoria geral dos direitos fundamentais.* Disponível em: <http://www.stf.jus.br/repositorio/cms/portaltvjustica/portaltvjusticanoticia/anexo/joao_trindadade__ teoria_geral_dos_direitos_fundamentais.pdf>.

DISABILITY, National Council on. *Study on the financing of assistive technology devices and services for individuals with disabilities.* Disponível em: <https://ncd.gov/publications/1993/ Mar41993>.

GALVÃO FILHO, T. Tecnologia Assistiva: favorecendo o desenvolvimento e a aprendizagem em contextos educacionais inclusivos. In: GIROTO, C. R. M.; POKER, R. B.; OMOTE, S. (Org.). *As tecnologias nas práticas pedagógicas inclusivas.* Marília: Cultura Acadêmica, 2012. Disponível em: <http://www.galvaofilho.net/TA_ educacao.pdf>.

KANG, Thomas H. Justiça e desenvolvimento no pensamento de Amartya Sen. *Rev. Econ. Polit. São Paulo,* v. 31, n. 3, p. 352-369, sept. 2011. Disponível em: <http://www.scielo.br/scielo.php?script=sci_arttext&pid=S0101- 31572011000300002&lng=en&nrm=iso>.

LEMOS, R. D. D. Direito ao trabalho como elemento de inclusão social da pessoa com deficiência: Análise da Lei n. 13.146/2015. *Revista de Informação Legislativa,* Brasília, 54, n. 214 abr./jun. 2017. Disponível em: <https://www12.senado.leg.br/ril/edicoes/54/214/ril_v54_n214_p153.pdf>.

LIMA, Bruno Ceren; DANTAS, Lucas Emanuel Ricci. Inclusão: um direito fundamental da pessoa com deficiência. *I Simpósio Regional sobre Direitos Humanos e Fundamentais.* Marília: UNIVEM, 2013. Disponível em: <https://www.univem.edu.br/ii-simposio-regional-sobre- direitos-humanos-e-fundamentais>.

MELO, Thielen Taveira; BARREIRA, Heleni S. *Inclusão e gestão da pessoa com deficiência no mercado de trabalho.* Disponível em: <https://laboratoriodeinclusao.files.wordpress.com/2012/12/ inclusc3a3o-e-gestc3a3o-de-pcd-no-mercado-de-trabalho.pdf>.

OIT. Organização Internacional do Trabalho. *Convenção n. 159 Convenção sobre Reabilitação Profissional e Emprego de Pessoas Deficientes.* Disponível em: <https://www.tecnolegis.com/estudo-dirigido/auditor-fiscal-do-trabalho-2009/convencao-159- oit.html>.

ONU. Organização das Nações Unidas. *OIT Organização Internacional do Trabalho.* Disponível em: <https://nacoesunidas.org/ agencia/oit/>.

______ . *Direito ao trabalho. Artigo 23.* Disponível em: https://nacoesunidas.org/artigo-23- direito-ao- trabalho/.

PEREIRA, Ana Cristina Cypriano; RODRIGUES, Graciela; PASSERINO, Liliana Maria. "Dê-me um ponto de apoio e eu moverei o mundo": a importância da tecnologia assistiva na inclusão de pessoas com deficiência no mercado de trabalho. *Symposium Internacional Discapacidad:* Imaginar, crear, innovar com computadoras, 2010, Mondevideo. Disponível em: <http://capacidad.es/ fida2010sica/C-0311.pdf>.

SALÁRIO. *Pesquisa Cargos e Salários PCD 2019 —* Tabela Salarial de Pessoas Com Deficiência. Disponível em: <https://www.salario.com.br/tabela-salarial/salarios-pcd- pessoas-com-deficiencia/>.

SEN, Amartya Kumar. *Desigualdade reexaminada*. 2. ed. Tradução e apresentação de Ricardo Doninelli Mendes. Rio de Janeiro: Record, 2008.

SILVA JUNIOR, Geraldo Elias. *Tecnologia Assistiva e as contribuições para a permanência da pessoa com deficiência no ambiente de trabalho de uma Instituição Federal de Ensino Superior*. Dissertação (Mestrado em Desenvolvimento, Tecnologia e Sociedade) — Universidade Federal de Itajubá, Itajubá, 2019.

VITA, Álvaro de. *A justiça igualitária e seus críticos*. São Paulo: Unesp, 2000.

XAVIER DE FRANÇA, Inacia Sátiro; FREITAG PAGLIUCA, Lorita Marlena; SANTOS BAPTISTA, Rosilene. Política de inclusão do portador de deficiência: possibilidades e limites. *Acta Paulista de Enfermagem*, v. 21, n. 1, p. 112-116, ene./mar. 2008. Disponível em: <http://www.redalyc.org/articulo.oa?id=307023823018>.

As Contribuições da Comunicação no Ambiente Organizacional para Minimização dos Impactos Provocados pela Adoção do Teletrabalho em Tempos da COVID-19

Ana Lucia Pazos Moraes[(1)]
Alexandra Souza Nigri[(2)]

1. Introdução

As circunstâncias atuais de exercício da atividade laborativa, traz a reflexão sobre trecho da obra "O presidente Negro" de Monteiro Lobato, datada de 1926:

> "O que se dará é o seguinte: o radiotransporte tornará inútil o corre corre atual. Em vez de ir todos os dias o empregado para o escritório e voltar pendurado num bondeque desliza sobre barulhentas rodas de aço, fará ele o seu serviço em casa e o radiará para o escritório, em suma: trabalhará à distância" ("O Presidente Negro", Monteiro Lobato, 1926).

Se não fosse uma obra de ficção, Lobato seria um visionário. Contudo o tema se apresenta atual e merece reflexão sobre a interferência da tecnologia na vida privada.

Atualmente a adoção do teletrabalho apresenta-se como imprescindível nas organizações e para que sejam entendidas as novas dinâmicas e necessidades dos colaboradores, o presente estudo problematiza o aperfeiçoamento da comunicação entre líderes e equipes que migraram bruscamente para o teletrabalho de maneira a prevenir conflitos e ampliar os níveis de engajamento durante a pandemia da COVID-19.

A interferência na vida privada, o período de descanso afetado com a conexão em tempo integral, o prejuízo da saúde física e mental acarretada pela sobrecarga de tarefas reflete na saúde não só do trabalhador e da organização como de toda sociedade. O constante sentimento de solitude é um reflexo do isolamento provocado pela crise da COVID-19, e ocorreu a nível global.

Apesar de previsto na Reforma Trabalhista de 2017, o teletrabalho não era uma realidade nacional sobretudo em razão de fatores decorrentes da desigualdade econômica, com destaque para a deficitária rede de dados disponibilizada nos quatro cantos do país.

O tema do teletrabalho já desperta preocupação e atenção de organizações como a Volkswagem e países como a França, que foi o primeiro país a normatizar o tema.

A partir da situação presente, busca-se respostas para soluções personalíssimas a serem desenvolvidas e que se perpetuem além da pandemia, compreendendo as motivações dos desdobramentos negativos que tem sido relatados e diminuindo a intervenção estatal sobre comportamentos abusivos decorrentes de uma comunicação deficitária entre colaboradores e empresa.

2. Contexto histórico

A tecnologia sempre exerceu forte influência nas revoluções industriais. Na primeira, ocorrida entre 1760 e 1860, a energia a vapor proporcionou o

---

(1) Advogada graduada pela UFRJ, Mediadora de Conflitos certificada pelo ICFML (Instituto de Certificação de Mediadores Lusófonos, inscrita no TJ/RJ, MBE em Meio Ambiente, pós graduada em Mediação de Conflitos Escolares, Terceiro Setor e Responsabilidade Social, Processo Civil, Direito Público. LLM em Mediação, Gestão e Resolução de Conflitos (cursando).

(2) Advogada graduada pela Universidade Santa Úrsula, pós-graduada em Didática para o Ensino Superior. Mestranda em Direito na Universidade Estácio de Sá.

desenvolvimento na extração de minérios, indústria têxtil e de produtos manufaturados, e no transporte. Após, entre 1850 e 1945 o destaque foi para o petróleo que substituiu o carvão e impulsionou a produção de energia e a eletricidade facilitou a iluminação e a comunicação.

E a terceira revolução, que se caracteriza pela chegada dos robôs, computadores e softwares e sua constante evolução. É a que vivemos nos dias atuais, e está com os dias contados com a chegada da quarta revolução, que consiste na convergência entre tecnologias digitais, físicas e biológicas, com inovações tecnológicas como internet das coisas(3), computação em nuvem(4) e sistemas ciberfísicos(5), trazendo mais mobilidade para a gestão das organizações.

Em outubro/2015 a Fecomércio São Paulo promoveu evento intitulado "O futuro do trabalho: por que ter medo das novas tecnologias?" Há apenas seis anos a nova proposta de trabalho já despertava preocupação e evitava-se o enfrentamento de estudos dos seus impactos na vida do trabalhador e da organização.

É inegável que a tecnologia proporcionou enorme avanço na área da comunicação para as relações de trabalho permitindo a flexibilização da jornada, encurtando distâncias, facilitando a interação intra e inter equipes, bem como destacou a importância do domínio da comunicação no ambiente de trabalho.

Contudo, apesar dos benefícios trazidos pela tecnologia, o avanço nos postos de trabalho descortinou várias contradições a respeito da saúde do trabalhador e da sociedade, atingindo não só o trabalhador como toda sua família. Souto Maior(6), 2011 propõe a seguinte reflexão:

> O grande paradoxo do mundo do trabalho moderno, que nos desafia, diariamente, e que assim se enuncia: enquanto grande parcela da população não tem acesso ao trabalho e isto põe em risco a sua sobrevivência, uma outra parcela, não menos considerável, está se matando de tanto trabalhar ou alienando-se no trabalho.

3. *O reflexo da pandemia da COVID-19 e o aspecto jurídico da relação de trabalho*

Em razão da crise sanitária que refletiu globalmente no mundo corporativo, o ambiente de trabalho remoto se tornou a regra com a predominância da tecnologia como meio de desenvolvimento da atividade laborativa. E o excepcional aumento do emprego da comunicação remota acabou por acarretar a conexão do trabalhador com seu local de trabalho em tempo integral.

No Brasil, logo após ser declarada a pandemia e o "*lockdown*(7)" foi editada a Medida Provisória n. 927/2020 prevendo a possibilidade de adoção do teletrabalho nos seguintes termos:

> Art. 3º Para enfrentamento dos efeitos econômicos decorrentes do estado de calamidade pública e para a preservação do emprego e da renda, poderão ser adotadas pelos empregadores, dentre outras, as seguintes medidas:
>
> I — Teletrabalho
>
> ...

O teletrabalho, já normatizado a partir da Reforma Trabalhista (Lei n. 13.467/2017), previsto nos artigos 75-A ao 75-E da CLT é decorrente da revolução tecnológica e vinha sendo utilizado em pequena escala nas relações de emprego. É uma modalidade flexível de prestação de serviço que invariavelmente viola o direito ao descanso, a privacidade e a intimidade, ao transformar o ambiente familiar em local de trabalho. É prevista nos seguintes termos: "(...) a prestação de serviços preponderantemente fora das dependências do empregador, com a utilização de tecnologias da informação e de comunicação que,

(3) Internet das Coisas ou IoT (*Internet of Things*) é um conceito que define a conexão entre objetos físicos e o usuário com a internet.

(4) A computação em nuvem (ou *cloud computing*, em inglês) é uma tecnologia que permite o acesso remoto através de qualquer dispositivo, em qualquer parte do mundo e a qualquer hora, de softwares, armazenamento de arquivos e processamento de dados pela Internet

(5) A computação em nuvem (ou *cloud computing*, em inglês) é uma tecnologia que permite o acesso remoto através de qualquer dispositivo, em qualquer parte do mundo e a qualquer hora, de softwares, armazenamento de arquivos e processamento de dados pela Internet

(6) SOUTO MAIOR, Jorge Luiz. *Do Direito à Desconexão do Trabalho*. 2011. Disponível em <https://egov.ufsc.br/portal/sites/default/files/do_direito_a_desconexao_do_trabalho.pdf>. Acesso em: 12 fev. 2021.

(7) É uma imposição do Estado que significa bloqueio total. No cenário pandêmico, essa medida é a mais rigorosa a ser tomada e serve para desacelerar a propagação do novo Coronavírus, quando as medidas de isolamento social e de quarentena não são suficientes e os casos aumentam diariamente.

por sua natureza, não se constituam como trabalho externo (...)".

O *home office* configura-se como o trabalho realizado em casa de forma não preponderante. Neste caso, o empregado não deixa de exercer sua atividade no ambiente corporativo. O controle da jornada de trabalho é feito pelo empregador e todas as obrigações de ambos persistem como se estivessem no espaço físico da empresa.

Com o isolamento provocado pela pandemia da COVID-19, o teletrabalho e o *home office* foram adotados universalmente, assim a atuação que se esperava para o futuro, se tornou, abruptamente, realidade. Diante da perspectiva que seja mantida, é importante que se faça a correta distinção entre os dois institutos, para que sejam preservados os direito e garantias do empregado e empregador, pois hoje se utilizam ambas nomenclaturas indistintamente, em um conceito que abarca os dois institutos.

Dentre os questionamentos surgidos a partir da nova prática, temos o pagamento dos benefícios de vale-transporte e vale-alimentação/refeição que tem gerado inúmeras controvérsias, apesar do art. 6º da Consolidação das Leis Trabalhistas ser claro ao prever:

> não se distingue entre o trabalho realizado no estabelecimento do empregador, o executado no domicílio do empregado e o realizado a distância, desde que estejam caracterizados os pressupostos da relação de emprego.
>
> Parágrafo único. Os meios telemáticos e informatizados de comando, controle e supervisão se equiparam, para fins de subordinação jurídica, aos meios pessoais e diretos de comando, controle e supervisão do trabalho alheio.

Para Sutherland, 2021[8] em relação ao vale-transporte é razoável o entendimento que se não há deslocamento para o trabalho, não há necessidade de realizar o pagamento enquanto permanecer em regime de teletrabalho. Já em relação ao vale- refeição/alimentação este deve permanecer, por constituir necessidade básica do trabalhador independentemente do local que realiza a atividade laborativa.

Se o pagamento do vale-transporte e vale-alimentação/refeição já consolidados na rotina do empregado/empregador gerou questionamentos, a inclusão de despesas como internet, luz, material de escritório, equipamentos eletrônicos e de informática no orçamento mensal do empregado, também suscitou indagação e inconformismo ao ser constatado que a situação não era transitória, nem a curto prazo. É imprescindível que se defina quanto ao fornecimento de equipamentos, ferramentas e infraestrutura de trabalho.

Além das questões estruturais para o desenvolvimento da atividade fora do ambiente laboral Calcini e Ribeiro[9], 2020, listam como desvantagens a dificuldade de conciliar trabalho remunerado com vida pessoal, efeitos relacionados à saúde e bem-estar dos trabalhadores, problemas ergonômicos e os riscos psicossociais relacionados à intensidade do trabalho, quebra de privacidade do ambiente familiar e da empresa e a falta de convívio social provocada pelo isolamento.

4. O direito de desligar: uma necessidade para preservação da saúde

Os debates em torno do "Direito de Desligar" que em síntese é o respeito ao limite entre a vida privada e o trabalho quando ambos dividem o mesmo espaço físico, floresceram com a experiência vivenciada pelo empregado de estar conectado em tempo integral com sua atividade laborativa. A necessidade de descanso está relacionada a saúde física e mental do trabalhador.

A Constituição de 1988, no rol dos direitos sociais tutelou os direitos trabalhistas do art. 7º ao 11. A proteção ao descanso está prevista nos incisos abaixo expostos:

> XIII — duração do trabalho normal não superior a oito horas diárias e quarenta e quatro semanais, facultada a compensação de horários e a redução da jornada, mediante acordo ou convenção coletiva de trabalho;
>
> XIV — jornada de seis horas para o trabalho realizado em turnos ininterruptos de revezamento, salvo negociação coletiva;

(8) SUTHERLAND, Virginia. Considerações sobre o home office. *ConJur*, ed 20.01.2021. Disponível em: <https://www.conjurcom.br/2021-jan-20/virginia-sutherland-consideracoes-home-office>. Acesso em: 21. jan. 2021.

(9) CALCINI, Ricardo. RIBEIRO, Viviane. *Trabalho em domicílio e proteção pela OIT*. Disponível em: <https://www.conjur.com.br/2021-jan-21/pratica-trabalhistatrabalho-domicilio-protecao-oit>. Acesso em: 10 fev. 2021.

XV — repouso semanal remunerado, preferencialmente aos domingos.

Ao integrar o rol dos direitos fundamentais previstos na Constituição da República, o direito ao descanso não pode ser suprimido, estando intimamente ligado a dignidade do ser humano. É a adesão ao Princípio da Vedação ou Proibição ao Retrocesso dos Direitos Fundamentais que veda qualquer medida objetivando a supressão ou enfraquecimento dos direitos fundamentais.

Não há descanso se não houver interrupção do trabalho. Em 2011 Souto Maior[(10)], já manifestava preocupação com o tema, sem prever o cenário decorrente da pandemia em que o uso da tecnologia se fez essencial para continuidade da relação trabalhista. Refletia sobre o dilema entre a possibilidade infinita de informação proporcionada pela tecnologia e a necessidade sem limites de "consumir" toda informação disponível para manter-se atualizado no mercado de trabalho, o que escraviza o trabalhador.

O tema não é novo, a Volkswagen adota na Alemanha, desde 2011, algo semelhante, com o bloqueio do acesso por seus colaboradores ao e-mail corporativo no período entre 18h15min às 7h do dia seguinte.

O primeiro país a proteger o direito a desconexão foi a França, em 2017. Conforme Testi[(11)], 2019:

> a referida lei teve seu escopo na saúde do trabalhador e na sua vulnerabilidade enquanto parte hipossuficiente da relação empregatícia, diante da posição de subordinação em que o empregado se encontra em uma relação de trabalho, o que faz com que sua capacidade de se desconectar se torne relativa.

No Brasil, não dispomos de legislação que regule o tema, gerando dificuldade em determinar a matéria que é protegida pelo direito à desconexão. Por analogia, entendemos por violação a tal direito quando configurado o teor da Súmula n. 428 do Tribunal Superior do Trabalho que dispõe:

> Sobreaviso. Aplicação analógica do art. 244, § 2º, da CLT (redação alterada na sessão do Tribunal Pleno realizada em 14.09.2012) — Res. n. 185/2012, DEJT divulgado em 25,26 e 27.9.2012:
>
> I — O uso de instrumentos telemáticos ou informatizados fornecidos pela empresa ao empregado, por sí só, não caracteriza o regime de sobreaviso.
>
> II — Considera-se em sobreaviso o empregado que, à distância e submetido a controle patronal por instrumentos telemáticos ou informatizados, permanecer em regime de plantão ou equivalente, aguardando a qualquer momento o chamado para o serviço durante o período de descanso.

Estabelece o § 2º do art. 244 da CLT:

> considera-se de sobreaviso o empregado efetivo, que permanecer em sua própria casa, aguardando a qualquer momento o chamado para o serviço. Cada escala de sobreaviso será, no máximo, de vinte e quatro horas. As horas de sobreaviso, para todos os efeitos, serão contadas à razão de 1/3 (um terço) do salário normal.

Em uma interpretação adequada aos tempos atuais, não há necessidade que o empregado permaneça em sua própria casa, mas que tenha de alguma forma, cerceada sua liberdade de locomoção, configurando horas de sobreaviso o uso da telefonia móvel que permite a fácil localização do empregado em qualquer local, ficando este a disposição do empregador. Ressalta-se que deve ficar evidenciada a limitação de deslocamento, a necessidade de permanência em local com acesso a sinal de internet, não bastando que o empregado seja portador de celular corporativo. Nesse caso, fica configurada a violação ao direito de desconectar-se.

No acórdão do Agravo de Instrumento em Recurso de Revista, AIRR 2058.43.2012.502.04.64 evidencia-se a preocupação em resguardar o direito a desconexão, vejamos:

> AGRAVO DE INSTRUMENTO EM RECURSO DE REVISTA EM FACE DE DECISÃO PUBLICADA ANTES DA VIGÊNCIA DA LEI N. 13.015/2014. JORNADA DE TRABALHO. HORAS DE SOBREAVISO. O regime de sobreaviso caracteriza-se como o tempo, previamente ajustado, em que o empregado permanece, fora do horário normal de serviço, à disposição do empregador, no aguardo de eventual chamada para o trabalho. Tal situação importa diminuição ou cerceamento da liberdade de dispor do seu próprio tempo, pois a constante expectativa de ser chamado ao serviço no momento de fruição do seu descanso, seja em casa ou em qualquer outro lugar que possa vir a ser acionado por meios de comunicação, impede que desempenhe as suas atividades regulares [...]. **A exigência para que o empregado esteja conectado por meio de smartphone, notebook ou BIP, após a**

(10) CALCINI, Ricardo. RIBEIRO, Viviane. *Trabalho em domicílio e proteção pela OIT*. Disponível em: <https://www.conjur.com.br/2021-jan-21/pratica-trabalhistatrabalho-domicilio-protecao-oit>. Acesso em: 10 fev. 2021.

(11) TESTI, Amanda Eiras. O direito à desconexão do trabalho na era tecnológica: uma análise acerca dos desafios e consequências da não fruição do descanso. *Revista de Direito do Trabalho e Processo do Trabalho,* v. 1, n. 1, jan./jun. 2019.

> **jornada de trabalho ordinária, é o que caracteriza ofensa ao direito à desconexão** [...]. O direito à desconexão certamente ficará comprometido, com a permanente vinculação ao trabalho, se não houver critérios definidos quanto aos limites diários, os quais ficam atrelados à permanente necessidade do serviço. (AIRR-2058-43.2012.5.02.0464, 7ª Turma, Relator Ministro Claudio Mascarenhas Brandão, DEJT 27/10/2017). (grifo nosso)

De acordo com Paula e Carvalho, 2020[12] "é comum que o empregado seja infligido por preocupações, estresse, raiva, ansiedade, medo, frustração e outros sentimentos e emoções negativos quando frequentemente precisa tratar de assuntos relacionados ao trabalho em seus períodos de descanso". E seguem expondo que tão somente o recebimento de mensagens durante o período de descanso por si só são suficientes para causar inquietação, preocupação e ansiedade para o trabalhador, prejudicando o seu sossego.

Recentemente, em março de 2020 foi amplamente divulgado nas mídias sociais que a partir da sentença do juízo da 2ª Vara do Trabalho de Jacareí, o MPT — Ministério Público do Trabalho[13], instaurou inquérito civil para apuração de conduta lesiva ao direito de desconexão. Utilizando grupo de WhatsApp, o empregador enviava mensagens sem limitação de dia e horário, interferindo negativamente no descanso do empregado, refletindo no convívio familiar e social. Ao final do inquérito foi firmado TAC — Termo de Ajuste de Conduta que, em síntese, a AMBEV — Companhia de Bebidas da América se comprometeu a não tolerar o envio de mensagem para seus colaboradores com o objetivo de cobrança de metas, tarefas ou desempenho fora do horário previsto no contrato de trabalho sob pena de pagamento de multa de R$ 10.000,00 (dez mil reais) para cada denúncia de descumprimento pelo prazo de 2 (dois) anos, sendo a multa duplicada em caso de reincidência. Os 180 dias iniciais serão dedicados a divulgação nos canais internos de comunicação para que toda empresa tenha conhecimento e não adote tal conduta. Apesar da multa não ser aplicada durante o referido período de adequação, não autoriza a prática da abstenção acordada. O cumprimento será acompanhado por inspeção não comunicada previamente. Cabe ressaltar que a previsão de multa e o seu pagamento em caso de descumprimento, não desobriga o cumprimento do acordado.

O caso relatado se passou em período anterior ao isolamento social decorrente da crise da COVID-19, quando a prática ainda não era predominante nas relações trabalhistas deixando a sociedade em alerta quanto as ocorrência da desconexão em tempos de trabalho no ambiente privado com a facilidade de acesso aos instrumentos laborais a qualquer momento podendo configurar também o dano existencial, conceituado pelo TST — Tribunal Superior do Trabalho[14] como uma espécie de dano imaterial, que ocorre quando o trabalhador fica impossibilitado de desenvolver seus projetos de vida nos âmbitos profissional, pessoal e social em razão de conduta permanente do empregador.

Em contraposição, surge o entendimento que, e razão da pandemia poderá haver uma mitigação do direito à desconexão como medida de manutenção dos postos de trabalho sob o risco da recessão, exigindo de ambos os lados colaboração.

5. *Desenvolvimento de canais e espaços de discussão sobre as demandas advindas do teletrabalho*

O teletrabalho, como modelo de exercício da atividade laborativa imposto pela crise da COVID-19, além de levar muitos trabalhadores a exaustão em razão da conexão contínua, extrapolando os limites de descanso e da vida privada, provocou o sentimento de solidão e isolamento e a necessidade de estabelecer vínculos, sobretudo nas atividades que não exigem criatividade, onde ocorreu a maior incidência do estado depressivo.

O isolamento social evidenciou a necessidade e importância de utilizar as ferramentas da comunicação no ambiente de trabalho para criação e fortalecimento de vínculos entre os colaboradores estimulando a espontaneidade e o diálogo.

(12) PAULA, Mariana Melo de; CARVALHO, Iara Vanzelotti de. Direito à Desconexão. In: PAIXÃO, Gicelli (coord.). *Era Digital e a Modernização das Relações de Trabalho com ênfase ao estado de calamidade pública decorrente do COVID-19*. Disponível em: <https://www.cmfadocacia.com.br>. Acesso em: 14 fev. 2021.

(13) Inquérito Civil n. 000649.2018.15.002/5-43 — TRT — Tribunal Regional do Trabalho da 15ª Região — TAC — Termo de Ajuste de Conduta n. 64/2019.

(14) TST. Acórdão no Recurso de Revista. TST-RR-1443-94.2012.5.15.0010, Relatora: Maria de Assis Calsing, 4ª Turma, Data de publicação: 17/04/2015.

Para García Bernardo, 2020[(15)] todos temos que reaprender, trabalhadores e chefes, não exagerar nos e-mails por não ver o colaborador, bem como não responder e-mails após o horário de trabalho, por exemplo, e entender que liderar à distância é dar confiança.

Lacombe, 2008[(16)] sugere que os setores responsáveis pela comunicação das empresas precisam se reinventar, com a utilização de novas ferramentas tecnológicas de diálogo provocando a aproximação dos diferentes níveis hierárquicos, disponibilizando o poder da palavra para que os empregados também possam se expressar. É certo que o ambiente on-line, diante da vulnerabilidade digital, limitações econômicas, invasão de privacidade daqueles que passaram a ter sua intimidade exposta, e até mesmo da timidez para se expressar em frente a uma câmera, fragilizou as conexões do ambiente corporativo, agora on-line. O momento é de criar um ambiente que proporcione aos colaboradores se sentirem parte da organização.

Para Rebechi e Figaro, 2013[(17)]a boa comunicação é essencial:

> Se por muito tempo o uso da comunicação foi considerado sem utilidade na avaliação do rendimento do trabalhador devido à predominância do modelo taylorista/fordista na gestão e organização do trabalho em empresas, em que a palavra e a fala eram interditadas, atualmente, saber "comunicar-se" é um dos requisitos mais significativos ao bom desempenho do funcionário, sob a ótica de seus empregadores e do "*management*".

O ambiente de trabalho representa um sistema e necessita de harmonia para o seu desenvolvimento e crescimento, assim como de seus integrantes. Podemos comparar a Teoria Geral dos Sistemas desenvolvida pelo biólogo Ludwig Von Bertalanffy ao que ocorre nas organizações. Para o estudioso, em relação ao ser humano devemos considerar o todo, e não cada parte individualmente, o mesmo ocorrendo em relação as organizações, que são formadas por pessoas com identidades e características singulares que reunidas, formam a organização e assim todos os acontecimentos envolvem e afetam a todos. Acrescenta que toda rede de apoio deve ser considerada. O pensamento sistêmico é importante para a gestão do conflito, buscando a verdadeira intenção e sentimento dos envolvidos. Assim é possível até mesmo identificar se os problemas familiares influenciam no comportamento organizacional, promovendo a coalizão ou convergência entre os membros da equipe de trabalho. É fundamental que após a identificação do conflito seja direcionada atenção para a identificação das necessidades convergentes e divergentes entre trabalhador e organização.

O trabalhador passa grande parte de seu dia no ambiente corporativo, que no presente cenário invadiu o ambiente doméstico apropriando-se da intimidade e da vida privada, gerando prejuízo às relações de ambos os lados.

Com constantes disrupções tecnológicas, fundamentais para o desenvolvimento e crescimento das organizações, ressurge o valor das relações humanas com suas características próprias de sentimentos, emoções e empatia, e a necessidade de fortalecimento das relações interpessoais como essencial para os novos líderes do mercado[(18)]. O desenvolvimento das chamadas *soft skills*[(19)], se tornaram decisivas como instrumento de adaptação ao novo cenário.

A comunicação direta, a informalidade proporcionada pela conversa presencial necessita ser readaptadas para o ambiente online. A interpretação diversa da desejada geram ruídos que refletem no desempenho da atividade, sendo certo que nesse caso as mensagens devem ser claras e objetivas.

É primordial para a conexão da organização investir na comunicação criando estratégias e implementando ações que mantenham o engajamento, evitando informações desencontradas e contraditórias.

A instituição do hábito do *feedback* nas relações representa uma excelente oportunidade para alinhar

(15) BERNARDO, Garcia. *O sonho do home office vira pesadelo na pandemia*. Disponível em: <https://brasil.elpais.com/sociedade/2020-08-09/o-teletrabalho-nao-era-isto.html>. Acesso em: 2 fev. 2021.

(16) LACOMBE, Francisco José Masset; HEILBORN, Gilberto Luiz José. *Administração*: princípios e tendências. 2. ed. rev. e atual. São Paulo. Saraiva. 2008.

(17) REBECHI, Claudia Nociolini, FIGARO, Roseli. A comunicação no mundo do trabalho e a comunicação da organização: duas dimensões distintas. *Animus — Revista Interamericana de Comunicação Midiática,* v. 12, n. 23, 2013.

(18) IEL, Summit Firjan. *O líder do futuro:* ser mais humano e conectar-se com emoções será cada vez mais decisivo. Disponível em: <https://www.firjan.com.br>. Acesso em: 8 mar. 2020.

(19) *Soft Skills:* As *soft skills* são um conjunto de habilidades e competências relacionadas ao comportamento humano como por exemplo empatia, ética, liderança, resolução de conflitos, flexibilidade e gestão de equipes.

expectativas e melhorar as relações no ambiente de trabalho, seja presencial ou virtual, sendo importante dissociar do aspecto negativo que "assombra" a palavra "*feedback*", que não raro, gera mais medo e frustração do que motivação. Importante que o *feedback* tenha sempre um aspecto apreciativo, ainda quando a abordagem for com intuito construtivo. Entende-se por *feedback* apreciativo aquele que transmite ao colaborador o impacto positivo do seu trabalho na relação organizacional, e construtivo o que identifica os pontos de melhoria para o desenvolvimento profissional, promovendo uma proposta de mudança de comportamento. No último caso, deve ser precedido do reconhecimento do comportamento positivo.

No momento sensível pelo qual passamos, é importante que as conversas aconteçam próximas a ocorrência do conflito, para evitar seu escalonamento. A proposta de diálogo deve ser eficaz e promover a motivação, verificando a todo tempo se os envolvidos compreenderam a fala, evitando ruído na comunicação e estimulando um diálogo franco e aberto, promovendo a oportunidade de desenvolver habilidades e competências que são importantes para o desempenho da atividade laborativa. A capacidade de se vulnerabilizar, expondo as necessidades e sentimentos traz a possibilidade de mudança e impacta positivamente a relação de trabalho.

A compreensão do impacto do desempenho da atividade laborativa no ambiente doméstico e a busca por minimizar seus efeitos negativos acolhendo o colaborador e evitando a hostilidade gera conexão e fideliza a relação.

A paráfrase ou escuta empática, técnicas utilizadas na Mediação de Conflitos e na CNV — Comunicação Não Violenta que consiste em repetir a fala do interlocutor destacando seus sentimentos e necessidades, garantem o fluxo da comunicação positiva e a compreensão da exata intenção da mensagem do interlocutor.

No decorrer do último ano se tornaram públicas diversas situações de exposição da intimidade, e em alguns casos constrangedora, que refletiram a inabilidade para lidar com a nova forma de trabalho, como o caso do advogado que se viu obrigado a participar de uma audiência da cama de hospital[20], ou o Ministro que teve a sessão "invadida" por sua neta pedindo chocolate,[21]além de outros casos que viralizaram na internet expondo familiares e o ambiente íntimo, apontando que ainda há necessidade de muito preparo para o novo modelo trabalhista.

A importância da comunicação ficou evidenciada como ferramenta essencial para preservação das relações e das organizações. Para Diana Bonar[22], especialista em gestão de conflitos com mais de 10 anos de experiência na área, a boa forma de se comunicar é um modo de "embrulhar para presente sua mensagem, conectada com seus sentimentos e suas necessidades, para que a outra pessoa compreenda com mais facilidade, fazendo uso da observação sem julgamento, observando tão somente o fato isolado." Em síntese, ao comunicar-se o emissor deve transmitir a mensagem de forma clara, precisa e objetiva, para que o receptor entenda exatamente o que foi transmitido, sem acréscimos ou interpretações distintas.

Como consequência temos um ambiente transparente, com relações respeitosas que geram fluidez e engajamento na realização das atividades com resultados positivos para todos. A adoção de uma abordagem humanizada e contextualizada no momento de crise é fundamental para manutenção da coalizão da equipe.

6. *O Reflexo na Sustentabilidade do Meio Ambiente*

A rotina trazida pelo trabalho no ambiente doméstico surtiu efeitos positivos para a sustentabilidade do Meio Ambiente, podendo ser citado como exemplo a economia de energia elétrica nos espaços empresariais, a diminuição de CO2 com a redução do deslocamento bem como do consumo de combustível, redução da circulação de veículos diminuindo a poluição do ar, e redução do consumo excessivo. Tais mudanças alcançam o previsto nos objetivos da Agenda 2030 da ONU — Organização das Nações

---

(20) *Advogado participa de audiência da cama do hospital; OAB-SP se manifesta.* Disponível em: <https://www.conjur.com.br/2020-nov-12/advogado-participa-audiencia-cama-hospital>. Acesso em: 10 fev. 2021.

(21) *Neta do ministro Marco Aurélio invade sessão do STF:* "Vovô"... Disponível em: <https://noticias.uol.com.br/politica/ultimas-noticias/2020/06/03/neta-do-ministro-marco-aurelio-invade-sessao-do-stf-vovo.htm>. Acesso em: 5 dez. 2020.

(22) BONAR, Diana. *Gestão de conflitos com ênfase na comunicação não violenta.* Disponível em: <https://www.hotmart.com.br>. Acesso em: 15 dez. 2020.

Unidas garantindo seu incremento pelas organizações econômicas.

Seguindo a proposta da Agenda 2030 o CNJ — Conselho Nacional de Justiça lançou em fevereiro/2021 o Programa Justiça 4.0 com o objetivo de "aprimorar as soluções tecnológicas utilizadas pelo Poder Judiciário e, assim, qualificar o atendimento prestado à sociedade, dando respostas judiciais tempestivas e efetivas"(23). O trabalho é desenvolvido pelo PNUD — Programa das Nações Unidas para o Desenvolvimento, sob a coordenação do CNJ. Dentre as propostas destaca-se a atuação dos Centros de Inteligência para atuar na prevenção de litígios.

Acompanhando os benefícios da sustentabilidade do Meio Ambiente surge como novo paradigma das relações de trabalho a valorização da construção do diálogo, do consenso e da qualidade de vida dos trabalhadores sobretudo com a adoção prioritária do trabalho no ambiente doméstico. A função social da empresa deve ter como base a dignidade da pessoa humana, a efetividade das relações sociais evitando a precariedade das relações de trabalho, a desconsideração da abordagem humana do trabalho e o retrocesso dos direitos sociais. Para Cirino(24),

> O redirecionamento da atividade econômica reclama a adoção de uma gestão sustentável nas organizações, pautada não apenas por escopos econômicos, mas por valores éticos voltados à preservação do meio ambiente e ao equilíbrio social, buscando, como fim maior, o desenvolvimento sustentável.

7. *Conclusão*

No cenário atual de adaptação ao novo modelo de exercício da atividade laborativa a adoção da Mediação Organizacional apresenta-se como excelente instrumento para promoção do diálogo, com uma abordagem colaborativa e empática promovendo uma gestão eficiente.

O instituto apresenta como proposta o desenvolvimento do diálogo por um terceiro neutro e imparcial que auxiliará os envolvidos a identificar as necessidades a serem atendidas e a criar possibilidades para alcançar um resultado satisfatório a todos. A adoção da mediação proporciona um ambiente seguro para que o diálogo seja fluido e as partes envolvidas possam tratar questões sensíveis evitando a escalada do conflito e possibilitando a valorização recíproca do trabalho e o estabelecimento de uma relação aberta e confiável.

Para Carvalho, (25)

> Estabelecer a compreensão mútua pressupõe reorganizar e integrar experiências anteriores do indivíduo, originando, consequentemente, uma nova situação. A mutualidade estabelece premissas de que, tanto as pessoas que formam a organização, como as que compõem os públicos que esta organização se relaciona, devem possuir o mesmo significado dos fatos, o ato de compreender. Além disso, todos os envolvidos devem entender e aceitar o significado da ação dos outros, bem como integrá-los nas suas relações.

Pode ser adotada preventivamente ou posteriormente a ocorrência do conflito. Em ambos os casos auxilia na identificação dos pontos a serem desenvolvidos para manutenção dos níveis de engajamento desejado. Poderá ser utilizada na gestão do conflito interno as organizações e na relação com o público externo, bem como meio de diminuir os desgastes oriundos das ações judiciais envolvendo ex-colaborador.

Os conflitos oriundos do excesso de conexão e interferência na vida privada, gerando um gravame incompatível com o dano familiar, se apresentam como o grande desafio decorrente do trabalho no ambiente doméstico. Nestes casos, a mediação possibilita a identificação dos pontos sensíveis e das necessidades latentes, e a encontrar soluções através de um *brainstorm*(26) atendendo aos interesses de todos.

Com a predominância da tecnologia na rotina das atividades, nasce a exigência de novas habilidades dos líderes e colaboradores para a manutenção da produtividade no ambiente organizacional.

É um tema que merece estudo e aprofundamento, pois é um método autocompositivo que trata de

(23) CNJ lança Programa Justiça 4.0 nesta quarta-feira. *Revista Consultor Jurídico*, Ed 23/fev/2021. Disponível em <https://www.conjur.com.br/2021-fev-23/cnj-lanca-programa-justica-40-nesta-quarta>. Acesso em: 23 fev. 2021.

(24) CIRINO, Samia Moda. *Sustentabilidade no meio ambiente de trabalho*: um novo paradigma para a valorização do trabalho humano. Disponível em: <https://publicadireito.com.br/publicacao/unicuritiba/livro.php?gt=133>. Acesso em: 15 fev. 2021.

(25) CARVALHO, Cintia. Mediação: gestão estratégica da comunicação organizacional. *Revista do ICSA — Gestão e Desenvolvimento*, Instituto de Ciências Sociais Aplicadas, jan. 2014.

(26) *Brainstorm*: Técnica em que várias pessoas pensam sobre a mesma coisa, ao mesmo tempo, geralmente com o objetivo de resolver um problema ou para apresentar boas ideias.

várias formas de comunicação que são importantes na relação entre liderança e equipe com o propósito de estimular os envolvidos a enfrentarem conjuntamente o problema.

8. Referências

BERNARDO, Garcia. *O sonho do home office vira pesadelo na pandemia.* Disponível em: <https://brasil.elpais.com/sociedade/2020-08-09/o-teletrabalho-nao-era-isto.html>. Acesso em: 2. fev. 2021.

BONAR, Diana. *Curso gestão de conflitos com ênfase na comunicação não violenta.* Disponível em: <http://www.hotmart.com>. Acesso em: 2 dez. 2020.

______. *Gestão de conflitos com ênfase na comunicação não violenta.* Disponível em <https://www.hotmart.com.br>. Acesso em: 15 dez. 2020.

CALCINI, Ricardo; RIBEIRO, Viviane. *Trabalho em domicílio e proteção pela OIT.* Disponível em: <https://www.conjur.com.br/2021-jan-21/pratica-trabalhistatrabalho-domicilio-protecao-.oit>. Acesso em: 10 fev. 2021.

CARVALHO, Cintia. Mediação: Gestão estratégica da comunicação organizacional. *Revista do ICSA — Gestão e Desenvolvimento,* Instituto de Ciências Sociais Aplicadas, jan. 2014.

CIRINO, Samia Moda. *Sustentabilidade no meio ambiente de trabalho:* um novo paradigma para a valorização do trabalho humano. Disponível em: <https://publicadireito.com.br/publicacao/unicuritiba/livro.php?gt=133>. Acesso em: 15 fev. 2021.

CNJ lança Programa Justiça 4.0 nesta quarta-feira. *Revista Consultor Jurídico,* Ed 23/fev/2021. Disponível em: <https://www.conjur.com.br/2021-fev-23/cnj-lanca-programa-justica-40-nesta-quarta>. Acesso em: 23 fev. 2021.

IEL, Summit Firjan. *O líder do futuro:* ser mais humano e conectar-se com emoções será cada vez mais decisivo. Disponível em: <https://www.firjan.com.br>. Acesso em: 8 mar. 2020.

LACOMBE, Francisco José Masset; HEILBORN, Gilberto Luiz José. *Administração:* princípios e tendências. 2. ed. rev. e atual. São Paulo: Saraiva, 2008.

LANDI, Flávio. *Novas tecnologias e a duração do trabalho.* Dissertação apresentada ao Departamento de Direito do Trabalho e da Seguridade Social da Faculdade de Direito da Universidade de São Paulo para obtenção do título de Mestre, São Paulo, 2009.

MONT'ALVÃO, Victória Diamantino Ferreira Mont'Alvão, CALAIS, Carolina Bedeschi. *O avanço tecnológico e as relações de trabalho:* o direito à desconexão. Belo Horizonte: Skema Business School, 2020. Disponível em: <http://www.conpedi.org.br/publicacoes>. Acesso em: 13 fev. 2021.

PAULA, Mariana Melo de; CARVALHO, Iara Vanzelotti de. Direito à Desconexão. In: PAIXÃO, Gicelli (coord.). *Era digital e a modernização das relações de trabalho com ênfase ao estado de calamidade pública decorrente do COVID-19.* Disponível em: <https://www.cmfadocacia.com.br>. Acesso em: 14 fev. 2021.

REBECHI, Claudia Nociolini; FIGARO, Roseli. A comunicação no mundo do trabalho e a comunicação da organização: duas dimensões distintas. *Animus — Revista Interamericana de Comunicação Midiática,* v. 12, n. 23, 2013.

REVISTA *do Tribunal Superior do Trabalho,* v. 86, n. 2, abr./jun. 2020.

RUSSOMANO, Mozart. *Comentários à CLT.* 17 ed. Rio de Janeiro: Forense, 1997.

SOUTO MAIOR, Jorge Luiz. *Do direito à desconexão do trabalho.* 2011. Disponível em: <https://egov.ufsc.br/portal/sites/default/files/do_direito_a_desconexao_do_trabalho.pdf>. Acesso em: 12 fev. 2021.

SUTHERLAND, Virginia. Considerações sobre o *home office. ConJur,* ed. 20.1.2021. Disponível em: <https://www.conjurcom.br/2021-jan-20/virginia-sutherland-consideracoes-home-office>. Acesso em: 21 jan. 2021.

TESTI, Amanda Eiras. O direito à desconexão do trabalho na era tecnológica: uma análise acerca dos desafios e consequências da não fruição do descanso. *Revista de Direito do Trabalho e Processo do Trabalho,* v. 1, n. 1, jan./jun. 2019.

As Mães Formadas em Direito: um Estudo sobre o Uso de Tecnologias no Cenário Pandêmico

Eliane Vieira Lacerda Almeida(1)
Monica Sirieiro Abreu Muller(2)

1. Introdução

> Passei a ter mais trabalho, pois a creche parou, não é um problema cuidar do meu filho, mas a sobrecarga junto com todas as outras ações que não mudaram é pesada. (Participante 60)

O começo da vida é um poderoso campo de disputa entre diferentes áreas do saber e do crer. Independentemente do entendimento subjetivo de cada um, as esferas pessoal e pública da vida familiar se confundem após o nascimento de um filho especialmente para a mulher que se torna mãe.

No campo pessoal e profissional, a realidade brasileira é marcada historicamente por uma forte desigualdade de gênero, uma vez que as mulheres são as principais responsáveis pelo desempenho das atividades domésticas e de cuidado e, portanto, são as maiores responsáveis pelo cuidado de idosos, doentes e crianças no seio familiar.

Da mesma forma, é sabido que com a pandemia instaurada com a propagação da COVID-19 surgiram enormes desafios para a vida em sociedade em todo o mundo, e aqui no Brasil e no Rio de Janeiro não foi diferente. A casa, local até então utilizado majoritariamente por seus membros para repouso, descanso das rotinas de trabalho produtivo remunerado e tarefas ligadas ao cuidado pessoal e dos dependentes, passou a ser também o local de trabalho e estudo de todos os membros ali residentes, alterando a dinâmica e forma como se relacionam seus moradores. Ou não.

Após a declaração de emergência em saúde pública de importância internacional pela Organização Mundial da Saúde em 30 de janeiro de 2020 (OMS, 2020), seguida no Brasil pelo reconhecimento do estado de emergência em saúde pública de importância nacional, o isolamento e distanciamento social e a quarentena(3) foram uma das muitas medidas e políticas adotadas, e que impactaram a vida em sociedade em diversos níveis.

Ainda sobre o cenário sociopolítico atual, cumpre informar que o Brasil está entre os países que fecharam as escolas e universidades por mais tempo durante a pandemia do novo coronavírus, e que ainda hoje permanecem total ou parcialmente fechadas para as atividades presenciais na maioria das cidades brasileiras(4).

Em linhas muito gerais, o retorno às aulas no Brasil é permeado, dentre outros fatores, por proibições na justiça, ausência de coordenação política

---

(1) Doutoranda do Programa de Pós-Graduação em Estudos Interdisciplinares sobre Mulheres, Gênero e Feminismo da Universidade Federal da Bahia. Advogada e pesquisadora do Observatório de Desenvolvimento Econômico e Social da Baixada Fluminense da Universidade Federal do Estado do Rio de Janeiro. *E-mail:* elianealmeida@edu.unirio.br.

(2) Mestra em Direito pela Universidade Federal do Estado do Rio de Janeiro — UNIRIO. Advogada e pesquisadora de Political Públicas. Especialista em Direito Processual e Gestão Jurídica pelo IBMEC e em Direito Constitucional pela Anhanguera Uniderp. *E-mail:* monicasirieiro@gmail.com.

(3) A Portaria n. 188, de 3 de fevereiro de 2020, do Ministério da Saúde, dispôs sobre a Declaração de Emergência em Saúde Pública de Importância Nacional (ESPIN) em decorrência da Infecção Humana pelo novo coronavírus (2019-nCoV). Em seguida, a Lei n. 13.979, de 6 de fevereiro de 2020, dispôs sobre as medidas para enfrentamento da emergência de saúde pública de importância internacional decorrente do coronavírus responsável pelo surto de 2019. No Estado do Rio de Janeiro, o Decreto n. 46.973, de 16 de março de 2020, reconheceu a situação de emergência em saúde, seguido posteriormente de vários outros Decretos e atos normativos.

(4) Isto porque, no Brasil, Estado Democrático de Direito, dada a autonomia político-administrativa dos entes da federação, compete aos governos estaduais e municipais a decisão sobre o formato e regularização da educação básica brasileira (obrigatória no país a partir dos 4 (quatro) anos de idade).

nacional, falta de recursos financeiros e de infraestrutura das escolas públicas, tendo sido autorizada pelo Ministério da Educação — MEC, Conselhos Estaduais e Governo Federal a substituição das disciplinas presenciais por aulas que utilizem meios e tecnologias de informação e comunicação nas instituições de ensino enquanto durar a situação de pandemia do novo coronavírus (BRASIL, 2020)[(5)].

Neste sentido, a pesquisa ora desenvolvida estuda a hipótese de que, apesar de algumas ferramentas tecnológicas de comunicação e informação, somadas à novas relações de trabalho, principalmente o teletrabalho, viabilizarem a realização das tarefas profissionais diante do contexto da nova pandemia, tais instrumentos podem intensificar a sobrecarga em mulheres mães formadas em Direito.

Nesta medida, o objetivo deste trabalho científico é verificar o uso das novas tecnologias no campo jurídico e sua influência nas condições de trabalho durante a pandemia das mães fluminenses formadas em Direito. Os objetivos específicos, por sua vez, são: i) trazer estudos científicos e levantamento bibliográfico sobre o tema, vez que este estudo não se limita a identificar vivências pessoais mas sim a confirmação de dificuldades estruturais; ii) formulação e aplicação de pesquisa de campo com mulheres mães advogadas no Estado do Rio de Janeiro; e, iii) análise dos resultados coletados.

A justificativa de perquirir e estudar as eventuais dificuldades encontradas pelas advogadas mães na conciliação da maternidade com a vida profissional diante do cenário de pandemia com o intuito de dar visibilidade ao problema e, desta forma, incluir a demanda nos debates públicos e na agenda de governo, dado que, de acordo com Kingdom (1995), alguns problemas recebem mais atenção do que outros pelas autoridades governamentais — *decision-makers*[(6)] — conforme os meios pelos quais esses atores tomam conhecimento das situações, sendo certo também que a forma como as questões são encaminhadas e como são formuladas alternativas para solução dos problemas têm grande influência na definição da agenda do governo.

A presente pesquisa também se torna relevante no contexto acadêmico pela lacuna existente de trabalhos que abordem o tema com o recorte de gênero ora proposto. Através da análise dos dados coletados, é possível identificar os avanços e limitações na atuação profissional do Direito que são mães de forma a somar à reflexões sobre inclusão social tanto no âmbito público, por meio de políticas públicas, como também no meio privado, por meio de ações sociais de iniciativas privadas e também da entidade de classe representativa da categoria, por exemplo[(7)]. Por fim, além da introdução, este capítulo está organizado da seguinte maneira: Metodologia da pesquisa de campo; Gênero e maternidade no Estado do Rio de Janeiro durante a pandemia; e, A pandemia e o exercício da advocacia no novo normal: tecnologias e novas relações de trabalho, subdividida em: As mudanças tecnológicas estruturais e O uso das novas tecnologias pelas profissionais. Por fim, na conclusão, além do encerramento do trabalho, também foram compilados os dados coletados na pesquisa de campo em uma tabela unificada. Cabe destacar, ainda, que todas as seções foram introduzidas com respostas dadas por participantes em perguntas abertas feitas no questionário aplicado.

2. *Metodologia da pesquisa de campo*

> A vida profissional em dínamo teve perdas, mas tem sido muito difícil trabalhar conciliando tudo. Dou conta do trabalho, mas tenho uma sensação constante de frustração e desgaste. (Participante 22)

A metodologia foi qualiquantitativa de natureza aplicada e objetiva sendo certo que "uma explicação sempre pode ocorrer como parte de uma interpretação descritiva" (YIN, 2016, p. 194). Quanto aos procedimentos adotados, em um primeiro momento foi realizada pesquisa em artigos e estudos científicos sobre as categorias de análise selecionadas, a saber: gênero, maternidade, advocacia feminina e novas tecnologias no mundo jurídico; pesquisa documental o teletrabalho no exercício da advocacia; e, realização de pesquisa de campo.

(5) Por meio da Portaria n. 343, de 17 de março de 2020 do Ministério da Educação — MEC e Medida Provisória n. 934/2020, posteriormente convertida na Lei n. 14.040/2020, que definiu normas educacionais excepcionais a serem adotadas pelas escolas durante o estado de calamidade pública ocasionado pela pandemia da COVID-19.

(6) Em tradução livre: tomadores de decisão.

(7) A Ordem dos Advogados do Brasil, em especial a seccional do Estado do Rio de Janeiro (OABRJ), atua com muita responsabilidade e competência desde o início da pandemia e realiza inúmeros esforços de adaptação para enfrentamento da crise sanitária e auxílio ao exercício da advocacia por seus membros e efetivação da Justiça.

O perfil de mulheres selecionadas para a pesquisa de campo se baseou nas seguintes características: i) ser mulher; ii) ser formada em Direito; iii) residente no Estado do Rio de Janeiro; iv) ser mãe de criança com menos de 12 (doze) anos. O recorte na idade do(s) filho(s) teve por propósito mapear a realidade das mães de crianças, partindo da premissa de que nesta faixa etária os filhos são mais dependentes de cuidados diretos, e tem por base o disposto no *caput* do art. 2º do Estatuto da Criança e do Adolescente (ECA)(8).

As pesquisadoras também fazem parte do coletivo estudado, e, portanto, a escolha do recorte profissional também ocorre em razão de suas realidades: mulheres, advogadas e mães de filhos menores de 12 (doze) anos.

A pesquisa empírica consistiu na aplicação de um questionário disponibilizado no "Google Formulários". A própria escolha da forma de disponibilização e divulgação da pesquisa, que também reflete o uso de novas tecnologias no contexto de pandemia, possibilitou maior capilaridade com alcance de um número maior de respostas para a pesquisa. A publicização e captação das participantes foi realizada no período de 20 de janeiro de 2021 a 20 de fevereiro de 2021, através das redes sociais: Facebook, Instagram, LinkedIn e WhatsApp. Ao todo, a amostra teve um total de 115 (cento e quinze) respostas totais, sendo 6 (seis) delas excluídas por não se adequarem ao perfil da pesquisa.

O questionário foi composto por 06 (seis) seções. A primeira seção da pesquisa foi dedicada à apresentação da pesquisa, bem como a informar sobre o propósito da pesquisa em forma de Termo de Livre Esclarecimento para participação, bem como selecionar as participantes com o perfil desejado. Apenas aquelas que se enquadraram em todas as categorias e aceitaram participar, puderam responder as demais perguntas.

A segunda seção, por sua vez, teve por título "Quem são as mulheres", e foi composta por 10 (dez) perguntas com o propósito de realizar um levantamento do perfil social das participantes, onde foram formuladas perguntas sobre a idade, onde mora, escolaridade, profissão, renda e exercício da advocacia.

A terceira seção foi denominada "A mãe" e contou com 7 perguntas com o propósito de verificar como se apresenta a maternidade para cada participante, isto é, quantos filhos possuem, quem é(são) o(s) principal(is) cuidador(res), se o(s) filho(s) está/estão ou não estudando em casa, quem auxilia o(s) filho(s) nas atividades remotas ligadas à escola.

A quarta seção se intitulou "A profissional" e por meio de 9 (nove) perguntas questionou sobre o exercício da profissão antes e durante a pandemia, regime de trabalho, desempenho profissional, renda auferida com o trabalho profissional remunerado, tecnologias e meios utilizados para realização de seu trabalho profissional.

A quinta seção, intitulada "Novas tecnologias", foram formuladas 12 (doze) perguntas específicas sobre o uso das novas tecnologias de informação e comunicação no exercício da advocacia durante o período.

A última seção foi um encerramento com 2 (duas) perguntas cujas respostas foram facultativas, onde as pesquisadoras deixaram a opção de identificação da participante com seus contatos pessoais caso houvesse interesse em participar de eventuais perguntas ou pesquisas e entrevistas futuras.

Neste sentido, a última pergunta abriu espaço às participantes que quisessem descrever de forma livre como têm sido conciliar a maternidade com o uso de novas tecnologias para fins profissionais durante a pandemia, uma vez que se entende importante a abertura deste espaço de voz e visibilidade às questões e percepções sob as perspectivas e palavras das próprias participantes, que possuem lugar de fala(9) sobre as dificuldades estruturais estudadas nesta pesquisa. A compilação dos resultados das perguntas fechadas pode ser consultada no final da conclusão da presente pesquisa.

3. *Gênero e maternidade no estado do Rio de Janeiro durante a pandemia*

> (...) Enfrento os obstáculos de ser mulher, mãe e profissional... trabalhando duro para cumprir todos os compromissos. Hoje tenho o meu próprio escritório

---

(8) Art. 2º da Lei n. 8.069, de 13 de julho de 1990: "*Considera-se criança, para os efeitos desta Lei, a pessoa até doze anos de idade incompletos, e adolescente aquela entre doze e dezoito anos de idade*".

(9) A utilização do termo "lugar de fala" não possui uma origem precisa, mas é comumente utilizado na teoria política feminista para remeter ao lugar e contexto sociais que permitem que minorias acessem ou não lugares específicos de cidadania (RIBEIRO, 2017. p. 61).

> e trabalho tanto no escritório como em casa tomando conta das crianças. Já tive que correr para o banheiro para atender clientes... mais domino bem a questão da pandemia mãe e trabalho. (Participante 100)

Cumpre informar que existem inúmeros conceitos, definições e interpretações possíveis para o termo "gênero", e que neste estudo opta-se pela sua definição como uma construção sociocultural, política e histórica, distinta do conceito de sexo, na medida em que este está ligado à diferenciação biológica entre homens e mulheres, enquanto aquele compreende uma construção valorativa da análise dos papéis assumidos por homens e mulheres (ou masculino e feminino) em cada sociedade em determinada época (PEGORER, 2016).

Para o desenvolvimento desta pesquisa, optou-se pela não filiação a uma determinada vertente do feminismo, mas sim pela utilização do método de análise interseccional — termo originalmente cunhado por Kimberlé Crenshaw (2002). O ponto de partida para reflexão sobre as funções socialmente designadas para as mulheres são as relações de gênero enquanto elemento ligado ao sistema patriarcal[10] vigente, ao modelo de desenvolvimento capitalista, às relações de poder e à posição social de cada categoria de cidadãos na sociedade.

Neste contexto, relacionar os termos gênero e maternidade implica estabelecer as relações sociais envolvidas na distribuição de tarefas entre homens e mulheres nos cuidados aos filhos e as desigualdades estruturantes encontradas em nossa sociedade.

A escolha pela análise da maternidade consiste no fato de que, dentre as opressões de gênero, um dos empenhos de determinadas correntes do feminismo, especialmente no feminismo radical, consiste em trazer para o campo político a reflexão sobre família. Neste âmbito, a família é uma instituição basilar para a formação do indivíduo, e não deve ser limitada a um entendimento exclusivo do campo doméstico e, consequentemente, indiscutível. No mesmo sentido, Bilori (2018, p. 93) afirma ainda que "(...) a tolerância social à subordinação tem como um dos componentes a despolitização das relações familiares e do que se passa na esfera doméstica".

Ainda para a autora, o acesso aos chamados "espaços não domésticos", como a carreira profissional, por exemplo, não rompeu completamente com a lógica de domesticidade, que relaciona o valor da mulher na sociedade com o espaço doméstico. A ascensão a esses espaços no decorrer da pesquisa também foi notório quando se analisa os dados referentes à escolaridade das participantes, dado que 51,4% delas possui especialização *lato sensu*; 31,2% ensino superior; 14,7% mestrado; e 2,8% doutorado. O alto grau de escolaridade, portanto, de fato não é suficiente para superar as desigualdades estruturais existentes, comprovando o ponto de vista de Bilori[11]. "É uma perspectiva masculina e heterossexual que família e maternidade podem ser idealizadas e mesmo santificadas, enquanto continuam sendo definidas de um modo que onera as mulheres e as torna vulneráveis" (BIROLI, 2018, p. 95), de forma que a reflexão da liberdade feminina deve perpassar a estrutura social do afeto.

A lógica familiar precisa ser repensada desde a criação das crianças. Isto porque, socializar meninas para serem futuras mães e, ao mesmo tempo, excluir os meninos de uma educação para o desempenho de funções paternais e das tarefas de casa é perpetuar as desigualdades de gênero. Hooks (2018, p. 113) destaca a influência positiva do feminismo na conscientização dos homens na criação das crianças "(...) não somente para construir equidade de gênero, mas também para estabelecer melhores relacionamentos com as crianças".

Nas palavras de Mayara Alice Souza, "ao lutar pela saída da mulher da esfera doméstica para o mercado de trabalho e pelos "direitos iguais", não foi advertido que ninguém ficaria para substituí-las nas tarefas da casa e no cuidado com os filhos e dependentes (PEGORER, 2016, p. 18).

Sob este prisma, este estudo relaciona o cuidado dos filhos no período da pandemia com as atividades profissionais exercidas pelas advogadas mães durante o período, e levanta questões como a divisão de tarefas entre os membros da casa, o impacto da (nova) dinâmica sobre as atividades profissionais das advogadas e os avanços da tecnologia de comunicação e informação.

---

(10) O termo patriarcado também comporta interpretações e definições múltiplas, e pode ser definido como exercício de poder de um chefe (no caso, de família) sobre os demais membros de sua comunidade. O termo também pode ser definido como sistema político que se estrutura na exploração do trabalho das mulheres pelos homens (BIROLI, 2016, p. 7).

(11) Ainda que a análise das desigualdades seja sempre diferente também dentro do gênero feminino ao relacionarmos conjuntamente com a escolaridade outras variáveis de forma interseccional.

Antes da análise do resultado dos dados coletados em si, importa conhecer o perfil das participantes e o alcance da pesquisa. Neste sentido, em que pese o exercício da advocacia não ter sido um critério de exclusão, tendo em vista a possibilidade de a pandemia ter aumentado a situação de desemprego, 84,4% das participantes responderam que já advogaram em algum momento.

Em relação ao perfil social das participantes, 66% das participantes residem na capital do Estado do Rio de Janeiro; 9,2% nos demais municípios da região metropolitana; 8,3% na Baixada Fluminense; 5,5% no Médio Paraíba; 3,7% no Norte Fluminense; e, 7,3% em cidades situadas em outras regiões.

Quanto à etnia, a maioria foi composta por mulheres brancas (70,6%); seguida por um percentual de 24,8% de mulheres pardas e 4,6%, negras. Outra característica predominante entre as participantes foi a predominância de mulheres casadas ou em união estável (86,2%); estando 10,1% solteiras e 3,7% separadas. A faixa etária contemplou mulheres de 25 a 55 anos, tendo como idade média 37 anos.

Ao relacionar a escolaridade com a renda familiar das participantes(12), um dado curioso emergiu: nenhuma das mulheres com doutorado informou ter renda familiar acima de 20 salários, assim como houve participante que informou não ter realizado quaisquer cursos de pós-graduação, mas que a renda familiar informada foi a mais alta entre as opções. O resultado informa que não há relação direta necessariamente entre maior grau de escolaridade e maior acesso à renda. A pandemia, porém, se mostrou um elemento dificultador, tendo em vista que para 40,4% das participantes a renda proveniente do próprio trabalho diminuiu(13).

Após apresentar o perfil das mulheres esta pesquisa conseguiu alcançar, a terceira seção do questionário trouxe resultados específicos sobre a maternidade de cada participante. A maioria delas tinha apenas 1 filho (68,8%), seguida de mulheres com 2 filhos (28,4%) e apenas uma minoria (2,8%) tinha 3 filhos, ressaltando que nenhuma participante assinalou ter 4 ou mais filhos. Esse dado se mostra relevante, uma vez que corrobora dados do Instituto Brasileiro de Geografia e Estatística — IBGE (2012) que apontou o aumento da participação das mulheres no mercado de trabalho, bem como o maior grau de escolaridade como fatores que influenciam no declínio da taxa de fecundidade.

Uma vez que o presente trabalho se propõe a ter uma visão interseccional, importante se faz assinalar que o mesmo estudo demonstrou um indicador menor de reprodução em mulheres brancas, que corresponde a 1,63 de filho por mulher, quando em comparação com mulheres pardas e negras, que indicou 2,15 filhos por mulher (IBGE, 2012, p. 29). Assim, frente a realidade da amostragem com um perfil majoritariamente branco, o baixo indicador de filhos pode estar perpassando não apenas o acesso ao ensino superior, mas também aspectos étnicos das participantes.

Os dados coletados neste estudo revelam que as mães continuam sendo as principais responsáveis no processo de cuidado e educação dos filhos. Isto porque, no contexto geral da divisão de tarefas, em 57,8% dos casos a mulher é a principal responsável pelos cuidados dos filhos; 36,7% há divisão paritária entre pai e mãe; e em apenas 2,8% das famílias a responsabilidade é exclusiva do pai, ainda que a maioria das participantes tenha informado que são casadas ou vivem em união estável.

Esses indicadores se mostraram ainda mais desiguais acerca do acompanhamento escolar das crianças. Neste sentido, 66,1% das participantes informaram que os filhos estavam estudando em *homeschooling* (estudo on-line em casa) e, nessas famílias, a mulher era em 80,8% a principal responsável por orientar a participação dos filhos nas aulas. O pai apareceu sozinho como o único responsável apenas em 4,1%. A responsabilidade é igualmente dividida entre pai e mãe em apenas 5,5% das famílias. Os demais casos apontaram outras figuras como avós, professoras e babás, o que, mesmo não fazendo parte do objeto de análise desta pesquisa, demonstra uma possível terceirização do cuidado a outras mulheres, o que também reforça a marcação de gênero na relação de cuidado com as crianças.

A figura de outras mulheres colaborando com os afazeres domésticos também apareceu na pergunta "Quem é/são o(s) principal(is) responsável(is) pelas

(12) Em relação à renda familiar atual, os resultados se apresentaram bastante variáveis: até dois salários mínimos: 15,6% das participantes; mais de 2 e menos de 4: 17,4%; mais de 04 e menos de 10: 27,5%; mais de 10 e menos de 20: 25,7%; acima de 20 salários mínimos: 13,8%.

(13) Para 36,7% não houve alteração e em 22,9% dos casos houve aumentou da renda própria.

tarefas domésticas atualmente?". Sobre essa questão, 50,5% assinalou que a responsabilidade é concentrada na própria participante; 28,4% exerce a divisão paritária; e 0,9% com desempenho exclusivo do marido/companheiro. As demais respostas trouxeram à baila figuras como empregada, diarista, mãe da participante, tia... com exclusividade ou dividindo as tarefas domésticas com as mulheres que responderam ao questionário. Abaixo segue a resposta de uma participante sobre como sua rotina mudou com a pandemia:

> Passei a trabalhar de *home office*. Nos três primeiros meses, foi muito difícil, pois fiquei sozinha em casa com meu filho (na época com 2 anos), precisando trabalhar e dar conta do doutorado. Após 3 meses a babá voltou a vir e tudo melhorou. Após 5 meses, minha mãe passou a entrar na rede de apoio também. Além disso, estou fazendo guarda compartilhada com o pai do meu filho. Nesse momento, está tudo ótimo. (Participante 108)

Há um provérbio popular que diz que "é preciso uma aldeia inteira para educar uma criança", contudo, quase sempre a "aldeia" é feminina. Em que pese os avanços dos direitos das mulheres, a sobrecarga materna e o protagonismo feminino nas atividades de cuidado ainda são latentes. Seus desdobramentos na advocacia serão apresentados a seguir.

4. A pandemia e o exercício da advocacia no novo normal: tecnologias e novas relações de trabalho

> Deixei de realizar audiências, eu era advogada correspondente. (Participante 21)

É sabido que o Direito não consegue acompanhar a velocidade das transformações sociais, e com a revolução digital não é diferente. Também é fato que a pandemia trouxe mudanças profundas em diversos setores da economia e no exercício de diferentes profissões, que demandam, inclusive, novas teses jurídicas para lidar com a necessidade de uma regulamentação mais ampla e flexível para as novas questões que se apresentam diariamente com a evolução tecnológica sem precedentes e as novas relações de trabalho que surgem a cada dia.

Com tantas mudanças advindas das novas necessidades surgidas com o contexto da pandemia do novo coronavírus, não apenas nas relações de trabalho e emprego, mas em todas as esferas da sociedade, ficou conhecido o termo "novo normal" como conceito das novas relações sociais, políticas, econômicas, familiares, sanitárias e de enfrentamento e adaptação para manutenção da saúde e da vida.

A seguir serão apresentadas transformações tecnológicas em dois principais aspectos: o estrutural, realizado pelos Tribunais de Justiça e outros instrumentos jurídicos, e o uso individual das participantes de ferramentas como as redes sociais para fins profissionais.

4.1. As mudanças tecnológicas estruturais

> o meio digital agilizou diversos processos e diminuiu a burocracia. (Participante 28)

É cediço que as novas tecnologias de informação e comunicação são realidade no exercício da advocacia no Brasil muito antes da pandemia instaurada em 2020. Neste sentido, a informatização do processo judicial em todo o Brasil vem desde a Lei n. 11.419/2006(14), quando as ações passaram a ser ajuizadas e acompanhadas em formato eletrônico por meio da assinatura digital dos advogados, diminuindo gradativamente a necessidade de diligências físicas aos fóruns. Embora ainda existam processos físicos, que ainda passarão pelas fases de digitalização, indexação e virtualização, estima-se que 85.4% (oitenta e cinco ponto quatro por cento) dos processos em primeira instância já estejam digitalizados, enquanto 14.5% (catorze ponto cinco por cento) dos processos em segunda instância já estejam também digitalizados(15). Esse avanço tecnológico no processamento tem sido percebido como aspecto positivo pelas advogadas fluminenses, sendo certo que para mais de 87% delas o processo eletrônico é melhor que o físico.

Outro exemplo de instrumento eletrônico proposto foi o PJe-Calc, sistema para realização de cálculos trabalhistas, proposto pelo Conselho Superior da Justiça do Trabalho (CSJT) na Resolução CSJT n. 189/2017. A necessidade da implementação dessa ferramenta adveio dos desdobramentos do uso do sistema eletrônico de processamento pela Justiça Trabalhista (BRASIL, 2020).

---

(14) Tendo sido instituído no âmbito do Poder Judiciário do Estado do Rio de Janeiro pela Resolução TJ/OE n. 16/2009.

(15) De acordo com dados do painel de indicadores do Conselho Nacional de Justiça, referentes a junho de 2020. Disponível em: <https://paineisanalytics.cnj.jus.br/single/?appid=e7aa7858-2411-4677-8e69-5905c6fdee00&sheet=95c8b2bf-c7d4-4054-aca9-0c89d77eb329&lang=pt-BR&opt=currsel&select=clearall>. Acesso em: 8 fev. 2021.

Durante a pandemia da COVID-19 dentre as medidas adotadas, em especial pelo Governo do Estado, foi determinado de que o servidor público passasse a exercer suas funções laborais, preferencialmente, fora das instalações físicas, em trabalho remoto, ao que o Tribunal de Justiça do Estado do Rio de Janeiro regulamentou, a partir de março de 2020, dentre outras medidas, a suspensão do atendimento ao público e a realização de audiências de forma eletrônica. O teletrabalho, contudo, não chegou a ser uma inovação jurídica, para quem trabalha sob o regime de contratação, já tinha a previsão dessa modalidade no Capítulo II-A da Consolidação das Leis Trabalhistas (CLT), acrescida pela Lei n. 13.467 (BRASIL, 2017). Esta lei foi promulgada justamente para adequar a legislação às novas configurações trabalhistas que já vinham sendo praticadas e que trouxe por definição:

> Art. 75-B. Considera-se teletrabalho a prestação de serviços preponderantemente fora das dependências do empregador, com a utilização de tecnologias de informação e de comunicação que, por sua natureza, não se constituam como trabalho externo. (BRASIL, 1943)

Especificamente sobre o período de pandemia, o Conselho Nacional de Justiça — CNJ(16) adotou medidas em prol da aceleração da modernização tecnológica na Justiça do país, com modelos de prestação de serviços digitais mais acessíveis e sem necessidade de estrutura física para atendimento ao cidadão, onde são inclusive destinadas linhas de financiamento aos tribunais para investimento em inovação(17).

No campo de combate à violência doméstica e familiar contra a mulher, por exemplo, em 26 de novembro de 2020, o Tribunal do Estado do Rio de Janeiro lançou a plataforma Maria da Penha Virtual(18), que permite que a própria mulher em situação de violência solicite diretamente as medidas protetivas pela plataforma.

Notadamente, o ritmo inédito na aceleração das mudanças e da transformação digital em razão da necessidade de isolamento social trazida pela pandemia da COVID-19 impôs também aos profissionais do Direito e ligados à área a intensificação no uso das novas tecnologias e o desenvolvimento de novas soluções para viabilização do acesso à justiça com segurança e eficiência.

Quanto ao meio de execução do trabalho, antes da pandemia, a maioria das profissionais afirma que realiza suas atividades presencialmente (54,1%) ou de forma predominantemente presencial (22%). Nos tempos atuais, porém, o remoto e predominantemente *on-line* se tornaram os principais meios de trabalho (34,9% e 33% respectivamente).

O uso de meios digitais pode ser trivial para alguns, sendo um elemento indispensável no novo normal; porém, a exclusividade do equipamento ainda não é uma realidade profissional. Em que pese a maioria das participantes tenha computador/notebook próprio, 17,4% dessas mulheres divide o equipamento com outros membros da família e 14,7% utiliza máquina cedida pela empresa — o que já é uma defasagem entre mulheres autônomas e desempregadas frente às demais. A disparidade fica ainda mais agravada quando 6,4% das mulheres indicam não possuir disponibilidade para realizar tarefas profissionais em casa.

A realização de audiências virtuais — videoconferências(19), o contato com os Tribunais por meio de telefones e e-mails, o atendimento ao cliente via canais de comunicação digital e ferramentas de reunião *on-line* substituíram o contato físico entre advogados e clientes, advogados e magistrados, magistrados e partes processuais, membros do Ministério Público com partes e magistrados. Antigos desafios trouxeram novas facetas.

Especialmente sobre as audiências virtuais, o estudo aponta que seu uso parece ainda não ter emplacado no desempenho na advocacia no Rio de Janeiro, tendo em vista que 52,3% respondeu que ainda não participou de *audiências virtuais* OU *neste formato*. As mulheres que tiveram essa experiência possuem opiniões divergentes sobre o meio virtual em comparação ao meio físico de realizar audiência, isto porque 22% considera melhor o modelo de au-

---

(16) Principalmente por meio das Resoluções CNJ n. 335 (Plataforma Digital do Poder Judiciário — PDPJ), n. 345 (que implementou o programa "Juízo 100% Digital") e n. 354 (que disciplina o cumprimento digital de determinação judicial).

(17) Notícia veiculada em site público. Disponível em: <https://www.cnj.jus.br/juizo-100-digital-cnj-prepara-justica-para-salto-tecnologico/>. Acesso em: 8 fev.2021.

(18) A função pode ser acessada pela plataforma. Disponível em: <https://maria-penha-virtual.tjrj.jus.br/>.

(19) O Conselho Nacional de Justiça publicou a Portaria n. 61/2020 instituindo "(...) a plataforma emergencial de videoconferência para realização de audiências e sessões de julgamento nos órgãos do Poder Judiciário, no período de isolamento social, decorrente da pandemia COVID-19."

diência online, enquanto 20,2% pior e apenas 5,5% considera igual.

O questionário tinha uma pergunta aberta para as advogadas compartilharem mais sobre a experiência específica com a audiência *on-line*. Os principais pontos positivos assinalados foram: pontualidade, celeridade, redução de tempo e dinheiro com deslocamento e maior facilidade de participar de audiências em diferentes comarcas. Os pontos negativos quase que exclusivamente versaram sobre problemas técnicos de conexão e o fato de que nem todos os envolvidos no processo detinham a mesma estrutura e domínio da(s) ferramenta(s).

4.2. O uso das novas tecnologias pelas profissionais

> Ficou tão difícil conciliar que me fez querer transicionar de carreira. Estou abrindo um negócio de comida congelada saudável para crianças, porque houve um momento que de tanto tentar equilibrar os pratinhos em vão eles quebraram todos. Quase todo dia choro de exaustão. Tenho dormido cada vez menos e tenho tido cada vez menos vontade de atuar como advogada (estou saindo da minha sociedade e deixando meus processos aos poucos). Foi muito desesperador a pandemia (eu ia escrever desafiador, mas era muito eufemismo), escancarou toda a desigualdade de gênero e multiplicou toda a carga (inclusive a mental) que carrego... (Participante 54)

Não apenas no meio público, mas também no meio empresarial, uma parcela dos escritórios de advocacia e *lawtecs*[20] mudaram suas estratégias e formas de atuação no mercado e se transformaram em 100% (cem por cento) digitais. Seguindo a tendência mundial do teletrabalho, empresas migraram todos os colaboradores para o novo regime de trabalho, o que, até então, era uma novidade no Brasil, onde os escritórios físicos e em grandes centros urbanos ainda eram tradição, principalmente no meio jurídico.

Desta forma, profissionais liberais, advogados atuantes em empresas públicas e privadas e em escritórios de advocacia e servidores públicos ligados ao Direito tiveram que se adaptar às novas tendências, dentre as quais se destaca o aumento do teletrabalho.

A seção do questionário intitulada "A profissional" apontou que 60,6% das mulheres já trabalhavam de forma autônoma antes da pandemia. A pesquisa apontou, ainda, que 17,4% trabalhava com carteira assinada; 14,7% era servidora pública; 3,6% era sócia/associada e, por fim, 3,7% das mulheres estavam desempregadas. Com a pandemia, porém, 55% das participantes disseram que sua vida profissional mudou para pior[21]. Destaca-se, ainda, que 56% das participantes se classificaram como menos produtivas comparando o seu desempenho profissional antes e depois da pandemia, ocasião em que muitas mulheres fizeram diversos relatos dos impactos da sobrecarga de ser mãe, mulher e profissional no novo normal.

De fato, novas tecnologias de comunicação e informação afetam as relações de trabalho, mas não necessariamente implicam em aumento de produtividade ou aumento de postos de trabalho, por múltiplos fatores. Neste ponto, com razão Caldas e Teles (2019), sendo certo que o impacto das novas tecnologias sobre o emprego e trabalho está longe de ser conclusivo. Contudo, podemos observar que entre as participantes da pesquisa, as inovações tecnológicas e novas formas de produção laboral em conjunto com as condições do "novo normal" não trouxeram a percepção de aumento de produtividade.

Se antes vimos as novas tecnologias criadas pelos entes públicos que impactaram no exercício da profissão das formadas em Direito, houve também um novo uso tecnológico de ferramentas já existentes, como as redes sociais:

Gráfico 1 — "Com a pandemia, quais meios você tem utilizado para divulgar o seu trabalho?

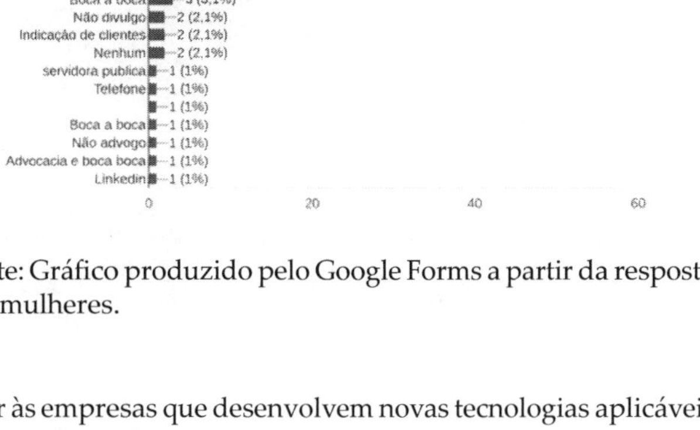

Fonte: Gráfico produzido pelo Google Forms a partir da resposta das mulheres.

(20) Também conhecido como *legaltech*, o termo é usado para se referir às empresas que desenvolvem novas tecnologias aplicáveis ao mercado jurídico.

(21) 20,2% afirmou que permanece a mesma; 15,6% que mudou para melhor; e, as demais marcaram outras opções.

Especificamente sobre as redes sociais, foi possível perceber uma predileção pela plataforma Instagram (52,4%), seguida do Facebook (30,5%), LinkedIn (10,6%) e Twitter (1,9%). Acrescentando que a rede Tik Tok também estava entre o rol proposto e não foi marcada por nenhuma participante. Chamamos de novo uso de tecnologias já existentes, porque 68,8% das profissionais do Direito não utilizavam essas redes para fins de publicação antes do contexto pandêmico.

Enquanto as redes sociais possuem um perfil de produção de conteúdo, as plataformas de conferência foram o meio utilizado no novo normal para proporcionar interação entre profissionais e entre profissionais e clientes. Dentre as participantes da pesquisa, quase 80% acredita que a demanda por videoconferência aumentou durante a pandemia, sendo que apenas 11,9% não utilizou nenhum canal para realizar conferências com fins profissionais. As que utilizaram plataformas com esta finalidade destacaram principalmente o uso do Zoom (26,6%), Microsoft Teams (22%) e Google Meet (18,3%).

Uma das perguntas do questionário era sobre a forma de comunicação feita entre as advogadas e os Tribunais, ocasião em que foi possível depreender que as duas principais vias eleitas foram o e-mail (51,4%) e telefone (25,7%). Ou seja, o uso de redes sociais e videoconferência, ainda que crescente no contexto pandêmico, não teve o propósito de lidar diretamente com processos ou profissionais da justiça. Mesmo o WhatsApp, que mais de 90% das mulheres afirmaram usar mais para fins profissionais durante a pandemia, para a comunicação com os Tribunais somente 5,5% afirmou utilizar aquela rede para esta finalidade.

Em que pese todos os avanços que a tecnologia tem proporcionado, não se pode deixar de mencionar que para 55% das mulheres o uso de tecnologias para fins profissionais durante a pandemia prejudicou a relação com os filhos.

5. Conclusão

O malabarismo para cumprir as diversas funções e tarefas imposta às mulheres na sociedade atual tem um preço. A (falsa) igualdade nos ambientes não domésticos não têm se mostrado suficiente para equiparar homens e mulheres, à medida que dentro de casa o cuidado familiar ainda é tido socialmente como responsabilidade do gênero feminino.

Com a pandemia, o local de trabalho está invadindo o ambiente doméstico, a privacidade, o celular e a rotina das pessoas. O novo normal não tem receio de trazer mais uma responsabilidade para o local em que as mulheres mais estão sofrendo sobrecarga. E isso diz muito sobre como a nossa sociedade lida com a maternidade.

"Prático e inconveniente", foi assim que uma das participantes classificou o uso do WhatsApp para fins profissionais durante a pandemia. Essa dualidade de ideias sobre o uso das novas tecnologias e novos usos de tecnologias antigas esteve presente ao longo de toda a pesquisa. Não existe uma só resposta sobre as mudanças impostas ao exercício da advocacia, mas lançar luz sobre elas é importante para que nenhuma mulher fique para trás ao enfrentar esses novos desafios.

Através da leitura crítica do modelo estrutural do patriarcado global, da divisão sexual do trabalho e do modelo de desenvolvimento capitalista este estudo apresentou dados que possibilitam reflexões sobre como a pandemia da COVID-19 trouxe um cenário estrutural de desigualdades sociais e de gênero que permeiam as relações pessoais e profissionais de mulheres mães. Desigualdades já existentes, mas que se mantiveram e, por vezes, se agravam diante das novas possibilidades de trabalho — especialmente o teletrabalho — e das novas tecnologias de comunicação e informação.

A hipótese ventilada foi de que, apesar do desenvolvimento e aumento na utilização de novas ferramentas tecnológicas de trabalho a partir de março de 2020, a pandemia e as políticas de distanciamento e isolamento social somadas às medidas educacionais excepcionais adotadas no país, sobrecarregariam especialmente as mulheres, agravando a desigualdade social pautada pelo gênero.

A hipótese foi confirmada, especialmente quanto o desempenho das funções de cuidado com as atividades do lar e com os filhos, ainda que a maioria das participantes detivessem uma série de privilégios como: pertencerem à etnia branca, ter pós-graduação, ser casada ou viver em união estável e residir na capital do Estado do Rio de Janeiro.

Acerca da maternidade, pode-se depreender que o aspecto étnico e a ascensão educacional da mulher influencia em alguns aspectos como menor número de filhos, mas a maior instrução não se mostrou influenciar diretamente na renda dessas mulheres. De igual forma, essas características tidas como privilegiadas não se mostraram suficientes para diminuir a desigualdade na distribuição dos cuidados com a prole e com os afazeres domésticos. Assim, alguns privilégios não dão conta de igualar socialmente homens e mulheres na esfera do lar.

A pesquisa desenvolvida apontou o aumento do uso de redes sociais, de plataforma de videoconferência e de WhatsApp para fins profissionais no período de pandemia. Há de se refletir, contudo, que o meio utilizado para divulgação desta pesquisa também foi pela internet. As pesquisadoras, que como dito inicialmente, também possuem lugar de fala por corresponderem ao perfil analisado na pesquisa e, por conseguinte, sofreram igualmente com as limitações que o período impôs. Assim, sugere-se que mais pesquisas sejam feitas de outras formas para aumentar o alcance de mais mulheres que possam estar em situação de maior vulnerabilidade.

Importante também o desenvolvimento de mais pesquisas para analisar as escolhas das plataformas de divulgação dos trabalhos, até mesmo para criação de eventuais cursos capacitantes para as mulheres advogadas. Isto porque, o presente trabalho verificou que atualmente há um maior uso do Instagram, que é uma plataforma mais voltada para publicação de fotos, em detrimento de outras redes mais profissionais como o LinkedIn. Este é um fato curioso pelo perfil de usuários e a proposta das plataformas. Assim, dominar tais ferramentas e entender como impulsionar as novas formas de trabalho pode vir a ser um ganho para as mulheres, que, conforme analisado, sofreram diminuição de renda com a pandemia.

Para além das recomendações que visam o aprofundamento das demandas as mulheres advogadas, sobretudo das mães, este estudo apontou que as novas tecnologias de informação e comunicação desenvolvidas e/ou otimizadas para o exercício da profissão a partir do cenário da pandemia e isolamento social não influenciam positivamente a realidade profissional destas mulheres, não criam mais oportunidades para este recorte de profissionais, pelo contrário, trazem os mesmos desafios estruturais a que já estão expostas, apenas acrescentando novas camadas e formas de sobrecarga física e mental, acumulação de tarefas e discriminação nas relações de trabalho.

Tabela 1 — Síntese dos dados coletados na pesquisa de campo

Mulher, formada em Direito, com filho/a com menos de 12 anos e residente no Estado do Rio de Janeiro	
109 participantes	
QUEM SÃO AS MULHERES	
Cidade que reside	(%)
Rio de Janeiro	66
Região metropolitana	9,2
Baixada Fluminense	8,3
Médio Paraíba	5,5
Norte Fluminense	3,7
Outras	7,3
Etnia	(%)
Branca	70,6
Parda	24,8
Negra	4,6
Estado Civil	(%)
Casada/união estável	86,2
Solteira	10,1
Separada	3,7

Idade	Média de 37 anos
Escolaridade	(%)
Especialização *lato sensu*	51,4
Ensino Superior Completo	31,2
Mestrado	14,7
Doutorado	2,8
Já advogou	(%)
Sim	84,4
Não	15,6
Possui acesso à internet em casa?	(%)
Sim	99,1
Não	0,9
Renda familiar atual	(%)
Até 02 salários mínimos	15,6
Mais de 02 e menos de 04 salários mínimos	17,4
Mais de 04 e menos de 10 salários mínimos	27,5
Mais de 10 e menos de 20 salários mínimos	25,7
Acima de 20 salários mínimos	13,8
A MÃE	
Quantidade de filhos	(%)
1	68,8
2	28,4
3	2,8
4	-
Os filhos estão em *homeschooling*?	(%)
Sim	66,1
Não	33,9
Caso os filhos estejam em *homeschooling* quem é a principal pessoa responsável por orientar a participação dos filhos nas aulas?	(%)
Eu	88,8
Pai	4,1
Outros	7,1
Quem é/são o(s) principal (is) cuidador(a) do(s) seu(s) filho(s)?	(%)
Eu	57,8
Pai	2,8
Divisão paritária	36,7
Outros	2,8
Quem é/são o(s) principal(is) responsável(is) pelas tarefas domésticas atualmente?	(%)
Eu	50,5
Divisão paritária	28,4

Empregada/diarista	16,5
Outros	4,6
A PROFISSIONAL	
Antes da pandemia, você estava:	(%)
Atuando como profissional liberal (autônoma)	60,6
Contratada (CLT)	17,4
Servidora pública	14,7
Desempregada	3,7
Outros	3,6
Você considera que a sua vida profissional APÓS a pandemia:	(%)
Mudou para pior	55
Permanece a mesma	20,2
Mudou para melhor	15,6
Outros	9,2
Seu regime de trabalho ERA:	(%)
Presencial	54,1
Predominância do regime presencial	22
Predominância do regime *on-line*	13,8
Desempregada	6,4
Remoto	3,7
Seu regime de trabalho ATUALMENTE É:	(%)
Presencial	11
Predominância do regime presencial	14,7
Predominância do regime *on-line*	33
Desempregada	6,4
Remoto	34,9
Atualmente, quando você trabalha de forma remota/*on-line,* seu computador/notebook é:	(%)
Seu equipamento pessoal	67
Você divide com outros membros da família	17,4
Não possui equipamento	14,7
Outro	0,9
Comparando o seu desempenho profissional com o período antes da pandemia e atualmente, você se considera:	(%)
Menos produtiva	56
Igualmente produtiva	23,9
Mais produtiva	19,3
Desocupada	0,9
Em relação à renda auferida por seu trabalho como advogada no ano de 2020	(%)
Minha renda proveniente do meu trabalho como advogada diminuiu	40,4

Não houve alteração	36,7
Minha renda proveniente do meu trabalho como advogada aumentou	22,9
Possui disponibilidade/possibilidade de realizar tarefas profissionais em casa?	(%)
Sim	93,6
Não	6,4
Para divulgar o seu trabalho, você utiliza quais dessas redes sociais?	(%)
Não utilizo redes sociais profissionalmente	41
Instagram	52,4
Facebook	30,5
LinkedIn	10,6
Twitter	1,9
Tik Tok	-
Você já utilizava essas redes sociais para divulgar o seu trabalho antes da pandemia?	(%)
Sim	31,2
Não	68,8
Durante a pandemia você precisou fazer videoconferência para fins profissionais? Se sim, qual(is) plataforma(s) utilizou?	(%)
Zoom	26,6
Microsoft Teams	22
Google Meet	18,3
Não fiz videoconferência	11,9
Outros	21,2
Você considera que a sua demanda por videoconferência durante a pandemia:	(%)
Aumentou	79,8
Permanece a mesma	17,4
Diminuiu	2,8
Você participou de alguma audiência *on-line* no período da pandemia? Se sim, como você considera a experiência?	(%)
Não participei de audiência *on-line*	52,3
Melhor que audiência presencial	22
Pior que audiência presencial	20,2
Igual à audiência presencial	5,5
Sobre o processamento eletrônico, você o considera:	(%)
Melhor que o processo físico	87,2
Pior que o processo físico	7,3
Igual ao processo físico	5,5
Durante a pandemia, qual foi a sua principal forma de comunicação com os Tribunais?	(%)
Por e-mail	51,4
Por telefone	25,7

Por WhatsApp	5,5
Pessoalmente	0,9
Não precisei me comunicar com os Tribunais	16,5
Durante a pandemia, como você classifica o seu uso do WhatsApp para fins profissionais?	(%)
Aumentou	90,8
Permanece igual	7,3
Diminuiu	1,8
Você considera que o uso de tecnologia para fins profissionais durante a pandemia:	(%)
Prejudicou a sua relação com os seus filhos	55
Não alterou a sua relação com os seus filhos	34,9
Melhorou a sua relação com os seus filhos	10,1

Fonte: Própria (2021).

6. *Referências*

BIROLI, Flávia. *Divisão sexual do trabalho e democracia,* v. 59, n. 3, p. 719-754 [*online*], 2016. Disponível em: <http://www.scielo.br/scielo.php?script=sci_arttext&pid=S0011-52582016000300719&lng=pt&tlng=pt#fn_ast1>.

______ . *Gênero e desigualdades:* os limites da democracia no Brasil. São Paulo: Boitempo, 2018.

BRASIL. *Decreto-Lei n. 5.452, de 1º de maio de 1943.* Aprova a Consolidação das Leis do Trabalho. Brasília: *Diário Oficial da União,* 9 de agosto de 1943.

______ . *Lei n. 8.069, de 13 de julho de 1990.* Dispõe sobre o Estatuto da Criança e do Adolescente e dá outras providências. Brasília: *Diário Oficial da União,* 16 de julho de 1990.

______ . *Lei n. 13.467, de 13 de julho de 2017.* Altera a Consolidação das Leis do Trabalho (CLT), aprovada pelo Decreto-Lei n. 5.452, de 1º de maio de 1943, e as Leis ns. 6.019, de 3 de janeiro de 1974, 8.036, de 11 de maio de 1990, e 8.212, de 24 de julho de 1991, a fim de adequar a legislação às novas relações de trabalho. Brasília: *Diário Oficial da União,* 14 de julho de 2017.

______ . *Medida Provisória n. 1.021, de 30 de dezembro de 2020.* Dispõe sobre o valor do salário mínimo a vigorar a partir de 1º de janeiro de 2021. Brasília: *Diário Oficial da União,* 31.12.2020.

______ . Superior Tribunal do Trabalho. *CSJT altera a obrigatoriedade do uso do PJe-Calc para janeiro de 2021.* 2020. Disponível em: <http://www.csjt.jus.br/web/csjt/-/csjt-altera-a-obrigatoriedade-do-uso-do-pje-calc-para-janeiro-de-2021>. Acesso em: 7 mar. 2021.

CRENSHAW, Kimberlé. Documento para o encontro de especialistas em aspectos da discriminação racial relativos ao gênero. *Estudos Feministas,* p. 171-188. 1/2002. Disponível em: <http://www.scielo.br/pdf/ref/v10n1/11636.pdf>. Acesso em: 7 mar. 2021.

CONSELHO NACIONAL DE JUSTIÇA. *Portaria n. 61, de 31 de março de 2020.* Institui a plataforma emergencial de videoconferência para realização de audiências e sessões de julgamento nos órgãos do Poder Judiciário, no período de isolamento social, decorrente da pandemia COVID-19. Disponível em: <https://atos.cnj.jus.br/files/original221645202004015e8512cda293a.pdf>. Acesso em: 7 mar.2021.

CONSELHO SUPERIOR DA JUSTIÇA DO TRABALHO. Resolução CSJT n. 185, de 24 de março de 2017. Brasília: *Diário Oficial da União,* 25 jan. 2019.

HOOKS, Bell. *Feminist theory:* from margin to center. Cambridge: South End, 1984.

INSTITUTO BRASILEIRO DE GEOGRAFIA E ESTATÍSTICA. *Síntese de indicadores sociais — uma análise das condições de vida da população brasileira.* Rio de Janeiro, 2012. Disponível em: <https://biblioteca.ibge.gov.br/visualizacao/livros/liv62715.pdf>. Acesso em: 2 mar. 2021.

KINGDON, John. *Agendas, alternatives and public policy.* Boston: Little, Brown, 1984.

PEGORER, Mayara Alice Souza. *Os direitos sexuais e reprodutivos da mulher:* das políticas públicas de gênero à diferença múltipla. Rio de Janeiro: Lumen Juris, 2016.

RIBEIRO, Djamila. *O que é lugar de fala?* Belo Horizonte: Letramento Justificando, 2017.

TELES, Nuno; CALDAS; José Castro. Tecnologia e trabalho no século XXI: uma proposta de abordagem. *Cadernos do Observatório,* Centro de Estudos Sociais, Laboratório Associado, Universidade de Coimbra, #12, Lisboa: fev. 2019. Disponível em: <https://estudogeral.sib.uc.pt/handle/10316/87022>. Acesso em: 9 mar. 2021.

TRIBUNA DA ADVOCACIA OABRJ, ano XLIX, Edição: out. 2020, n. 583. Edição virtual. Disponível em: <https://www.oabrj.org.br/sites/default/files/tribuna_200_dias_atuacao_oab_pandemia_ok7.pdf>. Acesso em: 27 fev. 2021.

YIN, Robert K. *Pesquisa qualitativa do início ao fim.* Tradução: Daniel Bueno; revisão técnica: Dirceu da Silva. Porto Alegre: Penso, 2016.

As Medidas de Apoio ao Emprego Adotadas em Portugal no Âmbito da Crise Económico-Social Causada pela Pandemia da COVID-19

Catarina Gomes Santos[(1)]

1. A emergência de saúde pública causada pela pandemia da COVID-19 e as primeiras medidas de apoio à manutenção do emprego

Poucos dias depois de a emergência de saúde pública ocasionada pela COVID-19 ter sido qualificada pela OMS como uma pandemia internacional, em 11 de março de 2020, a Resolução do Conselho de Ministros (RCM) n. 10-A/2020, de 13 de março, antecipava o impacto das restrições nacionais e internacionais à circulação de pessoas e bens impostas no âmbito do combate à pandemia, com a previsível perturbação das cadeias globais de abastecimento e a contração das atividades económicas ligadas ao comércio, serviços e turismo.

Neste pressuposto, aquela RCM assinalou como prioritários os objetivos de manutenção do emprego e de mitigação das situações de crise empresarial, para tal prevendo as seguintes medidas de apoio financeiro imediato às empresas: um "apoio extraordinário à manutenção dos contratos de trabalho em empresa em situação de crise empresarial, com ou sem formação" (o designado "*lay-off* simplificado"), um "incentivo financeiro extraordinário para assegurar a fase de normalização da atividade" e um "apoio extraordinário à formação".

Estas medidas foram objeto de concretização, primeiramente através da Portaria n. 71-A/2020, de 15 de março[(2)], e dias depois, pelo DL n. 10-G/2020, de 26 de março, que revogou aquela Portaria na sequência da declaração de estado de emergência pelo Decreto do Presidente da República n. 14-A/2020, de 18 de março, motivada pela rápida evolução da pandemia.

As medidas aprovadas pelo DL n. 10-G/2020 teriam, inicialmente, uma vigência de aproximadamente três meses, até 30 de junho de 2020, suscetível de prorrogação por mais 3 meses (art. 20º), o que viria a acontecer através do DL n. 27-B/2020, de 19 de junho, que prolongou a aplicação daqueles mecanismos até 30 de setembro do mesmo ano.

Segue-se a análise do âmbito de aplicação daquelas medidas e a caracterização das mesmas.

1.1. O âmbito de aplicação das medidas: empresas privadas em situação de "crise empresarial"

As medidas previstas no DL n. 10-G/2020, de 26 de março, destinavam-se aos empregadores de natureza privada, incluindo as entidades empregadoras do sector social, que se encontrassem em "situação de crise empresarial" em consequência da pandemia da COVID-19: art. 2º e art. 3º do DL n. 10-G/2020, de 26 de março.

Para este efeito, consideravam-se em "situação de crise empresarial" quer as empresas que tivessem sido obrigadas a encerrar no quadro da regulamentação do estado de emergência[(3)], (art. 3º, n. 1, al. a), quer as empresas que, embora não tendo sido afetadas pelo dever de encerramento, demonstrassem[(4)] a paragem total ou parcial da respetiva atividade devido à interrupção das cadeias de abastecimento, à suspensão ou ao cancelamento de encomendas, ou

(1) Professora Assistente Convidada da Faculdade de Direito da Universidade Católica Portuguesa — Centro Regional do Porto.

(2) Alterada, dias depois, pela Portaria n. 76-B/2020, de 18 de março. Esta primeira tentativa de "*lay off* simplificado" não permitia a suspensão dos contratos de trabalho. DRAY, Guilherme. Lay off simplificado: conceito de crise empresarial e procedimento. e-book *COVID-19, Implicações na Jurisdição do Trabalho e da Empresa*, CEJ, p. 64, dez. 2020.

(3) Relativamente aos trabalhadores diretamente afetos ao estabelecimento encerrado: art. 3º, n. 1, al. a do DL n. 10-G/2020.

(4) Por declaração do empregador e certidão do contabilista da empresa: art. 3º, n. 1, al. b do DL n. 10-G/2020.

a quebra de pelo menos 40% da faturação nos 30 dias anteriores ao pedido[(5)] (art. 3º, n. 1, al. b, i e ii).

Os factos justificadores daquela segunda hipótese de crise empresarial deveriam ser comprovados documentalmente[(6)], estando o empregador sujeito à apresentação dos mesmos em caso de eventual fiscalização, posterior à concessão do pedido: art. 3º, ns. 2 e 3, als. a a d.

1.2. O "apoio extraordinário à manutenção dos contratos de trabalho em empresa em situação de crise empresarial, com ou sem formação" ("*lay-off* simplificado")

Com o objetivo de evitar uma espiral de despedimentos em consequência da quase paralisação da atividade económica, foi prevista uma medida excecional e temporária de suporte à manutenção dos postos de trabalho nas empresas em situação de "crise empresarial": o "apoio extraordinário à manutenção de contrato de trabalho, em caso de redução temporária do período normal de trabalho ou da suspensão do contrato de trabalho": art. 4º, n. 1, al. a do DL n. 10-G/2020, de 26 de março.

Esta medida é inspirada na figura do *lay-off* previsto no Código do Trabalho ("redução temporária do período normal de trabalho ou suspensão do contrato de trabalho por facto respeitante ao empregador": arts. 298º a 308º do CT[(7)]), vocacionado para as situações de crise empresarial, partilhando a mesma estrutura, apoio financeiro estadual e garantias para o trabalhador, diferenciando-se pelo procedimento simplificado, precisamente com o objetivo de agilizar a concessão do apoio às empresas[(8)].

Assim, tal como no âmbito do *lay-off* clássico, ao aceder ao *lay-off* simplificado, o empregador em situação de "crise empresarial" poderá reduzir os temporariamente os períodos normais de trabalho[(9)] ou optar por suspender os contratos de trabalho, aplicando-se, com as necessárias adaptações, as correspondentes regras do Código do Trabalho: art. 6º, n. 1 do DL n. 10-G/2020 e arts. 298º e ss. do CT.

Saliente-se que, à semelhança do regime do CT, o DL n. 10-G/2020 não impõe que seja dada prioridade à medida de redução do período normal de trabalho e que a suspensão do contrato de trabalho funcione como medida de última instância. Todavia, o requisito de "indispensabilidade" (para assegurar a viabilidade da empresa e a manutenção dos postos de trabalho) pressuposto pelo regime do *lay-off* clássico (art. 298º, n. 1 do CT) parece depor no sentido da proporcionalidade da medida adotada face à situação de crise empresarial[(10)].

Durante a redução do período normal de trabalho ou suspensão do contrato de trabalho mantêm-se os direitos, deveres e garantias das partes que não pressuponham a efetiva prestação de trabalho, nos termos previstos no CT (art. 6º, ns. 2 e 3 do DL n. 10-G/2020 e art. 295º do CT), permitindo-se ao trabalhador, sem violação do dever de lealdade a que permanece vinculado[(11)] (art. 128, n. 1, al. f do CT),

---

(5) Por referência à média mensal dos dois meses anteriores ou face ao período homólogo do ano anterior, ou ainda, para quem tenha iniciado a atividade há menos de um ano, à média do período de laboração — art. 3º, n. 1, al. b, i e ii do DL n. 10-G/2020.

(6) Através do balancete contabilístico, da declaração do Imposto sobre o Valor Acrescentado, ou de documentos dos quais resulte a suspensão / cancelamento de encomendas, conforme aplicável: art. 3º, n. 3, al. a a d do DL n. 10-G/2020.

(7) Para uma análise comparativa dos dois regimes. CRUZ, Cristina Martins da. "*Lay off*" no contexto da "pandemia COVID-19". e-book *COVID-19, Implicações na Jurisdição do Trabalho e da Empresa*, CEJ, p. 143 a 164, dez. 2020.

(8) De referir que a previsão desta medida extraordinária não prejudica a aplicação do regime do *lay-off* previsto no Código do Trabalho: art. 2º, n. 2 do DL n. 10-G/2020, de 26 de março.

(9) Abrangendo a redução um ou mais períodos normais de trabalho, diários ou semanais, ou a diminuição do número de horas correspondente ao período normal de trabalho, diário ou semanal: art. 298º, n. 2, als. a) e b) do CT *ex vi* do art. 6º, n. 1 do DL n. 10-G/2020.

(10) Neste sentido, CRUZ, Cristina Martins da. "*Lay off*" no contexto da "pandemia COVID-19". e-book *COVID-19, Implicações na Jurisdição do Trabalho e da Empresa*, CEJ, p. 162 a 163, dez. 2020. Em sentido diverso, RAMALHO, Maria do Rosário Palma defende que caberá ao empregador a opção entre as duas medidas, em face da avaliação concreta da situação da empresa, inexistindo qualquer relação de subsidiariedade forçosa. RAMALHO, Maria do Rosário Palma. *Tratado de Direito do Trabalho.* Parte II — Situações Laborais Individuais. 5. ed. Coimbra: Almedina, 2014. p. 835. De qualquer modo, parece-nos ser de salientar que a suspensão do contrato de trabalho, justificada pelo princípio da conservação do contrato, visa garantir o direito à estabilidade no emprego, razão pela qual a medida de *lay-off* é acompanhada pelo Ministério do Trabalho, que pode pôr-lhe termo, desde logo quando inexista ou cesse o fundamento invocado: art. 307º, n. 2 do CT. AMADO, João Leal. *Contrato de Trabalho. Noções Básicas.* 3. ed. Coimbra: Almedina, 2019. p. 325 e 334.

(11) Enquanto dever acessório autónomo da prestação principal, não é paralisado pela suspensão do contrato. RAMALHO, Maria do Rosário Palma. *Tratado de Direito do Trabalho.* Parte II — Situações Laborais Individuais. 5. ed. Coimbra: Almedina, 2014. p. 830. Sofre,

o exercício de outra atividade remunerada fora da empresa[12] (art. 305º do CT).

Em caso de redução do período normal de trabalho, o trabalhador terá, desde logo, direito ao pagamento da retribuição referente ao tempo de trabalho efetivamente prestado (art. 305º, n. 2 do CT), valor a que poderá acrescer uma compensação retributiva pelo tempo de redução (art. 305º, n. 3 do CT)[13].

No caso de suspensão do contrato de trabalho, não havendo lugar à prestação de trabalho na empresa, o trabalhador receberá do empregador apenas a eventual compensação retributiva no valor de 2/3 da sua retribuição normal ilíquida, com o limite mínimo de uma RMMG e com o limite máximo de 3 RMMG[14] (art. 305º, n. 1, a. a e n. 3 do CT).

Com efeito, no âmbito desta primeira versão[15] do *lay-off* simplificado foi adotado o mesmo critério previsto no CT (art. 6º, n. 4 do DL n. 10-G/2020), a significar que apenas seria assegurado ao trabalhador abrangido por uma medida de redução ou suspensão o recebimento do valor correspondente a 2/3 do seu salário bruto, quer esse valor resultasse inteiramente da contrapartida pelo trabalho prestado (caso em que inexistiria qualquer "compensação retributiva"), quer resultasse do somatório entre a contrapartida pelo trabalho prestado e a "compensação retributiva".

Afigura-se, porém, criticável a solução legal que, à semelhança do previsto no regime do *lay-off* clássico (art. 304º, n. 1, al. b do CT), passa por descontar no montante da compensação retributiva o valor que o trabalhador aufira em contrapartida do trabalho prestado fora da empresa abrangida pela medida de redução ou suspensão. Na verdade, tal constitui um desincentivo ao trabalho, penalizando o trabalhador que, vencendo a inércia, busca pelo seu esforço uma forma alternativa de obter rendimentos. Compreende-se a *ratio legis* de proteção da viabilidade da empresa em crise e do orçamento da Segurança Social, chamados a assegurar o pagamento da compensação retributiva, mas a verdade é que um tal regime redunda em situações de desigualdade entre trabalhadores abrangidos pelas mesmas medidas, beneficiando os que optam por não exercer qualquer atividade remunerada durante a vigência do *lay-off*[16].

A compensação retributiva é paga pelo empregador, que beneficia, para o efeito, da comparticipação da Segurança Social em 30% do respetivo valor, cabendo-lhe, pois, suportar os restantes 70%: art. 5º e art. 6º, ns. 4 e 5 do DL n. 10-G/2020, e art. 305º, n. 4 do CT[17].

A este propósito foi suscitada a questão de saber se o empregador poderia assegurar ao trabalhador o pagamento de 100% da retribuição, ou se, pelo contrário, beneficiando de apoio estadual por se encontrar em situação de "crise empresarial", estaria limitado pelo teto de 2/3 da retribuição que a lei garante ao trabalhador em *lay-off*. O entendimento prevalecente foi o de que, atendendo à letra da lei e ao princípio do tratamento mais favorável (art. 3º do CT), aquele

porém, uma restrição assinalável, ao permitir-se a prestação de trabalho a outra empresa. MARTINEZ, Pedro Romano. *Direito do Trabalho*. 6. ed. Coimbra: Almedina, 2013. p. 714.

(12) No caso de exercer atividade remunerada fora da empresa, o trabalhador está obrigado a, no prazo de cinco dias, comunicar o facto ao empregador para efeito de eventual redução na compensação retributiva, sob pena de perda o direito à mesma e do dever de restituir os montantes indevidamente recebidos, para além de incorrer em responsabilidade disciplinar: art. 6º, n. 7 do DL n. 10-G/2020 e art. 304º, n. 1, al. b e n. 2 do CT.

(13) O caráter eventual da compensação retributiva resulta, assim, do facto de apenas ser devida no caso de o trabalhador não receber — pelo trabalho prestado na empresa ou fora dela — aquele valor mínimo de 2/3 da retribuição ou de uma RMMG, consoante o que fosse mais elevado: art. 305º, n. 3 e n. 1, al. a, do CT.

(14) Respetivamente, 635€ e 1905€, em 2020.

(15) Conforme se verá no ponto 3.1. *infra*, o DL n. 6-C/2021, de 15 de janeiro, passou a assegurar o pagamento de 100% da retribuição (até ao triplo da retribuição mínima mensal garantida) a todos os trabalhadores abrangidos quer pelo pelo "*lay-off* simplificado", quer pelo *lay-off* do Código do Trabalho (neste caso, desde que iniciado após 1º de janeiro de 2021 em consequência da pandemia COVID-19): art. 2º e art. 5º do DL n. 6-C/2021.

(16) A este propósito, é de salientar a alteração, no âmbito do regime *do lay-off* simplificado, introduzida pelo DL n. 14-F/2020, de 13 de abril, que aditou o n. 9 ao art. 6º do DL n. 10-G/2020, excecionando da aplicação daquela regra de "dedução" as atividades remuneradas exercidas pelo trabalhador fora da empresa desde que "nas áreas do apoio social, saúde, produção alimentar, logística e distribuição".

(17) A propósito do *lay-off* clássico, refere Bernardo da Gama Lobo Xavier: "O sistema é o da divisão de riscos, ainda que com uma evidente vantagem patronal que tem a possibilidade de deslocar inteiramente para o trabalhador as reduções curtas que não afetem consideravelmente a retribuição e quase completamente para a Segurança Social os casos de *lay-off* mais extensos." XAVIER, Bernardo da Gama Lobo. *Manual de Direito do Trabalho*. 2. ed. Lisboa: Verbo, 2014. p. 709.

limite constituiria um patamar mínimo de proteção, suscetível de ser aumentado, mas não diminuído[18].

Quanto ao procedimento a adotar, no quadro do *"lay-off* simplificado" prevê-se uma simplificação das fases de comunicações, informações e negociação previstas no CT (arts. 299º e 300º). Com efeito, o empregador poderá avançar de imediato com a comunicação aos trabalhadores, por escrito, da decisão já tomada, com a indicação da duração previsível, e apresentar o correspondente requerimento eletrónico junto da Segurança Social, exigindo-se apenas que, "quando existam", tenham sido "ouvidos"[19] os delegados sindicais e comissões de trabalhadores: art. 4º, n. 2 do DL n. 10-G/2020.

O requerimento eletrónico é acompanhado da declaração do empregador, descrevendo sumariamente a situação de crise empresarial que o afeta e, tratando-se de empresa não sujeita a dever de encerramento, a certidão do contabilista certificado que ateste a situação de crise empresarial para efeitos do art. 3º, n. 1, al. b, sendo necessário, em qualquer dos casos, juntar também a listagem com a identificação dos trabalhadores abrangidos pelas medidas: art. 4º, n. 2 do DL n. 10-G/2020. O controle da veracidade dos factos em que se baseia o pedido, para além de eventual, será apenas *a posteriori*[20], o que favorece a agilidade na obtenção do benefício.

O *lay-off* simplificado tem a duração de um mês, sendo prorrogável mensalmente, até ao máximo de três meses, enquanto se mantiverem os respetivos pressupostos: art. 4º, n. 3 do DL n. 10-G/2020[21]. Este prazo é consideravelmente mais curto do que o previsto no âmbito *do lay-off* clássico, cuja duração máxima é de seis meses, ou, "em caso de catástrofe ou outra ocorrência que tenha afetado gravemente a atividade normal da empresa, um ano", eventualmente prorrogável por mais seis meses: art. 301º, ns. 2 e 3 do CT.

À semelhança das medidas adotadas por outros países europeus[22], o *"lay-off* simplificado" visou apoiar financeiramente as empresas na satisfação dos encargos laborais, de forma a evitar a destruição do emprego e a preservar a obtenção de rendimento pelos trabalhadores, assim minimizando o agravamento da crise económica e social causada pelas restrições inerentes ao combate à pandemia da COVID-19.

O caráter abrangente desta medida, aliado à sua facilidade de tramitação, explicam a adesão expressiva ao *lay-off* simplificado na "primeira vaga da pandemia", com a apresentação de 114.200 pedidos de entidades empregadoras[23].

1.3. O "plano extraordinário de formação"

Em alternativa ao *lay-off* simplificado, previu-se a possibilidade de acesso a um plano extraordinário de formação, visando a manutenção dos postos de trabalho e o reforço das competências dos trabalhadores: art. 7º, n. 1 do DL n. 10-G/2020.

Para a implementação deste plano de formação, era concedido um apoio financeiro com a duração de

---

(18) Com efeito, o art. 303º do CT refere, designadamente, como deveres do empregador durante o *lay-off* o pagamento pontual da compensação retributiva, a proibição de distribuição de lucros e a proibição de aumento da retribuição ou outra prestação patrimonial a favor de membros de corpos sociais da empresa, não impondo qualquer proibição de aumento do valor a pagar aos trabalhadores. DRAY, Guilherme. *Lay off simplificado*: conceito de crise empresarial e procedimento, cit., p. 71 e 72.

(19) Na prática, inexistirá lugar a uma verdadeira "negociação" com as estruturas representativas dos trabalhadores. Saliente-se que, mesmo no âmbito do regime do *lay-off* clássico, é previsto um curto prazo para esta fase (5 dias), findo o qual, na ausência de acordo com as estruturas representativas, se legitima o empregador a tomar a decisão quanto às medidas a adotar: art. 300º do CT. Esta celeridade compreende-se face à gravidade da situação de crise empresarial a debelar e manifesta a descrença na viabilidade de acordos neste contexto. FERNANDES, António Monteiro. *Direito do Trabalho*. 16. ed. Coimbra: Almedina, 2012. p. 439 e 440.

(20) Devendo nesse momento o empregador apresentar prova documental justificativa da situação de "crise empresarial" invocada, designadamente, o balancete contabilístico e a declaração de IVA: art. 3º, n. 3 do DL n. 10-G/2020.

(21) Este limite é, porém, inaplicável às empresas que se mantenham sujeitas ao dever de encerramento por determinação governamental: art. 20º, n. 4 do DL n. 10-G/2020, na redação conferida pelo DL n. 27-B/2020, de 19 de junho.

(22) Em Espanha foi adotado o *Expediente de Regulação Tenporal de Emprego* (ERTE) através do Real Decreto-ley n. 8/2020, de 17 de março. Em França, o Decreto n. 2.020-325, de 25 de março, reforçou o mecanismo do *"chômage partiel"*. Estes mecanismos, à semelhança do *lay-off* simplificado português, permitem ao empregador reduzir o período normal de trabalho ou suspender os contratos de trabalho, beneficiando de um apoio financeiro estadual para pagamento da compensação aos trabalhadores. DRAY, Guilherme. *Lay off simplificado:* conceito de crise empresarial e procedimento, cit., p. 62 a 64.

(23) A maioria dos trabalhadores em lay-off pertence à indústria transformadora (22,3%) seguindo-se o "Comércio por grosso e a retalho; Reparação de veículos automóveis e motociclos" (17,9%), "Alojamento, restauração e similares" (17,1%) e "Atividades administrativas e dos serviços de apoio" (10,1%). *Relatório do Tribunal de Contas* relativo à "implementação do *lay-off* simplificado durante a pandemia". Disponível em: <https://www.tcontas.pt/pt-pt/MenuSecundario/Noticias/Pages/noticia-20210209-01.aspx>.

um mês, por referência cada trabalhador abrangido, cujo valor seria calculado em função das horas de formação frequentadas[24] e não podia ultrapassar 50% da respetiva retribuição ilíquida, com o limite de uma retribuição mínima mensal garantida[25] (RMMG): art. 7º, ns. 2 e 3 do DL n. 10-G/2020.

O plano de formação extraordinário seria financiado, organizado e executado pelo IEFP, I.P. (Instituto de Emprego e Formação Profissional, Instituto Público), constituindo entidades formadoras os centros de emprego e formação profissional[26]: art. 8º, n. 1, al. a e art. 9º do DL n. 10-G/2020.

O procedimento de acesso a esta medida de apoio bastava-se com a comunicação por escrito aos trabalhadores abrangidos, indicando a duração previsível do plano de formação. A comunicação ao IEFP, I.P. poderia ser feita de imediato, desde que acompanhada dos documentos comprovativos da situação de "crise empresarial", pressuposta no acesso a esta medida: art. 7º, n. 4 e art. 4º, n. 2 do DL n. 10-G/2020.

Este apoio extraordinário à formação constituiu uma alternativa interessante ao *lay-off* sobretudo para as empresas que, embora afetadas pela crise pandémica, tivessem mantido o exercício da respetiva atividade, podendo assim beneficiar de uma melhoria na qualificação dos seus trabalhadores, com reflexo positivo na competitividade empresarial.

1.4. O "incentivo financeiro extraordinário para apoio à normalização da atividade da empresa"

Para os empregadores que tivessem recorrido ao *lay-off* simplificado ou ao plano extraordinário de formação, foi prevista a concessão de um apoio financeiro destinado a auxiliar a retoma da atividade da empresa, no valor de uma RMMG por trabalhador. O montante seria pago de uma só vez, pelo IEFP, I.P., a requerimento do empregador, acompanhado dos documentos comprovativos da situação de "crise empresarial": art. 10º, ns. 1 e 2 do Dl n. 10-G/2020.

Este incentivo viria a ser posteriormente revogado pelo DL n. 27-B/2020, de 19.06 (art. 10º), e substituído pelo "incentivo extraordinário à normalização da atividade empresarial", no contexto da reabertura da economia possibilitada pelo controle da crise pandémica no início de junho de 2020: art. 4º do DL n. 27-B/2020, de 19.06[27].

1.5. A isenção temporária do pagamento de contribuições para a Segurança Social, a cargo da entidade empregadora

No caso de beneficiar da aplicação de alguma das medidas previstas no DL n. 10-G/2020, o empregador teria igualmente direito à isenção total do pagamento das contribuições para a Segurança Social a seu cargo relativamente aos trabalhadores abrangidos, assim aliviando os encargos da empresa com os custos laborais: art. 11º, n. 1 do DL n. 10-G/2020.

Esta isenção seria reconhecida oficiosamente e de forma automática pela Segurança Social, acompanhando a vigência da medida de apoio ao emprego aplicada na empresa: art. 11º, ns. 3 e 7 do DL n. 10-G/2020.

1.6. A proibição de despedimentos não disciplinares durante a aplicação das medidas

Enquanto mecanismos que procuram evitar a eliminação de postos de trabalho no contexto da crise pandémica, os apoios financeiros extraordinários consagrados no DL n. 10-G/2020 impedem despedimentos não disciplinares durante o período de aplicação das medidas e nos 60 dias seguintes: art. 13º do DL n. 10-G/2020[28].

Na redação originária daquele preceito, a proibição de despedimentos por motivos económicos referia-se apenas aos contratos de trabalho dos trabalhadores abrangidos pelas medidas de apoio, adotando uma solução semelhante à prevista no âmbito do *lay-off* clássico (art. 303º, n. 2 do CT). Em

(24) Note-se que, ao abrigo deste plano extraordinário, a formação profissional é ministrada a tempo parcial, não podendo ultrapassar 50% do período normal de trabalho durante o período em que decorre: art. 7º, n. 1 e art. 8º, n. 2 do DL n. 10-G/2020.

(25) Isto é, 635€, em 2020.

(26) Sempre que possível, o plano de formação deve ser ministrado à distância: art. 8º, n. 1, al. a do DL n. 10-G/2020.

(27) *Infra*, o ponto 2.2. *infra*.

(28) Trata-se de uma limitação que se afirma igualmente no âmbito do regime do *lay-off* do CT (art. 303º, n. 2), enquanto nota "moralizadora" do sistema, "evitando que o empregador despeça os trabalhadores cujos contratos. A segurança social esteja a ajudar a manter". RAMALHO, Maria do Rosário Palma. *Tratado de Direito do Trabalho*, cit., p. 840, nota 69.

face das críticas que rapidamente surgiram, dois dias depois da entrada em vigor do DL n. 10-G/2020, foi emanada a Declaração de Retificação n. 14/2020, de 28.03, alterando o Preâmbulo e o art. 13º, no sentido de consagrar aquela proibição com caráter geral, abrangendo todos os trabalhadores da empresa.

As modalidades de despedimento expressamente abrangidas pela proibição do art. 13º do DL n. 10-G/2020 são o despedimento coletivo (art. 359º do CT) e o despedimento por extinção do posto de trabalho (art. 367º do CT).

O despedimento por inadaptação não é referido naquela proibição legal, porém, enquanto despedimento não disciplinar ou objetivo, fundado na "inadaptação superveniente do trabalhador ao posto de trabalho" (art. 373º do CT), deverá considerar-se abrangido pelo espírito da norma. Este entendimento é corroborado pelo facto de o art. 14º do DL n. 10-G/2020 considerar como situação de incumprimento o "despedimento, exceto por facto imputável ao trabalhador" (art. 14º, n. 1, al. a), em consonância, aliás, com a solução prevista no âmbito *do lay-off* clássico (art. 303º, n. 2)[29].

É igualmente discutível a aplicação daquele impedimento à cessação do contrato de trabalho por revogação, especialmente quando fundada em situação de crise empresarial e com base nos motivos que fundamentam um despedimento coletivo ou por extinção do posto de trabalho[30]. Ainda que não se ignore o risco de tais acordos constituírem verdadeiros "despedimentos negociados"[31], a respetiva validade enquanto causas de cessação do vínculo laboral radica no mútuo dissenso livremente formado, independendo da concreta motivação que lhes subjaz. Deste modo, embora nos pareça que teria sido razoável prever-se no art. 13º do DL n. 10-G/2020 a proibição da destruição de emprego tendo por base os acordos revogatórios fundados em motivos económicos — dada a equiparação substancial aos despedimentos objetivos, proibidos expressamente pela norma —, a letra do preceito não deixará de constituir uma séria dificuldade para tal amplitude interpretativa[32].

2. *A estabilização da crise sanitária no terceiro trimestre de 2020 e as medidas de apoio à retoma da atividade económica*

Ultrapassada a fase mais crítica da emergência sanitária causada pela COVID-19, o mês de junho de 2020 trouxe consigo o "desconfinamento" e a reabertura de estabelecimentos e atividades, numa tentativa de recuperar — na medida do possível, atendendo às limitações de saúde pública — a normalidade social e económica.

Neste contexto de retoma progressiva da atividade económica, a Resolução do Conselho de Ministros (RCM) n. 41/2020, de 6 de junho, aprovou o Programa de Estabilização Económica e Social, definindo "um quadro de intervenções que garantam uma progressiva estabilização nos planos económico e social, sem descurar a vertente sanitária".

No que concerne aos apoios ao emprego, aquela RCM previu as seguintes medidas destinadas a apoiar financeiramente as empresas no reatar da atividade, pós-confinamento: a criação de um "mecanismo de apoio à retoma progressiva", para as empresas que apresentassem uma quebra de faturação de pelo menos 40%, e um "incentivo extraordinário à normalização da atividade empresarial", para as empresas que tivessem beneficiado *do lay-off* simplificado no período em que estiveram abrangidas pela obrigação de encerramento.

Para as empresas que permanecessem encerradas por determinação governamental, a RCM n. 41/2020 estabeleceu a manutenção do acesso ao *lay-off* simplificado, e previu uma extensão até ao fim do mês de julho para as empresas beneficiárias desse regime autorizadas a reiniciar a atividade.

Estas medidas seriam objeto de regulamentação através de dois diplomas: o DL n. 27-B/2020, de 19 de junho[33], que estabeleceu a prorrogação do regime

(29) Assim, CRUZ, Cristina Martins da. *"Lay off" no contexto da "pandemia COVID-19"*, cit., p. 160.

(30) Ao abrigo do regime preceituado no art. 10º, n. 4 do DL n. 220/2006, de 3 de novembro.

(31) AMADO, João Leal. *Contrato de Trabalho. Noções Básicas*, cit., p. 354 e 355.

(32) DRAY, Guilherme. *Lay off simplificado:* conceito de crise empresarial e procedimento, cit., p. 74.

(33) Este diploma legal consagrou, ainda, um "complemento de estabilização" destinado a compensar a perda de rendimentos dos trabalhadores abrangidos pelo regime de *lay-off* (simplificado ou clássico) com retribuição igual ou inferior a duas vezes a RMMG: art. 3º do DL n. 27-B/2020. Este apoio financeiro (no valor mínimo de 100€ e com o valor máximo de 351€) foi pago em julho de 2020, de forma automática e oficiosa pela Segurança Social, e traduzindo-se na diferença entre o valor da remuneração declarada no mês

do *lay-off* simplificado, prevendo o respetivo regime transitório, e disciplinou o "incentivo extraordinário à normalização da atividade empresarial"[(34)] ; e o DL n. 46-A/2020, de 30 de julho, que, por seu turno, criou o "apoio extraordinário à retoma progressiva de atividade em empresas em situação de crise empresarial com redução temporária do período normal de trabalho".

A vigência destas medidas estava prevista até 31 de dezembro de 2020: art. 11º do DL n. 27-B/2020 e art. 19º do DL n. 46-A/2020. Porém, conforme se verá[(35)], essa vigência seria prorrogada no quadro da nova paralisação da atividade económica ditada pelo agravamento da situação da pandemia da COVID-19 no início de 2021.

Vejamos com maior detalhe cada uma dessas medidas.

2.1. A prorrogação do regime do "*lay-off* simplificado" e o regime transitório

O DL n. 27-B/2020, de 19 de junho, alterou o art. 20º do DL n. 10-G/2020, de 26 de março, prorrogando a vigência do regime nele previsto, designadamente o acesso ao *lay-off* simplificado, até 30 de setembro de 2020.[(36)]

O prolongamento da vigência do *lay-off* simplificado foi previsto de forma diferenciada atendendo à situação concreta da empresa beneficiária, nos seguintes termos:

a). Para as empresas que ainda não tivessem recorrido a este regime, o acesso seria possível até 30 de junho de 2020, podendo o apoio ser objeto de renovação mensal, por um período máximo de três meses: art. 20º, n. 3 e art. 4º, n. 3 do DL n. 10-G/2020, na redação conferida pelo DL n. 27-B/2020;

b). Para as empresas que se mantivessem obrigadas ao dever de encerramento por determinação governamental, previu-se a possibilidade de manutenção do regime de *lay-off* simplificado de que a empresa se encontrasse a beneficiar, ou, sendo o caso, de acesso a esse regime, sem limitação temporal, por todo o período em que se mantivesse aquele dever: art. 20º, n. 4 do DL n. 10-G/2020, na redação conferida pelo DL n. 27-B/2020.

c). Para as empresas beneficiárias do *lay-off* simplificado que tivessem atingido o limite de renovações do apoio (3 meses) até 30 de junho de 2020, possibilitou-se uma prorrogação extra por um mês, até 31 de julho de 2020: art. 20º, n. 5 do DL n. 10-G/2020, na redação conferida pelo DL n. 27-B/2020.

Em qualquer dos casos, continuou associado ao regime do *lay-off* simplificado o benefício traduzido na isenção de contribuições para a Segurança Social a cargo do empregador: art. 20º, n. 6 e art. 11º do DL n. 10-G/2020, na redação conferida pelo DL n. 27-B/2020.

2.2. O "incentivo financeiro extraordinário à normalização da atividade empresarial"

Para apoiar as empresas que, tendo beneficiado do regime do *lay-off* simplificado ou do plano extraordinário de formação, tivessem condições para retomar a sua normal atividade, foi previsto um "incentivo financeiro extraordinário à normalização da atividade empresarial", a suportar pelo IEFP, I.P.: art. 4º do DL n. 27-B/2020[(37)].

Com a criação deste incentivo pretendeu-se assegurar a continuidade da ajuda financeira às empresas em situação de crise empresarial que, autorizadas a retomar a atividade, deixariam de beneficiar dos apoios criados na primeira fase da emergência sanitária, o que poderia comprometer aquela retoma.

Este apoio consistia numa ajuda financeira, calculada em função do número de trabalhadores da empresa abrangidos por alguma das medidas previstas no DL n. 10-G/2020, e podia ser atribuído segundo uma de duas modalidades (art. 4º, n. 2, al. a e b do DL n. 27-B/2020):

---

de fevereiro de 2020 e o menor valor auferido no período de 30 dias em que o trabalhador tivesse estado abrangido pela medida de redução ou suspensão: art. 3º, ns. 2, 3 e 5 do DL n. 27-B/2020.

(34) Revogando o "incentivo financeiro extraordinário para apoio à normalização da atividade da empresa" anteriormente previsto no art. 10º do DL n. 10-G/2020. O ponto 1.4. *supra*.

(35) Cfr. o ponto 3, *infra*.

(36) A vigência inicialmente prevista terminava a 30 de junho de 2020, prevendo-se, todavia, a possibilidade de prorrogação por mais três meses, "em função da evolução das consequências económicas e sociais da COVID-19": art. 20º do DL n. 10-G, na redação originária.

(37) Os procedimentos, condições e termos de acesso ao "incentivo extraordinário à normalização da atividade empresarial" foram objeto de regulamentação através da Portaria n. 170-A/2020, de 13 de julho.

a) *On-off*, no valor de uma RMMG[38] por trabalhador, pago de uma só vez[39];

b) Apoio faseado, no valor de duas RMMG[40] por trabalhador, pago em duas prestações de igual montante, ao longo de 6 meses[41].

Na segunda modalidade deste incentivo, a empresa beneficiava igualmente de uma redução de 50% no valor das contribuições para a Segurança Social a cargo da entidade empregadora durante os primeiros três meses[42] da concessão do incentivo: art. 4º, n. 4 do DL n. 27-B/2020. Caso promovesse a criação líquida de emprego[43] nos 3 meses subsequentes ao final da concessão do apoio, o empregador teria ainda direito à isenção total do pagamento das contribuições[44] por dois meses relativamente aos postos de trabalho criados através de contrato sem termo, contanto mantivesse durante 180 dias o nível de emprego[45] alcançado: art. 4º, ns. 8 e 9 do DL n. 27-B/2020.

A concessão do "incentivo financeiro extraordinário à normalização da atividade empresarial" impunha à empresa que, durante o período de concessão do incentivo e nos 60 dias subsequentes, não levasse a cabo despedimentos não disciplinares[46] e, se tivesse beneficiado da modalidade de pagamento faseado, mantivesse o nível de emprego verificado no último mês de aplicação das medidas previstas no DL n. 10-G/2020: art. 5º, ns. 1, 2, 3, e 4 do DL n. 27-B/2020.

A violação desses deveres, tal como o incumprimento do dever de manutenção da situação contributiva e tributária regularizadas durante o período de concessão do incentivo, determinaria a cessação do apoio e a restituição ou pagamento ao IEFP ou à Segurança Social, conforme aplicável, dos montantes recebidos ou isentados, respetivamente[47]: art. 5º, n. 6 do DL n. 27-B/2020.

Este incentivo extraordinário foi previsto, como se disse, enquanto medida subsequente ao *lay-off* simplificado ou ao plano extraordinário de formação, criados pelo DL n. 10-G/2020, e constituiu uma alternativa ao "mecanismo de apoio à retoma progressiva" que se analisará seguidamente[48], não podendo ser com ele cumulado[49]: art. 6º, n. 4 do DL n. 27-B/2020.

2.3. O "apoio extraordinário à retoma económica em empresas em situação de crise empresarial com redução temporária do período normal de trabalho"

Em cumprimento da RCM n. 41/2020, o Decreto-Lei n. 46-A/2020, de 30 de julho criou a medida de "apoio extraordinário à retoma progressiva de atividade em empresas em situação de crise empresarial com redução temporária do período normal de trabalho", tendente a apoiar a manutenção do emprego no contexto de retoma da atividade económica[50].

---

(38) Isto é, 635€, em 2020.

(39) No prazo previsto no art. 8º, n. 1, al. a da Portaria n. 170-A/2020.

(40) Ou seja, 1270€, em 2020.

(41) Nos prazos previstos no art. 8º, n. 1, al. b, i e i da Portaria n. 170-A/2020.

(42) A duração em concreto dessa isenção (entre 1 e 3 meses) estava proporcionalmente indexada ao tempo em que a empresa tivesse beneficiado das medidas de apoio do DL n. 10-G/2020: art. 4º, n. 7, al. a, b e c do DL n. 27-B/2020.

(43) Traduzida no aumento de trabalhadores face à média registada nos 3 meses homólogos: art. 4º, n. 9, al. a) do DL n. 27-B/2020.

(44) Quer a dispensa parcial, quer a isenção, das contribuições a cargo da entidade empregadora, seriam objeto de reconhecimento oficioso pela Segurança Social, através de troca de informação com o IEFP: art. 4º, n. 11 do DL n. 27-B/2020.

(45) A manutenção do nível de emprego seria objeto de verificação oficiosa pelo IEFP, com base em informação prestada pela Segurança Social, não relevando, para aquele efeito, a diminuição do nível de emprego resultante da cessação de contratos de trabalho por caducidade, denúncia, reforma do trabalhador, despedimento disciplinar, ou no contexto de transmissão de estabelecimento ou parte de estabelecimento: art. 7º, n. 2, al. a), b) e c) da Portaria n. 170-A/2020.

(46) O art. 5º, n. 1 do DL n. 27-B/2020 refere-se expressamente às "modalidades de despedimento coletivo, despedimento por extinção do posto de trabalho, despedimento por inadaptação, previstos nos artigos 359.º, 367.º e 373.º do Código do Trabalho".

(47) Deveres explicitados no termo de aceitação assinado pela empresa aquando da apresentação do requerimento para a concessão do apoio: art. 7º da Portaria n. 170-A/2020.

(48) Cf. o ponto 2.3, *infra*.

(49) O DL n. 98/2020, de 18 de novembro, aditou o n. 5 ao art. 6º do DL n. 27-B/2020, possibilitando ao empregador que até 31 de outubro de 2020 tenha requerido o "incentivo extraordinário à normalização da atividade empresarial", a possibilidade de, excecionalmente, até 31 de dezembro de 2020, desistir desse apoio e aceder ao "apoio à retoma progressiva", sem necessidade de devolução dos montantes já recebidos. Já no quadro das medidas adotadas em face do agravamento da crise pandémica no início de 2021, o DL n. 8-B/2021, de 22 de janeiro, veio permitir que, a partir de fevereiro de 2021, também o empregador que tenha acedido ao "incentivo extraordinário à normalização da atividade empresarial" possa aceder ao "apoio extraordinário à retoma progressiva de atividade, alterando o art. 15º, n. 2 do DL n. 46-A/2020.

(50) O DL n. 24-A/2020 tinha uma vigência prevista até 31 de dezembro de 2020: art. 19º. Porém, conforme se dará nota no ponto 3.2. *infra*, viria a ser prorrogado até 30 de junho de 2021 no contexto das medidas adotadas para o apoio às empresas em face do

Algumas dessas empresas terão sido apoiadas, durante o período de paralisação da atividade económica, pelas medidas de *lay-off* simplificado ou do plano extraordinário de formação previstos no DL n. 10-G/2020[(51)], necessitando de continuar a obter ajuda financeira para assegurar a manutenção dos postos de trabalho no reinício da laboração.

Como se disse, este mecanismo foi previsto como uma alternativa ao "incentivo financeiro extraordinário à normalização da atividade empresarial" previsto no DL n. 27-B/2020, de 19 de junho[(52)], para as empresas que, reiniciando a laboração, se encontrassem em "situação de crise empresarial". Tratavam-se, por isso, de medidas de apoio não cumuláveis: art. 15º, n. 2 do DL n. 46-A/2020.

A situação de vulnerabilidade económica ("crise") da empresa pressuposta para o acesso ao "apoio extraordinário à retoma progressiva" implicava uma quebra de faturação que, no início da vigência do DL n. 46-A/2020, se exigia igual ou superior a 40%[(53)]", tendo sido posteriormente reduzida para 25% por via do DL n. 90/2020, de 19 de outubro, com a finalidade de ampliar o âmbito de aplicação da medida no contexto da "segunda vaga da pandemia": art. 3º do DL n. 46-A/2020.

No âmbito deste apoio extraordinário à retoma progressiva, o empregador seria autorizado a reduzir o período normal de trabalho (PNT) de todos ou de alguns dos seus trabalhadores, possibilitando-se uma redução tanto maior quanto mais elevada se apresentar a quebra de faturação da empresa[(54)], podendo atingir 100% para empresas com quebra de faturação iguais ou superiores a 75%[(55)]: art. 5º do DL n. 46-A/2020.

Durante a redução do PNT, o trabalhador auferia a retribuição correspondente às horas trabalhadas e uma "compensação retributiva" calculada proporcionalmente às horas não trabalhadas[(56)], igualmente paga pelo empregador, mas comparticipada

---

recrudescimento da pandemia da COVID-19 no início de 2021.

(51) Os apoios previstos no DL n. 10-G/2020 não podem, por isso, ser cumulados com o apoio à retoma: art. 15º, n. 1 do DL n. 46-A/2020.

(52) Cfr. o ponto 2.2. *supra*.

(53) "No mês civil completo imediatamente anterior ao mês civil a que se refere o pedido inicial de apoio ou de prorrogação, face ao mês homólogo do ano anterior ou face à média mensal dos dois meses anteriores a esse período ou, ainda, para quem tenha iniciado a atividade há menos de 12 meses, face à média da faturação mensal entre o início da atividade e o penúltimo mês completo anterior ao mês civil a que se refere o pedido inicial de apoio ou de prorrogação": art. 3º do DL n. 46-A/2020.

(54) Assim, numa empresa com quebra de faturação igual ou superior a 40%, a redução do PNT, por trabalhador, podia ser no máximo de 50%, nos meses de agosto e setembro de 2020, e de 40%, nos meses de outubro, novembro e dezembro de 2020, enquanto que uma empresa com quebra de faturação igual ou superior a 60 % a redução do PNT, por trabalhador, podia ser no máximo de 70%, nos meses de agosto e setembro de 2020 e de 60 %, nos meses de outubro, novembro e dezembro de 2020: art. 5º, n. 1. A alteração promovida pelo DL n. 90/2020, de 19 de outubro, para abranger empresas com percentagens menores de quebra de faturação, passou a prever que nas empresas com quebra de faturação igual ou superior a 25 %, a redução do PNT, por trabalhador, podia ser no máximo de 33%, nos meses de outubro, novembro e dezembro de 2020: art. 5º, n. 1, al. a do DL n. 46-A/2020, na redação conferida pelo DL n. 90/2020. Este último diploma introduziu ainda uma previsão de reforço do mecanismo para as empresas com quebra de faturação igual ou superior a 75 %, possibilitando a redução do PNT, por trabalhador, até 100% nos meses de outubro, novembro e dezembro de 2020: art. 5º, n. 1, al. d do DL n. 46-A/2020, na redação conferida pelo DL n. 90/2020. Posteriormente, já no âmbito da regulamentação do estado de emergência decretado em novembro de 2020, o DL n. 101-A/2020, de 27 de novembro, veio reforçar o apoio à retoma permitindo às empresas aceder à redução do período normal de trabalho imediatamente seguinte ao do limite por que estariam abrangidas: art. 3º-A do DL n. 46-A/2020, aditado pelo DL n. 101-A/2020. Estes limites seriam revistos em janeiro de 2021, através do DL n. 6-C/2021, de 15 de janeiro — cfr. o ponto 3.2, *infra*.

(55) Alteração introduzida pelo DL n. 90/2020, de 19.de outubro, que visou reforçar o apoio ao emprego perante o advento da segunda vaga da pandemia, em outubro de 2020. Aludindo às vantagens inerentes à opção pela redução do PNT em 100% comparativamente com a suspensão do contrato de trabalho, em especial quanto à sujeição ao poder de direção do empregador e à manutenção do dever de disponibilidade para o trabalho, cfr. DRAY, Guilherme, *Lay off simplificado: conceito de crise empresarial e procedimento*, cit., p. 85.

(56) Essa compensação retributiva correspondia a dois terços da retribuição normal ilíquida correspondente às horas não trabalhadas, nos meses de agosto e setembro de 2020, e a quatro quintos nos meses de outubro, novembro e dezembro de 2020: art. 6º, n. 2, al. a e b do DL n. 46-A/2020. Densificando o conceito de "retribuição normal ilíquida", cfr. o art. 6º, ns., 4, 5 e 6 do DL n. 46-A/2020. Na alteração promovida pelo DL n. 90/2020, de 19 de outubro, promoveu-se um reforço da tutela dos trabalhadores afetados por uma significativa redução do PNT, passando a prever-se no n. 7 do art. 6º do DL n. 46-A/2020 que, nas situações em que a redução do PNT seja superior a 60%, o valor da compensação retributiva seria aumentado na medida do necessário para assegurar que, da soma da compensação retributiva com o valor da retribuição auferida pelas horas trabalhadas, o trabalhador receberia um montante mensal equivalente a 88 % da sua retribuição normal ilíquida (até ao limite de três vezes o valor da RMMG, isto é, 1905€ em 2020).

em 70% pela Segurança Social[57]: arts. 6º e 7º do DL n. 46-A/2020.

O valor da compensação retributiva seria, porém, objeto de redução nos casos em que o trabalhador exercesse uma atividade remunerada fora da empresa, facto que deveria comunicar prontamente ao empregador, sob pena de restituição do valor (indevidamente) recebido, de perda do direito à compensação e da prática de infração disciplinar grave: art. 6º, n. 8 e art. 13º, al. a do DL n. 46-A/2020[58].

Para as empresas em situação de crise empresarial grave, com quebra de faturação igual ou superior a 75%, era, ainda, concedido um "apoio adicional" para auxiliar o empregador no pagamento da retribuição devida ao trabalhador pelas horas trabalhadas, no valor de 35% dessa retribuição: art. 8º, n. 1 do DL n. 46-A/2020.

A acrescer a estes apoios financeiros, durante os meses em que beneficiasse dos mesmos, era reconhecida oficiosamente ao empregador a isenção total ou a dispensa parcial do pagamento das contribuições para a Segurança Social a seu cargo relativamente à compensação retributiva (e já não à retribuição) devida aos trabalhadores, benefício variável em função da dimensão da empresa [59]: art. 9º do DL n. 46-A/2020.

O apoio à retoma progressiva podia ainda ser cumulado com um plano de formação, organizado pelo IEFP, a desenvolver fora do horário da prestação efetiva de trabalho, desde que compreendido no PNT, conferindo direito a uma bolsa por cada trabalhador abrangido e cujo valor[60] se destinava, em partes iguais, ao empregador e ao trabalhador: art. 10º do DL n. 46-A/2020.

Para beneficiar do apoio extraordinário à retoma, o empregador apresentava o correspondente requerimento eletrónico no *site* da Segurança Social, juntando os documentos comprovativos da situação de crise empresarial (quebra de faturação) pressuposta e uma listagem identificativa dos trabalhadores abrangidos: art. 11º do DL n. 46-A/2020. Saliente-se que apenas poderia beneficiar deste apoio o empregador que tivesse as situações contributiva e tributária regularizadas perante a Segurança Social e a Autoridade Tributária, o que não deixaria de constituir um impedimento para muitas das empresas com acentuadas perdas de faturação: art. 11º, n. 5 do DL n. 46-A/2020.

Tal como imposto nos demais mecanismos de apoio às empresas em situação de crise empresarial resultante da COVID-19, também no âmbito do apoio extraordinário à retoma era imposta ao empregador a proibição de proceder a despedimentos não disciplinares[61] durante o período em que beneficiasse do apoio, assim como nos 60 dias subsequentes: art. 12º, n. 2 do DL n. 46-A/2020.

3. *A nova paralisação da atividade económica no início de 2021 resultante do recrudescimento da pandemia da COVID-19 e a prorrogação / reforço das medidas de apoio ao emprego*

Depois de um 2020 *terribilis*, e apesar de toda a esperança depositada no novo ano, a verdade é que, acentuando a tendência crescente verificada nos últimos meses de 2020, os primeiros dias de 2021 trouxeram consigo uma subida vertiginosa no número de infetados pelo novo Coronavírus e no número de óbitos associados à doença COVID-19, vivenciando-se uma sobrecarga dramática nos serviços de cuidados intensivos nos hospitais do Serviço Nacional de Saúde.

---

(57) Na revisão ao regime operada pelo DL n. 90/2020, de 19 de outubro, passou a prever-se que a compensação retributiva dos trabalhadores com uma redução de PNT superior a 60% seria suportada integralmente pela Segurança Social: art. 7º, n. 3 do DL n. 46/2020, na redação conferida pelo DL n. 90/2020.

(58) Retomam-se, a este propósito, as considerações críticas tecidas à solução análoga do regime do *lay-off* (clássico e simplificado). Cfr. o ponto 1.2. *supra*.

(59) As micro, pequenas e médias empresas beneficiaram de isenção total durante os meses de agosto e setembro de 2020, e de dispensa parcial em 50% nos restantes meses de 2020, ao passo que às grandes empresas foi reconhecida a dispensa parcial de 50% apenas nos meses de agosto e setembro de 2020: art. 9º, n. 2 do DL n. 46-A/2020.

(60) Na redação originária do art. 10º do DL n. 46-A/2020, previa-se que a bolsa de formação teria um valor correspondente a 30% do indexante dos apoios sociais (IAS). Aquela norma seria posteriormente objeto de alteração por via do Decreto-Lei n. 90/2020, de 19.10, consagrando-se um aumento do valor da bolsa de formação para 70 % do IAS por trabalhador abrangido, destinando-se ao empregador o montante equivalente a 30 % do IAS, e ao trabalhador o montante equivalente a 40 % do IAS. Refira-se que o valor do IAS vigente em 2020 foi de 438,81€, valor que se mantém em 2021.

(61) O art. 12º, n. 2, al. a do DL n. 46-A/2020 alude diretamente às modalidades de despedimento coletivo, despedimento por extinção do posto de trabalho e despedimento por inadaptação.

De forma a conter a expansão da pandemia, a situação de estado de emergência decretada em novembro de 2020[62], sucessivamente renovada, veio a conhecer uma nova renovação em meados de janeiro de 2021[63]. Neste contexto, foi regulamentada a adoção de medidas mais restritivas da vida em sociedade, que passaram pelo encerramento de estabelecimentos e suspensão de todas atividades presenciais consideradas não essenciais[64].

Obrigadas a encerrar portas novamente[65], numa altura em que procuravam, a muito custo, retomar a atividade e reequilibrar os fluxos de tesouraria, as empresas antecipavam nova "agonia" financeira.

Neste contexto, para mitigar os efeitos negativos do novo "confinamento" no emprego, o Governo não tardou a aprovar medidas de apoio às empresas nesta "terceira vaga da pandemia", algumas das quais tinham sido já antecipadas na Resolução de Conselho de Ministros n. 114/2020, de 30 de dezembro[66].

Em 15 de janeiro, no dia seguinte à imposição do novo "confinamento", foram publicados o DL n. 6-C/2021 e o DL n. 6-E/2021, prevendo a prorrogação e o reforço de medidas de apoio às empresas no âmbito do estado de emergência. De entre tais medidas, as mais significativas no que respeita à salvaguarda dos postos de trabalho eram já conhecidas e "testadas": o *lay-off* simplificado (DL n. 10-G/2020) e o apoio extraordinário à retoma progressiva (DL n. 46-A/2020).

Estes mecanismos de apoio ao emprego foram, assim, "repristinados" de 2020 para 2021, numa versão reforçada, nos termos de que seguidamente se dará nota.

3.1. A repristinação do "*lay-off* simplificado", numa versão reforçada

Constituindo uma das primeiras medidas de apoio ao emprego no contexto da paralisação económica ditada pela pandemia da COVID-19, o *lay-off* simplificado[67], criado pelo DL n. 10-G/2020, de 26 de março, e cuja vigência terminara a 30 de setembro de 2020[68] — com exceção das empresas que se mantivessem encerradas por determinação governamental -, retomou a sua vigência em janeiro de 2021 para auxiliar as empresas obrigadas a encerrar por determinação governamental, no âmbito do novo estado de emergência: art. 2º, al. a) do DL n. 6-E/2021.

Com efeito, diferentemente do regime inicial, que abrangia quer as empresas sujeitas ao dever de encerramento por determinação governamental, quer as empresas que apresentassem uma quebra de faturação acentuada (de pelo menos 40%), o *lay-off* simplificado "versão 2021" apenas está acessível às primeiras[69], restando às segundas recorrer ao "apoio extraordinário à retoma progressiva".

O apoio financeiro concedido pela Segurança Social ao empregador para pagamento da compensação retributiva ao trabalhador surge reforçado de forma a assegurar que o recebimento efetivo do valor correspondente a 100% da retribuição normal ilíquida, até ao limite de 3 RMMG[70], ao invés dos anteriores 2/3: art. 9º do art. 6º do DL n. 10-G/2020, aditado pelo DL n. 6-C/2021. O mesmo valor passa a ser assegurado aos trabalhadores abrangidos pelo *lay-off* clássico, previsto no CT, desde que decretado após 1º de janeiro de 2021 em consequência de crise empresarial motivada pela pandemia da COVID-19: art. 5º do DL n. 6-C/2021.

(62) Por via do Decreto do Presidente da República n. 51-U/2020, de 6 de novembro.

(63) Através do Decreto do Presidente da República n. 6-B/2021, de 13 de janeiro.

(64) Cfr. a regulamentação do estado de emergência vertida no Decreto n. 3-A/2021, de 14 de janeiro. Por via das subsequentes alterações à regulamentação do estado de emergência, agravaram-se as medidas de contenção das deslocações e dos contactos interpessoais. Com efeito, o Decreto n. 3-B/2021, de 19 de janeiro, proibiu, designadamente, a venda ao postigo nos estabelecimentos não alimentares e a venda ao postigo de qualquer tipo de bebida nos estabelecimentos de restauração, quando em regime de *take-away*, e o subsequente Decreto n. 3-C, de 22 de janeiro, procedeu ao encerramento dos estabelecimentos de ensino e atividade formativa, anteriormente excecionados.

(65) Ou a mantê-las encerradas, como é o caso dos bares e discotecas, impedidos de funcionar desde março de 2020.

(66) Com efeito, na RCM n. 114/2020, de 30 de dezembro, previa-se, no plano dos apoios à criação e manutenção de emprego, o reforço e prolongamento do apoio à retoma progressiva para o 1º semestre de 2021, assim como a criação de um apoio específico para as microempresas em situação de quebra de faturação significativa para suporte à manutenção dos postos de trabalho (cfr. os pontos 7 e 8).

(67) Cfr. o ponto 1.2. *supra*.

(68) Por força da prorrogação de 3 meses operada pelo DL n. 27-B/2020. Cfr. o ponto 2.1. *supra*.

(69) E abrangerá, naturalmente, apenas os trabalhadores da empresa que prestassem a sua atividade no estabelecimento encerrado. CRUZ, Cristina Martins da. *"Lay off" no contexto da "pandemia COVID-19"*, cit., p. 148-150.

(70) Isto é, 1995€, em 2021.

3.2. *A prorrogação do "apoio extraordinário à retoma progressiva"*

O apoio extraordinário à retoma progressiva[71], criado pelo DL n. 46-A/2020, de 30.07 no contexto do relançamento da atividade económica no segundo semestre de 2020, e cuja vigência cessara a 31 de dezembro de 2020, viu-se prorrogado até 30 de junho de 2021: art. 6º do DL n. 6-C/2021.

Continua a ser um mecanismo acessível às empresas que, evidenciando uma quebra de faturação de pelo menos 25%, levem a cabo uma redução temporária do PNT. Surge, porém, ampliado: passa a prever-se que, que para as empresas com quebras de faturação iguais ou superiores a 75%, a redução do PNT possa atingir 100% nos meses de janeiro, fevereiro, março e abril de 2021, e de 75% nos meses de maio e junho de 2021: art. 5º, n. 1, i e ii do DL n. 46-A/2020, na redação conferida pelo DL n. 6-C/2021.

Este apoio é estendido aos membros de órgãos estatutários que exerçam funções de gerência, com registo de contribuições na segurança social e trabalhadores a seu cargo, numa tentativa de "não deixar ninguém de fora" no suporte estadual: art. 4º, n. 8 do DL n. 46-A/2020, na redação conferida pelo DL n. 6-C/2021.

O reforço do apoio extraordinário à retoma resultou ainda no aumento da comparticipação da Segurança Social na compensação retributiva (calculada por referência às horas não trabalhadas), na medida do que se mostrar necessário para que, conjuntamente com o pagamento da retribuição pelas horas trabalhadas, sendo o caso, o trabalhador receba o valor correspondente a 100% da sua retribuição normal ilíquida: art. 6º, n. 3 do DL n. 46-A/2020, na redação conferida pelo DL n. 6-C/2021.

Acresce que, tratando-se de micro, pequenas e médias empresas[72], o apoio extraordinário à retoma continua a compreender o direito à dispensa parcial de 50% das contribuições a cargo da entidade empregadora para a Segurança Social, relativamente à compensação retributiva: art. 9º do DL n. 46-A/2020, na redação conferida pelo DL n. 6-C/2021. Excluídas deste beneficio ficam, portanto, as grandes empresas[73], que, na primeira versão da medida, beneficiaram de uma redução de 50% nos meses de agosto e setembro de 2020: art. 9º, n. 2, al. a, ii do DL n. 46-A/2020.

3.3. A articulação entre o "apoio extraordinário à retoma progressiva da atividade" e o *lay-off* simplificado; quadro comparativo das medidas

Pese embora não sejam suscetíveis de cumulação[74], o DL n. 6-E/2021, de 15 de janeiro,[75] veio possibilitar o funcionamento articulado entre o *lay-off* simplificado e o apoio extraordinário à retoma progressiva.

Com efeito, de forma a permitir às empresas abrangidas pelo novo dever de encerramento o acesso ao *lay-off* simplificado, designadamente para suspensão dos contratos de trabalho, permite-se que, caso se encontrassem a beneficiar do apoio extraordinário à retoma progressiva, desistam do período remanescente deste apoio e requeiram subsequentemente o acesso ao *lay-off* simplificado durante o tempo de encerramento: art. 2º, al. b do DL n. 6-E/2021.

Deste modo, cabe às empresas beneficiárias do apoio à retoma decidir se pretendem a continuidade deste apoio ou se se afigura mais vantajoso recorrer ao *lay-off* simplificado. Refira-se, porém, que a possibilidade de escolha entre os dois regimes existirá, naturalmente, apenas para as empresas que reúnam os pressupostos de aplicação de ambos, isto é, que se encontrem obrigadas a encerrar por determinação governamental[76] e apresentem uma quebra de faturação igual ou superior a 25%[77]. Nesses casos, a escolha dependerá da ponderação dos benefícios associados a cada uma das medidas.

Tracemos, pois, um quadro comparativo entre as duas medidas.

(71) Cfr. o ponto 2.3. *supra*.
(72) Empresas que empreguem até 250 trabalhadores: art. 100º, n. 1 al. a, b e c do CT.
(73) Empresas que empreguem 250 ou mais trabalhadores: art. 100º, n. 1 al. d do CT.
(74) Art. 4º do DL n. 6-E/2021, de 15 de janeiro.
(75) Este diploma contemplou, ainda, a extensão da eficácia temporal das medidas extraordinárias de apoio destinadas aos trabalhadores independentes, gerentes e empresários em nome individual, criadas pelo DL n. 10-A/2020, de 13 de março, e cuja vigência cessara em 31 de dezembro de 2020.
(76) Art. 2º, al. a) do DL n. 6-E/2021, de 15 de janeiro.
(77) Art. 3º do DL n. 46-A/2020, na redação dada pelo DL n. 6-C/2021, de 15 de janeiro.

Conforme referido *supra* aquando da análise destas duas medidas de apoio ao emprego[78], o *lay-off* possibilita a suspensão dos contratos de trabalho ou a redução temporária do período normal de trabalho (PNT), ao passo que o apoio extraordinário à retoma apenas permite a redução temporária do PNT. Acresce que, no *lay-off*, a decisão de suspender os contratos de trabalho ou de reduzir o PNT é tomada segundo o critério do empregador, enquanto no âmbito do apoio à retoma somente é possível a redução do PNT e com respeito pelos limites legalmente fixados (em relação direta com a quebra de faturação apresentada pela empresa)[79].

Na sequência das alterações introduzidas pelo DL n. 6-C/2021, de 15 de janeiro, quer no *lay-off* (simplificado e clássico), quer no apoio à retoma, é assegurado ao trabalhador o recebimento do valor correspondente a 100% da sua retribuição normal ilíquida. Em ambos os regimes o empregador paga a totalidade das horas trabalhadas — exceto se apresentar uma quebra de faturação igual ou superior a 75%, caso em que beneficia de um apoio adicional de 35% para esse efeito — e parte (30%) das horas não trabalhadas a título de compensação retributiva. A Segurança Social suportará a diferença necessária para perfazer a totalidade do valor da retribuição. Porém, no âmbito do apoio à retoma, se a redução do PNT for superior a 60% — redução apenas permitida para as empresas com quebra de faturação igual ou superior a 75% —, a Segurança Social suportará a totalidade da compensação retributiva.

Outro aspeto a ter em conta na comparação entre as duas medidas prende-se com as contribuições para a Segurança Social a cargo da entidade empregadora. Enquanto no *lay-off* simplificado se mantém a isenção total, no âmbito do apoio extraordinário à retoma progressiva apenas é concedida a dispensa parcial (50%) às micro, pequenas e médias empresas e exclusivamente por referência à compensação retributiva (isto é, às horas não trabalhadas).

A gravidade da situação de crise empresarial e a própria dimensão da empresa serão fatores determinantes na opção a tomar. Para as empresas que empreguem até 250 trabalhadores[80] e enfrentem uma situação de crise empresarial grave, com quebra de faturação igual ou superior a 75%, o apoio à retoma será economicamente mais vantajoso na hipótese de paralisação da atividade, na medida em que possibilitará reduzir até 100% o PNT, assegurando a Segurança Social a totalidade da compensação retributiva devida ao trabalhador se a redução do PNT for superior a 60%, ficando a cargo da empresa apenas o pagamento de 50% das contribuições para a Segurança Social.

3.4. A criação do "apoio simplificado para microempresas à manutenção dos postos de trabalho"

Direcionado para a proteção do emprego nas empresas de pequena dimensão em situação de crise empresarial que tenham beneficiado do *lay-off* simplificado ou do apoio à retoma progressiva, foi criado um novo "apoio simplificado para microempresas[81] à manutenção dos postos de trabalho", no valor de 2 RMMG[82] por cada trabalhador abrangido por aquelas medidas, a ser pago pelo IEFP faseadamente ao longo de 6 meses (1 prestação por trimestre): art. 14-A do DL n. 46-A/2020, aditado pelo DL n. 6-C/2021, de 15 de janeiro.

Esta medida segue o modelo do "incentivo à normalização da atividade"[83], criado pelo DL n. 27-B/2020, de 19 de junho, como medida destinada a assegurar a continuidade do suporte financeiro às empresas na retoma da atividade pós-confinamento. Apresenta, contudo, um âmbito de aplicação mais reduzido, porquanto apenas aplicável às microem-

(78) Cfr. os pontos 1.2., 2.3., 3.1. e 3.2.

(79) Relativamente às empresas em situação de crise empresarial grave, com quebra de faturação igual ou superior a 75%, a redução do PNT pode ser, no limite, de 100%, o que, nesta hipótese, aproxima este apoio do regime da suspensão do contrato de trabalho permitido no âmbito do *lay-off*. Aludindo às diferenças entre estas duas situações, em especial no que respeita à manutenção do dever de disponibilidade do trabalhador para a prestação da atividade. DRAY, Guilherme. *Lay off simplificado:* conceito de crise empresarial e procedimento, p. 84 e 85.

(80) As micro, pequenas e médias empresas: art. 100º, n. 1, al. a, b e c do CT.

(81) Empresas que empreguem menos de 10 trabalhadores: art. 100º, n. 1, al. a do CT.

(82) Ou seja, 1330€, considerando que em 2021 a RMMG foi fixada em 665€.

(83) Cfr. o ponto 2.2. *supra*. Saliente-se que estes dois incentivos não podem ser cumulados, excluindo-se mutuamente até janeiro de 2021: art. 15º, n. 3 do DL n. 46-A/2020, na redação conferida pelo DL n. 6-C/2021, de 15 de janeiro e pelo DL n. 8-B/2021, de 22 de janeiro.

presas, e menos "generoso", na medida em que não confere o direito a qualquer dispensa do dever de pagamento das contribuições para a Segurança Social.

As empresas que beneficiem deste "apoio simplificado"[(84)] ficam sujeitas à obrigação de manter as situações contributiva e tributária regularizadas, não podendo levar a cabo despedimentos não disciplinares durante o período de concessão do apoio e nos 60 dias seguintes, a que acresce o dever de, durante todo este mesmo lapso temporal, assegurar o nível de emprego observado no mês da candidatura: art. 14-Aº, n. 4 do DL n. 46-A/2020, aditado pelo DL n. 6-C/2021.

4. Conclusão

Da análise da evolução das medidas adotadas pelo Governo para conter o impacto negativo da crise sanitária da COVI-19 nas empresas e no emprego parece-nos de saudar não só a celeridade na adoção desses mecanismos, mas também o esforço de permanente atualização e revisão dos mesmos, com o objetivo de garantir a respetiva adequação às concretas necessidades ditadas pela evolução da situação epidemiológica.

Destaca-se ainda positivamente a previsão articulada e o funcionamento sucessivo dos mecanismos de apoio estadual nas diferentes fases de paralisação e retoma da atividade económica, possibilitando a continuidade no suporte às empresas em situação de debilidade financeira, de modo a evitar a destruição do nível de emprego.

E, em concreto, no que se refere ao *lay-off* simplificado e ao apoio à retoma progressiva, julga-se acertada a pronta recuperação e fortalecimento destas medidas no âmbito do mais recente estado de emergência, tratando-se de medidas já testadas com sucesso[(85)].

Na verdade, a eficácia destes mecanismos de apoio foi comprovada pela divulgação da taxa de desemprego registada em 2020: 6,8% (apenas mais 3 pontos percentuais em relação a 2019, segundo o INE). Em 2021, espera-se destas medidas o mesmo êxito na contenção do impacto da pandemia na atividade económica, mesmo que isso implique o agravamento do défice orçamental[(86)].

Aplaude-se, pois, a "coragem" do Governo para avançar com a concessão de apoios financeiros às empresas e aos trabalhadores mesmo sem a ansiada "bazuca" europeia. É que as empresas, os trabalhadores, e por detrás destes, as famílias que dependem do rendimento do seu trabalho para subsistir, reclamam apoios enérgicos e efetivos, no imediato.

Uma última nota para salientar a vitalidade do Direito do Trabalho, que, embora alegadamente em "crise" desde há várias décadas, continua a saber-se reinventar para oferecer mecanismos de resposta adequados às concretas necessidades de cada momento histórico, no difícil equilíbrio entre a tutela dos direitos dos trabalhadores e a sustentabilidade das empresas. O teletrabalho e o *lay-off*, agora "readaptados" às novas circunstâncias da crise pandémica, são exemplos bem ilustrativos desse potencial inesgotável.

5. Referências

AMADO, João Leal. *Contrato de Trabalho. Noções Básicas*. 3. ed. Coimbra: Almedina, 2019.

CRUZ, Cristina Martins da. "Lay off" no contexto da "pandemia COVID-19. e-book *COVID-19,* Implicações na Jurisdição do Trabalho e da Empresa, CEJ, p. 143-164, dez. 2020.

DRAY, Guilherme. Lay off simplificado: conceito de crise empresarial e procedimento. e-book *COVID-19, Implicações na Jurisdição do Trabalho e da Empresa,* CEJ, p. 61-86, dez. 2020.

(84) Cujas condições e procedimentos de acesso serão ainda objeto de regulamentação por Portaria ministerial: art. 14º-A, n. 9 do DL n. 46-A/2020, aditado pelo DL n. 6-C/2021, de 15 de janeiro.

(85) Na primeira vaga da pandemia, o *lay-off* simplificado conheceu uma adesão expressiva, permitindo apoiar. até 30 de junho de 2020, 101.229 entidades empregadoras e 820.739 trabalhadores. Cf. o Relatório do Tribunal de Contas relativo à "implementação do *lay-off* simplificado durante a pandemia", acima referido.

(86) Em janeiro de 2021, nos primeiros 15 dias de vigência das medidas, teriam sido apresentados 54 mil pedidos de adesão ao *lay-off* simplificado e ao apoio à retoma, abrangendo 281 mil trabalhadores. Cf. as declarações da Ministra do Trabalho à comunicação social em 3 de fevereiro de 2021: <https://www.jornaldenegocios.pt/economia/seguranca-social/detalhe/nova-vaga-de-pedidos-de-lay-off-abrange-281-mil-trabalhadores>.

FERNANDES, António Monteiro. *Direito do Trabalho.* 16. ed. Coimbra: Almedina, 2012.

MARTINEZ, Pedro Romano. *Direito do Trabalho.* 6. ed. Coimbra: Almedina, 2013.

RAMALHO, Maria do Rosário Palma. *Tratado de Direito do Trabalho.* Parte II — Situações Laborais Individuais. 5. ed. Coimbra: Almedina, 2014.

XAVIER, Bernardo da Gama Lobo. *Manual de Direito do Trabalho.* 2. ed. Lisboa: Verbo, 2014.

As Sociedades Cooperativas e as Plataformas Digitais de Trabalho: um Caminho Possível — II

Paulo Renato Fernandes da Silva[1]

1. *Considerações propedêuticas*

A pandemia da Covid-19 produziu uma clivagem na história da humanidade. Grande parte das pessoas foram impelidas, abruptamente, a migrar sua forma de trabalhar, de se relacionar, de consumir, de contratar, enfim, de viver no mundo físico para o mundo virtual.

Os analfabetos digitais (refugiados resistentes às novas tecnologias) viram logo que teriam que se adaptar à modernidade pandêmica para poder sobreviver e manter o nível de qualidade de vida que almejaram para si e para os seus.

O mundo mudou e com ele as pessoas também foram obrigadas a mudar e se adaptar ao novo cenário, agora, já pós-pandêmico (esperamos). A pandemia vai perdendo as forças dilacerantes de outrora e o tecido social vai ressurgindo para tomar as rédeas do seu destino.

De tudo que assistimos e experimentamos no limiar de menos de um quarto do século XXI, um dos aspectos mais importantes diz respeito às novas formas de relacionamento entre os sujeitos das relações de trabalho. A crise do emprego acompanha a história do Direito do Trabalho desde a sua origem, normalmente por motivos ligados à economia (desemprego conjuntural) ou por fatores de ordem tecnológica (desemprego estrutural).

A roda da história revelou que as tecnologias destrutivas, na verdade, sempre novos postos de trabalho ao mesmo tempo em que eliminam outros tantos. No somatório geral, percebe-se que a sociedade progride e eleva seu padrão e a qualidade de vida e de bem-estar das pessoas, inclusive, dos trabalhadores e empregadores.

2. *O caso das plataformas digitais de trabalho*

No campo das relações estabelecidas entre trabalho e empresa, as novas tecnologias vêm sendo manejadas como nunca pelos empreendedores e pelos trabalhadores para criar oportunidades de trabalho, de negócios e de renda. A partir da busca de soluções para problemas sociais e econômicos, surgem inúmeras possibilidades de atuação do ser humano nesse novo contexto.

Exemplo desse fenômeno são as plataformas de transporte individual e coletivo, que oferecem uma alternativa aos serviços tradicionais de mesma natureza, prestados por táxis e ônibus, que eram, em muitos casos, caracterizados pela pecha da ineficiência e da duvidosa qualidade.

O problema maior do trabalho através de plataformas digitais não os casos em que o labor ocorre dentro do quadrante formal do vínculo empregatício, dissimulado pela subordinação *gamificada* ou pelo controle por algoritmo, desde que existentes elementos probatórios que demonstrem, objetivamente, a presença simultânea de todos os requisitos do art. 3º da CLT.

Esses casos traduzem situações de fraudes trabalhistas, para as quais o art. 9º da Consolidação

(1) Doutor, mestre e especialista em Direito. Professor Adjunto da Universidade Federal Rural do Rio de Janeiro — UFRRJ e da Escola de Direito da Fundação Getúlio Vargas FGV Direito Rio. Professor dos Cursos de Pós-Graduação da EMERJ e da Escola Judicial do TRT da 1ª Região. Advogado do Escritório F&S Advogados Associados. Presidente da Comissão de Direito Cooperativo do Instituto dos Advogados Brasileiros IAB. Orientador do Grupo de Pesquisa Trabalho, Empresa e Cooperativa GPTEC. (@pr.prfs / p.renato@fsadvogados.net.br).

das Leis do Trabalho — CLT vaticina a nulidade do liame simulado e o reconhecimento da relação de emprego existente de fato no mundo da realidade, uma vez que o contrato de emprego é um "contrato realidade".

O enfoque deste estudo é justamente a miríade de casos de trabalhadores não empregados que prestam serviços de forma autônoma através de plataformas digitais de labor, dentro do que se convencionou chamar de *gig economy*. Estes estão completamente ao desabrigo da legislação protetiva do trabalho. Suas relações são regidas por normas de Direito Civil e pelos contratos que ajustam com as empresas desse segmento.

Como esse tipo de labor produz uma série de inflexões sobre a sociedade e a economia, em razão da grande assimetria contratual existentes entre as partes desse ajuste, o mundo jurídico volta seus olhos para conferir maior equilíbrio, boa-fé e equidade a tal situação.

No Direito brasileiro, as relações privadas devem estar pautadas pela eticidade e por uma noção de equilíbrio contratual mínimo (arts. 421-A e 422 do Código Civil Brasileiro). É justamente nesse contexto que o tema das sociedades cooperativas de prestação de serviços (ou de trabalho), exsurge com toda força uma vez que oferece boas oportunidades de organização do labor e de geração de negócios aos trabalhadores de plataformas digitais.

3. *Posição singular das sociedades cooperativas no cenário jurídico brasileiro*

As sociedades cooperativas ocupam uma posição singular no cenário jurídico brasileiro (e mundial) uma vez que propiciam a reunião de pessoas (trabalhadoras ou não) que conjugam esforços para exercer certa atividade econômica em proveito comum, através de uma pessoa jurídica de propriedade coletiva, regida por princípios próprios que destoam das regras clássicas do Direito Empresarial.

Tais entidades não objetivam o lucro e sim e apenas têm por escopo a prestação de serviços a seus membros. As bases filosóficas do cooperativismo moderno são a solidariedade, a mutualidade, a gestão democracia, a inovação e o a nobre ideia do compartilhamento de aspirações comuns (trabalho colaborativo). Portanto, cooperar revela um ato revestido de um grau apurado de cidadania.

O Código Civil de 2002, mantendo a qualificação das sociedades quanto ao objeto ou quanto à forma, optou pelo enquadramento da cooperativa nesse segundo tipo, na medida em que, independentemente da atividade econômica por ela explorada, será sempre considerada sociedade simples. Da mesma maneira, qualquer sociedade que se constitua sob a roupagem jurídica de Sociedade Anônima — S.A. será sempre sociedade empresária.

Contudo, a entidade cooperativa pode perfeitamente explorar empresarialmente o seu objeto social, uma vez que desenvolve sua atividade com habitualidade (profissionalismo), articulando os fatores da produção, inclusive contratando empregados (organizada), para a produção ou circulação de bens ou serviços.

As sociedades cooperativas nascem com a missão genética de servir aos seus membros, ou, como diz o art. 3º da Lei de Regência, são criadas para prestar serviços aos cooperados. Devem ser servientes e caudatárias dos interesses dos seus acionistas. Cumprem esse desiderato viabilizando as atividades dos seus membros, como no caso das cooperativas de trabalho, as quais se inserem no mercado para contratarem com terceiros a prestação dos serviços profissionais dos cooperados.

Por isso, comporta reafirmar que as cooperativas não perseguem lucro, o que é verdade, pois objetivam apenas prestar serviços aos cooperados, e o fazem realizando negócios, em seu próprio nome, com outras pessoas físicas e jurídicas, em benefício dos seus membros.

Esse regramento atípico pode ser visualizado perfeitamente no art. 3º da Lei das Cooperativas de Trabalho ao enunciar o marco legal dos princípios e valores do cooperativismo, leia-se:

> Art. 3º A Cooperativa de Trabalho rege-se pelos seguintes princípios e valores:"
>
> I — adesão voluntária e livre;
>
> II — gestão democrática;
>
> III — participação econômica dos membros;
>
> IV — autonomia e independência;
>
> V — educação, formação e informação;
>
> VI — intercooperação;

VII — interesse pela comunidade;

VIII — preservação dos direitos sociais, do valor social do trabalho e da livre-iniciativa;

IX — não precarização do trabalho;

X — respeito às decisões de assembleia, observado o disposto nesta Lei;

XI — participação na gestão em todos os níveis de decisão de acordo com o previsto em lei e no Estatuto Social.

Com efeito, esses princípios de regência da constituição e do funcionamento das sociedades cooperativas imantam e se espraiam para todo o sistema cooperativo e, sobretudo, conferem a estas entidades uma identidade e uma feição muito particular no contexto do Direito Privado e, especificamente, do Direito Societário brasileiros.

Esses princípios explicitam e atualizam, no campo do Direito Cooperativo do Trabalho, os vetores gerais expostos no artigo 4º da Lei Geral das Cooperativas promulgada na década de 1970 (Lei Federal n. 5.764/71), que menciona, entre outros, os princípios da variabilidade do capital social, da adesão voluntária, da limitação do número de quotas do capital para cada associado, da singularidade de voto, do quórum para a as assembleias baseado no número de associados e não no capital, no retorno das sobras proporcionalmente às operações etc.

Dessa forma, os princípios da variabilidade do capital social, da limitação do número de quotas do capital para cada associado, da singularidade de voto, e do quórum para a as assembleias baseado no número de associados e não no capital, foram desdobrados, reafirmados e atualizados sob a égide do princípio da gestão democrática, que se irradia para todos os níveis de administração e de organização cooperativa.

Portanto, as sociedades cooperativas têm uma funcionalidade própria que garante a higidez jurídica de sua atuação interna e externa, quando se relaciona comercialmente com terceiros. Estamos falando do princípio da funcionalidade das sociedades cooperativas, integrante do Direito Cooperativo brasileiro.

Em síntese, o cooperativismo é um modelo socioeconômico fundado na participação democrática, na independência, na inovação, na ética, na solidariedade e mutualidade, na autonomia das pessoas que se unem de forma voluntária em prol de um objetivo econômico e social comum.

Sendo assim, no mundo cooperativista, a meta é atender às necessidades do grupo e garantir o bem-estar de cada integrante. As pessoas que se reúnem em cooperativas acreditam em um modelo econômico diferenciado, no qual as decisões são coletivas e os resultados distribuídos com equidade, conforme a participação de cada um.

4. Regime jurídico brasileiro de apoio e incentivo ao cooperativismo

O sistema cooperativista mereceu especial atenção do legislador constituinte de 1986-1988, tanto assim que tratou do tema em oito dispositivos do Texto Constitucional, quais sejam, os arts. 5º, XVIII; 21, XXV; 146, III, *c*; 174, §§ 2º, 3º e 4º; 187, VI; e 192, com a nova redação que lhe deu a Emenda Constitucional n. 40, de 29 de maio de 2003.

Assim, é possível dizer hoje que as linhas gerais do cooperativismo nacional estão traçadas na Constituição da República, que teve o efeito de recepcionar boa parte dos artigos da Lei Federal n. 5.764/71, também conhecida, como visto, como a Lei Geral de Regência das cooperativas. No caso das cooperativas de trabalho, a lei especial aplicável é a Lei Federal n. 12.690/12.

Um dos dispositivos medulares do sistema constitucional brasileiro do cooperativismo é o art. 174, § 2º, que compila o seguinte, *in verbis*:

> Art. 174. Como agente normativo e regulador da atividade econômica, o Estado exercerá, na forma da lei, as funções de fiscalização, incentivo e planejamento, sendo este determinante para o setor público e indicativo para o setor privado. [...]
>
> § 2º A lei apoiará e estimulará o cooperativismo e outras formas de associativismo.

O preceptivo inscrito no parágrafo segundo supra é, como norma de eficácia limitada, *in casu*, norma de princípio institutivo, portadora de eficácia jurídica imediata, mas de efeitos dirigidos ao legislador infraconstitucional, que se vê na impossibilidade de produzir atos normativos que, de forma direta ou indireta, contrariem o comando constitucionalmente albergado, até que a normatividade futura lhe integre a eficácia.

Vale dizer, o Estado passa a reconhecer a importância da criação de uma ambiência jurídica e econômica propícia e facilitadora ao nascimento e desenvolvimento de cooperativas no país, como uma forma de minorar os efeitos das chagas sociais e do desemprego. Isso pode ser feito por meio de políticas públicas de incentivo e fomento do associativismo cooperativo.

Para alcançar tal desiderato, o constituinte de 1988 conferiu às cooperativas um tratamento jurídico diferenciado das demais sociedades convencionais, no sentido de proteger, promover e favorecer referidas entidades, razão pela qual está correto dizer que o seu tratamento constitucional é privilegiado.

A Recomendação n. 193 da Organização Internacional do Trabalho — OIT, por exemplo, no seu item 7.2 compila que:

> As cooperativas deveriam ser tratadas de conformidade com a lei e a prática nacionais e em condições não menos favoráveis que as concedidas a outras formas de empresa e de organização social. Os governos, quando fosse o caso, deveriam adotar medidas de apoio a atividades de cooperativas que apresentassem resultados específicos de ordem política pública e social, como promoção de emprego ou desenvolvimento de atividades que beneficiem grupos ou regiões desfavorecidas. Essas medidas poderiam incluir, entre outras e na medida do possível, benefícios fiscais, empréstimos, subsídios, acesso a programas de obras públicas e disposições especiais de licitação.

De lege ferenda, o Estado pode e deve estabelecer condições mais favoráveis às cooperativas quando estiverem buscando financiamento nos bancos oficiais, para investir na sua atividade; pode fixar taxa de juros mais baixas; criar condições que facilitem a participação em licitações públicas etc.

Além do Estado atuar como condutor e incentivador das políticas públicas de geração de oportunidades para os trabalhadores e os empreendedores, os próprios sujeitos privados podem buscar caminhos para viabilizar sua organização de atendimento de seus interesses.

Um desses caminhos é viabilizado e pavimento juridicamente pelo Direito Cooperativo, em especial, pelo Direito Cooperativo do Trabalho, que fornece o cabedal normativo necessário para que as pessoas se reúnam sob uma entidade privada de propriedade coletiva, baseada no princípio democrático, e exerçam seu labor e, ao mesmo tempo, despertem para as oportunidades do empreendedorismo criativo.

Surge a figura do "trabalhador — empreendedor" resultado da (até então) improvável modelagem simbiótica entre essas duas figuras que tradicionalmente foram coladas em posições antepostas e até beligerantes pelo Direito brasileiro.

Nesse diapasão, o Direito Cooperativo do Trabalho caminha em sintonia com os Objetivos de Desenvolvimento Sustentável — ODS da Agenda 2030 da Organização das Nações Unidas — ONU, como se verifica das ODS ns. 8.3 e 8.2, que apregoam, em resumo, que os países devem adotar políticas de inclusão social e econômica através do incentivo ao empreendedorismo criativo, *in verbis*:

> 8.3 Promover políticas orientadas para o desenvolvimento que apoiem as atividades produtivas, geração de emprego decente, **empreendedorismo, criatividade e inovação,** e incentivar a formalização e o crescimento das micro, pequenas e médias empresas, inclusive por meio do acesso a serviços financeiros.
>
> 8.2 Atingir níveis mais elevados de produtividade das economias, por meio da **diversificação, modernização tecnológica e inovação,** inclusive por meio de um foco em setores de alto valor agregado e intensivos em mão de obra. (Destaques meus)

Forçoso reconhecer a essa altura que a ordem jurídica brasileira ampara e tutela o direito fundamental ao trabalho-empreendedor criativo, com espeque nos arts. 1º, IV, 5º, XIII, e 170 da Carta Política de 1988 e na Lei de Liberdade Econômica (Lei Federal n. 13.874/19 — instituiu a Declaração de Direitos de Liberdade Econômica).

5. Cooperativas e plataformas digitais

Nosso objeto de estudo são as inúmeras oportunidades que o cooperativismo criativo pode ensejar para os membros da sociedade desenvolverem suas aspirações econômicas, dentro de um contexto de revolução tecnológica nunca visto na história da humanidade.

Como bem ressaltou *Klaus Schwab:*

> Estamos no início de uma revolução que afetará profundamente a maneira como vivemos, trabalhamos e nos relacionamos, e a escala e amplitude da atual revolução tecnológica irão desdobrar-se em mudanças econômicas, sociais e culturais que chega a ser impossível prevê-las.

No caso das plataformas digitais, os trabalhadores podem assumir o protagonismo desse novo ambiente de labor virtualizado, prospectando infinitas oportunidades de negócios e de trabalho cooperativo criativo e inovador. Como diz Grohmann:

> No cooperativismo de plataforma, há uma busca pela criação de plataformas próprias com lógicas que favoreçam a democracia no ambiente de trabalho e a não vigilância e autonomia dos trabalhadores. Isto é, desde o desenho, elas já devem ser construídas para a autogestão dos trabalhadores. O empenho na construção de cooperativas também envolve a criação de alternativas democráticas em relação às políticas de dados, fazendo circular sentidos sobre dados e algoritmos que os consideram uma forma de capital que deve ser transformada em bens comuns — ou seja, por meio de regimes alternativos de propriedade de dados, algo que aproxima o cooperativismo de plataformas das tentativas de descolonização de dados.

As plataforma digitais nada mais são do que modelos de negócios baseados em estruturas tecnológicas integradas voltadas para conectar interesses, pessoas, empresas, cooperativas etc. promovendo interações de valor entre os envolvidos, gerando maior eficiência e qualidade no resultado final da empresa, uma vez que, via de regra, utilizam as ferramentas como *cloud computing* (computação em nuvem), *Big Data* (que envolve a organização e a análise de dados em massa) e inteligência artificial (IA — sistema baseado em processo computacional que pode, para um determinado conjunto de objetivos definidos pelo homem, fazer previsões e recomendações ou tomar decisões que influenciam ambientes reais ou virtuais) para integrar os sistemas e conferir máxima eficácia às operações empresariais.

Podemos identificar dois modelos de estruturação do trabalho em plataformas digitais, a saber:

i) Crowdwork — trabalhadores localizados em qualquer país, que se inscrevem nas plataformas (exemplos da Amazon, Clickworker, CrowdFlower, Microworkers etc.) para realizarem microtrabalhos imateriais fragmentados, eventuais, tais como a busca de metadados específicos, a classificação de informações, a moderação de conteúdo, a verificação de dados, transcrições, entre outras. Normalmente, esses trabalhos estão vinculados à alimentação da IA das empresas.

ii) Trabalho digital por demanda — (imaterial) venda de serviços especializados, como tradução, serviço jurídico, de contabilidade etc. O trabalho material é mediado por diversos tipos de plataformas de serviços, tais como transporte (Uber, 99...), entregas (Ifood, Rapp...), hotelaria (Brigad) etc.

Tomemos como exemplo o caso dos Clickworkers. Sua estratégia de negócios é simples e pode ser revelada pela apresentação contida no seu site, vejamos:

> Usamos o poder de nossa multidão global de Clickworkers para gerar, validar e rotular dados.
>
> A versatilidade de nossa equipe de Clickworkers obter garantia que você receba dados de treinamento de IA e de alta qualidade que representam o tipo de diversidade que torna seu modelo de IA poderoso e treina seu sistema de IA com perfeição.

Solicite dados de treinamento de IA que sejam especificamente ajustados aos requisitos e objetivos do seu sistema de IA.

> "Mais de 2,8 milhões de Clickworkers baseados em 136 países em todo o mundo.
>
> Clickworkers é uma equipe de profissionais da Internet registrados em nossa organização. Eles trabalham on-line, realizando microtarefas em nossa plataforma usando seu próprio desktop, tablet ou smartphone.
>
> Clickworkers participam de projetos como freelance e de acordo com sua própria programação. Eles são remunerados por nós diretamente com base no estabelecimento.
>
> Esses trabalhadores poderiam se organizar sob o formato de uma sociedade cooperativa e eles próprios oferecerem ao mercado os serviços de coleta, classificação, validação e de análise de dados qualificados (garimpagem de dados).

Em um mundo totalmente interconectado em tempo real (a palavra globalização já parece ultrapassada), no qual o fluxo de informações alcança a casa de bilhões de elementos por segundo, a função ou nova profissão de mineração de dados ganha exponencial relevância. Daí a afirmação de Clive Humby segundo a qual "Data is the new oil. It's valuable, but if unrefined it cannot really be used (...) so must data be broken down, analyzed for it to have value."

Os contornos dessas novas profissões englobam uma série de tarefas específicas como a apuração da relevância da informação pesquisada, categorização de dados, anotação de imagem, criação de metadados, mineração de dados, moderação de conteúdo, análise de sentimentos, transcrição em tempo real, acareação de dados, exame qualitativo de dados, certificação de dados etc.

As sociedades cooperativas podem ser usadas como forma de superação dos percalços e limitações que as plataformas digitais S/A geram para o aumento da renda e para o crescimento profissional, empresarial e pessoal dos trabalhadores. Não estamos a dizer que estas plataformas são, de forma genérica, responsáveis ou culpadas por algo deletério. Muito pelo contrário, cumprem uma função relevante no mercado consumidor e de trabalho. Apenas estamos afirmando que o mercado capitalista também gera relevantes oportunidades de organização cooperativa que pode competir com outras empresas no cenário econômico do País e até do mundo.

Como exemplo disso pode-se citar a Plataforma Pedal que oferece à cidade de Porto Alegre um serviço amplamente utilizado nas principais cidades do mundo: a mensageria em bicicleta (http://www.pedalexpress.com.br/) ou a premiada Cataki que cadastrar catadores, propicia oportunidades de trabalho em seus escritório, oferece cursos de qualificação, de comunicação e design etc. (https://www.cataki.org/pt/).

No cenário das plataformas digitais de transporte de passageiros, o sistema das sociedades cooperativas é amplamente recomendável, caso os trabalhadores estejam, realmente, imbuídos do mesmo espírito e chama civilizatória que anima e da coesão à união cooperativa de pessoas.

Quadro comparativo dos modelos...

Cooperativas Digitais	**Plataformas Digitais S/A:**
• - Propriedade coletiva dos trabalhadores; • - Gestão democrática da cooperativa; • - Modelo de negócio definido coletivamente pelos cooperados. • - Rodízio e eleição dos cargos de gestão; • - Racionalização, organização e controle coletivo do trabalho pelos cooperados; • - Direitos fixados em estatuto e na Lei 12.690/12; • - Proteção social da Lei 14.297/22; • - Contribuintes obrigatórios do INSS.	• Propriedade de poucos; • - Gestão centralizada e hierárquica; • - Modelo de negócio definido pela direção; • - Não tem cargos na sua estrutura operacional; • - Inexistência de discussão das condições de trabalho; • - Inexistência de direitos trabalhistas clássicos; • - Proteção social da Lei 14.297/22.

As vantagens desse sistema organizacional digital-cooperativo podem ser assim desdobradas:

i) o regime das cooperativas pode aumentar os rendimentos do trabalhador digital, uma vez que não há mais valia ou intermediários entre ele e o cliente (a cooperativa não visa o lucro sobre o labor de seus acionistas);

ii) os trabalhadores assumem a posição de donos e sócios da entidade cooperativa;

iii) através da pessoa jurídica cooperativa (CNPJ) podem obter financiamentos em melhores condições para investir no seu negócio;

iv) podem participar de licitações públicas ou privadas para captação de novos clientes;

v) podem emitir nota fiscal pelos serviços prestados, sendo certo que não incide tributação sobre a distribuição (rateio) de dividendos aos sócios;

vi) podem contratar com terceiros em melhores condições, inclusive de preço;

vii) a entidade cooperativa deve sempre investir em qualificação e educação cooperativa para difundir seus valores;

viii) os destinos da entidade são discutidos, propostos e deliberados por todos os cooperados (em igualdade de condições — princípios da singularidade de voto) nas assembleias das entidades;

ix) os cooperados podem criar outros direitos análogos aos direitos trabalhistas tradicionais da CLT, via decisão assemblear;

x) o regime de prestação de serviços dos cooperados será aquele definido pelos próprios cooperados em seu estatuto ou em atos normativos infraestatutários (princípios da gestão democrática);

xi) o modelo de negócio da cooperativa é desenvolvido e modificado pelos próprios cooperados em conjunto;

xii) os direitos cooperativos-trabalhistas previstos em lei (Lei n. 12.690/12) são adaptáveis pela Assembleia Geral da entidade; e

xiii) o sentimento de pertencimento e de proteção da coletividade cooperativa fortalece os lações da solidariedade e do empreendedorismo criativo etc.

Cumpre destacar, por fim, que a Lei Federal n. 14.297, de 5 de janeiro de 2022, inovou a ordem jurídica brasileira e instituiu um regime normativo provisório de medidas de proteção asseguradas aos trabalhadores (entregadores) que prestam serviço por intermédio de empresas de aplicativo de entrega durante a vigência, no território nacional, da emergência de saúde pública decorrente do coronavírus responsável pela covid-19.

Dentre essas medidas estão as seguintes:

a) seguro contra acidentes, sem franquia, em benefício do trabalhador para acidentes ocorridos durante o período de retirada e entrega de produtos e serviços, devendo cobrir acidentes pessoais, invalidez permanente ou temporária e morte;

b) assistência financeira pelo período de 15 (quinze) dias (pode ser prorrogado por mais 2 (dois) períodos de 15 (quinze) dias, mediante apresentação do comprovante ou do laudo médico), no caso de afastamento em razão de infecção pelo coronavírus;

c) fornecimento ao trabalhador de informações sobre os riscos do coronavírus responsável pela covid-19 e os cuidados necessários para se prevenir do contágio e evitar a disseminação da doença;

d) utilização das instalações sanitárias da empresa fornecedora do produto;

e) acesso a água potável;

f) ter acesso e conhecimento das hipóteses de bloqueio, de suspensão ou de exclusão da conta do trabalhador da plataforma eletrônica; e

g) fornecimento de máscaras e álcool em gel ou outro material higienizante para proteção pessoal durante o trabalho.

Entendemos que a Lei Federal n. 14.297/22 se aplica ao caso das plataformas digitais, criadas por sociedades cooperativas, uma vez que estas também podem desenvolver "empresa de aplicativo", isto é, atividade econômica de oferecimento de serviços via aparatos tecnológicos digitais.

Assim, atualmente, os trabalhadores de plataformas digitais, cooperados ou não, são detentores de um rol mínimo de direitos de natureza laboral — em sentido amplo da expressão — que visa a proteção da sua saúde e vida no exercício de suas atividades produtivas.

6. Conclusão

O Direito Cooperativo do Trabalho além de forjar as bases jurídicas para aprimorar a intervenção e a interação do ser humano dentro desse novo contexto social e econômico das novas tecnologias, viabilizando, dentro da lei e com segurança jurídica, o desenvolvimento do fenômeno da plataformização digital do trabalho-empreendedor cooperativo criativo, o faz lastreado em vetores axiológicos explicitadores de direitos fundamentais sociais e econômicos, tornando as sociedades cooperativas um caminho possível para a estruturação de plataformas digitais de trabalho.

7. Referências

ARTHUR, Charles editor, tecnologia (2013-08-23). Gigantes da tecnologia podem ser enormes, mas nada combina com big data. *O Guardião*, ISSN 0261-3077.

DOMINGOS, Pedro. *O algoritmo mestre*. São Paulo: Novatec, 2017.

GUEDES, Paula *et al. Inteligência Artificial* — Sociedade, Economia e Estado. São Paulo: Thomson Reuters, 2021. Coord. Rony Vainzof; Andrei Gutierrez.

GROHMANN, Rafael. Os laboratórios do trabalho digital. São Paulo: Boitempo, 2021.

LEE, Kai-Fu. *Inteligência artificial:* como os robôs estão mudando o mundo, a forma como amamos, nos relacionamos, trabalhamos e vivemos. Tradução Marcelo Barbão. Rio de Janeiro: Globo Livros, 2019.

PALMER, Michael. *Dados são o Novo Petróleo.* ANA Marketing Maestros.

SILVA, Paulo Renato Fernandes. *Curso de Direito Cooperativo do Trabalho.* São Paulo: LTr, 2021.

TAULLI, Tom. *Introdução à Inteligência Artificial:* Uma abordagem não técnica. São Paulo: Novatec, 2020.

Aspectos do Teletrabalho Diante de um Novo Contexto Social

Fábio Gomes de Freitas Bastos[1]

1. *Introdução*

As discussões que envolvem o Direito do Trabalho, em sua abstrata análise, historicamente acompanham os alternados momentos econômicos de cada país, até mesmo porque os direitos laborais surgiram como produto da origem do capitalismo, sendo daí inerentes as discussões que envolvem capital e normas trabalhistas.

O ano de 2020 ficará marcado para sempre na história, nunca antes a sociedade passou por uma crise deste tamanho e natureza, que impactou a todos, tendo a economia mundial sido profundamente afetada, com a implantação de novos meios de trabalhar e produzir, além da redução dos padrões de consumo.

É de grande valia acentuar que a pandemia da COVID-19 é diferente de qualquer outra crise vivida, em diferentes épocas, pois nesta tem-se o avanço da tecnologia como fator diferencial, seja no âmbito da produção e consumo de informações, mas principalmente como forma de atuar de maneira ainda mais presente no contexto da sociedade, especialmente nos meios de trabalho.

O objetivo do presente estudo é analisar o instituto do teletrabalho, uma das soluções mais utilizadas durante todo o momento da citada crise, gerando um ressignificado do mesmo, em virtude da pandemia causada pelo coronavírus, que criou um novo contexto social, estudando alguns dos aspectos correlacionados a tal cenário.

Este trabalho teve natureza exploratória e abordagem qualitativa, realizando pesquisa bibliográfica. O estudo se dividirá em analisar o desenvolvimento do instituto teletrabalho, também abordando o mesmo diante do contexto de pandemia, culminando por enfrentar alguns aspectos inerentes, como o controle da duração do trabalho e o direito à desconexão, o teletrabalho e as novas formas de trabalho, assim como o desafio do *compliance* trabalhista especial ao teletrabalho.

O direito à desconexão já possuía um acentuado grau de relevância diante das novas tecnologias e o debate sobre a duração do trabalho, mas agora atinge uma relevância ainda maior, na medida em que o âmbito familiar passou a ser o meio ambiente laboral da maior parte dos trabalhadores ativos durante a pandemia.

N'outro giro, ganha maior vulto novas formas de trabalho que buscam fugir da caracterização de subordinação e da relação empregatícia, principalmente aquelas atreladas às plataformas digitais de trabalho, passando a traçar paralelo com os serviços prestados por meio de teletrabalho.

Aliás, a soma desses fatores traz discussões que se amoldam a uma revolucionária aplicação de *compliance* trabalhista, em todas as suas vertentes, mas principalmente a responsabilidade social, ética, sanitária e ambiental das empresas durante e após o coronavírus, em que a preservação de empregos mostra-se crucial neste aspecto.

2. *Desenvolvimento do teletrabalho*

A sociedade é móvel, possuindo um dinamismo que lhe é peculiar, diretamente atrelada à democracia, tendo como fio condutor as necessidades de cada tempo, o que interfere não só nas normativas legais, mas obviamente nas formas de trabalho, em que o homem vai amoldando-se a novas descobertas, sendo

(1) Advogado. Especializado em Direito e Processo do Trabalho — UCAM/RJ. Professor de Direito e Processo do Trabalho — UNESA/RJ. Mestre em Planejamento Regional e Gestão da Cidade — UCAM/RJ.

as suas atividades e funções totalmente adaptativas à realidade vivida.

É inegável, portanto, que o teletrabalho é fruto do desenvolvimento científico e tecnológico, o qual tem direcionado as formas de relação da sociedade e o trabalho, de maneira geral. Neste esteio, os modos de produção do trabalho seguem justamente os avanços ocorridos e as transformações produzidas entre a primeira e a quarta revolução industrial, especialmente o desenvolvimento tecnológico.

Tal atualização é imposta ao homem como fruto natural do desenvolvimento da sociedade, em que o mesmo possui a necessidade de ir se adaptando com o tempo e o modelo de produção vigente, sob pena de uma exclusão, a qual, sem negar o caráter protecionista das formas e relações de trabalho, é imposição que se faz pelo progresso.

A 4ª revolução industrial / tecnológica, busca eliminar as fronteiras físicas, digitais e biológicas, caracterizando-se pela celeridade e pelo desenvolvimento de novos sistemas a partir de uma infraestrutura da revolução digital. A capacidade de troca de grandes quantidades de dados e informações, de forma rápida e barata, torna-se base para a economia digital e o surgimento de plataformas digitais de trabalho.

O contexto espaço-tempo já possui outros contornos, em razão de uma hiperconectividade que mitigou os conceitos de fronteiras, ambiente de trabalho, produção e relacionamento social, produzindo formas de trabalho cada vez mais flexíveis e autônomas.

Mas, na mesma medida em que distancia, ou permite distanciar, o homem trabalhador para fora dos muros das empresas, também permite integrá-lo, justamente por meio deste acentuado ritmo de desenvolvimento tecnológico.

O teletrabalho, enquanto instituto, possui imprecisão quanto a sua origem, mas podendo ser visualizado desde o surgimento de meios para descentralizar a realização do trabalho, através de algum atributo científico ou telemático, como a utilização de sistema privado de telégrafo por J. Edgard Thompson, em 1857, para gerir equipes de trabalho nas estradas de ferro[(2)].

Porém, de forma mais latente foi no início dos anos 1970, durante a crise do petróleo, também nos Estados Unidos, que surgiu o termo teletrabalho — *telecommuting* ou *teleworking*, fundamentalmente como forma de redução de custos, reduzindo congestionamento, tempo perdido no trajeto e consumo de combustível[(3)].

Por todos os Estados Nacionais foi possível enxergar as legislações evoluindo para normatizar o teletrabalho, como o caso da legislação italiana — *telelavoro* (Lei n. 191, de 16 de junho de 1998)[(4)], ou o Código do Trabalho de Portugal em 2003[(5)], gerando outras legislações esparsas pelos países (Alemanha — *telearbait*; França — *teletravail*[(6)]), registrando, ainda, a Convenção n. 177 da OIT[(7)], que, embora trate sobre o trabalho em domicílio, é pertinente à temática.

Tem-se, no Brasil, o início de uma regulamentação do teletrabalho a partir de 2011, com a inclusão do parágrafo único ao artigo 6º, ao dispor: *"Os meios telemáticos e informatizados de comando, controle e supervisão se equiparam, para fins de subordinação jurídica, aos meios pessoais e diretos de comando, controle e supervisão do trabalho alheio"*.

A chamada Reforma Trabalhista, Lei n. 13.467/2017, trouxe a regulamentação do teletrabalho no Brasil, não obstante doutrina e jurisprudência já considerassem tal forma de trabalho no país, incluindo os artigos 75-A a 75-E, bem como o item III ao artigo 62, todos na CLT.

O objeto do presente estudo não será aprofundar em toda a regulamentação do teletrabalho, em si, que possui dilemas muito anteriores à pandemia, sendo pertinente trazer algumas constatações e definições.

(2) ESTRADA, Manuel Martin Pino. *O teletrabalho transfronteiriço no Direito brasileiro e a globalização*. Disponível em: <http://www.planalto.gov.br/ccivil_03/Constituicao/ConstituicaoCompilado.htm>.

(3) ATTADEMO, Patrícia; LEITE, Kallen Souza. Teletrabalho: um olhar sobre o direito ao desenvolvimento econômico e ao meio ambiente equilibrado. *Revista de Constitucionalização do Direito Brasileiro — RECONTO*, v. 2, n. 1, jan./jun. 2019. Disponível em: <http://revistareconto.com.br/index.php/Reconto/article/view/48>.

(4) ESTRADA, Manuel Martin Pino. *Op cit.*

(5) *Código do Trabalho de Portugal*. Disponível em: <http://cite.gov.pt/pt/acite/legislacaonacion02.html>. Acesso em: 8 mar. 2021.

(6) CAVALCANTE, Jouberto de Quadros Pessoa; JORGE NETO, Francisco Ferreira. A tecnologia, o teletrabalho e a reforma trabalhista. In: TUPINAMBÁ, Carolina; GOMES, Fábio Rodrigues (Coords.). *A reforma trabalhista:* o impacto nas relações de trabalho. Belo Horizonte: Fórum, 2018.

(7) O Brasil não é signatário da Convenção n. 177 da OIT.

O artigo 75-B da CLT traz uma definição simples e didática do que se conceitua como teletrabalho: *"Considera-se teletrabalho a prestação de serviços preponderantemente fora das dependências do empregador, com a utilização de tecnologias de informação e de comunicação que, por sua natureza, não se constituam como trabalho externo".*

Traz em seu parágrafo único uma disposição interessante: *"O comparecimento às dependências do empregador para a realização de atividades específicas que exijam a presença do empregado no estabelecimento não descaracteriza o regime de teletrabalho".*

De acordo com tal conceituação é possível extrair a ideia que o teletrabalho pode ser exercido de qualquer lugar, seja no domicílio do empregado, ou mesmo em um espaço de *co-working*, também de maneira móvel[8], entre outros, como telecentros. A análise aqui pretendida, porém, buscará focar exclusivamente no teletrabalho prestado na casa dos empregados, notoriamente conhecido como o trabalho em *home-office*.

A implementação da tecnologia costumeiramente produz uma forte controvérsia mundial, de um lado os aspectos positivos, como corolário do incentivo ao desenvolvimento, voltando consequências positivas não só às corporações, mas também aos empregados no desenvolvimento de suas atividades; enquanto, de outro lado, os aspectos negativos, ressaltando-se déficit de empregabilidade, insegurança jurídica e precarização do trabalho.

Como não poderia ser diferente, até mesmo pela ligação umbilical ao desenvolvimento tecnológico e sua implantação, está o teletrabalho, passível de vantagens e desvantagens, além de complexos questionamentos e aspectos, que aqui comportam abordagem.

Sandro Nahmias e Karen Rosendo ressaltam em suas análises:

> O teletrabalho sem dúvida se apresenta como importante fator de geração de empregos e expansão do trabalho, bem como meio de incluir deficientes físicos, frequentemente preteridos no mercado de trabalho, reduz custo aos empregadores, dá mais agilidade, aumenta a produtividade, para o trabalhador apresenta vantagens como flexibilidade de horário e ainda apresenta vantagens ambientais no que concerne à diminuição da poluição do ar e congestionamento de tráfego.[9]

Ora, do ponto de vista empresarial a redução de custos e o aumento da produtividade são questões inafastáveis do avanço da tecnologia, ficando ainda mais ressaltadas com a adoção do teletrabalho; assim como aos empregados representam maior disponibilidade às atividades familiares, reduzindo gastos com transporte e seu tempo de deslocamento, além de um inequívoco fator de inclusão social.

Porém, Jouberto Cavalcante e Francisco Jorge Neto apresentam outros cenários:

> Por outro lado, o teletrabalho pode representar um perigo considerável quanto à segurança de informações e dados (...) pode implicar na redução de direitos trabalhistas, com a existência de relações autônomas ou de relações precárias de trabalho e sua informalização, com a ampliação de obstáculos para aplicação e fiscalização da legislação trabalhista e de acordos e convenções coletivas de trabalho e, ainda, uma confusão das despesas pessoais do empregado com os custos para a realização do trabalho, além dos problemas de meio ambiente inadequado, com prejuízos à saúde do trabalhador.[10]

Muito embora exista esse conflito de posicionamentos, durante a pandemia foi possível notar uma convergência de interesses, no sentido de preservação da saúde, assimilando, ainda que transitoriamente, eventuais prejuízos decorrentes do telelabor, até mesmo porque a legislação brasileira, apesar de recente, possui lacunas e fatos de insegurança jurídica para ambas as partes da relação, empregado e empregador.

3. *Teletrabalho em tempos de pandemia*

A velocidade da disseminação do coronavírus parece ter sido semelhante com a qual os Estados, em suas soberanias, agiram para evitar prejuízos maiores à humanidade; alguns sim, outros não.

Chama a atenção, nesse aspecto, a eclosão de novas legislações, com atuação pelos Poderes Executivo, Legislativo e Judiciário. O direito, neste sentido, buscou em seus axiomas principiológicos respostas para

(8) Alguns juristas desenvolvem a conceituação do teletrabalhador nômade.

(9) MELO, Sandro Nahmias; RODRIGUES, Karen Rosendo de Almeida Leite. *Direito à desconexão do trabalho:* com análise crítica da reforma trabalhista (Lei n. 13.467/2017). São Paulo: LTr, 2018.

(10) CAVALCANTE, Jouberto de Quadros Pessoa; JORGE NETO, Francisco Ferreira. *Op. cit.*

os novos questionamentos, trazendo, por meio de seus operadores, soluções aos anseios da população atingida, percebendo-se uma contundente afetação aos temas inerentes ao Direito do Trabalho, medidas estas pouco usuais ou até mesmo impensáveis, mas que emergem diante de uma nova realidade[(11)].

Há de se ponderar que, no estado democrático, a ideia de justiça deve estar permanentemente em aberto, para que o direito possa se modificar e ser coerente, coerência com o que o povo, em cada momento de sua história, acha de ser justo[(12)].

Em meio desta profusão de novas vertentes buscando-se a sobrevivência, obviamente que diante da imperiosa necessidade se alçar à centralidade a busca pela manutenção da vida e da saúde, sobressai o dilema de como agir para controlar a disseminação do vírus, sem que haja prejuízos maiores à economia e às relações sociais.

De início, as orientações visaram o controle de aglomerações e o atendimento a normas sanitárias, porém o avanço do vírus, da doença e a incapacidade de atendimento pelo sistema de saúde, foram fatores que tornaram imprescindível a adoção de normas mais rígidas, orientadas pela Organização Mundial da Saúde (OMS) e adotadas por boa parte dos Governos dos Estados Nacionais, ou mesmo como no Brasil, por Estados e Municípios.

Assim, entre as medidas de maior impacto estão o *lockdown*, a restrição de locomoção das pessoas, inclusive com fechamento de fronteiras e toques de recolher, e, principalmente, obstáculos à realização de atividades laborativas não essenciais fora de suas residências.

O momento, portanto, exigiu das autoridades soluções, uma vez que, excetuadas as atividades consideradas essenciais, o efeito da pandemia atingiu os setores de produção, prestação de serviços, comercialização, distribuição, arrendamento e serviços públicos em geral, impactando de sobremaneira suas receitas, fulminando seus lucros, prejudicando o cumprimento de obrigações e contratos, culminando na diminuição das oportunidades de trabalho[(13)].

Assaz pertinente grifar, neste sentido, como muito bem colocado por Carolina Tupinambá e Marina Valverde, *"o Brasil é muito mais complexo, em termos de relação de trabalho, não é feito só de empregadores e empregados. Temos os autônomos, os pejotizados, os estagiários, os aprendizes, os desempregados"*[(14)].

A adoção das medidas de isolamento social pelos Estados e Municípios brasileiros, como forma de conter a propagação do coronavírus, levaram à justa pressão dos empregadores por soluções jurídicas e legais que absorvessem o impacto de tais medidas, sendo importante citar o contexto brasileiro, nas palavras de José Pastore *apud* Robortella e Peres:

> Imaginem uma empresa que precisa faturar hoje para pagar as contas amanhã. Fechada, sem vendas e sem faturamento, ela só pagará suas contas se o empresário tiver uma boa poupança. Esse é o caso das grandes corporações, mas não é o que ocorre com 82% das empresas brasileiras — pequenas e médias — que respondem por uma enormidade de empregos. Pesquisas recentes do Sebrae indicam que essas empresas aguentam, no máximo, 12 dias. (PASTORE, José. O vírus não espera decisões complicadas. *O Globo*, 14.04.2020)[(15)]

Como acentuam tais autores, *"as políticas públicas, dentre as quais a disciplina do mercado de trabalho em face da calamidade, devem ter como prioridade a preservação da saúde — e, portanto, da vida — sem descurar dos empregos e da produção"*[(16)].

Diversas normas então foram editadas, desde o Decreto Legislativo n. 6, que reconheceu o estado de

---

(11) FERNANDEZ, Leandro; PAMPLONA FILHO, Rodolfo. Panorama das alterações trabalhistas durante a pandemia da COVID-19. In: BELMONTE, Alexandre Agra; MARTINEZ, Luciano; MARANHÃO, Ney (Coords.). *O Direito do Trabalho na crise da COVID-19*. Salvador: Juspodivm, 2020.

(12) ROCHA, Cármen Lúcia Antunes. *Congresso Internacional (ESIAB)*. Novos Rumos do Direito em Tempo de (Pós)-Pandemia. IAB: 29 de outubro de 2020. Youtube. Disponível em: <https://www.youtube.com/watch?v=A6fvSmhuitg>. Acesso em: 3 mar. 2021.

(13) BELMONTE, Alexandre Agra; MARTINEZ, Luciano; MARANHÃO, Ney (Coords.). *O Direito do Trabalho na crise da COVID-19*. Salvador: Juspodivm, 2020. p. 3-5.

(14) FARIA, Carolina Tupinambá; VALVERDE, Maria Novellino. Um novo normal para o direito do trabalho. In: BELMONTE, Alexandre Agra; MARTINEZ, Luciano; MARANHÃO, Ney (Coords.). *O Direito do Trabalho na crise da COVID-19*. Salvador: Juspodivm, 2020.

(15) PERES, Antônio Galvão; ROBORTELLA, Luiz Carlos Amorim. Interpretação jurídica em tempos de pandemia. In: BELMONTE, Alexandre Agra; MARTINEZ, Luciano; MARANHÃO, Ney (Coords.). *O Direito do Trabalho na crise da COVID-19*. Salvador: Juspodivm, 2020.

(16) *Idem*.

calamidade pública, a Lei n. 13.979/2020, que dispõe sobre medidas para enfrentamento da emergência de saúde pública, sendo esta a legislação que positivou o isolamento social, entre outras; sendo uma das mais importantes, onde está inserido o instituto objeto deste estudo, a Medida Provisória n. 927, em 22 de março de 2020.

O mundo, que em uma análise geral marginalizava a adoção do sistema de teletrabalho, ainda que esse instituto fosse considerado como uma das formas de trabalho mais utilizadas no futuro e não obstante a presença nas legislações trabalhistas de vanguarda, como exemplo Itália em 1998 e Portugal em 2003, ou nas normas legislativas atrasadas, Brasil em 2017 e Argentina em 2020(17), encontrou-se em um rumo de colisão com o inevitável, a adoção do teletrabalho como solução ao cenário apresentado.

Um destaque merece ser feito às empresas que, embora não tivessem imposição de restrição de funcionamento, por parte do poder público, tiveram uma nobre atitude de responsabilidade social ativa, tendo optado pelo regime de teletrabalho seguindo as orientações gerais dos órgãos de saúde pública.

É importante novamente explicitar as omissões regulamentares ao instituto do teletrabalho, ficando ainda mais evidenciadas diante de uma migração exponencial de trabalhadores a este sistema, razão pela qual era importante que o Poder Executivo ou Legislativo atuassem.

Ganhou destaque, assim, na MP n. 927/2020, o instituto do teletrabalho, colocado como a primeira medida a ser adotada pelos empregadores como forma de garantir a permanência do vínculo empregatício, salvar os postos de trabalho(18).

Como forma de corroborar tal importância, o próprio Ministério Público do Trabalho (MPT), por meio da Nota Técnica n. 6, demonstrou o seu posicionamento e orientação para que o teletrabalho fosse priorizado, seja como forma de controle à disseminação do vírus, mas também para que houvesse, a partir da adoção deste modelo, preservação dos postos de trabalho(19).

As normas previstas em tal medida provisória foram editadas como legislação de crise, com vigência determinada para enquanto durasse o período de calamidade pública decretado, porém, como se verá mais à frente, antes mesmo do fim da pandemia tal medida provisória caducou.

As novidades quanto ao instituto do teletrabalho foram em um sentido complementar à legislação já existente, realizando superposição das normas de direito público e privado, algumas conflitantes com o texto da CLT.

Entre as principais medidas trazidas, uma primeira ficou em evidência, de contexto geral, a relevância jurídica concedida aos acordos individuais, prevalecendo a autonomia da vontade, pois muito embora não seja o cerne deste estudo, também ganha destaque pelas peculiaridades do teletrabalho, mormente em decorrência da súbita migração para tal sistema de trabalho.

Neste contexto, a MP n. 927/2020 previu a possibilidade de tal migração ser determinada pelo empregador, unilateralmente, seja do trabalho presencial ao teletrabalho, ou o contrário, ainda que houvesse norma coletiva ou individual dispondo em sentido diverso. Com o objetivo de manter empregos, tal medida extrema foi adotada em diversos países, como no caso de Portugal(20).

Foi dispensado, ainda, a necessidade do registro prévio de tal migração no contrato do empregado, desde que cumprida a notificação ao laborista, de tal alteração, com o mínimo de 48 horas de antecedência.

Concedeu-se, outrossim, prazo de 30 dias para que empregado e empregador estabelecessem contrato escrito acerca das regras referentes aos encargos provenientes da adoção do teletrabalho, retratando a importância do contrato escrito, bem como enaltecendo a problemática acerca da responsabilidade de tais obrigações.

---

(17) KROST, Oscar. *Teletrabalho na Argentina e no Brasil:* tão perto, mas tão longe. Disponível em <https://www.migalhas.com.br/coluna/migalha-trabalhista/332905/teletrabalho-na-argentina-e-no-brasil--tao-perto--mas-tao-longe>. Acesso em: 7 mar. 2021.

(18) MP n. 927/2020 — Art. 3º Para enfrentamento dos efeitos econômicos decorrentes do estado de calamidade pública e para preservação do emprego e da renda, poderão ser adotadas pelos empregadores, dentre outras, as seguintes medidas:
I — o teletrabalho; (...).

(19) Disponível em: <https://mpt.mp.br/pgt/noticias/nt-6-2020-conalis-mpt-1.pdf>. Acesso em: 8 mar. 2021.

(20) AMADO, João Leal *apud* SILVA, Paulo Renato Fernandes da. *A pandemia do coronavírus e o Direito do Trabalho:* análise das medidas que o direito do trabalho oferece para o enfrentamento da pandemia do coronavírus. Disponível em: <https://juslaboris.tst.jus.br/bitstream/handle/20.500.12178/176150/2020_silva_paulo_pandemia_coronavirus.pdf?sequence=1&isAllowed=y>.

Portanto, a MP n. 927/2020 previu que, no caso do empregado não possuir os equipamentos tecnológicos e a infraestrutura necessária e adequada à prestação do teletrabalho, o empregador poderia fornecer os equipamentos em regime de comodato e pagar pelos serviços de infraestrutura, ou, na impossibilidade, o período da jornada normal de trabalho seria computado como tempo de trabalho à disposição do empregador.

Por fim, tal normativa reforçou outra problemática que era anterior ao tempo da pandemia, acerca da não submissão do teletrabalhador ao capítulo da duração do trabalho (artigo 62, III, da CLT), ao trazer a seguinte normativa em seu artigo 5º: *"O tempo de uso de aplicativos e programas de comunicação fora da jornada de trabalho normal do empregado não constitui tempo à disposição, regime de prontidão ou de sobreaviso, exceto se houver previsão em acordo individual ou coletivo"*.

Neste sentido, a adoção do teletrabalho durante a pandemia não é a mesma que conceituada antes das medidas de enfrentamento ao coronavírus, ou seja, houve uma migração repentina e exacerbada do trabalho presencial ao teletrabalho, razão pela qual todas as medidas atinentes ao instituto gozam de um ressignificado.

É importante destacar, conforme já distinguido anteriormente, a principal modalidade de teletrabalho adotada foi a desenvolvida nas casas dos trabalhadores, o *home office*, principal objeto de análise nesse estudo, destacando Luiz Carlos Robortella e Antônio Peres:

> No plano individual, a redução da liberdade e da mobilidade levará a implantação generalizada do teletrabalho e do *home office* nos sistemas produtivos. Podem-se prever novos padrões de vida familiar e trabalho, assim como a expansão de sentimentos de solidariedade e colaboração social diante da enorme tragédia que se abateu sobre nós.[21]

O teletrabalho adotado pelas empresas possui aspectos positivos e negativos, sendo inegável fator prejudicial a disrupção extrema causada pela migração, em que empresas e empregados tiveram que vencer o receio da adaptação a um novo modelo de trabalho.

É possível dizer, com base no que tem sido notado e pesquisado pelas instituições internacionais, com especial destaque ao recente trabalho da Organização Internacional do Trabalho[22] — *World Employment and Social Outlook 2021: The role of digital labour platforms in transforming the world of work*[23], que a adoção do teletrabalho tem caráter pós pandêmico.

Neste trabalho, o Diretor Geral da OIT, Guy Ryder, reconhece:

> É amplamente considerado que a pandemia COVID-19 acelerou mudanças que já estavam em andamento, tanto na sociedade quanto no trabalho. Isso inclui o uso expandido de plataformas digitais e inovações tecnológicas relacionadas, como computação em nuvem e o uso de big data e algoritmos. O resultado são formas inovadoras de trabalhar, e flexibilidade para trabalhadores e empresas.[24]

É importante lembrar, na forma do parágrafo único presente no artigo 75-B da CLT, que o simples comparecimento do empregado às dependências do empregador não descaracteriza o sistema de teletrabalho, demonstrando firmeza no propósito de ampla adoção do instituto, pois, ainda que não seja possível adotar o trabalho remoto, por meio telemático, em sua integralidade, ainda assim permanecerá a caracterização como teletrabalho.

Destaca-se que a adoção do teletrabalho não se apresenta apenas ao setor privado, como medida de salvaguarda dos meios de produção, é instituto que passou a ser aplicado e possui caráter de longevidade também no âmbito público, no intuito de inicialmente prezar pela continuidade dos serviços públicos durante as medidas de isolamento, mas, com isso, conseguir auferir todos os aspectos positivos do instituto.

---

(21) PERES, Antônio Galvão; ROBORTELLA, Luiz Carlos Amorim. Responsabilidade social, ética, sanitária e ambiental da empresa após o coronavírus. In: MARTINS, Sergio Pinto (Coord.). *Compliance no direito trabalhista*. São Paulo: Thomson Reuters Brasil, 2020.

(22) INTERNATIONAL LABOUR OFFICE. *World Employment and Social Outlook 2021:* The role of digital labour platforms in transforming the world of work. Geneva: ILO, 2021. Disponível em: <https://www.ilo.org/global/research/global-reports/weso/2021/WCMS_771749/lang--en/index.htm>.

(23) Tradução livre: *Emprego Mundial e Perspectiva Social 2021:* O papel das plataformas digitais de trabalho na transformação do mundo do trabalho.

(24) No original: *It is widely considered that the COVID-19 pandemic has accelerated changes that were already under way, both in society and at work. These include the expanded use of digital platforms and related technological innovations like cloud computing and the use of big data and algorithms. The result has been innovative ways of working, and flexibility for both workers and businesses.*

No Brasil a SAP Consultoria em RH realizou pesquisa[25], em parceria com a SOBRATT — Sociedade Brasileira de Teletrabalho e Teleatividades, junto a mais de 500 empresas, com quase um milhão e meio de trabalhadores, de diferentes segmentos e portes, demonstrando que 46% das empresas já possuíam o teletrabalho em *home office* de maneira estruturada, enquanto 52% das empresas passaram a praticar tal modalidade, atingindo ao considerável nível de adoção do teletrabalho por 98% das empresas pesquisadas.

Tal pesquisa demonstrou, ainda, que 72% das empresas que adotaram o sistema de teletrabalho / *home office*, pretendem dar continuidade a tal modalidade de trabalho.

Toda essa transformação, sem precedentes, provocando uma afetação veemente no Direito do Trabalho, assumindo as relações trabalhistas características peculiares, prova a necessidade de uma análise minuciosa nos desafios futuros.

O novo contexto social trata acerca da permanência na utilização do teletrabalho, e cada vez mais a tecnologia a ele atrelada, sendo imperioso encarar diversos desafios que se afiguram, como uma possível fuga da subordinação, colocando de um lado o poder diretivo do empregador e, de outro, o controle da própria atividade pelo empregado; a utilização da casa como novo ambiente de trabalho, trazendo uma dupla condição do lar, o qual, até então, era espaço refratário do poder diretivo do empregador; o acompanhamento aos dispositivos de monitoramento virtual, pelo empregador, principalmente na utilização de seus próprios equipamentos, ao passo que há a preocupação também com a sua privacidade; tudo isso a contextualizar as vantagens e desvantagens que permeiam o sistema do teletrabalho.

4. *Controle da duração do teletrabalho e direito à desconexão*

No âmbito do cenário de crise causada pela pandemia da COVID-19, as discussões sobre o teletrabalho ganharam maior profundidade, uma vez que tal instituto é marcado por um natural isolamento, decorrente de uma ausência de estreitamento nas relações de trabalho com colegas, ou mesmo com superiores.

Ocorre que no momento vivido o confinamento foi imposto, aliás, a própria migração ao teletrabalho decorre de uma imposição oriunda das normas de saúde pública, seja por determinação estatal ou pelas decisões de gestão das empresas, o que potencializa qualquer debate inerente aos reflexos e efeitos da adoção do teletrabalho.

Uma das premissas desta nova forma de trabalho acaba por ser, basilarmente, a migração também de indicadores, que antes eram pautados na duração do trabalho (direito à alienação das horas destinadas ao empregador), mas que encontra nova vertente de destaque para a produtividade do empregado.

É nesse contexto que se afigura imprescindível uma análise do direito à desconexão.

A nova realidade do teletrabalho, a partir do momento em que imposta aos trabalhadores, que antes laboravam em espaço físico da empresa, sem que ao menos fossem analisados os seus perfis para tal mister, pode deixar a linha entre trabalho e casa ainda mais tênue, mormente diante da incapacidade em controlar o tempo dedicado ao trabalho, o aumento de pressão por produtividade, deflagrando, portanto, prejuízos ainda maiores.

Com efeito, ainda que não seja possível aprofundar o tema neste estudo, ganha ainda mais premência discutir-se sobre os efeitos decorrentes da não submissão do teletrabalhador ao capítulo da duração do trabalho, conforme artigo 62, III, da CLT, discussão esta muito além da validade da norma, passando a discutir a sua própria viabilidade, principalmente quanto encarada à luz das novas tecnologias que permitem um acompanhamento maior das tarefas em regime de teletrabalho.

O trabalho a partir da casa das pessoas é algo inteiramente individualizado, em que é plenamente uma questão de perfil de adaptabilidade, que varia de empregado para empregado, na medida em que uns trabalhadores terão a facilidade de trabalhar a partir de suas casas, de maneira igual ou até mesmo melhor ao que vinha fazendo, mas por outro lado algumas pessoas estarão totalmente sem conseguir proceder com esta forma de trabalho.

Entre os desafios da desconexão está justamente a possibilidade de o empregado utilizar os equipamentos pessoais, como o computador e celular, para

(25) *Sociedade Brasileira de Teletrabalho e Teleatividades*. Pesquisa HOME OFFICE 2020. Disponível em: <https://sapconsultoria.com.br/pesquisa-home-office-brasil-2020>. Acesso em: 10 mar. 2021.

desenvolver as atividades laborativas, razão pela qual este compartilhamento torna ainda mais frágil a linha de separação entre as atividades de trabalho e a rotina pessoal.

Aliás, questão que não pode passar incólume é uma maior incidência da Síndrome de *Burnout*, a qual, em síntese, representa um distúrbio emocional causado por condições de trabalho estressante, reconhecida pelo Tribunal Superior do Trabalho como doença do trabalho[26].

Há situações, inclusive, que alguns doutrinadores entendem como assédio moral por competência, ou por produtividade, em que o empregador se utiliza de uma maior produtividade do empregado, gerando elogios ao mesmo, com o único intuito de lhe passar mais atribuições, em detrimento de outros funcionários, em mesmo nível e função hierárquica e que ganham o mesmo valor[27].

É importante consignar que o direito à desconexão passou a ser visto como um direito inerente não só ao trabalhador, mas à sociedade, por meio de sua família[28], sendo que tal direito não representaria especificamente a inexistência completa de trabalho, mas que o mesmo atinja um nível condizente com a preservação da vida privada e da saúde, conforme leciona Jorge Luiz Souto Maior:

> E, por fim, ainda no que tange às contradições que o tema sugere, importante recordar que o trabalho, no prisma da filosofia moderna, e conforme reconhecem vários ordenamentos jurídicos, dignifica o homem, mas sob outro ângulo, é o trabalho que retira esta dignidade do homem, impondo-lhe limites enquanto pessoa na medida em que avança sobre a sua intimidade e a sua vida privada[29].

A França, por exemplo, possui uma legislação avançada, em que regulamenta o direito à desconexão como um direito fundamental do trabalhador (Lei n. 2.016-1088), enquanto no Brasil não existe uma regulamentação clara, porém doutrina e jurisprudência aplicam o instituto a partir das normas constitucionais de proteção ao trabalhador.

O momento vivido já atrai, por si só, inegáveis transformações no cotidiano dos seres humanos, entre outros aspectos, parece que nunca se consumiu tanta informação como durante esta crise sanitária, uma vertente crescente do século XXI, que acabou por ser potencializada durante a pandemia da COVID-19. Sandro Nahmias Melo, traz uma reflexão sobre *intoxicação*[30]:

> Na quarentena possível, trabalhar em casa tem sido um privilégio, sim, mas não sem ônus. As fronteiras entre trabalho, lazer e descanso, já comprometidas antes da COVID-19, desmoronaram. O aríete informacional é implacável. (...)

Em ambientes improvisados, o teletrabalhador pós-pandemia tem que administrar, além de e-mails, os incontáveis grupos de WhatsApp em que transbordam informações, mensagens de texto, vídeos, memes e notícias, muitas notícias, a maioria *fake*.[31]

É nesse contexto que a indagação começa a se fazer comum, é bom trabalhar em casa durante a pandemia? A casa é o local em que as pessoas se portam de maneira descontraída, com a família, com os amigos ou muitas vezes até mesmo sozinho, e que se deparam muitas vezes sem fazer nada, literalmente.

Porém, de um dia para o outro é necessário fazer tudo, a toda hora e todo momento, para todos, sem horários, com tudo demandando urgência, demons-

---

(26) A *Harvard Business Review* recomendou às empresas três ações para evitar a ocorrência da síndrome de *burnout*: (i) Manter limites físicos e sociais; (ii) Manter limites temporais o máximo que puder; (iii) Focar no trabalho mais importante. PAPPERT, Milena; SANTOS, Flávia Alcassa dos. *Síndrome de Burnout e o trabalho remoto*. Disponível em: <https://www.migalhas.com.br/coluna/migalha-trabalhista/333507/sindrome-de-burnout-e-o-trabalho-remoto>. Acesso em: 7 mar. 2021.

(27) CALCINI, Ricardo. *Assédio moral por competência e o teletrabalho na pandemia*. Disponível em: <https://www.migalhas.com.br/coluna/migalha-trabalhista/327849/assedio-moral-por-competencia-e-o-teletrabalho-na-pandemia>. Acesso em: 7 mar. 2021.

(28) NUNES, Flávio Filgueiras; DOMITH, Laira Carone Rachid. A ausência de controle de jornada em regime de teletrabalho como fato gerador do afrouxamento das relações familiares. In: CORREIA, Henrique; MIESSA, Elisson (Orgs.). *A reforma trabalhista e seus impactos*. Salvador: Juspodivm, 2017.
Os autores, neste trabalho, explanam que o prejuízo está além do possível dano existencial, mas a afetação do núcleo familiar, o qual possui o dever de cuidado, diante do princípio da solidariedade familiar.

(29) MAIOR, Jorge Luiz Souto. *Do direito à desconexão do trabalho*. Disponível em: <https://www.jorgesoutomaior.com/uploads/5/3/9/1/53916439/do_direito_%C3%A0_desconex%C3%A3o_do_trabalho..pdf>. Acesso em: 8 mar. 2021.

(30) Segundo o mesmo, a "infoxicação" seria um termo cunhado em 1996 pelo físico espanhol Alfons Cornella e representa uma quantidade de informações muito maior do que uma pessoa pode processar [1] e os efeitos são, entre outros, dispersão, estresse e ansiedade.

(31) MELO, Sandro Nahmias. Nós estamos todos "infoxicados". *Conjur*, 2020. Disponível em: <https://www.conjur.com.br/2020-abr-30/sandro-nahmias-melo-estamos-todos-infoxicados>.

trando que as dificuldades vão além das *"pequenas intempéries tecnológico-casuais"*, passando a novas situações cotidianas: *"Se antes acordava-se à noite porque se estava sonhando com o prazo que não fora efetuado, hoje nos encontramos à noite fazendo aquele prazo, porque, logo pela manhã, na primeira hora, teremos uma videoconferência para discutir com o cliente o seu conteúdo"*[(32)].

Na discussão acerca do direito à desconexão, em função justamente do avanço tecnológico que conecta integralmente o trabalhador, principalmente no labor por meio de teletrabalho em sua casa, é preciso pontuar que o empregado deve utilizar a tecnologia a seu favor, e não dela fazer parte, uma vez que, ao contrário das máquinas, possui sentimentos e necessidades físicas, mas, ainda assim, lembrando que até mesmo as máquinas em determinado momento também precisam de manutenção.

Em razão das preocupações externadas, embora aqui não haja espaço para discorrer sobre, impende destacar a ligação entre o princípio da dignidade da pessoa humana e o princípio da busca da felicidade, cuja origem remonta a declaração de independência dos Estados Unidos, como o direito de buscar a felicidade — *rights to pursuit of hapiness*, que Saul Tourinho Leal *apud* Sandro Nahmias e Marie J. N. Ferreira, explana:

> O direito à busca da felicidade seria uma especificação do direito à felicidade. Ele seria o direito à felicidade numa perspectiva liberal, qual seja, a imposição de inações por parte do Estado e do particular. Um direito que exige ausências de interferências infundadas aos planos racionais de desejos ou preferências legítimas. O primeiro desafio é delimitar a abrangência — que pode ser tida como uma mera fórmula vazia — tanto do suporte fático quando da cláusula de restrição do direito à felicidade. Outra crítica poderia suscitar que se trata de uma teoria muito abrangente e subjetiva. Se reconhecermos que há um direito à felicidade de matriz liberal (direito à busca da felicidade), cada indivíduo tem, caso não haja restrições, o direito de planejar e executar projetos racionais de desejos ou preferências legítimas cujo rol de objetivos componentes, se alcançados, lhe traria felicidade. Nessa missão, o indivíduo contaria com a proteção de situações e de posições jurídicas[(33)].

Tal princípio, ou direito, à busca da felicidade, possui aplicações cristalinas no âmbito trabalhista, notadamente pela necessidade de um ambiente de trabalho hígido, principalmente diante das atuais crises vividas em decorrência da pandemia, da imposta forma de teletrabalho aos obreiros, sem que houvesse tempo à adaptação, treinamento ou mesmo que estivessem perfilados com tal modalidade.

Não se pode afastar a verificação que, o homem trabalhador, enquanto pertencente deste fluxo capitalista, costuma buscar, também, a felicidade por meio do seu trabalho, vislumbrando o sucesso profissional a partir de uma máxima dedicação às atividades, para que continue em fluxo social ascendente[(34)].

5. O teletrabalho e as novas formas de trabalho

A *gig economy* pode ser traduzida como um novo arranjo de forma de trabalho, alternativa aos modelos padrões de emprego, notadamente diante do sistema binário brasileiro (autônomo/empregado), sendo uma forma de trabalhar baseada em prestações de serviços diversas, a múltiplos tomadores, com pagamentos individuais, em vez de trabalhar para um empregador fixo.

Ganha destaque, nesse contexto de avanço tecnológico, as plataformas digitais de trabalho, as quais podem ser classificadas, basicamente, em duas amplas categorias, *on-line web-based* e *location-based*[(35)], em que a primeira se dedica à tarefas ou atribuições de trabalho realizadas remotamente, em qualquer lugar do mundo, também conhecida como *crowdworking*; enquanto a segunda é inerente à conectividade de acordo com a presença física, utilizando a geolocalização, entre cliente e prestador de serviços, também conhecida como *uber economy*.

É inafastável verificar que as plataformas digitais de trabalho servem justamente a propiciar ao mundo corporativo novos mercados, ao mesmo tempo que também dedica aos trabalhadores novas oportunidades e maior geração de renda, atingindo diretamente o relacionamento entre trabalhadores e empresas.

---

(32) AGUIAR, Antônio Carlos; GUIMARÃES, Ricardo Pereira Freitas. *Trem bão esse negócio de trabalhar em casa em época de Pandemia...* A rotina de um advogado. Academia Brasileira de Direito do Trabalho, 2020.

(33) FERREIRA, Marie Joan Nascimento; MELO, Sandro Nahmias. *O princípio da busca da felicidade e o meio ambiente do trabalho.* Disponível em: <https://juslaboris.tst.jus.br/handle/20.500.12178/149772>. Acesso em: 7 mar. 2021.

(34) NUNES, Flávio Filgueiras; DOMITH, Laira Carone Rachid. *Op. cit.*

(35) Tradução livre: Baseadas na internet e baseadas na localização.

Tal modelo de negócios alcança um sistema de organização de trabalho, sem investimento em capitais ou contratação de empregados, cuidando tão somente de mediar tarefas entre trabalhadores e potenciais clientes, gerenciando todo o processo por meio de algoritmos.

Apesar do evidente propósito benéfico à sociedade, em geral, é importante lembrar que há parâmetros mínimos de sustentabilidade a serem seguidos, havendo que se considerar a necessidade do avanço legislativo para que esteja a cobrir normas trabalhistas fundamentais.

A competição econômica mundial está acentuando o crescimento de arranjos de trabalho atípicos, potencializada pela COVID-19 e com uma inegável participação dos avanços tecnológicos, importando em um declínio correspondente no emprego, tal qual como conhecido.

O teletrabalho, portanto, é abrangido pelo contexto acima apresentado, pela sua própria definição hoje presente no artigo 75-B da CLT, uma forma de trabalho totalmente vinculada ao desenvolvimento tecnológico e que comporta o desafio de conseguir classifica-lo de acordo com sua natureza jurídica.

É cabível afirmar, portanto, que o instituto do teletrabalho pode ser realizado por meio de um vínculo de emprego, ou mesmo por conta própria, em completa autonomia, admitindo-se, inclusive, aplicações conceituais de parassubordinação(36), embora tal instituto não seja hoje aplicável no Brasil.

Importante deixar bem claro, antes de se adentrar ao objetivo do presente capítulo, que a natureza jurídica da relação estabelecida sempre dependerá do complexo fático atinente ao caso concreto, pela simples aplicação do princípio da primazia da realidade.

No entanto, é de bom alvitre relembrar o contexto histórico, em que a introdução do parágrafo único, ao artigo 6º da CLT, ocorrido em 2011, trouxe maior nível de segurança jurídica aos teletrabalhadores, uma vez que a comprovação de subordinação na prática do teletrabalho sempre foi questionável.

Como apresentado, há também um profundo dilema entre o direito à desconexão e o alcance do poder diretivo do empregador, assim como questões inerentes à autonomia do empregado em teletrabalho, inclusive diante da não submissão do teletrabalhador ao capítulo da duração do trabalho, realizando um questionamento retórico e exemplificativo: poderia este definir a sua própria jornada e recusar-se a cumprir com alguma tarefa que lhe seja designada fora de tal horário?

Sob outro viés, uma extrema preocupação da doutrina, ao avaliar que o artigo 75-D da CLT retrocedeu na segurança jurídica quanto ao vínculo de emprego, na medida em que transferiu, ou ao menos compartilhou, ao empregado a responsabilidade pelos meios de produção(37).

O cerne da questão repousa acerca da debatida migração acentuada de empregados à modalidade de teletrabalho, principalmente em um cenário de concretização desta nova forma de trabalhar, de maneira usual em grandes corporações, o que consequentemente incidirá em amplos debates sobre a subordinação do teletrabalho, frente às formas de trabalho citadas no início deste capítulo.

Recente trabalho da OIT, inclusive, reconheceu um aumento demasiado da demanda em plataformas digitais de trabalho com a pandemia da COVID-19, especialmente entre abril e junho de 2020, quando comparado com anos anteriores, demonstrando que a oferta tem aumentado mais rápido que a demanda, indicando um aumento de trabalhadores que, embora registrados em plataformas digitais, culminam por não conseguir trabalho e renda(38).

Aliás, é fonte inesgotável de estudo, de acordo com os avanços tecnológicos, desde a 1ª revolução industrial, a percepção da perda de postos de trabalho de acordo com os avanços tecnológicos, o que estudiosos classificam como adaptação das funções, criando a teoria da compensação, na qual à medida que postos de trabalho obsoletos desaparecem, novas funções avançadas surgem; o que acaba por ser amplamente criticado diante de um déficit empírico na criação de postos de trabalho(39).

---

(36) Para Amauri Mascaro Nascimento *apud* LEITE, Carlos Henrique Bezerra. *Curso de Direito do Trabalho*. 11. ed. São Paulo: Saraiva Educação, 2019. p. 184: Trabalho parassubordinado é uma categoria intermediária entre o autônomo e o subordinado, abrangendo tipos de trabalho que não se enquadram exatemente em uma das duas modalidades tradicionais.

(37) PÓVOAS, Marcos; FELIZOLA, Mariana. Teletrabalho e a desconstrução da subordinação jurídica. In: CORREIA, Henrique; MIESSA, Elisson (Orgs.). *A reforma trabalhista e seus impactos*. Salvador: Juspodivm, 2017.

(38) INTERNATIONAL LABOUR OFFICE. *Op. cit.*

(39) INTERNATIONAL LABOUR OFFICE. *Op. cit.*

Para Enoque Ribeiro dos Santos, *apud* Cavalcante, *"o fato é que, seja por via da automação eletrônica, seja por via da remodelagem do layout organizativo da empresa — os empregos somem aos milhares, enquanto aumenta a carga de trabalho sobre aqueles que continuam empregados"*[(40)].

Não se pode perder de vista, conforme amplamente debatido acerca da evolução do processo produtivo das empresas, uma tônica de empresa horizontal, que afeta inclusive a própria subordinação, canalizando mecanismos tecnológicos como forma de retirar o controle direto do meio de produção, o que atinge, por consequência, a configuração do vínculo empregatício em determinadas situações de teletrabalho.

É flagrante o prejuízo causado pelo atual sistema binário brasileiro, em que, ou se configura o vínculo de emprego, aplicando-se um conjunto amplo de regras e proteções trabalhistas; ou se caracteriza como autônomo, hipótese em que nenhum direito mínimo é garantido.

Carlos Henrique Bezerra Leite assim destaca:

> As novas formas de relações de trabalho, resultantes do uso intenso e sofisticado da moderna tecnologia, como o trabalho a distância (via *e-mail* e *internet*) vêm tornando dificultosa a identificação da subordinação, pelo menos como elemento essencial tradicional da caracterização da relação empregatícia. (...)
>
> De tal arte, se o Direito do Trabalho continuar se preocupando apenas com o dogma da subordinação, há uma tendência no sentido de que diminuirá drasticamente o seu campo de atuação, com o risco acentuado de vir a desaparecer no cenário das ciências jurídicas[(41)].

Esta enorme lacuna majora potencialmente a relevância do tema e os desafios a serem enfrentados, na medida em que mundialmente, durante o período pandêmico, vigora um sentimento de solidariedade e proteção ao emprego e renda, porém a concretização da adoção pelo teletrabalho coloca em risco a manutenção de vínculos empregatícios, em um cenário que não existe uma proteção mínima a autônomos ou parassubordinados.

6. *O desafio do* **compliance** *trabalhista especial ao teletrabalho*

A realidade do Brasil é firmada por um insatisfatório índice de cumprimento espontâneo das leis e obrigações, o que, inclusive, alça o país a um elevado patamar em número de Reclamações Trabalhistas, judicialização de maneira geral, não estando incluído neste rol apenas pessoas físicas e jurídicas, mas também o próprio Estado[(42)].

As práticas de *compliance* no Direito do Trabalho se categorizam em dois segmentos, de caráter reparatório ou mesmo preventivo, aplicáveis a ambas as partes da relação de trabalho, empregado e empregador, em razão do caráter sinalagmático do contrato de trabalho.

Já no que tange às efetivas práticas de *compliance* trabalhista, estas se desdobram no cumprimento das previsões oriundas das fontes do direito material do trabalho, incluindo normas derivadas de regulamentos empresariais e obrigações contratuais, além do respeito aos padrões éticos.

É cediço que o mundo busca uma nova engenharia política econômica e social, que respeite a concepção moderna do capitalismo, em que não apenas se busca o lucro, mas há a preocupação com os meios pelos quais ele é alcançado, ganhando destaque novos conceitos de gestão responsável, como o padrão *ESG*[(43)], que busca impor respeito às regras ambientais e sociais como núcleo do capitalismo colaborativo[(44)].

O principal desafio deste capítulo não é abordar todos os aspectos inerentes a *compliance*, tampouco meramente deliberar sobre os assuntos atinentes ao teletrabalho sob tal temática, mas correlacionar as medidas de *compliance* que devem ser adotadas em tempos de pandemia, principalmente ao teletrabalho e sob a ótica das novas tecnologias.

---

(40) CAVALCANTE, Jouberto de Quadros Pessoa. *A 4ª revolução tecnológica*: o desemprego tecnológico e os desafios para uma empresa sustentável. Disponível em: <https://juslaboris.tst.jus.br/handle/20.500.12178/170770>.

(41) LEITE, Carlos Henrique Bezerra. *Op. cit.*, p. 182.

(42) BROLIO, Raphael Jacob. Compliance e Direito do Trabalho em tempos da Covid-19. In: MARTINS, Sergio Pinto (Coord.). *Compliance no direito trabalhista*. São Paulo: Thomson Reuters Brasil, 2020.

(43) Enviromental, Social and Governance. Tradução livre: Ambiental, social e governança. Tal conceito foi criado com o objetivo de determinar indicadores que cuidem de avaliar o desempenho das corporações sob cada um desses aspectos.

(44) PERES, Antônio Galvão; ROBORTELLA, Luiz Carlos Amorim. *Op. cit.*

Daí, então, em tempos da Covid-19 diversos questionamentos e desafios surgem, podendo extrair como uma principal medida de *compliance* trabalhista, a partir de todas as medidas governamentais retratadas, a preservação do emprego e da renda(45).

Com efeito, como amplamente abordado neste estudo, a consagração do teletrabalho como principal alternativa, neste sentido, demonstra a sua relevância, reiterando os desafios discorridos no capítulo anterior, a preservação do emprego por meio do teletrabalho sem que se perca de vista as novas formas de trabalho não subordinados.

Mas, não é só, na análise do meio ambiente de trabalho, Sandro Nahmias Melo *apud* Patrícia Attademo; Kallen Souza Leite, acentua:

> O meio ambiente laboral não está adstrito ao local, ao espaço, ao lugar onde o trabalhador exerce suas atividades. Ele é definido por todos os elementos que compõem as condições (materiais e imateriais) do trabalho de uma pessoa(46).

De tal arte, essa nova vertente da casa como meio ambiente de trabalho traz uma inexorável preocupação com as medidas de *compliance*, uma especial e necessária atenção ao cumprimento específico de tais regras, pois como repetidamente tratado neste trabalho, trata-se de uma radical modificação no seio das relações de trabalho.

O artigo 75-E da CLT aborda o tema, dizendo que *"o empregador deverá instruir os empregados, de maneira expressa e ostensiva, quanto às precauções a tomar a fim de evitar doenças e acidentes de trabalho"*, mas em seu parágrafo único atenua e repassa ao trabalhador responsabilidade, *"o empregado deverá assinar termo de responsabilidade comprometendo-se a seguir as instruções fornecidas pelo empregador"*.

Muito embora a Medida Provisória n. 927/2020, relembrando que tal norma já até mesmo caducou, nada tenha destacado acerca das questões inerentes ao artigo 75-E da CLT, certo é que a mudança abrupta, em virtude da premência necessário ao momento, fez com que o início do labor em teletrabalho fosse sem qualquer tipo de treinamento(47).

A legislação brasileira, em matéria de teletrabalho, não possui normas a regularizar totalmente tal instituto, inexistindo hoje regras claras quanto ao modo, tempo e fiscalização do uso dos meios tecnológicos no meio ambiente de trabalho do teletrabalhador.

Inobstante, o Brasil, assim como Índia, Nigéria, a União Europeia e o Estado da Califórnia nos Estados Unidos, novas regras legislativas e medidas relativas à proteção de dados e privacidade estão sendo estabelecidos, que obviamente são relevantes para o teletrabalho(48).

Apesar de ser um desafio aos Poderes Executivo e Legislativo, sem possibilidade em recusar a prestação da tutela jurisdicional pelo Poder Judiciário, cabe o destaque às corporações agirem comissivamente, adotando medidas de *compliance* especiais ao teletrabalho.

Portanto, espera-se que novas tecnologias inseridas nesta modalidade de trabalho sejam totalmente ajustadas à necessidade, vertendo-se como fator positivo a ambos os lados da relação, empregador e teletrabalhador.

7. *Considerações finais*

Os desafios elencados no presente trabalho, que acometem toda a sociedade e especialmente os atores do Direito do Trabalho, são imensuráveis, haja vista o ineditismo do tempo vivido, o nível de relevância dos acontecimentos e, principalmente, a busca pelo surgimento após tal período dramático.

O teletrabalho expõe-se como um legado do período de pandemia, concretizando-se como uma nova forma de trabalho carecedora de maior atenção e profundos debates.

Tais necessidades, decorrentes do confinamento, impuseram ao mundo do trabalho a adoção de alternativas, as quais transitoriamente têm sido aplicadas, vislumbrando-se, todavia, teletrabalho como um legado do período de pandemia, concretizando-se como uma nova forma de trabalho carecedora de maior atenção e profundos debates.

(45) BROLIO, Raphael Jacob. *Op. cit.*

(46) ATTADEMO, Patrícia; LEITE, Kallen Souza. *Op. cit.*

(47) A pesquisa realizada pela SAP Consultoria em RH em parceria com a SOBRATT, citada anteriormente, apontou que somente 37% das empresas que adotam o teletrabalho, possuem uma política de atuação; ao passo que apenas 16% tiveram algum tipo de treinamento ou acompanhamento no processo de introdução do teletrabalho.

(48) INTERNATIONAL LABOUR OFFICE. *Op. cit.*

O olhar para o futuro deve estar acompanhado das experiências realizadas, lembrando que as legislações anteriores, mais amplas, conhecidas como *reformas* ou *flexibilizações*, falharam em seus objetivos de retomar postos de trabalho, razão pela qual não se deve prosseguir no equivocado objetivo de adaptar o fato social ao Direito, são as normas que devem estar atentas ao desenvolvimento social.

Muito além de uma legislação protetiva específica ao teletrabalho, em face da tal concretização e permanência desta nova modalidade de trabalho em um período pós-pandêmico, é inafastável a criação de políticas públicas voltadas à formação continuada e à requalificação humana para o trabalho tecnológico.

Como o Ministro Alexandre Agra Belmonte leciona, é preciso adequar a legislação ao fato social da automação, protegendo a mão de obra contra eventual substituição pela máquina, produzindo uma educação inclusiva que permita suprir os defeitos históricos de despreparo para ocupação dos atuais e futuros postos de trabalho, realizando, mais do que nunca, uma efetiva proteção social a todos os trabalhadores, subordinados, parassubordinados ou autônomos[(49)].

É importante trazer à tona uma problemática da sociedade, a tecnologia possui um duplo condão, ao propiciar infinitas possibilidades de avanços em todas as searas, concedendo ao homem um vasto poder de informação e desenvolvimento; mas, ao mesmo tempo, é capaz de deixá-lo escravizado, sob uma dependência perigosa, sendo esta dicotomia ainda mais exponencial no teletrabalho, por todos os aspectos estudados, merecendo cautela aos sujeitos da relação laboral.

O avanço tecnológico é inevitável, consequentemente os avanços das formas de trabalho também, razão pela qual cabe ao legislador, ao gestor público e aos atores do Direito adequar a utilização da tecnologia a favor do homem, sendo pertinente, o desenvolvimento de soluções que propiciem a adoção do teletrabalho de forma equilibrada e responsável, entre a economia e os direitos sociais.

8. *Referências*

AGUIAR, Antônio Carlos; GUIMARÃES, Ricardo Pereira Freitas. Trem bão esse negócio de trabalhar em casa em época de Pandemia... A rotina de um advogado. *Academia Brasileira de Direito do Trabalho*, 2020. Disponível em: <http://www.andt.org.br/f/Trem%20b%C3%A3o%20esse%20neg%C3%B3cio%20de%20trabalhar%20em%20casa%20em%20%C3%A9poca%20de%20pandemia-Aguiar%20e%20R%20Guimar%C3%A3es.pdf>. Acesso em: 3 mar. 2021.

ATTADEMO, Patrícia; LEITE, Kallen Souza. Teletrabalho: um olhar sobre o direito ao desenvolvimento econômico e ao meio ambiente equilibrado. *Revista de Constitucionalização do Direito Brasileiro — RECONTO*, v. 2, n. 1, jan./jun. 2019. Disponível em: <http://revistareconto.com.br/index.php/Reconto/article/view/48>. Acesso em: 3 mar. 2021.

BELMONTE, Alexandre Agra; MARTINEZ, Luciano; MARANHÃO, Ney (Coords.). *O Direito do Trabalho na crise da COVID-19*. Salvador: Juspodivm, 2020.

BRASIL. *Constituição da República Federativa do Brasil*. Disponível em: <http://www.planalto.gov.br/ccivil_03/Constituicao/ConstituicaoCompilado.htm>. Acesso em: 3 mar. 2021.

BIVAR, Wasmália. Novas formas de trabalho e o desafio da governança — o papel dos objetivos de desenvolvimento sustentável. Organização Internacional do Trabalho. *Futuro do Trabalho no Brasil:* perspectivas e diálogos tripartites. Disponível em: <http://www.ilo.org/wcmsp5/groups/public/---americas/---ro-lima/---ilo-brasilia/documents/publication/wcms_626908.pdf>. Acesso em: 7 mar. 2021.

BROLIO, Raphael Jacob. *Compliance* e Direito do Trabalho em tempos da Covid-19. In: MARTINS, Sergio Pinto (Coord.). *Compliance no direito trabalhista*. São Paulo: Thomson Reuters Brasil, 2020.

CAVALCANTE, Jouberto de Quadros Pessoa. *A 4ª revolução tecnológica:* o desemprego tecnológico e os desafios para uma empresa sustentável. Disponível em: <https://juslaboris.tst.jus.br/handle/20.500.12178/170770>. Acesso em: 8 mar. 2021.

CAVALCANTE, Jouberto de Quadros Pessoa; JORGE NETO, Francisco Ferreira. A tecnologia, o teletrabalho e a reforma trabalhista. In: TUPINAMBÁ, Carolina; GOMES, Fábio Rodrigues (Coords.). *A reforma trabalhista:* o impacto nas relações de trabalho. Belo Horizonte: Fórum, 2018.

(49) BELMONTE. *Op. cit*, p. 3-5.

ESTRADA, Manuel Martin Pino. *O teletrabalho transfronteiriço no Direito brasileiro e a globalização*. Disponível em: <http://www.planalto.gov.br/ccivil_03/Constituicao/ConstituicaoCompilado.htm>. Acesso em: 8 mar. 2021.

FARIA, Carolina Tupinambá; VALVERDE, Maria Novellino. Um novo normal para o direito do trabalho. In: BELMONTE, Alexandre Agra; MARTINEZ, Luciano; MARANHÃO, Ney (Coords.). *O Direito do Trabalho na crise da COVID-19*. Salvador: JusPodivm, 2020.

FERNANDEZ, Leandro; PAMPLONA FILHO, Rodolfo. Panorama das alterações trabalhistas durante a pandemia da COVID-19. In: BELMONTE, Alexandre Agra; MARTINEZ, Luciano; MARANHÃO, Ney (Coords.). *O Direito do Trabalho na crise da COVID-19*. Salvador: Juspodivm, 2020.

FERREIRA, Marie Joan Nascimento; MELO, Sandro Nahmias. *O princípio da busca da felicidade e o meio ambiente do trabalho*. Disponível em: <https://juslaboris.tst.jus.br/handle/20.500.12178/149772>. Acesso em: 7 mar. 2021.

INTERNATIONAL LABOUR OFFICE. *World Employment and Social Outlook* 2021: The role of digital labour platforms in transforming the world of work. Geneva: ILO, 2021. Disponível em: <https://www.ilo.org/global/research/global-reports/weso/2021/WCMS_771749/lang--en/index.htm>. Acesso em: 7 mar. 2021.

KROST, Oscar. *Teletrabalho na Argentina e no Brasil:* tão perto, mas tão longe. Disponível em <https://www.migalhas.com.br/coluna/migalha-trabalhista/332905/teletrabalho-na-argentina-e-no-brasil--tao-perto--mas-tao-longe>. Acesso em: 7 mar. 2021.

LEITE, Carlos Henrique Bezerra. *Curso de Direito do Trabalho*. 11. ed. São Paulo: Saraiva Educação, 2019.

MAIOR, Jorge Luiz Souto. *Do direito à desconexão do trabalho*. Disponível em: <https://www.jorgesoutomaior.com/uploads/5/3/9/1/53916439/do_direito_%C3%A0_desconex%C3%A3o_do_trabalho.pdf>. Acesso em: 8 mar. 2021.

MELO, Sandro Nahmias. Trabalhadores de aplicativos e direito à saúde em tempo de coronavírus. In: BELMONTE, Alexandre Agra; MARTINEZ, Luciano; MARANHÃO, Ney (Coords.). *O Direito do Trabalho na crise da COVID-19*. Salvador: JusPodivm, 2020.

MELO, Sandro Nahmias; RODRIGUES, Karen Rosendo de Almeida Leite. *Direito à desconexão do trabalho:* com análise crítica da reforma trabalhista (Lei n. 13.467/2017). São Paulo: LTr, 2018.

MELO, Sandro Nahmias. Nós estamos todos "infoxicados". *Conjur*, 2020. Disponível em: <https://www.conjur.com.br/2020-abr-30/sandro-nahmias-melo-estamos-todos-infoxicados>. Acesso em: 3 mar. 2021.

NAHAS, Thereza C.; MARTINEZ, Luciano. Considerações sobre as medidas adotadas pelo Brasil para solucionar os impactos da pandemia do COVID-19 sobre os contratos de trabalho e no campo da Seguridade Social e da prevenção de riscos laborais. In: BELMONTE, Alexandre Agra; MARTINEZ, Luciano; MARANHÃO, Ney (Coords.). *O Direito do Trabalho na crise da COVID-19*. Salvador: Juspodivm, 2020.

NUNES, Flávio Filgueiras; DOMITH, Laira Carone Rachid. A ausência de controle de jornada em regime de teletrabalho como fato gerador do afrouxamento das relações familiares. In: CORREIA, Henrique; MIESSA, Elisson (Orgs.). *A reforma trabalhista e seus impactos*. Salvador: Juspodivm, 2017.

OIT. Organização Internacional do Trabalho. *Futuro do Trabalho no Brasil:* Perspectivas e Diálogos Tripartites. Disponível em: <http://www.ilo.org/wcmsp5/groups/public/---americas/---ro-lima/---ilo-brasilia/documents/publication/wcms_626908.pdf:. Acesso em: 7 mar. 2021.

PAPPERT, Milena; SANTOS, Flávia Alcassa dos. *Síndrome de Burnout e o trabalho remoto*. Disponível em: <https://www.migalhas.com.br/coluna/migalha-trabalhista/333507/sindrome-de-burnout-e--o-trabalho-remoto>. Acesso em: 7 mar. 2021.

PAULA, Hilda Francisca de. Teletrabalho: Desafios frente a uma nova realidade. In: CORREIA, Henrique; MIESSA, Elisson (Orgs.). *A reforma trabalhista e seus impactos*. Salvador: Juspodivm, 2017.

PERES, Antônio Galvão; ROBORTELLA, Luiz Carlos Amorim. Interpretação jurídica em tempos de pandemia. In: BELMONTE, Alexandre Agra; MARTINEZ, Luciano; MARANHÃO, Ney (Coords.). *O Direito do Trabalho na crise da COVID-19*. Salvador: JusPodivm, 2020.

PERES, Antônio Galvão; ROBORTELLA, Luiz Carlos Amorim. Responsabilidade social, ética, sanitária e ambiental da empresa após o coronavírus. In: MARTINS, Sergio Pinto (Coord.). *Compliance no direito trabalhista*. São Paulo: Thomson Reuters Brasil, 2020.

PÓVOAS, Marcos; FELIZOLA, Mariana. Teletrabalho e a desconstrução da subordinação jurídica. In: CORREIA, Henrique; MIESSA, Elisson (Orgs.). *A reforma trabalhista e seus impactos*. Salvador: Juspodivm, 2017.

ROCHA, Cármen Lúcia Antunes. *Congresso Internacional (ESIAB)*. Novos Rumos do Direito em Tempo de (Pós)-Pandemia. IAB: 29 de outubro de 2020. Youtube. Disponível em: <https://www.youtube.com/watch?v=A6fvSmhuitg>. Acesso em: 3 mar. 2021.

SILVA, Paulo Renato Fernandes da. *A pandemia do coronavírus e o Direito do Trabalho:* análise das medidas que o direito do trabalho oferece para o enfrentamento da pandemia do coronavírus. Disponível em: <https://juslaboris.tst.jus.br/bitstream/handle/20.500.12178/176150/2020_silva_paulo_pandemia_coronavirus.pdf?sequence=1&isAllowed=y:. Acesso em: 7 mar. 2021.

STURMER, Gilberto; FINCATO, Denise. Teletrabalho em tempos de calamidade por COVID-19: impacto das Medidas trabalhistas de urgência. In: BELMONTE, Alexandre Agra; MARTINEZ, Luciano; MARANHÃO, Ney (Coords.). *O Direito do Trabalho na crise da COVID-19*. Salvador: Juspodivm, 2020.

Autonomia na Subordinação: a Relação de Emprego entre os Motoristas e a Uber[1]

Camila dos Santos Reis[2]
Edilton Meireles[3]

1. *Introdução*

O trabalho e sua proteção social tentam sobreviver as políticas neoliberais desde sua ascensão — nos anos 1990, cuja hegemonia contribuiu para a desregulamentação de legislações e o enfraquecimento das instituições sociais do trabalho. Nos últimos anos, a legislação trabalhista pátria tem passado por um processo ilimitado de reformas com vistas à eliminação das formas típicas de contratação, o enfraquecimento da camada sindical, à redução de direitos e o próprio desmonte da Justiça do Trabalho. Com isso, essas reformas podem estar legitimando formas de trabalho precárias, já que o mercado de trabalho mantém os altos índices de desemprego e informalidade, e fortalecendo o discurso dos empresários.

Inserida nesse contexto, a Uber tem se firmado como uma empresa que desenvolveu um novo modelo de gestão e controle do trabalho, utilizando as ferramentas informais-digitais da Indústria 4.0. A fim de eliminar seus custos de estrutura e de pessoal, fornece serviços com facilidade e baixo custo, ao passo que explora a força de trabalho e dribla a regulação estatal. Embora a Uber se defina como empresa de tecnologia, adepta da economia compartilhada, a experiência prática dos trabalhadores demonstra que ela não passa de uma empresa de transporte, que utiliza de modo inovador a tecnologia para organizar, gerir e explorar o trabalho humano. Por isso, o objetivo deste artigo é discutir a de relação de emprego entre o motorista e a Uber, marcada pela ausência de proteção e de regulação jurídica.

Dessa forma, o artigo é dividido em três momentos. No primeiro, traça-se um panorama histórico, político e social do Direito do Trabalho desde a sua institucionalização no governo Vargas até a reforma trabalhista de 2017, destacando o processo de flexibilização das leis trabalhistas e as transformações na organização do trabalho advindas com a Indústria 4.0. No segundo, examina-se o caso da Uber como paradigma desses novos arranjos de trabalho presentes na economia digital, analisando criticamente o seu discurso da economia compartilhada e discutindo o modo de prestação de serviço de transporte realizada pelo motorista, cujas características são de subordinação e dependência, não de autonomia. No terceiro momento, centraliza-se na discussão sobre os pressupostos fáticos-jurídicos do vínculo de emprego na relação entre os motoristas e a Uber, destacando a possibilidade ou não de configuração do vínculo empregatício.

Para tanto, recorre-se a uma metodologia de caráter bibliográfico, a partir de levantamento de livros, artigos científicos, reportagens, disposições legais e normativas que tratem do tema sob um viés critico-reflexivo. Desse modo, a pesquisa encontra-se em uma condição qualitativa-interpretativa, não

---

(1) Este artigo é resultado de pesquisa desenvolvida no âmbito do grupo de pesquisa "Relações de Trabalho na Contemporaneidade", liderado pelo Prof. Edilton Meireles, vinculado ao Programa de Pós-Graduação da Faculdade de Direito (PPGD) da Universidade Federal da Bahia (UFBA), cadastrado no Diretório Nacional de Grupos de Pesquisa do CNPq (<dgp.cnpq.br/dgp/espelhogrupo/2745276903507261>), e que compõe "Rede de Grupos de Pesquisas em Direito e Processo do Trabalho — RETRABALHO".

(2) Graduada em Letras pela Universidade do Estado da Bahia — UNEB e graduanda em Direito pela Universidade Federal da Bahia — UFBa. Bolsista de Iniciação Científica (PIBIC/UFBA).

(3) Pós-doutor em Direito pela Faculdade de Direito da Universidade de Lisboa. Doutor em Direito pela Pontifícia Universidade Católica de São Paulo (PUC/SP). Professor de Direito Processual Civil na Universidade Federal da Bahia (UFBa). Professor de Direito na Universidade Católica do Salvador (UCSal). Desembargador do Trabalho na Bahia (TRT 5ª Região).

havendo análise quantitativa de dados, de forma que a teoria pretende discutir, reformular e traçar novas perspectivas para o tema. Vale ressaltar, ainda, que este artigo trata apenas do trabalho dos motoristas da Uber que realizam transporte de passageiros, optando por não discutir o trabalho dos entregadores delivery da Uber, pelo debate merecer uma análise *específica* ou, ao menos, comparativa.

2. *Flexibilização, precarização e a nova morfologia do trabalho*

O processo de institucionalização do Direito do Trabalho no Brasil foi permeado por lutas sociais e pela resistência na concessão de proteção ao trabalho. O resultado foi a construção de uma carta de direitos trabalhistas e de uma estrutura sindical controlada pelo Estado, inspirada nos modelos autoritários e corporativistas, o que não correspondia as lutas coletivas espalhadas pelo país. O projeto político de Getúlio Vargas, construído entre os anos de 1930 e 1945, para fins de regulação do trabalho, foi criado apenas para atender uma parcela de trabalhadores urbanos, deixando os rurais, domésticos e servidores públicos à margem de qualquer tipo de direito.

Diante dos avanços e retrocessos, a Ditadura Militar (1964-1988), acabou por intensificar a estrutura varguista, que, aliada ao processo de reestruturação produtiva, fez despontar uma fase marcante da flexibilização do Direito do Trabalho. Primeiro, com a criação do Fundo de Garantia do Tempo de Serviço (FGTS) — Lei n. 5.107/1966 — que retirou a garantia da estabilidade no trabalho, alterando profundamente as relações trabalhistas, cujos efeitos repercutem até os dias de hoje. Depois, com as primeiras normas sobre terceirização, que alteraram o paradigma da relação bilateral de trabalho e instauraram uma relação triangular. Neste caso, são exemplos a Lei do Trabalho Temporário (Lei n. 6.019/74), que traz a possibilidade de uma empresa ser a intermediadora de mão de obra, e o Decreto-Lei n. 200/67, que permitiu a terceirização no serviço público.

Dessa maneira, em meio a ditadura e o avanço da flexibilização, o país sentiu os efeitos de uma das mais severas crises do capitalismo mundial no decorrer dos anos 1980 e 1990. Para conter a crise, foi implementado um processo de reestruturação do capital, influenciado pelo pensamento neoliberal da época, com a substituição do padrão de acumulação taylorista/fordista pelo modelo chamado de pós-fordista, delineado pelo padrão de acumulação toyotista (DUTRA, 2014, p. 20-21). A lógica fordista estava baseada na produção em série, em larga escala, com alta divisão do trabalho, no cumprimento de ordens e no controle rígido de horários. Havia uma produção em massa de mercadorias, refletindo uma estrutura homogeneizada, fragmentada e verticalizada, aliada a um aumento do ritmo de trabalho com o tempo reduzido, ou seja, produzir mais, em menos tempo (ANTUNES, 2009, p. 38-39).

Esse modelo de produção sustentava-se através do ilusório compromisso idealizado entre o capital e o trabalho mediado pelo Estado, cujo interesse era o de controlar e regular a economia. Por consequência, o operariado aumentou a sua dependência com o Estado, vendo-o como o único capaz de prover a seguridade social e demais direitos sociais. Como o Estado não garantiu condições de trabalho adequadas e não criou políticas sociais que combatessem as desigualdades, eclodiram-se movimentos reivindicatórios dos trabalhadores no final da década de 1960, como consequência de uma insatisfação em massa e a criação de uma consciência coletiva (ANTUNES, 2009, p. 40-42). Aliado a isso, a grande recessão econômica de 1973 e o choque do petróleo geraram a estagnação da produção e o aumento da inflação. O que culminou na mudança do padrão fordista do capital, assentada na rigidez da produção, para o padrão toyotista e de acumulação flexível (HARVEY, 2008, p. 140).

Segundo Harvey, a acumulação flexível está apoiada na flexibilidade dos processos e mercados de trabalho, da produção e do consumo, o que já representa um confronto direto com a rigidez do fordismo. Diante disso, o mercado de trabalho sofreu uma profunda mudança, vista no enfraquecimento do poder sindical e no aumento do desemprego, já que houve uma abertura para regimes de contratação mais flexíveis (HARVEY, 2008, p. 140-146). A lógica da acumulação flexível estava aliada ao modelo toyotista, modelo japonês baseado na produção sob demanda (modelo just in time). O que se buscava era uma estrutura fluida para o aumento da produção e da sua qualidade, dispensando uma estrutura custosa e mais completa. Uma produção horizontalizada, deixando na fábrica o que era considerado essencial ao processo e transferindo a terceiros as demais etapas, o que deu ensejo as contratações terceirizadas. Também era pautado no trabalho em equipe e na exigência de trabalhadores multifuncionais e polivalentes, o que intensificava a exploração do trabalho (DUTRA, 2014, p. 27-28).

Esse processo de transição do modelo fordista para o modelo que se denominou pós-fordista foi sustentado, do ponto de vista ideológico e político, pelo neoliberalismo, pensamento hegemônico econômico orientador das políticas dos Estados. Mais do que um pensamento ou uma ideologia, o neoliberalismo é uma racionalidade que estrutura os governos e suas relações (DARDOT, LAVAL, 2016, p. 17) e que tem sido aprofundado nos dias atuais. Essa "racionalidade neoliberal" gera a concorrência entre os trabalhadores, cuja lógica central é a perda da consciência coletiva em função de um individualismo concorrencial, em que o trabalhador é o único responsável pelo seu sucesso ou fracasso. Aliado a isso, essa racionalidade também necessita de um Estado que garanta a desregulamentação dos direitos sociais e a promoção do Direito Privado (ARAÚJO; DUTRA; JESUS, 2017, p. 562).

No cenário brasileiro, a crise do capital e a racionalidade neoliberal repercutiram seus efeitos ao longo dos anos 1990. Por conta disso, o Direito do Trabalho, após sua fase de institucionalização, passou para uma fase de crise e transição: adentrou a fase democrática ao passo que conviveu com o pensamento ultraliberal ao longo da década de 90, cuja tendência tem sido aprofundada nos dias de hoje. Isso porque o projeto constitucional, progressista e democrático advindo com a Constituição Federal de 1988 entrou em conflito com pensamentos defensores da desregulamentação das relações econômicas e sociais. Sendo assim, o período da transição democrática, coincidiu, justamente, com o discurso de desarticulação das normas jurídicas (DELGADO, 2019, p. 136).

Essa racionalidade neoliberal aliado ao projeto de desregulamentação e de flexibilização das normas trabalhistas foram retomadas a partir dos anos 2016/2017, com destaque para a reforma trabalhista implementada pela Lei n. 13.467/2017 (DELGADO, 2019, p. 134). Desse modo, a tendência é a retirada da proteção trabalhista em detrimento da flexibilização das regras jurídicas trabalhistas, principalmente, em prol de criação de formas de contratação menos protetivas. Consequentemente, o processo de precarização social do trabalho tem assumido outros vieses, tendo sido reconfigurado, ampliado e institucionalizado nas relações laborais. A "nova" precarização do trabalho promove um mercado de trabalho heterogêneo e segmentado, intensifica as jornadas, reduz o trabalho a péssimas condições de saúde e segurança, elimina a consciência coletiva dos trabalhadores, fragiliza os movimentos sindicais e, sobretudo, desmonta o direito e a Justiça do Trabalho (DRUCK, 2013, p. 55-73).

No século XXI, além da desregulamentação das normas trabalhistas, desponta um avanço tecnológico amplamente acessível, capaz de transformar não somente a vida cotidiana, mas as relações de trabalho. Nesse contexto, emerge a chamada economia de bico ou *gig economy* (KALIU, 2017, p. 237), representando um mercado de trabalho marcado pela informalidade, celeridade e pela era digital, sendo o setor de serviços o de maior destaque, em especial, com as plataformas digitais de trabalho (OLIVEIRA; ASSIS; COSTA, 2019, p. 248). O contexto de inserção das plataformas é justamente o da Quarta Revolução Industrial — ou Industria 4.0 — que tem promovido a revolução tecnológica dos dias atuais.

Para Schwab, a inteligência artificial, a internet das coisas, a robótica, a biotecnologia, a nanotecnologia (SCHWAB, 2017, p. 11), são exemplos das novidades tecnológicas a nível global, cujo eixo central aponta para as chamadas Tecnologias da Informação e Comunicação — TICs. São elas que fornecem a informação (ou os dados) que servem de matéria-prima para as empresas desenvolverem sua atividade econômica. Outros autores, como Párraga, nomeiam esse fenômeno de revolução tecnológica de economia digital, que desponta com a troça de produtos e serviços por meio da internet e que deve implicar em uma mudança substancial no modelo de produção (PÁRRAGA, 2016, p. 3-5).

Inserida nesse cenário, as empresas que operam com plataformas digitais utilizam a conectividade massiva da internet para reduzir e até eliminar seus custos de estrutura e de pessoal — sem sede física, sem matéria-prima, sem trabalhadores — (SRNICECK, 2017), fornecendo serviços com facilidade e baixo custo. Essa nova estrutura de trabalho é marcada pela ausência de marcos legislativos claros, colocando esse novo grupo de trabalhadores em uma condição de precariedade social, pois não há garantias constitucionais ou trabalhistas que lhes assegurem uma proteção social digna (OLIVEIRA; ASSIS; COSTA, 2019, p. 255). Desse modo, imersos no cenário de desemprego e "iludidos" pelo discurso da autonomia e da flexibilidade, proporcionado pela tecnologia, esses trabalhadores acabam por suportar todo o custo e o risco da sua atividade.

Impulsionado pela Indústria 4.0 e por suas ferramentas informacionais-digitais, o mundo do trabalho presencia a ampliação do labor precário com o infoprotelariado (ANTUNES; BRAGA, 2009, p. 237), que começa com os trabalhadores da indústria de software até os trabalhadores de *call center*, *telemarketing* e que já atinge os mais diversos setores de serviços (indústria, bancos, comércio, turismo, hotelaria, entre outros). Isso significa dizer que, em plena era de informatização do trabalho — é raro encontrar um trabalho que não tenha dependência com um smartphone — quando o trabalhador não está assolado pelo desemprego, está submetido trabalhos a informais, parciais, intermitentes, terceirizados, temporários, nos quais o trabalho ainda é invisibilizado para assumir a aparente forma de prestação de serviços (ANTUNES, 2020, p. 350).

Ante o exposto, o que se pode perceber é que, ao lado do fordismo e do taylorismo, surge um novo paradigma de organização empresarial na história do capitalismo: o uberismo (CHAVES JUNIOR; OLIVEIRA; OLIVEIRA NETO; 2020). Há autores que chamam uberização (ABILIO, 2019, p. 2), outros de capitalismo de plataforma (SRNICEK, 2017, p. 22). Apesar das plataformas digitais apresentarem um processo de disrupção na gestão do trabalho, problemas clássicos do capitalismo, seja do paradigma fordista, seja do taylorista, podem — e devem — ser retomados no trabalho de plataforma, como a ausência de salário mínimo, de jornada máxima, de saúde e segurança no trabalho, por exemplo. Desse modo, esse cenário mostra não só a profunda mudança na classe trabalhadora, mas na própria morfologia do trabalho no Brasil.

3. *Regulação, economia do compartilhamento e o caso da UBER*

É comum pensar que a Uber surgiu adepta do discurso da economia de compartilhamento, da colaboração e da autonomia. Contudo, só depois da sua inserção no mercado, esse discurso foi realmente adotado. A Uber, fundada em 2009 na cidade de São Francisco (EUA) (UBER, 2018), começou como um serviço de carros de luxo, com seus consumidores solicitando o serviço de limusine pelo aplicativo. Ocorre que outras empresas também passaram a despontar no mercado com outros serviços de compartilhamento de viagens. Desse modo, a alternativa encontrada foi a de reconhecer a vantagem dessas empresas e unir-se a elas, adotando o discurso da economia colaborativa, através do lançamento do UberX, o que fez sua economia crescer em padrões exponenciais (SLEE, 2017, p. 99-100).

Nesse contexto, a Uber se apresenta como uma empresa de tecnologia (e não de transporte), de modo que os motoristas são "parceiros" da atividade e a empresa apenas intermedeia e conecta os usuários que desejam obter um serviço. Para os usuários, o seu marketing é pautado na mobilidade urbana, na acessibilidade, na eficiência, na confiança. Para os motoristas, a base do discurso é justamente a economia do compartilhamento, modelo de negócio que usa a internet para conectar consumidores e provedores de serviços para trocas do mundo físico, como aluguéis imobiliários de curta duração, viagens de carro e tarefas domésticas. Surgiu sob a promessa de ser uma alternativa sustentável, por fazer um uso melhor dos recursos subutilizados e disseminar o discurso do empreendedorismo (SLEE, 2017, p. 21-23).

A economia do compartilhamento parte da ideia de colaboração, de troca, sem a finalidade lucrativa, em que as pessoas poderiam criar espaços de colaboração para servir as necessidades uns dos outros, utilizando a tecnologia como meio de disseminar seus serviços. Ocorre que esses novos modelos de organização empresarial, com atuação em escala global, têm disseminado um mercado livre e desregulado, driblando as leis dos países onde se instalam (SLEE, 2017, p. 114), contrariando esse ideal colaborativo. É o caso da Uber, cuja atividade econômica principal é o transporte de passageiros e as entregas de comida delivery, em meio a geração de lucros, a concorrência do capital e a exploração da força de trabalho, não tendo o objetivo atender as necessidades humanas em escala comunitária.

De Stefano (2016) classifica os arranjos de trabalho nas plataformas digitais em duas formas principais: *crowdwok* e *work on-demand* (DE STEFANO, 2016, p. 2-5). Na primeira, também chamada de trabalho em multidão, há a execução de tarefas muito simples, que só ocorrem virtualmente e com a participação de conjunto considerável de pessoas. Na segunda, o trabalho sob demanda, há a execução presencial de serviços tradicionais, como transporte, limpeza, entrega, por exemplo, sendo oferecidos e gerenciados por meio de aplicativo (OLIVEIRA, 2020, p. 160). Nota-se, assim, que um dos principais traços distintivos entre as duas formas é a necessidade do trabalho presencial, físico, no trabalho sob demanda, o que não ocorre no trabalho em multidão. Inserido no trabalho sob demanda, o motorista da Uber assume a total responsabilidade pelo controle e custos da prestação do serviço, uma vez que, além da taxa retida pela empresa, ele ainda tem de arcar com os gastos de manutenção, combustível, seguros, taxas e impostos do automóvel. Sem contar, ainda, os custos com a sua própria manutenção, como a alimentação, saúde e seguro de vida. Como, então, afirmar que esse serviço advém de uma parceria, se uma das partes somente tem controle sobre os gastos e nunca sobre os ganhos? Como defender que a Uber adota a economia compartilhada?

A Uber precisou de uma tecnologia inovadora e avançada para criar um algoritmo eficiente que permitisse o controle e a gestão do trabalho. Os comandos programados pela empresa e executados pelo algoritmo obrigam os trabalhadores a reagirem em tempo real e obedecerem às ordens que lhes são emitidas. É o que Carelli denomina de controle por programação (ou por objetivos, algoritmo ou por comandos), no qual a empresa coloca o trabalhador como seu "parceiro", concede a ele uma certa autonomia na prestação de sua atividade, que, contrariamente, é impedida pela existência do algoritmo, sendo realizado o controle através de prêmios, punições e pelo sistema de avaliação e de precificação (CARELLI, 2017, p. 142-143). O trabalhador nem percebe que está sendo controlado, justamente porque lhe é concedida certa liberdade, vista na possibilidade de escolha do seu horário de trabalho, e não há a presença física de um "patrão". Contudo, o trabalhador continua subordinado, mediante os comandos da plataforma digital que organiza e controla o trabalho.

É o que Abílio denomina de autogerenciamento subordinado, pois, ao passo que o trabalhador pode gerenciar seu próprio trabalho, ele tem de se subordinar as regras do aplicativo (ABILIO, 2019, p. 4). Na medida em que o trabalhador pode escolher seu local de trabalho e sua jornada, lhe é transferida uma série de responsabilidades sobre a administração do seu próprio trabalho. Cabe a ele decidir, por exemplo, se trabalha no centro ou na periferia, se trabalha todos os dias ou apenas nos finais da semana, podendo até definir suas próprias metas, já que há um valor que ele deseja auferir no final do dia. Ocorre que a empresa não lhe permite, de fato, escolher a forma de prestação do seu trabalho nem fixar o preço do seu serviço, tornando ilusória a ideia de que o trabalhador pode se autogerenciar.

Dessa forma, a Uber utiliza esse controle por programação para comandar os trabalhadores, distribuindo-os de acordo com a demanda e o serviço, estipulando preços baixos para desmontar a concorrência. Contudo, assim como a tarifa paga pelo usuário é baixa, a remuneração do motorista também é. Por isso, os motoristas acabam trabalhando além de uma jornada regular para atingirem a remuneração desejada. A Uber também controla os motoristas mediante a entrega de incentivos e premiações, justamente para que os trabalhadores se mantenham ativos na plataforma. Ademais, como a "chave" do negócio da Uber é o transporte, essencial é o controle feito através da avaliação dos usuários do serviço, justamente para poder exercer o controle sobre a forma de prestação do serviço (CARELLI, 2017, p. 144-145).

O sucesso do serviço prestado pela Uber não se dá pela tecnologia e pela eficiência em conectar usuários e motoristas, mas pela ausência de regulação estatal, em especial, no tocante às normas trabalhistas. Os motoristas da Uber aderem a plataforma por meio do aceite aos termos de uso — espécie de contrato de adesão — e nele são qualificados como trabalhadores autônomos. Contrariamente, no plano fático, cerca de 70% dos motoristas ultrapassam a duração semanal normal de trabalho de 44 horas e lucram em média R$ 19,12 a hora (CARELLI, 2017, p. 132). Mas, como ainda não há regulamentação da relação de trabalho entre o motorista e a empresa, tais situações continuarão a ser decididas caso a caso mediante provocação do judiciário, que decidirá acerca da existência ou não do vínculo empregatício.

Afora das normas trabalhistas, há ainda as questões cíveis e tributárias, já que a Uber tem operado sem taxas, seguro, impostos ou inspeções veiculares, o que tem gerado o intenso embate com os taxistas, que já tem a profissão regulamentada (SLEE, 2017, p. 104). No Brasil, o surgimento da Uber provocou inúmeras pautas e discussões sobre a regulamentação dos aplicativos de transporte, o que culminou na promulgação da Lei n. 13.640/18, que regulamenta os aplicativos de transporte em âmbito nacional. A referida Lei definiu a atividade dos aplicativos de transporte como transporte remunerado privado individual de passageiros, delimitou certos pontos e trouxe algumas exigências.

Somente os municípios e o Distrito Federal são os responsáveis por regular o funcionamento dos aplicativos de transporte, não podendo a regulação ser feita pelo governo estadual. Além disso, o Supremo Tribunal Federal, no julgamento da ADPF 449/DF, entendeu que as prefeituras não podem proibir ou restringir as atividades dos aplicativos de transporte, por configurar, principalmente, a restrição da liberdade de iniciativa (artigos 1º, IV, e 170 da CRFB) e de profissão (art. 5º, XIII da CRFB). Não se encerra, portanto, o embate entre taxistas e empresas de aplicativos, pois em cada localidade os debates tendem a continuar.

4. A UBER e a relação de emprego

A Uber consolida um paradigma de organização empresarial baseado na economia digital e no trabalho sob demanda, além de conseguir se manter a preços baixos, gerando lucros altos (OLIVEIRA; ASSIS; COSTA, 2019, p. 6). Para sustentar esse modelo, a empresa trata os motoristas como parceiros, incutindo a ideia de que eles estão no controle e o aplicativo apenas auxilia a decidir como, quando e onde dirigir. A empresa defende a ideia de que os motoristas detêm liberdade para ativar e desativar a plataforma quando desejarem e que não há exigência de carga horária para exercício da atividade. Ocorre que, tais características subsistem apenas do ponto de vista formal, pois, na prática, é a empresa quem controla e gerencia o trabalho realizado por seus "parceiros".

O monitoramento do trabalho dos motoristas através da extração de dados é uma das facetas do controle e do gerenciamento do trabalho realizado pela empresa. A possibilidade de essas empresas gerenciarem qualquer quantidade volumosa de dados, os quais podem ser explorados para se obterem informações, surge com a consolidação da Indústria 4.0 e a evolução da *Big Data* (MAGRINI, 2019, p. 21). Para Srnicek, o cerne do modo de atuação das plataformas digitais a nível global é essa capacidade de extração e processamento de dados. Srnicek ressalta que atuação dessas empresas é cíclica: quanto mais dados possuírem, melhores serão os resultados e mais serviços serão direcionados, que atraem uma base maior de clientes e oferece oportunidades ainda melhores de coletar dados (SRNICEK, 2019).

Tanto é que a Uber detém o histórico e a quantidade das corridas, os locais e horários de maior demanda, a avaliação dos motoristas feita pelos usuários do serviço, e demais informações extraídas dos dados captados das próprias viagens dos motoristas, já que tudo fica registrado no aplicativo. Inclusive, o sistema de avaliação controla diretamente a qualidade do serviço prestado pelo motorista, que para se manter ativo na plataforma, deve manter uma média estabelecida unilateralmente pela Uber. Para citar um exemplo, no caso de Salvador/BA, a nota mínima para ser motorista da Uber é de 4,65, sendo 5,0 a nota máxima, segundo dados da própria empresa (UBER, 2018). Caso não se mantenha nessa média, o motorista pode ser descredenciado do aplicativo, decisão também tomada de forma unilateral pela empresa.

A empresa ainda mantém a coleta de informações dos motoristas mesmo quando não estão em corrida. Com isso, ela consegue delinear os padrões de tráfico, alimentar o algoritmo de acordo com a oferta e demanda e fixar o preço das viagens (ROSENBLAT; STARK, 2015, p. 12). São informações advindas da alta capacidade de processamento de dados da plataforma, informações que não são sequer repassadas aos motoristas, pois não há a menor transparência no modo de gestão e controle do trabalho realizado pela empresa. O que se sabe é que o algoritmo desenvolvido pela empresa tem alta capacidade de processamento de dados, mas ainda não se conseguiu desvendar por completo o modo de gerenciamento e o controle da produção do trabalho. Por exemplo, qual o critério usado pela Uber na distribuição de corridas entre os motoristas? Como a Uber define o preço é dinâmico das corridas? Por enquanto, só se sabe que no preço dinâmico há variações a depender do horário e do local da corrida. O que é apenas mais uma forma de controle sobre o preço do trabalho, pois a empresa fixa (e varia) a tarifa do serviço de forma unilateral. Isso torna inviável a possibilidade de caracterização do motorista da Uber como um trabalhador autônomo, uma vez que é inerente a condição de autônomo, além da prestação de serviços de forma não subordinada, a possibilidade de fixar o preço do seu trabalho.

A par dessas informações, a Uber concede incentivos financeiros para os motoristas inativos retornarem a plataforma e, nos casos mais comuns, concede incentivos para aqueles que vão a determinados locais e em certos horários, demonstrando a sua faceta de controle pelas cenouras (*carrots*), como pontua Carelli. Dessa maneira, com essas estratégias disfarçadas de gamificação, a Uber acaba aumentando a exigência de produtividade no trabalho, fazendo com que os motoristas trabalhem cada vez mais e continuem mal remunerados. Carelli também aponta a faceta de controle pelo porrete (*stick*), já que a Uber tem o poder de punir os motoristas através da sua avaliação e dos comentários deixados pelos usuários no aplicativo, a exemplo do desligamento da plataforma quando não atingida a média ou quando são recusadas muitas corridas (CARELLI, 2017, p. 143).

Diante da novidade do tema e da ausência de regulamentação, muitas são as discussões acerca do enquadramento adequado para esses trabalhadores, não havendo posição pacífica na doutrina ou na jurisprudência. Há autores que defendem a existência de vínculo empregatício, com a aplicação de todos os direitos trabalhistas decorrentes, enquanto outros defendem a caracterização de trabalho autônomo e um terceiro grupo vê elementos das duas referidas espécies (KALIU, 2017, p. 246), a partir da criação de uma figura intermediária entre o empregado e o autônomo. Já outros autores defendem que, independente da criação de uma nova figura, há a necessidade da redefinição do conceito de emprego, haja vista as novas relações de trabalho deste século (OITAVEN; CARELLI; CASAGRANDE, 2018, p. 25).

O conceito de relação de emprego está previsto na legislação trabalhista (artigos 2º e 3º da CLT, *a priori*), conceito acompanhando pela doutrina. Ambos entendem a necessidade da existência concomitante de todos os elementos fáticos-jurídicos para a configuração do vínculo de emprego, quais sejam: trabalho não eventual, prestado por pessoa física (pessoalidade), em situação de subordinação e com onerosidade. Vale ressaltar que esses elementos ocorrem no mundo dos fatos, independente do direito (DELGADO, 2019, p. 338), justamente porque o Direito do Trabalho tutela o conteúdo da relação de trabalho, isto é, a prática concreta e efetiva da prestação do serviço, em vista do Princípio da Primazia da Realidade. No caso da Uber, não há maiores dúvidas na presença dos pressupostos da pessoalidade, onerosidade e prestação por pessoa física na realização do trabalho.

Isso porque a empresa exige cadastro prévio do motorista no aplicativo ou site, seguido do envio da documentação solicitada (UBER, 2020). Uma vez cadastrado e registrado na plataforma, o motorista adquire login e senha para o acesso e por ele recebe o repasse da sua remuneração, a avaliação dos usuários, as advertências e demais instruções sobre o seu trabalho. Ademais, o motorista não pode fazer sua substituição por outro na condução do veículo, já que a plataforma fornece nome e foto ao usuário. Há, portanto, um liame personalíssimo do motorista com a empresa, o que caracteriza a pessoalidade na prestação dos serviços de cada motorista (OLIVEIRA NETO, 2020, p. 158).

No tocante à onerosidade, o motorista não exerce qualquer tipo de gestão financeira, ficando a cargo da empresa a definição da política de preços e formas de pagamento pelo serviço de transporte. Tanto é que a Uber define o preço das corridas, estabelece preços, controla a forma de pagamento e fornece promoções aos usuários. Nesse último caso, ainda que a corrida seja gratuita para o usuário, a Uber remunera o motorista. O pagamento da corrida pelo usuário é feito diretamente para a empresa, que repassa o valor devido ao motorista. Mesmo que o usuário faça o pagamento em dinheiro, cabe ao motorista fazer o depósito bancário do valor devido ou esse será descontado quando houver o repasse dos valores já pagos (OLIVEIRA NETO, 2020, p. 160-161).

Mas, as maiores e mais complexas controvérsias acerca da configuração ou não do vínculo de emprego pairam sobre os pressupostos da não eventualidade e da subordinação. No primeiro caso, insta ressaltar que, para o Direito do Trabalho, a prestação deve ser habitual e regular, de modo que haja uma cadência na prestação do serviço. Dessa forma, para que haja relação empregatícia é necessário que o trabalho prestado tenha caráter de permanência (ainda que por um curto período determinado), não se qualificando como trabalho esporádico. Contudo, alerta Delgado que a não eventualidade é um dos mais controvertidos conceitos na seara trabalhista. Por isso, a doutrina tem construído teorizações sobre o assunto (DELGADO, 2019, p. 341).

Para Delgado, há quatro teorias principais acerca do tema. Pela teoria da descontinuidade, é eventual o trabalhador que presta seus serviços de forma fracionada, sob o ponto de vista temporal, realizado em períodos entrecortados e de curta duração. Segundo a teoria do evento, o trabalhador é eventual se prestação for esporádica. Para a teoria dos fins da empresa, é eventual o trabalhador contratado para realizar atividades episódicas e distintas à atividade-fim da empresa. E, por fim, a teoria da fixação jurídica entende que o trabalhador eventual não se fixa a um tomador de serviço, realizando seu trabalho com diversos tomadores ao mesmo tempo (DELGADO, 2019, p. 342-344).

De acordo com Delgado, é necessário o cotejo entre as teorias, tendo em vista que a noção de eventualidade pode produzir conceitos distintos. Já para Oliveira Neto, o caso da Uber se enquadra na ótica da teoria dos fins da empresa, vez que os motoristas trabalham de forma contínua, disponibilizando seu serviço de transporte dos passageiros captados pela empresa, atendendo os objetivos desta. Ainda que o motorista não possa trabalhar determinado(s) dia(s), isso não caracteriza, por si só, eventualidade (OLIVEIRA NETO; 2020, p. 160). Isso porque a Uber não seria a empresa que é atualmente, senão houvesse o transporte de passageiros, contrariando falácia de ser uma empresa de tecnologia. Ademais, é preciso desfazer o mito da exclusividade, pois não é requisito da relação de emprego. Mesmo que o motorista preste seus serviços para outras plataformas, não impede a caracterização do vínculo (CARELLI, 2020, p. 77).

Diante disso, é evidente que a não eventualidade é uma característica do trabalho dos motoristas da Uber. Em pesquisa realizada entre maio a junho de 2016 com motoristas da Uber, cerca de 70% dos entrevistados ultrapassavam a duração semanal normal de trabalho de 44 horas e 33% realizavam módulos de trabalho exaustivos de mais de 61 horas semanais, podendo até ultrapassar 90 horas (CARELLI, 2017, p. 132). Recentemente, a Uber anunciou a inclusão de uma nova ferramenta no aplicativo que pretende limitar o tempo de trabalho em 12 horas diárias (UOL, 2020). Na prática, a situação permanece a mesma, pois ainda que respeite tal limite, o motorista pode chegar a uma jornada de 60h semanais.

Já a subordinação, pressuposto que distingue uma contratação autônoma de uma empregatícia, é aquela situação jurídica derivada do contrato de trabalho, na qual o empregado acata o poder diretivo do empregador sobre o modo de prestação do seu serviço. O trabalhador subordinado não toma as decisões sobre a forma e a execução do trabalho. É, portanto, para a doutrina majoritária, uma subordinação do ponto de vista jurídico, não tendo natureza econômica ou técnica. Ocorre que esse conceito tem sido alterado ao longo das transformações no mundo do trabalho (DELGADO, 2019, p. 350).

Além da clássica noção de subordinação, aquela em que o trabalhador se submete ao empregador nos termos do contrato, há a noção objetiva, na qual a atividade prestada pelo trabalhador coaduna com a atividade realizada pela empresa. E, ainda, a noção estrutural, na qual o trabalhador se vincula estruturalmente a dinâmica da empresa, sem que receba ordens diretas do empregador ou que seu trabalho harmonize com os objetivos do empreendimento (DELGADO, 2019, p. 353). É possível, pois, enquadrar o trabalho do motorista tanto pela ótica da noção objetiva quanto pela estrutural, ainda mais depois da inserção do artigo 6º na CLT. Isso porque os novos arranjos de trabalho das plataformas digitais não coadunam com a noção clássica de subordinação, comum no regime fordista.

Dessa maneira, a doutrina mais crítica sugere a interpretação conjunta dos artigos 2º, 3º e 6º da CLT para a configuração do vínculo de emprego nas plataformas. O art. 6º permite que o próprio aplicativo, mensagens, e-mails, sejam considerados mecanismos de controle do trabalho. Devido à alta capacidade de processamento de dados, como já mencionado, a Uber sabe quando e por quanto tempo o motorista fica desconectado — o aplicativo registra todos os trajetos percorridos. A empresa também aplica sanções caso o motorista pratique comportamentos que ela julgar inadequados, sanções que podem levar ao desligamento do motorista da plataforma caso não esteja bem avaliado (UOL, 2020), sem oportunizar qualquer tipo de defesa. O motorista também não pode passar muitos dias sem entrar no aplicativo, pois pode ensejar uma punição, como o desligamento. Assim como há controle sobre o trabalho, há sobre o trabalhador, que é controlado remotamente pela plataforma mediante a emissão de comandos, programados pelo algoritmo, por isso, que se fala em controle por programação (CARELLI, 2017, p. 164).

Entretanto, é importante ressaltar que o mercado de trabalho, em geral, é caracterizado pela tentativa de burlar a relação típica de emprego, como forma de baratear os custos da formalização e possibilitar maior liberdade ao empregador na sua gestão. Por isso, é marcado pela existência de uma relação de emprego disfarçada, pois, embora haja uma prestação laboral por pessoa física, de forma pessoal, não eventual, por conta alheia, subordinada e remunerada, a contratação é feita de forma simulada (KREIN, 2007, p. 158). O que pode ser invalidado na Justiça do Trabalho, caso comprovada a existência de empregados com contratos simulados de autônomos.

A racionalidade neoliberal e a falácia do empreendedorismo nas plataformas digitais que controlam o trabalho, legitimam o discurso da Uber. É preciso, portanto, desfazer o mito da autonomia. Para Carelli, o verdadeiro autônomo gerencia e organiza o seu negócio dentro do seu próprio negócio, o que não ocorre no caso do motorista da Uber. As limitações são muitas para que se cogite qualquer ideia de liberdade, pois o trabalhador não pode: fixar o preço do seu serviço; auferir os frutos do seu trabalho; definir sua remuneração e saber como ela é calculada; negociar termos e condições do seu trabalho; ter acesso ao banco de dados da plataforma;

avaliar a plataforma. (CARELLI, 2020, p. 75) (CHAVES JÚNIOR; OLIVEIRA; OLIVEIRA NETO; 2020).

Tais características acima levantadas demonstram que não há aquela subordinação clássica, mediante o cumprimento rígido de horários. Ante as transformações no mundo do trabalho, ainda mais com o advento da Industria 4.0 e suas tecnologias, o conceito de subordinação não pode estar mais vinculado a noção clássica. Dessa forma, ao invés de dar instruções e controlar o processo de execução para garantir a sua qualidade, as empresas delegam essas funções aos clientes, através do controle sobre performance do motorista. A peculiaridade dessa forma de controle consiste na ausência de ordens diretas sobre a forma de execução do serviço, mas na integração na organização da empresa, ou seja, em quem o organiza, não em quem o executa (DELGUE, 2017, p. 16).

Dessa maneira, se presentes todos os elementos fáticos-jurídicos, a relação de emprego estará caracterizada. No Direito do Trabalho, em consagração ao Princípio da Primazia da Realidade, é necessário a ocorrência desses elementos no plano fático, uma vez que a tutela jurídica se sucede com o que ocorre na realidade concreta, em detrimento do que emerge dos documentos ou acordos. Segundo Plá Rodriguez, esse princípio significa a primazia dos fatos sobre as normas, as formalidades ou aparências. Por isso, o contrato de trabalho foi denominado de contrato realidade, pois existe na realidade da prestação do serviço, não no acordo abstrato de vontades (PLÁ RODRIGUEZ, 2000, p. 351). A forma poderá até ter relevância, somente quando for invocada como norma de proteção.

Contudo, Chaves Júnior alerta que a compreensão literal do princípio da primazia da realidade poderia acarretar na prevalência de uma condição desfavorável ao trabalhador, o que levaria a uma colisão entre princípios do Direito do Trabalho. Por conta disso, defende a configuração de novo contrato realidade-virtual nas plataformas digitais de trabalho, haja vista a prevalência da realidade virtual sobre a forma tradicional. Nas palavras de Chaves Júnior, "na produção pós-industrial, prevalece a gestão oriunda da inteligência artificial, e não o acordo de vontade de abstrato das partes" (CHAVES JUNIOR, 2020, p. 111). Dessa maneira, mesmo que a Uber defenda a ausência de vínculo empregatício na prestação dos seus serviços, é possível o seu reconhecimento, diante da análise do caso concreto, da presença dos pressupostos elencados nos artigos 2º, 3º e 6º da CLT e de uma instrução processual probatória.

Presente no Brasil desde de 2014, a Uber tem conseguido expandir seus serviços, atuando no setor privado de transporte de passageiros e de entregas *delivery*, e não no setor de tecnologia como defende. De acordo com as informações da empresa, atua em mais 100 cidades, divididas pelas cinco regiões do país, com mais de 600 mil motoristas cadastrados na plataforma (UBER, 2018). Dada a sua abrangência e adesão, uma série de ações trabalhistas tem sido ajuizadas para fins de reconhecimento do vínculo de emprego, pois, quando são dispensados da plataforma, muitos dos motoristas buscam o reconhecimento dos direitos e garantias laborais previstos na CLT e na CRFB.

O trabalho dos motoristas da Uber tem sido alvo de diversos pedidos acerca do reconhecimento do vínculo empregatício na Justiça do Trabalho. Nesse momento, importa citar uma das poucas decisões do Tribunal Superior do Trabalho (TST) sobre o assunto. No julgamento do Recurso de Revista n. 1000123-89.2017.5.02.0038, a 5ª Turma do TST deu provimento ao recurso interposto pela Uber (BRASIL, 2020), anulando a decisão do Tribunal Regional do Trabalho da 2ª Região (TRT2), que havia reconhecido o vínculo de emprego entre o motorista e a empresa. A decisão do TST adentra no mérito do processo e, a partir da análise dos pressupostos previstos nos artigos 2º e 3º da CLT, acaba por não reconhecer o vínculo de emprego.

No geral, é importante ressaltar que a referida decisão sequer cita o artigo 6º da CLT na fundamentação acerca da subordinação e que todos os argumentos utilizados para negar o vínculo parecem partir de uma concepção ampla e geral do trabalho na plataforma, não analisando as particularidades do caso concreto. O fato é que não há unanimidade entre as decisões dos tribunais e dos juízes do trabalho, havendo decisões que negam e outras que reconhecem o vínculo. Mas, o que parece ser um consenso, ainda mais nas instâncias superiores, é o conceito de relação de emprego e, principalmente, de subordinação, estão vinculados às noções clássicas e tradicionais. Adotar tal posicionamento, pode excluir diversas categorias de trabalhadores, não só aqueles que trabalham em plataformas como a Uber, mas "todas aquelas situações fáticas que se encontram na zona cinzenta, a exemplo do debate sobre representantes comerciais, dos transportadores formalmente denominados de autônomos, dos salões de beleza e seus parceiros" (CHAVES JUNIOR; OLIVEIRA; OLIVEIRA NETO, 2020).

Não só no Brasil, mas em vários outros países há ações trabalhistas que questionam a relação de trabalho ou de emprego na Uber. Sem dúvida, a Lei AB-5 do estado da Califórnia (EUA) surge como um marco no reconhecimento do vínculo empregatício. A Lei AB-5, em vigor desde 29 de janeiro de 2020, permite que os motoristas sejam reconhecidos como empregados, tendo os direitos e garantias estabelecidos nas leis americanas, desde que preenchidos alguns requisitos. A nova lei é um marco porque pode combater a fraude no uso da figura do trabalho autônomo para fins de ocultação da relação de emprego. Um ponto importante é a presunção da existência do vínculo empregatício, pois, ao contrário do Brasil, a exigência dos requisitos da relação empregatícia é exigida para negar o vínculo (CARELLI, 2019).

Nos anos recentes, contudo, em meio à crise estrutural do Direito do Trabalho, a lógica do cenário brasileiro é de desconstrução do sistema de direitos de proteção social, colocando o trabalhador em uma situação de vulnerabilidade, submetendo-o a condições mais precárias de trabalho e até sem direitos, ao lado da intensificação da concorrência do mercado. Esse cenário ainda é agravado pela fragilização das instituições públicas responsáveis por garantir a efetividade dos direitos de proteção. Como consequência, tem-se a dificuldade ao acesso do sistema de seguridade social e da proteção trabalhista (KREIN; OLIVEIRA, 2019, p. 130-131). O resultado disso é um mercado de trabalho complexo, segmentado e heterogêneo, agravado pela crise do desemprego e pelas novas estratégias de controle e gestão do trabalho.

Ainda que não se reconheça o vínculo de emprego, o fato é que os motoristas da Uber necessitam de algum tipo de proteção. Seja através das normas de privado já existentes, seja por meio da criação de uma nova legislação. Contudo, do ponto de vista de proteção do trabalho, parece um equívoco pleitear novas regras de suposta proteção para esses trabalhadores como se eles fossem diferentes dos demais assalariados (FILGUEIRAS; ANTUNES, 2020, p. 29). Quando se fala em novas regras, é bem possível que elas sejam menos protetivas das já existentes, ainda mais em tempos de flexibilização. Dessa forma, desde que preenchidos os pressupostos fático-jurídicos, o enquadramento de empregado parece o mais adequado para o motorista da Uber, em termos de proteção ao trabalho.

5. *Considerações finais*

Em meio a reforma neoliberal dos anos de 1990, que tem sido intensificada nos dias atuais, o Direito do Trabalho tem sido estruturalmente marcado por uma constante crise. A fragilização da regulação pública do trabalho, através da desregulamentação das leis trabalhistas, criação de modalidades de contratação mais flexíveis e a retirada da proteção constitucional e trabalhista são características que marcam esse cenário. Isso permitiu que se redesenhassem velhas e novas modalidades de trabalho, a exemplo das empresas que operam por meio de plataformas digitais e que passaram se disseminar em escala global e a propagar o discurso do empreendedorismo e do cooperativismo.

Dessa maneira, a nova morfologia do trabalho, consequência desse cenário de crise e transformação, é por si contraditória. Para aqueles que se mantêm empregados, há o desfazimento da proteção trabalhista, enquanto os desempregados têm de aceitar contratações precárias e atípicas, que ganharam impulso com o advento das novas tecnologias. Comumente, a figura do autônomo tem sido usada para esconder verdadeiras relações de emprego, não somente em relação aos trabalhadores inseridos em plataformas digitais de trabalho. O mercado de trabalho está repleto de falsos autônomos, além de trabalhadores intermitentes, temporários, parciais, pejotizados, todos inseridos no processo de precarização, sem qualquer garantia ou direito.

Sem dúvida, a Uber é uma das muitas empresas inseridas nesse complexo e heterogêneo mundo do trabalho. Como o motorista não toma as decisões sobre e dentro do seu trabalho, obviamente, não se enquadra como um trabalhador autônomo. A subordinação, portanto, está em todas as formas de controle realizadas pela própria programação do aplicativo: na concessão de uma aparente liberdade do motorista, ao mesmo tempo em que é imediatamente negada pelo cumprimento dos objetivos da programação, realizada de forma unilateral pela Uber; no controle sobre o preço do serviço; nos incentivos para continuar ativo na plataforma; na possibilidade de descredenciamento da plataforma se houver a recusa de muitas corridas; e, principalmente, nas avaliações em forma de notas dadas pelo usuário.

Diante disso, é seguro afirmar o vínculo de emprego dos motoristas com a Uber, em vista da presença dos pressupostos fáticos-jurídicos, com destaque para a subordinação jurídica, realizada através do controle algorítmico ou por programação, bem como a não eventualidade, demonstrada pela cadência e na habitualidade da atividade laboral. Isso não significa dizer que todos os motoristas ativos na plataforma tenham de ter obrigatoriamente tal vínculo, pois, como toda e qualquer profissão, é possível que haja motoristas em outro tipo de relação de trabalho. Entretanto, não são esses motoristas que sustentam a empresa, uma vez que a massa dos trabalhadores da Uber atua muitas horas dias, cotidianamente. O que revela a relação subordinada, mas com aparência de autônoma.

6. Referências

ABILIO, Ludmila Costhek. Uberização: do empreendedorismo para o autogerenciamento subordinado. *Psicoperspectivas*, v. 18, n. 3, p. 1-11c, 15 nov. 2019. Disponível em: <http://dx.doi.org/10.5027/psicoperspectivas-vol18-issue3-fulltext-1674>. Acesso em: 10 mar. 2020.

ANTUNES, Ricardo. *Os sentidos do trabalho:* ensaio sobre a afirmação e a negação do trabalho. 2. ed. São Paulo: Boitempo, 2009.

______. Trabalho digital, "indústria 4.0" e uberização do trabalho. In: CARELLI, Rodrigo; CAVALCANTI, Tiago Muniz; FONSECA, Vanessa Patriota da. *Futuro do trabalho*: os efeitos da revolução digital na sociedade. Brasília: ESMPU, 2020.

ANTUNES. Ricardo; BRAGA, Ruy. Século XXI: nova era da precarização estrutural do trabalho? In: *Infoproletários:* da degradação real do trabalho virtual. São Paulo: Boitempo, 2009.

ARAÚJO, Mauricio Azevedo de; DUTRA, Renata Queiroz; JESUS, Selma Cristina de. Neoliberalismo e flexibilização da legislação trabalhista no Brasil e na França. *Cadernos do CEAS*, Salvador/Recife, n. 242, p. 558-581, set./dez. 2017.

BRASIL. [Constituição (1988)]. *Constituição da República Federativa do Brasil de 1988.* Brasília: Presidência da República, [2020]. Disponível em: <http://www.planalto.gov.br/ccivil_03/constituicao/constituicaocompilado.htm>. Acesso em: 10 jan. 2020.

______. *Decreto-lei n. 5.452,* de 1º de maio de 1943. Consolidação das Leis do Trabalho. Disponível em: <http://www.planalto.gov.br/ccivil_03/decreto- lei/del5452.htm>. Acesso em: 13 dez. 2019.

______. Supremo Tribunal Federal. *Arguição de Descumprimento de Preceito Fundamental n. 449 Distrito Federal.* Proibição legal do livre exercício da profissão de transporte individual remunerado. Inconstitucional. Requerente: Diretório Nacional do Partido Social Liberal (PSL). Relator: Min. Luiz Fux, 8 de maio de 2019. Disponível em: <http://portal.stf.jus.br/processos/downloadPeca.asp?id=15340970707&ext=.pdf>. Acesso em: 8 fev. 2020.

______. Tribunal Superior do Trabalho. (5ª Turma). *Agravo de instrumento em Recurso de Revista n. 1000123-89.2017.5.02.0038.* Reforma da decisão do Tribunal Regional do Trabalho da 2ª Região, não reconhecendo o vínculo de emprego do motorista com a Uber. Recorrente: Uber do Brasil Tecnologia LTDA e outros. Recorrido: Márcio Vieira Jacob. Relator: Min. Breno Medeiros, 7 de fevereiro de 2020. Disponível em: <https://jurisprudencia-backend.tst.jus.br/rest/documentos/161644fb9673d0afe87b0e522a470272>. Acesso em: 10 fev. 2020.

CARELLI, Rodrigo de Lacerda. É aprovada na Califórnia a Lei que considerada empregados os trabalhadores de aplicativos. *O Jota.* Disponível em: <https://www.jota.info/opiniao-e-analise/artigos/e-aprovada-na-california-lei-que-considera-empregados-os-trabalhadores-de-aplicativos-20092019>. Acesso em: 19 set. 2019.

______. O caso Uber e o controle por programação: de carona para o Século XIX. In: CHAVES JÚNIOR, José Eduardo de Resende (Org.). *Tecnologias disruptivas e a exploração do trabalho humano.* São Paulo: LTr, 2017.

______. O trabalho em plataformas e o vínculo de emprego: desfazendo mitos e mostrando a nudez do rei. In: CARELLI, Rodrigo; CAVALCANTI, Tiago Muniz; FONSECA, Vanessa Patriota da. *Futuro do trabalho:* os efeitos da revolução digital na sociedade. Brasília: ESMPU, 2020.

CHAVES JUNIOR; José Eduardo de Rezende; OLIVEIRA, Murilo Carvalho Sampaio; OLIVEIRA NETO; Raimundo Dias. Plataformas digitais e vínculo empregatício? *O Jota.* Disponível em: <https://www.jota.info/paywall?redirect_to=//www.jota.info/opiniao-e-analise/artigos/plataformas-digitais-e-vinculo-empregaticio-26082020>. Acesso em: 27 ago. 2020.

CHAVES JUNIOR, José Eduardo Rezende. Controle e contrato hiper-realidade: a relação de emprego na era da economia orientada a dados. In: CARELLI, Rodrigo; CAVALCANTI, Tiago Muniz; FONSECA,

Vanessa Patriota da. *Futuro do trabalho:* os efeitos da revolução digital na sociedade. Brasília: ESMPU, 2020.

DARDOT, Pierre; LAVAL, Christian. *A nova razão do mundo:* ensaio sobre a sociedade neoliberal. São Paulo: Boitempo, 2016.

DE STEFANO, Valerio. *The rise of the "just-in-time workforce:* on-demand work, crowdwork and labour protection in the "gig-economy". jan. 2016. Disponível em: <https://www.ilo.org/wcmsp5/groups/public/---ed_protect/---protrav/---travail/documents/publication/wcms_443267.pdf>. Acesso em: 5 dez. 2019.

DELGADO, Mauricio Godinho. *Curso de Direito do Trabalho.* 18. ed. São Paulo: LTr, 2019.

DELGUE, Juan Raso. La empresa virtual: nuevos retos para el Derecho del Trabajo. *Revista Internacional y Comparada de Relaciones Laborales Y Derecho Del Empleo,* v. 1, p. 1-39, 2017.

DRUCK, Graça. Trabalho, precarização e resistências: novos e velhos desafios? *Caderno CRH,* Salvador, v. 24, n. spe 1, p. 37-57, 2011. Disponível em: <http://www.scielo.br/pdf/ccrh/v24nspe1/a04v24nspe1.pdf>. Acesso em: 27 mar. 2019.

DUTRA, Renata. *Do outro lado da linha:* poder judiciário, regulação e adoecimento dos trabalhadores em *call centers.* 2014. Dissertação (Mestrado em Direito). Faculdade de Direito, Universidade de Brasília, Brasília, 2014. Disponível em: <https://www.repositorio.unb.br/bitstream/10482/15608/1/2014_RenataQueirozDutra.pdf>. Acesso em: 2 nov. 2019.

FILGUEIRAS, Vitor; ANTUNES, Ricardo. Plataformas digitais, Uberização do trabalho e regulação no Capitalismo contemporâneo. *Contracampo,* v. 39, n. 1, p. 27-43, abr./jun. 2020. Disponível: <https://periodicos.uff.br/contracampo/article/view/38901/pdf>. Acesso em: 11 jun. 2020.

HARVEY, David. Do fordismo à acumulação flexível. In: *Condição pós-moderna:* uma pesquisa sobre as origens da mudança cultural. Tradução Adail Ubirajara Sobral e Maria Stela Gonçalves. 17. ed. São Paulo: Loyola, 2008.

KALIU, Renan Bernardi. Direito do trabalho e economia compartilhada: apontamentos iniciais. In: ZANATTA, Rafael A. F.; PAULA, Pedro C. B. de; KIRA, Beatriz (Org.). *Economias do compartilhamento e o Direito.* Curitiba: Juruá, 2017.

KREIN, José Dari. *Tendências recentes nas relações de emprego no Brasil:* 1990-2005. Tese (Doutorado em Economia). Instituto de Economia, Universidade de Campinas, Campinas, 2007. Disponível em: <http://repositorio.unicamp.br/jspui/handle/REPOSIP/285517>. Acesso em: 2 jan. 2020.

KREIN, José Dari; OLIVEIRA, Roberto Véras. Os impactos da Reforma nas condições de trabalho. In: KREIN, José Dari; OLIVEIRA, Roberto Véras; FILGUEIRAS, Vitor Araújo (Org.). *Reforma trabalhista no Brasil:* promessas e realidades. São Paulo: Curt Nimuendajú, 2019.

MAGRINI, Eduardo. *Entre dados e robôs:* ética e privacidade na era interconectividade. 2. ed. Porto Alegre: Arquipélago, 2019.

OITAVEN, Juliana Carreiro Corbal; CARELLI, Rodrigo de Lacerda; CASAGRANDE, Cassio Luis. *Empresas de transporte, plataformas digitais e a relação de emprego:* um estudo do trabalho subordinado sob aplicativos. Brasília: MPT, 2018.

OLIVEIRA, Murilo Carvalho Sampaio; ASSIS, Anne Karolline Barbosa de; COSTA, Joelane Borges da. O direito do trabalho (des)conectado das plataformas digitais. *Teoria Jurídica Contemporânea.* Rio de Janeiro, p. 246-266, jan./jun. 2019. Disponível em: <https://revistas.ufrj.br/index.php/rjur/article/view/24367/0>. Acesso em: 15 jan. 2020.

OLIVEIRA NETO, Raimundo Dias de. Elementos fático-jurídicos da relação de emprego no trabalho dos motoristas de aplicativo. *Revista TST,* São Paulo, v. 86, n. 1, p. 152-166, jan./mar. 2020. Disponível em: <https://juslaboris.tst.jus.br/handle/20.500.12178/175674>. Acesso em: 20 ago. 2020.

RODRIGUEZ, Américo Plá. *Princípios de Direito do Trabalho.* Trad. Wagner D. Giglio. 3. ed. São Paulo: LTr, 2000.

ROSENBLAT, Alex; STARK, Luke. *Uber's drivers:* Information asymmetries and control in dynamics work. Disponível em: <https://algorithmsatwork.files.wordpress.com/2016/02/rosenblat-stark-information-asymmetries-and-control-in-dynamic-work-cscw-2016.pdf>. Acesso em: 29 jan. 2020.

SLEE, Tom. *Uberização*: a nova onda do trabalho precarizado. Trad. João Peres. São Paulo: Elefante, 2017.

SRNICEK, Nick. *Platform capitalism.* Cambridge: Polity Press, 2017.

______ . Imaginar plataformas alternativas: entrevista com Nick Srnicek. *DigiLabour.* Disponível em:

<https://digilabour.com.br/2019/10/11/srnicek-capitalismo-de-plataforma-mudancas/>. Acesso em: 15 set. 2020.

SCHWAB, Klaus. *A Quarta Revolução Industrial*. São Paulo: Edipro. 2016.

PÁRRAGA, Francisco Trillo. Economia Digitalizada y Relaciones de Trabajo. *Revista de Derecho Social*, n. 76, 2016. Disponível em: <https://dialnet.unirioja.es/servlet/articulo?codigo=5850122>. Acesso em: 10 mar. 2020.

TILT. Uber irá desconectar motorista se ele dirigir por 12 horas em um dia. *Uol*. Disponível em: <https://www.uol.com.br/tilt/noticias/redacao/2020/03/04/uber-lanca-ferramenta-que-impede-motorista-de-dirigir-por-mais-de-12-horas.htm?cmpid=copiaecola>. Acesso em: 10 set. 2020.

TILT. Motorista ganha na Justiça e volta à Uber após expulsão por reclamações. *Uol*. Disponível em: <https://www.uol.com.br/tilt/noticias/redacao/2020/01/03/motorista-ganha-na-justica-e-volta-a-uber-apos-expulsao-por-reclamacoes.htm?cmpid=copiaecola>. Acesso em: 10 set. 2020.

UBER. *Fatos e dados sobre a Uber*. Disponível em: <https://newsroom.uber.com/brazil/fatos-e-dados-sobre-auber>. Acesso em 28 dez. 2019.

______. *Políticas e regras*. Disponível em: <https://www.uber.com/pt-BR/drive/resources/regras/>. Acesso em: 28 dez. 2019.

______. *Como funcionam as taxas de aceitação e cancelamento*. Disponível em: <https://www.uber.com/pt-BR/blog/como-funciona-taxa-aceitacao-cancelamento/>. Acesso em: 9 set. 2020.

______. *Comece a dirigir com a Uber*. Disponível em: <https://www.uber.com/br/pt-br/drive/how-it-works/>. Acesso em: 9 set. 2020.

Breque dos Apps: a Luta por Melhores Condições de Trabalho em uma Relação Uberizada

Mylena Devezas Souza[1]
Luiza Alves Chaves[2]

1. *Introdução*

O avanço da tecnologia com a disponibilidade de serviços através de plataformas digitais transformou as relações de trabalho existentes. Desempregados se utilizam de aplicativos para conseguir uma renda, seja como entregador ou como motorista. Todavia, tais plataformas não realizam a contratação daqueles que prestam as atividades, esses são chamados de colaboradores e recebem apenas pelas tarefas realizadas.

Vivencia-se, assim, juntamente com o contexto da reforma trabalhista que entrou em vigor em 2017, um cenário de flexibilização e precarização das relações de trabalho. A precariedade das relações de trabalho não é uma novidade no Brasil, tendo em vista a histórica informalidade que sempre marcou seu espaço no mercado de trabalho.

Todavia, a proliferação destes contratos atípicos acaba por ampliar a vulnerabilidade dos trabalhadores, ao mesmo tempo em que dificulta a ação sindical diante da crise de representatividade (GALVÃO, 2019), bem como da ausência de reconhecimento de determinadas classes profissionais.

No Brasil, a legislação prevê que os sindicatos representam apenas os trabalhadores empregados, ou seja, aqueles que possuem vínculo de emprego ativo. Assim, diante da formação de novas relações de trabalho, que não geram vínculo de emprego, surge o questionamento quanto à possibilidade de sindicalização destes trabalhadores para a luta por melhores condições de trabalho.

A *Uber* é a plataforma precursora desta forma de prestação de serviço, oferecendo transporte em carros particulares, e competindo assiduamente com os táxis. O surgimento da empresa *uber* envolveu a violação de algumas normas, justamente por não existir normas específicas que regulamentassem o pagamento por caronas, e se baseou no apoio popular recebido pela praticidade trazida, o qual foi fundamental para sua posterior regulamentação (ISAAC, 2020). Todavia, esta regulamentação realizada não cumpre todas as esferas que envolvem a *Uber* e, na maior parte dos casos, trata apenas da possibilidade do fornecimento do serviço.

Quanto a regulamentação das pessoas que trabalham para a *Uber*, em especial os motoristas, não há uma regulamentação específica, do mesmo modo os trabalhadores e entregadores de aplicativos, os quais, embora recebam ordens do aplicativo e não possam definir seus próprios preços, acabam sendo considerados autônomos. Estes trabalhadores de aplicativos precisam arcar com os custos para a prestação do serviço e sua remuneração é realizada no modelo *on demand*, ou seja, o pagamento só é feito pelo serviço prestado, se o motorista não faz corrida, o período no qual espera ser chamado não é remunerado.

Com a pandemia da COVID-19, a exploração dos aplicativos tomou novas formas devido a diminuição dos preços pagos pelas entregas e corridas e a ausência de auxílios aos que contraíram o vírus. Deste modo, os trabalhadores de aplicativos se uniram em movimentos de paralisação do serviço prestado, buscando melhores condições de trabalho.

---

(1) Mestre e doutoranda em Sociologia e Direito pela Universidade Federal Fluminense. Especialista em Direito e Processo do Trabalho pelo IBMEC.

(2) Mestre e doutoranda em Sociologia e Direito pela Universidade Federal Fluminense. Especialista em Direito Civil e Processo Civil pela UNILASALLE.

Quanto à organização coletiva e sindical deste grupo de profissionais, registra-se alguns problemas diante da atual regulamentação sindical brasileira, que dificulta a legalização dos sindicatos e associações criadas, o que deixa o trabalhador de aplicativo isolado em sua luta por melhores condições de trabalho.

Neste trabalho, buscou-se, portanto, tratar da uberização das relações de trabalho, da paralisação dos trabalhadores durante a pandemia com o breque dos apps, e das tentativas de formação sindical e organização coletiva desta nova classe trabalhadora.

2. *Uberização das relações de trabalho*

2.1. *Gig Economy* e a uberização

O espaço da *Gig Economy* ou economia compartilhada aumenta a cada dia no mercado mundial. Através deste novo tipo de serviços, plataformas são criadas para proporcionar o encontro de consumidores com prestadores de serviços, como Tom Slee define:

> A economia do compartilhamento é uma onda de novos negócios que usam a internet para conectar consumidores com provedores de serviço para trocas no mundo físico, como aluguéis imobiliários de curta duração, viagens de carro ou tarefas domésticas. (SLEE, 2017, p. 21)

Com a globalização e a facilidade de expansão dos serviços para outros países, alguns aplicativos dominaram o mercado, como é o caso do *Uber* quanto ao serviço de transporte e o *Airbnb* no serviço de hospedagem. Para completar, novos aplicativos e serviços de compartilhamento surgem constantemente.

> Esta foi uma das bases objetivas não só para que Google e Facebook estivessem entre as mais poderosas empresas do mundo, mas também para que um conjunto cada vez mais amplo de bens e serviços fosse oferecido não mais por empresas ou conglomerados especializados, mas por plataformas que, a custo quase zero, tinham o poder de conectar imediatamente consumidores e varejistas, reduzindo os custos envolvidos em suas transações (SLEE, 2017, p. 14)

Para compreender melhor o crescimento e a participação deste tipo de serviços no mercado, podemos olhar os números do faturamento da *Uber*. No Brasil, a Uber faturou 959 milhões de dólares em 2018, o que representou um crescimento de 115% em relação ao faturamento de 2017 e 406% em relação a 2016 (OLIVEIRA; SALOMÃO, 2019). No mundo, a Uber teve um faturamento de 11,3 bilhões de dólares em 2018, registrando um crescimento de 149% em relação a 2017 e 318% em relação a 2016 (OLIVEIRA; SALOMÃO, 2019).

No Brasil, além da americana Uber, temos a empresa brasileira 99 e a empresa espanhola Cabify. Todas essas empresas oferecem a prestação de serviços de motoristas em seus aplicativos, enfrentando obstáculos regulatórios, além dos protestos de taxistas e das ações trabalhistas que buscam reconhecer o vínculo empregatício.

Há ainda os serviços de entrega como Loggi, Rappi, Uber Eats, de hospedagem através do Airbnb, de hospedagem de animais de estimação, pelo Doghero (hospedagem pets) e de aluguel de imóveis pelo Quinto Andar. Os trabalhos oferecidos por estas empresas ajudam a diminuir a taxa de desemprego no Brasil, enquanto a taxa da informalidade aumenta.

Através dos aplicativos, a pessoa realiza seu cadastro, sem que tenha que passar por um processo seletivo ou por burocracia, e assim pode começar a realizar certas tarefas, como entregar comida, dar carona, cuidar do cachorro, dentre outras atividades, recebendo um valor definido por cada atividade.

> A promessa de um caminho mais humano para o mundo corporativo é, ao contrário do que possa parecer, uma forma mais agressiva de capitalismo, com desregulação, novas formas de consumismo e uma nova onda de trabalho precarizado. Apesar do discurso de democratização e redes de relacionamento, o que aconteceu com a Economia do Compartilhamento foi uma separação entre risco (repassado aos fornecedores de serviços e aos consumidores) e recompensa, que se acumula nas mãos dos donos da plataforma. (SLEE, 2017, p. 285)

O problema desta modalidade é que houve o repasse dos riscos, antes direcionados para os empresários, agora para os trabalhadores, que precisam arcar com todos os custos para a prestação de serviço a ser realizada. Seja com o meio de transporte a ser utilizado, com o combustível, e até mesmo com a mochila para o transporte dos produtos.

2.2. A uberização do trabalho

As pessoas que trabalham para estes aplicativos não possuem qualquer vínculo de emprego reconhecido, são consideradas colaboradores, profissionais autônomos que prestam serviços. As plataformas ou aplicativos alegam que funcionam apenas como intermediadoras entre o prestador de serviço e o cliente final, por isso não haveria a configuração de vínculo empregatício.

Estes trabalhadores que se cadastram nos aplicativos e prestam serviços, recebem tão somente a taxa paga para aquela tarefa determinada, não há contratação pela CLT, não há um salário mínimo mensal, não há auxilio em caso de acidente de trabalho ou qualquer outro benefício trabalhista ou previdenciário.

> A ideia de que se eu precisar de algo posso contar com a ajuda dos outros e que isso vai gerar sentimentos e práticas de reciprocidade acabou se convertendo na oferta generalizada de trabalhos mal pagos e sem qualquer segurança previdenciária. Num ambiente em que os sindicatos estão cada vez mais fracos e os direitos trabalhistas sob aberta contestação, os resultados são devastadores. (SLEE, 2017, p. 16)

É um ambiente em que trabalhadores sem vínculos empregatícios realizam trabalhos pontuais, sejam como motoristas de aplicativos ou como entregadores. Tornou-se tendência mundial na era digital, em que tudo pode ser resolvido através de um aplicativo no celular.

Não há qualquer regulamentação específica para esta prática de trabalho autônomo, o que levou ao seu questionamento judicial em todo o mundo.

No Brasil, o Tribunal Superior do Trabalho já se posicionou pela não existência deste vínculo de emprego entre a *Uber* e o motorista tanto na 4ª quanto na 5ª Turma do Tribunal (BARBOSA JUNIOR, 2020, n. p). Todavia, tais decisões se baseiam na ausência de subordinação e onerosidade na relação, o que não condiz com a realidade.

Embora a Uber, o Ifood e qualquer outro aplicativo não faça diretamente o pagamento pelo serviço ao trabalhador, este pagamento é feito com base em um valor recebido pelo aplicativo para aquela entrega ou corrida, valor do qual é retirada uma porcentagem destinada à Uber pelo serviço de "intermediação".

Quanto à subordinação, deve-se deixar claro que ao entregador ou ao motorista não cabe qualquer decisão sobre valores a serem cobrados ou áreas de cobertura. Também não é possível escolher o serviço a ser prestado, tendo em vista que o próprio aplicativo designa através de algoritmo quem irá receber determinada demanda e a recusa de serviços pelo trabalhador ocasiona punições e até mesmo a exclusão da plataforma.

A alegação das turmas de que o trabalhador teria uma liberdade em escolher ficar disponível ou não para o recebimento de serviços pelos aplicativos não condiz com a realidade, tendo em vista que ao optar por não se conectar o trabalhador não receberá trabalho e, portanto, não terá remuneração. Assim, embora haja uma liberdade quanto ao momento em que irá trabalhar, isto não ocasiona na ausência de subordinação, tendo em vista o regime de banco de horas já reconhecido e regulamentado no ordenamento jurídico brasileiro.

Através do banco de horas, o trabalhador não possui uma jornada fixa, podendo trabalhar dez horas em um dia e nenhuma no dia seguinte, desde que cumpra a jornada total definida pela empresa. Se esta disponibilidade de definir o horário de trabalho não extingue a subordinação no caso de banco de horas, não deveria extinguir a subordinação na relação uberizada.

Enquanto isso, o trabalhador de aplicativos, seja motorista ou entregador, acaba por se submeter à uma jornada de trabalho extenuante a fim de conseguir algum valor significativo ao final do mês. São normais os casos em que os trabalhadores que se conectam todos os dias no aplicativo, sendo que às vezes ficam *on-line* por jornadas de 12 horas diárias.

> Uma pesquisa da Associação Aliança Bike publicada em 2019 aponta que 57% dos entregadores ciclistas trabalhavam os sete dias da semana, enquanto 75% ficavam conectados aos seus aplicativos por até 12 horas seguidas. A média salarial da categoria era de R$ 992 naquela época. (POMAR, 2020, n. p.)

A jornada extensa e a ausência de repouso semanal remunerado são uma tentativa de aumentar a renda mensal, tendo em vista que o pagamento é feito com base no número de entregas e de quilômetros rodados. Porém, vale ressaltar que mesmo assim, há casos de entregadores de aplicativos que entregam comida e passam fome, pois não podem usar o pouco que recebem para comer na rua, diante desta cena, alguns restaurantes doam marmitas para os entregadores, uma atitude que não se relaciona em nada com os aplicativos. Há ainda os entregadores que buscam benfeitores, como em São Paulo, onde toda sexta e sábado há distribuição de quentinhas na paróquia Senhor Bom Jesus dos Passos, local que passou a atender os entregadores e motoristas de aplicativos durante a pandemia (POMAR, 2020).

3. *Consciência de classe*

3.1. A consciência de classe

Um problema identificado dentre os trabalhadores de aplicativos diz respeito a ausência de consciência de classe desses colaboradores, que por muitas vezes veem nos aplicativos uma forma de trabalho temporário, ou como fonte de renda extra, não ocorrendo a identificação com a categoria, o que não gera uma luta ou busca por melhores condições de trabalho.

Fato é que em um país com uma situação econômica desfavorável, incluindo elevadas taxas de desemprego, houve a transformação de diversas pessoas e trabalhadores em multitarefas, não havendo uma fixação a apenas uma carreira, fazendo um pouco de tudo que lhe dê algum rendimento financeiro. Assim, é possível encontrar advogados, professores, carteiros ou técnicos administrativos, que também são motoristas de aplicativos.

Diante da temporalidade presente neste tipo de trabalho, torna-se complicado a criação de consciência de classe dentre tais trabalhadores, de modo que busquem melhorar as condições de trabalho neste tipo de serviço oferecido. A consciência de classe é o que ao longo da história garantiu a conquista de novos direitos trabalhistas, diante da luta do operariado por melhores condições de trabalho.

Para compreender o significado da consciência de classe, é preciso utilizar os conceitos de Marx. Segundo Marx, a sociedade é formada de diversas classes, pois as pessoas ocupam lugares diferentes na estrutura social ao serem donos de meio de produção ou por venderem sua força de trabalho (ou seja, quando não são donos de meios de produção) (MESZÁROS, 2006).

A classe com um maior poder econômico, no caso a burguesia, possui também o poder político, de modo a manter os privilégios adquiridos e continuar sua exploração sobre o proletariado (a classe que vende sua força de trabalho). Todavia, o proletariado, por diversas vezes acaba não se insurgindo contra a situação de exploração vivenciada, diante das falsas ideias criadas e divulgadas pela burguesia que não permitem a tomada de consciência de classe.

Para Marx a consciência de classe ocorre quando há o reconhecimento de que se pertence a uma classe de explorados. O reconhecimento da situação de exploração com a tomada de consciência de classe permite a organização junto a outros indivíduos que estejam na mesma situação, para que modifiquem o estado das coisas. Seja com uma diminuição da exploração, ou pela luta de novos direitos.

Esta é a principal dificuldade dos motoristas de aplicativos, que muitas vezes incorporam as propagandas dos empresários de que são "autônomos", que fazem o seu próprio horário, que são seus próprios chefes, sem se darem conta de que estão assumindo os riscos do negócio, ao terem que arcar com os custos do meio de produção. Afinal o motorista deve retirar de sua renda os custos para obtenção e manutenção do carro, por exemplo.

Foram criados alguns sindicatos na tentativa de unir tais trabalhadores por melhores condições, como elencado anteriormente. Todavia, não são todos os municípios que possuem sindicatos, sendo um número pequeno de motoristas que possuem interesse em se filiar, justamente por não possuírem uma consciência de classe, por não se identificarem como uma classe. Com isso há uma ausência de organização coletiva que de fato represente tal categoria e que busque melhores condições de trabalho para estas pessoas.

A consciência de classe é a consciência das contradições, da exploração, é assumir a responsabilidade de alterar a situação vivenciada. Em uma sociedade capitalista onde a busca desenfreada pelo lucro aumenta constantemente a exploração sofrida pelos trabalhadores, a união pela busca de melhores condições de trabalho é o que garante um *status* mínimo de sobrevivência e de dignidade.

Embora tenha sido identificado algum movimento inicial para a união destes trabalhadores por meio da criação de sindicatos, isto não representa a realidade como todo, sendo poucas as cidades que possuem sindicatos, e poucos os motoristas que possuem interesse em se filiar ao sindicato, até mesmo porque necessitam pagar uma taxa mensal de filiação, diminuindo ainda mais seus lucros.

A existência de diversas categorias profissionais, muitas vezes em um mesmo ambiente de trabalho proporciona a fragmentação dos trabalhadores. Esta "a segmentação atual entre os trabalhadores pode ser um obstáculo de monta para sua organização, mas não é mais que isso" (BOITO JÚNIOR; MARCELINO, 2010, p. 328). Desta forma, cabe aos sindicatos a busca por uma nova forma de organização capaz de atender as características atuais das relações de trabalho.

> A noção de que a fragmentação da classe, que seria uma de suas características hoje, tornaria sua organização e mobilização processos muito difíceis, senão impossíveis; e dada a tendência à desagregação e à divisão feririam de morte as formas solidárias, como o sindicalismo, teve uma rotunda resposta, entre outros, de Hyman (1996). Ele demonstra, buscando escapar de certa idealização frequente, como a fragmentação tem sido uma constante no mundo do trabalho, assim como tem sido a tentativa de sua superação através de formas de solidariedade. Dificuldade e impossibilidade não são sinônimos. A classe sempre foi um projeto, que tem uma forte dimensão política. É preciso formá-la. O que o capital tem feito, com mais ou menos sucesso em diferentes momentos, é desconstruí-la em um sentido e construí-la em outro (SANTANA, 2018, p. 59).

Apesar da fragmentação das classes, são possíveis a união e a luta coletiva por melhores condições de trabalho, desde que ocorra a adaptação dos sindicatos, devendo ser estudadas novas formas de associação, tais como a implementação dos sindicatos gerais.

Diante da multiplicidade das formas de contrato de trabalho implementadas, principalmente pelas políticas neoliberais, é preciso que o movimento sindical se reinvente e gere novas formas de organização e de luta sindical.

> Nesse sentido, hoje, as orientações, demandas e formas de luta centrais no projeto de constituição dessa classe, não podem prescindir da interseccionalidade entre, por exemplo, classe, raça, etnia e gênero; da conjugação de formas de organização e mobilização horizontais e verticais; e de formas decisórias organizadas em torno de democracia baseada na representação, mas também, e sobretudo, na participação. Não há como pensar esse processo ancorado apenas em um tipo de organização, sejam partidos, movimentos, sindicatos; antes, pensá-lo a partir de uma multiplicidade articulada de plataformas. Múltiplas são as formas de exploração e opressão das quais o capitalismo lança mão, assim como múltiplas e diversas têm sido, e precisam ser, as respostas coletivas a elas. O ciclo de contestação de 1978-1980 contém lições indispensáveis nesse sentido (SANTANA, 2018, p. 61).

Atualmente o perfil sindical brasileiro "revela uma representatividade fragmentada" (COSTA, 2005, p. 14). A dificuldade de representação dos sindicatos se agrava com a economia de compartilhamento e a criação de novos "postos de trabalho" informais, autônomos, desregulamentados, sem qualquer garantia trabalhista ou previdenciária.

> As mudanças nas formas de contratação impactam na sindicalização. Do total das pessoas ocupadas em 2012, 16,2% se declararam associadas a sindicatos. Em 2017, esse percentual caiu para 14,4%, o que perfaz uma queda de 9,3% entre 2012 e 2017. (GALVÃO *et al.*, 2019, p. 257)

Esta nova modalidade contratual uberizada, dificulta a criação da consciência de classe e a união destes trabalhadores na busca de melhores condições de trabalho. Afinal, mesmo nos movimentos e paralisações realizadas são diversos os colaboradores que não aderem para não deixar de receber o seu valor diário, sem contar aqueles que se aproveitam das promoções e preços especiais concedidos pelas empresas nesses dias para diminuir a adesão na paralisação.

3.2. Sindicatos e a luta de classes

A criação de sindicatos no Brasil é regulamentada pela Constituição da República bem como pela CLT. O artigo 8º da Constituição dispõe, dentre outros, que é vedada a criação de mais de uma organização sindical na mesma base territorial, a qual não pode ser inferior à área de um município; que ninguém é obrigado a se filiar ou se manter filiado a sindicato; que é obrigatória a participação dos sindicatos nas negociações coletivas de trabalho; e que aos sindicatos cabe a defesa dos direitos e interesses coletivos ou individuais da categoria, inclusive em questões judiciais ou administrativas.

Já a CLT, em seu artigo 511, define categoria econômica como a solidariedade de interesses econômicos dos que empreendem atividades idênticas, similares ou conexas. Já categoria profissional é classificada como a similitude de condições de vida oriundas da profissão ou trabalho em comum, em situação de emprego na mesma atividade econômica ou em atividades econômicas similares ou conexas.

Pode-se dizer assim que o Brasil não possui uma estrutura sindical livre de autorização governamental, de modo que a associação dos empregadores e dos trabalhadores só pode ser firmada através das categorias econômicas e profissionais definidas legalmente. Embora a CRFB tenha trazido avanços trabalhistas, não houve uma modernização da estrutura sindical, de modo que há uma segmentação dos sindicatos através da sua separação por categorias e base territorial municipal.

Esta segmentação representativa contribuiu para a atual crise sindical vivenciada no país, a qual é agravada pelo cenário das relações de trabalho marcado por uma fragmentação das categorias através da flexibilização dos contratos de trabalho, com as novas formas de contrato, seja pelo contrato intermitente, jornada parcial ou terceirização. Isso gera um enfraquecimento do movimento sindical que não consegue formar uma união da classe.

> Com efeito, o neoliberalismo, que está na raiz da introdução do processo de flexibilização no interior dos negócios, propugna o princípio de que o sindicato é um elemento externo à pura relação de mercado e, portanto, as negociações com sindicatos deveriam ser restritas e mesmo eliminadas do processo de planejamento empresarial. Como o pressuposto de que o sindicato, as centrais, as federações e as confederações sindicais não são um ator legítimo, a tendência na direção da descentralização da negociação já vinha se manifestando antes da crise (ROSSO, 2017, p. 159).

Esse enfraquecimento do movimento sindical acaba por agravar o quadro de crise sindical configurado mundialmente. A dificuldade vem pela impossibilidade de se reunir as reivindicações de um grupo diversos de trabalhadores, que possuem necessidades laborais diferentes entre si.

> A própria entidade representativa de trabalhadores e trabalhadoras, o sindicato, a associação ou o movimento, enfrenta dificuldades para organizar os trabalhadores de base flexível e para quais reivindicações encaminhar as lutas. O sindicato e os movimentos sociais representativos desses trabalhadores e trabalhadoras são impulsionados a repensar a ação coletiva em tais conjunturas (ROSSO, 2017, p. 268).

Assim, atualmente o "sindicato e movimento dos trabalhadores e das trabalhadoras encontram-se diante do enorme desafio de reconstruir direitos do trabalho na era da flexibilidade" (ROSSO, 2017, p. 13), ao mesmo tempo em que encontram dificuldade em garantir sua própria organização de modo a garantir a representação de diversas categorias novas.

> Um outro elemento decisivo no desenvolvimento e expansão da crise sindical é encontrado no fosso existente entre os trabalhadores "estáveis", de um lado, e aqueles que resultam do trabalho precarizado etc., de outro. Com o aumento desse abismo social no interior da própria classe trabalhadora, reduz-se fortemente o poder sindical, historicamente vinculado aos trabalhadores "estáveis" e, até agora, incapaz de aglutinar os trabalhadores parciais, temporários, precários, da economia informal etc. (ANTUNES, 2015, p. 81-82).

A dificuldade de organização sindical não envolve somente o trabalhador intermitente, temporário ou terceirizado. São vários os fatores que influenciam uma menor taxa de sindicalização, conforme explicado por Costa (2005, p. 17):

> O movimento neoliberal e o processo de reestruturação produtiva, acompanhados pela implantação de novas tecnologias; de novos métodos organizacionais e da privatização, contribuíram para a diminuição das taxas de sindicalização; o crescimento das dificuldades de ações coletivas, por parte dos trabalhadores, em detrimento de ações por empresas ou individuais; e o recrudescimento das dificuldades para um fortalecimento das ações sindicais de classe, e, por conseguinte, do poder de barganha dos trabalhadores, frente aos processos de mudança rumo às novas formas de organização do processo de trabalho.

Ocorre que com a precariedade de emprego e remuneração, a população subproletariada se vê em uma constante regressão dos direitos sociais bem como "ausência de proteção e expressão sindicais, configurando uma tendência à individualização da relação salarial" (ANTUNES, 2015, p. 64). Esse cenário reforça a necessidade de uma maior atuação sindical para a proteção dos trabalhadores.

Diante deste quadro, visualiza-se uma perda dos direitos trabalhistas diante do fenômeno da flexibilização e precarização. O cenário inclui não somente a existência de uma crise nas próprias relações de trabalho, mas também na crise sindical, diante da incapacidade dos sindicatos de unirem tais trabalhadores divididos em classes, sendo diferentes os estáveis, dos temporários ou terceirizados.

Considerando a estrutura sindical brasileira, são trabalhadores que não podem formar sindicatos por não terem vínculos de emprego com as plataformas para as quais prestam serviço. Embora a legislação brasileira não garanta a representatividade de trabalhadores sem vínculo de emprego pelos sindicatos, ao se realizar uma pesquisa na internet por sindicatos de motoristas de aplicativos é possível encontrar alguns sindicatos, como os abaixo elencados:

- SIMTRAPLI-PE — Sindicato dos Motoristas de Transporte Privado Individual de Passageiros por Aplicativo do Estado do Pernambuco
- STATTESP — Sindicato dos Trabalhadores com Aplicativos de Transporte Terrestre de São Paulo
- SIMACTTER — Sindicato dos Motoristas de Aplicativos, Condutores de Cooperativas e Trabalhadores Terceirizados em Geral do Estado da Bahia

- SINDMAAP — Sindicato dos Motoristas Autônomos de Transportes Privado Individual por Aplicativos no Distrito Federal.

Considerando a literalidade da lei, embora tais sindicatos tenham a nomenclatura de sindicatos, não o seriam de fato, mas tão somente associações, pois seus associados ou "sindicalizados" não possuem vínculos de emprego ativos.

Ao se pesquisar por associações é possível encontrar também associações de motoristas de aplicativos, como as abaixo elencadas:

- AMPPARON — Associação dos Motoristas Profissionais por Aplicativo do Estado de Rondônia
- AMAPES — Associação de Motoristas de Aplicativo do Espírito Santo
- AMASP — Associação de Motoristas de Aplicativo de São Paulo.

A reunião de interessados não está somente nos usuários dos aplicativos, ou seja, nos trabalhadores, mas também quanto àqueles que criam tais aplicativos. Assim, há uma associação que foi criada com esse fim. A Associação Brasileira O2O (*on-line to off-line*). A Associação Brasileira O2O existe para representar e defender os interesses coletivos da economia colaborativa e das plataformas digitais.

Assim, percebe-se o início de uma movimentação coletiva, de tentativa de organização dos motoristas e trabalhadores de aplicativos em associações e sindicatos, para pleitear melhores condições de trabalho. Todavia, seguindo a lógica literal da legislação sindical, estes sindicatos não seriam representativos, diante da ausência de vínculo de emprego reconhecido dos aplicativos para com os entregadores e motoristas.

4. *Breque dos apps*

O ano de 2020 ficou marcado pela pandemia da COVID-19, o vírus alterou a realidade social mundial devido à sua alta taxa de transmissibilidade, que ocasionou na adoção de políticas de isolamento social com fechamento de estabelecimentos e locais públicos.

O *lockdown* total nas cidades brasileiras permitiria o isolamento social e a diminuição da proliferação do vírus da COVID-19. Mas mesmo o *lockdown* possui certas fragilidades, afinal para que as pessoas possam ficar em casa isoladas, é necessário que os entregadores, os uberizados, os precarizados continuem nos *deliverys*: seja de mercado, de farmácia, de restaurantes.

Segundo o Instituto Food Service Brasil (IFB), o volume das entregas cresceu de 9% em abril de 2019 para 32% em abril de 2020, porém os entregadores de aplicativos continuaram recebendo baixos valores pelas entregas, além de não receberem equipamentos de proteção para continuar enfrentando o vírus.

Combinado ao aumento do número de pessoas em casa, e consequentemente das entregas, verificou-se o fechamento do comércio e consequentemente a adoção da política implementada pelo governo na Medida Provisória n. 936 que permitiu a suspensão temporária do contrato de trabalho, e até mesmo a demissão dos funcionários. Com a suspensão da fonte de renda de diversas pessoas, incluindo aqui os autônomos e ambulantes, verificou-se um aumento no número de pessoas que passaram a buscar no *delivery* uma nova fonte de renda.

Os entregadores de aplicativos não possuem qualquer vínculo de emprego, e são remunerados apenas após a realização de determinada entrega. Seja de bicicleta, de moto ou até mesmo de carro, ao entregador cabe os custos do meio de transporte e manutenção, do celular e da internet para acesso ao aplicativo e até mesmo da mochila utilizada para transportar a entrega.

Com o aumento de entregas e de entregadores disponíveis, aqueles que já trabalhavam através de aplicativos passaram a reclamar da diminuição dos pagamentos pelas entregas, além da falta de assistência dos aplicativos para com os entregadores.

Divulgou-se na mídia a criação de fundos para auxílio daqueles entregadores e motoristas de aplicativo que eventualmente contraíssem o vírus, para que pudessem receber por 14 dias, período recomendado para o isolamento, um valor referente à média das entregas feitas anteriormente. Mas enquanto que na mídia e nas propagandas, os aplicativos demonstravam empatias, na prática a realidade era outra.

Entregadores e motoristas contaminados sem graves sintomas continuaram trabalhando, tendo contato com diversos clientes, auxiliando a disseminar a doença em diversos lares brasileiros. Os entregadores não pararam porque não recebiam o auxílio, e ainda eram bloqueados por estarem contaminados.

No documentário chamado "Pandelivery — Quantas vidas vale o frete grátis[3]" disponibilizado no youtube, e que foi gravado neste período, são diversos os relatos de entregadores que deixaram de notificar que estavam doentes para não serem bloqueados, bem como de pessoas que solicitaram o auxílio e não o receberam por algum motivo burocrático.

Diante da falta de respeito dos aplicativos para com seus "prestadores de serviço", não somente com a ausência de auxílio durante a pandemia, mas também com a redução dos valores pagos e da falta de concessão de equipamentos de proteção para a continuidade do serviço, houve a união da classe para a organização de paralisações.

As paralisações realizadas foram denominadas como "breque dos apps", e as duas principais aconteceram nos dias 1º e 25 de julho de 2020, pois foram movimentos de alcance nacionais. Todavia, até hoje há diversos protestos e manifestações nas cidades brasileiras, que são realizados de forma regional.

O breque dos apps elencou alguns pleitos principais, quais sejam:

- Aumento do valor mínimo da corrida
- Seguro de roubo e acidente
- Aumento do valor por km percorrido
- Auxílio-pandemia
- Fim do sistema de pontuação (no caso do Rappi).

Quanto ao aumento do valor mínimo da corrida, os entregadores reclamaram do aumento dos custos para a entrega e ausência desse repasse para os consumidores que continuam pagando as mesmas taxas de entrega.

Quanto ao seguro de roubo e acidente, são diversos os relatos de entregadores e motoristas de aplicativos que são roubados, furtados e que sofrem acidentes, e que precisam arcar com todos os custos. Não só os custos relacionados aos bens materiais, mas também à saúde e forma física do entregador, que não recebe qualquer forma de auxílio. Inclusive no documentário Pandelivery acima mencionado, há o relato de um entregador que se acidentou e que não conseguiu receber qualquer auxílio. Esta pauta leva em consideração o fato de que ao se acidentar, o entregador não somente tem gastos com sua recuperação e com prejuízos materiais, mas também deixa de receber no período pelo qual se encontra debilitado,

Esse sistema de pontuação do Rappi força o entregador a rodar só para um determinado aplicativo, para acumular pontos. Antes, o aplicativo chamava aquele trabalhador que estava mais próximo do estabelecimento, porém, com esta alteração do sistema de pontuação, aqueles com uma pontuação maior são chamados primeiro. Isto desconsidera a distância que o trabalhador está do local para a retirada, de modo que as vezes é necessário cruzar a cidade para chegar no local, sendo que haviam outros que estariam mais próximos, porém possuem uma pontuação menor.

Também é importante destacar que quanto mais tempo o trabalhador fica desconectado do aplicativo, mais ele é penalizado, e com isso a pontuação diminui. O próprio aplicativo, portanto, estimula jornadas extensas e cansativas para os trabalhadores.

Como medidas de apoio ao movimento, os entregadores lançaram um Manual de apoio da população, no qual indicavam algumas atitudes:

- Avaliação negativa dos aplicativos nas plataformas de download;
- Deixar de seguir os aplicativos nas redes sociais;
- Comentar nas redes sociais o apoio ao breque;
- Fazer com que a #brequedosapps fosse *top trending* no twitter;
- Não pedir nada pelos aplicativos no dia da paralisação;
- Ao pedir comida, pedir para o entregador mostrar a tela do quanto ganhou pela entrega, comparar o quanto você pagou pela entrega e filmar a comparação das telas.

Os aplicativos do Ifood, Rappi e Uber Eats dizem apoiar direito à manifestação, mas defendem medidas adotadas na relação com entregadores. O perfil do *instagram* denominado "treta no trampo" reuniu algumas denúncias de entregadores:

- Recebimento de R$7,00 por uma entrega de 16km
- Demora pra saída de pedido em alguns restaurantes, como o BK
- Uber eats tem retido até metade do valor da taxa de entrega paga pelo cliente

(3) Disponível em: <https://www.youtube.com/watch?v=gwL9QdS7kbA>.

- Black Friday — dobro de pacotes, dobre de entrega pela metade da entrega (Loggi)
  - 17 pacotes, 21 km, por 40 reais
  - 14 pacotes,19km por 36 reais
  - 15 pacotes 12km 32 reais
  - 16 pacotes 20km 37 reais
  - Poucos funcionários nos galpões para separação dos pacotes das rotas

A mobilização buscou não somente a paralisação dos serviços no dia em específico, mas tentou conquistar a adesão da população com medidas de apoio, seja com a não realização do pedido naquele dia, ou até mesmo com a conscientização para verificar a diferença existente entre o valor cobrado pela entrega e o valor pago aos entregadores.

A dificuldade encontra-se na medida da adesão dos entregadores à paralisação, tendo em vista que, diferentemente das greves normais, não se sabe ao certo a quantidade de trabalhadores cadastrados nas plataformas.

Já vivenciamos uma crise de representatividade que atravessa as ações coletivas, sendo diversos os trabalhadores que não se sentem representados por seus sindicatos. No caso de trabalhadores de aplicativos, não há sequer a formalização dos sindicatos, o que dificulta ainda mais esta representatividade pelos membros da classe.

Por fim, cumpre ressaltar que em uma tentativa de se regulamentar a classe dos trabalhadores de aplicativos, foi apresentado o Projeto de Lei n. 3748/2020 pela deputada Tábata Amaral, que está sob análise das Comissões de Desenvolvimento Econômico, Indústria, Comércio e Serviços; Trabalho, de Administração e Serviço Público e Constituição e Justiça e de Cidadania.

Neste projeto apresentado haveria a criação de uma figura híbrida entre um trabalhador autônomo completo e um trabalhador sob o regime pleno da CLT. O PL n. 3.748/2020 estipula um valor por hora — que não pode ser inferior ao piso da categoria ou ao salário mínimo — e incorpora à remuneração total um pagamento proporcional de férias e décimo-terceiro, seguindo a lógica do contrato de trabalho intermitente. Além disso, estende aos profissionais sob demanda alguns benefícios, como seguro-desemprego e salário-maternidade.

O texto também estabelece obrigações a serem cumpridas pelos aplicativos, através das quais empresas passariam a contribuir para a Previdência e a fornecer Equipamentos de Proteção Individual (EPI). A proposta legislativa possibilita o reconhecimento do vínculo empregatício, ao mesmo tempo em que proíbe a punição pelas plataformas do trabalhador que rejeita um serviço, bem como o descredenciamento de profissionais sem justa causa.

Embora possa ser considerada um avanço diante do quadro atualmente existente, tendo em vista o aumento de benefícios e garantias a serem recebidos pelos entregadores de aplicativos, deve-se ressaltar que esta proposta possui alguns problemas. O maior dos problemas é a reprodução do esquema adotado no contrato de trabalho intermitente com o pagamento pela demanda, assim o trabalhador recebe seu salário apenas pelo tempo de trabalho efetivamente prestado, de modo que o período que está à disposição do empregador, aguardando ser chamado para realizar alguma entrega, não é remunerado.

5. *Considerações finais*

As facilidades decorrentes da tecnologia acabaram por trazer novos desafios para a economia e para as relações trabalhistas. Embora se utilizem de um discurso mais humanitário e ambientalista, através da proposta de compartilhamento a fim de se diminuir o consumo e consequentemente a degradação do meio ambiente, fato é que as plataformas de economia de compartilhamento priorizam o seu crescimento e a busca desenfreada pelo lucro.

Verifica-se então que a realidade é que os autônomos, ao se cadastrarem nas plataformas e se disponibilizarem para a realização de um serviço, passam a arcar com todos os custos para a realização do mesmo. No caso dos motoristas, é preciso ter o carro, pagar pela sua manutenção, pagar pelos impostos e seguros e combustível. Enquanto que a plataforma recebe um percentual do valor da corrida, sem ter que arcar com um risco e custo muito menor.

Para as plataformas existe um custo operacional, de manutenção e operação do seu sistema, e dos atendentes que precisam estar disponíveis para a resolução do problema. Porém, estes custos são menores do que aqueles tidos pelo trabalhador, que precisa cobrir a maior parte dos riscos do negócio, que em outros modelos trabalhistas é exclusivo do empregador.

Os aplicativos fazem a intermediação entre o consumidor e o prestador de serviço, sem arcar com o risco do negócio, sem estar regulamentado pelo Estado, sem ter que custear as verbas trabalhistas e previdenciárias dos colaboradores. Enquanto isso, os trabalhadores de aplicativos se veem como sendo seu próprio chefe, como empreendedores ou como autônomos, e dificilmente se mobilizam como uma categoria afim de buscar melhorias nas condições de trabalho.

A sindicalização destas pessoas, que não possuem consciência de classe, torna-se difícil e fragmentada, principalmente no Brasil, onde a legislação limita a estrutura sindical conforme as categorias profissionais e econômicas definidas em lei. Os direitos trabalhistas e previdenciários ficam perdidos, esquecidos, em um mundo cada vez mais digital, autônomo e precarizado.

O movimento "breque dos apps" ganhou força e se destacou em 2020 devido ao contexto socioeconômico vivenciado, porém é preciso aumentar e intensificar a luta por melhores condições de trabalho destes trabalhadores de aplicativos. O movimento nasceu sem uma organização central e motivado pela remuneração cada vez menor, e ainda assim chamou a atenção da mídia e conseguiu o apoio da população.

Agora, cabe a persistência deste grupo de trabalhadores nesta luta de classes sem fim, uma luta que busca não somente o reconhecimento de sua subordinação, de seu vínculo de emprego com os aplicativos, mas que busque o respeito mínimo às condições básicas para a realização do trabalho digno.

6. Referências

ANTUNES, Ricardo. *Adeus ao trabalho?:* ensaio sobre as metamorfoses e a centralidade do mundo do trabalho. 16. ed. São Paulo: Cortez, 2015.

BARBOSA JUNIOR, Francisco de Assis. *A recente decisão do TST e o vínculo de emprego entre motoristas e aplicativos.* Publicado pela Anamatra da 13ª Região. Disponível em:<https://www.amatra13.org.br/artigos/a-recente-decisao-do-tst-e-o-vinculo-de-emprego-entre-motoristas-e-aplicativos/>. Acesso em: 22 set. 2020.

BOITO JÚNIOR, Armando; MARCELINO, Paula. O sindicalismo deixou a crise para trás? um novo ciclo de greves na década de 2000. *Caderno CRH,* v. 23, n. 59, p. 323-338, 2010. Disponível em: <http://www.scielo.br/scielo.php?pid=S0103-49792010000200008&script=sci_abstract&tlng=pt>.

COSTA, Walber Carrilho da. *Sindicalização e greves:* história recente do movimento sindical brasileiro, 2005. Disponível em: <https://www.anpuh.org/arquivo/ download?ID_ARQUIVO=58>.

GALVÃO, Andréia *et al.* Reforma trabalhista: precarização do trabalho e os desafios para o sindicalismo. *Cad. CRH,* Salvador, v. 32, n. 86, p. 253-270, aug. 2019. Disponível em: <http://www.scielo.br/scielo.php?script=sci_arttext&pi=S0103-49792019000200253&lng=en&nrm=iso>.

MESZÁROS, I. *A teoria da alienação em Marx.* Trad. de Isa Tavares. São Paulo: Boitempo, 2006.

OLIVEIRA, Carol. SALOMÃO, Karin. *Os números secretos da Uber:* US$ 1 bi no Brasil, US$ 11 bi no mundo. Publicado em 11 abr. 2019, 20h08. Disponível em: <https://exame.abril.com.br/negocios/os-números-secretos-da-uber-us-1-bi-no-brasil-us--11-bi-no-mundo/>.

POMAR, Marcos Hermanson. Entregadores de comida fazem fila para receber marmitas doadas em SP. Publicado na *Uol* em 9.3.2021. Disponível em: <https://noticias.uol.com.br/cotidiano/ultimas-noticias/2021/03/09/entregadores-de-comida-fazem-fila-para-receber-marmitas-doadas-em-sp.htm?utm_source=chrome&utm_medium=webalert&utm_campaign=noticias>.

ROSSO, Sadi dal. *O ardil da flexibilidade:* os trabalhadores e a teoria do valor. São Paulo: Boitempo, 2017.

SANTANA, Marco Aurélio. Classe trabalhadora, confronto político e democracia: o ciclo de greves no ABC paulista e os desafios do sindicalismo atual. *Lua Nova,* São Paulo, 104, p. 19-65, 2018. Disponível em: <http://www.scielo.br/pdf/ln/n104/1807-0175-ln-104-19.pdf>.

SLEE, Tom. *Uberização:* a nova onda do trabalho precarizado. São Paulo: Elefante, 2017.

Cooperador-Trabalhador no Advento da Indústria 4.0 Entre a Aspiração a Trabalho Digno para Todos e as "Cooperfraudes"

Maria Elisabete Ramos[(1)]

1. Cooperativas de trabalho e a aspiração universal a trabalho digno

É universal a aspiração a trabalho digno para todos e, desde os primórdios, ela foi apropriada pelo movimento cooperativo. Em 1914, Cunha Gonçalves recordou que um dos objetivos das cooperativas é "libertar os operários do regime do assalariado, da exploração capitalista, eliminando o patrão, visto que os trabalhadores, associando-se e produzindo em comum, se apropriam do lucro da produção, sendo patrões de si próprios"[(2)].

Volvidos mais de cem anos sobre estas palavras, "trabalho digno para todos" tornou-se o *oitavo* dos 17 objetivos de desenvolvimento sustentável identificados pela Organização das Nações Unidas[(3)], que se concretiza nas seguintes metas:

a. "Promover políticas orientadas para o desenvolvimento que apoiem as atividades produtivas, criação de emprego decente, empreendedorismo, criatividade e inovação, e incentivar a formalização e o crescimento das micro, pequenas e médias empresas, inclusive através do acesso aos serviços financeiros";

b. "Até 2030, alcançar o emprego pleno e produtivo, e trabalho decente para todas as mulheres e homens, inclusive para os jovens e as pessoas com deficiência, e remuneração igual para trabalho de igual valor"[(4)].

c. "Até 2020, reduzir substancialmente a proporção de jovens sem emprego, educação ou formação";

d. "Tomar medidas imediatas e eficazes para erradicar o trabalho forçado, acabar com a escravidão moderna e o tráfico de pessoas, e assegurar a proibição e a eliminação das piores formas de trabalho infantil, incluindo recrutamento e utilização de crianças-soldado, e até 2025 acabar com o trabalho infantil em todas as suas formas";

e. "Proteger os direitos do trabalho e promover ambientes de trabalho seguros e protegidos para todos os trabalhadores, incluindo os trabalhadores migrantes, em particular as mulheres migrantes, e pessoas em empregos precários"[(5)].

---

(1) Univ Coimbra, CeBER, Faculty of Economics, Av Dias da Silva 165, 3004-512 Coimbra (Portugal). ORCID iD: 0000-0001-5376-4897. Este trabalho foi financiado através de fundos nacionais, através da FCT — Fundação para a Ciência e a Tecnologia, I.P., Project UIDB/05037/2020. E.mail: mgramos@fe.uc.pt. Endereço postal: Faculdade de Economia de Coimbra, Av. Dias da Silva, 165, 3004-512 Coimbra (Portugal).

(2) GONÇALVES, 1914, p. 541.

(3) Disponível em: <https://unric.org/pt/objetivos-de-desenvolvimento-sustentavel/>. Acesso em: 9 fev. 2021. Segundo a Organização Internacional do Trabalho, "Decent work sums up the aspirations of people in their working lives. It involves opportunities for work that is productive and delivers a fair income, security in the workplace and social protection for families, better prospects for personal development and social integration, freedom for people to express their concerns, organize and participate in the decisions that affect their lives and equality of opportunity and treatment for all women and men. Disponível em: <https://www.ilo.org/global/topics/decent-work/lang--en/index.htm>. Acesso em: 15 fev. 2021. A Agenda para o trabalho digno da Organização Internacional do Trabalho estrutura-se em 4 pilares: criação de emprego, proteção social, direitos laborais e diálogo social. Disponível em: <https://www.ilo.org/global/topics/decent-work/lang--en/index.htm>.-Acesso em: 15 fev. 2021).

(4) Quanto a esta meta, em Portugal, o Instituto Nacional de Estatística, tendo em conta os dados disponíveis, observou que "Em 2019, a taxa de desemprego das mulheres (7,1%) foi superior à dos homens (5,8%), com uma diferença entre sexos superior à do ano anterior (1,3 p.p. e 0,8 p.p., respectivamente)"; "A taxa de desemprego de jovens (15 a 24 anos) foi de 18,3%, menos 2,0 p.p. em relação à do ano anterior e menos 19,8 p.p. relativamente a 2013 (38,1%)". Instituto Nacional de Estatística, 2020. p. 105-106.

(5) Quanto a esta meta, os números disponíveis mostram que "em Portugal, as taxas de incidência de acidentes de trabalho não fatais no período em análise foram muito superiores às registadas na UE28" — cfr. Instituto Nacional de Estatística, *Objetivos de Desenvolvimento Sustentável — Agenda 2030. Indicadores para Portugal — 2010/2019*, Lisboa, 2020, p. 108.

A Recomendação n. 193 da Organização Internacional do Trabalho, sobre a promoção das cooperativas, adotada em Genebra por ocasião da 90ª Reunião da Conferência Geral da Organização Internacional do Trabalho, incita os decisores políticos a "promover o potencial de cooperativas em todos os países, independentemente do seu grau de desenvolvimento, para ajudá-las e a seus associados a: (a) criar e desenvolver atividades geradoras de renda e emprego decente e sustentável".

Em pleno século XXI, o "trabalho digno para todos" encontra-se ameaçado por muitos e variados constrangimentos. Vários fatores (sociais, económicos, tecnológicos) convergem na destruição de empregos, na precarização do trabalho, em atentados à privacidade dos trabalhadores, na intensificação da vigilância eletrónica dos trabalhadores, na diminuição de garantias laborais etc. A Organização Internacional do Trabalho estima que, em razão da pandemia da COVID-19, quase metade da força de trabalho global esteja em risco de perder a sua fonte de sustento(6), agravando-se o ciclo de pobreza. A resposta a esta crise social há de radicar, na avaliação da Organização Internacional do Trabalho, em políticas públicas que valorizem a "*human-centred recovery*", baseada em emprego, rendimento, direitos dos trabalhadores e diálogo social(7).

A destruição de emprego e as ameaças à dignidade dos trabalhadores são também resultados já identificados da chamada indústria 4.0(8). Automação, robotização, inteligência artificial, *internet* das coisas, *computer clouding*, vão destruir empregos e criar outros. Sabe-se também que a indústria 4.0 e a disrupção por ela criada potenciam quer o "*skill shortages*"(9) — uma situação em que a procura de determinadas competências excede a oferta de tais competências no mercado de trabalho(10) — quer o "*skill-mismatch*" — ou seja, a situação em que existe uma discrepância qualitativa entre as qualificações detidas pelos indivíduos e aquelas que são procuradas pelo mercado de trabalho(11). Estes desajustamentos fomentarão situações de desemprego de longa duração ou até permanente e, ainda, desigualdade nas condições de emprego(12).

É possível antecipar que, em um futuro próximo, serão mais exigentes os requisitos necessários a entrar ou a reentrar no mercado de trabalho. De facto, tendo em conta a crescente necessidade de fazer face a novas tarefas, o desajustamento entre as ofertas de emprego e a capacitação dos trabalhadores tenderá a verificar-se com mais frequência. O que pode constituir uma barreira tanto à entrada como ao regresso ao mercado de trabalho(13).

A aspiração a trabalho digno, com todas as implicações que esse objetivo encerra, é de cariz universal, mas a concretização de cada uma das respetivas metas é historicamente situada e de âmbito nacional ou regional. Sendo certo que se trata de um objetivo cuja concretização convoca empregadores, trabalhadores e políticas públicas, é também verdade que a história do cooperativismo documenta a ligação genética entre as cooperativas e o "movimento operário, que emergiu com significativa relevância na Europa do século XIX"(14).

No contexto do movimento cooperativo, as cooperativas de trabalho, através da *cooperação mútua*, assumem o propósito essencial de proporcionar trabalho e rendimento aos trabalhadores-cooperadores, criando uma alternativa à subordinação jurídica própria do contrato de trabalho. A identidade cooperativa, assente nos valores cooperativos, princípios cooperativos e definição de cooperativo, valoriza a *pessoa* do trabalhador cooperador-trabalhador, promove a participação deste no processo de decisão democrático, proporcionam formação ao longo da vida profissional e devolve aos próprios trabalhadores cooperadores, no contexto do processo democrático, o poder de decisão sobre os termos e as condições em que o seu trabalho é prestado o seu trabalho.

A identidade cooperativa está alinhada com o objetivo 8º dos Objetivos de Desenvolvimento Sustentável — "trabalho digno para todos" e as cooperativas

(6) Sobre as consequências da pandemia no mundo do trabalho, v. International Labour Organization, ILO Monitor, 2021.
(7) International Labour Organization, ILO Monitor, 2021, p. 3.
(8) Vejam-se, por exemplo, MOREIRA, 2018, p. 659, ss.; VILLALBA SÁNCHEZ, 2018, p. 687, ss.
(9) WALWEI, 2016.
(10) EUROPEAN CENTRE FOR THE DEVELOPMENT OF VOCATIONAL TRAINING (Cedefop), 2015.
(11) EUROPEAN CENTRE FOR THE DEVELOPMENT OF VOCATIONAL TRAINING (Cedefop), 2015.
(12) WALWEI, 2016, p. 15.
(13) Para a apreciação crítica do modelo do mercado de trabalho, v. ANTUNES, 2019.
(14) NAMORADO, 2013, p. 20.

(*maxime*, as cooperativas de trabalho) são um dos instrumentos idóneos à concretização deste objetivo. De facto, as cooperativas de trabalho são controladas pelos cooperadores trabalhadores; combatem a iniquidade salarial praticando remunerações justas; os seus membros partilham os benefícios gerados pela cooperativa; são socialmente responsáveis, tendo em conta o princípio cooperativo do interesse pela comunidade; são resilientes e promotoras da economia e desenvolvimento locais; criam empregos e condições de satisfação no emprego; privilegiam uma escala humana que proporciona o processo democrático de decisão.

Todavia, como teremos oportunidade de verificar, a mera enunciação dos princípios cooperativos, seja pela Aliança Cooperativa Internacional, seja por instâncias nacionais ou regionais, não é si mesma garantia suficiente de trabalho digno. É, pois, necessário conhecer a concretização histórica de tais princípios, no advento da indústria 4.0.

Ainda que, por vezes, sejam votadas a alguma invisibilidade mediática e até ao preconceito, a verdade é que as cooperativas são um relevante agente económico, tanto a nível global como a nível nacional. Os dados estatísticos recolhidos pela Aliança Cooperativa Internacional(15) mostram que, pelo menos, 12% da população mundial é cooperador de uma das 3 milhões de cooperativas existentes. Elas proporcionam trabalho ou emprego a 10% da população empregada e as trezentas maiores cooperativas ou mútuas geram 2,146 mil milhões de dólares em volume de negócios enquanto fornecem os serviços e infraestruturas de que a sociedade necessita para prosperar(16)(17).

Em Portugal, a terceira edição da Conta Satélite da Economia Social, relativa ao ano de 2016, elaborada em parceria entre o Instituto Nacional de Estatística (INE) e a Cooperativa António Sérgio para a Economia Social (CASES)(18), identificou 2343 cooperativas que geram um Valor Acrescentado Bruto VAB (M€) 604 e mantêm 2440 empregos remunerados(19).

2. *Quem são as cooperativas de trabalho?*

2.1. A definição universal cunhada pela Aliança Cooperativa Internacional

A Aliança Cooperativa Internacional, através da CICOPA(20), considera relevante identificar as caraterísticas próprias das cooperativas de trabalho, distinguindo-as de cooperativas de outros ramos. Na Assembleia Geral da Aliança Cooperativa Internacional, ocorrida em Cartagena, Colômbia, no dia 23 de setembro de 2005, foi aprovada a *Declaração universal sobre cooperativas de trabalho*. Pressupondo os princípios cooperativos enunciados pela Aliança Cooperativa Internacional no Congresso de Manchester, em 1995, às cooperativas de trabalho são apontadas as seguintes caraterísticas universais:

> 1. They have the objective of creating and maintaining sustainable jobs and generating wealth, in order to improve the quality of life of the worker-members, dignify human work, allow workers' democratic self-management and promote community and local development.
>
> 2. The free and voluntary membership of their members, in order to contribute with their personal work and economic resources, is conditioned by the existence of workplaces.
>
> 3. As a general rule, work shall be carried out by the members. This implies that the majority of the workers in a given worker cooperative enterprise are members and vice versa.
>
> 4. The worker-members' relation with their cooperative shall be considered as different to that of conventional wage-based labour and to that of autonomous individual work.
>
> 5. Their internal regulation is formally defined by regimes that are democratically agreed upon and accepted by the worker-members.
>
> 6. They shall be autonomous and independent, before the State and third parties, in their labour relations and management, and in the usage and management of the means of production(21).

---

(15) Sobre a caraterização e relevo da Aliança Cooperativa Internacional, v. Namorado, 2013.

(16) International Cooperative Alliance. Disponível em: <https://www.ica.coop/en/cooperatives/facts-and-figures>. Acesso em: 11 jan. 2021.

(17) Para dados estatísticos colhidos na realidade brasileira, v. MAFFIOLETTI, 2014.

(18) Disponível em: <https://www.cases.pt/contasatelitedaes/>. Acesso em: 2 fev. 2021.

(19) Para dados recentes sobre a demografia das cooperativas em Portugal, v. COOPERATIVA ANTÓNIO SÉRGIO PARA A ECONOMIA SOCIAL (CASES), 2020.

(20) Cicopa — International Organization of Industrial and Service Cooperatives.

(21) Disponível em: <https://cicopa.coop/wp-content/uploads/2018/02/world_declaration_on_worker_coops_en.pdf>.

A *Declaração universal sobre as cooperativas de trabalho* também identifica as principais *regras* aplicáveis às relações entre a cooperativa e os trabalhadores cooperadores.

> 1. Compensate the work of their members equitably, taking in consideration the function, the responsibility, the complexity and the specificity requested by their positions, their productivity and the economic capacity of the enterprise, trying to reduce the difference between the highest and the lowest compensations.
>
> 2. Contribute to the capital increase and the appropriate growth of indivisible reserves and funds.
>
> 3. Provide the workplaces with physical and technical facilities aimed at achieving an appropriate functioning and a good organizational climate.
>
> 4. Protect the worker-members with appropriate systems of welfare, social security and occupational health, and abide by the standards of protection in force in the areas of maternity, childcare and minors of age at work.
>
> 5. Practice democracy in the decisive instances of the organization and in all the stages of the management process. co
>
> 6. Ensure permanent education and training for capacity building of members and information to the latter, in order to guarantee professional knowledge and the development of the worker cooperative model, and to stimulate innovation and good management.
>
> 7. Contribute to the improvement of the living conditions of the family nucleus and the sustainable development of the community.
>
> 8. Combat their being instruments aimed at making the labour conditions of wage-earning workers more flexible or precarious, and from acting as conventional intermediaries for jobs.(22)

Este documento emitido pela Aliança Cooperativa Internacional constitui uma relevante *orientação* para os legisladores nacionais, mas não dispensa, não substitui nem vincula a decisão política nacional de reconhecer (ou não) o ramo trabalho nas respetivas ordens jurídicas.

2.2. Em Portugal, as cooperativas não são sociedades

A Aliança Cooperativa Internacional apresenta, com vocação universal, a definição de cooperativa(23) que, juntamente com os valores cooperativos e os princípios cooperativos, integra a *identidade cooperativa*. Esta abordagem universal da identidade cooperativa não dispensa a definição ou caraterização nacional de cooperativa. Se considerarmos as ordens jurídicas nacionais, a nota que prevalece é a da *heterogeneidade*, ainda que nos situemos exclusivamente no contexto da União Europeia. De facto, o Regulamento da Sociedade Cooperativa Europeia(24) não teve por propósito uniformizar o direito cooperativo, os ramos cooperativos ou sequer a definição de cooperativa. Cada Estado-Membro da União Europeia mantém liberdade para conformar a noção de cooperativa(25) e individualizar os ramos cooperativos.

As cooperativas são uma realidade centenária em Portugal(26). A primeira lei que as regulou data de 2 de julho de 1867, embora as primeiras cooperativas só tenham surgido em 1871(27). A matéria foi, mais tarde, integrada no Código Comercial de 1888, que inseriu, no Livro II, Título II, o capítulo V, intitulado "Disposições especiais às sociedades cooperativas" (arts. 207º a 233º do Código Comercial). À luz das (revogadas) disposições do Código Comercial de 1888, as cooperativas são sociedades especializadas pela variabilidade do capital social e pela ilimitação do número de sócios". O que levou a doutrina que sobre esta norma laborou a ajuizar que o legislador de 1888 eliminou o "elemento característico — a cooperação"(28).

A Constituição da República Portuguesa de 1976 traz o inovador reconhecimento das cooperativas enquanto entidades constituídas e regidas de

(22) Disponível em: <https://cicopa.coop/wp-content/uploads/2018/02/world_declaration_on_worker_coops_en.pdf>.
(23) Que pode ser consultada em: <https://www.ica.coop/en/cooperatives/cooperative-identity>. Acesso em: 9 fev. 2021.
(24) Sobre esta, v. FICI, 2013.
(25) Sobre as cooperativas Mercosur, v. CRACOGNA, 2013. Sobre a Lei Marco para as cooperativas de América Latina, v. CRACOGNA, 2013.
(26) Na realidade brasileira, no sentido de que as sociedades cooperativas correspondem a uma evolução das associações rurais, v. MAFFIOLETTI, 2014. No Brasil, as cooperativas estão reguladas pela Lei n. 5.764/71 — Lei de Cooperativas Brasileira e pelos artigos 1093-1096 do Código Civil.
(27) GONÇALVES, 1914; NAMORADO, 2000; RAMOS, 2009-2010, MEIRA & RAMOS, 2017.
(28) GONÇALVES, 1914, p. 542.

acordo com os princípios cooperativos(29). Esta opção fundamental de sujeitar as cooperativas à obediência aos princípios cooperativos foi mantida até aos nossos dias e integra a atual definição de cooperativa prevista no vigente art. 2º do Código Cooperativo(30). Nos termos do n. 1 do art. 2º do Código Cooperativo, as cooperativas são "pessoas coletivas autónomas, de livre constituição, de capital e composição variáveis, que, através da cooperação e entreajuda dos seus membros, com obediência aos princípios cooperativos, visam, sem fins lucrativos, a satisfação das necessidades e aspirações económicas, sociais ou culturais daqueles". Replicando a caraterização cunhada pela Aliança Cooperativa Internacional, o art. 3º do Código Cooperativo enuncia os princípios cooperativos.

O Código Cooperativo é aplicável "às cooperativas de todos os graus e às organizações afins, cuja legislação especial para ele remeta" (art. 2º do Código Cooperativo). Complementarmente, estão em vigor diplomas legais que regulam especificamente cooperativas de determinados ramos cooperativos(31).

Por conseguinte, o direito cooperativo português compreende as normas jurídico-constitucionais sobre o setor cooperativo e, na legislação ordinária, o Código Cooperativo e a legislação complementar relativa a cada um dos ramos cooperativos. Este acervo legislativo com autonomia formal e dotado de "unidade de sentido interno"(32) pode mostrar-se lacunoso. Havendo lacunas no Código Cooperativo que não possam ser integradas pela legislação complementar aplicável aos diversos ramos do setor cooperativo, o art. 9º do Código Cooperativo, relativo ao direito subsidiário, prevê a integração de lacunas por intermédio das normas do Código das Sociedades Comerciais, "nomeadamente dos preceitos aplicáveis às sociedades anónimas"(33), "na medida em que se não desrespeitem os princípios cooperativos".

À luz da atual ordem jurídica portuguesa não é correto afirmar que "El Derecho cooperativo pertenece al Derecho de sociedades, compartiendo así, en principio, sus objetivos generales"(34). No plano internacional, como refere a Organização Internacional do Trabalho,

> there is a trend of isomorphization or approximation of cooperatives with stock companies, contradicting the essence of ILO R.193 which calls for policy and law that recognizes the specific nature of cooperatives. This has led to the harmonization of cooperative law and policy with other laws also with regard to labour law, competition and tax law, accounting/prudential standards, bookkeeping rules, and audit and bankruptcy rules. This "stock companization" of cooperatives is part of a wider process of standardizing all enterprise types on the features of stock companies and not only cooperatives, leading to a legal isomorphism of enterprise types(35).

A legislação portuguesa, alinhada com a identidade cooperativa tal como se encontra densificada pela Aliança Cooperativa Internacional, autonomiza formal e *substancialmente* as cooperativas das sociedades(36).

É certo que o atual Código Cooperativo não diz expressamente que as cooperativas não são sociedades. No entanto, podem ser convocados vários argumentos no sentido de que as cooperativas não são sociedades: *a*) as cooperativas são "pessoas coletivas autónomas" (art. 2º do Código Cooperativo); *b*) dispõem de "capital e composição variáveis"

(29) O art. 89º, 3, da Constituição da República Portuguesa, na sua versão originária, caraterizava o setor cooperativo como aquele que "é constituído pelos bens e unidades de produção possuídos e geridos pelos cooperadores, em obediência aos princípios cooperativos."

(30) A Lei n. 119/2015, de 31 de agosto, aprova o Código Cooperativo, alterado pela Lei n. 66/2017, de 9 de agosto.

(31) Para os ramos cooperativos reconhecidos em Portugal, v. o art. 4º do Código Cooperativo. No sentido de que o critério adotado em Portugal para criar ramos cooperativos "carece de qualquer fundamento doutrinário ou pragmático", v. FERNANDES, 2018, p. 39.

(32) ABREU, 2018, p. 70.

(33) Não pode deixar de se estranhar que o direito subsidiariamente aplicável seja o direito das sociedades anónimas, porque as cooperativas são organizações de pessoas e as sociedades anónimas são organizações de capitais. NAMORADO, 2005, p. 175, justifica que esta opção se deve ao facto de "as cooperativas, tal como as sociedades anónimas, terem o seu capital representado por títulos". Não parece ser argumento decisivo.

(34) FICI, 2015, p. 5. Também no Brasil, as cooperativas são consideradas "sociedades de natureza e estrutura próprias, com utilidade social e econômica" — cfr. Maffioletti, 2014, p. 3.

(35) International Labour Organization, 2015, p. 44. H. Henrÿ, 2012.

(36) Também neste sentido, ABREU, 2018. Em sentido diferente, v. Frada & Gonçalves, 2009. p. 899. Na doutrina, o debate continua em aberto (no sentido de que as cooperativas são sociedades, v. CORDEIRO 2011, p. 414, ss.; CORREIA, 2016, p. 140, 141; MEIRA, 2006, p. 148, ss.), mas a doutrina maioritária parece pronunciar-se no sentido de que as cooperativas não são sociedades (v. XAVIER, 1987, p. 24, 25; 38-40; NAMORADO, 2000, p. 241, ss.; ABREU, 1999, p. 170, ss.; 2017, p. 48, ss.; MEIRA, 2012: p. 353).

(art. 2º do Código Cooperativo). Estas caraterísticas das cooperativas afastam-nas marcadamente da regulação societária relativa quer à entrada e saída de sócios quer às alterações do capital social; *c*) o fim das cooperativas tanto pode ser a satisfação de necessidades económicas como de necessidades sociais ou culturais (art. 2º do Código Cooperativo) — o objeto da sociedade cinge-se a atividades económicas que não sejam de mera fruição; *d*) determina o art. 2º do Código Cooperativo que as cooperativas não têm fim lucrativo — de acordo com o art. 980º do Código Civil, as sociedades têm escopo lucrativo; *e*) a organização e funcionamento das cooperativas são enquadrados pelos princípios cooperativos (art. 2º do Código Cooperativo) que se apartam, de modo substancial, das regras reguladoras das sociedades; *f*) por fim, o art. 111º do Código Cooperativo determina a nulidade de transformação de cooperativas em sociedades[(37)].

2.3. As "cooperativas de trabalho" não estão previstas no ordenamento jurídico português

Da interpretação do art. 4º do Código Cooperativo resulta que o ramo das "cooperativas de trabalho" não tem consagração no direito cooperativo português[(38)]. Foi outra a opção legislativa acolhida por experiências jurídicas que nos são culturalmente próximas.

Em Itália, a Lei n. 142, de 3 de abril de 2001[(39)], relativa à "Revisione della legislazione in materia cooperativistica, con particolare riferimento alla posizione del socio lavoratore", que se destina às "cooperative nelle quali il rapporto mutualistico abbia ad oggetto la prestazione di attivita' lavorative da parte del socio, sulla base di previsioni di regolamento che definiscono l'organizzazione del lavoro dei soci", prevê expressamente as cooperativas de trabalho e regula a relação entre a cooperativa e os "soci lavoratori di cooperativa".

Depois da reforma de 2003, às cooperativas de trabalho italianas pode ser aplicada (de forma residual e na medida em que as respetivas normas sejam compatíveis) a disciplina das sociedades anónimas — e, nesse caso, designar-se-ão "cooperative s.p.a" — ou a disciplina jurídica da *società a responsabilità limitata* e, em tais situações, designar-se-ão "cooperative s.r.l."

A lei italiana pretende assegurar que na cooperativa de trabalho seja efetiva a participação dos cooperadores-trabalhadores na governação da cooperativa, impedindo formas de participação que sejam meramente formais ou fictícias[(40)]. De resto, é a participação dos trabalhadores no governo da empresa cooperativa (uma forma de autogestão da empresa) que pode justificar a especificidade do tratamento da relação entre cooperador e cooperativa, relativamente às regras conflituais do direito do trabalho e, eventualmente, de um regime fiscal especial, relativamente ao dos trabalhadores subordinados[(41)].

De facto, o art. 1º da Lei n. 142 determina que os cooperadores-trabalhadores da cooperativa "concorrem para a gestão da empresa participando na formação dos órgãos sociais e na definição da estrutura de direção e condução da empresa" (alínea *a*); "participam na elaboração dos programas de desenvolvimento e nas decisões relativas às escolhas estratégicas, assim como na relação dos processos produtivos da empresa" (alínea *b*); "participam na decisão sobre o destino dos resultados económicos" (alínea *c*). Assim, deste regime resulta que a participação do cooperador trabalhador no governo da empresa é um *elemento necessário* à qualificação de determinada entidade coo cooperativa de trabalho e, consequentemente, da qualificação da relação de trabalho como trabalho na cooperativa e não como uma vulgar relação de trabalho subordinado.

Em Espanha, a Lei estatal das cooperativas[(42)], determina no seu art. 80 que:

> 1. Son cooperativas de trabajo asociado las que tienen por objeto proporcionar a sus socios puestos de trabajo, mediante su esfuerzo personal y directo, a tiempo parcial o completo, a través de la organización en común de la producción de bienes o servicios para terceros. También podrán contar con socios

(37) Em 2009, o Parlamento do Mercosul aprovou o Estatuto da Cooperativa do Mercosul (Norma 1/2009). Trata-se de uma cooperativa transfronteiriça, a qual será constituída como Cooperativa do Mercosul na forma da legislação do domicílio (qualquer dos Estados Partes do Mercosul).

(38) V. MEIRA& MARTINS& FERNANDES, 2017, p. 4; FERNANDES, 2018, p. 39.

(39) Alterada em 28.06.2013.

(40) FICI, A., 2016, p. 8.

(41) FICI, A., 2016, p. 8.

(42) Ley n. 27/1999, de 16 de julho.

colaboradores. La relación de los socios trabajadores con la cooperativa es societaria.[(43)]

Tendo em conta a natureza dos membros e a sua relação com a cooperativa, o projeto Pecol — *Principles of European Cooperative Law*[(44)] — categoriza as cooperativas em três sub-tipos: consumo, produção e cooperativas de trabalho[(45)]. Os autores do PECOL reconhecem que as cooperativas de trabalho são, de facto, cooperativas de produção (quando o trabalho dos cooperadores é a contribuição que estes trazem à cooperativa). Todavia, foi avaliado como oportuno pelo PECOL individualizar as cooperativas de trabalho tendo em conta que, em várias jurisdições, elas estão sujeitas a regras específicas. O que é consequência da específica natureza da relação mutualista que intercede entre a cooperativa de trabalho e os seus cooperadores-trabalhadores — o que suscita específicas questões jurídicas de regulação, por confronto com a natureza imperativa das normas laborais[(46)].

2.4. Falta cumprir a Recomendação n. 193 da Organização Internacional do Trabalho

A legislação portuguesa prevê alguns ramos cooperativos em que as relações cooperativas têm por objeto principal a prestação de trabalho por parte dos cooperadores. É o que acontece nos ramos de produção operária (Decreto-Lei n. 309/81, de 16 de novembro)[(47)], de serviços, na modalidade de produtores de serviços (Decreto-Lei n. 323/81, de 4 de dezembro)[(48)], de artesanato (Decreto-Lei n. 303/85, de 12 de novembro), de pescas (Decreto-Lei n. 312/81, de 18 de novembro)[(49)], de ensino (Decreto-Lei n. 441-A/82, de 6 de novembro)[(50)] e de cultura (Decreto-Lei n. 313/81, de 19 de novembro)[(51)(52)].

Pese embora a diversidade de ramos, em qualquer uma destas cooperativas "a aquisição e manutenção da qualidade de membro da cooperativa dependerá, obrigatoriamente, da sua contribuição para a cooperativa com capital e trabalho"[(53)]. A contribuição de trabalho consistirá na prestação, segundo regras definidas pelos estatutos, pela assembleia geral ou pelo órgão de administração, da atividade profissional dos cooperadores no contexto da cooperativa[(54)]. Assim, nos termos da legislação complementar em que tipicamente, o cooperador é simultaneamente trabalhador, a regulação desta relação de trabalho cooperativo é devolvida à iniciativa cooperativa que se servirá das deliberações da assembleia geral, de regulamentos internos ou até de acordos entre a cooperativa e o trabalhador cooperador. Este é, de facto, um modelo alternativo — por referência ao contrato de trabalho — de prestação de trabalho, pois, sendo a cooperativa gerida democraticamente pelos cooperadores (também, por conseguinte, pelos trabalhadores cooperadores) estes participam nos processos de decisão necessários à regulação da prestação de trabalho. Espera-se, pois, neste modelo, que sendo as cooperativas organiza-

(43) Ley 27/1999, de 16 de julio, de Cooperativas, com a última alteração introduzida em 28.4.2015.

(44) FAJARDO & FICI & HENRŸ & HIEZ & MEIRA & MÜNKNER & SNAITH, 2017.

(45) FICI, 2017, p. 23.

(46) FICI, 2017, p. 23.

(47) Nos termos do art. 2º, 1, do Decreto-Lei n. 309/81, de 16 de novembro, as cooperativas do ramo da produção operária têm "por objeto principal a extração, bem como a produção e a transformação, de bens no sector industrial"

(48) Nos termos do art. 2.º, 1, do DL n. 323/81, "São cooperativas de serviços as que tenham por objeto principal a prestação de serviços, excetuados aqueles que se encontram expressamente abrangidos por legislação aplicável a outro ramo do sector cooperativo ". No que diz respeito ao objeto, as cooperativas de serviços podem, nos termos do art. 3º, n. 2, do DL n. 323/81, desenvolver atividades nas seguintes áreas: *a)* Transportes; *b)* Aluguer de máquinas e equipamentos; *c)* Assistência técnica; *d)* Distribuição; *e)* Comunicações; *f)* Exploração de estabelecimentos turísticos, hoteleiros e similares; *g)* Seguros; *h)* Solidariedade social.

(49) Nos termos do art. 2º do DL n. 312/81, de 18 de novembro, "são cooperativas de pesca as que tenham por objeto principal a exploração dos recursos vivos do mar, designadamente: a) A captura, a apanha, a cultura, a conservação, a transformação, a carga, o transporte, a descarga e a venda dos produtos de pesca e demais recursos vivos do mar, neste se incluindo o fundo do mar e as áreas sob jurisdição marítima; b) a extração, e tratamento e a venda do sal marinho".

(50) Nos termos do art. 2º, 1, do DL n. 441-A/82, de 6 de novembro, "São cooperativas de ensino as que tenham por objeto principal a manutenção de um estabelecimento de ensino".

(51) LEITE, 1994, p. 94 e nota 8; MARTINS, 2012-2013, p. 267.

(52) Em Espanha, de acordo com o art. 80.1 de la Ley 27/1999, de 16 de julho, "son cooperativas de trabajo asociado las que tienen por objeto proporcionar a sus socios puestos de trabajo, mediante su esfuerzo personal y directo, a tiempo parcial o completo, a través de la organización en común de la producción de bienes o servicios para terceros. También podrán contar con socios colaboradores. La relación de los socios trabajadores con la cooperativa es societaria".

(53) MEIRA & MARTINS & PIMENTA, 2017.

(54) Cfr. MEIRA & MARTINS & PIMENTA, 2017, p. 4-5.

ções autónomas, solidárias, de escopo mutualista, se organizem internamente, de modo a satisfazer as diversas necessidades dos cooperadores trabalhadores, no que diz respeito aos diversos aspetos relevantes para a prestação de trabalho.

Se bem virmos, a legislação complementar sobre os ramos de produção operária (Decreto-Lei n. 309/81, de 16 de novembro), de serviços, na modalidade de produtores de serviços (Decreto-Lei n. 323/81, de 4 de dezembro), de artesanato (Decreto-Lei n. 303/85, de 12 de novembro), de pescas (Decreto-Lei n. 312/81, de 18 de novembro), de ensino (Decreto-Lei n. 441-A/82, de 6 de novembro) e de cultura (Decreto-Lei n. 313/81, de 19 de novembro) data do início dos anos oitenta do século passado e, parece-nos, este é um facto relevante para o tema que nos ocupa.

Por um lado, esta legislação cooperativa complementar é anterior à Lei de Bases da Economia Social[(55)]. O que significa que tal legislação cooperativa complementar ainda não foi submetida ao processo de "desenvolvimento legislativo" exigido pelo art. 13.º da Lei de Bases da Economia Social que impõe a "revisão dos regimes jurídicos aplicáveis às" cooperativas (art. 13º, 2, *a*), da Lei de Bases da Economia Social).

Por outro lado, a legislação cooperativa complementar é anterior à Recomendação n. 193 da Organização Internacional do Trabalho, adotada na sessão de 3 de junho de 2002. A Organização Internacional do Trabalho recomenda que as políticas nacionais devem "(b) assegurar que não se instituam cooperativas, ou sejam usadas, como artifícios para escapar a obrigações laborais ou para mascarar relações de emprego, e combater falsas cooperativas que violam direitos laborais, garantindo a aplicação da legislação laboral em todas as empresas"[(56)].

No que à legislação cooperativa portuguesa diz respeito, não se encontra cumprida a Recomendação n. 193 da Organização Internacional de Trabalho. Nem o Código Cooperativo nem o Código do Trabalho prevê qualquer norma que assegure a aplicação das garantias próprias da legislação laboral aos cooperadores trabalhadores em Portugal. Como vimos, a legislação cooperativa portuguesa devolve à decisão da cooperativa (seja através de deliberações da assembleia geral, dos estatutos ou de regulamentos internos) a regulação dos termos e condições em que é prestado o trabalho cooperativo. O que pode não ser suficiente para garantir a proteção dos cooperadores trabalhadores.

O direito das sociedades anónimas (enquanto direito subsidiariamente aplicável às cooperativas, nos termos do art. 9º do Código Cooperativo) não poderá ser convocado para a regulação da relação que intercede entre o trabalhador cooperador e a cooperativa, por *inexistir analogia* entre o estatuto do trabalhador cooperador e o do acionista. Nas sociedades anónimas está proibida a *entrada* de sócio com trabalho (art. 277º, 1, do Código das Sociedades Comerciais), enquanto nas cooperativas o cooperador pode contribuir com serviços (art. 85º do Código Cooperativo)[(57)]; a sociedade anónima não é democrática, mas sim plutocrática; a cooperativa obedece ao princípio cooperativo da gestão democrática pelos membros; o acionista não tem o dever de participar na atividade da sociedade[(58)]; o cooperador tem o direito-dever de participar na atividade da cooperativa (arts. 21º, 1, a, 22º, 2, *c*, do Código Cooperativo); os cooperadores têm o dever de aceitar e exercer os cargos para os quais tenham sido eleitos (art. 22º, 2, *b*), do Código Cooperativo); nas sociedades comerciais e civis em forma comercial, o direito a ser designado para os órgãos de administração e de fiscalização da sociedade (art. 21º, 1, *d*), do Código das Sociedades Comerciais) não configura juridicamente um direito subjetivo, mas sim o direito a não ser excluído da possibilidade de ser designado[(59)].

---

(55) Lei n. 30/2013, de 8 de maio. Sobre a Lei de Bases da Economia Social, v. MEIRA, 2013.

(56) Organização Internacional do Trabalho, Recomendação 193, ponto n. 8, 1, *b*.

(57) O trabalho pode ser prestado por acionista à sociedade anónima em cumprimento de obrigação de prestação acessória (prestação esta que, como o art. 287º, 1, do Código das Sociedades Comerciais refere, acresce à obrigação de entrada e não a substitui) prevista no contrato de sociedade. E é ao abrigo deste regime da obrigação de prestações acessórias nas sociedades anónimas que o acionista poderá ficar obrigado a prestar trabalho subordinado à sociedade — neste sentido, v. MARTINS, 2018. Neste caso, aplicam-se a esta relação jurídica de trabalho subordinado as normas do contrato de trabalho. É o que resulta do art. 287º, 1, do CSC, quando este determina que "quando o conteúdo da obrigação corresponder ao de um contrato típico, aplicar-se-á a regulamentação legal própria desse contrato".

(58) Nos termos do art. 22º, 2, *c*) do Código Cooperativo, os cooperadores devem "participar nas atividades da cooperativa e prestar o trabalho ou serviço que lhes competir, nos termos estabelecidos nos estatutos". Sobre o dever de participar na atividade mutualista (isto é, de cooperar), v. FICI, 2018, que o considera "um dever essencial no contexto de uma empresa que tem um escopo mutualístico".

(59) Neste sentido, ABREU, 2021, p. 260.

Parece, pois, não haver razões para sustentar um juízo de analogia entre a situação do acionista que presta trabalho para a sociedade anónima em cumprimento de "obrigação de prestação acessória" (art. 287º do Código das Sociedades Comerciais) e o estatuto do cooperador- trabalhador.

Dito isto, põe-se a questão de saber qual é, em Portugal, o estatuto jurídico do cooperador-trabalhador. É o que tentaremos averiguar em seguida.

3. *A frágil condição de trabalhador-cooperador*

3.1. Heterogeneidade de modelos de regulação da relação entre cooperador trabalhador e cooperativa

Em Espanha, o art. 80.1 de la Ley n. 27/1999, de 16 de julho, estabeleceu que a "relação dos sócios trabalhadores com a cooperativa é societária". Esta solução tem duas consequências jurídicas: *a*) por um lado, coloca os sócios trabalhadores fora da proteção do direito do trabalho por não lhes ser reconhecida a qualidade de trabalhadores (se forem excetuadas as relações de Segurança Social e a prevenção de riscos laborais), nem por conta própria nem subordinados, situando o trabalho cooperativo no âmbito das relações mercantis e, mais especificamente, societárias; *b*) esta matéria fica na disponibilidade das regiões autónomas[(60)].

A jurisprudência espanhola retira outra consequência desta qualificação. Os trabalhadores cooperadores estão impedidos de ser serem sindicalizados; os possíveis conflitos existentes entre o trabalhador-cooperador e a cooperativa devem ser através solucionados democraticamente na assembleia[(61)].

No Brasil, o parágrafo único do art. 442 da Consolidação das Leis do Trabalho (CLT)[(62)] declara a inexistência de vínculo empregatício entre as cooperativas e seus associados: "Qualquer que seja o ramo de atividade da sociedade cooperativa, não existe vínculo empregatício entre ela e seus associados, nem entre estes e os tomadores de serviços daquela".

Em Itália, a Lei n. 142, relativa à "revisione della legislazione in materia cooperativistica, con particolare riferimento alla posizione del socio lavoratore", regula os direitos individuais e coletivos do cooperador trabalhador da cooperativa (art. 2º), determinando que aos cooperadores que são prestadores de trabalho subordinado é aplicável o disposto na Lei de 20 maio de 1970, n. 300, relativa à proteção da liberdade e dignidade dos trabalhadores, liberdade dos sindicatos e da atividade sindical no local de trabalho e disposições sobre o emprego. É garantida a aplicação das normas sobre higiene e segurança no trabalho aos cooperadores-trabalhadores. No que tange os direitos coletivos dos cooperadores-trabalhadores, admite-se que sejam consagradas formas específicas de exercício de direitos sindicais em sede de acordos coletivos entre associação nacionais do movimento cooperativo e as organizações sindicais de trabalhadores, comparativamente mais representativas (art. 2º da Lei n. 142).

São também reguladas matérias atinentes à remuneração do cooperador trabalhador, sendo estabelecido um liminar mínimo. A remuneração a prestar ao cooperador trabalhador não poderá ser inferior ao mínimo previsto, para prestações análogas, pela contratação coletiva nacional do setor ou da categoria afim ou, em caso de relação laboral não subordinada, na ausência de acordos coletivos, à remuneração média em uso para prestações análogas realizadas em forma de trabalho independente (art. 3º, 1, da Lei n. 142).

3.2. Em Portugal, contrato de trabalho ou "acordo de trabalho cooperativo"?

Nem o Código Cooperativo português nem a legislação complementar sobre os ramos cooperativos regula especificamente a relação jurídica entre a cooperativa e o trabalhador-cooperador. O Código de Trabalho[(63)] também não se pronuncia sobre esta questão. A doutrina e a jurisprudência dividem-se entre duas orientações fundamentais: *a*) a que defende que o cooperador trabalhador é um trabalhador subordinado e que é de natureza jus-laboralista a relação que se estabelece entre a cooperativa e o

(60) GARCÍA JIMÉNEZ, 2018, p. 4.
(61) GARCÍA JIMÉNEZ, 2018, p. 4.
(62) Introduzido pela Lei n. 8.949, de 9 de dezembro de 1994.
(63) Aprovado pela Lei n. 7/2009, de 12 de fevereiro, várias vezes alterada, sendo que a mais recente alteração foi introduzida pela Lei n. 93/2019, de 4 de setembro.

trabalhador cooperador, ou seja que entre a cooperativa (empregador) e o cooperador-trabalhador (trabalhador) se estipula um contrato de trabalho subordinado[(64)]; *b*) numa outra opinião, é defendido que o vínculo que une o cooperador trabalhador à cooperativa é um negócio misto apelidado de "acordo de trabalho cooperativo"[(65)], que não configura contrato individual de trabalho.

O Código Cooperativo de 2015 preocupou-se em identificar os direitos e os deveres dos cooperadores. Dos arts. 21º, 1, a, e 22º, 2, c, do Código Cooperativo resulta que a participação nas atividades da cooperativa configura, simultaneamente, um direito e um dever de cada cooperador. Além disso, "participar nas atividades da cooperativa e prestar o trabalho ou serviço que lhes competir, nos termos estabelecidos nos estatutos" (art. 22º, 2, *e*), do Código Cooperativo) é, inegavelmente, um dever integrado na *participação social* de cada cooperador-trabalhador[(66)].

A prestação de trabalho pelo cooperador à cooperativa é realizada ao abrigo de acordo mantido entre as duas partes. Podemos, pois, afirmar que "os membros cooperadores têm a "dupla qualidade" de membros da organização cooperativa e de contrapartes contratuais da cooperativa nas relações de (...) trabalho"[(67)]. Qual seja exatamente esse acordo, é juízo que não pode ser decidido aprioristicamente, como que deduzido do conceito de cooperativa e dos deveres dos cooperadores. Em algumas situações, entre a cooperativa e a cooperador trabalhador estipula-se um genuíno "acordo de trabalho cooperativo" que, por não implicar a subordinação jurídica, jamais poderá ser qualificado como contrato de trabalho. Esta é a qualificação que melhor expressa as particularidades das cooperativas em que obrigatoriamente se exige ao cooperador contribuição de capital e de trabalho. É essencial a esta qualificação que o cooperador-trabalhador tenha uma efetiva participação na vida democrática da cooperativa e na gestão do trabalho, de modo a que, perante as *circunstâncias concretas*, se possa afirmar que entre cooperativa e trabalhador não subsiste a subordinação jurídica deste último[(68)].

Não podemos ignorar que em outras situações entre o cooperador trabalhador e a cooperativa subsiste uma genuína relação de *subordinação jurídica* — o cooperador-trabalhador não tem uma efetiva participação na vida democrática da cooperativa, esta organiza verticalmente a realização do trabalho; o trabalhador cooperador cumpre horários e ordens emitidas pela cooperativa. E, nas circunstâncias concretas, atendendo às estipulações negociais e às condições de prestação do trabalho, cumprem-se as notas típicas do contrato de trabalho. O art. 11º do Código do Trabalho carateriza o contrato de trabalho como aquele "pelo qual uma pessoa singular se obriga, mediante retribuição, a prestar a sua atividade a outra ou outras pessoas, no âmbito de organização e sob a autoridade destas".[(69)].

Acresce que o art. 12º do Código do Trabalho contempla uma presunção legal *iuris tantum* de contrato de trabalho. De acordo com este preceito,

> 1 — Presume-se a existência de contrato de trabalho quando, na relação entre a pessoa que presta uma atividade e outra ou outras que dela beneficiam, se verifiquem algumas das seguintes características:
>
> a) A atividade seja realizada em local pertencente ao seu beneficiário ou por ele determinado;
>
> b) Os equipamentos e instrumentos de trabalho utilizados pertençam ao beneficiário da atividade;
>
> c) O prestador de atividade observe horas de início e de termo da prestação, determinadas pelo beneficiário da mesma;

---

(64) GOMES, 2007, p. 177; CARVALHO, 2012, p. 587- 594; RODRIGUES, 2011, p. 102.

(65) Neste sentido, v. LEITE, 1994, p. 89-108; MEIRA, 2009, p. 235-239; MARTINS, 2014, p. 31-53; MEIRA & MARTINS & FERNANDES, 2017, p. 7, ss.; MEIRA, 2018, p. 475.

(66) Não nos parece correto afirmar que o vínculo entre a cooperativa e o cooperador trabalhador tenha a sua origem "num vínculo de evidente cariz societário" — neste sentido pronuncia-se MARTINS, 2014, p. 271.

(67) Cfr. FICI, 2018, p. 137.

(68) Questão diferente é a de saber se a esta relação jurídica, assim qualificada, são ou não aplicáveis algumas das garantias previstas legalmente para a relação laboral. Sobre ela, v. MEIRA & MARTINS & FERNANDES, 2017, p. 25, ss.

(69) Já decidiu o Supremo Tribunal de Justiça que "Em situações de dificuldade de distinção entre os dois modelos contratuais e por forma a aferir se entre as partes vigora um contrato de trabalho ou um contrato de prestação de serviço, torna-se necessário proceder à análise do comportamento declarativo expresso nas estipulações contratuais e ainda à conduta dos contraentes na execução do contrato, recolhendo do circunstancialismo que o envolveu elementos do modelo típico do trabalhador subordinado ou do modelo da prestação de serviços, por modo a poder concluir-se, ou não, pela coexistência no caso concreto dos elementos definidores do contrato de trabalho". Cfr. Acórdão do Supremo Tribunal de Justiça de 9.03.2017, Relatora: Ana Luísa Geraldes, Processo 424/13.3TTVFR.P1.S1.

d) Seja paga, com determinada periodicidade, uma quantia certa ao prestador de atividade, como contrapartida da mesma;

e) O prestador de atividade desempenhe funções de direção ou chefia na estrutura orgânica da empresa.

Esta presunção visa responder às já diagnosticadas dificuldades de qualificação de certas estipulações acertadas entre quem recebe o trabalho/serviços e quem o presta. Trata-se de uma norma que protege o trabalhador, porque, por um lado, perante estes factos, o dispensa de provar o contrato de trabalho e, por outro lado, qualificando-se o negócio jurídico como contrato de trabalho, assegurar-se-lhe-á o acesso às garantias legais que este último proporciona.

Parece-nos que a circunstância de as partes serem a cooperativa e o cooperador não obsta juridicamente a que entre eles se estipule um contrato de trabalho válido[70]. E, por outro lado, parece não existir qualquer incompatibilidade legal, quer na legislação cooperativa complementar quer no Código Cooperativo, que obste a que um cooperador-trabalhador seja validamente contratado como trabalhador assalariado pela cooperativa.

Poder-se-á objetar que a subordinação do cooperador às ordens e instruções da cooperativa constitui um desvirtuamento dos princípios cooperativos, da matriz mutualística da cooperativa de trabalho e das regras sobre funcionamento e organização destas cooperativas. Poder-se-á, eventualmente, argumentar que a intencionalidade da lei ao prever "prestação de trabalho ou serviços", enquanto cumprimento do "dever dos cooperadores" (art. 22º, 2, *c*), do Código Cooperativo", foi a de enquadrar esta prestação do cooperador no contexto de um acordo de trabalho cooperativo e não no quadro legal do contrato de trabalho, por ser aquela a solução que melhor se concilia com os princípios cooperativos e com a "identidade" das "cooperativas de trabalho" que almejam à *cooperação* e não à subordinação. Será de questionar se a legislação cooperativa portuguesa exige que nas "cooperativas de trabalho" o trabalho dos cooperadores seja exclusivamente prestado ao abrigo do "acordo de trabalho cooperativo" ou se os estatutos da cooperativa (art. 22º, 2, *c*), do Código Cooperativo) podem admitir a coexistência com a prestação de trabalho realizado por cooperadores ao abrigo do contrato de trabalho.

A questão é pertinente. Recorde-se que a lei portuguesa não regulou imperativamente a relação entre a cooperativa e o cooperador-trabalhador; antes remeteu-a para o domínio da *iniciativa cooperativa*, considerando que os estatutos da cooperativa são instrumento adequado a consagrar tal regulação (art. 22.º, 2, *c*), do Código Cooperativo). O que na nossa opinião pode, de facto, constituir um indício de que cabe aos cooperadores, no momento da fundação da cooperativa, escolher o regime que melhor quadra com a atividade que estão a exercer. E não proíbe que, pelo menos, alguns cooperadores trabalhadores prestem o seu trabalho à cooperativa ao abrigo de contrato de trabalho.

Também não devemos ignorar que a ausência de normas legais imperativas pode propiciar simulados acordos de trabalho cooperativo que escondem verdadeiros contratos de trabalho desprovidos das inerentes garantias legais. Como se reconhece na doutrina portuguesa, há "casos em que os trabalhadores de cooperativas são pressionados para assumirem a posição de sócio, como forma de redução dos custos laborais"[71], mas, no caso concreto, não têm qualquer participação relevante na atividade da cooperativa. Simultaneamente, subsiste o risco inverso — "a camuflagem de verdadeiros «acordos de trabalho cooperativo» em contratos de trabalho, como forma de o cooperador trabalhador ver qualificado o seu vínculo como laboral para beneficiar de certos regimes aplicáveis aos trabalhadores subordinados."[72]

Por outro lado, um estudo elaborado em Portugal evidenciou que em "algumas cooperativas de grande dimensão se assiste a uma concentração da gestão da cooperativa numa estrutura dirigente, que se destaca dos cooperadores trabalhadores, os quais dificilmente poderão ser considerados empresários de si mesmos, a que acresce uma substituição progressiva dos princípios cooperativos por objetivos

(70) Também neste sentido já decidiu jurisprudência portuguesa: "Nada impede que o sócio de uma cooperativa seja simultaneamente seu trabalhador, sendo distintas e autónomas as relações jurídicas decorrentes dessas duas qualidades. II — É, aliás, o próprio diploma legal que regulamenta as cooperativas de serviços (Decreto-Lei n. 323/81) que admite expressamente a existência de contrato de trabalho subordinado (artigo 8, n. 3)." — Acórdão do Supremo Tribunal de Justiça de 22.9.1989, Processo 002255, Relator Salviano de Sousa (Relator).

(71) CARVALHO, 2012, p. 590.

(72) CARVALHO, 2012, p. 590.

capitalistas, colocando o cooperador trabalhador numa posição de especial fragilidade"[73].

A doutrina portuguesa, perante este quadro de não regulação do acordo que liga a cooperativa ao trabalhador ensaia a aplicação de determinadas normas imperativas retiradas do Código do Trabalho, de modo a que o regime da relação jurídica entre a cooperativa e o cooperador trabalhador deva "em alguns aspetos, ser temperado por princípios e normas de natureza laboral" que funcionariam como "limites laborais às regras cooperativas"[74].

Em síntese: em nossa opinião, a complexa questão jurídica do negócio jurídico que se estipula entre cooperativa e trabalhador não pode ser respondida apriorística e dogmaticamente a partir da "natureza jurídica" desta relação, mas só pode ser devidamente caraterizada a partir das *estipulações das partes* e das *circunstâncias em que tal trabalho é prestado*. Só desta forma se conseguirá identificar e distinguir entre genuínos e simulados "acordos de trabalho cooperativo". E este não é um problema menor, como veremos em seguida.

4. *Falsas cooperativas de trabalho e a miragem de trabalho digno*

A criação de "cooperativas de trabalho" e a submissão destas aos princípios cooperativos não garantem, por si só, que elas não sejam degradadas em instrumentos de exploração de trabalhadores, em mecanismos de precarização e de retrocesso na aspiração a trabalho digno.

A Organização Internacional do Trabalho mostra estar consciente de potenciais práticas de degradação das cooperativas em instrumentos prejudiciais aos direitos dos trabalhadores. Por isso, a Recomendação n. 193 alerta que as políticas nacionais devem "(b) assegurar que não se instituam cooperativas, ou sejam usadas, como artifícios para escapar a obrigações laborais ou para mascarar relações de emprego, e combater falsas cooperativas que violam direitos". A Declaração Universal sobre as Cooperativas de Trabalho enfatiza que o funcionamento interno destas organizações deve evitar que elas se tornem instrumentos de precarização das condições de prestação de trabalho ou que se degradem em intermediários na colocação de trabalhadores.

Na experiência brasileira, estudos empíricos identificaram o fenómeno das "cooperfraudes"[75], que se traduz em falsas cooperativas de trabalho que exploram mão de obra barata, sem direitos nem proteção[76].

A doutrina espanhola, na sequência do que fez a Organização Internacional do Trabalho em 2014, alerta para o fenómeno das "falsas cooperativas" e das consequências nefastas em matéria de proteção dos trabalhadores. Foram identificadas organizações que obrigam os trabalhadores a tornarem-se cooperadores; em que não há a participação destes na vida da cooperativa e em que a decisão é tomada verticalmente. O objetivo desta fraude é a cooperativa-empregador furtar-se ao cumprimento dos seus deveres e responsabilidades jurídico-laborais, tornando mais frágil e menos protegida a posição dos trabalhadores que ficam privados dos direitos laborais[77].

Em alguns casos, a cooperativa — muitas vezes operando através de plataformas — atua como intermediária na colocação de trabalhadores independentes. O cooperador é registado no RETA (Régimen Especial de Trabajadores Autónomos); a fatura é emitida em nome do cooperador, a cooperativa encarrega-se de a cobrar, envia o dinheiro ao cooperador-trabalhador independente retendo para si os custos e a sua comissão. E o cooperador-trabalhador independente não contribui para o RETA até à emissão da próxima fatura.

Na experiência espanhola, há denúncias de falsas cooperativas no setor das carnes e dos transportes.

(73) MEIRA & MARTINS & FERNANDES, 2017, p. 11.

(74) LEITE, 1994, p. 105.

(75) PICCININI, Valmiria. Cooperativas de Trabalho de Porto Alegre e Flexibilização do Trabalho. *SOCIUS Working Papers*, n. 8/2005, p. 6, 2005.

(76) PICCININI, Valmiria. Cooperativas de Trabalho de Porto Alegre e Flexibilização do Trabalho. *SOCIUS Working Papers*, n. 8/2005, p. 6, 2005.

(77) Manuel García Jiménez, "Falsas cooperativas, usos abusivos y derechos de los trabajadores. Análisis jurisprudencial y propuestas de actuación", *CIRIEC-España. Revista Jurídica* n. 33/2018, p. 24, refere que em alguns setores a obtenção do emprego depende de prévia aquisição da qualidade de cooperador de uma "cooperativa de trabajo associado", que, contudo, não beneficia dos direitos que são reconhecidos a trabalhadores dependentes.

No setor das carnes, algumas empresas trabalham como cooperativas que os sindicatos afirmam ser "falsas cooperativas com falsos independentes". Segundo esta denúncia, os trabalhadores (-formalmente cooperadores) são obrigados a registarem-se como trabalhadores independentes (junto do RETA) quando de facto, prestam o seu trabalho como trabalhadores subordinados, mas poupando à empresa cooperativa os custos laborais que o regime do contrato de trabalho implica para o empregador.

No setor dos transportes, o "*modus operandi*" das falsas "cooperativas de trabalho associado" e dos falsos cooperadores e trabalhadores independentes ficou documentado na sentença do *Juzgado de lo Social* n. 2 de Elche, com a data de 25 de novembro de 2015, e encontra-se sumariado na sentença de Tribunal Supremo, *Sala de lo Social*, no recurso n. 3513/2016, com a data de 18 de maio de 2018.

A sentença do *juzgado de lo social 2* de Elche de 25 de novembro de 2015, autos 295/2015, analisou o caso de um cooperador de cooperativa de *trabajo asociado* e o testemunho deste cooperador revelou que a cooperativa em causa não dispunha da mais elementar estrutura material ou organizativa. A cooperativa era titular da autorização administrativa de transporte, formalizava um contrato de prestação de serviços com uma empresa do mesmo setor que é a proprietária dos veículos e que os aluga à cooperativa que, por sua vez, os põe à disposição do motorista. No entanto, é a empresa a quem são prestados os serviços de motorista que dispõe dos clientes, que organiza o trabalho dos motoristas, as rotas e que cuida de todos os aspetos relativos ao transporte, de tal modo que trata diretamente com os motoristas, sem a intervenção da cooperativa. Por conseguinte, a cooperativa de trabalho associado tão só fornece a autorização administrativa, a mão de obra que põe à disposição da empresa transportadora com o propósito de se furtar às exigências posta pelo art. 1.3. *g*, do *Estatuto de los Trabaladores* e para excluir do âmbito laborar a prestação de serviços de transporte[(78)].

O Supremo Tribunal conclui que:

> la singularidad, complejidad e indeterminación en muchos aspectos del régimen jurídico aplicable a las cooperativas de trabajo asociado no puede servir de cobertura puramente formar para burlar en fraude de ley la norma legal, con la finalidad de eludir las previsiones con las que se ha querido evitar la reiterada utilización de la figura del falso autónomo en el ámbito del transporte de mercancías por carretera como mecanismo de huida del derecho del trabajador, que en su devenir histórico ha motivado las reformas legales a las que hemos hecho alusión, justamente para reconducir la situación a los términos en los que el legislador ha querido restringirla[(79)].

Acrescenta esta sentença do Supremo Tribunal, quando interpreta o art. 80 da Lei das Cooperativas, que o que carateriza as cooperativas de trabalho é a "organização em comum da produção de bens ou serviços para terceiros"[(80)]. O Supremo Tribunal conclui que, tendo em conta a comprovada inexistência de verdadeira atividade económica da cooperativa, a factualidade descrita na sentença configura o "uso fraudulento de la forma societária".

Para restaurar a proteção dos trabalhadores-cooperadores das "cooperativas de trabalho associado", os sindicados propõem a alteração legislativa que reconheça que é de natureza laboral a relação entre a cooperativa e o trabalhador cooperador. Para além disso, recusando a abordagem "one size fits all", propõem regras distintas, consoante o número de cooperadores da cooperativa, sendo que nas cooperativas com mais de 10 trabalhadores cooperadores a relação é legalmente caraterizada como de natureza jurídico-laboral[(81)].

5. *Transição digital e a exigência ética de "human-in-command"*

Na era da chamada 4ª Revolução Industrial ou Indústria 4.0, as cooperativas, direta ou indiretamente, serão tocadas pela disrupção trazida pela *internet* das coisas, os *robots*, a inteligência artificial, *big data, blockchain* ou *machine learning*. Esta é uma

(78) Determina o art. 3º, *g*, do Estatuto dos Trabalhadores (Real Decreto Legislativo n. 2/2015, de 23 de octubre, por el que se aprueba el texto refundido de la Ley del Estatuto de los Trabajadores) que "se entenderá excluida del ámbito laboral la actividad de las personas prestadoras del servicio de transporte al amparo de autorizaciones administrativas de las que sean titulares, realizada, mediante el correspondiente precio, con vehículos comerciales de servicio público cuya propiedad o poder directo de disposición ostenten, aun cuando dichos servicios se realicen de forma continuada para un mismo cargador o comercializador".

(79) Ponto 5, da sentença do Supremo Tribunal.

(80) Ponto 6, da sentença do Supremo Tribunal.

(81) GARCÍA JIMÉNEZ, 2018.

mudança que traz oportunidades para cooperativas e cooperadores e, simultaneamente, ameaças de vária ordem. Entre as oportunidades considerem-se, a título de exemplo, novas formas de produzir — de que podemos dar o exemplo da *smart-agriculture* —, novas formas de organização, reforço da participação democrática dos cooperadores na vida da cooperativa (novas formas de comunicação que tornam irrelevante a distância geográfica), práticas ambientalmente sustentáveis (considere-se, na agricultura, a redução do consumo da água ou a redução de uso de pesticidas, em razão de uso de novas tecnologias), novos empregos e novas formas de prestar o trabalho.

Assim, as novas tecnologias também devem ser postas ao serviço da promoção da participação democrática, de apoio à gestão democrática da cooperativa, da aproximação dos cooperadores à cooperativa, da transparência na gestão, da prevenção de conflitos de interesses, da comunicação com a comunidade, da formação e informação cooperativas. E, não menos importante, as novas tecnologias propiciam que os cooperadores-trabalhadores prestem o trabalho remotamente ou através de plataformas.

Simultaneamente, há o "lado negro", distópico, associado a esta revolução digital que ameaça a decisão humana, a privacidade dos cidadãos e dos trabalhadores(82), a segurança nas transações (pense-se na intensificação dos ciberriscos) e a dignidade no trabalho.

Na União Europeia, a Comissão Europeia lançou as "Orientações Éticas para uma IA de confiança"(83) que identificam os requisitos essenciais a que deve obedecer a inteligência artificial fiável. A Comissão Europeia refere, como sendo o primeiro desses requisitos, a "iniciativa e controlo por humanos: os sistemas de IA devem ser conducentes a sociedades equitativas, apoiando a iniciativa humana e os direitos fundamentais sem diminuir, limitar nem orientar indevidamente a autonomia humana".

As "Orientações Éticas para uma IA de confiança" identificam os "princípios éticos e respetivos valores que têm de ser respeitados durante o desenvolvimento, a implantação e a utilização dos sistemas de IA". É absolutamente crucial "Desenvolver, implantar e utilizar os sistemas de IA de uma forma consentânea com os princípios éticos de: respeito da autonomia humana, prevenção de danos, equidade e explicabilidade". Simultaneamente, há que "reconhecer e ter presente que, embora tragam importantes benefícios para os indivíduos e a sociedade, os sistemas de IA apresentam também alguns riscos e são suscetíveis de ter um impacto negativo, incluindo impactos que podem ser difíceis de prever, identificar ou medir (p. ex., na democracia, no Estado de direito e na justiça distributiva, ou na própria mente humana). Adotar medidas adequadas para atenuar estes riscos quando necessário e proporcionalmente à dimensão do risco."

Certamente que as cooperativas devem aproveitar os benefícios das novas tecnologias, da robotização e da inteligência artificial. E ninguém duvida que estas ferramentas tecnológicas impulsionarão inovadoras alterações organizacionais e, em particular, na prestação do trabalho por parte dos trabalhadores-cooperadores. É decisivo que, no contexto das cooperativas, o planeamento e concretização de tais mudanças sejam enquadrados pelos valores e princípios cooperativos e tendo em conta as mais recentes orientações éticas relativas à utilização da inteligência artificial. E, por consequência, parece que as promessas do robot-administrador não são compatíveis com a matriz identitária das cooperativas.

6. *Conclusão*

A aspiração a trabalho digno para todos, erguida a 8º Objetivo de Desenvolvimento sustentável, é um dos propósitos históricos e atuais do movimento cooperativo. As cooperativas de trabalho, presentes nas mais variadas geografias, podem ser um dos instrumentos de promoção do trabalho digno para os trabalhadores cooperadores, na medida em que sejam aplicados e respeitados os princípios cooperativos.

O direito cooperativo português não prevê especificamente o ramo trabalho; mas prevê vários ramos cooperativos em que o trabalhador deve prestar trabalho para a cooperativa. A legislação complementar relativa a estes ramos cooperativos data dos anos oitenta do século passado e não foi submetida ao processo de "desenvolvimento legislativo" exigido pelo art. 13º da Lei de Bases da Economia Social. Denota-se, por isso, que a legislação cooperativa

(82) Sobre as diversas formas de vigilância sobre o trabalhador que podem pôr em crise a dignidade da pessoa humana, v. RODRÍGUEZ ESCANCIANO, 2018.
(83) Cfr. GRUPO DE PERITOS DE ALTO NÍVEL SOBRE A INTELIGÊNCIA ARTIFICIAL (2019). Acesso em: 21 fev. 2021.

complementar indica uma certa desatualização normativa que urge superar, designadamente no que toca à previsão de garantias legais que protejam o trabalhador-cooperador contra práticas de falsas cooperativas de trabalho e nocivas formas de exploração.

O Código Cooperativo português devolve aos estatutos da cooperativa a tarefa de regular a relação entre cooperador-trabalhador e a cooperativa confiando, pois, à iniciativa cooperativa a tarefa de encontrar o regime que melhor cumpra os princípios cooperativos. Na doutrina e na jurisprudência portuguesas permanece a controvérsia em torno da qualificação do negócio jurídico celebrado entre a cooperativa e o cooperador trabalhador. Defende-se neste trabalho que esta qualificação não deve ser decidida aprioristica e dogmaticamente, mas deve atender às estipulações das partes e às concretas circunstâncias em que o trabalho é prestado.

O artigo defende que não há obstáculo legal a que a cooperativa de trabalho celebre contrato de trabalho válido com o trabalhador cooperador, embora se reconheça que esta relação de subordinação não se concilia com a matriz identitária da cooperação própria das cooperativas e, também, das cooperativas de trabalho.

A transformação digital nas cooperativas — e também nas cooperativas de trabalho — e as adaptações que ela exige devem ser enquadradas a partir dos valores e princípios cooperativos. Não cumprem estas exigências éticas as falsas cooperativas que, através de plataformas digitais recrutam trabalhadores a quem exigem que se tornem cooperadores que, sob esta falsa qualidade, prestam de facto trabalho subordinado a entidades terceiras. Sendo inevitável a transição digital nas cooperativas, ela necessitará de regulação pública que assegure os princípios éticos do respeito da autonomia humana, prevenção de danos, equidade e explicabilidade e que preserve a democracia cooperativa. É essencial preservar o *"human in command"*.

7. *Referências*

ABREU, J. M. Coutinho de. Artigo 1º. In: ABREU, J. M. Coutinho de (coord.). *Código das Sociedades Comerciais em comentário*. 2. ed. Coimbra: Almedina, 2017. v. I.

______ . Artigo 9º- Direito subsidiário. In: MEIRA, Deolinda; RAMOS, Maria Elisabete (coord.). *Código Cooperativo anotado*. Coimbra: Almedina, 2018.

______ . *Curso de direito comercial. Das sociedades*. 7. ed. Coimbra: Almedina, 2021. v. II.

______ . *Da empresarialidade* — as empresas no direito. Coimbra: Almedina. 1999.

ANTUNES, Margarida. Política de emprego e políticas de emprego na economia social. In: GARRIDO, Álvaro; ESTANQUE, Elísio; ANTUNES, Margarida *et al*. Economia social. *Olhares cruzados*. Coimbra: Almedina, 2019.

CARVALHO, Catarina Oliveira. Qualificação da relação jurídica entre cooperador e cooperativa: contrato de trabalho ou acordo de trabalho cooperativo? In: MEIRA, Deolinda Aparício *et al*. *Jurisprudência Cooperativa Comentada*. Obra coletiva de comentários a acórdãos da jurisprudência portuguesa, brasileira e espanhola. Lisboa: Imprensa Nacional-Casa da Moeda, 2012.

CASES — Cooperativa António Sérgio para a Economia Social. *Relatório Demografia do Setor Cooperativo*, 2020. Disponível em: <https://www.cases.pt/relatorio-demografia-do-setor-cooperativo-2019/>. Acesso em: 13 fev. 2021.

CICOPA — International Organization of Industrial and Service Cooperatives. *World declaration on worker cooperatives*. Cartagena, 2005.

CORDEIRO, António Menezes. *Direito das sociedades*. 3. ed. Coimbra: Almedina, 2011. I. Parte Geral.

CORREIA, Miguel Pupo. *Direito comercial* — Direito da empresa. 13. ed. Colaboração de A. J. Tomás e O. C. Paulo. Lisboa: Ediforum, 2011.

CRACOGNA, Dante. The statute of Mercosur Cooperatives. In: CRACOGNA, Dante; FICI, Antonio; HENRŸ, Hagen (ed.). *International Handbook of Cooperative Law*, springer 2013.

______ . The framework law for the cooperatives in Latin America. *International Handbook of Cooperative Law*, springer 2013.

CEDEFOP —European Centre for the Development of Vocational Training. *Skill shortages and gaps in European enterprises:* striking a balance between vocational education and training and the labour market. Luxembourg: Publications Office, 2015.

FAJARDO, Gemma; FICI, Antonio; HENRŸ, Hagen *et al*. *Principles of European Cooperative Law. Principles, Commentaries and National Reports*. Cambridge: Intersentia, 2017.

FERNANDES, Tiago Pimenta. Artigo 4º — Ramos do setor cooperativo. In: MEIRA, Deolinda; RAMOS, Maria Elisabete (coord.). *Código Cooperativo anotado.* Coimbra: Almedina, 2018.

FICI, Antonio. Artigo 22º — Deveres dos cooperadores. In: MEIRA, Deolinda; RAMOS, Maria Elisabete (coord.). *Código Cooperativo anotado.* Coimbra: Almedina, 2018.

______ . Chapter 1. Definition and objectives of cooperatives. In: FAJARDO, Gemma; FICI, Antonio; HENRŸ, Hagen *et al. Principles of European Cooperative Law. Principles, Commentaries and National Reports.* Cambridge: Intersentia, 2017.

______ . Governance e Partecipazione del Socio nelle Cooperative di Lavoro. *Euricse Working Papers,* 86 | 16, 2016.

______ . El papel esencial del derecho cooperativo. CIRIEC-España. *Revista Jurídica* n. 27, 2015.

______ . The European Cooperative Society Regulation. In: CRACOGNA, Dante; FICI, Antonio; HENRŸ, Hagen (ed.). *International Handbook of Cooperative Law,* springer 2013.

FRADA, Manuel Carneiro da; GONÇALVES, Diogo Costa. A acção ut singuli (de responsabilidade civil) e a relação do Direito cooperativo com o direito das sociedades comerciais. *Revista de Direito das Sociedades,* I, 2009.

GARCÍA JIMÉNEZ, Manuel. Falsas cooperativas, usos abusivos y derechos de los trabajadores. *Análisis jurisprudencial y propuestas de actuación, Revista Jurídica,* CIRIEC-España, n. 33, 2018.

GOMES, Júlio. *Direito do Trabalho.* Coimbra: Coimbra, 2007. v I: Relações Individuais de Trabalho.

GONÇALVES, Luiz Cunha. *Comentário ao Código Comercial Português.* Lisboa: Empreza, J. B., 1914. v. 1.

GRUPO DE PERITOS DE ALTO NÍVEL SOBRE A INTELIGÊNCIA ARTIFICIAL. *Orientações éticas para uma IA de confiança.* 8 de abril de 2019. Disponível em: <https://op.europa.eu/pt/publication-detail/-/publication/d3988569-0434-11ea-8c1f-01aa75ed71a1/language-pt>. Acesso em: 21 fev. 2021.

HENRŸ, H. *Guidelines for cooperative legislation.* 13. ed. Geneva: ILO, 2012.

INSTITUTO NACIONAL DE ESTATÍSTICA. *Objetivos de Desenvolvimento Sustentável — Agenda 2030.* Indicadores para Portugal — 2010/2019. Lisboa, 2020.

INTERNATIONAL LABOUR ORGANIZATION. *ILO Monitor:* COVID-19 and the world of work. Seventh edition Updated estimates and analysis. Disponível em: <https://www.ilo.org/wcmsp5/groups/public/---dgreports/---dcomm/documents/briefingnote/wcms_767028.pdf>. Acesso em: 22 fev. 2021.

INTERNATIONAL LABOUR ORGANIZATION. *The Story of the ILO's Promotion of Cooperatives Recommendation, 2002 (No.193)* — A review of the process of making ILO Recommendation n.193, its implementation and its impact. Geneva: ILO, 2015.

LEITE, Jorge. Relação de trabalho Cooperativo. *Questões Laborais,* ano I, n. 2, 1994.

MAFFIOLETTI, Emanuelle Urbano. O regime jurídico brasileiro das sociedades cooperativas — uma breve reflexão sobre a adequação das normas societárias em face da orientação internacional de integração dos mercados e o desenvolvimento das cooperativas. CIRIEC-España. *Revista Jurídica* n. 25, 2014.

MARTINS, Alexandre de Soveral. Artigo 287º — Obrigação de prestações acessórias. In: ABREU, J. K. de Coutinho de (coord.). *Código das Sociedades Comerciais em comentário.* 2. ed. Coimbra: Almedina, 2018. v. V.

MEIRA, Deolinda. Artigo 85º — Contribuições em trabalho e serviços. In: MEIRA, Deolinda; RAMOS, Maria Elisabete (coord.). *Código Cooperativo anotado.* Coimbra: Almedina, 2018.

______ . A Lei de Bases da Economia Social portuguesa: do projeto ao texto final. CIRIEC-España. *Revista Jurídica* n. 24/2013.

______ . Revisitando o problema da distinção entre excedente cooperativo e lucro societário. *II Congresso Direito das Sociedades em Revista,* Coimbra: Almedina, 2012.

______ . *O regime económico das cooperativas no direito português* — o capital social. Porto: Vida Económica, 2009.

______ . A natureza jurídica da cooperativa. Comentário ao Acórdão do Supremo Tribunal de Justiça de 5 de fevereiro de 2002 (Garcia Marques). *Revista de Ciências Empresariais e Jurídicas,* 2006.

MEIRA, Deolinda; RAMOS, Maria Elisabete. Lei Basilar das Cooperativas. Memórias de uma lei precursora e contraditória. *Revista da Ordem dos Advogados,* ano 77, v. I/II, jan./jun. 2017.

MOREIRA, Teresa Coelho. A proteção de dados pessoais dos trabalhadores em Portugal. In: NOVOA,

César García; IGLESIAS, Diana Sntiago (dir.); MENOR, Cizur. *4ª Revolución industrial:* impacto de la automatización y la inteligência artificial en la sociedad y la economía digital. Navarra: Thomson Reuters/Aranzadi, 2018.

NAMORADO, Rui. *O essencial sobre cooperativas*. Lisboa: Imprensa Nacional Casa da Moeda, 2013.

______. *Cooperatividade e direito cooperativo* — estudos e pareceres. Coimbra: Almedina, 2005.

______ . *Introdução ao direito cooperativo*. Coimbra: Almedina, 2000.-

ORGANIZAÇÃO DAS NAÇÕES UNIDAS. *Objetivos de Desenvolvimento Sustentável*. Disponível em: <https://unric.org/pt/objetivos-de-desenvolvimento-sustentavel/>. Acesso em: 9 fev. 2021.

ORGANIZAÇÃO INTERNACIONAL DO TRABALHO. *A Agenda para o trabalho digno*. Disponível em: <https://www.ilo.org/global/topics/decent-work/lang--en/index.htm>. Acesso em: 15 fev. 2021.

PICCININI, Valmiria. Cooperativas de Trabalho de Porto Alegre e Flexibilização do Trabalho. *SOCIUS Working Papers*, n. 8, 2005.

RAMOS, Maria Elisabete. Da responsabilidade dos dirigentes e gestores das cooperativas — uma introdução. *Cooperativismo e Economía Social*, 32 (2009-2010).

RODRIGUES, José António. *Código Cooperativo* — anotado e comentado e Legislação Cooperativa. 4. ed. Lisboa: Quid Iuris, 2011.

RODRÍGUEZ ESCANCIANO, Susana. Las nuevas relaciones laborales en las empresas digitales y el control empresarial. In: NOVOA, García César; IGLESIAS, Dianna Santiago; MENOR, Cizur (dir.). *4ª revolución industrial:* impacto de la automatización y la inteligencia artificial en la sociedad y la economía digital. Aranzadi: Thomson Reuters, 2018.

VILLALBA SÁNCHEZ, Allicia. La evolución de la subordinación del trabajador durante la cuarta revolución industrial. In: NOVOA, García César; IGLESIAS, Dianna Santiago; MENOR, Cizur (dir.). *4ª revolución industrial:* impacto de la automatización y la inteligencia artificial en la sociedad y la economía digital. Aranzadi: Thomson Reuters, 2018.

WALWEI, Ulrich. Digitalization and structural labour market problems: The case of Germany. *ILO Research Paper* n. 17, International Labour Office 2016.

XAVIER, Vasco Lobo. *Sociedades comerciais.* Lições aos alunos de Direito Comercial do 4.º ano jurídico. Coimbra, 1987.

Crise Socioeconômica e a Precarização da Classe-que-Vive-do-Trabalho no Brasil: Considerações sobre o "Breque dos Apps" em 2020

Humberto Bersani(1)
Júlia Cardozo Fidalgo Ramos(2)
Paola Fernanda Silva Mineiro(3)

1. *Introdução*

O presente artigo tem como objetivo colocar à disposição algumas reflexões do processo neoliberal de transformação da relação capital-trabalho. Não se pretende esgotar o assunto, mas tão somente investigar os caminhos obscuros que atravessam a classe trabalhadora.

A análise pretendida será realizada por meio de estudos bibliográficos, notadamente pela exploração conceitual do fenômeno da *uberização*, que consiste em formato de trabalho precário, informal e flexível que, perversamente, está contextualizado com base na retórica capitalista do "empreendedorismo". Em termos de referenciais teóricos, a investigação terá como ponto de partida os estudos realizados por Ricardo Antunes e Ludmila Costhek Abílio, ambos pesquisadores da Sociologia do Trabalho. O objetivo central concerne à compreensão da crise social provocada pelo neoliberalismo, bem como o aprofundamento da precarização das relações de trabalho e o impulso para a organização de trabalhadores em junho de 2020, conhecido como "Breque dos Apps".

Primeiramente, verifica-se a lógica neoliberal inserida mediante discurso empreendedor, da não-neutralidade, isto é, a parcialidade da tecnologia inserida nas relações de trabalho a serviço do capital e, assim, como se deu a disseminação do trabalho por aplicativos no Brasil.

A seguir, a análise se dá sobre as características de trabalho precário, o perfil desses trabalhadores e a realidade enquanto estrutura informal e precarizada do trabalho realizado.

Com isso, consideram-se as razões para o impulso da organização dos trabalhadores em escala nacional, denominado e divulgado como "#BrequeDosApps"(4), uma resposta insurgente da classe-que-vive-do-trabalho para a crise socioeconômica no contexto neoliberal.

2. *Empreendedorismo e disseminação do trabalho por aplicativos no Brasil*

A discussão acerca da relação capital-trabalho é imprescindível para a compreensão do contexto em que se insere a classe-que-vive-do-trabalho, marcado por um cenário de flexibilização das leis trabalhistas, bem como pelo aumento de desemprego e aplicação de políticas neoliberais.

Como bem observa Ricardo Antunes (2018, p. 159), o modo de produção se adequa ao formato de competitividade e flexibilidade de acumulação do

---

(1) Professor adjunto da Faculdade de Direito da Universidade Federal de Uberlândia (UFU), pesquisador associado do Núcleo de Estudos Afro-Brasileiros (NEAB) e docente da Clínica de Enfrentamento ao Trabalho Escravo (CETE), ambas na mesma instituição. Doutor em Direito pela Faculdade de Direito da Universidade de São Paulo. Endereço eletrônico: hbersani@gmail.com

(2) Graduanda em Direito pela Pontifícia Universidade Católica de Campinas. Endereço eletrônico: jfidalgo.jf@gmail.com

(3) Graduanda em Direito pela Pontifícia Universidade Católica de Campinas. Endereço eletrônico: paolamineiro@gmail.com

(4) O símbolo "#", denominado *hashtag*, está atrelado a temas indexados nas redes sociais. Por isso, a *hashtag* "#BrequeDosApps" se expandiu no contexto do movimento em estudo.

capital[5], combinado ao processo de tecnologias avançadas, pela busca da melhor qualificação do trabalho e, em contrapartida, a intensificação da exploração da força de trabalho.

A ascensão neoliberal desorganizou o tripé que sustentava a economia brasileira (capitais nacional, estrangeiro e estatal), reduzindo de forma expressiva o setor produtivo do Estado, com a alteração significativa da estrutura e composição das classes dominantes, uma vez que, com maior internacionalização da economia, amplos setores da burguesia nacional e do setor produtivo estatal foram incorporados ou se associaram ao capital externo (ANTUNES, 2018, p. 135).

Como símbolo desse processo de estruturação neoliberal, tem-se a flexibilização e a informalidade, ambas fundamentais para a precarização da classe trabalhadora:

> Se a informalidade (que ocorre quando o contrato empregatício não obedece à legislação social protetora do trabalho) não é sinônimo direto de precariedade, sua vigência expressa formas de trabalho desprovidas de direitos e, por isso, encontra clara similitude com a precarização. A flexibilização do trabalho no Brasil tem sido [..] importante instrumento utilizado pelas empresas para burlar a legislação social do trabalho (ANTUNES, 2018, p. 135)

Assim, vale destacar que a classe-que-vive-do-trabalho, isto é, a classe que compreende os assalariados em sua totalidade, homens e mulheres sobrevivem através da venda da sua força de trabalho e são despossuídos dos meios de produção (ANTUNES, 2003, p. 230) foi introduzida ao fenômeno da uberização que compreende

> Uma expressão do *modos de ser* do trabalho que se expandem nas plataformas digitais, em que as relações de trabalho são cada vez mais individualizadas (sempre que possível) e invisibilizadas, de modo a assumir a *aparência* de prestação de serviços. (FILGUEIRAS e ANTUNES, 2020, p. 6)

Nesse sentido, a primeira característica do trabalho *uberizado* é a ausência de garantias jurídico-trabalhistas inerentes à proteção e segurança do trabalho, bem como à jornada e estabilidade e, por fim, aos riscos e custos da atividade. Em linhas gerais, o trabalhador trabalha em função de sua própria necessidade de renda, é proprietário da própria força de produção e arca com os riscos do próprio "negócio". Como bem colocado por Abílio (2019), trata-se de um autogerenciamento subordinado

> A uberização conta com um gerenciamento de si que, entretanto, é subordinado e controlado por novos meios, que hoje operam pela automatização em dimensões gigantescas de extração e processamento de dados; estão em jogo novas formas de gerenciamento, controle e vigilância do trabalho, por meio das programações algorítmicas. (ABÍLIO, 2019, p. 2)

A mencionada forma de exploração da força de trabalho se opera sobre os trabalhadores de maneira agressiva, utiliza-se da léxica capitalista de empreendedorismo que é combinado a aplicação de políticas neoliberais, classificando os trabalhadores como

> 'empreendedores', uma mescla de burguês-de-si-próprio e proletário-de-si-mesmo. Mas é bom recordar que há várias resistências nos espaços de trabalho e nas lutas sindicais a essas formas de trabalho que procuram ocultar seu assalariamento, por meio do mito do trabalho autônomo (ANTUNES, 2018, p. 39)

Isso ocorre, para Abílio (2019), como uma transferência de responsabilidades, isto é, o desemprego deixa de ser uma questão social e se desloca para a individualização e responsabilização da sobrevivência do próprio indivíduo, em um contexto de incerteza e precariedade. O discurso empreendedor, ao que concerne à *uberização*, constitui fator obscurecedor da relação capital-trabalho, pois transmite a ideia de que o trabalhador não é subordinado, mas sim "chefe de si mesmo".

Observado esse contexto, as empresas que disponibilizam serviços através de plataformas digitais e aplicativos, se utilizando desse formato de exploração da força de trabalho, ganham forma no mercado de trabalho. Por sua vez, se apresentam como mediadoras entre oferta e procura, sustentando sua atuação ser parte do *e-marketplace* (comércio eletrônico/virtual), como afirmam Sabino e Abílio (2019). Somado a isso, há a alegação de que os trabalhos realizados por meio das plataformas digitais e apps constituem

(5) "A flexibilidade ou flexibilização constitui hoje uma espécie de síntese ordenadora dos múltiplos fatores que fundamentam as alterações na sociabilidade do capitalismo contemporâneo. Do ponto de vista de seu impacto nas relações de trabalho, a flexibilização se expressa na diminuição drástica das fronteiras entre atividade laboral e espaço da vida privada, no desmonte da legislação trabalhista, nas diferentes formas de contratação da força de trabalho e em sua expressão negada, o desemprego estrutural". (ANTUNES, 2018, p. 159)

renda extra, ou então, uma "oportunidade" de realizar atividades quando e onde querem:

> Impõem aos/às trabalhores/as, quase sempre, o rótulo de autônomos/as, sendo que são remunerados por tarefa ou lapsos temporais mínimos (como horas), sem qualquer garantia de jornada e remuneração, o que acarreta implicações importantes na dinâmica da gestão e controle da força de trabalho (dada a ausência de compromisso explícito de continuidade). (FILGUEIRAS e ANTUNES, 2020, p. 64)

Como apontam Sabino e Abílio (2019), a autonomia descrita no discurso empreendedor é descolada da realidade, pois a jornada e a distribuição do trabalho são administradas pelas plataformas digitais, o que interfere intensamente na limitação da autonomia dos trabalhadores que se ativam nessa modalidade de prestação de serviços. Trata-se de um sistema informatizado que exerce o controle e o poder de direção, precifica o serviço e aplica punições em eventuais irregularidades. Assim, os trabalhadores exercem jornadas extensas, expostos ao risco de vida e degradação da saúde, e utilizam a própria ferramenta de trabalho (bicicletas, motocicletas, automóveis etc.). Além disso, são avaliados pelos usuários (essas avaliações acarretam punições e, até desligamento), carregando o logo das plataformas nas costas, de modo a divulgar gratuitamente a marca.

Ademais, o patrão é invisível, isto é, há o ideário fetichizado de inserção numa tecnologia pretensamente neutra, ignorando que o desenvolvimento tecnológico e o comando dos algoritmos nas relações intersubjetivas correspondem ao interesse do capital, determinando o ritmo, o tempo, a produtividade e a eficiência no universo do trabalho individual, conforme aludem Filgueiras e Antunes (2020, p. 66).

Assim, relação capital-trabalho sofre um movimento de reorganização, abrindo espaços cada vez mais largos para a inserção das empresas-aplicativos na economia digital, que "detêm os meios técnicos para subordinar, gerenciar e organizar não dezenas, mas milhares ou até mesmo milhões de profissionais transformados em trabalhadores autônomos" (ABÍLIO, 2020, p. 115).

Para o entregador e líder do movimento "Entregadores Antifascistas" Paulo Lima (conhecido como Galo), "a *uberização* é desdobramento da revolução industrial. Se a Revolução Industrial avançou pra todo mundo, a *uberização* vai avançar pra você também" (LIMA, 2021).

Portanto, trata-se de um processo de aprofundamento da mercantilização dos corpos que produzem o trabalho. O fetiche do capital, de total disponibilidade do tempo e vida do trabalhador, como especifica Abílio (2020), corresponde à redução do trabalhador a um fator de produção que deve ser utilizado na exata medida das demandas do capital.

3. *Precarização da classe-que-vive-do-trabalho: as condições do trabalho por aplicativo no Brasil*

Diante desse contexto de inserção e ampliação dos trabalhadores das plataformas digitais, é urgente analisar as condições do trabalho por aplicativo no Brasil.

Para tanto, será identificado o perfil dos trabalhadores, bem como as características relacionadas à legislação trabalhista, enquadramento jurídico, jornada e meio ambiente do trabalho para, então, considerar se o trabalho por aplicativo é ou não um trabalho precário[6].

Primeiramente, faz-se necessário compreender o que é a classe trabalhadora precarizada. Sobre esse ponto, vejam-se os ensinamentos de Ricardo Antunes, a partir da reflexão acerca da Juventude Italiana, organizada em 2001 com a finalidade de se alcançar melhores condições de trabalho:

> Já nos referimos ao avanço dos novos movimentos de representação do precariado na Itália, dadas as dificuldades de representação pelo sindicalismo oficial e mais tradicional. Em Milão, eles floresceram com a eclosão conhecida como MayDay, em 2001, em luta pelos direitos, avançando para uma representação autônoma desse amplo e heterogêneo conjunto de trabalhadores e trabalhadoras, jovens, imigrantes, qualificados e não qualificados, cujo trabalho é desregulamentado, dominantemente informal, e que se autodefinem como precariado (San Precario). Outro

(6) Aqui importa explicar a reflexão dos autores, com base nas obras de Ricardo Antunes, quanto aos termos "trabalho precarizado" e "trabalho precário". Considera-se a precarização como um processo que atinge a classe-que-vive-do-trabalho, correspondente ao enrijecimento das condições de trabalho no que tange à jornada, meio ambiente laboral, remuneração e outros elementos que o tornam precário. O trabalho por aplicativo, diferentemente de outros trabalhos que tiveram a exploração acentuada e, portanto, precarizada, já nasce precário, haja vista que as condições de trabalho são estabelecidas em patamar de ausência completa de proteção do trabalhador.

exemplo, que também já indicamos anteriormente, foi o do grupo coletivo Clash City Workers, representante da juventude precarizada que trabalha ou se encontra desempregada e que tem atividades em Nápoles e outras cidades do país [64].). (ANTUNES, 2018, p. 63)

Em seguida à conceituação do termo empregado neste estudo, serão analisadas as características do trabalho precário. A partir do levantamento dos elementos pontuados por Ricardo Antunes, em todos dos modos de ser na informalidade, pode-se compreender o desenho do trabalho precário, sendo eles: a baixa remuneração em relação aos trabalhadores formais, regulamentado e amparados por lei trabalhista; informalidade, ausência de carteira assinada, portanto desprotegidos das leis trabalhistas.

Além disso, também figuram a ausência de jornada fixa, situação que induz a longas jornadas de trabalho; gestão do trabalho por metas; informatização dos meios para desenvolver o trabalho; assédio e alto índice de doenças decorrentes do trabalho; suporte do risco do negócio; disponibilidade permanente ao trabalho e a fragilidade ou inexistência de legislação protetora do trabalho e da organização sindical na localidade.

A partir dos elementos que configuram trabalho precário, volta-se à realidade do trabalho por aplicativo.

De antemão, para acompanhar o caminho a ser percorrido até a chegada ao mundo do trabalho por aplicativo, imprescindível ter em mente que essas empresas atuam basicamente em duas frentes de prestação de serviços: entrega de mercadorias, como comida e produtos, e transporte privado de pessoas. Também é fundamental destacar a dimensão da quantidade de trabalhadores dessa categoria — por exemplo, a empresa Uber é presente em mais de 10 mil cidades de 69 países do mundo, estando em mais de 500 cidades brasileiras, com mais de 1 milhão de motoristas e entregadores à sua disposição (UBER, 2021). Por sua vez, a empresa 99 App conta com o equivalente a 600 motoristas, atingindo 1600 cidade brasileiras (99 App, 2020). Por fim, a empresa Loggi, em 2019, se fazia presente em, no mínimo, 33 cidades brasileiras, realizando aproximadamente 100 mil entregas por dia (SABINO, ABÍLIO, 2019, p. 116).

Além disso, é essencial que se identifique o perfil desses trabalhadores e as características reais do trabalho por aplicativo, para posteriormente verificar a correlação entre trabalho por aplicativo e trabalho precário.

Para fins dessa identificação, utiliza-se o único estudo sobre o tema até o momento, a "Pesquisa de Perfil dos Entregadores Ciclistas de Aplicativo", desenvolvida pela Associação Brasileira do Setor de Bicicletas — Aliança Bike, a respeito dos entregadores na cidade de São Paulo.

Portanto, considere-se o caso dos ciclistas de entrega, neste caso o perfil pode ser identificado a partir dos dados a seguir transcritos:

> Entregador ciclista de aplicativo (típico): Ele é brasileiro, homem, negro, entre18 e 22 anos de idade, morador das periferias com ensino médio completo, que estava desempregado e agora trabalha todos os dias da semana, de 9 a 10 horas por dia, com ganho médio mensal de R$ 992,00 (ASSOCIAÇÃO BRASILEIRA DO SETOR DE BICICLETAS — ALIANÇA BIKE, 2019, p. 27).

Para refletir sobre esse perfil, é crucial combinar e considerar os ensinamentos de Silvio Almeida, Lélia Gonzales e Carlos Hasenbalg.

Assim, tem-se que a divisão racial do trabalho, diante do racismo estrutural que articula política, direito e economia, promove a discriminação sistemática que estabelece desvantagens no que se refere, por exemplo, à educação formal, condições de moradia, assistência social, alimentação e saúde (ALMEIDA, 2018).

Essa conjuntura, associada ao capitalismo periférico, opõe diversos entraves de acesso ao trabalho pela população negra, pois para além da luta de classes entre assalariados e donos dos meios de produção, trava disputa entre a própria classe trabalhadora, haja vista que a população branca brasileira é alocada em postos de trabalho que oferecem melhores condições laborais — ou menos explícitas — do que a população negra, direcionada aos postos de trabalho informal e sem garantias trabalhistas (GONZALES, HASENBALG, 1982).

A população negra[7] também perfaz a maior parte do contingente de pessoas em situação de desemprego e subemprego, — 54,9% da força de trabalho brasileira é negra, 64,2% da população desocupada é negra e 66,1% da população subutilizada é preta ou parda (IBGE, 2018, p. 2) — fato que

(7) Por população negra entende-se a população negra e parda.

intensifica a ocupação dos piores postos de trabalho, por ausência de alternativas e necessidade patente de sobrevivência.

Tal fato é comprovado, inclusive, pela pesquisa desenvolvida pela Associação Brasileira do Setor de Bicicletas — Aliança Bike, que concluiu no sentido de que 59% dos entrevistados afirmaram que a principal motivação para iniciar os trabalhos por aplicativo foi porque estavam desempregados (ASSOCIAÇÃO BRASILEIRA DO SETOR DE BICICLETAS — ALIANÇA BIKE, 2019, p. 18).

Sobre isso:

> Essa divisão sociorracial do trabalho, articulando raça e classe, é a peculiaridade encontrada nas formas de subsunção do trabalho abstrato no contexto do capitalismo dependente brasileiro. Pois, enquanto relação social, o capitalismo utiliza as condições materiais objetivas e subjetivas presentes em determinado contexto histórico e social para ampliar e intensificar a extração do mais-valor. (CARVALHO, PEREIRA, SOBRINHO, 2020, p. 9)

No mesmo sentido, sugerem Sabino e Abílio (2019), que o funcionamento desse modelo de serviço é custeado pela saúde e integridade de milhares de trabalhadores que, diante do desemprego, são submetidos ao trabalho informal, perigoso e mal remunerado.

Faz-se mister a observação:

> Considerada como uma espécie de "porta de entrada", por ter um perfil tipicamente juvenil, negro e periférico, o serviço de entrega realizado por bicicleta nos evidencia o poder das empresas-aplicativo em criar novas ocupações, que são gerenciadas e organizadas por novos meios. Surfando na gravidade do desemprego juvenil, as empresas-aplicativo apresentam-se como uma alternativa de geração de renda. Em realidade, oferecem uma atividade altamente precária, perigosa e insegura, que demanda extensas jornadas de trabalho e valor rebaixado da mão de obra. (SABINO, ABÍLIO, 2019, p. 117)

Conclui-se, pois, que o trabalho por aplicativos é ocupado majoritariamente por população masculina, pobre e negra no Brasil.

No que se refere às características deste trabalho, especificamente sobre a legislação trabalhista para trabalhadores por aplicativo, esta é inexistente, sendo que o *status* de proteção jurídica desses trabalhadores tem sido dirimido pelo Poder Judiciário, sendo que há duas correntes jurisprudenciais para a situação.

A corrente jurisprudencial que não reconhece os elementos de emprego no trabalho por aplicativo, argumenta principalmente que os trabalhadores têm liberdade para escolher se vão executar as atividades e ainda a quantidade de horas a serem trabalhadas, supostamente caracterizando a eventualidade do trabalho. Ademais, justificam que as empresas servem como ponte entre trabalhador e cliente, além de fundamentar a rotatividade dos trabalhadores para esta atividade, não imputando o critério de pessoalidade, o que inviabiliza o reconhecimento do vínculo empregatício e a consequente incidência dos dispositivos constitucionais e legais a ele correspondentes (MINISTÉRIO PÚBLICO DO TRABALHO, 2018).

Esse entendimento é traduzido através da seguinte decisão judicial:

> RECURSO DE REVISTA. ACÓRDÃO PUBLICADO NA VIGÊNCIA DA LEI N. 13.015/2014. VÍNCULO DE EMPREGO. MOTORISTA. UBER. AUSÊNCIA DE SUBORDINAÇÃO. TRANSCENDÊNCIA JURÍDICA RECONHECIDA. Destaque-se, de início, que o reexame do caso não demanda o revolvimento de fatos e provas dos autos, isso porque a transcrição do depoimento pessoal do autor no acórdão recorrido contempla elemento fático hábil ao reconhecimento da confissão quanto à autonomia na prestação de serviços. Com efeito, o reclamante admite expressamente a possibilidade de ficar *off-line,* sem delimitação de tempo, circunstância que indica a ausência completa e voluntária da prestação dos serviços em exame, que só ocorre em ambiente virtual. Tal fato traduz, na prática, a ampla flexibilidade do autor em determinar sua rotina, seus horários de trabalho, locais que deseja atuar e quantidade de clientes que pretende atender por dia. Tal autodeterminação é incompatível com o reconhecimento da relação de emprego, que tem como pressuposto básico a subordinação, elemento no qual se funda a distinção com o trabalho autônomo. Não bastasse a confissão do reclamante quanto à autonomia para o desempenho de suas atividades, é fato incontroverso nos autos que o reclamante aderiu aos serviços de intermediação digital prestados pela reclamada, utilizando-se de aplicativo que oferece interface entre motoristas previamente cadastrados e usuários dos serviços. Dentre os termos e condições relacionados aos referidos serviços, está a reserva ao motorista do equivalente a 75% a 80% do valor pago pelo usuário, conforme consignado pelo e. TRT. O referido percentual revela-se superior ao que esta Corte vem admitindo como bastante à caracterização da relação de parceria entre os envolvidos, uma vez que o rateio do valor do serviço em alto percentual a uma das partes evidencia vantagem remuneratória não

condizente com o liame de emprego. Precedentes. Recurso de revista conhecido e provido (TST — RR: 10001238920175020038, Relator: Breno Medeiros, Data de Julgamento: 05.02.2020, 5ª Turma, Data de Publicação: DEJT 7.2.2020).

Porém, a outra corrente jurisprudencial propõe a proteção desses trabalhadores os enquadrando na categoria de empregado e compreendendo que as empresas não servem para interligar trabalhador e cliente, mas sim para atuar em seu objetivo final, o transporte de pessoas e a entrega de coisas (MINISTÉRIO PÚBLICO DO TRABALHO, 2018).

Essa corrente declara o vínculo empregatício tendo em vista que o contrato de trabalho paira sobre a situação real de acolher os critérios de pessoalidade, onerosidade, habitualidade e subordinação.

Pois bem, o trabalhador tem cadastro pessoal e intransferível, recebe pelo trabalho desenvolvido, desempenha suas funções de forma habitual, recebe ordens de direção e comportamento, também lhes são aplicadas penalidades, não tem liberdade de alterar valores a serem cobrados dos clientes e representam a empresa.

Nesse sentido, aponta-se o seguinte aresto, oriundo do Tribunal Regional do Trabalho da 2ª Região:

> RAPPI BRASIL. SERVIÇO DE ENTREGAS. EXISTÊNCIA DE VÍNCULO EMPREGATÍCIO ENTRE OPERADORA DA PLATAFORMA E ENTREGADOR. Existe vínculo empregatício entre a operadora da plataforma virtual Rappi e os entregadores. Há pessoalidade, haja vista a necessidade da realização de cadastro pessoal e intransferível, não podendo o trabalhador substabelecer a execução do serviço (entrega) a outrem. Há onerosidade, porquanto a relação não se assenta na graciosidade, existindo entre as partes direitos e obrigações de cunho pecuniário. Não-eventualidade, há fixação jurídica do trabalhador perante a tomadora, com continuidade na prestação de serviços, o qual, por sua vez, é essencial ao desenvolvimento da atividade econômica vendida pela empresa (comércio e entrega de bens). Em relação à subordinação, na economia 4.0, "sob demanda", a subordinação se assenta na estruturação do algoritmo (meio telemático reconhecido como instrumento subordinante, consoante art. 6º, CLT), que sujeita o trabalhador à forma de execução do serviço, especificamente, no caso da Rappi, impondo o tempo de realização da entrega, o preço do serviço, a classificação do entregador, o que repercute na divisão dos pedidos entre os trabalhadores. Presentes os requisitos da relação jurídica empregatícia. Recurso autoral provido. (TRT-2 10009633320195020005 SP, Relator: Francisco Ferreira Jorge Neto, 14ª Turma — Cadeira 1, Data de Publicação: 5.3.2020)

Não obstante o acima exposto, insta ressaltar que "as empresas não demitem, mas têm o poder do desligamento. Este varia do bloqueio temporário ou permanente, caso o trabalhador não aceite um determinado número de tarefas, caso se envolva em manifestações políticas contra a empresa, caso seja denunciado por má conduta" (SABINO, ABÍLIO, 2019, p. 120).

Por estes argumentos, filia-se ao entendimento de reconhecimento dos trabalhadores das plataformas digitais como empregados, a receberem todos os direitos aos quais se obrigam os empregadores.

Outro elemento importante para analisar a precariedade deste trabalho é a jornada de trabalho, visto que se ultrapassa o limite constitucional disciplinado pelo art. 7º, inciso XIII[(8)] da Constituição da República Federativa do Brasil de 1988, bem como viola o art. 7º, inciso XV[(9)], do mesmo diploma, a respeito de repouso semanal e tantos outros diplomas legais de proteção ao trabalhador. Sobre isso, a pesquisa demonstra que eles trabalharam 7 dias por semana (57%) e que 95% dos entregadores trabalham durante 13h37min. (Associação Brasileira do Setor de Bicicletas — Aliança Bike, 2019).

Além disso, a remuneração também constitui ponto crucial a ser levantado. Quanto aos entregadores ciclistas, aponta-se a média remuneratória de R$ 936,00 por mês, considerando-se ainda os gastos mensais na manutenção ou aluguel de bicicletas em média de R$ 67,00 por mês, bem como plano de telefonia móvel, bolsa térmica etc. (Associação Brasileira do Setor de Bicicletas — Aliança Bike, 2019).

O último componente do trabalho precário corresponde ao meio ambiente do trabalho que oferece riscos à saúde e à vida do trabalhador. Aqui,

(8) "Art. 7º São direitos dos trabalhadores urbanos e rurais, além de outros que visem à melhoria de sua condição social (...) XIII — duração do trabalho normal não superior a oito horas diárias e quarenta e quatro semanais, facultada a compensação de horários e a redução da jornada, mediante acordo ou convenção coletiva de trabalho"

(9) "Art. 7º São direitos dos trabalhadores urbanos e rurais, além de outros que visem à melhoria de sua condição social (...) XV — repouso semanal remunerado, preferencialmente aos domingos".

percebe-se que os problemas relatados se referem à ausência de amparo da empresa aos trabalhadores pelos riscos a que são submetidos, sendo que 40% dos entrevistados apontaram como problema a falta de segurança no trânsito e 30% a falta de infraestrutura adequada (Associação Brasileira do Setor de Bicicletas — Aliança Bike, 2019, p. 24).

Assim, o trabalhador por aplicativo figura como trabalhador de categoria bastante recente, dado o componente tecnológico intrínseco à essa atividade, e está sujeito ao trabalho exaustivo, de baixa remuneração, sem regulamentação legal, nem proteção sindical, configurando

> (...) o trabalhador emblemático do século XXI: carregando uma caixa nas costas, em uma bicicleta alugada de uma instituição financeira, trabalhando para um aplicativo que não o reconhece como empregado, o ciclista pedala dezenas de quilômetros por dia entregando comida de um restaurante que não o remunera, para um consumidor que não o contratou" (ABÍLIO, SABINO, 2019, p. 118).

Com isso, tem-se que a precarização constitui a regra da nova morfologia do proletariado brasileiro e verifica-se que o trabalho por aplicativo é indubitavelmente um trabalho precário, visto que preenche a composição de todos elementos teóricos da precariedade, tais como a baixa remuneração, informalidade, informatização, suporte do risco do negócio pelo trabalhador, longas jornadas de trabalho, fragilidade de legislação protetora e da organização sindical.

4. *"Breque do apps"*

Não obstante a precariedade das condições de trabalho já apontada, diante da crise sanitária ocasionada pela pandemia da COVID-19, os trabalhadores das plataformas digitais sofreram um aprofundamento das péssimas condições de trabalho e, contraditoriamente, os empregadores das plataformas digitais obtiveram lucro com o expressivo aumento da demanda pelos serviços.

Conforme estudo realizado por Abílio *et al* (2020), as precárias condições de trabalho dos entregadores de plataformas digitais foram intensificadas desde o início da pandemia no Brasil. Isso se deve ao aumento da jornada de trabalho[(10)], frente a uma remuneração baixa que exige que 56,7% dos entregadores entrevistados trabalhem mais de nove horas diárias e, 78,1% se ativem por 6 ou mais dias por semana.

Além disso, foi constatado que as medidas de proteção e prevenção à COVID-19 ficam exclusivamente sob responsabilidade dos próprios entregadores que utilizam sua remuneração para custear medidas de segurança do trabalho, assumindo ônus que não lhe cabe. As empresas, por sua vez, desempenharam seu papel na prevenção do contágio tão somente mediante a orientação dos trabalhadores, sem adotar quaisquer medidas efetivas de proteção (ABÍLIO *et al.*, 2020).

Diante desse cenário de precarização do trabalho por aplicativo, acentuou-se o sentimento de insatisfação em virtude da alta exploração da força de trabalho, materializada em altas taxas paga às empresas de aplicativo para que o trabalhador possa desenvolver suas atividades laborais, em conjunto com os abusivos bloqueios unilaterais, isto é, sanção dos aplicativos que impedem o cadastro para realizar o trabalho, bem como diante da urgência da utilização de equipamentos de proteção individual durante a pandemia da COVID-19 — todo esse contexto desaguou no "breque dos apps".

A luta dos trabalhadores pelas insurgências diante do predadorismo da sociabilidade capitalista é o fator fundamental que constitui a história da humanidade, o caso em tela não é diferente. O "#BrequeDosApps" foi articulado por meio de redes sociais e grupos do What's App [(11)] — o que é relevante, considerando a ausência de interação e solidariedade física entre esses trabalhadores — compartilhando e associando-se através de uma insurgência por condições mínimas para a garantia da própria subsistência que, nos dizeres do discurso recorrente repousa na afirmação: "a gente está pedindo o básico" (BRAGA e SANTANA, 2020, p. 1).

Esse movimento paralisou suas as atividades dos trabalhadores em pelo menos 13 estados do Brasil, interrompendo o fluxo normal de trabalho de carros, bicicletas, restaurantes, consumidores que produzem o lucro de grandes empresas de aplicativos como Rappi, iFood, Uber Eats, Loggi e Glovo (CARVALHO, PEREIRA, SOBRINHO, 2020).

---

(10) Com isso, a observação feita pelos entregadores é que esse aumento de jornada se deve aos novos entregadores disponíveis durante a pandemia e, como consequência, a redução de chamadas para realização de entregas (ABÍLIO, 2020).

(11) Aplicativo de troca de mensagens instantâneas.

Assim, "num exercício de auto-organização coletiva, em meio à maior pandemia global do século XXI, os mencionados trabalhadores conseguiram realizar, em julho de 2020, duas grandes paralisações nacionais, difundidas nas redes sociais como o "#BrequedosApps" (CARVALHO, PEREIRA, SOBRINHO, 2020, p. 2)

Nota-se, pois, que os trabalhadores em questão possivelmente se compreenderam enquanto classe-que-vive-do-trabalho que desempenha uma função essencial numa realidade sensível na humanidade, bem como chamaram atenção da imprensa e da sociedade, alardeando as ruas e as redes sociais com denúncias das mazelas do capitalismo e o anúncio da euforia de toda uma categoria profissional.

> A greve é uma vitória, na medida em que demonstra que os trabalhadores precários não são inorganizáveis e expõe, ao conjunto da sociedade, o processo de deterioração acelerada das condições de trabalho provocado pela perversa combinação entre a lógica neoliberal e a adoção de um novo modelo de negócios que, com o auxílio da tecnologia, é concebido para promover a burla de direitos em favor do capital (GALVÃO, 2020, p. 1).

Diante disso, constata-se que a consciência e solidariedade de classe são transformadoras, acendendo uma luz de esperança que fortalece a resistência diante dos prejuízos promovidos pela lógica neoliberal vigente, que inviabiliza direitos sociais e quaisquer ações institucionais voltadas à defesa dos limites estabelecidos no ordenamento jurídico pátrio, sobretudo na Constituição Federal.

5. *Conclusão*

Neste artigo, verificou-se que a tecnologia, guiada pelo capitalismo e neoliberalismo propiciaram novas condições e intensificaram a exploração da classe-que-vive-do-trabalho.

A partir disso, constatou-se que o processo de precarização é baseado em informatização, informalidade, ausência de proteção legislativa e sindical dos trabalhadores, além de outras desvantagens.

Essas características de trabalho precário encontram guarida no trabalho por aplicativo, guiado por empresas transnacionais que detêm enorme contingente de trabalhadores à sua disposição diariamente — seja na função de motoristas ou entregadores — diante do quadro geral de ausência de regulamentação e crescente desemprego no Brasil.

Ademais, o racismo estrutural personificou o trabalhador por aplicativo, em homem, negro, pobre, jovem, com longas jornadas de trabalho e remuneração abaixo do mínimo legal, coberto pelo discurso do empreendedorismo. Essa é a representação da máxima exposição a riscos, falta de proteção e transferência dos riscos da atividade empresária ao trabalhador.

Não obstante a situação já crítica, a pandemia da COVID-19 escancarou e exacerbou a exploração, diante dessa conjuntura, propiciando a organização dos trabalhadores por aplicativo em julho de 2020, do "Breque dos Apps", que tomou força para externar as más condições de trabalho e lutar por melhorias.

Assim, este estudo permitiu confirmar a hipótese de que o aprofundamento da crise socioeconômica brasileira, lastreada no capitalismo, neoliberalismo e direcionada por empresas de aplicativos, piorou as circunstâncias da classe-que-vive-do-trabalho, especialmente dos trabalhadores por aplicativo, a tal nível de precariedade, fazendo surgir a primeira greve dos trabalhadores por aplicativo no Brasil, o "Breque dos apps".

6. *Referências*

99 APP. *99 atinge marca de 1 bilhão de corridas.* Disponível em: <https://99app.com/newsroom/99-atinge-marca-de-1-bilhao-de-corridas/>. Acesso em: 10 fev. 2021.

ABÍLIO, Ludmila Costhek *et al.* Condições de trabalho de entregadores via plataforma digital durante a COVID-19. *Revista Jurídica Trabalho e Desenvolvimento Humano*, Campinas, v. 3, n. 3, p. 1-21, 8 jun. 2020. Edição Especial — Dossiê Covid-19. Disponível em: <http://www.revistatdh.org/index.php/Revista-TDH/issue/view/5>. Acesso em: 9 fev. 2020.

______. Uberização: Do empreendedorismo para o autogerenciamento subordinado. *Psicoperspectivas*, 18(3), 2019. Disponível em:d <http://dx.doi.org/10.5027/psicoperspectivasvol18-issue3-fulltext-1674>.

______ . Uberização: gerenciamento e controle do trabalhador just in time. In: ANTUNES, Ricardo (org.). *Uberização, Trabalho Digital e Indústria 4.0*. São Paulo: Boitempo, 2020.

ALMEIDA, Silvio Luiz de. *O que é racismo estrutural?* Belo Horizonte: Letramento, 2018.

ANTUNES, Ricardo. O caráter polissêmico e multifacetado do mundo do trabalho. *Trabalho, Educação e Saúde*, [S.L.], v. 1, n. 2, p. 229-237, set. 2003. FapUNIFESP (SciELO). Disponível em: <http://dx.doi.org/10.1590/s1981-77462003000200004>.

______. *O Privilégio da Servidão*: o novo proletariado de serviços na era digital. São Paulo: Boitempo, 2018.

ANTUNES, Ricardo; FILGUEIRAS, Vitor. Plataformas digitais, Uberização do trabalho e regulação no Capitalismo Contemporâneo. Contracampo, Niterói, v. 39, n. 1, p. 27-43, abr./jul. 2020.

ASSOCIAÇÃO Brasileira do Setor de Bicicletas — Aliança Bike. *Pesquisa do Perfil dos Entregadores Ciclistas de Aplicativo*. 2019. Disponível em: <http://aliancabike.org.br/wp-content/uploads/2020/04/Apresentac%CC%A7a%CC%83o-entregadores.pdf>. Acesso em: 10 fev. 2021.

BRAGA, Ruy; SANTANA, Marco Aurélio. *#BrequedosApps:* enfrentando o uberismo. Boitempo, 25 de jul. de 2020. Disponível em: <https://blogdaboitempo.com.br/2020/07/25/brequedosapps-enfrentando-o-uberismo/>. Acesso em: 22 set. 2020.

BRASIL. *Constituição da República Federativa do Brasil*. Disponível em: <http://www.planalto.gov.br/ccivil_03/Constituicao/Constituicao.htm>. Acesso em: 19 jul. 2020.

______. Presidência da República Casa Civil. *Decreto-lei n. 5.452, de 1º de maio de 1943*. Disponível em: <http://www.planalto.gov.br/ccivil_03/decreto-lei/Del5452.htm>. Acesso em: 18 jul. 2020.

CARVALHO, Felipe S. E. de; PEREIRA, Súllivan dos Santos; SOBRINHO, Gabriela Sepúlveda. #BrequeDosApps e a organização coletiva dos entregadores por aplicativo no Brasil. *Revista Jurídica Trabalho e Desenvolvimento Humano*, Campinas, v. 3, p. 1-29, 2020. Disponível em: <http://revistatdh.org/index.php/Revista-TDH/article/view/85/55>. Acesso em: 9 fev. 2021.

GALVÃO, Andréia. A greve e as perspectivas do movimento entregadores. *A Terra é Redonda*, São Paulo, 14 de julho de 2020. Disponível em: <https://www.eco.unicamp.br/remir/index.php/sindicalismo/189-a-greve-e-as-perspectivas-do-movimento-entregadores>. Acesso em: 3 dez. 2020.

GONZALES, Lélia; HASENBALG, Carlos. Lugar de Negro. Coleção 2 Pontos. Rio de Janeiro: Marco Zero, 1982.

IBGE. Desigualdades Sociais por Cor ou Raça no Brasil. *Estudos e Pesquisas: Informação Demográfica e Socioeconômica*, v. 41. Disponível em: <https://biblioteca.ibge.gov.br/visualizacao/livros/liv101681_informativo.pdf>.

LIMA, Paulo. *'Entregador Antifascista' critica precarização do trabalho e omissão de veículos da imprensa*. Entrevista concedida a Folha de São Paulo. Disponível em: <https://www1.folha.uol.com.br/folha-100-anos/2021/02/entregador-antifascista-critica-precarizacao-do-trabalho-e-omissao-de-veiculos-da-imprensa.shtml>. Acesso em: 3 mar. 2021.

MINISTÉRIO PÚBLICO DO TRABALHO. *Empresas de Transporte, plataformas digitais e a relação de emprego:* um estudo do trabalho subordinado sob aplicativos. Disponível em: <https://csb.org.br/wp-content/uploads/2019/01/CONAFRET_WEB-compressed.pdf>. Acesso em: 28 fev. 2021.

SABINO, André M.; ABÍLIO, Ludmila C. Uberização: o empreendedorismo como novo nome para a exploração. Revista Jurídica Trabalho e Desenvolvimento Humano, Campinas, v. 2, n. 2, p. 109-135, 2019. Disponível em: <http://revistatdh.org/index.php/Revista-TDH/article/view/53>. Acesso em: 10 fev. 2020.

TRT-2 10009633320195020005 SP, Relator: Francisco Ferreira Jorge Neto, 14ª Turma — Cadeira 1, DJ: 05/03/2020. *JusBrasil*, 2020. Disponível em: <https://trt-2.jusbrasil.com.br/jurisprudencia/818320543/10009633320195020005-sp/inteiro-teor-818320580>. Acesso em: 10 fev. 2021.

TST — RR: 10001238920175020038, Relator: Breno Medeiros, Data de Julgamento: 05/02/2020, 5ª Turma, DJ 07/02/2020. *JusBrasil*, 2021. Disponível em: <https://tst.jusbrasil.com.br/jurisprudencia/807016681/recurso-de-revista-rr-10001238920175020038>. Acesso em: 28 fev. de 2021.

UBER. *Fatos e Dados sobre a Uber*. Disponível em: <https://www.uber.com/pt-BR/newsroom/fatos-e-dados-sobre-uber/>. Acesso em: 10 fev. 2021.

Desafios do Teletrabalhador — a Desconexão Digital Laboral

Fabiola Duarte Sipauba[(1)]

1. Introdução

Esta investigação foi realizada com o condão de trazer a baila o aspecto da desconexão digital do teletrabalhador e afirmar com presteza o grau de sua importância para o empregado e até mesmo para o empregador.

Primeiramente começamos abordando o conceito de desconexão e do Teletrabalhador para deixar claro ao leitor sua relevância, após passamos a relatar alguns pontos da fase histórica do teletrabalhador, relembrando um tempo remoto e fazendo analogia aos dias de hoje, vimos à questão da formatação da tecnologia e a importância da globalização para a realização do teletrabalho.

No momento seguinte, verificamos as características necessárias para haver um contrato de teletrabalho ressaltando as qualidades específicas para um teletrabalhador com ênfase em seu labor, posteriormente levantamos os pontos positivos e negativos do teletrabalho para o empregado, para o empregador e até mesmo para a sociedade.

A posteriori foram levantadas argumentações a cerca da segurança e saúde do teletrabalhador, adiante relatamos esclarecimentos, recomendações e orientações em torno da desconexão digital do teletrabalhador ocorridas no Brasil e em Portugal, inclusive com alguns artigos já existentes nestes dois países e colocações de ilustres mestres portugueses e brasileiros a respeito do assunto.

Sucessivamente abordamos os sistemas tecnológicos aplicados ao controle do horário do trabalhador e percebemos que mesmo distante o empregador pode vir a ter uma grande facilidade em controlar o horário do teletrabalhador e finalizamos com o tema Direito de Desconexão Digital do Teletrabalhador.

2. Desenvolvimento

2.1. Conceito de Desconexão Laboral

A palavra desconexão conforme o Léxico dicionário português *on-line* consiste em:

> um nome feminino, cujo significado é ausência de conexão, separação ou desunião. Com relação aos seus sinônimos temos: desunião, incoerência ou incongruência. Seus antônimos são coerência, coesão, conexão, relação e união[(2)].

O termo teletrabalhador segundo o Dicio Dicionário *on-line* português:

> É um substantivo masculino que consiste em trabalho que pode ser realizado remotamente, fora do espaço da empresa ou da sede a entidade empregatícia, feita com auxílio de computadores ou de outros dispositivos cuja comunicação à distância pode ser efetuada. Etimologia (origem da palavra teletrabalho). Tele, do grego tele, "longe" + trabalho[(3)].

De certo que, o teletrabalho pode ser realizado em casa ou fora das estruturas convencionais do empregador, porém o local deve ser previamente determinado entre as partes em que será utilizada a tecnologia e a comunicação, entre elas, internet, e-mail, videoconferência, telefone ou telefone móvel, redes sociais ou computador. Além do exposto, deverá ocorrer maior flexibilidade de horário de trabalho e, ademais, a transmissão dos resultados das tarefas realizadas deve ser feita através de telecomunicações.

---

(1) Professora do Centro Universitário do Rio de Janeiro, Mantenedora UNIESP S.A., Campo Grande, Rio de Janeiro, Brasil, advogada trabalhista e previdenciária, contadora- especialidade: Cálculos judiciais, 2020. E-mail: fabioladuarte993@gmail.com

(2) Disponível em: <https://www.lexico.pt/desconexao/>.

(3) Disponível em: <www.dicio.com.br/teletrabalho/#:~:text=substantivo%20masculino%20Trabalho%20que%20pode,(origem%20da%20 palavra%20teletrabalho>.

Quando falamos em desconexão digital do teletrabalhador, estamos nos referindo à separação do trabalhador com seu trabalho, ou seja, não estamos a falar sobre o horário de labor, mas sim o fora dele, onde o tempo que o empregado tem fora do horário de trabalho pertence exclusivamente ao empregado e não ao empregador.

Abordaremos a relação da desconexão digital do teletrabalhador com a instituição empregadora, e no transcorrer da explicitação verificaremos que estamos mais conectados ao trabalho que nunca, nestes últimos tempos ocorreu um crescimento surpreendente com relação ao teletrabalho, principalmente agora, no ano de 2020 com a presença da pandemia mediante o vírus que atinge o mundo Sars-Cov-2. As empresas juntamente com seus respectivos funcionários tiveram que se reinventar, uma vez que, caso não se adequasse fechariam as portas.

Após o conceito de desconexão digital laboral partiremos neste momento para a evolução histórica do teletrabalho.

3. *Evolução histórica*

É interessante retornarmos ao passado para que possamos entender que a questão do teletrabalhador apesar de apresentar-se como uma questão nova, já existia há muitos anos, porém de forma autônoma e hoje o teletrabalhador tem a tecnologia e a comunicação a seu favor, pois já vivemos estas situações anteriormente, mas de outra forma.

Afirma Santos M. e tal que:

> A Revolução Industrial ocorrida entre 1760 e 1840, na Inglaterra, foi um período incentivado pela mecanização onde os artesãos deixaram de conseguir escoar os seus produtos e juntaram-se à classe operária, abandonando o trabalho em domicílio e indo exercer seu trabalho nas instalações do empregador(4).

De uma forma ou de outra, a produção dos artesãos, poderíamos comparar com o teletrabalho de hoje, a diferença é que trabalhavam por conta própria, não eram empregados e à época não existia tecnologia, uma vez que o trabalho era realizado em casa artesanalmente e esta classe como citado acima, com a Revolução Industrial passou a abandonar seu trabalho para trabalhar no estabelecimento do empregador.

Relata ainda, Santos M. e tal:

> A substituição do trabalho humano por máquinas degradou as condições de trabalho, criando-se postos com turnos muito prolongados, más condições laborais e baixos salários os locais de trabalho passaram a ser mais poluídos e a ter mais sinistros(5).

Nesta época, podemos verificar que os trabalhadores sofreram bastante, tendo um trabalho comparado ao de um escravo, uma vez que às condições de labor não era das melhores, possuindo inclusive salários ínfimos e bastante ocorrência de acidentes de trabalho.

Santos M. e tal apud Melo E., relata que:

> Alguns investigadores consideram que a verdadeira origem do teletrabalho ocorreu em 1857, com Edgard Thompson, na empresa ferroviária Penn Railroad, uma vez que usava o telégrafo privado para controlar equipamentos à distância(6).

É interessantíssimo saber que a origem do teletrabalho no mundo, segundo alguns investigadores ocorreu em 1857, no século XIX e a lei brasileira implantou este termo apenas na reforma trabalhista em 2017, em nossa CLT (Consolidação das Leis do Trabalho) e Portugal em 2003, com alterações de 2009, através do seu Código de Trabalho — CT.

Santos M. e tal afirmam ainda que:

> A empresa IBM, na década de 70, com o objetivo de potenciar a comunicação e partilha de dados entre os funcionários, criou o conceito de eliminar as paredes dos escritórios e fomentaram a rotatividade física dos mesmos; ainda que nem todos tenham apreciado a alteração, o efeito global foi positivo. Após estes resultados, o investigador norte-americano Jack Nilles iniciou um projeto com uma instituição de Los Angeles, na qual se criaram escritórios domiciliares e satélite. Este concluiu que se diminuíam os custos e a poluição ambiental, potenciando a produtividade, ainda que pudesse surgir algum isolamento(7).

Novamente o tempo surpreende-nos, posto que, a IBM é uma das pioneiras na questão teletrabalho e na década de 70 chega à conclusão de que os custos seriam reduzidos, o meio ambiente seria beneficiado

(4) Disponível em: <https://www.rpso.pt/teletrabalho-na-perspectiva-da-saude-ocupacional/>.
(5) *Idem*.
(6) *Idem*.
(7) Disponível em: <https://www.rpso.pt/teletrabalho-na-perspectiva-da-saude-ocupacional/>.

e a produtividade da empresa aumentaria, mesmo que o isolamento prejudicasse o trabalhador.

Alguns pesquisadores relatam que o teletrabalho surgiu oficialmente na década de 70, pois neste período ocorreu um crescimento tecnológico, houve uma recessão da crise americana, ocorrendo também uma evolução no mercado de trabalho, dando oportunidade a uma maior flexibilização de horário, lugar e forma de trabalho.

Apresentada a evolução histórica do teletrabalho passamos a expor a formatação da tecnologia, da globalização e do próprio trabalhador.

4. *Formatação da tecnologia, da globalização e do trabalhador*

No passado o trabalhador competia com outro empregado para conseguir uma determinada vaga de emprego, hoje podemos visualizar a questão do homem competindo com a inteligência artificial. A evolução tecnológica e a globalização foram capazes de extinguir postos de trabalhos, dando uma grande oportunidade para a demissão em massa. A internet potencializou a possibilidade do teletrabalho, dando um caminho novo ao empregado o de trabalhar em qualquer lugar do mundo para qualquer lugar do planeta.

De certo que, há alguns anos jamais admitiríamos esta possibilidade, porém hoje este fato está diante de nossos olhos, com uma rapidez espetacular que não dá tempo nem de ficarmos surpresos, uma vez que, temos apenas que nos adequar. Hoje o funcionário não se desloca para o trabalho, mas sim o inverso, o próprio trabalho desloca-se até o trabalhador.

A questão da automatização e da robotização trouxe ao trabalhador a *obrigação* (grifo nosso) de ser extremamente versátil e conseguir realizar várias tarefas ao mesmo tempo, em um tempo recorde.

Mediante o exposto com relação à formatação da tecnologia, globalização e do próprio trabalhador, passaremos agora a vislumbrar as características necessárias para ser um teletrabalhador.

5. *Características necessárias ao teletrabalhador*

Para ser um teletrabalhador é necessário ter: competência, disciplina, organização, flexibilização, iniciativa, criatividade, responsabilidade, confiança, segurança e autonomia.

É importante que tenha empenho no trabalho, disponibilidade para trabalhar, desempenho elevado, dedicação a empresa, gostar de trabalhar sozinho, ter baixa dependência de contato social, possuir independência para resolver as questões apresentadas, conhecer a empresa onde trabalha, trabalhar muito por longos períodos isoladamente, saber conciliar diversas tarefas, buscar equilíbrio entre o trabalho e a vida doméstica, ser receptivo a mudanças (inclusive algumas empresas trabalham orientando seus funcionários através de palestras *on-line*), realizar o trabalho com afinco, adaptar-se com facilidade a tecnologia, ser eficiente, ter boa comunicabilidade, ter bom senso e acima de tudo dominar a tarefa que está realizando.

Os empregadores muitas das vezes preferem o sexo feminino para a realização do teletrabalho, uma vez que culturalmente falando, elas assumem bem as tarefas familiares, domésticas e consequentemente o trabalho também.

Outro ponto importante é com relação às pessoas que possuem limitações, tais como algum tipo de deficiência, o teletrabalho facilitará, por exemplo, os cadeirantes, lembrando que, deverá ter um ambiente doméstico estruturado para a realização do trabalho com a finalidade de evitar acidentes.

Através do teletrabalho serão privilegiados os empregados que moram distante do empregador, uma vez que a distância no teletrabalho não será obstáculo para a contratação, sendo certo que, o trabalho poderá ser realizado de qualquer lugar.

É importante ressaltar que o funcionário que melhor gerir o trabalho e o tempo terá uma grande facilidade em realizar a execução de suas atividades laborais.

Os trabalhadores com conhecimento técnico específico e formação acadêmica terão maior facilidade com teletrabalho, visto que, são trabalhadores que muitas das vezes possuem as características citadas no início do título.

Outra questão importante que vale a pena relatar é o CT (Código de Trabalho) de Portugal, em seu art. 195º, que no caso de uma mulher sofrer violência doméstica, desde que se desloque para outro domicílio com a finalidade do agressor não encontrá-la poderá estar utilizando o teletrabalho, caso seja solicitado pela mesma e desde que a atividade seja compatível com a atividade desempenhada e, além disso, o empregador não poderá opor-se ao pedido solicitado pelo empregado o que não ocorre na lei brasileira.

Mediante as características apresentadas, a partir de agora, veremos os possíveis pontos positivos para o teletrabalhador.

6. *Pontos positivos para o empregado*

Abordaremos vários pontos positivos para o empregado, primeiramente elencamos a inserção do trabalhador deficiente no mercado de trabalho, por exemplo, aquele que tem dificuldade para se locomover, trazendo para este tipo de trabalhador a eliminação de barreiras físicas externas; a permissão da flexibilidade de horário permite que o empregado administre melhor sua fadiga; a ausência de chefia aumenta a autonomia do teletrabalhador e assim o trabalhador executará suas tarefas no seu próprio ritmo.

Discorremos a questão da trabalhadora grávida que terá maior facilidade em exercer seu labor, uma vez que poderá realizar seu trabalho através do *home office* (escritório em casa); a autoestima do trabalhador pode melhorar em virtude da chefia o considerar mais responsável; o teletrabalhador terá uma melhor qualidade de vida, desde que respeite seus limites; as interrupções laborais podem ser vistas como uma pausa para dedicação à família; o trabalhador terá maior facilidade para acompanhar os filhos, principalmente os menores.

Dissertamos que com o teletrabalho o empregado terá maior liberdade para gerir seu tempo; menor custo com alimentação, vestuário e acessórios; terá liberdade para usar roupas mais confortáveis, visto que não terá necessidade de sair de sua própria casa; maior liberdade para escolher onde morar, posto que no teletrabalho não fará a mínima diferença o local onde o trabalhador está realizando seu labor.

Apresentamos o fato de diminuir a possibilidade de acidentes aéreos, sendo certo que, o teletrabalhador não precisará viajar para realizar seu trabalho; menor exposição à violência urbana; ambiente de trabalho agradável e confortável, pois está dentro de sua própria casa; controle do ritmo de trabalho para que em determinado horário do dia seja mais produtivo; eliminação de restrições de fuso horário, uma vez que, poderá realizar o trabalho para qualquer lugar do mundo independentemente do horário.

Aludimos com relação à exposição a micro-organismos, até mesmo com relação à pandemia da COVID-19 que estamos vivendo, na verdade o teletrabalho veio a calhar de forma plena, pois o isolamento é necessário para que o vírus não se espalhe; maior capacidade para trabalhar mesmo estando doente, visto que não precisará sair de casa.

Versamos no que se refere a uma maior oportunidade de trabalho, podendo trabalhar para mais de um empregador; em virtude da autonomia o teletrabalhador não terá acesso direto ao seu superior, uma vez que, não se encontra na empresa; menor exposição à poluição, ficando menos doente; maior facilidade em praticar esporte e ter um tempo a mais para priorizar sua saúde, mas para tanto terá que se organizar cronometrando melhor seu horário para que faça o melhor uso do mesmo.

Vimos os pontos positivos para o empregado, agora veremos os admissíveis pontos positivos para o empregador.

7. *Pontos positivos para o empregador*

De fato a diminuição dos custos relacionados aos imóveis, estruturas e instalações facilitam e muito a vida econômica do empregador; as condições climáticas e o trânsito não comprometem mais o horário de trabalho do teletrabalhador, uma vez que independentemente se o trânsito está parado ou se está chovendo não irá interferir em nada a chegada do funcionário ao trabalho, uma vez que, fará tudo de casa; não terá o empregador custos de deslocamento.

Os funcionários mais satisfeitos ficam mais criativos e este fato tem bastante relevância, uma vez que aumentará a competitividade das empresas; evita conflito entre os colegas de trabalho, sendo certo que, não haverá convívio com o companheiro de trabalho; o teletrabalhador mesmo doente produzirá, menos, porém executará seu labor, caso trabalhasse na empresa faltaria ao serviço; diminui o absenteísmo em virtude de doença, estresse, problemas pessoais e outros, todavia o trabalho será feito do seu lar.

A subcontratação de obras mais baratas dentro do mesmo país e em outros países facilitará a economia do empregador; diminuição do *turnover* (rotatividade de funcionários dentro de determinada empresa); menores interrupções de trabalho; o empenho do funcionário aumentará, sendo certo que, ele passará a competir com ele mesmo; o funcionário automaticamente passará a trabalhar mais horas sem perceber.

Aumento da produtividade do teletrabalhador, desempenho, eficiência e lealdade por parte do empregado; o teletrabalhador cumprirá melhor os seus prazos; passará a existir uma maior potencialização de aprendizagem por parte dos funcionários, caso eles procurem se aperfeiçoar, consequentemente a empresa crescerá; melhora o ambiente de trabalho e a imagem da empresa.

Existirá um maior controle do teletrabalhador através dos sistemas criados com finalidade de fiscalizar os horários do empregado; elimina as restrições de fuso horário, assim poderá o empregador ter um funcionário de qualquer parte do mundo; melhora a organização podendo trabalhar com mais funcionários há um custo bem inferior.

De fato, ocorrerá uma redução das despesas tais como água e eletricidade; diminui o custo com funcionário e consequentemente aumenta o lucro empresarial; possibilidade de redução do preço final do produto, para adequação junto ao mercado; diminui ou soluciona o problema de espaço, em virtude de o trabalho ser realizado da casa do teletrabalhador.

Estes foram os pontos positivos para o empregador, neste momento passaremos a vislumbrar os aceitáveis pontos positivos para a sociedade.

8. Pontos positivos para a sociedade

A questão da diminuição do trânsito privilegia imensamente o meio ambiente causando menor poluição, com isso toda a sociedade teria um ar puro e arejado; a diminuição do trânsito acarretará um menor consumo de combustível; com menor circulação de carros consequentemente passará a ter menos acidentes nas rodovias.

Outro ponto é a redução do fluxo de carros que traz menor custo na criação ou manutenção das rodovias; os estacionamentos teriam mais vagas disponíveis; maior inclusão social dos trabalhadores deficientes, neste momento não ganharia apenas o deficiente, mas a sociedade como um todo e a diminuição do valor do preço do produto ocasionaria um maior poder de compras ao consumidor.

Verificamos que com o exposto que a sociedade terá vários pontos positivos, agora passaremos a analisar o processo inverso que são os presumíveis pontos negativos começando pelo empregado.

9. Pontos negativos para o empregado

A falta de socialização e consequentemente o isolamento faz com que o trabalhador tenha dificuldade em administrar sua vida familiar e profissional; o excesso de uso de tecnologia utilizada além dos horários normais prejudicaria a convivência do empregado com sua família; a possibilidade de horário além da jornada, pode trazer ao empregado ansiedade trazendo alterações, por exemplo, no sono fazendo com que o teletrabalhador tenha insônia.

Outro ponto que vale a pena abordar é o monitoramento excessivo realizado pela empresa que pode causar exaustão no empregado, as condições poderão não ser as mais adequadas com relação à ergonomia, uma vez que, os trabalhadores sem apoio ergonômico pode vir a ter algia, no pescoço, nos membros superiores, nas pernas e nas costas em virtude do uso inadequado da posição em que o trabalhador encontra-se executando suas tarefas.

Outra questão a ser ressaltada, é o controle exagerado do empregador em virtude da diminuição de privacidade do empregado; o empregado terá menos espaço físico na vida familiar, pois o teletrabalhador terá que escolher um local dentro da sua casa para realizar seu trabalho com eficácia; em virtude do trabalho demasiado o trabalhador pode diminuir sua participação na vida familiar e as interrupções realizadas pelos familiares e pelos vizinhos podem prejudicar o trabalho.

Importante destacar o horário além do normal, pois assim teremos a diminuição do tempo de descanso e do lazer do trabalhador, pode ser que o próprio empregado sinta obrigação de estar sempre disponível no seu repouso ou nas férias; o teletrabalhador poderá sentir dificuldade em gerir o tempo e, além disso, o descontrole do horário pode fazer com que o trabalhador não receba horas extras, pois, nem ele mesmo saberá ao certo, quanto tempo teve de labor, uma vez que, só descobrirá quando perceber que está excessivamente fatigado.

A questão da sobrecarga de trabalho irá aumentar a administração das tarefas; existe uma grande possibilidade dos direitos do teletrabalhador serem violados, uma vez que não existe legislação específica com relação à desconexão digital do trabalho; o teletrabalhador deverá fazer um esforço maior para provar o seu valor em virtude do comprometimento nas respostas necessárias as empresas, pois caso não o faça será substituído ou dispensado.

De certo que, ocorrerá a falta de apoio social, uma vez que, o teletrabalhador estará isolado; diminuição do trabalho em grupo e dificuldade de progressão na carreira, visto que o primordial para o empregador será maior produtividade.

Caso o teletrabalhador não busque aprimorar-se por conta própria, reduzirá sua aprendizagem; terá um menor apoio para resolver problemas técnicos de informática, em virtude de não estar dentro da estrutura da empresa; terá maior despesa energética, imobiliária, de consumo e tecnológica, posto que dentro de sua própria casa os gastos aumentarão; menor salário, devido à grande oferta de emprego e maior sedentarismo, pois o teletrabalhador poderá envolver-se excessivamente no trabalho e esquecer-se de si mesmo.

Existirá dificuldade em se readaptar a um trabalho presencial, devido à comodidade de estar dentro de seu próprio lar; agravamento de algumas dependências, tais como: álcool, drogas, comida, o próprio trabalho, o fato de estar em sua própria residência fará com que tenha mais acesso a estes tipos de dependências; maior controle dos horários pela chefia em virtude dos equipamentos tecnológicos, posto que muitas das vezes estes equipamentos acabam tirando a privacidade do teletrabalhador e poderá ocorrer desmotivação, por não ter uma possibilidade de ascensão dentro da empresa.

É importante abordar a responsabilidade nas questões de segurança laboral, visto que, se o mesmo teletrabalhador não se preocupar com sua segurança ele mesmo irá prejudicar sua própria saúde; terá maior exposição a riscos, pois está dentro de sua casa e em virtude da ausência da fiscalização física por órgãos responsáveis pela segurança do trabalhador acaba trazendo para o mesmo um ambiente de trabalho inseguro.

Existirá uma dependência tecnológica maior, pois o trabalho a ser realizado dependerá muitas das vezes única e exclusivamente da tecnologia de informação e comunicação; haverá uma exigência maior quanto à disciplina e a organização, pois caso contrário o trabalhador causará prejuízo a si mesmo; no momento de dispensar os empregados em virtude de corte de gastos os teletrabalhadores são os primeiros a serem dispensados, posto que, o relacionamento torna-se tênue entre patrão e empregado.

A probabilidade de menor acesso as novidades da empresa, pois não trabalhará dentro da estrutura empresarial; irregularidade dos turnos, o excesso de trabalho tende a ser permanente e desconhecimento pela falta de acesso a informação, a chamada infoexclusão, pelo fato deste mesmo teletrabalhador estar distante fisicamente da empresa.

Outra abordagem é com relação às refeições, que passam a ser irregulares caso o empregado não se mantenha organizado e uma maior insatisfação com relação ao empregador caso este não dê suporte tecnológico e segurança suficiente para o teletrabalhador.

Percebemos mediante a explanação que existem mais pontos negativos para o teletrabalhador do que pontos positivos para o mesmo. Daqui em diante analisaremos os pontos negativos para o empregador.

10. Pontos negativos para o empregador

O empregador pode ter dificuldade em controlar os horários do empregado, caso não implante um sistema para tal finalidade; os gerentes podem sentir dificuldade em captar algum tipo de atitude negativa do empregado, até mesmo porque não estará presencialmente para verificar a execução de tarefas do teletrabalhador; o distanciamento pode comprometer a aprendizagem e inovação do trabalhador, caso não tenha autonomia para tal; risco de recrutamento de funcionários inadequados para o teletrabalho.

É importante ressaltar que algumas questões culturais depreciam o teletrabalho, pois a sociedade pode não considerar um trabalho digno, visto que, não existe presença física do trabalhador, apesar de que esta é uma ideia antiquada; dificuldade em contabilizar as horas caso a empresa não coloque um sistema com este intuito e este fato poderá acarretar menor lealdade por parte do trabalhador e consequentemente para a instituição.

Existe por parte do empregado um afastamento da cultura da empresa, pois o teletrabalhador não se encontra nas instalações da empresa; conflito entre os trabalhadores presenciais e os teletrabalhadores, com relação aos horários, remuneração e benefícios, trazendo também uma insatisfação para o empregado e na sequência queda de produção.

É importante destacar que pode vir a existir uma diminuição da aprendizagem dos trabalhadores a não ser que a empresa invista neste ramo; diminuição do trabalho em equipe, até mesmo porque os trabalhos estão sendo realizados individualmente; dificuldade para resolver os problemas relacionados à informática, sendo certo que, o próprio trabalhador não tem conhecimento de tecnologia e comunicação, para tanto será necessário um apoio por parte da empresa.

A empresa terá um menor controle de segurança do ambiente laboral, haja vista que, o próprio empregador desconhece o espaço laboral do teletrabalhador; caso o empregador resolva investir tecnologicamente poderá vir a ter custos elevados fazendo com que a formação e a implantação do teletrabalhador se tornem dispendiosos.

Outra questão é a dificuldade com relação aos dados que necessitem de sigilo em virtude dos computadores pessoais serem menos seguros e trazendo consequentemente custos para a empresa; aumento da dependência tecnológica, pois o teletrabalho será realizado com a utilização de tecnologia de informação e comunicação.

No que se refere à patologia musculoesquelético podemos ter o caso do trabalhador que não toma o cuidado necessário e a partir daí sofrer de dores nas costas, por exemplo, causando uma lesão e ficando doente podendo inclusive ficar afastado do teletrabalho e a questão da infoexclusão que prejudicará o empregador, visto que a falta de acesso a informação pelo teletrabalhador ao final causará algum dano a empresa.

Dito isso, vimos que os pontos negativos apesar de surgirem para o empregado aparecem também para o empregador, podendo o fato ser o mesmo positivo para o teletrabalhador e negativo para o empregado, depende do ponto vista. A partir de agora passamos a expor os fatos negativos para a sociedade.

11. Pontos negativos para a sociedade

Existe para a sociedade a possibilidade da contribuição para marginalização do homem, visto que, muitas pessoas não possuem internet para realizar o seu trabalho e caso o empregador não ajude o teletrabalhador nesta situação o empregado ficará a margem da possibilidade de emprego; existirá uma menor solidariedade profissional, até mesmo porque não existe o contato com seus colegas, a não ser que este contato seja realizado por videoconferência; ocorrerá uma redução na capacidade de interação social, pois os teletrabalhadores realizarão as suas tarefas individualmente.

É importante evidenciar a precarização das relações de trabalho, visto que não existe legislação específica para a desconexão digital laboral; o acesso facilitado à exploração e a mão de obra mais barata, prejudica não só o trabalhador, mas a sociedade por inteiro, pois não existe norma jurídica de proteção da tutela do teletrabalhador e o mesmo ficará a mercê do empregador.

Aqui finalizamos o levantamento acerca dos pontos positivos e negativos do empregado, empregador e sociedade, agora vamos abarcar a segurança e saúde do trabalhador.

12. Segurança e saúde do teletrabalhador

O empregador poderá vigiar o trabalhador, mas não monitorar a vida privada do empregado, violando os direitos do empregado, sendo que, caso faça desta forma estará privando o empregado de ter sua vida familiar.

Outro ponto importante para se destacar é o trabalhador poder vir a ter algia no pescoço nos membros superiores e inferiores, tudo isso poderá ocorrer em decorrência do mau posicionamento ao realizar suas tarefas laborais, na medida em que ficar muitas horas em frente ao computador poderá vir a ter este tipo de doença.

Alguns teletrabalhadores tiveram a ideia de colocar uma rotina em seu labor, fazendo o que segue: tomar banho, colocar roupa de sair, pentear-se, colocar perfume, usar adereços, tais como: brinco, gravata como se realmente estivesse saindo de casa, com a finalidade exclusiva de se organizar e criando este tipo de hábito para trabalhar.

É importante que o empregador valorize os recursos humanos, utilizando meios e procedimentos para que o teletrabalhador possua uma saúde digna, como se estivesse trabalhando presencialmente, posto que, pessoalmente o empregador valoriza as suas instalações, podendo desta forma, valorizar também o ambiente domiciliar laboral do empregado.

As características dos domicílios, tais como tamanho, infraestrutura, iluminação, imobiliário, equipamentos, área reservada para teletrabalho todos estes itens devem ser levados em conta para a saúde e segurança do teletrabalhador.

Diante do exposto, passaremos a relatar neste instante alguns esclarecimentos, recomendações e orientações ocorridas no Brasil e em Portugal sobre a desconexão digital laboral, sejam por meio de artigos dos países citados e de alguns Ilustres Mestres que relatam sobre este assunto demasiadamente importante para o teletrabalhador.

13. Esclarecimentos, recomendações e orientações no Brasil e em Portugal sobre desconexão digital laboral

13.1. No Brasil

Primeiramente começaremos a falar sobre a legislação brasileira, sendo certo que, em nosso país não existe nenhuma legislação específica sobre desconexão digital laboral, até mesmo porque, a reforma trabalhista de 2017 é que apresentou o conceito do teletrabalho em seu artigo 75-B da CLT, como segue:

> Considera-se teletrabalho a prestação de serviços preponderantemente fora das dependências do empregador, com a utilização de tecnologias de informação e de comunicação que, por sua natureza, não se constituam como trabalho externo[(8)].

Este artigo deixa claro as características deste tipo de contrato de trabalho, tais como: Prestação de serviços, realização do labor fora das instalações do empregador, utilização de TIC (Tecnologia de informação e comunicação) e, além disso, o trabalho não poderá ser externo.

Com relação às horas trabalhadas esta simples autora considera que a aplicação para o teletrabalhador deverá ser realizada com base em nossa Carta Magna/1988 conforme artigo 7º, *caput* e inciso XIII, que expressa:

> São direitos dos trabalhadores urbanos e rurais, além de outros que visem à melhoria de sua condição social:
>
> ...
>
> XIII — duração do trabalho normal não superior a oito horas diárias e quarenta e quatro semanais, facultada a compensação de horários e a redução da jornada, mediante acordo ou convenção coletiva do trabalho[(9)].

De certo que, a aplicação das horas normais, regra geral é feita com base em 8 (oito) horas diárias e 44 (quarenta e quatro) semanais, que inclusive deve ser aplicada para o teletrabalhador, entendemos assim, em virtude de, as horas que ultrapassem às oito horas deverão ser consideradas como horas extras, visto que, a jornada laboral é delimitada para os trabalhadores urbanos e rurais com base em nossa Carta Magna.

13.2. Em Portugal

Da mesma forma que aqui no Brasil, em Portugal ainda não tem legislação oficial específica sobre desconexão digital juslaboralista, mas têm algumas orientações, como por exemplo, da Comissão Nacional de Proteção de Dados.

A CNPD que consiste na comissão de autoridade nacional de controle de dados pessoais em Portugal transcreveu uma orientação através do Decreto-Lei n. 10-A/2020, de 13 de março, em virtude da pandemia decorrente do novo coronavírus SARS-Cov-2 e da doença COVID-19 como segue:

> Naturalmente que independente da propriedade dos instrumentos de trabalho, no regime de teletrabalho o empregador mantém os poderes de direção e de controlo da execução da prestação laboral. No entanto, neste regime não existe qualquer disposição legal que regule o controlo à distância, pelo que a regra geral de proibição de utilização de meios de vigilância à distância, com a finalidade de controlar o desempenho profissional do trabalhador, é plenamente aplicável à realizada de teletrabalho. Aliás, à mesma conclusão sempre se chegaria pela aplicação dos princípios da proporcionalidade e da minimização dos dados pessoais, uma vez que a utilização de tais meios implica uma restrição desnecessária e seguramente excessiva da vida privada do trabalhador[(10)].

Com este Decreto-Lei percebemos que o controle do teletrabalhador a distância pelo empregador é plenamente possível, porém temos que ficar atentos ao excesso de controle exercido pela empresa a ponto de a vida privada do empregado ficar totalmente restrita.

O Código do Trabalho de Portugal de 2009 relata em seu artigo 165º a noção do Teletrabalho afirmando que:

(8) DEL5452 (planalto.gov.br).

(9) Constituição (planalto.gov.br).

(10) Disponível em: <https://www.cnpd.pt/home/orientacoes/Orientacoes_controlo_a_distancia_em_regime_de_teletrabalho.pdf>.

Considera-se teletrabalho a prestação laboral subordinada jurídica, habitualmente fora da empresa e através do recurso a tecnologias de informação e de comunicação[11].

Dito isto, percebemos que este texto não faz nenhuma alusão ao controle do horário do trabalhador, assim como no ordenamento jurídico brasileiro.

Qualquer tipo de controle ao trabalhador à distância deve ser feito dentro de limites toleráveis, uma vez que, trabalhador não é uma máquina, mas um ser humano.

A aplicação do princípio da proporcionalidade e da minimização dos dados pessoais do trabalhador deve estabelecer condições preestabelecidas para que não haja um excessivo controle da vida privada do trabalhador.

No art. 127º, n. 3 do Código do Trabalho Português está expresso:

> O empregador deve proporcionar ao trabalhador condições de trabalho que favoreçam a conciliação da atividade profissional com a vida familiar e pessoal.[12]

Com isso percebemos que o legislador português, bem antes da pandemia já se preocupava com o trabalhador deixando claro que o empregador não deveria intervir na relação pessoal do trabalhador, sendo desta forma, plenamente aplicável ao teletrabalhador.

O próprio Código de Portugal em seus artigos 197º, 198º, 199º relata a questão do período de trabalho e de descanso como passamos a descortinar:

> Art. 197º Tempo de Trabalho
>
> 1 — Considera-se tempo de trabalho qualquer período durante o qual o trabalhador exerce a actividade ou permanece adstrito à realização da prestação, bem como as interrupções e os intervalos previstos no número seguinte.
>
> 2 — Consideram-se compreendidos no tempo de trabalho:
>
> a) A interrupção de trabalho como tal considerada em instrumento de regulamentação colectiva de trabalho, em regulamento interno de empresa ou resultante de uso da empresa;
>
> b) A interrupção ocasional do período de trabalho diário inerente à satisfação de necessidades pessoais inadiáveis do trabalhador ou resultante de consentimento do empregador;
>
> c) A interrupção de trabalho por motivos técnicos, nomeadamente limpeza, manutenção ou afinação de equipamento, mudança de programa de produção, carga ou descarga de mercadorias, falta de matéria-prima ou energia, ou por factor climatério que afecte a actividade da empresa, ou por motivos econômicos, designadamente quebra de encomendas;
>
> d) O intervalo para refeição em que o trabalhador tenha de permanecer no espaço habitual de trabalho ou próximo dele, para poder ser chamado a prestar trabalho normal em caso de necessidade;
>
> e) A interrupção ou pausa no período de trabalho imposta por normas de segurança e saúde no trabalho;
>
> 3. Constitui contraordenação grave a violação do disposto no número anterior[13].

Este artigo relata o período trabalhado do empregado, considerando as interrupções relacionadas às convenções coletivas, os intervalos relacionados às necessidades pessoais do trabalhador e pausas referentes à segurança e saúde do trabalho são todas consideradas como tempo efetivamente trabalhado, não podendo ser violado.

Passaremos a relatar neste momento, na sequência do Código de Trabalho Português o art. 198º:

> Período normal de trabalho
>
> O tempo de trabalho que o trabalhador se obriga a prestar, medido em número de horas por dia e por semana, denomina-se período normal de trabalho[14].

O artigo conceitua o período normal de trabalho que deverá ser medido através de horas ou semanas, consistindo no tempo em que o trabalhador se obriga a prestar o serviço ao empregador.

Já com relação ao art. 199º:

> Período de descanso
>
> Entende-se por período de descanso o que não seja tempo de trabalho.[15]

Este artigo relata o que parece óbvio, mas na prática realmente deve ser declarado como está dito

(11) Disponível em: <http://cite.gov.pt/asstscite/downloads/legislacao/CT20032018.pdf#page=66>.
(12) Disponível em: <http://cite.gov.pt/asstscite/downloads/legislacao/CT20032018.pdf#page=66>.
(13) Disponível em: <http://cite.gov.pt/asstscite/downloads/legislacao/CT20032018.pdf#page=66>.
(14) *Idem.*
(15) Disponível em: <http://cite.gov.pt/asstscite/downloads/legislacao/CT20032018.pdf#page=66>.

no artigo, já que, existe uma confusão, principalmente com relação ao teletrabalhador. Se o fato de um empregado estar em casa aguardando um chamado, por exemplo, por meio eletrônico é ou não de fato período normal de trabalho? Na verdade, aqui no Brasil dependerá do caso concreto, uma vez que, o juiz verificará com cautela os fatos apresentados em juízo pela empresa e pelo empregado.

A CRP, Constituição da República Portuguesa (1976), Revisão Constitucional de 2005, em seu art. 59º, n. 1, alínea b, afirma:

> Todos os trabalhadores, sem distinção de idade, sexo, raça, cidadania, território de origem, religião, convicções políticas ou ideológicas, têm direito:
>
> ...
>
> b) A organização do trabalho em condições socialmente dignificantes, de forma a facultar a realização pessoal e a permitir a conciliação da atividade profissional com a vida familiar;
>
> ...
>
> d) Ao repouso e aos lazeres, a um limite máximo da jornada de trabalho, ao descanso semanal e as férias periódicas pagas(16).

A CRP, não fala claramente em desconexão digital juslaborista, porém deixa claro que todos os trabalhadores têm direito a manter uma consonância entre o trabalho e sua vida privada, tendo direito ao repouso, lazer, limite máximo de jornada laboral, descanso e férias de tempos em tempos.

14. *Sistemas de tecnologias aplicadas para controle do teletrabalhador*

A CNPD, afirma:

> Soluções tecnológicas para controlo à distância do desempenho do trabalhador não são admitidas. São disso exemplo os softwares que, para além do rastreamento do tempo de trabalho e de inatividade, registram as páginas de internet visitadas, a localização do terminal em tempo real, as utilizações dos dispositivos periféricos (ratos e teclados), fazem captura de imagem do ambiente de trabalho, observam e registram quando se inicia o acesso a uma aplicação, controlam o documento em que se está a trabalhar e registram o respectivo tempo gasto em cada tarefa (v.g., Time Doctor, Hubstaff, Timing, Manic Time, Time Camp, Toggl, Harvest). Ferramentas deste tipo recolhem manifestamente em excesso dados pessoais dos trabalhadores, promovendo o controlo do trabalho num grau muito mais detalhado do que aquele que pode ser legitimamente realizado no contexto da sua prestação nas instalações da entidade empregadora. E a circunstância de o trabalho estar a ser prestado a partir do domicílio não justifica uma maior restrição da esfera jurídica dos trabalhadores.(17)

Na verdade foram criados sistemas específicos para controle dos trabalhadores que pensam estar à distância, sendo esta última imaginária no caso do teletrabalhador, visto que o próprio empregado não tem ideia do tipo de monitoramento que está sendo realizado, todavia os trabalhadores estão na verdade dentro da empresa e não imaginam o excesso de controle que estão sendo expostos, não imaginam o quanto estão sendo monitorados.

Estes tipos de sistemas citados acima emitem relatórios aos gerentes da empresa, dando informações precisas ao empregador sobre tudo que acontece com o empregado dentro de sua própria casa. Relatórios estes com uma precisão fora do comum que na verdade nenhum ser humano é capaz de dar pessoalmente, apenas uma máquina está habilitada a fornecer estes dados tão precisos e com absoluto rigor e precisão.

Por exemplo, o sistema Hubstaff, com sua ferramenta é capaz de fornecer ao patrão uma visão geral do que o funcionário está fazendo, a cada dez minutos ele calcula a porcentagem de tempo que o empregado passou digitando ou movendo o mouse do computador.

Já o Toggl que é um aplicativo que ajuda o empregador a fazer o registro do tempo gasto nas tarefas cotidianas, permitindo monitorar a produção diária e quantificar os resultados do trabalho, o interessante é que este software é bem anterior a pandemia, pois no site oficial possui um registro de 13 de agosto de 2014.

Com relação ao Time Doctor é um software muito eficiente que concede aos gerentes o controle do total de horas trabalhadas pelas equipes das empresas fornecendo um resumo sobre quanto tempo foi gasto pelo trabalhador e com quais clientes o mesmo entrou em contato, além disso, o sistema monitora o uso da internet pelo empregado durante o seu horário de trabalho notificando o trabalhador quando

---

(16) Constituição da República Portuguesa (parlamento.pt).

(17) Disponível em: <https://www.cnpd.pt/home/orientacoes/Orientacoes_controlo_a_distancia_em_regime_de_teletrabalho.pdf>.

ele se distrair no trabalho. Além do mais, os gerentes recebem semanalmente os *websites* e aplicativos que foram utilizados pelo trabalhador, inclusive relatando por quanto tempo foram utilizados.

Verificamos que com estas informações a empresa mantém o trabalhador monitorado demasiadamente, de uma forma melhor e maior do que se estivesse na empresa, posto que, dentro da própria empresa um gerente não conseguiria monitorar um trabalhador com tanta precisão.

Percebemos que através destas ferramentas existe um excesso de controle dos dados pessoais do trabalhador. De certo que este controle está em um grau elevadíssimo não sendo legítimo o empregador vigiar o teletrabalhador desta forma. Sendo que, o fato de o trabalhador estar em seu domicílio não justifica este tipo de restrição violando desta forma o princípio da minimização dos dados pessoais do empregado.

Vale ressaltar que, é direito do empregador monitorar seu empregado, porém deverá ter limite alcançando seus objetivos através de uma adequação de suas tarefas seja através da fixação de objetivos, criando obrigações periódicas ou marcando reuniões através de videoconferência ou teleconferência, uma vez que a primeira utiliza um canal de duas vias onde transmissor e participante podem ver, falar e ouvir simultaneamente, enquanto que na segunda o conferencista é o único que fala e os participantes remotos apenas interagem por meio de outros canais sejam eles, telefone, e-mail, chat etc.

É importante ressaltar o que relata o Ilustre professor João Leal Amado:

> Estas ferramentas devem respeitar o princípio da privacidade do empregado apenas recolhendo a informação necessária para a execução da tarefa do empregado.[18]

O empregador deverá exercer sua fiscalização com relação ao teletrabalhador o que ele não pode é exceder a este direito que lhe é peculiar.

15. *Direito a desconexão digital do teletrabalhador*

Todo teletrabalhador tem direito a desconectar-se totalmente do trabalho. Caso o trabalhador não o faça não terá: férias, folgas, repousos remunerados; assim, o teletrabalhador irá se sentir explorado, ansioso e inseguro, sendo certo que, terá receio de perder seu emprego; uma vez que, existe uma competição enorme com relação às vagas de emprego.

Para que o trabalhador não abra mão dos seus próprios direitos é necessário que ele mesmo se desconecte.

Com relação à desconexão digital juslaborista temos outro relato do Ilustre professor João Leal Amado afirmando que o art. 199º do CP merece uma nova exposição, sendo acrescido da seguinte forma:

> 2 — O período de desconexão deve corresponder a um tempo de desconexão profissional.
>
> 3 — As formas de garantir o tempo de desconexão profissional, designadamente através da não utilização das tecnologias de informação e comunicação durante o período de descanso do trabalhador, podem ser estabelecidas mediante instrumento de regulamentação coletiva de trabalho;
>
> 4 — A violação do disposto no n. 2 pode consistir em assédio, nos termos e para efeitos do art. 29º deste Código[19].

Percebemos que a colocação do Ilustre mestre realmente nos parece necessária, uma vez que o trabalhador é, e sempre será o hipossuficiente da relação jurídica laborista e para que efetivamente o seu direito seja resguardado é necessário que seja transcrito na lei, pois raríssimas empresas terão o condão de preocupar-se com a saúde efetiva de seu teletrabalhador, além disso, quando relata que a violação do referido artigo se apresentará como assédio, percebemos que com este artigo os empregadores terão mais cautela quando contratar um trabalhador em regime de teletrabalho, trazendo à baila a junção entre o binômio necessidade *X* segurança, dado que, por mais que o empregado se encontre em casa, é importante que o próprio empregador cuide da segurança e saúde do teletrabalhador, pois, caso ocorra algum acidente com este último, em horário de trabalho, deverá ser considerado de fato um acidente de trabalho como se estivesse trabalhando, este é o ponto de vista desta autora.

Temos também a posição da Insigne professora Teresa Coelho (2016) que relata:

---

(18) João Leal (2017):123 *apud* Disponível em: <https://repositorio.ucp.ptbitstream10400.14286761MariaSousa_Disserta%C3%A3o.pdf>. Direito a desconexão — O impacto das Novas Tecnologias.

(19) *Idem.*

> Com as NTIC (Novas Tecnologias de Informação e Comunicação) surgem vários instrumentos informáticos capazes de ameaçar a privacidade das pessoas em geral, e dos trabalhadores.[(20)]

Como brilhantemente colocado pela professora Teresa ressaltamos que o empregador muitas das vezes se preocupa com a privacidade de sua empresa quando está instalado fisicamente, posto que, o risco empresarial é do empresário, contudo no teletrabalho o empregador deverá lembrar que os dados do trabalhador, estão expostos e que ele será responsável por este fato, afinal o teletrabalhador trabalha em sua casa para o empregador.

Analisaremos a colocação de Jorge Souto Maior/2003 com relação ao direito a desconexão digital do trabalho:

> ... Do direito à desconexão do trabalho, é que a tecnologia tem trazido novos modos de trabalho, mas esta situação está longe de produzir uma ruptura dos padrões jurídicos de proteção do trabalho humano. Aliás, se bem examinada, como se tentou demonstrar acima, a tecnologia revela várias contradições, que uma vez identificadas, permite que se aflore a preocupação com a adoção de padrões jurídicos que buscam a humanização do avanço tecnológico[(21)].

A colocação do Ilustre autor é de fundamental importância, até porque em 2003 ele já aborda a questão da desconexão digital do teletrabalhador, dado que, a tecnologia deve estar a favor do ser humano e não contra.

16. *Conclusão*

A reflexão desta pesquisa é de fato valiosa para o campo jurídico laborista, pois revela aspectos grandiosos com relação ao teletrabalho tanto para o empregado, quanto para o empregador, como para a sociedade, não só nos países abordados que no caso em tela foram Brasil e Portugal como para o mundo.

A evolução histórica citada foi de grande valia, posto que tivemos o privilégio de conhecer como o teletrabalho evoluiu no contexto mundial, na leitura tivemos a oportunidade de verificar que no início o termo utilizado não era Teletrabalho, mas produção artesanal realizada pelas pessoas de sua própria casa.

Vimos no decorrer da investigação que a internet e a globalização tiveram grande relevância na implantação do teletrabalho, posto que a expansão deste último de fato não ocorreria sem os meios tecnológicos, sem informação e muito menos com a ausência da comunicação.

Percebemos que o teletrabalhador tem características próprias e de grande relevância, tais como: autonomia, eficiência, criatividade e organização, dentre outros. Estes aspectos são demasiadamente importantes para o teletrabalhador, visto que, não exercendo o trabalho com estas peculiaridades produzirá um trabalho precário não satisfazendo o empregador e consequentemente sendo dispensado.

Descortinamos os pontos positivos e negativos do empregado, do empregador e da própria sociedade como um todo e vislumbramos situações em que, o que pode ser positivo para o empregado pode ser negativo para o empregador, como por exemplo, a questão do teletrabalhador exercer o seu labor doente, pois não será necessário sair de casa para trabalhar e muitas das vezes com receio de perder o emprego ele, o empregado, prefere trabalhar doente e no caso do trabalho presencial certamente o empregado faltaria ao serviço.

Descobrimos que com relação à segurança e saúde do teletrabalhador não temos legislações específicas no Brasil ou em Portugal, que trate do caso com o rigor necessário que o tema desconexão digital do teletrabalhador realmente merece, mas abordamos artigos tanto brasileiros, quanto portugueses que merecem destaque e que poderia ser enquadrado perfeitamente no caso concreto.

Avistamos relatos de Ilustres Mestres no texto com relação à desconexão digital laboral e ressaltamos os pontos relevantes, como no caso do exagero por parte do empregador com relação ao controle do empregado, enquadrando-se o empresário na questão do assédio moral, pois uma coisa é estar descrito na lei e outra é o que de fato ocorre na prática.

As características e diversidades do teletrabalho são tão vastas que na verdade é impossível chegar a conclusões consensuais, mas alguns fatos são incontestáveis.

---

(20) Moreira, Teresa Coelho (2016):192 *apud* Disponível em: <https://repositorio.ucp.ptbitstream10400.14286761MariaSousa_Disserta%C3%A3o.pdf>. Direito a desconexão — O impacto das Novas Tecnologias.

(21) Disponível em: <https://www.jorgesoutomaior.com/uploads/5/3/9/1/53916439/do_direito_%C3%A0_desconex%C3%A3o_do_trabalho.. pdf>.

O teletrabalhador deve ordenar seus pensamentos, desfrutar um tempo para si com a finalidade de tornar-se mais leve para o trabalho e pensar alternativas que sejam corretas para o labor a ser exercido, deve aprender a ser mais flexível, não achar que férias e descanso são perdas de tempo, interagir com outras situações e não ficar 24 (vinte e quatro) horas por dia pensando em trabalho, saber dizer não para certos acontecimentos, visto que nossa vida é uma escolha e o óbvio muitas das vezes deve ser dito.

O empregado no teletrabalho deve ter autor-responsabilidade e uma visão positiva do futuro, se desintoxicando do labor digital excessivo, permitindo que a própria tecnologia ajude-o, sendo seu aliado e não inimigo, uma vez que, a possibilidade do teletrabalho causar um isolamento emocional é um perigo podendo levar o trabalhador a vários tipos de doença inclusive a depressão.

Finalizando, o teletrabalho de fato é um desafio, principalmente este ano de 2020 com a pandemia da COVID-19, mas é imprescindível que o teletrabalhador faça da tecnologia, da informação e da comunicação sua aliada, desconectando-se digitalmente de seu labor, quando do período de seu descanso e, além disso, o empregador deve reconhecer o seu limite como gestor, assim, todos ganharão inclusive a sociedade.

17. Referências

CONSTITUIÇÃO (<planalto.gov.br>). Acesso em: 18 dez. 2020.

CONSTITUIÇÃO da República Portuguesa (parlamento.pt). Acesso em 18 dez. 2020.

DEL5452 (planalto. gov.br). Acesso em: 18 dez. 2020.

Disponível em: <https://www.abrilabril.pt/trabalho/desconexao-profissional-colocar-em-lei-o-que-ja-e--ilegal>. Acesso em: 3 dez. 2020.

Disponível em: <https://www.capterra.com.br/software/132376/hubstaff>. Acesso em: 3 dez. 2020.

Disponível em: <https//:cite.gov.pt/asstscite/downloads/legislacao/CT20032018.pdf>. Acesso em: 7 dez. 2020.

Disponível em: <https://www.cnpd.pt/home/orientações/Orientacoes>. Acesso em: 3 dez. 2020.

Disponível em: <https://www.dicio.com.br/teletrabalho/>. Acesso em: 4 dez. 2020.

Disponível em: <https:// g1.globo.com/bemestar/coronavirus/noticia/2020/03/24/>. Acesso em: 22 dez. 2020.

Disponível em:<https://www.jorgesoutomaior.com/uploads>. Acesso em: 29 dez. 2020.

Disponível em: <https://www.lexico.pt/desconexao/> Acesso em: 4 dez. 2020.

Disponível em: <https://repositório.ucp.ptbitstream10400.14286761>. Acesso em: 22 dez. 2020. Maria Sousa. *Direito a desconexão* — O impacto das Novas Tecnologias.

Disponível em: <https://www.rpso.pt/teletrabalho--na-perspectiva-da-saude-ocupacional/>. Acesso em 4 dez. 2020.

Disponível em:<https://www.techtudo.com.br/tudo-sobre/toggl-app.html>. Acesso em: 3 dez. 2020.

Disponível em: <https://www.timedoctor.com/pricing_plans.html>. Acesso em 3 dez. 2020.

Disponível em: <https://www.timedoctor.com/pt/features.html>. Acesso em 3 dez. 2020.

MELO, E. *Teletrabalho, Qualidade de vida no Trabalho e Satisfação Profissional:* um estudo exploratório numa amostra de profissionais da área da Tecnologia da Informação. Mestrado Integrado em Psicologia, Faculdade de Psicologia, Universidade de Lisboa, 2011.

E-SPORTS: Breve Análise da Aplicação Prática das Leis Desportivo-Trabalhistas no Âmbito Portugal e Brasil

Ricardo Georges Affonso Miguel[(1)]

Os anos de 2020 e 2021 ficarão gravados na história mundial para sempre. São os anos da famigerada pandemia da Covid19, do *lockdown*, enfim da transformação definitiva da vida das pessoas.

Como não poderia deixar de ser, tal fato afetou diretamente a prática desportiva. Todas as modalidades sofreram e ainda sofrem de algum modo os efeitos devastadores da pandemia.

Contudo, ainda que também tenha sido vitimada com algumas restrições, uma modalidade específica de prática se sobressaiu no mundo desportivo, inclusive como alternativa de saúde mental para vários atletas de alto rendimento de outras modalidades, bem como para os seus próprios praticantes. Trata-se do desporto eletrônico, ou dos *e-sports*.

A forma de denominar e se referir a esta prática varia e já foram objeto de minha abordagem em outras obras[(2)], assim como a temática de fundo do presente trabalho está materializada no terceiro capítulo da minha dissertação para obtenção do grau de mestre em ciências jurídicas na Universidade Autônoma de Lisboa[(3)].

O protagonismo alcançado pelo desporto eletrônico neste momento crítico vivido pelo mundo se deu pela simples razão de que é possível a prática da modalidade sem interação física entre os praticantes. Logo, não há um prejuízo imediato na disputa, como ocorreu em outras modalidades com a questão sanitária.

Naturalmente que os *e-sports* também foram afetados, pois foi necessário cancelar competições presenciais, assim como o regime de treinamento em *gaming houses* ou *gaming offices* também tiveram que ser revistos.

Mas de todo o modo, a prática não foi interrompida. Mais que isso, com as formas de treinamento restritas e impossibilidade de competições, os atletas de outras modalidades passaram a "competir" nos desportos eletrônicos de modo a ocupar o tempo livre, manter o espírito competitivo, enfim, preservar a saúde mental.

Sendo assim, creio que o desporto eletrônico acabou por se tornar mais conhecido da população, razão pela qual importa agora estudar a questão relacionada ao trabalho em que se constitui.

Penso que não cabe aqui discorrer acerca de se considerar o desporto eletrônico como modalidade de prática desportiva, ou mesmo tecer maiores considerações acadêmicas sobre sua organização desportiva, além de vantagens e riscos de sua prática, uma vez que isto já foi objeto de análise em outras oportunidades[(4)].

Sendo assim, partirei do princípio de que se trata de desporto, como já considerado em outros estudos[(5)], e apenas gostaria de ter como escopo desta breve análise as questões práticas na seara laboral da relação mantida entre o ciberatleta (atleta de alto rendimento, portanto profissional de *e-sport*) e a equipe

(1) Juiz do Trabalho Titular da 13ª Vara do Trabalho do Rio de Janeiro, Brasil. Doutorando em Direito Desportivo — PUC/SP; Doutorando em Ciências Jurídicas — UAL; Professor da Universidade Cândido Mendes; Professor convidado da CBF Academy; Membro da Academia Nacional de Direito Desportivo e da Sociedade Brasileira de Direito Desportivo; membro honorário do Instituto dos Advogados Brasileiros — IAB.

(2) MIGUEL, Ricardo Georges Affonso. *O Enquadramento Jurídico do Esporte Eletrônico* Rio de Janeiro: Universidade Estácio de Sá, 2018. 118 f. Dissertação de Mestrado em Direito.

MIGUEL, Ricardo Georges Affonso. *O Enquadramento Jurídico do Esporte Eletrônico*. São Paulo: Quartier Latin, 2019. ISBN 85-7674-959-9.

(3) MIGUEL, Ricardo Georges Affonso. O *Reconhecimento dos esports como Desporto Olímpico e seus Efeitos Desportivo-Trabalhistas no Cenário Luso Brasileiro*. Lisboa: Universidade Autónoma de Lisboa, 2021. Dissertação de Mestrado em Ciências Jurídicas.

(4) *Idem*.

(5) *Idem*.

por intermédio da qual exerce seu ofício. Em outras palavras, cabe aqui discutir a aplicação da legislação desportivo trabalhista de Brasil e Portugal a estes profissionais do desporto.

No cenário brasileiro tramitam três projetos de lei que definem a prática dos *e-sports* como desporto, quais sejam PLS n. 383/2017; o Projeto de Lei n. 3.450/2015; e o Projeto de Lei n. 7.747/2017. Porém, nenhum deles define efetivamente a legislação aplicável. Também não é imprescindível que haja uma lei definindo uma modalidade como sendo desportiva.

O importante é definir a legislação aplicável, a fim de se afastar a insegurança jurídica gerada e estabelecer um modelo de contratação entre os atores desportivos. Sendo desporto aplicam-se as leis desportivas. E poderão ser aplicadas as legislações laborais específicas na relação jurídica mantida entre atletas e equipes.

A atividade desportiva de alto rendimento, profissional portanto, é um trabalho, uma profissão como qualquer outra. Logo, é de se aplicar a lição do professor João Leal Amado no sentido de que quem extrai seu sustento da prática desportiva deve ser considerado um trabalhador; assim como será considerado empregado se outrem está a explorar a mão de obra deste desportista[6].

Outro não é o conceito de atleta profissional extraído do art. 69, parágrafo único do Projeto de Lei no Senado n. 68/2017 acerca da nova lei geral do desporto no Brasil.

> Art. 69. A profissão de atleta é reconhecida e regulada por esta Lei, sem prejuízo das disposições não colidentes contidas na legislação vigente, no respectivo contrato de trabalho ou em acordos ou convenções coletivas.
>
> Parágrafo único. Considera-se como atleta profissional o praticante de esporte de alto nível que se dedique à atividade esportiva de forma remunerada e permanente e que tenha nesta atividade sua principal fonte de renda por meio do trabalho, independentemente da forma como receba sua remuneração.

No caso dos *esports* seu praticante poderá ser enquadrado tanto como autônomo como empregado, sempre considerado um trabalhador. Se autônomo será regido por um contrato de natureza civil. Se empregado, entendo que cabe a aplicação das legislações laborais.

A Lei Geral do Desporto no Brasil dispõe que para atividades desportivas coletivas não se aplica o trabalho do atleta na condição de autônomo, interpretação que se extrai do art. 28-A, § 3º da referida lei.

Contudo, sendo empregado, ao prestar serviços desportivos a uma equipe as leis trabalhistas deverão ser aplicadas, exatamente a questão específica que se põe como objeto do presente trabalho.

No caso brasileiro a legislação trabalhista geral a ser aplicada ao caso seria a Consolidação das Leis do Trabalho, a qual terá aplicação subsidiária à legislação geral do desporto (Lei n. 9.615/98), pois é o que está disposto no seu art. 28, § 4º.

O art. 3º, § 1º, inciso I, da Lei Geral do Desporto dispõe acerca da exigência do contrato especial de trabalho desportivo para a caracterização do atleta como profissional, tratando o atleta como empregado, portanto.

Considerado o praticante de desporto eletrônico profissional efetivamente um atleta, às suas relações jurídicas deverá ser aplicada a Lei Geral do Desporto; e se mantiver com a equipe relação empregatícia, será regido pela lei trabalhista pertinente.

A esse respeito já me manifestei anteriormente[7]:

> A *lex sportiva* será aplicada de forma principal a estas relações, dada a observância dos princípios da autonomia do direito desportivo e da especificidade da lei desportiva. Na ausência de norma desportiva específica aplicar-se-á a lei trabalhista para regular a relação empregatícia, desde que não haja incompatibilidade[8]. Trata-se de natureza normativa dualista, pois a atividade do atleta será desportiva e laboral, estando o mesmo sob a égide dos dois ordenamentos legislativos[9].

Com este entendimento afasta-se a instabilidade jurídica de qual legislação, civil ou trabalhista, se

(6) AMADO, João Leal. Desporto, direito e trabalho: uma reflexão sobre a especificidade do contrato de trabalho desportivo. In: BELMONTE, Alexandre Agra; MELLO, Luiz Philippe Vieira de; BASTOS, Guilherme Augusto Caputo (orgs.). *Direito do Trabalho Desportivo. Os aspectos jurídicos da lei Pelé frente às alterações da Lei n. 12.395/2011.* São Paulo: LTr, 2013. p. 10.

(7) MIGUEL, *op. cit.* (2018) p. 86; (2019) p. 110.

(8) VEIGA, Mauricio de Figueiredo Corrêa da. *Manual de direito do trabalho desportivo.* São Paulo: LTr, 2016. p. 34.

(9) BARROS, Alice Monteiro de. *Contratos e regulamentações especiais de trabalho:* peculiaridades, aspectos controvertidos e tendências. 3. ed. São Paulo: LTr, 2008. p. 109-110.

aplicar às relações jurídico desportivas dos *e-sports* praticados coletivamente.

Conforme já esposado em outras oportunidades, o desporto eletrônico assim praticado, respeitadas individualidades de cada modalidade, muito se assemelha ao futebol e, por conta disso deve ter o mesmo tratamento jusdesportivo[(10)].

No âmbito de Portugal não há projeto de lei específico em curso a respeito da matéria de regulamentação do desporto eletrônico[(11)].

Assim como no Brasil, Portugal conta com a legislação específica do desporto, qual seja, o Regime Jurídico do Contrato de Trabalho do Praticante Desportivo; bem como o Código do Trabalho, o qual regula relações de trabalho em caráter geral, e só é aplicável às relações com regimes especiais se as regras gerais forem com ela compatíveis.

Tem-se, pois, que as realidades jurídica, desportiva e trabalhista de Brasil e Portugal em muito se assemelham, já que há coexistência das duas normas, a geral e a específica[(12)], razão pela qual a partir do reconhecimento desportivo dos *e-sports*, as consequências jurídicas para os dois países em análise poderá ser basicamente a mesma.

Tanto Brasil como Portugal possuem nas suas respectivas Constituições disposições protetivas acerca do desporto, considerando-o direito fundamental, pois respectivamente os arts. 217 e 79º tratam como função do Estado o fomento ao desporto e o direito ao desporto com relação à educação, à cultura e ao lazer.

Estas disposições podem e devem também alcançar o desporto eletrônico, pois, principalmente agora nesses estranhos tempos de pandemia, a modalidade demonstrou seu relevo social, e é justamente por isso que o desporto deve ser tratado constitucionalmente[(13)], não se podendo excluir uma nova modalidade.

Se há similaridade entre as modalidades de prática desportiva, elas devem ter o mesmo tratamento jurídico, como nos ensinamentos de Canotilho, quando aduz que somente são passíveis de tratamento desigual situações avaliadas sob o manto de critérios objetivos e razoáveis, assim considerados pelo homem médio[(14)].

Deste modo o desporto eletrônico não pode ser tratado de modo diverso de outras modalidades similares, pelo que no mesmo sentido ensina Alexandre Miguel Mestre acerca do risco ao não se regulamentar um novo setor existente na prática, como ocorre com o "direito do *fitness*":

> Mas, claro, tudo o que é relativamente recente e evolutivo encerra dificuldades e imperfeições. Com efeito, no processo de contacto com a realidade prática, constata-se, por vezes, um setor "*sem uma legislação adequada ao seu normal funcionamento*", *ou, nalguns aspectos*, deparamo-nos com um "*vazio legal*" (que, por natureza, proporciona vantagens aos prevaricadores)[(15)].

Destes ensinamentos extrai-se que os *e-sports* integram um novo setor e, portanto, um novo direito passível de legislação específica, ou mesmo de aplicação de leis desportivas e laborais atualmente em vigor enquanto não sobrevenha estrutura legislativa própria.

Conforme já abordei em sede de dissertação de mestrado[(16)], tanto no Brasil como em Portugal o ciberatleta deve ser considerado empregado e estar sujeito às legislações desportiva e laboral.

Sendo ele um autônomo, vale dizer, não praticando a modalidade em equipe, no cenário brasileiro aplicar-se-á a lei civil, na forma do próprio art. 442-B da CLT, podendo competir sem que esteja vinculado a qualquer equipe, o que descaracterizaria a necessidade de qualquer contratação, ainda que pelo regime civil.

Já no cenário português o ciberatleta não vinculado à equipe poderá ser considerado trabalhador independente. Em Portugal o contrato de trabalho desportivo é obrigatório apenas para o futebol, sendo possível competir federativamente com contrato civil

(10) MIGUEL, *op. cit.* (2018) p. 88; (2019) p. 112.

(11) Disponível em: <https://observador.pt/opiniao/esports-milhoes-e-milhoes-a-espera-de-regulacao/>. Acesso em: 25 nov. 2019.

(12) VEIGA, *op. cit.* p. 68.

(13) MELO FILHO, Álvaro. Autonomia e Especificidade como postulados nucleares da legislação desportivo-trabalhista. In: *Atualidades sobre direito esportivo no Brasil e no mundo.* Dourados: Seriema, 2009. p. 39.

(14) CANOTILHO, J. J. Gomes. *Direito Constitucional.* 5. ed. Coimbra: Almedina, 1991. p. 575-576.

(15) MESTRE, Alexandre Miguel. *Direito do Fitness. Atividades em Ginásios e Health Clubs.* Porto: Vida Económica — Editorial, AS, 2017. p. 30.

(16) MIGUEL, *op. cit.* (2021).

de prestação de serviços, o que afastaria a legislação laboral.

No Brasil é possível defender-se o mesmo entendimento. Porém, como salientado, a interpretação teleológica da lei Geral do Desporto em conjunto com a CLT conduz para conclusão diversa, qual seja, a de que todo desporto coletivamente praticado de modo profissional deverá ensejar o reconhecimento da relação de emprego entre atleta e equipe. Além disso, a Lei n. 9.615/98 estabelece no art. 94 que várias das disposições em análise aqui são obrigatórias apenas para o futebol. Mas faculta-se à outras modalidades desportivas a aplicação dos mesmos dispositivos legais.

Logo, a questão é que o desporto eletrônico, dada a sua similaridade com o futebol, independentemente da roupagem jurídica específica de Brasil e Portugal, deve ser tratado como o futebol, com aplicação da legislação desportiva e laboral sendo que as contratações dos atletas das equipes de desporto eletrônico não deverão se dar de outra forma que não seja pelo regime laboral(17), salvo quando a prática for autônoma, ou independente.

Esta questão desportiva é relevante conforme ensina o Professor Ângelo Vargas ao dizer que "possivelmente, nenhum fenômeno contemporâneo está tão intrinsecamente ligado à natureza essencialmente cultural do ser humano como o desporto"(18).

E o *e-sport*, seja por sua capilaridade e expansão, seja pelos seus ideais sociais, deve ser observado com a mesma atenção dispensada a qualquer modalidade.

Em uma análise agora objetiva e prática da aplicação das legislações, sendo os ciberatletas trabalhadores, todas as restrições relacionadas ao trabalho de um modo geral, salvo autorizadas especificamente em lei, deverão ser respeitadas, como idade mínima para competir(19), por exemplo, observado que a lei desportiva é aplicada plenamente e a laboral subsidiariamente, já que as realidades do trabalho comum e do trabalho desportivo são bastante distintas(20).

Os contratos desportivos se apresentam por prazo determinado, em razão da necessária segurança e liberdade para o atleta, que opta por prazos mais curtos a fim de renegociar de tempos em tempos suas condições, ou mesmo trocar de equipe.(21) Diferente disso, os contratos trabalhistas ordinários, salvo exceções, não têm prazo determinado, nos termos do art. 129º do Código do Trabalho Português, e o art. 443, §§ 1º e 2º da Consolidação das Leis do Trabalho no Brasil.

Sendo assim, cabe aplicar os dispositivos trabalhistas previstos nas legislações desportivas, respectivamente de Portugal (Lei n. 54/2017) e Brasil (Lei n. 9.615/98), devendo apenas ser observada a peculiaridade de cada dispositivo, principalmente no que concerne a existência de entidade federativa.

Sabe-se que em ambos os países em análise, assim como no resto do mundo, já existem diversas entidades federativas relacionadas ao desporto eletrônico. Porém, ainda não há legitimidade efetiva com pleno reconhecimento pela comunidade desportiva eletrônica, o que pode dificultar a aplicação de um ou outro dispositivo.

Do mesmo modo, na análise e aplicação destas legislações o operador do direito deve ter em mente que as legislações não foram editadas pensando nos *e-sports*. Logo, os naturais adaptações e interpretações devem ser cautelosamente feitas, sem excessos de positivismos ou garantismos, assim como sem maiores ampliações do alcance legislativo.

A ideia deste arrazoado é apenas propor a aplicação legislativa plena, razão pela qual deixarei de esmiuçar os dispositivos legais um a um, já que como salientei todos são aplicáveis dada à similaridade com o futebol.

Mas em específico, chamarei a atenção para alguns dispositivos.

O desporto eletrônico se apresenta como uma modalidade com peculiaridade e questões muito específicas. Assim, a solução de seus eventuais litígios por arbitragem, por todas as razões, e por essa especificidade é recomendável. Portanto, o art. 4º da lei é plenamente aplicável à espécie.

---

(17) ARTIGAS, Alex Barbarà. *Sin Leyes No Hay Competición. Un repasso por las leyes de los deportes electrónicos en el mundo*. 1. ed. Vilassar de Mar: UNO, p. 34.

(18) VARGAS, Ângelo. *Direito Desportivo:* Temas Transversais. Rio de Janeiro: Autografia, 2017. p. 19.

(19) ARTIGAS, *op. cit.*, p. 33.

(20) BAPTISTA. Albino Mendes. *Estudos sobre o Contrato de Trabalho Desportivo*. Coimbra: Coimbra, 2006. p. 16.

(21) *Ibidem*, p. 18.

Portugal conta com o Tribunal Arbitral do Desporto constituído exatamente para atuar nas hipóteses de mediação e arbitragem de causas relacionadas ao desporto, portanto, passível de ser provocado também na modalidade desportiva eletrônica.

A questão da arbitragem no Brasil também é aplicável ao desporto eletrônico e pelas mesmas razões, seja pela previsão no art. 90-C, parágrafo único, da Lei n. 9.615/98, seja pelo art. 507-A da CLT. Deve ser apenas ressaltado que comungo da conclusão de Pedro Henrique Bandeira de Sousa acerca da aplicação imediata da arbitragem prevista em contrato, sem necessidade de norma coletiva da arbitragem(22), pois o art. 507-A da CLT aponta nesse sentido, e o art. 90-C da LGD foi idealizado quando apenas por norma coletiva a arbitragem poderia ser viabilizada.

A Lei n. 9.615/98, denominada Lei Geral do Desporto no Brasil, traz no artigo 26, parágrafo único, a necessidade de que para o atleta ser profissional e competir profissionalmente será necessário que sua relação jurídica com o clube ou equipe seja regulada em contrato especial de trabalho desportivo.

Daí porque, salvo relações autônomas em desporto não coletivo, a relação a reger essa questão é laboral, razão pela qual a ideia é a liberdade de contratação do atleta.

Merece destaque o § 4º do mesmo artigo, pois dispõe acerca da aplicação subsidiária à Lei Geral do Desporto, não só da legislação trabalhista, mas também da previdenciária. Sendo o desporto eletrônico uma forma de trabalho, absolutamente necessário que haja a possibilidade de proteção previdenciária e de seguridade social para tal trabalhador específico.

Os demais direitos trabalhistas são aplicáveis sem restrição, pois todos guardam pertinência com a proteção do atleta.

Outro destaque específico que guarda forte peculiaridade com o desporto eletrônico é o art. 46 da Lei Geral do Desporto Brasileira, que dispõe acerca da previsão de visto de trabalho ao atleta estrangeiro.

Naturalmente que a previsão legal é aplicável ao *e-sport*. Porém, esta modalidade desportiva tem a peculiaridade de permitir que o atleta trabalhe e integre uma equipe vivendo em seu país de origem ou qualquer outro diferente do da equipe. Nesse caso, a meu sentir será concedida à hipótese o mesmo tratamento jurídico dado aos empregados telemáticos que prestam serviços para empresas situadas em outros países, mas residem em outro local.

Como último destaque, acerca do chamado direito de imagem previsto nas legislações brasileira e portuguesa, já me manifestei a respeito da matéria em outra oportunidade defendendo a aplicação aos atletas de desporto eletrônico(23), não cabendo aqui repetir as mesmas conclusões.

Porém, importante salientar a questão do *streaming*, que é mais presente nos *e-sports*. Entendo que esta temática tem natureza eminentemente civil e deve ser tratada em contrato distinto. No caso de constar do contrato laboral mantido entre atleta e equipe, ainda manterá a natureza civil.

Desta forma, espero ter brevemente provocado o debate jurídico acerca da aplicação das leis desportivas e laborais de Brasil e Portugal aos atletas de *e-sports* e suas equipes, uma vez que em se tratando de uma modalidade de prática desportiva similar ao futebol, seu tratamento jurídico deverá ser o mesmo.

Assim, ressalvadas algumas peculiaridades, e destacando alguns artigos em especial, a relevância constitucional dada ao desporto tradicional deve ser estendida ao desporto eletrônico, e às suas relações jurídicas coletivas, empregatícias, portanto, devem ser aplicadas as leis trabalhistas. Já no aspecto da prática autônoma aplicar-se-á a legislação civil.

Referências

AMADO, João Leal. Desporto, Direito e Trabalho: uma reflexão sobre a especificidade do contrato de trabalho desportivo. In: BELMONTE, Alexandre Agra; MELLO, Luiz Philippe Vieira de; BASTOS, Guilherme Augusto Caputo (Org.). *Direito do Trabalho Desportivo. Os aspectos jurídicos da lei Pelé frente às alterações da Lei. n. 12.395/2011.* São Paulo: LTr, 2013.

ARTIGAS, Alex Barbarà. *Sin Leyes No Hay Competición. Un repasso por las leyes de los deportes electrónicos en el mundo.* 1. ed. UNO Editorial.

(22) SOUSA, Pedro Henrique Bandeira de. Arbitragem Esportiva e a Lei Pelé: Aplicabilidade do art. 90-C após a Reforma Trabalhista. In: *O direito e a advocacia:* novos tempos. São Paulo: IASP, 2021. p. 107.

(23) MIGUEL, Ricardo Georges Affonso. Os Direitos da Personalidade na Relação Laboral: Direito de Imagem nos Esportes Eletrônicos sob a ótica Luso Brasileira. *Revista da Academia Nacional de Direito Desportivo,* ano 2, n. 3, p. 83-104, jan./jun. 2017.

BARROS, Alice Monteiro de. *Contratos e regulamentações especiais de trabalho:* peculiaridades, aspectos controvertidos e tendências. 3. ed. São Paulo: LTr, 2008.

BAPTISTA. Albino Mendes. *Estudos sobre o contrato de trabalho desportivo.* Coimbra: Coimbra Editora, 2006.

CANOTILHO, J. J. Gomes. *Direito Constitucional.* 5. ed. Coimbra: Almedina, 1991.

MELO FILHO, Álvaro; LEAL AMADO, João. Autonomia e especificidade como postulados nucleares da legislação desportiva-trabalhista. In: BASTOS, Guilherme Augusto Caputo (Coord.). Atualidades sobre direito esportivo no Brasil e no mundo. *II Encontro Nacional sobre Legislação Esportivo-Trabalhista.* Dourados: Seriema, 2009.

MESTRE, Alexandre Miguel. *Direito do fitness. Atividades em ginásios e health clubs.* Porto: Vida Económica — Editorial, AS, 2017.

MIGUEL, Ricardo Georges Affonso. *O enquadramento jurídico do esporte eletrônico.* Rio de Janeiro: Universidade Estácio de Sá, 2018. 118 f. Dissertação de Mestrado em Direito.

______. *O reconhecimento dos esportes como desporto olímpico e seus efeitos desportivo-trabalhistas no cenário luso brasileiro.* Lisboa: Universidade Autónoma de Lisboa. Dissertação de Mestrado em Ciências Jurídicas, 2021.

______. *O enquadramento jurídico do esporte eletrônico.* São Paulo: Quartier Latin, 2019.

______. Os direitos da personalidade na relação laboral: direito de imagem nos esportes eletrônicos sob a ótica luso-brasileira. *Revista da Academia Nacional de Direito Desportivo (ANDD),* ano 2, n. 3, jan./jun. 2017.

SOUSA, Pedro Henrique Bandeira de. Arbitragem Esportiva e a Lei Pelé: aplicabilidade do art. 90-c após a reforma trabalhista. In: *O Direito e a Advocacia:* Novos Tempos. São Paulo: IASP, 2021.

VARGAS, Ângelo. *Direito Desportivo:* temas transversais. Rio de Janeiro: Autografia, 2017.

VEIGA, Mauricio de Figueiredo Corrêa da. *Manual de direito do trabalho desportivo.* São Paulo: LTr, 2016.

Fuga da CLT: o Comportamento do Judiciário Trabalhista Quanto a Contratação dos Trabalhadores de Aplicativos

Alana Maria Passos Barreto(1)

1. Introdução

O mercado de trabalho sofre alterações a medida em que as relações de trabalho se modificam com suas metamorfoses, logo, o avanço das Tecnologias da Informação e Comunicação (TICs) levaram a sociedade da era industrial para a era pós-industrial.

Em consequência, a Quarta Revolução Industrial ou *Indústria 4.0*, discutida no Fórum Econômico Mundial em Davos, é fundamentada na digitalização de produtos, serviço e processos, com o oferecimento de soluções inteligentes e tecnológicas em diversas áreas do cotidiano, para assim, tornar mais confortável ao consumidor.

A inserção das plataformas digitais enquanto mediador e/ou intermediário das relações de emprego, portanto, o novo 'patrão' dos trabalhadores de aplicativos tornou-se o algoritmo, acarretou problemas hermenêuticos quanto a subordinação jurídica nas relações de trabalho contemporâneas. Dessa forma, o presente artigo questiona o afastamento do vínculo empregatício dos trabalhadores de plataformas digitais.

Nesse ínterim, o presente trabalho objetiva analisar brevemente o comportamento do Judiciário Trabalhista no que tange ao vínculo empregatício desses trabalhadores. De modo que, tem-se por objetivos específicos: compreender os fenômenos de precarização, parassubordinação e uberização; entender essa nova forma de organização do trabalho; e verificar o posicionamento do Tribunal Superior do Trabalho até o presente momento.

Para fins metodológicos, o presente trabalho se debruçou da pesquisa qualitativa por método dedutivo e exploratório. Visto que, o artigo aborda a correlação de conceitos gerais referentes à condição laboral dos trabalhadores de aplicativos a acontecimentos específicos ligados à falta de segurança jurídica devido à incerteza sobre o vínculo empregatício com as plataformas digitais.

Ademais, a pesquisa recorre ao levantamento bibliográfico e documental, com destaque a coleta documental na Consolidação das Leis do Trabalho (CLT) e na jurisprudência do Tribunal Superior do Trabalho (TST), e algumas decisões do Tribunal Regional do Trabalho (TRT). Além disso, o artigo debruça a doutrina em obras basilares da Sociologia do Trabalho, como *O Imaterial* (2005), de André Gorz; *O Privilégio da Servidão*, de Ricardo Antunes (2018); e *Uberização*, de Tom Slee (2019).

Em vista disso, compreende-se que a precarização do trabalho foi intensificada no Brasil após a vigência da Reforma Trabalhista e a popularização das plataformas digitais como a Uber. Assim sendo, o Direito do Trabalho não reconhece as metamorfoses das relações empregatícias decorrentes das mudanças tecnológicas na segunda década do século XXI, e ainda institucionalizou a violação dos padrões mínimos de trabalho.

Por sua vez, o Judiciário Trabalhista se mantém omisso ao defender majoritariamente que não há possibilidade de determinar se é uma relação economicamente dependente, cabendo ao Direito do Trabalho regulá-lo.

(1) Graduanda em Direito pela Universidade Tiradentes (UNIT/SE). Pesquisadora Bolsista em Iniciação Científica (PIBIC/CNPq). Integrante dos Grupos de Pesquisa 'Direitos Fundamentais, Novos Direitos e Evolução Social' e 'Direito Público, Educação Jurídica e Direitos Humanos na Contemporaneidade', presentes no diretório do CNPq. Participante da III Simulação da União Europeia no Brasil (SUEB). E-mail: alanamariabarreto2001@gmail.com.

2. *Precarização, parassubordinação e uberização*

O século XXI trouxe uma sociedade digitalizada que possibilitou inovações tecnológicas e liberalização comercial, por sua vez, gerou o avanço das Tecnologias da Informação e Comunicação (TICs). As TICs fazem parte do processo que levou a sociedade da era industrial para a era pós-industrial, estabelecendo um novo desenvolvimento que propõe o estabelecimento das Sociedades da Informação.

> A transformação tecnológica e administrativa do trabalho e das relações produtivas dentro e em torno da empresa emergente em rede é o principal instrumento por meio do qual o paradigma informacional e o processo de globalização afetam a sociedade em geral. (CASTELLS, 2019, p. 267)

Vale ressaltar que, "o que caracteriza esse trabalho e o diferencia dos demais é a utilização de um corpo de conhecimentos formais, complexos e abstratos, que manipulam símbolo e ideias transformando-os em ferramentas utilizadas no processamento de informações, na realização de tarefas específicas" (LIMA; OLIVEIRA, 2017, p. 115).

Conforme Hannah Arendt (2019), o mundo do trabalho contemporâneo iria reduzir todo trabalho ao nível de labor, ou seja, de esforço rotineiro e cansativo com o objetivo único da sobrevivência. Logo, o trabalho é a base da sobrevivência humana no sistema capitalista, este assegura a vida da espécie, ou seja, a sua subsistência.

Em consequência, a organização do trabalho foi instituída à categoria de matéria a ser conquistada por meio de lutas políticas e econômicas entre o empresariado e os trabalhadores (PINTO, 2007). Em *Crítica ao Programa de Gotha*, Marx defende que falar, questionar, de um direito ao trabalho é tão absurdo quanto falar de um direito à vida, posto que o trabalho é uma necessidade.

> A impossibilidade de mensurar o desempenho individual e de prescrever os meios e os procedimentos para chegar a um resultado conduz os dirigentes da empresa a recorrer à 'gestão por objetivos': eles 'fixam objetivos aos assalariados; cabendo a eles desdobrar-se para cumpri-los. É o retomo ao trabalho como prestação de serviços' [...] Compreende-se então a ausência de toda referência ao trabalho material (GORZ, 2005, p. 18).

Compreende-se que, o processo de reestruturação do trabalho é de caráter permanente e contínuo, de modo que ele está intrinsecamente ligado ao processo de evolução humana. Logo, o trabalho imediato não mais aparece como o principal determinante da produção.

De acordo com Gorz (2005), o capitalismo moderno, é centrado na valorização de grandes massas de capital fixo, ou seja, material, e este, é cada vez mais rapidamente substituído por um capitalismo pós-moderno centrado na valorização de um capital imaterial, qualificado também de 'capital humano'.

Logo, "o trabalhador não se apresenta mais apenas como o possuidor de sua força de trabalho heteroproduzida (ou seja, de capacidades predeterminadas inculcadas pelo empregador), mas como um produto que continua, ele mesmo, a se produzir" (GORZ, 2005, p. 19).

A luta pelo controle do trabalho humano inicia-se dentro dos processos de produções. Após as transformações ocorridas na década de 1980, o fordismo e o taylorismo deixam de ser únicos e mesclam a novos processos produtivos. Assim, novos processos de trabalho emergem, substituindo o cronômetro e a produção em série pela flexibilização da produção, por novas formas de adequação da produção à lógica do mercado atual (ANTUNES, 2015).

O toyotismo se mostrou como forma de substituir o padrão fordista e taylorista, que foram fundamentais pela forma como o processo de trabalho se consolidou. Logo, a sua flexibilização proposta integra na última década o resultado cobiçado: transformar o trabalhador em trabalhador *just in time*, disponível ao trabalho e utilizado de acordo com as demandas do capital. "Parece que a mão de obra *just in time* substitui os suprimentos *just in time* na forma de recurso principal da economia informacional" (CASTELLS, 2019, p. 333).

Compreende-se que os custos sociais são altos, mas que a evolução do nível de emprego dependerá de decisões determinadas pela sociedade.

> A classe trabalhadora fragmentou-se, heterogeneizou-se e complexificou-se ainda mais. Tornou-se mais qualificada em vários setores, como na siderurgia, em que houve uma relativa 'intelectualização' do trabalho, mas desqualificou-se e precarizou-se em diversos ramos. (ANTUNES, 2005, p. 31).

Trata-se, portanto, do trabalho "pós-fábrica", caracterizado não apenas como a expansão dos serviços, mas também com a passagem para uma sociedade marcada pelo conhecimento e pela informação. Sendo assim, o *modus operandi* das TICs podem determinar a precarização do trabalho.

> A flexibilidade é um elemento-chave para permitir a formação desse mercado. Sem um sistema burocrático que canalize os ganhos de riqueza através de uma hierarquia, as recompensas gravitam para os mais poderosos; numa instituição sem peias, os que estão em posição de açambarcar tudo o fazem. A flexibilidade, assim, acentua a desigualdade, pelo mercado em que o vencedor leva tudo (SENNETT, 2019, p. 105).

3. *A nova forma de organização do trabalho*

Existe uma grande ramificação de termos para definir as transformações no mundo do trabalho e elas estariam relacionadas a inserção das TICs. *Gig-economy, platform economy, sharing economy, crowdsourcing, on-demand economy, uberização, crowdwork,* trabalho digital, são alguns dos nomes bastante difundidos na segunda década do século XXI, e se consolidam de modo bruto como o trabalho contratado ou realizado através das TIC, que pode ser realizado digitalmente ou presencialmente.

A Quarta Revolução Industrial possibilitou um novo modelo caracterizado pela integração de tecnologias ao cotidiano, que agrega os domínios físicos, digitais e biológicos, por meio de internet móvel onipresente e disponível a maioria das pessoas, pode ser uma ameaça as formas já conhecidas de relações de trabalho contemporâneas.

Conforme Piketty (2014, p. 483) "não existe uma variante única do capitalismo ou da organização da produção [...]. Isto sem dúvida continuará valendo para o futuro, pois novas formas de organização e de propriedade ainda estão para ser inventadas".

O modo Uber de organizar e remunerar o trabalho distancia-se da regularidade do assalariamento formal, acompanhado da garantia dos direitos sociais e trabalhistas. Schwab (2016) coloca que as substituições empregatícias não estão sendo apenas pela capacidade dos algoritmos, mas também pelo fato de as empresas estarem trabalhando para simplificar os empregos, de modo que diminua seus esforços.

Nesse ínterim, a simplificação do trabalho significa que os algoritmos são mais capazes de substituir a força do trabalho humano. Assim sendo, surge as plataformas digitais como forma remota para efetuar essa substituição empregatícia nos negócios, que facilita conexões entre os demandantes e os ofertantes, sem a necessidade de haver interações físicas ou por intermediários.

No texto O Nascimento da Biopolítica, que reúne aulas ministradas por Michel Foucault (2008) nos cursos do *Collége de France*, o filósofo alerta a nova concepção da sociedade contemporânea de que a empresa é a unidade básica da sociedade e a concorrência é a virtude do capitalismo. Dessa forma, o que está em jogo é essa inversão das relações sociais no plano econômico.

Se esse novo modelo de instituição econômica favorece a desregulamentação jurídica, é porque grandes instituições financeiras e fundos influentes de capital estão vislumbrando a possibilidade de desafiar as regras formuladas pelo sistema jurídico.

Dessa forma, o modo que a empresa Uber formulou para organizar os processos de trabalho gerou o fenômeno da uberização, que por sua vez tem sido utilizado por outras plataformas digitais, com a inserção da Inteligência Artificial (IA) a partir dos algorítmos. a instrumentalização de plataformas como a Uber cristaliza a desregulamentação dos direitos trabalhistas.

Para Pochmann (2016), o aplicativo Uber tornou-se uma chave para analisar as transformações contemporâneas do mundo do trabalho. Segundo ele, o aplicativo é apenas uma pequena parte de um processo que vem sendo caracterizado como a uberização da força de trabalho.

O economista coloca que o termo "uberização" é a autonomização dos contratos de trabalho, o trabalhador negocia individualmente com o empregador a sua remuneração, seu tempo de trabalho, e consequentemente, arca com os custos do seu trabalho (POCHMANN, 2016).

Uberização derivou da *Uber*, devido ao novo formato de organização do trabalho popularizado pela empresa. Slee (2019) explica que ao chegar em uma cidade, a Uber fornece os subsídios e ofertas especiais a motoristas e consumidores para que o serviço aumente a demanda. Após o uso do aplicativo firmar no local, a empresa contrai para si um valor maior de cada corrida. Ainda assim, a empresa alega que é bom para os motoristas, pois um número maior de corridas compensa o corte (SLEE, 2019).

Essa nova prática laboral de trabalhador *just in time*, o trabalhador *on-demand* é uma espécie de terceirização organizada pelas plataformas digitais e se mostra como formas intensificadas de exploração *on-line* e outras economias mais antigas de trabalho invisível e sub-remunerada (SCHOLZ, 2016).

Na história do Direito do Trabalho, sempre houve a retórica de negação da sua pertinência ou viabilidade, a fim de defender a "liberdade contratual". Foram necessários episódios trágicos para se afirmar socialmente que o trabalho — logicamente, o trabalhador que desempenha tal atividade — não pode ser tratado como uma mercadoria.

O Direito do Trabalho se propõe a impor condições mínimas para que as pessoas vivam e sobrevivam com patamares civilizados, buscando o mais próximo do equilíbrio de uma relação profundamente assimétrica.

Todavia, na segunda década do século XXI, a economia do compartilhamento estabelece o apogeu da desconstrução dos institutos do direito do trabalho. Essa nova configuração se apropria do profissional moderno e que usa tecnologia avançada, mas coloca ele em uma posição atrasada, por ser herdeiro das condições de trabalho XIX.

Nesse cenário, a parassubordinação surge a partir da dificuldade da doutrina e da jurisprudência de caracterizar o trabalho de demanda pelo contrato de trabalho subordinado ou de trabalho autônomo, visto que o requisito da subordinação não se situa visivelmente. Sendo então a parassubordinação uma consequência do limbo jurídico a respeito do possível vínculo no trabalho autônomo economicamente dependente.

"A 'economia do compartilhamento' é retratada como um prenúncio para a sociedade pós-trabalho" (SCHOLZ, 2016, p. 23). As empresas que fazem uso da Economia do Compartilhamento se aproveitam do arcabouço jurídico obsoleto de muitos países em face das novas tecnologias e dos novos modelos de negócio.

De modo que, o próprio Judiciário Trabalhista se coloca numa posição de negação ao vínculo empregatício, favorecendo ainda mais juridicamente as empresas de plataformas digitais, e contribuindo para o aprofundamento da relação assimétrica entre empresas e trabalhadores.

No entanto, McKenzie Wark (2016) esclarece que a economia do compartilhamento não é o capitalismo, mas algo pior, posto que o modo de produção no qual parece que a Quarta Revolução Industrial promoveu não é o capitalismo como classicamente descrito.

"A situação atual precisa ser discutida na esteira de formas intensificadas de exploração *on-line* e outras economias mais antigas de trabalho invisível e sub-remunerado" (SCHOLZ, 2016, p. 25). Por sua vez, esse novo modelo de emprego promove uma competição não justa entre as empresas que trabalham por meio do método neoliberal e aquelas que são regularizadas e, consequentemente, são taxadas e sofrem com impostos e precisam elevar seus preços.

4. O comportamento do judiciário trabalhista a partir do Tribunal Superior do Trabalho (TST)

O embate entre subordinação e autonomia no plataformismo impossibilita a caracterização do vínculo como um contrato de trabalho subordinado ou de trabalho autônomo. Entende-se que para existir uma relação de emprego é necessário que constitua cumulativamente alteridade, continuidade, subordinação, pessoalidade e onerosidade.

Dentre eles, a subordinação é a uma característica exclusiva da relação de emprego, mas que não possui uma definição rígida na Consolidação das Leis do Trabalho (CLT). Justamente por isso, ela necessita de uma interpretação extensiva para regular as novas formas de relações empregatícias.

Sendo, esse fenômeno de precarização do trabalho, uma consequência do limbo jurídico a respeito do possível vínculo no trabalho autônomo economicamente dependente. Dessa forma, pode-se interpretar o vínculo jurídico no trabalho de demanda de três maneiras.

A primeira interpretação é que os regimes jurídicos do trabalho autônomo e do trabalho subordinado são divergentes. A segunda, diz respeito a possibilidade de expandir a aplicação do Direito do Trabalho a alguns trabalhadores autônomos economicamente dependentes. Por fim, a terceira seria estabelecer uma extensão seletiva de algumas normas laborais.

Decisões recentes do Tribunal Superior do Trabalho (TST), anteriores à reforma, não apenas admitem o vínculo empregatício como classificam a parassubordinação como forma de precarização do trabalho (ALVES, 2018). O Agravo de Instrumento em Recurso de Revista AIRR 588-69.2012.5.01.0022, da 3ª Turma do TST, defende que "o Direito do Trabalho não absorve fórmulas diversas de precarização do labor, como a parassubordinação e a informalidade." (BRASIL, 2020, s/p).

No entanto, após uniformidade de interpretação da Reforma Trabalhista e com a inserção da cláusula referente à contratação do autônomo presente no art. 442-B, o legislador resultou na omissão jurídica sob a proteção ao trabalhador, visto que ele ousou afastar algumas situações do âmbito do Direito do Trabalho.

Conforme Filgueiras (2018, p. 99), essa lacuna legal deixada propositalmente, é "um mecanismo que busca transformar o dominado em refém da sua condição de dominação; é subordinado e, se reclamar, é pior".

No Poder Judiciário brasileiro, pode-se mencionar o debate a partir de diversas decisões no âmbito dos Tribunais Regionais do Trabalho e até na 5ª Turma do Tribunal Superior do Trabalho (TST), que por unanimidade decidiu nos autos do processo RR-1000123-89.2017.5.02.0038 que não existe vínculo empregatício entre a empresa Uber e o motorista do aplicativo.

O fundamento foi baseado na flexibilidade do trabalhador que caracterizava uma prática autônoma e não subordinada. Conforme o Recurso de Revista da Turma, a autonomia prestada pela empresa ao motorista afasta a subordinação, que é caráter necessário nas relações de trabalho.

No entanto, a decisão reformada do acórdão do Tribunal Regional do Trabalho da 2ª Região que havia reconhecido o vínculo empregatício para a hipótese coloca que o motorista não possui autonomia direta, tendo em vista que o trabalhador obedece a regras de conduta impostas pela Uber, além de que o valor cobrado pelas demandas é fixo, o que afasta a autonomia do motorista para realizar os supostos descontos, conforme defendido pelo TST.

Na esfera Regional, apesar do Recurso Ordinário 00114213320175030179 do TRT-3 ser contrário ao reconhecimento do vínculo empregatício, a própria Relatora Ministra Camila G. Pereira Zeidler reconhece que:

> A relação entre Uber e motoristas trata-se, sem dúvida, de um novo modo de produção ou de organização do trabalho, resultado das transformações contemporâneas no ambiente laboral e na própria sociedade, ocorridas, principalmente, a partir do avanço das tecnologias. Os debates sobre a natureza jurídica do vínculo entre o efetivo prestador de serviços (o motorista) e as empresas que recebem o mesmo nome dado ao aplicativo (Uber) — e não sobre isso apenas, mas também sobre a própria legalidade deste modelo e a natureza jurídica do serviço prestado — são intensos e ainda incipientes no Brasil. O tema, portanto, carece de regulamentação adequada. (BRASIL, 2019, s/p).

No entanto, a mesma decisão afirma que as novas formas telemáticas ou cibernéticas de trabalho, em que o trabalhador escolhe quando, onde e como realizar seu trabalho, qualquer que seja, optando, por um ou outro, entre vários aplicativos disponíveis gratuitamente na rede mundial de computadores, em decorrência do melhor preço, distância e outras condições de trabalho que lhe sejam mais favoráveis, são suficientes para enquadrá-lo como autônomo.

Em meio a este cenário, nota-se que a tecnologia é usada como um instrumento para a prestação de serviços, onde as empresas procuram formas de burlar a Legislação Social.

A decisão do TST sobre o vínculo empregatício dos motoristas de Uber fundamentado na flexibilidade do trabalho, logo, por descaracterizar o modelo clássico de subordinação, nega as demais relações de trabalho advindas da segunda metade do século XXI, como o teletrabalho, *home office* ou *anywhere office*. Ademais, a CLT sofreu alterações posto que o legislador buscou adequar a legislação trabalhista brasileira às transformações conduzidas pelas inovações tecnológicas ao mundo do trabalho.

Nesse sentido, a embate no que tange ao trabalho subordinado trata-se de que:

> [...] a divisão entre subordinação subjetiva, que recai sobre a pessoa do trabalhador e era típica do período de escravidão e do feudalismo; e, subordinação objetiva, que recai sobre os serviços executados pelo trabalhador. O Direito laboral adotou o enfoque objetivo, atuando no modo de execução do trabalho e não sobre a pessoa do trabalhador. Essa distinção tem importância na análise de casos em que o trabalhador executa suas tarefas longe dos olhos do empregador (ALVES, 2018, p. 12).

Ademais, é importante ressaltar que o art. 6º, *caput* e parágrafo único, da CLT, referente a subordinação jurídica da relação empregatícia traz a hipótese de equiparação à condição de empregado.

> Art. 6º Não se distingue entre o trabalho realizado no estabelecimento do empregador, o executado no domicílio do empregado e o realizado à distância, desde que estejam caracterizados os pressupostos da relação de emprego.
>
> Parágrafo único. Os meios telemáticos e informatizados de comando, controle e supervisão se equiparam, para fins de subordinação jurídica, aos meios pessoais e diretos de comando, controle e supervisão do trabalho alheio. (BRASIL, 1943, s/p).

O parágrafo único no art. 6º foi incluído por meio da Lei n. 12.551, de 2011. Contudo, nota-se que o tópico possibilitou um alargamento na interpretação do dispositivo da subordinação jurídica para englobar na categoria de empregado os trabalhadores que desempenham suas atividades a partir das novas tecnologias. Sendo assim, "trata-se, na realidade, de uma escolha política de exclusão ou inclusão, precarização ou proteção" (ALVES, 2018, p. 50).

5. *Conclusão*

Por essa razão, compreende-se que os custos sociais são altos, mas que a evolução do nível de emprego dependerá de decisões determinadas pela sociedade civil. Nesse sentido, considera-se que a inserção da inteligência artificial nas novas formas de negócios é uma realidade e ainda é um fenômeno passível de discussões e estudos.

O uso de plataformas digitais, como a Uber, são uma expressão significativa de reflexão acerca do uso da tecnologia, visto que elas abriram "precedente" para a contratação de mão de obra barata para quase todas as atividades e, por sua vez, promoveram intensamente a precarização do trabalho

De tal modo, nota-se que após a Reforma Trabalhista, o Direito do Trabalho possibilitou a violação de padrões mínimos de trabalho. Dessa forma, é nítida a urgência de proteção social para esses trabalhadores de aplicativos, por meio do reconhecimento da existência de uma relação de emprego entre os trabalhadores e as empresas detentoras das plataformas digitais.

Além da necessidade de demonstrar sua lástima com as decisões judiciais proferidas no Brasil que negam esse direito aos empregados dessas empresas.

De todo modo, é necessário lembrar o que uma das fontes do Direito são os usos e costumes, e a lei deve voltar a pacificação social, e não promover maiores inseguranças jurídicas.

6. *Referências*

ALVES, Eliete Tavelli. *Parassubordinação e Uberização do Trabalho:* algumas reflexões. Dissertação (Mestrado em Ciências Jurídico-Empresariais). Faculdade de Direito da Universidade de Coimbra, Coimbra, 2018. Disponível em: <https://estudogeral.sib.uc.pt/handle/10316/85689>. Acesso em: 1º nov. 2020.

ANTUNES, Ricardo. *O Privilégio da Servidão:* o novo proletariado de serviços na era digital. 1. ed. São Paulo: Boitempo, 2018.

______. *Adeus ao Trabalho?:* Ensaio sobre as metamorfoses e a centralidade do mundo do trabalho. 16. ed. São Paulo: Cortez, 2015.

ARENDT, Hannah. *A Condição Humana.* Tradução Roberto Raposo. 13. ed. 4. reimpr. Rio de Janeiro: Forense Universitária, 2019.

BRASIL. *Decreto-Lei n. 5.452,* de 1º de maio de 1943. Consolidação das Leis do Trabalho. Rio de Janeiro, 1º maio 1943. Disponível em: <http://www.planalto.gov.br/ccivil_03/decreto-lei/del5452.htm>. Acesso em: 3 fev. 2021.

______. Tribunal Regional do Trabalho da 3ª Região. Terceira Turma. *Recurso Ordinário 00114213320175030179.* Recorrente: Uber do Brasil Tecnologia, Uber Internacional B.V., Uber Internacional Holding B.V. Recorrido: Rodney Castro da Silva. Relator Min.: Camila G.Pereira Zeidler. 14 de fevereiro de 2019. Disponível em: <https://pje.trt3.jus.br/consultaprocessual/detalhe-processo/00114848320175030106>. Acesso em: 20 fev. 2021.

______. Tribunal Superior do Trabalho. Terceira Turma. *TST-Ag-AIRR-588-69.2012.5.01.0022.* Agravante: CD-RIO Serviços e Participações LTDA. Agravada: Simone David Santos Araújo. Relator Ministro Mauricio Godinho Delgado, DEJT 26/06/2020. Disponível em: <https://jurisprudencia-backend.tst.jus.br/rest/documentos/105eb7f16ebecb4575d84b34e0b9b74e>. Acesso em: 20 fev. 2021.

______. Tribunal Superior do Trabalho. 5ª Turma. *TST-RR 1000123-89.2017.5.02.0038.* Agravo de Instrumento em Recurso de Revista. Acórdão Publicado na Vigência da Lei n. 13.015/2014. Recorrente: Uber do Brasil Tecnologia. Recorrido: Marcio Vieira Jacob. Relator Min. Breno Medeiros. 06 de fevereiro de 2020. Disponível em: <https://jurisprudenciabackend.tst.jus.br/rest/documentos/161644fb9673d0afe87b0e522a470272>. Acesso em: 22 fev. 2021.

CASTELLS, Manuel. *A Sociedade em Rede* — a era da informação: economia, sociedade e cultura. Tradução Roneide Venancio Majer. 20. ed. São Paulo: Paz e Terra, 2019.

FILGUEIRAS, Vitor. Promessas e Realidade da Reforma Trabalhista no Brasil. *Revista Conj. & Planej.,* Salvador, n. 195, p. 96-99, jul./dez. 2018. Disponível em: <http://publicacoes.sei.ba.gov.br/index.php/conjunturaeplanejamento/article/view/199>. Acesso em: 20 nov. 2020.

FOUCAULT, Michel. *O Nascimento da Biopolítica:* curso dado no Collège de France (1978-1979). Tradução Eduardo Brandão. São Paulo: Martins Fontes, 2008. (Coleção Tópicos).

GORZ, André. *O Imaterial:* conhecimento, valor e capital. Tradução Celso Azzan Júnior. São Paulo: Annablume, 2005.

MARX, Karl. *Crítica do Programa de Gotha.* Tradução Rubens Enderle. São Paulo: Boitempo, 2012.

PIKETTY, T. *Capital in the twenty-first century.* Cambridge: Belknap Press of Harvard University, 2014.

PINTO, Geraldo Augusto. *A organização do trabalho no século 20:* taylorismo, fordismo e toyotismo. 1. ed. São Paulo: Expressão Popular, 2007.

POCHMANN, Márcio. *A uberização leva à intensificação do trabalho e da competição entre os trabalhadores.* [Entrevista cedida a] André Antunes. EPSJV/Fiocruz. 2016. Disponível em: <http://www.epsjv.fiocruz.br/noticias/entrevista/auberizacao-leva-a-intensificacao-do-trabalho-e-da-competicao-entre-ostrabalhadores>. Acesso em: 26 fev. 2021.

POCHMANN, Márcio. *A terceirização e a UBERização do trabalho no Brasil.* São Paulo: Boitempo, 2016. Disponível em: <https://blogdaboitempo.com.br/2016/08/24/a-terceirizacao-e-a-uberizacao-dotrabalho-no-brasil//>. Acesso em: 26 fev. 2021.

SCHOLZ, Trebor. *Cooperativismo de Plataforma:* Contestando a Economia do Compartilhamento Corporativa. Tradução Rafael A. F. Zanatta. São Paulo: Fundação Rosa Luxemburgo; Elefante; Autonomia Literária, 2016. (Coleção Rosalux).

SCHWAB, Klaus. *A Quarta Revolução Industrial.* Tradução Daniel Moreira Miranda. São Paulo: Edipro, 2016.

SENNETT, Richard. *A corrosão do caráter:* as consequências pessoais do trabalho no novo capitalismo. Tradução Marcos Santarrita. 20. ed. Rio de Janeiro: Record, 2019.

SLEE, Tom. *Uberização:* a nova onda do trabalho precarizado. Tradução João Peres. 1. ed. 4. reimp. São Paulo: Elefante, 2019.

WARK, McKenzie. Digital Labor and the Anthropocene. *DIS Magazine*, 2016. Disponível em: <http://dismagazine.com/disillusioned/discussion-disillusioned/70983/mckenzie-wark-digital-labor-and-the-anthropocene>. Acesso em: 22 fev. 2021.

Globalização e Novas Tecnologias na Capital do *Jeans* e Possíveis Impactos Perante a Pandemia

Renata Pereira Barreto[(1)]

1. Introdução

A pesquisa delineada a seguir, traz discussões teóricas sobre a globalização e as novas tecnologias com as possíveis flexibilizações nas relações de trabalho e emprego, trazendo a tona o posicionamento doutrinário convergente e divergente quanto a globalização no cenário trabalhista e ainda o posicionamento sobre os impactos implicados ao empregado e trabalhador.

As novas tecnologias como fator determinante para a mudança da perspectiva dos empregados e trabalhadores na sociedade de Toritama/PE é o objeto central da discussão, a partir dos dados do Instituto Brasileiro de Geografia e Estatística — IBGE e outros meios em que a cidade de Toritama ficou registrada, possibilitando um estudo mais profundo sobre o impacto da tecnologia na mão de obra do trabalhador e os possíveis impactos e os novos desafios perante a pandemia causada pela COVID -19.

Temas como terceirização, uberização e flexibilização são recorrentes no presente século e estão sendo discutidos não só pela sociedade, mas principalmente pelo judiciário. O fortalecimento do discurso de trabalho autônomo é difundido em uma sociedade que aparenta possuir perspectiva apenas enquanto for produtiva, se baseando na manufatura e no modelo repetitivo de produção semelhante ao Taylorismo.

A diferenciação entre a flexibilização e a desregulamentação foram ainda necessariamente apontadas no presente estudo, trazendo ainda a necessária separação entre a globalização de países tidos como desenvolvidos e dos em desenvolvimento.

A partir da análise qualitativa dos dados apontados no documentário "Estou me guardando para quando o carnaval chegar" e da análise quantitativa e qualitativa dos dados do IBGE, foi possível traçar um perfil da mão de obra, estudar e apontar impactos decorrentes da globalização e das novas tecnologias na cidade de Toritama/PE, cidade antes agrícola, modificada pela introdução das máquinas de costura, que transformaram a pacata cidade na capital do *jeans*, sendo possível mostrar e questionar possíveis implicações sociais, em especial, sobre o trabalho da população.

Por fim, considerando a situação atual diante da pandemia da COVID-19, foram feitas considerações quanto ao risco das manufaturas e possíveis impactos na mão de obra para a população com menor nível educacional diante da situação de restrições.

2. A globalização e flexibilização nas relações de trabalho e emprego

As novas tecnologias possibilitam, desde os anos 1970, uma transformação mundial e o crescimento industrial, isso atrelado a volatilidade do mercado, o neoliberalismo, as privatizações e as multinacionais são fatores que contribuíram para a superexploração do uso da força de trabalho.

Dentre as transformações, as mudanças tecnológicas, os avanços dos meios de comunicação, a informatização, a ideologia do capitalismo liberal e a política da flexibilização, surgem em meio a voz dos trabalhadores, que passaram, em primeiro momento, por uma Revolução Industrial, a qual pregava produção em massa, trabalhos em condições

(1) Advogada atuante, Gestora Pública pelo IFRN, Ex pesquisadora do Grupo de Estudos em Filosofia, Ciência, Tecnologia e Sociedade (Phrònesis) — UFRN, Pós-graduada em Direito do Trabalho e Processo do Trabalho pelo CERS em parceria com a EJUTRA, Especialista em Direito do Trabalho e Novas Tecnologias pelo IDET — Coimbra/PT, Pós-graduanda em Direito Digital.

insalubres e mal remunerados e posteriormente, com crises financeiras mundiais, como a que ocorreu entre os anos de 2008 e 2009, a qual a OIT — Organização Internacional do Trabalho, aponta como precedida por um desequilíbrio decorrente do processo de globalização, manifestada pela distribuição desigual dos benefícios e aumento da desigualdade de renda.

Definida como sociedade do conhecimento ou da informação, a sociedade moderna ocidental vive um período de mudanças consideráveis.

É nesse cenário que surgem as principais mudanças do século, mudanças econômicas e sociais em que Molinaro e Salert (2014), por exemplo, defendem que as operações econômicas desenvolvem-se cada vez mais em um ambiente sem fronteiras e que a integração mundial funda-se sobre um conjunto de transformações, tais como o rápido desenvolvimento tecnológico que resulta em crescimento exponencial de novos bens e serviços e surgimento de processos de produção altamente eficientes; a progressiva tendência para a homogeneização dos gostos e comportamentos do consumidor e valores culturais, impactados pela mídia; a criação de grandes áreas comerciais, intensificação do comércio e rápido crescimento dos mercados financeiros, além do aumento da circulação de dinheiro, concentração de negócios e a concorrência, a competitividade, a inovação diretamente na prestação laboral. Os autores defendem ainda que:

> Nesse cenário complexo, verificam-se, como é sabido, práticas laborais inadequadas aos novos tempos. Por outro lado, a indispensabilidade da proteção internacional e local do direito ao trabalho e dos direitos fundamentais dos trabalhadores deve conservar-se incólume, pois as novas modalidades e exigências do mercado de trabalho impactam profundamente tais direitos. Também não resta qualquer dúvida que a assim chamada "flexibilização" (termo tão caro a tantos) de alguns dos direitos decorrentes da proteção ao trabalho também não é conveniente. Contudo, diante de circunstâncias socioeconômicas e modos de administração (gerenciamento) tão distintos, algumas práticas protetivas relativamente ao labor devem ser repensadas, mas não propriamente flexibilizadas. Com efeito, é necessário que sejam buscados inovadores significados, próprios de unidades significantes de relações jurídicas estabelecidas desde outros modais de comportamento e compromisso. (MOLINARO; SALERT, 2014, p. 130).

A propagação das Novas Tecnologias de Informação e Comunicação (NTIC), possibilitam a formação de novos arranjos na sociedade, em especial nas relações laborais.

Nesse contexto, novos conceitos e novas modalidade de trabalho e de emprego são desenvolvidas a partir da necessidade exigida pela produção de uma nova formatação. Antunes (2018), por exemplo, cita novos conceitos utilizados no contexto da globalização sob a perspectiva da mão de obra, citando exemplos de novos contratos ao redor do mundo, como o "zero hour contract", utilizada no Reino Unido, em que o contrato não tem determinação de hora, o "pago a voucher", utilizado na Itália, em que o trabalhador ganha um voucher pelas horas trabalhadas, o qual em Portugal se denomina "recibos verdes", considerado como assalariamento, suspensa pelo governo em 2017.

O autor cita ainda novas terminologias dessa nova era de tecnologia nas relações de trabalho e emprego, tais como a pejotização, frilas fixos, teletrabalho, *home office*, uberização do trabalho, escravidão digital e internet 4.0.

Outro termo recorrente atualmente no Direito do Trabalho é o da *gig economy*, uma economia baseada na intermediação do obreiro e do consumidor final a distância por meios telemáticos, nesse caso, Barbosa Junior (2019) defende que as especificidades laborais nesse contexto, em primeira vista, não pode servir de obstáculo para a aplicação das normas laborais e que o desenvolvimento das comunicações e o período atual seria a Quarta Revolução Industrial, com tecnologias extremamente avançadas e integração e controle da produção por equipamentos conectados em rede.

O crescimento industrial, a volatilidade do mercado, o neoliberalismo, as privatizações e as multinacionais são fatores que contribuíram para a superexploração do uso da força de trabalho, Cassar (2014, p.40), destaca que a flexibilização "significa criar exceções, dar maleabilidade à rígida lei trabalhista, autorizar a adoção de regras especiais para casos diferenciados", nesse contexto, a autora explica que a superexploração acarreta excesso de trabalho e pouco descanso, necessário para a recuperação física e mental do trabalho e do estresse dele decorrente, além do agravante dos salários serem cada vez mais insuficientes para uma subsistência mínima.

Romita (2000), de forma semelhante, distingue a flexibilização em flexibilidade econômica, técnica, social, funcional, numérica e de gestão.

Vale destacar ainda a diferença da flexibilização e da desregulamentação, essa última tem como característica principal a ausência do Estado, do qual deve intervir minimamente nas condições de trabalho. Enquanto a flexibilização é uma forma de criar exceções, amenizando os efeitos da lei.

Esse aproveitamento funcional, muitas vezes oprime direitos dos trabalhadores e explora a mão de obra do operário.

> A sociedade precisa se conscientizar de seus direitos e exigir a aplicação daquelas regras e princípio estampados expressamente na Constituição, fazendo-se efetivar o bem-estar social e a democracia. Todos nós devemos resistir às manobras aparentemente atrativas da globalização neoliberal à exploração do homem e, impedir o retrocesso de direitos duramente conquistados. (CASSAR, 2010, p. 26).

Não podemos deixar de verificar e de apontar que um dos efeitos do impacto da globalização e introdução de novas tecnologias é a migração, que também pode ocorrer dentro das mesmas regiões, como é o caso da cidade de Toritama, no estado de Pernambuco, em que recebe habitantes de outras cidades do nordeste.

Duarte e Fusco (2008), por exemplo, defendem que isso pode ocorrer por diversos fatores, dentre os fatores de expulsão, estão o exemplo de desemprego ou dos baixos rendimentos e no caso dos habitantes do sertão nordestino, são as secas episódicas que dificultam a vida das famílias rurais, que ficam sem sua subsistência garantida e acabam migrando para cidades com algum potencial de produção.

Sobre a globalização de um modo geral, Nascimento (1999, p. 160):

> [...] e à movimentação internacional do capital que se desloca rapidamente entre diversos Países deixando um rastro de desocupações no país de onde é transferido imediatamente, a um aperto de botão, para outros. O desemprego, problema não apenas brasileiro, resultado do extraordinário avanço tecnológico e do seu potencial de aumento da produção com diminuição do número de empregos, atuou, também, no sentido de conter os sindicatos em uma posição defensiva, tendo na manutenção dos empregos existentes a sua bandeira e na participação nas discussões sobre demissões coletivas e suspensões coletivas dos contratos de trabalho, a sua natural preocupação.

O autor defende ainda que as mudanças na economia mundial "exigem dos sindicatos novas e mais amplas formas "de organização, estruturas bem mais abertas que possibilitem, em espaços maiores, a participação das representações de trabalhadores nos processos de integração econômica regional", ou seja, o sindicato precisa estar forte para garantir a proteção dos trabalhadores diante da real situação de transferência de capital.

Outros pesquisadores alertam ainda para a possibilidade da elevação do nível de desemprego nos próximos anos a partir do impacto da automação, como assim coloca Albuquerque *et al.* (2019, p. 5):

> Ademais, percebe-se que essas profissões com maior risco de automação apresentam uma tendência de crescimento ao longo do tempo, o que poderá resultar em um elevado nível de desemprego nos próximos anos caso os profissionais e o Estado não se preparem para esse cenário.

Os autores concluem ainda, após a análise de dados, dois cenários que podem surgir a partir do desenvolvimento de novas tecnologias:

> o primeiro é que as firmas no Brasil mantêm o seu mesmo padrão de contratação independentemente do nível de automação, isto é, as empresas em sua maioria prefeririam manter trabalhadores humanos à automatização de tarefas, e devido a essa demanda de empregados a previsão para o número total de pessoas empregadas nesses grupos aumentaria.
>
> Já o segundo cenário é mais preocupante. Caso as empresas decidam por automatizar essas profissões com alta chance de automação, então aproximadamente 30 milhões de empregos estariam em risco até 2026. Esse cenário é o mais fidedigno, uma vez que a automação de tarefas para as firmas produziria um aumento na eficiência de seus processos, redução de custos, além da possibilidade de certas atividades serem executadas 24 horas, sete dias por semana.

Faz-se necessário destacar alguns pontos exaltados na doutrina Trabalhista, por exemplo, a diferenciação da globalização em países periféricos, eis que, o fenômeno da globalização não pode ser estudado apenas na visão de países tidos como desenvolvidos, diante da diferença nítida quanto a infraestrutura dos países e questões como saneamento básico, abastecimento de água, educação e saúde impactam diretamente a sociedade e, neste caso, os trabalhadores da era globalizada e suas condições de trabalho e de colocação no mercado.

> O processo de globalização, junto com a financeirização da economia e a crise econômica global, provocou fortes impactos no mundo do trabalho. Um desses impactos, que tem sido bastante destacado nas aná-

lises econômicas recentes, é o aprofundamento das desigualdades entre países e internamente a eles, entre classes sociais e no interior do mercado de trabalho. Estes impactos estão relacionados, ao lado de outros fatores, à inserção dos produtores de cada país nas cadeias que articulam a produção e distribuição do valor ao longo das sucessivas etapas produtivas organizadas em escala global, que são um dos traços mais marcantes da globalização contemporânea. (SCHERER, 2018, p. 41).

O mesmo documento, produzido pela OIT, alerta para a forma como o Brasil foi inserido nas cadeias globais, principalmente pela exportação de *comodities* agrícolas e minerais, como reflexo da política dos anos 1990, que abriu a economia brasileira às importações e aos investimentos estrangeiros sem, contudo, política públicas regulatórias e necessárias.

Esse modelo, aparentemente, não gera níveis mais elevados de desenvolvimento humano e de produtividade e alguns especialistas apontam que pode estar voltando ao modelo primário-exportador, já superado no século passado.

Umas das opções, seria a inserção nas chamadas CGVs nas Cadeias Globais de Valor, porém, hoje poucas empresas brasileiras poderiam liderar essas cadeias, eis que, concentram-se em produtos primários.

O autor Scherer (2018, p. 42), ainda no documento Futuro do Trabalho no Brasil, sugere também como alternativa, que o Estado, através de empresas estatais, poderiam "potencializar os benefícios advindos de uma inserção soberana ou em posição de governança em cadeias globais de valor" e aponta como oportunidade além dos avanços quanto a escolaridade dos trabalhadores "a existência de uma rede de proteção social que sustenta o mercado interno e estabiliza os ciclos econômicos e uma regulação do trabalho que impede ou dificulta a inserção nas CGVs pela via de empregos desprotegidos".

A partir de 2001, por exemplo, conforme Ferreira (2010), as políticas de cooperação cientifica e tecnológica internacional, aplicadas no Brasil, foram modificadas para abertura de novos mercados e para a construção da liderança brasileira no continente Latino-Americano, porém, inegáveis são as exclusões geradas por tais aplicações.

Nesse sentindo, Schwartzman (2001, p. 10), defende que ainda não há evidências claras que os esforços aplicados para a criação do conhecimento e sua consequente aplicação à indústria por parte do Brasil, tenham trazido benefícios substanciais e defende:

> O reforço dos quadros de pessoal científico e tecnológico nas universidades poderia levar a criação de pontes institucionais entre a indústria e os centros acadêmicos de pesquisa, os quais sempre podem melhorar as reservas de um país em matéria de trabalhadores educados, o que constitui de per si um ativo bem importante.

Conforme restará demonstrado, o filme, "Estou me guardando para quando o carnaval chegar", demonstra com clareza a situação de vida dos moradores de Toritama/PE e a infraestrutura da cidade que com os números divulgados pelo IBGE, demonstram uma realidade um tanto quanto contraditória.

A atribuição do termo globalização, ligado ao sentido de modernização, por exemplo, sequer faria *jus* a lugares como Caruaru, Santa Cruz do Capibaribe e Toritama, todos no agreste pernambucano, classificados pelo SEBRAE (2013), como polo de confecções do agreste, eis que, mesmo com o título de Polo de confecções, por exemplo, faz-se necessário a cautela ao analisar a realidade local e vizinha dessas cidades, pois a introdução das máquinas podem ter representado uma "modernização" no aspecto do instrumento do trabalho, porém, não é possível apontar a modernização em todo o entorno da sociedade, aspecto este bem colocado por Leite (2018, p. 580):

> O que há de artificial em tudo isso é a tentativa de, sob manto da globalização e da modernidade, eliminarem-se valores éticos e noções de justiça social, como se a irreversibilidade da nova realidade nos conduzisse inexoravelmente a um mundo não exatamente sem fronteiras, mas sem moral. Como ressalta Boaventura de Sousa Santos, "são os países periféricos e semiperiféricos os que mais estão sujeitos às imposições do receituário neoliberal, uma vez que este é transformado pelas agências financeiras multilaterais em condições para a renegociação da dívida externa através dos programas de ajustamento estrutural.

Grandes nomes da filosofia já questionaram a produção, como Hans Jonas, que defendia que a técnica gerada pela tecnologia exige novas regras de ética e temia que essa nova técnica se sobrepusesse assumindo o próprio processo, como são os questionamentos atuais quanto ao uso de Inteligência Artificial.

Antunes (2018, p. 101), além de esboçar questionamento sobre a diferenciação do trabalho produtivo, critica a questão do "ser" trabalhador hoje em dia e deixa questionamentos pertinentes, como qual a conformação atual e questiona a diferença da mão de obra atual com do século XIX

> Sabemos que Marx e Engels consideravam classe trabalhadora e proletariado como sinônimos. E que, na Europa de meados do século XIX, os trabalhadores assalariados que inspiraram a reflexão de ambos ganhavam expressão corpórea no proletariado industrial, o que possibilitava a denominação comum e mesmo indiferenciada entre classe trabalhadora e proletariado.

Inegável que o Brasil, país de grandes dimensões territoriais, também demonstra diferenças sociais que não podem ser despercebidas, e a diferença social está intrinsecamente ligada às condições de trabalho e emprego, em especial as oportunidades e a remuneração.

Conforme apontado ainda no documento Futuro do Trabalho no Brasil: Perspectivas e Diálogos Tripartites, ao comparar salário, com o pagamento por produção, os números demonstram uma remuneração abaixo da média para ocupações que exijam intensamente habilidades motoras, conforme destaca Azzoni (2018, p. 49):

> Observa-se que ocupações que requerem intensamente habilidades cognitivas oferecem remuneração que supera o dobro da média de todos os salários pagos. As que requerem intensamente habilidades sociais apresentam remunerações superiores a uma vez e meia a média salarial geral. Ocupações que requerem intensamente habilidades motoras pagam salários mais de 20% inferiores a média geral. Ou seja, mesmo ocupações muito especializadas em atividades motoras remuneram os trabalhadores bem abaixo da média.
>
> [...]
>
> No outro extremo, o conjunto das ocupações mais intensivas em habilidades motoras vem apresentando níveis salariais crescentes, em relação à média salarial geral: de 73% da média em 2003, passaram a 78% da média em 2013. Mais interessante é notar que a distância salarial entre a ocupações intensamente cognitivas e aquelas intensamente motoras reduziu-se em 2,67 vezes a média salarial geral em 2003 (3,4 menos 0,73) para 2,02 vezes em 2013 (2,8 menos 0,78).

Em outras palavras, o prêmio salarial para as ocupações acentuadamente cognitivas, em comparação com igual prêmio para ocupações acentuadamente motoras, vem diminuindo sistematicamente. E essa aproximação ocorre por redução na remuneração relativa das primeiras, enquanto as segundas experimentam aumentos marginais relativos. Isso revela um empobrecimento da qualidade do emprego, que pode estar associado às modificações substantivas na distribuição de renda e a consequente mudança estrutural na demanda pelos setores produtivos da economia. É interessante observar que tal fenômeno ocorre em simultâneo com o aumento da escolaridade da força de trabalho, que deriva tanto do aumento da cobertura escolar — pelo menos nos níveis básicos de ensino — quanto da massiva entrada de jovens na força de trabalho, associada ao crescimento da atividade econômica.

Nesse mesmo sentido, Feijo *et al.* (2003, p. 38) ao estudar a concentração industrial e a produtividade do trabalho na indústria de transformação no anos 90, concluiu que o grau de escolaridade havia aumentado estando este fato relacionado com o grau de concentração industrial "O aumento de escolaridade com crescimento negativo do emprego significou retração dos empregos na faixa de escolaridade mais baixa". O que demonstra uma exclusão do trabalhador pouco qualificado frente a entrada das novas tecnologias no mercado mundial.

Como forma de lidar com esses novos paradigmas, Mesquita (2019, p. 64) coloca que a criatividade no cenário da Globalização é a palavra de ordem, e destaca que as nações emergentes devem atrair ainda mais a atenção do que os países desenvolvidos quanto a preocupação com a revolução tecnológica, eis que, "Uma má condução desse processo pode resultar na ampliação do *gap* da desigualdade social, afetando toda a estabilidade socioeconômica do país, podendo colocar em risco o próprio estado de direito", enquanto Romita (2000, p. 91), defende que para a fase atual, do que ele coloca como fase da lei dos parceiros sociais, deverão ser observados os requisitos da: "democracia, liberdade sindical, mentalidade dos atores sociais afeiçoada aos métodos da negociação coletiva, função promocional do Direito".

Bessen (2017), por exemplo, de maneira equilibrada, acredita na realocação de empregos, como consequência do impacto da automação, apontando que o emprego pode diminuir em algumas industrias, que apresentem a demanda saturada e aumentar em outras, que terão uma demanda elástica e não atendida.

Logo, o pesquisador defende ainda que essas mudanças podem ser disruptivas, pois os trabalhadores que migrariam das empresas frequentemente, precisariam de novas habilidades e estes empregados, podem, no futuro, necessitar realizar a mudança não só de ocupação, mas também de localização geográfica e essas transições podem gerar períodos de desemprego.

Cenário muito semelhantes as cidades brasileiras que possuem um fluxo migratório determinado pela mão de obra, como foi o caso de Brasília, com a construção da cidade, São Paulo, com o crescimento e expansão econômica e é o caso das cidades no agreste Pernambucano que desenvolvem atividades de produção e comércio intensa, como o caso de Toritama e Caruaru, classificados pelo SEBRAE (2013), como Polo de Confecções do Agreste.

Dentre esses migrantes, o trabalho autônomo é uma realidade, assim como bem colocou Antunes (2018, p. 129-131), existe hoje um novo modelo de vida diante do trabalhador autônomo, em que precisamos buscar o sentido original do trabalho, o autor defende que o desafio principal do nosso tempo é construir um novo modelo de produção, criando um novo modelo de vida que possa eliminar o trabalho abstrato.

> Por isso, cremos que um desafio imperioso de nosso tempo é construir um novo sistema de metabolismo social, um novo modo de produção e de reprodução da vida fundado na atividade livre, autônoma e autodeterminada, baseada no tempo disponível para produzir valores de uso socialmente necessários, contra a produção heterodeterminada (baseada no tempo excedente para a produção exclusiva de valores de troca para o mercado e para a reprodução do capital).

O autor, de maneira ainda mais radical defende mudanças não só na perspectiva do trabalho, mas de uma conjuntura social inteira, com o intuito de encontrar o equilíbrio entre a liberdade e a necessidade.

Importante destacar que, em um cenário global, Antunes (2018), defende a existência de um subproletariado moderno, que nada mais seria do que um enorme leque de trabalhadores, em condições precárias, parciais, temporárias etc. em um cenário de intenso desemprego e distanciamento do processo de criação de valores.

> Não há negar que o principal efeito da globalização econômica, pelo menos no que diz respeito à ocorrência do fenômeno nos países periféricos ou semiperiféricos, repousa na especulação em torno da possibilidade de flexibilização *in pejus* dos direitos sociais, conquistados paulatinamente pelos trabalhadores ao longo dos últimos cem anos. É dizer, a globalização produzida pelo consenso neoliberal aponta no sentido de que o crescimento e a estabilidade econômica fundamentam-se, segundo Boaventura de Sousa Santos, "na redução dos custos salariais, para o que é necessário liberalizar o mercado de trabalho, reduzindo os direitos liberais, proibindo a indexação dos salários aos ganhos de produtividade e os ajustamentos em relação ao custo de vida e eliminando a prazo a legislação sobre o salário. (LEITE, 2018, p. 581).

Esse cenário se agrava diante da pandemia da COVID-19, eis que, a globalização, inclusive, foi um dos fatores para a rápida contaminação mundial, diante do contexto de maior integração e conexão entre os países, em especial quanto aos transportes.

Com a pandemia mundial, o cenário do trabalho no Brasil é alterada para aumento da taxa de desemprego e empobrecimento da população e o cenário no 2º trimestre de 2020 já era da maior retração da história conforme IBGE, característica que se repete também nos Estados Unidos, país considerado desenvolvido, com a maior retração do PIB em 2020 desde 1946.

Logo, inegáveis são as formas de flexibilização, principalmente no contexto da globalização e introdução de novas tecnologias e a forma como se lida com as novas perspectivas são fundamentais para definir o futuro da mão de obra, da qualidade de vida da sociedade e das relações de trabalho e emprego frente às novas tecnologias.

3. *Contextualização sobre toritama/PE e o filme "estou me guardando para quando o carnaval chegar"*

Segundo o Instituto Brasileiro de Geografia e Estatística — IBGE, a cidade de Toritama, era integrante de Vertentes e teve sua origem em uma fazenda de criação de gado, denominada Torres, na margem do rio Capibaribe, onde foi construída uma capela, dando origem à cidade.

Em 1868, o lugarejo já contava com 20 casas de taipa, sendo a construção, em 1923, de uma ponte sobre o rio Capibaribe o eixo com o comércio da cidade vizinha, Caruaru, até hoje famosa pela "Feira de Caruaru" conhecida como uma das maiores feiras ao ar livre do mundo e ter sido tombada como patrimônio imaterial do país pelo Instituto do Patrimônio Histórico e Artístico Nacional — IPHAN e intensificação na economia local, na época, com base em produtos agrícolas.

Importante destacar que a produção do *jeans* se mostra importante não só para os moradores da cidade de Toritama/PE e sim para várias cidades, em especial, do nordeste brasileiro antes dos anos 2000, e após esse período, do estado de São Paulo, eis que, a confecção, principal atividade da cidade, absorve a mão de obra de migrantes e os estudiosos Duarte e Fusco (2008, p. 342), traçaram um perfil migratório da cidade de Toritama, que demostra, em detalhes a situação da cidade, com base nos dados do censo de 2000 realizado pelo IBGE:

> Os dados do Censo revelam também que, no ano 2000, 68,5% dos moradores de Toritama eram naturais do município que nunca haviam migrado, ou seja, 31,5% dos residentes correspondiam ao estoque de imigrantes. Se os 185 municípios de Pernambuco fossem hierarquizados em ordem decrescente pela proporção de imigrantes, Toritama estaria na 48ª posição, o que sugere a existência de relativa atratividade, comparativamente aos demais municípios do estado.
>
> Com relação aos toritamenses ocupados na atividade de confecção, a proporção de imigrantes era ainda maior (38,6%), o que indica a importância do setor na atratividade migratória local. O tempo médio de residência em Toritama, para esses imigrantes, era de 9,4 anos, o que, em princípio, já lhes conferia as características de nativos do município. O estoque de imigrantes ocupados no setor de confecção em Toritama era formado por 80,0% de pernambucanos — dentre os quais 9,2% eram retornados plenos (nascidos em Toritama) —, 8,0% de alagoanos, 4,8% de paulistas, 4,6% de paraibanos e 2,6% divididos entre paranaenses, mineiros, potiguares e cearenses. A maioria dos imigrantes nascidos fora do estado de Pernambuco (464 pessoas) chegou a Toritama durante os 10 anos anteriores ao ano 2000. Com relação aos migrantes recentes (com menos de 10 anos de residência na UF), aproximadamente 30% deles fizeram um longo trajeto a partir do estado de São Paulo e quase 50% vieram dos vizinhos estados de Alagoas e Paraíba.

Conforme bem colocado no documento Futuro do Trabalho no Brasil: Perspectivas e Diálogos Tripartites, com a liberdade de comparar salário, com o pagamento por produção, para melhor colocação no contexto estudado, os números demonstram uma remuneração abaixo da média para ocupações que exijam intensamente habilidades motoras:

> Observa-se que ocupações que requerem intensamente habilidades cognitivas oferecem remuneração que supera o dobro da média de todos os salários pagos. As que requerem intensamente habilidades sociais apresentam remunerações superiores a uma vez e meia a média salarial geral. Ocupações que requerem intensamente habilidades motoras pagam salários mais de 20% inferiores a média geral. Ou seja, mesmo ocupações muito especializadas em atividades motoras remuneram os trabalhadores bem abaixo da média.
>
> [...]
>
> No outro extremo, o conjunto das ocupações mais intensivas em habilidades motoras vem apresentando níveis salariais crescentes, em relação à média salarial geral: de 73% da média em 2003, passaram a 78% da média em 2013. Mais interessante é notar que a distância salarial entre as ocupações intensamente cognitivas e aquelas intensamente motoras reduziu-se em 2,67 vezes a média salarial geral em 2003 (3,4 menos 0,73) para 2,02 vezes em 2013 (2,8 menos 0,78).
>
> [...] Isso revela um empobrecimento da qualidade do emprego, que pode estar associado às modificações substantivas na distribuição de renda e a consequente mudança estrutural na demanda pelos setores produtivos da economia. É interessante observar que tal fenômeno ocorre em simultâneo com o aumento da escolaridade da força de trabalho, que deriva tanto do aumento da cobertura escolar — pelo menos nos níveis básicos de ensino — quanto da massiva entrada de jovens na força de trabalho, associada ao crescimento da atividade econômica. (AZZONI, 2018, p. 50).
>
> Toritama aparenta estar inserida no contexto estudado por Feijo *et al.* (2003) em que aponta a relação entre a produtividade na indústria brasileira nos anos 90, com a evolução da concentração industrial. A abertura econômica da época teria exercido influencias positivas na produtividade, o que estimulou a concorrência, forçando a modernização.

Os autores sugerem ainda que no contexto de reestruturação da indústria brasileira, dos anos 90 e com o ambiente recessivo, a opção das empresas seria de absorver mão de obra qualificada, momento em que a oferta de empregos para trabalhadores com o 2º grau escolar completo aumentou.

> Em suma, o grau de escolaridade da mão de obra industrial aumentou de 1994 a 1998, apesar da remuneração média ter caído. Este aumento se deu não por expansão do emprego, mas por contração forte do pessoal com menor escolaridade (1º grau incompleto). (FEIJÓ *et al.*, 2003, p.33).

A cidade de Toritama é protagonista de várias histórias e a mídia possui um grande aparato sobre a cidade, eis que, o título de capital do *jeans*, levanta curiosidade e já foi matérias jornalísticas que serão de grande relevância para o presente estudo, pois complementam, de maneira essencial, as informações sobre a cidade.

Em 7 de agosto de 2012, por exemplo, o programa Profissão Repórter, transmitido pela emissora Globo, retratou a situação da produção de roupas baratas e de grife, dentre as cidades visitadas, São Paulo, Caruaru e Toritama.

O retrato das oficinas de produção de roupa é de muito trabalho, crianças nas oficinas, informalidades e que a maior parte trabalha diretamente com a produção das peças de *jeans*, mas que a parte excedente da população acaba se envolvendo mesmo que indiretamente com o *jeans*, seja no comércio ou transporte das peças.

Ao entrevistar uma confecção, a informação é de que a maioria seria prestadora de serviços, sem fundo de garantia, 13º ou férias, o dono da facção ainda alerta que a cidade "está crescendo sem estrutura nenhuma" e que segundo o IBGE, 95% dos que fabricam jeans em Toritama, não tem nenhum direito trabalhista. Dados estes que serão analisados posteriormente.

As diferenças sociais da cidade de Toritama ainda são demonstradas pelo repórter, em que a casa de um dono de confecção destoa da realidade local da cidade, em que não há saneamento em toda a região e as fábricas de lavagem de *jeans* geram grande preocupação social ao derramarem resíduos da produção nos córregos, poluindo a cidade e a falta de fiscalização trabalhista e ambiental traz consequências visíveis para Toritama.

Duarte e Fusco (2008), defendem, citando Xavier (2006), que a partir do incentivo às indústrias no nordeste brasileiro, proporcionado pelo Fundo de Industrialização do Nordeste — Finor, empresas como a Sulanca foram importantes no desenvolvimento da indústria no nordeste, eis que, nos anos 1970, a indústria de Sulanca, que nasceu de uma parceria entre caminhoneiros, que ao transportar mercadoria do agreste pernambucano para o estado de São Paulo, tiveram a ideia de transportar retalhos de tecido para não voltarem sem carregamento, entregando a matéria-prima para as costureiras de Santa Cruz do Capibaribe. Os pesquisadores defendem ainda outros fatores, como o fato de Caruaru ser um forte polo comercial na região, abrigando a maior feira ao ar livre do interior nordestino.

> O fato concreto é que Toritama tornou-se o maior pólo de confecções do Nordeste, a ponto de ser responsável, hoje, pela fabricação de 15% dos jeans produzidos no país. As mudanças ocorridas em Toritama ao longo da década de 1990, em decorrência da expansão da atividade de confecção de roupas, manifestaram-se de diversas formas. Dentre essas transformações, [...] o crescente fluxo de imigrantes em busca de oportunidades de trabalho no setor de confecções bem como nas outras atividades subsidiárias.(DUARTE e FUSCO, 2008, p. 338).

Portanto, a cidade recebe o nome de capital do *jeans*, após a introdução das máquinas de costura para as mudanças nas relações de trabalho e emprego da cidade. Neste contexto o filme "Estou me Guardando para Quando o Carnaval Chegar" lançado em 2019 e hoje disponível na plataforma de *streaming* Netflix, traz um retrato rico da situação do trabalho e do ritmo da cidade considerada como a capital do *jeans*.

Limítrofe da cidade de Caruaru, a cidade de Toritama, tem sua economia voltada para a produção e venda de *jeans*, e como a cidade vizinha, possui feiras para a venda de seus produtos.

O filme começa com a narração do próprio diretor, da época em que frequentava a cidade no agreste pernambucano, com o pai, descrevendo a cidade como uma zona rural, de plantadores de milho e criadores de bode, com poucas pessoas na rua e quase nenhum barulho de carro.

Logo o cenário muda, com *outdoors* enormes, grandes propagandas publicitarias de *Jeans* e nesse ponto, podemos reparar como uma atividade econômica pode impactar o cenário e ambiente de uma população.

No caso de Toritama, não houve a migração da população e sim a introdução das máquinas na cidade e o *jeans* é a matéria-prima que move a economia. A produção, a lavagem, a costura e a estilização, dentre outros processos produtivos, garantem a ocupação de boa parte população local.

Uma das primeiras entrevistadas afirma que o horário de produção tem início entre 5h e 6h da manhã e acaba por volta das 21h, 22h da noite, pois afirma estar em casa, quando questionada se não se cansa, a entrevistada afirma que não e que inclusive gosta de quando tem serviço, "quanto mais eu to trabalhando eu to ganhando". Importante destacar que durante toda a entrevista, a produção não parou, sendo destaque o fato do *jeans* ser considerado o ouro de Toritama.

A mesma entrevistada, conta sua história, em que após 7 anos trabalhando em uma fábrica, viu a falência e cada funcionário seguir o seus próprios caminhos, alguns compraram seus próprios maquinários e começaram a montar as facções (pequena produção).

Neste ponto, podemos identificar a autonomia em sua essência, eis que, ao comprar o maquinário, montar sua própria produção, determinando seu próprio horário, sem qualquer requisito necessário para o reconhecimento de vínculo empregatício, subordinação, onerosidade, personalidade, sendo pessoa física, não eventualidade e alteridades, ou seja, sem cumprir os requisitos previstos no art. 3º da Consolidação das Leis do Trabalho.

Os movimentos repetitivos dos trabalhadores, fazem lembrar das cenas do filme Tempos Modernos, de Charlie Chaplin, eis que, as máquinas de costura, aparentemente, demandam uma concentração e um alto grau de repetitividade das atividades, uma clara herança do sistema Taylorista.

Em outra facção, em que podemos ver alguns personagens que aparentam menos idade, um deles afirma que consegue tirar entre mil e mil e quinhentas peças, por dia, cada um.

O entrevistado mais emblemático e principal é o "Leo" em que afirma em tom jocoso que seu nome é trabalho e seu apelido hora extra que o trabalho é bom por ser produção, ou seja, que recebe pelo que produz e garante que a melhor profissão é não trabalhar para ninguém "trabalhe só, ganhe seu pão honesto e digno, sem dever a ninguém".

O mesmo personagem, aparece construindo a casa de um terceiro para ter como pagamento a garantia de que terá autonomia na nova confecção e maior liberdade de horário.

O discurso de ser dono do próprio trabalho, da própria produção e do próprio horário é recorrente e o que chama a atenção é a jornada exaustiva também recorrente, mas sempre voltada para o mesmo discurso, quanto mais trabalha, mais produz e consequentemente, mais ganha.

Uma das personagens explica que por cada "boca de bolso", recebe R$ 0,10 (dez centavos), ou seja, se fizer, mil peças, irá receber R$ 100,00 (cem reais no dia) e ainda indaga que sente-se privilegiada por ter "saúde, trabalhar, ganhar seu dinheiro e chegar o final de semana ter uma feira dentro de casa".

Em outro momento, Toritama é enaltecida e reconhecida como um polo que emprega gente de fora, porém, que trata-se de uma cidade apenas para trabalho, sendo para o lazer e outros serviços, necessário ir para outras cidades.

Uma parte preocupante é a aparente falta de equipamento de proteção individual (EPI), principalmente nas confecções, eis que, nas fábricas a aparência dos trabalhadores é visivelmente diferente, os que trabalham com costura aparecem com farda, equipamento de proteção auricular e máscaras, enquanto os trabalhadores de facções aparecem sem qualquer proteção.

Nesse ponto, podemos indagar o questionamento de que a autonomia, atrelada, por exemplo, a desinformação, pode ser de alta prejudicialidade para a mão de obra operária, eis que, trabalhar sem EPI, por exemplo, pode gerar danos permanentes ao trabalhador e isso a longo prazo, pode refletir na saúde e previdência daquela população.

Ou seja, o trabalho autônomo, neste caso em específico, aparenta sofrer menor fiscalização, até porque, a autonomia pode estar atrelada a falta de regulamentação e consequentemente, a falta de controle estatal sobre aquela atividade.

"O mundo rural é engolido por um mundo novo, um mundo industrial que só se expande", conforme destaca o narrador.

Em certo ponto do filme, próximo aos 35 minutos, um jovem trabalhador coloca seu posicionamento de que é melhor trabalhar de forma autônoma, pois pode variar o quanto recebe, por outro lado, um trabalhador que aparenta ter mais idade do que o primeiro, coloca que prefere trabalhar de carteira assinada, pois teria garantido os seus direitos e seria melhor a longo prazo, eis que, ao trabalhar de forma autônoma, está abrindo mão de seus direitos e garantias trabalhistas e não mais poderia se aposentar.

Porém, faz-se necessário destacar neste momento, por exemplo, o posicionamento do Antunes (2018) que alerta para o mito do trabalho autônomo, que seria uma espécie de assalariamento dos que se consideram empreendedores, citando ainda o caso de modalidades que mascaram práticas de empresas que cometem assédio, a partir da imposição de metas aos trabalhadores, como os citados, "uberizados", "pejotizados", "intermitentes" e "flexíveis". De fato, conforme os números que serão apresentados, o cenário da cidade demonstra-se insustentável a longo prazo.

As calçadas de Toritama são tomadas por pessoas de idade, que não estão nas facções ou nas fábricas e que passam o tempo limpando o *Jeans*, a última etapa da produção.

O "veio do ouro", por exemplo, possui uma grife chamada *star jeans*, o personagem fica na calçada sendo manequim vivo de sua própria produção e garante que trabalha pouco, pois quem trabalha mais são "os meninos" como ele se refere aos demais trabalhadores da facção.

Nesse ponto, não temos como identificar se "os meninos" seriam ou não funcionários do "veio do ouro", pois seria necessário checar todos os requisitos do vínculo empregatício, conforme estabelecido pelo art. 3º da Consolidação das Leis do Trabalho. Caso não preenchido qualquer um dos pressupostos, inexiste a relação de emprego.

As máquinas de costura, que exercem poucas funções e que ainda dependem significativamente das habilidade manuais do ser humano, possibilitaram um crescimento na produção e a inserção da população em um setor econômico que teve grande crescimento.

Por outro lado, aproximadamente aos 47 minutos de filme, vemos a inovação tecnológica, mais uma vez entrar em cena com as grandes máquinas em que fazem peças estilizadas ao *laser* e que precisam apenas do comando de um ser humano que saiba operá-la para fazer desenhos e marcações personalizadas nas peças.

Os preços de venda das peças de roupa são atrativos e demonstram, o quão barata sai a produção e consequentemente a mão de obra, sendo necessário o fator criatividade para gerar diferencial entre os fabricantes.

Não há outro meio de discutir as mudanças no Direito do trabalho sem discutir a sociedade, a produção acelerada e o incentivo ao consumo, eis que, o mundo globalizado permite a troca de informações, bens, serviços, trânsito de pessoas, cultura e capital, de tal forma que tudo está interligado.

O discurso de autonomia no trabalho, na prática, deixa brechas que o direito sequer poderia prever, como o fato de manter essas pessoas aquém dos direitos e garantias que empregados de carteira assinada possuem, porém a longo prazo essa autonomia pode ter um preço, pois podem significar maior custo em saúde, maior índice de pobreza na velhice e até envelhecimento precoce da mão de obra, pois inegável que os trabalhadores autônomos estão menos protegidos, inclusive, quanto a saúde e segurança do trabalho.

Importante destacar que mesmo com o discurso de autonomia demonstrado no filme, Toritama demonstra dados diferentes, em que 58,6% são classificados como empregados sem carteira assinada.

Seria uma falsa autonomia demonstrada em Toritama? De fato, o ganho seria por produção, mas quem determina a produção? A(o) dona(o) da pequena facção? E os horários? E a questão da subordinação? Existiria uma forma de assédio das grandes marcas por um número mínimo de produção?

Esses são questionamentos que apenas com maior aprofundamento e futuras pesquisas poderiam ser respondidos.

De inicio, o filme até da uma perspectiva de prosperidade a partir da produção do *jeans*, porém, no decorrer dos acontecimentos, e conforme o próprio autor coloca em entrevista ao Diário de Pernambuco (AGUIAR, 2019) que a realidade pode ser interpretada de outra forma:

> As pessoas sentem orgulho de serem donas de próprio negócio, sem metas nem chefes. Achei que estava vivenciando uma revolução industrial, mas depois passei a lê-la como uma face do neoliberalismo. As pessoas são vítimas delas mesmas. É a sociedade do cansaço que constrói uma rotina de trabalho sem ver o tempo passar.

Aos vinte minutos finais, o documentário passa a retratar uma contradição marcante, a chegada da época de carnaval, em que as pessoas vendem ou ao menos almejam vender os seus bens pessoais para aproveitarem os dias de folia de forma enérgica, mesmo sabendo que terão que trabalhar durante o ano para reconquistar seus bens vendidos.

Ou seja, uma cidade que vive para trabalhar durante todo o ano para aproveitar apenas alguns dias de festa e terem que trabalhar arduamente durante o ano seguinte. É um ciclo que não é sustentável, pelo contrário, é degradante ver o trabalhador que por ora seria autônomo, tão dependente de sua própria mão de obra.

3.1. Toritama em números

Conforme dados da prefeitura com base no IBGE, Toritama faz parte da Unidade Federativa de

Pernambuco, está inserida na mesorregião do Agreste Pernambucano e na microrregião do Alto Capibaribe, sendo fronteiriço dos municípios de Caruaru, Vertentes e Taquaritinga do Norte.

A distância até a capital é de 170km, possui uma área de 25,704 km² e uma densidade, em 2020, de 1.383,21 hab/km², sendo o clima semiárido.

Conforme o PNUD de 2010, o IDH-M era de 0,618 e conforme dados do IBGE de 2013, o PIB era de R$ 578.528 mil e o PIB per capita de R$ 14.494,73.

Porém, conforme dados que serão demonstrados a seguir, mesmo com um elevado PIB *per capita*, Toritama é uma cidade de grandes contradições em que a classe trabalhadora não aparenta usufruir das grandes riquezas da cidade.

A população de Toritama no censo do ano de 2010 era de 35.554 (trinta e cinco mil, quinhentos e cinquenta e quatro habitantes), aparentemente, considerando grandes cidades, o número pode ser considerado baixo, porém, ao verificar a densidade demográfica, verificamos que a cidade possui grande ocupação, eis que, a densidade demográfica é de 1.383,21 habitantes por km².

Ou seja, se comparado aos outros 5.570 (cinco mil quinhentos e setenta) municípios do Brasil, Toritama ocupada a 77º posição de mais denso, ficando em 6º lugar dentro do Estado de Pernambuco e em 1º das nove posições da microrregião.

A estimativa do IBGE para o ano de 2019, era de maior crescimento, com uma projeção da população para 45.219 habitantes, em 2020 a população de Toritama já estava em 46.164 pessoas.

A pirâmide etária do censo de 2010 demonstra um dos possíveis motivos do município ter uma grande produção de confecção, que depende de grande mão de obra, pois a maior faixa etária está entre 15 e 19 anos, seguida pela de 20 a 24 anos, tanto de homens quanto de mulheres.

Considerando as 5 principais faixas etárias de idade produtiva sendo as de idade entre 15-19, 20-24, 25-29, 30-34, 35-39 anos, teremos o total de aproximadamente 17.735 pessoas, o que demonstra um percentagem aproximada de 49,88%, ou seja, quase a metade de toda a população tem entre 15 e 39 anos, o que será mais a frente comparado com os dados da mão de obra da cidade.

Outro dado interessante de ser analisado é que na faixa etária entre 20-24 anos, o município estudado ultrapassa, tanto em homens quanto em mulheres, proporcionalmente a média do Brasil, o que pode ser interpretado como um município com população jovem, em seu ápice de idade produtiva, tanto do sexo feminino como do masculino. Cenário este que, verificado no filme em análise, em que homens e mulheres se dividem na produção e confecção das peças de *jeans*, ocupando, aparentemente, os mesmos espaços na produção.

Ou seja, de forma introdutória, a cidade de Toritama representa uma economia considerada elevada, uma densidade populacional alta, porém com algumas questões populacionais críticas.

Por outro lado, o Brasil como país em desenvolvimento, necessita de maiores investimentos na educação a partir do desenvolvimento de políticas mais efetivas na expansão do conhecimento "no contexto globalizado, a educação em nível superior, à medida que cumpre a função de produtora e propagadora de conhecimentos, é vital para o crescimento tanto de países desenvolvidos quanto para aqueles em desenvolvimento." (CASTRO; CABRAL NETO, 2012, p. 71).

Ainda conforme os dados do IBGE e de acordo com a pesquisa de Orçamentos Familiares — POF 2002/2003 Quanto ao nível de pobreza, em 2003, Toritama ocupava a 3334° posição a nível Brasil.

Por outro lado, o IBGE, em parceria com os Órgãos Estaduais de Estatística, Secretarias Estaduais de Governo e Superintendência da Zona Franca de Manaus — SUFRAMA 2020, constataram que o Produto Interno Bruto do Município (PIB) em 2017, era de 14.131,28, ou seja, ocupava a 27º posição no Estado de Pernambuco e a posição 3183º quando comparado aos demais municípios do Brasil.

Além de analisarmos o trabalhador e o empregado e as condições a sua volta, faz-se necessário verificar a remuneração recebida pela mão de obra da cidade, eis que com o PIB *per capita* elevado, conforme já demonstrado, a lógica seria de que a produção, já que são, teoricamente em sua maioria, autônomos, fosse de elevada rentabilidade, porém, o cenário encontrado é outro:

> Em 2018, o salário médio mensal era de 1.5 salários mínimos. A proporção de pessoas ocupadas em relação à população total era de 15.2%. Na comparação com os outros municípios do estado, ocupava as posições 154 de 185 e 24 de 185, respectivamente. Já na comparação com cidades do país todo, ficava na

posição 4941 de 5570 e 2127 de 5570, respectivamente. Considerando domicílios com rendimentos mensais de até meio salário mínimo por pessoa, tinha 30.8% da população nessas condições, o que o colocava na posição 184 de 185 dentre as cidades do estado e na posição 4531 de 5570 dentre as cidades do Brasil. (IBGE, 2020)

Os dados de ocupação laboral são visivelmente contraditórios no panorama geral, o salário médio mensal é baixo, a população é mais ocupada do que a média nacional e estadual.

Importante destacar que 30,8% é o percentual da população com rendimento nominal mensal per capita de até 1/2 salário mínimo.

O IBGE, no censo de 2010, fez o levantamento de números importantes que possibilitam a análise do trabalho, do trabalhador e do empregador em Toritama, classificando as pessoas de 10 anos ou mais de idade, o que torna esse estudo mais amplo e técnico, senão vejamos.

A população economicamente ativa é em sua maioria parda (54%), em segundo lugar branca (44%), seguida por preta (2%) e posteriormente amarela (1%), sem nenhum registro indígena.

Já quando analisamos por grupo de idade a população economicamente ativa, percebemos a congruência com a pirâmide da faixa etária, eis que, as pessoas entre 20 e 24 anos e 25 a 29, demonstram-se em destaque claramente uma população ainda jovem, esse dado também impacta nas formas de produção que logo mais serão demonstrados.

Gráfico 1 — Demonstrativo, por grupo de idade, da população economicamente ativa, conforme dados do IBGE.

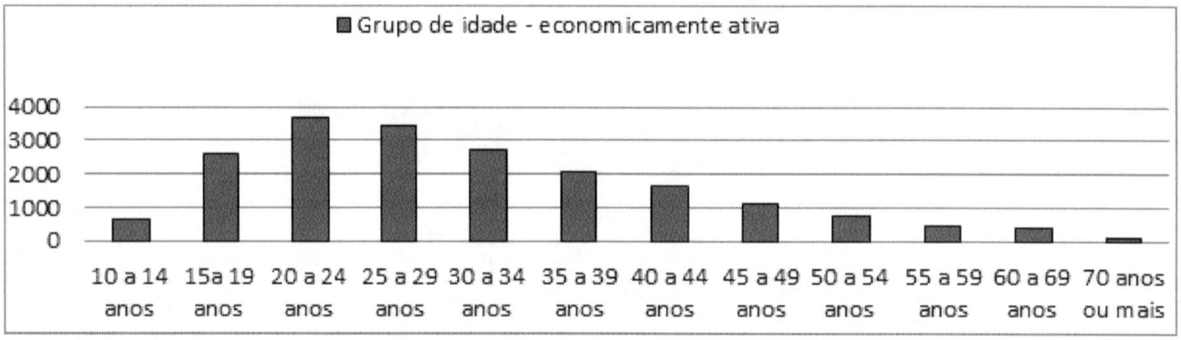

Fonte: Elaboração própria (2020).

Os números do nível de instrução causam preocupação quando comparados aos números da população ativa, eis que, o número de pessoas sem instrução e ensino fundamental incompleto são relativamente altos quando comparado as outras classificações, mesmo se considerarmos que o índice inclui as pessoas de 10 a 14 anos, idade em que as crianças estariam na fase escolar aproximada do ensino fundamental esse índice ainda encontram-se desproporcional.

Mesmo se excluirmos do cálculo, as 616 pessoas entre 10 e 14 anos, ressalta-se, economicamente ativas do total de 13.265 pessoas sem instrução e com o fundamental incompleto, ainda assim, seriam 12.649 pessoas sem instrução e fundamental incompleto e economicamente ativo. O que demonstra o perfil da população que diretamente atua na economia do município, um perfil de mão de obra com baixa escolaridade.

Para melhor interpretação e visualização da problemática apontada, resta o gráfico indicando os demais níveis de escolaridade e seus indicadores.

Gráfico 2 — Nível de escolaridade da população de Toritama, considerando os dados do IBGE conforme censo de 2010.

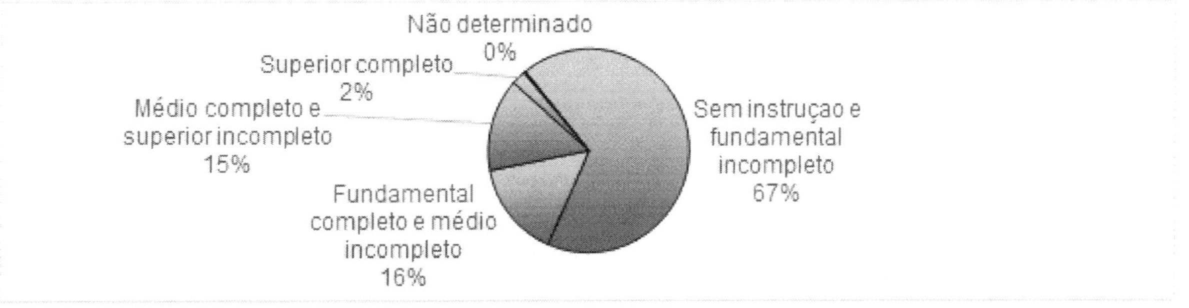

Fonte: Elaboração própria (2020).

Quanto ao sexo, limitadamente definido pelo IBGE como feminino e masculino, desconsiderando as questões de gênero, foram definidos como 10.668 homens e 9031 mulheres, o que demonstra proporcionalmente que aproximadamente 45,84% são mulheres e 54,15% são homens, economicamente ativos com 10 ou mais anos.

Ou seja, o perfil majoritário da população economicamente ativa de Toritama é de homens, com idade entre 20 e 24 anos, sem instrução e ensino fundamental incompleto.

Quanto as horas trabalhadas, identificadas no filme com horário demasiadamente excessivo, a Constituição Federal de 1998, prevê em seu art. 7º, XIII "duração do trabalho normal não superior a oito horas diárias e quarenta e quatro semanais, facultada a compensação de horários e a redução da jornada, mediante acordo ou convenção coletiva de trabalho".

De fato, o município estudado tem a maior parte dos trabalhadores exercendo de 40 a 44 horas semanais, porém, a segunda maior parte trabalha entre 45 e 49 horas ou mais, o que demonstra uma jornada excessiva.

Essa jornada excessiva, relacionada ao baixo nível de escolaridade, baixa remuneração e situação da saúde não muito promissora no município, em destaque durante a pandemia da COVID-19, eis que, em primeiro momento não possuíam unidades de saúde com capacidade para atender a população, fatores que juntos contribuem para a baixa expectativa de vida e diminuição da idade produtiva, eis que, o desgaste exigidos em trabalhos considerados braçais e ainda com jornadas excessivas, desgastam o trabalhador a médio e longo prazo, podendo gerar situações inclusive propícias para os acidentes de trabalho.

Gráfico 3 — Média das horas semanais trabalhadas, por homens e mulheres, na cidade de Toritama, conforme dados do IBGE.

Fonte: Elaboração própria (2020).

O filme estudado demonstra exatamente esse retrato quando os trabalhadores expressam suas jornadas, que podem ultrapassar as 16 horas diárias, ou seja, uma jornada excessiva que *a priori*, é expressada como uma autonomia, as falas parecem carregar um viés de independência e até da real autonomia de trabalhador e não de um empregado, porém, mais uma vez, a realidade expressada pelos trabalhadores não demonstram a realidade apontada pelo dados do IBGE.

Pois quando verificados os números do censo de 2010, percebemos que a realidade demonstrada, com uma interpretação restrita aos dados acessíveis, demonstra uma realidade não condizente com o discurso do filme, pelo contrário, causa espanto inclusive a realidade de empregados, sem carteira assinada. Ao verificar o conjunto de informações, nos deparamos com um PIB elevado para uma população pequena e de baixa escolaridade, com o recebimento mensal de menos de um salário e meio, com um número alto de empregados, porém, sem carteira assinada, além, de alto índice de horas trabalhadas e com baixo índice de contribuição para o instituto de previdência, ou seja, o resumo de um retrato de precarização do trabalho e do falso discurso da autonomia.

A situação de Toritama, considerando alguns relatos do filme e como coloca uma das entrevistadas, é uma situação "boa", eis que, oferece trabalho, a situação do Agreste do país ainda é, assim como o seu clima, árido para os que lá habitam, a falta de suprimentos básicos, muitas vezes até de água, retratam um Brasil de exclusão.

Aquele mesmo Brasil que alguns doutrinadores anteriormente citados alertaram para o risco de compará-los com a globalização de países desenvolvidos, eis que, sequer poderiam ser comparados, pela desigualdade na possibilidade e nos recursos para serem competitivos.

Os dados apresentados da posição na ocupação são um retrato do Brasil, em um cenário que a informalidade aumenta, mas no caso de Toritama, o mais curioso é o fato de mais de treze mil pessoas se considerarem empregados e mais de onze mil não terem carteira assinada. O presente estudo não tem a finalidade de adentrar na questão da previdência social, porém, o assunto não deixa de ser parte do trabalho e emprego, ainda mais com uma realidade como Toritama, ou seja, um sistema que demonstra-se insustentável, eis que, a produção em idade jovem é alta, porém, a contribuição para a previdência social se mostra ínfima, ou seja, um trabalho produtivo, em regra braçal e que exige do empregado a saúde e força da juventude, enquanto a velhice, ao que me parece, fica descoberta de garantias.

Gráfico 4— Demonstrativo dos trabalhadores, contribuintes ou não contribuintes da previdência social, conforme dados do IBGE.

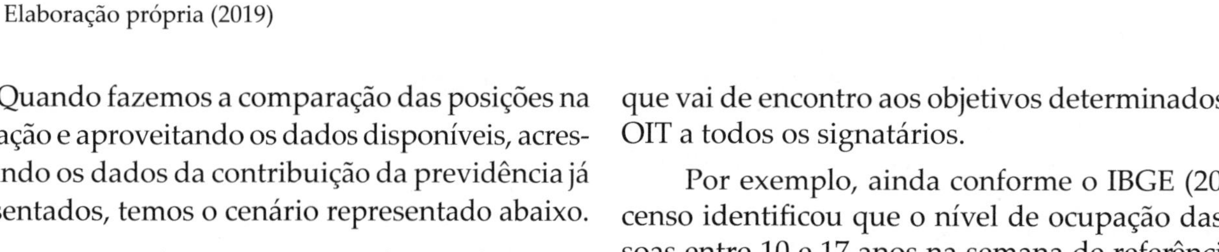

Fonte: Elaboração própria (2019)

Quando fazemos a comparação das posições na ocupação e aproveitando os dados disponíveis, acrescentando os dados da contribuição da previdência já apresentados, temos o cenário representado abaixo.

Importante destacar que um dos cenários não demonstrados diretamente no filme, mas que os dados do IBGE revelam é quanto ao trabalho infantil, índice preocupante diante do cenário da produção e que vai de encontro aos objetivos determinados pela OIT a todos os signatários.

Por exemplo, ainda conforme o IBGE (2010) o censo identificou que o nível de ocupação das pessoas entre 10 e 17 anos na semana de referência era de 31,5%.

Ao analisarmos as pessoas de 10 a 17 anos de idade, que são 5.650, identificamos que 5.281 são alfabetizadas, enquanto 369 não são alfabetizadas, porém, considerando apenas o índice de alfabetização, identificamos um volume baixo de analfabetos em idade escolar, mas o número é mais preocupante quando verificamos que 1.448 não possuem frequência à escola ou creche, mesmo sendo 1.364 em situação urbana e apenas 85 em situação rural.

Ao analisarmos as pessoas ainda na mesma faixa etária, entre 10 e 17 anos, identificamos que 1.781 estavam ocupadas na semana de referência, contra 3.868 não ocupados.

Dessas 1.781 pessoas ocupadas na semana de referência, com idade entre 10 e 17 anos, 1.681 eram alfabetizados, enquanto 100 eram não alfabetizados, mesmo com esses indicadores, precisamos prestar atenção de que 877 pessoas não frequentavam a escola, ou seja, o nível de alfabetização esconde a evasão escolar dessa parcela ocupada.

Quanto a ocupação, 156 pessoas eram empregadoras ou trabalhavam por conta própria, ao passo que 1.600 eram empregados e 25 não remunerados.

Ou seja, a ocupação parece estar ligada ao fator evasão escolar e a idade em que se inicia os trabalhos na cidade de Toritama aparentam ser precoce, porém, é mais um fator comprovado pela pirâmide etária da cidade e da identificação da população jovem como a mais ativa na mão de obra.

Ao analisarmos, por exemplo, o percentual de pessoas de não frequentavam escola são 25,6% com idade entre 10 e 17 anos, sendo 49,2% ocupadas e 14,8% não ocupadas.

Gráfico 5 — Ocupação da população economicamente ativa de Toritama, conforme censo do IBGE de 2010

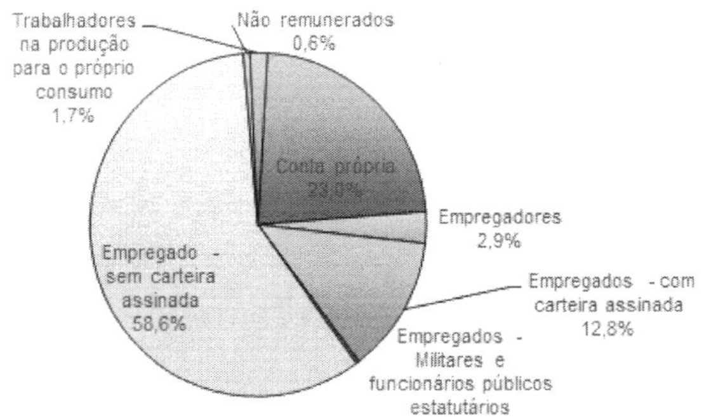

Fonte: Elaboração própria (2019).

Diante desses números, podemos verificar que os empregados são a maioria e os empregados sem carteira assinada, somam mais de 58% do total.

Se analisarmos apenas esses números com os relatos demonstrados no filme, podemos identificar que ao invés de autonomia e trabalharem por conta própria, a população encontra-se empregada, porém, sem as garantias decorrentes da assinatura na carteira, o que demonstra precarização do emprego!

Curioso ainda analisar os dados da colocação dessa mão de obra, eis que, a indústria impacta diretamente no mercado e na disponibilização de vagas de emprego, e ai surge novamente o questionamento, sem a indústria, como estaria o município de Toritama? Haveria emprego? Trabalho? A população teria a mesma proporção de habitantes? A indústria pode ainda estar impactando no comércio, eis que, como podemos observar, o comércio também é uma área promissora de vagas de emprego, possibilitando inclusive maior participação das mulheres.

Do total de 19.063 pessoas que identificaram suas respectivas funções, 11.334 trabalham na indústria de transformação, ou seja, aproximadamente, 59,45%, conforme o censo de 2010.

Esses dados são confirmados também pelos estudos de Duarte e Fusco (2008, p. 340 e 346), eis que, os pesquisadores defendem que a "atividade de confecção em Toritama absorver 58,3% dos trabalhadores ocupados no ano de 2000" sendo o segundo subsetor mais importante para a absorção da mão de obra, o comércio, porém, os pesquisadores concluíram que "além da pouca diversidade econômica de uma cidade pequena, no caso de Toritama, a proeminência da indústria de confecção levou a que as outras atividades, principalmente o comércio, fossem muito dependentes da atividade predominante."

Ou seja, surge, até certo ponto, o receio de uma economia baseada apenas em um produto, eis que, a escassez, neste caso, da matéria-prima, poderia ser traduzida em uma crise sem precedentes para a região e que, comparando os dados, percebemos que a indústria da confecção tem absorvido ainda mais mão de obra com o passar dos anos, porém, o fato da introdução de novas tecnologias que reduzem o tempo de produção e a dependência da mão de obra do homem devem ser levadas em consideração, eis que, a automação no caso de realidades como a considerada predominante em Toritama podem impactar de forma generalizada a população que depende da produção do *jeans* e uma das soluções seria garantir acesso, por exemplo, a qualificação necessária para a população apontada, bem como instruções básicas quanto a previdência, proteção à saúde, gestão financeira, dentre outros.

Com os avanços tecnológicos, o final do século XX teve mudanças na logística e na produção, possibilitando cadeias produtivas horizontais e globais, com comunicação entre as empresas e sendo o conhecimento geral predominante, conforme já apontado, porém, o avanço de novas tecnologias e formas de produção não devem ser combatidos e sim repensados, conforme assim é apontado:

> Olhado dessa forma, aquilo que muitos chamam de "precarização" do trabalho e, na verdade decorrência da evolução dos modelos de produção e de gestão, viabilizados pela revolução tecnológica. Não se trata de combater as novas formas de contratos de trabalho, mas de repensar e redesenhar as políticas públicas de proteção dos trabalhadores. É preciso se aprofundar no entendimento da interdependência das relações de trabalho em diferentes momentos da cadeia produtiva, para que se dê conta de como as relações de trabalho da empresa mãe afetam as relações de trabalho das empresas ao longo da cadeia. (ZYLBERSTAJN, 2018, p. 39).

O cenário de Toritama se alterou diante da Pandemia da COVID-19, eis que, foi fortemente impactada, tanto quanto a produção quanto no sistema de saúde da cidade.

No ano de 2020, o mesmo personagem principal "Leo" do filme apontado, foi questionado quanto a situação no contexto da pandemia e passou a retratar a seguinte situação:

> [...] é o que pensa Leonardo dos Santos, 35 anos, que está há seis meses sem ir a Toritama, para onde se muda sazonalmente em busca de emprego, principalmente em período de maior movimento da produção de roupas. Também entrevistado no documentário, Leo, como é conhecido, é faz-tudo, trabalha de ajudante de pedreiro a auxiliar nas facções e lavanderias, mas, por ora, quer distância de Toritama.
>
> [...]
>
> É o benefício público que ajuda o sustento de Leonardo. Ele tem feito bicos como servente na construção de muros de arrimo, em Carpina, cidade vizinha, mas a falta de material atrasa a obra. Nos dias em que há serviço, ganha R$ 50. (ARAÚJO, 2020).

Na época da entrevista, as feiras estavam suspensas o que impactava diretamente a mão de obra da cidade, já em julho de 2020 as feiras estavam programadas para o retorno gradual conforme o "plano de convivência com a COVID-19" do estado de Pernambuco e tiveram novas restrições de horário, em março de 2021, com a novo avanço nos casos da pandemia no estado.

Vale mencionar que, por outro lado, as tecnologias de comunicação possibilitaram, pontualmente, a continuidade das vendas das peças de forma *on-line* para alguns produtores.

Diante o exposto, resta evidente que, a manufatura e a suposta autonomia quando acompanhada de precarização expõem o trabalhador, o qual fica propenso a restrições, variáveis da produção, escassez de matéria-prima, exposição da saúde dentre outros fatores que prejudicam o trabalhador a longo prazo.

4. Conclusão

Para o levantamento das considerações finais, deve-se levar em consideração que a globalização e introdução das novas tecnologias é um fenômeno mundial e que impacta diretamente a vida e relações dos trabalhadores.

As mudanças sociais e econômicas vividas no novo século atual, impactam as formas de produção e a busca pela produtividade e lucro e geram novas formas de trabalho e contratos que se expandem na indústria 4.0.

Esse novo contexto apresenta novas formas de relação entre os trabalhadores e os empregadores, como os frilas fixos, teletrabalho, *home office*, uberização, o contrato "zero hour contract" ou o "pago a voucher".

Essas novas modalidades são possíveis decorrentes do contexto das NTIC — Novas Tecnologias de Informação e Comunicação —, que possibilitaram a formação de novos arranjos na sociedade, em especial nas relações laborais.

Porém nesse mesmo contexto de expansão, multinacionais e novas tecnologias, surgem questionamentos quanto a flexibilização e desregulamentação dos direitos trabalhistas.

Ocorre que, ao raciocinarmos sobre essas duas hipóteses, temos que entender que o contexto apresentado, muitas vezes esconde um contexto de falsa autonomia e até de assédio disfarçado por parte das grandes empresas.

Eis que, a sociedade do consumo e até a criação de uma demanda por parte das empresas, gera uma "necessidade" do aumento e disposição dos produtos, com isso, as grandes empresas exigem uma maior produtividade e com esse raciocínio, podemos tirar duas conclusões, o aumento das oportunidades de emprego e maior inserção de pessoas ativamente produtoras na economia, inclusive dos autônomos ou a busca incessante por aumento de produtividade e exigência de produção não razoável, remetendo o trabalhador a um nível de exigência que afeta a saúde e segurança do trabalho e como consequência, afetam a mão de obra a longo prazo.

A realidade de Toritama, por exemplo, capital do *jeans*, é retratada pelos próprios produtores com um discurso diferente da realidade.

O discurso da autonomia, de fazer o próprio horário e de receber por produção, retratados no documentário, esconde a falsa autonomia e os reais números da precarização na cidade.

Chegamos à conclusão de que a maior produtora do *jeans* nacional, na verdade, não é tão autônoma quanto coloca, pelo contrário, a cidade produtora de *jeans* na verdade é uma cidade com alta densidade demográfica e com uma absorção de mão de obra de outras cidades.

O PIB per capita da cidade, por exemplo, não condiz com a média salarial, o que de pronto demonstra uma desigualdade acentuada na remuneração da mão de obra.

As cinco principais faixas etárias de idade produtiva, no censo de 2010, são de 15 anos aos 39 anos, com um total de 17.735 pessoas dentro dessa faixa etária, o que demonstra um percentual de 49,88% do total da população.

Outro dado interessante que pudemos identificar é que na faixa etária entre 20-24 anos, o município de Toritama ultrapassa, tanto em homens quanto em mulheres, proporcionalmente a média do Brasil, o que pode ser interpretado como um município com população jovem, em seu ápice de idade produtiva.

A população de Toritama, em sua maioria possui ocupação funcional, porém, concluímos que mesmo com uma alta taxa de ocupação, a média mensal de salários dos trabalhadores formais é baixa, o que entende-se que a mão de obra é muito requisitada, porém, com baixa remuneração.

Esse perfil já era esperado, eis que, a doutrina diferencia a remuneração dos trabalhos braçais para os intelectuais, por se tratar de uma produção mecânica.

A manufatura e a suposta autonomia quando acompanhada de precarização expõem o trabalhador em situação de restrições, como a da pandemia da COVID-19, a buscarem meios alternativos de sobrevivência, eis que, a mão de obra é diretamente afetada e a realocação no mercado diante dos fatores como aumento da taxa de desemprego e baixa escolaridade e aperfeiçoamento técnico, dificultam a realocação da mão de obra e colocação no mercado.

Concluímos ainda que o perfil falado no documentário analisado não é de fato identificado, eis que, os dados analisados do IBGE, deixam claro que mais da metade dos trabalhadores da cidade são empregados sem carteira assinada, essa situação gera danos ao empregado, eis que, foi possível identificar ainda que empregados, empregadores ou até profissionais por conta própria, em sua grande maioria, não contribuem para a previdência, ou seja, não possuem qualquer proteção assegurada nos casos de acidente de trabalho, gravidez, invalidez ou aposentadoria.

Ou seja, a cidade de Toritama está inserida em um falso contexto de autonomia e de produção acelerada e mudança dos paradigmas da cidade a partir da introdução das máquinas de costura.

A globalização, no presente caso, impacta tanto no consumo, no aumento da demanda, quanto na propagação de difusão do *jeans* da cidade de Toritama, alterando de forma significativa a cidade, antes agrícola e agora, considerada uma cidade apenas para o labor.

A introdução das máquinas altera a realidade social, geográfica e econômica das cidades e oportunizou novas vagas de emprego e renda na cidade, fazendo com que a realidade do agreste pernambucano em que muitas famílias são obrigadas a migrar em busca da emprego nos grandes centros, não fosse a realidade de Toritama, pelo contrário, a cidade recebe migrantes de outros estados, inclusive de São Paulo.

A forma como a humanidade lida com as novas tecnologias é essencial e definidora para definirmos como a tecnologia será interpretada e aplicada a mão de obra.

A introdução de novas tecnologias nas relações de trabalho, para resultados positivos ao trabalhador, dependem da particularização de cada cidade e da garantia de maior igualdade na competitividade da mão de obra.

O presente estudo aponta, inclusive, que a cidade das máquinas de costura passou a receber máquinas ainda mais modernas e que deixam a customização do *jeans* ainda mais eficiente, precisa em seus desenhos e rápida com sua tecnologia de *lasers*, dispensando a necessidade de mão de obra e criatividade de vários trabalhadores.

Porém, nem todos estão preparados para a mudança da mão de obra, conforme demonstrado, a faixa de desemprego atinge em maior parte, os profissionais com baixa escolaridade e falta de qualificação.

A qualificação pode vir tanto do empregador quanto de programas governamentais e a garantia a educação é um dos direitos fundamentais dos cidadãos, porém, não respeitados em sua integralidade e diante da produção e circulação de bens na cidade apontada, uma das soluções para evitar o impacto e desemprego da população estudada, inclusive em situações de grandes variáveis como o caso da pandemia da COVID-19, seria garantir a profissionalização e acesso a informações aos trabalhadores da cidade, com campanhas de conscientização quanto a saúde e segurança do trabalho e educação financeira, amenizando então os possíveis impactos, inclusive da introdução dos maquinários automatizados na produção.

5. *Referências*

ALBUQUERQUE, Pedro Henrique Melo *et al. Na era das máquinas, o emprego é de quem?* Estimação da probabilidade de automação de ocupações no Brasil. Texto para discussão / Instituto de Pesquisa Econômica Aplicada. Brasília: Ipea. 2019.

ANTUNES, Ricardo. *O privilégio da servidão:* o novo proletariado de serviços na era digital. 1. ed. São Paulo: Boitempo, 2018.

ARAÚJO, Mateus. *TAB. Tempo de Coser. Como a pandemia da Covid-19 mudou a vida dos trabalhadores de Toritama (PE), a capital do Jeans.* Disponível em: <https://tab.uol.com.br/edicao/toritama/#cover> Acesso em: 20 fev. 2021.

AZZONI, Carlos Roberto. Habilidades, salário e desigualdade. *Futuro do Trabalho no Brasil:* Perspectivas e Diálogos Tripartites. 26 abr. 2018. Disponível em: <https://www.ilo.org/brasilia/publicacoes/WCMS_626908/lang--pt/index.htm>. Acesso em: 15 nov. 2019.

BARBOSA JUNIOR, Francisco de Assis. *Gig economy e contrato de emprego:* aplicabilidade da legislação trabalhista aos vínculos de trabalho da nova economia. São Paulo: LTr, 2019.

BESSEN, James. *Automation and jobs:* when technology boosts employment. Boston: Boston University School of Law, 2017. (Economics Research Paper, n. 17-09). Disponível em:<https://papers.ssrn.com/soL3/papers.cfm?abstract_id=2935003>. Acesso em: 3 jan. 2020.

CASSAR, Vólia Bomfim. *Direito do Trabalho.* 9. ed. São Paulo: Método, 2014.

______. *Princípios trabalhistas, novas profissões, globalização da economia e flexibilização das normas trabalhistas.* Rio de Janeiro: Impetus, 2010.

CASTRO, Alda de Araújo.; CABRAL NETO, Antônio. O ensino superior: a mobilidade estudantil como estratégia de internacionalização na América Latina. *Revista Lusófona de Educação,* n. 21, p. 69-96, 2012. Disponível em: <https://www.scielo.gpeari.metes.pt/scielo.php?pid=S164572502012000200005&script=sci_abstract&tlng=p>. Acesso em: nov. 2014.

DUARTE, Santos Renato; FUSCO, Wilson. Migração e emprego precário em dois contextos distintos: São Paulo e Toritama. *Caderno CRH,* Salvador, v. 21, maio/ago. 2008. Disponível em: <http://www.scielo.br/pdf/ccrh/v21n53/a10v21n53.pdf>. Acesso em: 5 jan. 2020.

ESTOU me guardando para quando o carnaval chegar. Direção de Marcelo Gomes. Produtores: Nara Aragão e João Vieira Jr. 2019. Netflix. (1h 26m).

FEIJO, Carmem Aparecida *et al.* Concentração industrial e produtividade do trabalho na indústria de transformação nos anos 90: evidências empíricas. *Economia,* Niterói, v. 4, n. 1, jan./jun. 2003.

FERREIRA, Suely. A internacionalização da educação superior no contexto da mundialização do capital. *Revista Divertia*, 2010.

GOMES, Marcelo. *Diário de Pernambuco*. Entrevista disponibilizada em 10 de setembro de 2019. Disponível em: <https://www.diariodepernambuco.com.br/noticia/viver/2019/07/toritama-vive-um-brasil-no-futuro-com-trabalhadores-se-escravizando.html>. Acesso em: 12 nov. 2019.

INSTITUTO BRASILEIRO DE GEOGRAFIA E ESTATÍSTICA. *Censo Demográfico 2010*. Disponível em: <https://cidades.ibge.gov.br/brasil/pe/toritama/pesquisa/23/22957?detalhes=true>. Acesso em: 1º nov. 2019.

LEITE, Carlos Henrique Bezerra. *Curso de direito do trabalho*. 11. ed. São Paulo: Saraiva Educação, 2018.

MESQUITA. Taciela Cordeiro Cylleno de. O futuro do trabalho. *Revista do Tribunal Regional do Trabalho da 1ª Região. Tribunal Regional do Trabalho da 1ª Região*, v. 30, n. 62, jan./jun. 2019. Disponível em: <https://www.trt1.jus.br/documents/22365/3687049/edição62+E-BOOK.pdf/705e21c1-ace3-7e98-6bf0-ca874aac1290>. Acesso em: 10 jan. 2020.

MOLINARO, Carlos Alberto; SARLET, Ingo Wolfgang. Problemas Atuais do Direito do Trabalho: Multisourcin. *Revista Fórum Justiça do Trabalho*, ano 31, n. 368, ago. 2014. Disponível em: <https://hdl.handle.net/20.500.12178/168999>. Acesso em: out. 2019.

NASCIMENTO, Amauri Mascaro. Os novos paradigmas do sindicalismo moderno. *Revista do Tribunal Superior do Trabalho*, Porto Alegre: Síntese, v. 65, n. 1, out./dez. 1999. Disponível em: <https://juslaboris.tst.jus.br/handle/20.500.12178/86006>. Acesso em: 18 jan. 2020.

ORGANIZAÇÃO DAS NAÇÕES UNIDAS. Declaração Universal dos Direitos Humanos (DUDH). 1948.

PREFEITURA DE TORITAMA. *Geografia*. Disponível em: <https://toritama.pe.gov.br/geografia/>. Acesso em: 15 nov. 2019.

PROFISSÃO REPÓRTER: Roupas Baratas. *Rede Globo*, 7 ago. 2012. Programa de TV. Disponível em: <https://globoplay.globo.com/v/2078547/>. Acesso em: dez. 2020.

ROMITA. Arion Sayão. O impacto da globalização no contrato de trabalho. *Rev. TST*, v. 66, n 4, out./dez. 2000. Disponível em: <https://juslaboris.tst.jus.br/handle/20.500.12178/85452>. Acesso em: 10 dez. 2019.

SCHERER, Clóvis. O trabalho decente nas cadeias globais de valor — considerações sobre implicações, possibilidades e desafios. *Futuro do Trabalho no Brasil: Perspectivas e Diálogos Tripartites*, 26 abr. 2018. Disponível em: <https://www.ilo.org/brasilia/publicacoes/WCMS_626908/lang--pt/index.htm>. Acesso em: 1º out. 2019.

SCHWARTZMAN, Simon. *Um espaço para a ciência* — a formação da comunidade científica no Brasil. Brasília: Ministério de Ciência e Tecnologia. 2001.

SEBRAE. *Estudo Econômico do Arranjo Produtivo Local de Confecções do Agreste Pernambucano*, 2012. Recife, maio 2013. Disponível em: <https://www.sebrae.com.br/Sebrae/Portal%20Sebrae/Anexos/Estudo%20Economico%20do%20APL%20de%20Confeccoes%20do%20Agreste%20-%20%2007%20de%20MAIO%202013%20%20docx.pdf> . Acesso em: 17 jan. 2020.

ZYLBERSTAJN, Hélio. Novas tecnologias, globalização e relações de trabalho. *Futuro do Trabalho no Brasil: Perspectivas e Diálogos Tripartites*, 26 abr. 2018. Disponível em: <https://www.ilo.org/brasilia/publicacoes/WCMS_626908/lang--pt/index.htm>. Acesso em: 10 nov. 2019.

Home Office x Controle de Jornada: Desafios e Inovações Tecnológicas no Direito do Trabalho Pós-Covid-19

Flávia Sette[1]

1. Introdução

O *home office* é uma modalidade de labor à distância possibilitada pelas inovações tecnológicas que vem se apresentando como uma realidade do capitalismo contemporâneo.

O substantivo "teletrabalho" significa etimologicamente trabalhar de longe (GIL, 2015).

A doutrina atribui a invenção do conceito de teletrabalho a Jack Nilles[2], um norte-americano que nos anos de 1970, objetivando diminuir os gastos com combustíveis nos deslocamentos diários, em razão da crise do petróleo estudava formas de 'levar o trabalho ao trabalhador, em vez do trabalhador ao trabalho' (GIL, 2015, p. 21).

Em 2020 o teletrabalho passou a ser uma modalidade de labor à distância bastante difundida em razão da decretação da pandemia mundial do coronavírus, que é transmitida pelo vírus COVID-19 pelo ar ou por contato físico, entre pessoas.

A OMS recomendou e os Chefes de Governo determinaram que os Estados e os países providenciassem o distanciamento social, o que foi feito no Brasil, por meio da elaboração de atos normativos que tratavam da forma de enfrentamento pelos Estados e pela União da situação de calamidade pública.

O distanciamento social recomendado e possibilitado pelo *home office* provavelmente evitou que o vírus continuasse a ser transmitido e impediu que o número de mortes em razão do contágio pelo vírus aumentasse.

Atualmente as mortes em decorrência da doença já passam no mundo o expressivo número de 2.221.640[3], sendo o Brasil o terceiro país, com mais mortes, com 223.945, após a Índia em segundo lugar, com 154.274 e o EUA em primeiro lugar com 439.421.

A utilização dessa modalidade de labor virtual pelas empresas teve um crescimento após a pandemia do coronavírus, é o que evidenciam algumas pesquisas feitas pelo IPEA[4], pelo GETS da Universidade Federal do Paraná[5] e pela USP- FEA[6] que serão demonstradas no decorrer do estudo, em razão de ser um meio efetivo de garantir o distanciamento social.

---

(1) Advogada trabalhista. Ex-bolsista CAPES. Mestre em Direito do Trabalho e Processo do Trabalho pela UERJ e Especialista em Direito do Trabalho e Processo do Trabalho pela IBMEC. Autora de artigos sobre Direito do Trabalho, Direito Constitucional e Direito Empresarial.

(2) Maria Regina Redinha destaca que: "Todavia, alguns autores contestam ou pelo menos questionam esta origem, havendo quem a atribua a Alan Kirou que, em 1969, forjou o termo dominetics, ou ao espanhol Luis Arroyo" REDINHA, Maria Regina. O teletrabalho: Universidade do Porto. p. 4, nota12, Disponível em: <https://repositorio-aberto.up.pt/bitstream/10216/18672/2/49720.pdf>. Acesso em: 17 fev. 2021.

(3) BRASIL. Google. *Notícias sobre o n. de mortes com COVID-19.* Disponível em: <https://www.google.com/search?q=mortos+covid+mundo&oq=mortos+co&aqs=chrome.3.69i57j0i433l4j0j0i395l2.118378j1j7&sourceid=chrome&ie=UTF-8>. Acesso em: 31 jan. 2021.

(4) IPEA. Carta de Conjuntura n. 47, 2º Trimestre de 2020. GÓES, Geraldo Sandoval; MARTINS, Felipe dos Santos. *Nota Técnica:* Potencial de teletrabalho na pandemia: um retrato no Brasil e no mundo.

(5) UFPR. Relatório técnico-científico da pesquisa: o trabalho remoto *home-office* no contexto da pandemia Covid-19: Trabalho docente, setores público e privado e questões de gênero — parte II. [Recurso eletrônico] Maria Aparecida Bridi (Coordenadora) *et al.* Curitiba: Universidade Federal do Paraná, Grupo de Estudos trabalho e sociedade. Disponível em: <https://www.ufpr.br/portalufpr/noticias/trabalho-remoto-na-pandemia-servidores-publicos-sao-mais-cobrados-e-mulheres-estao-sobrecarregadas/>. Acesso em: 17 fev. 2021.

(6) USP-FEA; FIA. *Pesquisa sobre o Home Office na pandemia do covid-19.* Disponível em: <https://docmanagement.com.br/07/20/2020/7-em-cada-10-executivos-aprovam-home-office-aponta-pesquisa/>. Acesso em: 7 fev. 2021.

Eduardo Henrique Raymundo Von Adamovich[7] sobre a utilização do *home office* nos momentos de pandemia destaca a necessária conscientização do empregador em relação à prioridade das mulheres empregadas, em razão dos encargos familiares destas:

> É razoável também que o empregador ao fazer suas escolhas tome em consideração a situação social ou familiar de cada grupo de trabalhadores ou mesmo de um deles individualmente. Se é certo que deve manter a isonomia de tratamento entre homens e mulheres, poderia o empregador, por exemplo, optar por atribuir as atividades de serviço em domicílio, usualmente denominado pelo anglicismo de *home office* ou *home service*, primeiro ao grupo das mulheres do que aos homens, partindo do pressuposto de que, num regime de confinamento social, seriam normalmente mais demandas por filhos mantidos em casa sem aulas. (ADAMOVICH, 2020, p. 147)

Nesta investigação adotaremos a utilização do termo teletrabalho como sendo o mesmo significado de *home office*, embora saibamos que existem pesquisas que se dedicam a investigar a distinção entre essas modalidades[8].

Pesquisas realizadas em 2020 que serão apresentadas neste estudo demonstram que a utilização do teletrabalho pelas empresas possivelmente, não só salvou vidas, como também empresas, vez que possibilitou a continuidade da prestação do labor pelos empregados destes empreendimentos, sem que estes se contaminassem com as demais pessoas no percurso trabalho-casa e casa-trabalho e com os demais empregados, bem como que os negócios continuassem a desenvolver suas atividades, evitando assim que muitas empresas fechassem as portas.

André Correia destaca que:

> Pesquisas apontam que este novo tipo de relação comercial proporciona uma série de benefícios para ambas as partes: empregados e empregadores. Entre as vantagens, estão as reduções de gastos com infraestrutura, menos engarrafamentos, menos atrasos, maior tempo com a família e a maior resistência a situações de crises (...).' (CORREIA, 2002)[9]

Este artigo convida o leitor a refletir sobre o *home office* e a situação dos teletrabalhadores após a sua exclusão do capítulo da jornada, pela CLT. Tal fato não é novo, pois ocorreu em 2017, mas é importante a sua investigação, neste momento de pandemia em razão da intensificação de sua utilização na atualidade demonstrando tendências de que será cada vez mais adotado, pela experiência positiva que muitas empresas e seus empregados tiveram.

O contexto da atualidade é importante para o direito do trabalho, porque traz importantes aprendizados para a seara trabalhista, pois mostra os acertos e erros na forma de execução do labor à distância. E, faz com que o leitor reflita sobre essa tendência do direito do trabalho. Além disso, demonstram também a aplicação na prática de alguns princípios laborais tais como: o da manutenção ou continuidade do contrato de trabalho, da primazia da realidade, da imperatividade das normas trabalhistas e do princípio da proteção, entre outros.

Suzana Isabel Pinto Ferreira dos Santos destaca que: "A ordem jurídica, e o Direito do Trabalho em particular, teve que se reestruturar e adaptar a este novo padrão da sociedade da informação, através de pequenos e paulatinos avanços, alterações e inovações legislativas" (GIL, p. 19, 2015)

Francisco de Assis Barboza Junior, afirma que:

> O trabalho humano, a partir da virada do milênio, consolidou uma série de mudanças estruturais. A maneira pela qual a prestação dos serviços se opera revela uma tessitura bem diversa daquela vigente na época do nascimento do contrato de trabalho contemporâneo. Muito embora a essência da relação jurídica tenha se mantido a mesma, a expressão externa do trabalho humano apresenta estrutura absolutamente diversas de sua origem (...). Uma dessas mudanças fundamentais é a dissociação entre o ambiente da empresa e o local da prestação dos serviços. Tradicional e originalmente, a prestação dos

(7) ADAMOVICH, Eduardo Henrique Raymundo Von. O vetor constitucional da isonomia em tempos de coronavírus. In: BELMONTE, Alexandre Agra; MARTINEZ, Luciano; MARANHÃO, Ney (coord.). *O Direito do Trabalho na crise da COVID-19.* Salvador: Juspodivm, 2020. Disponível em: <http://www.abmtrab.com.br/_arquivos/Direito_do_Trabalho_na_Crise_da_Covid19.pdf>. Acesso em: 17 fev. 2021.

(8) Para maiores informações sobre as diversas modalidades. ALMEIDA, Maria Eunice Lopes de. O teletrabalho e o direito a teletrabalhar. Tese (Mestrado). Faculdade de Direito do Porto. Portugal, 2019. p. 5-6; REDINHA, Maria Regina. *O teletrabalho:* Universidade do Porto, p.4-5. Disponível em: <https://repositorio-aberto.up.pt/bitstream/10216/18672/2/49720.pdf>. Acesso em: 17 fev. 2021.

(9) CORREIA. André. *Teletrabalho. Nova tendência.* 2002. Disponível em: <http://www.novomilenio.inf.br/ano02/0203c006.htm>. Acesso em: 16 fev. 2021.

> serviços dos trabalhadores ocorria exclusivamente nas dependências do empregador. Mesmo naquelas situações mais primitivas de trabalho domiciliar, a ligação entre o trabalhador e a empresa era umbilical (...) (BARBOZA JUNIOR, p. 9, 2019)[(10)]

Geralmente a utilização do teletrabalho em momento anterior à pandemia e à reforma trabalhista, que promoveu a inclusão na CLT desse instituto, tinha como um de seus principais objetivos a busca pelo empresariado pelo aumento da produtividade do trabalhador em contrapartida da diminuição dos custos de infraestrutura. Em razão disto especialistas entendem como uma forma de flexibilização de direitos.

Nosso artigo não pretende falar sobre a flexibilização dos direitos, pois já existem muitos doutrinadores que o fazem e muito bem, pretende apenas convidar o leitor para refletir sobre o tema e incentivar mais pesquisas sobre o assunto, que se revela cada dia mais importante e necessário ao mundo do trabalho, pois leva o trabalho ao trabalhador, quebrando com o dogma de que o trabalhador deveria ir ao trabalho.

A pesquisa mostra-se relevante porque a difusão de sua utilização no Brasil tende a produzir mudanças quantos aos aspectos ligados à subordinação e ao poder diretivo do empregador, no que tange ao controle de jornada dos empregados que laboram através do teletrabalho, bem como porque pode vir a transferir o risco do negócio suportado pelas empresas aos seus empregados que laboram nessa modalidade virtual, com relação aos equipamentos tecnológicos do *home office*, entre eles o computador, o smartphone, a rede de internet, a conta de luz, a conta de telefone e a manutenção destas ferramentas.

A situação — problema busca perquirir se: o teletrabalho é uma modalidade de labor inconstitucional? Se é uma medida válida de flexibilização de direitos, pensado a partir da possibilidade ou não do controle de jornada?

O objetivo geral procurará compreender se o teletrabalho representa um retrocesso ou um avanço social, nessa perspectiva. O objetivo específico buscará compreender melhor essa modalidade de labor à distância e os reflexos dela na relação laboral, principalmente, em relação ao controle jornada, se são prejudiciais ou benéficos? A metodologia utilizada é a jurídico-sociológica.

O objeto da pesquisa é o teletrabalho e os seus reflexos na relação laboral, quanto ao controle de jornada.

O marco teórico é representado pela conclusão da tese de dissertação de que: o uso da tecnologia da informação nas relações laborais possibilita o alcance do desenvolvimento econômico, do valor social do trabalho e da dignidade da pessoa humana (RODRIGUES, 2011, p. 135).[(11)]

As hipóteses gerais que surgem para a investigação são: o teletrabalho previsto na legislação laboral brasileira é inconstitucional? As hipóteses específicas buscam dar conta das seguintes questões: O *home office* impossibilita todo e qualquer trabalhador de ter sua jornada aferida/ controlada? E para responder essas questões, necessário será a melhor compreensão de certas hipóteses específicas, tais como: do instituto do teletrabalho, antes da alteração da CLT, com a reforma trabalhista, dos atos normativos editados durante a pandemia, no ano de 2020, das pesquisas sobre a adoção do teletrabalho pelos empregados, dos conceitos de empregado e empregador e dos sistemas utilizados nas relações laborais informatizadas com possibilidades de acesso pelo empregado, aferíveis ou não.

2. O **home office** *e os atos normativos*

O teletrabalho no Brasil foi difundido no período da pandemia de março de 2020 até os dias atuais por meio dos seguintes atos normativos: Decreto Legislativo n. 6, de março de 2020[(12)], na Medida Provisória n. 927, de 2020[(13)]. Já no âmbito do Ministério Público do Trabalho, houve a elaboração da Nota

(10) BARBOSA JUNIOR, Francisco de Assis. *Contrato de teletrabalho:* Estudo comparado dos elementos constitutivos e da regulamentação concernente. São Paulo: LTr, 2019. p. 9.

(11) RODRIGUES, Ana Cristina Barcellos. *Teletrabalho:* a tecnologia transformando as relações de trabalho. São Paulo: USP, 2011. p. 132-142.

(12) BRASIL. Decreto legislativo n. 6, de março de 2020. Reconhece, para os fins do art. 65 da Lei Complementar n. 101, de 4 de maio de 2000, a ocorrência do estado de calamidade pública, nos termos da solicitação do Presidente da República encaminhada por meio da Mensagem n. 93, de 18 de março de 2020. Disponível em: <http://www.planalto.gov.br/ccivil_03/portaria/DLG6-2020.htm>. Acesso em: 31 jan. 2021.

(13) Disponível em: <http://www.planalto.gov.br/ccivil_03/_ato2019-2022/2020/mpv/mpv927.htm>. Acesso em: 31 jan. 2021.

Técnica n. 6, de 2020[14], privilegiando assim os princípios destacados anteriormente, mais principalmente o da imperatividade das normas e da continuidade da relação de emprego.

É importante destacar que esses atos normativos visam a reger e estipular situações transitórias e não permanentes, que não só contribuíram na elucidação de algumas questões, como também no acirramento de outras.

Sobre a produção de atos normativos em relação ao direito do trabalho é imperioso mencionar Eduardo Henrique Raymundo Von Adamovich, em relação à ausência de paridade contratual entre empregado e empregador, principalmente na produção normativa laboral durante a pandemia do coronavírus:

> Por isso, nestes momentos vêm à mente velhas máximas romanas cunhadas para situações dessa natureza, tais como ad *impossibilia nemo tenetur* ou *necessitas non habet legem*, todas a destacar que o limite de qualquer comando é a sua factividade, pois aquele que dela desborda é mera abstração. Aliás, em uma visão existencialista, é justamente esse imperativo da factividade que é elemento de libertação. Lembrando aquela ordem de conceitos que desafia a razão científica, como antes mencionado, a liberdade e a justiça nas relações de trabalho, verdadeiros vetores de instauração da igualdade, são intradutíveis por síntese oral ou escrita, mas antes conformam-se na objetividade dos fatos. Por isso o imperativo do exercício dos meios de luta, coletiva ou individual, judicial ou extrajudicial, como pressuposto da igualdade em momentos de crise, sabendo que, na inércia, os fatos também à injustiça conformam, tanto que a sabedoria popular lembra as máximas "o que não tem remédio, remediado está" e *mors omnia solvit* (ADAMOVICH, 2020, p. 144)

A contribuição do Decreto Legislativo n. 6/2020, como o próprio nome sugere, foi o de decretar o estado de calamidade pública.

No que tange a Medida Provisória n. 927/2020 suas principais contribuições foram: de dispor sobre a adoção de medidas trabalhistas que possibilitassem a preservação de empregos durante o enfrentamento do estado de calamidade pública, tais como: a recomendação da adoção pelas empresas do teletrabalho, nos termos do seu artigo 4º. Necessário se faz a menção ao dito artigo:

> DO TELETRABALHO
>
> Art. 4º Durante o estado de calamidade pública a que se refere o art. 1º, **o empregador poderá, a seu critério, alterar o regime de trabalho presencial para o teletrabalho**, o trabalho remoto ou outro tipo de trabalho a distância e determinar o retorno ao regime de trabalho presencial, **independentemente da existência de acordos individuais ou coletivos, dispensado o registro prévio da alteração no contrato individual de trabalho.**
>
> § 1º Para fins do disposto nesta Medida Provisória, considera-se teletrabalho, trabalho remoto ou trabalho a distância a prestação de serviços preponderante ou totalmente fora das dependências do empregador, com a utilização de tecnologias da informação e comunicação que, por sua natureza, não configurem trabalho externo, aplicável o disposto no inciso III do caput do art. 62 da Consolidação das Leis do Trabalho, aprovada pelo Decreto-Lei n. 5.452, de 1943.
>
> (...)
>
> § 3º **As disposições relativas à responsabilidade pela aquisição, pela manutenção ou pelo fornecimento dos equipamentos tecnológicos e da infraestrutura necessária e adequada à prestação do teletrabalho**, trabalho remoto ou trabalho a distância e ao reembolso de despesas arcadas pelo empregado **serão previstas em contrato escrito,**
>
> (...)
>
> § 4º Na hipótese de o empregado não possuir os equipamentos tecnológicos e a infraestrutura necessária e adequada à prestação do teletrabalho, do trabalho remoto ou do trabalho a distância:
>
> I — o empregador poderá fornecer os equipamentos em regime de comodato e pagar por serviços de infraestrutura, que não caracterizarão verba de natureza salarial; ou (...)
>
> § 5º O tempo de uso de aplicativos e programas de comunicação fora da jornada de trabalho normal do empregado não constitui tempo à disposição, regime de prontidão ou de sobreaviso, exceto se houver previsão em acordo individual ou coletivo. (BRASIL, 2020)

O § 1º ao invés de elucidar a questão da possibilidade ou da impossibilidade quanto ao registro da duração da jornada, faz remissão apenas ao art. 62, III, afirmando que durante a pandemia aqueles teletrabalhadores regidos pela MP n. 927/2020 não terão

(14) BRASIL. *Nota técnica do MPT n. 6, de 2020*. A Nota Técnica conjunta n. 6/202 tem como objetivo o diálogo social, negociação coletiva e adoção de medidas de proteção ao emprego e ocupação diante da pandemia da doença infecciosa covid-19. Disponível em: <https://mpt.mp.br/pgt/noticias/nt-6-2020-conalis-mpt.pdf>. Acesso em: 31 jan. 2021.

direito ao controle de jornada e seus consectários, assim como faz a própria CLT, alterada pela reforma laboral. Isso representa uma atecnia, visto que tais trabalhadores migraram do regime presencial para o virtual e isso poderá representar, se tais empregados efetivamente realizarem horas extras, uma alteração contratual prejudicial ao trabalhador, que é nula conforme afirmam o art. 468 e art. 9º da CLT.

A autorização dada pela MP n. 927/2020 para que as empresas utilizassem o teletrabalho, em seu art. 4º, destacou a possibilidade de alteração do regime presencial de labor para o teletrabalho, sem a necessidade de qualquer acordo individual ou coletivo entre empregado e empregador ou com o sindicato, ignorando artigos celetistas que preconizam a impossibilidade de alteração contratual prejudicial ao empregado.

O mencionado artigo contraria a previsão atual da CLT, em relação à necessidade de ser realizado contrato de teletrabalho. Já no § 3º, a MP se contradiz, destacando a necessidade de realização de contrato escrito, mas apenas para tratar sobre a infraestrutura do teletrabalho.

Eduardo Henrique Von Adamovich[15] destaca sobre o teletrabalho na MP n. 927, as seguintes considerações:

> A primeira possibilidade de que cogita o mencionado art. 3º é a instituição do denominado teletrabalho, o qual teria regramento nos arts. 75-A a 75-E, da CLT. Se esses dispositivos podem e devem ser aplicados aos casos em que haja silêncio das partes na adoção extraordinária da figura ou que se apressem ou tenham se apressado a adotá-los, observado o a rt. 33, da medida provisória, há, contudo, a dispensa do art. 4º, com o requisito único da comunicação prévia do seu § 2º. A regulamentação da matéria nos parágrafos subsequentes é dúbia e não deixa claro se o empregador deverá responder ou não pelos gastos com a aquisição, instalação e manutenção dos equipamentos necessários para o trabalho, nem se, sendo eles de propriedade do trabalhador, deverá de algum modo ressarci-lo por esses gastos e aqueles outros de infraestrutura, tais como luz, refrigeração, obras para instalação, tarifas telefônicas ou de assinaturas de canais de Internet, tinta para impressão ou outros tantos que se façam necessários em função das peculiaridades da atividade. A regra geral continua sendo a do art. 2º da CLT, de que o empregador é que assume o risco do negócio e, portanto, deve responder pelas despesas para realização do trabalho. Somente cláusulas especiais, devidamente fundamentadas e comprovadas podem dispor de modo diverso, sem qualificar transferência potestativa dos ônus da atividade empresarial para o trabalhador. (...) (ADAMOVICH, 2020, p. 5)

Assim, é possível concluir que o *home office* no Brasil precisa ser ainda mais debatido e pesquisado, pois os próprios atos normativos que dispõe sobre a utilização transitória e permanente do instituto são dúbios e confusos, prejudicando a utilizando do instituto na relação empregatícia.

3. *As pesquisas e a difusão do* **home office** *na pandemia da covid-19*

Pesquisas vêm sendo realizadas com a finalidade de entender o comportamento das empresas no sentido de adotar o teletrabalho e quais países e regiões brasileiras possuem maior potencialidade de adotar este instituto.

O IPEA[16], no segundo semestre de 2020, apontou que o Brasil em comparação com 85 países, ocupava a 47ª posição, com um percentual de 25,7% de teletrabalho e que há a possibilidade de realização de trabalho inteiramente de casa de 22,7% dos empregos no Brasil. Esse dado aponta uma tendência do *home office* vir a se difundir mais ainda, pois é possível que 22,7% dos empregos existentes no Brasil sejam executados por meio dessa modalidade virtual de labor (IPEA, 2020).

A pesquisa revela ainda que o Brasil possui um percentual de potencial de pessoas de 22,7%, que corresponde a 20,8 milhões de pessoas, sendo do DF o primeiro lugar do ranking, seguido por SP e RJ, em contrapartida encontra-se o estado do Piauí, que ocupa o último lugar do ranking (IPEA, 2020). Isso significa que 20,8 milhões de empregados no Brasil podem desenvolver suas atividades através do *home office*, sem precisar se deslocar para o trabalho, sem impactar o meio ambiente, através da condução de veículos que aumentam o efeito estufa na camada de

(15) ADAMOVICH, Eduardo Henrique Von. *A medida provisória n. 927 entre o princípio da liberdade contratual e o da igualdade de tratamento no direito do trabalho:* primeiras impressões. Disponível em: <https://www.amatra1.org.br/wp-content/uploads/2020/03/MP-927-Adamovich.pdf>. Acesso em: 17 fev. 2021.

(16) IPEA. Carta de Conjuntura n. 47, 2º Trimestre de 2020. GÓES, Geraldo Sandoval; MARTINS, Felipe dos Santos. *Nota Técnica:* Potencial de teletrabalho na pandemia: um retrato no Brasil e no mundo.

Ozônio pela liberação de CO_2, além de ter a possibilidade de gozar de uma melhor qualidade de vida, em razão de eliminar os gastos com o tempo de deslocamento casa-trabalho e trabalho-casa, bem como que os teletrabalhadores podem estar mais próximos de seus familiares que residem na mesma residência.

Entretanto, não são apenas pontos positivos que o *home office* traz, mas também há os pontos negativos Ricardo Antunes aponta em seu recente livro o privilégio da servidão uma perspectiva de que o teletrabalho representaria uma modalidade de flexibilização de direitos, porque traria consequências prejudiciais ao empregado, vez que a prática do labor digital burla direitos, produz a intensificação da dupla jornada de trabalho, bem como do trabalho isolado, em razão da ausência de sociabilidade. Como contrapartida ressalta a vantagem relativa à economia de tempo em deslocamentos, que permite uma melhor divisão entre trabalho produtivo e reprodutivo (ANTUNES, 2018).

A perspectiva apontada por Ricardo Antunes destaca o isolamento social, a supressão de direitos e a prática da dupla jornada mostrando que os teletrabalhadores podem possuir uma convivência maior com seus familiares em razão da prestação de serviços ocorrer em sua própria residência, mas põe em xeque essa qualidade de convivência, pois o trabalhador em dupla jornada estaria sujeito também aos danos existenciais decorrentes da realização de jornada dupla caso esta perdure por tempo indefinido.

Com relação ao teletrabalho durante a pandemia do coronavírus, causada pelo vírus COVID-19, a Universidade Federal do Paraná[17] elaborou uma pesquisa realizada pelo seu grupo de estudo: Trabalho e sociedade que pontuou algumas modificações em relação a essa modalidade de labor, quais sejam: (Sobrecarga) para 34% das pessoas, elas trabalham mais que oito horas diárias, já para 18%, elas trabalham mais do que sete dias na semana, enquanto que para 49% delas, há um ritmo mais acelerado de labor; (Dificuldades) 61% das pessoas apontam como dificuldade a falta de contato com colegas, enquanto para 55% destacam como principal dificuldade: a interrupção no labor, já para 53% delas seria a comunicação entre a vida familiar e a profissional; (Facilidades) 69% apontam como facilidade a flexibilidade de horários, 66% o deslocamento, enquanto 59% apontam como facilidade a ausência de preocupação com a aparência; (Futuro) 48%, das pessoas indicam que não gostariam de continuar laborando nessa modalidade de labor à distancia. Enquanto que para outros 49%, permaneceriam nessa modalidade; (Qualidade) 88% apontam a qualidade do trabalho remoto como sendo igual ou superior ao presencial. Já 48% apontam pontos positivos e negativos;

É importante destacar alguns pontos essenciais a esse estudo, tais como a existência do labor em sobrejornada, pois a pesquisa comprovou que 34% das pessoas trabalham mais do que oito horas, bem como que para 18% delas há trabalho em mais do que sete dias da semana. E que 49% delas laboram mais nessa modalidade quando comparada à presencial. Isso quer dizer que há jornada extraordinária para além das 8ª diárias, 44ª semanais e 220 mensais para os teletrabalhadores. Assim estes por laborarem em regime de labor extraordinário teriam direito ao pagamento das horas normais, segundo a CF/88, acrescidas do adicional de 50%, bem como aos demais consectários inerentes ao controle de jornada, demonstrando que a exclusão de todos os teletrabalhadores, segundo os termos do art. 62, III, é inconstitucional e ilegal. Resta agora definir como o controle de jornada destes poderá ser realizado.

Sabe-se que na atualidade existe possibilidade de aferir o tempo de permanência do empregado no sistema informatizado de algumas empresas.

Os riscos da utilização do *home office* para o empregado é a fictícia ideia de autonomia laboral e da transmissão dos riscos do negócio para o empregado, pois a ausência ou a impossibilidade do controle de jornada pelo empregador conferem a fictícia ideia de autonomia do teletrabalhador ou até mesmo da ausência de vínculo empregatício.

Sobre sistemas de internet logados à internet e a tentativa de supressão da subordinação jurídica em razão desse instituto Maria Regina Gomes Redinha destaca que:

> (...) temos a ligação on-line, a mais completa e aquela que, verdadeiramente, caracteriza o teletrabalho.

(17) UFPR. Relatório técnico-científico da pesquisa: o trabalho remoto *home office* no contexto da pandemia Covid-19: Trabalho docente, setores público e privado e questões de gênero — parte II, [Recurso eletrônico] Maria Aparecida Bridi (Coordenadora) et AL- Curitiba: Universidade Federal do Paraná, Grupo de Estudos trabalho e sociedade, 2020, 89 fls. Disponível em: <https://www.ufpr.br/portalufpr/noticias/trabalho-remoto-na-pandemia-servidores-publicos-sao-mais-cobrados-e-mulheres-estao-sobrecarregadas/>. Acesso em: 17 fev. 2021.

> Aqui o computador externo está inserido numa rede de comunicações electrónica (intranet), o que permite um diálogo interactivo constante, em tempo real, não só com o computador matricial, mas com todos os terminais da rede (...) Ora, pelas suas próprias características, o teletrabalho propicia uma falsa "deslaborização" da relação contratual que reclama a requalificação do vínculo ao empregador. (...) Do mesmo modo, a inexistência de um horário de trabalho pré-definido pelo beneficiário da prestação também não será um índice seguro de autonomia, porquanto o teletrabalho, mesmo no quadro de subordinação, associa-se, frequentemente, a uma autogestão flexível do tempo de trabalho (REDINHA, 2002, p. 15-17)

Com relação aos ordenamentos português e espanhol Isabel ressalta sobre o teletrabalho e controle de jornada que:

> Já no que concerne ao tempo de trabalho, em regra, no teletrabalho subordinado existe uma 'mudança do controlo do tempo de trabalho para o controlo dos resultados' (...) Mais ainda, o facto de o trabalhador ter que comparecer de forma assídua em reuniões presenciais nas instalações do empregador, bem como usufruir de uma ligação online e two way line, serão fortes indícios do controlo pelo empregador sobre a atividade do trabalhador. Temos ainda muitas "manifestações de laboralidade": o registro dos tempos de trabalho (GIL, 2015, p. 102-103)

Outros pontos da pesquisa da UFPR que merecem destaque é em relação aos pontos positivos do *home office*, pois guardam relação com a melhora ou manutenção da qualidade do trabalho desenvolvido pelos teletrabalhadores, visto que 88% apontam a qualidade do trabalho remoto como sendo igual ou superior ao presencial, isso significa que a execução do trabalho continua sendo a mesma ou, melhor do que antes, na modalidade presencial, significando que as empresas também se beneficiam, pois não possuem mais gastos ligados à limpeza e a manutenção do local de prestação de serviços e que se a qualidade da execução da prestação de serviços melhoraram possivelmente os lucros dessas empresas também aumentaram ou pelo menos se mantiveram, evitando não só que muitos negócios quebrassem e falissem, mas também possibilitando que prosperassem.

Com relação aos 69% de pessoas que apontaram a flexibilização de horário. Isso aponta que as pessoas possivelmente se sentiram mais felizes por terem a possibilidade de planejar melhor a execução das atividades do seu cotidiano, tais como as ligadas a prática de exercícios físicos com maior regularidade, os cuidados com a sua saúde e de seus familiares, a proximidade e atenção aos filhos e aos companheiros.

Quanto aos 66% de pessoas que apontaram o deslocamento como facilidade, isso representa uma melhoria na qualidade de vida delas e da sociedade em que vivem, em termos de saúde e segurança no trabalho, pois o tempo de deslocamento se soma ao tempo de jornada e pode produzir esgotamento mental e físico do trabalhador, fazendo com que estes estejam mais aptos a sofrer acidentes de trabalho dentro ou fora das dependências da empresa. Em termos ambientais, impediu que CO2 fosse liberado à atmosfera pela menor utilização de automóveis e transportes rodoviários pelos empregados. Isso para aqueles trabalhadores que migraram do regime presencial para o virtual.

Já quanto aos 59% que apontaram como facilidade a ausência de preocupação com a aparência, isso significa menor troca de roupas para ir ao trabalho cotidianamente e assim menor quantidade de lavagem de roupas sujas na residência, que por sua vez representa menos gasto de água e a preservação de um bem coletivo essencial. Essa pesquisa demonstra que a utilização de *home office* traz benefícios sociais individuais e coletivos.

Sobre o teletrabalho é importante destacar a pesquisa feita pela FIA e FEA-USP[18], sobre o *home office* forçado pela COVID-19, tendo o estudo medido a percepção dos trabalhadores com cargos de média e alta gestão, nos primeiros três meses de teletrabalho, sendo realizada entre os dias 27 de maio e 3 de junho de 2020, em que foram ouvidas 1566 pessoas e se chegou as seguintes conclusões: que a jornada de trabalho costuma ser maior do que as oito horas previstas, e 12% dos participantes relataram expedientes acima de dez horas, repetidos até sete dias por semana e de que há, em alguns casos, pouco suporte técnico oferecido pelas corporações.

Segundo a mesma pesquisa: "Apenas 13% dos entrevistados afirmam que possuem os equipamentos necessários para desempenhar suas atividades diárias. Além disso, 47% dos executivos afirmam não ter nenhum tipo de equipamento ergonômico, sejam cadeiras, suportes para computador ou bases

(18) USP- FEA; FIA. *Pesquisa sobre o Home Office na pandemia do covid-19*. Disponível em: <https://docmanagement.com.br/07/20/2020/7-em-cada-10-executivos-aprovam-home-office-aponta-pesquisa/>. Acesso em: 7 fev. 2021.

para os pés. A infraestrutura disponível é, na maioria das vezes, dos próprios trabalhadores, como o uso de internet (93%) e energia elétrica (97%). Mesmo assim, 70% dos participantes se sentem motivados a continuar trabalhando em casa mesmo quando for seguro ir até o escritório" (FIA; FEA-USP, 2020). Esta pesquisa confirma o risco do *home office* ao empregado, em relação à existência de dupla jornada e a transmissão para o empregado do risco do negócio, quanto a manutenção e aquisição dos equipamentos desta modalidade de labor.

Assim as pesquisas evidenciam que não há só prejuízos ao teletrabalhador, mas também benefícios. As arestas do instituto devem ser aparadas e cabem as pesquisas essas tarefa de aparar, visando ao aperfeiçoamento desse instituto.

4. *O* **home office** *e os princípios trabalhistas*

O *home office* passou a ser uma das soluções mais utilizadas pelas empresas para atender a recomendação do distanciamento social, privilegiando assim a manutenção e a preservação dos empregos, observando dessa forma princípios do direito do trabalho, tais como da continuidade da relação de emprego, da primazia da realidade, da imperatividade e o da proteção.

Na opinião de Ruprecht, os princípios cumprem duas funções: supletiva e interpretativa. "Os princípios do direito do trabalho são normas que inspiram a disciplina, tendo como objeto fazer que sejam concretamente aplicados os fins do direito do trabalho" (RUPRECHT, 1995, p. 5). Nessa dialética, os princípios representam meios para a concretização de determinados fins.[19]

O princípio da continuidade "visa à preservação do emprego, com o objetivo de dar segurança ao trabalhador e incorporá-lo ao organismo empresarial" (BARROS, 2010, p. 187).[20]

O princípio da primazia da realidade segundo a perspectiva de Alice Monteiro de Barros "significa que as relações jurídico-trabalhistas se definem pela situação de fato, isto é, pela forma como se realizou a prestação de serviços, pouco importando o nome que lhes foi atribuído pelas partes" (BARROS, 2010, p. 186).

O jurista mexicano Mário de la Cueva destaca que a imperatividade do direito laboral é diversa das demais normas jurídicas, visto que ela está ligada à missão tutelar, que esse direito enuncia (DE LA CUEVA, 1964). O princípio da imperatividade, segundo esse autor, possui um caráter absoluto e possui três direções: a do trabalhador, a do empregador e a do Estado (DE LA CUEVA, 1964, p. 254).[21]

Para Maurício Godinho Delgado, o princípio da proteção informa que o Direito do Trabalho estrutura em seu interior, com suas regras, institutos e presunções próprias, uma teia de proteção à parte hipossuficiente na relação empregatícia, o obreiro, buscando retificar no plano jurídico o desequilíbrio existente no plano fático do contrato de trabalho (DELGADO, 2012, p. 196)[22].

Pode-se dizer que o princípio protetivo se manifesta sob três formas, segundo Plá Rodriguez: a) pela regra do *in dubio, pro operario*. Critério pelo qual o juiz, ao se deparar com vários sentidos possíveis de interpretação de uma norma, deve escolher aquela que seja mais favorável ao trabalhador. Esse critério autoriza a parcialidade do juiz; b) pela regra da norma mais favorável, que determina que, no caso de haver mais de uma norma aplicável, deve-se optar por aquela que seja mais favorável ao trabalhador, ainda que seja desrespeitada a hierarquia das normas; c) pela regra da condição mais benéfica, critério pelo qual a aplicação de uma nova norma laboral nunca deve servir para diminuir as condições mais favoráveis, em que se encontrava o trabalhador (PLÁ RODRIGUEZ, 2002).[23]

5. *O* **home office**, *as inovações da atualidade e o controle de jornada*

O teletrabalho passou a ser previsto no ordenamento jurídico trabalhista com o advento da reforma laboral, em 2017, passando a compor um capítulo

(19) J-RUPRECHT, Alfredo. *Os princípios do Direito do Trabalho*. Tradução Edilson Alkimin Cunha. São Paulo: LTr, 1996. p. 6-85.
(20) BARROS, Alice M. de. Monteiro de. *Curso de Direito do Trabalho*. 6. ed. São Paulo: LTr, 2010.
(21) DE LA CUEVA, Mário. *Derecho Mexicano del Trabajo*. México: Porrùa, 1949. t. II. p. VIII-IX.
(22) DELGADO, Mauricio Godinho. *Curso de Direito do Trabalho*. 13. ed. São Paulo: LTr, 2014. p. 302-305.
(23) PLÁ RODRIGUEZ, Américo. *Princípios de Direito do Trabalho*. 3. ed. Tradução e Revisão Técnica de Wagner D. Giglio. São Paulo: LTr, 2002. p. 38-364.

na CLT. Todavia, a previsão ainda é considerada tímida pela doutrina, por não solucionar os dilemas e desafios que decorrem da utilização dessa inovação tecnológica nas relações laborais.

Vivenciamos um período representado por uma grande evolução da tecnologia da informação, ocorrida em um curto espaço de tempo. É algo magnífico e assustador, pois não se sabe se a robótica substituirá totalmente as pessoas no mercado de trabalho.

Atualmente esta realidade já vem sendo vivenciada por mercados no Rio de Janeiro[(24)], na qual já é possível ver empregados, operadores de caixas, sendo substituídos por máquinas que também conferem preços, fazem leituras de código de barras de produtos e permitem que o cliente ou consumidor faça o seu autoatendimento prescindindo apenas da posse de seu cartão de débito.

O direito do trabalho se ressignifica a cada dia diante de tamanhas inovações.

O período da Revolução tecnológica vem trazendo com ele muitas inovações, mas também gerando muitos desafios em várias áreas. E, com o Direito do Trabalho não poderia ser diferente, vez que vivenciamos um momento em que o labor digital tornou-se algo cotidiano e corriqueiro.

Em uma simples caminhada à rua podemos ver inúmeros trabalhadores de aplicativos, tais como das plataformas digitais do Ifood, da Rappy e da Uber Eats, entre outras com suas enormes mochilas às costas, de cores: verde, vermelha e laranja que utilizam suas bicicletas ou motos para fazer entregas de produtos alimentícios, sempre correndo contra o tempo para atender aos pedidos feitos por aplicativos, pois eles ganham pelo número de entregas que fazem.

A precarização do trabalho nesses casos é muito grande, pois se no *home office* o trabalhador está protegido em sua residência das intempéries ambientais, os entregadores de fast-food de plataforma digitais estão continuamente expostos ao calor, ao frio, ao sol, as chuvas, as enchentes, aos assaltos e aos acidentes de trânsitos.

É possível verificar também serviços de transporte de passageiros por aplicativos tais como Uber, 99 taxi, entre outros, em que se discute muito a questão de haver ou não uma relação empregatícia entre esses "prestadores de serviços- motoristas" e os aplicativos, em países da Europa, já há transporte de passageiros sem motoristas, pois os carros já se conduzem sozinhos, em razão do alto-investimento em tecnologia da informatização e da robótica aplicada a esses automóveis. Estamos diante de novos tempos, possibilitado pelas inovações tecnológicas.

Com relação à regulação da área de tecnologia da informação, quanto ao tratamento de dados sensíveis foi regulada em 28 de dezembro de 2018 a Lei Geral de Proteção de Dados (LGPD) n. 13.719[(25)] que tem por finalidade dispor:

> sobre o tratamento de dados pessoais, inclusive nos meios digitais, por pessoa natural ou por pessoa jurídica de direito público ou privado, com o objetivo de proteger os direitos fundamentais de liberdade e de privacidade e o livre desenvolvimento da personalidade da pessoa natural (BRASIL, 2018).

A vigência da LGPD significa para as relações de trabalho, que o empregador terá que observar limites ao exercício do seu poder potestativo de vigilância, fiscalização e condução das prestações de serviços, só podendo interferir na privacidade pessoal e documental do empregado se tiver autorização expressa do mesmo. Inovação importantíssima para a execução de labor à distância, pois as tratativas e diretivas também tendem a ser virtuais ou à distância e, nem por isso são menos importantes é o que mostra a lei, com aplicação de penalidades ao agente detentor dos dados.

As brechas deixadas pela lei da reforma em relação ao *home office* tornam as discussões sobre o tema ainda mais intrigantes, pois são questões que desafiam o sentido de conceitos tradicionais do direito do trabalho, como por exemplo: de empregado e de empregador, previstos nos artigos 2º e 3º da CLT[(26)], que afirmam respectivamente:

> Considera-se empregador a empresa, individual ou coletiva, que, assumindo os riscos da atividade econômica, admite, assalaria e dirige a prestação pessoal de serviço; Considera-se empregado toda pessoa física que prestar serviços de natureza não

(24) Hipermercados Extra na Loja: da Tijuca, Zona norte do Rio de Janeiro, Brasil.

(25) BRASIL. *Lei Geral de Proteção de Dados (LGPD) n. 13.719, de 14 de agosto de 2018*. Disponível em: <http://www.planalto.gov.br/ccivil_03/_ato2015-2018/2018/lei/L13709.htm>. Acesso em: 30 jan. 2021.

(26) BRASIL. *Consolidação das Leis do Trabalho. Aprova a Consolidação das Leis do Trabalho*. Disponível em: <http://www.planalto.gov.br/ccivil_03/decreto-lei/del5452.htm>. Acesso em: 30 jan. 2021.

eventual a empregador, sob a dependência deste e mediante salário. (CLT, 1943)

O direito empresarial nos ensina que a empresa pode ser considerada como o local onde são exercidos os atos de comércio segundo o antigo Código Comercial ou a atividade empresarial, segundo o atual Código Civil. O art. 966 do Código civilista, assim dispõe: "Considera-se empresário quem exerce profissionalmente atividade econômica organizada para a produção ou a circulação de bens ou de serviços" (CC, 2002)[27].

Na atualidade não é necessário mais que as empresas tenham um ponto comercial ou uma localização física, pois a sociedade vivencia um processo muito acelerado de difusão tecnológica e de aprimoramento constantes dos setores da robótica e da informatização, que é conhecido por isso como período da Revolução tecnológica. Assim, tornou-se comum a existência de empresas por meio de *websites*, que são localizações virtuais na rede de computadores.

De igual modo também o empregado pode prestar seus serviços de forma não física ou, melhor virtual por meio de uma conexão na internet através do acesso por computadores, smartphones ou tablets.

Retomando o debate anterior, relacionado ao conceito de empregador e empregado ressignificados em virtude dos acontecimentos da atualidade temos que pouco importa na relação entre empregado e empregador se a empresa é virtual ou física, importa sim a responsabilização dessa relação empregatícia e os direitos decorrentes dela existir.

A responsabilidade do empregador ocorre em decorrência do contrato de trabalho firmado com o empregado, em que o primeiro assume os riscos do negócio que irá explorar, com vistas a obter lucros, sendo essa assunção de riscos caracterizada pelos verbos admitir, que significa, trocando em miúdos, providenciar a assinatura da Carteira de trabalho de seu empregado ou contratá-lo de forma tácita ou escrita, assalariar, que representa a paga da contraprestação em dinheiro ou pecúnia, observados os limites legais da prestação de serviços realizada pelo empregado e dirigir, sendo este o X da questão, quando o assunto é teletrabalho.

O teletrabalho como foi regulado pela lei da reforma trabalhista, apresenta uma peculiaridade, em relação à possibilidade de prestação de labor extraordinário pelo teletrabalhador, vez que o exclui do capítulo da CLT, que trata da duração de jornada, afirmando expressamente para que não pairasse dúvidas, no art. 62, III, que estes não são abrangidos pelo capítulo da duração de trabalho.

Vimos anteriormente que a sobrejornada existe e que a previsão da CLT, quanto à exclusão do direito as horas extras é inconstitucional e ilegal, em relação a um dado grupo de trabalhadores, notadamente os que podem ter sua jornada aferida no sistema informatizado de seus empregadores.

A inovação trazida pelo instituto do teletrabalho celetista é que ele autoriza a execução da prestação de serviços pelo empregado fora das dependências do empregador, de forma preponderante e daí traz como desafio a questão da forma como o empregador irá exercer o seu direito potestativo ligado à direção de sua atividade empresarial, com ele irá controlar fisicamente falando, a forma como essa prestação de serviços será realizada?

A execução do labor fora das dependências da empresa pode significar, por exemplo: a execução desse labor no domicílio do trabalhador, que como sabemos é um asilo inviolável, segundo a CF/88[28], art. 5º, XI, que o proclama como um direito e garantia fundamental, nos seguintes termos: "a casa é asilo inviolável do indivíduo, ninguém nela podendo penetrar sem consentimento do morador, salvo em caso de flagrante delito ou desastre, ou para prestar socorro, ou, durante o dia, por determinação judicial" (BRASIL, 1988).

A questão da inviolabilidade do domicílio do empregado traz polêmicas também em relação à responsabilidade do empregador em caso de acidente de trabalho ocorrido na residência do trabalhador durante a prestação do teletrabalho pelo teletrabalhador.

Se por um lado há a vantagem do empregado estar protegido do calor, da chuva, de assaltos e de acidentes de trânsito ou de trabalho, ocorrido nas dependências da empresa. Por outro lado, isso não evita que o empregado também venha a sofrer acidentes de

(27) BRASIL. *Código Civil de 2002. Institui o Código Civil.* Disponível em: <http://www.planalto.gov.br/ccivil_03/leis/2002/L10406compilada.htm>. Acesso em: 16 fev. 2021.

(28) Disponível em: <http://www.planalto.gov.br/ccivil_03/constituicao/constituicaocompilado.htm>. Acesso em: 30.jan. 2021.

trabalho, em sua residência e as perguntas que surgem são: qual a responsabilidade do empregador e o que este poderia fazer para evitá-lo? Quem irá controlar o labor executado no domicílio do trabalhador? O Ministério Público do Trabalho poderia fiscalizar as condições de trabalho do teletrabalhador? Como fazer com que as normas de saúde e segurança do trabalho sejam obedecidas, tais como a de ergonomia e postura do trabalhador e do meio ambiente laboral sejam obedecidas? Como tornar o domicilio do empregado um meio ambiente do trabalho saudável? O empregado, caso se acidente durante o teletrabalho, terá direito a estabilidade no emprego? Estas e outras questões decorrem da utilização e disseminação do *home office* na rotina das relações laborais. Vejam que essas perguntas não são respondidas pela atual regulamentação do teletrabalho, brechas e mais brechas surgem dessa inovação tecnológica aplicada às relações de trabalho.

Em Portugal o teletrabalho é regulado no art. 4º da Lei n. 101, de 8 de setembro de 2009 e prevê a possibilidade de fiscalização pelo empregador em horários determinados, segundo Suzana Isabel Pinto Ferreira dos Santos *apud* Maria do Rosário Ramalho: "À semelhança do regime previsto para o teletrabalho subordinado, o beneficiário da atividade só poderá fazer a referida visita entre as 9 e as 19 horas, com a assistência do trabalhador ou de pessoa por ele designada" (...) (GIL, 2015, p. 109).

Assim, o principal óbice da fiscalização física da prestação de serviços pelo empregador no regime de teletrabalho, quando prestado nas dependências do domicilio do empregado é a inviolabilidade desse mesmo domicilio e em razão disso o cumprimento de jornada ordinária e/ou extraordinária pelo empregado, vez que não seria passível de ser controlada fisicamente pelo empregador, daí que decorreria a teleologia do art. 62, III, da CLT, ao excluir tais trabalhadores especiais dos direitos inerentes à duração de jornada.

Entretanto não há só o meio físico para o empregador controlar o começo, a execução e a finalização da prestação de serviços pelo empregado, de modo que a jornada ordinária ou extraordinária poder ser, sim, controlada, pois os empregados ao acessarem por meio de um *login* e uma senha o sistema consegue identificar esses dados.

O meio virtual de controle é possibilitado por meio de acesso com *logins* aos softwares ou pelo compartilhamento de ids, que são endereços de localização virtual, tal como o *teamviewer*, entre outros.

Para demonstrar mais um desafio e uma celeuma doutrinária decorrente da utilização *home office* é necessário citar o artigo 6º da CLT, que desde 2011, já previa que:

> Não se distingue entre o trabalho realizado no estabelecimento do empregador, o executado no domicílio do empregado e o realizado a distância, desde que estejam caracterizados os pressupostos da relação de emprego.
>
> Parágrafo único. Os meios telemáticos e informatizados de comando, controle e supervisão se equiparam, para fins de subordinação jurídica, aos meios pessoais e diretos de comando, controle e supervisão do trabalho alheio (CLT, 1943).

A questão que preocupa muito a doutrina é sobre como pode ser diferenciada as relações de labor ou de prestação de serviços no *home office*.

Isabel ressalta a diferença entre o teletrabalhador subordinado e o independente, nos seguintes termos:

> a prestação de atividade de um teletrabalhador subordinado e autónomo são de facto distintas. O teletrabalhador independente exerce uma atividade por conta própria, assumindo os riscos inerentes dessa atividade; obriga-se a apresentar resultados ao beneficiário da sua atividade; e apenas é remunerado nesse momento, entregando a fatura/recibo correspondente ao pagamento dos seus honorários. (...) Tem a liberdade de trabalhar onde quiser e quando quiser, não estando sujeito a quaisquer ordens e instruções; o que interessa é apenas o resultado da sua prestação nos moldes e nos termos acordados entre as partes. De facto, a opção pelo trabalho independente poderá ser uma questão de necessidade, mas frequentemente é um "meio de satisfação e de realização pessoal". (...) Por sua vez, o teletrabalhador subordinado exerce a sua atividade por conta de outrem e de forma subordinada, estando à disposição da sua entidade empregadora; não assume os riscos da atividade empresarial, esses sim assumidos pelo empregador, não trabalhando diretamente para o mercado (...); a sua retribuição paga, em regra, com uma periodicidade mensal, poderá estar dependente dos resultados apresentados, mas terá que ser respeitada a lei no que respeita à retribuição mínima mensal garantida (...), bem como as cláusulas contratuais estabelecidas pelas partes. (GIL, 2015, p. 104-105)

O artigo 6º da CLT e o estudo da doutrina portuguesa confirmam a hipótese de que em havendo possibilidade de comando, controle e supervisão pelo empregador[29], não há qualquer distinção entre o trabalho executado no estabelecimento ou nas dependências físicas do empregador, ou realizado à distância ou no domicilio do empregado. Isso significa que a nova regulamentação expressa sobre o *home office* representa um retrocesso social, em relação ao controle de jornada, vez que o artigo que regulava a matéria não diferencia a forma da prestação de labor, virtual ou presencial, que não restringia direito aos empregados, assegurando-lhes a isonomia, nos termos do art. 5º, *caput*, da CF/88 e art. 461 da CLT, quando fique evidenciada a ausência de autonomia do empregado na direção da prestação dos serviços.

Ao falarmos de isonomia, em termos de teletrabalho isso nos remete a outra questão: seria possível a equiparação salarial ao teletrabalhador com o trabalhador do regime presencial? Mais uma emblemática questão, que a nosso ver não teria impedimentos em razão da própria CF/88 e da CLT, assegurar o tratamento isonômico aos empregados.

A questão mais complicada seria em relação à produção probatória, pois quem poderá testemunhar em favor do teletrabalhador, as pessoas que coabitam com ele, seus familiares? Não, isso não seria possível, vez que não possuem isenção de ânimo e não são imparciais, não podendo funcionar como testemunhas. Mas se o labor é exercido de forma predominantemente virtual, as tratativas são virtuais, mais eminentemente documentais. Isso significa que o teletrabalhador pode não ter provas testemunhais, mas terá sim, ampla produção de prova documental.

O fato do regime de teletrabalho, por si só, existir, não garante ou assegura que o empregado não irá prestar horas extras ou melhor que seu horário de trabalho por ser exercido fora das dependências físicas do empregador não poderá ser controlado, haja vista que a informatização do trabalho, possibilita sim, o controle de acesso de seus usuários.

É claro e evidente que há plataformas que tal controle não pode ser exercido, nesses casos, se justificaria que determinados empregados — usuários desses sistemas não controláveis fossem excluídos do capítulo da duração do trabalho, mas seriam casos que prescindiriam de uma análise mais detalhada e cuidadosa, diversamente do que fez a reforma laboral excluindo todo e, qualquer teletrabalhador do direito a apuração da jornada de trabalho e de seus consectários.

É possível perceber que existe nitidamente uma barreira que separa dois grupos: um relacionado aos empregados que laboram em regime de teletrabalho, que podem ter seu acesso ao sistema aferido e outros para os quais isso não é possível.

A lei é uma ordem geral e abstrata que emite um comando direcionado aos cidadãos de seu município, estado ou país. E, pensado por essa perspectiva o artigo 62, III, da CLT, não seria omisso, excludente ou portador de emblemáticas e intrigantes brechas, vez que sua teleologia buscou tratar de forma abstrata todos os teletrabalhadores, partindo do pressuposto de que o empregador não conseguiria controlar a jornada de seus empregados, por estarem à distância do empregador.

Ocorre que analisado por outra diversa e divergente perspectiva, tal lei em sua abstração seria inconstitucional, vez que retira direitos do outro grupo de empregados de teletrabalho que podem ter sua jornada controlada por sistema de *login* ou id.

6. O home office *e a pandemia covid-19*

O teletrabalho é uma modalidade de trabalho à distância, já conceituada desde 1996, pela Convenção n. 177 da OIT, que pende de ratificação pelo Brasil e regulado pela CLT, desde 2011, pela Lei n. 12.551, em seu artigo 6º sem adotar, contudo a utilização da terminologia teletrabalho e sem responder aos anseios da doutrina em relação aos temas polêmicos que envolvem a temática.

A previsão na CLT, no artigo 6º, aborda apenas o assunto de modo doutrinário e superficial assegurando, contudo a isonomia entre essa modalidade de labor e a modalidade presencial.

Em 2017, com a atualização da lei celetista pela Lei n. 13.467, denominada de lei da reforma laboral o instituto passou a ser oficialmente regulamentado no Brasil, dispondo sobre os requisitos para a utilização desse sistema de labor pelas empresas, bem como firmou a exclusão dos teletrabalhadores da possibilidade do controle de jornadas, no art. 62, III, da CLT.

(29) "Em Espanha, o Tribunal Supremo, na sua sentença de 22 de abril de 1996, valorou "a existência, entre outros indícios, de uma «estreita direção» verificada através de «um programa informático construído pela empresa»". Cf. Javier Thibault Aranda (GIL, 2015, p. 104, nota 366).

Infelizmente o Brasil está na contramão de países como a Espanha(30) e Portugal(31), segundo destaca Isabel:

> **Acontece que em ambos os regimes — espanhol e português — consagra-se o princípio da igualdade de tratamento, o que significa que o teletrabalhador tem os mesmos direitos dos demais trabalhadores**; a diferença entre a lei espanhola e a portuguesa, é o facto de o esta última fazer uma enumeração exemplificativa desses mesmos direitos, **nos quais se alude aos limites do período normal de trabalho.** (GIL, 2015, 120) (Grifo Nosso)

Entretanto seria constitucional essa medida excludente? Conforme, já destacamos esta medida é inconstitucional, vez que a CF/88 assegura em seu art. 7º, XIII e XV, respectivamente, a jornada diária de 8horas diárias ou de 44 horas semanais, bem com o adicional de, no mínimo, 50%, de horas extras, a remuneração superior do trabalho noturno em relação ao diurno, em seu inciso IX. Já no inciso XXII, destaca como necessária a redução dos riscos a utilização das normas de saúde, higiene e segurança do trabalho.

A CLT assegura ainda o adicional noturno de, no mínimo, 20%, da redução ficta da hora noturna, previsto no art. 73 da CLT, bem como dos direitos relativos aos intervalos intrajornada, para refeição e descanso, de 1 hora, previsto no art. 71, interjornada, de 11 horas de descanso, entre uma jornada e outra.

Há ainda a proteção ao labor extra das mulheres, prevista na antiga CLT, no art. 384 e revogada pela atual legislação laboral, que ainda paira discussões sobre se teria sido revogado.

O TST, por meio dos seus precedentes judiciais amplia alguns destes direitos através de suas súmulas, tais como as Súmulas ns. 85, 118, 130, 264, 291, 347, 366, 376, 428, 431, 437 e 449.

A Súmula n. 85 destaca que a possibilidade de compensação de jornada é uma medida válida, caso não ocorra a prestação de horas extras habituais.

Já a Súmula n. 118 noticia que os intervalos concedidos pelos empregados, sem previsão de lei, são considerados como tempo à disposição e que em razão disso devem ser remunerados como serviço extraordinário, se acrescidos ao fim da jornada.

Enquanto a Súmula n. 130 assegura o direito ao adicional noturno aos empregados do regime de turnos ininterruptos de revezamento.

A Súmula n. 264 dispõe sobre a forma de cálculo da hora suplementar.

Já a Súmula n. 291 destaca sobre o direito a indenização ao empregado, em razão da supressão habitual pelo empregador, por pelo menos 1 ano de horas extras.

Enquanto a Súmula n. 347 destaca a forma de cálculo para a apuração da média física de horas extras.

A Súmula n. 366 dispõe sobre o limite de 5 minutos diários, relacionados aos períodos anterior e posterior ao registro de jornada, para que não sejam considerados como minutos extraordinários aqueles limitados a 10 minutos diários.

A Súmula n. 376 assegura direito ao pagamento de todas as horas realizadas, mesmo às prestadas, além do limite diário de 2 horas.

A Súmula n. 431 dispõe sobre a fórmula de cálculo do salário hora dos empregados que possuem jornada de 40 horas semanais.

A Súmula n. 437 considera como de natureza salarial a hora extraordinária relativa à supressão do intervalo intrajornada e também consideram inválidas as normas coletivas que reduzam ou suprimam esse direito, em razão de ser este um direito que constitui medida de higiene, saúde e segurança do trabalho, assegurado por norma de ordem pública. Atualmente a redução ou supressão de direitos por meio de normas coletivas é autorizada pelo

(30) Segue trecho do artigo 6º, do Real Decreto lei que alterou o art.13, ponto 3, do Estatuto dos trabalhadores, aprovado pelo Real Decreto legislativo n. 1/1995, de 24 de março: "Los trabajadores a distancia tendrán los mismos derechos que los que prestan sus servicios en el centro de trabajo de la empresa, salvo aquéllos que sean inherentes a la realización de la prestación laboral en el mismo de manera presencial." ESPANHA. Real Decreto lei n. 3/2012, de 10 de fevereiro. Dispõe "de medidas urgentes para la reforma del mercado laboral". Disponível em: <https://www.boe.es/eli/es/rdl/2012/02/10/3/dof/spa/pdf>. Acesso em: 16 fev. 2021.

(31) Segue trecho do art. 169 da Lei n. 7/2009, que dispõe: Igualdade de tratamento de trabalhador em regime de teletrabalho. 1 — O trabalhador em regime de teletrabalho tem os mesmos direitos e deveres dos demais trabalhadores, nomeadamente no que se refere a formação e promoção ou carreira profissionais, limites do período normal de trabalho e outras condições de trabalho, segurança e saúde no trabalho e reparação de danos emergentes de acidente de trabalho ou doença profissional. PORTUGAL. Lei n. 07/2009, dispõe sobre Disponível em: <https://dre.pt/web/guest/legislacao-consolidada/-/lc/75194475/201707241300/73439939/element/diploma>. Acesso em:17 fev. 2021.

STF, caso estes direitos não sejam absolutamente indisponíveis.

A Súmula n. 449, destaca a impossibilidade de flexibilização por norma coletiva dos minutos que antecedem e sucedem a jornada.[32]

A Súmula n. 428, II, do TST dispõe quanto ao sobreaviso, em relação ao labor por meios telemáticos: "Considera-se em sobreaviso o empregado que, à distância e submetido a controle patronal por instrumentos telemáticos ou informatizados, permanecer em regime de plantão ou equivalente, aguardando a qualquer momento o chamado para o serviço durante o período de descanso".

Não é preciso destacar os inúmeros prejuízos ao trabalhador de *home office*, caso, mesmo que a sua jornada possa ser controlada ele venha a ser excluído desse controle, pois não terá direito a tudo que diga respeito ou guarde relação com o capítulo do controle de jornada, da CLT, que são garantias constitucionais, legais, jurisprudenciais e doutrinárias.

7. *Conclusão*

Percebeu-se que o *home office* passou a ser mais utilizado, em razão da pandemia da COVID-19, em 2020, em virtude da recomendação das autoridades governamentais e dos chefes de estado quanto à necessidade de se providenciar medidas que preconizassem o distanciamento social.

No entanto, embora o *home office* já fosse regulado pela CLT, em seu art. 6º e utilizado pelas empresas antes da regulamentação expressa efetuada pela lei da reforma, em 2017, e antes da pandemia, tal instituto ainda hoje, carece de amadurecimento e desenvolvimento, tendo em vista que a lei da reforma trabalhista piorou o que já era previsto razoavelmente pela CLT, que tratava o labor presencial e o labor virtual de forma equânime e atualmente passou a excluir todo e, qualquer teletrabalhador do capítulo da duração de jornada.

A Espanha apenas regulamentou de forma expressa o teletrabalho em 2012, no Real Decreto-Lei n. 3/2012, de 10 de fevereiro[33] (GIL, 2015, p. 121).

Excluir todo e qualquer teletrabalhador é uma medida ilegal e inconstitucional, vez que contraria os artigos 6º da CLT, o art. 5º, XIII e XVI, relacionados as horas extraordinárias e seus consectários, tais como intervalo intrajornada para descanso e alimentação previsto no art. 71 da CLT, o intervalo interjornada, bem como em relação a redução dos riscos inerentes ao trabalho, aumentando a possibilidade de acidentes de trabalho ao teletrabalhador. Além de excluí-lo do direito a diversas disposições das súmulas do TST, que ampliam tais direitos.

Em contrapartida o instituto é uma inovação tecnológica que vem se mostrando como uma tendência da atualidade e do próprio futuro do direito do trabalho, vez que possibilita que as empresas mantenham seus empregados trabalhando de forma segura e continuem a auferir lucros, mantendo a economia do país ativa.

Os dados colhidos pelas pesquisas aqui demonstradas revelam que o *home office* é tendência do mercado de trabalho brasileiro e carioca, já que 20,8 milhões de pessoas no Brasil podem desenvolver suas atividades através dessa ferramenta tecnológica e que o Rio de Janeiro ocupa o segundo lugar no ranking dos estados que possuem este potencial. Revelaram também a existência de vantagens em relação ao deslocamento e qualidade de prestação dos serviços, beneficiando empregados e empregadores. Além disso, revelou também, a existência de desvantagens ligadas à execução de labor em regime de jornada dupla e a insociabilidade dos teletrabalhadores.

As pesquisas evidenciam que não há só prejuízos ao teletrabalhador, contrariando a visão pejorativa de parte da doutrina, em relação à flexibilização de direitos, mas também benefícios representando avanços tecnológicos, sociais, econômicos, geográficos e laborais. As arestas do instituto devem ser aparadas e cabem às pesquisas essas tarefas de aparar, visando ao aperfeiçoamento e evolução da utilização desse instituto, no Brasil.

8. *Referências*

ABRANTES, José João. O direito laboral face aos novos modelos de prestação de trabalho. *IV Congresso*

(32) Disponível em: <https://www.tst.jus.br/sumulas>. Acesso em: 5 fev. 2021.

(33) PORTUGAL. Real Decreto lei n. 3/2012, de 10 de fevereiro. Dispõe "de medidas urgentes para la reforma del mercado laboral". Disponível em: <https://www.boe.es/eli/es/rdl/2012/02/10/3/dof/spa/pdf>. Acesso em: 16 fev. 2021.

Nacional de Direito do Trabalho. Coimbra: Almedina, 2002.

ABRANTES, José João. O Novo Código do Trabalho e os direitos de personalidade dos trabalhadores. In: *A reforma do código do trabalho*. Coimbra: Coimbra, 2004.

ADAMOVICH, Eduardo Henrique Raymundo Von. *A Medida Provisória n. 927 entre o princípio da liberdade contratual e o da igualdade de tratamento no direito do trabalho:* primeiras impressões. Disponível em: <https://www.amatra1.org.br/wp-content/uploads/2020/03/MP-927-Adamovich.pdf>. Acesso em: 17 fev. 2021.

______ . O vetor constitucional da isonomia em tempos de coronavírus. In: BELMONTE, Alexandre Agra; MARTINEZ, Luciano; MARANHÃO, Ney (coord.). *O Direito do Trabalho na crise da COVID-19*. Salvador: JusPodivm, 2020. Disponível em: <http://www.abmtrab.com.br/_arquivos/Direito_do_Trabalho_na_Crise_da_Covid19.pdf>. Acesso em: 17 fev. 2021.

ALMEIDA, Maria Eunice Lopes de. *O teletrabalho e o direito a teletrabalhar*. Tese (Mestrado). Faculdade de Direito do Porto, Portugal, 2019. Disponível em: <https://repositorio.ucp.pt/bitstream/10400.14/28668/1/MariaAlmeida_Dissertacao.pdf>. Acesso em: 17 fev. 2020.

AMADO, João Leal. *Contrato de Trabalho*. 4. ed. Coimbra: Coimbra, 2014.

______. Contrato de trabalho prostitucional? *Questões Laborais*, n. 20, ano IX, Coimbra: Coimbra, p. 236-240, 2002.

BARROS, Alice Monteiro de. *Curso de Direito do Trabalho*. 6. ed. São Paulo: LTr, 2010.

BARBOSA JUNIOR, Francisco de Assis. *Contrato de teletrabalho:* estudo comparado dos elementos constitutivos e da regulamentação concernente. São Paulo: LTr, 2019.

BRASIL. *Constituição da República Federativa do Brasil*, de 1988. Disponível em: <http://www.planalto.gov.br/ccivil_03/constituicao/constituicaocompilado.htm>. Acesso em: 10 maio 2018.

______ . *Consolidação das Leis do Trabalho*. Aprova a Consolidação das Leis do Trabalho. Disponível em: <http://www.planalto.gov.br/ccivil_03/decreto-lei/del5452.htm>. Acesso em: 30 jan. 2021.

______ . *Lei Geral de Proteção de Dados* (LGPD) n. 13.719, de 14 de agosto de 2018. Dispõe sobre a proteção de dados pessoais e altera a Lei n. 12.965, de 23 de abril de 2014 (Marco Civil da Internet). Lei Geral de Proteção de Dados Pessoais (LGPD). Disponível em: <http://www.planalto.gov.br/ccivil_03/_ato2015-2018/2018/lei/L13709.htm>. Acesso em: 30 jan. 2021.

______ . *Código Civil de 2002*. Institui o Código Civil. Disponível em: <http://www.planalto.gov.br/ccivil_03/leis/2002/L10406compilada.htm>. Acesso em: 16 fev. 2021.

______ . *Decreto legislativo n. 6, de março de 2020*. Reconhece, para os fins do art. 65 da Lei Complementar n. 101, de 4 de maio de 2000, a ocorrência do estado de calamidade pública, nos termos da solicitação do Presidente da República encaminhada por meio da Mensagem n. 93, de 18 de março de 2020. Disponível em: <http://www.planalto.gov.br/ccivil_03/portaria/DLG6-2020.htm>. Acesso em: 31 jan. 2021.

______ . *Medida Provisória de n. 927, de 2020*. Dispõe sobre as medidas trabalhistas para enfrentamento do estado de calamidade pública reconhecido pelo Decreto Legislativo n. 6, de 20 de março de 2020, e da emergência de saúde pública de importância internacional decorrente do coronavírus (covid-19), e dá outras providências. Disponível em:: <http://www.planalto.gov.br/ccivil_03/_ato2019-2022/2020/mpv/mpv927.htm>. Acesso em 31 jan. 2021.

______. *Nota técnica do MPT n. 6, de 2020*. A Nota Técnica conjunta n. 06/202 tem como objetivo o diálogo social, negociação coletiva e adoção de medidas de proteção ao emprego e ocupação diante da pandemia da doença infecciosa covid-19. Disponível em: <https://mpt.mp.br/pgt/noticias/nt-6-2020-conalis-mpt.pdf>. Acesso em: 31 jan. 2021.

______. *Lei ordinária de 13.429, de 31 de março de 2017*. Altera dispositivos da Lei n. 6.019, de 3 de janeiro de 1974, que dispõe sobre o trabalho temporário nas empresas urbanas e dá outras providências; e dispõe sobre as relações de trabalho na empresa de prestação de serviços a terceiros. Disponível em: <http://www.planalto.gov.br/ccivil_03/_ato2015-2018/2017/lei/l13429.htm>. Acesso em: 14 maio 2018.

______ . *Lei Ordinária 13.467/2017, de 14 de julho de 2017*. Altera a Consolidação das Leis do Trabalho (CLT). Disponível em: <http://www2.camara.leg.br/legin/fed/lei/2017/lei-13467-13-julho-2017-785204-publicacaooriginal-153369-pl.html>. Acesso em: 1º abr. 2018.

______ . *Google*. Notícias sobre o número de mortes com COVID-19. Disponível em: <https://www.

google.com/search?q=mortos+covid+mundo&oq=-mortos+co&aqs=chrome.3.69i57j0i433l4j0j0i395l2.118378j1j7&sourceid=chrome&ie=UTF-8>. Acesso em: 31 jan. 2021.

______. *BBC*. Notícias sobre Atribuição/ menção dada pela imprensa ao presidente Jair Messias Bolsonaro, em relação ao COVID-19. Disponível em: <https://www.bbc.com/portuguese/brasil-55107536>. Acesso em: 31 jan. 2021.

______. *Google*. Notícias sobre definição de Teamviwer. Disponível em: <https://www.google.com/search?client=firefox-b-d&q=teamviewer>. Acesso em: 30 jan. 2021.

CORREIA, André. *Teletrabalho*. Nova tendência, 2002. Disponível em: <http://www.novomilenio.inf.br/ano02/0203c006.htm>. Acesso em: 16 fev. 2021.

DE LA CUEVA, Mário. *Derecho Mexicano del Trabajo*. México: Porrùa, 1949. t. II.

DELGADO, Mauricio Godinho. *Curso de Direito do Trabalho*. 13. ed. São Paulo: LTr, 2014.

DRAY, Guilherme Machado. *A globalização e as novas tendências do mercado de trabalho:* teletrabalho e deslocalização do trabalho: o caso português. Instituto de Direito do Trabalho da Faculdade de Direito de Lisboa. Análise contemporânea do direito em face da globalização e da crise econômica. *II Congresso internacional de direito Brasil-Europa*. Coimbra: Almedina, 2010.

ESPANHA. *Real Decreto lei n. 3/2012, de 10 de fevereiro*. Dispõe de medidas urgentes para la reforma del mercado laboral. Disponível em: <https://www.boe.es/eli/es/rdl/2012/02/10/3/dof/spa/pdf>. Acesso em: 16 fev. 2021.

GARCIA, Ivan Simões; CARVALHO, Carlos Henrique de. *Reforma trabalhista. Modernização ou Retrocesso*. Disponível em: <https://www.oabrj.org.br/tribuna/ordem-vai-luta-contra-reformas-rasgam-direitos/reforma-trabalhista-modernizacao-ou>. Acesso em: 17 fev. 2021.

GIL, Suzana Isabel Pinto Ferreira dos Santos. *As perspectivas civis do contrato de trabalho* — teletrabalho subordinado: seu estudo nos ordenamentos jurídicos português e espanhol. Tese (Doutorado). Universidade da Coruña, Espanha, 2015.

GÓES, Geraldo Sandoval; MARTINS, Felipe dos Santos. IPEA. *Carta de Conjuntura n. 47*, 2º Trimestre de 2020. Nota Técnica: Potencial de teletrabalho na pandemia: um retrato no Brasil e no mundo.

J-RUPRECHT, Alfredo. *Os princípios do Direito do Trabalho*. Tradução Edilson Alkimin Cunha. São Paulo: LTr, 1996.

MARISCAL, Valeria Gerber. *Reflexões necessárias em tempos de pandemia:* produtividade e desconexão do teletrabalho. 2020. Blog Labuta. Disponível em: <https://uerjlabuta.com/2020/06/10/reflexoes-necessarias-em-tempos-de-pandemia-produtividade-e-desconexao-do-teletrabalho/>. Acesso em: 17 fev. 2020.

MONTOYA MELGAR, Alfredo. Sobre el trabajo dependiente como categoria delimitadora del Derecho del Trabajo. *Trabajo Subordinado y Trabajo Autónomo en Delimitación de fronteras del Derecho del Trabajo. Estudios en Homenaje al Professor José Cabrera Bazán*. Edición preparada por Jesús Cruz Villalón. Colección Andaluza de Relaciones Laborales. Madrid: Technos, 1999. v. II.

PALMA, Maria do Rosário. *Tratado de Direito do Trabalho*. 4. ed. Coimbra: Almedina, 2012. Parte II — Situações Laborais Individuais.

PLÁ RODRIGUEZ, Américo. *Princípios de Direito do Trabalho*. 3. ed. Tradução e Revisão Técnica de Wagner D. Giglio. São Paulo: LTr, 2002.

PORTUGAL. *Lei n. 07/2009*. Disponível em: <https://dre.pt/web/guest/legislacao-consolidada/-/lc/75194475/201707241300/73439939/element/diploma>. Acesso em: 17 fev. 2021.

RAMALHO, Maria do Rosário Palma. *Da autonomia Dogmática do Direito do Trabalho*. (Dissertação de Doutoramento em Ciências Jurídicas apresentada na faculdade de Direito da Universidade de Lisboa). Coimbra: Almedina, 2001.

REBELO, Glória. *Teletrabalho e publicidade:* contributos e desafios para o direito do trabalho. São Paulo: Rh, 2004.

REDINHA, Maria Regina. *O teletrabalho:* Universidade do Porto. Disponível em: <https://repositorio-aberto.up.pt/bitstream/10216/18672/2/49720.pdf>. Acesso em: 17 fev. 2021.

RODRIGUES, Ana Cristina Barcellos. *Teletrabalho*: a tecnologia transformando as relações de trabalho. Tese (Mestrado) USP, São Paulo, 2011.

RODRIGUES, Ana Cristina Barcellos. *Teletrabalho*: a tecnologia transformando as relações de trabalho. Tese (Mestrado) USP, São Paulo, 2011.

UFPR. *Relatório técnico-científico da pesquisa:* o trabalho remoto home-office no contexto da pandemia Covid-19: Trabalho docente, setores público e privado e questões de gênero — parte II, [Recurso eletrônico] Maria Aparecida Bridi (coord.) *et al.* Curitiba: Universidade Federal do Paraná, Grupo de Estudos trabalho e sociedade, 2020, 89 fls. Disponível em: <https://www.ufpr.br/portalufpr/noticias/trabalho-remoto-na-pandemia-servidores-publicos-sao-mais-cobrados-e-mulheres-estao-sobrecarregadas/>. Acesso em: 17 fev. 2021.

USP-FEA; FIA. *Pesquisa sobre o home office na pandemia do covid-19.* Disponível em: <https://docmanagement.com.br/07/20/2020/7-em-cada-10-executivos-aprovam-home-office-aponta-pesquisa/>. Acesso em: 7 fev. 2021.

Impacto das Tecnologias no Emprego e nas Reformas Trabalhistas no Contexto Latino-Americano

Daniel Francisco Nagao Menezes[1]

1. *Introdução — Tecnologias e sociedade*

A história da humanidade é a história de diferentes formas de trabalho desenvolvidas a partir das inovações tecnológicas: desde as primeiras ferramentas que permitiram ao homem primitivo transformar-se em caçador, a sucessão de inovações (a roda, a prensa, a máquina a vapor, a ferrovia, o *chip*) estavam definindo uma identidade e uma cultura social em cada época.

A economia, a composição das classes sociais, a riqueza comercial, as lutas sociais, as revoluções foram alimentadas em grande parte pelo trabalho e pelos níveis tecnológicos, que em determinado momento identificaram o desenvolvimento da produção e da riqueza. Na história não existe uma forma única de trabalho: houve o trabalho dos escravos que construíram as pirâmides e o dos artesãos que se formaram nas corporações dos séculos XV e XVI; o trabalho semidependente do *contracto operis* e o *contracto operatum* da época romana e o trabalho dos servos da gleba do mundo feudal; a dos operários de fábrica e do teletrabalho. As várias tecnologias em escala progressiva foram definindo as formas de trabalho, determinando sua organização, seu desenvolvimento, seu declínio, retroalimentando seu contexto político, econômico e social.

As tecnologias de trabalho marcam as formas e organização do trabalho. As grandes mudanças na história da organização do trabalho são consequência de descobertas e invenções do ser humano que afetam diretamente as formas de trabalho: da pedra à roda, da máquina a vapor ao óleo e à eletricidade.

Um aspecto comum marca todas as novas tecnologias: das aplicações mais antigas às contemporâneas, modificam a estrutura do mercado de trabalho, destruindo empregos ligados às tecnologias anteriores e criando novas ocupações. O que hoje marca nossa época é a velocidade das transformações tecnológicas, o que dificulta a transição de "empregos antigos" para "novos empregos".

Em todo o caso, não podemos negar ou nos opor às novas tecnologias, porque, como expressa Nisbet[2], a história da humanidade avança de forma linear para "mais" e esse progresso é impulsionado, entre outras coisas, pelo desenvolvimento tecnológico. As tecnologias têm contribuído para alongar nossas vidas, melhorando as condições de saúde, tornando várias formas de trabalho mais amigáveis, nos comunicando rapidamente com nossos entes queridos, cruzando limites geográficos com uma facilidade desconhecida no passado. Ao mesmo tempo, as tecnologias nos preocupam e geram medos e inseguranças, porque destroem formas de trabalho que para o homem constituem o meio de satisfazer um fim: suas necessidades essenciais.

1.1. A revolução industrial: uma revolução em etapas

As opiniões não coincidem com o início da revolução industrial. Alguns consideram que a primeira "revolução" ocorreu no momento da fusão dos metais, ou seja, por volta de 4.000 a.C. na Mesopotâmia, Oriente Médio e Egito.

---

(1) Graduação em Direito (PUC-Campinas), Especializações em Direito Constitucional e Direito Processual Civil (PUC-Campinas), em Didática e Prática Pedagógica no Ensino Superior (Centro Universitário Padre Anchieta), Mestre e Doutor em Direito Político e Econômico (Universidade Presbiteriana Mackenzie), Pós-Doutor em Direito (USP). Pós-Doutor em Economia (UNESP-Araraquara). Professor do Programa de Pós-Graduação em Direito Político e Econômico da Faculdade de Direito da Universidade Presbiteriana Mackenzie. Professor Colaborador da Maestría en Economía Social da Universidad Autónoma de Guerrero (Acapulco, México). Membro do CIRIEC-Brasil.

(2) NISBET, R. *La historia de la idea del progresso*. Barcelona: Gedisa, 1981.

Outros, por outro lado, consideram que coincide com a época do comercialismo (1400-1500 d.C.). A passagem da Idade Média para a revolução industrial foi dificultada pela ausência de um mercado suficientemente grande e pela existência de empresas que, com seus privilégios, impediam o avanço da tecnologia industrial e de novos processos de produção. De acordo com esta tese, o início da história da indústria é marcado por vários acontecimentos ocorridos nos séculos XVII e XVIII: a cisão entre comércio e atividade técnico-produtiva, devido ao nascimento de uma verdadeira classe de empresários comerciais; a divisão do trabalho, ou seja, a desintegração do processo de produção nas oficinas dos diversos artesãos; o crescimento do número de trabalhadores e a introdução de mulheres e crianças na atividade industrial desenvolvida no domicílio e, finalmente, as primeiras unificações nacionais, que criaram um vasto mercado interno[(3)]. No entanto, a tese mais difundida é aquela que faz com que o início da história industrial (a revolução industrial) coincida com a expansão da maquinaria em grande escala. Coube a James Watt (1769) introduzir a propulsão da energia a vapor nas invenções mecânicas, já experimentadas no século anterior. O uso organizado da máquina transferiu trabalho das casas dos trabalhadores para estabelecimentos centralizados de produção de bens de consumo[(4)]. Assim nasceu o trabalho subordinado, como o conhecemos hoje, que mais tarde se expandiria e se consolidaria com a chamada segunda revolução industrial, no início do século XX.

A máquina acentuava o fosso entre patrões e trabalhadores, entre aqueles que tinham meios econômicos para adquirir os "bens de produção", que geralmente não trabalhavam e, aqueles que trabalhavam sem poder acumular capital suficiente para se tornarem proprietários dessas máquinas.

A primeira revolução industrial durou até o final do século XIX e nela o capitalismo afirmou sua lógica produtiva no sistema fabril. Sua bandeira ideológica era o individualismo liberal e a existência de mão de obra barata permitia a exploração em grande escala. Trabalhadores de todas as idades e com pouca formação realizavam jornadas de trabalho extenuantes, recebendo salários ruins. Os fluxos migratórios para novos países foram um alívio do estouro dos congestionados mercados de trabalho das nações europeias. O Estado, formalmente separado dos interesses do capital, no entanto protegia esses interesses, reprimindo os protestos dos trabalhadores. Esta é uma fase de grande desequilíbrio entre as classes dominantes e as classes dependentes. As relações de trabalho são marcadas pela coerção e pelo enorme poder do empregador. Diante do fracasso do protesto operário, foram ganhando força novas ideologias (marxismo, anarco-sindicalismo), que preconizavam a queda do capitalismo, vítima de suas contradições internas e o desenvolvimento da luta operária. Também se disseminam ideologias menos radicais, como o pensamento cristão contido na encíclica *Rerum Novarum* (1891) de Leão XIII, ou nos antigos países industrializados (Inglaterra, Estados Unidos) projetos reformistas e modernizadores das relações de trabalho, como é o caso da Fabian Society — fundada na Inglaterra em 1883 e a base do futuro Partido Trabalhista fundado em 1900.

Mas o verdadeiro desenvolvimento do trabalho subordinado — como o conhecemos hoje — ocorreu com a segunda revolução industrial (quando nos referiremos a ela mais adiante, falaremos do industrialismo clássico), começando justamente no início do século XX. O uso de novas fontes de energia (principalmente petróleo e eletricidade), a invenção do motor de combustão interna, a produção de aço, a nascente indústria química e — economicamente — a concentração de capital e meios de produção impuseram mudanças qualitativas nos sistemas industriais.

O resultado dessa nova organização do trabalho e expressão da segunda revolução industrial foi um modelo de fábrica, cujo arquétipo é a fábrica fordista. Em 1909, Henry Ford anunciou a produção do Modelo T, um automóvel prático e igual para todos, destinado a ser produzido para o mercado de massa do trabalho. Frederick Taylor foi o homem que soube racionalizar os processos produtivos, buscando maior regularidade e rentabilidade no trabalho assalariado. Sua principal preocupação era aumentar a produção e escolher a melhor forma de aumentar a produtividade de homens e máquinas.

Com Taylor desenvolve-se a questão central dos modos de produção do século XX, que é o aumento da produtividade do trabalho subordinado. Taylor introduziu os conceitos de "pagamento justo" para um "trabalho justo". O "trabalho justo" foi determi-

(3) BRIATICO, F. *La rivoluzione industriale dell'800*. Cuneo: Classe Única, 1959. p. 7.
(4) BRIATICO, F. *La rivoluzione industriale dell'800*. Cuneo: Classe Única, 1959. p. 10.

nado por um estudo científico dos movimentos do trabalhador, que indicou o método de produção no menor tempo possível. Foi também um método que dividiu os trabalhadores em categorias rígidas, que os mesmos trabalhadores, décadas depois, defenderiam como base para a igualdade solidária. Os horários fixos de trabalho em horários predeterminados eram remunerados com estruturas salariais estritamente proporcionais às tarefas desempenhadas. O método também exigia supervisão e controle rígidos dos gerentes de nível médio e superior, que desenvolveram com particular vigor a ideia do poder disciplinar, cuja outra face era a subordinação. Havia especial preocupação com a integridade física e mental do trabalhador, por isso o conflito social entre as empresas tayloristas e as organizações sindicais cresceu. Daí um efeito indesejável do modelo derivado: a expansão e fortalecimento da organização sindical. De fato, o sindicato se fortaleceu desde o início do século XX justamente como uma reação ao industrialismo, expressão típica da segunda revolução industrial, e aprendeu sobre o generalismo do modelo de construção da solidariedade dos trabalhadores. A fábrica, as categorias, os horários de trabalho predeterminados, os salários fixos, tudo ajudou a formar essa consciência comum fortalecida pelo efeito nivelador e igualitário do taylorismo.

Os avanços tecnológicos que ocorrem na segunda metade do século XX transformam os métodos de produção da segunda revolução Industrial. O chip é o pequeno símbolo da grande transformação. As novas tecnologias provocam uma verdadeira revolução no campo das relações de trabalho, que podemos resumir em três aspectos:

a) no plano individual, permitem ao homem multiplicar sua capacidade de ação, o que determinará a substituição de grandes contingentes de mão de obra por máquinas sofisticadas e a promoção de um pequeno número de trabalhadores com formação e treinamento suficientes para operar essas máquinas;

b) No nível coletivo, há uma fragmentação do sistema: por um lado, não será mais fácil organizar trabalhadores com interesses e condições econômicas muito diferentes; de outro, haverá grande mobilidade de empresas em um mercado que recompensará quem apostar na reconversão industrial e condenará à falência quem não se adaptou às mudanças;

c) por fim, novas tecnologias e reconversões promovem novas formas de gestão do trabalho, que buscarão fundamentalmente maior produtividade e competitividade.

1.2. A sociedade pós-industrial

Falamos de sociedade pós-industrial para nos referir a um novo modelo de construção social, no qual convergem tecnologias altamente automatizadas com mudanças estruturais e culturais, que modificam as instituições comumente aceitas até o final do século XX. Referimo-nos a este modelo, em que as mudanças nos modos de produção são continuamente retroalimentadas com profundas modificações da sociedade, num processo de consequências imprevisíveis. As instituições tradicionais — a família, a religião, os sindicatos, as ideologias, os códigos de conduta, o próprio conceito de "pátria", são dissolvidas, como afirmam Bauman e Lyon, e também neste contexto o trabalho perde a solidez garantida pelas suas estruturas tradicionais: "Pequeno, leve e rápido é visto como bom, pelo menos no mundo dos iPhones e iPads"[5].

As novas tecnologias se expressam em fenômenos desconhecidos até poucas décadas, e que podemos assim resumir:

— O Estado-nação perde seu papel hegemônico no âmbito de sua competência geográfica, e os centros de poder concentram-se no capital financeiro e nas empresas transnacionais. Nessa realidade, os Estados se curvam ante o poder econômico e supraestadual das cadeias globais de abastecimento, os governantes competindo entre si para atrair grandes empresas para seus países, com ofertas de vantagens comparativas, muitas vezes negadas às empresas nacionais. As novas tecnologias passam a ser o suporte de uma sociedade *on-line*, o que permite consolidar a força de empresas globais.

— "O novo modelo de produção", diz Raymond Saguineti[6], se desenvolve a partir de facilidades tecnológicas, que possibilitam a circulação de bens e capitais, as transformações das formas tradicionais de organização empresarial e dos modos de produção. As empresas podem localizar as suas atividades num ou noutro espaço do globo, aproveitando as vantagens comparativas que cada local pode oferecer em termos de custos de produção, sem ter que assumir qualquer responsabilidade pelas condições

(5) BAUMAN, Z.; LYON, D. *Vigilância Líquida*. Rio de Janeiro: Zahar, 2014. p. 12.

(6) SANGUINETI, R. W. Los alcances de la responsabilidad social de las empresas multinacionales: del grupo a la cadena de producción. *Revista General de Derecho del Trabajo y de la Seguridad Social*, n. 22, 2010.

em que as mercadorias com as suas marcas são feitas em cada um desses espaços. As novas tecnologias de informação e comunicação permitem à matriz manter a coordenação global dos processos produtivos, apesar da sua dispersão geográfica.

— A riqueza torna-se imaterial e volátil: as expressões da opulência contemporânea não são grandes edifícios ou fábricas, mas satélites e comunicações. Isso, por sua vez, determina que o gap tecnológico e a colonização virtual aumentem: as tecnologias promovem um novo mundo bipolar, que estabelece uma barreira entre os excluídos e incluídos no sistema computacional.

—Nascem novos empregos; a preocupação com o meio ambiente se multiplica; tecnologias permitem maior controle do trabalho. Falamos de "tecnossubordinação" ou e-monitoramento.

—Não apenas as empresas que modificam sua organização e suas estratégias de produção. Também o trabalhador — em particular os jovens trabalhadores — modifica sua percepção e identificação com o trabalho. No modelo taylorista, o trabalhador renunciou à liberdade por salário (subordinação); nos novos paradigmas de trabalho, os jovens exigem mais autonomia e liberdade e menos estabilidade.

— O sindicato — particularmente na América Latina — reage tardiamente ao fenômeno das transformações do trabalho e não tem estratégias claras para o futuro do trabalho. Geralmente preocupado com o imediatismo de suas reivindicações salariais, tem medo de investigar o futuro, porque isso o futuro destrói muitos elementos constituintes da solidariedade dos trabalhadores tradicionais.

1.3. O impacto das tecnologias no trabalho

As novas tecnologias, especialmente as relacionadas à robótica, às aplicações, às TICs, produzem mudanças tão substanciais e rápidas em nossas sociedades, que determinam modificações de uma intensidade nunca antes experimentada. Falamos do seu "efeito disruptivo" sobre o emprego: multiplicam-se os desafios para a organização do trabalho e da produção, dilui-se o conceito tradicional de subordinação, que dividia a dependência e a autonomia liberal com critérios claros e simples.

Blanco[7], citando o Global Mckinsey Institute Report 2014, destaca entre as tecnologias que impactam fortemente o trabalho, reprodução e impressão 3D, automação do trabalho do conhecimento, tecnologia em nuvem, robótica avançada, veículos autônomos ou sistemas quase autônomos, genômica de nova geração e novos formas de produção e armazenamento de energia. Mas veremos também que as novas tecnologias transformam o trabalho de setores aparentemente tão tradicionais quanto o rural. Podemos solicitar algumas características positivas comuns às novas tecnologias:

— Exigem mais conhecimento do trabalhador e, por isso, podem traduzir-se na expressão "mais cérebro e menos músculo", favorecendo assim a incorporação daqueles trabalhadores que apostam no crescimento — em profundidade e variedade — dos seus conhecimentos. Uma consequência implícita é a abertura a uma maior participação das mulheres no mercado de trabalho de qualidade, pois cada vez menos esforço físico e mais habilidades cognitivas são exigidos.

— Surgem novos setores produtivos: a indústria de software, robótica, inteligência artificial etc.; ao mesmo tempo, a variedade da oferta de produtos e serviços fornece *feedback* para novas ofertas, que requerem novas competências.

— Os cidadãos têm fácil acesso aos serviços em todos os níveis sociais, dos quais os setores mais pobres eram anteriormente excluídos. De alguma forma, a telefonia celular tornou-se um exemplo do efeito democratizador e inclusivo de muitas novas tecnologias.

— Algumas disciplinas e atividades tiveram avanços extraordinários com base nas novas possibilidades oferecidas pelas tecnologias, acumulação de dados e robótica, como a medicina.

— Novos empregos nascem em torno da indústria de software: entre eles teletrabalho, construção de dados, entretenimento, a popularização da economia etc.

Também é verdade que as tecnologias têm um "reverso" negativo, que se expressa em vários aspectos:

— níveis de trabalho mais intensos e rápidos, durante longas horas;

— variabilidade e imprevisibilidade da atividade diária a ser realizada;

— aumento da responsabilidade do trabalhador na resolução de problemas de forma contínua;

(7) BLANCO, Ó. Las tecnologías disruptivas y su impacto en la relación de trabajo. XXXIV *Congreso Nacional de Derecho del Trabajo y la Seguridad Social*, Barranquilla (Colombia), maio 2016.

— tensões no trabalho com geração de estresse e projeções na saúde psicofísica do trabalhador;

— destruição ou confinamento dos sindicatos;

— clima de pressão para obter a disponibilidade ilimitada de colaboradores na empresa.

Em qualquer caso, parece claro que o grande desafio das novas tecnologias e da automação é a formação e construção da empregabilidade das pessoas, para além da avaliação que podemos fazer delas. As mudanças, boas ou más, ou melhor, "boas e más", vieram para ficar, e a pior estratégia educacional, trabalhista ou mesmo sindical é ignorá-las.

Isabella *et al.*[(8)] destacam o potencial das tecnologias atuais: *"su enorme capacidad de multiplicar el esfuerzo humano, haciendo necesario, por lo tanto, menos cantidad de trabajo para producir una cantidad dada de cualquier bien o servicio"*. As tecnologias atuais colocam a questão da quantidade de empregos que serão necessários no futuro e seu possível impacto na sua destruição massiva, o que desencadeia os níveis de desemprego estrutural, alertando que hoje a máquina não pode apenas realizar trabalho baseado no esforço físico e nas tarefas repetitivas, mas progressivamente poderão realizar tarefas antes reservadas apenas ao ser humano: aprender, criar, resolver problemas imprevistos.

A humanidade está passando da automação para a criação de inteligência artificial. Se, por um lado, "automação" se refere à repetição de ações por si mesmas, sem a intervenção de um indivíduo (já desenvolvido com a eletromecânica e depois a eletrônica), a introdução das TIC promove uma nova etapa de automação, que atinge não só aos movimentos, mas também ao conhecimento. Hoje falamos de Inteligência Artificial, como disciplina que estuda o tratamento do conhecimento e do raciocínio, permitindo a uma máquina realizar funções normalmente associadas à inteligência humana: compreensão, raciocínio, diálogo, adaptação, aprendizado de máquina. Hoje o computador aprende xadrez e vence o campeão mundial da especialidade.

2. *Automação e habilitação de competências*

2.1. Tarefas manuais vs. tarefas cognitivas

Os fenômenos de automação, robotização e inteligência artificial têm efeitos imediatos nas tarefas (habilidades) desempenhadas pelo homem. Em uma abordagem do assunto, podemos diferenciar os efeitos que são produzidos nas atividades manuais e cognitivas. Nessa linha, seguimos a classificação de Autor e Acemoglu[(9)], que diferenciam as diversas tarefas de acordo com os indicadores de habilidade ou conhecimento delas e de sua rotina. Desta forma, podemos diferenciar as possíveis tarefas humanas nos seguintes protótipos:

a) Tarefas manuais de rotina: entendemos por tais tarefas que seguem um procedimento definido e repetitivo, conhecido de antemão. Essas são as tarefas típicas do operário no modelo de *"one best way"* de Taylor: apertar um parafuso, embalar produtos, carregar e transportar mercadorias e assim por diante.

b) Tarefas manuais não rotineiras: neste tipo de tarefas manuais não há "previsibilidade" do trabalho manual rotineiro: o trabalhador intervém e reage no processo de produção através de decisões que derivam da sua intervenção e controle do processo (fast food, hospitalidade, atividade de cuidado etc.).

c) Tarefas cognitivas rotineiras: são tarefas que requerem um processo mental, mas são ordenadas em um procedimento previamente definido: por exemplo, controlador de estoque, relatórios contábeis, pintura de carro, entrada de dados em banco de dados de computador, compreensão de leitura etc.

d) Tarefas analíticas cognitivas não rotineiras: o trabalhador analisa e resolve problemas sem processos previamente definidos. Analise fenômenos aleatórios e imprevisíveis. Sua posição pode ser assimilada ao "analista simbólico", descrito por Reich[(10)], para quem o que caracteriza o sujeito não é apenas seu conhecimento como uma soma de dados, mas a capacidade de usar esse conhecimento de forma eficaz e criativa. Exemplos deles são o arquiteto e o analista de dados, pesquisadores científicos, analistas financeiros, pesquisadores universitários etc.

e) Tarefas cognitivas interpessoais não rotineiras: as tarefas referem-se à análise e resolução de proble-

(8) ISABELLA, F.; PITTALUGA, L.; MULLIN, G. *Automatización y empleo en Uruguay* — una mirada em perspectiva y en prospectiva. Montevideo: Oficina de Planeamiento y Presupuesto, 2017. p. 7.

(9) ACEMOGLU, D.; AUTOR, D. H. Skills, tasks and technologies: implications for employment and earnings. *Habdbook of Labor Economics*, v. 4, p. 1043-1171, 2011.

(10) REICH, R. B. *El trabajo de las Naciones*. Buenos Aires: Vergara, 1993. p. 173.

mas, mas em todos os casos o trabalhador interage com outros assuntos: exemplo, gestão, formação, relacionamento interpessoal profissional (médico, advogado), ensino, consultor financeiro etc.

Seguindo os autores citados, devemos lembrar também que essas categorias não são rígidas e podem ser combinadas em vários graus, sem exemplos "puros" das diferentes variáveis.

A principal conclusão é que as tarefas manuais de rotina podem ser automatizadas mais facilmente do que as tarefas manuais não rotineiras e as tarefas cognitivas. Isso determina que as tecnologias levam a uma polarização do mercado de trabalho em termos de competências e renda: por um lado, as tecnologias destruirão predominantemente as tarefas manuais rotineiras, mas o peso "humano" dos trabalhadores nas tarefas manuais não rotineiras e nas não rotineiras tarefas manuais de rotina continuarão a ser importantes tarefas cognitivas. Deve-se notar também que a automação — e o acúmulo de dados (como um subproduto dela) — também está entrando em atividades não rotineiras, nas quais a presença "humana" parecia insubstituível: diagnóstico médico, tomada de decisão, logística e distribuição, administração e varejo são cada vez mais condicionados por processos automáticos de tomada de decisão baseados em imensos bancos de dados.

Até alguns anos atrás era difícil imaginar a automação de serviços jurídicos. Hoje vemos que os escritórios de advocacia tradicionais podem ser substituídos por *legaltechs*, como prestadores de serviços jurídicos. O sistema "Ross" — diz Sekulits[(11)] — é um sistema de inteligência artificial criado pela IBM com base em sua plataforma de inteligência cognitiva Watson, que analisa grandes volumes de jurisprudência e resolve problemas jurídicos em tempo recorde. Em uma área onde as tecnologias não eram comuns, o sistema está substituindo 23% das tarefas cognitivas normalmente realizadas em um escritório de advocacia, segundo dados do Instituto Mc Kinsey.

Supervielle[(12)] expressa que a "emoção" será sempre insubstituível em determinadas atividades e processos, como o cuidado, a atenção profissional, as relações de confiança entre sujeitos individuais e entidades financeiras. Embora compartilhemos em termos éticos a "oportunidade" para que a emoção continue a integrar certas tarefas, também é verdade que essas tarefas humanas também vêm dando lugar à automação. O profissional médico na sua consulta com o paciente pensa cada vez mais na análise dos dados do próprio paciente e na comparação dos mesmos com as bases de dados disponíveis: a emoção dá espaço à informação fornecida pela tecnologia, a partir da classificação de enormes bases de dados.

Portanto, o avanço da automação e da robotização alcançará não apenas tarefas rotineiras, mas também — possivelmente em menor grau — não rotineiras (manuais e cognitivas).

Há uma tendência pessimista que considera que as tecnologias destruirão empregos, sem entender que enquanto muitas tarefas serão substituídas por robôs na Indústria 4.0, a sociedade do futuro exigirá mais tarefas de todos os tipos e principalmente cognitivas. No filme indicado ao Oscar "Hidden Figures", de 2017, o IBM Computer da NASA é mostrado, que em 1962 realizou os cálculos para o voo de John Glenn para o espaço. A cena mostra o medo de muitos trabalhadores que identificaram o computador IBM como destruidor de empregos. Hoje, tendo examinado o episódio em perspectiva, não podemos "nem querer" voltar atrás. É possível que o computador de 1962 — e os que se seguiram — tenham destruído empregos, mas também é verdade que milhões de novos empregos foram criados em serviços, computação, entretenimento, comunicações (incluindo televisão e telefones celulares), esportes, fitness etc.

Surge assim o novo conceito de "emprego complementar", que remete para o fato de as tecnologias abrirem espaços de trabalho, onde é possível gerar novos empregos funcionais para atividades automatizadas. O verdadeiro desafio do futuro é, portanto, prever o mais rapidamente possível quais serão as tendências do emprego e quais serão as tarefas exigidas, adaptando as políticas de Estado para que seja educado de acordo com o trabalho do futuro. Infelizmente, em muitos sistemas educacionais latino-americanos, o ensino permanece ancorado em conceitos, empregos e realidades do passado, que inevitavelmente não contribuem para a construção da empregabilidade futura dos indivíduos. Tradicional-

(11) SEKULITS, C. Las legaltech revolucionan el negocio de los abogados. *Expansión — Diario Económico e Información de Mercados*, Madrid, 10 de outubro de 2017.

(12) SUPERVIELLE, M. Las nociones de cultura de trabajo en Uruguay. *Palestra no Instituto Uruguayo de Derecho del Trabajo*, Montevideo 20 de outubro de 2017.

mente falamos em "reconversão de empresas". Hoje é tempo de tomarmos consciência da necessidade de reconversão de tarefas e competências laborais, de forma a construir as competências laborais do futuro, permitindo aos trabalhadores licenciados em determinadas atividades a reintegração em novos processos de produção que exigem a presença "humana".

Obviamente, isso implica que os governos devem promover políticas públicas que facilitem o acesso dos jovens à educação universitária. Mas isso não basta: é preciso prever e individualizar no médio prazo quais serão as aptidões e competências necessárias para preservar ou melhorar a empregabilidade futura, adequando a educação a essas exigências. Trata-se de um desafio especial no continente latino-americano, onde os planos de educação superior se destinam a formar em profissões, tarefas e competências tradicionais, com alto componente acadêmico e pouco patamar na prática e no trabalho de campo.

Também está claro que os jovens terão maior probabilidade do que os idosos de abandonar as tarefas manuais repetitivas e substituí-las por tarefas mais cognitivas, criativas ou interativas. Nem todas as pessoas que perdem empregos rotineiros serão imediatamente capazes de encontrar novos empregos não rotineiros, interativos, criativos e cognitivos, e talvez nunca o façam. A idade é importante: no mercado de trabalho do século XXI, que muda rapidamente, os trabalhadores precisam de fortes habilidades cognitivas e sociais para desempenhar trabalhos cada vez mais criativos e se tornarem alunos bem-sucedidos para o resto da vida. No entanto, os trabalhadores de meia-idade e mais velhos em economias emergentes e avançadas estão frequentemente mal preparados: de acordo com dados da Organização para Cooperação e Desenvolvimento Econômico (OCDE), eles tendem a ser menos qualificados para resolver problemas e ter menos experiência em usando o computador do que os trabalhadores mais jovens. Os jovens apresentam maior capacidade de resolução de problemas do que os idosos, de acordo com as médias reportadas para os anos de 2012 e 2015 pela OCDE[13].

2.2 Setores de atividade e tarefas em risco de automação

O documento uruguaio já citado[14] mostra os "riscos" do emprego em relação aos diversos setores de atividade e categorias ocupacionais. Os autores, aplicando a abordagem de risco de automação desenvolvida por Frey e Orborne, buscam estimar — com base em pesquisa realizada em uma oficina de especialistas nacionais em aprendizado de máquina em um grupo de 70 ocupações — o risco de automação das mesmas, segundo as capacidades tecnológicas existentes e previsivelmente a serem criadas em um período de duas décadas[15].

Assim, com base nos dados relativos ao período 2013-2015, o risco da automação é projetado para vinte anos, com base nesta questão central: Podem as tarefas desta ocupação ser suficientemente especificadas de forma que, em função da disponibilidade de informação, realizada por equipamentos de última geração controlados por computador?[16]

Os dados referem-se à realidade uruguaia, mas entendo que são transferíveis aos principais países do continente, devido à homogeneização do desenvolvimento tecnológico nos diferentes países, devido a estratégias produtivas semelhantes promovidas por empresas transnacionais e pela semelhança de contextos culturais, tecnológicos e sociológicos.

Pelos dados coletados, o risco de automação no Uruguai é alto: um risco de 65% contra o risco de 57% nos países da OCDE, segundo análise do Banco Mundial[17]. As atividades que apresentam maior probabilidade de automação estão vinculadas ao setor rural, florestal, alimentício, metalúrgico e mineração, enquanto o risco de automação é menor em atividades onde o componente "humano" é importante: serviço doméstico, informação e comunicação, ensino e, saúde.

Em relação ao risco vinculado às categorias profissionais, é importante destacar que a futura automação afetará empregos em amplas camadas da população, ocupadas em tarefas administrativas

(13) Disponível em: <https://www.oecd-ilibrary.org/education/skills-matter_9789264258051-en>. Acesso em: 24 fev. 2021.
(14) ISABELLA, F.; PITTALUGA, L.; MULLIN G. *Automatización y empleo en Uruguay* — una mirada em perspectiva y en prospectiva. Montevideo: Oficina de Planeamiento y Presupuesto, 2017.
(15) FREY, C. B.; OSBORNE, M. A. *The future of employment:* how susceptible are jobs to computerisation?, Oxford, 17.9.2013. Disponível em: <http://www.google.com.pa/url?sa=t&rct=j&q=&esrc=s&source=web&cd=1&ved=0a>. Acesso em: 24 fev. 2021.
(16) ISABELLA, F.; PITTALUGA, L.; MULLIN G. *Automatización y empleo en Uruguay* — una mirada em perspectiva y en prospectiva. Montevideo: Oficina de Planeamiento y Presupuesto, 2017. p. 25.
(17) BANCO MUNDIAL. *World Developmente Reporte* 2016, Digital Dividends. Washington, 2017.

(hoje 12% do emprego), ocupações elementares (19%), trabalhadores industriais (14%) e trabalhadores do comércio (22%).

2.3. Os trabalhos do futuro

A automação e a robotização mudarão profundamente a composição do mercado de trabalho. Conforme aponta Degryse[(18)], as mudanças impactam diversas áreas de atuação, como a) a geração de empregos vinculados a novos setores, produtos e serviços; b) novas mudanças derivadas da digitalização, a conexão entre inteligência humana e máquina e novas formas de organização do trabalho; c) a destruição dos empregos tradicionais devido aos efeitos da automação e da robotização; d) novas formas de trabalho baseadas em plataformas digitais, crowd sourcing, a economia de compartilhamento. Isso, por sua vez, afetará em nível macroeconômico a modalidade de remuneração, previdência social etc.

O autor acrescenta que os avanços da Indústria 4.0 se traduzirão na integração digital de todos os processos de produção. Na Europa (Alemanha, Itália, França, países nórdicos etc.) as fábricas contam com novas linhas de produção caracterizadas pela integração da robotização, informação e diminuição do número de trabalhadores. A nova economia significará maior produtividade e eficiência, se traduzindo em maiores lucros para os empresários. Essa onda de avanços também beneficiará desenvolvedores de software, engenheiros, pesquisadores científicos e tarefas relacionadas à formação necessária para atuar nas novas cadeias produtivas.

A inevitável perda de empregos na indústria pode ser compensada pela criação de novos empregos no setor de serviços. Dentre as atividades previstas, podemos citar transporte, venda e entrega, turismo, hotelaria e restauração, reforma de casa, imobiliária, finanças, tradução, assistência médica, atendimento a crianças e idosos etc.[(19)].

A sociedade do futuro (não mais que duas décadas) apresentará inevitavelmente confrontos e contradições. Será uma sociedade mais rica, porque o trabalho das máquinas e do homem produzirá mais riqueza em bens e serviços do que no passado. No entanto, esta provável sociedade de opulência não distribuirá essa riqueza de forma equitativa: imaginamos uma divisão entre setores cada vez mais ricos da população (hoje existem setores da produção que se concentram exclusivamente no chamado consumo "alto padrão"). Paralelamente a esse rico setor da sociedade, vão se expandir a "*gig economy*" e o "*poor working*", ou seja, empregos menores e mal remunerados que se concentrarão basicamente no setor de serviços: cuidado de enfermos, idosos e crianças; guardas de segurança; benefícios familiares (serviços domésticos e reparos) e informalidade nos serviços para os setores pobres da sociedade (restaurantes, alimentação etc.).

As relações de trabalho combinarão velhas e novas formas de organização do trabalho. Na era da automação, as formas tradicionais de trabalho, como trabalhadores por conta própria, pequenas cooperativas, subcontratação oculta ou informal, trabalho "pobre" nas cadeias globais de abastecimento etc. não desaparecerão na América Latina.

Ao mesmo tempo, a crise do mercado de trabalho ampliará as organizações criminosas e a economia que elas produzem (drogas, tráfico de armas, tráfico de pessoas, receptação e manufaturados falsificados etc.). O crime se espalhará cada vez mais como uma estrutura organizada nas sociedades nacionais do continente, que oferecerá oportunidades de trabalho aos jovens marginalizados pelo sistema.

2.4. O desafio da indústria 4.0: como construir empregos?

O desafio vinculado à era atual é como governar as transformações produtivas e sociais, produtos das novas tecnologias. A nova realidade impõe condições que têm como consequência a destruição das formas tradicionais de emprego do industrialismo clássico, em torno das quais foram construídas redes de tutela e amortecedores sociais. Taylor, ao estabelecer a teoria que permitiria o desenvolvimento do industrialismo clássico, não imaginou o forte componente sindical que acompanharia seu modelo. Com efeito, o sindicato tradicional e o "tradicional" direito do trabalho nascem como uma reação aos excessos do modelo

---

(18) DEGRYSE, C. *Digitalisation of the economy and its impact on labour markets*. Bruxelas, 2016. Disponível <http://papers.ssrn.com/sol3/papers.cfm?abstract_id=2730550##>. Acesso em: 25 fev. 2021.

(19) DEGRYSE, C. *Digitalisation of the economy and its impact on labour markets*. Bruxelas, 2016. p. 26. Disponível em: <http://papers.ssrn.com/sol3/papers.cfm?abstract_id=2730550##>. Acesso em: 25 fev. 2021.

industrial. O taylorismo/fordismo e o sindicalismo eram como irmãos que se odiavam: a presença de um era a condição do outro. A primeira, com suas teorias sobre a produção, igualou os trabalhadores e os concentrou na fábrica, a segunda soube transformar em solidariedade essa igualdade e local de trabalho. Nessa luta não houve vencidos nem vencedores, mas deve-se destacar a conclusão de que o taylorismo marcou a forma do sindicalismo. A comunidade de interesses (em oposição ao individualismo contemporâneo) determinou que a união face ao poder do empregador e à hostilidade do Estado, se unisse em categorias e territórios, para dar um efeito multiplicador às suas forças. A fábrica, as categorias, os horários de trabalho predeterminados, os salários fixos, tudo ajudou a formar essa consciência comum fortalecida pelo efeito nivelador e igualitário do taylorismo.

Hoje as novas tecnologias rompem esse padrão igualitário, e a Indústria 4.0 gera um novo modelo de trabalho, que ainda não gera reações e padrões para os modos de produção e uso do trabalho. As organizações sindicais desconfiam justamente das novas tecnologias, mas em vez de as estudar e propor regras e limites, preferem ancorar-se numa visão industrialista, com tutela tradicional, mas que reúne cada vez menos trabalhadores. Desta forma expressa Bronstein: "tenemos un Derecho del trabajo cada vez con más normas, y menos clientes"[(20)].

O problema atual é que enquanto reagimos lentamente ao trabalho automatizado, novas formas de trabalho destroem os empregos tradicionais em vastas áreas de produção de bens e serviços. O fenômeno é particularmente preocupante com as consequências para os trabalhadores que não recondicionam a sua formação e competências perante as novas expressões tecnológicas: o trabalhador que perde o seu emprego tradicional geralmente terá grandes dificuldades em conseguir um novo emprego tradicional. Sem modificações nas habilidades e conhecimentos trabalhistas, o futuro mostrará a expulsão de grandes massas de trabalhadores ou seu deslocamento para formas mais pobres de trabalho.

Embora a automação esteja destruindo empregos, não é menos verdade que, como já dissemos, a demanda por mão de obra continuará sustentada, embora se refira a atividades diferentes (emprego complementar). Aplicativos como o Airbnb provavelmente destruirão empregos na indústria hoteleira, mas atrairão um fluxo maior de turistas — favorecido por condições de moradia mais baratas — e gerará a venda de produtos e serviços para um maior número de viajantes.

O principal desafio dos Estados nacionais — e também dos atores sociais, e principalmente do ator sindical — é como educar para os empregos do futuro e como ajustar os planos de formação às necessidades do novo modelo industrial, como veremos no próximo capítulo.

3. Os desafios do trabalho do futuro

3.1. A mudança de paradigma

O novo modelo econômico, apoiado nas novas tecnologias e nos modos de produção que promove, não só questiona o sistema tradicional de relações de trabalho, mas também apresenta um novo paradigma que se afasta do industrialismo tradicional. Existem três nós centrais que expressam uma realidade em transformação:

a) a ideia de estabilidade/mobilidade;

b) a variabilidade do tempo de trabalho;

c) a perda de uma referência geográfica necessária e;

d) a superação do conceito de categoria funcional, substituído pelo de "competências".

a) Estabilidade/mobilidade

No industrialismo clássico, a instabilidade no mundo do trabalho era sinônimo de insegurança: "trabalho seguro" era a garantia de uma "vida segura". O paradigma do "emprego vitalício" era a aspiração máxima do trabalhador.

Hoje, a estabilidade pouco importa para muitos jovens trabalhadores. Eles preferem autonomia à subordinação, liberdade de movimento para trabalhar por toda a vida. Um dos problemas da gestão de uma empresa é, em muitos casos, como reter os jovens trabalhadores, que procuram constantemente viver novas realidades ocupacionais, com a obsessão de obter salários mais elevados e realizar a ilusão de crescer economicamente.

(20) BRONSTEIN, A. Apresentação no *X Congreso Regional Americano de Derecho del Trabajo y la Seguridad Social*. Panamá 26-29 de setembro de 2016.

Segundo Cappelli[21], a percepção sobre o modelo de emprego, de trabalho vitalício, foi modificada. O campo de trabalho se transformou e com ele as relações de trabalho dos sujeitos resultando assim numa série de renegociações permanentes, onde o mercado de trabalho modificou as regras, emergindo novas lógicas organizacionais nas quais a lealdade, a reciprocidade e o compromisso se estabelecem como elementos-chave. O "novo acordo nas relações de trabalho" implicou que o sujeito passasse a assumir a responsabilidade pela própria carreira e sobrevivência no mercado de trabalho, bem como o desenvolvimento das suas competências laborais para preservar e promover a sua "empregabilidade".

b) Horário de trabalho fixo / horário flexível

O modelo taylorista-fordista desenvolveu a ideia de que a melhor forma de produção deve ser cientificamente organizada em torno do trabalho subordinado desenvolvido em horários fixos em troca de um salário pré-determinado. O trabalho estável a tempo inteiro definiu este modelo, a partir do qual o conflito social e a legislação foram definindo tempos distintos: os tempos de trabalho e os tempos de descanso, a duração do contrato e os tempos de geração de direitos à segurança social.

Hoje os modos de produção flexibilizam esquemas rígidos de jornada de trabalho, seja pela maior disponibilidade do trabalhador ligado ao seu empregador pelas ferramentas oferecidas pelas novas tecnologias (celular, laptop etc.), seja pela ideia de que é o trabalhador quem gere o seu tempo de trabalho, adequando-o às tarefas, produtos ou serviços que se vê obrigado a realizar. A lógica dos "horários fixos da fábrica" é substituída por modalidades que importam o desempenho de uma tarefa ou produto como uma "meta", independentemente do "quando" de realizá-lo.

c) Perda de uma referência geográfica necessária

Novas modalidades de trabalho, geralmente apoiadas em tecnologias de comunicação, fazem perder as referências geográficas da fábrica ou escritório. Em muitos casos, o trabalhador não só o "quando", mas também o "onde": o teletrabalho hoje inclui não só as formas de trabalho tipicamente em casa, mas também a possibilidade de o trabalhador realizar parte do seu trabalho no escritório e parte em casa. Nesse sentido, é importante destacar que entre as modificações ao contrato de trabalho propostas por Macrón, é introduzida a possibilidade de o trabalhador acordar com o seu empregador as modalidades de trabalho, para que possa realizar parte do trabalho em casa (ou onde desejar) e parte no escritório ou fábrica.

d) As categorias e as competências

A categoria predefinida é uma expressão do modelo taylorista, que promoveu a igualdade na forma de executar tarefas semelhantes pagas de forma idêntica: "tarefa igual, salário igual".

A rigidez do conceito de categorias foi substituída por uma nova realidade, que exige que o trabalhador seja mais flexível no desempenho das suas tarefas, de acordo com as condições pessoais que são valorizadas como condição e expressão da sua empregabilidade: a criatividade, a capacidade de trabalho em grupo, o conhecimento que permite responder eficazmente aos requisitos da máquina, a capacidade de resolver problemas no seu trabalho etc. O trabalhador não é apenas o que sabe fazer, mas também "como saber fazer", com os quais expressa a sua capacidade para o trabalho.

O novo paradigma atinge principalmente os trabalhadores adultos (aqueles que ultrapassaram a barreira dos 45/50 anos), que têm dificuldade em se adaptar às novas modalidades produtivas e às diferentes concepções de trabalho. Não é fácil para o trabalhador adulto despedido encontrar um novo emprego mesmo nos setores tradicionais onde exerce as suas funções, porque aí se espalha o desemprego e aumenta a competição com outros trabalhadores em situação semelhante. Por outro lado, esse perfil de trabalhador, afirma Mercader Uguina, tem dificuldades de adaptação às novas tecnologias, ao mesmo tempo em que há desinteresse por parte das empresas em investir na formação de indivíduos mais próximos da aposentadoria profissional[22]. O autor acrescenta que surge a figura do "desempregado permanente", referindo-se com esta expressão àqueles adultos e

(21) CAPPELLI, P. *El nuevo pacto en el trabajo:* empresas y empleados ante el mercado laboral de hoy. Barcelona: Granica, 2001.
(22) MERCADER, U. J. H. *El futuro del trabajo en la era de la digitalización y la robótica*. Valencia: Tirant lo Blanch, 2017. p. 37.

escolarizados, mas sem possibilidade de arranjar emprego.

3.2. A dupla face do emprego jovem na América Latina: Alta formação vs. Desemprego

Para ter acesso aos empregos do futuro, não é só o confronto entre jovens e adultos que preocupa, mas também as marcantes distâncias sociais e educacionais da América Latina, que se projetam nas possibilidades de acesso dos jovens a empregos de qualidade.

Enquanto faculdades e universidades privadas são construídas e desenvolvidas para os setores de maior poder aquisitivo (semelhante ao modelo educacional norte-americano), a educação pública nas últimas duas décadas tem caído em seus níveis de qualidade. Isso determina uma dupla espiral: o "virtuoso" que se baseia no elo riqueza-formação-emprego em oposição ao "vicioso" que reproduz o trânsito pobreza-desqualificação-desemprego. Além dos ajustes legislativos necessários para proteger o trabalho da revolução tecnológica, é preciso estender o conhecimento a setores mais amplos da sociedade, para que esse conhecimento não seja apenas patrimônio de quem teve a possibilidade de alcançar os benefícios do ensino em seus vários estágios.

A pobreza, a informalidade, a baixa produtividade da força de trabalho, determinam a desqualificação de grandes contingentes de trabalho, o que constituirá um dos principais problemas para a futura inserção laboral e, com ela, a perpetuação das marcantes diferenças entre os diferentes estratos sociais. Este fenômeno, por sua vez, alimenta o crime organizado, que é visto por muitos jovens que vivem na pobreza e no desemprego como uma oportunidade de trabalho.

Num contexto educacional difícil e face a um mercado que exige cada vez mais "competências para o trabalho", para muitos jovens a transição da escola e do ensino secundário para o mercado de trabalho é desigual. Estudo dos pesquisadores Filardo e Filgueira refere-se às "transições" como os caminhos que as pessoas percorrem em relação aos principais marcos da vida e que permitem ao sujeito entrar na vida adulta e se posicionar em uma determinada estrutura social. São momentos de transição saindo do sistema educacional, entrando no mercado de trabalho, saindo da casa de origem, constituindo família, tendo filhos[23].

Atualmente, estes diferentes acontecimentos, determinantes da possibilidade de plena integração social como cidadão adulto, ocorrem em trajetórias bastante diversas, ao contrário de outras gerações anteriores, que eram mais regulamentadas, e que percorreram caminhos semelhantes, especialmente no caso de jovens. As transições mostram diferenças substantivas, que por sua vez mostram diferentes graus de vulnerabilidade para o futuro.

Quando afirmamos que o trabalho do futuro requer uma educação de nível superior, reconhecemos como dramática a situação de amplas camadas da população da América Latina que não conseguem concluir os estudos secundários.

Obviamente, em um contexto de "habilitação das competências da Indústria 4.0", as políticas de Estado em educação vão diferenciar o nível econômico e social dos países latino-americanos. As recentes propostas relativas à passagem do nível de "escola do trabalho" para a "integração formativa" parecem um objetivo ainda quimérico, pelo menos na educação pública do continente.

3.3. Reformas trabalhistas: desregulamentação ou reregulamentação?

Em linha com o que vem ocorrendo na Europa desde 2012 com a reforma espanhola do governo Rajoy, um tema que concentra o debate sobre a regulamentação do trabalho futuro é o das Reformas Trabalhistas. No México, foi aprovada uma reforma trabalhista em 30 de novembro de 2012 que visa tornar o contrato de trabalho mais flexível, introduz regras sobre terceirização ou subcontratação e enfraquece o escopo da negociação coletiva.

No México, a reforma dos dispositivos relativos aos artigos 107 e 123 da Constituição foi aprovada em 24 de fevereiro de 2017. Substitui os tradicionais Tribunais de Conciliação e Arbitragem por novos poderes do Judiciário, ao mesmo tempo em que intervém no direito coletivo do trabalho, estabelecendo sistemas de controle governamental mais

(23) FILARDO, V.; FILGUEIRA, F. *Transiciones a la adultez y educación*. Montevidéu: Fondo de Población de Naciones Unidad (UNFPA), 2011. Disponível em: <http://www.el.espectador.com/1v4_contenido.php?id=213392&sts=1>.

rígidos sobre o registro sindical, votação e registro de convenções coletivas. Por fim, ele introduz critérios restritivos para qualificar a legitimidade de uma greve.

No Chile, após dois anos de intenso debate, uma reforma muito polêmica foi aprovada em 1º de abril de 2017, mas poucas mudanças substanciais aparecem no sistema de relações de trabalho daquele país. Entre outras questões, confirma-se a ilegitimidade da negociação coletiva ao nível da atividade, mantendo a regra de que só é possível negociar ao nível da empresa. Embora um maior número de práticas antissindicais seja sancionada, isso não altera substancialmente as regras restritivas sobre a liberdade de associação e reconhece o direito ao trabalho dos não grevistas.

A reforma mais radical dos últimos tempos na América Latina foi aprovada no Brasil, no governo do presidente Michel Temer. Com a grande maioria dos votos da Câmara dos Deputados (26.4.2017, p. 296 a 177) e do Senado (11.7.2017: 50 votos a 26), as novas regras entraram em vigor em 12.11.17, alterando cerca de 100 pontos da "Consolidação das Leis do Trabalho", aprovado pelo Decreto-Lei n. 5.452, de 1º de maio de 1943 e sancionado pelo Presidente Getúlio Vargas durante o denominado Estado Novo (1937-1945). A Reforma Brasileira, que tem um objetivo intencionalmente flexível e antissindical, foi aprovada em um rápido processo parlamentar, a partir do qual podemos identificar três causas:

— O aumento do desemprego e da precariedade laboral, que ultrapassam as percentagens de trabalho formal;

— Uma hostilidade para com o sindicato considerado muito corporativo;

— O confronto interno da justiça do trabalho, que interpreta os regulamentos aplicáveis de forma diferente (mais ou menos benéfica para o trabalhador).

As principais mudanças da Reforma Brasileira — as mais chocantes e desregulamentadoras da América Latina no século atual — são resumidas a seguir:

Nível individual:

— Possibilidade de acordo sobre regime de trabalho autônomo;

— Regras sobre o tempo de trabalho: deslocamento para o trabalho, trabalho intermitente, tempo não laboral na empresa;

— Instalações de dispensa;

— Intervalos intermediários negociados;

— Possibilidade de trabalhar até 12 horas não extras compensando-as com horas de descanso;

— Possibilidade de gestantes trabalharem em empresas insalubres;

— Limites para indenização por danos morais;

— Prevalência do contrato individual e possibilidade de resolução de conflitos por arbitragem privada, no caso de trabalhadores com salário superior a 11.000 reais.

— Eliminação da contribuição sindical obrigatória de um dia de salário por ano para cada trabalhador subordinado (benefício reconhecido na época de Vargas e preservado até hoje);

— O contrato de empresa acima do contrato de atividade;

— Em alguns casos, o contrato individual será aplicado sobre o contrato da empresa;

— A "Comissão de Fábrica" pode ser estabelecida em todas as empresas com mais de 200 trabalhadores. A eleição dos representantes das Comissões será feita por voto secreto, do qual também poderão participar trabalhadores não sindicalizados, sem a exigência de filiação sindical.

A Reforma no Brasil promove a desregulamentação trabalhista baseada em decisões políticas, semelhante em natureza à flexibilização dos anos 1990. Não existe um processo técnico que justifique o ajuste de certas regras às novas realidades das relações de trabalho. Embora seja verdade que a Reforma introduza alguns ajustes necessários em questões como a jornada de trabalho e em aspectos que exigem negociação empresarial, eles são mínimos se comparados à ampla supressão de direitos trabalhistas consolidada em décadas de desenvolvimento no Brasil.

Por outro lado, o processo que levou às mudanças no Brasil deve ser considerado altamente questionável: a Reforma foi aprovada em poucos meses sem nenhuma discussão ou intervenção dos atores sociais e com quase total desconhecimento da população.

A nova regulamentação no Brasil, embora seja evidente que tem finalidades mais ideológicas do que técnicas, teve forte impacto em todo o continente, que começa a questionar a necessidade de adequar o direito do trabalho aos novos paradigmas, que expusemos brevemente nesta apresentação. Várias opiniões independentes, críticas à reforma desregulamentadora de Temer, consideram que qualquer re-regulamentação da lei construída no industrialismo clássico deve ser tratada com prudência e diálogo social.

4. *Conclusões: O desafio dos ajustes*

O risco das pesquisas atuais sobre as relações de trabalho contemporâneas é que examinam a realidade de uma perspectiva extremamente econômica. A lei deixa cada vez mais espaço para os economistas, que consideram que o melhor para o mercado é o melhor para a sociedade.

Supiot, recentemente expressou: "*Hablamos hoy indiferentemente de reforma del mercado de trabajo o de Derecho del trabajo, como si el mercado se identificara con el Derecho... Los economistas son considerados especialistas para debatir de derecho del trabajo. Las ciencias económicas son consideradas hoy como el fundamento legítimo de lo que debería ser*"(24).

O perigo é que o operário assuma o papel do economista e examine a realidade a partir dos critérios impostos pelas regras econômicas. Não temos dúvidas de que uma nova organização do trabalho, a robotização, a redução dos custos do trabalho podem tornar a produção mais eficiente e gerar mais riquezas. Mas a economia liberal não prevê o novo modelo para evitar a concentração dessas riquezas.

Maior riqueza não significa necessariamente maior prosperidade para a sociedade. A Indústria 4.0 permitirá produzir mais e melhor, mas aumentará as distâncias económicas e sociais entre os que dominam o conhecimento nos novos sistemas de produção e os trabalhadores que não têm possibilidades reais de sair da sua condição de exclusão e pobreza. Como nos mundos apocalípticos previstos nos filmes do estilo Mad Max, um dos problemas mais graves das próximas duas décadas na América Latina será a polarização social, fruto da descompensação do mercado de trabalho

A re-regulação do trabalho deve ser acompanhada por uma re-regulação das tutelas laborais e da proteção do cidadão. Embora haja consenso sobre a necessidade de adequar as normas do direito do trabalho às mudanças no trabalho, pouco se discute sobre como serão reorganizadas as tutelas de setores vulneráveis da população. O modelo taylorista é criticado por não se adequar aos modos de produção atuais, mas é preciso reconhecer que a legislação construída em torno desse modelo durante quase um século significou a proteção de milhões de trabalhadores. Se essas proteções forem atenuadas, que proteções imaginamos para uma sociedade em que o modelo de trabalho é modificado? As gerações futuras pedirão às atuais que prestem contas? Que sistema social fomos capazes de construir na época da Indústria 4.0?

Consideramos que este é o grande desafio e objeto do debate global: como adequar o direito do trabalho à realidade do mercado, mas ao mesmo tempo construir novas tutelas substitutas, para proteger os trabalhadores que ficam de fora da produção de riqueza.

Embora as tutelas preventivas sejam desejáveis (facilidade de acesso à educação e treinamento, promoção de grupos produtivos, políticas públicas de emprego ágeis e eficazes), as tutelas econômicas e sociais (saúde, seguro-desemprego, aposentadorias) continuarão a ser necessárias. As tutelas do futuro certamente ficarão menos ancoradas ao contrato de trabalho (em declínio progressivo), por isso é necessário construir tutelas independentes dessa origem de trabalho.

Os sistemas futuros para serem eficientes e atender às necessidades sociais das populações terão que se afastar do modelo bismarckiano, pois cada vez menos trabalhadores poderão contribuir com seus benefícios para a seguridade social. Os modelos construídos a partir de uma base tributária que taxe a maior riqueza produzida devem ser "pensados" como contraponto à exclusão que essa mesma riqueza gera. É indicado que as máquinas devem contribuir para a previdência social. É claro que esta é uma expressão engenhosa, mas remete para uma nova realidade que conduzirá inevitavelmente às empresas que produzem mais riqueza com menos, mão de obra, tendo que pagar mais impostos para compensar os efeitos do desemprego estrutural que produzem. Para isso é urgente criar marcos legais que garantam os direitos sociais dos trabalhadores inseridos em empregos atípicos (trabalho temporário, trabalho a tempo parcial, economia solidária etc.) e antecipar as dificuldades que estas novas modalidades colocam ao financiamento da segurança social.

(24) SUPIOT, A. Entrevista à *Mathilde Goanec*, "Mediapart", 3 de maio de 2016.

A outra grande questão refere-se à organização dos interesses do futuro e, principalmente, dos interesses da classe trabalhadora. Isso implica perguntar sobre o futuro papel dos sindicatos. Numa sociedade em que o trabalho subordinado vai desaparecer em grande parte, o discurso sindical não poderá mais se apoiar em conceitos como "classe trabalhadora".

As perguntas não são poucas: o sindicato do futuro continuará a organizar exclusivamente os trabalhadores assalariados ou deverá abrir-se também aos trabalhadores autônomos e semi-independentes? Você deve recorrer a tecnologias e aplicativos (whatsapp ou o que quer que apareça no futuro) para construir comunicação e solidariedade? Os sindicatos do futuro atenderão menos aos aspectos ideológicos e mais às questões práticas que interessam a seus membros? Irão nascer novas organizações não sindicais para lidar com as questões trabalhistas (escritórios de advocacia, centros de informação, negociadores profissionais etc.? Nada impede o surgimento de candidaturas sindicais substitutas no futuro, para aconselhar e proteger os trabalhadores.

As questões são complexas e requerem discussão que é evitada. O perigo é que se não ampliar seu papel inclusivo e não refletir as estratégias futuras, o sindicato estará destinado a um enfraquecimento funcional produzido pela redução de trabalhadores subordinados. A outra possibilidade é que os filiados sejam absorvidos por outros grupos de interesse, unidos não mais pela condição de assalariados, mas pela marginalização, gênero, etnia, migração, desemprego etc.

A possibilidade de mudança das regras de trabalho produz rejeição não só dos trabalhadores e de suas organizações, mas também de amplas camadas da sociedade que temem a destruição de um modelo de Estado social, que possibilitou amenizar os desequilíbrios sociais. Porém, as mudanças no trabalho são reais e não se pode imaginar um retorno ao passado: a pior estratégia é fechar os olhos para o futuro do trabalho, abraçando o passado, porque o vinculamos às ideias de segurança e estabilidade.

Não devemos ficar escandalizados com a necessidade de adequar um direito do trabalho, que foi construído à imagem e semelhança da segunda revolução industrial, para podermos enfrentar os complexos fenômenos atuais do trabalho com novos instrumentos jurídicos. A nossa legislação é em muitos casos comparável a uma caixa de ferramentas tradicional (com martelo, serra, chave de fenda e alicate) com a qual se destina a consertar computadores de última geração. O Direito do Trabalho é um direito em constante formação: está sempre inacabado, incompleto, imperfeito. É um direito provisório: as normas trabalhistas nunca podem ser consideradas definitivas: têm uma nota de transitoriedade, plasticidade e envelhecimento fácil.

As novas realidades tecnológicas e seu impacto no trabalho têm um conteúdo neutro: não são "direita" ou "esquerda"; eles simplesmente "são". O grande desafio dos ajustes refere-se no que não concorre, em parte ao direito do trabalho; e em igual parte ao sistema de novas proteções de que necessita uma sociedade pós-industrial, para não avançar em um processo de desequilíbrios, que provavelmente acabaria por destruí-la.

O desafio é construir a sociedade do futuro, com prosperidade, mas também com equilíbrio. Hoje consideramos o industrialismo clássico um tanto antiquado, fora de moda, mas, devemos olhar com respeito, porque um sistema social e cidadão foi construído sobre o típico contrato de trabalho, que hoje persiste em princípios tão importantes como a igualdade de gênero, igualdade perante tutelas, não discriminação, proteção da privacidade etc.

A pesquisa e a reflexão dos operadores do sistema de relações de trabalho (sob qualquer perspectiva: jurídica, econômica, sociológica etc.) nunca foram tão necessárias. O desafio da sociedade do futuro é também, em última análise, nosso próprio desafio intelectual e humano.

5. *Referências*

ACEMOGLU, D.; AUTOR, D. H. Skills, tasks and technologies: implications for employment and earnings. *Habdbook of Labor Economics*, v. 4, p. 1043-1171, 2011.

BANCO MUNDIAL. *World Developmente Reporte 2016*, Digital Dividends. Washington, 2017.

BAUMAN, Z.; Lyon, D. *Vigilância Líquida*. Rio de Janeiro: Zahar, 2014.

BLANCO, Ó. Las tecnologías disruptivas y su impacto en la relación de trabajo. *XXXIV Congreso Nacional de Derecho del Trabajo y la Seguridad Social*, Barranquilla (Colombia), maio de 2016.

BRIATICO, F. *La rivoluzione industriale dell'800*. Cuneo: Classe Única, 1959.

BRONSTEIN, A. Apresentação no *X Congreso Regional Americano de Derecho del Trabajo y la Seguridad Social*. Panamá 26-29 de setembro de 2016.

CAPPELLI, P. *El nuevo pacto en el trabajo:* empresas y empleados ante el mercado laboral de hoy. Barcelona: Granica, 2001.

DEGRYSE, C. *Digitalisation of the economy and its impact on labour markets*. Bruxelas, 2016. Disponível em: <http://papers.ssrn.com/sol3/papers.cfm?abstract_id=2730550##>.

FILARDO, V.; FILGUEIRA, F. *Transiciones a la adultez y educación*. Montevidéu: Fondo de Población de Naciones Unidad (UNFPA), 2011. Disponível em: <http://www.el.espectador.com/1v4_contenido.php?id=213392&sts=1>.

FREY, C. B.; OSBORNE, M. A. *The future of employment:* how susceptible are jobs to computerisation?, Oxford, 17.9.2013. Disponível em: <http://www.google.com.pa/url?sa=t&rct=j&q=&esrc=s&source=web&cd=1&ved=0a>.

ISABELLA, F.; PITTALUGA, L.; MULLIN, G. *Automatización y empleo en Uruguay* — una mirada em perspectiva y en prospectiva. Montevideo: Oficina de Planeamiento y Presupuesto, 2017.

MERCADER, U. J. H. *El futuro del trabajo en la era de la digitalización y la robótica*. Valencia: Tirant lo Blanch, 2017.

NISBET, R. *La historia de la idea del progresso*. Barcelona: Gedisa, 1981.

REICH, R. B. *El trabajo de las Naciones*. Buenos Aires: Vergara, 1993.

SANGUINETI, R. W. Los alcances de la responsabilidad social de las empresas multinacionales: del grupo a la cadena de producción. *Revista General de Derecho del Trabajo y de la Seguridad Social*, n. 22, 2010.

SEKULITS, C. Las legaltech revolucionan el negocio de los abogados. *Expansión — Diario Económico e Información de Mercados*, Madrid, 10 de outubro de 2017.

SUPERVIELLE, M. Las nociones de cultura de trabajo en Uruguay. Palestra no *Instituto Uruguayo de Derecho del Trabajo*, Montevideo 20 de outubro de 2017.

SUPIOT, A. *Entrevista à Mathilde Goanec*, "Mediapart", 3 de maio de 2016.

Motoristas que Trafegam pelo "Caminho do Meio"

Carolina Tupinambá[(1)*]

1. *Sobre os caminhos das estradas da vida*

O incomum século em que vivemos diferencia-se por ilustrar um peculiar interregno da existência da humanidade em que, simplesmente, não se é nem uma coisa e nem outra. No mundo do trabalho, por vezes, nem empregado, nem autônomo. Nas palavras de Zygmunt Bauman, "*nosso sistema político, nosso sistema partidário, a forma de organizar a própria vida, as relações com as outras pessoas, todas essas formas aprendidas de sobrevivência no mundo não funcionam direito mais.*"[(2)] Neste mundo de intensa e voraz evolução, o futuro mostra-se muito incerto e líquido para ser perseguido por um único caminho.

Em tempos duvidosos de *smartphones, marketplaces, fintechs* e outros "*techs*" da vida, um único aperto de botão pode dar início a uma relação jurídica evolvendo trabalhador de um lado e empresa de tecnologia de outro. Em outras palavras, no mundo de "clicks", as plataformas digitais, que oferecem serviços sob demanda, passaram a ganhar destaque, impulsionando, a partir do início do milênio, o surgimento de inúmeras empresas, tais como, Uber; Cabify, Ifood, dentre muitas outras.[(3)]

Trata-se da chamada "economia colaborativa", a qual possibilita a criação de infraestruturas invisíveis por meio de mercados sujeitos à demanda, onde prestadores de serviços aguardam consumidores ou tomadores que solicitem as respectivas atuações, modelo que os faz bem distantes da figura do empregado tradicional, ator principal e destinatário do enredo desenvolvido pela Consolidação das Leis do Trabalho no Brasil.

Adrían Todolí Signes compara a economia baseada em plataformas digitais a um "*paraguas que recoge un conjunto de negocios bastante diferentes entre sí — aunque todos compartan la idea de la utilización de uma plataforma virtual donde oferta y demanda se encuentran. La tecnología puede utilizarse de muchas maneras, y dar como resultado diferentes modelos de negocio, donde las repercusiones — sociológicas, económicas y jurídicas — para el mercado de trabajo son distintas. De esta forma, en principio, por sus características, se puede observar al menos, cuatro tipos de negocio diferentes: (i) Crowdsorcing online vs. Crowdsorcing offline; (ii) Crowdsorcing genérico vs. Crowdsorcing específico*"[(4)].

Já em estudo realizado pelo Eurofound, na União Europeia foram elencados dez tipos de tra-

(1) *Advogada e Mediadora certificada. Mestre em Direito Processual pela Universidade do Estado do Rio de Janeiro. Doutora em Direito Processual pela Universidade do Estado do Rio de Janeiro. Doutora em Direito do Trabalho e Seguridade Social pela Universidade de São Paulo. Pós-Doutora no Programa de Pós-Doutoramento em Democracia e Direitos Humanos — Direito, Política, História e Comunicação da Faculdade de Direito da Universidade de Coimbra. Professora Adjunta de Processo do Trabalho e Prática Trabalhista da Universidade do Estado do Rio de Janeiro. Professora Adjunta de Direito do Trabalho da Universidade Federal do Estado do Rio de Janeiro. Membro da Academia Brasileira de Direito do Trabalho, ocupante da Cadeira n. 47. Membro do Instituto Brasileiro de Direito Processual. Membro do Instituto Iberoamericano de Derecho Procesal. Membro do Instituto dos Advogados Brasileiros. Membro do Centro de Estudos Avançados de Processo. Membro da American Bar Association. Membro da Comunidad para la Investigación y el Estudio Laboral y Ocupacional (CIELO). Autora de livros e artigos na área trabalhista

(2) Ideias do Milênio — Estamos num estado de interregno. Vivemos na modernidade líquida. *Conjur*, 2016. Disponível em: <https://www.conjur.com.br/2016-jan-01/zygmunt-bauman-neste-seculo-estamos-num-estado-interregno>. Acesso em: 2 abr. 2021.

(3) SILVEIRA, Ana Carolina R. Dias; KLAFKE, Guilherme Forma. As três ondas de projetos de lei sobre trabalho em plataformas digitais. *Medium — Futuro do trabalho e gig economy*, 2021. Disponível em: <https://medium.com/futuro-do-trabalho-e-gig-economy/as-tr%C3%AAs-ondas-de-projetos-de-lei-sobre-trabalho-em-plataformas-digitais-e376571db652>. Acesso em: 2 abr. 2021.

(4) Tradução livre: Um guarda-chuva que inclui um conjunto de negócios bastante diferentes entre si — embora todos compartilhem a ideia de utilizar uma plataforma virtual onde se encontram a oferta e a procura -. A tecnologia pode ser utilizada de várias formas, resultando em diferentes modelos de negócios, onde as implicações — sociológicas, econômicas e jurídicas — para o mercado de trabalho são diferentes. Desta forma, em princípio, devido às suas características, podem ser observados pelo menos quatro tipos diferentes de negócios: (i) Crowdsorcing online vs. Crowdsorcing offline; (ii) Crowdsorcing genérico vs. Crowdsorcing específico ". TODOLÍ SIGNES, Adrián. *El Trabajo en la Era de la Economia Colaborativa*. 1. ed. Tirant lo Blanch, 16 fev. 2017. p. 21.

balhadores em plataformas digitais mediante oferta e demanda, identificando a referida pesquisa três perfis mais marcantes, quais sejam, (i) trabalho pouco qualificado alocado pela plataforma e entregue pessoalmente (trabalho determinado na plataforma); (ii) trabalho baixo a moderadamente qualificado, em que as tarefas são selecionadas e entregues pessoalmente (trabalho iniciado pelo trabalhador no local); (iii) trabalho altamente qualificado em que o trabalhador é selecionado pelo cliente (trabalho de concorrência *on-line*)[(5)].

A questão também é enfrentada pela OIT no Informe "perspectivas Sociais e Emprego no Mundo: o papel das plataformas digitais no mundo do trabalho" de 2021[(6)]. O documento destaca quatro estratégias empresariais utilizadas pelas plataformas digitais: (i) oferta de planos de assinatura e cobrança de tarifas aos trabalhadores, clientes ou consumidores que as utilizam; (ii) contratação e adequação mútua entre trabalhadores e clientes, através de algoritmos, que permitem avaliações recíprocas; (iii) processos de trabalho e gestão de rendimento via projeções algorítmicas; e (iv) regras de conduta e de governança da plataforma, mediante contratos de serviço, aos quais devem aderir os clientes e os trabalhadores.

Neste sentido, a OIT tem fomentado diálogo social global, objetivando a instituição de políticas coerentes e coordenadas entre as nações, garantindo-se tratamento isonômico entre trabalhadores que exercem as mesmas funções, ainda que submetidos a legislações de seus respectivos países.

Com idêntico objeto de investigação, a Comissão da União Europeia realizou pesquisa em diversos Estados-Membros onde pouco mais de 32.000 trabalhadores internautas foram entrevistados, cerca de 2.300 por país, entre 16 e 74 anos de idade. Quando questionados sobre sua situação atual de emprego, 75,7% dos trabalhadores de plataformas afirmaram ser empregados (68,1%) ou autônomos (7,6%)[(7)].

O fato é que a oferta de trabalho por meio de plataformas digitais cresce a cada dia nos mercados em todo o globo terrestre. A ausência de uma definição uniforme do perfil de contratação, a maneira fragmentada com que os trabalhadores são recrutados, a execução de atividades a nível transnacional são fatores que dificultam o mapeamento exato de dados relevantes, tais como a velocidade de expansão do modelo, ou mesmo o número correto de trabalhadores engajados em aplicativos do gênero.

No panorama apresentado, destaque-se a empresa Uber, polêmica em razão da sua rápida expansão no mercado de trabalho, a qual chegou ao Brasil no ano de 2014, embalada pela Copa do Mundo realizada no Rio de Janeiro, se expandindo para São Paulo, Belo Horizonte e Brasília. Não demorou muito para que a empresa dominasse todas as capitais do país, trazendo um legado de prestadores de serviços, em sua grande maioria, motoristas.

Segundo a última informação prestada pela Uber, contabiliza-se o total de um milhão de motoristas parceiros no Brasil[(8)], ao passo que os últimos dados divulgados pelo IBGE em 2019 apontavam a existência da média de 3,6 milhões de motoristas de vinculados a diversos aplicativos.[(9)]

Neste contexto, o ponto central da reflexão que se propõe é: em um direito do trabalho que se pode intitular "binário", o trabalhador motorista que preste serviços via plataforma, (i) ou terá a relação jurídica que desenvolve com a empresa enquadrada como um vínculo de emprego, (ii) ou não ostentará qualquer direito trabalhista e tampouco será destinatário de proteção estatal.

No Brasil, especialmente pelas bases que atualmente disciplinam o direito do trabalho, presencia-se, em tempo real, a transformação do mercado, o qual cria, a todo momento, novos tipos de trabalhadores, por ora, sem identidade definida e meio capengas de denominação profissional uniforme, reféns da invi-

(5) Employment and working conditions of selected types of platforme work. *Informe Eurofound*, 2018. Disponível em: <https://www.eurofound.europa.eu/sites/default/files/ef_publication/field_ef_document/ef18001en.pdf>. Acesso em: abr. 2021.

(6) Disponível em: <https://www.ilo.org/global/research/global-reports/weso/2021/WCMS_771749/lang--pt/index.htm>. Acesso em: 7 abr. 2021.

(7) Disponível em: <file:///C:/Users/carol/Downloads/jrc112157_pubsy_platform_workers_in_europe_science_for_policy.pdf>. Acesso em: 6 abr. 2021.

(8) *Fatos e Dados sobre a Uber*. Uber, 2021. Disponível em: <https://www.uber.com/pt-BR/newsroom/fatos-e-dados-sobre-uber/>. Acesso em: 2 abr. 2021.

(9) *Número de pessoas que trabalham em veículos cresce 29,2%, maior alta da série*. Agência IBGE, 2019. Disponível em: <https://agenciadenoticias.ibge.gov.br/agencia-noticias/2012-agencia-de-noticias/noticias/26424-número-de-pessoas-que-trabalham-em-veiculos-cresce-29-maior-alta-da-serie>. Acesso em: 2 abr. 2021.

sibilidade de um espaço dicotômico, cujo parâmetro de valor para reconhecimento dos trabalhadores identifica-se, simplesmente, em ter, ou não, ter a carteira de trabalho assinada, ou um emprego para chamar de seu.

Sem dúvidas, o cenário desafia busca por caminhos que ofereçam ao trabalhador de plataforma uma parcela justa do progresso, o respeito a seus direitos e a proteção contra riscos sociais, em troca de sua contribuição contínua para a economia, independentemente do respectivo *status*, seja formal ou informal.(10)

2. *Notícias lá de fora*

A voracidade da globalização e a correlação cada vez mais presente entre as nações torna essencial um sobrevoo sobre o estágio de conquistas sociais experimentado em outros países no que tange à realidade jurídica dos trabalhadores de aplicativos.

Antes de apresentar panoramas internacionais individualizados, vale trazer movimentos e documentos de impacto supranacionais que possam ajudar à melhor compreensão do contexto.

2.1. Relatório Supiot

No debate europeu dos anos de 90 ganharam destaque teses as quais afirmam que as intervenções estatais tenderiam a trazer mais prejuízos do que benefícios para a economia mundial. Em contraposição, vários autores defenderam que o mercado não poderia ser concebido sem as instituições que lhe dão suporte. Com essa perspectiva, Alain Supiot, professor da Universidade de Nantes na França, coordenou uma comissão que procurou trazer luzes às perguntas da União Europeia sobre as transformações do mundo do trabalho. A comissão concluiu que o incremento da qualificação profissional, a competitividade, a evolução das tecnologias, a entrada em massa das mulheres nos mercados, assim como a heterogeneidade nas estruturas familiares seriam fatores disruptivos do modelo fordista baseado na relação de subordinação característica do contrato de emprego(11).

Em 1997, o denominado relatório Supiot descreveu, enfim, a tendência de flexibilização nos mercados, até mesmo o risco quanto ao eventual desaparecimento da figura da subordinação(12). A conclusão do trabalho apontou, inclusive, que a desenvoltura das oportunidades para autônomos estaria induzindo a política legislativa, e mesmo a perspectiva jurisprudencial, de modo a abrir espaço maior para o trabalhador independente: *"cette tendance est le corollaire des pollitiques législatives et jurisprudencialles conduites pour ouvrir un espace plus large au travail indépendant"*.(13)

O documento ressaltou que o panorama não significaria, em princípio, o desaparecimento do modelo tradicional do contrato de emprego, mas, certamente, implicaria algumas transformações do cenário, como por exemplo, promoção do trabalho autônomo em relação ao trabalho assalariado; terceirização do trabalho para empresas economicamente dependentes da contratante; reconstrução do critério de subordinação, dentre outras novidades.

Alain Supiot marcou no referido estudo a premissa segundo a qual a instituição da relação de emprego no modelo tradicional fora baseada na troca da obediência do trabalhador pela segurança oferecida pelo empregador de outrora, não havendo, naquele formato, qualquer espaço para a autonomia dos trabalhadores da época, diferentemente dos modelos atuais de trabalho. Trata-se de esforço à compreensão das transformações do mundo do trabalho e suas consequências, desafiada pela necessidade de nova regulação.

É dizer que, desde o final da década de 90, tem-se sinalizado a urgência quanto à redefinição do direito do trabalho, dentro da perspectiva de um "direito do homem ao trabalho", que contemple todas as formas de labor em prol do avanço da civilização.

(10) Organização Internacional do Trabalho — COMISSÃO GLOBAL SOBRE O FUTURO DO TRABALHO. *Trabalhar Para um Futuro Melhor*. Disponível em: <https://www.ilo.org/lisbon/publica%C3%A7%C3%B5es/WCMS_677383/lang--pt/index.htm#:~:text=O%20relat%C3%B3rio%20%E2%80%9CTrabalhar%20para%20um,sobre%20o%20Futuro%20do%20Trabalho>. Acesso em: 2 abr. 2021.

(11) SUPIOT, Alain. *Au-delà de l'emploi*. Paris: Flammarion, 1999.

(12) ROBORTELLA, Luiz Carlos Amorim. *Novo conceito de proteção* — direitos humanos no trabalho. Disponível em: <https://www.opet.com.br/faculdade/revista-anima/pdf/anima9/anima9-8-NOVO-CONCEITO-DE-PROTECAO-DIREITOS-HUMANOS-NO-TRABALHO-Luiz-Carlos-Amorin-Robortella.pdf>. Acesso em: 2 abr. 2021.

(13) SUPIOT, Alain. *Au-delà de l'emploi*. Paris: Flammarion, 1999. p. 41.

2.2. Livros da União Europeia

Os Livros Verdes são documentos publicados pela Comissão Europeia destinados a promover reflexão a nível europeu sobre temas específicos. Trata-se de convites às pessoas ou organizações interessadas em contribuir com informação, para participarem de processos envolvendo consulta e debate.

A Comissão Europeia anunciou que em breve será inaugurado o Livro Verde sobre o Futuro do Trabalho, que identifica várias áreas de desenvolvimento e de necessidade de regulação.

Recentemente, em conferência de imprensa denominada "O Futuro do Trabalho — Garantir que ninguém é excluído" organizada pela agência Lusa, a Ministra do Trabalho Ana Mendes Godinho mencionou que algumas das regulações que se propõe dizem respeito às questões de "teletrabalho e das relações laborais do trabalho em plataformas digitais chegando até ao enquadramento do trabalho dos chamados nômadas digitais".(14)

Em verdade, a Comissão Europeia há muito tempo tem acompanhado de perto os impactos da globalização nas relações de trabalho, tema explorado no Livro Verde de 1995, denominado "Viver e trabalhar na sociedade da informação: prioridade à dimensão humana"(15). O referido Livro Verde abordou inúmeros tópicos de discussão, tais como (i) preocupações sobre a revolução de competência e insegurança do emprego; (ii) desafio de construir e criar consciência das novas formas de organização de trabalho; (iii) desafio de modernizar as instituições da vida pessoal; (iv) novo conceito de segurança; (v) administração do fim do emprego e crescente trabalho, dentre outros. Já naquela época, década de 90, a Comissão Europeia abordou o período de transformações tecnológicas, decorrentes do desenvolvimento e da aplicação em larga escala das tecnologias da informação e da comunicação.

Para a Comissão as novas práticas de organização do trabalho afetadas pela era da informação tendem a superar o elemento central da relação de trabalho clássica. A comissão já compreendia, por exemplo, que a noção de entidade patronal iria se tornar mais complexa (grupos de empresas, *joint ventures*, redes, subcontratantes), que o local de trabalho seria diversificado, que as jornadas seriam mais flexíveis e que as remunerações baseadas no tempo de trabalho poderiam a vir a ser substituídas por pagamentos de tarefas específicas, aumentado o grau de autonomia dos trabalhadores. (16) Em outros termos, a Comissão já previa que o trabalho assalariado e o trabalho independente tenderiam a convergir, *"tornando pouco claro o alcance da legislação laboral e reduzindo a sua eficácia em certos domínios (contratos atípicos, teletrabalho e onde o trabalho é outsourced ou externaiizado)."*(17)

O Livro Verde reitera, em diversos trechos, a necessidade de serem repensados, de maneira radical, os sistemas de proteção do trabalho, de modo a adaptá-los ao novo mundo, que tem se organizado em zonas fronteiras de trabalho e lazer, trabalho e aprendizagem, trabalhador assalariado e não-assalariado. Ou seja, importante centrar-se na segurança na mudança e não na segurança contra a mudança, trazendo relevância às questões da igualdade, bem como à forma de garantir que as transformações privilegiem os esforços no sentido do fim da segregação do mercado de trabalho e da conciliação das vidas profissional e familiar, para homens e mulheres.(18)

A somar, em março de 2017, a Comissão Europeia apresentou o Livro Branco, definindo caminhos possíveis para o futuro da Europa, a partir de desafios, como a globalização, o impacto das novas tecnologias na sociedade e no emprego, as preocupações com a segurança e o aumento do populismo. O livro oferece cinco cenários para a evolução da União Europeia pretendendo, particularmente em relação ao trabalho e direitos sociais: "tirar o melhor partido possível das novas oportunidades, atenuando simultaneamente o seu eventual impacto negativo(19)",

(14) Consulta sobre mudanças nas leis laborais atirada para 2021. *JN Direito*, 2020. Disponível em: >https://www.jn.pt/nacional/consulta-sobre-mudancas-nas-leis-laborais-atirada-para-2021-13074948.html>. Acesso em: 4 abr. 2021.

(15) Disponível em: <https://eur-lex.europa.eu/legal-content/PT/TXT/PDF/?uri=CELEX:51996DC0389&from=GA>. Acesso em: 7 abr. 2021.

(16) *Livro Verde*: Viver e trabalhar na sociedade da informação: prioridade à dimensão humana. Disponível em: <https://eur-lex.europa.eu/legal-content/PT/TXT/PDF/?uri=CELEX:51996DC0389&from=GA>. Acesso em: 3 abr. 2021

(17) *Livro Verde*: Viver e trabalhar na sociedade da informação: prioridade à dimensão humana. Disponível em: <https://eur-lex.europa.eu/legal-content/PT/TXT/PDF/?uri=CELEX:51996DC0389&from=GA>. Acesso em: 3 abr. 2021

(18) *Livro Verde*: Viver e trabalhar na sociedade da informação: prioridade à dimensão humana. Disponível em: <https://eur-lex.europa.eu/legal-content/PT/TXT/PDF/?uri=CELEX:51996DC0389&from=GA>. Acesso em: 3 abr. 2021.

(19) Disponível em: <https://ec.europa.eu/info/future-europe/white-paper-future-europe_pt>. Acesso em: 7 abr. 2021.

na consciência de que se "exigirá um investimento maciço nas competências e uma revisão importante dos sistemas de educação e de aprendizagem ao longo da vida. Implicará também a concessão de novos direitos sociais para acompanhar a evolução do mundo do trabalho."

Nas respectivas conclusões, o Livro Branco propugna que "As novas normas relativas à defesa do consumidor, do ambiente e da saúde e segurança no trabalho deixam de ser objeto de uma harmonização aprofundada, passando a limitar-se ao mínimo estritamente necessário."

2.3. Diretiva relativa a condições de trabalho transparentes e previsíveis na União Europeia de 2019

Como último destaque transnacional, vale anotar que, em 2019, o Parlamento Europeu aprovou diretiva que introduziu um conjunto de direitos aos trabalhadores de plataformas digitais. A norma se destina, sobretudo, às pessoas com contratos de trabalho atípicos ou não tradicionais, assegurando direitos mínimos aos trabalhadores.[20] Chama a atenção o segundo considerando do documento oficial. Confira-se, com destaques:

> O Princípio n. 5 do Pilar Europeu dos Direitos Sociais, proclamado em Gotemburgo em 17 de novembro de 2017, prevê que, *independentemente do tipo e da duração da relação de trabalho, os trabalhadores têm direito a um tratamento justo e equitativo em matéria de condições de trabalho, acesso à proteção social e formação*, devendo ser promovida a transição para modelos de emprego por tempo indeterminado; que, em conformidade com a legislação e com os acordos coletivos, assegurem a flexibilidade necessária para permitir que os empregadores se *adaptem rapidamente às evoluções do contexto económico; que se promovam formas inovadoras de trabalho que garantam condições de trabalho de qualidade, que o empreendedorismo e o trabalho por conta própria sejam incentivados e que a mobilidade profissional seja facilitada*. Por fim, prevê que as relações de trabalho conducentes a condições de trabalho precárias devem ser evitadas, nomeadamente através da proibição da utilização abusiva de contratos atípicos, e que qualquer período experimental deve ter uma duração razoável.

Trazidos alguns parâmetros internacionais, notícias de cenários apartados, descortinarão com maior precisão os caminhos que vêm sendo trilhados no direito comparado.

2.4. Estados Unidos

Os Estados Unidos enfrentaram nos últimos anos uma série de ações coletivas em que o enquadramento jurídico do vínculo estabelecido entre trabalhadores e plataformas digitais foi tema central da discussão.

Em Nova York, após crescentes protestos dos motoristas de aplicativos, a Comissão de Táxis e Limusines votou, em 2018, pelo estabelecimento do salário mínimo para os motoristas dos aplicativos Uber e Lyft.[21]

No mesmo ano, na Califórnia, a Suprema Corte, em julgamento do caso Dynamex *versus* Operations West Inc.[22], passou a adotar o teste ABC para classificar os trabalhadores como autônomos. Assim como no Brasil o artigo 3º da CLT dispõe sobre os requisitos caracterizadores da relação de emprego, a Corte Superior californiana propunha o "teste ABC" a investigar elementos configuradores, ou não, da própria autonomia do trabalhador. Neste contexto, para o trabalhador ser considerado autônomo, necessário: (i) não estar sob direção ou controle do contratante durante a execução dos serviços; (ii) não desempenhar atividade inserida no negócio principal da contratante; e (iii) realizar, de forma habitual e independente, a prestação de serviços.[23] Após o impactante precedente, em janeiro de 2020, o Estado da Califórnia aprovou o projeto de lei Bill 5, também chamado AB-5 incorporando na legislação trabalhista o *ABC Test*.

---

(20) Disponível em: <https://www.europarl.europa.eu/doceo/document/A-8-2018-0355-AM-134-134_PT.pdf?redirect>. Acesso em: 7 abr. 2021.

(21) Nova York aprova limite de licenças para motoristas de Uber e concorrentes. *G1.globo*, 2018. Disponível em: <https://g1.globo.com/economia/noticia/2018/08/09/nova-york-aprova-limite-de-licencas-para-motoristas-de-uber-e-concorrentes.ghtml>. Acesso em: 2 abr. 2021.

(22) Disponível em: <https://scocal.stanford.edu/opinion/dynamex-operations-west-inc-v-superior-court-34584>. Acesso em: 7 abr. 2021.

(23) STATE OF CALIFORNIA. Opinion n. S222732. Requerente: Dynamex Operations West, Inc. Requerido: Superior Court of Los Angeles County. Juiz: C. J. Cantil-Sakauye. Los Angeles, 30 abr. 2018. Disponível em: <https://law.justia.com/cases/california/supreme-court/2018/ s222732.html>. Acesso em: 2 abr. 2021.

O projeto teve como base a análise realizada pela Suprema Corte estadual, por entender que a fraude na classificação dos trabalhadores seria consideravelmente prejudicial aos mesmos, com sensível redução de proteção legal, implicando outras consequências negativas como violação de concorrência justa e diminuição da capacidade arrecadatória do Estado.[24]

No final do ano de 2020 surgiu a proposta n. 22, votada como plebiscito pela população da Califórnia, oportunidade em que a maioria entendeu que os trabalhadores não deveriam ser tratados como empregados, não obstante inegavelmente sustentarem direitos mínimos como: piso de contraprestação enquanto os passageiros estejam em seus carros, subsídio de saúde, seguro contra acidentes, dentre outros.

2.5. Reino Unido

Em março de 2021 a empresa Uber do Reino Unido anunciou que passará a conceder salário mínimo e férias remuneradas a todos os seus motoristas, os quais representam cerca de setenta mil colaboradores cadastrados. Na prática, isso significa que a Uber do Reino Unido vai reclassificar seus motoristas como *"workers"*, categoria intermediária existente na legislação britânica, a qual configura-se meio termo entre o empregado e autônomo.

A iniciativa da empresa tecnológica se deu em razão de recente decisão judicial proferida pela Suprema Corte do Reino Unido[25] que, em fevereiro de 2021, reconheceu direitos trabalhistas aos motoristas que ingressaram com ação judicial. O conjunto de direitos reconhecidos aos *"workers"* é muito próximo àqueles ofertados pela empresa Uber na citada proposta 22 votada como plebiscito pela população da Califórnia.

No caso decidido no Reino Unido, a Suprema Corte considerou como jornada também o período iniciado pelo acionamento do aplicativo pelo motorista, pouco importando se o tempo seja de aguardo, ou atendimento efetivo. O fato é que, também no Reino Unido, os motoristas receberão, pelo menos, salário mínimo, férias remuneradas e plano de pensões, mesmo sem se configurar o idealizado vínculo empregatício, ao passo em que, no Brasil, os motoristas de aplicativo não têm qualquer proteção social.

2.6. França

Enquanto os Estados Unidos e Reino Unido avançam reconhecendo caminho intermediário, na França o binômio vínculo ou autonomia parece ser mais resistente.

Em recente decisão, a Cour de Cassation entendeu que o motorista da empresa Uber não poderia ser considerado como trabalhador autônomo, em razão de não definir o perfil dos seus clientes ou valores, tornando-se subordinado à organização da contratante.

Curiosamente, a Corte francesa, ao classificar o profissional como trabalhador "não autônomo", o vínculo empregatício restou declarado por exclusão, uma vez inexistir, até o momento, legislação que proteja os motoristas de aplicativo[26].

(24) KALIL, Renan Bernardi. *A regulação do trabalho via plataformas digitais*. São Paulo: Blucher, 2020. p. 226.

(25) O voto do relator. Disponível em: <https://www.conjur.com.br/dl/suprema-corte-britanica-reconhece.pdf>. Acesso em: 7 abr. 2021.

(26) Disponível em: <https://www.courdecassation.fr/jurisprudence_2/chambre_sociale_576/374_4_44522.html>. Acesso em: 7 abr. 2021.

Confira-se a ementa: Justifie légalement sa décision une cour d'appel qui, pour qualifier de contrat de travail la relation entre un chauffeur VTC et la société utilisant une plate-forme numérique et une application afin de mettre en relation des clients et des chauffeurs exerçant sous le statut de travailleur indépendant, retient:

1°) que ce chauffeur a intégré un service de prestation de transport créé et entièrement organisé par cette société, service qui n'existe que grâce à cette plate-forme, à travers l'utilisation duquel il ne constitue aucune clientèle propre, ne fixe pas librement ses tarifs ni les conditions d'exercice de sa prestation de transport,

2°) que le chauffeur se voit imposer un itinéraire particulier dont il n'a pas le libre choix et pour lequel des corrections tarifaires sont appliquées si le chauffeur ne suit pas cet itinéraire,

3°) que la destination finale de la course n'est parfois pas connue du chauffeur, lequel ne peut réellement choisir librement, comme le ferait un chauffeur indépendant, la course qui lui convient ou non,

4°) que la société a la faculté de déconnecter temporairement le chauffeur de son application à partir de trois refus de courses et que le chauffeur peut perdre l'accès à son compte en cas de dépassement d'un taux d'annulation de commandes ou de signalements de "comportements problématiques", et déduit de l'ensemble de ces éléments l'exécution d'un travail sous l'autorité d'un employeur qui

Neste sentido, após a publicação da referida decisão, a ministra do trabalho, Muriel Pénicaud, destacou a necessidade de encontrar um novo quadro jurídico que proteja os trabalhadores, empregados ou autônomos. Asseverou a ministra que: *"Até hoje estávamos numa situação um pouco confusa, já que os trabalhadores da plataforma, em sua grande maioria, querem ser independentes e ter liberdade, mas eles também querem, com razão, proteções"*.(27)

2.7. Itália

A dificuldade de enquadrar o mundo fático dentro dos institutos jurídicos existentes fez com que o ordenamento jurídico italiano criasse a figura intermediária da parassubordinação, introduzida pela Lei Biaggi.(28)

No Brasil, a parassubordinação é um conceito ainda em construção, muitas vezes resistido pela jurisprudência trabalhista. A referida modalidade não se confunde com a autonomia, tampouco com a subordinação e parte do princípio da colaboração e coordenação entre os sujeitos envolvidos na relação laboral, em zona grise, cinzenta, ou zona fronteiriça, de difícil classificação, seja como empregado ou como não empregado.

Mais recentemente, o governo italiano promulgou em 22 de maio de 2017, a Lei n. 81 para normatizar o chamado *smartworking*, forma de trabalho que se apresenta como consequência da expansão das novas tecnologias, em modelo contratual mais "leve", com intuito de harmonizar de modo eficiente o tempo de trabalho e de vida de cada um. Seria uma espécie de exercício de trabalho subordinado, com indiscutível redução de custos na organização empresarial, já que o trabalhador pode desempenhar as atividades que lhe forem designadas onde bem entender, da maneira que lhe for mais conveniente. Os instrumentos jurídicos italianos servem de parâmetro para as negociações coletivas e intencionam garantir direitos mínimos, entre eles, o da desconexão.

Especificamente com relação aos trabalhadores de plataforma digital, o Decreto Legislativo de 15 de junho de 2015(29), alterado pelo Decreto-Lei de 3 de setembro de 2019, n. 101, convertido, com alterações, na Lei n. 128, de 2 de novembro de 2019, prevê regras de proteção do trabalho, em particular, da atividade laboral de entregadores (os chamados riders).

A disciplina atual atribui proteções diferenciadas aos trabalhadores de aplicativo, dependendo se a atividade seja subordinada, ou não, conforme o art. 47-bis do dispositivo legal(30). Inclusive, em outubro de 2000, a respeito, foi publicada a circular n. 7 da Inspeção Nacional do Trabalho, regulamentando tratamento diferenciado a depender do regime de contratação.(31)

Com dupla de possibilidades legítimas de enquadramento jurídico, ou seja, com ou sem vínculo subordinado, na Itália, por exemplo, os motoristas da Just Eat tornaram-se, espontaneamente, trabalhadores empregados a partir de acordo coletivo firmado entre Just Eat Takeway.com Express Italy Srl e os sindicatos Cgil, Cisl, Uil, de transporte e trabalhadores atípicos. A norma negociada prevê recibos de pagamento de salário, férias, proteção

---

a le pouvoir de donner des ordres et des directives, d'en contrôler l'exécution et de sanctionner les manquements et que, dès lors, le statut de travailleur indépendant du chauffeur était fictif.

(27) Em decisão histórica, Justiça da França reconhece motorista de Uber como funcionário. *RFI*, 2020. Disponível em: <https://www.rfi.fr/br/fran%C3%A7a/20200305-em-decis%C3%A3o-hist%C3%B3rica-justi%C3%A7a-da-fran%C3%A7a-reconhece-motorista-de-uber-como-funcion%C3%A1rio>. Acesso em: 2 abr. 2021.

(28) PEDREIRA, Luiz de Pinho. Da velha parassubordinação ao novo contrato de trabalho a projeto. *Esmat* 13, 2007. Disponível em: <http://www.esmat13.com.br/artigos/da%2520velha%2520parassubordinacao%2520ao%2520novo%2520contrato%2520de%2520trabalho%2520a%2520projeto/314>. Acesso em: 4 abr. 2021.

(29) Disponível em: <https://www.cliclavoro.gov.it/Normative/Decreto_Legislativo_15_giugno_2015_n.81.pdf>. Acesso em: 7 abr. 2021.

(30) Art. 47-bis. Scopo, oggetto e ambito di applicazione (32) 1. Al fine di promuovere un'occupazione sicura e dignitosa e nella prospettiva di accrescere e riordinare i livelli di tutela per i prestatori occupati con rapporti di lavoro non subordinato, le disposizioni del presente Capo stabiliscono livelli minimi di tutela per i lavoratori impiegati nelle attività di consegna di beni per conto altrui, in ambito urbano e con l'ausilio di velocipedi o veicoli a motore di cui all'articolo 47, comma 2, lettera a), del decreto legislativo 30 aprile 1992, n. 285 attraverso piattaforme anche digitali. 2. Ai fini del presente decreto si considerano piattaforme digitali i programmi e le procedure informatiche delle imprese che, indipendentemente dal luogo di stabilimento, organizzano le attività di consegna di beni, fissandone il prezzo e determinando le modalità di esecuzione della prestazione.

(31) Disponível em: <https://www.cliclavoro.gov.it/Normative/Circolare-n7-30-10-2020.pdf>. Acesso em: 7 abr. 2021.

contra doenças e acidentes e até remuneração por produtividade.

2.8. Espanha: Lei n. 20/2007

Desde 2007, a Espanha aprovou o Estatuto do Trabalho Autonomo[32], prevendo dois tipos de autônomos, o autônomo clássico e o economicamente dependente. Os últimos seriam aqueles que realizam atividade econômica ou profissional lucrativa de forma habitual, pessoal, direta e predominantemente para uma pessoa física ou jurídica, o cliente, do qual aufiram ao menos 75% dos seus ganhos. Assim, a lei presume que o trabalhador economicamente dependente tenha a maioria da sua retribuição de trabalho provinda de um só cliente.[33]

Os trabalhadores autônomos economicamente dependentes, comumente denominados "TRADE", são formalmente reconhecidos também pela Organização Internacional do Trabalho, como trabalhadores atípicos, tal qual os terceirizados, temporários e trabalhadores a tempo parcial.[34]

Fato é que, com a instituição da referida lei, o legislador conferiu aos trabalhadores autônomos, direitos trabalhistas individuais e coletivos. No que se refere aos direitos coletivos, a lei garante ao trabalhador direitos básicos como a filiação a um sindicato empresarial da sua escolha e a fundação de entidades sindicais próprias.[35]

Em relação aos direitos individuais, foram assegurados direitos relacionados a: (i) propriedade econômica e intelectual; (ii) igualdade, intimidade e dignidade; (iii) proteção adequada da saúde e segurança do trabalho; (iv) pontual remuneração nos termos pactuados; (v) assistências e prestações sociais e (vi) acesso aos meios extrajudiciais de solução de conflitos.[36]

Mesmo tendo previsão legal de três tipos de trabalhadores, autônomos, subordinados e economicamente dependentes, a decisão havida no processo 2807914991202010002, julgado pelo Tribunal Supremo, Sala de lo Social, em 25 de setembro de 2020 não foi simples.[37]

Segundo os termos da decisão, a classificação dos modelos de trabalho espanhol não parece capaz de acolher com objetividade a prestação de serviços por meio de plataformas digitais. A Corte, portanto, não reconheceu tais trabalhadores como autônomos — ordinários ou economicamente dependentes. Ao revés, o Tribunal Supremo reconheceu que a relação formalizada entre um entregador e uma plataforma de *delivery* seria notadamente um vínculo de emprego.

2.9. Portugal

Portugal promulgou em agosto de 2018 a Lei n. 45/2018[38] visando estabelecer o regime jurídico da atividade de transporte individual e remunerado de passageiros em veículos a partir de plataforma eletrônica. Não se aplica à mencionada lei as plataformas que sejam somente agregadoras de serviços, que não definam os termos e condições de um modelo de negócio próprio, as atividades de partilha de veículos sem fim lucrativo (*carpooling*) e o aluguel de veículo sem condutor de curta duração com características de partilha (*carsharing*), organizadas, ou não, por plataformas eletrônicas.

Entre várias questões que a lei tenta organizar, o normativo prevê o dever dos operadores de plataformas eletrônicas garantirem tempo máximo de repouso e descanso. Confira-se:

> Artigo 13º
>
> Duração da atividade
>
> 1 — Os motoristas de transporte em veículo descaracterizado a partir de plataforma eletrónica (TVDE)

---

(32) BOE de 12 de julho de 2007, n. 166.

(33) NASCIMENTO, Amauri Mascaro. *O autônomo dependente econômico na nova lei da Espanha.* Disponível em: <https://calvo.pro.br/wp-content/uploads/2020/06/386914130-Amauri-Mascaro-Nascimento-Autonomo-Dependente.pdf>. Acesso em: 3 abr.2021.

(34) Disponível em: <https://www.ilo.org/wcmsp5/groups/public/---dgreports/---dcomm/---publ/documents/publication/wcms_534518.pdf>. Acesso em: 7 abr. 2021.

(35) Para mais informações sobre o tema, ver: ALMEIDA, Fernanda Cabral de; BARROS, Isabela Pimentel de. *Estatuto do trabalho autônomo da Espanha*: um modelo para o Brasil? Curitiba: Juruá, 2020.

(36) VALLEJO, Pilar Rivas. *O estatuto do trabalho autônomo*: uma revolução na regulamentação do trabalho dependente na Espanha. Disponível em: <https://juslaboris.tst.jus.br/bitstream/handle/20.500.12178/73983/2007_vallejo_pilar_estatuto_trabalho.pdf?sequence=1&isAllowed=y>. Acesso em: 4 abr. 2021.

(37) Disponível em: <https://www.poderjudicial.es/search/openDocument/05986cd385feff03>. Acesso em: 7 abr. 2021.

(38) Disponível em: <https://dre.pt/home/-/dre/115991688/details/maximized>. Acesso em: 7 abr. 2021.

não podem operar veículos de TVDE por mais de dez horas dentro de um período de 24 horas, independentemente do número de plataformas nas quais o motorista de TVDE preste serviços, sem prejuízo da aplicação das normas imperativas, nomeadamente do Código do Trabalho, se estabelecerem período inferior.

2 — Os operadores de plataformas eletrónicas devem implementar mecanismos que garantam o cumprimento dos limites referido no número anterior.

3 — As plataformas eletrónicas devem conservar durante dois anos os registos de atividade dos operadores TVDE, motoristas e veículos, de acordo com o seu número único de registo de motorista de TVDE.

A atividade, não obstante inexistência de vínculo de emprego, é fiscalizada por órgãos como "Autoridade para as Condições do Trabalho". Ademais, o normativo prevê a aplicação de leis protetoras dos consumidores. Em outras palavras: mais um caso de meio termo, de flexibilização com proteção, de caminho do meio.

Os exemplos, em verdade — todos eles — são apenas referências para se tentar validar o que ora se defende. Vários países têm se preocupado com aspectos variados das relações que se estabelecem no âmbito das plataformas digitais. Parece incontestável que se vive uma verdadeira época de transição entre o emprego e a autonomia, em que uma legião de trabalhadores buscam proteção social em modelo que lhes garanta atendimento às necessidades mínimas.

O aprisionamento a um modelo ultrapassado que exija opção inarredável entre o contrato de trabalho com subordinação absoluta e o contrato autônomo de prestação de serviços, sem que se explore a possibilidade de construção de outros tipos contratuais ou relacionais entre os atores sociais envolvidos parece ser uma péssima opção.[39]

3. *Notícias daqui de dentro...*

No Brasil, o motorista de aplicativo não tem qualquer direito trabalhista assegurado por lei especial, não obstante existirem alguns projetos de lei que ostentem bandeiras em favor destes trabalhadores.

Em 2019, o Congresso se voltou para a discussão envolvendo a prestação de serviços por meio de plataformas digitais. Inicialmente, as tentativas de regulamentação tiveram como foco o percentual de cobrança de comissões, com destaque para os Projetos de Lei n. 448/2019, n. 2.255/2019 e n. 58/2020. A regulação de seguro pessoal foi ponto marcante nos Projetos de Lei n. 3.498/2019, n. 5.795/2019 e n. 6.110/2019. Ato contínuo, os Projetos de Lei n. 5.069/2019, n. 5.622/2019, n. 6.015/2019 e n. 6.423/2019 previam explicitamente a configuração do vínculo empregatício entre o motorista e a empresa detentora da plataforma digital.

Neste ínterim, ganhou destaque manifestação espontânea dos entregadores, movimento apelidado como "Breque dos APPS". Coincidentemente, ou não, são contemporâneos ao movimento, projetos de lei bem mais abrangentes, tais como o PL n. 3.570/2020 referente à proteção dos trabalhadores de aplicativos de transporte individual privado ou entrega de mercadorias e os PLs n. 3.748/2020 e n. 3.754/2020 que tratam sobre o regime de trabalho sob demanda.

O Projeto de Lei n. 3.748/2020, especialmente, que classifica o "trabalho sob demanda", tal como se observa nos modelos narrados dos Estados Unidos e Reino Único, por exemplo, prevendo a regulamentação de alguns direitos trabalhistas e proteção social, independentemente do *status* do trabalhador não implicar vínculo de emprego. O texto legal proposto determina a estipulação de valor a ser pago por hora de trabalho, não inferior ao piso ou ao salário mínimo, incorporando à remuneração um pagamento propor-

(39) "El desafío de localizar, contratar y retener a trabajadores cualificados está presente a escala internacional, en todos los sectores y niveles salariales. Los cambios en el conocimiento, la educación y la formación a menudo dan lugar a que los empleados con las cualificaciones más adecuadas no se ubiquen en el mismo lugar que los puestos de trabajo. La escasez de cualificaciones adecuadas para el mundo del trabajo ya está causando problemas, incluso en aquellos puestos para los que se requiere poca experiencia. Dirigentes empresariales de distintas regiones expresan su preocupación y manifiestan que cada vez resulta más difícil contratar a personas con las cualificaciones necesarias. El 40% de los empleadores señalaron la escasez de competencias adecuadas como la principal causante de vacantes en puestos para los que se requiere poca experiencia. Por otro lado, el 60% de los encuestados indicaron que los recién graduados no contaban con la preparación adecuada para los puestos de trabajo actuales. La mayoría de los dirigentes empresariales consideraron que la adaptación de los planes de estudios a las necesidades de la economía proporcionaría a las empresas los empleados con las cualificaciones requeridas. Además, los empleadores desean que las empresas desempeñen un papel activo en la configuración de los sistemas educativos con miras a impulsar las cualificaciones" (*Transformación Empresarial — Nuevas Oportundiades para las Organizaciones Empresariales (2019)* Resumo Executivo IOE/OIT. Disponível em:<www.ilo.org>. Acesso em: 7 abr. 2021.

cional de férias e 13º salário, além de benefícios como seguro-desemprego e salário-maternidade.

Enquanto tramitam em distintos estágios o tanto de projetos de lei existentes sobre o tema, no Rio de Janeiro, em surpreendente usurpação de competência e aparente inconstitucionalidade formal, foi publicado o Decreto Municipal n. 48.612/2021 regulamentando os artigos 11-A e 11-B da Lei Federal n. 12.587/2012 de diretrizes da Política Nacional de Mobilidade Urbana, para disciplinar os serviços de transporte individual privado de passageiros oferecidos por aplicativos e plataformas de comunicação e o uso intensivo do sistema viário urbano do município.

Segundo a norma, o oferecimento dos referidos serviços deverá observar diretrizes múltiplas como, por exemplo, a garantia de segurança e conforto durante os deslocamentos das pessoas e o estímulo ao uso do transporte público e aos meios alternativos de transporte individual, menos poluentes. De acordo com a regra municipal, somente poderá prestar serviços o motorista credenciado que atenda aos seguintes requisitos: (i) contrate seguro de acidentes pessoais a passageiros (APP) e seguro de responsabilidade civil facultativa (RC-F), nos limites mínimos definidos pela SUSEP (Superintendência de Seguros Privados), além do seguro obrigatório de danos pessoais causados por veículos automotores de vias terrestres (DPVAT); (ii) inscreva-se como contribuinte individual do Instituto Nacional do Seguro Social (INSS), nos termos da alínea h do inciso V do art. 11 da Lei n. 8.213, de 24 de julho de 1991, apresentando espelho da inscrição do CNIS (Cadastro Nacional de Informações Sociais) com ocupação de motorista; (iii) possua Carteira Nacional de Habilitação na categoria B ou superior que contenha a informação de que exerce atividade remunerada; (iv) conduza veículo com idade máxima de 10 anos; (v) emita o Certificado de Registro e Licenciamento de Veículo (CRLV); e (vi) apresente certidão negativa de antecedentes criminais do 1º, 2º, 3º e 4º ofício distribuidor criminal, com finalidade: "trabalhador em app", na forma do art. 329 da Lei n. 9.503/97.

Em que pese a regulamentação não versar sobre direitos trabalhistas, o referido decreto não deixa de ilustrar mais um alerta sobre a necessidade de regulamentação deste modelo de prestação de serviços.

Na jurisprudência nacional, principalmente nos tribunais superiores, não há registros que contribuam com a construção de um projeto de inclusão social viável e racional a beneficiar tais trabalhadores.

No conflito de competência negativo de número 164.544 — MG (2019/0079952-0), o Superior Tribunal de Justiça precocemente concluiu que os motoristas de aplicativo não manteriam relação hierárquica com a empresa Uber, fixando o entendimento segundo o qual os serviços seriam prestados de forma eventual; sem jornada preestabelecida ou salário fixo, características aptas a afastar o reconhecimento do vínculo de emprego.[40]

O Tribunal Superior do Trabalho tem se posicionado sobre o tema. Em 4 de março de 2021 foi publicado acórdão da quarta turma da Corte Superior, de relatoria do Ministro Ives Gandra Martins Filho. A decisão, com fundamentos bastante robustos, negou o reconhecimento de vínculo de emprego ao trabalhador.[41] Em verdade, o mesmo colegiado, em

(40) O endereço do sítio de internet do respectivo tribunal assim noticiou: "Motorista de aplicativo é trabalhador autônomo, e ação contra empresa compete à Justiça comum". *STJ*, 2019. Disponível em: <https://www.stj.jus.br/sites/portalp/Paginas/Comunicacao/Noticias/Motorista-de-aplicativo-e-trabalhador-autonomo--e-acao-contra-empresa-compete-a-Justica-comum.aspx>. Acesso em: 2 abr. 2021.

(41) Processo n. RR-0010555-54.2019.5.03.0179.
Órgão Judicante — 4ª Turma
RECURSO DE REVISTA OBREIRO — VÍNCULO DE EMPREGO ENTRE O MOTORISTA DE APLICATIVO E A EMPRESA PROVEDORA DA PLATAFORMA DE TECNOLOGIA DA INFORMAÇÃO (UBER) — IMPOSSIBILIDADE DE RECONHECIMENTO DIANTE DA AUSÊNCIA DE SUBORDINAÇÃO JURÍDICA — TRANSCENDÊNCIA JURÍDICA RECONHECIDA — RECURSO DESPROVIDO.
1. Avulta a transcendência jurídica da causa (CLT, art. 896-A, § 1º, IV), na medida em que o pleito de reconhecimento do vínculo de emprego envolvendo os recentes modelos de contratação firmados entre motoristas de aplicativo e empresas provedoras de plataformas de tecnologia por eles utilizadas ainda é nova no âmbito desta Corte, demandando a interpretação da legislação trabalhista em torno da questão.
2. Ademais, deixa-se de aplicar o óbice previsto na Súmula n. 126 desta Corte, uma vez que os atuais modelos de contratação firmados entre as empresas detentoras da plataforma de tecnologia (Uber) e os motoristas que delas se utilizam são de conhecimento público e notório (art. 374, I, do CPC) e consona com o quadro fático delineado pelo Regional.
3. Em relação às novas formas de trabalho e à incorporação de tecnologias digitais no trato das relações interpessoais — que estão provocando uma transformação profunda no Direito do Trabalho, mas carentes ainda de regulamentação legislativa específica — deve o Estado-Juiz, atento a essas mudanças, distinguir os novos formatos de trabalho daqueles em que se está diante de

acórdão da lavra do ministro Alexandre Luiz Ramos, prolatado no AIRR 10575-88.2019.5.03.0003 já havia se posicionado contra a existência de vínculo de emprego entre um motorista e o aplicativo Uber. No primeiro acórdão, em face do teor da Súmula n. 126 do TST, foi mantido o entendimento consagrado na decisão recorrida quanto ao reconhecimento da ampla autonomia na prestação de serviços, ao fato de ser do trabalhador o ônus da atividade econômica e à ausência de subordinação do obreiro com a reclamada.

No mesmo sentido, a quinta turma da Corte também decidiu em sentido semelhante, confira-se:

> AGRAVO DE INSTRUMENTO EM RECURSO DE REVISTA. ACÓRDÃO PUBLICADO NA VIGÊNCIA DA LEI N. 13.015/2014. VÍNCULO DE EMPREGO. MOTORISTA. UBER. AUSÊNCIA DE SUBORDINAÇÃO. Em razão de provável caracterização de ofensa ao art. 3º da CLT, dá-se provimento ao agravo de instrumento para determinar o prosseguimento do recurso de revista. Agravo de instrumento provido. RECURSO DE REVISTA. ACÓRDÃO PUBLICADO NA VIGÊNCIA DA LEI N. 13.015/2014. VÍNCULO DE EMPREGO. MOTORISTA. UBER. AUSÊNCIA DE SUBORDINAÇÃO. TRANSCENDÊNCIA JURÍDICA RECONHECIDA. Destaque-se, de início, que o reexame do caso não demanda o revolvimento de fatos e provas dos autos, isso porque a transcrição do depoimento pessoal do autor no acórdão recorrido contempla elemento fático hábil ao reconhecimento da confissão quanto à autonomia na prestação de serviços. Com efeito, o reclamante admite expressamente a possibilidade de ficar *"off-line"*, sem delimitação de tempo, circunstância que indica a ausência completa e voluntária da prestação dos serviços em exame, que só ocorre em ambiente virtual. Tal fato traduz, na prática, a ampla flexibilidade do autor em determinar sua rotina, seus horários de trabalho, locais que deseja atuar e quantidade de clientes que pretende atender por dia. Tal autodeterminação é incompatível com o reconhecimento da relação de emprego, que tem como pressuposto básico a subordinação, elemento no qual se funda a distinção com o trabalho autônomo. Não bastasse a confissão do reclamante quanto à autonomia para o desempenho de suas atividades, é fato incontroverso nos autos que o reclamante aderiu aos serviços de intermediação digital prestados pela reclamada, utilizando-se de aplicativo que oferece interface entre motoristas previamente cadastrados e usuários dos serviços. Dentre os termos e condições relacionados aos referidos serviços, está a reserva ao motorista do equivalente a 75% a 80% do valor pago pelo usuário, conforme consignado pelo e. TRT. O referido percentual revela-se superior ao que esta Corte vem admitindo como bastante à caracterização da relação de parceria entre os envolvidos, uma vez que o rateio do valor do serviço em alto percentual a uma das partes evidencia vantagem remuneratória não condizente com o liame de emprego. Precedentes. Recurso de revista conhecido e provido. (TST — RR: 10001238920175020038, Relator: Breno Medeiros, Data de Julgamento: 05.02.2020, 5ª Turma, Data de Publicação: DEJT 7.2.2020)

uma típica fraude à relação de emprego, de modo a não frear o desenvolvimento socioeconômico do país no afã de aplicar regras protetivas do direito laboral a toda e qualquer forma de trabalho. 4. Nesse contexto, analisando, à luz dos arts. 2º e 3º da CLT, a relação existente entre a Uber e os motoristas que se utilizam desse aplicativo para obterem clientes dos seus serviços de transporte, tem-se que: a) quanto à habitualidade, inexiste a obrigação de uma frequência predeterminada ou mínima de labor pelo motorista para o uso do aplicativo, estando a cargo do profissional definir os dias e a constância em que irá trabalhar; b) quanto à subordinação jurídica, a par da ampla autonomia do motorista em escolher os dias, horários e forma de labor, podendo desligar o aplicativo a qualquer momento e pelo tempo que entender necessário, sem nenhuma vinculação a metas determinadas pela Uber ou sanções decorrentes de suas escolhas, a necessidade de observância de cláusulas contratuais (*v.g.*, valores a serem cobrados, código de conduta, instruções de comportamento, avaliação do motorista pelos clientes), com as correspondentes sanções no caso de descumprimento (para que se preserve a confiabilidade e a manutenção do aplicativo no mercado concorrencial), não significa que haja ingerência no modo de trabalho prestado pelo motorista, reforçando a convicção quanto ao trabalho autônomo a inclusão da categoria de motorista de aplicativo independente, como o motorista da Uber, no rol de atividades permitidas para inscrição como Microempreendedor Individual — MEI, nos termos da Resolução n. 148/2019 do Comitê Gestor do Simples Nacional; c) quanto à remuneração, o caráter autônomo da prestação de serviços se caracteriza por arcar, o motorista, com os custos da prestação do serviço (manutenção do carro, combustível, IPVA), caber a ele a responsabilidade por eventuais sinistros, multas, atos ilícitos ocorridos, dentre outros (ainda que a empresa provedora da plataforma possa a vir a ser responsabilizada solidariamente em alguns casos), além de os percentuais fixados pela Uber, de cota parte do motorista, entre 75% e 80% do preço pago pelo usuário, serem superiores ao que este Tribunal vem admitindo como suficientes a caracterizar a relação de parceria entre os envolvidos. 5. Já quanto à alegada subordinação estrutural, não cabe ao Poder Judiciário ampliar conceitos jurídicos a fim de reconhecer o vínculo empregatício de profissionais que atuam em novas formas de trabalho, emergentes da dinâmica do mercado concorrencial atual e, principalmente, de desenvolvimentos tecnológicos, nas situações em que não se constata nenhuma fraude, como é o caso das empresas provedoras de aplicativos de tecnologia, que têm como finalidade conectar quem necessita da condução com o motorista credenciado, sendo o serviço prestado de motorista, em si, competência do profissional e apenas uma consequência inerente ao que propõe o dispositivo. 6. Assim sendo, não merece reforma o acórdão regional que não reconheceu o vínculo de emprego pleiteado na presente reclamação, sob o fundamento de ausência de subordinação jurídica entre o motorista e a empresa provedora do aplicativo Uber. Recurso de revista desprovido.

Para o Tribunal Superior do Trabalho, portanto, o atual conceito de relação de emprego, disposto em lei, tem como padrão a relação clássica de trabalho industrial, comercial e de serviço, devendo, neste sentido, as novas formas de trabalho serem reguladas por lei própria. Enquanto o legislador não a edita, no entendimento da Corte Superior, não poderá o Judiciário aplicar indiscriminadamente o padrão de vínculo empregatício.

4. *Caminhos não percorridos que já constam do GPS*

O caminho que perpassa por arrefecer a dicotomia das relações de trabalho já tem sido sinalizado há algum tempo. A necessidade de transformação do direito do trabalho vem sendo reiteradamente defendida mundo afora, e pode ser conquistada Brasil adentro mediante duas soluções possíveis, construídas com ingredientes que já possuímos, por sinal.

4.1. A interpretação evolutiva da Constituição

O Estado figura como sujeito de obrigações e tarefas, dentre as quais a de não deixar as pessoas sofrerem desnecessariamente, devendo garantir um nível mínimo de renda e prover a segurança dos cidadãos.(42)

O primeiro caminho que sustenta a tese segundo a qual, no Brasil, o motorista de aplicativo já deteria direitos mínimos trabalhistas perpassa por uma leitura atenta da Constituição Federal e revela uma história de autocontenção injustificável em prejuízo dos atores sociais envolvidos.

O artigo 7º da Constituição Federal(43) visa garantir direitos dos trabalhadores sem restringir sua caracterização, ou seja, o dispositivo dirige-se a TODOS os trabalhadores, independentemente de possuírem, ou não, vínculo empregatício. Nestes moldes, em consonância com a força normativa da Constituição(44), os direitos elencados na respectiva norma já acolhem e protegem os trabalhadores, ou seja, os motoristas de aplicativo, ostentem ou não uma relação de emprego.

A aderência do mencionado dispositivo ao patrimônio jurídico de cada tipo potencial de destinatário, logicamente, repercutirá implicações no que diz respeito ao acolhimento previdenciário e mesmo à extensão e profundidade dos próprios direitos trabalhistas assegurados, alguns deles direcionados particularmente ao empregador *stricto sensu*, como o importante seguro consignado no inciso XXVIII, que prevê "seguro contra acidentes de trabalho, a cargo do *empregador*, sem excluir a indenização a que este está obrigado, quando incorrer em dolo ou culpa".

A questão é: em que momento se resolveu que os trabalhadores do artigo 7º do texto constitucional seriam *apenas* aqueles empregados? Por qual razão a restrição argumentativa e gratuita de direitos fundamentais(45)? De onde tiramos esta resiliência desprovida de justificativa razoável? Enfim. A questão parece ser de singela hermenêutica ou de "autoestima", para os que tenham um viés psicológico da coisa.

É interessante notar que, nos eventos de litigância, os motoristas de aplicativo acabam por ingressar na justiça do trabalho para pleitear o reconhecimento de vínculo de emprego em face da plataforma digital, em empreitadas do estilo "tudo ou nada", como se o direito do trabalho dependesse exclusivamente do vínculo empregatício, como se a CLT se identificasse com toda a existência de proteção trabalhista do ordenamento nacional. A opção parece um tanto drástica. Mais apropriado seria se tais trabalhadores postulassem direitos mínimos, de natureza trabalhista, ao menos aqueles que possamos extrair de pronto do elenco dos incisos do artigo 7º.

O caminho é mais simples e menos tortuoso do que aquele que tenha a aferição da existência do vínculo como um pedágio inexorável e descontrolado a travar todo o trânsito da estrada.

4.2. A saída associativa

Associações são pessoas jurídicas de direito privado, sem fins lucrativos. Uma associação é instituída

(42) ANTUNES, Ricardo. *O privilégio da servidão*: o novo proletariado de serviços na era digital. 2. ed. São Paulo: Boitempo, 2020. p. 80.

(43) Art. 7º São direitos dos trabalhadores urbanos e rurais, além de outros que visem à melhoria de sua condição social (...) (BRASIL, *Constituição da República Federativa do Brasil*, Brasília, 1988.)

(44) HESSE, Konrad. *A força normativa da constituição*. Porto Alegre: Safe, 2004.

(45) Ver, por todos, a recente obra ROTHENBURG, Walter Claudius. *Direitos sociais são direitos fundamentais:* Simples. Salvador: Juspodivm, 2021.

para a solução de problemas concretos das pessoas associadas, tornando-se instrumento de participação e efetivação da democracia. Em outras palavras, é forma de organização com o objetivo de alcançar benefícios comuns para associados.

A figura do associativismo remonta os primórdios do direito laboral e, paradoxalmente, pode cair muito bem neste momento em que desavisados cogitam, inclusive, a desastrosa extinção do direito trabalhista. A força da coletividade pode representar o renascer em tempos tão delicados, ou seja, uma alternativa viável para conquistar uma sociedade mais justa e igualitária, de modo a incluir os trabalhadores que estejam fora da rede de proteção.

Neste cenário, a saída associativa se revela como um meio de democratizar o instituto jurídico de proteção ao trabalho, para resguardar o mínimo de condições trabalhistas, assegurados a todos os trabalhadores. Uma forma inteligente para uma coletividade profissional conquistar representatividade, sentimento de inclusão, respeito e credibilidade perante empresas tomadoras de serviço e o próprio Estado.

Em outras palavras, é dizer que o associativismo permite a organização de trabalhadores, com ou sem vínculo, para, em conjunto e autonomamente, garantirem relações de trabalho saudáveis, que assegurem direitos e, sobretudo, trabalho digno e decente.

A autorregulação, enquanto o legislativo não age, ilustra mais um caminho libertador.

No ordenamento jurídico brasileiro, a liberdade de associação é ampla e a negociação coletiva não é monopólio dos sindicatos oficiais[46]. Neste sentido, mesmo associações não-sindicais podem, sim, celebrar contratos coletivos atípicos com tomadores de serviços, beneficiando sobretudo os trabalhadores sem vínculo empregatício, justamente a parcela de trabalhadores abarcados em massa pelas novas tecnologias e plataformas digitais.

Cláudio Freitas, em artigo de sua autoria intitulado "A negociação coletiva atípica como novo horizonte da reforma trabalhista"[47], publicado em 8.11.2018, no sítio *Jota*, suscita os seguintes questionamentos acerca do acordo coletivo atípico:

> A questão que se discute é saber, então, se (i) essa modalidade de negociação sem a participação sindical somente vai surgir de maneira subsidiária, ou seja, quando os entes sindicais se negarem a entabular a negociação coletiva e, consequentemente, (ii) se essa negociação pode ser reconhecida dentro de uma nova categoria, ante o aparente monopólio sindical (artigo 8º, VI da CRFB/88).

O autor conclui, acertadamente, (com a ressalva de sua visão sobre o monopólio sindical, com a qual se discorda) que a resposta à primeira pergunta seria negativa e, à segunda, positiva. Afirma, então:

> Dessa forma, é plenamente viável, ao nosso sentir, que sejam reconhecidos os negócios jurídicos atípicos celebrados entre associações de empregados (independentemente se na forma das comissões de representantes de empregados especificamente do artigo 11 da CRFB/88 e dos artigos 510-A ao 510-D da CLT, já que inúmeras são as sociedades empresárias com menos de duzentos empregados) e empregadores, mas nesse caso tendo como embasamento o artigo 104 do Código Civil para apuração de sua validade.

Ou seja, teremos um negócio jurídico não classificado dentro dos moldes de negociação coletiva trabalhista (face ao monopólio sindical), mas que não possui qualquer vedação legal, desde que respeitados os requisitos legais civis mínimos.

De fato, tais negócios jurídicos, sejam chamados de "contratos coletivos", ou "acordos coletivos atípicos", devem ser reconhecidos no ordenamento jurídico brasileiro. A exclusividade sindical para negociação coletiva é irreal. A negociação coletiva realizada pelas associações não sindicais é permitida no Brasil, encontrando respaldo na Constituição Federal de 1988 e no artigo 2º da Convenção n. 154 da OIT, ratificada pelo Brasil.

O caminho ora proposto se confunde um pouco com o histórico da Associação Nacional de Trabalha-

(46) Ver, por todos, TUPINAMBÁ, Carolina; VALVERDE, Marina Novellino. Relações de Trabalho Atípicas e Contratos Atípicos entre Associações Civis e Empresas. In: TUPINAMBÁ, Carolina (Coord.). *As Novas Relações Trabalhistas e o Futuro do Direito do Trabalho:* as novidades provenientes da globalização, de influxos do direito comparado e da internacionalização de contratos laborais. Belo Horizonte: Fórum, 2021.

(47) FREITAS, Cláudio. A negociação coletiva atípica como novo horizonte da reforma trabalhista. *JOTA*. Disponível em: <https://www.jota.info/opiniao-e-analise/colunas/pensando-direito/a-negociacao-coletiva-atipica-como-novo-horizonte-da-reforma-trabalhista-08112018#sdfootnote4sym>. Publicado em 08.11.2018. Acesso em: 9 jan. 2020.

dores Sem Vínculo de Emprego, entidade que preza pela pluralidade de um direito do trabalho habitado por atores diversos, onde ser ou não ser empregado não seja a grande questão[48].

A referida associação tem conquistado interlocução em vários nichos do mercado, buscando diálogo com tomadores de serviços de seus associados. A associação tem firmado contratos relevantes garantindo direitos mínimos a trabalhadores que não ostentem vínculos empregatícios que lhes proporcionem proteção estatal. Muitas vezes, esses contratos coletivos amplamente negociados, asseguram a contratação de seguros, a garantia a desconexão e outros direitos convenientes para a prática do trabalho em plataformas.

5. *"Você chegou ao seu destino"?*

O melhor dos destinos; a conquista de um direito do trabalho habitado por atores diversos. O mundo do trabalho é muito maior de que o mundo do emprego.

No Brasil, infelizmente, o ordenamento jurídico acaba por criar dois "Brasis": um Brasil-tudo e outro Brasil-nada. Ou o trabalhador tem vínculo de emprego reconhecido, podendo desfrutar do fantástico mundo da CLT, com a mais ampla proteção do Estado, ou acaba "fora da jogada". Em outras palavras: vive-se um jogo dicotômico, injusto e desconectado da realidade, no qual a população menos capacitada não consegue emprego, e os superpreparados simplesmente não se interessam pelo modelo tradicional.

O mundo do trabalho efetivamente mudou e a mudança nem veio para ficar, pois, a cada dia, a paisagem se transforma. Os ambientes de trabalho contemporâneos costumam ter menos chefes e mais tutores, menos competitividade e mais colaboração; menos *curriculum*, mais valores intrínsecos.

São processos produtivos que comportam múltiplas formas de trabalho em que a subordinação não mais aparece com clareza e muitas vezes sequer existe, razão pela qual o modelo tradicional de trabalho tem sido substituído por outros mais novos, que precisam ser respeitados, sobretudo, regulados.

Enquanto a regulamentação não vem, com inspiração em experiências internacionais, um caminho do meio pode nos levar com segurança para um estágio social de maior qualidade e sem extremismos.

(48) Disponível em: <www.seem.com.br>.

Novas Tecnologias no Futuro do Trabalho Humano[1]

Eduardo Monteiro Avramesco[2]

1. Introdução

No final do dia 24 de novembro de 2020, os alunos, ouvintes e autoridades presentes na última aula (encerramento) do Curso de Especialização em Direito do Trabalho e Novas Tecnologias, promovido pelo Instituto de Direito das Empresas e do Trabalho — IDET, realizado pela primeira vez de forma telemática pela renomada Faculdade de Direito da Universidade de Coimbra — FDUC, foram surpreendidos pela palestra que ali ocorria.

Nessa oportunidade, as pessoas ali presentes foram agraciadas, sendo esse, talvez, o melhor adjetivo para representar o sentimento refletido por vivenciar a exposição magna proferida pelo Professor Doutor José (Pepe) Resende Chaves Junior.

Muito provavelmente somado à percepção prévia da despedida do curso, que naquele momento já aflorava na mente dos estudiosos que, diferentemente dos alunos que por vezes participaram de similares cursos presenciais, afetados pelo distanciamento social causado pela pandemia disseminada pelo vírus Sars-CoV-2 (COVID-19), não puderam vivenciar o enriquecedor calor humano, como exemplo, não poder percorrer as ruas e vielas, o tradicional pátio da FDUC em Coimbra, durante a Queima das Fitas[3].

O palestrante, com sua entonação vocal calma e serena, com "leve" sotaque mineiro e uma postura de fácil acesso, facilitou o contato do comunicador com seus ouvintes (receptores), quase como uma relação familiar entre os presentes, conseguiu aflorar uma enormidade de temas e casos relatados, sendo muitos desses vivenciados pelo orador, que por muitos anos desenvolveu seu mister, por excelência, no Tribunal Regional do Trabalho de Minas Gerais.

Além do excepcional trabalho doutrinário desenvolvido pelo Doutor Professor Pepe[4][5], destacando-se as diversas participações em palestras, debates, congressos e seminários, inclusive, recentemente na Escola Judiciária do Tribunal Regional do Trabalho da 1.ª Região (Rio de Janeiro), assim como, artigos publicados, trabalhos acadêmicos desenvolvidos e orientações consumadas.

O eminente palestrante também demonstrou sua experiência e proximidade com a grande indústria tecnológica, já que seu filho trabalha no Vale do Silício[6].

Entre os temas abordados nas discussões ali desenvolvidas, podem ser citados a exposição de ideias pertinentes a: "*Data-driven Economy*; Trabalho orientado a Dados; Contrato-hiper-realidade, *e-Discovery* e o Modelo de Relação de Emprego no Brasil: presente e futuro".

Por certo, um dos principais questionamentos que inicialmente se firmou e a todo momento era re-

---

(1) Um olhar focado na palestra proferida pelo mestre, Dr. José (Pepe) Resende Chaves Junior, voltado às relações trabalhistas nas instituições financeiras.

(2) Advogado Graduado em Direito pela UNESA, Especializado em Direito Administrativo pela Faculdade Internacional Signorelli.

(3) Trata-se de tradicional evento acadêmico-estudantil realizado durante o mês de maio, em Coimbra — Portugal, também denominada Semana Acadêmica, Enterro (Aveiro) da Gata (Minho) ou pela famosa "benção das pastas" (Algarve), fazendo parte do calendário oficial de festividades daquele país. Aqui citada para demonstrar o distanciando causado pela tecnologia telepresencial (justificado pela pandemia) face às entrelaçadas relações humanas. Que de toda a sorte, vem a ser um dos objetos do estudo.

(4) Segundo esclarecido pelo próprio, trata-se de um carinhoso apelido dado por seu pai, grande amante do futebol brasileiro, que tinha como um de seus ídolos nesse esporte o Santista José Macia "Pepe".

(5) O jogador Pepe foi o segundo maior artilheiro da história do Santos Futebol Club e duas vezes ganhador da Copa do Mundo de Futebol, sendo um dos parceiros do "Rei" Pele.

(6) "... é um apelido da região da baía de São Francisco onde estão situadas várias empresas de alta tecnologia, destacando-se na produção de circuitos eletrônicos, na eletrônica e informática. O vale abrange várias cidades do estado da Califórnia, como Palo Alto, São Francisco e Santa Clara, estendendo-se até os subúrbios de São José. Disponível em: <<https://pt.wikipedia.org/wiki/Vale_do_Sil%C3%ADcio>. Acesso em: 7 mar. 2021.

novado e relembrado, o epicentro da questão tratada, e que serve de pedra angular para orientação e farol da solução pretendida, é saber conjugar a dicotomia entre: "direito OU trabalho"?

Mediante os casos tratados, com exemplos vivenciados no Brasil e no mundo, o desenlace do estudo foi sufragado com brilhante conclusão retórica: Qual a solução que se espera? Ou melhor: "O que Nós Queremos? ".

Dada a visível dificuldade de que a criação e implementação de novos sistemas, métodos de produção, equipamentos que permitem trabalho e acesso remotos, aplicativos de informática, APP, plataformas digitais, mecanismos robóticos e toda a gama de tecnologia recentemente desenvolvido ou aperfeiçoado, em especial no ramo financeiro/bancário, principalmente após as deletérias consequências decorrentes da pandemia ocasionada pela COVID-19, é que um paralelo deve ser realizado.

Buscando traçar uma interligação da matéria estudada com uma das áreas de atividade humana mais proeminentes, seja pelo valor de capital envolvido, reflexos econômicos, sociais, interesse do própria Estado e da Sociedade, se mostra de grande valia realizar um *link* com a indústria do ramo bancário.

Esta espécie de atividade profissional, estratégica, provavelmente em quase todos os Países, Estados e Governos, também passa e passou a ser atingidas pelas mudanças tecnológicas aqui comentadas, de modo que uma abordagem técnica se mostra necessária para melhor conhecimento da sua afetação.

Por estes motivos, buscando proporcionar uma análise prática dos temas abordados no estudo desenvolvido, em especial quanto a: "Robotização e IA: que Futuro para o Trabalho Humano", o presente trabalho busca acalentar de forma objetiva as reais mudanças já observadas e perceptivas para o ramo financeiro brasileiro.

2. *Mudanças recentes nas relações de trabalho*

Na Língua Portuguesa conceitua-se estrangeirismo como a utilização de termos e expressões fora do vernáculo oficial nacional.

A Rádio Portuguesa Renascença, através de sua plataforma jornalística digital, em matéria veiculada em 14 de agosto de 2019(7), cita o debate levantado pelo Ministro da Cultura da França, ressuscitando uma Lei perecida a mais de 25 anos.

Na matéria, abre-se um debate voltado principalmente para o interesse Português, sobre a proliferação de termos e expressões sobre a influência anglo-saxã, principalmente, conforme citado, pelo poder a língua exerce.

Esse breve esclarecimento linguístico se justifica, considerando que no decorrer das aulas ministradas durante todo o Curso de Especialização em Direito do Trabalho e Novas Tecnologias que se desenvolveu entre os dias 09/11 a 24/11 de ano de 2000, foram inúmeras as expressões estrangerias, principalmente anglofalantes, citadas.

Termos como: *gig economy; gig workers; freelance economy; sharing economy; work-on-demand; cloud computing; peer-to-peer work; peer-to-peer economy; digital economy; Data-driven Economy; e-Discovery* etc., passaram ao habitué dos ouvidos tão acomodados as expressões de origem latinas.

Até um Gaulês autêntico, como Asterix ou Obelix(8) se subjugaria a essa invasão bárbara!

Além de termos em outras línguas, o desenvolvimento do estudo também introduziu expressões novas ou não usuais paras os operadores do direito: novo normal; contrato-hiper-realidade etc.

A destinação do presente trabalho não está em reproduzir os conhecimentos obtidos durante o curso, o que demandaria a conceituação dos termos e expressões anteriormente citadas, mas sim, utilizar tais conhecimentos com o foco que aqui se busca, ou seja, essas transformações no ramo financeiro.

3. *Evolução e alterações nas relações de trabalho ocorridas no ramo financeiro*

Inegavelmente a indústria do ramo financeiro sempre se apresentou como uma das categorias de prestação de serviço com maior avanço tecnológico. A título de exemplo, pode ser citado um produto

(7) Disponível em: <https://rr.sapo.pt/2019/08/14/pais/e-se-uma-lei-acabasse-com-os-estrangeirismos-em-portugal/especial/161007/>>. Acesso em: 8 mar. 2021.

(8) Emblemáticas figuras Gaulesas de revistas em quadrinhos que retratam a obstinada resistência, de forma cômica e jocosa, dos diversos povos estrangeiros, entre esses povos os anglos, saxões, romanos etc. Disponível em: <https://www.asterix.com/pt-pt/portfolio/obelix/>

definido como um Cartão cujo possuidor passava a dispor de Crédito em face de sua apresentação a fornecedores de produtos e serviços previamente designados, ou seja, o Cartão de Crédito.

Nos idos da década de 20 do século passado era normal que bares, hotéis e comércios específicos oferecessem créditos a seus clientes especiais, porém, na década de 50 do mesmo século é que foi criado, por acaso, o primeiro Cartão de Crédito, denominado *Diners Club Card* (9):

> Depois de um jantar na cidade, o empresário Frank MacNamara notou que tinha esquecido seus talões de cheque e não trazia consigo dinheiro vivo, assim como seus convidados. O dono do restaurante, sem outra opção, topou que a conta fosse paga no dia seguinte desde que Frank desse sua assinatura na fatura em que constavam as despesas. O empresário teve então um "*insight*", percebendo o poder daquela nova forma de pagamento.

Após o desenvolvimento da metodologia creditícia através desse objeto físico, em substituição ao papel, passando a ser chamado de dinheiro plástico, diversos outros desenvolvimentos tecnológicos também foram realizados pela indústria bancária.

O próprio Cartão de Crédito passou a dispor de tecnologias agregadas, tais como: tarja magnética, chip (*smart card*), tecnologia por aproximação (*contactless*), cartões virtuais etc.

Outras tecnologias também foram desenvolvidas, como por exemplo, caixa multibanco, que no Brasil também é denominado de terminais de autoatendimento (ATM)(10), atendimento através de Centrais de Atendimento Telefônico automático (CAT's), nas modalidades IVR (*Integrated Voice Response)(11)*; ASR (*Automatic SpeechRecognition*)(12), TTS (*Text-to-Speech Technology*)(13) ou por contato humano (*call centers*).

Estes são alguns exemplos mais recentes e próximos, porém, podem ser citados outros equipamentos em desuso: máquina de gravação em papel carbono (autorrelevo) para cartões de crédito; telex, terminal Verifone e Ingenico, fac-simile etc.

E se existe uma evolução tecnológica na atividade bancária, ela quase sempre está em busca de agregar segurança às transações realizadas, ampliar o público e alcance no atendimento e acesso ao crédito, ganhar velocidade e eficiência nas operações, reduzir etapas e custos. Recentemente, esse avanço passou também a contar cada vez mais com métodos e tecnologia de autoatendimento e interligação bancária.

Anualmente, a pelo menos 28 anos a Federação Brasileira de Bancos — Febraban, principal entidade representativa do setor bancário brasileiro, elabora um relatório com as principais mudanças observadas no ramo da atividade a que se encontra vincada.

No ano de 2000 foi editado o relatório de Pesquisa FEBRABAN de Tecnologia Bancária, estudo elaborado pela empresa de auditoria *Deloitte* Touche Tohmatsu auditores Independentes(14).

Sendo impressionante os dados obtidos deste trabalho, em especial por tratar-se de estudo desenvolvido durante as consequências advindas da pandemia causada pela COVID-19.

Entre as 57 páginas que compõem o relatório, podem ser obtidos importantes dados estatísticos, evolução tecnológica observada no setor e o seu grau de investimento, evolução das transações bancárias, avanço no relacionamento digital, impacto da COVID-19 nas relações bancárias, utilização de novas tecnologias entre diversas outras informações.

Através deste estudo, por exemplo, é possível observar impactante redução em transações presenciais, realizadas em agências físicas, inclusive terminais de ATM.

Apenas entre janeiro e abril de 2020 as transações realizadas por pessoas físicas nas agências, teve uma redução de 53% e nos ATM's em 19%:

(9) Disponível em: <https://www.resumoescolar.com.br/historia/historia-e-origem-do-cartao-de-credito/>. Acesso em: 8 mar. 2021.

(10) A título de curiosidade, Portugal foi um dos últimos Países da Europa a dispor desses equipamentos, o que só se deu em 1985 com a instalação de 12 caixas de multibanco nas cidades de Porto e Lisboa. Disponível em: <https://pt.wikipedia.org/wiki/Caixa_eletr%C3%B4nico>. Acesso em: 8 mar. 2021.

(11) Frases pré-gravadas ouvidas pelo usuário, podendo o mesmo suas opções discando ou digitando números.

(12) Através da fala do usuário o mesmo manifesta a sua vontade.

(13) São geradas frase sintetizadas, não pré-gravadas, de modo que o serviço é prestado à medida em que é demandado pelo usuário.

(14) Disponível em: <https://www2.deloitte.com/content/dam/Deloitte/br/Documents/financial-services/Pesquisa-FEBRABAN-Tecnologia-Bancaria-2020.pdf>. Acesso em: 8 mar. 2021.

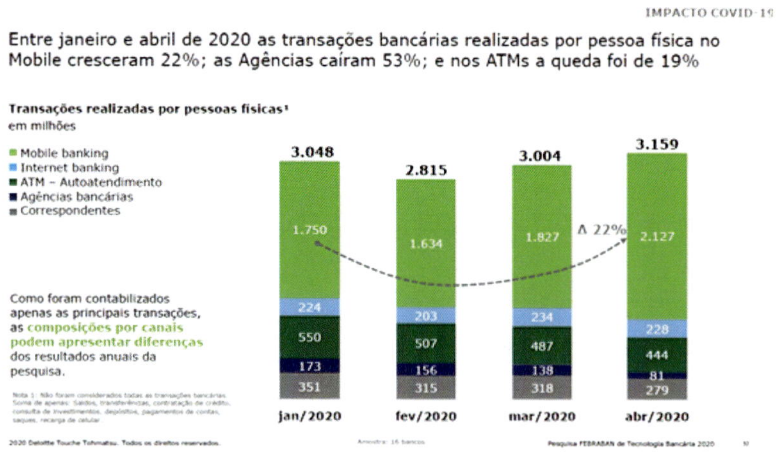

Essa nova realidade passou também a representar uma significativa mudança em números totais de transações realizadas através dos diversos canais de atendimento disponíveis.

Por exemplo, além da redução supracitada, no mesmo período observado de janeiro a abril de 2020, os citados canais passam a dispor de imensa diminuição, com redução para apenas 03% e 14%, respectivamente, do total de operações, ao passo que os canais digitais tiveram um incremento de 74%:

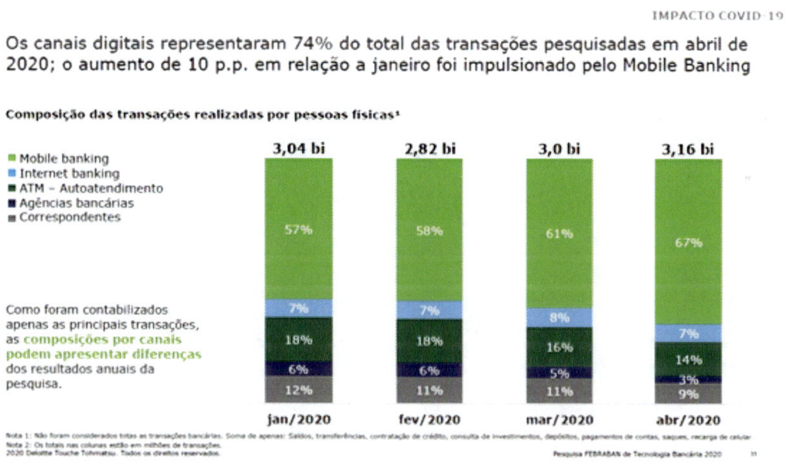

Estes dados também podem ser individualizados entre os tipos de transações realizadas:

IMPACTO COVID-19

Comparação entre a média mensal de 2019 e abril de 2020 mostra uma expressiva queda das transações realizadas em Agências e ATMs

Transações realizadas por pessoas físicas¹
em milhões

Agências e PABs	Média mensal 2019	Δ	Abril 2020
Saldos e extratos	97,8	-60%	**39,0**
Transferências	4,6	-65%	**1,6**
Contratação crédito	1,9	-52%	**0,9**
Depósitos	34,8	-57%	**15,0**
Pagamentos	35,9	-65%	**12,4**
Saques	26,4	-62%	**9,9**

ATMs	Média mensal 2019	Δ	Abril 2020
Saldos e extratos	233,1	-24%	**177,8**
Transferências	14,8	-17%	**12,3**
Contratação crédito	5,2	-21%	**4,1**
Depósitos	47,9	-11%	**42,8**
Pagamentos	52,8	-9%	**48,3**
Saques	212,5	-29%	**151,8**

 Pesquisa FEBRABAN de Tecnologia Bancária 2020

A redução acima observada, nada mais é do que uma migração das transações doravante realizadas de forma presencial, para outras metodologias digitais:.

O Mobile Banking registra crescimento em todos os tipos pesquisados de transações, com destaque para as operações de depósito, seguros e investimentos

Em milhões de transações	Mobile			Internet		
	2018	Δ	2019	2018	Δ	2019
Saldo e extratos	22.176	23%	27.331	5.571	-7%	5.195
Consulta de investimento	86	59%	137	22	98%	43
Contratação de investimento	16	114%	35	31	54%	48
Transferência / DOC / TED	894	43%	1.280	601	-7%	561
Contratação de crédito	359	47%	528	87	91%	166
Contratação de seguros	0,45	133%	1,0	0,4	359%	2,0
Depósito (cheque virtual)	1,8	327%	7,7	n.d.		n.d.
Pagamento de contas	1.625	39%	2.257	1.604	2%	1.630

Pesquisa FEBRABAN de Tecnologia Bancária 2020

Transferências e pagamentos de contas migram das agências e dos ATMs para o Mobile Banking

Em milhões de transações	Agências e PAB's			ATMs		
	2018	Δ	2019	2018	Δ	2019
Saldo e extratos	1.288	12%	1.444	3.092	-6%	2.901
Transferência / DOC / TED	64	-1%	63	215	-13%	187
Contratação de crédito	51	10%	56	63	0%	63
Contratação de seguros	19	16%	22	0,7	28%	0,9
Depósito	517	18%	612	785	-9%	714
Pagamento de contas	578	-1%	570	790	-13%	686
Saques	367	3%	376	2.444	9%	2.659

Pesquisa FEBRABAN de Tecnologia Bancária 2020

Outro dado interessante é que clientes que concentram operações exclusivamente por meio do Mobile Banking, ou seja, com mais de 80% das transações por intermédio do canal, já representa mais de 51% do total:

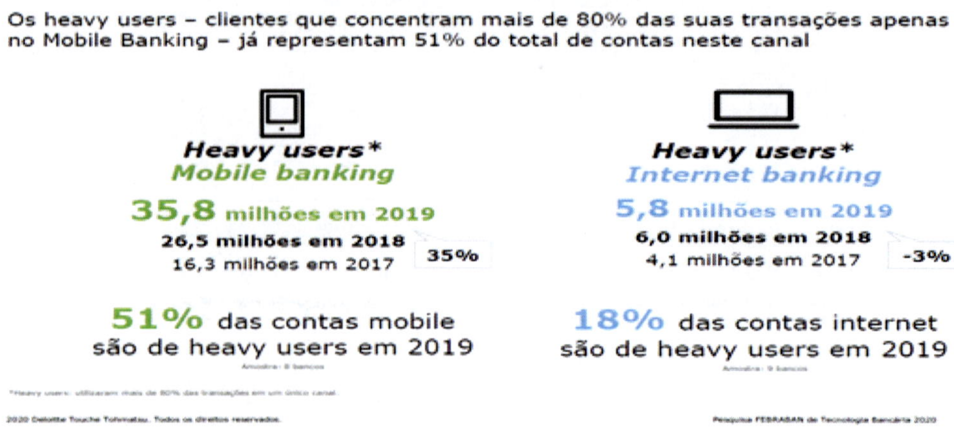

A representada aqui reflete a causa e consequências.

As instituições bancárias analisadas pela FEBRABAN, que representam mais de 90% de todas as transações bancárias nacionais perceberam essa mudança, visivelmente impulsionada pelos fatores epidemiológicos, passando a migrar sua atenção para aquilo que mais tem interesse.

Passando a valer a máxima da época de Adam Smith[15] sobre a *Lei da Oferta e da Procura*. Com isso, houve a migração significativa no aumento dos gastos com tecnologia bancária. Valendo lembrar, por este próprio estudo, ser a Indústria Bancária líder em investimentos privados em tecnologia.

Por exemplo, os investimentos em software e hardware cresceram, respectivamente, 58% e 38% só no ano de 2019, em relação ao ano anterior:

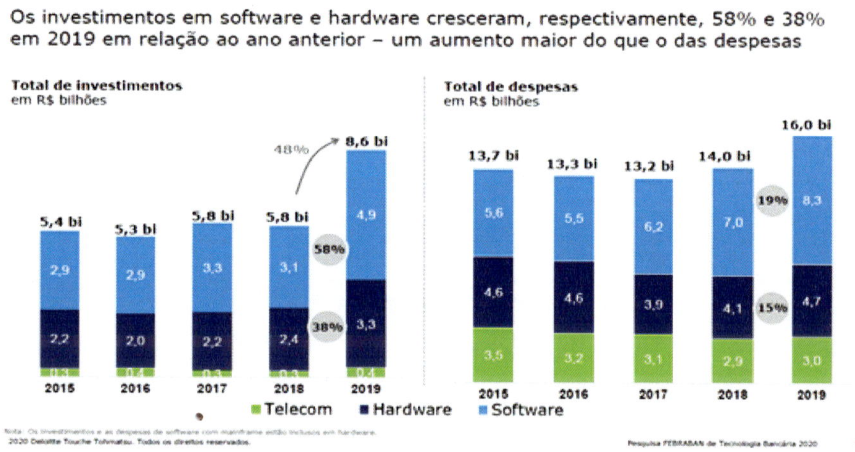

Pesquisa realizada em 2016 pela McKinsey Global[16] apontou que na população, 32% dos brasileiros não dispõe de conta bancária e, dentre as pequenas e médias empresas 53% não dispõe de acesso ao crédito.

Agregada às dificuldades anteriormente citadas de acesso ao crédito e de evolução tecnológica diante do crescente progresso, foi iniciada a criação de outras estruturas empresariais voltadas a concessão de crédito e operacionalização de transações bancárias, denominadas *fintechs*[17]:

> *Fintech* (do inglês: *financial technology*) é um termo que surgiu da união das palavras financial (financeiro) e *technology* (tecnologia). As *fintechs* são majoritariamente *startups* que trabalham para inovar e otimizar serviços do sistema financeiro. Essas empresas possuem custos operacionais muito menores comparadas às instituições tradicionais do setor. Isso é possível porque conseguem utilizar tecnologias que elevam a eficiência dos processos e barateiam os serviços ofertados, exemplo disso é o uso de smartphones para o uso de bancos móveis e a possibilidade de realizar investimentos.

Ainda há uma grande distância e disparidade entre as *fintechs* e demais instituições financeiras tradicionais, principalmente do ponto de vista de sua regulamentação e funcionamento, porém, a sua própria existência demonstra o poder inovador que a tecnologia pode proporcionar.

Existiram alterações observadas em outros países?

Em matéria publicada na Revista Forbes[18], foi abordado não os impactos das alterações tecnológicas nos Estados Unidos, quanto ao ponto de vista da operacionalização bancária, mas sim, principalmente, das mudanças nos aspectos de perfil do cliente bancário:

> On one hand, a 2017 survey from the Bureau of Labor Statistics (BLS) concluded that, at the time, there were "approximately 1.6 million workers using apps and online platforms to find gig work, or about 1% of the total employed workforce."
>
> That's a narrow definition, however, as just 60% of gig economy workers use a digital marketplace to find opportunities according to pymnts.com. In fact, a survey from the US Census Bureau found that that

(15) Disponível em: <https://pt.wikipedia.org/wiki/Adam_Smith>. Acesso em: 9 mar. 2021.
(16) CAF. Banco de Desenvolvimento da América Latina. La revolución de las empresas FinTech y el futuro de la Banca. Disrupción tecnológica en el sector financiero. *Serie Políticas Públicas y Transformación Productiva*, n. 24, Corporación Andina de Fomento, 2016. Disponível em: <https://scioteca.caf.com/bitstream/handle/123456789/976/FOLLETO%20N24%20VFINAL.pdf>. Acesso em: 9 mar. 2021.
(17) Disponível em: <https://pt.wikipedia.org/wiki/Fintech>. Acesso em: 8 mar. 2021.
(18) Disponível em: <https://www.forbes.com/sites/ronshevlin/2019/09/23/gig-economy-banking-is-booming/?sh=755db79e9a9a>. Acesso em: 8 mar. 2021.

between 657,000 and 4.6 million people may have been uncounted in the BLS estimate.

(...)

Another source, the Gig Economy Index™ from pymnts.com, says that nearly 40% of the American workforce makes at least 40% of their income via gig work, and that 55% of gig workers also maintain full-time or "regular" jobs.

So, is it 6 million or 57 million? From a banking perspective, the numbers don't matter.

(...)

Banks Are Missing Out on a Huge Opportunity

Ten years ago, pundits warned banks that new neo- and digital banks would eat their lunch and put them out of business. The pundits were wrong (obviously), but the reason why is important: For the most part, the newcomers didn't change the product, they only changed the access methods.

And why would they have changed the product? There was no demand for a new type of product, just demand for faster and more convenient access to the existing product.

But the needs of the emerging gig economy worker represents a need for a new type of financial product--or at the least, new features within the existing products.

The changes in how we work are creating needs and opportunities across a wide range of products and services, not just financial services.

But banks are watching this opportunity slip through their fingers.

Outra consequência imediata refere-se ao relacionamento funcional nas próprias instituições tradicionais. Dada a grande redução de operações e transações realizadas através de ambientes físicos e a necessidade de operacionalização manual, há uma crescente tendência de redução e reestruturação bancárias.

Este cenário deverá refletir a realidade dos próximos anos, onde já no ano de 2020 representou a redução de cerca de 80.000 postos de trabalhos oficiais[19].

4. *Aspectos jurídicos da evolução e alteração nas relações de trabalho ocorridas no ramo financeiro*

A pergunta que evoca e se renova, inicialmente citada pelo Professor Doutor Pepe Chaves: direito OU trabalho?

Aqui tomamos empréstimo em seu inquietante arroubo.

A convivência do Direito com o Trabalho é viável?

Diante das inovações derivadas de toda essa transformação digital, como se sustentam as relações trabalhistas? O *gig economy* (formas de emprego alternativo) também são viáveis?

São muitas as questões que somente o tempo poderá, efetivamente, confirmar.

Porém, alguns aspectos jurídicos podem ser destacados.

Uma alteração legislativa ocorrida em 2017 no Brasil passou permitir a terceirização da atividade-fim do empregador, trata-se da Lei n. 13.429/2017 e que, através dos julgamentos das Ações Declaratórias de Constitucionalidade ns. 5.735, 5.695, 5.687, 5.686 e 5.685, perante o Supremo Tribunal Federal Brasileiro, aquiesceu quanto a sua Constitucionalidade.

Soma-se a isso, a criação das modalidades de Contrato de Trabalho criadas pela Lei n. 13.647/2017 (Reforma Trabalhista) — Contrato de Trabalho intermitente e Contrato de Trabalho por Teletrabalho, além da melhor definição e caracterização de trabalho autônomo, representando mudanças significativas e aproximação ao *gig economy*.

A seu turno, a legislação portuguesa prevê nos artigos 298.º e 308.º do Código de Trabalho, Lei n. 7/2009, a possibilidade de as firmas dispor de um mecanismo de proteção empresarial, inclusive em face dos representantes dos trabalhadores[20]:

Artigo 298º

Redução ou suspensão em situação de crise empresarial

1 — O empregador pode reduzir temporariamente os períodos normais de trabalho ou suspender os contratos de trabalho, por motivos de mercado,

---

(19) Disponível em: <https://valor.globo.com/financas/noticia/2020/12/29/bancos-encolhem-estrutura-na-decada-e-extinguem-quase-80-mil-vagas.ghtml>.

(20) Funcionário detentor de critérios diferenciados, por exemplo, pela previsão existente no artigo 406.º do Código de Trabalho, Lei n. 7/2009.

estruturais ou tecnológicos, catástrofes ou outras ocorrências que tenham afectado gravemente a actividade normal da empresa, desde que tal medida seja indispensável para assegurar a viabilidade da empresa e a manutenção dos postos de trabalho.

2 — A redução a que se refere o número anterior pode abranger:

a) Um ou mais períodos normais de trabalho, diários ou semanais, podendo dizer respeito a diferentes grupos de trabalhadores, rotativamente;

b) Diminuição do número de horas correspondente ao período normal de trabalho, diário ou semanal.

3 — O regime de redução ou suspensão aplica-se aos casos em que essa medida seja determinada no âmbito de declaração de empresa em situação económica difícil ou, com as necessárias adaptações, em processo de recuperação de empresa.

4 — A empresa que recorra ao regime de redução ou suspensão deve ter a sua situação contributiva regularizada perante a administração fiscal e a segurança social, nos termos da legislação aplicável, salvo quando se encontre numa das situações previstas no número anterior. (destaque nosso)

Artigo 308.º

Direitos dos representantes dos trabalhadores durante a redução ou suspensão

1 — A medida de redução ou suspensão relativa a trabalhador que seja delegado sindical ou membro de estrutura de representação colectiva dos trabalhadores não prejudica o direito ao exercício das correspondentes funções na empresa.

2 — Constitui contraordenação grave a violação do disposto no número anterior.

Essas medidas foram facilitadas com a entrada em vigor do Decreto-Lei n. 10-G/2020[21]:

Assim, mostra-se conveniente alargar as medidas previstas naquela Portaria n. 71-A/2020, de 15 de março, na sua redação atual, aproveitando para a substituir por um regime simplificado da redução temporária do período normal de trabalho ou suspensão de contrato de trabalho, previsto nos artigos 298.º e seguintes do Código do Trabalho, o presente decreto-lei estabelece medidas excecionais e temporárias de resposta à pandemia da COVID-19, definindo e regulamentando os apoios financeiros aos trabalhadores e às empresas abrangidos pelos referidos regimes.

O presente decreto-lei clarifica também o conceito de crise empresarial para efeitos das medidas excecionais e temporárias, acrescentando o encerramento total ou parcial de empresa ou estabelecimento decorrente do dever de encerramento de instalações e estabelecimentos, previsto no Decreto n. 2-A/2020, de 20 de março, ou por determinação legislativa ou administrativa, nos termos previstos no Decreto-Lei n. 10-A/2020, de 13 de março, na sua redação atual, ou ao abrigo da Lei de Bases da Proteção Civil, aprovada pela Lei n. 27/2006, de 3 de julho, na sua redação atual, assim como da Lei de Bases da Saúde, aprovada pela Lei n. 95/2019, de 4 de setembro.

Essa medida é denominada de *Lay-off* e, segundo o periódico Diário de Notícias[22], até 26 de janeiro de 2021, aproximadamente 23 mil empresas se beneficiaram deste sistema:

Quase 23 mil empresas obrigadas a encerrar ou suspender a atividade devido ao novo confinamento aderiram ao lay-off simplificado, anunciou esta terça-feira o Instituto da Segurança Social (ISS), garantindo que os apoios serão pagos na quinta-feira.

De acordo com uma nota do ISS publicada na página da Segurança Social, foi processado "o pagamento a 22,7 mil empresas que apresentaram o pedido de lay-off já em janeiro, com um total de 86,3 mil trabalhadores".

"Estas empresas receberão já no próximo dia 28 um pagamento no montante total de 20,3 milhões de euros, garantindo num espaço curto de tempo uma injeção de liquidez nesta fase de paragem de atividade", acrescenta o instituto.

Corolários de todas essas razões é que, as mudanças decorrentes desse novo cenário, novo normal, mudanças estruturais ou outra denominação que se dê ainda estão em andamento estando cada Estado a adequar-se às medidas que entendem necessárias e possíveis.

5. Conclusão

Viu-se que as recentes mudanças vivenciadas no mercado de trabalho nacional e supranacional estão em adaptação. Com isso, novas formas e técnicas de trabalho foram e estão em desenvolvimento, de modo a permitir as empresas e principalmente aos "trabalhadores" uma nova adaptação.

Essa "evolução" por assim dizer, em ebulição nos dias atuais, por conta da crise sanitária ocasionada pela pandemia causada pelo coronavírus tem

(21) Disponível em: <https://dre.pt/pesquisa/-/search/130779506/details/maximized>. Acesso em: 9 mar.2021.

(22) Disponível em: <https://www.dn.pt/dinheiro/quase-23-mil-empresas-aderiram-ao-lay-off-simplificado-em-janeiro-13278884.html>. Acesso em: 9 mar. 2021.

exigido grande empenho dos operadores do direito, dos Estados e da sociedade como um todo.

Nesse contexto, foi identificada uma mudança de paradigmas, especialmente atrelada a tradicional corrente de princípios laborais, de modo que novas figuras ou tipos de trabalho passaram a existir.

Dada a toda insegurança, natural em qualquer mudança, principalmente quando alteradas tantas regras, preceitos e direitos, está sendo exigida a criação de formas e mecanismos de adaptação, de modo que o estudo e análise destes impactos se mostra como questão existencial no atual e moderno Direito do Trabalho.

Não diferente a essas mudanças, as empresas do ramo financeiro, essencialmente sensível a qualquer alteração, também se viu impactada, pela evolução dos tipos de transações bancárias, pela adaptação das atuais demandas exigidas pelo mercado, pelo desenvolvimento de novas tecnologias, investimentos necessários para isso, bem como, pela suas relações funcionais que foram modificadas e concorrência com novas figuras empresariais.

Neste ponto, viu-se que mudanças traçadas nesse segmento empresarial também sofreram outras consequências, como o direcionamento do segmento de clientes, inclusive, para essas novas modalidades de tipos de trabalho.

Com todas essas consequências, a estrutura legislativa também sofreu alterações, criando-se novos tipos contratuais de trabalho e mecanismos de proteção para as empresas poderem ultrapassar as dificuldades enfrentadas neste novo cenário.

Deste modo, o questionamento a todo modelo relembrado merece ser novamente questionado: direito OU trabalho?

6. *Referências*

AGRA, Walber de Moura. *Curso de Direito Constitucional*. 9. ed. Belo Horizonte: Fórum, 2018.

ALMEIDA, Amador Paes de. *CLT comentada*. 8. ed. rev. e atual. São Paulo: Saraiva, 2014.

BARROS, Alice Monteiro de. *Curso de direito do trabalho*. 7. ed. São Paulo: LTr, 2011.

BASILE, Cesar Reinaldo Offa. *Direito do trabalho*: teoria geral a segurança e saúde — Sinopses jurídicas. 4. ed. São Paulo: Saraiva, 2011. v. 27.

BATISTA, Homero. *Comentário à reforma trabalhista*. 1. ed. São Paulo: Revista dos Tribunais, 2017.

BONAVIDES, Paulo. *Curso de Direito Constitucional*. 16. ed. São Paulo: Malheiros, 2005.

BRASIL. Lei n. 13.429, de 31 de março de 2017.

______. Lei n. 13.467, de 13 de julho de 2017.

CASSAR, Vólia Bomfim. *Comentários à reforma trabalhista*. Rio de Janeiro: Forense; São Paulo: Método, 2017.

______. *Direito do Trabalho*. 12. ed. rev. atual. e ampl. São Paulo: Método, 2016.

______. *Direito do Trabalho*. 14. ed. rev. atual. e ampl. Rio de Janeiro: Forense; São Paulo: Método, 2017.

______. *Resumo de direito do trabalho*. 6. ed. rev. atual. e ampl. Rio de Janeiro: Forense; São Paulo: Método, 2018.

DELGADO, Mauricio Godinho. *Curso de direito do trabalho*. 16. ed. São Paulo: LTr, 2017.

PORTUGAL. Lei n. 7/2009.

______. Decreto-Lei n. 10-G/2020.

RAWLS, John. *A Theory of Justice*. 6. print. Cambridge: The Belknap Press of Havard University, 2003.

RODRIGUES, Américo Plá. *Princípios de Direito do Trabalho*. 3. ed. São Paulo: LTr, 2002.

SÜSSEKIND, Arnaldo; MARANHÃO, Délio; TEIXEIRA. Lima. *Instituições de direito do trabalho*. 19. ed. São Paulo: LTr, 2000. v. 1 e 2.

O Agente Algorítmico — Licença para Discriminar? (Um olhar sobre a seleção de candidatos a trabalhadores através de técnicas de inteligência artificial)[1]

Milena da Silva Rouxinol[2]

1. *Introdução*

"I know some algorithms are biased, because I created one"[3] — declara o cientista Nicolas T. Young, no seu blogue[4] —. enquanto, por seu turno, numa publicação quase coeva, Kimberly A. Houser[5] explica como pode a inteligência artificial mitigar o *ruído* e o preconceito, isto é, a discriminação, quando se trata de decidir quem contratar para um emprego.

Parece, na verdade, inexistir qualquer insuperável antagonismo entre ambas as perspetivas. Será injusto afirmar que a aclamação da inteligência artificial e, em especial, da sua utilização no âmbito da seleção de candidatos a emprego é mero canto de sereia — tais ferramentas apresentam, na verdade, vantagens não despiciendas —, mas, do mesmo passo, importa lembrar que, pese embora a aparência criada pela parte superior do corpo, uma sereia não é um ser humano... Ou podemos dizê-lo parafraseando Ifeoma Ajunwa[6]: um algoritmo não deve ser visto como um oráculo que tudo sabe, do alto da sua majestade ante a ingénua intrepidez de quem o interpela; a sabedoria está em interrogá-lo e interpretá-lo com inteligência e apuro crítico.

Nas linhas que se seguem, procuraremos, por um lado, assinalar os benefícios que a utilização da inteligência artificial pode representar no âmbito da seleção de candidatos a trabalhadores, colocando o acento tónico na sua aptidão para minorar o impulso discriminatório que, quer dolosa quer inconscientemente, inquina, frequentemente, tais decisões; por outro, procuraremos explicar por que misteriosas vias aquela inteligência artificial vem a revelar-se, afinal, artificiosa, redundando os seus aparentemente asséticos códigos binários em resultados cujo impacto sobre sujeitos pertencentes a particulares categorias sociais é bem distinto do verificado sobre aqueles fora de tal fronteira. É de discriminação, pois, também agora, que falamos.

Pretendendo refletir sobre se e em que medida a utilização daqueles mecanismos tecnológicos minora ou, ao contrário, potencia diferenciações de duvidosa admissibilidade, não poderemos, por certo, deixar de evidenciar alguns *topoi* de importância crucial no contexto que aqui nos convoca do Direito Antidiscriminação. Do mesmo modo, impõe-se levar a cabo um conjunto de esclarecimentos terminológicos no que respeita ao funcionamento dos algoritmos. Tentaremos fazê-lo, com a natural consciência de que falharemos, com toda a probabilidade, ao rigor da linguagem tecnológica, mas também com o propósito de escrever linhas que possam ser entendidas por quem não domina as técnicas de programação informática. Reconhecemos que "para prevenir o viés algorítmico,

(1) O presente texto foi publicado, pela primeira vez, na obra AA.VV. Direito Digital e Inteligência Artificial. In: BARBOSA, Mafalda Miranda; BRAGA NETTO, Felipe; SILVA, Michael César; FALEIROS JÚNIOR, José Luiz de Moura (coord.). *Diálogos Entre Brasil e Europa*. São Paulo: Foco, 2021. p. 1013-1032.

(2) Professora Auxiliar da Faculdade de Direito da Escola do Porto da Universidade Católica Portuguesa.

(3) "Eu sei que alguns algoritmos são discriminatórios, porque criei um" — tradução da nossa responsabilidade.

(4) O blogue chama-se *Scientific American* e o texto a cujo título se fez referência é datado de 31 de janeiro de 2020. Pode ser consultado em: <https://blogs.scientificamerican.com/voices/i-know-some-algorithms-are-biased-because-i-created-one/>.

(5) HOUSER, Kimberly A. Can ai solve the diversity problem in the tech industry? Mitigating Noise and Bias in Employment Decision-Making. *Stanford Technology Law Review*, n. 22, p. 290-354, 2019.

(6) The paradox of automation as anti-bias intervention. *Cardozo Law Review*, n. 41, p. 1-55, 2020.

as definições jurídica e técnica do que seja 'justiça algorítmica' deveriam alinhar-se"[7], mas não é de tal monta o nosso objetivo. Bastamo-nos com o propósito — que é desafiante: custa encontrar um texto que não se refira aos algoritmos como *black boxes*[8] — de, no mencionado contexto da contratação laboral, procurar explicar como pode um robô cruzar o caminho do princípio da igualdade. É por estes esclarecimentos terminológico-conceptuais que principiaremos.

Consignaremos, finalmente, algumas notas breves às propostas que a doutrina vem apresentando em vista da superação do problema da discriminação emergente do uso de algoritmos, enquanto, do mesmo passo, assinalaremos as dificuldades sentidas.

2. *Notas de esclarecimento terminológico-conceptual*

2.1. Discernindo, à superfície, as sinapses da inteligência artificial

Um algoritmo — designação derivada do matemático persa Alkhwarizmi[9] — é um sistema computacional, ou de matemática aplicada[10], capaz de tomar decisões, ou de dar respostas (*output* ou *outcome*) através da inteligência artificial e com base nos dados (*input*) que lhe são fornecidos. A decisão algorítmica consiste na resposta a uma pergunta (*target variable*), à qual o programador funcionaliza o sistema, o que, evidentemente, implica traduzir o propósito visado para linguagem computacional. É necessário, por outro lado, fornecer-lhe um conjunto de dados (*training data*, ou dados de treinamento); o sistema irá monitorizá-los (*data mining*, ou mineração de dados) e aprender com eles (*data learning*), isto é, captar as correlações entre eles[11] e, assim, criar padrões, modelos (*models*), que vão possibilitar, então, a associação de uma categoria, ou *etiqueta* (*class label*), aos dados que se façam entrar no sistema[12]. Um dos exemplos mais comuns e também de mais fácil compreensão é o do algoritmo que filtra mensagens de *SPAM*. Ao denunciarem determinada mensagem como sendo desse tipo, os utilizadores fornecem ao sistema algorítmico inserido nos respetivos equipamentos eletrónicos informação sobre os conteúdos a etiquetar dessa forma. Colhido um conjunto de informações deste tipo, o algoritmo estabelece correlações entre os conteúdos e a categorização dos mesmos como *SPAM* ou *não-SPAM* e concebe um modelo que lhe permitirá, automaticamente, fazer essa classificação. Todos sabemos, com efeito, que muitas das mensagens que, de facto, associamos a esse tipo de conteúdo são remetidas para uma pasta de *SPAM* que o sistema criou por nós, para não *inquinarem* as nossas caixas de correio. Sabemos também, contudo, que às vezes vai para a pasta do *SPAM* uma mensagem na qual temos interesse e que jamais, com a nossa inteligência humana, etiquetaríamos desse modo[13]... É que o algoritmo, embora capaz de estabelecer *correlações*, não as distingue de uma *relação de causa-efeito*[14]. Portanto, uma mensagem é classificada como *SPAM* por apresentar traços que a correlacionam com as anteriormente etiquetadas dessa forma e não por ser, efetivamente, *SPAM*. De resto,

---

(7) XIANG, Alice. To prevent algorithmic bias, legal and technical definitions around algorithmic fairness must align. *Partnership in AI*, 23 mar. 2020. Disponível em: <https://www.partnershiponai.org/to-prevent-algorithmic-bias-legal-and-technical-definitions-around-algorithmic-fairness-must-align/>. Veja-se, ainda, XIANG, Alice; RAJI, Inioluwa Deborah. *On the Legal Compatibility of Fairness Definitions*. Cornell University, Disponível em: <https://www.arxiv-vanity.com/papers/1912.00761/>.

(8) Por exemplo, HOUSER, Kimberly A. Can AI Solve..., *cit.*, p. 340 e ss.

(9) KNUTH, Donald E. Algorithms in modern mathematics and computer science. *Computer Science Department — Stanford University*, p. 2 e ss., 1980. Disponível em: <https://apps.dtic.mil/dtic/tr/fulltext/u2/a089912.pdf>.

(10) Donald E. Knuth (*Op. cit.*) sublinha que a descrição do algoritmo como uma ferramenta informática põe em evidência não tanto o sistema em si mesmo mas o equipamento através do qual opera.

(11) Em particular, sobre as correlações estabelecidas por estes sistemas, WILLIAMS, Betsy Anne; BROOKS, Catherine F.; SHMARGAD, Yotam. How Algorithms Discriminate Based on Data They Lack: Challenges, Solutions, and Policy Implications. *Journal of Information Policy*, n. 8, p. 78-115, 2018.

(12) BAROCAS, Solon; SELBST, Andrew D. Big Data's disparate impact. *California Law Review*, n. 104, p. 671-732, 2016. Podem também encontrar-se esclarecimentos acerca destes conceitos, por exemplo, em Frederik Zuiderveen BORGESIUS, Frederik Zuiderveen. Discrimination, artificial intelligence, and algorithmic decision-making. *Council of Europe* p. 8 e ss., 2018. Disponível em: <https://rm.coe.int/discrimination-artificial-intelligence-and-algorithmic-decision-making/1680925d73>; GANGADHARAN, Seeta Peña; JĘDRZEJ Niklas. Between antidiscrimination and data: understanding human rights discourse on automated discrimination in Europe. *LSE — Department of Media and Communications,* Londres, 2018. Disponível em: <http://eprints.lse.ac.uk/88053/13/Gangadharan_Between-antidiscrimination_Published.pdf> RAUB, McKenzie. Bots, bias and Big Data: artificial intelligence, algorithmic bias and disparate impact liability in hiring practices. *Arkansas Law Review*, v. 71, n. 2, p. 529-570, 2018.

(13) BAROCAS, Solon; SELBST, Andrew D. Big Data's disparate impact. *California Law Review*, n. 104, p. 681 e ss., 2016

(14) KING, Allan G.; MRKONICH, Marko J. 'Big Data' and the risk of employment discrimination. *Oklahoma Law Review*, v. 68, n. 3, p. 555-584, 2016.

como explicam Allan Costa, Chris Cheung e Max Langenkamp(15), a propósito, justamente, do domínio da contratação de trabalhadores, bem pode ocorrer, sobretudo se a amostra for parca, que o algoritmo estabeleça correlações com base em fatores perfeitamente aleatórios, como sucederia se um sistema de monitorização facial *aprendesse* que as pessoas que, durante o período de monitorização, espirram são as que têm melhor desempenho nos testes de triagem! Elas não têm, evidentemente, um melhor desempenho pelo facto de espirrarem; verificando-se, porém, tal coincidência, é com ela que o sistema *aprende* e estabelece uma correlação paralela(16).

É importante, na verdade, estar ciente das implicações derivadas do funcionamento de um modelo baseado em correlações inferidas a partir da identificação de um padrão, para compreendermos como podem esses sistemas produzir resultados discriminatórios(17). Betsy Anne Williams, Catherine F. Brooks e Yotam Shmargad(18) afirmam que tais modelos: *(i)* possibilitam a *previsão*, isto é, a suposição de como certo sujeito vai comportar-se, por semelhança com o comportamento adotado por outros pertencentes ao mesmo padrão; *(ii)* permitem ainda a *imputação*, isto é, a atribuição de dados em falta a sujeitos que não os forneceram; *(iii)* revelam, indiretamente, traços que não são fornecidos nem solicitados pelo sistema, através das designadas *proxies*. Tomemos de empréstimo, com alguma simplificação, o exemplo apresentado pelos Autores. Se supusermos que mil pessoas são sujeitas a um questionário que as interrogue sobre a idade, a área em que residem, o ano de fabrico do seu automóvel, o seu rendimento anual, há quanto tempo se encontram no emprego atual, que tipo de programas televisivos veem, que quantia gastaram no supermercado no último mês, se têm animais de estimação, se têm filhos e quantos etc., vai ser possível, com os dados obtidos: *(i)* prever que determinadas pessoas podem estar interessadas em mudar de emprego (porque correspondem ao padrão das que mudaram recentemente, mas tal mudança ainda não aconteceu com elas); *(ii)* atribuir respostas em falta, por semelhança com as dadas pelos sujeitos pertencentes ao mesmo padrão, por terem dado respostas idênticas às demais questões; *(iii)* supor que as pessoas que residem na área com o código postal *x* são de determinada etnia ou têm um nível de escolaridade baixo, por, maioritariamente, segundo dados estatísticos, as pessoas que aí residem terem esse perfil(19).

Importa, agora, ilustrar o efeito discriminatório do funcionamento de alguns algoritmos, atendendo a dados reais(20). Um dos casos mais conhecidos respeita, justamente, ao domínio da seleção de candidatos a emprego. Referimo-nos à ferramenta de triagem de *curricula vitæ* ensaiado, embora a breve trecho abandonado, pela *Amazon*(21). O sistema visava facilitar o recrutamento, identificando os candidatos

(15) COSTA, Allan; CHEUNG, Chris; LANGENKAMP, Max. Hiring Fairly in the Age of Algorithms. *Cornell University*, arXiv:2004.07132. Disponível em: <https://arxiv.org/ftp/arxiv/papers/2004/2004.07132.pdf>, p. 12.

(16) Outras vezes, a conexão, não sendo, propriamente aleatória, é estabelecida com base em fatores aparentemente inócuos, os quais, porém, geram correlações, que, mais uma vez, não se confundem com verdadeiras relações de causa-efeito. Que dizer, por exemplo, de um algoritmo usado para avaliar o risco de concessão de um crédito, que tenha em conta se os sujeitos possuem ou não um cão? A verdade é que ter um cão implica, normalmente, ter uma casa com certas características, o que, por seu turno, pode indiciar o nível económico-financeiro da pessoa em causa. MURGIA, Madhumita. Algorithms drive *online* discrimination, academic warns. *Financial Times*, 12 dez. 2019. Disponível em: <https://www.ft.com/content/bc959e8c-1b67-11ea-97df-cc63de1d73f4>.

(17) Sobre o ponto, DAGNINO, Emanuele. *Dalla fisica all'algoritmo:* una prospettiva di analisi giuslavoristica. ADAPT University, 2019. p. 195 e ss.

(18) "WILLIAMS, Betsy Anne; BROOKS, Catherine F.; SHMARGAD, Yotam. How Algorithms Discriminate Based on Data They Lack: Challenges, Solutions, and Policy Implications. *Journal of Information Policy*, n. 8, p. 83 e ss., 2018.

(19) Sobre o ponto, a que voltaremos, veja-se, desde já, BOYD, Danah; LEVY, Karen; MARKWICK, Alice. The Networked Nature of Algorithmic Discrimination. *Data and Discrimination: collected essays*. New America: Open Technology Institute, 2014. Disponível em: <https://timlibert.me/pdf/2014-Data_Discrimination_Collected_Essays.pdf>, p. 51-58. Os Autores salientam que o que revelamos nas redes sociais — as pessoas que conhecemos, os gostos que exteriorizamos, os temas que acompanhamos — permitem que algoritmos tracem perfis, associando-nos características pessoais que, eventualmente, os empregadores podem tomar como base de uma decisão de (não) contratação. Note-se: não estão em causa conteúdos expressa e conscientemente revelados, mas induzidos a partir de outros elementos que os indiciam (*proxies*).

(20) Vários exemplos podem ver-se em, por exemplo, LEE, Nicol Turner; RESNICK, Paul; BARTON, Genie . Center for Technology Innovation. *Algorithmic bias detection and mitigation: Best practices and policies to reduce consumer harms,* maio 2019. Disponível em: <https://www.brookings.edu/research/algorithmic-bias-detection-and-mitigation-best-practices-and-policies-to-reduce-consumer-harms/>, s/ p. Veja-se, ainda, com uma listagem de dezenas de casos, ORWAT, Carsten. *Diskriminierungsrisiken durch Verwendung von Algorithmen*. Nomos, 2019. Para casos da esfera laboral, p. 34 e ss.

(21) Entre outros, HAMILTON, Isobel Asher. Why It's Totally Unsurprising That Amazon's Recruitment AI Was Biased against Women. *Business Insider*, out. 2018. Disponível em: <https://www.businessinsider.com/amazon-ai-biased-against-women-no-

mais ajustados ao perfil pretendido. Para produzir esse *output*, foi alimentado pelos programadores com dados provenientes dos trabalhadores da empresa ao longo dos últimos dez anos, período durante o qual a mão de obra havia sido muito predominantemente masculina. Sucedeu, como explicam os investigadores, que o sistema *aprendeu* a reconhecer palavras associadas a aptidões profissionais relevantes e, entre elas, encontravam-se menções ao género masculino, quer diretas (identificação do sujeito em causa como homem), quer indiretas (nomes etc.). Em consequência, penalizou todos os *curricula* femininos, através da desvalorização de todas as menções a esse género (como, por exemplo, a informação de formação numa escola feminina).

Caso interessante é, ainda, o do algoritmo criado, em 2018, para utilização pelo serviço público de emprego da Áustria (*Arbeitsmarktservice*, designação que justifica aludir-se ao *AMS algorithm*)[(22)], com o propósito de conciliar o apoio à empregabilidade com as preocupações de contenção financeira, integradas nas políticas de austeridade. À parte os jovens com idade até 25 anos, beneficiários de medidas de incentivo mais enérgicas, o sistema em causa visava categorizar os desempregados, ordenando-os em distintos grupos, para, depois, a cada um serem atribuídos apoios diferentes, nomeadamente ao nível da formação oferecida. Esta categorização assentava na maior ou menor probabilidade de sujeitos obterem emprego — calculada entre outros aspetos, em função dos dados estatísticos sobre que pessoas são mais ou menos facilmente contratadas, em razão da idade, sexo, condições de saúde etc. Assim, os integrados na categoria *A* (desempregados com probabilidade superior a 66% de obter emprego com a duração de, pelo menos, três meses, nos sete meses subsequentes) beneficiariam de menos apoios, por se assumir ser provável encontrarem trabalho sem formação adicional; os inseridos na categoria *C* (probabilidade inferior a 25% de conseguirem emprego por, pelo menos, seis meses, nos dois anos subsequentes) também contariam com parcos apoios, por existirem dados indicando que os benefícios concedidos a estes sujeitos não se traduziam num incremento significativo da sua empregabilidade; finalmente, os incluídos na categoria *B*, recortada negativamente (os não pertencentes às duas categorias anteriores) seriam destinatários de medidas de apoio mais musculadas. Porém, analistas apontaram a esta ferramenta a crítica de ela proporcionar um resultado de desvantagens cumulativas e de prolongar, ou agravar, discriminações já enraizadas — sobretudo e, em síntese, por não priorizar, ao contrário, pessoas já prejudicadas pelo habitual funcionamento do mercado de trabalho[(23)].

Um último exemplo, que escolhemos por, apesar de não relacionado com a esfera da contratação laboral, ter tido significativa ressonância na comunidade científica e na comunicação social, é o do sistema conhecido como *COMPAS* (*Correctional Offender Management Profiling for Alternative Sanctions*), um sistema posto em marcha pela justiça penal americana. Utilizado por juízes, permitia prever que arguidos deveriam ser mantidos em prisão preventiva, ou, ao contrário, libertados. Através de diversos dados inseridos, o algoritmo avaliava o risco de reincidência na prática de crimes, fornecendo, assim, pistas ao juiz quanto à decisão a adotar. Estudos vários apontaram, porém, no sentido de a ferramenta induzir resultados discriminatórios em relação a afro-americanos[(24)], em virtude de correlações estabelecidas entre traços mais comuns nessa comunidade e a prática de crimes.

3. *O fenómeno discriminatório e o Direito Antidiscriminação — algumas notas com relevo a propósito da atuação algorítmica*

É frequente afirmar que o imperativo antidiscriminatório cobra a sua utilidade na medida em que enaltece o *direito à diferença*, isto é, o direito a não ser alvo de um tratamento diferenciado em razão de características pessoais, ou correspondentes

surprise-sandra-wachter-2018-10>, ou VINCENT, James. Amazon Reportedly Scraps Internal AI Recruiting Tool That Was Biased against Women. *The Verge*, out. 2018. Disponível em: <https://www.theverge.com/2018/10/10/17958784/ai-recruiting-tool-bias-amazon-report>. Na comunicação social: <https://www.reuters.com/article/us-amazon-com-jobs-automation-insight/amazon-scraps-secret-ai-recruiting-tool-that-showed-bias-against-women-idUSKCN1MK08G>.

(22) ALLHUTTER, Doris; CECH, Florian; FISCHER, Fabian; GRILL, Gabriel; MAGER, Astrid. Algorithmic Profiling of Job Seekers in Austria: How Austerity Politics Are Made Effective. *Frontiers in Big Data*, fev. 2020. Disponível em: <https://www.frontiersin.org/articles/10.3389/fdata.2020.00005/full>.

(23) ORWAT, Carsten. *Diskriminierungsrisiken durch Verwendung von Algorithmen*. Nomos, 2019. p. 57, dá nota de um modelo similar adotado na Polónia.

(24) ANGWIN, Julia; LARSON, Jeff; MATTU, Surya; KIRCHNER, Laura. Machine Bias. *ProPublica*, maio 2016. Disponível em: <https://www.propublica.org/article/machine-bias-risk-assessments-in-criminal-sentencing>.

a aspetos que escapam ao desígnio da pessoa em causa, como o sexo, ou a raça/etnia, ou decorrentes de escolhas fundamentais, expressão da liberdade de desenvolvimento da personalidade, como a crença religiosa[(25)]. Aquele imperativo, expresso, usualmente, através da proibição de diferenciações assentes num conjunto de fatores (veja-se, por exemplo, o artigo 13º da Constituição da República Portuguesa, ou, mais especificamente, o artigo 24º do Código do Trabalho), parte, com efeito, de uma categorização subjetiva — sexo masculino/sexo feminino; portador de deficiência/não portador de deficiência; nacional/estrangeiro etc. — que, independentemente da sua justeza científica[(26)], ou até independentemente da questão de saber se o sujeito alvo de discriminação pertence, efetivamente, a uma suposta categoria, ou se só aparentemente, mormente aos olhos do agente de discriminação[(27)], acompanha a setorização social, a que se associa o tratamento diferenciado, para, como é óbvio, o proibir. Por outras palavras, visando combater a menorização dos sujeitos pertencentes a determinado grupo subjetivo com base nessa mesma pertença, então o aludido processo de circunscrição subjetiva atende ao recorte categorial estereotipado, socialmente assumido. Partindo desta categorização, o Direito Antidiscriminação tem, contudo, uma matriz individualista, "isto é, visa tratar os indivíduos *qua tale*, independentemente da sua integração em qualquer categoria de género, etária, étnica, religiosa ou sexual (...), de forma que a maneira como é tratado não seja tingida por um fundamento de discriminação"[(28)]. Na verdade, porém, não existe um real antagonismo entre aquele *individualismo* e esta *categorização*, naturalmente subjacente à identificação dos fatores de discriminação. O recorte de diversos grupos subjetivos será a projeção jurídica das diferenciações observáveis no plano fáctico, reencontrando-se a matriz individualista no momento em que se compreende que o desiderato daquela segmentação é o de proibir diferenças de tratamento assentes na pertença a dado grupo subjetivo.

Nesta medida, é evidente que o princípio da proibição da discriminação espelha o da dignidade humana; note-se: ela "é mais do que uma mera desigualdade; é uma desigualdade odienta, chocante"[(29)]. A verdade, porém, é que motivos de outra ordem também sustentam a sua inequívoca importância. Tal é bastante claro se tivermos em mente, justamente, o campo da escolha do(s) trabalhador(es) a contratar, entre vários candidatos. Por certo que o empregador terá interesse em contratar quem seja, objetivamente, mais apto, mais competente para as tarefas em causa, independentemente de fatores laterais. Curiosamente, aliás, essa — poder fazer uma escolha objetiva, de entre um leque vasto e diverso de candidatos — é uma das razões apontadas como justificação para o recurso a ferramentas de seleção assentes na inteligência artificial[(30)].

Um outro aspeto que importa evidenciar neste contexto é o de que, como se sabe, a discriminação releva quer seja direta, quer seja indireta[(31)]. O ato

(25) LEITE, Jorge. O princípio da igualdade salarial entre homens e mulheres no direito português. Compilação de elementos para uma consulta especializada sobre igualdade de remuneração entre mulheres e homens. *Estudos, CITE*, n. 3, p. 61-76, 2004.

(26) A este respeito, é interessante atentar no Considerando 6 da Diretiva 2000/43/CE, do Conselho, de 29/6/2000, que aplica o princípio da igualdade de tratamento entre as pessoas, sem distinção de origem racial ou étnica. Lê-se naquele considerando 6 que "a União Europeia rejeita as teorias que tentam provar a existência de raças humanas separadas, pelo que a utilização do termo 'origem racial' na presente diretiva não implica a aceitação de tais teorias". Simplesmente, porque, a despeito da (in)consistência científica da autonomização de várias raças, é uma evidência que a sociedade se comporta pressupondo essa mesma multiplicidade racial, assume-se que um diploma destinado a combater a discriminação com base nesse fator não pode deixar de partir daquela suposição. Em síntese, se existe uma pré-compreensão social que distingue entre *nós* e *os outros*, ainda que este grupo apresente características muito diversas, haverá, num primeiro momento, que procurar ir ao encontro dessa mesma pré-compreensão. V. LOPES, Dulce; SILVA, Lucinda. Xadrez Policromo: a Directiva 2000/43/CE do Conselho e o princípio da não discriminação em razão da raça e origem étnica. *Estudos dedicados ao Prof. Mário Júlio Brito de Almeida Costa*. Coimbra: Almedina, 2002. p. 393-438.

(27) Com efeito, a doutrina reconhece que existe um ato discriminatório se o agente do mesmo diferenciar por pensar que o sujeito visado pertence a determinada categoria (por exemplo, que é homossexual), ainda que assim não seja, de facto. V. MCCOLGAN, Aileen. *Discrimination, equality and the law*. Hart Publishing, 2014. p. 53.

(28) MESTRE, Bruno. *Direito Antidiscriminação* — uma perspetiva europeia e comparada. Porto: Vida Económica, 2020. p. 13.

(29) LEITE, Jorge. O princípio da igualdade salarial entre homens e mulheres no direito português. Compilação de elementos para uma consulta especializada sobre igualdade de remuneração entre mulheres e homens. *Estudos, CITE*, n. 3, p. 64, 2004.

(30) YANG, Jenny R. Ensuring a future that advances equity in algorithmic employment decisions. *The future of work: protecting workers' civil rights in the digital age*, Urban Institute, fev. 2020. Disponível em: <https://edlabor.house.gov/imo/media/doc/YangTestimony02052020.pdf>, p. 1-21 [4].

(31) Entre inúmeros Autores, FREDMAN, Sandra. *Discrimination Law*. 2. ed. Oxford: Oxford University, 2011. p. 166 e ss.; entre nós, MESTRE, Bruno. *Direito Antidiscriminação* — uma perspetiva europeia e comparada. Porto: Vida Económica, 2020. p. 49 e ss. e 64 e ss.

discriminatório pode, com efeito, ser motivado pela circunstância da inserção do sujeito em causa num certo grupo diferenciado (por ser mulher, ou homem; por ser de etnia cigana, ou negro, ou caucasiano; por ainda não ter determinada idade, ou já haver ultrapassado certo marco etário etc.) — ou, diversamente, derivar de um ato, ou critério que, pese embora a sua aparente neutralidade, tem um impacto desproporcionado em indivíduos pertencentes a dada categoria. No caso da discriminação indireta, importa menos — *rectius*, pode ter relevância apenas em sede de justificação do ato discriminatório — a intenção do agente do que o efeito produzido. Este tipo de discriminação é aquele que mais fácil e frequentemente é proporcionado pelos sistemas algorítmicos, aquele, portanto, que, paradigmaticamente, se lhes associa. Sucede, porém, que se trata de um fenómeno que suscita vários e complexos problemas jurídicos, mormente em sede probatória, aos quais, neste contexto, se acrescentam outros desafios, relacionados com as características (técnicas, mas também jurídicas) daquelas ferramentas de inteligência artificial.

Regressemos, porém, por um instante, à discriminação direta. Um problema não abundantemente estudado, mas, ao que cremos, bastante relevante no domínio que ora nos convoca, prende-se com a questão de saber se o ato diretamente discriminatório tem de ser *intencional*. Noutros termos: a *consciência* da discriminação, ou mesmo o *propósito* de a praticar, relevam? Embora o ponto não seja líquido[32], certa doutrina, que acompanhamos, reconhece o facto de, em alguns casos, o ato de classificação não ser deliberado, sequer consciente. O caráter inconsciente, ou, se se preferir, subconsciente, da discriminação é sublinhado, em especial, no domínio do preconceito assente na aparência física; a associação de certo conjunto de características a uma pessoa com uma aparência que consideremos bonita não é, na verdade, fruto de um pensamento consciente, mas de um impulso espontâneo, difícil de controlar e mesmo de detetar[33], tal qual o que nos leva a pensar em manteiga se nos falarem em pão[34]. Como nota Deborah Hellmann[35], não é por acaso — mas por se reconhecer que a consciência da imagem do outro influencia o juízo do espectador em campos diversos — que, nas audições musicais, o júri opta, com frequência, por ouvir a peça sem ver a imagem do candidato, que toca/canta atrás de um separador opaco.

A discriminação inconsciente, não deliberada, relaciona-se com a utilização da inteligência artificial para efeitos de seleção de candidatos a trabalhadores num sentido oposto ao que apontámos nas linhas anteriores. Recordemos uma das ideias com que encetámos este estudo: como afirma Kimberly A. Houser, o recurso à inteligência artificial neste contexto pode, de certa perspetiva, mitigar o preconceito frequentemente presente quando se processa uma escolha humana. E, adiantemo-lo, assim é porque os equipamentos computacionais não possuem *subconsciência*. O perigo de a decisão ser inquinada por impressões humanas, misteriosas e insondáveis não existe quando a máquina substitui o homem. De resto — mas agora porque aqueles equipamentos também não são dotados de *consciência* — verifica-se igualmente que os atos deliberados de discriminação só podem ocorrer através de sistemas algorítmicos se a máquina for dolosamente *instruída* nesse sentido pelo humano que a funcionaliza em seu proveito. A doutrina refere-se, a este propósito, à utilização dos algoritmos como forma de mascarar (*masking*)[36] atos discriminatórios que, na verdade, são humanos, conquanto, por força da aparência criada pelo automatismo, seja fácil tomá-los como produto do funcionamento do sistema, o qual, por certo, se presume de imaculada objetividade — tudo a lembrar a metáfora do *Mechanical Turk*, o pretenso robô jogador de xadrez construído no século XVIII para vencer os concorrentes humanos, mas que, afinal, era, também

(32) Por todos, com muito interesse, HELLMAN, Deborah. *When is discrimination wrong?* Harvard University, 2011. p. 138 e ss.

(33) RHODE, Deborah. *The beauty bias* — the injustice of appearance in life and law. Oxford: University, 201. p. 11; em especial, JABBOUR, Rhéa. *La discrimination à raison de l'apparence physique lookisme en droit du travail français et américain:* approche comparatiste. Paris: Droit, Université Panthéon-Sorbonne I, 2013. Disponível em: <https://tel.archives-ouvertes.fr/tel-01085673/document>, p. 11 e ss., 22 e ss. e 175 e ss.

(34) KLEINBERG, Jon; LUDWIG, Jens; MULLAINATHANY, Sendhil; SUNSTEINZ, Cass R. Discrimination in the age of algorithms. *Journal of Legal Analysis*, n. 10, p. 113-174, 2018.

(35) HELLMAN, Deborah. *When is discrimination wrong?* Harvard University, 2011. p. 143.
Referindo-o também, WILLIAMS, Betsy Anne; BROOKS, Catherine F.; SHMARGAD, Yotam. How Algorithms Discriminate Based on Data They Lack: Challenges, Solutions, and Policy Implications. *Journal of Information Policy*, n. 8, p. 87, 2018.

(36) BAROCAS, Solon; SELBST, Andrew D. Big Data's disparate impact. *California Law Review*, n. 104, p. 692 e ss., 2016, ou ainda Frederik Zuiderveen Borgesius, *Discrimination, artificial intelligence...", cit.*, p. 13-14.

ele, um homem, que operava debaixo de uma máscara robótica[37].

4. *A discriminação (não) praticada por algoritmos*

4.1. "Amazon´s sexist hiring algorithm could still be better than a human"[38]

Algo provocatória, a frase usada para intitular o segmento que ora iniciamos afirma que, mesmo tendo-se revelado sexista, o algoritmo destinado à seleção de *curricula vitæ* usado, ainda que logo abandonado, pela *Amazon*, pode, afinal, ser menos perverso do que o ser humano que realize aquela tarefa de seleção.

Com efeito, para lá de possibilitar um processo de recrutamento mais rápido e económico[39], o recurso a algoritmos com esta finalidade revela-se vantajoso por razões relacionadas, justamente, com a supressão de episódios de diferenciação discriminatória que, pela mão humana, bem poderiam suceder.

Um primeiro aspeto relaciona-se com a já referida impossibilidade de ocorrência de discriminação direta não consciente, isto é, de imperscrutáveis diferenciações, não representadas ou não desejadas pela mente humana, mas, em todo o caso, influenciadas pela inserção do sujeito visado em determinado grupo, em comparação com outro, de distinta categoria[40]. Residindo o preconceito inconsciente em zonas profundas da mente humana, sustenta-se que, na verdade, a solução desse problema não pode passar senão pela tecnologia[41].

Uma outra razão, próxima desta, para se afirmar que a seleção por algoritmos pode mesmo ser mais justa do que a humana resulta de, assim, se afastarem *pecados* humanos capazes de inquinar a objetividade do processo, como a fadiga, a irritabilidade, ou mesmo a fome[42], bem como *ruídos* provenientes, por exemplo, de observações supérfluas feitas pelos candidatos e da impressão que podem provocar[43]. Quanto a este último aspeto, a doutrina salienta o facto de, frequentemente, as decisões humanas serem, assumidamente ou não — e, como vimos nas linhas anteriores, porventura sem noção disso mesmo —, assentes no arbítrio, opiniões, sensibilidades pessoais, o que, por seu turno, conduz a resultados altamente variáveis e imprevisíveis, em contraste com a constância de uma decisão algorítmica, que será sempre a mesma, para o mesmo conjunto de dados[44].

Por motivos desta índole, relacionados com a maior objetividade das decisões resultantes da inteligência artificial, alguns Autores associam às mesmas ainda uma outra vantagem, que se prende com a possibilidade — ainda que não sem escolhos — de tais processos decisórios serem passíveis de avaliação, de experimentação, de escrutínio e, portanto, de deteção da causa da discriminação que eventualmente ocorra. O cérebro humano, dizem, é uma *caixa ainda mais negra* do que os sistemas computacionais[45], os quais, afinal, se devidamente controlados, podem conviver com o desiderato de transparência ao nível

(37) AJUNWA, Ifeoma. The paradox of automation as anti-bias intervention. *Cardozo Law Review*, n. 41, p. 26 e ss.

(38) A frase é de LAVANCHY, Maude. Amazon´s sexist hiring algorithm could still be better than a human — Expecting algorithms to perform perfectly might be asking too much of ourselves. *The Conversation*, 1º nov. 2018. Disponível em: <https://theconversation.com/amazons-sexist-hiring-algorithm-could-still-be-better-than-a-human-105270>.

(39) Por exemplo, COSTA, Allan; CHEUNG, Chris; LANGENKAMP, Max. Hiring Fairly in the Age of Algorithms. *Cornell University*, arXiv:2004.07132. Disponível em: <https://arxiv.org/ftp/arxiv/papers/2004/2004.07132.pdf>. p. 7, ou MANN, Gideon; O'NEIL, Cathy. Hiring algorithms are not neutral. *Harvard Business Review*, 9.12.2016. Disponível em: <https://hbr.org/2016/12/hiring-algorithms-are-not-neutral>.

(40) BÎGU, Dragoș; CERNEA, Mihail-Valentin. Algorithm bias in current hiring practices: an ethical examination. *Proceedings of the 13th International Management Conference — Management Strategies for High Performance*. Bucareste: Editura ASE, 2019. p. 1068-1063; KING, Allan G.; MRKONICH, Marko J. 'Big Data' and the risk of employment discrimination. *Oklahoma Law Review*, v. 68, n. 3, p. 555, 2016.

(41) GOMEZ, Diego. How AI Can Stop Unconscious Bias In Recruiting. *Ideal Blog*, 18 jun. 2020. Disponível em: <https://ideal.com/unconscious-bias/>.

(42) LEPRI, Bruno; OLIVER, Nuria; LETOUZÉ, Emmanuel *et al.* Fair, Transparent, and Accountable Algorithmic Decision-making Processes. *Philosophy and Technology*, n. 31, p. 611-627, 2018.

(43) COSTA, Allan; CHEUNG, Chris; LANGENKAMP, Max. Hiring Fairly in the Age of Algorithms. *Cornell University*, arXiv:2004.07132. Disponível em: <https://arxiv.org/ftp/arxiv/papers/2004/2004.07132.pdf>, p. 7.

(44) HOUSER, Kimberly A. Can AI Solve the Diversity Problem in the Tech Industry? Mitigating Noise and Bias in Employment Decision-Making. *Stanford Technology Law Review*, n. 22, p. 330 e ss., 2019.

(45) MULLAINATHAN Sendhil. Biased Algorithms Are Easier to Fix Than Biased People. *New York Times*, 16 dez. 2019. Disponível em: <https://www.nytimes.com/2019/12/06/business/algorithm-bias-fix.html>.

de decisões como a da seleção de candidatos a emprego[46]. Mais até e em razão desta possibilidade de verificação do seu desempenho, tais sistemas são apontados como vias de solução para os problemas por si mesmos gerados. Seriam mecanismos autocorretivos, desde que, naturalmente, os programadores interviessem nesse sentido[47].

5. *"A computer can make a decision faster. That doesn't make it fair"*[48]

5.1. Por contraste com a perspetiva adotada no ponto anterior, a frase com que se inicia este ponto, segundo a qual, embora um computador possa tomar decisões mais rápidas, tal não as torna mais justas, remete para o facto de que, segundo revelam variadíssimos estudos, os processos decisórios algorítmicos conduzem, muitas vezes, a resultados discriminatórios. Nas linhas subsequentes, procuraremos explicar de que forma. Privilegiaremos, naturalmente, o domínio da contratação de trabalhadores, embora, na sua maior parte, os fenómenos aqui em causa se verifiquem igualmente noutros domínios.

Um primeiro problema diz respeito a um momento ainda prévio ao da fase da seleção propriamente dita, que é o do acesso ao anúncio de emprego. Desde logo, como é evidente, um anúncio disponibilizado *on-line* exclui todos quantos não utilizam, habitualmente, meios eletrónicos, ao menos para procurar emprego, dando preferência aos tradicionais[49]. Mais preocupante, porém, é o facto de se verificar que as plataformas em linha *escolhem*, naturalmente através de algoritmos, os destinatários a quem são apresentados os anúncios de emprego que publicitam, publicitação que, aliás, representa uma importante fonte de receitas[50]. Com efeito, estudos já demonstraram que o *Google* apresenta ofertas de emprego associadas a carreiras com melhores níveis remuneratórios a homens do que a mulheres[51] e existem, outrossim, registos de fenómenos similares ocorridos com o *Facebook*, tendo-se detetado ofertas seletivas em função do sexo, mas também a idade[52].

O fenómeno por detrás destes resultados é conhecido como *microtargeting*. A plataforma que publicita o anúncio consegue selecionar o seu público alvo, recortado com base em critérios voltados para o objetivo de mostrar a oferta aos sujeitos que, com maior probabilidade, poderão ter interesse nele e abri-lo — critérios de eficiência, bem vistas as coisas[53]. Se, por exemplo, a plataforma detetar que a entidade anunciante contrata mais frequentemente sujeitos caucasianos, irá apresentar o anúncio a esse público, perpetuando o estereótipo já anteriormente verificado.

Mas o que torna o processo mais capcioso é o facto de esta seleção ser feita de forma indireta, mascarada, ou, utilizando a expressão mais comum no universo da programação, através de *proxies*. Ainda que a raça ou etnia dos utilizadores não integre as informações fornecidas pelo mesmo à plataforma, os algoritmos desta permitem, através de outros dados — as interações, os amigos, os gostos, os interesses, os locais visitados etc. — e da *aprendizagem* (*machine learning*) que eles proporcionam, identificar que su-

(46) *Vide* Jon KLEINBERG, Jon; LUDWIG, Jens; MULLAINATHANY, Sendhil; SUNSTEINZ, Cass R. Discrimination in the age of algorithms. *Journal of Legal Analysis*, n. 10, p. 146 e ss., 2018.

(47) *Ibidem*, p. 154 e ss., e KLEINBERG, Jon; LUDWIG, Jens; MULLAINATHANY, Sendhil; SUNSTEINZ, Cass R. Discrimination in the age of algorithms. *Journal of Legal Analysis*, n. 10, p. 324 e ss., 2018.

(48) HEILWEIL, Rebecca. Why algorithms can be racist and sexist. *Vox | Recode*, 18 fev. 2020. Disponível em: <https://www.vox.com/recode/2020/2/18/21121286/algorithms-bias-discrimination-facial-recognition-transparency>.

(49) Este afastamento, que, naturalmente, se associa, com frequência, a fatores como a pobreza e/ou a área de residência, tem preocupado alguns estudiosos da matéria. Veja-se, por exemplo, LERMAN, Jonas. Big Data and Its Exclusions. *Stanford Law Review*, n. 66, 2013. Disponível em: <https://www.stanfordlawreview.org/online/privacy-and-big-data-big-data-and-its-exclusions/>.

(50) BORGESIUS, Frederik Zuiderveen. Discrimination, artificial intelligence, and algorithmic decision-making. *Council of Europe*, 2018. Disponível em: <https://rm.coe.int/discrimination-artificial-intelligence-and-algorithmic-decision-making/1680925d73>, p. 15-16.

(51) BORGESIUS, Frederik Zuiderveen. Strengthening legal protection against discrimination by algorithms and artificial intelligence. *The International Journal of Human Rights*, n. 24, p. 1-23, 2020. Veja-se, ainda, MILLER, Claire Cain. When Algorithms Discriminate. *The New York Times*, 9 jul. 2015. Disponível em: <https://www.nytimes.com/2015/07/10/upshot/when-algorithmsdiscriminate.html>.

(52) Carsten Orwat (*Diskriminierungsrisiken durch Verwendung von Algorithmen*. Nomos, 2019. p. 37 e ss.) dá notícia de casos ocorridos na Dinamarca e também nos Estados Unidos da América. Em ambos os casos, já foram postos em marcha processos judiciais, tendo sido celebrados acordos com o Facebook em cujos termos aquela seleção deveria deixar de ser efetuada.
Veja-se, ainda, HAO, Karen. Facebook's ad-serving algorithm discriminates by gender and race. *MIT Technology Review*, 5 abr. 2019. Disponível em: <https://www.technologyreview.com/2019/04/05/1175/facebook-algorithm-discriminates-ai-bias/>.

(53) BOGEN, Miranda. All the Ways Hiring Algorithms Can Introduce Bias. *Harvard Business Review*, 6 maio 2019. Disponível em: <https://hbr.org/2019/05/all-the-ways-hiring-algorithms-can-introduce-bias>.

jeitos pertencem ou não ao grupo pretendido. Este processo torna o fenómeno discriminatório difícil de detetar e, naturalmente, de contornar, desde logo pela evanescência dos aspetos tidos em conta para a seleção, os quais só enviesadamente se reconduzem a fatores de discriminação conhecidos[(54)].

As *proxies* correlacionadas com as categorias objeto de tratamento diferenciado nem sempre são facilmente identificáveis, sintetizam Sucheta Soundarajan e Daniel L. Clausen[(55)]. Há quem entenda, por isso mesmo, que a supressão de informação referente a dados sensíveis — género, raça, idade, deficiência, entre outros — dos elementos contantes da identificação do utilizador pode não ser o melhor caminho para contornar o problema do viés algorítmico. É que a circunstância de esses elementos serem conhecidos, se não do destinatário do resultado fornecido pelo algoritmo, pela entidade que domina este último, ou de quem a fiscaliza, facilitaria amplamente a identificação de fenómenos discriminatórios e a sua correção[(56)].

5.2. Um segundo acervo de problemas prende-se com a definição, que é humana, da pergunta a que se pretende que o algoritmo responda, isto é, do *output*, ou *outcome*[(57)], a obter do mesmo; noutros termos ainda — usando a expressão de Solon Barocas e Andrew D. Selbst[(58)] —, está em causa a identificação do *target variable* e das *class labels*[(59)]. Como explicam estes Autores, enquanto a classificação de mensagens como *SPAM* ou não *SPAM* é, além de binária, largamente consensual, o cenário é muito menos linear quando se pretende que o algoritmo selecione, entre vários candidatos, o(s) melhor(es). A dúvida é evidente: o que é ser o melhor? E a resposta também se intui: é o que o empregador e, a jusante, o programador definem como tal. A classificação, ou *etiquetagem* dos candidatos como bons ou dispensáveis será feita, naturalmente, em função daquele critério. Imagine-se, assim, que *(i)* um indicador considerado relevante para a contratação é o candidato residir em determinada zona, *e. g.*, próximo do local de trabalho, que *(ii)* é dada preferência aos candidatos que hajam tido, até ao momento, relações laborais mais duradouras, *(iii)* que é tida em conta a assiduidade em empregos anteriores, ou, finalmente, *(iv)* que é conferido peso decisivo ao estabelecimento de ensino frequentado, pelo seu prestígio[(60)]. No primeiro caso, facilmente ocorre discriminação racial — a maior parte da população pertencente a minorias étnicas concentra-se em zonas residenciais específicas. No segundo, compreende-se sem dificuldade a preterição dos candidatos mais jovens, que, de resto, em vários ordenamentos jurídicos, podem, sem violação da lei, ser admitidos através de modelos de contratação mais precários, a pretexto de favorecer a sua empregabilidade. No terceiro, podem ser prejudicadas as mulheres, bem como pessoas portadoras de deficiência ou doença crónica, ou até candidatos mais idosos. No último, dar-se-á relevo à escola, mais do que ao indivíduo e, se a escola for frequentada, maioritariamente, por pessoas de certo segmento social, então as demais resultarão excluídas[(61)].

5.3. Outra fonte de iniquidade dos resultados produzidos por algoritmos relaciona-se com os dados com que são alimentados[(62)]. Utilizando a expressão comum na gíria tecnológica: *garbage in, garbage out*[(63)].

---

(54) WILLIAMS, Betsy Anne; BROOKS, Catherine F.; SHMARGAD, Yotam. How Algorithms Discriminate Based on Data They Lack: Challenges, Solutions, and Policy Implications. *Journal of Information Policy*, n. 8, p. 89 e ss., 2018.

(55) SOUNDARAJAN, Sucheta; CLAUSEN, Daniel L. Equal Protection Under the Algorithm: a Legal-Inspired Framework for Identifying Discrimination in Machine Learning. *FATML*, p. 1-5, 2018.

(56) WILLIAMS, Betsy Anne; BROOKS, Catherine F.; SHMARGAD, Yotam. How Algorithms Discriminate Based on Data They Lack: Challenges, Solutions, and Policy Implications. *Journal of Information Policy*, n. 8, p. 97 e ss., 2018; MOEREL, Lokke. Algorithms can reduce discrimination, but only with proper data. *Privacy Perspectives*, 16 nov. 2018. Disponível em: <https://iapp.org/news/a/algorithms-can-reduce-discrimination-but-only-with-proper-data/>, p. 154 e ss.

(57) Sobre o ponto e usando esta expressão, KLEINBERG, Jon; LUDWIG, Jens; MULLAINATHANY, Sendhil; SUNSTEINZ, Cass R. Discrimination in the age of algorithms. *Journal of Legal Analysis*, n. 10, p. p. 139 e ss., 2018.

(58) BAROCAS, Solon; SELBST, Andrew D. Big Data's disparate impact. *California Law Review*, n. 104, p. 677 e ss., 2016.

(59) Remete-se para o ponto I-1 deste estudo.

(60) Alguns destes exemplos são referidos por YANG, Jenny R. Ensuring a future that advances equity in algorithmic employment decisions. *The future of work: protecting workers' civil rights in the digital age*, Urban Institute, fev. 2020. Disponível em: <https://edlabor.house.gov/imo/media/doc/YangTestimony02052020.pdf>, p. 7.

(61) BAROCAS, Solon; SELBST, Andrew D. Big Data's disparate impact. *California Law Review*, n. 104, p. 690, 2016.

(62) KLEINBERG, Jon; LUDWIG, Jens; MULLAINATHANY, Sendhil; SUNSTEINZ, Cass R. Discrimination in the age of algorithms. *Journal of Legal Analysis*, n. 10, p. 141 e ss., 2018.

(63) HOUSER, Kimberly A. Can AI Solve the Diversity Problem in the Tech Industry? Mitigating Noise and Bias in Employment Decision-Making. *Stanford Technology Law Review*, n. 22, p. 333, 2019.

Se o *input* for, direta ou indiretamente, deliberada ou inconscientemente, viciado por alguma espécie de preconceito, então isso será refletido pelo *output*[(64)].

Tal acontece, desde logo, quando os dados introduzidos são condicionados por diferenciações discriminatórias anteriores. O exemplo mais evidente é o do *LinkedIn*. Entre outras funcionalidades, esta rede social de pendor profissional pode sugerir aos sujeitos que procurem mão de obra uma lista de candidatos, naturalmente de entre os utilizadores da plataforma, selecionando-os de acordo com a adequação do seu perfil ao cargo em causa. Esta seleção pode, porém, assentar em contratações antecedentes e na avaliação feita por esses empregadores. Se tais avaliações tiverem sido condicionadas por preconceitos pessoais, associados ao sexo, à raça, à idade etc.[(65)], então essa diferenciação vai repercutir-se nas contratações ulteriores[(66)]. O preconceito perpetua-se. Essa perpetuação torna-se ainda mais clamorosa quando a empresa que busca mão de obra decide que pretende contratar trabalhadores "que se ajustem (*fit*) ao perfil da equipa". Evidentemente, a escolha vai incidir sobre sujeitos com o mesmo estatuto categorial[(67)].

Noutros casos, o *input* fornecido ao sistema constitui uma amostra com desequilíbrios de representatividade. Estes erros de representatividade resultam, desde logo, da já referida circunstância de nem toda a população estar igualmente presente no mundo *online*[(68)] e também de os anúncios de emprego serem direcionados para categorias selecionadas. Outras vezes, os dados disponíveis têm uma origem circunscrita, que reflete preconceitos anteriores; recorde-se o algoritmo da *Amazon*, que preteriu mulheres por os *curricula* aí introduzidos, pertencentes às pessoas anteriormente contratadas, pertencerem, em larguíssima maioria, a sujeitos do sexo masculino.

A respeito do desequilíbrio das amostras, problemas particulares emergem no âmbito dos sistemas de reconhecimento facial. Com efeito, existem equipamentos de monitorização de entrevistas ou outras prestações dos candidatos a emprego, que, captando os seus sorrisos, trejeitos, tom de voz, entoação, ou dicção, por exemplo, lhes atribuem traços de personalidade[(69)]. À parte a genérica falibilidade destas associações, sucede que tais ferramentas terão tanto menor acuidade de captação e, principalmente, de *interpretação* da informação colhida quanto mais escassa for a amostra de sujeitos com esse perfil presentes nos dados de ensinamento (*training data*)[(70)]. Pessoas com deficiências ou até pequenos defeitos faciais estarão, certamente, sub-representadas nesses dados; vale por dizer, o processo de *aprendizagem* realizado pelo algoritmo não as considerou[(71)]. Na verdade, existem registos de semelhante fenómeno em relação às pessoas de raça negra, cuja imagem não é devidamente

(64) Por exemplo, YANG, Jenny R. Ensuring a future that advances equity in algorithmic employment decisions. *The future of work: protecting workers' civil rights in the digital age*, Urban Institute, fev. 2020. Disponível em: <https://edlabor.house.gov/imo/media/doc/YangTestimony02052020.pdf>, p. 7.

(65) Na verdade, estes fatores podem influenciar a avaliação de forma indireta e, consequentemente, mais dificilmente detetável. Como informam BAROCAS, Solon; SELBST, Andrew D. Big Data's disparate impact. *California Law Review*, n. 104, p. 687, 2016, os empregadores tendem a exercer um controlo muito mais apertado sobre trabalhadores com determinado perfil racial, etário, ou outro. A intensificação do controlo conduz, naturalmente, ao incremento dos registos disciplinares, ou, em todo o caso, a uma avaliação menos satisfatória.

(66) BAROCAS, Solon; SELBST, Andrew D. Big Data's disparate impact. *California Law Review*, n. 104, p. 683, 2016; RAGHAVAN, Manish; BAROCAS, Solon; KLEINBERG, Jon; LEVY, Karen. Mitigating Bias in Algorithmic Hiring: Evaluating Claims and Practices. *Cornell University*, arXiv:1906.09208. Disponível em: <https://arxiv.org/pdf/1906.09208.pdf>, p. 8; YANG, Jenny R. Ensuring a future that advances equity in algorithmic employment decisions. *The future of work: protecting workers' civil rights in the digital age*, Urban Institute, fev. 2020. Disponível em: <https://edlabor.house.gov/imo/media/doc/YangTestimony02052020.pdf>, p. 7.

(67) RAGHAVAN, Manish; BAROCAS, Solon; KLEINBERG, Jon; LEVY, Karen. Mitigating Bias in Algorithmic Hiring: Evaluating Claims and Practices. *Cornell University*, arXiv:1906.09208. Disponível em: <https://arxiv.org/pdf/1906.09208.pdf>, p. 10.

(68) BAROCAS, Solon; SELBST, Andrew D. Big Data's disparate impact. *California Law Review*, n. 104, p. 684 e ss., 2016.

(69) YANG, Jenny R. Ensuring a future that advances equity in algorithmic employment decisions. *The future of work: protecting workers' civil rights in the digital age*, Urban Institute, fev. 2020. Disponível em: <https://edlabor.house.gov/imo/media/doc/YangTestimony02052020.pdf>, p. 5.

(70) RAGHAVAN, Manish; BAROCAS, Solon; KLEINBERG, Jon; LEVY, Karen. Mitigating Bias in Algorithmic Hiring: Evaluating Claims and Practices. *Cornell University*, arXiv:1906.09208. Disponível em: <https://arxiv.org/pdf/1906.09208.pdf>, p. 12-13.

(71) Veja-se GIVENS, Alexandra Reeve. How algorithm bias hurts people with disabilities. *Slate*, 6.2.2020. Disponível em: <https://slate.com/technology/2020/02/algorithmic-bias-people-with-disabilities.html>; RAUB, McKenzie. Bots, bias and Big Data: artificial intelligence, algorithmic bias and disparate impact liability in hiring practices. *Arkansas Law Review*, v. 71, n. 2, p. 538, 2018, e KING, Allan G.; MRKONICH, Marko J. 'Big Data' and the risk of employment discrimination. *Oklahoma Law Review*, v. 68, n. 3, p. 581 e ss., 2016.

identificada e analisada por aqueles equipamentos. Tal sucede pelo facto de apresentarem traços típicos distintos dos sujeitos caucasianos, que não são *ensinados* ao algoritmo, ou não tanto quanto o necessário para garantir que ele os reconheça tão bem quanto reconhece os dos caucasianos. Pode ainda ocorrer, por razões similares, diferenciação entre culturas, por, por exemplo, o ato de sorrir ser mais ou menos frequente, mais ou menos bem reputado, conforme o padrão sociocultural(72).

5.4. Uma assinalável causa de resultados discriminatórios respeita ao problema, já antes mencionado de a seleção de candidatos, mesmo à luz de critérios aparentemente legítimos e neutros, produzir resultados discriminatórios sobre um grupo — o problema das *proxies*, se usarmos linguagem de programação computacional. O ponto já foi referido, mas autonomizamo-lo por o resultado discriminatório assim produzido poder emergir não dos fatores anteriormente relatados, mormente os dados selecionados para alimentar o algoritmo, mas antes do próprio modo de funcionamento deste(73).

Importa reforçar que tais efeitos podem ocorrer ainda que sem qualquer intenção nesse sentido do empregador nem do programador e mesmo sendo omitidas informações sensíveis, como as referentes ao sexo ou a raça. Já fornecemos exemplos diversos de situações em que os atributos considerados relevantes para a contratação de trabalhadores têm muito maior incidência entre os sujeitos pertencentes a categorias protegidas do que entre os excluídos das mesmas(74). Em tais casos, aqueles atributos vêm a operar como informação codificada (*redundant encodings*) reveladora de dados sensíveis(75).

5.5. O que vimos de explicar — isto é, o facto de a aplicação de certos parâmetros de avaliação que, mostrando-se razoáveis e gozando da aparência de neutralidade, conduzem, em virtude das correlações estabelecidas, à seleção de sujeitos em função da sua inserção ou não em categorias sociais protegidas — leva-nos a concluir que também pode, na realidade, ocorrer discriminação consciente e até deliberada, camuflada, porém, pela máscara do algoritmo e pela presunção de objetividade e acerto que se lhe imputa. Já nos referíramos, com efeito, ao fenómeno do *masking*(76). Como explicam Solon Barocas e Andrew D. Selbst(77), "qualquer forma de discriminação que ocorra não intencionalmente pode também ser

---

Estes últimos Autores lembram, alias, que a deficiência, enquanto fator de discriminação, pode suscitar problemas também de outra ordem. Como é sabido, decorre do imperativo de não discriminação dos candidatos a emprego e trabalhadores em razão da deficiência uma obrigação de acomodação razoável das condições de trabalho, com vista a minorar ou neutralizar o impacto negativo da deficiência no desempenho da atividade (sobre o ponto, permitimo-nos remeter para Milena Rouxinol (Notas em torno do imperativo de inclusão do trabalhador portador de deficiência. *Lex Social — Revista de Derechos Sociales*, v. 7, p. 266-301, 2017). Este imperativo releva também no momento da seleção, que deve ocorrer por processos ajustados à condição do candidato. Ora, a seleção por via algorítmica leva, tendencialmente, a um desconhecimento da situação de deficiência e suas características e, consequentemente, à omissão daquelas medidas, bem como a que elas nem sejam solicitadas.
A doutrina assinala ainda o prejuízo a que se expõem os candidatos com deficiência quando são sujeitos a testes de personalidade, em especial se automatizados, bem como a videojogos. Veja-se AJUNWA, Ifeoma. The paradox of automation as anti-bias intervention. *Cardozo Law Review*, n. 41, p. 1-55, 2020. p. 26-27.

(72) COSTA, Allan; CHEUNG, Chris; LANGENKAMP, Max. Hiring Fairly in the Age of Algorithms. *Cornell University*, arXiv:2004.07132. Disponível em: <https://arxiv.org/ftp/arxiv/papers/2004/2004.07132.pdf>, p. 14. Veja-se, ainda, LEE, Nicol Turner; RESNICK, Paul; BARTON, Genie. Center for Technology Innovation. *Algorithmic bias detection and mitigation: Best practices and policies to reduce consumer harms*, maio 2019. Disponível em: <https://www.brookings.edu/research/algorithmic-bias-detection-and-mitigation-best-practices-and-policies-to-reduce-consumer-harms/>.

(73) KLEINBERG, Jon; LUDWIG, Jens; MULLAINATHANY, Sendhil; SUNSTEINZ, Cass R. Discrimination in the age of algorithms. *Journal of Legal Analysis*, n. 10, p. 141 e ss., 2018.

(74) Compreende-se, assim, que, com frequência, se aluda a este fenómeno designando-o como de discriminação *estatística*. Cfr., por exemplo, WILLIAMS, Betsy Anne; BROOKS, Catherine F.; SHMARGAD, Yotam. How Algorithms Discriminate Based on Data They Lack: Challenges, Solutions, and Policy Implications. *Journal of Information Policy*, n. 8, p. 88, 2018.

(75) Sobre o ponto, BAROCAS, Solon; SELBST, Andrew D. Big Data's disparate impact. *California Law Review*, n. 104, p. 691-692, 2016; YANG, Jenny R. Ensuring a future that advances equity in algorithmic employment decisions. *The future of work: protecting workers' civil rights in the digital age*, Urban Institute, fev. 2020. Disponível em: <https://edlabor.house.gov/imo/media/doc/YangTestimony02052020.pdf>, p. 7.

(76) Remetemos para o ponto I-2 e bibliografia aí indicada.

(77) BAROCAS, Solon; SELBST, Andrew D. Big Data's disparate impact. *California Law Review*, n. 104, p. 692, 2016.
Sobre a questão, veja-se, ainda, KIM, Pauline T. Data-driven discrimination at work. *William & Mary Law Review*, v 58, p. 857-936, 2016-2017.

orquestrada intencionalmente[78]. Basta que quem monitoriza o algoritmo consiga perceber as *correlações*, *hoc sensu*, que ele estabelece para, querendo selecionar pessoas em função do fator x, instrua o algoritmo para as escolher em razão do y, por sua vez comprovadamente *correlacionado* com aquele primeiro.

6. *Combate à discriminação por via algorítmica — breves notas sobre os desafios e formas de superação*

Assistindo-se a uma preocupação já assinalavelmente disseminada relativamente ao conjunto de problemas descritos, podem identificar-se, entre os caminhos de solução propostos, expedientes jurídicos e outros não jurídicos.

De entre os primeiros, sem prejuízo de irem sendo gizadas outras soluções[79], apela-se, desde logo e sem surpresa, ao Direito Antidiscriminação. A verdade, porém, é que a sua mobilização se debate (não só, mas também e, talvez, em particular), no domínio aqui em análise, o dos sistemas algorítmicos, com obstáculos não despiciendos, não faltando mesmo quem sugira uma reinvenção deste segmento da ordem jurídica, com vista a que dê resposta efetiva aos problemas aqui em causa[80], nem quem, a este propósito, questione a ampla discricionariedade de que gozam, apesar de tudo, os empregadores quanto

---

(78) Por os resultados do algoritmo poderem ser intencionalmente influenciados pelos sujeitos que o põem em funcionamento, de acordo com os intentos pretendidos, alguns Autores já se têm pronunciado acerca da possibilidade de levar a cabo atos de discriminação positiva — favorável a grupos protegidos — através de inteligência artificial. Em especial, BENT, Jason R. Is algorithmic affirmative action legal? *The Georgetown Law Journal*, v. 108, p. 803-854, e NACHBAR, Thomas B. Algorithm Fairness, Algorithmic Discrimination. *University of Virginia School of Law — Public Law and Legal Theory Research Paper Series*, 11 jan. 2020. Disponível em: <https://papers.ssrn.com/sol3/papers.cfm?abstract_id=3530053>, p. 53 e ss.

(79) Uma das vias de solução passa pelo regime da proteção de dados pessoais. Com efeito, o problema do tratamento algorítmico de dados, desde logo para efeitos de seleção de trabalhadores, pode ser encarado a esta luz, designadamente à luz do Regulamento Geral de Proteção de Dados Pessoais 2016/679, de 27 de abril, cujo artigo 22º, na linha do disposto no considerando § 71 estabelece a regra segundo a qual "o titular dos dados tem o direito de não ficar sujeito a nenhuma decisão tomada exclusivamente com base no tratamento automatizado, incluindo a definição de perfis, que produza efeitos na sua esfera jurídica ou que o afete significativamente de forma similar", embora tal regra ceda, entre outras situações, quando existe consentimento explícito ao tratamento de dados para certo fim. Resta refletir sobre a genuinidade e, consequentemente, o valor deste consentimento nas relações entre candidatos a emprego/trabalhadores e (futuros) empregadores. Entre nós, MOREIRA, Teresa Coelho. O ónus da prova em casos de discriminação. *Estudos de Direito do Trabalho* — Igualdade e não discriminação. Coimbra: Almedina, 2013. p. 24-26 e, sobre o diploma português de execução daquele Regulamento, MOREIRA, Teresa Coelho. Dados pessoais: breve análise do art. 28º da Lei n. 58/2019, de 8 de agosto. *Questões Laborais*, n. 55, p. 41-62, 2017. Uma análise daquele artigo 22º e em torno dos princípios reguladores do tratamento de dados pessoais, como o da transparência, é feita por BORGESIUS, Frederik Zuiderveen. Strengthening legal protection against discrimination by algorithms and artificial intelligence. *The International Journal of Human Rights*, n. 24, p. 7, 2020, e Discrimination, artificial intelligence, and algorithmic decision-making. *Council of Europe*, 2018. Disponível em: <https://rm.coe.int/discrimination-artificial-intelligence-and-algorithmic-decision-making/1680925d73>, p. 21 e ss., e ainda por KULLMANN, Miriam. *Discriminating Job Applicants Through Algorithmic Decision-Making*, jan. 2019. Disponível em: <https://papers.ssrn.com/sol3/papers.cfm?abstract_id=3373533>. Uma abordagem maia ampla sobre a importância da privacidade no contexto dos Big Bata, pode ver-se em WILLIAMS, Betsy Anne; BROOKS, Catherine F.; SHMARGAD, Yotam. How Algorithms Discriminate Based on Data They Lack: Challenges, Solutions, and Policy Implications. *Journal of Information Policy*, n. 8, p. 85 e ss., 2018.

Outros Autores exploram a via da responsabilidade civil. Sendo certo que o empregador é responsável, em primeira linha, pelos prejuízos que cause aos candidatos preteridos, pode equacionar-se haver lugar a uma compensação, suportada pelo programador, pelo risco associado à utilização do equipamento, que o empregador não domina, mas o programador compreenderá melhor. Como explicam Allan G. King, Marko J. Mrkonich ('Big Data' and the risk of employment discrimination. *Oklahoma Law Review*, v. 68, n. 3, p. 583, 2016), o custo pode ser, para o empregador, excessivamente oneroso, se se pensar que ele paga o algoritmo e ainda se sujeita ao seu risco e perdas inerentes; desta forma, o programador poderia indemnizá-lo, ficando até, eventualmente, comprometido, por via contratual, a tal obrigação, por forma a cobrir o custo do risco, diretamente proporcionais entre si. Por esta razão, a doutrina também vem propondo, como diretriz importante, que os empregadores recebam formação sobre o funcionamento dos algoritmos a que recorrem (YANG, Jenny R. Ensuring a future that advances equity in algorithmic employment decisions. *The future of work: protecting workers' civil rights in the digital age*, Urban Institute, fev. 2020. Disponível em: <https://edlabor.house.gov/imo/media/doc/YangTestimony02052020.pdf>, p. 12). Para Ifeoma Ajunwa (The paradox of automation as anti-bias intervention. *Cardozo Law Review*, n. 41, p. p. 50 e ss., 2020), um caminho interessante poderia ser o de perspetivar o sujeito afetado pelo sistema computacional, nomeadamente o candidato a emprego, como consumidor, que beneficiaria, ante a entidade responsável pela criação do algoritmo, do mecanismo da responsabilidade do produtor.

(80) NACHBAR, Thomas B. Algorithm Fairness, Algorithmic Discrimination. *University of Virginia School of Law — Public Law and Legal Theory Research Paper Series*, 11 jan. 2020. Disponível em: <https://papers.ssrn.com/sol3/papers.cfm?abstract_id=3530053>, p. 41 e ss.; BAROCAS, Solon; SELBST, Andrew D. Big Data's disparate impact. *California Law Review*, n. 104, p. 694 e ss., 2016; YANG, Jenny R. Ensuring a future that advances equity in algorithmic employment decisions. *The future of work: protecting workers' civil rights in the digital age*, Urban Institute, fev. 2020. Disponível em: <https://edlabor.house.gov/imo/media/doc/YangTestimony02052020.pdf>, p. 8 e ss.

à escolha dos seus trabalhadores, manifestada na definição de parâmetros vagos como "alguém que reflita a imagem da empresa"[81].

Neste plano, assumiria particular relevo o conhecido expediente do favorecimento do sujeito exposto ao ato alegadamente discriminatório em matéria de prova, regra constante das Diretivas Europeias ns. 2000/43/CE, 2000/78/CE e 2006/54/CE e vertido, entre nós, no artigo 25º, n. 5, do Código do Trabalho. Segundo esta norma, cabe a quem alega discriminação indicar o *comparador, real ou hipotético*, em relação a quem se considera discriminado — o que supõe a identificação do(s) fator(es) de discriminação pretensamente em causa —, incumbindo ao empregador provar que a diferença de tratamento não assenta em qualquer fator discriminatório. Tratando-se de discriminação direta, caberá a este sujeito, designadamente, demonstrar que a diferenciação respeita o designado critério ocupacional, isto é, baseia-se num critério que, constituindo, em princípio, um fator de discriminação proibida, deve ter-se como relevante, atenta a natureza e as características da atividade em causa. No caso de discriminação indireta, ela descaracteriza-se enquanto tal quando o ato que, apesar de aparentemente neutro, tem um impacto mais significativo sobre os sujeitos de uma determinada categoria social, em comparação com os não pertencentes à mesma, possa considerar-se objetivamente justificado por prosseguir um fim legítimo, não discriminatório, em termos conformes ao princípio da proporcionalidade. Ao empregador cumpriria, pois, explicar qual a razão da sua atuação, convencendo sobre a razoabilidade do fim e dos meios[82].

Conforme explicamos anteriormente, a discriminação que mais amiúde ocorre no domínio em apreço é a indireta: aparentemente neutro, o mecanismo computacional produz resultados desequilibrados sobre sujeitos de diversas categorias sociais. Ora, este tipo de discriminação oferece dificuldades de monta no plano probatório; com efeito, como demonstrar esse impacto diferenciado? Independentemente da posição adotada — e são diversas — quanto à forma de fazer prova do impacto diferenciado, especialmente quanto à aplicabilidade do método estatístico[83] e ainda quanto ao problema do *quantum* de diferenciação necessário para se considerar existir discriminação, a verdade é que a demonstração da discriminação indireta, que é, por essência, *grupal*, supõe, justamente, o conhecimento do impacto do ato em causa sobre o *grupo* visado e sobre o *grupo comparador*[84].

Não é fácil, porém, lograr esta percepção, ao menos com a necessária nitidez, muito especialmente quando a diferenciação advém de um algoritmo. Na prática, *on-line* significa, quase sempre, à distância, como significa, em muitos casos. Os candidatos não se conhecem, não têm a noção, reciprocamente, de quem são os seus concorrentes. Tudo isto, por outro lado, pode ocorrer em extensa escala, porquanto os contactos *on-line* também potenciam o alargamento do universo e da diversidade dos candidatos. Não por acaso, os problemas associados à atuação dos algoritmos são apresentados, frequentemente, como um corolário da indústria dos *Big Data*[85]. Tais fatores adensam as dificuldades de demonstração de uma situação de discriminação indireta[86].

Também as agrava a opacidade dos mecanismos da inteligência artificial, uma opacidade que, de resto, bem pode encontrar guarida jurídica, porquanto o algoritmo é uma criação intelectual legalmente protegida[87]. Na ótica do utilizador, trata-se, efetivamente,

---

(81) AJUNWA, Ifeoma. The paradox of automation as anti-bias intervention. *Cardozo Law Review*, n. 41, p. 37 e ss., 2020. Certamente que esta preocupação extravasa o campo dos processos algorítmicos...

(82) Sobre o assunto, veja-se, entre nós, MOREIRA, Teresa Coelho. O ónus da prova em casos de discriminação. *Estudos de Direito do Trabalho* — Igualdade e não discriminação. Coimbra: Almedina, 2013. p. 79-127. Veja-se, ainda, RINGELHEIM, Julie. *Comprendre et pratiquer le droit de la lutte contre les discriminations*. Anthemis: Liège, 2018. p. 138 e ss.

(83) Com interesse, GOMES, Júlio. *Direito do Trabalho.*, Coimbra: Coimbra, 2007. p. 396-398, v. I — Relações Individuais de Trabalho.

(84) Algumas considerações sobre estes problemas podem ver-se, por exemplo, em FREDMAN, Sandra. *Discrimination Law*. 2. ed. Oxford: Oxford University, 2011. p. 183 e ss.; entre nós, MESTRE, Bruno. *Direito Antidiscriminação — uma perspetiva europeia e comparada*. Porto: Vida Económica, 2020. p. 67 e ss.

(85) Por exemplo, KING, Allan G.; MRKONICH, Marko J. 'Big Data' and the risk of employment discrimination. *Oklahoma Law Review*, v. 68, n. 3, p. 555-584, 2016.

(86) *Ibidem*, p. 566 e ss.; RAUB, McKenzie. Bots, bias and Big Data: artificial intelligence, algorithmic bias and disparate impact liability in hiring practices. *Arkansas Law Review*, v. 71, n. 2, p. 545 e ss., 2018; KIM, Pauline T. Data-driven discrimination at work. *William & Mary Law Review*, v. 58, p. 901 e ss. e 932 e ss., 2016-2017.

(87) COSTA, Allan; CHEUNG, Chris; LANGENKAMP, Max. Hiring Fairly in the Age of Algorithms. *Cornell University*, arXiv:2004.07132. Disponível em: <https://arxiv.org/ftp/arxiv/papers/2004/2004.07132.pdf>, p. 30-31.

de uma *caixa negra* contendo um emaranhado de fios e fusíveis que se lhe mostra pouco menos do que assustador. A falta de domínio do modo de funcionamento do algoritmo, além de inibir que sequer se questione o acerto dos seus resultados, obstaculiza a compreensão dos mesmos e, por conseguinte, a sua recondução a uma hipótese discriminatória, principalmente se não tiverem sido fornecidos dados sensíveis sobre a integração ou não nos grupos sociais em causa. Por outro lado, se, porventura, o empregador procurar demonstrar, para afastar a presunção de discriminação indireta, que teve em vista um propósito legítimo, por meios proporcionados, como pôr em causa que o algoritmo reflete esse objetivo, ou como convencer de que um distinto *modus operandi* algorítmico poderia ser menos lesivo do princípio da igualdade(88)?

A par do apelo ao Direito Antidiscriminação, a doutrina da especialidade vem sugerindo que se empreenda um esforço científico — humano, naturalmente — no sentido de reinventar a criação de algoritmos, para que eles incorporem ferramentas de controlo de resultados discriminatórios. Ainda a montante, propõe-se que as equipas de programação tenham uma composição, além de multidisciplinar, social ou categorialmente diversa — se, popularmente, se entende que "duas cabeças pensam melhor do que uma", com facilidade se compreende que a junção de várias experiências, culturas e sensibilidades permite abranger um muito mais largo espectro de preocupações(89).

Quanto à programação do algoritmo, desde logo, como é evidente, impõe-se garantir que ele não faça escolhas diretamente assentes em fatores de discriminação. Por essa razão, aliás, embora, como já se referiu, alguns defendam que, em prol da transparência e do sucesso do controlo, eles devem ser fornecidos, há também quem sustente a ideia da *fairness through blindness* (aqueles dados devem ser subtraídos ao sistema algorítmico)(90).

Para além disso, defende-se que os responsáveis devem estar preparados para testar o sistema, mormente medindo o impacto dos resultados nos diversos grupos sociais, que pode ser anómalo(91) (*group fairness*(92)), e corrigindo-os — já existem *disparate learning processes* (*DLP*)(93), algoritmos desenhados para restringirem as disparidades de resultados —, ou preparando-os para funcionarem apenas como complemento de um processo que não deixe de envolver participação humana(94).

No entanto, a correção do sistema para que devolva resultados não discriminatórios não se mostra,

(88) Sobre estas dificuldades, KING, Allan G.; MRKONICH, Marko J. 'Big Data' and the risk of employment discrimination. *Oklahoma Law Review*, v. 68, n. 3, p. 563 e ss., 2016, e KIM, Pauline T. Data-driven discrimination at work. *William & Mary Law Review*, v. 58, p. 920 e ss., 2016-2017.

(89) Neste sentido, LEPRI, Bruno; OLIVER, Nuria; LETOUZÉ, Emmanuel *et al.* Fair, Transparent, and Accountable Algorithmic Decision-making Processes. *Philosophy and Technology*, n. 31, p. 621 e ss., 2018; RAUB, McKenzie. Bots, bias and Big Data: artificial intelligence, algorithmic bias and disparate impact liability in hiring practices. *Arkansas Law Review*, v. 71, n. 2, p. 568-569, 2018; BORGESIUS, Frederik Zuiderveen. Discrimination, artificial intelligence, and algorithmic decision-making. *Council of Europe*, 2018. Disponível em: <https://rm.coe.int/discrimination-artificial-intelligence-and-algorithmic-decision-making/1680925d73>, p. 28; LEE, Nicol Turner; RESNICK, Paul; BARTON, Genie. Center for Technology Innovation. *Algorithmic bias detection and mitigation: Best practices and policies to reduce consumer harms,* maio 2019. Disponível em: <https://www.brookings.edu/research/algorithmic-bias-detection-and-mitigation-best-practices-and-policies-to-reduce-consumer-harms/>. Sublinhando, a este propósito, que a indústria tecnológica é composta por uma larga maioria de homens e que este fator não será alheio ao sexismo dos seus resultados, HOUSER, Kimberly A. Can AI Solve the Diversity Problem in the Tech Industry? Mitigating Noise and Bias in Employment Decision-Making. *Stanford Technology Law Review*, n. 22, p. 292 e ss., 2019, e HEILWEIL, Rebecca. Why algorithms can be racist and sexist. *Vox | Recode*, 18 fev. 2020. Disponível em: <https://www.vox.com/recode/2020/2/18/21121286/algorithms-bias-discrimination-facial-recognition-transparency>.

(90) BENT, Jason R. Is algorithmic affirmative action legal? *The Georgetown Law Journal*, v. 108, p. 814; debatendo o ponto e concluindo que, para evitar classificações preconceituosas, dever-se-á, nuns casos, suprimir informação sobre dados sensíveis, mas, noutros, fornecê-la, KIM, Pauline T. Data-driven discrimination at work. *William & Mary Law Review*, v. 58, p. 917-918, 2016-2017.

(91) LEE, Nicol Turner; RESNICK, Paul; BARTON, Genie. Center for Technology Innovation. *Algorithmic bias detection and mitigation: Best practices and policies to reduce consumer harms,* maio 2019. Disponível em: <https://www.brookings.edu/research/algorithmic-bias-detection-and-mitigation-best-practices-and-policies-to-reduce-consumer-harms/>.

(92) BENT, Jason R. Is algorithmic affirmative action legal? *The Georgetown Law Journal*, v. 108, p. 817.

(93) RAGHAVAN, Manish; BAROCAS, Solon; KLEINBERG, Jon; LEVY, Karen. Mitigating Bias in Algorithmic Hiring: Evaluating Claims and Practices. *Cornell University*, arXiv:1906.09208. Disponível em: <https://arxiv.org/pdf/1906.09208.pdf>, p. 15.

(94) Candice SCHUMANN, Candice; FOSTER, Jeffrey S.; MATTEI, Nicholas; DICKERSON, John P. We Need Fairness and Explainability in Algorithmic Hiring. *Proceedings of the International Conference on Autonomous Agents and Multi-Agent Systems. AAMAS*, New Zealand: Auckland, 9 a 13 maio 2020. Disponível em: <http://ifaamas.org/Proceedings/aamas2020/pdfs/p1716.pdf>, p. 1716-1720, e RAUB, McKenzie. Bots, bias and Big Data: artificial intelligence, algorithmic bias and disparate impact liability in hiring practices. *Arkansas Law Review*, v. 71, n. 2, p. 563 e ss., 2018.

de forma alguma, linear. É que a transposição do desiderato de justiça, ou, mais modestamente, de não discriminação para os sistemas computacionais vai traduzir-se numa fórmula abstrata, dificilmente capaz, por muito de traduzir o propósito de igualdade material. Por essa razão, a doutrina aponta o perigo da "armadilha do formalismo" (*formalismo trap)*, que mais não garante do que uma aparência de justiça[95]. Com efeito, não resolve o problema, antes distorce o propósito de justiça, instruir o algoritmo para que, da área geográfica com o código postal *x*, tenha de selecionar sujeitos caucasianos e negros em igual número...

Sugere-se, por outro lado, que os programadores se comprometam, a título de mecanismo autorregulatório, através de uma declaração sobre o risco de impacto discriminatório (*bias impact statement*)[96], o que, obviamente, supõe uma avaliação das ferramentas criadas, sem prejuízo de os sistemas algorítmicos serem sujeitos a auditorias externas[97], também estas realizadas por equipas plurais e multidisciplinares, com acesso a informação sobre a inserção categorial dos sujeitos expostos à atuação do sistema[98].

Ainda no campo das boas práticas, tem-se proposto incrementar a literacia dos utilizadores em matéria de algoritmos, seu modo de funcionamento e riscos, como forma de mitigar a opacidade que caracteriza, atualmente, a forma como essas ferramentas são encaradas e traz, como se viu, dificuldades práticas de monta quando se mostra necessário litigar neste universo[99].

O acervo de sugestões de resolução dos problemas apresentados a que vimos de aludir não esgota as que têm sido gizadas e a profundidade com que vêm sendo exploradas, nem reflete a profusão de estudos científicos o assunto e de relatórios e guias de boas práticas, com substrato ético, que variadíssimas entidades têm emanado, destinados quer às entidades criadoras e utilizadoras de algoritmos, quer aos seus utilizadores[100]. O que parece certo é que a

---

(95) COSTA, Allan; CHEUNG, Chris; LANGENKAMP, Max. Hiring Fairly in the Age of Algorithms. *Cornell University*, arXiv:2004.07132. Disponível em: <https://arxiv.org/ftp/arxiv/papers/2004/2004.07132.pdf>, p. 15-16; S. CORBETT-DAVIES, S.; GOEL, S. The Measure and Mismeasure of Fairness: a Critical Review of Fair Machine Learning. *Cornell University*, arXiv:1808.00023. Disponível em: <https://arxiv.org/pdf/1808.00023.pdf>, p. 9 e ss.

(96) *Idem*. Os Autores propõem um *template* de autoavaliação, com um vasto elenco de perguntas direcionadas para detetar riscos de impacto discriminatório.

(97) WILLIAMS, Betsy Anne; BROOKS, Catherine F.; SHMARGAD, Yotam. How Algorithms Discriminate Based on Data They Lack: Challenges, Solutions, and Policy Implications. *Journal of Information Policy*, n. 8, p. 97 e ss., 2018; YANG, Jenny R. Ensuring a future that advances equity in algorithmic employment decisions. *The future of work: protecting workers' civil rights in the digital age*, Urban Institute, fev. 2020. Disponível em: <https://edlabor.house.gov/imo/media/doc/YangTestimony02052020.pdf>, p. 13; LEE, Nicol Turner; RESNICK, Paul; BARTON, Genie. Center for Technology Innovation. *Algorithmic bias detection and mitigation: Best practices and policies to reduce consumer harms,* maio 2019. Disponível em: <https://www.brookings.edu/research/algorithmic-bias-detection-and-mitigation-best-practices-and-policies-to-reduce-consumer-harms/>. Já foi mesmo criado um modelo de *Algorithm Impact Assessment* (*AIA*) pelo *New York University's AI Now Institute,* que compreende momentos de apreciação interna e externa, bem como audiências públicas. Cfr. LEE, Nicol Turner; RESNICK, Paul; BARTON, Genie. Center for Technology Innovation. *Algorithmic bias detection and mitigation: Best practices and policies to reduce consumer harms,* maio 2019. Disponível em: <https://www.brookings.edu/research/algorithmic-bias-detection-and-mitigation-best-practices-and-policies-to-reduce-consumer-harms/>; AJUNWA, Ifeoma. The paradox of automation as anti-bias intervention. *Cardozo Law Review*, n. 41, p. 44 e ss., 2020, e, do mesmo Autor, AJUNWA, Ifeoma. Automated Employment Discrimination. *Harvard Journal of Law and Technology*, n. 34. Disponível em: <https://papers.ssrn.com/sol3/papers.cfm?abstract_id=3437631>, p. 31 e ss.

(98) Exemplos de como pode esta avaliação ser levada a cabo e de ferramentas eletrónicas para o efeito podem ver-se em SÁNCHEZ-MONEDERO, Javier; DENCIK, Lina; EDWARDS, Lilian. What does it mean to 'solve' the problem of discrimination in hiring? Social, technical and legal perspectives from the UK on automated hiring systems. *Cornell University*, arXiv:1910.06144. Disponível em: <https://arxiv.org/pdf/1910.06144.pdf>, p. 3 e ss.

(99) *Idem*.

(100) Refiram-se alguns, a título de exemplo. O Governo americano apresentou, no dia 7 de janeiro de 2020, uma lista de dez princípios a serem aplicados pelas agências federais para controlo do uso da inteligência artificial no setor privado (*Guidance for Regulation of Artificial Intelligence Applications*. Disponível em: <https://www.whitehouse.gov/wp-content/uploads/2020/01/Draft-OMB-Memo-on-Regulation-of-AI-1-7-19.pdf>. Um documento similar, embora de fonte distinta, é o seguinte: OSOBA, Osonde A.; BOUDREAUX, Benjamin; SAUNDERS, Jessica *et al.* Algorithm Equity — a framework for social appplications. *Rand Corporation,* Califórnia, 2019. Disponível em: <https://www.rand.org/content/dam/rand/pubs/research_reports/RR2700/RR2708/RAND_RR2708.pdf>. No espaço jurídico britânico, foi publicado um estudo de similar natureza pelo Centre for Data Ethics and Innovation. ROVATSOS, Michael; MITTELSTADT, Brent; KOENE, Ansgar, *Landscape summary:* Bias in algorithm décision-making. Disponível em: <https://assets.publishing.service.gov.uk/government/uploads/system/uploads/attachment_data/file/819055/Landscape_Summary_-_Bias_in_Algorithmic_Decision-Making.pdf>. Várias organizações supranacionais, desde a Organização Internacional do Trabalho, até à Organização para a Cooperação e Desenvolvimento Económico (Recommendation of the Council on Artificial Intelligence.

inteligência humana está a preparar-se para conviver da forma mais profícua possível com a artificial, a qual, por seu turno, às vezes parece estar em vias de trair o criador.

7. *Conclusão*

Muitos de nós já nos teremos, porventura, habituado a que um certo *duende invisível* adivinhe, quase sempre com acerto, a música que queremos ouvir de seguida no *Spotify*, ou a série da *Netflix* que gostávamos mesmo de acompanhar(101). Mesmo sabendo que ele não possui capacidade divinatória — pois que, afinal, lhe dizemos quase tudo o que é preciso, se não mais —, é-nos cómoda, normalmente, a sua presença. Se, porém, nos dissessem que a circunstância de ouvirmos sempre música africana ou filmes sobre a luta contra o *apartheid* nos faz aparecer, algures no entrelaçado das correlações computacionais, como sujeitos de raça negra e que tal poderia levar a que fôssemos preteridos como candidatos a um certo emprego, talvez que nos alarmássemos. Acalmaríamos se soubéssemos que, ainda assim, o anúncio nos seria visível, que teríamos ocasião de mostrar as nossas elevadíssimas qualificações para o cargo e que, a partir de então, não mais importaria o tom da nossa pele.

O que vimos de dizer pode sintetizar-se nas palavras de Nicol Turner Lee, Paul Resnick e Genie Barton(102): "[a] justiça não é uma determinação matemática, mas humana, fundada em convicções éticas comuns. Por isso, as decisões algorítmicas que possam ter um impacto sério na vida das pessoas requerem um envolvimento humano". De resto, acrescenta Thomas B. Nachbar(103), "só a inteligência humana é capaz de responder à questão aberta *porquê?*"(104), embora o interlocutor possa ficar (con) vencido, ou não.

Naturalmente que vemos como desejável a regulação — e não apenas através de *soft law* — do recurso à inteligência artificial, pelo menos quando ela incida sobre domínios importantes da vida humana, como o da seleção para um emprego. Sem dúvida que aplaudimos os esforços já hoje envidados e, por certo, a incrementar no futuro, dos matemáticos, investigadores e técnicos da área da computação com vista a aperfeiçoar o funcionamento da inteligência artificial. Bem sabemos que, hoje, o jogador virtual de xadrez já pode sê-lo, de facto, em vez de um homem mascarado. Mas estamos em crer que a mente e a mão humanas não são inteiramente substituíveis. De resto, um xeque-mate cara a cara terá sempre outro gosto, o de vencer um igual.

8. *Referências*

AJUNWA, Ifeoma. The paradox of automation as anti-bias intervention. *Cardozo Law Review*, n. 41, p. 1-55, 2020.

______ . Automated Employment Discrimination. *Harvard Journal of Law and Technology*, n. 34. Disponível em: <https://papers.ssrn.com/sol3/papers.cfm?abstract_id=3437631>.

ALLHUTTER, Doris; CECH, Florian; FISCHER, Fabian; GRILL, Gabriel; MAGER, Astrid. Algorithmic

Organization for Economic Co-Operation and Development, de 21 maio 2019. Disponível em: <https://legalinstruments.oecd.org/en/instruments/OECD-LEGAL-0449>, e ainda a União Europeia (Ethics Guidelines for Trustworthy AI. *European Commission*, 8 abr. 2019. Disponível em: <https://ec.europa.eu/digital-single-market/en/news/ethics-guidelines-trustworthy-ai>, também têm emitido linhas de conduta a este propósito. Veja-se, ainda, o *White Paper — How to Prevent Discriminatory Outcomes in Machine Learning*, mar. 2018, do World Economic Forum (Global Future Council on Human Rights 2016-2018. Disponível em: <http://www3.weforum.org/docs/WEF_40065_White_Paper_How_to_Prevent_Discriminatory_Outcomes_in_Machine_Learning.pdf>. Cf. YANG, Jenny R. Ensuring a future that advances equity in algorithmic employment decisions. *The future of work: protecting workers' civil rights in the digital age*, Urban Institute, fev. 2020. Disponível em: <https://edlabor.house.gov/imo/media/doc/YangTestimony02052020.pdf>, p. 8, e LEE, Nicol Turner; RESNICK, Paul; BARTON, Genie. Center for Technology Innovation. *Algorithmic bias detection and mitigation: Best practices and policies to reduce consumer harms*, maio 2019. Disponível em: <https://www.brookings.edu/research/algorithmic-bias-detection-and-mitigation-best-practices-and-policies-to-reduce-consumer-harms/>.

(101) Os exemplos são de RAUB, McKenzie. Bots, bias and Big Data: artificial intelligence, algorithmic bias and disparate impact liability in hiring practices. *Arkansas Law Review*, v. 71, n. 2, p. 535, 2018.

(102) LEE, Nicol Turner; RESNICK, Paul; BARTON, Genie. Center for Technology Innovation. *Algorithmic bias detection and mitigation: Best practices and policies to reduce consumer harms*, maio 2019. Disponível em: <https://www.brookings.edu/research/algorithmic-bias-detection-and-mitigation-best-practices-and-policies-to-reduce-consumer-harms/>.

(103) NACHBAR, Thomas B. Algorithm Fairness, Algorithmic Discrimination. *University of Virginia School of Law — Public Law and Legal Theory Research Paper Series*, 11 jan. 2020. Disponível em: <https://papers.ssrn.com/sol3/papers.cfm?abstract_id=3530053>, p. 46.

(104) Ambas as traduções são da nossa responsabilidade.

Profiling of Job Seekers in Austria: How Austerity Politics Are Made Effective. *Frontiers in Big Data*, fev. 2020. Disponível em: <https://www.frontiersin.org/articles/10.3389/fdata.2020.00005/full>.

ANGWIN, Julia; LARSON, Jeff; MATTU, Surya; KIRCHNER, Laura. Machine Bias. *ProPublica*, maio 2016. Disponível em: <https://www.propublica.org/article/machine-bias-risk-assessments-in-criminal-sentencing>.

BAROCAS, Solon; SELBST, Andrew D. Big Data's disparate impact. *California Law Review*, n. 104, p. 671-732, 2016.

BENT, Jason R. Is algorithmic affirmative action legal? *The Georgetown Law Journal*, v. 108, p. 803-854.

BÎGU, Dragoș; CERNEA, Mihail-Valentin. Algorithm bias in current hiring practices: an ethical examination. *Proceedings of the 13th International Management Conference — Management Strategies for High Performance*. Bucareste: Editura ASE, 2019.

BOGEN, Miranda. All the Ways Hiring Algorithms Can Introduce Bias. *Harvard Business Review*, 6 maio 2019. Disponível em: <https://hbr.org/2019/05/all-the-ways-hiring-algorithms-can-introduce-bias>.

BORGESIUS, Frederik Zuiderveen. Discrimination, artificial intelligence, and algorithmic decision-making. *Council of Europe*, 2018. Disponível em: <https://rm.coe.int/discrimination-artificial-intelligence-and-algorithmic-decision-making/1680925d73>.

______ . Strengthening legal protection against discrimination by algorithms and artificial intelligence. *The International Journal of Human Rights*, n. 24, p. 1-23, 2020.

BOYD, Danah; LEVY, Karen; MARKWICK, Alice. The Networked Nature of Algorithmic Discrimination. *Data and Discrimination: collected essays*. New America: Open Technology Institute, 2014. Disponível em: <https://timlibert.me/pdf/2014-Data_Discrimination_Collected_Essays.pdf>.

CORBETT-DAVIES, S.; GOEL, S. The Measure and Mismeasure of Fairness: A Critical Review of Fair Machine Learning. *Cornell University*, arXiv:1808.00023. Disponível em: <https://arxiv.org/pdf/1808.00023.pdf>.

COSTA, Allan; CHEUNG, Chris; LANGENKAMP, Max. Hiring Fairly in the Age of Algorithms. *Cornell University*, arXiv:2004.07132. Disponível em: <https://arxiv.org/ftp/arxiv/papers/2004/2004.07132.pdf>.

DAGNINO, Emanuele. *Dalla fisica all'algoritmo:* una prospettiva di analisi giuslavoristica. ADAPT University, 2019.

FREDMAN, Sandra. *Discrimination Law*. 2. ed. Oxford: Oxford University, 2011.

GANGADHARAN, Seeta Peña; JĘDRZEJ Niklas. Between antidiscrimination and data: understanding human rights discourse on automated discrimination in Europe. *LSE — Department of Media and Communications*, Londres, 2018. Disponível em: <http://eprints.lse.ac.uk/88053/13/Gangadharan_Between-antidiscrimination_Published.pdf>.

GIVENS, Alexandra Reeve. How algorithm bias hurts people with disabilities. *Slate*, 6.2.2020. Disponível em: <https://slate.com/technology/2020/02/algorithmic-bias-people-with-disabilities.html>.

GOMES, Júlio. *Direito do Trabalho.*, Coimbra: Coimbra, 2007. v. I — Relações Individuais de Trabalho.

GOMEZ, Diego. How AI Can Stop Unconscious Bias In Recruiting. *Ideal Blog*, 18 jun. 2020. Disponível em: <https://ideal.com/unconscious-bias/>.

HAMILTON, Isobel Asher. Why It's Totally Unsurprising That Amazon's Recruitment AI Was Biased against Women. *Business Insider*, out. 2018. Disponível em: <https://www.businessinsider.com/amazon-ai-biased-against-women-no-surprise-sandra-wachter-2018-10>.

HAO, Karen. Facebook's ad-serving algorithm discriminates by gender and race. *MIT Technology Review*, 5 abr. 2019. Disponível em: <htps://www.technologyreview.com/2019/04/05/1175/facebook-algorithm-discriminates-ai-bias/>.

HEILWEIL, Rebecca. Why algorithms can be racist and sexist. *Vox | Recode*, 18 fev. 2020. Disponível em: <https://www.vox.com/recode/2020/2/18/21121286/algorithms-bias-discrimination-facial-recognition-transparency>.

HELLMAN, Deborah. *When is discrimination wrong?* Harvard University, 2011.

HOUSER, Kimberly A. Can AI Solve the Diversity Problem in the Tech Industry? Mitigating Noise and Bias in Employment Decision-Making. *Stanford Technology Law Review*, n. 22, p. 290-354, 2019.

JABBOUR, Rhéa. *La discrimination à raison de l'apparence physique lookisme en droit du travail français et américain:* approche comparatiste. Paris: Droit, Université Panthéon-Sorbonne I, 2013. Disponível em: <https://tel.archives-ouvertes.fr/tel-01085673/document>.

KIM, Pauline T. Data-driven discrimination at work. *William & Mary Law Review*, v. 58, p. 857-936, 2016-2017.

KING, Allan G.; MRKONICH, Marko J. 'Big Data' and the risk of employment discrimination. *Oklahoma Law Review*, v. 68, n. 3, p. 555-584, 2016.

KLEINBERG, Jon; LUDWIG, Jens; MULLAINATHANY, Sendhil; SUNSTEINZ, Cass R. Discrimination in the age of algorithms. *Journal of Legal Analysis*, n. 10, p. 113-174, 2018.

KNUTH, Donald E. Algorithms in modern mathematics and computer science. *Computer Science Department — Stanford University*, p. 2 e ss., 1980. Disponível em: <https://apps.dtic.mil/dtic/tr/fulltext/u2/a089912.pdf>.

KULLMANN, Miriam. *Discriminating Job Applicants Through Algorithmic Decision-Making*, jan. 2019. Disponível em: <https://papers.ssrn.com/sol3/papers.cfm?abstract_id=3373533>.

LAVANCHY, Maude. Amazon´s sexist hiring algorithm could still be better than a human — Expecting algorithms to perform perfectly might be asking too much of ourselves. *The Conversation*, 1º nov. 2018. Disponível em: <https://theconversation.com/amazons-sexist-hiring-algorithm-could-still-be-better-than-a-human-105270>.

LEE, Nicol Turner; RESNICK, Paul; BARTON, Genie. Center for Technology Innovation. *Algorithmic bias detection and mitigation: Best practices and policies to reduce consumer harms*, maio 2019. Disponível em: <https://www.brookings.edu/research/algorithmic-bias-detection-and-mitigation-best-practices-and-policies-to-reduce-consumer-harms/>.

LEITE, Jorge. O princípio da igualdade salarial entre homens e mulheres no direito português. Compilação de elementos para uma consulta especializada sobre igualdade de remuneração entre mulheres e homens. *Estudos, CITE*, n. 3, p. 61-76, 2004.

LEPRI, Bruno; OLIVER, Nuria; LETOUZÉ, Emmanuel *et al.* Fair, Transparent, and Accountable Algorithmic Decision-making Processes. *Philosophy and Technology*, n. 31, p. 611-627, 2018.

LERMAN, Jonas. Big Data and Its Exclusions. *Stanford Law Review*, n. 66, 2013. Disponível em: <https://www.stanfordlawreview.org/online/privacy-and-big-data-big-data-and-its-exclusions/>.

LOPES, Dulce; SILVA, Lucinda. Xadrez Policromo: a Directiva 2000/43/CE do Conselho e o princípio da não discriminação em razão da raça e origem étnica. *Estudos dedicados ao Prof. Mário Júlio Brito de Almeida Costa*. Coimbra: Almedina, 2002.

MANN, Gideon; O'NEIL, Cathy. Hiring algorithms are not neutral. *Harvard Business Review*, 9.12.2016. Disponível em: <https://hbr.org/2016/12/hiring-algorithms-are-not-neutral>.

MCCOLGAN, Aileen. *Discrimination, equality and the law*. Hart Publishing, 2014.

MESTRE, Bruno. *Direito Antidiscriminação* — uma perspetiva europeia e comparada. Porto: Vida Económica, 2020.

MILLER, Claire Cain. When Algorithms Discriminate. *The New York Times*, 9 jul. 2015. Disponível em: <https://www.nytimes.com/2015/07/10/upshot/when-algorithmsdiscriminate.html>.

MOEREL, Lokke. Algorithms can reduce discrimination, but only with proper data. *Privacy Perspectives*, 16 nov. 2018. Disponível em: <https://iapp.org/news/a/algorithms-can-reduce-discrimination-but-only-with-proper-data/>.

MOREIRA, Teresa Coelho. O ónus da prova em casos de discriminação. *Estudos de Direito do Trabalho — Igualdade e não discriminação*. Coimbra: Almedina, 2013.

______ . Dados pessoais: breve análise do art. 28º da Lei n. 58/2019, de 8 de agosto. *Questões Laborais*, n. 55, p. 41-62, 2017.

MULLAINATHAN Sendhil. Biased Algorithms Are Easier to Fix Than Biased People. *New York Times*, 16 dez. 2019. Disponível em: <https://www.nytimes.com/2019/12/06/business/algorithm-bias-fix.html>.

MURGIA, Madhumita. Algorithms drive online discrimination, academic warns. *Financial Times*, 12 dez. 2019. Disponível em: <https://www.ft.com/content/bc959e8c-1b67-11ea-97df-cc63de1d73f4>.

NACHBAR, Thomas B. Algorithm Fairness, Algorithmic Discrimination. *University of Virginia School of Law — Public Law and Legal Theory Research Paper Series*, 11 jan. 2020. Disponível em: <https://papers.ssrn.com/sol3/papers.cfm?abstract_id=3530053>.

ORWAT, Carsten. *Diskriminierungsrisiken durch Verwendung von Algorithmen*. Nomos, 2019.

OSOBA, Osonde A.; BOUDREAUX, Benjamin; SAUNDERS, Jessica *et al.* Algorithm Equity — a framework for social appplications. *Rand Corporation*, Califórnia, 2019. Disponível em: <https://www.rand.org/content/dam/rand/pubs/research_reports/RR2700/RR2708/RAND_RR2708.pdf>.

RAGHAVAN, Manish; BAROCAS, Solon; KLEINBERG, Jon; LEVY, Karen. Mitigating Bias in Algorithmic Hiring: Evaluating Claims and Practices. *Cornell University*, arXiv:1906.09208. Disponível em: <https://arxiv.org/pdf/1906.09208.pdf>.

RAUB, McKenzie. Bots, bias and Big Data: artificial intelligence, algorithmic bias and disparate impact liability in hiring practices. *Arkansas Law Review*, v. 71, n. 2, p. 529-570, 2018.

RINGELHEIM, Julie. *Comprendre et pratiquer le droit de la lutte contre les discriminations*. Anthemis: Liège, 2018.

RHODE, Deborah. *The beauty bias* — the injustice of appearance in life and law. Oxford: University, 2010.

ROUXINOL, Milena. Notas em torno do imperativo de inclusão do trabalhador portador de deficiência. *Lex Social — Revista de Derechos Sociales*, v. 7, p. 266-301, 2017.

ROVATSOS, Michael; MITTELSTADT, Brent; KOENE, Ansgar, *Landscape summary:* Bias in algorithm décision-making. Disponível em: <https://assets.publishing.service.gov.uk/government/uploads/system/uploads/attachment_data/file/819055/Landscape_Summary_-_Bias_in_Algorithmic_Decision-Making.pdf>.

SÁNCHEZ-MONEDERO, Javier; DENCIK, Lina; EDWARDS, Lilian. What does it mean to 'solve' the problem of discrimination in hiring? Social, technical and legal perspectives from the UK on automated hiring systems. *Cornell University*, arXiv:1910.06144. Disponível em: <https://arxiv.org/pdf/1910.06144.pdf>.

SCHUMANN, Candice; FOSTER, Jeffrey S.; MATTEI, Nicholas; DICKERSON, John P. We Need Fairness and Explainability in Algorithmic Hiring. *Proceedings of the International Conference on Autonomous Agents and Multi-Agent Systems. AAMAS*, New Zealand: Auckland, 9 a 13 maio 2020. Disponível em: <http://ifaamas.org/Proceedings/aamas2020/pdfs/p1716.pdf>.

SOUNDARAJAN, Sucheta; CLAUSEN, Daniel L. Equal Protection Under the Algorithm: a Legal-Inspired Framework for Identifying Discrimination in Machine Learning. *FATML*, p. 1-5, 2018.

VINCENT, James. Amazon Reportedly Scraps Internal AI Recruiting Tool That Was Biased against Women. *The Verge*, out. 2018. Disponível em: <https://www.theverge.com/2018/10/10/17958784/ai-recruiting-tool-bias-amazon-report>.

WILLIAMS, Betsy Anne; BROOKS, Catherine F.; SHMARGAD, Yotam. How Algorithms Discriminate Based on Data They Lack: Challenges, Solutions, and Policy Implications. *Journal of Information Policy*, n. 8, p. 78-115, 2018.

XIANG, Alice. To prevent algorithmic bias, legal and technical definitions around algorithmic fairness must align. *Partnership in AI*. Disponível em: <https://www.partnershiponai.org/to-prevent-algorithmic-bias-legal-and-technical-definitions-around-algorithmic-fairness-must-align/>. Acesso em: 23 mar. 2020.

XIANG, Alice; RAJI, Inioluwa Deborah. On the Legal Compatibility of Fairness Definitions. *Cornell University*. Disponível em: <https://www.arxiv-vanity.com/papers/1912.00761/>.

YANG, Jenny R. Ensuring a future that advances equity in algorithmic employment decisions. *The future of work: protecting workers' civil rights in the digital age*, Urban Institute, fev. 2020. Disponível em: <https://edlabor.house.gov/imo/media/doc/YangTestimony02052020.pdf>.

YOUNG, Nicolas T. *I know some algorithms are biased, because I created one.* Blogue *Scientific American*, 31 jan. 2020. Disponível em: <https://blogs.scientificamerican.com/voices/i-know-some-algorithms-are-biased-because-i-created-one/>.

A Covid-19, a Aceleração da Utilização das Novas Tecnologias e seus Impactos no Trabalho e no Direito do Trabalho Um Novo Paradigma. Uma Visão Crítica

Arlindo Alegre Donário[(1)]

1. *Introdução*

A evolução diacrónica das tecnologias é imanente ao ser humano e decorre do facto de o todo, holisticamente considerado, estar em constante mutação e evolução dialética. Tal pode ser apreendido quer na perspetiva idealista de Hegel[(2)], quer no sentido atribuído por Karl Marx ao materialismo dialético[(3)], evolução que em Marx promana da contradição entre as forças produtivas e as relações de produção, com as suas expressões sociais no direito de propriedade e na ideologia[(4)].

Marx não começa com presunções sobre a natureza humana, mas sim com pressupostos sobre as relações de alteridade, as quais moldam e mudam o que os seres pensam e o que fazem em cada contexto histórico e cultural, composto pelas circunstâncias, contexto que difere diacrónica e espacialmente. Os indivíduos nascem e desenvolvem-se em determinados contextos sociais que têm uma influência determinante no seu comportamento. Quanto ao contexto pode referir-se Ortega Y Gasset:

> *Eu sou eu e as minhas circunstâncias e, se não as salvo a elas, não me salvo a mim [...] O homem rende o máximo de sua capacidade quando se torna plenamente consciente de suas circunstâncias. Através delas comunicasse com o universo. ! A circunstância! ¡Circum-stantia! ¡ As coisas silenciosas que estão ao nosso redor [...]. Temos que buscar a nossa circunstância, tal como ela é, precisamente no que tem de limitação, de peculiaridade, o lugar acertado na imensa perspectiva do mundo, Não nos determos perpectuamente em êxtase ante os valores hieráticos, mas conquistar a nossa vida individual, a posição oportuna entre eles. Em suma: a reabsorção da circunstância é o destino concreto do homem.* (Tradução nossa).[(5)]

As passagens citadas de Ortega y Gasset levam-nos a não aceitar nada como definitivo, como verdades hieráticas, devendo estar-se sempre preparado para aceitar as mudanças no que tange ao conhecimento, mesmo o conhecimento científico, que é complexo (Edgar Morin[(6)]).

Do mesmo modo, Joseph Schumpeter via a sociedade holisticamente, considerando o todo interrelacionado como um sistema. Referia este autor:

> *O processo social é realmente um todo indivisível. Do seu grande fluxo o investigador extrai, artificialmente, factos económicos. A designação de um facto como económico já envolve uma abstracção, o primeiro de muitos é forçado pelas condições técnicas e de mentalidade*[(7)].

Na mesma veia hodiernamente escreveu Paul Feyerabend[(8)],

> *A criação de uma coisa e a criação mais a completa compreensão de uma ideia correcta de uma coisa são muitas vezes partes de um todo e o mesmo processo indivisível*

---

(1) Professor, presidente e investigador do Centro de Análise Económica de Regulação Social (CARS) na Universidade Autónoma de Lisboa. Autor de The Economic Analysis of Law. The Effects of Liability on Road Safety (2015); Road Accidents, Risk and Biological Factors (2013); Natureza dos Excedentes e Reservas nas Cooperativas: Seu Retorno e Distribuição (2013); Economia (2011); Conceitos Fundamentais (2010); Aumento das Sanções ou da Probabilidade de Aplicação da Lei? (2010); Economia de la Regulación y Políticas de Prevención de Los Accidentes De Tráfico. El Caso de Portugal y el Contexto Europeo (2007); Análise Económica da Regulação Social (2007).

(2) HEGEL, Georg Wilhelm Friedrich. *The Phenomenology of Spirit*. Oxford: Oxford University, 1979.

(3) MARX, Karl. *Contribuição à Crítica da Economia Política*. São Paulo: Expressão Popular, 2008. p. 129.

(4) MARX, Karl. *Critique de L'Économie Politique. Avant-Propos. Oeuvres, Biblioteque de la Plêiade*. Paris: Gallimard, 1859. p. 272.

(5) GASSET, Ortega. *Meditaciones del Quijote*, 1914.

(6) MORIN, Edgar. *Introduction à la pensée complexe*. France: Seuil, 2014.

(7) SCHUMPETER, Joseph. *The Theory of Economic Development*. Transaction, 1934. p. 4 (Tradução nossa.)

(8) FEYERABEND, Paul. *Against Method*. Rio de Janeiro: Verso, 1992. *"Creation of a thing, and creation plus full understanding of a correct idea of the thing, are very often parts of one and the same indivisible process and cannot be separated without bringing the process to a stop"*, p. 17.

que não pode ser separado sem que o processo seja parado. (Tradução nossa).

Na esteira de Hegel e Marx, Schumpeter via o desenvolvimento como alteração das relações do sistema social, dos dados da economia estática, sendo o desenvolvimento e o equilíbrio fenómenos opostos[(9)]. A evolução económica manifesta-se na forma de mudanças estruturais,

> *[...] a estrutura económica de dentro, destruindo incessantemente a antiga, criando incessantemente uma nova. Este processo de Destruição Criativa é o facto essencial do capitalismo. É em que consiste o capitalismo e em que todas as empresas capitalistas devem viver.*[(10)] (Tradução nossa)

Se tivermos em consideração que a sociedade ou sistema social é um todo formado por subsistemas inter-relacionados, como os subsistemas jurídico, económico, ideológico e cultural, concluímos, necessariamente, que quaisquer alterações num dos subsistemas têm influência, de forma sobredeterminada, em todos os outros. Consequentemente, terá influência também ao nível do subsistema jurídico, nomeadamente, ao nível do direito laboral, com emergência de incentivos que atuam sobre as escolhas e comportamentos dos indivíduos com efeitos ao nível do bem-estar social. A lei não está separada da economia nem da sociedade, havendo uma relação biunívoca e dialética entre elas.

2. *Das alterações tecnológicas e mudanças de paradigma*

A evolução da sociedade é, por vezes, afetada por alterações com impactos estruturais que transformam o paradigma existente, no sentido dado por Kuhn[(11)], com modificações em muitos âmbitos do sistema social, quiçá ao nível das relações laborais.

Kuhn, no seu livro *The Structure of Scientific Revolution*, alterou o modo como o progresso do conhecimento científico vinha sendo analisado. Tradicionalmente era pressuposto, na base do positivismo, que uma alteração do conhecimento seria necessariamente progressiva, cumulativa e linear, como uma adição de verdades às verdades já conhecidas.

Kuhn alterou a visão deste paradigma tradicional. Um paradigma pode ser entendido como uma combinação dominante de teorias, padrões e métodos aceitáveis e confirmações numa comunidade científica. Deste modo, o direito laboral foi estruturado na base de um paradigma que se fundamentava, de algum modo, no poder de negociação o qual, nos seus primórdios, considerava as duas partes iguais com base no princípio da equidade horizontal ou justiça comutativa. A característica da sinalagmaticidade – entre o trabalhador e o empresário – era oriunda do liberalismo económico, fundado na metáfora da mão invisível de Adam Smith[(12)(13)] na qual se fundamenta a teoria neoclássica. Esta teoria levou ao teorema fundamental do Equilíbrio Geral de Walras[(14)], posteriormente desenvolvido por Arrow-Debreu[(15)] no sentido de que existe um equilíbrio geral competitivo (automático) que constitui um óptimo de Pareto, pelo que o Estado deverá ter apenas uma intervenção mínima no sistema económico e social e, consequentemente, o direito do trabalho deverá ser flexível.

Esta visão liberal significa o afastamento de muitos dos constrangimentos, inseridos em tratados internacionais, nas Constituições de muitos países e na legislação laboral, traduzidos no direito à segurança no emprego (proibição do despedimento sem justa causa), no direito a férias, na limitação do horário de trabalho, nas pausas de descanso e descanso semanal, nas condições de salubridade nos locais de trabalho, nas indemnizações e compensações. O paradigma económico dominante, desde há várias décadas, tem pressionado no sentido de serem efectuadas "alterações estruturais" consubstanciadas, sobretudo, na flexibilização da legislação laboral. A pandemia da COVID-19, associada ao vertiginoso ritmo de mudança da aplicação das novas tecnologias ao processo produtivo, constitui um facto e uma oportunidade para se preverem, com elevada probabilidade, profundas alterações no direito do

---

(9) SCHUMPETER, Joseph. *The Theory of Economic Development.* Kluwer Academic, 1911. Capítulo VII da 1ª edição alemã.. Este capítulo não está inserido na tradução inglesa publicada em 1934.

(10) SCHUMPETER, Joseph. *Capitalism, Socialism and Democracy*. Routledge, 1954. p. 83.

(11) KUHN, Thomas. *The Structure of Scientific Revolution.* Chicago: The University of Chicago, 1996.

(12) SMITH, Adam. *An Inquiry Into the Nature and Causes of the Wealth of Nations* (Book 4), 1776. p. 593.

(13) SMITH, Adam. *The Theory of Moral Sentiments.* 6. ed. 1790. p. 165.

(14) WALRAS, Léon. *Élements D'Économie Politique Pure.* L. Corbas, 1874.

(15) ARROW, Kenneth; DEBREU, Gerard. Existence of an Equilibrium for a Competitive Economy. *Econometrica,* v. 22, n. 3, p. 265-290, jul. 1954.

trabalho, embora com distintas gradações nos vários países, dependentes do nível de educação dos trabalhadores e da sua consciência social, da ideologia e grau de desenvolvimento económico e social e ainda do nível de dependência dos diversos países dos grandes grupos de interesses transnacionais.

O liberalismo económico, sobretudo na primeira metade do século XX, teve a sua cobertura superestrutural no racionalismo dogmático ou normativismo jurídico de Hans Kelsen(16), expressão máxima do estrito positivismo, seguido por H. L. A. Hart(17)(18)(19). Estas posições foram criticadas por Radbruch(20), Dworkin(21)(22), Robert Alexy(23), entre outros.

Contudo, os acontecimentos que se verificaram durante a II Guerra Mundial tiveram um efeito determinante na forma como se entende o Direito e levaram a uma mudança de paradigma quanto à visão do mesmo.

A título ilustrativo, Radbruch que no seu estudo de 1932 referia que "*a existência de uma ordem jurídica é mais importante do que a sua justiça e conveniência*" (24), alterou a sua posição quanto ao paradigma do Direito e da certeza jurídica que tinha antes da II Guerra, passando a defender o direito supra positivo, o qual visa a justiça. Escreveu um dos textos de elevado valor jurídico-filosófico para o Direito:

> Além disso, o positivismo é em si mesmo totalmente incapaz de estabelecer a validade das normas (statutes). Alega ter provado a validade de uma lei simplesmente mostrando que a lei tinha poder suficiente por trás dela para prevalecer. Mas, embora o poder possa de facto servir como base para o "dever" da compulsão, ele nunca serve como base para o "dever" da obrigação ou para a validade jurídica.(25)

Radbruch, neste texto, segue o que já John Locke(26) tinha escrito quanto às leis injustas, no sentido de que as mesmas podem não ser obedecidas. Em ligação com estas visões citamos Tomás de Aquino(27),

> *Não obstante, se a necessidade é tão manifesta e urgente, é evidente que a necessidade presente deve ser remediada por quaisquer meios que estejam à mão (por exemplo, quando uma pessoa está em perigo iminente, e não há outro remédio possível), então é legal para um homem saciar a sua própria necessidade através dos meios da propriedade dos outros, tomando-os de forma aberta ou secretamente: e falando abertamente, tal apropriação não pode ser considerada furto ou roubo.*

Verifica-se, pois, que um paradigma no âmbito do Direito releva bastante das circunstâncias bem como dos valores e ideologias preponderantes em determinado momento histórico, variando também espacialmente.

De notar que as alterações estruturais que advêm de choques exógenos ou endógenos não são reversíveis à média anterior, quer pela dinâmica dialética, seja na visão idealista de Hegel, seja na visão do materialismo dialético de Marx. Todavia, para além da concepção dialética destes dois autores, está cientificamente evidenciado que a reversão à média não se verifica em virtude da ausência de determinismo quanto ao comportamento humano, não existindo nem estacionaridade nem se podendo invocar o axioma da ergodicidade, o qual significa que a partir de dados do passado e do presente, com base na análise estatística, se poderia prever o futuro, através de uma previsão fundamentada num processo estocástico.

Todavia, a vida do ser humano desenvolve-se, sobretudo, em situações de incerteza e não apenas em

(16) KELSEN, Hans. *Teoria Pura do Direito.* 6. ed. São Paulo: Martins Fontes, 1998.

(17) HART, H. L. A. *The Concept of Law.* Oxford: Clarendon, 1994.

(18) HART, H. L. A. *Essays in Jurisprudence and Philosophy.* Oxford: Clarendon, 1983: "*Eu compartilho com ele [Kelsen] a convicção de que uma tarefa central da filosofia jurídica é explicar a força normativa das proposições de direito que figura tanto na redacção jurídica académica quanto no discurso de juízes e advogados*" p. 18. (Tradução nossa).

(19) HART, H. L. A. Positivism and the Separation of Law and Morals. *Harvard Law Review*, v. 71, p. 593-629, 1957-1958.

(20) RADBRUCH, Gustav. Statutory Lawlessness and Supra-Statutory Law. *Oxford Journal of Legal Studies*, v. 26, n. 1, p. 1-11, 2006.

(21) DWORKIN, Ronald. *Law's Empire.* Cambridge: Harvard University, 1986.

(22) DWORKIN, Ronald. *A Matter of Principle.* Cambridge: Harvard University, 1985.

(23) ALEXY, Robert. *The Argument from Injustice. A Replay to legal Positivism.* Oxford: Claredon, 2002.

(24) RADBRUCH, Gustav. *Legal Philosophy*, 1932

(25) RADBRUCH, Gustav. Statutory Lawlessness and Supra-Statutory Law. *Oxford Journal of Legal Studies*, v. 26, n. 1, p. 1-11, 2006. (Tradução nossa do inglês).

(26) LOCKE, John. *Two Treatises of Government.* Essay Two: Concerning the True Original Extent and End of Civil Government. Chapter IX: Of the Ends of Political Society and Government, 1823. "*The rules that they make for, other men's actions must, as well as their own and other men's actions, be conformable to the law of Nature — i.e., to the will of God, of which that is a declaration, and the fundamental law of Nature being the preservation of mankind, no human sanction can be good or valid against it.*"

(27) AQUINO, Tomas. *Summa Theologica.* Ia–IIae Q.66 A.7 Corpus (s´´ec. XIII).

situações de risco onde se podem fazer algumas previsões com base na distribuição de probabilidades.

Com o desenvolvimento do estado social, para o qual contribuíram as obras de John Maynard Keynes[28] e Beveridge[29], entre outros, puderam ser desenvolvidos meios de protecção para os trabalhadores, densificados no sistema jurídico, que se foram aprofundando nas décadas seguintes. Esses direitos laborais foram sofrendo vários retrocessos, ao longo das últimas décadas, com aceleração decorrente da crise económico-financeira de 2008, nomeadamente, em Portugal e em outros Estados-Membros da União Europeia, com a aplicação de políticas baseadas nas teorias neoclássicas, que são o fundamento das ideias e ideais do FMI, Banco Mundial e foram, também, a base das políticas da Comissão Europeia que se expressaram no que é conhecido como "austeridade".

Estas políticas foram até propaladas por políticos (em Portugal e na União Europeia) como tendo efeitos expansionistas na economia (ao arrepio de toda a evidência científica e empírica) com base num artigo científico publicado nos Estados Unidos da América[30], embora ulteriormente se tenha verificado que tinha como ponto de partida dados errados, como posteriormente evidenciado por outro artigo científico.[31]

Esta teoria/ideologia de "austeridade expansionista" aceite pela "troika" (Fundo Monetário internacional, Comissão Europeia e Banco Central Europeu) permitiu a aplicação de medidas que foram denominadas de "reajustamentos", levando à flexibilização das normas do direito laboral, em vários Estados da Zona Euro, em especial em Portugal, na Grécia, na Espanha e na Itália, para além da diminuição dos salários reais e das pensões, a maior facilitação do despedimento, a diminuições de indemnizações e compensações por despedimento que estavam previstas no Código do Trabalho (em Portugal) bem como outras diminuições dos direitos laborais dos trabalhadores, como a redução de férias e feriados e a flexibilização do horários de trabalho.

Ao longo da existência de um determinado paradigma a realidade vai-se transformando, pois tudo é dinâmico, e vão surgindo várias anomalias que os defensores do paradigma dominante vão tentando adaptar e acomodar nos modelos-paradigma prevalecentes. No entanto, o acumular das anomalias tornam quase impossível essa acomodação[32], propondo-se um novo paradigma que acolha essas chamadas anomalias, que não são mais do que atuações consistentes com o comportamento do ser humano[33] nas várias circunstâncias, dado não existir determinismo no seu comportamento[34].

As alterações científicas e tecnológicas, veiculadas na *praxis* para o processo produtivo, podem levar a alterações estruturais com implicações ao nível das relações de trabalho e, assim, em modificações da superestrutura jurídica com efeitos diversos nos vários estratos da população, de acordo com o seu nível de capital humano, levando a uma alteração de paradigma em várias dimensões da sociedade, em especial ao nível das relações laborais e, consequentemente, no âmbito do direito laboral.

É errado pensar *tout court* que as alterações tecnológicas terão efeitos que se traduzirão numa melhoria paretiana. Existirão sempre estratos da população que beneficiarão da veiculação das novas tecnologias para o processo produtivo (que se integra no processo social) e outros estratos que serão negativamente afectados[35], com ênfase para os trabalhadores com mais baixo nível de capital humano, mesmo existindo o que é denominado por eficiência potencial ou de Kaldor-Hicks.

O ritmo da mudança na sociedade hodierna e o aumento da sua aceleração, causador de alterações tecnológicas, modifica não só as relações sociais no âmbito de alteridade, mas também as relações das pessoas com as coisas, com efeitos na distribuição do rendimento e na redistribuição do mesmo.

Com efeito, dentro do sistema dominante em que vivemos essas alterações tecnológicas e as

(28) KEYNES, John Maynard. *General Theory of Employment*. Interest and Money, 1936.

(29) BEVERIDGE, William Henry. *Report on Social Insurance and Allied Services.* London: H. M. Stationery Off., 1942.

(30) REINHART, Carmen; ROGOFF, Kenneth S. Growth in a Time of Debt. *National Bureau of Economic Research,* 2010.

(31) HERNDON, Thomas; ASH, Michael; POLLIN, Robert. Does High Public Debt Consistently Stifle Economic Growth? A Critique of Reinhart and Rogoff. *Political Economy Research Institute,* Massachusetts: University of Massachusetts, 2013.

(32) KUHN, Thomas. *The Structure of Scientific Revolution.* Chicago: The University of Chicago, 1996. p. 52.

(33) KAHNEMAN, Daniel; TVERSKY, Amos. Prospect Theory: An Analysis of Decision Under Risk. *Econometrica,* v. 47, n. 2, p. 263-292, 1979.

(34) KUHN, Thomas. The Copernican Revolution: Planetary Astronomy in the Development of Wester Thought. Cambridge: Harvard University, 1957.

(35) ARONOWITZ, Stanley; DIFAZIO, William. *The Jobless Future.* Minnesota: University of Minnesota, 1994.

consequências da pandemia da COVID-19 podem contribuir para o aprofundar das desigualdades sociais, com destaque no âmbito económico, e conduzir ao descarte[(36)] de milhões de pessoas cujo nível de capital humano é baixo, levando-as a entrar no desemprego estrutural. Com a tecnologia actualmente existente muito do trabalho que é desenvolvido nos locais de trabalho pode ser realizado em casa, o que em muitos casos já tem vindo a ser implementado, tendo a COVID-19 acelerado exponencialmente o ritmo dessa mudança, sendo sobretudo constituído pelos indivíduos pertencentes à terceira vaga (aqueles com elevado nível de capital humano e capacidade de autodeterminação). Como escreveu Alvin Toffler (1980),

> *As alterações que se estão a verificar não são apenas ao nível tecnológico ou económico, mas são alterações estruturais que se projectam na dimensão social e civilizacional e requerem que a busca de conhecimento seja contínua. A educação e a formação representam um dos meios mais importantes e potencialmente efectivos para ultrapassar a pobreza.*

Na maioria dos países (senão em todos) a educação está inversamente relacionada com o desemprego e com a pobreza e positivamente relacionada com o rendimento, o sucesso no trabalho, o bem-estar social, físico e psicológico, com a participação cívica e o acesso ao poder como membros de um grupo social (BLUSTEIN, David *et al.* 2014, p. 42).

3. *A pandemia da Covid-19, a aceleração das alterações tecnológica e a educação*

Segundo dados da Organização Mundial do Trabalho[(37)] os indivíduos com níveis de educação superior (*tertiary education*) *"constituem ainda um privilégio disponível apenas a uma minoria"*, com especial incidência nos países em desenvolvimento, havendo na generalidade dos países uma relação positiva entre o nível de educação e o nível de rendimento. O nível de desemprego mais elevado está relacionado com os indivíduos com baixo nível de educação e formação, sendo estes os que têm uma maior taxa de desempenho em atividades informais associadas a um maior risco social decorrente da circunstância destes empregos informais se situarem, na generalidade, fora do perímetro da legislação laboral, o que coloca estes trabalhadores numa posição de maior risco e vulnerabilidade.

O aumento da educação eleva as oportunidades de emprego e de adaptação às mudanças e, por conseguinte, aumenta a probabilidade de obtenção de rendimentos quer advenientes do trabalho quer de outras fontes, que tendem a evoluir cumulativamente. Este contexto possibilita a obtenção de bens (nomeadamente culturais) que permitem uma melhoria da qualidade de vida e, de acordo com Martha Nussbaum (1988) e Amartya Sen (1989), possibilitando também o desenvolvimento das *capabilities* (ou poderes primários, categoria que é mais lata que o conceito de "capacidades") e das potencialidades de cada ser humano, na sua singularidade, em vez da utilidade dos bens materiais (embora estes sejam essenciais para a satisfação das necessidades primárias, como a manutenção do indivíduo e a manutenção da espécie, que são necessidades naturais, como referido por Epicuro).

O nível de educação está relacionado com determinado ponto de referência ou *status quo* o qual determina a visão que se tem do mundo[(38)] que, por sua vez, é influenciada pela informação disponível. O ponto de referência é também influenciado pela *equação pessoal* (Donário, Arlindo; Ricardo Borges dos Santos, 2019:19) de cada um, a qual é constituída pelo conjunto de crenças, valores e conhecimento, pelo que uma alteração do conhecimento tem, necessariamente, implicações ao nível das crenças e dos valores alterando a equação pessoal e consequente mudança no comportamento que poderá levar os indivíduos a um maior nível de bem-estar. Tal circunstância terá efeitos directos e indirectos na produtividade do trabalho e, consequentemente, no desenvolvimento pessoal e social.

A educação ao interactuar com as forças produtivas existentes e que estão em mutação constante[(39)], que provocam modificações na estrutura da economia, possibilita alterar o modo de trabalhar, de viver, a emergência de novos conflitos políticos e, também, transforma a consciência das pessoas[(40)] o que, por sua vez, modifica o comportamento dos indivíduos,

(36) FRANCISCO, Papa. *Encíclica Fratelli Tutti*, 2020.
(37) Disponível em: <https://ilostat.ilo.org/education-pays-off-but-you-have-to-be-patient/>.
(38) KAHNEMAN, Daniel. *Thinking Fast and Slow*. New York: Farrar Straus and Giroux, 2011. p. 269.
(39) MARX, Karl. *Critique de L'Économie Politique. Avant-Propos. Oeuvres, Biblioteque de la Plêiade*. Paris: Gallimard, 1859. p. 272.
(40) TOFFLER, Alvin. *The Third Wave*. New York: William Morrow, 1980. p. 11.

sendo a consciência o conhecimento de algo[41] o que nos leva a concluir que a educação é o factor essencial para o desenvolvimento pessoal e coletivo desencadeando externalidades positivas, sendo um modo de aumentar o nível de capital humano, com todos os seus efeitos positivos.

A situação provocada pela COVID-19 impulsionou a aceleração da veiculação de novas tecnologias para o processo produtivo, provocando neste uma alteração substancial. implica que a educação e a formação devem ser generalizadas, como condição *sine qua* non, a fim de evitar que milhões de trabalhadores, actuais e potencias (os que ainda não se encontram no mercado de trabalho), sejam descartados do processo produtivo engrossando as fileiras do desemprego, do trabalho informal precário (nomeadamente de crianças) e com baixa remuneração e[42]/ou entrem em actividades ilegais, nomeadamente em actividades criminosas, não porque tenham um nível de valores éticos menor do que os que têm um nível de educação mais elevado, mas porque as suas oportunidades de emprego legal tornam-se diminutas, sendo o custo de oportunidade do *trade-off* entre a actividade legal e a ilegal muito reduzido, o que consubstancia um elemento substancial determinante para a entrada na actividade delitiva.

4. *O direito, o conhecimento científico e as ciências sociais*

O nível de conhecimento é sempre provisório e não é mais definitivo do que todo o conhecimento anterior. O Direito pode ser entendido como uma ciência humana, mas não possui todas as características das ciências sociais, no sentido popperiano[43], faltando-lhe métodos de verificação empírica ou experimental.[44] Uma questão que pode ser levantada relativamente ao Direito reside no facto de as normas jurídicas não poderem ser refutadas através da experimentação, de modo a que se aplique o conceito de falsificação de Popper, como condição necessária para a existência de um corpo teórico considerado como ciência.

Se esta visão é entendida como um paradigma do que é considerado científico, de acordo com a teoria de Popper (ainda hoje correspondendo à posição dominante), autores como Kuhn e Feyerabend, entre outros, contestaram este entendimento. Feyerabend[45] escreveu:

> *Assim como um animal bem adestrado obedecerá ao dono, por maior que seja a perplexidade em que se encontre e por maior que seja a necessidade de adotar novos padrões de comportamento; assim também o racionalista convicto se curvará à imagem mental de seu mestre, manter-se-á fiel aos padrões de argumentação que lhe foram transmitidos e aceitará esses padrões por maior que seja a perplexidade em que se encontre mostrando-se incapaz e compreender que a 'voz da razão' a que dá ouvidos é apenas o efeito causal tardio do treinamento que recebeu. Não está em condições e descobrir que o apelo à razão, diante do qual tão prontamente sucumbe, nada mais é que manobra política.*

Porque as regras e princípios legais ou as normas dos sistemas axiológicos da moral e da ética e de outros sistemas normativos não podem ser refutadas através da experimentação, podendo apenas ser violadas com base no livre arbítrio do ser humano dotado de vontade e inteligência. Neste pressuposto, não obedecem ao critério de falsificação de Popper, o que significa que o Direito não poderia ser considerado um conhecimento científico. Contudo, tendo em consideração a crítica de Feyerabend ao modelo popperiano, não pode deixar de se considerar que o Direito constitui um corpo de conhecimento que deve ser considerado científico, muito embora, como refere Santos Pastor[46]:

> *Entre los medios de que se vale el análisis se encuentra el conocimiento adecuado del Derecho positivo, el estudio de casos, la propia experiencia en la aplicación de la justicia que pueda tener el estudioso, el sentido común y el conocimiento de los valores morales y políticos de su sociedad. De esta forma puede evaluar el sentido práctico y la justicia junto a la claridad y congruencia de las normas existentes o propuestas.*
>
> *Pero para ello no se utilizan los criterios propios de las ciencias sociales o de la filosofía. Más ala de las distintas posiciones doctrinales sobre el método, yo creo que hay poca duda de que esto forma el contenido fundamental*

(41) DAMÁSIO, António. *O mistério da consciência. Do corpo e das emoções ao conhecimento de si.* São Paulo: Companhia das Letras, 1999. p. 177.
(42) Muitas das actividades criminosas requerem que os indivíduos desenvolvem simultaneamente uma actividade legal.
(43) POPPER, Karl. Conjectures and Refutations. *The Growth of Scientific Knowledge.* Taylor & Francis, 2002.
(44) ULEN, Thomas. Um Prémio Nobel para a Ciência Jurídica: teoria, trabalho empírico e o método científico no estudo do direito. In: *Direito e Economia em Dois Mundos. Doutrina jurídica e pesquisa empírica.* Rio de Janeiro: FGV, 2014. p. 53.
(45) FEYERABEND, Paul. *Contra o Método.* Rio de Janeiro: Francisco Alves, 1992. p. 31-32.
(46) PASTOR, Santos Sistema Jurídico y Economía. *Una Introducción al Análisis Económico del Derecho.* Madrid: Tecnos, 1989. p. 29.

del trabajo de investigación al uso de los juristas. Pues bien, con ser decisiva la importancia de este trabajo, entiendo que es insuficiente para resolver las tareas que plantea la investigación científica y el diseño óptimo del Derecho de una sociedad, para las llamadas ciencia y política jurídicas.

Na mesma veia citamos John Keneth Galbraith(47), na mesma esteira de Kuhn, quanto ao conceito de "Sabedoria Convencional" relacionado com um determinado paradigma dominante:

As ideias passam a ser organizadas em torno do que a comunidade como um todo ou públicos específicos consideram aceitável. E como o trabalhador de laboratório se dedica a descobrir verdades científicas, então o escritor fantasma e o homem de relações públicas preocupam-se em identificar o aceitável. Se os seus clientes são recompensados com aplausos, esses artesãos são considerados qualificados em seu ofício. Se não, eles falharam. Pela reacção antecipada da amostra do público ou ao testar os seus discursos, artigos e outras comunicações, o risco de falhar pode ser bastante minimizado. (Tradução nossa).

Consideramos que a Análise Económica do Direito pode ser um instrumento que tenda a minorar a deficiência apontada à análise formal do Direito. A explicação dada é a de que os efeitos das alterações das normas jurídicas podem ser considerados como "preços sombra" quando acopladas com a probabilidade da sua aplicação, o que constitui a sansão esperada e que, por sua vez, consubstancia o incentivo que actua sobre o comportamento dos indivíduos. Por consequência, o Direito é um valor esperado, não importando tanto o que diz a lei, mas sim a forma como a mesma é aplicada, pois a existência de uma sanção prevista na lei e não aplicada tende a ter uma eficácia nula ou muito próxima da ineficácia.

5. *Reflexões sobre a tecnologia e sua ligação com a economia e o direito laboral*

A produção de riqueza, não a sua distribuição, tenderá a depender mais do nível geral da ciência e do progresso da tecnologia ou da aplicação da ciência para a produção de bens e serviços, do que do tempo de trabalho e da quantidade de trabalho, como escreveu Marx(48). Esta visão de Marx pode ligar-se com a análise actual de Bill Gates(49) que refere:

Estamos a começar a ver alguns desses efeitos a entrar em acção agora, já que os trabalhadores de escritório ficam em casa por causa da COVID-19. A Microsoft anunciou recentemente uma política que reconhece que fazer algum trabalho em casa (por menos de 50% do tempo) será o padrão, mesmo depois de a pandemia cessar e os seus escritórios voltarem a funcionar. Penso que essa tendência se vai acelerar nos próximos anos.

Este processo tende a ter consequências ao nível da empregabilidade, na medida em que o *status quo* político-económico dominante com a utilização da tecnologia conduz à substituição dos trabalhadores pelo capital (integrando neste conceito toda as tecnologias sob qualquer forma(50)) na produção de bens e serviços, virtualmente em todos os sectores da economia global. A partir daqui podem gerar-se crises generalizadas por insuficiência da procura efectiva como foi analisado, sobretudo, por Sismondi(51), Marx(52) e Keynes(53), todos recusando a lei de Say, o que leva, na actualidade, a uma luta pelos mercados, numa concorrência constante e aprofundada pela

(47) GALBRAITH, John Kenneth. *The Affluent Society*, 1958. Disponível em: <http://pinguet.free.fr/affluent58.pdf>, p. 11.

(48) MARX, Karl. *Grundrisse*. The Marx Library, 1973, *"But to the degree that large industry develops, the creation of real wealth comes to depend less on labour time and on the amount of labour employed than on the power of the agencies set in motion during labour time, whose 'powerful effectiveness' is itself in turn out of all proportion to the direct labour time spent on their production, but depends rather on the general state of science and on the progress of technology, or the application of this science to production"*, p. 624.

(49) GATES, Bill. *The Road Ahead after 25 years*, 2020. Disponível em: https://www.gatesnotes.com/About-Bill-Gates/The-Road-Ahead-after-25-years. *"We're starting to see some of these effects come into play now, as office workers stay home because of COVID-19. Microsoft recently announced a policy recognizing that doing some work from home (for less than 50 percent of the time) will be standard even after the pandemic is over and their offices open back up. I think this trend will accelerate in the coming years."*

(50) LEQUILLER, François; BLADES, Derek. Understanding National Accounts – OECD, 2014. *"The current version of the international system of national accounts (SNA 2008) contains a recommendation that R&D (including software) be counted as GFCF (investment) and not as intermediate consumption (current expenditure), with the result that GDPs have been revised upwards, by between 1% and 4% depending on the country"*, p. 40.

(51) SISMONDI. *Nouveaux Principes D' Économie Politique oú de la Richesse dans ses Rapports avec la Population*. Paris. Imprimerie de Fain, Rue Racine, 1827..

(52) MARX, Karl. *Theories of Surplus*. Moscow: Progress Publishers Moscow, 1968. v. IV, Part II, "Over-*production arises precisely from the fact that the mass of the people can never consume more than the average quantity of necessaries, that their consumption therefore does not grow correspondingly with the productivity of labour"*, p. 468.

(53) KEYNES, John Maynard. *General Theory of Employment*. Interest and Money, 1936. p. 23-37.

globalização que se traduz na dominância do liberalismo a nível global.

Do Estado liberal do século XIX passou-se para o Estado social, mormente a partir da segunda metade do século XX, conduzindo à conversão do direito laboral consubstanciado num contrato de trabalho por tempo completo, mas indefinido e altamente precário, num contrato de trabalho (não para todos) que atribuía (e ainda atribui) aos trabalhadores por conta de outrem vários direitos, nomeadamente, um posto de trabalho estável (o que permitiu a realização de uma das necessidades básicas do ser humano, a segurança), um salário garantido (na maioria das situações a única fonte de rendimento) e uma reforma pública decorrente[54] do desenvolvimento da segurança social — traduzindo um direito universal, como é estatuído constitucionalmente na Europa e em outros países, como, por exemplo, no Brasil. Todos estes direitos podem fundamentar-se na dignidade do ser humano, que lhe é intrínseca, não atribuída, estando prevista em várias declarações universais e em muitas leis fundamentais dos Estados, designadamente nos primeiros artigos das Constituições de Portugal e do Brasil.

É de notar que a evolução do direito do trabalho traduziu o reconhecimento social da radical assimetria do poder contratual existente entre as duas partes de um contrato de trabalho. Uma dessas partes vende a sua força de trabalho (o indivíduo, ou na terminologia jurídica, a pessoa singular, pois apenas o indivíduo tem a capacidade de desenvolver uma actividade produtiva consciente) em troca de uma prestação sinalagmática traduzida no pagamento do salário (ou retribuição) pela outra parte. Sublinhe-se que, em termos científicos, o trabalhador não vende o trabalho, que é a sua actividade, mas sim, vende a sua força de trabalho (também muitas vezes designada por capital humano), que disponibiliza ao empregador por mais ou menos tempo.

Importa também referir que os grandes avanços no direito do trabalho se verificaram sobretudo, a partir da II Guerra, sendo uma consequência de factores múltiplos, entre os quais se destacam o reconhecimento dos direitos humanos plasmados na Declaração Universal das Nações Unidas (1948) decorrentes da dignidade humana, correspondente a uma mudança no paradigma do Direito com a sua interpretação axiomática. Porém, em nosso entender, o factor mais determinante para a evolução positiva dos direitos dos trabalhadores plasmados no direito laboral foi o crescimento económico que se verificou desde o fim da II Guerra até cerca do princípio da década dos anos 70 do século passado, período em que dominou o modelo económico denominado de síntese neoclássica-keynesiana – um modelo híbrido contendo elementos dos modelos clássico e de Keynes, mas afastando-se muito do modelo deste último autor.

A implosão do bloco soviético, nos finais dos anos oitenta do século XX, causou uma disrupção, traduzida numa alteração estrutural a nível global, com um aprofundamento generalizado da concorrência, com efeitos profundos nas dimensões económica, política e, subsequentemente, jurídica, com destaque no direito do trabalho, cujas modificações se vão verificando até hoje, sem que, em nosso entender, haja uma regressão ao *status quo* anterior.

Atendendo a que o direito laboral do século XX foi moldado na sequência do Fordismo e do Taylorismo, com a passagem do sector secundário industrial (sector real que requeria a presença do trabalhador num determinado local) para um sistema económico baseado na informação e na financeirização (que requer menos mão de obra, mas com maior nível de formação e especialização), em detrimento da economia real, aliado ao desenvolvimento incessante de novas tecnologias tem vindo a criar um substrato que levará a alterações no direito do trabalho.

De assinalar que algumas teorias económicas neoclássicas se aprofundaram, designadamente, a teoria dos ciclos reais de negócios (desenvolvida por Prescott[55] e Kindland[56]), as quais foram aceites pelo Fundo Monetário Internacional, pelo Banco Mundial e pela Organização Mundial do Comércio. Estas teorias consideram que a economia tenderá a estar em equilíbrio ao nível do emprego potencial, ao qual está associada a taxa natural de desemprego,

(54) De notar a proteção devido a doença ou velhice e outros direitos dos trabalhadores iniciou-se em 1889 com o chanceler da Alemanha Otto von Bismarck.

(55) PRESCOTT, Edward. Theory Ahead of Business-Cycle Measurement. *Federal Reserve Bank of Minneapolis and University of Minnesota*, 1986.

(56) KYDLAND, Finn; PRESCOTT, Edward. *Business Cycles:* Real Facts and a Monetary Myth. Minneapolis: Federal Reserve Bank of Minneapolis, 1990.

conceitos cunhados por Milton Friedman[(57)], mas com o pressuposto de que o Estado intervenha o mínimo na economia, deixando que os mercados de bens e serviços, de trabalho e de capitais funcionem livremente, o que implica a flexibilidade dos preços dos bens e serviços, dos salários e outros direitos dos trabalhadores e das taxas de juros. Se os mercados dos bens e serviços e de capitais estão muito liberalizados e globalizados a questão que tem sido debatida tem-se colocado no âmbito do direito do trabalho, com pressões da OCDE[(58)], Banco Central Europeu (BCE)[(59)] no que se refere a Portugal.

A aceleração do desenvolvimento tecnológico cria um mundo onde tudo e qualquer coisa pode ser individualizado[(60)], alterando estruturalmente a forma de viver decorrente da circunstância de os seres humanos terem um desejo inato de pertença social, tal como já era afirmado por Aristóteles[(61)].

A economia global tem-se vindo a financializar, tendo passado de economias de escala para economias gama, desencadeando alterações estruturais seja no trabalho seja na concepção que dele temos[(62)], não sendo mais possível um retorno ao que o direito do trabalho foi durante a segunda metade do século XX, dado que, conforme refere Umberto Romagnoli[(63)],

> *a globalização da economia desterritorializou o sistema das suas fontes de produção, apagando literalmente os confins dos Estado-nação, cada um dos quais está destinado a ceder quotas crescentes de soberania democrática aos "businesses community" de nossos dias.*

Essa alteração das relações sociais resultante da evolução tecnológica, como parte da infraestrutura, é determinada independentemente da vontade dos indivíduos, correspondendo a um determinado grau de desenvolvimento das forças produtivas materiais[(64)] com efeitos ao nível do sistema jurídico. Este tende a captar e a legitimar as relações sociais as quais, por sua vez, se integram num sistema estruturado por mercados abertos, com elevada concorrência ao nível global, a qual se acelera e aprofunda com as novas tecnologias, com elevadas e crescentes possibilidades, numa incessante substituição de trabalho por capital, requerendo cada vez mais trabalho complexo (com elevado nível de capital humano) que tende a afastar do processo produtivo os trabalhadores com baixo nível de educação e formação, que tendem apenas a desenvolver trabalho simples.

Com efeito, este processo de veloz transformação tecnológica que se está a viver no mundo conduz, inevitavelmente, ao crescimento do desemprego estrutural entre os indivíduos com menor grau de educação, pela referida inexistência de oportunidades de trabalho. E, decorrente desta situação de baixo nível de educação e consequente falta de oportunidades de trabalho legal, desenvolve-se a propensão para a entrada na actividade delituosa ou, mais geralmente, na actividade ilegal, como foi analisado em vários estudos[(65)(66)(67)] e evidenciado pelos números oficiais referentes a Portugal[(68)].

Embora todas as instâncias da sociedade sejam sobredeterminadas, o Direito tende a ser mais determinado pelas condições materiais do que o contrário, isto é, normalmente o Direito tende a seguir

---

(57) FRIEDMAN, Milton. The Role of Monetary Policy. *The American Economic Review*, v. XVII, n. 1, 1968.

(58) OCDE. Labour Market Reforms in Portugal 2011-15. Disponível em: <https://www.oecd.org/employment/labour-market-reforms-in-portugal-2011-15-9789264269576-en.htm>.

(59) BCE. When do countries implement structural reforms? 2017. Disponível em: <https://www.econstor.eu/bitstream/10419/175702/1/ecb-wp2078.en.pdf>.

(60) VOLINI, Erica *et al.* The social enterprise at work: Paradox as a path forward. Deloitte. *The social enterprise and technology at work*, Deloitte Insights, 2020.

(61) ARISTOTLE. *Politics*. Translated by Benjamin Jowett. Oxford: Clarendon, 1908.

(62) ROMAGNOLI, Umberto. *Derecho del Trabajo y Derechos de Ciudadania*. 2017. Disponível em: <http://elblogdejuanraso.blogspot.com/2017/11/umberto-romagnoli-derecho-del-trabajo-y.html>.

(63) ROMAGNOLI, Umberto. El derecho del trabajo después del seísmo global. 2016. Disponível em: <https://pasosalaizquierda.com/el-derecho-del-trabajo-despues-del-seismo-global/>.

(64) MARX, Karl. *Critique de L'Économie Politique. Avant-Propos. Oeuvres, Biblioteque de la Plêiade*. Paris: Gallimard, 1859. p. 272.

(65) KELLY, M. Inequality and Crime. *Review of Economics and Statistics*, 82, p. 530-539, 2000.

(66) RAPHAEL, S.; WINTER-EBMER, R. Identifying the Effect of Unemployment on Crime. *Journal of Law and Economics*, 44, p. 259-283, 2001.

(67) GOULD, E. D.; WEINBERG, B. A.; MUSTARD, D. B. Crime Rates and Local Labor Market Opportunities in the United States, 1979-1997. *Review of Economics and Statistics*, 84, p. 45-61, 2002.

(68) PORDATA. Disponível em: <https://www.pordata.pt/Portugal/Condenados+total+e+por+n%c3%advel+de+instru%c3%a7%c3%a3o+completo+(1960+2006)-265>.

mais as alterações estruturais do que a provocá-las. Os exemplos históricos e actuais evidenciam essa relação. Ocorre-nos um exemplo de conhecimento generalizado, que evidencia, de algum modo, o que afirmamos, ligado à publicação do denominado Código de Napoleão, em 1804, o qual teve implicações em toda a Europa continental e projectando-se em outras partes do mundo, como no Brasil. Este Código resultou da Revolução Francesa e não a provocou.

São as alterações estruturais na sociedade que levam, em particular, às alterações no sistema jurídico. Não obstante, o âmbito jurídico poderá ter, subsequentemente, efeitos no aprofundamento dessas alterações, numa relação de sobredeterminação, em particular quando ao nível do poder político existe uma substituição de interesses como expressão da captura dos políticos pelos grupos de pressão (Donário, 2007: 103-120; Croley, Steven, 2008; Posner, Richard, 1974; Stigler, George, 1971).

Já no passado milhões de trabalhadores foram, de forma permanente e devido a alterações científico-tecnológicas, eliminados do processo produtivo, tendo categorias inteiras sido reestruturadas ou eliminadas. O vertiginoso ritmo de transformação tecnológico levará, necessariamente, a transformações no seio da sociedade com implicações no plano jurídico, em particular no âmbito do direito do trabalho. Ao disciplinar as relações entre o "trabalho" e o "capital", o direito laboral constitui um dos núcleos centrais do funcionamento do sistema capitalista que os grupos dominantes, a nível nacional e internacional, condicionarão de forma prevalente.

De acordo com o paradigma dominante, o direito do trabalho protege de forma especial os trabalhadores com contratos de trabalho deixando no âmbito geral do direito civil todos os outros trabalhadores, ditos independentes. Como numa utopia[69] de sujeitos com os mesmos direitos, não se tem em consideração as relações de poder, em todos os domínios, desde o económico ao cultural.

O paradigma económico dominante, que assenta no modelo neoclássico, a que o Direito dá legitimidade, desenvolve simultaneamente uma ideologia[70][71] expressa no que é sugerido como sinónimo do melhor dos mundos. Esta ideologia foi bem descrita por Voltaire[72] no seu livro *Candide*, no qual Pangloss asseverava que tudo era para bem de todos, quando, na realidade, quase nunca se verifica uma melhoria paretiana.[73].

A pandemia da COVID-19 actuou e está a actuar como um choque exógeno transformador da maioria do mundo do trabalho modificando as relações sociais. Com efeito, a separação tradicional, dualista, entre o local de trabalho (o qual se desenrola sob a direcção do empregador, na sua presença, no seio de uma comunidade de trabalho) e a vida familiar e social extratempo de trabalho, através do teletrabalho redundou, sobretudo no sector terciário, num monismo que se desenrola no mesmo cenário, no domicílio. Nesta medida, assume uma importância fulcral a regulação a efectuar pelo direito do trabalho.

Como supradito, o problema não se coloca com premência em relação aos indivíduos com elevado nível de capital humano. Com efeito, vários estudos[74] já realizados, antes e durante a pandemia da COVID-19, evidenciam que a produtividade de indivíduos com elevado capital humano e elevada autonomia tende a aumentar com o teletrabalho, levando a uma maior eficiência consubstanciada no aumento dos lucros para as empresas, sobretudo para as grandes empresas e grupos internacionais que têm grande influência na legislação laboral e, em consequência, na obtenção de renda (no sentido ricardiano[75]).

Alguns estudos evidenciam a existência de experiências positivas de teletrabalho, concluindo que as pessoas se tornam mais produtivas, com menos stress e alcançam um melhor equilíbrio entre vida profissional e pessoal (Staples, 2011) e o benefício de poder controlar os tempos e padrões de trabalho (Biron & Veldhoven, 2016). Contudo, como referido,

(69) MORUS, Thomas. *Utopia*, 1516
(70) MARX, Karl; ENGELS, Friedrich. *L'idéologie Allemande*, 1845. Disponível em: <http://archives.ecole-alsacienne.org/CDI/PDF/1400-0107/14091_MARX.PDF>.
(71) PARENTEAU, Danic; Ian Parenteau. Les Idéologies Politiques. Québec: Presses de l'Université du Québec, 2008.
(72) DE VOLTAIRE, Candide. *Candide ou l'Optimisme* (1759). Delcourt, 2008.
(73) BUITE, Willem H. *The Macroeconomics of Dr. Pangloss*. Nwe ersey: Princeton University, 1979.
(74) IPSEN, Christine *et al.* Experiences of working from home in times of covid-19 International survey conducted the first months of the national lockdowns. *DTU Library*, Denmark, mar./may 2020. BLOOM, Nicholas *et al. Does Working from Home Work?* Evidence from a Chinese experiment. Paolo Alto: Stanford University, 2015.
(75) RICARDO, David. *On Principles of Political Economy and Taxation*, 1817.

estes casos (Ipsen, Christine *et al*, 2020) relacionam-se com indivíduos que pertencem a elites de elevado capital humano e que vivem nos países mais desenvolvidos do mundo, segundo os indicadores mais relevantes, como o índice de Desenvolvimento Humano (IDH) e o índice da distribuição do rendimento (GINI), como a Dinamarca (IDH: 0,94; GINI: 28), a Áustria (IDH:92; GINI:36,3), a Finlândia (IDH: 93,8: GINI: 25,9), a Alemanha (IDH: 94,7; GINI: 29,7), a Itália (89,2; GINI:33,4), a Espanha (90,4;GINI:33) e a Suécia (IDH:94,5; GINI:27,6).

Portugal tem o IDH de 86,4 e o GINI igual a 31,9, enquanto o Brasil tem o IDH de 76,5 e o GINI de 53,9[(76)], evidenciando uma elevada desigualdade na distribuição do rendimento. Ao contrário do que era propalado pelas teorias clássica e neoclássica, existem estudos[(77)(78)(79)] que evidenciam que as desigualdades têm efeitos negativos no desenvolvimento o que foi já analisado por Rousseau[(80)].

Podemos concluir, assim, com elevada segurança, que estes estudos não são representativos da maioria da população mundial, não podendo ser generalizáveis para a maioria dos países. Se tal acontecesse traduziria a falácia da composição, com profunda distorção da realidade mundial, sem o respectivo e específico enquadramento geográfico e cultural.

Segundo dados da Organização Mundial do Trabalho[(81)] os indivíduos com níveis de educação superior (*tertiary education*) *"constituem ainda um privilégio disponível apenas a uma minoria"*, principalmente nos países em desenvolvimento, havendo, na generalidade dos países, uma relação positiva entre o nível de educação e o nível de rendimento. Por seu turno, o nível de desemprego mais elevado ocorre em relação aos indivíduos com baixo nível de educação e formação, aos quais está associada uma maior taxa de ocupação em actividades informais, ligadas a um maior risco social, sobretudo pelo facto de estes empregos informais se posicionarem fora do quadro normativo laboral.

Em que direcção se irão verificar as alterações ao nível do direito do trabalho? Essas alterações irão divergir de país para país e terão por fundamento o paradigma económico e social prevalecente em cada momento, bem como as relações de poder, as culturas específicas e o contexto histórico.

Actualmente, em grande parte do globo, o paradigma económico prevalecente é expresso pelo modelo neoclássico, no qual se englobam os monetaristas, a teoria das expectativas racionais, a teoria dos ciclos reais de negócios, os novos keynesianos e a mais recente teoria híbrida DSGE (na sigla em inglês *"Dynamic stochastic general equilibrium"*, modelos de equilíbrio geral dinâmicos estocásticos). Este modelo neoclássico constitui o fundamento para as "receitas" de política económica e social que têm vindo a ser aplicada pelo Fundo Monetário Internacional em muitos países do mundo, e advogadas pelo Banco Mundial e pela Organização Mundial do Comércio. Também foi dominante ao nível da Comissão Europeia e do Banco Central Europeu, tendo a política deste banco central sido alterada, entretanto, em 2012, pelo seu governador, Mário Draghi, actual primeiro ministro da Itália.

6. *Conclusões*

Na introdução começamos por analisar os fundamentos da evolução da sociedade no seu avanço dialético, onde as circunstâncias têm uma influência determinante na expressão das relações sociais densificadas ao nível das instâncias jurídica e ideológica. Neste ponto destaca-se o direito do trabalho sobre o qual se projectam os efeitos das transformações económicas bem como dos interesses dominantes, nacionais e internacionais,

(76) World Bank. Disponível em: <https://data.worldbank.org/indicator/SI.POV.GINI>.

(77) EASTERLY, William. Inequality does cause underdevelopment: Insights from a new instrument. *Journal of Development Economics*, Elsevier, 84, p. 755-776, 2007.

(78) GALOR, Oded; Joseph Zeira. Income Distribution and Macroeconomics. *Review of Economic Studies*, 60, p. 35-62, 1993

(79) STIGLITZ, Joseph. *O Preço da Desigualdade*. Lisboa: Bertrand, 2014.

(80) ROUSSEAU, Jean Jacques. *Discours sur l'origine et les fondements de l'inégalité parmi les hommes*, 1754. Disponível em: <https://eet.pixel-online.org/files/etranslation/original/Rousseau%20JJ%20Discours%20sur.pdf>. *"Eu concebo na espécie humana dois tipos de desigualdades; aquela a que eu chamo natural ou física, porque é estabelecida pela natureza, [...] a outra que podemos chamar de desigualdade moral ou política, porque que depende de algum tipo de convenção, e que está estabelecido, ou pelo menos autorizado pelo consentimento dos homens. Isso consiste em diferentes privilégios, de que alguns gozam, em detrimento de outros, como ser mais rico, mais honrado, mais poderoso do que eles, ou mesmo para ser obedecido"*, p. 21. (Tradução nossa).

(81) Disponível em: <https://ilostat.ilo.org/education-pays-off-but-you-have-to-be-patient/>.

dado que muitos dos grupos de interesses a nível nacional estão conectados com os grandes grupos de pressão internacionais. Com efeito, é a base económica que constitui um dos determinantes das alterações do direito laboral.

O sistema social é constituído por relações entre os vários subsistemas que se caracterizam pela interdependência, não havendo compartimentalização no plano da substância.

A pandemia da COVID-19 tem vindo a constituir um choque exógeno potenciador de alterações estruturais ao nível do trabalho e cujos efeitos se projetarão ao nível da instância jurídica, em especial, ao nível do direito laboral, levando à aceitação de um novo paradigma. De facto, as "anomalias" surgidas não são acomodáveis pelo paradigma existente, acelerando a flexibilização do direito do trabalho, o que se consubstanciará, com elevada probabilidade, na diminuição dos direitos dos trabalhadores (os quais foram adquiridos de forma generalizada em muitas partes do mundo, sobretudo, ao longo da segunda metade do século XX) de forma a aumentar a concorrência no mercado de trabalho.

Esta concorrência aliada ao provável aumento do desemprego tenderá a ter como consequências uma diminuição dos salários dos indivíduos com menor educação e formação (menor nível de capital humano), variando esses efeitos de país para país de acordo com a sua integração no sistema global.

Por outro lado, o ritmo crescente de substituição da força de trabalho por capital no processo produtivo, em especial relativamente aos indivíduos cujo capital humano se torna obsoleto para ser utilizado, irá contribuir para engrossar os níveis de desemprego.

As reformas do direito do trabalho, que são denominadas por "reformas estruturais", são mais profundas quando as taxas de desemprego são mais elevadas, variando de acordo com as condições estruturais de cada país.

Como conclusão geral, com base na análise realizada, o direito laboral que tem vigorado desde o meio do século XX até aos dias de hoje (com evoluções adaptadas ao paradigma dominante) irá sofrer alterações profundas por deixar de corresponder à base económica e social vigente das relações de produção, impedindo a manutenção do paradigma atual.

Consideramos, assim, que os efeitos dessa alteração paradigmática serão diferentes diacrónica e espacialmente, tendo em conta as relações de poder e de consciência social (entendida como educação), em função da adaptação e transformação do processo produtivo, o qual evolui constante e incessantemente. A pandemia da COVID-19, aliada à aceleração da aplicação de novas tecnologias – permitindo o desenvolvimento do trabalho no domicílio — veio acelerar a precaridade dos direitos dos trabalhadores, direitos que estavam densificados nas normas laborais, adquiridos ao longo de décadas, constituindo uma estratégia para transferir um maior nível de risco e consequente mais elevada insegurança para os trabalhadores e as suas famílias, diminuindo a sua âncora de segurança, que foi uma das grandes realizações do direito laboral. Esta provável evolução tenderá a criar uma massa elevada de trabalhadores precários (para além dos desempregados com baixo nível de estudos), adensando a crise do direito do trabalho, a qual já se vinha manifestando, havendo uma tendência, com elevada probabilidade, a desencadear efeitos negativos na sociedade, nomeadamente ao nível da violação das normas jurídicas, com prováveis aumentos da desigualdade, do aumento da pobreza e eventual instabilidade político-social, se ao nível político não forem implementadas medidas que contrariem esta tendência. De notar que cada Estado por si só não terá grandes possibilidades de evitar a tendência referida.

7. *Referências*

ALEXY, Robert. *The Argument from Injustice. A Replay to legal Positivism*. Oxford: Claredon, 2002.

ARISTOTLE. *Politics*. Translated by Benjamin Jowett. Oxford: Clarendon, 1908.

ARONOWITZ, Stanley; DIFAZIO, William. *The Jobless Future*. Minnesota: University of Minnesota, 1994.

ARROW, Kenneth; DEBREU, Gerard. Existence of an Equilibrium for a Competitive Economy. *Econometrica*, v. 22, n. 3, p. 265-290, jul. 1954.

AQUINO, Tomas. *Summa Theologica*. Ia–IIae Q.66 A.7 Corpus (Sec. XIII).

BEVERIDGE, William Henry. *Report on Social Insurance and Allied Services*. London: H. M. Stationery Off., 1942.

BIRON, M.; VELDHOVEN, M. Van. When control becomes a liability rather than an asset: Comparing home and office days among part-time teleworkers. *Journal of 16*, Organizational Behavior, 37(8), p. 1317-1337, 2016. Disponível em: <https://doi.org/10.1002/job>.

BLOOM, Nicholas *et al. Does Working from Home Work?* Evidence from a Chinese experiment. Paolo Alto: Stanford University, 2015.

BLUSTEIN, David *et al.* Education and work as human birthrights: Eradicating poverty through knowledge, innovation, and collaboration. In: *"Barriers to and Opportunities for Poverty Reduction:* Prospects for private sector-led interventions. United Nations Development Programme — Istanbul International Center for Private Sector in Development, 2014.

BUITE, Willem H. *The Macroeconomics of Dr. Pangloss.* Nwe ersey: Princeton University, 1979.

CROLEY, Steven P. *Regulation and Public Interests. The Possibility of Good Regulatory Government.* New Jersey: Princeton University, 2008.

DAMÁSIO, António. *O mistério da consciência. Do corpo e das emoções ao conhecimento de si.* São Paulo: Companhia das Letras, 1999.

DE VOLTAIRE, Candide. *Candide ou l'Optimisme* (1759). Delcourt, 2008.

DONÁRIO, Arlindo. *Economía de la Regulación y Políticas de Prevención de los Accidentes de Tráfico. El Caso de Portugal y el Contexto Europeo.* Madrid: Ministerio de Economía y Hacienda, Instituto de Estudios Fiscales, 2007.

DONÁRIO, Arlindo; SANTOS, Ricardo Borges dos. *Economia com destaque para a microeconomia.* Lisboa: Edições Silabo, 2019.

DWORKIN, Ronald. *Law's Empire.* Cambridge: Harvard University, 1986.

______ . *A Matter of Principle.* Cambridge: Harvard University, 1985.

EPICURO. Lettre à Ménécée. (342-270 BC). *Les Échos du Maquis*, 2001.

EASTERLY, William. Inequality does cause underdevelopment: Insights from a new instrument. *Journal of Development Economics*, Elsevier, 84, p. 755-776, 2007.

FEYERABEND, Paul. *Against Method.* Rio de Janeiro: Verso, 1992.

______ . *Contra o Método.* Rio de Janeiro: Francisco Alves, 1992.

FRANCISCO, Papa. *Encíclica Fratelli Tutti*, 2020.

FRIEDMAN, Milton. The Role of Monetary Policy. *The American Economic Review*, v. XVII, n. 1, 1968.

GALBRAITH, John Kenneth. *The Affluent Society*, 1958. Disponível em: <http://pinguet.free.fr/affluent58.pdf>.

GALOR, Oded; Joseph Zeira. Income Distribution and Macroeconomics. *Review of Economic Studies*, 60, p. 35-62, 1993.

GASSET, Ortega. *Meditaciones del Quijote*, 1914.

GATES, Bill. *The Road Ahead after 25 years*, 2020. Disponível em: <https://www.gatesnotes.com/About-Bill-Gates/The-Road-Ahead-after-25-years>.

GOULD, E. D.; WEINBERG, B. A.; MUSTARD, D. B. Crime Rates and Local Labor Market Opportunities in the United States, 1979-1997. *Review of Economics and Statistics*, 84, p. 45-61, 2002.

HART, H. L. A. *The Concept of Law*. Oxford: Clarendon, 1994.

______ . *Essays in Jurisprudence and Philosophy.* Oxford: Clarendon, 1983.

______ . Positivism and the Separation of Law and Morals. *Harvard Law Review*, v. 71, p. 593-629, 1957-1958.

HEGEL, Georg Wilhelm Friedrich. *The Phenomenology of Spirit*. Oxford: Oxford University, 1979.

HERNDON, Thomas; ASH, Michael; POLLIN, Robert. Does High Public Debt Consistently Stifle Economic Growth? A Critique of Reinhart and Rogoff. *Political Economy Research Institute*, Massachusetts: University of Massachusetts, 2013.

IPSEN, Christine *et al.* Experiences of working from home in times of covid-19 International survey conducted the first months of the national lockdowns. *DTU Library*, Denmark, mar./may 2020.

KAHNEMAN, Daniel. *Thinking Fast and Slow.* New York: Farrar Straus and Giroux, 2011.

KAHNEMAN, Daniel; TVERSKY, Amos. Prospect Theory: An Analysis of Decision Under Risk. *Econometrica*, v. 47, n. 2, p. 263-292, 1979.

KELLY, M. Inequality and Crime. *Review of Economics and Statistics*, 82, p. 530-539, 2000.

KELSEN, Hans. *Teoria Pura do Direito.* 6. ed. São Paulo: Martins Fontes, 1998.

KEYNES, John Maynard. *General Theory of Employment.* Interest and Money, 1936.

KUHN, Thomas. *The Structure of Scientific Revolution.* Chicago: The University of Chicago, 1996.

______ . The Copernican Revolution: Planetary Astronomy in the Development of Wester Thought. Cambridge: Harvard University, 1957.

KYDLAND, Finn; PRESCOTT, Edward. *Business Cycles:* Real Facts and a Monetary Myth. Minneapolis: Federal Reserve Bank of Minneapolis, 1990.

LEQUILLER, François; BLADES, Derek. Understanding National Accounts – OECD, 2014.

LOCKE, John. *Two Treatises of Government.* Essay Two: Concerning the True Original Extent and End of Civil Government. Chapter IX: Of the Ends of Political Society and Government, 1823.

MARX, Karl. *Theories of Surplus.* Moscow: Progress Publishers Moscow, 1968. v. IV, Part II.

______ . *Contribuição à Crítica da Economia Política.* São Paulo: Expressão Popular, 2008.

______ . *Critique de L'Économie Politique. Avant-Propos. Oeuvres, Biblioteque de la Plêiade.* Paris: Gallimard, 1859.

______ . *Grundrisse.* The Marx Library, 1973.

MARX, Karl; ENGELS, Friedrich. *L'idéologie Allemande,* 1845. Disponível em: <http://archives.ecole-alsacienne.org/CDI/PDF/1400-0107/14091_MARX.PDF>.

MORIN, Edgar. *Introduction à la pensée complexe.* France: Seuil, 2014.

MORUS, Thomas. *Utopia,* 1516.

NUSSBAUM, Martha. Nature, Functioning and Capability: Aristotle on Political Distribution. *Oxford Studies in Ancient Philosophy,* 6, suppl. v. p. 145-84, 1988.

PARENTEAU, Danic; Ian Parenteau. Les Idéologies Politiques. Québec: Presses de l'Université du Québec, 2008.

PASTOR, Santos Sistema Jurídico y Economía. *Una Introducción al Análisis Económico del Derecho.* Madrid: Tecnos, 1989.

POPPER, Karl. Conjectures and Refutations. *The Growth of Scientific Knowledge.* Taylor & Francis, 2002.

POSNER, Richard A. Theories of economic Regulation. National Bureau of Economic Research. *Working Paper* n. 41. National Bureau of Economic Research, 1974.

PRESCOTT, Edward. Theory Ahead of Business-Cycle Measurement. *Federal Reserve Bank of Minneapolis and University of Minnesota,* 1986.

RADBRUCH, Gustav. Statutory Lawlessness and Supra-Statutory Law. *Oxford Journal of Legal Studies,* v. 26, n. 1, p. 1-11, 2006.

______ . *Legal Philosophy,* 1932.

RAPHAEL, S.; WINTER-EBMER, R. Identifying the Effect of Unemployment on Crime. *Journal of Law and Economics,* 44, p. 259-283, 2001.

REINHART, Carmen; ROGOFF, Kenneth S. Growth in a Time of Debt. *National Bureau of Economic Research,* 2010.

RICARDO, David. *On Principles of Political Economy and Taxation,* 1817.

ROMAGNOLI, Umberto. *Derecho del Trabajo y Derechos de Ciudadania.* 2017. Disponível em: <http://elblogdejuanraso.blogspot.com/2017/11/umberto-romagnoli-derecho-del-trabajo-y.html>.

______ . El derecho del trabajo después del seísmo global. 2016. Disponível em: <https://pasosalaizquierda.com/el-derecho-del-trabajo-despues-del-seismo-global/>.

ROUSSEAU, Jean Jacques. *Discours sur l'origine et les fondements de l'inégalité parmi les hommes,* 1754. Disponível em: <https://eet.pixel-online.org/files/etranslation/original/Rousseau%20JJ%20Discours%20sur.pdf>.

SCHUMPETER, Joseph. *Capitalism, Socialism and Democracy.* Routledge, 1954.

______ . *The Theory of Economic Development.* Transaction, 1934.

______ . *The Theory of Economic Development.* Kluwer Academic, 1911. Capítulo VII da 1ª edição alemã.

SEN, Amartya. Development as Capability Expansion. *Journal of Development Planning,* 19, p. 41-58, 1989.

SISMONDI. *Nouveaux Principes D' Économie Politique oú de la Richesse dans ses Rapports avec la Population.* Paris. Imprimerie de Fain, Rue Racine, 1827.

SMITH, Adam. *An Inquiry Into the Nature and Causes of the Wealth of Nations* (Book 4), 1776.

______ . *The Theory of Moral Sentiments.* 6. ed. 1790.

STAPLES. There's No Place Like a Home Office: Staples Survey Shows Telecommuters are Happier and Healthier, With 25% Less Stress When Working from Home. *Business Wire,* 2011. Disponível em: <https://www.businesswire.com/news/home/20110719005318/en/There's-Place-Home-Office-Staples-Survey-Shows>.

STIGLER, George J. *The Theory of Economic Regulation,* 2 Bell J. Econ. 3, 1971.

STIGLITZ, Joseph. *O Preço da Desigualdade.* Lisboa: Bertrand, 2014.

TOFFLER, Alvin. *The Third Wave.* New York: William Morrow, 1980.

ULEN, Thomas. Um Prémio Nobel para a Ciência Jurídica: teoria, trabalho empírico e o método científico no estudo do direito. In: *Direito e Economia em Dois Mundos. Doutrina jurídica e pesquisa empírica.* Rio de Janeiro: FGV, 2014.

WALRAS, Léon. *Élements D'Économie Politique Pure.* L. Corbas, 1874.

VOLINI, Erica *et al.* The social enterprise at work: Paradox as a path forward. Deloitte. *The social enterprise and technology at work,* Deloitte Insights, 2020.

O Genoma Humano e o Direito ao Trabalho
A realização de testes genéticos na contratação laboral

Fabio Goulart Villela[(1)]

1. *Introdução*

O vertiginoso avanço registrado nas últimas décadas no campo da genética e da biologia molecular tem acarretado uma autêntica revolução no âmbito das ciências da vida, em relação à qual o Direito não deve quedar-se indiferente, a fim de que possa ser capaz de apresentar soluções adequadas aos diversos problemas que emergem dos desdobramentos da ampliação do conhecimento científico na seara das relações intersubjetivas.

A descoberta do genoma humano é a grande aventura do nosso tempo[(2)]. Descortina-se um futuro no qual todos os cercam de cem mil genes constitutivos do legado genético da espécie humana serão patenteados, de modo a revelar uma nova anatomia do ser humano, transformando a medicina do século XXI, que será capaz de prever, de acordo com um grau de probabilidade e fiabilidade muito variável, um grande número de determinações genéticas e predisposições próprias de uma pessoa, no que diz respeito à sua saúde atual e futura, às suas características físicas, às suas características comportamentais e psicológicas e às suas filiações étnicas e genealógicas[(3)].

O Projeto Genoma Humano vai permitir, assim, analisar o mais íntimo do ser humano, prever as suas doenças ou predisposições bem como modificar a sua constituição genética. A partir da realização de testes genéticos, poder-se-á predizer, com grande antecedência, doenças que indivíduos aparentemente sãos virão a sofrer, assim como prever as suas predisposições para determinadas enfermidades[(4)].

Estes exames visam a aferir se um ou vários genes estão presentes ou não num determinado genoma, a fim de que se possa identificar o risco de cada indivíduo de não só padecer de uma enfermidade concreta, mas também de transmiti-la à sua descendência. Verifica-se, portanto, que será possível, num futuro breve, a descrição do perfil genômico de todas as pessoas, atestando a existência ou não de genes responsáveis por doenças monogênicas[(5)] e de genes de predisposição para enfermidades multifatoriais[(6)].

Surge, desta forma, uma nova classe de doentes: os assintomáticos; ou seja, aqueles que tem saúde na vida, mas doença no genoma. Por meio de uma avaliação genética que tem por objetivo decifrar as mensagens adulteradas e com expressão tardia contidas no genoma de cada indivíduo, a medicina preditiva permite prever, com bastante

---

(1) Procurador do Ministério Público do Trabalho no Estado do Rio de Janeiro (Brasil). Bacharel em Direito pela Universidade Federal Fluminense. Pós-Graduado em Direito do Trabalho e Direito Processual do Trabalho pela Universidade Gama Filho. Mestre em Ciências Jurídicas pela Universidade Autónoma de Lisboa. Doutorando em Ciências Jurídicas pela Universidade Autônoma de Lisboa. Professor de Direito do Trabalho em Cursos de Pós-Graduação.

(2) ARCHER, Luís. Genoma e intimidade. *Cadernos de Bio-Ética*, Coimbra: Centro de Estudos de Bioética, n. 7, p. 65, dez. 1994.

(3) SILVA, Maria Luisa Portocarrero. Autonomia da pessoa e determinismo genético. In: NUNES, Rui; MELO, Helena; NUNES, Cristina (coord.). *Genoma e Dignidade Humana*. Coimbra: Gráfica de Coimbra, 2002. p. 18-19.

(4) BARBAS, Stela Marcos de Almeida Neves. *Direito do genoma humano*. Coimbra: Almedina, 2001. p. 85.

(5) "O diagnóstico pré-sintomático de doenças monogênicas possibilita descobrir 10 ou 20 anos antes de existir qualquer sinal uma alteração genética que, com uma probabilidade de cerca de 100 %, se revelará numa determinada doença". BARBAS, Stela Marcos de Almeida Neves. *Direito do genoma humano*. Coimbra: Almedina, 2001. p. 87.

(6) O diagnóstico de predisposição permite verificar se a pessoa é portadora de um gene que lhe acarrete uma possibilidade superior à maioria das pessoas para contrair determinada doença, que é fruto de um conjunto de fatores genéticos e ambientais.

antecipação, o momento e o modo em que se verificará a eclosão sintomatológica de uma determinada enfermidade(7).

Não obstante as suas inúmeras vantagens, a medicina predizente também constitui uma ameaça, pois possibilita a rotulagem de seres humanos. Quando se destina a certas finalidades, abre a possibilidade de originar resultados bastante pejorativos ao permitir diagnosticar, precocemente, características hereditárias dos indivíduos antes que se revelem. Logo, podem configurar um instrumento de ilegítima discriminação social(8).

Com a genética(9), a prevenção vai tornar-se individual, podendo claramente conduzir a estigmas e discriminações. Uma utilização abusiva das características genéticas de um indivíduo pode mesmo vir a revolucionar os fundamentos da nossa sociedade, que tem repousado nos princípios da liberdade, igualdade e solidariedade. Perfila-se, então, a tenebrosa sombra de uma nova eugenia e ressurge o fantasma do determinismo biológico do comportamento humano(10).

A diversidade é um direito inerente à própria essência humana a partir do qual se constrói o equilíbrio social. Como leciona Diogo Leite de Campos: "Cada ser humano é diferente de todos os outros, e é esta diversidade que enriquece a Humanidade"(11). Não é sem razão que a Constituição da República Portuguesa, ao dispor sobre os direitos, liberdades e garantias, em seu artigo 26º, n. 3, prevê expressamente que a lei garantirá a dignidade pessoal e a identidade genética do ser humano, nomeadamente na criação, desenvolvimento e utilização das tecnologias e na experimentação científica(12).

Surge assim a necessidade do desenvolvimento de uma "ética da responsabilidade", com base na premissa de que o absoluto não é o conhecimento científico, mas o próprio ser humano, a fim de que possam ser fixados princípios normativos e uma nova geração de direitos, com destaque para o direito a um patrimônio genético não manipulado(13).

Nenhuma pessoa se resume ao seu genoma e, por isso, não é a partir de sua análise que encontraremos o traço distintivo da liberdade humana, mas, pelo contrário, numa hermenêutica dos testemunhos e figuras que permitem atestar a forma particular como cada um assume os limites, como se faz ser relacional, como configura as suas possibilidades e significa interativamente a pertença às suas circunstâncias(14).

Stela Barbas destaca que a pessoa é existência unificadora de uma diversidade de faculdades vitais, de modo que toda a unidade se refere à diversidade e toda a diversidade chama à colação a unificação. Não existe apenas do ponto de vista genômico, posto haver uma dimensão racional, espiritual e uma vivência ambiental(15).

A redução do ser humano à sua concepção meramente biológica implica enveredarmos no caminho do simplismo, dispensando-lhe um tratamento como coisa, de modo a suprimir aquilo que caracteriza a própria dimensão de humano. Impõe-se, neste contexto, uma profunda reflexão sobre a amplitude destas mudanças de molde a que o progresso da ciência não constitua um atropelo a direitos fundamentais que encontram na dignidade da pessoa humana um valor intangível(16), como o direito ao trabalho, que constitui um relevante mecanismo de inclusão social e de reafirmação da própria cidadania.

O presente trabalho tem por objetivo abordar as repercussões da análise do genoma humano no

(7) SANTOS, Agostinho de Almeida. Os pilares da nova genética. Eficácia, prudência, razão. *Communio. Revista Internacional Católica*, Lisboa: Universidade Católica Portuguesa, ano XIV, n. 5, p. 456, out. 1997.

(8) BARBAS, Stela Marcos de Almeida Neves. Contratos de trabalho em face das novas possibilidades de diagnóstico. *Brotéria — Revista de Cultura*, Lisboa. ISSN 0870-7618, v. 150, n. 5/6, p. 593, maio/jun. 2000.

(9) A genética é a ciência que estuda a hereditariedade e os mecanismos e leis da transmissão dos caracteres dos progenitores aos descendentes, bem como a formação e evolução das espécies animais e vegetais. BARBAS, Stela Marcos de Almeida Neves. *Direito ao patrimônio genético*. Coimbra: Almedina, 2006. p. 17.

(10) SILVA, Maria Luisa Portocarrero. Autonomia da pessoa e determinismo genético. In: NUNES, Rui; MELO, Helena; NUNES, Cristina (coord.). *Genoma e Dignidade Humana*. Coimbra: Gráfica de Coimbra, 2002. p. 20.

(11) CAMPOS, Diogo Leite de. *Lições de direitos da personalidade*. Coimbra: Almedina, 1992. p. 22.

(12) CONSTITUIÇÃO da República Portuguesa. 18. ed. Lisboa: Quid Juris, 2014. p. 34.

(13) BARBAS, Stela Marcos de Almeida Neves. *Direito ao patrimônio genético*. Coimbra: Almedina, 2006. p. 12.

(14) SILVA, Maria Luisa Portocarrero. Autonomia da pessoa e determinismo genético. In: NUNES, Rui; MELO, Helena; NUNES, Cristina (coord.). *Genoma e Dignidade Humana*. Coimbra: Gráfica de Coimbra, 2002. p. 17.

(15) BARBAS, Stela Marcos de Almeida Neves. *Direito do genoma humano*. Coimbra: Almedina, 2001. p. 172.

(16) MARTINS, João Nuno Zenha. *O genoma humano e a contratação laboral: progresso ou fatalismo?* Oeiras: Celta, 2002. p. 3.

âmbito da contratação laboral, a fim de verificar se à entidade patronal assiste o direito de submeter o trabalhador à realização de testes genéticos predizentes para efeitos de seleção ou de despedimento. Assim, busca-se aferir se ao empregador é permitido exigir a realização de exames que não visam à detecção de uma incapacidade laborativa atual, mas de uma mera predição de doenças futuras ou predisposições, com vistas a subsidiar a sua decisão acerca da contratação do candidato a emprego ou da manutenção do contrato de trabalho de seu empregado.

O padrão de análise desta questão deve partir do ponto referencial de que os direitos fundamentais não são, por natureza, ilimitados e procuram dialeticamente uma otimização. Logo, a solução ao problema ora equacionado deve ser perseguida no âmbito do quadro de unidade constitucional, procurando-se encontrar, por meio de uma tarefa de concordância prática ou de harmonização, a exigível maximização da sua matriz principiológica(17).

2. *Genoma humano: o patrimônio comum da Humanidade*

Com a engenharia genética e a técnica genômica, a biotecnologia transformou-se num novo desafio. A velocidade com que se descodificou a anatomia do patrimônio hereditário dos organismos vivos descortinou novos horizontes, sendo certo afirmar que, pela primeira vez na história da vida terrestre, uma "espécie consegue obter a sua própria receita"(18).

Não há dúvida de que os resultados obtidos pelos pesquisadores no Projeto Genoma Humano e nos programas terapêuticos adjacentes asseguram grandes benefícios. Contudo, apresentam-se de forma diretamente proporcional relevantes dilemas éticos, uma vez que, no domínio da bioética, os avanços científicos não são necessariamente sinônimos de progressos para a humanidade em geral.

Se, por um lado, a análise dos genomas pode resultar a possibilidade de melhorar o diagnóstico, a prevenção e a terapia de inúmeras doenças, por outro, há o risco do aparecimento de medidas eugênicas e preventivas de carácter coercivo, do recurso a análises genéticas como meio de controle e discriminação social de camadas da população na sua totalidade, de seleção de embriões e fetos segundo critérios exclusivamente genéticos e de introdução de alterações profundas na nossa convivência social.

Considerando estas relevantes preocupações de natureza ética e jurídica, o Parlamento Europeu, em 16 de março de 1989, aprovou a Resolução sobre os Problemas Éticos e Jurídicos da Manipulação Genética(19).

Posteriormente, com a finalidade de proteger o ser humano na sua dignidade e na sua identidade e garantir a toda a pessoa, sem discriminação, o respeito pela sua integridade e pelos seus outros direitos e liberdades fundamentais face às aplicações da biologia e da medicina, foi aprovada pelo Conselho Europeu, em 4 de abril de 1997, a Convenção para a Proteção dos Direitos do Homem e da Dignidade do Ser Humano face às Aplicações da Biologia e da Medicina: Convenção sobre os Direitos do Homem e a Biomedicina (Convenção de Oviedo)(20), que estabelece, em seu artigo 2º, o primado do ser humano, ao dispor que o interesse e o bem-estar do ser humano devem prevalecer sobre o interesse único da sociedade ou da ciência.

No artigo 5º, estipula a regra geral do livre consentimento esclarecido, quando prevê que qualquer intervenção no domínio da saúde só pode ser efetuada após ter sido prestado pela pessoa em causa o seu consentimento livre e esclarecido.

No tocante à vida privada e ao direito de informação (artigo 10º), enfatiza que qualquer pessoa tem direito ao respeito da sua vida privada no que toca a informações relacionadas com a sua saúde, assim como de conhecer toda a informação recolhida a este título. Todavia, ressalva que a vontade expressa por uma pessoa de não ser informada deve ser respeitada(21).

(17) ANDRADE, J. C. Vieira de. *Os direitos fundamentais na Constituição portuguesa de 1976*. 2. ed. Coimbra: Almedina, 2001. p. 222.

(18) RIDLEY, Matt. *Genome*. Trad. Irene Cifuentes. Santafé de Bogotá: Taurus, 2001. p. 12.

(19) PROBLEMAS Éticos e Jurídicos da Manipulação Genética e da Fecundação Artificial Humana. Comissão dos Assuntos Jurídicos e dos Direitos dos Cidadãos. Luxemburgo: Serviço das Publicações Oficiais das Comunidades Europeias, 1990.

(20) CONVENÇÃO para a Proteção dos Direitos do Homem e da Dignidade do Ser Humano face às Aplicações da Biologia e da Medicina: Série de Tratados Europeu/164 [Em linha]. [Consult. 18 Set. 2016]. Disponível em: <http://www.gddc.pt/direitos-humanos/textos-internacionais-dh/tidhregionais/convbiologiaNOVO.html>. Adotada e aberta à assinatura em Oviedo, a 4 de abril de 1997. Entrada em vigor na ordem internacional em 1º de dezembro de 1999.

(21) O direito à autodeterminação informacional se traduz no direito de determinar o âmbito, graus e moldes segundo os quais o próprio revela ou não a informação médica que a ele diga respeito. BARBAS, Stela. O direito de não saber o seu estado de saúde.

No capítulo que aborda o genoma humano, em seu artigo 13º, dispõe que uma intervenção que tenha por objeto modificar o genoma humano não pode ser levada a efeito senão por razões preventivas, de diagnóstico ou terapêuticas e somente se não tiver por finalidade introduzir uma modificação no genoma da descendência.

Diante da sua irrefutável importância é que a Declaração Universal sobre o Genoma Humano e os Direitos Humanos[22] o alçou, em seu artigo 1º, a patrimônio da humanidade, afirmando expressamente que o genoma humano constitui a base da unidade fundamental de todos os membros da família humana bem como de sua inerente dignidade e diversidade. Dispõe, ainda, no artigo 2º, que a todo indivíduo é devido respeito à sua dignidade e aos seus direitos, independentemente de suas características genéticas e que esta dignidade torna imperativa a não redução dos indivíduos às suas características genéticas e ao respeito à sua singularidade e diversidade[23].

Para João Nuno Zenha Martins, com a Declaração, pretendeu-se, sobretudo, garantir a unidade biológica da humanidade na diversidade gerada pelo polimorfismo da expressão genética e a proteção face à inteligência humana e à sua capacidade de intervenção na natureza, da sua construção pela evolução adaptativa natural[24].

Por sua vez, em 12 de janeiro de 1998, foi aberto à assinatura dos Estados-Membros do Conselho da Europa, em Paris, o Protocolo Adicional à Convenção para a Proteção dos Direitos do Homem e da Dignidade do Ser Humano face às Aplicações da Biologia e da Medicina, Que Proíbe a Clonagem de Seres Humanos.

De qualquer sorte, apesar de todos os dilemas e desafios que se apresentam em decorrência deste avanço científico, o produto do Projeto Genoma Humano será uma rica base de dados biológicos, acessível ao público, que poderá fazer frente às causas de milhares de doenças. Isso porque é no genoma humano que se encontram armazenadas todas as informações que orientam a formação do indivíduo e que são transmitidas de geração a geração.

Conforme Stela Barbas, o genoma é o suporte e o caracterizador físico e psíquico da personalidade humana, cuja estrutura é composta por cromossomas[25], as microscópicas e filiformes partes das células que contém os dados hereditários em forma de genes[26].

Saliente-se, outrossim, que a Carta dos Direitos Fundamentais da União Europeia[27], aprovada em Nice, em 7 de dezembro de 2000, em seu artigo 1º, dispõe que a dignidade do ser humano é inviolável e deve ser respeitada e protegida. No artigo 3º, estabelece que todas as pessoas têm direito ao respeito pela integridade física e mental e que, no domínio da medicina e da biologia, devem ser respeitados, designadamente: a) o consentimento livre e esclarecido da pessoa, nos termos da lei; b) a proibição das práticas eugênicas, nomeadamente das que têm por finalidade a seleção das pessoas; c) a proibição de transformar o corpo humano ou as suas partes, enquanto tais, numa fonte de lucro; e d) a proibição de clonagem reprodutiva dos seres humanos.

Pode-se assim observar que a descoberta do genoma humano e os avanços alcançados nos campos da medicina e da genética impulsionaram a necessidade de estipulação de marcos regulatórios que

---

Forum Iustitiae: Direito e Sociedade, ano I, n. 12, p. 41, jun. 2000. Desta forma, este mesmo direito assegura a toda pessoa o direito de não ser informada sobre as suas condições de saúde, se assim o desejar. De acordo com o artigo 5º, c, da Declaração Universal sobre o Genoma Humano e dos Direitos do Homem, deve ser respeitado o direito de cada indivíduo de decidir se será ou não informado sobre os resultados da análise genética e das consequências dela decorrentes.

(22) O Comitê de Especialistas Governamentais, convocado em julho de 1997 para a conclusão de um projeto de declaração sobre o genoma humano, examinou o esboço preliminar revisto, redigido pelo Comitê Internacional de Bioética. Ao término de suas deliberações, em 25 de julho de 1997, o Comitê de Especialistas Governamentais, no qual mais de 80 Estados estiveram representados, adotou por consenso o Projeto de uma Declaração Universal do Genoma Humano e dos Direitos Humanos, que foi apresentado para adoção na 29a sessão da Conferência Geral da UNESCO (de 21 de outubro a 12 de novembro de 1997).

(23) DECLARAÇÃO Universal sobre o Genoma Humano e os Direitos Humanos: da Teoria à Prática. Trad. Regina Coeli [Em linha]. Brasília: UNESCO Edições, 2001. [Consult. 17 set. 2016]. Disponível em: <http://unesdoc.unesco.org/images/0012/001229/122990por.pdf>.

(24) MARTINS, João Nuno Zenha. *O genoma humano e a contratação laboral:* progresso ou fatalismo? Oeiras: Celta, 2002. p. 6-7.

(25) O genoma consiste no conjunto de genes nucleares responsáveis pela nossa carga genética. É o conjunto de todo o material genético contido nos cromossomas de cada organismo, sabendo-se que todas as células desse organismo contêm esta informação genética. As células humanas são compostas de 23 pares de cromossomas, sendo 23 do espermatozoide e 23 do ovócito.

(26) O gene é a unidade física e funcional de material hereditário que define uma característica da pessoa.

(27) PAIS, Sofia Oliveira. *Direito da União Europeia:* legislação e jurisprudência fundamentais. 2. ed. Lisboa: Quid Juris, 2014. p. 293-305.

imponham limites ao progresso científico, sempre tendo por fundamento a dignidade da pessoa humana e o bem-estar geral da humanidade.

De qualquer modo, não há como se negar as evidentes vantagens decorrentes da ampliação do conhecimento genômico, pois todas as doenças têm um componente genético, seja pela via hereditária ou como resultado da resposta do organismo a agressões ambientais. O conhecimento do genoma tem possibilitado à ciência a identificação dos genes que causam uma doença ou que contribuem para o seu aparecimento. Neste sentido, o grande objetivo consiste na utilização desta informação para desenvolvimento de novos métodos de diagnóstico, tratamento ou prevenção, ou mesmo, nos casos decorrentes de malformação genômica, aplicar tratamentos de terapia genética para correção do problema. Isso porque, à semelhança de um código de barras, que permite a identificação dos produtos, o genoma humano encerra quase todos os segredos da humanidade(28).

Conforme esclarece Luís Archer:

> Pela análise do genoma é possível prever, hoje, doenças que só se manifestarão dentro de 30 ou mais anos. É possível ler predisposições, que só se realizarão se o ambiente, o tipo de vida, a educação as favorecerem. É possível determinar se uma pessoa sã é ou não portadora de uma doença que nunca manifestará. É o diagnóstico pré-sintomático. É ler no genoma da criança, do feto ou até do ovo microscópico que acabou de se dividir, o destino que lhe foi decretado, para si ou para a descendência, antes ainda de ser pronunciado e, muito menos, construído. Pela nova genética é possível ter o futuro na mão, já hoje. A análise do genoma é a bola de cristal que faz a descoberta do que ainda não é, mas já está escrito. É a sina que se lê, não à superfície da pele, mas na intimidade do DNA. É profecia do que há-de vir. Genes são o futuro escrito já hoje(29).

Por sua vez, adverte Rui Nunes:

> (...) a pessoa humana não se reduz ao seu patrimônio genético. Qualquer forma de determinismo genético é, assim, inconsistente com uma visão personalista da vida e das relações humanas, sendo a pessoa humana mais do que a soma algébrica do genoma e do ambiente. Existe um efeito multiplicador nesta inter-relação dado que a pessoa humana é sempre uma realidade autónoma que se vai lentamente transformando nela própria de um modo verdadeiramente singular(30).

Partindo-se desta premissa de que a pessoa humana não se resume ao seu patrimônio genético e de que ocupa uma incontestável centralidade na ordem jurídica internacional, passaremos a abordar os efeitos dos avanços do conhecimento do genoma humano no âmbito das relações laborais, para saber se as entidades patronais têm o direito de exigir que o candidato ao emprego ou o trabalhador se submeta a testes genéticos predizentes para efeitos de seleção ou de manutenção no emprego, sempre à luz do direito fundamental ao trabalho, como relevante instrumento de concretização da dignidade da pessoa humana, a qual se apresenta como um dos principais alicerces do Estado Democrático de Direito.

3. As repercussões da análise do genoma humano na contratação laboral

O problema jurídico a ser equacionado no presente estudo é a discussão acerca da possibilidade de os empregadores exigirem e utilizarem os dados de análises genéticas dos trabalhadores para efeitos de despedimento ou de seleção de pessoal, uma vez que a medicina preditiva possibilita novas e diferentes formas de discriminação social em questões laborais. O que estaria em causa não é uma incapacidade atual do trabalhador para o exercício da atividade laboral, mas uma mera predição de doenças futuras ou predisposições.

Segundo Luís Archer(31), no que diz respeito à realização de testes genéticos, três situações podem interessar aos empregadores: a) o diagnóstico pré-sintomático de doenças de manifestação tardia que possam vir a diminuir o tempo de atividade útil dos candidatos ao emprego; b) a detecção de genes determinantes de suscetibilidade a certos materiais específicos usados no trabalho; e c) análises que determinem se há causa genética em doenças surgidas entre os trabalhadores.

Quanto aos dois últimos casos, cabe o registro de que determinadas afecções poderão surgir por

---

(28) MARTINS, João Nuno Zenha. *O genoma humano e a contratação laboral:* progresso ou fatalismo? Oeiras: Celta, 2002. p. 9.

(29) ARCHER, Luís. Genoma e intimidade. *Cadernos de Bio-Ética,* Coimbra: Centro de Estudos de Bioética, n. 7, p. 67, dez. 1994.

(30) NUNES, Rui. *GeneÉtica.* Coimbra: Almedina, 2015. p. 107.

(31) ARCHER, Luís. Questões éticas e sociais da análise do genoma humano. *Acta Médica Portuguesa. Ética em Saúde e Investigação,* Ordem dos Médicos, II Série, v. 5, n. 3, p. 140, mar. 1992.

decorrência da alta exposição a certos materiais nocivos ou por uma particular sensibilidade de alguns trabalhadores a essas substâncias, ou por diversas combinações destes fatores. Neste contexto, a análise genética dos trabalhadores pode fornecer dados importantes para o ajustamento dos cuidados de saúde duma empresa, para a determinação dos níveis de segurança necessários em relação a materiais perigosos e para o tratamento de trabalhadores que adoeçam. Haveria, assim, um interesse social por parte da empresa na análise genética dos empregados, que pode tornar-se particularmente forte em situações em que a admissibilidade de indivíduos com alto risco ponha em causa a segurança da maioria dos trabalhadores ou mesmo da comunidade(32).

Em contraposição a este fator social devem pesar os interesses e direitos individuais do trabalhador, como, por exemplo, o relativo à confidencialidade dos seus dados genéticos, em observância ao direito à reserva da privacidade, e o direito à autodeterminação informacional, ou seja, o direito de querer ser ou não informado acerca de seu estado de saúde(33).

De outra sorte, no âmbito da saúde ocupacional, conforme destacado por Rui Nunes(34), deve-se reafirmar o princípio ético de que o principal objetivo do exercício profissional neste contexto (incluindo a medicina do trabalho) é o de salvaguardar a saúde dos trabalhadores e promover um meio ambiente de trabalho seguro e saudável. Pelo que se infere, tal como consta no Código Internacional de Ética para os Profissionais de Saúde Ocupacional, que "os resultados dos exames só devem transmitir-se à direção em relação à aptidão para o trabalho previsto ou às limitações necessárias e num ponto de vista médico na distribuição das tarefas ou na exposição a riscos ocupacionais"(35).

Amadeu Guerra explica que, na relação de trabalho, o recurso à informação genética pode colocar-se em dois tipos de situação: no momento da contratação de pessoal e no decurso do contrato de trabalho. Por princípio, estão em causa dois objetivos distintos: a realização de despistagem genética para, numa lógica de rentabilidade econômica e ponderação de risco, delimitar as características genéticas do candidato e detectar a existência de marcadores hereditários ou predisposições patológicas para contrair certas doenças ou vir a padecer de certa incapacidade; e a realização de exames de controle, numa perspectiva de proteção da saúde do trabalhador ou de terceiros, direcionados para a avaliação do impacto do ambiente profissional no patrimônio do trabalhador ou da sua saúde(36).

Para Stela Barbas(37), de uma maneira geral, o exame do genoma humano possibilitará todo um conjunto de melhorias significativas na seara do direito do trabalho, como: a) assegurar que o trabalhador está em boas condições de saúde para realizar os seus deveres; b) prevenir faltas e correlativas consequências; c) evitar encargos que se venham a demonstrar inúteis na especialização do trabalhador; d) limitar as despesas de saúde e subsídios de invalidez ou morte; e) impedir que as predisposições genéticas do trabalhador sejam agravadas em virtude de condições específicas da sua atividade profissional; e f) reduzir o risco de danos provocados a terceiros, causados por acidentes de trabalho decorrentes do estado de saúde do trabalhador.

Assim sendo, no tocante aos interesses do trabalhador, pode-se afirmar que ele terá a faculdade de optar por utilizar esses dados em benefício próprio, para a escolha de uma carreira ou emprego, ou mesmo para evitar doenças potencialmente causadas pelo ambiente laboral. Suas aptidões podem ajudá-lo, inclusive, a preferência num emprego, ser promovido ou ser transferido para um lugar pretendido.

Em relação aos colegas de trabalho e terceiros em geral, estes terão, eventualmente, interesse em ter acesso ao genoma do trabalhador para evitar riscos resultantes da atividade de uma pessoa potencialmente inapta ou, mesmo, perigosa em razão dos seus caracteres genéticos, posto que, em certos empregos, a segurança de terceiros depende não somente da

(32) Seria a hipótese de contratação de um piloto de aviação aparentemente saudável, mas sujeito a uma das formas geneticamente condicionadas de doença cardíaca, aumentando exponencialmente as probabilidades de sofrer um ataque cardíaco durante o voo, de modo a submeter a perigo toda a tripulação e passageiros.

(33) BARBAS, Stela — O direito de não saber o seu estado de saúde. *Forum Iustitiae:* Direito e Sociedade, ano I, n. 12, p. 43, jun. 2000.

(34) NUNES, Rui. *GeneÉtica*. Coimbra: Almedina, 2015. p. 104.

(35) CÓDIGO Internacional de Ética para os Profissionais de Saúde Ocupacional. International Commission of Occupational Health (ICOH). Segurança n. 136, 1999, p. 33-35.

(36) GUERRA, Amadeu. *A privacidade no local de trabalho:* as novas tecnologias e o controlo dos trabalhadores através de sistemas automatizados — uma abordagem ao Código do Trabalho. Coimbra: Almedina, 2004. p. 230-231.

(37) BARBAS, Stela Marcos de Almeida Neves. *Direito do genoma humano.* Coimbra: Almedina, 2001. p. 572-576.

perícia do trabalhador, mas também de seu estado de saúde.

Subsiste, ainda, a hipótese de o empregador querer conhecer o genoma do trabalhador ou do candidato ao emprego para proteger a sua saúde, evitar indenizações, reduzir encargos financeiros, impedir que o ambiente de trabalho tenha repercussões negativas no genoma, agravando uma predisposição genética, justificar determinadas discriminações na seleção de pessoal, evitar a realização de atividades que envolvam riscos maiores, proceder a transferências que tenham como objetivo reduzir os custos e aumentar a produtividade.

Por seu turno, o Estado tem, desde logo, um interesse geral em assegurar adequada prevenção e proteção no campo da saúde ocupacional.

Desta forma, todas estas perspectivas devem ser ponderadas, levando-se em conta, de um lado, a iniciativa econômica, a autonomia da vontade privada e o direito de propriedade e, de outro, o direito ao trabalho, à igualdade de oportunidades e à não discriminação em função do genoma, à integridade física, à reserva da intimidade da vida privada e à autodeterminação informacional ou informativa genômica. A necessidade de realização deste exercício de ponderação decorre do ponto referencial de que os direitos fundamentais são destituídos de natureza absoluta, devendo ser objeto de otimização.

Através de um *balancing process*, deve procurar-se uma solução razoável, procedendo a uma tarefa de consideração de interesses em presença, buscando uma resposta situativa, com vistas à unidade constitucional[38]. A aplicação do método da ponderação é muito comum em matéria constitucional:

> Na linha que se vem desenvolvendo, resulta certo que os bens jurídicos constitucionalmente protegidos devem ser coordenados de forma a que todos eles possam conservar sua identidade. Por isso, adverte Hesse[39], é preciso ter cuidado na utilização de fórmulas como a ponderação de bens e a ponderação de valores. Cabe ao intérprete, por força do princípio da unidade, um esforço de *otimização*: é necessário estabelecer os limites de ambos os bens a fim de que cada um deles alcance uma efetividade ótima. Na busca dessa *concordância prática*, passa-se por um outro princípio, que se apreciará adiante: o da proporcionalidade[40].

O princípio da concordância prática impõe a coordenação e combinação dos bens jurídicos em conflito de forma a evitar o sacrifício (total) de uns em relação aos outros, implicando ponderações nem sempre livres de carga política, as quais não devem efetuar-se em única direção[41].

Neste contexto das análises genéticas na contratação laboral, para João Nuno Zenha Martins[42], deve avaliar-se o risco efetivo de os empregadores contratarem trabalhadores com doenças genéticas firmadas e, por outro lado, sopesar a medida em que a plena realização do direito fundamental à incapacidade física lesa o direito à livre-iniciativa e à autonomia da vontade. Depois de se constatar a inevitabilidade da atuação, deve avaliar-se o quadro de medidas possíveis a adotar para, sem atentar contra o núcleo essencial do direito à reserva da intimidade da vida privada, eleger o meio idôneo de atuação. Neste plano, apenas se procede a uma seleção de medidas potencialmente adotáveis em função de juízos de prognose. Após a seleção de um naipe de medidas possíveis, haverá que escolher a menos lesiva para o trabalhador, desde que a realização do direito à livre-iniciativa fique assegurado. Em qualquer caso, nunca a medida poderá afetar o núcleo essencial do direito do cidadão.

A informação sobre o genoma não deve ser do domínio exclusivo do indivíduo nem, pelo contrário, pertença total da sociedade. Seria não considerar que esses dados genéticos podem ter repercussões positivas ou negativas no próprio trabalhador, em terceiros e na sociedade como um todo. Deste modo, faz-se necessário harmonizar os interesses envolvidos, utilizando a informação genômica recolhida de forma justa e racional, de acordo com as respectivas circunstâncias[43].

---

(38) MARTINS, João Nuno Zenha. *O genoma humano e a contratação laboral:* progresso ou fatalismo? Oeiras: Celta, 2002. p. 63.

(39) HESSE, Konrad. La interpretación constitucional. In *Escritos de Derecho Constitucional.* Madrid: Centro de Estudios Constitucionales, 1983. p. 48-49.

(40) BARROSO, Luís Roberto. *Interpretação e aplicação da Constituição:* fundamentos de uma dogmática constitucional transformadora. 3. ed. São Paulo: Saraiva, 1999. p. 193.

(41) CANOTILHO, José Joaquim Gomes. *Direito constitucional e teoria da Constituição.* 7. ed. Coimbra: Almedina, 2003. p. 1.225.

(42) MARTINS, João Nuno Zenha. *O genoma humano e a contratação laboral:* progresso ou fatalismo? Oeiras: Celta, 2002. p. 63-64.

(43) BARBAS, Stela Marcos de Almeida Neves. *Direito do genoma humano.* Coimbra: Almedina, 2001. p. 577.

4. *A realização de testes genéticos para efeitos de admissão no emprego e de manutenção do contrato de trabalho*

Após enveredarmos pelas principais repercussões decorrentes da análise do genoma humano no âmbito da contratação laboral, faz-se necessário a busca de uma resposta à questão afeta à discussão acerca da possibilidade de as entidades patronais exigirem de candidatos a emprego e de seus empregados a submissão a testes genéticos predizentes, para efeitos de celebração ou de manutenção do contrato de trabalho, cuja decisão final não terá por base uma incapacidade atual, mas uma predição de doenças futuras ou predisposições.

Conforme já exposto, este problema jurídico impõe uma solução ponderada diante da relevância dos direitos em jogo, de ordem fundamental. De um lado se apresenta a centralidade da pessoa humana e a sua dignidade na ordem jurídica internacional, juntamente com os direitos ao trabalho, à igualdade de oportunidades e de tratamento, à não discriminação, à integridade física, à reserva da intimidade da vida privada e familiar e à autodeterminação informacional; de outro, a iniciativa econômica e a autonomia de vontade privadas, o direito de propriedade, assim como a liberdade empresarial resultante da conjugação destes últimos; sem falarmos do risco à vida, à saúde e à segurança do próprio trabalhador ou de terceiros em virtude da natureza da atividade laboral desenvolvida.

A ponderação que envolve os direitos fundamentais, por se tratarem de mandamentos de otimização cujos limites não se encontram rigidamente fixados, deve se pautar pelo princípio da proporcionalidade e seus respectivos consectários instrumentais (necessidade, adequação e proporcionalidade em sentido estrito), a fim de que possam ser devidamente harmonizados, em face das situações fáticas delineadas, de modo que não se atinjam os núcleos essenciais destes mesmos direitos.

No que diz respeito à possibilidade de exigência de realização de testes genéticos por parte da entidade patronal no âmbito da contratação laboral, três possibilidades podem ser descortinadas na legislação estrangeira: a vedação absoluta, como na França e na Finlândia; a proibição como regra, embora admitida a título excepcional, em situações de doenças de evolução rápida ou de doenças agudas e imprevisíveis, como na Alemanha e nos Estados Unidos; e a admissão com legislação de enquadramento, tendo por exemplo a Dinamarca[(44)].

No âmbito doutrinário, Luís Archer conclui:

> Excepto quando esteja em risco a segurança duma população, os testes de aptidão devem incidir apenas sobre o estado actual de saúde do candidato, e não sobre a previsibilidade das suas enfermidades. Doutro modo, alterar-se-ia o equilíbrio de riscos que deve se manter nos contratos de trabalho. Ao empregador cabe correr o risco de doenças futuras do seu empregado, com as correspondentes consequências econômicas. A selecção genética faria incidir todo o risco sobre o trabalhador.

Mais injusta ainda seria a situação em que a selecção genética de empregados particularmente resistentes a determinado material perigoso fosse conduzida pela empresa com a finalidade de reduzir os níveis objectivos de segurança no trabalho. Não é ético que essa redução, motivada por interesses econômicos, se faça à custa da discriminação duma faixa da população no seu direito ao trabalho[(45)].

Para João Nuno Zenha Martins:

> (...) só uma enfermidade existente à data da realização dos testes pode justificar a não contratação, tendo, ainda, esta actuação patronal que passar pelo *filtro* da noção de incapacidade para o exercício daquela função por parte do candidato. A estreiteza temporal entre os testes e a previsão do aparecimento da doença não são argumentos fundados. *Primo Conspectu*, porque a noção de estreiteza ou conexão temporal mostra-se demasiado plástica e pouco consentânea com a necessidade de estabelecimento dos quadros objectivos da análise que se impõem na abordagem desta questão. Depois, a doença ou é actual ou é previsional. A previsionalidade não oferece garantias seguras do apuramento efectivo da doença. É tão somente um juízo de prognose, ainda que cientificamente fundado. Negar o emprego a um cidadão, por ter um heterozigoto para o gene de uma doença seria arbitrário, sendo que a *communis oppinio* científica vai no sentido de que os portadores

(44) GUERRA, Amadeu. *A privacidade no local de trabalho*: as novas tecnologias e o controlo dos trabalhadores através de sistemas automatizados — uma abordagem ao Código do Trabalho. Coimbra: Almedina, 2004. p. 241.

(45) ARCHER, Luís. Questões éticas e sociais da análise do genoma humano. *Acta Médica Portuguesa. Ética em Saúde e Investigação.* Ordem dos Médicos. II Série, v. 5, n. 3, p. 140, mar. 1992.

de um gene anormal não correm nem fazem correr perigo e de que a expressão da doença pode até nem ocorrer[46].

Amadeu Guerra[47], em função dos critérios por ele alinhados em relação ao tratamento de dados necessários à admissão de pessoal, propende que deve ser afastada a possibilidade de serem realizados exames genéticos como condição prévia à celebração de um contrato de trabalho, na medida em que se alcança com grande dificuldade a possibilidade de estabelecer qualquer relação entre o objetivo dos testes e a avaliação da aptidão profissional do candidato ao posto de trabalho.

Diz que as decisões a serem tomadas no contexto da contratação de pessoal devem basear-se, necessariamente, nas qualificações individuais e na capacidade para o desempenho do cargo e não noutras características ou atributos que nada têm a ver com as performances necessárias ao exercício da função objeto de concurso.

Em relação ao controle e vigilância no decurso da relação de trabalho, necessariamente realizados sob a responsabilidade dos serviços de medicina do trabalho, salienta que só em casos muito específicos e pontuais as condições laborais possam ser favoráveis ao desencadeamento e, especialmente, à evolução mais rápida de certas patologias. Nestes casos, argumenta que as medidas preventivas devem ser privilegiadas e as entidades patronais devem, desde logo, e independentemente dos seus custos, concentrar os seus esforços nas modificações necessárias para minimizar ou erradicar os riscos profissionais para os trabalhadores.

Bernardo Lobo Xavier[48] sustenta que a questão do enquadramento do direito à informação genética não se pode resolver no embevecimento dos direitos fundamentais, pois estes são interativos, sujeitos à concordância prática e em geral à reserva do possível. Cabe distinguir, nos testes relativos à saúde, aqueles que envolvem um diagnóstico certo e atual e aqueles que revelam apenas uma propensão futura (testes de prognóstico). E quanto a uns e outros, distinguir aqueles que têm a ver com a função, organização e meio de trabalho e aqueles que, envolvendo futura incapacitação, são estranhos aos fatores laborais.

João Leal Amado[49] esclarece que o conhecimento do patrimônio genético do (candidato a) trabalhador possibilitaria a minimização de todos os riscos patronais. A realização de testes genéticos de natureza preditiva permitiria a elaboração de um prognóstico relativamente seguro sobre a sua saúde/doença futura, facultando ao empregador uma "seleção genocrática" que, até agora, o estado da ciência não viabilizava.

Defende, contudo, que o trabalhador tem direito a uma certa "opacidade genética" perante o empregador, seja por razões ligadas à tutela do direito do trabalho, seja pela necessidade de preservar a liberdade pessoal do trabalhador, a sua dignidade, a sua integridade física e a sua intimidade.

Esclarece, ainda, que o debate não poderá ser reduzido a uma alternativa simplista de licitude ou ilicitude dos testes genéticos, existindo alguns argumentos válidos a favor de uma autorização condicionada e limitada de recurso a testes genéticos em sede de contratação laboral, em certos setores de atividade e para o exercício de determinadas funções, como por exemplo, pilotos, controladores de tráfego aéreo e membros de forças de segurança.

De acordo com Paula Quintas:

> A grande questão do determinismo biológico radica no potencial de aproveitamento discriminatório para aqueles que se apresentam menos resistentes, seja a curto ou a longo prazo.
>
> Há que se distinguir os testes genéticos de saúde dos testes que apenas pretendem conseguir um eugenismo laboral.
>
> A realização de testes genéticos não apresenta um juízo de prognose válido e legítimo de contratação ou de despedimento, como regra de seleção ou de exclusão.
>
> Só uma efetiva doença existente ao tempo da realização dos testes pode justificar a não contratação, e

(46) MARTINS, João Nuno Zenha. *O genoma humano e a contratação laboral:* progresso ou fatalismo? Oeiras: Celta, 2002. p. 27.
(47) GUERRA, Amadeu. *A privacidade no local de trabalho*: as novas tecnologias e o controlo dos trabalhadores através de sistemas automatizados — uma abordagem ao Código do Trabalho. Coimbra: Almedina, 2004. p. 233-242.
(48) XAVIER, Bernardo Lobo. O acesso à informação genética. O Caso Particular das Entidades Empregadoras. *RDES*. Lisboa: Verbo. ISSN 0870-3965, ano XLIV, XVII da 2ª série, n. 3 e 4, p. 15-30, jul./dez. 2003.
(49) AMADO, João Leal. O patrimônio genético. *Revista QL*. Coimbra: Coimbra Editora. ISSN 0872-8267, ano XII, n. 25, p. 112-115, 2005.

contanto que se respeite a transparência e a fiabilidade dos mesmos[(50)].

Stela Barbas[(51)] afirma ser necessária a distinção entre a predição de doenças monogênicas[(52)] (incuráveis e curáveis) e as predisposições para doenças multifatoriais (poligênicas)[(53)].

Segundo a autora, nas enfermidades monogênicas incuráveis, em virtude de haver uma certeza quase absoluta de que a doença vai se manifestar, sendo apenas uma questão de tempo, não havendo terapia gênica disponível, é legítimo que a entidade patronal tenha o direito de exigir que o trabalhador coopere, submetendo-se a estes testes genéticos.

Adverte, porém, que mesmo os trabalhadores (potenciais ou efetivos) que padecem de doenças monogênicas (ainda sem cura), têm o direito de trabalhar até o momento em que a manifestação da enfermidade impossibilite a prossecução daquele concreto trabalho, desde que o desempenho da atividade laboral não ponha em risco a saúde do próprio ou de terceiros.

Quanto à predição de doenças monogênicas em que há terapia disponível (curável), aduz que os trabalhadores devem gozar de estatuto diferente no caso de se comprometerem a proceder a tratamento viável.

Por seu turno, em se tratando de predisposições para doenças genéticas multifatoriais, defende que a entidade patronal apenas pode inquirir da saúde atual do trabalhador, em razão do caráter meramente probabilístico das predisposições genéticas, do direito à privacidade, do direito a não saber sobre o seu estado de saúde, do direito ao trabalho, da vedação à discriminação genética, do grande risco de criação de classes de saudáveis doentes e do perigo de procriação exclusiva de seres humanos com o genoma procurado pelo mercado.

Na doutrina brasileira, Ariel Salete de Moraes Junior assim se posiciona:

> Ao lado da consideração de que a discriminação genética também não é tolerada pelo sistema jurídico brasileiro, a condição de vulnerabilidade do trabalhador no âmbito laboral, como demonstra a limitação da autonomia da vontade, o poder diretivo do empregador e, enfim, o norte implementado pelo direito do trabalho como conjunto de regras de proteção ao trabalhador, como verificado em tópicos anteriores, sugerem que o consentimento não é relevante para autorizar o uso dos testes genéticos no campo das relações trabalhistas e, a partir daí, o acesso às informações genéticas do trabalhador pelo empregador, visto que não pode ser considerado em qualquer hipótese nas relações de emprego.

Esclarece que a legislação trabalhista brasileira não trata do instituto do consentimento livre e esclarecido, pois estabelece apenas que os exames médicos admissional, periódicos e demissional, estão ligados à investigação sobre a capacidade física ou mental do candidato, ou empregado, para a função que deva exercer.

Aduz que, por ser situação excepcional, a permissão de acesso à informação genética do trabalhador somente mediante lei expressa pode ser possível, mesmo assim, levando em conta o princípio da dignidade da pessoa humana, o princípio da proteção, o direito fundamental ao trabalho digno, a identidade pessoal e os direitos da personalidade, privacidade e intimidade. Por isso, conclui o referido autor que, no Brasil, ante a ausência de legislação expressa, nas relações trabalhistas: a) os testes genéticos para acesso às informações genéticas do trabalhador pelo empregador não são autorizados; b) o instituto do livre consentimento esclarecido não é aplicável nas relações trabalhistas[(54)].

Focando-se na busca de uma proposta de solução razoável e adequada neste complexo contexto ponderativo, compartilhamos da convicção de que a liberação irrestrita de realização de testes genéticos na seara da contratação laboral contribuirá, em muito, para um determinismo biológico do comportamento humano, que inviabilizará a igualdade de oportunidades e de tratamento em matéria de trabalho, provocando o surgimento de uma legião

(50) QUINTAS, Paula. *Os direitos de personalidade consagrados no Código do Trabalho na perspectiva exclusiva do trabalhador subordinado — direitos (des)figurados*. Coimbra: Almedina, 2013. p. 327.

(51) BARBAS, Stela Marcos de Almeida Neves. *Direito do genoma humano*. Coimbra: Almedina, 2001. p. 585-599.

(52) Os distúrbios genéticos monogênicos, também chamados Mendelianos, são causados por mudanças ou mutações que acontecem na sucessão de DNA de um único gene.

(53) Os distúrbios genéticos multifatoriais, também chamados complexos ou poligênicos, são causados por uma combinação de fatores ambientais e mutações em genes múltiplos.

(54) MORAES JÚNIOR, Ariel Salete de. *Acesso às informações genéticas do trabalhador:* discriminação genética e o livre consentimento esclarecido. Curitiba: Juruá, 2016. p. 134 e 139.

de trabalhadores desempregados, os chamados saudáveis doentes ou doentes assintomáticos, em razão de meras predisposições multifatoriais, que sequer podem vir a se revelar no futuro[55].

Deste modo, dificilmente se evitará a conduta discriminatória com fundamento no patrimônio genético do trabalhador, promovendo distinções infundadas, que não se relacionem diretamente com as qualificações técnicas e as aptidões exigíveis em razão da natureza da atividade a ser exercida. Repise-se, outrossim, que a pessoa humana não se restringe ao seu genoma, sendo também constituída por dimensões de natureza racional e espiritual[56], assim como de uma vivência ambiental (sociabilidade)[57]. Logo, não é através da submissão do trabalhador a testes genéticos que a entidade empregadora poderá aferir a sua aptidão para o exercício de determinada função.

Outro efeito nefasto desta liberação seria a adoção de práticas eugênicas, com vistas ao atendimento das exigências de perfil genético ditadas pelo mercado de trabalho, atentando-se contra a identidade genética do trabalhador e de suas futuras gerações. Premido pelo instituto natural de sobrevivência e diante da necessidade de acesso ao trabalho, teremos uma massa de trabalhadores recorrendo à manipulação do seu patrimônio genético com o objetivo de adequá-lo aos interesses empresariais, de ordem exclusivamente patrimonial.

Cabe destacar também a tentação quase que irresistível das entidades empregadoras de procurarem selecionar candidatos que sejam mais resistentes aos agentes nocivos presentes no local de trabalho, em detrimento ao seu dever de manutenção da higidez do meio ambiente laboral, por meio do cumprimento das normas gerais de saúde e de segurança no trabalho, com o claro escopo de diminuição dos custos da produção e de ganhar maior competitividade no mercado[58]. Assim, abrem-se as portas para a prática do *dumping* social e ambiental, com graves repercussões na livre concorrência, inclusive a nível internacional, em face da globalização que caracteriza as sociedades contemporâneas.

Ademais, a análise desenfreada das informações genéticas dos trabalhadores, além de constituir grave violação do direito à reserva da intimidade da vida privada e familiar, atentaria contra o direito do cidadão de não saber sobre o seu estado de saúde, se assim o desejar, como desdobramento inequívoco do direito à autodeterminação informacional[59].

Acrescem-se, ainda, as dificuldades que normalmente se apresentariam à manutenção da confidencialidade destes dados genéticos. Na prática, poderá haver fugas de informação sobre o estado de saúde do trabalhador, cujos reflexos negativos sobre o desenvolvimento da sua personalidade se têm por evidentes[60].

Por seu turno, a vedação absoluta à realização de testes genéticos no âmbito das relações de trabalho pode representar, em razão da natureza da atividade laboral, uma forte ameaça à proteção e à segurança

(55) "Uma questão surge ainda: será que poderemos ser considerados doentes, quando portadores de uma anomalia genética, que não se exprimiu ainda e que talvez nunca se exprima? Estará alguém totalmente isento de genes mutantes predispondo à doença? Poderá alguém dizer que é absolutamente são, normal e imune ao sofrimento?". SILVA, Maria Luisa Portocarrero. Autonomia da pessoa e determinismo genético. In: NUNES, Rui; MELO, Helena; NUNES, Cristina (coord.). *Genoma e Dignidade Humana*. Coimbra: Gráfica de Coimbra, 2002. p. 23.

(56) "De alguma forma, no homem convergem e harmonizam-se os princípios da natureza e do espírito". PATRÃO-NEVES, M. O genoma e a identidade da pessoa. In: NUNES, Rui; MELO, Helena; NUNES, Cristina (coord.). *Genoma e Dignidade Humana*. Coimbra: Gráfica de Coimbra, 2002. ISBN 972-603-221-0. p. 33.

(57) BARBAS, Stela Marcos de Almeida Neves. *Direito do genoma humano*. Coimbra: Almedina, 2001. p. 172.

(58) "(...) o pragmatismo empresarial favorecerá o aparecimento de situações discriminatórias, que sobrepujarão os casos em que o empregador recorrerá à melhoria dos dispositivos de segurança e higiene laborais, sendo mais cómoda a manutenção dos contratos ou contratação de pessoas menos vulneráveis a tais substâncias químicas e que apresentem maiores índices de robustez física possibilitantes de uma prestação laboral mais efectiva". MARTINS, João Nuno Zenha. *O genoma humano e a contratação laboral*: progresso ou fatalismo? Oeiras: Celta, 2002. p. 20.

(59) BARBAS, Stela. O direito de não saber o seu estado de saúde. *Forum Iustitiae:* Direito e Sociedade, ano I, n. 12, p. 41-42, jun. 2000. Adverte, porém, a autora que o direito a não saber não é absoluto, já que pode vir a colidir com interesses de terceiros, nomeadamente a família, sociedade etc. A revelação do resultado do exame ao próprio e aos restantes membros da sua família é, por vezes, de extrema importância, a fim de que possam ser tomadas as medidas diagnósticas, preventivas ou terapêuticas. A tentativa de diminuição da ansiedade, a preparação emocional para a doença, bem como a planificação da vida no que concerne à tomada de determinadas decisões, são, também, em regra, alguns dos argumentos articulados pelos familiares em risco para acederem aos resultados dos testes genéticos. Sem falar, ainda, na existência de situações em que a informação revelada é a única forma de evitar que os terceiros sejam afetados.

(60) MARTINS, João Nuno Zenha. *O genoma humano e a contratação laboral:* progresso ou fatalismo? Oeiras: Celta, 2002. p. 21.

dos próprios trabalhadores ou de terceiros, a despeito de qualquer discussão acerca da ofensa ou não aos núcleos essenciais dos direitos à iniciativa econômica e à autonomia de vontade privadas e seus inquestionáveis reflexos de natureza econômica.

A relevância das questões apresentadas reivindica a existência de um marco regulatório conciliador dos interesses potencialmente colidentes entre a Ciência e o Direito, impondo uma reforma da legislação trabalhista que compatibilize a experiência jurídica especializada e os novos conhecimentos advindos do progresso científico no âmbito da medicina genética.

Urge assim a elaboração de diplomas normativos que indiquem quais os setores de atividades e funções em que se permita a realização destes testes genéticos predizentes, bem como a categoria de trabalhadores que a eles devem se submeter, tendo sempre por base os estudos elaborados por instituições especializadas e de notório reconhecimento na comunidade científica.

De qualquer modo, vislumbramos que a submissão de trabalhadores (candidatos a emprego ou empregados efetivos) a testes genéticos somente se justifica para a detecção de doenças monogênicas (aquelas de origem genética que quase de certeza se vão manifestar no futuro) e desde que impliquem um grave risco à vida, à saúde ou à segurança dos próprios trabalhadores ou de terceiros, em razão da natureza das atribuições inerentes às respectivas funções laborais(61). Isso porque não é muito difícil considerar que as pessoas, indistintamente, são portadoras de algum defeito genético. Vale dizer, todos são portadores de defeitos genéticos, sendo estimado que dentre cerca de quatro mil defeitos monogênicos conhecidos, a pessoa carrega de quatro a cinco em sua constituição genética, que podem ser transmitidos à sua descendência(62).

Não se pode exigir que um trabalhador se submeta a exames genéticos para a aferição de doenças multifatoriais (poligênicas), as quais podem vir a não se manifestar e que não decorrem unicamente de uma enfermidade genômica. Ademais, a maior parte dos indivíduos são dotados de predisposições para doenças que somente se manifestarão em certas condições ambientais.

Cumpre às empresas assegurar um meio ambiente de trabalho saudável a todos os trabalhadores, sem distinção, protegendo-os dos efeitos nocivos de agentes físicos, químicos ou biológicos eventualmente presentes no local de trabalho e que possam vir a desencadear qualquer tipo de patologia, independentemente de sua propensão genética, em cumprimento às normas de medicina do trabalho. A eventual adoção de entendimento em contrário terá o efeito de transferir para os trabalhadores, que consistem na parte hipossuficiente da relação jurídica de emprego, todos os riscos inerentes à contratação de pessoal e à própria atividade econômica, as quais devem ser assumidos pelo empregador, em razão da alteridade que lhe é ínsita(63).

Ressalte-se, ainda, que nem todas as doenças monogênicas inviabilizam, por si só, a contratação do trabalhador ou mesmo a manutenção do seu contrato de trabalho, mas somente aquelas incuráveis e cujo tempo de evolução ou imprevisibilidade possa trazer riscos à vida, à saúde e à segurança dos próprios trabalhadores ou de terceiros, inclusive colegas de trabalho e demais membros da comunidade, em virtude das peculiaridades concernentes à natureza da atividade laboral. Em se tratando de trabalhadores que padecem de doenças monogênicas curáveis (para as quais há terapia disponível), o direito ao trabalho deve-lhes ser assegurado caso se submetam ao tratamento adequado e eficaz, sem quaisquer riscos aos próprios e a terceiros, levando-se sempre em conta o tipo de trabalho a ser desempenhado.

Ainda que admitida a possibilidade de realização de testes genéticos para aferição de doenças monogênicas no âmbito da contratação laboral, alguns critérios devem nortear este procedimento, em perfeita consonância com a ordem jurídica internacional, a fim de que não sejam atingidos os núcleos essenciais de relevantes direitos fundamentais.

Inicialmente, tendo por fundamento as disposições contidas no n. 17 da Resolução sobre os Problemas Éticos e Jurídicos da Manipulação Genética (aprovada pelo Parlamento Europeu, em 16 de março de 1989), no artigo 5º da Convenção sobre os Direitos do Homem e a Biomedicina (aprovada pelo Conselho Europeu, em Oviedo, a 4 de abril de 1997) e no artigo 5º, b, da Declaração Universal

(61) VILLELA, Fabio Goulart. *O genoma humano e o direito ao trabalho*. Rio de Janeiro: Lumen Juris, 2018. p. 258.
(62) WILKIE, Tom. *Projeto genoma humano*: um conhecimento perigoso. Rio de Janeiro: Zahar, 2014. p. 40.
(63) VILLELA, Fabio Goulart. *O genoma humano e o direito ao trabalho*. Rio de Janeiro: Lumen Juris, 2018. p. 262.

sobre o Genoma Humano e os Direitos do Homem (aprovada pela Conferência Geral da UNESCO, em 11 de novembro de 1997), deve haver o consentimento informado do trabalhador acerca da realização destes exames, manifestando a sua vontade de forma livre e consciente, após todos os esclarecimentos relativos ao procedimento, ao diagnóstico e às suas possíveis consequências. Isto se explica pelo fato de qualquer intervenção no domínio da saúde só pode ser efetuada após ter sido prestado pela pessoa em causa o seu consentimento livre e esclarecido. Esta pessoa deve receber previamente a informação adequada quanto ao objetivo e à natureza da intervenção, bem como às suas consequências e riscos, podendo, em qualquer momento, revogar livremente o seu consentimento[64].

A realização de testes genéticos implica considerar que se está agindo no campo médico-paciente, mesmo que as informações genéticas obtidas sejam utilizadas tendo em vista algum objetivo envolvendo a contratação do trabalhador (fase pré-contratual), ou no curso do contrato de trabalho (fase contratual). O acesso às informações genéticas do trabalhador através de testes genéticos é conduzido por ato médico, de modo que todas as restrições relacionadas a este fato devem ser levadas a efeito, inclusive sob a perspectiva de existir um enclave de segurança a ser considerado. Nisso, antes de a informação ser emprestada para o objetivo desejado, necessário que sua divulgação dependa da liberação, através do consentimento livre e esclarecido. A importância da discussão é revelada quando se percebe que os testes genéticos levam a desvendar a carga genética do indivíduo e de seus familiares, sendo uma porta aberta para a discriminação, notadamente na área das relações trabalhistas[65].

Em Portugal, o artigo 9º, n. 2, da Lei n. 12/2005, de 26 de junho, estabelece que a detecção do estado de heterozigotia para doenças recessivas, o diagnóstico pré-sintomático de doenças monogénicas e os testes de susceptibilidades genéticas em pessoas saudáveis só podem ser executados com autorização do próprio, a pedido de um médico com a especialidade de genética e na sequência da realização de consulta de aconselhamento genético, após consentimento informado, expresso por escrito[66].

Guy Durand também enumera o que chama de exceções e atenuações do consentimento livre e informado, como: o caso de urgência em que claramente não há possibilidade de informar; em algumas exceções previstas em lei, tais como a hospitalização obrigatória, o tratamento das doenças que têm de ser declaradas obrigatoriamente; o bem das comunidades e das coletividades também admite atenuações importantes do direito à autonomia e à autodeterminação, exemplificando com as exigências da saúde pública, na pesquisa em epidemiologia e nas doenças genéticas, entre outras possíveis[67].

Por sua vez, a comunicação dos resultados apurados com base nos testes de DNA, a fisionomia e características da possível doença, bem como os seus meios de tratamento, devem ser feitos por médico habilitado para esse efeito, explicando ao paciente os resultados obtidos e as consequências daí decorrentes. Saliente-se que estes resultados devem ser comunicados ao próprio e não podem nunca ser repassados a terceiros sem a sua autorização expressa por escrito[68].

Os trabalhadores que se submeterem aos testes genéticos devem ser acompanhados de adequada informação médica e, se for o caso, de apoio ou acompanhamento psicológico por parte de conselheiros genéticos com formação específica (aconselhamento genético).

Também deve ser respeitado o direito à autodeterminação informacional, ou seja, o direito de cada trabalhador de decidir se será ou não informado sobre os resultados da análise genética e das consequências dela decorrentes, nos termos do artigo 10º, n. 2, da Convenção sobre os Direitos

(64) VILLELA, Fabio Goulart. *O genoma humano e o direito ao trabalho*. Rio de Janeiro: Lumen Juris, 2018. p. 263.

(65) MORAES JÚNIOR, Ariel Salete de. *Acesso às informações genéticas do trabalhador:* discriminação genética e o livre consentimento esclarecido. Curitiba: Juruá, 2016. p. 130.

(66) LEI n. 12/2015. *Diário da República I Série-A*. N. 18 (26-01-05), p. 608. Registre-se, porém, que, segundo a disposição contida no artigo 13º do mesmo diploma legal português, a utilização da informação nas relações de emprego não é autorizada, sendo desconsiderada a permissão dada pelo trabalhador, e essa situação resulta da condição de vulnerabilidade que ele incorpora quando busca o emprego e durante a vigência do contrato de trabalho. Faz-se assim uma opção política, pois, a par da discussão acerca da autonomia da vontade do trabalhador, torna irrelevante o consentimento nas situações que envolvam o acesso às informações genéticas.

(67) DURAND, Guy. *Introdução geral à bioética*. São Paulo: Loyola, 2003. p. 193.

(68) Neste sentido, o artigo 9º, n. 4, da Lei n. 12/2005, 26 de junho.

do Homem e a Biomedicina e do artigo 5º, c, da Declaração Universal sobre o Genoma Humano e os Direitos do Homem.

Indispensável, ainda, que seja devidamente assegurada a confidencialidade dos dados genéticos do trabalhador, nas condições estabelecidas pela legislação, conforme as diretrizes fixadas no n. 18 da Resolução sobre os Problemas Éticos e Jurídicos da Manipulação Genética, o artigo 10º, n. 1, da Convenção sobre os Direitos do Homem e a Biomedicina e o artigo 7° da Declaração Universal sobre o Genoma Humano e os Direitos do Homem.

No tocante à legislação portuguesa, o artigo 23º, n. 1, do Decreto-Lei n. 131/2014, de 29 de agosto, que regulamenta a Lei n. 12/2005, de 26 de junho, dispõe que os responsáveis por qualquer tipo de informação genética, bem como as pessoas que no exercício das suas funções dela tenham conhecimento, ficam obrigados a sigilo profissional, mesmo após o termo das suas funções(69).

Deste modo, a confidencialidade dos resultados deve ser em absoluto protegida; se necessário, por meio da elaboração de legislação que atenda com adequação às especificidades fisionômicas da geneticidade. E como corolário deste dever de sigilo profissional, assim como deve ocorrer nos testes e exames médicos, o médico especialista responsável pela realização dos testes e exames genéticos só poderá comunicar ao empregador se o trabalhador está ou não apto para desempenhar a atividade laboral(70). Saliente-se, além disso, que a responsabilidade do agente violador da confidencialidade deve ser analisada não só em face daquele cujo patrimônio genético foi divulgado, mas também em função de todos os familiares a quem venham a ser causados danos pela divulgação destas informações.

É necessário também que a realização destes testes genéticos, no âmbito da contratação laboral, para efeito de admissão ou de despedimento, não imponha custos aos trabalhadores, em razão de sua hipossuficiência econômica. Estes custos devem ser arcados pelas próprias entidades patronais, ou, se for o caso, oferecidos gratuitamente por instituições especializadas de natureza pública ou privada, dentro dos critérios a serem estabelecidos pela legislação de regência. Ademais, deve existir uma igualdade de acesso, sem prejuízo da atribuição, em caso extremo, de preferência aos cidadãos que apresentem riscos genéticos mais acentuados.

Importante, por derradeiro, que o Estado proteja os indivíduos portadores de doenças genéticas que estejam efetivamente incapacitados para desempenhar as atividades laborais relacionadas à sua qualificação profissional, possibilitando um acompanhamento terapêutico e a criação de formas ocupacionais específicas de desenvolvimento laboral. Caso contrário, alijar-se-á, em definitivo, estas pessoas do acesso ao trabalho, contribuindo para a emergência de um *tertium genus* discriminatório: a exclusão biológica a *latere* da exclusão econômica e social(71).

5. *Conclusão*

O progresso científico em torno do conhecimento do genoma humano vem acarretando um inequívoco desenvolvimento da medicina preditiva, uma vez que, a partir da análise do perfil genético do indivíduo, pode-se aferir a existência de genes responsáveis por doenças monogênicas e por predisposições para enfermidades multifatoriais.

Corpo e genoma são, com efeito, determinações absolutamente indiscutíveis da nossa identidade pessoal. Porém, o organismo humano ultrapassa o nível de individuação meramente biológica para se converter em matéria personalizada, ou seja, num processo de recriação da carne em subjetividade consciente, que apenas encontra a sua verdadeira realização no *medium* dialógico da palavra partilhada(72).

O genoma humano, como patrimônio comum da humanidade, deve ser protegido, a fim de que não seja objeto de práticas eugênicas em favor de interesses que não se coadunam com a concretização da dignidade da pessoa humana, a qual constitui um dos mais importantes alicerces do Estado Democrático de Direito. Neste contexto, deve ser alijada qualquer tipo de visão reducionista que possa vir a constituir um novo critério odioso de discriminação,

(69) DECRETO-LEI n. 131/2014. *Diário da República I Série*. n. 166, p. 4.591, 29.8.2014.

(70) Neste sentido, em relação aos testes e exames médicos, a norma do artigo 19º, n. 3, do Código do Trabalho de Portugal.

(71) MARTINS, João Nuno Zenha. *O genoma humano e a contratação laboral*: progresso ou fatalismo? Oeiras: Celta, 2002. p. 91-93.

(72) SILVA, Maria Luisa Portocarrero. Autonomia da pessoa e determinismo genético. In: NUNES, Rui; MELO, Helena; NUNES, Cristina (coord.). *Genoma e Dignidade Humana*. Coimbra: Gráfica de Coimbra, 2002. p. 17.

de modo a promover distinções infundadas atentatórias ao princípio da igualdade de oportunidades e de tratamento, notadamente nas relações de trabalho, caracterizadas por sua assimetria, em razão da hipossuficiência econômica do prestador dos serviços, o que, inclusive, justifica a própria natureza tutelar do Direito do Trabalho, norteado pelo princípio da proteção do empregado.

A partir desta perspectiva de que a pessoa humana não se restringe à sua carga genética e de que cabe às empresas o dever de cumprir e de fazer cumprir as normas de saúde e de segurança no trabalho, não se pode aceitar que a realização de testes genéticos pelas entidades patronais possa ser considerada um instrumento efetivamente idôneo à aferição das aptidões profissionais e a evitar o despertar de enfermidades oriundas do contato com agentes nocivos presentes no meio ambiente laboral.

De outro lado, as informações genéticas do indivíduo encontram-se albergadas pelo direito à inviolabilidade da intimidade da vida privada e familiar, cuja limitação sujeita-se à observância de critérios rígidos, e desde que seja compreendida como mecanismo necessário, adequado e proporcional à preservação da dignidade do seu próprio titular ou de terceiros, como solução ponderativa diante dos mandamentos de otimização eventualmente colidentes.

O ponto retriz neste domínio deve ser o de que o indivíduo sempre será o fim primeiro e o centro compreensivo da consagração constitucional de um sistema de direitos fundamentais, sendo certo afirmar que o critério orientador do processo de ponderação acerca da validade de uma mitigação a direitos fundamentais é o princípio-valor da dignidade humana, que consiste na base antropológica das sociedades democráticas contemporâneas.

Ressalte-se, ainda, que estes testes genéticos têm finalidade preditiva, ou seja, não buscam a verificação de uma incapacidade atual, que inviabilize a contratação ou a manutenção do contrato laboral, mas a existência de doenças de manifestação tardia ou de predisposições a enfermidades multifatoriais que possam jamais se revelar no futuro, propiciando assim a criação de uma nova classe: os doentes sadios ou assintomáticos.

A liberação irrestrita do acesso das entidades patronais às informações genéticas dos trabalhadores, além de grave violação do direito de reserva da intimidade e da vida privada e familiar, acarretará, por certo, a incessante busca empresarial por um perfil que atenda aos interesses meramente patrimoniais do mercado, e, por consequência, a proliferação de práticas discriminatórias, alijando milhares de indivíduos do efetivo acesso ao direito fundamental ao trabalho.

Desta forma, deve ser vedada a realização de testes genéticos no âmbito das relações laborais, tanto para efeito de admissão (critério de seleção de pessoal) quanto de manutenção do contrato (critério para despedimento), salvo quando tenham por objetivo a aferição de doenças monogênicas (enfermidades de manifestação tardia quase certa) e que submetam a grave risco a vida, a saúde ou a segurança do próprio trabalhador ou de terceiros, inclusive colegas de trabalho, em razão da natureza do trabalho a ser realizado. Nestes casos, a ressalva plenamente se justifica em virtude da relevância (ou do "peso") destes direitos fundamentais, em perfeita consonância com o princípio da harmonização ou da concordância prática.

Frise-se, por oportuno, que nem todas as enfermidades monogênicas são capazes, por si só, de inviabilizar a contratação ou mesmo a manutenção do pacto laboral, mas apenas aquelas incuráveis e cujo tempo de evolução ou imprevisibilidade traga relevantes riscos à vida, à saúde e à segurança dos próprios trabalhadores ou de terceiros, em face das particularidades inerentes à natureza da função a ser desempenhada.

Impõe-se, contudo, a estipulação de marco regulatório que indique, expressamente, e, após os necessários estudos científicos, quais as atividades e funções em que deve ser permitida a realização destes testes genéticos para aferição de doenças monogênicas, a fim de que a exceção não se transforme em regra, invertendo-se a ordem de prioridade na tutela dos direitos fundamentais em foco.

Ainda assim, estes exames genéticos devem ser feitos por médico devidamente habilitado, que deve informar apenas ao empregador se o trabalhador (potencial ou efetivo) encontra-se apto ou não para o exercício da atividade laboral, com a necessária observância dos direitos ao livre consentimento esclarecido, à autodeterminação informacional (o direito de saber ou de não saber o seu estado de saúde), além do dever de confidencialidade que deve pautar a relação médico-paciente.

Ignorar todas estas considerações é fechar os olhos à realidade do mundo do trabalho, onde o livre exercício da autonomia da vontade individual encontra óbice na hipossuficiência econômica do trabalhador e no estado de subordinação que caracteriza as relações laborais. Autorizar o acesso irrestrito das entidades patronais às informações genéticas dos candidatos a empregos ou de seus efetivos empregados é contribuir para um processo de "coisificação" do Homem, colocando o avanço da ciência à frente de sua própria Humanidade.

6. Referências

AMADO, João Leal. O patrimônio genético. *Revista QL*. Coimbra: Coimbra Editora. ISSN 0872-8267, ano XII, n. 25, 2005.

ANDRADE, J. C. Vieira de. *Os direitos fundamentais na Constituição portuguesa de 1976*. 2. ed. Coimbra: Almedina, 2001.

ARCHER, Luís. Genoma e intimidade. *Cadernos de Bio-Ética*, Coimbra: Centro de Estudos de Bioética, n. 7, dez. 1994.

______. Questões éticas e sociais da análise do genoma humano. *Acta Médica Portuguesa. Ética em Saúde e Investigação*, Ordem dos Médicos, II Série, v. 5, n. 3, mar. 1992.

BARBAS, Stela Marcos de Almeida Neves. Contratos de trabalho em face das novas possibilidades de diagnóstico. *Brotéria. Revista de Cultura*. Lisboa. ISSN 0870-7618, v. 150, n. 5/6, maio/jun. 2000.

BARBAS, Stela Marcos de Almeida Neves. *Direito ao patrimônio genético*. Coimbra: Almedina, 2006.

______. *Direito do genoma humano*. Coimbra: Almedina, 2001.

______. O direito de não saber o seu estado de saúde. *Forum Iustitiae: Direito e Sociedade*, ano I, n. 12, jun. 2000.

BARROSO, Luís Roberto. *Interpretação e aplicação da Constituição:* fundamentos de uma dogmática constitucional transformadora. 3. ed. São Paulo: Saraiva, 1999.

CAMPOS, Diogo Leite de. *Lições de direitos da personalidade*. Coimbra: Almedina, 1992.

CANOTILHO, José Joaquim Gomes. *Direito constitucional e teoria da Constituição*. 7. ed. Coimbra: Almedina, 2003.

CÓDIGO Internacional de Ética para os Profissionais de Saúde Ocupacional. *International Commission of Occupational Health (ICOH)*. Segurança n. 136, 1999.

CONSTITUIÇÃO da República Portuguesa. 18. ed. Lisboa: Quid Juris, 2014.

DURAND, Guy. *Introdução geral à bioética*. São Paulo: Loyola, 2003.

GUERRA, Amadeu. *A privacidade no local de trabalho*: as novas tecnologias e o controlo dos trabalhadores através de sistemas automatizados. uma abordagem ao Código do Trabalho. Coimbra: Almedina, 2004.

HESSE, Konrad. La interpretación constitucional. *Escritos de Derecho Constitucional*. Madrid: Centro de Estudios Constitucionales, 1983.

MARTINS, João Nuno Zenha. *O genoma humano e a contratação laboral:* progresso ou fatalismo? Oeiras: Celta, 2002.

MORAES JÚNIOR, Ariel Salete de. *Acesso às informações genéticas do trabalhador*: discriminação genética e o livre consentimento esclarecido. Curitiba: Juruá, 2016.

NUNES, Rui. *GeneÉtica*. Coimbra: Almedina, 2015.

PAIS, Sofia Oliveira. *Direito da União Europeia*: legislação e jurisprudência fundamentais. 2. ed. Lisboa: Quid Juris, 2014.

PATRÃO-NEVES, M.. O genoma e a identidade da pessoa. In: NUNES, Rui; MELO, Helena; NUNES, Cristina (coord.). *Genoma e Dignidade Humana*. Coimbra: Gráfica de Coimbra, 2002.

PROBLEMAS Éticos e Jurídicos da Manipulação Genética e da Fecundação Artificial Humana. Comissão dos Assuntos Jurídicos e dos Direitos dos Cidadãos. Luxemburgo: Serviço das Publicações Oficiais das Comunidades Europeias, 1990.

QUINTAS, Paula. *Os direitos de personalidade consagrados no Código do Trabalho na perspectiva exclusiva do trabalhador subordinado. Direitos (des)figurados*. Coimbra: Almedina, 2013.

RIDLEY, Matt. *Genome*. Trad. Irene Cifuentes. Santafé de Bogotá: Taurus, 2001.

SANTOS, Agostinho de Almeida. Os pilares da nova genética. Eficácia, prudência, razão. *Communio. Revista Internacional Católica*. Lisboa: Universidade Católica Portuguesa, ano XIV, n. 5, out. 1997.

SILVA, Maria Luisa Portocarrero. Autonomia da pessoa e determinismo genético. In: NUNES, Rui; MELO, Helena; NUNES, Cristina (coord.). *Genoma e Dignidade Humana*. Coimbra: Gráfica de Coimbra, 2002.

VILLELA, Fabio Goulart. *O genoma humano e o direito ao trabalho*. Rio de Janeiro: Lumen Juris, 2018.

XAVIER, Bernardo Lobo. O acesso à informação genética. O Caso Particular das Entidades Empregadoras. *RDES*, Lisboa: Verbo. ISSN 0870-3965, ano XLIV, XVII da 2ª série, ns. 3 e 4, jul./dez. 2003.

WILKIE, Tom. *Projeto genoma humano:* um conhecimento perigoso. Rio de Janeiro: Zahar, 2014.

O Olho Virtual na Relação de Trabalho: o Uso de Câmeras de Monitoramento e os Valores Fundamentais do Trabalhador

Leonardo Borges[1]
Nathalia Borges[2]

1. Introdução

O presente trabalho se propõe a convidar você, caríssimo leitor, para algumas singelas reflexões acerca da forma de controle do empregado nesse novo ambiente tecnológico. Resolvi intitular de olho virtual[3] o monitoramento dos empregados no ambiente de trabalho por meio de câmeras[4].

Com efeito, será considerada uma perspectiva empírica, levando em conta a não só a experiência de quase 28 (vinte e oito) anos como magistrado de carreira, sendo que desde o ano de 2014 como Desembargador, de um dos articulistas; bem como a contribuição, de modo muito contundente, da coautora do presente, com a visão de uma jovem operadora do direito, recém-ingressa ao mercado de trabalho, que bem pôde nos contar como é a realidade, longe dos olhos do magistrado[5]. Tal simbiose ideológica, formada entre os dois articulistas, tem possibilitado um olhar empírico, mormente se considerarmos que o tema proposta desafia a privacidade ou mesmo a intimidade do trabalhador — não raro relegando-a ao oblívio —, valendo-se o empregador da tentativa de justificar o uso de câmeras de monitoramento na proteção de sua patrimonialidade[6], sendo, com tal atitude, capaz de ignorar o mais recôndito sentimento humano, olvidando-se que, como já foi dito certa feita por Ministro do Supremo Tribunal Federal, que agora parafraseamos: "as coisas têm um preço; as pessoas dignidade"!

Não levamos em consideração o aumento do trabalho remoto, em decorrência da pandemia, pela ausência de dados científicos com relação as formas de monitoramento à distância, ou seja, longe do ambiente de trabalho.[7] Portanto, qualquer forma de enfrentamento do tema não passaria de um exercício acadêmico. Como optamos pela linha da pesquisa de campo, através de análises de elementos construídos pelo empirismo, ou seja, aquilo em que o campo tem para nos dizer, pela análise de decisões judiciais, além da doutrina, escolhemos não enfrentar o tema relativo ao trabalho remoto e sua forma de monitoramento, até porque não temos ainda conhecimento factual de que câmeras tenham sido usadas para vigilância do trabalho à distância.

(1) Professor de Universitário (Graduação e Pós-graduação), Pós-graduado (lato e stricto sensu), autor de diversos livros e artigos científicos, palestrante e Desembargador do Tribunal Regional do Trabalho da Primeira Região – RJ.

(2) Advogada e Pós-graduanda.

(3) Na sala de aula também intitulo a forma de controle a que estamos a tratar como "Visão Computacional".

(4) Diante da proposição do trabalho em apreço resolvi não abordar o monitoramento do trabalhador no ambiente residencial. Não faz muito tempo participei de um julgamento em que o trabalhador era obrigado a abrir a câmera de seu computador, enquanto trabalhava em sua residência, para que o empregador tivesse certeza de que era o próprio trabalhador quem executava as tarefas profissionais que lhe haviam sido confiadas.

(5) No primeiro caso: Leonardo Borges. Para o segundo, como coautoria: Nathalia Borges.

(6) Eventualmente também se argumenta a necessidade de proteção da incolumidade física do trabalhador.

(7) Conseguimos apenas dados estatísticos que demonstram o aumento do trabalho à distância; mas não a sua forma de monitoramento mediante o uso de câmeras. Temos, portanto, que o trabalho em casa foi estratégia adotada por 46% das empresas durante a pandemia, segundo a Pesquisa Gestão de Pessoas na Crise COVID-19. No setor de comércio e serviços, 57,5% dos empregados passaram para o teletrabalho, nas pequenas empresas o percentual ficou em 52%, segundo informação do *site* <https://agenciabrasil.ebc.com.br/economia/noticia/2020-07/home-office-foi-adotado-por-46-das-empresas-durante-pandemia#:~:text=O%20trabalho%20em%20casa%20foi,Pessoas%20na%20Crise%20covid%2D19.&text=No%20setor%20de%20com%C3%A9rcio%20e,o%20percentual%20ficou%20em%2052%25>.

Através da observação das práticas dos empregadores e de seus discursos patrimonialistas ao extremo é possível se perceber que o trabalhador, acuado durante a relação jurídica empregatícia, só tem o Judiciário como "protetor" dos abusos que lhe são cometidos. Cada vez mais nos convencemos que, infelizmente, ao contrário do que acontece no campo do Direito Civil em que o cidadão pode reagir, negando-se a aceitar esta ou aquela condição contratual, o trabalhador não tem como reagir aos abusos patronais. Aliás, a própria legislação estimula esta lógica, qual a da inação do trabalhador diante do poderio econômico do empregador. Basta pensarmos que se o empregador comete um ato que aos olhos do patrão é faltoso, este o dispensa por "justa causa" e o trabalhador que "vá à Justiça procurar os seus direitos"! Todavia, se a lógica inversa acontece, ou seja, se o empregador comete um ato faltoso, o trabalhador terá que ingressar com uma ação judicial, intitulada pelo campo de "rescisão indireta" para fazer valer o seu direito. Lógicas errantes como esta que originaram o enfraquecimento do trabalhador nas relações materiais, cujo equilíbrio se tem tentado alcançar nos domínios do processo do trabalho, bem como das interpretações normativas do trabalho, dentro do Judiciário trabalhista.

Outro argumento utilizado pelos empregadores, após o advento da Lei n. 9.799, de 26.5.1999[(8)], é no sentido de que no lugar de se fazer revistas na trabalhadora, já que estariam proibidas as mesmas, as câmeras podem realizar tal papel. A lógica, por conseguinte, é cruel. Ora, segundo um dos argumentos dos empregadores, a lei (art. 373-A, inciso VI) ao estabelecer que é vedado proceder o empregador ou preposto as revistas íntimas nas empregadas ou funcionárias, nada mais razoável que as câmeras monitorem-nas. Troca-se, assim, o toque físico pelo olho virtual! Enfim...

Aliás, muitos se valem do disposto no artigo 2º da Consolidação das Leis do Trabalho para legitimar o uso de câmeras de monitoramento no ambiente laboral, uma vez que ao empregador cabe assumir a direção da prestação de serviços e, consequentemente, os riscos da atividade econômica.[(9)]

Também não podemos deixar de levar em consideração o diálogo com a jurisprudência, que tenta, em certa medida, enfrentar a questão, inclusive, sob o enfoque constitucional, desempenhando o seu papel pacificador de conflitos sociais, através da atividade jurisdicional.[(10)]

O texto busca refletir e problematizar como o monitoramento do trabalhador no ambiente do trabalho, diante do poder diretivo que tem o empregador, necessita se equilibrar. Em nome do poder diretivo não se pode tudo. Aliás, não há direitos absolutos.

Não levaremos em consideração, até porque o espaço é diminuto, outras tantas formas de monitoramento do trabalhador, como a revista (não íntima) aos armários, gavetas, mochilas, bolsas, escutas telefônicas, entre outras.

Vale lembrar, nesta quadra, que a metodologia da pesquisa utilizada considera a revisão bibliográfica, análise legislativa e incursão empírica, materializada neste artigo que se espera que, de algum modo, possa ser para você, caro leitor, proveitoso.

2. *Novas tecnologias, a intimidade e a privacidade*

A tecnologia deu um salto gigante na história recente da humanidade. Tal pulo foi perfeitamente visível com a chegada da pandemia, trazida pela COVID-19. Inúmeros projetos tecnológicos que até então se encontravam em estudo, foram implementados rapidamente. Muitos sequer sem que tenham sido testados.

A expressão advocacia 4.0 passou a ser um dos temas da ora. O futuro da profissão de advogado, com o trato de novas tecnologias, virou presente. Seu preparo para as novas tendências da área jurídica, com o uso da inteligência artificial, das audiências e sessões virtuais, a substituição da prova testemunhal por gravações de vídeo e áudio, por exemplo, tornaram-se realidades.

(8) Art. 373-A. Ressalvadas as disposições legais destinadas a corrigir as distorções que afetam o acesso da mulher ao mercado de trabalho e certas especificidades estabelecidas nos acordos trabalhistas, é vedado: (Incluído pela Lei n. 9.799, de 26.5.1999).
VI — proceder o empregador ou preposto a revistas íntimas nas empregadas ou funcionárias. (Incluído pela Lei n. 9.799, de 26.5.1999).

(9) Art. 2º Considera-se empregador a empresa, individual ou coletiva, que, assumindo os riscos da atividade econômica, admite, assalaria e dirige a prestação pessoal de serviço.

(10) Apesar da crítica que alguns tecem quanto a falácia de que jurisdição nada pacífica, pois o conflito social continua a existir, mesmo após o término da atividade jurisdicional, sendo que o processo apenas põe fim ao conflito que nele se materializou; o fato é que sobre esta equação todo o arcabouço lógico-sistêmico-processual foi construído e, obviamente, aceito pela sociedade.

A forma de comunicação mudou. Agora até mesmo o WhatsApp é utilizado como meio de comunicação dos atos processuais.(11)

Evidente que tudo isso conjugado influi nas relações cotidianas de todos nós e, por via de consequência, essa nova realidade também há de se capilarizar nas demais relações trabalhistas.

É preciso, contudo, estabelecer um limite. Mas é também necessário para se ter um bom debate, fixar algumas definições.

O art. 5º da Constituição deixa claro em seu inciso X a inviolabilidade da intimidade.(12) Mas o que seria intimidade e privacidade? Quais seriam os limites para o monitoramento através de câmeras no ambiente laboral?

Vejamos, ainda que de modo perfunctório.(13)

O texto constitucional mencionado é muito claro no sentido de que a intenção do constituinte originário foi diferenciar intimidade, da vida privada, a honra e imagem. Portanto, ficou nítido que intimidade não pode ser tratada da mesma forma que a privacidade (vida privada).

Legislação internacional também cuida do tema, como se pode encontrar na Declaração Universal dos Direitos Humanos, no Pacto das Nações Unidas sobre Direitos Civis e Políticos, no artigo 11 da Convenção Americana de 1969 sobre os Direitos do Homem e no artigo 8º da Convenção Europeia de 1950 sobre os Direitos do Homem.(14)

No Brasil também temos, além da Constituição, o artigo 21 do Código Civil brasileiro e a Lei de Imprensa (Lei n. 5.250/67).

Todos nós, em algum momento da vida, gostamos ou sentimos necessidade de ficarmos sozinho. Refletindo no sofá, dançando diante do espelho, pulando como um sapo, enfim, não importa o que queiramos fazer, o que interessa é que queremos ficar sozinhos, para fazermos o que bem entendermos das nossas vidas. Somos livres. Portanto, temos o direito de dispor do nosso tempo, das nossas vidas, como bem entendermos, sem consentimento de quem quer que seja e ponto! A isto chamamos de privacidade. Nos momentos de privacidade a vida está em nossas mãos. Só a nós mesmos interessa o que queremos fazer e mais ninguém. Nestes momentos de tão profundo relacionamento com nós mesmos não é dado a ninguém, sem autorização do titular do direito, nele ingressar. Por isso o legislador maior incluiu tal valor no cardápio dos direitos fundamentais.

Ora, imaginem a hipótese em que o trabalhador, ainda que no ambiente de trabalho, usando o computador da empresa, goste de exercer suas atribuições falando com um amigo imaginário. Ao se exigir a gravação deste momento de trabalho, não poderia se pensar em invasão de privacidade? Ou será que no ambiente de trabalho não há privacidade? Será que a privacidade só existe no banheiro, no vestiário?

Será que alguns aspectos da vida pessoal do trabalhador somente podem ser reconhecidos fora do ambiente coletivo, fora do local de trabalho? Será essa a esfera do alcance conceitual do direito à privacidade, ou seja, que ela só existe em local onde o trabalhador possa exercer a sua vida privada, como indagado mais acima: no banheiro ou na sua residência?

Direito a privacidade deve ser entendido como do direito de se estar só. E quando ou qual momento o trabalhador tem o direito de estar só no ambiente de trabalho? Este é um problema que não tem sido enfrentado diretamente pela jurisprudência.

Aliás, não é incomum confundir-se o direito de se estar só (privacidade) com segredo. Já vimos

---

(11) Para se ter ideia não é incomum que os memoriais escritos em via recursal sejam substituídos por memoriais via WhatsApp, no qual o operador do direito faz um pequeno vídeo dizendo suas razões jurídicas para o desembargador. E o mais interessante: o argumento de que os memoriais escritos não deveriam ser considerados, pois não levavam em conta a lógica do contraditório, com a sua substituição pelo WhatsApp, tal argumento cai por terra, pois o advogado da parte contrária também recebe o mesmo vídeo.

(12) Art. 5º, inciso X: "são invioláveis a intimidade, a vida privada, a honra e a imagem das pessoas, assegurado o direito à indenização pelo dano material ou moral decorrente de sua violação."

(13) Dizemos de modo perfunctório porque os limites deste trabalho não nos permite cuidar das mais variadas formas da imagem, como a imagem retratada, a imagem atribuída, entre outras. O foco foi apenas a forma de monitoramento virtual no ambiente de trabalho.

(14) A Lei n. 70-643 introduz o artigo 9º ao Code Civil para proteger o respeito à vida privada na França; na Espanha, o direito à intimidade pessoal e familiar é garantido pelo artigo 18º, n. 1, da Constituição de 1978; o artigo 26, n. 1, da Constituição da República Portuguesa, tutela a reserva da intimidade da vida privada e familiar. Observa-se, nos artigos 18 e 19 do Código Civil da Bolívia de 1975, a tutela da vida íntima da pessoa. No Peru, o artigo 14 do Código Civil de 1984 protege a intimidade da vida pessoal e familiar, já na Argentina o artigo 1.071 defende a intimidade contra qualquer forma de perturbação.

debates, em nível de julgamento, em que se discutia que invadir, através de gravações de vídeos e áudios, o trabalhador fazendo declarações imaginárias para uma colega de trabalho, sozinho, na frente de um espelho, colocado no corredor do rol dos elevadores da empresa, seria invasão de privacidade, invasão de um segredo ou nenhum nem outro!?!?

Pelas tantas, no debate do caso concreto, foi dito que segredo é aquilo que a ninguém deve ser revelado, sendo o que há de mais escondido; o que se oculta à vista e ao conhecimento.

Como ficamos? Segredo é um desdobramento da privacidade? Privacidade e segredo são expressões sinônimas?

Perceba, caro leitor, como as questões são complicadas.

Talvez pudéssemos apresentar uma ideia, ao menos para reflexão. Privacidade, apesar de se encontrar dentro do mais recôndito canto da alma humana implica em evitar exposição de uma informação que pertença a própria pessoa. Já o segredo é uma informação que, em hipótese alguma, pode ser revelada, divulgada, caso contrário deixa de ser um segredo.(15)

Talvez por isso, como veremos mais a seguir, os Tribunais, mesmo sem fazer esta distinção, tendam a valorar mais a privacidade — incluindo-se para esta finalidade o segredo — do que a intimidade.

E por falar em intimidade, tem-se entendido que ela resulta numa gama de informações, envolvendo outras pessoas, como familiares ou amigos, que não devem ser compartilhadas com mais ninguém.(16)

Na realidade, não chegamos a um estágio consensual sobre o tema e as suas definições conceituais. A privacidade e a intimidade a cada dia ganham mais notoriedade nos Tribunais brasileiros. Não há uma estatística temática, de sorte que se possa saber quantas ações trabalhistas foram ajuizadas com os temas acima. Mas é possível se depreender que este número tem aumentado, através da quantidade de feitos que são submetidos a julgamento por um dos articulistas deste trabalho.(17)

Parece que falta um mínimo de consenso sobre o conteúdo conceitual dos valores intimidade e vida privada, impedindo-se, com isso, um melhor desenvolvimento científico sobre o tema.

Vale lembrar, por exemplo, José Adércio Leite Sampaio, através de regras hermenêuticas de clarificação conceitual e normativa, acredita que o direito à intimidade e à vida privada apresenta-se como um direito à liberdade, sendo que a estrutura jurídica, de acordo com Robert Alexy: "[...] do objeto "liberdade" pode, à guisa de melhor elucidar o direito, ser vista como: "presente o suporte fático 'S' e não havendo proibição por uma norma jurídica formal e materialmente constitucional, então ocorrerá a consequência iusfundamental C: S e não R, então C"(18).

Ricardo Luiz Lorenzetti, cuida da intimidade valendo-se da Teoria das Esferas, partindo da premissa de vida privada e intimidade devem ser vistas como sinônimos.(19)

A falta de legislação sobre a privacidade e acerca da intimidade não pode servir de argumento para que tais valores deixem de ser tutelados. A Constituição Federal, voltada ao centro das atenções normativas, topografou o tema dentro da seara destinada aos direitos fundamentais. Portanto, é o quanto basta para que as relações jurídicas, incluídas as trabalhistas não perca de vista o respeito aos referidos valores da vida.

Como já dito mais acima, todos nós temos o direito de guardar em nossos corações e mentes aquilo que ninguém mais precisa saber. Tal espaço não pos-

(15) Nunca irei esquecer quando minha filha mais velha, ainda criança, ao ser indagada por mim, sobre o que a sua mãe havia lhe dito e pedido segredo, me respondeu: "Pai, você sabe guardar segredo?" Lhe respondi: "Claro filha". Ela virou-se e disse: "Eu também"!!!

(16) A expressão latina *intimus*, superlativo de inferior, divide a doutrina sobre quando se originou a intimidade. Alguns escritores adeptos da teoria racionalista (PÉREZ LUÑO) adotam a intimidade como surgida da degradação do sistema feudal, transportando consigo o anseio da burguesia capitalista sobre o acesso ao que antes constituía privilégios a poucos. Os demais se filiaram à teoria histórica, a qual considera o fenômeno da intimidade inato ao homem e vinculam o aparecimento da ideia de intimidade às antigas civilizações, como é possível depreender do trabalho de Charles Leandro de Freitas, disponível em: <https://core.ac.uk/download/pdf/161524035.pdf>.

(17) É difícil colocar os números dos processos sobre o tema, uma vez que, parte considerável dos feitos, tramitam em segredo de justiça.

(18) ROBL FILHO, Ilton Norberto. Direito, intimidade e vida privada: uma perspectiva histórico-política para uma delimitação contemporânea. *Revista Eletrônica do CEJUR*, 2006. Disponível em: <revistas.ufpr.br>.

(19) LORENZETTI, Ricardo Luis. *Fundamentos do direito privado.* Trad. Vera Maria Jacob de Fradera. São Paulo: RT, 1998. p. 492.

sui uma área geograficamente delimitada. Todos são livres para sonhar. Aliás, podem-nos tirar uma perna, um braço, mas não podem nos tirar a capacidade de sonhar. Tais sonhos podem — e devem — eventualmente aflorar para o terreno dos atos, como a fala com um amigo imaginário, o treinamento de um discurso diante do espelho e assim por diante.[20]

3. *Limites impostos ao olho virtual*

De acordo com o diálogo realizado com a doutrina e a jurisprudência, foi possível encontrarmos alguns parâmetros de atuação do monitoramento por câmeras no ambiente de trabalho.

Vejamos, então.

3.1. O monitoramento precisa ser de conhecimento do trabalhador. Valores constitucionais em jogo

Tem-se entendido que ao empregador é lícito a utilização de câmeras de monitoramento no ambiente laboral. Para tanto, faz-se mister que o trabalhador tenha ciência da medida.

Note-se que não há necessidade do trabalhador concordar, bastando que ele saiba da existência da colocação de câmeras.

Neste sentido já decidiu o Tribunal Superior do Trabalho, pelo voto condutor do Ministro Mauricio Godinho Delgado.[21]

No caso decidido pelo Tribunal Superior do Trabalho tratava-se de uma empresa de telemarketing que filmava seus empregados, no ambiente de trabalho, durante o horário de expediente, com as câmeras voltadas tão somente para os terminais bancários e para as portas principais. Neste caso, julgou-se pela licitude do monitoramento e que, portanto, não havia qualquer malferimento à intimidade dos empregados.

No julgamento restou enfrentada a questão da necessidade de proteção ao patrimônio da empresa, uma vez que havia peças de informática de elevado valor econômico, cujo furto poderia se dar de modo fácil.

Algumas questões sobressaltam-nos. A primeira diz respeito ao conhecimento do trabalhador acerca da colocação de câmeras no ambiente de trabalho para fins de monitoramento. É preciso deixar claro que conhecimento não é sinônimo de concordância tácita. Como dito mais acima, ao empregador compete assumir os riscos da atividade econômica e dirigir a prestação pessoal de serviço.[22] Portanto, se de um lado os riscos da atividade econômica são todos postos na conta do empregador; por outro lado, o conhecimento, por si só, do trabalhador da existência das câmeras não implica em concordância tácita e muito menos expressa.

Se o trabalhador ficar insatisfeito com a utilização das câmeras, segundo diretriz jurisprudencial, nada há para fazer: apenas conformar-se.[23]

Talvez a recusa do trabalhador com as câmeras, tal qual o modelo assentado pelo julgado em análise, poderia até mesmo resultar em sua dispensa.

Outra questão que restou bem clara do julgamento do Tribunal Superior do Trabalho, foi a valoração do patrimônio. O bem mais valorado, no caso, foi o patrimônio do empregador.

Também não é absurdo se concluir que a colocação de câmeras é licitamente permitida em razão da possibilidade de se furtar peças de computador. Ora, aqui, tudo indica que se partiu da premissa de que o princípio da presunção da inocência ficou relegado a segundo plano.

Por fim, é preciso refletir do ponto de vista processual. Se é lícito o uso de câmeras de monitoramento no ambiente de trabalho, tudo leva a crer que as imagens captadas podem servir como meio de prova em futura ação judicial. Ora, se tanto a Constituição Federal (art. 5º, inciso LV), como o Código de Processo Civil (art. 369), admitem o emprego de todos os meios legais de prova, além dos moralmente legítimos, temos que se partirmos da premissa de que em alguns casos é lícito o uso de monitoramento

(20) Imagine-se o dia em que for possível a colocação de chip em nosso corpo, de modo até o pensamento possa a ser monitorado. Se tal acontecer, nova reviravolta virá na sociedade e os conceitos de privacidade e intimidade, evidentemente, deverão ser revistos.

(21) AIRR: 69640-74.2003.5.17.0006.

(22) CLT, art. 2º.

(23) Não estamos afirmando nossa concordância com esse ponto de vista. Mas como em todo trabalho científico, apenas cuidamos de retratar a realidade estabelecida, no caso, diante do julgamento realizado pelo Tribunal Superior do Trabalho.

do trabalhador através de câmeras no ambiente de trabalho, igualmente afigura-se eficaz, como meio de prova, as imagens gravadas.

3.2. O monitoramento em lugares destinados a higiene pessoal

O Tribunal Superior do Trabalho em outro julgado entendeu que a instalação de câmeras de filmagens nos banheiros dos empregados afigura-se ilícita, autorizando, desta forma, o êxito da pretensão indenizatória, por ofensa a moral.[(24)(25)]

No particular, tal decisão, em certa medida, ratifica parte das premissas estabelecidas no item anterior.

Ao analisarmos o caso concreto podemos extrair que a colocação de câmeras de vigilância, ainda que na entrada dos vasos sanitários e lavatórios, viola valores constitucionais (intimidade e privacidade) do trabalhador. Por que razão haveria de se colocar câmeras no banheiro? Será o trabalhador furtaria um bem do empregador e cuidaria de dissipá-lo, por exemplo, atrás do vaso sanitário ou em outro local no interior do banheiro?

Dentro da lógica desenvolvida até agora, há coerência. O trabalhador, como não pode retirar *manu militari* as câmeras colocadas no banheiro, se valeu de ação judicial indenizatória, onde obteve êxito.

No contexto verificou-se que "o ser foi mais valorizado do que o ter".[(26)]

Também restou demonstrado que o trabalhador teve conhecimento do uso das câmeras no banheiro, mas, com isso, não concordou tacitamente e, como corolário lógico, se as câmeras colocadas no banheiro são, no mínimo, moralmente condenadas, evidenciando que as imagens por elas captadas não podem servir como meio de prova.[(27)]

3.3. O uso de câmeras de monitoramento do vestiário

Pensamos que razões similares a impossibilidade do uso de câmeras de monitoramento no banheiro valha para que se impeça o seu uso nos vestiários.

O uso de câmeras, em casos que tais, configura abuso do poder diretivo do empregador. Sua outorga, de acordo com o artigo 2º da CLT, tem limites, não podendo ser considerado como o mero exercício do poder fiscalizador do empregador a colocação das câmeras no vestiário.

Apesar das controvérsias que o tema relacionado ao uso de câmera de vigilância nos vestiários tem gerado, o Tribunal Superior do Trabalho, ainda que por maioria, firmou o entendimento de sua impossibilidade.[(28)]

O que se tem discutido são duas questões: a) se as câmeras de vigilância podem ser colocadas quando direcionadas apenas para captação das imagens dos armários; b) se em norma coletiva é possível a existência de cláusula normativa na qual se permita a colocação de câmeras de monitoramento voltadas apenas para os armários.

O vestiário é local destinado não só a guarda de roupas, pois não é constituído apenas de armários. Trata-se de local em que os trabalhadores usam para mudar a roupa também. Dizer que é possível separar, dentro do vestiário, local para se depositar a roupa de outro destinado a sua troca é uma quimera. Todos que têm um pouco de vivência sabem que não é possível a existência de um único espaço destinado tanto

---

(24) AIRR 1926/2003-044-03-40.6.

(25) "I — RECURSO DE REVISTA DA RECLAMADA. DANOS MORAIS. INSTALAÇÃO DE CÂMERA DE SEGURANÇA NO BANHEIRO. CONFIGURAÇÃO. A dignidade da pessoa humana, fundamento da República, nos termos do art. 1º, III, da CF/88, e regra matriz do direito à indenização por danos morais, previsto no art. 5º, X, da CF/88, impõe-se contra a conduta abusiva do empregador no exercício do poder de direção a que se refere o art. 2º da CLT, o qual abrange os poderes de organização, disciplinar e de fiscalização. No caso dos autos, estão configurados os danos morais, pois: a) o poder de direção do empregador não justifica a instalação de câmera de segurança no banheiro dos empregados; b) a câmera foi instalada num ângulo que permitia a filmagem privilegiada do box que continha o vaso sanitário, bem como das pias e dos mictórios; c) é irrelevante que tenha sido demonstrado posteriormente que a câmera de segurança não funcionava, na medida em que nem todos os empregados sabiam dessa particularidade, e, ademais, de todo modo persistiu a conduta abusiva do empregador na utilização de artifício tecnológico para impor aos trabalhadores intimidação e constrangimento. Recurso de revista de que não se conhece. (...) (RR-1285-31.2011.5.04.0511, 6ª Turma, Relatora Ministra Kátia Magalhães Arruda, DEJT 10/4/2015).

(26) Parafraseando o Ministro Luis Roberto Barroso.

(27) Em certa medida poderíamos pesar se tratar da doutrina dos frutos da árvore envenenada. Trata-se, esta doutrina, de utilizar uma metáfora legal que faz comunicar o vício da ilicitude da prova obtida com violação a regra de direito a todas as demais provas produzidas a partir daquela. Aqui tais provas são tidas como ilícitas ou imprestáveis por derivação.

(28) RODC — 310100-61.2007.5.04.0000.

para guarda como para a troca de roupa. Portanto, as empresas não poderão monitorar os trabalhadores por meio de câmeras filmadoras ou outras formas de vigilância ostensiva nos vestiários.

Mas nem mediante norma coletiva é possível se estabelecer a instalação de câmeras de vigilância? Em nosso sentir, não. Se estamos construindo nosso raciocínio no sentido de que o artigo 5º, inciso X, da Constituição da República assegura o direito à intimidade, à vida privada, à honra e à imagem e que a colocação de câmeras no vestiário afeta tais valores, afigura-se-nos clara a ideia de que a instalação desses aparatos em vestiários certamente exporá a intimidade do empregado, devendo ser coibida. Logo, não é possível que norma coletiva possa autorizar o uso de câmeras tal qual estamos a tratar.

Evidente que o uso de câmeras em vestiários causa constrangimento, intimidação, humilhação e discriminação aos trabalhadores.(29)

3.4. O uso de câmeras de vigilância em refeitórios

Pensamos que também não há motivo para o uso de câmeras de vigilância em refeitórios. Qual seria a necessidade? Saber se o trabalhador irá furtar um bife? Se o trabalhador irá furtar um prato ou um talher, não raro de plásticos?

A jurisprudência, de maneira geral, também considera abusiva a inserção dessas câmaras televisivas em refeitórios.(30)(31)

3.5. O monitoramento em espaços destinados a produção

Se, de um lado, tem-se fixado limites ao uso das câmeras de monitoramento nos locais de trabalho; por outro, firmou-se entendimento no sentido de que o monitoramento dos empregados no ambiente de trabalho por meio de câmera é lícito e, como tal, não gera dano moral coletivo, quando se dá em portarias, pátios, corredores, locais de trabalho e similares, desde que abusos não seja cometidos.(32)

O monitoramento constante e ininterrupto das atividades dos empregados no ambiente laboral gera evidente desconforto, bem como a desconfiança na pessoa do trabalhador. A confiança deve ser vista como um dos principais alicerces de toda e qualquer relação de nossas vidas, quanto mais nas relações de trabalho. A quebra da confiança, nas relações trabalhistas, pode gerar a dispensa do trabalhador.(33) Mas daí a se utilizar de câmeras de monitoramento constantes!

Pensamos que não se deve partir da premissa de que o empregado possa ser desonesto.

De qualquer modo, firmou-se entendimento de que o monitoramento por si só não é ilícito, e se insere no poder fiscalizatório do empregador, como autorizado pelo artigo 2º da CLT, máxime se o seu uso ocorrer nos locais destinados a execução das tarefas laborativas.(34)

Vale lembrar que sob qualquer enfoque que se queira ver o uso de câmeras ocultas ou câmeras espiãs configura evidente abuso de direito, como, infelizmente, ocorreu, em algumas situações, nas relações trabalhistas entre empregador e empregado doméstico.(35)

3.6. O monitoramento mediante a utilização de câmeras psicológicas

Temos que a coação é o ato de se exercer pressão psicológica e constrangimento sobre um indivíduo,

---

(29) De qualquer sorte, apesar de entendermos que o ajuste firmado entre o sindicato dos trabalhadores e a empresa não pode se sobrepor a direitos garantidos constitucionalmente, como a intimidade e a privacidade, por serem normas de ordem pública, por uma questão de lealdade intelectual, não podemos deixar de mencionar que a matéria é controvertida no âmbito interno do TST. No RR-8-24.2016.5.12.0012 a 8ª. Turma daquele sodalício entendeu de forma diversa. Enfim...

(30) RR-976-82.2010.5.11.0015, 3ª Turma.

(31) O raciocínio também vale para cantinas, salas de café ou qualquer outro espaço destinado a descanso ou refeição do trabalhador.

(32) RR-21162-51.2015.5.04.0014, 1ª Turma.

(33) Ainda que não seja por justa causa. Mas se o empregador perde, por alguma razão, a confiança em seu empregado, o empirismo tem demonstrado a dispensa do funcionário, ainda que por ato unilateral do empregador, com o pagamento de todos os haveres resilitórios.

(34) ARR-11286-09.2015.5.01.0062, 2ª Turma, Relatora Ministra Maria Helena Mallmann, DEJT 06.09.2019; RR-1074-28.2016.5.05.0014, 6ª Turma, Relatora Ministra Kátia Magalhães Arruda, DEJT 23.11.2018; RR-1793-64.2016.5.12.0030, 8ª Turma, Relatora Ministra Dora Maria da Costa, DEJT 25.10.2019.

(35) Câmera oculta também conhecida como câmera espiã é uma câmera fotográfica ou de vídeo usada para gravar pessoas sem seu conhecimento. A câmera pode estar "escondida" porque não é visível para o sujeito que está sendo filmado ou está disfarçada como outro objeto.

de modo a intimidá-lo, levando-o a praticar ou deixar de praticar atos que em condições normais poderia não realizar.

Ao contrário da coação física, a coação psicológica, se manifesta de modo invisível, através de um processo de intimidação do indivíduo, retirando-o de seu estado natural e, em certa medida, até mesmo retaliando o exercício de sua liberdade.(36)

A coação psicológica anula o negócio jurídico, já que uma vez demonstrada vicia a vontade do trabalhador, inclusive ao ponto de tornar inválido o pedido de demissão. Ademais, comprovada a coação em apreço durante a vigência do contrato de emprego, é possível, mediante ajuizamento de ação própria, rescindi-lo, por culpa do empregador.

Mas aqui, estamos a tratar da coação psicológica em decorrência da utilização de câmeras de monitoramento falsas, ou seja, há o equipamento, mas ele não funciona, não existe por completo. Encontra-se no local de trabalho apenas com o intuito de intimidar o trabalhador. Daí o nome "câmeras psicológicas".

São câmeras que se encontram em desuso, apenas estando expostas, dando a falsa impressão de que se encontram em pleno funcionamento. O Tribunal Superior do Trabalho decidiu que tais câmeras não devem ser usadas sob qualquer pretexto.(37)

3.7. O uso de câmeras de monitoramento instaladas em veículo de uso da empresa

Neste caso não é absurdo imaginarmos que o uso de câmeras de monitoramento veicular sejam colocadas com os visores virados para o lado de fora do carro.

A segurança pública no Brasil é frágil e ineficiente e em contrapartida a criminalidade só aumenta, mormente aquela em que os trabalhadores são abordados dentro de seus veículos por agentes criminosos, nos sinais ou em outros veículos, durante o expediente.

Tal premissa, autoriza e mostra-se viável a instalação de câmeras de monitoramento voltadas para o exterior do veículo, inclusive como instrumento de proteção do próprio trabalhador (motorista ou ajudante).

Tomamos conhecimento, certa feita, de uma ação indenizatória, na qual o trabalhador se disse vítima de um acidente de trânsito em decorrência da falta de manutenção do veículo da empresa. Por outro lado, a empresa se defendeu, argumentando que o acidente se deu por conta de uma ultrapassagem negligente, perigosa e ilegal feita pelo motorista. Toda a linha defensiva da empresa restou demonstrada através das imagens de vídeo que foram gravadas, sendo certo que a perícia concluiu que o veículo encontrava-se em perfeito estado de funcionamento.

Observamos, que é relativamente comum, a colocação de câmeras de monitoramento voltadas para o interior dos veículos nos casos de ônibus escolar ou que se destinam ao transporte público. Em casos que tais, a finalidade das câmeras é a de verificação pelo motorista, de modo seguro, de partes do ônibus que não estão presentes dentro do seu campo ótico. Tal medida se justifica para a própria segurança do motorista como também para de todos que se encontram dentro do veículo.

Não faz muito tempo em que o Tribunal Superior do Trabalho manteve uma justa causa aplicada a empregados, da empresa de ônibus, que fizeram sexo no interior do veículo e foram flagrados pelas câmeras de monitoramento existentes no interior do veículo.

Entendeu o Tribunal que a empresa tem o direito de demitir por justa causa um motorista de ônibus flagrado pela câmera do veículo fazendo sexo com a cobradora, após os passageiros já terem saído.(38)

---

(36) Vale lembrar que a mera pressão psicológica não é um tipo penal. Para tanto, a ameaça tem de ser objetivamente apta a constranger a vontade da vítima. De qualquer sorte, a utilização de câmeras de monitoramento falsas, com o intuito de inibir o trabalhador, não constitui crime.

(37) INDENIZAÇÃO POR DANO MORAL [...] se eventualmente eram 'falsas' tais câmeras (o que não foi provado), o caso se agravaria, a meu ver, porque constituiria um procedimento ardiloso e covarde 28 (veja o depoimento do preposto da reclamada, no processo 01262/2003, fl. 334: 'as câmeras nos banheiros não eram acionadas, sendo apenas câmeras 'psicológicas'; que câmeras psicológicas representam apenas o efeito de que as pessoas estariam sendo observadas' fl. 334). Não se pode ignorar que a empresa visava a intimidação ilegal de seus empregados, quando seu preposto declarou, textualmente, à f. 342 (depoimento colhido no processo 01727-2003): 'que houve contratação para instalação de câmeras reais e psicológicas [...] (BRASIL. Tribunal Superior do Trabalho. AIRR n. 78/2004-103-03-40.1. 4ª T. Relator: Juiz convocado Luiz Antonio Lazarim. 11 nov. 2005). 4ª Turma.

(38) Informação retirada do site: <https://www.conjur.com.br/2017-ago-22/tst-mantem-justa-causa-motorista-fez-sexo-onibus>.

Acontece que há uma outra perspectiva que não se pode perder de vista. As câmeras de monitoramento quando voltadas para dentro do interior do veículo podem servir a outras finalidades, da mesma forma que quando são utilizadas no ambiente de trabalho da empresa de modo abusivo. Portanto, a utilização de tais câmeras quando voltadas para o interior do veículo — quer seja um ônibus, quer seja um carro de passeio comum —, devem observar a mesma parametrização ética e moral quando utilizadas para dentro do estabelecimento.

4. *Considerações finais*

Não podemos perder de vista a questão relacionada ao meio ambiente de trabalho saudável. Trata-se de um componente indispensável para a vida de todo ser humano. Devemos ter em mente que um trabalhador passa a maior parte de seu tempo; portanto, de sua vida, no ambiente de trabalho. Fica mais tempo no trabalho do que em casa, não obstante a novel possibilidade do trabalho remoto.[(39)]

O meio ambiente do trabalho saudável é importantíssimo, pois o trabalhador é o elemento mais vulnerável nesta relação jurídica, mormente porque não é partícipe dela, mas subordinado. Portanto, verificar os limites do monitoramento mediante o uso de câmera pode aumentar a pressão psicológica do trabalhador e influir, diretamente, em sua qualidade de vida e, por consequência, trazer resultados negativos para o trabalho.[(40)]

No ambiente de trabalho o trabalhador deve se sentir bem, acolhido, confortável, mesmo considerando os balizamentos outorgados por cada empresa na condução de seu negócio.

Evidente que os avanços tecnológicos não podem ser relegados ao segundo plano. Devem ser utilizados como elemento de implementação evolutiva de técnicas de resultado. Mas a questão não é essa. A questão é a de se saber até que ponto deve ser considerado como um avanço tecnológico a vigilância extraída por câmeras no ambiente laboral.

Podemos afirmar que a lógica do monitoramento por vídeo no ambiente de trabalho traz muito mais benefícios ao empregador. Aliás, são poucos os benefícios trazidos para o emprego. Eventualmente este usa as imagens como meio de prova para tentar demonstrar um abuso feito pelo empregador ou por seu preposto, como assédios moral ou sexual, desrespeito em reuniões, ofensas pessoais, brigas etc.

Não menosprezamos a importância que o uso de sistemas de monitoramento mediante câmeras é detentor, mas é preciso não perder de vista que o bom senso e o equilíbrio na sua utilização devem ser a via mestra, como, de resto, tudo na vida, diga-se de passagem.

A manutenção desse equilíbrio é um desejo, por vezes, quase inalcançável, não só pelas arestas deixadas no confronto entre o capital x trabalho, como também pela sociedade altamente plural em que vivemos[(41)], mas uma sociedade dividida.

A Constituição, ao assegurar de um lado, o direito à propriedade, incluindo-se aí o ambiente de trabalho, também cuidou de proteger os direitos do ser humano e do trabalhador, mas não deixou claro como fazê-lo. Compete a nós operadores do direito construir essa estrada, de modo que o seu destino seja alcançado com sabedoria.

Enquanto a sociedade cuidava de monitorar o trabalhador através de um simples registro de sua entrada e saída mediante o uso de cartões de ponto, nada demais. Todavia, quando o controle da jornada passou a ser exercido mediante o uso da digital do trabalhador, a chiadeira começou. Houve o ajuizamento de diversas ações com a finalidade de coibir o uso de tal tecnologia, pelos mais diversos argumentos. O fato é que hoje não mais se discute esse tema. Provavelmente o mesmo acontecerá com o sistema de

(39) O trabalho em casa foi estratégia adotada por 46% das empresas durante a pandemia, segundo a Pesquisa Gestão de Pessoas na Crise COVID-19. No setor de comércio e serviços, 57,5% dos empregados passaram para o teletrabalho, nas pequenas empresas o percentual ficou em 52%, segundo informação do site <https://agenciabrasil.ebc.com.br/economia/noticia/2020-07/home-office-foi-adotado-por-46-das-empresas-durante-pandemia#:~:text=O%20trabalho%20em%20casa%20foi,Pessoas%20na%20Crise%20covid%2D19.&text=No%20setor%20de%20com%C3%A9rcio%20e,o%20percentual%20ficou%20em%2052%25>.

(40) Vale lembrar que a Constituição também exige que o meio ambiente de trabalho seja saudável, como se depreende do art. 200, inciso VIII, ao estabelecer que é da competência do sistema único de saúde, além de outras atribuições, nos termos da lei; VIII — colaborar com a proteção do meio ambiente, nele estando compreendido o do trabalho, mas isso não exclui, por óbvio, a responsabilidade do empregador.

(41) Até aí, nada demais! Até certo ponto o pluralismo das ideias contribuiu para uma construção mais sólida da sociedade. O problema é a forma com que se desenvolve esse pluralismo.

monitoramento do ambiente de trabalho. Daí porque a importância de discutirmos o tema agora, para que no futuro não nos arrependamos ou mesmo sejamos acusados de omissão.(42)

É válido o argumento de que o uso de câmeras se destina a segurança mútua, ou seja, do ambiente de trabalho como um todo, no sentido de proteção da pessoa do trabalhador, como dos bens que se encontram no local de trabalho. O fato de a câmera ser giratória, por si só, não invalida a sua utilização, desde que respeitados os parâmetros acima vistos.

Não podemos nos voltar contra a realidade. Temos que fazer do limão uma limonada. Todos nós estamos cansados de saber que existem câmeras de vigilância nos supermercados, bancos, lojas em geral (em especial as que vendem joias ou veículos), em transportes de valores, entre tantos outros estabelecimentos, inclusive de ensino. Se a existência de câmeras de vigilância nos ambientes laborais é uma realidade, inclusive a prova testemunhal vem, paulatinamente, sendo substituída por imagens de vídeos, nossa missão, como operadores do direito, é preparar o terreno para que os direitos constitucionalmente escritos como fundamentais sejam devidamente assegurados.

5. *Conclusão*

É preciso nunca perder de vista que valores como a intimidade e a privacidade encontram-se protegidos constitucionalmente, não obstante inexista no ordenamento jurídico qualquer dispositivo legal que cuide, diretamente, de tais valores no âmbito das relações de trabalho.

Também é preciso levar em conta que, hodiernamente, não há uma unicidade doutrinária e jurisprudencial acerca do conceito e das diferenças entre intimidade e privacidade. Optamos, neste trabalho, por trilhar um caminho conceitual mais próximo e consentâneo com a realidade, apoiados, também em doutrina.

Consideramos, de outra quadra, algumas situações corriqueiras em que se colocam à prova os valores intimidade e privacidade nos domínios das relações trabalhistas, além dos parâmetros utilizados pelo Tribunal Superior do Trabalho para fins de delimitação do tema.

Abordamos o confronto entre o ser e o ter, na ponderação de hipóteses em que a patrimonialidade se sobressaiu, como também nos casos em que a intimidade/privacidade se sagram vencedoras.

A utilização das imagens captadas pelo sistema de monitoramento das câmeras no ambiente de trabalho também foi analisado.

Enfim, dentro do espaço que nos foi destinado tentamos fazer que seus momentos de leitura tenham servido para uma breve reflexão, sem qualquer veleidade. Esperamos que, ao fim e ao cabo, de alguma forma tenhamos contribuído.

5. *Referências*

ARENDT, Hannah. *A condição humana*. Trad. Roberto Raposo. 10. ed. Rio de Janeiro: Forense Universitária, 2001.

CANOTILHO, José Joaquim Gomes. *Direito constitucional e teoria da Constituição*. 5. ed. Coimbra: Almedina, 2002.

REVISTA Eletrônica do CEJUR, v. 1, n. 1, ago./dez. 2006.

CORTIANO JUNIOR, Eroulths. Alguns apontamentos sobre os chamados direitos de personalidade. In: FACHIN, Luiz Edson (coord.). *Repensando os fundamentos do Direito Civil Brasileiro Contemporâneo*. Rio de Janeiro: Renovar, 2000.

FACHIN, Luiz Edson. *Teoria crítica do direito civil*. São Paulo: Renovar, 2000.

FARIAS, Edilsom Pereira de. *Colisão de direitos:* a honra, a intimidade, a vida privada e a imagem *versus* a liberdade de expressão e informação. 2. ed. atual. Porto Alegre: Fabris, 2000.

LAFER, Celso. *A reconstrução dos direitos humanos:* um diálogo com o pensamento de Hannah Arendt. São Paulo: Companhia das Letras, 1988.

(42) Assunto não tratado neste trabalho, por ser muito específico, diz respeito ao monitoramento pelo uso de câmeras na sala de aula. Até que ponto o professor é livre, dentro de um sistema democrático, para formar a opinião de seus alunos? Qual seria o verdadeiro propósito de se instalar câmeras de monitoramento dentro da sala de aula? Seria correto a instalação de câmeras para monitorar o comportamento do aluno? Não seriam as câmeras, em casos que tais, inibidoras da formação dos alunos, quanto a distinção entre ética e moral? Estas entre outras questões, que não foram objeto do presente artigo, também merecem uma reflexão.

LEWICKI, Bruno. *A privacidade da pessoa humana no ambiente de trabalho*. Rio de Janeiro: Renovar, 2003.

LORENZETTI, Ricardo Luis. *Fundamentos do direito privado*. Trad. Vera Maria Jacob de Fradera. São Paulo: RT, 1998.

MORAES, Maria Celina Bodin. O conceito de dignidade humana: substrato axiológico e conteúdo normativo. In: SARLET, Ingo Wolfgang (org.). *Constituição, direitos fundamentais e direito privado*. Porto Alegre: Livraria do Advogado, 2003.

MOTA PINTO, Paulo. O direito à reserva sobre a intimidade da vida privada. *Boletim da Faculdade de Direito*, Coimbra, v. 69, 1993.

SAMPAIO, José Adércio Leite. *Direito à intimidade e à vida privada:* uma visão jurídica da sexualidade, da família, da comunicação e informações pessoais, da vida e da morte. Belo Horizonte: Del Rey, 1998.

SANTOS, Boaventura de Sousa. *A crítica da razão indolente:* contra o desperdício da experiência. 2. ed. São Paulo: Cortez, 2000. v. 1.

SANTOS, Laymert Garcia. *Politizar as novas tecnologias:* o impacto sócio-técnico da informação digital e genética. São Paulo: Editora 34, 2003.

SCHMITT, Rosane Heineck. Direito à informação — liberdade de imprensa x direito à privacidade. In: SARLET, Ingo Wolfgang. *A Constituição concretizada:* construindo pontes com o público e o privado. Porto Alegre: Livraria do Advogado, 2000.

SZANIAWSKI, Elimar. *Direitos de personalidade e sua tutela*. 2 ed. rev. atual. ampl. São Paulo: RT, 2005.

WARREN, Samuel; BRANDEIS, Louis. *El derecho a la intimidad*. Trad. Benigno Pendás e Pilar Baselga. Madrid: Civitas, 1995.

O Teletrabalho e os Desafios Impostos à Ciência Jurídica no Contexto da Pandemia da Covid-19

Fernanda Lavinia Birck Schubert(1)
Patrick Costa Meneghetti(2)

1. Introdução

O teletrabalho é uma modalidade de trabalho praticada mediante o emprego das tecnologias de informação e comunicação. Comumente utilizada pela esfera privada, ganhou notoriedade devido a sua ampla implantação em empresas nos Estados Unidos, a partir dos anos 1990. Em que pese, porém, a sua crescente utilização em todo o mundo, no Brasil essa prática ainda é nova, pouco utilizada pelas instituições públicas e, também, desconhecida da população.

Para além da perspectiva privada, a concepção de teletrabalho foi adotada pelo Poder Judiciário brasileiro, como o Tribunal Superior do Trabalho (TST), Superior Tribunal Federal (STF), bem como por órgãos administrativos, como o Tribunal de Contas da União (TCU). Assim, a inserção do regime de teletrabalho na Administração Pública se deu, essencialmente, devido aos ganhos inerentes da modalidade, podendo ser mencionadas a título de exemplo a otimização do tempo e a redução dos custos e dos impactos ambientais, o que se somou, no ano de 2020, à necessidade de adequar a prestação jurisdicional às medidas de distanciamento social decorrentes da COVID-19.

Dessa forma, a presente pesquisa justifica-se na medida que essa forma de produção inova as relações de trabalho. Abre-se um espaço para inúmeras discussões acerca dos reflexos de sua implementação, como a qualidade de vida do teletrabalhador, as diferenças de laborais entre o trabalhador do ambiente de trabalho comum e aquele que trabalha remotamente, os impactos normativos de sua aplicabilidade, além da sua implicação ao acesso à justiça.

Assim é que, através da utilização do método dedutivo, o presente trabalho estrutura-se de maneira a, primeiramente, tecer considerações acerca da trajetória histórica do direito de acesso à Justiça, relacionando-o à evolução dos direitos humanos e ao consequente surgimento de "novos direitos". Outrossim, faz-se a análise da atual crise jurisdicional enfrentada por muitos países — centrando-se o estudo, especialmente, no âmbito brasileiro —, no intuito de lograr sua superação mediante a construção de um novo paradigma, que se espera esteja adequado a orientar a Ciência Jurídica no contexto dos desafios da pandemia da COVID-19.

Trata-se de pesquisa qualitativa, pois, segundo Godoy (1995), quando o estudo é de caráter descritivo e o que se busca é o entendimento do fenômeno como um todo, na sua complexidade, uma análise qualitativa é a mais indicada.

No que tange à técnica, utilizou-se pesquisa bibliográfica, que, a pesquisa bibliográfica é considerada como o método "[...] onde é apresentada toda a literatura que o aluno examinou, de forma a evidenciar o entendimento do pensamento dos autores, acrescido de suas próprias ideias e opiniões" (STUMPF, 2005, p. 51)". Assim, a pesquisa fundamenta-se em artigos científicos, dissertações, legislação e dados estatísticos relacionados à temática do teletra-

(1) Mestranda em Direito (UNIJUÍ). Pós-graduanda em Direito Previdenciário pela EBRADI. Graduada em Direito da UNICRUZ. Integrante do Projeto de Pesquisa Estado de Direito e Democracia: espaço de afirmação dos Direitos Humanos e Fundamentais. E-mail: fernanda_lbs@hotmail.com.
(2) Doutorando em Direito (UNIJUÍ). Mestre em Direito. Especialista em Direito Público com ênfase em Gestão Pública. Bacharel em Direito. Técnico Judiciário/Administrativa na Vara Federal de Cruz Alta/Justiça Federal do Rio Grande do Sul/Tribunal Regional Federal da 4ª Região. E-mail: pcm29@jfrs.jus.br.

balho aplicado ao Poder Judiciário, especificamente, à Justiça Federal da 4ª Região.

É importante destacar que, para Santos (1987, p. 55), no paradigma emergente, "a ciência moderna produz conhecimentos e desconhecimentos. Se faz do cientista um ignorante especializado faz do cidadão comum um ignorante generalizado". Já a ciência pós-moderna está aberta ao diálogo com as experiências da sociedade, seus valores e crenças.

A presente pesquisa, por conseguinte, é fruto desse paradigma emergente da ciência pós-moderna, pois, partindo do senso comum, aqui entendido positivamente como a realidade social, "utópica e libertadora" (SANTOS, 1987, p. 56), está centrada na responsabilidade social do conhecimento. Nas palavras de Foucault (1979), uma teoria tem que ser uma caixa de ferramentas, servindo e funcionando não apenas para ela mesma. Embora a presente pesquisa seja realizada com base em um sólido estudo teórico, irá além, pois, já partindo da realidade concreta, não se limita a constar problemas, mas também a apresentar soluções, indo além deles mesmos.

2. *Desenvolvimento*

2.1. Considerações acerca do teletrabalho

O teletrabalho ou *home office*, como é usualmente conhecido no Brasil, foi idealizado por Jack Nilles, físico da Nasa (Agência de Administração Nacional da Aeronáutica e Espaço do Governo Federal dos Estados Unidos), quando buscava superar a crise do petróleo, na década de 1970. A concepção da ideia de "levar o trabalho ao trabalhador e não o trabalhador ao trabalho", materializou-se em 1982, com a fundação da "JALA", primeira empresa de consultoria de teletrabalho do mundo, criada por Nilles (OLIVEIRA, 2016). Apesar disso, a implementação do teletrabalho em maior escala somente se deu no século XXI, com a evolução das tecnologias e a expansão da internet.

Entretanto, conforme Fincato (2016, p. 5) as origens do teletrabalho remontam à época do surgimento do telégrafo óptico pelo engenheiro cientista francês, Claude Chappe, no século XVIII, anterior ao telégrafo elétrico. O telégrafo óptico baseava-se em um sistema de sinalização de semáforos, formado por lunetas e código de transmissão, de modo que uma série de torres eram dispostas em sequência e em lugares altos, como montanhas.

O sistema tinha viés militar, em que o operador de uma torre anunciava para o operador subsequente a chegada ou saída de navios ou de invasores. Os princípios, como o distanciamento entre o gestor e os prestadores de serviço (critério geográfico), organização hierárquica e operacional, além do uso da tecnologia como mediadora da relação a distância, caracterizam a modalidade do teletrabalho (FINCATO, 2016, p. 6).

Conforme Melo (2011, p. 9), "o termo 'Teletrabalho' vem da união da palavra grega "Telou", que significa "longe", e da palavra latina "Tripaliare", que significa "trabalhar". Com efeito, a definição de teletrabalho não é unânime. Encontra-se na literatura, tanto nacional quanto estrangeira, a utilização de diferentes termos para se referir ao mesmo tema e de um mesmo termo para reportar a diferentes especificidades (SAKUDA, 2001 *apud* AMADOR; ROCHA, 2018). Nessa perspectiva, Lima (2018), ao observar os pontos em comum entre os diversos autores que se propuseram a definir a temática, conceituou o teletrabalho como a atividade realizada à distância, remotamente e viabilizada pelos recursos das Tecnologias da Informação e Comunicação (TICs), realizada predominantemente no domicílio dos teletrabalhadores.

Segundo Fincato (2016, p. 8), "o surgimento do teletrabalho está intimamente relacionado à evolução das tecnologias de comunicação e à possibilidade de, via mensagens que por estas trafegavam, enviar o trabalho ao trabalhador". Nesse sentido, na Sociedade da Informação, em que a tecnologia faz parte da vida dos indivíduos, seja na esfera profissional, social ou educacional, faz-se necessário que o Poder Judiciário se adapte ao novo arranjo social que se apresenta, cujo contexto baseia-se na realidade virtual (SILVA, Q. 2013).

Dessa forma, graças à implementação da Lei n. 11.419/2006, da Informatização do Processo Judicial, a qual dispõe sobre o processo eletrônico e dá outras providências, foi possível deixar de trabalhar com processos em autos físicos, medida fundamental para o desafogamento do Poder Judiciário, bem como de maior economicidade e celeridade no trâmite processual (SILVA, Q. 2013). Destaca-se que a criação da referida Lei faz parte do chamado Pacto Republicano, que se refere a uma série de reformas infraconstitucionais do processo, com objetivo de promover sua razoável duração e a eficiência na entrega da prestação jurisdicional (SILVA, Q. 2013).

No Brasil, até a entrada em vigor da Lei n. 13.467/2017, o teletrabalho não era regulamentado pela legislação trabalhista, no entanto, já era praticado por empresas e órgãos públicos. O capítulo II — A dessa Lei incluiu a modalidade de teletrabalho à Consolidação das Leis do Trabalho (CLT), aprovada pelo Decreto-Lei n. 5.452, de 1º de maio de 1943, passando a vigorar com a seguinte redação:

> Art. 75-B. Considera-se teletrabalho a prestação de serviços preponderantemente fora das dependências do empregador, com a utilização de tecnologias de informação e de comunicação que, por sua natureza, não se constituam como trabalho externo.

Em sede do Poder Judiciário, a Resolução n. 227/2016, editada pelo Conselho Nacional de Justiça (CNJ), regularizou o teletrabalho, conquanto alguns tribunais já houvessem implantado programas com regulamentações próprias (LIMA, 2018, p. 19). O Tribunal Superior do Trabalho (TST) foi o pioneiro do trabalho remoto na esfera judiciária, com a implantação do modelo em 2011. Consoante o ministro Barros Levenhagen, presidente do TST à época, verificou-se, após um projeto piloto, que o resultado foi extremamente positivo, uma vez que a produtividade dos servidores que participaram da experiência aumentou consideravelmente. Assim, desde 2014, a Corte Trabalhista autoriza que até 50% de seus servidores trabalhem em domicílio (ANDRADE, 2018).

No âmbito da Justiça Federal, o Tribunal Regional Federal da 4ª Região (TRF4), por intermédio da Resolução n. 134, de 12 de dezembro de 2016, foi o precursor na regulamentação do teletrabalho. Entre os aspectos analisados para a edição da supramencionada resolução, destacam-se: a implantação do processo eletrônico judicial; as vantagens e benefícios advindos do teletrabalho para a administração, para o servidor e para a sociedade, bem como a relevância da prevenção e do monitoramento dos fatores de risco associados às mudanças na organização do trabalho; a melhoria do clima organizacional e da qualidade de vida dos servidores.

A implementação de tal modalidade de trabalho na esfera pública é justificada por princípios da Administração Pública, dentre os quais se destaca o princípio da eficiência, previsto no artigo 37 da Constituição Federal (BRASIL, 1988)[(3)]. De acordo com Oliveira (2016, p. 10) "eficiência, segundo o Dicionário Aurélio, é a capacidade de um administrador obter resultados ou de ter o funcionamento esperado com uma maior economia de recursos e/ou tempo".

Outrossim, as motivações da implementação se referem ao direito à saúde e à segurança no trabalho (artigos 6º, 7º, inciso XXII, e 39, § 3º) e, por fim, a equiparação dos efeitos jurídicos do trabalho realizado a distância àqueles decorrentes da atividade laboral exercida mediante subordinação pessoal e direta.

Nesse sentido, a Resolução n. 134, do Tribunal Regional Federal da 4ª Região, conceitua o teletrabalho para a Justiça Federal de 1º e 2º grau como a atividade laboral facultativa, que é executada de modo parcial ou total em local diverso do ambiente de trabalho presencial, fazendo uso de tecnologia da informação e comunicação para o desempenho das atividades. Além disso, disciplina duas formas possíveis de teletrabalho: em domicílio, realizado na residência do servidor, localizada no município sede na unidade judiciária de lotação ou em localidade próxima e o distribuído, que se diferencia apenas na questão de maior distância entre o domicílio do servidor e sua unidade de lotação (TRF4, 2016).

Insta ressaltar que a modalidade é vetada aos servidores que estejam nos dois primeiros anos do estágio probatório; tenham subordinados ou ocupem cargo em comissão; apresentem contraindicações por motivo de saúde (constatadas em perícia médica); tenham sofrido penalidade disciplinar nos dois anos anteriores à indicação e estejam fora do país, salvo na hipótese de servidores que tenham direito à licença para acompanhar o cônjuge (TRF4, 2016).

Observa-se que a Resolução previu que o número de servidores que realizam teletrabalho não pode ser superior a 40% da lotação efetiva de servidores da respectiva unidade, de forma que tal porcentagem pode ser majorada mediante pedido fundamentado à Presidência do Tribunal ou à Direção do Foro da Subseção e desde que o aumento do número de pessoas em teletrabalho não prejudique o andamento do trabalho da unidade judiciária (TRF4, 2016).

Ademais, deve o servidor participante do regime de teletrabalho atender as convocações para

(3) "Art. 37. A administração pública direta e indireta de qualquer dos Poderes da União, dos Estados, do Distrito Federal e dos Municípios obedecerá aos princípios de legalidade, impessoalidade, moralidade, publicidade e eficiência e, também, ao seguinte: (Redação dada pela Emenda Constitucional n. 19, de 1998)" (BRASIL, 1988).

comparecimento às dependências da Unidade, bem como o desempenho de trabalho presencial a cada período máximo de quinze dias, a fim de socializar com os colegas e se reunir com a chefia. Além disso, metas são estipuladas como meio de avaliação, sendo que é exigido do servidor que seu desempenho seja igual ou até 10% superior àquele estabelecido para os servidores que executarem as mesmas atividades nas dependências da Justiça Federal de 1º e 2º Graus (TRF4, 2016).

O monitoramento e controle do teletrabalho tem como responsáveis os gestores das unidades e a Comissão de Gestão do Trabalho, a qual objetiva a análise dos resultados dos participantes, realização de relatório anual com parecer e proposição de diretrizes no que tange às práticas do regime de teletrabalho. Outrossim, o acompanhamento e a capacitação dos servidores e gestores é feito por meio da Secretaria de Gestão de Pessoas e os Núcleos de Acompanhamento e Desenvolvimento Humano (NADH), consoante artigo 12 da Resolução.

Dados do Tribunal Regional Federal da 4ª Região, do ano de 2019, demonstram que havia 83 servidores em regime de teletrabalho, parcial ou integral, na sede do Tribunal, situada no município de Porto Alegre/RS[(4)]. Em um levantamento feito pelo Tribunal, no ano de 2016, havia 463 servidores da Justiça Federal de 1º e 2º grau da 4ª Região (que engloba os Estados do Rio Grande do Sul, Santa Catarina e Paraná) que trabalhavam de forma remota[(5)].

Nessa perspectiva, os servidores em regime de teletrabalho têm algumas obrigações a serem cumpridas, como: em relação ao pessoal de Secretaria, a obrigatoriedade de comparecimento quinzenal na Vara e comparecimento mensal para servidores ocupantes de função de Gabinete. Não obstante, todos devem comparecer à Unidade sempre que forem chamados. Também há a obrigatoriedade de manutenção de uma estrutura ideal para o trabalho em domicílio; permanecer logado ao sistema de comunicação interno, no horário de expediente; o cumprimento das metas estipuladas na entrevista inicial, além de regularmente alimentar os relatórios mensais de produtividade junto ao Sistema Eletrônico de Informações (SEI) (TRF4, 2016).

Todavia, essa modalidade laboral ainda sofre preconceitos e receios, essencialmente em órgãos do Poder Judiciário, tendo em vista que é uma prática relativamente nova na administração pública brasileira. De acordo com Silva, A. (2015), o tema ainda causa desconfiança na dinâmica do funcionalismo público, corroborado pelo imaginário de que o servidor, com a possibilidade de permanecer em sua residência, não trabalhará.

Observa-se que a qualidade de vida dos servidores é um dos fatores determinantes para a utilização do teletrabalho. Segundo a Organização Mundial da Saúde (OMS), qualidade de vida é "a percepção do indivíduo de sua inserção na vida no contexto da cultura e sistemas de valores nos quais ele vive e em relação aos seus objetivos, expectativas, padrões e preocupações". Isso quer dizer que a escolha do servidor por trabalhar em tal regime representa a capacidade de satisfazer suas necessidades pessoais de acordo com sua atividade na organização na qual está inserido (CHIAVENATO, 2004 *apud* SILVA, Q. 2013, p. 15).

Nesse sentido, é indubitável que o trabalho remoto permite ao trabalhador mais liberdade para gerir o seu tempo e programar as suas atividades, além de reduzir custos com alimentação, transporte e vestuário, o que influi diretamente na qualidade de vida do indivíduo. Consoante Maria Regina Junqueira e Silva[(6)], diretora da Divisão de Gestão de Pessoas do Tribunal Regional Federal da 4ª Região:

> O teletrabalho permitiu conciliar tudo isso, possibilitando que os servidores se organizem da melhor forma para desenvolver suas tarefas sem sair de casa, otimizando sua vida e melhorando sua qualidade de vida, sem prejuízo da qualidade e celeridade na execução do trabalho.

Em contrapartida, Viecili *et al.* (2019, p. 5) destaca algumas desvantagens advindas do teletrabalho observadas pela doutrina, tais como o desenvolvimento de problemas ergonômicos relacionados à exposição do teletrabalhador a condições e postura

---

(4) Dados retirados do site do Tribunal Regional Federal da 4ª Região. Disponível em: <https://www.trf4.jus.br/trf4/controlador.php?acao=pagina_visualizar&id_pagina=1856&seq=172|232|654>.

(5) Dados disponíveis em: <https://www.jornaldocomercio.com/_conteudo/2017/06/cadernos/jornal_da_lei/568628-teletrabalho-e-desenvolvido-por-463-servidores-do-trf-4.html>.

(6) Disponível em: <https://blogs.correiobraziliense.com.br/servidor/tribunais-o-teletrabalho-aumenta-produtividade-do-judiciario/>.

inadequadas; o aumento de custos em relação à compra e à manutenção de equipamentos, bem como ao uso de energia elétrica e, principalmente, o risco de isolamento social causado pela carência de contato com os colegas.

Apesar das desvantagens apresentadas, tal modalidade passou a ser implantada de forma obrigatória, no âmbito do Poder Judiciário, a magistrados/as, servidores/as, estagiários/as e colaboradores/as em função da pandemia da COVID-19, o que será abordado no tópico a seguir.

2.2. Sobre o teletrabalho e a COVID-19

A COVID-19 impôs a necessidade de um novo arranjo nas relações sociais, no que se incluem as relações de trabalho, com o intuito de evitar a transmissão do coronavírus e preservar a vida. Tal reorganização se deu, também, no âmbito do Poder Judiciário, que adequou seu funcionamento para preservar a vida não apenas dos/as trabalhadores/as, mas também dos próprios usuários. A seguir, serão analisados aspectos dessa reorganização.

Tão logo a Organização Mundial da Saúde (OMS) reconheceu a COVID-19 como pandemia, o que ocorreu em 11 de março de 2020, o Conselho Nacional de Justiça (CNJ) estabeleceu, por meio da Resolução n. 313, de 19 de março de 2020, regime de Plantão Extraordinário[(7)], dia anterior ao Ministério da Saúde do Brasil declarar estado de transmissão comunitária no país, por intermédio da Resolução n. 454, de 20 de março de 2020.

A Resolução n. 313, de 19 de março de 2020 teve o intuito de uniformizar a atuação Poder Judiciário no Brasil[(8)] e afastar critérios conflitantes de manutenção ou não dos expedientes forenses, além de assegurar, em meio à pandemia, a continuidade da prestação jurisdicional (CNJ, 2020). Para tanto, estabeleceu, em seu artigo 2º, o regime de Plantão Extraordinário, que suspendeu as atividades presenciais de magistrados/as, servidores/as, estagiários/as e colaboradores/as e determinou a manutenção, mesmo à distância, de atividades essenciais a serem definidas por cada Tribunal, desde que garantidas, segundo o artigo 2º, § 1º, da Resolução (CNJ, 2020):

> I — a distribuição de processos judiciais e administrativos, com prioridade aos procedimentos de urgência;
>
> II — a manutenção de serviços destinados à expedição e publicação de atos judiciais e administrativos;
>
> III — o atendimento aos advogados, procuradores, defensores públicos, membros do Ministério Público e da polícia judiciária, de forma prioritariamente remota e, excepcionalmente, de forma presencial;
>
> IV — a manutenção dos serviços de pagamento, segurança institucional, comunicação, tecnologia da informação e saúde; e
>
> V — as atividades jurisdicionais de urgência previstas nesta Resolução.

Apesar da manutenção de serviços tidos como essenciais, foram suspensos quaisquer atendimentos presenciais das partes e advogados, e foi determinada a criação de um canal de comunicação e sua ampla divulgação. Em casos excepcionais, quando impossível a realização de atendimento de maneira remota pelos meios tecnológicos disponíveis, o artigo 3º, § 2º, da Resolução n. 313 autorizou a realização de atendimentos presencial (CNJ, 2020).

No âmbito do Tribunal Regional Federal da 4ª Região, antes mesmo da Resolução acima referida ter sido publicada, a Portaria n. 302/2020 delimitou a implementação de medidas temporárias de combate e prevenção à COVID-19. Dentre elas estava a ampliação do regime de teletrabalho, que passou a ser facultativo para magistrados/as, servidores/as e estagiários/as, sendo compulsório apenas às pessoas que tivessem tido contato com alguém contaminado, que tivessem retornado de viagem, ou, ainda, que residissem com pessoa que apresentasse febre ou outro sistema respiratório, conforme redação do artigo 2º da Portaria. Na ocasião, também foi suspenso o atendimento ao público, quando pudesse ser prestado por outros meios diversos do presencial (TRF4, 2020).

Ainda no contexto do Tribunal Regional Federal da 4ª Região, em 16 de abril de 2020, foi publicada a Resolução n. 18/2020, que ampliou as medidas de prevenção ao contágio e à transmissão do novo coronavírus. Na oportunidade, foi instituído o teletrabalho integral e compulsório para a Justiça Federal

(7) "Art. 1º Estabelecer o regime de Plantão Extraordinário, no âmbito do Poder Judiciário Nacional, para uniformizar o funcionamento dos serviços judiciários e garantir o acesso à justiça neste período emergencial, com o objetivo de prevenir o contágio pelo novo Coronavírus — COVID-19" (CNJ, 2020).

(8) À exceção do Supremo Tribunal Federal e da Justiça Eleitoral, aos quais a Resolução n. 313, de 19 de março de 2020 não se aplica, conforme artigo 1º, parágrafo único (CNJ, 2020).

de 1º e 2º Graus da 4ª Região, conforme artigo 2º. O mesmo artigo ressaltou que a realização de trabalho presencial somente poderia ocorrer mediante justificativa à Presidência e à Corregedoria Regional, e desde que não expusesse a risco de contágio do coronavírus (TRF4, 2020).

Sob o fundamento da necessidade de organizar a realização de serviços, para o fim de não interromper a prestação jurisdicional e manter o distanciamento social, o Tribunal Regional Federal da 4ª Região publicou, em 27 de março de 2020, a Resolução n. 21, de março de 2020, que complementou a resolução anterior, trazendo informações mais detalhadas sobre o funcionamento do teletrabalho integral e compulsório. O artigo 1º (TRF4, 2020) determinou o desempenho das seguintes funções, atribuições e atividades funcionais a partir da residência de cada Magistrado/a, servidor/a ou estagiário/a:

> I — a execução das funções, atribuições e atividades durante o horário de expediente normal;
>
> II — o atendimento ao público interno e externo, mediante o redirecionamento dos principais ramais telefônicos dos setores para telefones particulares, fixos ou móveis, dos responsáveis pelas unidades (siga-me), com auxílio do setor de telecomunicações;
>
> III — a acessibilidade da comunicação interna por meio da instalação dos sistemas de mensagens (psi, pandion e/ou pigdin) nos computadores de mesa e/ou portáteis e o login durante o horário normal de expediente;
>
> IV — a consulta diária às contas de e-mail institucional e ao Sistema Eletrônico de Informações (SEI), pessoal e do setor, este pelo responsável da unidade, com resposta tempestiva aos expedientes recebidos e pela via adequada;
>
> V — o atendimento às solicitações das chefias e magistrados por via telefônica (mensagens ou ligações);
>
> VI — a manutenção dos dados cadastrais atualizados, especialmente das informações atinentes a endereço, ramal pessoal, telefone fixo e móvel particular e institucional;
>
> VII — a permanência à disposição da Justiça Federal de Primeiro e Segundo Graus da 4ª Região durante o horário de expediente normal para atendimento das demandas dos setores, chefias e magistrados, e, em regime de sobreaviso, para comparecimento presencial na unidade de lotação, caso necessário.

Para realização de tais atividades, a mesma Resolução previu a possibilidade de magistrados/as, servidores/as ou estagiários/as movimentarem equipamentos e/ou mobílias da sede funcional para suas residências, caso não possuíssem estrutura adequada para realização das atividades laborais, de acordo com o artigo 2º da Resolução n. 21 de março de 2020. Tal disposição, entretanto, não se aplicou àqueles/as servidores/as que já realizavam teletrabalho antes da pandemia, conforme artigo 6º da mesma Resolução (TRF4, 2020).

Depois disso, ao longo do ano de 2020, os regimes de plantão extraordinário e de teletrabalho integral compulsório no âmbito da Justiça Federal da 4ª Região foram prorrogados por diversas vezes. O retorno gradativo das atividades somente foi pautado em 30 de setembro de 2020, por meio da Resolução n. 47/2020, que determinou a reabertura dos prédios. Apesar disso, o acesso somente seria permitido a magistrados/as, servidores/as, estagiários/as, empregados/as das empresas prestadoras de serviço, membros do Ministério Público, da Defensoria Pública, da Advocacia da União, Advogados/as e Procuradores/as, Peritos/as e Partes se demonstrassem a necessidade de ato judicial presencial, conforme artigo 1º, § 1º. Do contrário, os atos deveriam continuar sendo realizados à distância (TRF4, 2020).

Cabe ressaltar que, diversamente da praxe estabelecida para o teletrabalho em tempos de normalidade, durante a pandemia, não foi estabelecida a necessidade de cumprimento de metas por magistrados/as, servidores/as ou estagiários/as. Apesar disso, o Conselho Nacional de Justiça (CNJ) criou o painel *Produtividade Semanal do Poder Judiciário*, que compila atos administrativos e judiciais desde 16 de março de 2020 (ANTUNES; FISCHER, 2020). Por revelar, de certa forma, como está se dando o acesso à justiça em meio à pandemia, será abordado no tópico a seguir.

2.3. Considerações acerca do Acesso à Justiça

O estudo da efetividade dos novos direitos em um contexto globalizado requer que se discorra acerca da trajetória histórica dos direitos fundamentais, dando-se especial relevo ao direito fundamental do acesso à Justiça[9]. De fato, a análise da evolução

(9) Essa abordagem se justifica em função de que "a perfeita compreensão do significado de qualquer direito fundamental passa necessariamente pela análise prévia de seu desenvolvimento histórico. (...) De fato, essa visão ou análise retrospectiva, para além de funcionar como critério válido de interpretação, é peculiarmente importante, no caso dessa espécie de direitos, em face do caráter expansivo, abrangente e de contínua evolução que os caracteriza" (ARRUDA, 2003, p. 13).

histórica desse direito permite que se constatem variações em seu significado ao longo da história, acompanhando as transformações do Estado e das sociedades[10]. Nesse viés, é permitido afirmar que a evolução do princípio do acesso à Justiça acompanha a própria história de luta pelos direitos humanos e pela cidadania, atuando como promotor da efetividade de direitos e garantias individuais, que não podem ficar escritos no papel (ROBERT; SÉGUIN, 2000).

O acesso do cidadão ao sistema jurisdicional é pressuposto da garantia dos demais direitos assegurados constitucionalmente, já que a realização destes direitos depende da efetividade daquele. Nesse sentido, pode-se dizer que, embora a problemática do acesso à Justiça já pudesse ser sentida no início do século XX, somente no pós-guerra é que o tema se intensificou. Isso porque o direito do acesso à Justiça passou a representar a garantia dos denominados "novos direitos", consagrados constitucionalmente (MARINONI, 1997).

O conceito tradicional de acesso à Justiça vem sofrendo modificações ao longo do tempo, posto que, no modelo estatal dos séculos XVIII e XIX, de cunho essencialmente liberal e individualista, referido direito correspondia à mera possibilidade de o cidadão recorrer ao Poder Judiciário, não estando atrelado à efetividade das demandas a ele apresentadas. Nesse sentido, bastava o mero acesso formal à Justiça, não se questionando a qualidade da prestação jurisdicional.

É durante o século XIX que surge o que se denomina de primeira dimensão[11] dos direitos humanos, correspondentes aos direitos da liberdade, que englobam os direitos civis e políticos. Tais direitos possuem cunho negativo, no sentido de que pressupõem a não intervenção do Estado na esfera privada do indivíduo, sendo oponíveis ao ente estatal[12].

Aludidos direitos, característicos do modelo de Estado Liberal, despontam em um contexto histórico de transição entre a sociedade feudal, existente na Idade Média, e a sociedade burguesa, momento em que se assiste ao surgimento do modo de produção capitalista. Com efeito, o Estado Liberal corresponde à tentativa de unificação das diversas instituições existentes no período feudal, em que havia diferentes

---

(10) Para melhor compreender esses direitos, importa trazer à lume os dizeres de Dallari (1998, p. 7), para quem "a expressão 'direitos humanos' é uma forma abreviada de mencionar os direitos fundamentais da pessoa humana. Esses direitos são considerados fundamentais porque sem eles a pessoa humana não consegue existir ou não é capaz de se desenvolver e de participar plenamente da vida. Todos os seres humanos devem ter assegurados, desde o seu nascimento, as condições mínimas necessárias para se tornarem úteis à humanidade, como também devem ter a possibilidade de receber os benefícios que a vida em sociedade pode proporcionar. Esse conjunto de condições e de possibilidades associa as características naturais dos seres humanos, a capacidade natural de cada pessoa e os meios de que a pessoa dispõe pode se valer como resultado da organização social. É a esse conjunto que se dá o nome de *direitos humanos*. Para entendermos com facilidade o que significam direitos humanos, basta dizer que tais direitos correspondem às necessidades essenciais da pessoa humana. Trata-se daquelas necessidades que são iguais para todos os seres humanos e que devem ser atendidas para que a pessoa possa viver com dignidade que deve ser assegurada a todas as pessoas. Assim por exemplo, a vida é um direito humano fundamental, porque sem ela a pessoa não existe. Então, a preservação da vida é uma necessidade de todas as pessoas humanas. Mas, observando como são e como vivem todos os seres humanos, percebemos a existência de outras necessidades que são também fundamentais, como a alimentação, a saúde, a moradia, a educação e tantas outras coisas".

(11) Importa referir que se deu preferência a utilizar o termo "dimensões" de direitos em substituição a "gerações", pois "(...) não há como negar que o reconhecimento progressivo de novos direitos fundamentais tem o caráter de um processo cumulativo, de complementaridade, e não de alternância, de tal sorte que o uso da expressão 'gerações' pode ensejar a falsa impressão da substituição gradativa de uma geração por outra". SARLET, Ingo, *op. cit.*, p. 47. No mesmo sentido, afirma Moraes (1996, p. 164) que "(...) há uma realidade mutante nos direitos humanos que implica a passagem das *liberdades* para os *poderes* e, por ora, para as *solidariedades*, sem que isso signifique que a emergência de uma nova geração imponha o desaparecimento, ou mesmo o enfraquecimento, da anterior. Cada uma delas dirige-se a circunstâncias que lhes são próprias".

(12) Como assinala Sarlet, "os direitos fundamentais, ao menos no âmbito de seu reconhecimento nas primeiras Constituições escritas, são o produto peculiar (ressalvado certo conteúdo social característico do constitucionalismo francês), do pensamento liberal-burguês do século XVIII, de marcado cunho individualista, surgindo e afirmando-se como direitos do indivíduo frente ao Estado, mais especificamente como direitos de defesa, demarcando uma zona de não intervenção do Estado e um esfera de autonomia individual em face de seu poder. São, por este motivo, apresentados como direitos de cunho 'negativo' uma vez que dirigidos a uma abstenção, e não a uma conduta positiva por parte dos poderes públicos, sendo, nesse sentido, 'direitos de resistência ou de oposição' perante o Estado. Assumem particular relevo no rol desses direitos, especialmente pela sua notória inspiração jusnaturalista, os direitos à vida, à liberdade, à propriedade e à igualdade perante a lei. São, posteriormente, complementados por um leque de liberdades, incluindo as assim denominadas liberdades de expressão coletiva (liberdades de expressão, imprensa, manifestação, reunião, associação etc.) e pelos direitos de participação política, tais como o direito de voto e a capacidade eleitoral passiva, revelando, de tal sorte, a íntima correção entre os direitos fundamentais e a democracia. Também o direito de igualdade, entendido como igualdade formal (perante a lei) e algumas garantias processuais (devido processo legal, *habeas corpus*, direito de petição) se enquadram nessa categoria". *Op. cit.*, p. 48-49.

centros de poder. Nesse sentido, os direitos liberais aparecem em um momento de predomínio da livre-iniciativa, em que se verifica a contraposição do liberalismo filosófico ao autoritarismo absolutista[(13)].

As transformações ocorridas ao longo do século XX deram origem aos denominados direitos de segunda dimensão, correspondentes aos direitos sociais, econômicos e culturais. Esses nascem no chamado Estado do Bem-estar Social — o *Welfare State* — que, em oposição ao Estado Liberal do século anterior, não se limita a abster-se de intervir na autonomia individual, mas, ao contrário, caracteriza-se pela prestação jurisdicional positiva, de forma que venha o Estado a atuar como promotor de direitos e garantias assegurados pelo ordenamento jurídico[(14)].

Pode-se dizer que as estruturas normativas dos Estados do século XX pressupõem a atuação de uma dupla racionalidade jurídica: uma racionalidade formal, centrada na norma jurídica e na solução de conflitos interindividuais, produto da ideologia liberal do século XIX; e outra racionalidade material, marcada pela busca dos objetivos sociais da aplicação do direito, institucionalizando a conflituosidade classista (CAPILONGO, 1998).

O modelo estatal mencionado é produto do desenvolvimento do próprio modo de produção capitalista, que, por sua vez, foi responsável pelo surgimento de novos problemas e desafios, já que as sociedades passaram a crescer em tamanho e complexidade[(15)]. De fato, novas questões surgiram

---

(13) Comparato (2001, p. 44-45) elucida bem esse contexto de transição da Idade Média para o capitalismo, o que se pode vislumbrar na seguinte passagem: "Toda a alta Idade Média foi marcada pelo esfacelamento do poder político e econômico, com a instauração do feudalismo. A partir do século XI, porém, assiste-se a um movimento de reconstrução da unidade política perdida. Duas cabeças reinantes, o imperador carolíngio e o papa, passaram a disputar asperamente a hegemonia suprema sobre todo o território europeu. Ao mesmo tempo, os reis, até então considerados nobres de condição mais elevada que os outros (*primi inter pares*), reivindicavam para as suas coroas poderes e prerrogativas que, até então, pertenciam de direito à nobreza e ao clero. Foi justamente contra os abusos dessa reconstrução do poder que surgiram as primeiras manifestações de rebeldia: na Península Ibérica com a Declaração das Cortes de Leão de 1188 e, sobretudo, na Inglaterra, com a *Magna Carta* de 1215. No embrião dos direitos humanos, portanto, despontou antes de tudo o valor da liberdade. Não porém a liberdade geral em benefício de todos, sem distinções de condição social, o que só viria a ser declarado ao final do século XVIII, mas sim liberdades específicas, em favor, principalmente, dos estamentos superiores da sociedade — o clero e a nobreza — com algumas concessões em benefício do 'Terceiro Estado', o povo. Este último, aliás, passa a tomar contornos mais definidos com a ascensão social dos comerciantes em razão das vias de comunicação marítima, após a longa dominação árabe sobre a bacia do Mediterrâneo. À margem dos castelos medievais, os burgos novos, ou burgos de fora (*forisburgus*, termo do qual surgiu o *faubourg*, do francês atual), tornam-se, rapidamente, os locais de concentração das grandes fortunas mercantis e os centros de irradiação do primeiro capitalismo. Foi nas cidades comerciais da Baixa Idade Média que teve início a primeira experiência histórica de sociedade de classes, na qual a desigualdade social já não é determinada pelo direito, mas resulta principalmente das diferenças de situação patrimonial de famílias e indivíduos".

(14) Salienta Moraes (1999, p. 70-72) que "o modelo constitucional do *Welfare state*, principiou a ser construído com as Constituições Mexicana de 1917 e de Weimar de 1919, contudo não tem uma aparência uniforme. O conteúdo próprio desta forma estatal se altera, se reconstrói e se adapta a diversas situações. (...) Há uma garantia cidadã ao bem-estar pela ação positiva do Estado como um aprofundamento da fórmula, de um lado, do Estado de Direito, e, de outro, do *Welfare state*. Resumidamente, pode-se dizer que, ao mesmo tempo em que se tem a permanência em voga da já tradicional questão social, há como que a sua qualificação pela questão da igualdade. Assim, o conteúdo deste se aprimora e se complexifica, posto que se impõe à ordem jurídica e à atividade estatal um conteúdo utópico de transformação do *status quo*. Produz-se, aqui, um pressuposto teleológico cujo sentido deve ser incorporado aos mecanismos próprios ao Estado do Bem-estar, construído desde há muito". Relativamente à intervenção do Estado para a implementação desses direitos, afirma Bobbio (2002, p. 72) que "é supérfluo acrescentar que o reconhecimento dos direitos sociais suscita, além do problema da proliferação dos direitos do homem, problemas bem mais difíceis de resolver no que concerne àquela 'prática' de que falei no início: é que a proteção desses últimos requer uma intervenção ativa do Estado, que não é requerida pela proteção dos direitos de liberdade, produzindo aquela organização dos serviços públicos de onde nasceu até mesmo uma nova forma de Estado, o Estado social. Enquanto os direitos de liberdade nascem contra o superpoder do Estado — e, portanto, com o objetivo de limitar o poder —, os direitos sociais exigem, para sua realização prática, ou seja, para a passagem da declaração puramente verbal à sua proteção efetiva, precisamente o contrário, isto é, a ampliação dos poderes do Estado. Também 'poder' como de resto, qualquer outro termo de linguagem política, a começar por 'liberdade' — tem, conforme o contexto, uma conotação positiva e outra negativa. O exercício de poder pode ser considerado benéfico ou maléfico segundo os contextos históricos e segundo os diversos pontos de vista a partir dos quais esses contextos são considerados. Não é verdade que o aumento da liberdade seja sempre um bem ou o aumento do poder seja um mal".

(15) "As declarações de direitos norte-americanas, juntamente com a Declaração francesa de 1789, representam a emancipação histórica do indivíduo perante os grupos sociais aos quais ele sempre se submeteu: a família, o clã, o estamento, as organizações religiosas. É preciso reconhecer que o terreno, nesse campo, fora preparado mais de dois séculos antes, de um lado, pela reforma protestante, que enfatizou a importância decisiva da consciência individual em matéria moral e religião; de outro lado, pela cultura da personalidade de exceção, do herói que forja sozinho seu próprio destino e os destinos de seu povo, como se viu sobretudo na Itália renascentista. Mas, em contrapartida a essa ascensão do indivíduo na História, a perda da proteção familiar, estamental

no ambiente social, caracterizadas por envolverem não apenas indivíduos isolados, mas, também, coletividades[16]. Essas questões se referiam a temas como saúde, educação, consumo, transporte, meio ambiente, entre outras, o que acarretou alterações nas relações de trabalho e a consequente diferenciação das demandas jurídicas (MORAES, 1996).

Percebe-se, pois, a partir do surgimento dos denominados direitos de segunda dimensão, a mudança do paradigma do perfil estatal, já que, a partir daí, o Estado deve atuar de forma positiva, garantindo a efetividade prática dos direitos assegurados e promovendo aos cidadãos o acesso à Justiça. Isso é corroborado por Bobbio (1992, p. 416), ao afirmar, sobre o Estado do Bem-estar Social, que é aquele que "garante tipos mínimos de renda, alimentação, saúde, habitação, educação, assegurados a todo cidadão não como caridade, mas como direito político".

Nessa ordem de ideias, Norberto Bobbio (1992, p. 32-33) entende que os direitos humanos se desenvolveram, até aquele momento, em três fases distintas. Referido autor ilustra de forma bastante didática esse entendimento, nos seguintes termos:

> (...) o desenvolvimento dos direitos humanos passou por três frases: num primeiro momento, afirmaram-se os direitos de liberdade, isto é, todos aqueles

---

ou religiosa, tornou o indivíduo muito mais vulnerável às vicissitudes da vida. A sociedade liberal ofereceu-lhe, em troca, a segurança da legalidade, com a garantia da igualdade de todos perante a lei. Mas essa isonomia cedo revelou-se uma pomposa inutilidade para a legião crescente de trabalhadores, compelidos a se empregarem nas empresas capitalistas. Patrões e operários eram considerados, pela majestade da lei, como contratantes perfeitamente iguais em direitos, com inteira liberdade para estipular o salário e as demais condições de trabalho. Fora da relação de emprego assalariado, a lei assegurava imparcialmente a todos, ricos e pobres, jovens e anciãos, homens e mulheres, a possibilidade jurídica de prover livremente à sua subsistência e enfrentar as adversidades da vida, mediante um comportamento disciplinado e habito de poupança. O resultado dessa atomização social, como não poderia deixar de ser, foi a brutal pauperização das massas proletariadas, já na primeira metade do século XIX. Ela acabou, afinal, por suscitar a indignação dos espíritos bem formados e por provocar a indispensável organização da classe trabalhadora. A Constituição francesa de 1948, retomando o espírito de certas normas das Constituições de 1791 e 1793, reconheceu algumas exigências econômicas e sociais. Mas a plena afirmação desses novos direitos humanos só veio ocorrer no século XX, com a Constituição mexicana de 1917 e a Constituição de Weimar de 1919. O reconhecimento dos direitos humanos de caráter econômico e social foi o principal benefício que a humanidade recolheu do movimento socialista, iniciado na primeira metade do século XIX. O titular desses direitos, com efeito, não é o ser humano abstrato, com o qual o capitalismo sempre conviveu maravilhosamente. É o conjunto dos grupos sociais esmagados pela miséria, a doença, a fome e a marginalização. Os socialistas perceberam, desde logo, que esses flagelos sociais não eram cataclismos da natureza nem efeitos necessários da organização racional das atividades econômicas, mas sim verdadeiros dejetos do sistema capitalista de produção, cuja lógica consiste em atribuir aos bens de capital um valor muito superior ao das pessoas. Os direitos humanos de proteção ao trabalhador são, portanto, fundamentalmente anticapitalistas, e, por isso mesmo, só puderam prosperar a partir do momento histórico em que os donos do capital foram obrigados a se compor com os trabalhadores. Não é de admirar, assim, que a transformação radical das condições de produção no final do século XX, tornando cada vez mais dispensável a contribuição da força de trabalho e privilegiando o lucro especulativo, tenha enfraquecido gravemente o respeito desses direitos em todo o mundo" (COMPARATO, 2001, p. 52-54).

(16) Bobbio (2002, p. 68-69) explica as razões pelas quais surgiram os denominados direitos de segunda dimensão na seguinte passagem: "Essa multiplicação (ia dizendo 'proliferação') ocorreu de três modos: a) porque aumentou a quantidade de bens considerados merecedores de tutela; b) porque foi estendida a titularidade de alguns direitos típicos a sujeitos diversos do homem; c) porque o próprio homem não é mais considerado como ente genérico, ou homem em abstrato, mas é visto na especificidade ou na concreticidade de suas diversas maneiras de ser em sociedade, como criança, velho, doente etc. em substância: mais bens, mais sujeitos, mais *status* do indivíduo. É supérfluo notar que, entre esses três processos, existem relações de interdependência: o reconhecimento de novos direitos *de* (onde 'de' indica sujeito) implica quase sempre o aumento de direitos *a* (onde 'a' indica o objeto). Ainda mais supérfluo é observar, o que importa para nossos fins, que todas as três causas dessa multiplicação revelam, de modo cada vez mais evidente e explícito, a necessidade de fazer referência a um contexto social determinado. Com relação ao primeiro processo, ocorreu a passagem dos direitos de liberdade — das chamadas liberdades negativas, de religião, de opinião, de imprensa etc. — para os direitos políticos e sociais, que requerem uma intervenção direta do Estado. Com relação ao segundo, ocorreu a passagem da consideração do indivíduo humano *uti singulus*, que foi o primeiro sujeito ao qual se atribuíram direitos naturais (ou morais) — em outras palavras, da 'pessoa' —, para sujeitos diferentes do indivíduo, como a família, as minorias étnicas e religiosas, toda a humanidade em seu conjunto (como no atual debate, entre filósofos da moral, sobre o direito dos pósteros à sobrevivência); e além dos indivíduos humanos considerados singularmente ou nas diversas comunidades reais ou ideais que os representam, até mesmo para sujeitos diferentes dos homens, como os animais. Nos movimentos ecológicos, está emergindo quase que um direito da natureza a ser respeitada ou não explorada, onde as palavras 'respeito' e 'exploração' são exatamente as mesmas usadas tradicionalmente na definição e justificação dos direitos do homem. Com relação ao terceiro processo, a passagem ocorreu do homem genérico — do homem enquanto homem — para o homem específico, ou tomado na diversidade de seus diversos *status* sociais, com base em diferentes critérios de diferenciação (o sexo, a idade, as condições físicas), cada um dos quais revela diferenças específicas, que não permitem igual tratamento e igual proteção. A mulher é diferente do homem; a criança, do adulto; o adulto, do velho; o sadio, do doente; o doente temporário, do doente crônico; o doente mental, dos outros doentes; os fisicamente normais, dos deficientes etc.".

direitos que tendem a limitar o poder do Estado e a reservar para o indivíduo, ou para os grupos particulares, uma esfera de liberdade *em relação* ao Estado; num segundo momento, foram propugnados os direitos políticos, os quais — concebendo a liberdade apenas negativamente, como não impedimento, mas positivamente, como autonomia — tiveram como consequência a participação cada vez mais ampla, generalizada e frequente dos membros de uma comunidade no poder político (ou liberdade *no* Estado); finalmente, foram proclamados os direitos sociais, que expressam o amadurecimento de novas exigências — podemos mesmo dizer, de novos valores — como os de bem-estar e da igualdade não apenas formal, e que poderíamos chamar de liberdade *através* ou *por meio* do Estado.

Nesse contexto, o conceito de direito fundamental de acesso à Justiça foi sofrendo as variações decorrentes das transformações sociais, não mais se traduzindo no mero direito de petição dos cidadãos, mas, mais do que isso, passando a corresponder ao direito que possuem os cidadãos a uma prestação jurisdicional efetiva. Isso é produto do crescimento e complexidade das sociedades, que provocou significativa transformação no conceito de direitos humanos, de forma que as ações e relacionamentos passaram a ter cunho mais coletivo, superando a visão individualista, característica dos séculos XVIII e XIX (CAPPELLETTI; GARTH, 1988).

Após referidas dimensões de direitos, surgem, ao longo do século XX, os denominados direitos de terceira dimensão, que se caracterizam não apenas pela proteção dos indivíduos ou grupo determinados, alargando sua abrangência para o gênero humano. São os chamados direitos transindividuais, com vistas à proteção de bens e valores universais, como o meio ambiente, a paz e o patrimônio comum da humanidade[(17)].

Esses direitos são produto da transformação da sociedade contemporânea, que foi responsável por provocar significativa mudança no modo de vida da população. Não obstante, tais mudanças não ficaram restritas somente às relações de produção, mas, paralelamente, acarretaram a interferência no meio ambiente, aqui entendido não somente como o meio ambiente ecológico, mas também o social[(18)].

De fato, tais direitos resultam de interesses que perpassam a esfera individual, envolvendo coletividades, o que requer que o ente estatal crie condições que propiciem o seu exercício. Igualmente, traduzem-se em uma espécie de direitos preocupados com atos futuros e não apenas com a repressão pela sua violação, contrariamente aos direitos excludentes de primeira dimensão, que são voltados apenas ao presente[(19)].

(17) Afirma Moraes (1996, p. 163-164) que "quando adentramos os chamados direitos humanos de terceira geração, particularmente, somos tomados pela percepção do que estamos diante, efetivamente, de uma nova realidade para os direitos fundamentais que, neste momento, se apresentam como detentores de uma *universalidade comunitária* no sentido de que o seu objeto diz respeito a pretensões que atingem inevitavelmente a comunidade humana como um todo. Não se trata mais de fazer frente ao arbítrio do Estado relativamente a determinados indivíduos, nem mesmo de demandar a solução/garantia de certas pretensões/benefícios a grupos determinados de pessoas. Trata-se, isto sim, de fomentar o caráter solidário do homem, fazendo-o compreender uma espécie de destino comum que o prende aos demais. A violação não se estabelece mais na relação do indivíduo com o Estado, sequer a pretensão se dirige a um Estado. Ambas refletem como que uma corresponsabilidade pela qualidade e continuidade da vida humana. A garantia ou a violação afetam a todos inexoravelmente. (...) Emergem os direitos humanos de terceira geração que, sem negar os anteriores, incluem na agenda jurídico-política o princípio da fraternidade. São os direitos humanos de *solidariedade* que não buscam a garantia ou segurança individual contra determinados atos, sequer a garantia e segurança coletiva positiva própria dos de segunda geração, mas, indo além, têm como destinatário o próprio gênero humano. São direitos que refletem as potencialidades construtiva e destrutiva, ao mesmo tempo, de nosso desenvolvimento. Emergem de compreensão da necessária preservação ambiental como garantia de sobrevivência, da busca da paz, da manutenção do patrimônio comum da humanidade, da compreensão do direito ao desenvolvimento etc." (grifos no original).

(18) Pode-se dizer que "as transformações da sociedade contemporânea, entretanto, não produziram somente novos embates no campo das relações de produção e seus arredores. O aprofundamento do projeto desenvolvimentista significou, outrossim, uma transformação radical no modo de vida das pessoas, assim como importou numa interferência significativa ao meio ambiente, não só no sentido ecológico *stricto sensu*, com também no social (*Ibidem*, p. 124).

(19) Da confluência de fatores próprios à sociedade contemporânea emergem interesses que, além de escaparem à tradição individualística, se põem como indispensáveis à vida das pessoas. São interesses que atinam a toda a coletividade, são interesses ditos transindividuais, pois não estão acima ou além dos indivíduos, mas perpassam a coletividade de indivíduos e exigem uma intervenção ativa, não somente uma negação, um impedimento de violação — exigem uma atividade. Ao contrário do direito excludente, negativo e repressivo de feitio liberal, temos um direito comunitário, positivo, proporcional. Chega a ser um *direito educativo*, no sentido que busca criar, antes que reprimir, uma consciência de compromisso com atos futuros. Castigar o passado, além de insuficiente, é ineficiente para seus objetivos, sequer promover o presente". *Ibidem*, p. 125 (grifos no original).

As constantes transformações de ordem social, econômica e tecnológica ocorridos na sociedade à luz da globalização econômica deram origem ao que determinados autores denominam direitos de quarta dimensão, que correspondem ao direito à democracia direta, à informação e ao pluralismo (BONAVIDES, 1997).

Há, ainda, quem defenda a existência de uma quinta dimensão de direitos, atrelados ao acentuado desenvolvimento tecnológico do mundo contemporâneo, já que correspondem aos direitos da realidade virtual, ligados à Internet (OLIVEIRA JÚNIOR, 2000).

Referida abordagem histórica da evolução dos direitos fundamentais está intimamente atrelada ao direito de acesso à Justiça, pois, como demonstrado, deste direito depende a efetividade dos demais direitos e garantias previstos em um ordenamento jurídico. Em que pese a importância da abordagem histórica dos direitos humanos para a compreensão do tema, não se pode deixar de citar a preocupação de Norberto Bobbio com a sua proteção efetiva, entendendo que aí reside o principal problema em relação a esses direitos no mundo contemporâneo[(20)].

Não obstante, o estudo do direito de acesso à Justiça pressupõe que se reflita acerca do papel desempenhado pela Ciência Jurídica — em especial pelo Processo Civil contemporâneo — no atendimento das novas demandas, a fim de possibilitar a prestação jurisdicional efetiva[(21)]. Nessa ordem de ideias, o Processo começa a ser pensado como um instrumento de realização e concretização de direitos, permitindo a participação social.

Realmente, com a democratização do Estado, o Direito Processual passou a assumir um cunho mais político, representando uma garantia constitucional, de forma a configurar-se um instrumento de efetivação dos direitos[(22)]. Nesse contexto, o Processo passa a atuar como criador e aplicador do direito, despindo-se da sua função apenas de meio para a realização dos direitos já formulados (CALMON DE PASSOS, 1998).

No que se refere à adaptação do processo à finalidade de atender os anseios da sociedade contemporânea, Cappelletti (1988, p. 31) traz à lume as denominadas "Ondas Renovatórias do Direito Processual", as quais representam a modernização deste ramo do Direito, que deve estar estruturado com vistas a garantir a concretização dos direitos de natureza material previstos no ordenamento jurídico.

Nessa perspectiva, a primeira solução para a problemática do acesso à justiça, a denominada "primeira onda", traduz-se na preocupação da

---

(20) Assim refere Bobbio (1992, p. 24): "O problema fundamental em relação aos direitos do homem, hoje, não é tanto o de *justificá-los*, mas o de *protegê-los*. Trata-se de um problema não filosófico, mas político". Nessa linha de raciocínio, complementa o autor (1992, p. 77) que "ainda mais amplíssima é a tarefa dos sociólogos do direito no que se refere ao outro tema fundamental, o da aplicação das normas jurídicas, ou do fenômeno que é cada vez mais estudado sob o nome, por enquanto intraduzível [para o italiano] de *implementation*. O campo dos direitos do homem — ou, mais precisamente, das normas que declaram, reconhecem, definem, atribuem direitos ao homem — aparece, certamente, como aquele onde é maior a defasagem entre a posição da norma e sua efetiva aplicação. E essa defasagem é ainda mais intensa precisamente no campo dos direitos sociais".

(21) Conforme assevera Santos (2000, p. 167-168) "o tema do acesso à justiça é aquele que mais directamente equaciona as relações entre o processo civil e a justiça social, entre igualdade jurídico-formal e desigualdade socioeconômica. No âmbito da justiça civil, muito mais propriamente do que no da justiça penal, pode falar-se de procura, real ou potencial, da justiça. Uma vez definidas suas características internas e medido o seu âmbito em termos quantitativos, é possível compará-la com a oferta da justiça produzida pelo Estado. Não se trata de um problema novo. (...) Foi, no entanto, no pós-guerra que o problema explodiu. Por um lado, a consagração constitucional dos novos direitos econômicos e sociais e a sua expansão paralela à do Estado-Providência transformou o direito ao acesso efetivo à justiça num direito charneira, num direito cuja denegação acarretaria a de todos os demais. Uma vez destituídos de mecanismos que fizessem impor o seu respeito, os novos direitos sociais e econômicos passariam a meras declarações políticas, de conteúdo e função mistificadores. Daí a constatação de que a organização da justiça civil e, em particular, a tramitação processual não podiam ser reduzidas à sua dimensão técnica, socialmente neutra, como era comum serem concebidas pela teoria processualista, devendo investigar-se as funções sociais por elas desempenhadas e, em particular, o modo como as opções técnicas no seu seio veiculavam opções a favor ou contra interesses sociais divergentes ou mesmo antagônicos (interesses de patrões e operários, de senhorios ou de inquilinos, de rendeiros ou de proprietários fundiários, de consumidores ou de produtores, de homens ou de mulheres, de pais ou de filhos, de camponeses ou de citadinos etc. etc.)".

(22) Importa referir, no entanto, que a temática da efetividade dos direitos não está vinculada apenas à perspectiva processual, em que pese não seja possível pensar em direitos efetivos sem que haja meios processuais aptos a assegurá-los. A fim de corroborar essa assertiva, torna-se oportuno trazer à baila a teoria sociológica de Niklas Luhmann, que entende a sociedade como um sistema formado por outros subsistemas, tais como a economia, a política, o direito, entre outros. Nesse sentido, ao mesmo tempo em que são fechados, tais sistemas são ligados aos demais, o que se dá através da comunicação, elemento presente em todos os fatos considerados sociais. Assim, para lidar-se com a complexidade social existente, o sistema jurídico precisa ser visto sob uma perspectiva diferenciada e uma epistemologia complexa, de forma a torná-lo sensível aos reclamos sociais (MADCHE; DUTRA, 2003).

prestação de assistência jurídica aos desprovidos de recursos, que exatamente devido à sua condição de pobreza, encontram óbice no acesso ao Judiciário. A "segunda onda", por sua vez, corresponde à preocupação em tutelar juridicamente os "novos direitos", especialmente os referentes às questões ambientais e de consumo. Por fim, a "terceira onda" representa uma retomada dos aspectos anteriores, porém em um viés mais amplo e profundo, tendo em vista que se preocupa com as questões atinentes ao acesso à Justiça como um todo[(23)].

É exatamente nesse sentido que o acesso à Justiça está intrinsecamente relacionado à existência de novos e variados direitos na sociedade contemporânea. Com efeito, a efetividade da tutela jurisdicional tem como pressuposto a mudança do paradigma conceitual do acesso à Justiça, o que inclui a adaptação da Ciência Jurídica às novas características e aos desafios da sociedade contemporânea.[(24)]

O estudo da problemática do acesso, assim, deve perpassar o mero acesso aos órgãos judiciais já existentes, passando a compreender o acesso a ordem jurídica justa. Isso requer a adoção de uma nova mentalidade, de maneira a pensar a ordem jurídica a partir de outra ótica, a saber, a do consumidor, que é povo, o destinatário das normas jurídicas (WATANABE, 1988).

Dessa forma, observa-se que o pleno acesso à ordem jurídica depende das transformações dos instrumentos que possibilitam a realização das garantias asseguradas aos cidadãos, sendo que o aprimoramento das técnicas processuais e a modernização do sistema jurídico são fatores determinantes da efetividade dos direitos pleiteados, sejam eles de qualquer natureza.

Por depender da implementação de instrumentos que possibilitem a realização e concretização de direitos, a pauta do acesso à justiça está intimamente relacionada à pandemia da COVID-19, já que, como referido, impôs a necessidade de um novo arranjo nas relações sociais, nas relações de trabalho e, inegavelmente, no acesso à justiça.

No âmbito do Tribunal Regional Federal da 4ª Região, a partir do estabelecimento do Regime de Plantão Extraordinário, além de terem sido fechados os prédios do Tribunal e das Subseções Judiciárias

---

(23) Nessa perspectiva, Dallari (1998, p. 70-71) observa que "não basta, porém, dar à pessoa consciência de seus direitos da necessidade de defendê-los sem lhe dar os meios para que os defenda. Com efeito, é importante que a própria pessoa queira participar da defesa de seus direitos, mas a par disso, é indispensável à conjugação e uma série de elementos, de pessoas e instituições sociais para que a defesa seja eficiente. Só em casos excepcionais, como a reação imediata a uma agressão ou para impedir um roubo, é que se deve pensar na defesa individual, feita pela própria vítima. Mas também nesses casos os direitos serão mais bem defendidos se forem protegidos por mais de uma pessoa ou por agentes policiais, o que mostra a necessidade de que haja meios de defesa proporcionados pela sociedade. Para ter um sistema eficiente de proteção dos direitos é preciso contar com a colaboração do Legislativo, do Executivo e do Judiciário. Ao Poder Legislativo cabe fazer e aprovar as leis necessárias para a proteção dos direitos. (...) O Poder Judiciário tem, igualmente, uma responsabilidade muito grande. Se alguém tiver um direito desrespeitado, pode pedir proteção aos juízes e tribunais, seja quem for o culpado pelo desrespeito. Assim, também, quando existir dúvida sobre algum direito, se ele existe ou não, ou a quem ele pertence, é o Poder Judiciário quem deve desfazer a dúvida. Para cumprir bem sua tarefa, os juízes devem ter sempre a preocupação de agir com justiça, decidindo sem medo, com serenidade e independência. É indispensável que o Poder Judiciário esteja bem organizado e que não seja caro demais pedir sua proteção. Caso contrário, a *demora nas decisões* e a necessidade de muito dinheiro para o pagamento farão com que só um pequeno número de pessoas tenha a proteção judicial. Quanto o Poder Judiciário pode agir com independência e é respeitado pelo povo e pelas autoridades é mais raro que ocorram ofensas aos direitos. E quando elas ocorrerem será mais fácil conseguir a proteção e devolução dos direitos ofendidos, ou a punição justa do ofensor. A proteção dos direitos é indispensável para que as pessoas, sentindo-se em segurança e respeitando-se reciprocamente, possam viver em paz".

(24) A respeito do Processo Civil no contexto contemporâneo Saldanha (2004, p. 163-164) assevera que "ainda que a dogmática jurídica predominante no pensamento dos juristas que manejam o Direito Processual, especialmente nos países de tradição civil, mostre forte comprometimento com o paradigma liberal-individualista-dogmatizante do modelo de Estado Liberal, o Direito Processual, se de um lado, tem demonstrado baixa efetividade, de outro, é instrumento a serviço dos valores inseridos nas Constituições e, por isso, nele repousa a expectativa de cumprimento das promessas do Estado Democrático de Direito. O Direito Processual, especialmente o processual civil, inicialmente depende do direito privado, razão por que, ainda na atualidade, dá claras demonstrações da influência do direito civil sobre suas regras, seu modo de ser e sobre o modo como que o jurista o maneja, adquiriu sua autonomia e teve seus principais institutos construídos ao longo do Século XX, bem como os seus principais princípios. A visão reducionista desse ramo do Direito Processual, nutrida pelos juristas, que o viam somente sob seu aspecto interno, cedeu passo a uma nova postura, sob sua ótica externa, do ponto de vista de seus resultados. O Direito Processual como um todo e o Processo Civil, em particular, suplantou a fase do imanentismo em que era apenas uma *longa manus* do direito privado, a da autonomia, em que era visto como um fim em si mesmo e estritamente técnico-formal, para dar lugar à fase do instrumentalismo, assentado em bases éticas e publicistas, rumo à efetividade na exata medida em que seja apto a compreender e solucionar as demandas sociais das mais variadas ordens".

e ter sido determinado o atendimento a jurisdicionados/as, advogados/as públicos/as e privados/as, Ministério Público, Defensoria Pública e outros/as sujeitos/as processuais, preferencialmente por via remota, o artigo 4º da Resolução n. 18/2020 suspendeu a realização de audiências, perícias, sessões de julgamento e de conciliação, atermações e outros atos presenciais (TRF4, 2020).

A realização de audiências por videoconferência foi autorizada em 30 de julho de 2020 pela Resolução n. 329 do Conselho Nacional de Justiça. A partir de então, somente não se realizaria por tal meio se alguma das partes alegasse sua impossibilidade técnica ou instrumental para fazê-lo, sendo vedada, entretanto, a aplicação de penalidade nesse caso, conforme artigo 3º, §§ 2º e 3º, da Resolução (CNJ, 2020).

As mudanças decorrentes da pandemia do novo Coronavírus no âmbito do Poder Judiciário, em especial no Tribunal Regional da 4ª Região, forçaram, como já explanado, a adoção de medidas para evitar o contágio e assegurar o distanciamento social. Tais medidas implicaram, também, na mudança de cenário na produtividade mensal, o que se pode verificar no *Painel Produtividade Mensal*, criado pelo Conselho Nacional de Justiça, que contém dados informados pelos próprios Tribunais e são atualizados diariamente (CNJ, 2017).

A partir desse painel, é possível a criação de um comparativo entre dois cenários distintos: o primeiro equivale ao ano de 2019, pré-pandemia, e o segundo, a 2020, no qual foi implantado o teletrabalho integral obrigatório. Como parâmetro para os comparativos, foram utilizados os seguintes filtros: quanto à Justiça e ao Tribunal, a pesquisa restringiu-se, respectivamente, à Justiça Federal e ao TRF4; quanto ao Grau, a pesquisa foi delimitada no 1º Grau; além do lapso temporal, que foi restringido aos anos de 2019 e 2020. Ao acrescentar o filtro *AUDCONC1º — Audiência de Conciliação Realizadas em 1º Grau*, foi possível verificar uma queda significativa em 2020. Enquanto em 2019 foram realizadas 17.826 audiências de conciliação, no ano posterior, foram apenas 4.473 audiências dessa natureza, como se pode verificar no gráfico abaixo, gerado pelo próprio sistema do CNJ (CNJ, 2021):

Tabela 1 — Comparativo Audiências de Conciliação Realizadas em Processos de 1º Grau em 2019 e 2020.

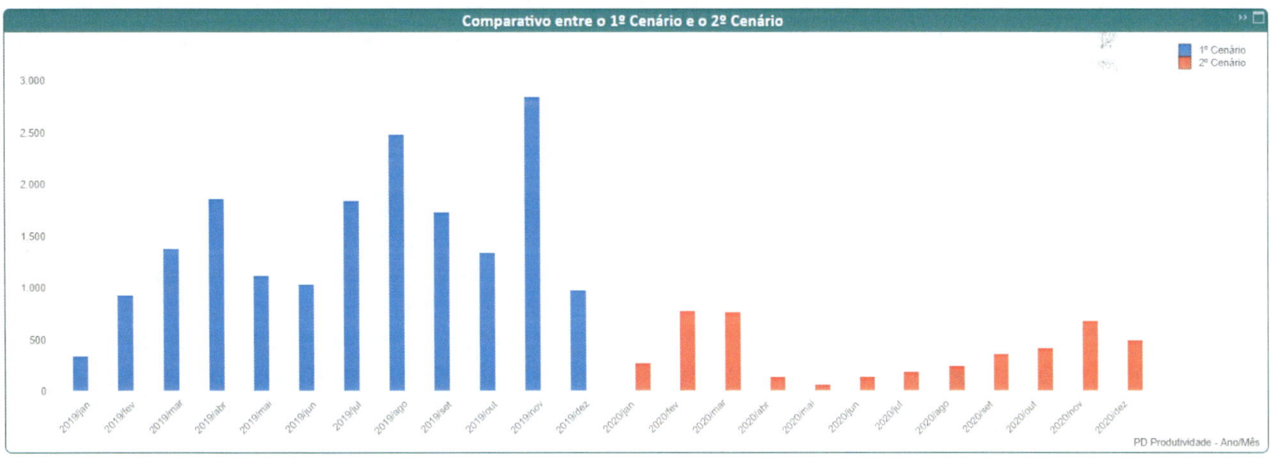

Fonte: Conselho Nacional de Justiça (2021).

Em outro comparativo, utilizando os mesmos parâmetros iniciais (quanto à Justiça e ao Tribunal, a pesquisa restringiu-se, respectivamente, à Justiça Federal e ao TRF4; quanto ao Grau, a pesquisa foi delimitada no 1º Grau; além do lapso temporal, que foi restringido aos anos de 2019 e 2020), além do filtro *AUDNCONC 1º — Audiências Realizadas em Processos de 1º Grau, exceto de Conciliação*, também se vislumbra uma queda nos números. Em 2019, foram realizadas, ao total, 15.358 audiências em 1º Grau, a exceção das de conciliação, enquanto em 2020, esse número foi reduzido a 7.450, como se verifica no gráfico abaixo, também extraído do Painel do CNJ (CNJ, 2021):

Tabela 2 — Comparativo Audiências Realizadas em Processos de 1º Grau, exceto de Conciliação em 2019 e 2020.

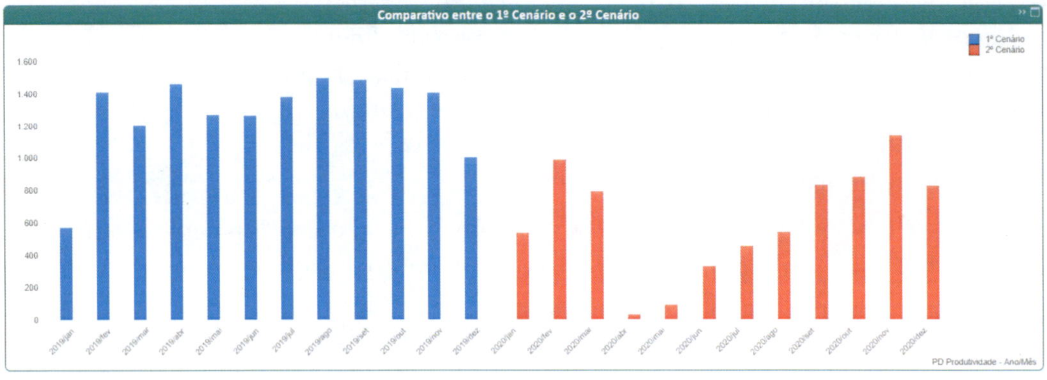

Fonte: Conselho Nacional de Justiça (2021).

Em contrapartida, apesar da redução no número de audiências, o ano de 2020 apresentou grandes números no que se refere a sentenças (julgados), decisões, despachos, atos cumpridos (movimentados) que, de 16 de março a 20 de dezembro de 2020 totalizaram 5.007.731, com pico na semana de 29 de junho a 5 de julho, na qual se alcançou a total de 212.386 (TRF4, 2020).

A partir da breve análise desses dados, que não possui o intento de ser exaustiva, mas apenas de demonstrar as diferenças entre os anos pré e pós pandemia no Brasil, o que se verifica é que, apesar do aumento dos processos de conhecimento no âmbito do 1º Grau do Tribunal Regional Federal da 4ª Região na esfera não-criminal, o que se verificou, ligeiramente, foi a redução do número de audiências realizadas.

Por outro lado, verificou-se, também, que a produtividade de magistrados/as, servidores/as, estagiários/as resultou em um número elevado de sentenças (julgados), decisões, despachos, atos cumpridos (movimentados) durante a Pandemia, mesmo que o teletrabalho nessas circunstâncias tenha contado com dificuldades adicionais de natureza individual (como famílias inteiras confinadas) ou de infraestrutura (espaço físico e ferramentas de trabalho).

Tal constatação demonstra que, apesar das circunstâncias impostas pela Pandemia do Coronavírus, o teletrabalho foi e é ferramenta indispensável à manutenção da prestação jurisdicional e possibilita, plenamente, a realização e concretização de direitos, razão pela qual deve servir como roupagem para o trabalho no Poder Judiciário para os anos que se seguirem.

3. *Conclusão*

O teletrabalho, trabalho à distância ou *home office* é uma realidade no mundo do trabalho, um elemento a mais da nova forma de como o trabalho se organizou no século XXI, e faz parte da categoria denominada virtualização do trabalho, pois não existe teletrabalho sem que a informática seja o suporte para realização desta atividade, além do uso da internet.

Embora vítima de preconceitos pela sociedade em geral, especialmente pela falta de conhecimento a respeito, pode-se concluir que o teletrabalho apresenta inúmeros benefícios, tanto para a administração pública, quanto para os próprios servidores, especialmente em tempos pandêmicos.

Entre os benefícios para a administração pública, pode-se citar a redução de custos (desde energia elétrica até água e papel); a maior produtividade e a retenção de bons servidores, que deixam de se remover para as suas cidades de origem, por exemplo, em razão de contarem com o benefício do teletrabalho.

Já para os servidores, exemplifica-se como vantagem a qualidade de vida, já que podem estar próximos à sua família; a maior produtividade, pois ela é, sem dúvidas, fruto também da condição psicológica do servidor; a autonomia para se organizar, dentre outras.

Além disso, foi e é por meio do teletrabalho que o Poder Judiciário brasileiro pode manter suas atividades jurisdicionais ao longo da Pandemia da COVID-19, assegurando a preservação da saúde de magistrados/as, servidores/as, estagiários/as e colaboradores/as e usuários/as, assegurando o acesso à justiça mesmo em condições adversas, em que foram fechados os prédios da Justiça e vedadas, em regra, as atividades presenciais.

Com base no estudo realizado, portanto, verificou-se que o teletrabalho é uma tendência que certamente dará um novo rumo para as instituições públicas, e não apenas é capaz de assegurar a prestação jurisdicional, como também contribui para sua realização sob a égide do princípio da eficiência.

O presente estudo permite concluir que o trabalho à distância pode se apresentar como um elemento de importante transformação no mundo do trabalho, uma vez que as tecnologias de informação e comunicação são capazes de permitir a flexibilidade, e consequente maior eficiência, no seu desenvolvimento.

Possibilita, ainda, a constatação de que o surgimento de novos direitos oriundos da complexa sociedade globalizada em que se vive, ao lado do formalismo e hermetismo do sistema jurídico brasileiro, que se mostra defasado para acompanhar a evolução da sociedade, são fatores responsáveis pela inefetividade da prestação jurisdicional.

De fato, como demonstrado, o Poder Judiciário mostra-se, em muitos casos, um tanto despreparado para resolver de forma efetiva as demandas que lhe são apresentadas, já que sua formação está baseada em ideias e valores que não são mais suficientes para garantir uma resposta satisfatória aos novos conflitos, em especial diante do contexto da pandemia do coronavírus.

Nessa ordem de ideias, é preciso que se superem certos paradigmas e conceitos já ultrapassados, que não colaboram para a solução de conflitos surgidos na sociedade contemporânea, cada vez mais complexa e mutante, a exemplo das demandas judiciais envolvendo o auxílio emergencial, totalmente novas para a prestação jurisdicional realizada pela Justiça Federal. Dessa forma, impõe-se repensar e reestruturar a Ciência Jurídica, especialmente a Processual, de maneira que ela venha a proteger o direito material veiculado de forma adequada, garantindo a realização.

A fim de lograr dito intento, é imperioso que se dê relevância ao caráter finalístico do Processo, fazendo com que seu exercício prime pela efetividade das demandas, independente da natureza do direito tutelado. Para tanto, é imprescindível que se reflita continuamente sobre os mecanismos que se mostram adequados para conferir efetividade às demandas jurídicas, bem como a consequente concretização dos valores e garantias constitucionais existentes nos Estados Democráticos de Direito presentes no mundo contemporâneo.

4. *Referências*

AMADOR, F. S.; ROCHA, C. T. M. da. O teletrabalho: conceituação e questões para análise. *Cad. EBAPE.BR*, v. 16, n. 1, Rio de Janeiro, jan./mar. 2018. Disponível em: <http://www.scielo.br/pdf/cebape/v16n1/1679-3951-cebape-16-01-152.pdf>. Acesso em: 26 fev. 2021.

ANDRADE, P. *Tribunais:* o teletrabalho aumenta produtividade do judiciário. CNJ, 2018. Disponível em: <http://www.cnj.jus.br/noticias/cnj/86511-tribunais-o-teletrabalho-aumenta-produtividade-do-judiciario>. Acesso em: 26 fev. 2021.

ANTUNES, E. D.; FISCHER, F. M. A justiça não pode parar?! Os impactos da COVID-19 na trajetória da política de teletrabalho do Judiciário Federal. *Rev. Bras. Saúde Ocup.*, São Paulo, v. 45, e 38, 2020. Disponível em: <http://www.scielo.br/scielo.php?script=sci_arttext&pid=S0303-76572020000101401&lng=pt&nrm=iso>. Acesso em: 24 fev. 2021.

ARRUDA, S. M. *O direito fundamental ao processo em tempo razoável:* fundamentos e conteúdo. Uma Análise à Luz do Constitucionalismo luso brasileiro. Dissertação (Doutoramento em Ciências Jurídico-Políticas) — Faculdade de Direito da Universidade de Coimbra. Coimbra, 2003.

BOBBIO, N. *A era dos direitos.* Rio de Janeiro: Campus, 1992.

______ . *A era dos direitos*. São Paulo: Campos, 2002.

BONAVIDES, P. *Curso de Direito Constitucional*. São Paulo: Malheiros, 1997.

BRASIL. [Constituição (1988)]. *Constituição da República Federativa do Brasil*. Disponível em: <http://www.planalto.gov.br/ccivil_03/constituicao/constituicao.htm>. Acesso em: 26 fev. 2021.

______ . *Decreto-lei n. 5.452, de 1º de maio de 1943.* Aprova a Consolidação das Leis do Trabalho. *Diário Oficial da República Federativa do Brasil.* Disponível em: <www.planalto.gov.br/ccivil_03/decreto-lei/Del5452compilado.htm>. Acesso em: 26 fev. 2021.

______. *Lei n. 11.419, de 19 de dezembro de* 2006.. Dispõe sobre a informatização do processo judicial; altera a Lei n. 5.869, de 11 de janeiro de 1973 — Código de Processo Civil; e dá outras providências. *Diário Oficial da República Federativa do Brasil*. Disponível em: <www.planalto.gov.br/ccivil_03/_Ato2004-2006/2006/Lei/L11419.htm>. Acesso em: 26 fev. 2021.

______. *Lei n. 13.467, de 13 de julho de 2017*. Altera a Consolidação das Leis do Trabalho (CLT), aprovada pelo Decreto-Lei n. 5.452, de 1º de maio de 1943, e as Leis ns. 6.019, de 3 de janeiro de 1974, 8.036, de 11 de maio de 1990, e 8.212, de 24 de julho de 1991, a fim de adequar a legislação às novas relações de trabalho. *Diário Oficial da República Federativa do Brasil*. Disponível em: <www.planalto.gov.br/ccivil_03/_Ato2015-2018/2017/Lei/L13467.htm>. Acesso em: 26 fev. 2021.

CALMON DE PASSOS, J. J. Democracia, participação e processo. In: *Participação e processo*. Rio de Janeiro: Revista dos Tribunais, 1998.

CAMPILONGO, C. F. Os desafios do Judiciário: um enquadramento teórico. In: FARIA, J. E. (org.). *Direitos humanos, direitos sociais e justiça*. São Paulo: Malheiros, 1998.

CAPPELLETTI, M.; GARTH, B. *Acesso à Justiça*. Porto Alegre: Sergio Antônio Fabris, 1998.

CNJ. Resolução n. 227, de 15/06/2016. *Regulamenta o teletrabalho no âmbito do Poder Judiciário e dá outras providências*. Disponível em: <cnj.jus.br/busca-atos-adm?documento=3134>. Acesso em: 26 fev. 2021.

______. *Manual de Pesquisa*: Painéis de consulta aos dados dos sistemas do judiciário em números e módulo de produtividade mensal. 2017. Disponível em: <https://atos.cnj.jus.br/atos/detalhar/3249>. Acesso em: 28 fev. 2021.

______. *Resolução n. 313, de 19 de março de 2020*. Disponível em: <https://atos.cnj.jus.br/atos/detalhar/3249>. Acesso em: 28 fev. 2021.

______. *Resolução n. 329, de 30 de julho de 2020*. Disponível em: <https://atos.cnj.jus.br/atos/detalhar/3400#:~:text=previstas%20nesta%20Resolu%C3%A7%C3%A3o.-,Art.,Resolu%C3%A7%C3%A3o%20CNJ%20n%C2%BA%20314%2F2020>. Acesso em: 28 fev. 2021.

______. *Painel da produtividade mensal*. 2021. Disponível em: <https://paineis.cnj.jus.br/QvAJAXZfc/opendoc.htm?document=qvw_l%2FPainelCNJ.qvw&host=QVS%40neodimio03&anonymous=true&sheet=shPDPrincipal>. Acesso em: 28 fev. 2021.

COMPARATO, F. K. *A afirmação histórica dos direitos humanos*. 2. ed. São Paulo: Saraiva, 2001.

DALLARI, D. de A. *Direitos humanos e cidadania*. São Paulo: Moderna, 1998.

FINCATO, D. A regulamentação do teletrabalho no Brasil: indicações para uma contratação minimamente segura. *Revista Jurídica Luso-Brasileira*. Lisboa, ano 2, n. 2, p. 365-396, 2016. Disponível em: <repositorio.pucrs.br/dspace/bitstream/10923/11404/2/A_regulamentacao_do_teletrabalho_no_Brasil_indicacoes_para_uma_contratacao_minimamente_segura.pdf>. Acesso em: 26 fev. 2021.

GODOY, A. S. Introdução à pesquisa qualitativa e suas possibilidades. *Revista de Administração de Empresas*, v. 35, n. 2, p. 57-63, 1995.

LIMA, M. S. B. *O teletrabalho no poder judiciário brasileiro:* ganhos para tribunais e sociedade? As experiências de Santa Catarina e Amazonas. Rio de Janeiro, 2018. Disponível em: <https://bibliotecadigital.fgv.br/dspace/bitstream/handle/10438/24303/VERSÃO%20FINAL_MAURO%20SARAIVA%20BARROS%20LIMA.pdf>. Acesso em: 26 fev. 2021.

MADCHE, F. C.; DUTRA, J. L. D. Introdução à Teoria Sistêmica. *Anuário do Programa de Pós-Graduação em Direito*. Centro de Ciências Jurídicas e Sociais. São Leopoldo: Unisinos, 2003.

MARINONI, L. G. *A antecipação da tutela*. 7. ed. São Paulo: Malheiros, 2002.

MELO, E. R. de. *Teletrabalho, qualidade de vida no trabalho e satisfação profissional:* um estudo exploratório numa amostra de profissionais na área da tecnologia da informação. Dissertação (Mestrado integrado em psicologia). Faculdade de Lisboa, 2011. Disponível em: <https://repositorio.ul.pt/bitstream/10451/4955/1/ulfpie039656_tm.pdf>. Acesso em: 26 fev. 2021.

MORAES, J. L. B. de. *Do direito social aos interesses transindividuais. O Estado e Direito na ordem contemporânea*. Porto Alegre: Livraria do Advogado, 1996.

______. O problema da jurisdição. *Anuário do Programa de Pós-graduação em Direito*. Centro de Ciências Jurídicas e Sociais. São Leopoldo: Unisinos, 1999.

OLIVEIRA, U. R. de. *Teletrabalho (ou home office) como instrumento de quebra de paradigma à forma de produção em instituições convencionais*. Monografia (Especialização em Gestão Pública). AVM Faculdade. Brasília/DF, 2016. Disponível em: <http://www.aneel.gov.br/documents/656835/14876412/Monografia_Pos_Graduacao_Ulisses_de_Oliveira.pdf/4cd2dfa1-d88e-4447-b819-5d2cacb537d4>. Acesso em: 26 fev. 2021.

OLIVEIRA JUNIOR, J. *Teoria jurídica e novos direitos.* Rio de Janeiro: Lumen Juris, 2000.

SALDANHA, J. M. L. O direito processual e sua efetividade na condição de instrumento de atuação da ordem constitucional e comunitária. *Revista de Integração Latino-Americana.* Mestrado em Integração Latino-Americana, ano 1, n. 1, 2004.

SANTOS, B. S. *Um discurso sobre ciências.* Porto: Edições Afrontamento, 1987.

______. *A cruel pedagogia do vírus.* Coimbra: Almedina, 2020.

SARLET, I. *A eficácia dos direitos fundamentais.* Porto Alegre: Livraria do Advogado, 1999.

SILVA, A. M. S. *A aplicação do teletrabalho no serviço público brasileiro.* Santa Maria, 2015. Disponível em: <http://coral.ufsm.br/congressodireito/anais/2015/1-2.pdf>. Acesso em: 26 fev. 2021.

SILVA, Q. C. S. da. *O acesso à justiça como direito humano fundamental e o papel do processo eletrônico como forma de efetivá-lo.* Dissertação apresentada ao Curso de Mestrado em Direitos Humanos, da Universidade Regional do Noroeste do Estado do Rio Grande do Sul — UNIJUÍ, como requisito parcial para a obtenção do título de Mestre em Direito, 2013. Disponível em: <http://bibliodigital.unijui.edu.br:8080/xmlui/bitstream/handle/123456789/2799/Queli%20Cristiane%20Schiefelbein%20da%20Silva.pdf?sequence=1>. Acesso em: 26 fev. 2021.

STUMPF, Ida Regina. Pesquisa bibliográfica. In: DUARTE Jorge; BARROS Antônio (orgs.). *Métodos e técnicas de pesquisa em comunicação.* São Paulo: Atlas, 2005.

TRF4 — Tribunal Regional da 4 ª Região. Resolução n. 134, de 12 de dezembro de 2016. *Regulamenta o teletrabalho no âmbito da Justiça Federal de 1º e 2º Graus da 4ª Região.* Disponível em: <https://www2.trf4.jus.br/trf4/diario/visualiza_documento_adm.php?orgao=1&id_materia=33080&reload=false>. Acesso em: 26 fev. 2021.

______. *Portaria n. 302/2020.* Disponível em: <https://www.trf4.jus.br/trf4/upload/editor/apg_sei_5076124_portaria_302.pdf>. Acesso em: 28 fev. 2021.

______. *Resolução n. 18/2020.* Disponível em: <https://trf4.jus.br/trf4/sobmedida/res-18-sei-trf4-5106409.pdf>. Acesso em: 28 fev. 2021.

______. *Resolução n. 21/2020.* Disponível em: <https://trf4.jus.br/trf4/sobmedida/res-18-sei-trf4-5106409.pdf>. Acesso em: 28 fev. 2021.

______. *Resolução n. 47/2020.* Disponível em: <https://www.trf4.jus.br/trf4/diario/visualiza_documento_adm.php?orgao=1&id_materia=3014713&reload=false>. Acesso em: 28 fev. 2021.

______. *Produtividade semanal da Justiça Federal da 4ª Região durante a pandemia do novo Coronavírus — COVID-19.* Disponível em: <https://www.trf4.jus.br/trf4/controlador.php?acao=pagina_visualizar&id_pagina=2061>. Acesso em: 28 fev. 2021.

VIECILI, G. A. S. *et al.* Contribuição do teletrabalho na qualidade de vida dos servidores: um estudo em uma vara da Justiça Federal. *Revista Tecnológica,* ISSN 2358-9221, [S.l.], v. 9, n. 1, p. 1, 2019. Disponível em: <https://uceff.edu.br/revista/index.php/revista/article/view/335>. Acesso em: 26 fev. 2021.

WATANABE, K. Acesso à justiça e sociedade moderna. In: *Participação e Processo.* Rio de Janeiro: Revista dos Tribunais, 1988.

O Trabalho e as Plataformas Digitais: Que Direito?

Teresa Coelho Moreira[1]

1. Introdução

1.1. Nos últimos anos, o impacto das NTIC na sociedade tem sido notável e incidiu, com uma velocidade vertiginosa, e com efeitos sinergéticos incalculáveis, não só no modo de viver, de pensar e de agir de todas as pessoas, como também no mundo do trabalho, transformando em profundidade a estrutura empresarial, revolucionando todo o processo de produção, a programação e a organização da atividade do trabalho, assim como a própria profissionalidade e as condições de vida materiais dos trabalhadores e, consequentemente, a própria configuração da relação de trabalho. E a centralidade da informação e da comunicação constitui uma das características fundamentais da sociedade atual, sendo nesta sociedade digital que a empresa dos nossos dias necessariamente se coloca e movimenta.

1.2. Com o desenvolvimento da informática todos os sectores da sociedade sofreram alterações e o Direito do Trabalho não é a exceção até porque é um dos ramos de Direito mais *permeável* à mudança e que sofre mais *invasão* com as novas tecnologias. Pode dizer-se, assim, que esta renovação e modernização tecnológica veio para ficar, já que a tendência é claramente expansiva, no sentido de que a tecnologia, hoje em dia digital, impregna as relações laborais do mesmo modo que ocorre no restante do âmbito da vida social.

Na verdade, o Direito do Trabalho é um dos sectores do ordenamento jurídico que, pela sua própria natureza, é mais exposto à influência das mudanças tecnológicas. Os sistemas produtivos têm-se caracterizado pela sua contínua modernização e melhoria das técnicas utilizadas de tal forma que o emprego do termo novas tecnologias poderia entender-se como uma característica permanente deste ramo do Direito, perfeitamente aplicável a cada uma das suas fases ou etapas cronológicas ou, até mesmo, uma redundância. Desde que Adam Smith consolidou a ideia da organização do trabalho, socorrendo-se do exemplo da fábrica de alfinetes[2], a história da industrialização está estreitamente ligada às transformações e mudanças nos métodos de organização do trabalho.

Assim, a partir da década de setenta, e associada à crise petrolífera, a conhecida crise do *ouro* negro, vive-se a terceira Revolução Industrial[3], o Trabalho 3.0, associada à tecnologia informática e à globalização, ou à sociedade pós-industrial[4]. Assiste-se a uma *Inforevolução*, identificada com o desenvolvimento das tecnologias de informação e das telecomunicações, e cujas características fundamentais que a diferenciam das revoluções anteriores são o seu dinamismo e rapidez, assim como a profunda difusão do conhecimento, essencial para o desenvolvimento da economia mundial.

(1) Doutora em Direito. Professora Auxiliar da Escola de Direito da Universidade do Minho. Membro integrado do JusGov — Centro de Investigação em Justiça e Governação e Coordenadora do Grupo de Investigação em Direitos Humanos do mesmo. Vice-Presidente da Direção da APODIT — Associação Portuguesa de Direito do Trabalho. Coordenadora científica do *Livro Verde sobre o Futuro do Trabalho*. tmoreira@direito.uminho.pt

(2) Neste exemplo Adam Smith escolhe o famoso caso da fabricação de alfinetes para descrever a passagem do artesão até à fábrica constatando que se um trabalhador isolado conseguia, anteriormente, produzir cerca de 20 alfinetes por dia, a separação de tarefas e a colaboração entre os trabalhadores permite produzir 48 mil alfinetes, isto é, 2400 vezes mais.

(3) Neste sentido ver, *inter alii*, ROMITA, Arion Sayão. *Direitos Fundamentais nas Relações de Trabalho*. 2. ed. São Paulo: LTr, 2007. p. 203, entendendo que a terceira revolução industrial, a revolução tecnológica, e a globalização da economia dos mercados, provocam o abandono do paradigma centrado na organização taylorista/fordista de trabalho. No mesmo sentido, SALA-CHIRI. Nuove tecnologie, nuovi lavoratori. *MGL*, II, p. 608, 1988, observando que esta terceira revolução industrial colocou em "sérias dificuldades" o Direito do trabalho que, "como na primeira e na segunda revolução, corre o risco de intervir somente *a posteriori* com respostas sempre tardias e desadequadas".

(4) Ver as cautelas apresentadas por LYON-CAEN, Gérard. *Le droit du Travail* — une technique réversible. Paris: Dalloz, 1995. p. 2-3, acerca da utilização deste termo e do seu significado.

Em pleno século XXI surge o trabalho 4.0, o trabalho integrado, o trabalho na era digital, relacionado com a digitalização, o trabalho em plataformas, a economia colaborativa[5], que origina uma mudança de valores e de novos compromissos sociais. Este tipo de trabalho será mais digital, flexível e interconectado. Obviamente que está a falar-se do futuro e, por isso, de acordo com a jurisprudência das cautelas, há que ser um pouco cauteloso, já que as especificidades deste mundo do trabalho ainda não são claras[6].

Deve reconhecer-se que esta alteração do Trabalho 4.0, já tinha sido muito bem descrita por Alvin Tofler na sua obra *Terceira Vaga*[7] onde, segundo ele, "avança uma forte vaga que cria um ambiente novo e frequentemente estranho para se trabalhar, divertir, casar, criar filhos ou reformar", acrescentando que os "sistemas de valores estoiram e desmoronam-se, enquanto os salva-vidas Família, Igreja e Estado são loucamente arremessados de um lado para o outro".

1.3. É neste contexto que a própria OIT, no centenário da sua constituição elaborou um Documento intitulado *Trabalhar para um Futuro Melhor*, e defendeu que em 2019 está-se num momento disruptivo de certa forma equivalente ao de 1919, aquando da sua criação, abordando a necessidade de revitalização do *contrato social*, centrada no ser humano. Na verdade, e citando o Relatório, "Não é a primeira vez que uma alteração profunda no mundo do trabalho exige uma resposta global coletiva e mundial. Em 1919, na sequência de uma devastadora guerra mundial, os governos, os patrões e os trabalhadores uniram-se, com base num compromisso comum com a justiça social, e fundaram a Organização Internacional do Trabalho (OIT)[8] porque "existem condições de trabalho que implicam para grande parte das pessoas, a injustiça, a miséria e as privações, o que gera um descontentamento tal que a paz e a harmonia universais são postas em risco; e (...) é urgente melhorar essas condições". Hoje como então, a paz e a estabilidade duradouras dependem da justiça social".

Nesta sociedade, a indústria deixa de ser o local à volta do qual gira toda a estrutura social, isto é, a economia, o sistema de emprego e a própria estratificação da sociedade. A sociedade pós-industrial apresenta-se como um novo tipo de organização económica e social que sucede no tempo, como é óbvio, à sociedade industrial e onde o lugar cimeiro é ocupado pela informação associada à tecnologia informática e digital. Nesta nova sociedade há a passagem, qualitativa, da eletrónica associada aos computadores gigantes, os *giant brains*, da informação centralizada, para a era da microelectrónica, do microcomputador, do microprocessador e de uma informação difusa.

1.4. Por outro lado, o progresso da humanidade está, muitas vezes, associado ao fascínio perante a ciência e a tecnologia por originarem inovações que fazem avançar a humanidade: da roda ao microprocessador, do ábaco ao computador, da imprensa escrita à *Internet* e à *web*, *inter alia*. E, atualmente, a Inteligência Artificial[9] veio para ficar e incide sobre inúmeros aspetos da vida das pessoas em geral e dos trabalhadores em especial desde o momento de formação do contrato de trabalho, passando pela execução do mesmo[10] e terminando na sua cessação. A própria União Europeia num Documento de 8 de abril de 2019 *Linhas Éticas para uma Inteligência Artificial de Confiança*, estabeleceu que deveria defender-se

(5) Sob este conceito amplo denominado de *sharing economy* aparecem as plataformas através da internet. Surgem com um *discurso amável* e atual do que oferecem, que se une, por seu lado, aos novos hábitos digitais das pessoas, da falta de oportunidades, por vezes, no mercado tradicional e a um enorme marketing que converte muitas pessoas em *empreendedores*, donos do seu próprio tempo e destino, mesmo que esse tempo e esse destino estejam nas mãos de grandes empresas internacionais.

(6) Veja-se, para mais desenvolvimentos, Conseil National du Numérique, *Travail Emploi et Numérique — Les Nouvelles Trajectoires*, 2016, e Ministério do Trabalho Alemão, *Greenpaper Work 4.0*, 2015.

(7) Lisboa: Livros do Brasil, 1999.

(8) Capítulo XIII do Tratado de Versalhes que põe juridicamente termo à I Guerra Mundial.

(9) Há que referir que não existe um conceito unívoco de Inteligência Artificial, principalmente porque tem de relacionar-se com outro conceito que também é difícil de definir e que é o de inteligência humana e que a mesma coloca várias questões que ultrapassam, largamente, o âmbito deste nosso artigo mas, apenas para referir algumas, desde logo a questão da proteção e propriedade dos dados que constituem a base de trabalho para a Inteligência Artificial; ou questões relativas à responsabilidade por exemplo no caso dos carros autónomos; ou o direito à privacidade porque todos vamos deixando uma série de *pistas digitais* que permitem a comparação à entrada de determinados locais de uma cópia digitalizada e a imagem da pessoa em causa e, em especial no caso das relações de trabalho, o trabalhador encontra-se, por esta via, amplamente *radiografado* e informações colocadas *online* podem perdurar no ciberespaço por muito tempo, correndo o risco de ficarem completamente desatualizadas e com a inerente descontextualização dos dados.

(10) Através de, *inter alia*, um novo tipo de formação ao longo da vida, de um novo controlo, o controlo eletrónico/digital, um novo tempo de trabalho, ou de um novo tipo de Direito Coletivo.

sempre o respeito pela autonomia humana, pela transparência, pela privacidade e pela proteção de dados pessoais das pessoas, assegurando a defesa da igualdade e a proibição da discriminação, defendendo sempre a pessoa humana nas suas várias vertentes. A própria OIT defendeu o mesmo quando propugna que deve fazer-se "uma abordagem da inteligência artificial baseada no "ser humano no comando", que garanta que decisões finais que afetem o trabalho sejam tomadas por seres humanos".

2. *O Trabalho nas plataformas digitais*

2.1. Após uma revolução agrícola, uma revolução industrial e uma revolução informática onde o papel cimeiro é ocupado pelo computador, hoje estamos perante uma verdadeira revolução digital, associada à internet, ao *cloud computing* e a novas formas de prestar trabalho. Com esta surge também o denominado trabalho digital na economia colaborativa, em plataformas digitais[(11)], e um novo tipo de trabalhador o que origina um novo tipo de subordinação reforçada por "um espaço sem distâncias e um tempo sem demoras"[(12)].

Surge, assim, um novo sistema de trabalho com o advento da *sharing economy ou economia colaborativa*, que gera um espaço de confluência entre as mudanças no trabalho, na economia global, e as geradas naquele pela digitalização desta. E, apesar de implicarem grandes promessas de desenvolvimento, também provocam muitos desafios que requerem uma atuação proativa de empresas, governos, indivíduos e trabalhadores.

Esta economia partilhada ou colaborativa, na noção apresentada pela Comissão Europeia em 2 de junho de 2016, no Documento *Uma Agenda Europeia para a Economia Colaborativa*, refere-se a "modelos empresariais no âmbito dos quais as atividades são facilitadas por plataformas colaborativas que criam um mercado aberto para a utilização temporária de bens ou serviços, muitas vezes prestados por particulares. São três as categorias de intervenientes na economia colaborativa: (i) os prestadores de serviços que partilham os ativos, os recursos, a disponibilidade e/ou as competências — podem ser particulares que oferecem serviços numa base esporádica («pares») ou prestadores de serviços que atuam no exercício da sua atividade profissional («prestadores de serviços profissionais»); (ii) os utilizadores desses serviços; e (iii) os intermediários que — através de uma plataforma em linha — ligam prestadores de serviços e utilizadores, facilitando as transações recíprocas («plataformas colaborativas»). Por via de regra, as transações na economia colaborativa não implicam uma transferência de propriedade, podendo ser realizadas com fins lucrativos ou sem fins lucrativos"[(13)].

A economia colaborativa gera novas oportunidades, para todos, podendo dar um importante contributo para a criação de empregos, de regimes de trabalho flexíveis e de novas fontes de rendimento, desde que seja devidamente incentivada e desenvolvida de forma responsável. Contudo, como também salienta a Comissão Europeia, suscitam-se vários problemas. Desde logo, a economia colaborativa levanta frequentemente questões no que diz respeito à aplicação dos quadros jurídicos em vigor, diluindo a tradicional distinção entre consumidor e fornecedor, entre trabalhador por conta de outrem e trabalhador por conta própria, bem como entre a prestação de serviços profissionais e não profissionais.

Há que ter em atenção, também, que se o aparecimento desta economia se baseia em mudanças tecnológicas, ela não é uma consequência nem direta, nem exclusiva delas, sendo mais o *produto final* de várias tendências que incluem estratégias de produção, a globalização, a promoção do *empreendedorismo* e do trabalho independente e o desenvolvimento das tecnologias digitais. Ela é a manifestação pioneira das grandes transformações que estão a acontecer no trabalho.

Ora, sob este conceito amplo denominado de *sharing economy*, aparecem as plataformas digitais através da internet. Surgem com um *discurso amável* e atual do que oferecem, que se une, por seu lado, aos novos hábitos digitais das pessoas, à falta de oportunidades, por vezes, no mercado tradicional e a um enorme *marketing* que converte muitas pessoas em *empreendedores*, donos do seu próprio tempo e destino, mesmo que, na verdade, esse tempo e esse

(11) FINKIN, Matthew. Beclouded Work, Beclouded Workers in Historical Perspective. *Comparative Labor Law & Policy Journal*, v. 37, n. 3, p. 603, 2016, escreve a este propósito que "Modern information technology has become the midwife of the "shared economy," the "gig economy," the "on-demand economy."

(12) RAY, Jean-Emmanuel. Qualité de vie et travail de demain. *Droit Social*, n. 2, p. 148, 2015.

(13) Ver, também, OCDE. *New Forms of Work in the Digital Economy*, 2016.

destino estejam nas mãos de grandes empresas internacionais[(14)].

A expansão das plataformas digitais é enorme e em menos de uma década foram criadas cerca de 10.000 companhias ou plataformas que geraram muitos postos de trabalho[(15)]. Atualmente há um *app* para tudo ou quase tudo, desde atividades mais simples, como entrega de alimentação, até atividades mais complexas, como prestação de serviços jurídicos, surgindo todos os dias novas plataformas. Por outro lado, mesmo aquelas que estão bem sedimentadas no mercado quase que se reinventam todos os dias ou variam a sua aplicação de país para país[(16)].

2.2. Nesta economia colaborativa, surge então o *Crowdwork*, que pode ser quer o *crowdwork on-line*, quer o *crowdwork offline*, na medida em que há atividades que podem ser realizadas completamente *on-line* e oferecidas globalmente. Assim, há atividades que podem ser *oferecidas* de forma global, e outras há que exigem uma execução local. Nas primeiras, qualquer pessoa, em qualquer local do mundo, pode realizá-las; nas segundas, isso já não é possível.

No *crowdwork on-line*, as atividades prestadas, que são uma espécie de *face oculta da lua*, porque não se conhece a realidade de muitas pessoas que trabalham desta forma, podem ser extremamente repetitivas, monótonas sem que, muitas vezes, as pessoas tenham conhecimento do que estão realmente a fazer porque não têm acesso aos produtos finais, o que pode levantar questões, desde logo, relacionadas, *inter alia*, com problemas éticos. Por outro lado, algumas destas plataformas usam, por vezes, como forma de pagamento, vales de videojogos da própria empresa, o que já levantou a questão do eventual trabalho infantil e a proibição da retribuição ser feita através desta forma, bastando para tal ter em consideração a Convenção n. 95 da OIT.

Nestes casos, a concorrência é verdadeiramente global, e pode originar uma *race to the bottom*. Estas atividades, normalmente oferecidas através da *cloud*, podem incluir tarefas mal pagas, também chamadas de *microtarefas*, assim como grandes tarefas, a serem divididas em pequenas, para tornar mais simples e mais barata. Exemplos destas plataformas são a *Amazon Mechanical Turk* e a *Clickworker*. Contudo as tarefas podem exigir uma elevada qualificação não significando isto que sejam bem pagas porque, como a concorrência é verdadeiramente global, a remuneração pode ser parca ou, até, inexistente, devido à cláusula de satisfação do cliente. Acresce que, estas tarefas também são muito mal pagas porque não se tem em consideração o tempo que os trabalhadores têm de estar disponíveis *on-line*, nem o tempo que têm de estar à procura de uma tarefa. Acresce, ainda, um outro problema e que é a da sua permanente disponibilidade em termos temporais porque, como trabalham *on-line* e com fusos horários diferentes dos utilizadores, têm prazos muito curtos para cumprir, tendo de responder imediatamente. Assim, a aparente flexibilidade destas formas de prestar trabalho também necessita de ser repensada, havendo, inequivocamente, um enorme controlo.

Existem, ainda, outras atividades, o denominado *crowdwork offline* ou *work on demand via apps* que exigem uma presença física e, por isso, a concorrência não é global, embora se levantem também várias questões e violação de regras de Direito do Trabalho pois o trabalho é realizado à *chamada*, denominado *on demand work*, originando um incremento da força de trabalho *just-in-time*, e de que o exemplo mais conhecido é o da *Uber*[(17)] enquanto plataforma digital relacionada com os transportes. Há, também, plataformas digitais associadas a serviços domésticos, desde limpeza, mudanças a *bricolage*. Nestes últimos, o trabalhador da plataforma normalmente entra em contacto direto com o utilizador.

Em qualquer destas formas de prestar trabalho há muitos períodos de tempo não retribuídos, como o tempo de espera, que pode ser muito dependendo da plataforma.

Nas duas situações referidas também há horários completamente irregulares, com permanência constante do trabalhador *on-line*, como de permanente disponibilidade, sendo que há alturas de *zero hours* e outras de *rush hours*.

---

(14) Para mais desenvolvimentos sobre o surgimento deste conceito, ver, entre outros, Juan Plaza Angulo, David Patiño Rodríguez e Rosario Gómez-Álvarez Díaz (Nuevo contexto para el trabajo: economía de plataformas e liberalismo económico. In: *Trabajo en Plataformas Digitales:* innovación, derecho y mercado, Thomson Reuters, Aranzadi, Navarra, 2018. p. 40 e ss., assim como Parlamento Europeu, *The situation of workers in the collaborative economy*, 2016).

(15) GRAHAM, Mark. *The Risks and Rewards of Online Gig Economy*. Oxford: Oxford Internet Institute, 2017.

(16) *Vide* PRASSL, Jeremias. *Humans as a Service* — the Promise and Perils of Work in the Gig Economy. Oxford: OUP, 2018. p. 12-13.

(17) Tão conhecido que um dos termos utilizados para estas novas formas de prestar trabalho é o da *uberização* das relações de trabalho.

As condições de trabalho são, na maior parte dos casos, extremamente precárias, pois recebem muito pouco e sob a fórmula de *pay as you go, just in time*, são despedidos quando já não servem, vítimas de uma feroz competitividade entre os *aspirantes* a emprego. Por outro lado, vivem vidas laborais curtas e segmentadas, desprovidas de qualquer tutela, com condições de trabalho extremamente instáveis e com uma baixíssima qualidade de vida. No ordenamento jurídico norte-americano, uma expressão que ficou muito conhecida para estas novas formas de prestar trabalho foi a de Vuca, que é um acrónimo das palavras, em inglês, *volatility*, *uncertainty*, *complexity* e *ambiguity*, considerando que são estas as palavras que definem muito do trabalho que é realizado neste novo mundo digital, já que o trabalhador digital pode converter-se muito rapidamente num trabalhador Vucan, vítima de várias precariedades no seu trabalho, na vida profissional, na sua situação económica e até nas suas expectativas pessoais.

Claro que esta divisão é muito importante do ponto de vista do Direito a aplicar porque a segunda modalidade é mais fácil de enquadrar nos meios tradicionais de resolução previstos na lei do que a primeira, permitindo maior controlo dos trabalhadores, sobretudo quando se trata de atividades concretas.

2.3. Atendendo a tudo isto a OIT[18] recomenda que exista "um desenvolvimento de um sistema de governação internacional para plataformas de trabalho digitais que estabeleça e exija que as plataformas (e clientes) respeitem certos direitos e proteções mínimas". Na verdade, várias das tarefas realizadas através das plataformas digitais implicam um contacto direto com os clientes e esta situação pode trazer elementos acrescidos ao nível de riscos laborais, referidos pela própria OIT[19], podendo agravar o *stress* laboral ou o síndrome de *burnout*.

Não se questiona, claramente, que podem existir vantagens nestas formas de prestar trabalho, nomeadamente a de uma melhor conciliação entre a vida profissional e a vida pessoal e familiar, ou a possibilidade de melhoria de vida que promovem[20], mas não pode deixar de ter-se em atenção os inúmeros perigos que as mesmas comportam[21].

Crê-se que não pode, nem deve, esquecer-se o que está contemplado no artigo 1º da Declaração de Filadélfia — "o trabalho não é uma mercadoria" —, que possa ser vendida nos mercados ao preço mais baixo; os trabalhadores são seres humanos com direitos, necessidades e aspirações, não permitindo uma coisificação da pessoa humana e uma dissociação do trabalhador da prestação de trabalho. Aliás, o Papa Francisco, na Encíclica *Laudato Si*[22] também defende o mesmo quando escreve que "Não se deve procurar que o progresso tecnológico substitua cada vez mais o trabalho humano: procedendo assim, a humanidade prejudicar-se-ia a si mesma", acrescentando que "a orientação da economia favoreceu um tipo de progresso tecnológico cuja finalidade é reduzir os custos de produção com base na diminuição dos postos de trabalho, que são substituídos por máquinas. É mais um exemplo de como a ação do homem se pode voltar contra si mesmo. A diminuição dos postos de trabalho «tem também um impacto negativo no plano económico com a progressiva corrosão do 'capital social', isto é, daquele conjunto de relações de confiança, de credibilidade, de respeito das regras, indispensável em qualquer convivência civil». Em suma, «*os custos humanos são sempre também custos económicos*, e as disfunções económicas acarretam sempre também custos humanos». Renunciar a investir nas pessoas para se obter maior receita imediata é um péssimo negócio para a sociedade". E a pandemia veio agravar ainda mais esta situação[23].

---

(18) *Trabalhar para um Futuro Melhor*, Genebra, 2019. p. 46.

(19) OIT. *Final Report — Meeting of Experts on Violence against Women and Men in the World of Work*, 2016. p. 40.

(20) É interessante notar que muitas destas plataformas têm nos *sites* testemunhos bastante positivos sobre as pessoas que executam atividades para as mesmas, utilizando uma linguagem extremamente apelativa e convincente, como uma espécie de *bright side of life*.

(21) O reverso da medalha, o *dark side* que não é mostrado. Basta lembrar que a Uber, num comunicado de abril de 2019, disse que "If, as a result of legislation or judicial decisions, we are required to classify Drivers as employees (...), we would incur significant additional expenses for compensating Drivers, potentially including expenses associated with the application of wage and hour laws (...), employee benefits, social security contributions, taxes, and penalties. (...) Any such reclassification would require us to fundamentally change our business model."

(22) *Carta Encíclica Laudato Si' do Santo Padre Francisco sobre o Cuidado da Casa Comum*, de 24 de maio de 2015, p. 99-100.

(23) Conforme escreve o Papa Francisco na sua Encíclica *Fratelli Tutti*, sobre a Fraternidade e a Amizade Social, de 3 de outubro de 2020, "O mundo avançava implacavelmente para uma economia que, utilizando os progressos tecnológicos, procurava reduzir os «custos humanos»; e alguns pretendiam fazer-nos crer que era suficiente a liberdade de mercado para garantir tudo. Mas, o golpe duro e inesperado desta pandemia fora de controle obrigou, por força, a pensar nos seres humanos, em todos, mais do que nos benefícios de alguns. Hoje podemos reconhecer que «alimentamo-nos com sonhos de esplendor e grandeza, e acabamos por comer

Quando nestas plataformas se esquece uma das máximas que originou o surgimento do Direito do Trabalho como ramo do Direito autónomo e que é a de que o trabalho não é separável da pessoa que o presta, e que não existe trabalho, mas só existem as pessoas que trabalham, não estaremos a regredir aos inícios da revolução industrial? É caso para perguntar se este trabalho, mercantilizado com base no pagamento da tarefa à peça, com retribuições extremamente baixas, que não cumprem os limiares mínimos relacionados com um trabalho decente, onde não há direito à segurança social, ou a assistência na doença, com eventual trabalho infantil, em que os trabalhadores são sujeitos a discriminação, e sem qualquer respeito por direitos coletivos, assim como sem respeito pelos direitos fundamentais, não implica o retorno aos *bons velhos tempos* da igualdade meramente formal em que valia a máxima *qui dit contractuel dit juste*?

Diria até que, de certa forma, o trabalho digital faz-nos lembrar um *Back to the Future* porque recorda-nos Taylor, com o seu *Scientific Management* e o controlo automático, Adam Smith, com a sua divisão e organização do trabalho, socorrendo-se do exemplo da fábrica de alfinetes, e um retornar para os primeiros tempos da industrialização antes do surgimento do Direito do Trabalho, através da falta de proteção social e uma elevada precarização e discriminação realizada à distância, por algoritmos relacionados com a inteligência artificial. Na verdade, numa economia que é verdadeiramente mundial, o velho *trabalho escravo* por vezes transformou-se, por uma mera alteração de palavras, na *atividade colaborativa*, gerando dois mundos no trabalho. No caso deste tipo de trabalho, por vezes, a competição a nível global, os baixos salários que tornam impossível que estas atividades sejam a principal fonte de rendimento, e a deslocalização do local de trabalho, origina situações de autênticos *escravos digitais* a trabalharem nas *sweatshops*, agora *virtuais*.

Consideramos que, para a maior parte dos trabalhadores destas plataformas, as condições de trabalho são más, independentemente do tipo de trabalho que é prestado. A falta de sindicatos, de união entre estes trabalhadores, o oligopólio de certas plataformas relativamente à entrega de determinados produtos, e uma constante insegurança económica, assim como de discussão entre as partes, faz com que a remuneração seja muito baixa, sobretudo quando o trabalho é feito na *cloud*, onde a competição é verdadeiramente global e onde a escolha se baseia em avaliações que são ou podem ser discriminatórias e que colocam os trabalhadores num estado de *período experimental permanente*, restringindo, também, a sua possibilidade de escolha porque permanecem ligados a uma plataforma em particular.

Secundando Jean-Emmanuel Ray[(24)], falar-se aqui de um sistema colaborativo é um pouco exagerado porque a concorrência é total, mundial e mesmo cruel. Existe uma divisão do trabalho inimaginável, mesmo para Taylor com o seu *Scientific Managment*, que permite um controlo total direto e à distância, espacial e temporal[(25)].

2.4. Parece-nos, assim, que esta atividade nas plataformas tem de ser *desmercantilizada*, aplicando os princípios fundamentais em matéria de Direito do Trabalho e de privacidade e não discriminação. Os empregadores/plataformas determinam todas as condições de trabalho num universo que é denominado de *app as the boss*, numa espécie de *Master and Servant* onde temos as plataformas digitais, os trabalhadores e os clientes. Os trabalhadores são facilmente substituídos por outros, porque muitos necessitam do trabalho e este não requer especiais qualificações, sujeitando-se, por isso, às condições que lhes são impostas[(26)]. Contudo, muitas vezes a

---

distração, fechamento e solidão; empanturramo-nos de conexões, e perdemos o gosto da fraternidade. Buscamos o resultado rápido e seguro, e encontramo-nos oprimidos pela impaciência e a ansiedade. Prisioneiros da virtualidade, perdemos o gosto e o sabor da realidade». A tribulação, a incerteza, o medo e a consciência dos próprios limites, que a pandemia despertou, fazem ressoar o apelo a repensar os nossos estilos de vida, as nossas relações, a organização das nossas sociedades e sobretudo o sentido da nossa existência", defendendo, ainda, p. 44, que "A fragilidade dos sistemas mundiais perante a pandemia evidenciou que nem tudo se resolve com a liberdade de mercado e que, além de reabilitar uma política saudável que não esteja sujeita aos ditames das finanças, «devemos voltar a pôr a dignidade humana no centro e sobre este pilar devem ser construídas as estruturas sociais alternativas de que precisamos»".

(24) Última *op. cit.*, p. 154.

(25) Para maiores desenvolvimentos sobre esta matéria veja-se Teresa Coelho Moreira (Revolução 4.0. *Revista do Tribunal Regional do Trabalho da 15ª Região*, n. 56, p. 23 e ss., 2020).

(26) Os trabalhadores continuam a trabalhar sem qualquer respeito pelos tempos de trabalho até obterem o mínimo de subsistência, não podendo deixar de se atender a que as retribuições baixas que auferem impedem que exista capacidade de compra ou consumo na sociedade, perpetuando, desta forma, uma espiral negativa de decréscimo e de desemprego.

linguagem que estas plataformas utilizam para captar clientes é extremamente apelativa[(27)], *mascarando* a dura realidade das pessoas que para elas trabalham, onde muitas vezes o progresso técnico não liberta, bem pelo contrário, já que há novas tecnologias que originam um estado de quase permanente submissão, bastando lembrar a constante geolocalização a que estes trabalhadores estão sujeitos, tornando realidade o fantasma de uma sociedade de controlo total, ou quase total. Na verdade, as plataformas digitais apresentam-se como novas, mas em muitas situações existe uma acentuada falta de transparência, o que não pode ocorrer. Grande parte desta economia colaborativa é *invisível* e é imperioso saber como funciona, se existe e quem é o empregador, onde está e como dirige.

Estas novas formas de prestar trabalho, pela sua originalidade, nalguns aspetos desafiam os quadros tracionais do Direito do Trabalho, numa espécie de *something old, something new*, colocando-o à prova, tendo de demonstrar que é capaz de proteger os trabalhadores, de evitar a criação de uma *subcategoria* dos mesmos, mais frágeis e menos protegidos.

O papel do Direito do Trabalho deve ser o de reivindicar ser um *baluarte* de quem presta atividade perante uma verdadeira desigualdade de poder negocial, sobretudo porque tem de ter-se em atenção que quando se registam nas plataformas, os trabalhadores demonstram que estão disponíveis para trabalhar e, embora teoricamente, não haja uma obrigação para aceitar as tarefas que lhe são dirigidas, as avaliações são realizadas de acordo também com o número de tarefas que aceitam, o que coloca os trabalhadores sob pressão de terem de aceitar o maior número possível de atividades, a que acresce o baixo rendimento que auferem por cada uma. Ora esta realidade coloca a liberdade de aceitação numa perspetiva completamente diferente e vê-se como não há, na maioria dos casos, uma verdadeira liberdade.

Na verdade, o que existe é um desequilíbrio que em nada difere do que ocorreu na Revolução Industrial. Nesta, o trabalhador não poderia negociar as suas condições de trabalho livremente perante a diferença de poderes que existia. Atualmente, acontece o mesmo.

Quem trabalha para uma plataforma digital não pode negociar as condições de trabalho. Simplesmente limita-se a aceitá-las ou a recusá-las. E é este desequilíbrio entre as partes que é o causador de todos os riscos e que origina, *inter alia*, os baixos rendimentos, o excesso de flexibilidade, a não contenção dos tempos de trabalho, e a transferência dos riscos inerentes do empregador para o trabalhador[(28)].

3. *Conclusões*

É necessário, diria até urgente, perante esta era digital antecipar o futuro e começar já hoje a alteração do Direito do Trabalho, através de um compromisso social que beneficie trabalhadores e empregadores através, por exemplo, de acordos com os parceiros sociais para identificar maneiras de melhor conciliar a vida profissional com a vida familiar, de uma melhor flexibilização dos tempos de trabalho que satisfaça também as necessidades dos empregadores, ou através da intensificação e da melhoria da formação ao longo da vida que é, sem dúvida, a melhor resposta para um mundo do trabalho que está constantemente em mutação.

Cremos que deveriam criar-se regras para estas novas formas de prestar trabalho que tivessem em atenção, *inter alia*, uma retribuição mínima, um período máximo de trabalho, ou assegurar regras mínimas de proteção social e de saúde e garantir o cumprimento das regras de proteção de dados pessoais através de um controlo eletrónico correto, que respeite o direito à privacidade e à igualdade e não discriminação.

---

(27) Exemplos de linguagem: *Seja o seu próprio empregador; Seja dono do seu tempo; Faça exercício enquanto trabalha* (no caso dos *riders*); *Trabalhe apenas quando quiser; Sem escritório e sem empregador*.
Outra máxima muito difundida e que cativa bastantes pessoas no que concerne à Uber, por exemplo, assenta na garantia de segurança, tanto para os passageiros, como para os motoristas, utilizando *slogans* como *Uber: uma viagem na qual você pode confiar; garantimos a sua segurança através do nosso GPS*; ou *Uber: Drive Safe*. No caso da Foodora, pode ver-se "Did you ever wonder why so many 'pink bikers' are riding around Berlin? Well, we know why! They all love to have a super flexible job, earn good money and be their own boss, which is exactly why they already joined the Foodora network", ou, no caso da Deliveroo, "You decide when to work. Working with Deliveroo gives you flexibility and independence. And by being self-employed, you enjoy the advantages of working to your own availability".

(28) Para maiores desenvolvimentos *vide* Teresa Coelho Moreira e João Leal Amado (A Glovo, os *riders*/estafetas e o Supremo Tribunal de Espanha: another brick in the wall? *Prontuário de Direito do Trabalho*, 2020-II).

O Direito do Trabalho não está ao serviço da liberalização dos mercados, devendo tentar corrigir as inevitáveis consequências antissociais do livre jogo do mercado, assegurando através das suas regras e da contratação coletiva, um reequilíbrio entre trabalhadores e empregadores evitando os excessos dos poderes destes e atribuindo àqueles a merecida dignidade que têm enquanto pessoas que trabalham para o bem coletivo.

A referência à dignidade tem de relacionar-se com a proibição de trabalho forçado, mas também com o direito a prestação de trabalho em condições dignas, seguras e sãs, através de um trabalho decente[29]. E todas as alterações legislativas ou toda a ampliação dos poderes do empregador encontram na dignidade da pessoa humana um limite infranqueável.

4. *Referências*

ANGULO, Juan Plaza; RODRÍGUEZ, David Patiño; DÍAZ Rosario Gómez-Álvarez. Nuevo contexto para el trabajo: economía de plataformas e liberalismo económico. In: *Trabajo en Plataformas Digitales:* innovación, derecho y mercado. Navarra: Thomson Reuters, Aranzadi, 2018.

CONSEIL NATIONAL DU NUMÉRIQUE. *Travail Emploi et Numérique* — Les Nouvelles Trajectoires, 2016.

FINKIN, Matthew. Beclouded Work, Beclouded Workers in Historical Perspective. *Comparative Labor Law & Policy Journal*, v. 37, n. 3, p. 603, 2016.

GRAHAM, Mark. *The Risks and Rewards of Online Gig Economy*. Oxford: Oxford Internet Institute, 2017.

LYON-CAEN, Gérard. *Le droit du Travail* — une technique réversible. Paris: Dalloz, 1995.

MINISTÉRIO DO TRABALHO ALEMÃO. *Greenpaper Work 4.0*, 2015.

MOREIRA, Teresa Coelho. Revolução 4.0. *Revista do Tribunal Regional do Trabalho da 15ª Região*, n. 56, p. 23 e ss., 2020.

MOREIRA, Teresa Coelho; AMADO, João Leal. A Glovo, os *riders*. Estafetas e o Supremo Tribunal de Espanha: another brick in the wall? *Prontuário de Direito do Trabalho*, 2020-II.

OCDE. *New Forms of Work in the Digital Economy*, 2016.

OIT. *Final Report — Meeting of Experts on Violence against Women and Men in the World of Work*, 2016.

______. *Trabalhar para um Futuro Melhor*. Genebra, 2019. p. 46.

PAPA FRANCISCO, Encíclica *Fratelli Tutti*, sobre a Fraternidade e a Amizade Social, de 3 de outubro de 2020.

______. Encíclica *Carta Encíclica Laudato Si' do Santo Padre Francisco sobre o Cuidado da Casa Comum*, de 24 de maio de 2015.

PAPA LEÃO XIII. Encíclica *Rerum Novarum*. 5 de maio de 1891.

PARLAMENTO EUROPEU. *The situation of workers in the collaborative economy*, 2016.

PRASSL, Jeremias. *Humans as a Service* — the Promise and Perils of Work in the Gig Economy. Oxford: OUP, 2018.

RAY, Jean-Emmanuel. Qualité de vie et travail de demain. *Droit Social*, n. 2, p. 148, 2015.

ROMITA, Arion Sayão. *Direitos Fundamentais nas Relações de Trabalho*. 2. ed. São Paulo: LTr, 2007.

SALA-CHIRI. Nuove tecnologie, nuovi lavoratori. *MGL*, II, p. 608, 1988.

TOFLER, Alvin. *Terceira Vaga*. Lisboa: Livros do Brasil, 1999.

(29) Já na Encíclica *Rerum Novarum* o Papa Leão XIII defendia que "entre os deveres principais do patrão, é necessário colocar, em primeiro lugar, o de dar a cada um o salário que convém", podendo ler-se, ainda que "Façam, pois, o patrão e o operário todas as convenções que lhes aprouver, cheguem, inclusivamente, a acordar na cifra do salário: acima da sua livre vontade está uma lei de justiça natural, mais elevada e mais antiga, a saber, que o salário não deve ser insuficiente para assegurar a subsistência do operário sóbrio e honrado".

O Trabalho e o Acesso à Tecnologia: Breves Considerações Sobre Educação e Dominação

Paula Teixeira Martins Schettini[1]

1. Introdução

Os impactos da introdução de novas tecnologias têm sido sentido em diversos aspectos da sociedade. A tecnologia aplicada ao trabalho alterou substantivamente as relações sociais e os meios de produção. Todavia, se faz necessário que tal avanço tecnológico seja analisado de acordo com a evolução do homem, do trabalho e do interesse das classes dominantes.

Neste trabalho, pretende-se verificar a relação, a partir da ótica do trabalho, entre tecnologia, poder e educação, de forma a investigar se o nível educacional e as formas de poder interferem no acesso à tecnologia e na sua utilização no trabalho.

Para isso, com base no método indutivo e a partir de pesquisas bibliográficas, a pesquisa se dividirá em duas partes. Na primeira, será analisada a tecnologia aplicada ao trabalho sob a perspectiva da educação. Na segunda, a tecnologia será abordada sob o prisma da dominação.

Enfim, diante do avanço da tecnologia e das enormes possibilidades de sua aplicação ao mercado de trabalho, pretendeu-se verificar em que medida os empregados (considerados os seus níveis educacionais e as formas de dominação existentes na sociedade) podem adotar as novidades tecnológicas em suas em suas rotinas.

2. Educação e trabalho

Em uma manhã ensolarada, cerca de vinte trabalhadores se organizam em uma pequena praça para realizar serviços de corte de grama e limpeza. Alguns deles utilizavam um aparador de grama elétrico, por muitos conhecido como roçadeira, que em meio ao enorme barulho reduz o comprimento da grama, em uma atividade quase artesanal. Outros, por sua vez, trabalham carregando uma tela de proteção, móvel, que serve como uma espécie de escudo a proteger pedestres e veículos estacionados na via. Enquanto isso, outro grupo se responsabiliza por recolher a grama já aparada e a acondicionar dentro de um balaio, enquanto o último grupo realiza um trabalho minucioso de poda dos galhos das árvores mais rebeldes, utilizando uma tesoura grande e afiada. Fiscalizando o serviço, apenas um profissional, com o telefone celular em punho, registra toda aquela orquestra — cujo som nem é tão prazeroso assim.

O salário desses profissionais se aproxima ao salário mínimo[2], o serviço desempenhado é minucioso e longo e, em geral, não é exigido deles grau de instrução além do ensino fundamental.

Em consultas em sites de internet, percebe-se que o valor de uma roçadeira é de aproximadamente cento e cinquenta reais.

Tal fato desperta curiosidade, pois sabe-se que, não muito longe, outros grupos utilizam equipamentos com tecnologia de ponta (como cortadores de gramas dirigíveis e, até mesmo, robôs que funcionam com tecnologia 3G), capazes de reduzir, e muito, o tempo gasto para executar as mesmas tarefas e que custam, pelo menos, cem vezes mais.

Embora os trabalhadores da praça utilizassem de equipamentos mais elementares, mais básicos, em detrimento de produtos tecnológicos disponíveis no mercado, ainda assim eles se apropriaram da

---

(1) Mestranda em Direito do Trabalho e Direito Previdenciário pela Universidade Estadual do Rio de Janeiro (UERJ). Especialista em Direito do Trabalho e Direito Processual do Trabalho. Advogada e consultora jurídica.

(2) Conforme pesquisa no Sindicato do dos Trabalhadores em Empresas de Asseio, Conservação e Limpeza Urbana de Juiz de Fora e Região — MG, onde os trabalhadores realizavam o serviço de limpeza da praça, o salário de um operador de roçadeira, no ano de 2020, era de R$ 1.089,00. Sindicato dos Trabalhadores em Empresas de Asseio, Conservação e Limpeza Urbana de Juiz de Fora e Região — MG. 2020. Disponível em: <http://www.sinteacjf.com.br/arquivos/convenes-coletivas/64/>. Acesso em: 2 fev. 2021.

tecnologia para a realização do serviço. Afinal, assim como as ferramentas de agricultura (como enxadas, pás), passando para teares e computadores, tudo é tecnológico.

Contudo, a questão que aqui se aborda reside no fato de esses profissionais, geralmente menos qualificados, disporem de tecnologias mais básicas, quando outras mais avançadas já estão disponíveis no mercado de forma acessível.

Assim como foi narrado, de forma breve, um dia de trabalho dos operadores de roçadeiras e afins, o trabalho desempenhado por pedreiros em parte da construção civil não é diferente (FERRO, 2006 [1976]: p. 112):

> A areia, a pedra são descarregadas. Um servente as amontoa nos locais previstos do canteiro; um outro leva parte para o ajudante de pedreiro que ajunta água e cal ou cimento, trazidos do depósito por um ajudante diferente; um quarto despeja a argamassa em baldes ou carrinhos e a conduz ao pedreiro que coloca tijolos, faz um revestimento ou enche uma fôrma, seguido do ajudante que segura o vibrador ou recolhe o excesso caído. Em cima, o carpinteiro prepara outras fôrmas com a madeira empilhada perto dele depois de encaminhamento semelhante ao da argamassa e percorrido por ajudantes e serventes próprios; o armador dobra as barras de ferro assistido do mesmo modo e, por todos os lados, pintores, marceneiros, eletricistas, encanadores etc., sempre rodeados por ajudantes e serventes, constituem equipes númerosas, separadas, especializadas, verticalizadas. Avançada divisão do trabalho e, em cada parcela, hierarquia detalhada. Pás, enxadas, desempenadeiras, colheres, prumos, esquadros, réguas, fios, serrotes, martelos, alicates, goivas, plainas, rolos, espátulas etc. Instrumentos simples, isolados, adaptados às diversas operações, resultado de lento aperfeiçoamento e diferenciação para um uso preciso. Mais raramente, betoneiras, elevadores, guinchos, vibradores, serras elétricas etc. Sempre, entretanto, máquinas somente auxiliares nas tarefas pesadas; nenhuma operatriz que reúna os instrumentos particularizados. Um mestre transmite as instruções, organiza a cooperação, fiscaliza, impede atrasos: é, também, feitor. A descrição — de um quadro frequente em país subdesenvolvido como o Brasil — é de típica manufatura serial.

Portanto, o acesso à tecnologia não é igual para todos. Em qual medida a educação tem relação com o acesso à tecnologia? Seria acaso que o roçador de grama que trabalha na praça, e que muitas vezes cursou apenas o ensino fundamental, tenha acesso apenas ao equipamento mais básico para executar a tarefa? Seria essa uma questão envolvendo apenas capacidades econômicas?

Economistas políticos contemporâneos afirmam que nos primórdios do capitalismo o trabalho possuía uma faceta dúplice: de um lado, era considerado um mal (exercício penoso, atribuído àqueles que não pertenciam à nobreza ou classe dominante) e, de outro lado, um bem necessário ao enriquecimento da nação e uma escola de virtudes (CALDAS, 2019, p. 8).

Ainda sobre o tema, Caldas destaca que, a partir do século XVIII, o trabalho não deixa de ser uma atividade penosa e aviltante, atribuída a uma classe ou casta 'inferior' de seres humanos, de que estavam isentas pessoas detentoras de privilégios de nobreza ou de propriedade, mas adquire uma virtualidade, qual seja, a de determinar o valor das mercadorias. O trabalho, portanto, assume a responsabilidade de ser uma possibilidade de modificação da própria condição (com a possibilidade de aumentos salariais) (CALDAS, 2019, p. 16).

Já no final do século XIX, o trabalho como atribuição exclusiva de uma determinada classe social se extingue, pois passa a incluir não somente aqueles profissionais que exercem o ofício por meio de força bruta (e que sempre trabalharam), mas também aqueles que realizam esforço intelectual (CALDAS, 2019, p. 16).

Segundo o autor, muito embora as diversas modificações percebidas ao longo do tempo e as interpretações sobre o trabalho, os pressupostos existentes são no sentido de que o lazer é preferido, e o trabalho evitado; e o trabalho é um instrumento para outro fim, que é a "aquisição de rendimento e bens de consumo portadores de utilidade" (CALDAS, 2019, p. 16).

Nas palavras do autor:

> Resiliente é também a inclinação para a naturalização dos pressupostos. A atribuição do trabalho, no passado, a uma classe de pessoas e não a outra, e a aversão ao trabalho e a preferência pelo lazer, no passado e no presente, decorreriam da ordem natural. A possibilidade de serem produto de uma ordem historicamente contingente nem sequer ocorre aos autores que contribuíram para a formação das opiniões dominantes do século XVI aos nossos dias, da mesma forma que não lhes ocorria a possibilidade de a naturalização — ao excluir a possibilidade de erradicação da dor associada ao trabalho — servir na realidade para justificar o sofrimento, possivelmente desnecessário, dos trabalhadores (CALDAS, 2019, p. 17).

E tendo em vista que, pelo menos inicialmente, as classes dominantes estavam afastadas do trabalho, interessante fazer uma relação entre tais classes e a educação.

Demerval Saviani (1994, p. 147) esclarece que a concepção difusa é aquela em que capital e trabalho seriam excludentes, situando-se a educação no campo do não trabalho. Tal situação foi alterada após a década de 60, com o advento da "Teoria do Capital Humano", em que entendeu-se que a educação potencializaria o trabalho, já que qualificaria a mão de obra(3).

Na Antiguidade, com a propriedade privada da terra, parte dos homens que dela se apropria consegue sobreviver sem trabalhar, surgindo uma classe ociosa, que vive do trabalho alheio. Surge, portanto, uma concepção de educação diferenciada, já que a escola era o lugar das classes dominantes, dos proprietários, ou seja, da classe ociosa (SAVIANI, 1994, p. 148). Afinal, as instituições de ensino e formação profissional sempre se adaptaram às demandas do mercado (NETO, 2006, p. 84).

Na Idade Média, não mais existia o trabalho escravo, mas o trabalho servil; e os homens viviam no campo e do campo, em atividades agrícolas. A escola, assim como na antiguidade, também era o campo do ócio (SAVIANI, 1994, p. 149).

Já na época moderna, com o desenvolvimento da indústria e da cidade, ocorre a inversão, com a agricultura subordinada à indústria. Até então, as relações dominantes eram do tipo natural, ou seja, a nobreza passava de pai para filho, assim como a servidão. Com a sociedade moderna, capitalista, há uma inversão, passando a ocorrer uma relação social — e não mais natural. O trabalhador rompe com a terra e passa a contar com sua força de trabalho, a ser aplicada aos meios de produção, que são alheios (SAVIANI, 1994, p. 150).

Com relação à educação, houve expressiva mudança. Afinal, o desenvolvimento da sociedade pressupunha a sujeição da natureza aos desígnios do homem, o que somente seria possível com o conhecimento difundido e com a organização a partir de um direito positivo (SAVIANI, 1994, p. 151). Porém, a generalização da escola, pregada pela sociedade capitalista como forma de se alcançar tal desenvolvimento, se mostra contraditória(4).

Afinal, o conhecimento, em uma sociedade capitalista, permitiria o acesso da massa proletarizada aos meios de produção, o que não seria interessante para a camada dominante, que pretendia que o trabalhador detivesse apenas a força de trabalho. Nas palavras de Saviani:

> O que significa ultrapassar esse mínimo? Significa o seguinte: na sociedade moderna, o saber é força produtiva. A sociedade converte a ciência em potência material. Bacon afirmava: "saber é poder". É meio de produção. A sociedade capitalista é baseada na propriedade privada dos meios de produção. Se os meios de produção são propriedade privada, isto significa que são exclusivos da classe dominante, da burguesia, dos capitalistas. Se o saber é força produtiva deve ser propriedade privada da burguesia. Na medida em que o saber se generaliza e é apropriado por todos, então os trabalhadores passam a ser proprietários de meios de produção. Mas é da essência da sociedade capitalista que o trabalhador só detenha a força de trabalho. Aí está a contradição que se insere na essência do capitalismo: o trabalhador não pode ter meio de produção, não pode deter o saber, mas, sem o saber, ele também não pode produzir, porque para transformar a matéria precisa dominar algum tipo de saber. Sim, é preciso, mas "em doses homeopáticas", apenas aquele mínimo para poder operar a produção. É difícil fixar limite, daí por que a escola entra nesse processo contraditório: ela é reivindicada pelas massas trabalhadoras, mas as camadas dominantes relutam em expandi-la (SAVIANI, 1994, p. 155).

---

(3) Ivan Rocha Neto (2006, p. 73) entende que a Teoria do Capital Humano, já ultrapassada, foi considerada ineficaz em virtude da desigualdade dominante em escala mundial, relacionada ao próprio modelo concentrador de riquezas.

(4) Nas palavras de Saviani: "Quando a sociedade capitalista tende a generalizar a escola, esta generalização aparece de forma contraditória, porque a sociedade burguesa preconizou a generalização da educação escolar básica. Sobre esta base comum, ela reconstituiu a diferença entre as escolas de elite, destinadas predominantemente à formação intelectual, e as escolas para as massas, que ou se limitam à escolaridade básica ou, na medida que têm prosseguimento, ficam restritas a determinadas habilitações profissionais" (...) "Neste sentido o acesso ao saber, à cultura letrada, o domínio dos números, dos elementos necessários para conhecer cientificamente a realidade era considerado um direito de todos os homens. Dessa maneira, a burguesia se contrapunha aos privilégios de que gozavam a nobreza e o clero. Mas esta pregação universalizante já apareceu de forma diferenciada no discurso da economia política clássica. Ali os teóricos da economia política localizavam com mais realismo a questão da escola. Alguns deles chegavam a afirmar que a escola era totalmente dispensável para os trabalhadores, que a instrução escolar era tempo roubado à produção; que enquanto as crianças estavam nas escolas, não estavam colaborando com a produção e, portanto, com o crescimento da mais valia, ou seja, com o crescimento e acumulação do capital. Mas os teóricos da economia política mais perspicazes, que captavam de forma mais objetiva o processo da sociedade burguesa, percebiam que a instrução escolar estava ligada a uma tendência modernizadora, a uma tendência de desenvolvimento própria de uma sociedade mais avançada" (SAVIANI, 1994, p. 154-155).

Uma das maneiras de contornar o "problema" foi a adoção do modelo de administração do taylorismo, em que apenas o empresariado detinha o saber sistemático relativo ao conjunto do processo produtivo, enquanto os trabalhadores detinham apenas o saber específico, parcelado, referente àquele ponto que ele opera no processo da produção (SAVIANI, 1994, p. 155-160).

Com isso, por meio de estudos da divisão do trabalho e estudo do tempo e movimento de Taylor, defendeu-se que a forma mais eficiente de produção seria a simplificação do trabalho complexo, com a redução a tarefas simples e repetitivas, de forma que quase nenhuma qualificação era necessária ao proletariado.

De acordo com Benakouche (1984, p. 42), neste momento a força de trabalho sofreu intenso esgotamento, pois a aceleração das cadências do trabalho promoveu elevação da produtividade.

Vale ressaltar que a escola sempre foi vista como necessária ao trabalho intelectual, enquanto mais dispensável ao trabalho manual, em que a formação ocorria pela prática (SAVIANI, 1994, p. 156). E com a Revolução Industrial, datada do final do século XVIII e da primeira metade do século XIX, a maquinaria foi inserida no contexto produtivo em substituição, em grande parte, das funções manuais, ou seja, se inicia um processo de mecanização das operações manuais (sendo as máquinas executadas por elas mesmas ou pelos homens, que não necessitam utilizar de grandes conhecimentos para operá-las). Com isso, o trabalho humano propriamente intelectual se limita à função de controle e supervisão de máquinas (SAVIANI, 1994, p. 157)[(5)].

Portanto, a qualificação para o trabalho é alterada, na medida em que, anteriormente, estava vinculada a habilidades e destrezas (notadamente no trabalho manual), passando a assumir um posto de aquisição de competências tecnológicas, interpretação e resolução de problemas (NETO, 2006, p. 73).

Se, por um lado, a introdução da maquinaria propiciou que trabalhadores operassem e convivessem com máquinas sem grandes dificuldades (haja vista a desnecessidade de qualificação específica), por outro lado a mecanização fez surgir atividades que pressupunham um grau de qualificação, já que as máquinas deveriam ser reparadas, ajustadas e adaptadas (SAVIANI, 1994, p. 157).

Com a evolução de tecnologias, mesmo essas funções intelectuais específicas são repassadas para a própria máquina, restando a necessidade de uma qualificação geral, com acesso universal ao ensino:

> As máquinas, como extensão dos braços e agora também do cérebro humano, não são mais do que instrumentos através dos quais o homem realiza aquela atividade, ainda que se trate de instrumentos capazes de pôr em movimento operações complexas, múltiplas, amplas e por tempo prolongado. Portanto, o criador desse processo, aquele que o domina plenamente e que o controla em última instância, continua sendo o homem. Continua, pois, sendo um trabalhador. Seu trabalho consiste agora em comandar e controlar todo o complexo das suas próprias criaturas, mantendo-as ajustadas às suas necessidades e desenvolvendo-as na medida das novas necessidades que forem se manifestando (SAVIANI, 1994, p. 159).

Contudo, o Brasil ainda passa por grandes dificuldades em relação à educação universal, o que dificulta a incorporação de novas tecnologias necessárias a modernizar o parque produtivo nacional (SAVIANI, 1994, p. 159-160).

Na verdade, o que se pretende com a tecnologia, além de redução de tempo e esforço humano, é possibilitar a liberação do homem para a realização de outras atividades, como de desenvolvimento pessoal, de construção de relações afetivas-familiares e do desenvolvimento do ócio criativo (FINCATO; WÜNSCH, 2020, p. 3).

Portanto, o aparato tecnológico seria significado de libertação do ser humano à realização de tarefas mais nobres, criativas e menos repetitivas (NETO, 2006, p. 82).

É certo que as novas tecnologias geralmente são associadas ao desemprego. Porém, muito embora não seja o tema de discussão do presente trabalho, também se observa o desenvolvimento tecnológico

---

(5) Sobre esse tema, José Castro Caldas (2019, p. 19) destaca que "o trabalho nas condições do capitalismo torna-se ele próprio uma mercadoria. Além disso, passa a ter em vista, não a produção de valores de uso, mas antes de valores de troca, deixa de servir para produzir bens concretos necessários à vida e ao conforto, para passar servir a produção de lucro. Neste processo o trabalho é despido da sua natureza concreta, da sua qualidade específica, da sua incomensurabilidade, transformando-se em trabalho abstrato que pode ser medido em qualquer escala unidimensional e trocado sem dificuldade por qualquer outra mercadoria, ou por dinheiro. Sob as condições do capitalismo o trabalho, despido das suas qualidades específicas e tornado abstrato e exercido como força de trabalho tende a torna-se mecânico e a ser efetivamente substituído por máquinas".

como benéfico (que garante, muitas vezes, a redução de acidentes de trabalho, aperfeiçoamento da mão de obra e aumento da produtividade).

Todavia, levando em consideração que o acesso às tecnologias não é igualitário, percebe-se dificuldade, até mesmo, de universalizar a oportunidade à realização de tais tarefas criativas. Afinal, o operador de roçadeira referido em linhas anteriores teria acesso a esse tipo de educação intensa com vistas ao conhecimento, de forma a abandonar a sua tarefa específica e repetitiva?

Nos parece que não[(6)].

Ainda que o caminho tecnológico leve à maior produtividade, o seu acesso desigual promove grandes disparidades salariais e polarizações. Segundo Neto (2006, p. 93): "O mercado de trabalho funciona como gerador de desigualdades, demonstrando que as enormes diferenças salariais estão fortemente correlacionadas à educação e oportunidades de acesso ao conhecimento".

O mesmo autor, em seu artigo, conclui que há evidências de que a desigualdade salarial não parece ser criada pelo mercado de trabalho, mas tem origem na educação.

Dessa forma, assim como pensa Andrew Feenberg (2003, p. 1), deve-se ter em mente uma visão "que admite a possibilidade de "diferenças" significativas, isto é, de variação cultural na recepção e apropriação da modernidade". Este será, portanto, o ponto de partida para a análise do próximo tópico.

3. *O fetiche da tecnologia*

Ao produzir uma mercadoria, também produz-se a mais-valia, traduzida na diferença entre o valor da mercadoria e o valor da mão de obra paga. Ou seja, o capital se apropria de parte do valor da mercadoria, que é justamente a mais-valia (NOVAES; DAGNINO, 2004, p. 191).

Na verdade, o lucro somente é alcançável por meio de um modelo de acumulação de capital permeado de formas de exploração e dominação (BENAKOUCHE, 1984, p. 41).

E a tecnologia é uma aliada na busca do lucro. Da mesma forma que denota uma relação de classes no contexto da mercadoria, a tecnologia também é entendida como um meio para o atingimento de fins, quais sejam, aumento da eficácia na produção de bens e serviços (NOVAES; DAGNINO, 2004, p. 191).

Segundo Andrew Feenberg (2010, p. 7), a tecnologia não é neutra[(7)]. Na verdade, o seu uso é socialmente construído, carregado de valores da sociedade (especialmente da sociedade dominante), o que denominou de Fetiche da Tecnologia.

Segundo o autor:

> O termo "substantivismo" foi escolhido para descrever uma posição que atribui valores substantivos à tecnologia em contraste com as visões como a instrumentalismo e a do determinismo nos quais a tecnologia é vista como neutra em si mesma. O contraste aqui está realmente entre dois tipos de valor. A tese da neutralidade atribui um valor à tecnologia, mas é um valor meramente formal, a eficiência, que pode servir a diferentes concepções de uma vida boa. Um valor substantivo, pelo contrário, envolve um compromisso com uma concepção específica de uma vida boa. Se a tecnologia incorpora um valor substantivo, não é meramente instrumental e não pode ser usado a diferentes propósitos de indivíduos ou sociedades com ideias diferentes do bem. O uso da tecnologia para esse ou aquele propósito seria uma escolha de valor específica em si mesma, e não só uma forma mais eficiente de compreender um valor preexistente de algum tipo" (FEENBERG, 2010, p. 7).

Afinal, todos os instrumentos utilizados nas relações sociais "dão formato à nossa maneira de vida nas sociedades modernas em que a técnica se infiltrou totalmente. Nesse sentido, meios e fins não podem ser separados", pois a tecnologia transforma o ser humano (FEENBERG, 2003, p. 2). Dessa forma, não se pode adotar uma teoria de que a tecnologia

---

(6) Nas palavras de Neto, em texto publicado em 2006 (p. 91): "Em sociedades pouco desenvolvidas, marcadas por baixo dinamismo tecnológico e que não desenvolvem um sistema próprio de inovação, e mesmo nas mais avançadas, com bases técnicas consolidadas, as políticas economicistas da educação têm resultado em mais exclusão para parcelas significativas da população".

(7) Em outro artigo que também trata do mesmo tema, o autor reforça a relação entre a tecnologia e a hegemonia: "As tecnologias são selecionadas a partir destes interesses entre muitas possíveis configurações. Na orientação do processo de seleção estão códigos sociais estabelecidos pelas lutas culturais e políticas que definem o horizonte sob o qual a tecnologia atuará. Uma vez introduzida, a tecnologia oferece uma validação material do horizonte cultural para o qual foi pré-formada. Eu chamo isto de "viés" da tecnologia: aparentemente neutra, a racionalidade funcional é engajada em defesa de uma hegemonia. Quanto mais a sociedade emprega tecnologia, mais significativo é este engajamento" (FEENBERG, 2010, p. 10).

seria um fim em si mesmo, pois, na verdade, ela indica intenções (especialmente de domínio e poder) para além de sua simples existência, posto que não é neutra.

E como um instrumento de interesses de classes, a tecnologia afeta diretamente a sociedade e seus atores sociais (FEENBERG, 2003, p. 1).

De acordo com Rabah Benakouche (1984, p. 38), existe diferença entre as relações político-ideológicas (verificadas no estudo da tecnologia como forma de dominação) e as relações econômicas (em que a tecnologia serve como meio de obtenção de lucro).

Muito embora não se discorde de que a tecnologia é adotada como forma de obtenção de lucro, neste trabalho se abordará a tecnologia enquanto forma de dominação.

No entendimento sobre capitalismo de Marx, o ponto chave é o controle das condições de trabalho, e não tanto a posse da riqueza, uma vez que o interesse do proprietário seria tecnológico, e não meramente um interesse econômico. Quando o processo do trabalho é reorganizado, com a implementação de máquinas e tecnologia, é possível acelerar a produção. Para isso, é necessário um controle gerencial sobre a classe trabalhadora, por meio de uma relação hierarquizada (FEENBERG, 2010, p. 5).

Com isso, ocorre também uma divisão social de trabalho, em que o operário se aliena, pois há um parcelamento do conhecimento, favorecendo a cisão entre o trabalho manual e o trabalho intelectual (BENAKOUCHE, 1984, p. 39).

Ao fato de os gerentes substituírem os proprietários no controle das organizações Marx chamou de dominação impessoal, que seria justamente a destituição de poder da classe trabalhadora. Feenberg, porém, chama essa forma de controle de autonomia operacional, caracterizada pela "liberdade do proprietário ou de seu representante para tomar decisões independentes para continuar o negócio da organização, sem levar em consideração os interesses dos atores subordinados" (FEENBERG, 2010, p. 6).

Com isso, fica instituída uma relação de poder e supremacia. Na medida em que a tecnocracia sujeita seres humanos ao controle técnico da tecnologia e impede a participação ativa da classe trabalhadora, perpetua as estruturas de poder das elites (FEENBERG, 2010, p. 6).

Para o autor, a tecnologia é uma das maiores fontes de poder das sociedades modernas e considera que os líderes dos sistemas técnicos (dentre eles líderes de corporações, engenheiros, médicos, militares) possuem muito mais poder do que as instituições governamentais (FEENBERG, 2010, p. 1).

Nas ideias de Benakouche, "tanto as origens como os objetivos da tecnologia se inscrevem na lógica de valorização do capital (1984, p. 40). Dessa forma, a tecnologia possui o nítido propósito da acumulação, consubstanciada na perpetuação das formas capitalistas de produção e divisão social do trabalho.

E a relação entre democracia e tecnologia também é abordada por Feenberg, especialmente em referência à democracia do mercado de trabalho:

> Este estado de coisas é explicado por uma entre as duas seguintes formas. Por um lado, o ponto de vista do senso comum considera que a tecnologia moderna é incompatível com a democracia no mercado trabalho. A teoria democrática não pode pressionar, de forma consistente, por reformas que poderiam destruir as fundações econômicas da sociedade. Para provar isto basta considerar o caso soviético: embora fossem socialistas, os comunistas não democratizaram a indústria, e a democracia atual da sociedade soviética só vai até ao portão da fábrica. Pelo menos, na ex-União Soviética, todo mundo concordava com a necessidade de uma administração industrial autoritária. Por outro lado, uma minoria de teóricos radicais afirma que tecnologia não é a responsável pela concentração do poder industrial. Esta é uma questão política que está relacionada à vitória do capitalismo e das elites comunistas nas lutas com o povo. Sem nenhuma dúvida, a tecnologia moderna tem contribuído para a administração autoritária, mas em um contexto social diferente poderia muito bem, ser operacionalizada democraticamente (FEENBERG, 2010, p. 1).

Talvez por isso — necessidade de manutenção das hierarquias — o acesso à tecnologia não seja difundido. Tal fato se mostra dicotômico com a nova era em que a sociedade experimenta: a da Quarta Revolução Industrial, com a eliminação de níveis de gerência tradicional, com treinamento de funcionários para desenvolverem habilidades e reduzirem tempo e complexidade da produção (FINCATO; WÜNSCH, 2020, p. 6).

É certo que, reiteradamente, acompanha-se a redução do proletariado tradicional, manual, estável e especializado, herdeiro da estrutura taylorista e fordista, dando lugar a formas desregulamentadas de trabalho (ANTUNES; ALVES, 2003, p. 2). E, como se sabe, acompanha-se também o recrudescimento de formas precárias de trabalho.

Nas palavras de Denise Fincato e Guilherme Wünsch (2020, p. 13), "É certo que os trabalhadores terão que aprimorar suas habilidades para acompanhar os avanços tecnológicos, com isso mantendo-se "empregáveis'. Todavia, tendo em vista a existência de tamanhas restrições ao acesso à tecnologia, não nos parece ser uma decisão unilateral do empregado de acompanhar, ou não, tal avanço.

Contudo, importante mencionar uma falácia muitas vezes perpetrada, no sentido de que o progresso técnico segue um curso linear, do menos avançado para o mais avançado.

Para desmistificar tal concepção, Feenberg exemplifica com o caso das bicicletas, que inicialmente foram desenvolvidas para a corrida — como prática esportiva — e para serem utilizadas como utilitário de transporte. Antes, a roda dianteira era mais alta, de forma a permitir maiores ganhos de velocidade na prática esportiva (paralelamente, tal escolha causava instabilidade). Contudo, percebeu-se que, pela segurança — ou seja, atendendo à finalidade da bicicleta como utilitário de transporte — as duas rodas deveriam ser do mesmo tamanho. Portanto, ainda que hoje sejam adotadas rodas de tamanhos idênticos, não significa que a atual tecnologia superou a anterior, pelo contrário. Significa, apenas, que a segurança prevaleceu sobre a velocidade (FEENBERG, 2010, p. 4-5).

Tal exemplo confirma que a tecnologia é utilizada como um instrumento de interesses e como manifestação da vontade predominante.

Ainda com relação a este tema, cabe ressaltar que o desenvolvimento tecnológico possui restrições, que em geral são feitas por normas culturais (originárias das regras de economia, tradição, religião e ideologia (FEENBERG, 2010, p. 9).

Partindo-se do pressuposto de que a tecnologia não é neutra, pode-se pensar, portanto, que ela seria uma forma de dominação e controle.

Assim como os trabalhadores em capina da praça, embora utilizando de equipamentos não tão desenvolvidos para executar as tarefas eram fiscalizados por celular, os demais empregados atuais são constantemente fiscalizados por mecanismos tecnológicos.

A Quarta Revolução Industrial é caracterizada pelas tendências de conectividade, em que desenvolvem-se mecanismos (como sensores, tecnologia de rápido processamento, redes de produção avançadas, redes de dispositivos de fabricação e controlados por computadores, o que permite um rearranjo do trabalho, integrando o real e o virtual (FINCATO; WÜNSCH, 2020, p. 6).

Com isso, é realizada a correção de problemas rapidamente e aumenta a produtividade, com menos esforço do trabalhador. É certo que as alterações dos ambientes digitais ocasionam, também, alterações na vida social.

A tecnologia alterou, outrossim, o mercado de trabalho, ocasionando a mudança de horários e locais de trabalho, remodelando os elementos de configuração do vínculo de emprego subordinado. Classicamente, a subordinação do empregado seria jurídica, pois vinculada a um contrato de trabalho. Porém, no atual contexto de novas formas de trabalho, a subordinação também passou por uma ressignificação, haja vista as existências de formas telemáticas de comando, controle e supervisão (FINCATO; WÜNSCH, 2020, p. 8-11).

É certo que a tecnologia, mais do que promover controle do trabalho, também é utilizada como mecanismo de dominação, seja dos países que alcançaram o desenvolvimento antes de outros, seja pelas classes dominantes, sobre aquelas menos favorecidas (CAVALCANTE, 2018, p. 58).

No mesmo sentido, Rabah Benakouche (1984, p. 53) para quem a tecnologia não seria apenas uma exigência econômica, mas também uma forma de luta pelo poder:

> O processo de qualificação-desqualificação da força de trabalho não se dá apenas por razão de economia, mas porque a qualificação, por definição, é um poder que o operário (especializado) exerce sobre o movimento da produção, constituindo uma ameaça para o patronato (BENAKOUCHE, 1984, p. 53).

Desta maneira, evidente que a tecnologia, para além de proporcionar maior ganho aos detentores de poder (no sentido econômico), também assume o papel dominador, pois mantém o distanciamento entre as classes e impede que o proletariado, que não tem acesso às tecnologias, representem ameaça ao poder.

4. *Considerações finais*

A utilização da tecnologia afastou, cada vez mais, o trabalho intelectual do trabalho manual (este vem sendo paulatinamente substituído por máquinas operadas por homens ou, até mesmo, operadas pela própria máquina).

Paralelamente ao desenvolvimento tecnológico, existe um grupo de trabalhadores, em geral com baixa escolaridade, que não possui acesso às novas formas de produção, seja porque não tem acesso aos equipamentos, seja porque não possui qualificação necessária para operá-los.

E o avanço da tecnologia não é acompanhado de um avanço de mecanismos para diminuir essas distantes realidades.

Percebeu-se, na pesquisa, que as diferenças entre as classes está fortemente relacionada ao acesso à educação e a oportunidades de conhecimento. Quando, no contexto da Revolução Industrial, optou-se por parcelar o labor dos trabalhadores de maneira que eles não mais compreendessem o sistema de produção global, escolheu desviá-los de qualquer possibilidade de assumir o controle da produção.

Na medida em que a informação é mais ou menos acessível, já se verifica a distribuição de poder dentro da sociedade.

E isso se dá porque a tecnologia não é neutra, mas demonstra os interesses de manutenção de domínio pelas classes dominantes, que sempre tiveram mais acesso aos avanços tecnológicos disponíveis, ao contrário do proletariado.

Diante das constatações, conclui-se que o proletariado somente poderá, com maior facilidade, quebrar a barreira que o separa da classe dominante por meio de educação e acesso à tecnologia.

5. *Referências*

ANTUNES, Ricardo. O caráter polissêmico e multifacetado do mundo do trabalho. *Trabalho, Educação e Saúde*, 1.2, p. 229-237, 2003.

BENAKOUCHE, Rabah. A tecnologia enquanto forma de acumulação. *Ensaios FEE*, v. 5, n. 1, p. 37-64, 1984.

CALDAS, José Castro; TELES, Nuno. Tecnologia, trabalho e emprego: das controvérsias do passado na economia política aos futuros possíveis. *Cadernos do Observatório*, 11, p. 1-38, 2019.

CAVALCANTE, Jouberto de Quadros Pessoa. A sociedade, a tecnologia e seus impactos nos meios de produção: uma discussão sobre o desemprego tecnológico. *Jus Laboris*, 2018.

FEENBERG, Andrew. *Do essencialismo ao construtivismo:* a filosofia da tecnologia numa encruzilhada. Publicação interna. São Carlos: UFSCar, 2003.

______ . O que é a filosofia da tecnologia. *Andrew Feenberg: Racionalização Democrática, Poder e Tecnologia*, v. 3, p. 39-51, 2010.

______ . *Racionalização subversiva:* tecnologia, poder e democracia. A teoria crítica de Andrew Feenberg: racionalização democrática, poder e tecnologia. Brasília: Observatório do Movimento pela Tecnologia Social na América Latina/CDS/UnB/Capes, 2010.

FERRO, Sérgio. O canteiro e o desenho. In: *Arquitetura e trabalho livre*. São Paulo: Cosac Naify, 2006.

FINCATO, Denise; WÜNSCH, Guilherme. Subordinação algorítmica: caminho para o direito do trabalho na encruzilhada tecnológica?. 2020.

ROCHA NETO, Ivan. Tecnologia, educação e trabalho. *Revista Tecnologia e Sociedade*, v. 2, n. 2, p. 71-98, 2006.

NOVAES, Henrique Tahan; DAGNINO, Renato. O fetiche da tecnologia. *Revista Org & Demo*, v. 5, n. 2, p. 189-210, 2004.

SAVIANI, Dermeval *et al. O trabalho como princípio educativo frente às novas tecnologias. Novas tecnologias, trabalho e educação:* um debate multidisciplinar. Petrópolis: Vozes, 1994.

SINDICATO dos Trabalhadores em Empresas de Asseio, Conservação e Limpeza Urbana de Juiz de Fora e Região — MG. 2020. Disponível em: <http://www.sinteacjf.com.br/arquivos/convenes-coletivas/64/>. Acesso em: 2 fev. 2021.

O Trabalho nas Plataformas Digitais de Entrega *Delivery*[1]

Camila dos Santos Reis[2]
Edilton Meireles[3]

1. *Introdução*

As empresas que operam por meio de plataformas digitais surgem no bojo da flexibilização do trabalho e da sua consequente precarização. O discurso empresarial se pauta na adesão de trabalhadores qualificados formalmente como autônomos, negando o vínculo de emprego e qualquer tipo de subordinação ou dependência. Elas não estão sujeitas à regulação estatal no tocante às normas cíveis, tributárias e, especialmente, trabalhistas — justamente por defenderem o discurso da autonomia e da liberdade. O que as difere das tradicionais empresas do mercado é o fato de utilizarem uma tecnologia avançada para oferecem seus serviços, reconfigurando o modo de trabalho humano.

A dimensão e o alcance das empresas que comandam as plataformas de trabalho provocam diversas rupturas nos modos de organizar as atividades econômicas, as relações sociais e, consequentemente, as relações de trabalho. No Brasil, as plataformas digitais de trabalho sob demanda atuam predominantemente no setor privado de transporte de passageiros e de entrega de mercadorias — com destaque para a UberEats, iFood e Rappi. Por conta disso, o objetivo deste artigo é analisar os impactos provocados pela economia digital nas relações de trabalho, a partir das plataformas digitais de trabalho de entrega *delivery*.

Para tanto, o trabalho será estruturado da seguinte maneira: na primeira parte, discute-se como a economia digital impulsionou a criação de novas modalidades de trabalho, ressaltando o fato de que as empresas necessitam da tecnologia da informação, processamento de dados e da internet no seu modo de produção e gestão do trabalho. Na segunda parte, classificam-se as plataformas digitais de trabalho e elegem-se aquelas que atuam sob demanda para o foco da discussão mediante o caso paradigmático da empresa Uber. Na terceira parte, analisa-se o trabalho dos entregadores de comida *delivery*, fazendo um contraponto entre a condição de autônomos e empreendedores que tem sido propagada pelas empresas e a real condição de exploração e precarização a qual eles estão submetidos. Por fim, pontua algumas conclusões sobre como o Direito do Trabalho pode ser uma tutela jurídica para essas novas relações.

Dessa forma, recorre-se a uma pesquisa bibliográfica, de caráter qualitativo, a partir de teóricos que discutem a uberização das relações de trabalho, fazendo um diálogo entre Sociologia e Direito. Para além do campo teórico, serão utilizados dados coletados de duas das pesquisas mais recentes feitas com trabalhadores das principais plataformas de entrega (REMIR, 2020; NEC, 2020). Com isso, pretende-se trazer uma discussão da teoria aliada a uma análise detida ao trabalho dos entregadores *delivery*.

---

(1) Este artigo é resultado de pesquisa desenvolvida no âmbito do grupo de pesquisa "Relações de Trabalho na Contemporaneidade", liderado pelo Prof. Edilton Meireles, vinculado ao Programa de Pós-Graduação da Faculdade de Direito (PPGD) da Universidade Federal da Bahia (UFBA), cadastrado no Diretório Nacional de Grupos de Pesquisa do CNPq (dgp.cnpq.br/dgp/espelhogrupo/2745276903507261), e que compõe "Rede de Grupos de Pesquisas em Direito e Processo do Trabalho — RETRABALHO".

(2) Graduada em Letras pela Universidade do Estado da Bahia — UNEB e graduanda em Direito pela Universidade Federal da Bahia — UFBa. Bolsista de Iniciação Científica (PIBIC/UFBA).

(3) Pós-doutor em Direito pela Faculdade de Direito da Universidade de Lisboa. Doutor em Direito pela Pontifícia Universidade Católica de São Paulo (PUC/SP). Professor de Direito Processual Civil na Universidade Federal da Bahia (UFBa). Professor de Direito na Universidade Católica do Salvador (UCSal). Desembargador do Trabalho na Bahia (TRT 5ª Região).

2. A economia digital

As últimas décadas têm sido caracterizadas pelo notável avanço tecnológico, muito por conta da disseminação da internet, das tecnologias digitais e, principalmente, do uso dos dados como matéria-prima por parte das empresas. Segundo o estudo da Oxford Economics, a economia digital no mundo representava cerca de 15,5%, podendo chegar a 24,3% em 2025 (OXFORD ECONOMICS, 2017). Mas, como esses recursos informacionais-digitais são controlados por apenas algumas empresas globais no intuito de produzir, comercializar e distribuir seus produtos e serviços, percebe-se que o objetivo do capital é o de gerar cada vez mais lucro e garantir seu monopólio no mercado.

A economia digital, apoiada em tecnologias avançadas (inteligência artificial, internet das coisas, computação em nuvem, big data e análise de dados), consolida a era da Indústria 4.0 (ou Quarta Revolução Industrial) (SCHWAB, 2017, p. 11). Isso porque as grandes empresas usam essas tecnologias sofisticadas para organizar e gerenciar sua a atividade econômica, tornando-se muito valiosas no mercado. Em 2019, a empresa Uber, por exemplo, já entrou na bolsa com um valor de mercado inicial de 82,4 bilhões de dólares (EL PAIS, 2019). Com isso, o imenso capital financeiro e digital dessas empresas tem transformado a economia e, consequentemente, as relações de produção e de trabalho.

Párraga aponta que não é incomum colocar o uso das tecnologias como condição essencial para um crescimento econômico sustentável que permita a geração de empregos, de modo a produzir bens e serviços cada vez mais personalizados e com preços acessíveis. Contudo, o provável é que a associação entre tecnologia e economia possa contribuir para uma sociedade do desemprego. Isso porque a digitalização da economia deve implicar em uma mudança substancial no modelo de produção, tendo em vista a qualidade do produto, bem ou serviço oferecido. É nesse cenário que surgem as plataformas digitais, cuja inovação do processo produtivo tem contribuído para a negação do trabalho e de sua função sociopolítica, bem como para a banalização da condição de trabalhador (PÁRRAGA, 2016, p. 3-5).

Na medida em que as novas tecnologias digitais são assimiladas pelas empresas, elas necessitam cada vez menos de mão de obra, o que gera um alto impacto na economia e promove desemprego, subemprego, redução dos salários e do consumo. Antunes alerta para o quanto as atividades humanas estão sendo automatizadas e robotizadas, já que a força de trabalho está sendo substituída, ao passo que se aumenta a inserção de ferramentas comandadas pela via informacional-digital no processo produtivo. Dessa forma, o processo de precarização social do trabalho assume outros vieses, ao ser resultado não somente da flexibilização, da terceirização e da informalidade, mas também da automatização das relações de trabalho (ANTUNES, 2020).

De toda forma, mesmo que as máquinas não substituam em absoluto a prestação pessoal dos serviços, a figura do trabalhador empregado e dependente parece estar acabando, como aponta Signes. Ele ressalta o quanto as empresas estão tornando seus serviços especializados, focando em um único setor ou produto, ao passo que descentraliza sua estrutura. Para além disso, as empresas não só têm dispensado uma grande estrutura organizacional, como também têm dispensado a contratação de trabalhadores, o que faz surgir a figura do autônomo independente. Desse modo, as plataformas digitais têm conseguido criar uma estrutura "invisível", ou seja, sem trabalhadores, que, aparentemente, apenas conecta a oferta e a demanda (SIGNES, 2017, p. 29).

Se esse processo não culminar na substituição da força de trabalho pela automação ou no desaparecimento do vínculo formal de emprego, ao menos culminará na transformação da classe trabalhadora que se conhece hoje. De acordo com Antunes, o mundo do trabalho presencia o advento de um novo proletariado de serviços na era digital, caracterizado pela informalidade, precariedade, trabalho digital (estruturado a partir do que o autor denomina de novas TICs — Tecnologias da Informação e Comunicação) e flexível, a exemplo do trabalho nas plataformas digitais.

> Ao contrário da eliminação completa do trabalho pelo maquinário informacional-digital, estamos presenciando o advento e a expansão monumental do novo proletariado da era digital, cujos trabalhos, mais ou menos intermitentes, mais ou menos constantes, ganharam novo impulso com as TICs, que conectam, pelos celulares, as mais distintas modalidades de trabalho. Portanto, em vez do fim do trabalho na era digital, estamos vivenciando o crescimento exponencial do novo proletariado de serviços, uma variante global do que se pode denominar escravidão digital. Em pleno século XXI. (ANTUNES, 2019, p. 35)

De fato, a atual fase do capitalismo é marcada pela digitalização da vida social, a ponto de reconfigurar a noção de espaço e tempo e desmaterializar as relações sociais (PÁRRAGA, 2016, p. 3). Com isso, a tendência das empresas é modernizar seu processo produtivo, tornando-o cada vez mais autônomo e independente por meio de uma tecnologia avançada. O que impacta não somente as relações de produção e de consumo, mas também o trabalho, cuja regulação tem sido um desafio em todo o mundo, ainda mais no contexto das plataformas digitais de trabalho. Importante ressaltar que para uma mesma economia digital há diversas explicações no campo teórico. São explicações que buscam enquadrar o tipo de economia desenvolvido pelas plataformas digitais, o que ajuda a entender as relações de trabalho e a sua exploração.

Nesse sentido, as empresas que organizam sua atividade econômica por meio de plataformas digitais (também chamadas de empresas-aplicativo ou empresas plataformas) utilizam uma avançada tecnologia, a partir da inteligência artificial e do controle dos dados, para gerir a produção e o trabalho. Seguindo a lógica empresarial e econômica, essas empresas dizem fazer parte da economia compartilhada (ou *sharing economy*), na medida em que propõem um novo modelo organizacional que dá maior eficiência na utilização dos bens. Segundo Slee, a economia compartilhada surgiu com a promessa de conectar consumidores e provedores de serviços para trocas do mundo físico (bens e serviços) através de um site ou aplicativo (SLEE, 2017, p. 21).

No início, essa ideia de compartilhamento trazia uma visão comunitária e cooperativa, com foco em trocas pessoais de pequena escala. Ocorre que esse modelo econômico cresceu tão rapidamente que acabou perdendo seu ideal colaborativo, não conseguindo conviver com o sistema capitalista. As companhias com imenso capital financeiro acabaram por usurpar esse ideal, já que se qualificam como parte da economia compartilhada, quando, na verdade, buscam ganhar dinheiro e manter suas marcas no mercado, a exemplo da Uber. Dessa forma, essas empresas utilizam tecnologia avançada e conseguem se instalar ao redor do mundo, atuando de forma descentralizada e desafiando a lei desses países na tentativa de torná-las obsoletas (SLEE, 2017, p. 25).

Do ponto de vista da proteção social dos trabalhadores, também é possível enquadrar as empresas que atuam por plataformas digitais como parte da economia de bico — ou *gig economy* (KALIL, 2017, p. 239). É uma forma de trabalho baseada em ocupações temporárias ou que realizam atividades *freelancer* sob demanda e são pagas separadamente, sem nenhuma proteção trabalhista. Não há garantia de salário mínimo ou de jornada máxima, de modo que os riscos da atividade econômica são transferidos aos trabalhadores (OLIVEIRA; ASSIS; COSTA, 2019, p. 248). Embora seja definida como uma economia de "bico", não deve ser entendida como uma atividade periférica ou apenas como complementar de renda, pois tem sido a centralidade do trabalho e da renda desses trabalhadores — como será demonstrado no último tópico deste trabalho.

Já Srnicek defende que essa era digital representa uma nova fase do capitalismo (capitalismo de plataforma), na qual a exploração econômica dos dados ocupa lugar central nas novas organizações empresariais. Isso porque o sistema capitalista tem passado por reestruturações em tempos de crise, tendo se voltado para o uso dos dados como meio de manter o crescimento da economia. Desse modo, a exploração econômica dos dados através das plataformas digitais representa um novo regime de acumulação ou até a continuação de regimes anteriores, bem como proporciona vantagens suficientes para consolidar uma marca no mercado. Como os modelos de negócios já existentes não foram projetados para coletar e usar dados, surge um novo tipo de empresa, que opera por meio de plataforma, capaz de montar uma infraestrutura digital para detectar, registrar e analisar uma imensa quantidade de dados (SRNICEK, 2017, p. 25).

A avançada tecnologia permite o desenvolvimento de um sistema algorítmico para o funcionamento da plataforma digital, que faz a extração, a análise e a utilização de dados para o desempenho da atividade empresarial. Contudo, as empresas mantêm uma rigorosa política de privacidade em relação a esses dados, de modo que não se sabe como elas realmente gerenciam o trabalho. Não se sabe, por exemplo, como a Uber define o preço da corrida, as tarifas dinâmicas, e como distribui as corridas e entregas entre os trabalhadores.

Inclusive, a Uber serve de paradigma para explicar o funcionamento e gestão das demais empresas na economia digital e no capitalismo de plataforma. Tanto é que se utiliza o termo uberização (ou uberismo) para se denominar essa atual fase do capitalismo e da digitalização da economia (CHAVES JUNIOR;

OLIVEIRA; OLIVEIRA NETO; 2020). A partir da definição de Abílio, a uberização do trabalho pode ser entendida como uma nova forma de organização, gerenciamento e controle do trabalho, que se apresenta como uma tendência global e que atravessa o mundo do trabalho. Por isso, ela não se restringe apenas aos trabalhadores de aplicativo ou de baixa qualificação e renda, devendo ser compreendida no contexto da flexibilização e da informalização do trabalho, seguida de décadas de políticas neoliberais e de eliminação de direitos — que são acentuadas na atualidade (ABILIO, 2019, p. 2-4).

Dessa maneira, as plataformas digitais tornaram-se a maior expressão da economia digital nos dias atuais. Além de provocarem profundas mudanças sociais, as plataformas estão transformando o mundo do trabalho, haja vista o desaparecimento as formas tradicionais de emprego e de gerenciamento do trabalho. Por propagarem o discurso da economia compartilhada, as empresas que atuam por plataforma estão conseguindo fornecer todos os seus serviços por meio dos autônomos — assim enquadrados por elas e pela legislação —. Dessa forma, elas transferem todos os custos da atividade para esses trabalhadores e não mantêm nenhum tipo de vínculo ou obrigação com eles, dada a ausência de regulação estatal.

3. *As plataformas digitais de trabalho sob demanda e o paradigma da UBER*

A economia digital permitiu o surgimento e a consolidação das plataformas digitais no mercado, de forma que as empresas conseguem expandir seus negócios facilmente, dada a descentralidade geográfica, a ausência de regulação estatal e facilidade em atrair os trabalhadores. O modelo empresarial difundido por essas grandes empresas é caracterizado pela flexibilidade organizacional e estrutura física mínima, o que reduz os custos operacionais, de produção e aumenta os lucros. Ressalta-se, ainda, que não se pode considerar toda uma organização empresarial existente por trás de determinada atividade econômica apenas como um aplicativo ou plataforma.

Para tanto, é preciso fazer uma distinção entre empresa, plataforma digital e aplicativo. O aplicativo é um programa de computador desenvolvido para instalação e uso nos *smartphones*. É ele que faz a conexão do usuário com a plataforma digital, responsável por conectar diversos grupos em rede e definir certas regras de governança. Já a plataforma digital é o próprio sistema algoritmo que é programado para controlar e definir as regras do trabalho. Por trás do aplicativo e da plataforma, subsiste uma empresa, responsável por criar, manter e investir nesse sistema de programação algorítmica, a qual suporta certos custos e aufere lucros, sendo ela que fornece as diretrizes de controle e gerenciamento do trabalho. Desse modo, é importante evitar utilizar esses conceitos como sinônimos; fazer esse exercício, seria reduzir o todo, a apenas uma parte (BRASIL, 2020).

Adotando a visão de Valerio de Stefano, que trabalha com a perspectiva da *gig economy*, é possível classificar as plataformas de trabalho em dois tipos: *crowdwork* (trabalho em multidão) e trabalho *on-demand* (trabalho sob demanda por aplicativos). O primeiro envolve a execução de tarefas a partir de plataformas digitais, que demandem de produtos e serviços específicos para o atendimento das necessidades dos clientes. O trabalho é executado principalmente de forma *on-line*, conectando trabalhadores e clientes em um nível global. Muitas são as atividades que podem ser desenvolvidas nesse tipo de trabalho, variando das mais simples as mais complexas, desde a tradução de um texto até a criação de um projeto de *marketing* (DE STEFANO, 2017, p. 9-10).

Enquanto o *crowdwork* exige muito mais o ambiente digital para a execução da atividade, o trabalho *on-demand* precisa de uma conexão *on-line* apenas quanto à oferta e à demanda do produto ou serviço, tendo de ser executado presencialmente. Além disso, o trabalho sob demanda envolve atividades comuns e tradicionais, como transporte, alimentação, hotelaria e limpeza. Basta que o usuário solicite o produto ou serviço pelo aplicativo para que o trabalhador possa fazer a entrega ou prestar o serviço solicitado (DE STEFANO, 2017, p. 10-11). As plataformas de trabalho sob demanda são as mais utilizadas pelos trabalhadores e usuários, a exemplo das empresas Uber (e demais empresas do ramo de transporte por aplicativo como 99 e Cabify), Ifood (e demais empresas de entrega de comida delivery como UberEats, Rappi, Deliveroo).

Contudo, esse modelo de organização e gestão do trabalho só traz vantagens para a empresa. Isso porque os trabalhadores são solicitados apenas nos momentos em que o trabalho é necessário, sem garantir que ele seja disponibilizado no futuro. Situação que se assemelha ou até assume a forma de contratos zero horas ou de trabalho intermitente — no caso brasileiro. Embora legais e regulamentados, são duas formas de contratação que promovem a instabilidade do trabalho e da renda, já que os trabalhadores não têm garantia do início e da duração do trabalho. O labor pode durar dias, semanas, meses ou pode nem acontecer.

Ocorre que essa suposta flexibilidade deu margem para que fossem retirados direitos trabalhistas. Isso mostra que os problemas enfrentados pelo trabalhador intermitente se assemelham aos dos trabalhadores de plataformas. A diferença é que nesse último, os períodos de trabalho remunerado são mais curtos, não passando de uma fração de horas e minutos. Isso os coloca em uma situação ainda pior, tendo que abrir mão do ideal de flexibilidade para obter ganhos reais (DE STEFANO, 2017, p. 8-9).

Apesar de não ser comum, é possível que existam plataformas que assumam uma função de mera mediadora da prestação do serviço através de operadores independentes, haja vista a diversidade de plataformas digitais no mercado. Mas, na maioria dos casos, as plataformas digitais de trabalho atuam sob demanda, estabelecendo as diretrizes da prestação de serviço, submetendo o trabalho a uma série de regras, padrões, metas e demais mecanismos de controle. Contudo, não se sabe exatamente qual o nível de intervenção das empresas no trabalho desenvolvido através da plataforma, isto é, até que ponto as decisões seriam tomadas por elas ou pelos trabalhadores (ARTUR; CARDOSO, 2020, p. 372).

Isso dificulta o entendimento dessa nova forma de gestão e controle do trabalho, ao passo que facilita para a ausência de responsabilidade por parte das empresas (ARTUR; CARDOSO, 2020, p. 372). No caso da Uber, apesar de ainda não ser possível desvendar por completo sua forma de gestão, pesquisas na área do Direito e da Sociologia são unânimes ao afirmarem que cabe a Uber fixar o preço do serviço, definir sistemas de avaliação, criar incentivos para o trabalho, aplicar sanções, direcionar as corridas e as entregas para os trabalhadores de forma unilateral.

Para tanto, a Uber precisou de uma tecnologia inovadora e avançada para criar um algoritmo eficiente que permitisse o controle e a gestão do trabalho. Os comandos programados pela empresa e executados pelo algoritmo obrigam os trabalhadores a reagirem em tempo real e obedecerem às ordens que lhes são emitidas. É o que Carelli chama de controle por programação (ou por objetivos, algoritmo ou por comandos), no qual a empresa coloca o trabalhador como seu "parceiro", concede a ele uma certa autonomia na prestação de sua atividade, que, contrariamente, é impedida pela existência do algoritmo, sendo realizado o controle através de prêmios, punições e pelo sistema de avaliação e de precificação (CARELLI, 2017, p. 142-143).

Desse modo, o trabalhador nem percebe que está sendo controlado, justamente porque lhe é concedida certa liberdade, vista na possibilidade de escolha do seu horário de trabalho, e não há a presença física de um "patrão". Contudo, o trabalhador continua subordinado, mediante os comandos das plataformas digitais que organizam e controlam o trabalho. É o que Abílio denomina de autogerenciamento subordinado, pois, ao passo que o trabalhador pode gerenciar seu próprio trabalho, ele tem de se subordinar as regras do aplicativo (ABILIO, 2019, p. 4). Na medida em que o trabalhador pode escolher seu local de trabalho e sua jornada, lhe é transferida uma série de responsabilidades sobre a administração do seu próprio trabalho.

Cabe a ele decidir, por exemplo, se trabalha no centro ou na periferia, se trabalha todos os dias ou apenas nos finais da semana, podendo até a definir suas próprias metas, já que há um valor que ele deseja auferir no final do dia. Ocorre que a empresa não lhe permite, de fato, escolher a forma de prestação do seu trabalho nem fixar o preço do seu serviço, tornando ilusória a ideia de que o trabalhador pode se autogerenciar. Caso um entregador da UberEats optasse por trabalhar no centro de uma grande cidade, por exemplo, a plataforma, além de capturar essa informação, faria com que o trabalho do entregador não se restringisse a esse local, oferecendo descontos e promoções para fazer entregas em outros locais.

Inclusive, essa estratégia que concede bônus e premiações aos trabalhadores funciona, na prática, como incentivos que intensificam a jornada e é chamada de gamificação (BASTOS; SILVA, 2020). Esses incentivos financeiros induzem os motoristas e entregadores a trabalharem em dias de alta e irem a determinados lugares. Os incentivos são acompanhados de recompensas e criam uma falsa ideia de liberdade, contribuindo para a visão de empreendedores de si mesmos, como bem pontua Abilio (2019, p. 4). O discurso romantizado do empreendedorismo é propagado pelas plataformas e até repercute nas decisões judiciais que negam o vínculo de emprego.

Essa nova forma de gestão do trabalho associada as tecnologias digitais contribuem para que a Uber se apresente no mercado como uma empresa de tecnologia (e não de transporte), propagando o discurso de que os motoristas são seus "parceiros", autônomos e também empreendedores. O *marketing* é pautado na mobilidade urbana, na acessibilidade, na eficiência, na confiança e, principalmente, na parceria, defendendo que apenas intermedeia e conecta "parceiros" e usuários que desejam obter um serviço. Por isso, a Uber é um paradigma da organização empresarial da economia digital, conseguindo utilizar sua alta tecnologia para render altos lucros e consolidar sua marca mercado, já que se exime da responsabilidade pelo trabalho e da regulação estatal.

Pode parecer que a eficiência tecnológica utilizada pela Uber seja a responsável por seu modelo empresarial ter conquistado o mercado. A sofisticada tecnologia utilizada para o desenvolvimento do algoritmo criou uma plataforma digital que permite a universalidade e facilidade do acesso, de modo que qualquer pessoa que tenha o aplicativo em um *smartphone* conectado à internet consegue utilizar o serviço. Ao solicitar a corrida, a plataforma consegue dá uma resposta ao usuário em apenas alguns minutos. Além do preço baixo do serviço, que, sem dúvida, é o que mais garante a adesão dos usuários. Isso torna o serviço fácil, acessível, rápido, seguro, confiável e barato. O que são motivos suficientes para conquistar os consumidores.

Entretanto, se engana quem pensa que o sucesso da Uber é devido a sua tecnologia e eficiência em "conectar" usuários e motoristas. O sucesso reside justamente na ausência da regulação estatal das localidades onde se instala. Torna-se mais fácil manter uma empresa sem gastar dinheiro com seguro, inspeções veiculares (SLEE, 2017, p. 104), registros e licenças municipais e, especialmente, sem uma regulamentação trabalhista. No mesmo sentido seguem as demais empresas da economia digital, que conseguem driblar toda a estrutura regulatória das normas cíveis, tributárias e trabalhistas, desbancando a concorrência. Com isso, perpetuam os conflitos trabalhistas comuns, o que permite a existência de baixa remuneração, jornadas exaustivas e falta de cobertura previdenciária e securitária para os trabalhadores.

4. *O trabalho dos entregadores* delivery

As plataformas digitais de trabalho conseguem descentralizar o trabalho ao passo que mantém o seu controle e gestão. Com isso, promovem transformações na organização e gerenciamento do trabalho a partir das novas tecnologias digitais. Organizações empresariais globais são responsáveis por desenvolver um sofisticado sistema de programação algorítmica para criar as plataformas digitais, que conseguem efetuar as mais diversas atividades e oferecer vários serviços aos usuários/consumidores (hotelaria, transportes, entregas, limpeza, dentre outros). Apesar de disseminarem o uso colaborativo e compartilhado de produtos e serviços, por trás disso, existem empresas bilionárias com lucros ostensivos, que mantêm milhares de trabalhadores em condições precárias, mal remunerados e destituídos de qualquer proteção.

No Brasil, embora haja um amplo sistema de regulação social do trabalho, grande parte dos trabalhadores sempre teve seus direitos e proteções sociais retirados, dadas as características políticas, sociais e econômicas do país. Nos anos recentes, a legislação trabalhista vem sendo bastante alterada, contribuindo ainda mais para a retirada de direitos dos trabalhadores. Mesmo antes da pandemia da COVID-19, o mercado de trabalho já era fragmentado, pouco estruturado, heterogêneo, com altos índices de informalidade e rotatividade, baixos salários e extremamente marcado pela desigualdade de renda (KREIN; BIAVASCHI; TEIXERA, 2020). Nessa conjuntura, as empresas Uber, 99, iFood e Rappi se tornaram o maior "empregador" do país, com cerca de 3,8 milhões de trabalhadores que utilizam as plataformas como uma das principais de renda (EXAME, 2019) e contribuíram ainda mais para essa heterogeneidade do mercado de trabalho.

As plataformas digitais de trabalho que atuam no setor de entregas, sejam de alimentos, sejam de outros produtos, contêm suas semelhanças e diferenças, de modo que para adentrar em uma discussão pormenorizada e comparativa do trabalho de cada uma delas, precisar-se-ia proceder uma análise fática. Tanto é que a iFood gerencia seus entregadores através de dois sistemas principais: nuvem e operador logístico (OL), sistemas que não são encontrados nas plataformas do mesmo ramo, como UberEats e Rappi. Ademais, as empresas mudam constantemente seus termos e condições e o próprio modo de gerenciamento e controle do trabalho, alterando regras e padrões. De toda forma, o que se pretende é discutir, de forma geral e sem adentrar nas especificidades de cada plataforma, a condição de trabalho dos entregadores, sem tecer análises acerca da regulação do trabalho e do enquadramento desses trabalhadores.

Sendo assim, para os entregadores da UberEats, do iFood e da Rappi, três das mais procuradas plataformas de entregas *delivery* no mercado (EXAME, 2019), a facilidade de cadastramento e a flexibilidade de escolha dos horários são apresentadas como vantagens. Para se tornar um entregador dessas empresas é preciso apenas ser maior de idade, ter um meio de transporte (carro, moto, bicicleta) e fazer um cadastro *on-line* na plataforma. Porém, para manter esse trabalho o entregador tem de se submeter aos mais diversos riscos da atividade e suportar todos os ônus: cabe ao entregador arcar com combustível, seguro e demais manutenções do seu veículo de locomoção; custear celulares e pacotes de dados; custear a bolsa térmica para guardar o alimento; cumprir os comandos emitidos pelo algoritmo; manter altos índices de rendimento e produtividade para permanecer no aplicativo; ter de estar constantemente conectado ao aplicativo, sob o risco de ser desligado da plataforma; além de ter que trabalhar muitas horas diárias para garantir uma remuneração mínima.

Dados sobre o cotidiano desses trabalhadores são escassos, já que as empresas não fornecem informações concretas sobre como o modo de controle e gerenciamento do trabalho. Por isso, pesquisadores e estudiosos do tema têm se dedicado a explorar a rotina de trabalho desses entregadores, a fim de traçar um perfil da profissão e tentar desvendar a real condição de precariedade a qual estão submetidos. A pesquisa da Aliança Bike realizada em junho de 2019, com 270 entregadores ciclistas — também chamados de *bike boys* — na cidade de São Paulo, apontou um perfil típico de trabalhador: aquele que trabalha todos os dias da semana, 9 a 10 horas por dia e tem ganho médio mensal de R$ 992,00 (ALIANÇA BIKE, 2019). Situação semelhante foi identificada em Salvador/BA, em que a jornada média foi de 10h23min por dia, seis dias na semana; pesquisa realizada com 26 entregadores (*motoboys* e ciclistas) no período de maio a outubro de 2019 (ANTUNES; FILGUEIRAS, 2020, p. 35).

Se os entregadores já enfrentavam uma situação difícil e degradante, a pandemia do SARS-Cov-2, que causa a COVID-19, vêm colocando-os em situações ainda piores, expondo-os a maiores riscos de saúde e segurança no trabalho. A pesquisa da Rede de Estudos e Monitoramento da Reforma Trabalhista, realizada com 252 entregadores em 26 cidades do país, fez uma análise comparativa da situação desses trabalhadores antes e depois da pandemia (REMIR, 2020). Com a recomendação de manter o isolamento social, os estabelecimentos que oferecem serviço de entregas *delivery* foram tidos como essenciais (art. 3º, XXII do Decreto n. 10.282/20) e o número de pedidos aumentou consideravelmente. Nesse sentido, a pesquisa da REMIR, ao fazer o levantamento e análise da jornada de trabalho e da remuneração desses trabalhadores, concluiu que o aumento da jornada não foi acompanhado do aumento da remuneração durante a pandemia da COVID-19.

> A distribuição dos trabalhadores por faixa de tempo de trabalho sofreu uma pequena variação, apresentando um aumento de 3% dos que trabalham até 8 horas por dia: 40,5% dos entrevistados afirmaram trabalhar antes da pandemia entre 4 e 8 horas por dia; 59,5% entre 09 e mais de 15 horas diárias. Durante a pandemia, 43,7% relatou trabalhar até 08 horas por dia e 56,4% apontou 09 horas ou mais. A distribuição atual é de 19,8% tanto nas faixas entre 9 e 10 horas diárias, como entre 11 e 12 horas, 10,7% entre 13 e 14 horas e 6,0% em 15 horas ou mais. Vale ressaltar que, durante a pandemia, 52% dos entrevistados afirmaram trabalhar os 7 dias da semana, enquanto 25,4% deles, 06 dias. Com isso, 77,4% dos entrevistados tem seu tempo de trabalho dispersos por 6 ou 7 dias na semana; trata-se de um trabalho a ser caracterizado como ininterrupto. Entretanto, quando olhamos para a remuneração advinda do trabalho, vemos uma situação muito diferente, dado que a maioria dos entrevistados (60,3%) relatou uma queda na sua remuneração, comparando o período atual da pandemia do coronavírus com o momento anterior. E, ainda, 27,6% relata que a remuneração se manteve e apenas 10,3% que houve um aumento [...] (REMIR, 2020, p. 6-7).

Os pesquisadores apontaram dois fatos para a queda de remuneração dos trabalhadores, quais sejam, o aumento significativo do número de pedidos de cadastros de entregadores nos últimos meses e a diminuição do valor da hora de trabalho e/ou a bonificação durante a pandemia da COVID-19. Dessa forma, é possível que as empresas estejam rebaixando o valor da força de trabalho daqueles que já estavam nesta atividade antes da pandemia, "prática que seria amparada pelo aumento do contingente de trabalhadores de reserva e adoção de forma nociva de uma política de aumento do número de entregadores (REMIR, 2020, p. 9) ". Isso demonstra o agravamento da condição precária desses trabalhadores, que já assumiam altas jornadas para que pudessem auferir um pouco de lucro ao final do dia de trabalho.

Na pesquisa mais recente acerca do trabalho dos entregadores, realizada pelo Núcleo de Estudos

Conjunturais da Universidade Federal da Bahia (Faculdade de Economia, Projeto Caminhos do Trabalho), apontou a realidade já relatada pela pesquisa da REMIR, a de que a remuneração dos entregadores caiu com o início da pandemia. Assim como apontou que esses trabalhadores atuam por cerca de 10 (dez) horas diárias em quase todos os dias da semana. O que desfaz o argumento de que esses trabalhadores atuam de forma eventual (ou esporádica), já que, ao contrário disso, eles têm nas entregas por aplicativo sua ocupação principal (76,7%), como destacado na pesquisa.

> De acordo com as repostas obtidas, os entregadores enfrentam longas jornadas quase todos os dias. Para os que têm no "aplicativo" a única ocupação, a média é de 10 horas e 24 minutos por dia, 64,5 horas por semana, o que significa, numa jornada normal, mais de 20 horas extras todas as semanas. Em média, trabalham 6,16 dias por semana, sendo que 40% deles trabalham todos os dias. Considerando todos os entrevistados (incluindo os que estão nos "aplicativos" em tempo parcial), a jornada média semanal é de 55 horas, distribuídas em 5,8 dias. Destes, um terço trabalha os 7 dias da semana, 70% laboram 6 ou 7 dias, e 90% trabalha 5, 6 ou todos os dias da semana. Os trabalhadores apontaram uma queda de 18,7% em seus rendimentos líquidos (descontados gastos como combustível, manutenção de veículos, internet etc.) durante a pandemia. Considerando o rendimento líquido para um mês de trabalho, 44% dos entregadores conseguem menos do que um salário mínimo, e 85% menos do que 2 salários mínimos (NEC, 2020, p. 4).

Dada a ausência de dados detalhados sobre todos os aspectos das relações de trabalho, vale ressaltar a importância de pesquisas empíricas na acerca da situação de trabalho dos entregadores. As empresas não fornecem dados referentes ao número de trabalhadores, entradas, desligamentos, horas trabalhadas, descansos, afastamentos, como bem alertado pela pesquisa (NEC, 2020, p. 5). O curioso é que essa ocultação é proposital, já que as empresas possuem todos os dados do trabalhador e do seu trabalho cadastrados de forma sistemática no próprio aplicativo. Dessa forma, a falta de transparência por parte das empresas também desfaz o argumento de que a relação entre entregador e empresa advém de uma parceria, por aquele ser autônomo e por essa intermediar o serviço prestado. Como haveria uma parceria nesse tipo de trabalho, se o "autônomo" sequer teria as informações básicas para gerenciar seu próprio trabalho?

Diante desse cenário e a falta de regulação, ações judiciais têm sido propostas na Justiça do Trabalho a fim de garantir medidas urgentes de proteção sanitária e auxílio financeiro, em especial para os entregadores. Dentre as ações ajuizadas, há, em sua maioria, decisões liminares — de primeira e segunda instância — que concederam o mínimo de proteção sanitária para os trabalhadores das plataformas Uber, Cabify, iFood e Rappi, sem entrar no mérito da existência de relação de emprego. De toda forma, ainda há muito dissenso entre os julgados que versam sobre o trabalho de plataforma, inclusive em matéria de competência — se seria a jurisdição civil ou a trabalhista a competente para julgar as ações desses trabalhadores — (OLIVEIRA; PRESAS, 2020).

O maior dissenso reside justamente na existência ou não do vínculo de emprego. Isso porque a proteção trabalhista é atraída ou afastada a depender do tipo de vínculo dos trabalhadores, se eles são subordinados ou autônomos (ARTUR; CARDOSO, 2020, p. 366). Como dito, as empresas tentam afastar a todo custo a existência de qualquer tipo de relação de trabalho, em especial a de emprego, propagando o discurso da autonomia, tanto é que a Uber define os trabalhadores como autônomos e parceiros. Mas, independentemente do que as empresas adotem de forma unilateral nos seus termos e condições de uso, a experiência prática desses trabalhadores mostra a existência de dependência ou subordinação e, uma instrução processual e probatória, pode deixar isso ainda mais claro. Em tempos de economia digital, o controle do trabalho pode — e deve — acontecer de outras formas que não sejam as tradicionais. O controle por programação exercido pelas empresas, como defendido por Carelli (2017, p. 142), permite a existência de uma relação tão ou até mais subordinada ou dependente que nos tempos fordistas/tayloristas.

Embora a relação de emprego seja caracterizada pelo vínculo indissociável dos cinco elementos fático-jurídicos (prestação por pessoa física, pessoalidade, onerosidade, não eventualidade e subordinação), a subordinação jurídica é o elemento principal na distinção entre o vínculo de emprego e o trabalho autônomo. Embora não tenha sido expressamente disposto pelo legislador, seu conceito vem sendo construído pela doutrina. É o elemento que mais tem sofrido mudanças ao longo do tempo, haja vista as alterações no mundo do trabalho, de forma que uma moderna compreensão de subordinação tem sido percebida pela doutrina, jurisprudência e até pelo legislador, a exemplo do art. 6º da Consolidação das Leis do Trabalho — CLT (DELGADO, 2019, p. 348-353).

No caso do trabalho nas plataformas digitais sob demanda, o algoritmo que emite as ordens aos trabalhadores pode ser considerado um meio telemático e informatizado de comando, controle e supervisão do trabalho, conforme disposto no art. 6º da CLT. Com isso, esse dispositivo poderia ser utilizado, a depender do caso concreto, para reconhecer a relação de emprego dos trabalhadores das plataformas. Ocorre que as decisões judiciais que negam o vínculo de emprego nem sequer citam o art. 6º (CARELLI, 2019). É preciso, pois, ampliar o conceito de subordinação quanto à sua aplicação, uma vez que a própria economia digital e a descentralização da produção no âmbito do trabalho, já não mais permite uma subordinação jurídica de forma clássica, por meio do controle rígido dos horários e do cumprimento de ordens.

Dessa maneira, o poder diretivo da empresa se manifesta a partir da avaliação dos clientes aos entregadores, o que demonstra uma espécie de fiscalização do trabalho, já que eles têm de manter o padrão de qualidade das entregas para que sejam bem avaliados pelos clientes. Os entregadores da UberEats, por exemplo, são constantemente avaliados pelos usuários, embora os critérios de contagem das avaliações sejam um pouco diferentes das dos motoristas. Enquanto para o motorista a avaliação é feita pela quantidade de estrelas (1 a 5) dadas pelo usuário, para o entregador a avaliação pode ser negativa ou positiva. A classificação geral é baseada em uma média das entregas avaliadas mais recentes. Caso o trabalhador seja, ao mesmo tempo, motorista e entregador, ele terá uma classificação geral e separada para cada uma das funções (UBER, 2020).

O poder diretivo das empresas que operam por meio de plataforma se manifesta, ainda, pela aplicação de sanções em caso de descumprimento das regras da empresa, ao lado da concessão de prêmios para permanecerem ativos na plataforma. Como apontado pela pesquisa (NEC, 2020, p. 21), essas empresas utilizam efetivamente dos sistemas de pontuação e score para manter os entregadores disponíveis em determinados dias e horários da semana, além de "bloquearem" o entregador do aplicativo, sem oportunizar qualquer tipo de defesa ou esclarecer os motivos que causaram o bloqueio. É uma espécie de punição que pode ter caráter temporário ou permanente (caso de desligamento da plataforma), sendo que também não se sabe, nesse último caso, quais seriam os motivos de sua causa. Os entregadores apontam o mais comum deles, caso de recusa de pedidos.

Dada a existência dessas características que refletem o poder diretivo das empresas, o que se pode perceber é que o reconhecimento da relação de emprego e da aplicação da CLT para os entregadores *delivery* e demais trabalhadores — de plataformas digitais sob demanda — significa reconhecer que esses entregadores vivem uma relação de assalariamento disfarçada e que têm direito à mesma proteção dos outros trabalhadores (GALVÃO, 2019). No mesmo sentido, Antunes e Filgueiras (2020, p. 29) destacam o fato da negação do assalariamento ser o elemento central da lógica empresarial, já que a aparente autonomia é utilizada para ampliar o controle e a exploração do trabalho.

Ou seja, o trabalho pode até aparentar apenas uma prestação de serviço individualizada, a exemplo de uma entrega de comida *delivery*. Mas, na realidade, é um trabalho assalariado, no sentido de as empresas buscarem o lucro, explorarem o trabalho e transferirem os riscos da atividade para o trabalhador. Apesar da recusa da condição de empregador não ser um fenômeno novo, considerando as décadas de exploração do trabalho, as novas tecnologias utilizadas pelas empresas têm aprofundado esse fenômeno (ANTUNES; FILGUEIRAS, 2020, p. 29-30).

Já se sabe que a economia digital permitiu o uso de tecnologias sofisticadas ligadas à inteligência artificial nessa nova organização do trabalho. O controle da plataforma sobre o trabalho, apesar de disfarçado — já que os trabalhadores têm certa margem de escolha no desenvolvimento da sua atividade, permite que todos os movimentos dos trabalhadores fiquem registrados no aplicativo. Por isso, Antunes e Filgueiras (2020, p. 38) também apontam a facilidade, do ponto de vista técnico, de utilizar essas tecnologias na regulação do trabalho, uma vez que o aplicativo fornece quantas viagens e entregas foram realizadas, quanto tempo o trabalhador permaneceu *on-line* no aplicativo, quanto tempo permaneceu à espera de um chamado, quais os ganhos auferidos, as promoções utilizadas, enfim, uma série de informações sobre o trabalho.

Contudo, do ponto de vista político, há uma enorme dificuldade de se regular — e proteger — o trabalho de plataforma. Isso porque a ideologia neoliberal prega o discurso do empreendedorismo, do trabalho autônomo como única saída para a modernização das relações de trabalho. Ademais, prega a ideia de que o Direito do Trabalho é um óbice para essas novas formas de trabalho aparentemente flexíveis e apoiadas nas tecnologias (ANTUNES; FILGUEIRAS, 2020, p. 38-40).

Diante desse impasse, emergem discussões, ainda bastante divididas, acerca da necessidade de regulamentação para essa categoria de trabalhadores que atuam nas plataformas digitais sob demanda, como é o caso dos entregadores delivery. Como esses trabalhadores são qualificados, do ponto de vista contratual, como autônomos, precisam judicializar demandas para fins de reconhecimento do vínculo empregatício. No judiciário, tais demandas têm decisões de improcedência, na sua maioria, em especial no âmbito do Tribunal Superior do Trabalho (TST). No caso especifico dos motoristas, já há uma decisão do TST que nega o vínculo empregatício, mas ainda não há decisão acerca dos entregadores *delivery*.

Na doutrina, há autores que defendem a existência de relação de emprego, caso haja, no caso concreto, os pressupostos fáticos-jurídicos dos arts. 2º e 3º — que merecem uma interpretação conjunta ao art. 6º, ambos da CLT —, tendo em vista a condição de assalariamento desses trabalhadores. Outros autores já defendem que esses trabalhadores devem ser enquadrados em uma nova figura trabalhista, uma espécie de trabalhador independente, que estaria numa posição intermediária ao empregado e o contratado independente. Para os defensores dessa linha, o regramento disposto na CLT seria de difícil aplicação para os trabalhadores das plataformas, por isso, haveria a necessidade de uma nova legislação (OITAVEN; CARELLI; CASAGRANDE, 2018, p. 21-22).

Nesse mesmo sentido, parece caminhar o legislativo brasileiro, haja vista a existência de diversos Projetos de Lei na Câmara dos Deputados que se propõem a regular o trabalho das plataformas no intuito de criar um novo regramento para a categoria, na contramão do que já vem sendo feito em outros países. Na Califórnia, por exemplo, os motoristas de aplicativo são considerados empregados, desde que existentes algumas condições previstas em lei (CARELLI, 2019). No Brasil, ao contrário, tem prevalecido o discurso de criar um regramento próprio para essa categoria de trabalhadores, a exemplo do PL n. 3.748/2020, que pretende criar uma figura híbrida entre o autônomo completo e o trabalhador sob o regime da CLT (BBC NEWS BRASIL, 2020). Contudo, autores advertem para o risco de se institucionalizar situações precárias, tendo em vista a mitigação de direitos, e para o risco dessa nova legislação abrir margem para a legalização da uberização do trabalho de toda e qualquer categoria (CORREIO BRAZILIENSE, 2020).

Apesar das controvérsias, o fato é que esses trabalhadores necessitam de proteção. Ocorre que, dado o cenário político-ideológico atual, em que o processo de deterioração dos direitos do trabalho tem sido ampliado e aprofundado, em especial a partir da reforma trabalhista de 2017, é difícil pensar em uma nova legislação que conceda aos trabalhadores das plataformas a proteção social necessária para garantir sua dignidade e sobrevivência. É compreensível que haja dissenso entre o judiciário, dada a novidade do tema e do conservadorismo das instituições jurídicas.

Mas, na própria CLT, apesar da reforma, há dispositivos que não inviabilizam a aplicação da legislação trabalhista nessas novas formas de organização do trabalho, a exemplo do art. 6º, além da doutrina que caminha nesse mesmo sentido, com a ampliação do conceito de subordinação. No caso especifico dos entregadores de comida *delivery*, a baixa remuneração e as longas jornadas de trabalho — acentuada nos dias atuais, acarreta no aprofundamento da precarização do trabalho. É preciso, pois, defender uma proteção estatal para o trabalho da categoria mediante uma pauta de reivindicação coletiva e da luta dos próprios trabalhadores.

5. Considerações finais

As recentes inovações tecnológicas têm provocado mudanças nas relações sociais, políticas e econômicas. Não é novidade que a digitalização da vida social alterou a forma como as pessoas se relacionam, produzem e consomem. Dessa forma, o impacto nas relações de trabalho não poderia ser diferente. É difícil encontrar um trabalhador que não esteja conectado virtualmente ao seu trabalho, principalmente após a disseminação da internet. No entanto, a tecnologia não vem sendo utilizada em prol da sociedade e da proteção social do trabalho. Ao contrário disso, a tecnologia capaz de processar imensas quantidades de dados, notadamente monopolizada por empresas como a Google, Facebook, Amazon, Netflix, Airbnb, Uber, ao passo que permite eficiência econômica — sem estoques e fábricas, aprofunda o processo de desregulamentação do Direito do Trabalho e da precarização do trabalho.

No caso das plataformas digitais de trabalho, as empresas defendem atuar no ramo da tecnologia, mas não do transporte ou da entrega de mercadoria, o que é apenas uma estratégia para se desvencilharem da regulação estatal. Ocorre que o discurso da economia do compartilhamento não se sustenta, dado os relatos dos entregadores e das discussões teóricas já levantadas, que apontam a natureza subordinada e assalariada desse trabalho. Como as empresas de entrega de comida *delivery* não se enquadram nesse ideal compartilhado de bens e serviços, podem ser enquadradas como parte da economia do bico ou do capitalismo de plataforma — a depender da visão teórica adotada —, ou, ainda, ser parte de um fenômeno muito maior, que é a uberização das relações de trabalho.

De qualquer maneira, o que parece ser consenso é a existência de controle e gerenciamento do trabalho por parte das empresas, desempenhados através de um algoritmo, o que permite a falsa ideia de flexibilidade, por vezes adotada pelos próprios trabalhadores. Ao se cadastrarem na plataforma, os trabalhadores têm de aceitar seus termos e condições de uso, nos quais são qualificados como autônomos. Mas, como para o Direito do Trabalho importa apenas o modo prestação do trabalho no plano fático, é possível reconhecer, a depender do caso concreto, a existência de relação de trabalho, em especial a relação de emprego. Isso porque os entregadores estão sujeitos ao desligamento da plataforma, o controle da rota a ser percorrida, o preço das entregas e todas as demais condições estabelecidas unilateralmente pela empresa.

Estão os entregadores sujeitos a todos os riscos da atividade, como os custos com o meio de locomoção, mochila usada nas entregas e eventuais doenças e acidentes. Além de serem submetidos a jornadas exaustivas de trabalho, pois eles têm de trabalhar quantas horas forem necessárias para garantir o mínimo para sua sobrevivência. Dessa forma, o fato de as empresas qualificarem formalmente esses trabalhadores como autônomos representa uma fuga ao Direito do Trabalho, já que há características de subordinação e dependência nesse tipo de trabalho. Ademais, embora cada empresa possua seus termos e condições próprios, com regramentos específicos para organizar e gerenciar o trabalho, as pesquisas demonstram que a jornada exaustiva de trabalho acompanhada da baixa remuneração é comum aos entregadores das principais plataformas digitais sob demanda.

Os estudos e pesquisas na área são essenciais para a compreensão acerca do trabalho nas plataformas, já que as empresas não fornecem informações sobre o quanto efetivamente recebem esses trabalhadores, qual a média da jornada de trabalho, como são distribuídas as entregas, como são definidas as taxas de entrega, entre outras informações relacionadas ao modo de prestação do trabalho. Com isso, o que se percebe é a exploração do trabalho por parte dessas empresas, que aprofunda o processo de precarização. Longas jornadas e baixa remuneração não são novas condições de exploração no âmbito do trabalho. Só que nesse regime atual do capitalismo, a exploração do trabalho vem revestida sobre a forma da tecnologia. É preciso, portanto, redefinir o conceito de subordinação, haja vista as novas relações de trabalho deste século, em busca da proteção social adequada para esses trabalhadores.

6. *Referências*

ABÍLIO, Ludmila Costhek. Plataformas digitais e uberização: Globalização de um Sul administrado? *Contracampo*, Niterói, v. 39, n. 1, p. 12-26, abr./jul. 2020. Disponível em: <https://periodicos.uff.br/contracampo/article/view/38579>. Acesso em: 7 maio 2020.

______. Uberização: do empreendedorismo para o autogerenciamento subordinado. *Psicoperspectivas*, v. 18, n. 3, nov. 2019. Disponível em: <http://dx.doi.org/10.5027/psicoperspectivas-vol18-issue3-fulltext-1674>. Acesso em: 20 mar. 2020.

ABÍLIO, Ludmila C.; ALMEIDA, Paula F.; AMORIM, Henrique; CARDOSO, Ana C. M.; FONSECA, Vanessa P.; KALIL, Renan B.; MACHADO, Sidnei. *Condições de trabalho em empresas de plataforma digital:* os entregadores por aplicativo durante a Covid-19. São Paulo: Remir, 2020.

ALIANÇA BIKE. *Pesquisa de perfil dos entregadores ciclistas de aplicativo.* São Paulo, jul. 2019. Disponível em: <http://aliancabike.org.br/wp-content/uploads/2020/04/relatorio_s2.pdf>. Aceso em: 10 mar. 2020.

ANTUNES, R.; FILGUEIRAS, V. Plataformas digitais, uberização do trabalho e regulação no Capitalismo contemporâneo. *Contracampo*, Niterói, v. 39, n. 1, p. 27-43, abr./jul. 2020. Disponível em: <https://periodicos.uff.br/contracampo/article/view/38901/0>. Acesso em: 1º maio 2020.

ANTUNES, Ricardo. *Coronavírus*: o trabalho sob fogo cruzado. São Paulo: Boitempo, 2020. *E-book*.

______. *O privilégio da servidão:* o novo proletariado de serviços na era digital. São Paulo: Boitempo, 2018.

APPS como Uber e iFood se tornam "maior empregador" do Brasil. *Exame*, 28 abr. 2019. Disponível em: <https://exame.com/economia/apps-como-uber-e-ifood-sao-fonte-de-renda-de-quase-4-milhoes-de-pessoas/>. Acesso em: 10 mar. 2020.

ARTUR, K.; CARDOSO, A. C. M. O controle das plataformas digitais: Nomear a economia, gerenciar o trabalho e (des)regular os direitos. *Tomo*, n. 37, p. 349-389, jul./dez. 2020. Disponível em: <https://seer.ufs.br/index.php/tomo/article/view/13043>. Acesso em: 16 jul. 2020.

BARROS, Juliano Carlos. Nem CLT, nem autônomo: o projeto de lei que quer 'regrar' a relação de aplicativos com trabalhadores, *BBC News Brasil*, jul. 2020. Disponível em: <https://www.bbc.com/portuguese/geral-53411585>. Acesso em: 15 jul. 2020.

BASTOS, C. C. A. Q.; SILVA, A. Resenha — *"Gig — A uberização do trabalho"* (2019): uma análise sob a psicopolítica segundo Byung-Chul Han. Trab21, maio 2020. Disponível em: <https://trab21.blog/2020/05/21/resenha-gig-a-uberizacao-do-trabalho-2019-uma-analise-sob-a-psicopolitica-segundo-byung-chul-han/>. Acesso em: 8 jun. 2020.

BRASIL. *Escola Judicial TRT5-BA.* Novas tecnologias e relações de trabalho. YouTube (1h54m). Disponível em: <https://www.youtube.com/watch?v=naRdld5eclk&t=1551s>. Acesso em: 20 maio 2020.

CARELLI, Rodrigo de Lacerda. O caso Uber e o controle por programação: de carona para o século XIX. In: CHAVES JÚNIOR, José Eduardo de Resende (Org.). *Tecnologias disruptivas e a exploração do trabalho humano*. São Paulo: LTr, 2017.

______. *A lei californiana é um trem bala na contramão da reforma trabalhista brasileira:* muito mais do que considerar empregados os trabalhadores de aplicativos. Disponível em: <https://rodrigocarelli.org/2019/10/01/a-lei-californiana-e-um-trem-bala-na-contramao-da-reforma-trabalhista-brasileira-muito-mais-do-que-considerar-empregados-os-trabalhadores-de-aplicativos-artigo/>. Acesso em: 10 abr. 2020.

______. *O romantismo e o canto da sereia:* o caso iFood e o Direito do Trabalho. Disponível em: <https://rodrigocarelli.org/2020/03/04/o-romantismo-e-o-canto-da-sereia-o-caso-ifood-e-o-direito-do-trabalho/>. Acesso em: 5 mar. 2020.

DE STEFANO, Valerio. Labour is not a technology — reasserting the Declaration of Philadelphia in times of platform-work and gig gconomy. *IUSLabor*, 2/2017. Disponível em: <https://core.ac.uk/download/pdf/155003521.pdf>. Acesso em: 4 abr. 2020.

______. The rise of the "just-in-time workforce: On-*demand work, crowdwork and labour protection in the "gig-economy". ILO, Conditions of Work and Employment Series*, n. 71, Geneva, jan. 2016. Disponível em: <https://www.ilo.org/wcmsp5/groups/public/---ed_protect/---protrav/---travail/documents/publication/wcms_443267.pdf>. Acesso em: 5 dez. 2019.

DELGADO, Mauricio Godinho. *Curso de direito do trabalho*. 18. ed. São Paulo: LTr, 2019.

DUTRA, R.; FESTI, R. O segundo breque dos Apps. *Correio Braziliense*, jul. 2020. Disponível em: <https://www.correiobraziliense.com.br/app/noticia/opiniao/2020/07/24/internas_opiniao,874870/o-segundo-breque-dos-apps.shtml>. Acesso em: 25 jul. 2020.

FONSECA, Mariana. Quais são as startups de delivery preferidas dos brasileiros? *Exame*, jun. 2019. Disponível em: <https://exame.com/pme/quais-sao-as-startups-de-delivery-preferidas-dos-brasileiros/>. Acesso em: 1º jul. 2020.

GALVÃO, Andreia. A greve e as perspectivas do movimento entregadores. *Jornal GGN*, jul. 2020. Disponível em: <https://jornalggn.com.br/a-grande-crise/a-greve-e-as-perspectivas-do-movimento-entregadores-por-andreia-galvao/>. Acesso em: 14 jul. 2020.

GRAVAS, Douglas. Na crise, aplicativos como Uber e iFood viram maior 'empregador' do país. *Estadão*, abr. 2019. Disponível em: <https://economia.estadao.com.br/noticias/geral,aplicativos-como-uber-e-ifood-sao-fonte-de-renda-de-quase-4-milhoes-de-autonomos,70002807079>. Acesso em: 1º maio 2020.

KALIL, Renan Bernardi. Direito do trabalho e economia de compartilhamento: apontamentos iniciais. In: ZANATTA, Rafael A. F.; PAULA, Pedro C. B. de;

KIRA, Beatriz (Org.). *Economias do compartilhamento e o direito*. Curitiba: Juruá, 2017.

KREIN, J. D.; BIAVASCHI, M.; TEIXEIRA, M. Emprego, trabalho e renda para garantir o direito à vida. *Nexo*, abr. 2020. Disponível em: <https://www.nexojornal.com.br/ensaio/debate/2020/Emprego-trabalho-e-renda-para-garantir-o-direito-%C3%A0-vida>. Acesso em: 20 jul. 2020.

Levantamento sobre o trabalho dos entregadores por aplicativos no Brasil. *Núcleo de Estudos Conjunturais (NEC)*, Salvador, ago. 2020. Disponível em: <http://abet-trabalho.org.br/wp-content/uploads/2020/08/Relato%CC%81rio-de-Levantamento-sobre-Entregadores-por-Aplicativos-no-Brasil.pdf>. Acesso em: 5 set. 2020.

OLIVEIRA, M. C. S.; ASSIS, A. K. B.; COSTA, J. B. O direito do trabalho (des)conectado das plataformas digitais. *Teoria Jurídica Contemporânea*. Rio de Janeiro, p. 246-266, jan./jun. 2019. Disponível em: <https://revistas.ufrj.br/index.php/rjur/article/view/24367/0>. Acesso em: 15 jan. 2020.

OITAVEN, Juliana Carreiro Corbal; CARELLI, Rodrigo de Lacerda; CASAGRANDE, Cassio Luis. *Empresas de transporte, plataformas digitais e a relação de emprego:* um estudo do trabalho subordinado sob aplicativos. Brasília: MPT, 2018.

OXFORD ECONOMICS. *Digital Spillover:* Measuring the true impact of the digital economy, 2017. Disponível em: <http://www.huawei.com/minisite/gci/en/digital-spillover/files/gci_digital_spillover.pdf>. Acesso em: 16 jul. 2020.

PÁRRAGA, Francisco Trillo. Economia digitalizada y relaciones de trabajo. *Revista de Derecho Social*, n. 76, 2016. Disponível em: <https://dialnet.unirioja.es/servlet/articulo?codigo=5850122>. Acesso em: 10 mar. 2020.

POZZI, Sandro. Uber estreia na Bolsa com valor de mercado de 82,4 bilhões de dólares. *El País*, maio 2019. Disponível em: <https://brasil.elpais.com/brasil/2019/05/09/economia/1557399108_045920.html>. Acesso em: 16 jul. 2020.

ROCHA, A. P.; OLIVEIRA, M. C. S. A jurisdição sobre as plataformas digitais e seus 'trabalhadores parceiros'. *Conjur*, jul. 2020. Disponível em: <https://www.conjur.com.br/2020-jul-16/rocha-oliveira-plataformas-digitais-parceiros>. Acesso em: 16 jul. 2020.

SIGNES, Adrían Todolí. O mercado de trabalho no século XXI: *on-demandeconomy, crowdsourcing* e outras formas de descentralização que atomizam o mercado de trabalho. In: LEME, Ana Carolina Reis Paes; RODRIGUES, Bruno Alves; CHAVES JÚNIOR, José Eduardo de Resende (Org.). *Tecnologias disruptivas e a exploração do trabalho humano.* São Paulo: LTr, 2017.

SRNICEK, Nick. *Platform capitalism*. Cambridge: Polity, 2017.

SLEE, Tom. *Uberização*: a nova onda do trabalho precarizado. Trad. João Peres. São Paulo: Elefante, 2017.

UBER. Novo processo de nota mínima: ficou mais fácil entender quando a sua nota não está legal e o que fazer para melhorar, *Uber Blog*. 8 mar. 2018. Disponível em: <https://www.uber.com/pt-BR/blog/avaliacoes-novo-processo-nota-minima/>. Acesso em: 24 mar. 2020.

______ . *Como funcionam as avaliações de entrega?* Disponível em: <https://help.uber.com/pt-BR/driving-and-delivering/article/como-funcionam-as-avalia%C3%A7%C3%B5es-de-entrega?nodeId=7671ae08-cf2a-44fd-951e-2aa19ec74458>. Acesso em: 24 mar. 2020.

O Tratamento do Hipersuficiente na MP n. 936/2020 e o Diálogo com a Lei n. 13.467/2017 — Violação ao Princípio da Isonomia de Tratamento

Benizete Ramos de Medeiros[(1)]
Luis Carlos Secca[(2)]

1. *Introdução*

No dia 12 de março de 2020 a Organização Mundial de Saúde decreta estado de pandemia da COVID-19, vírus que se iniciara na China, se tendo as primeiras notícias no mês de janeiro de 2020. Chega ao Brasil no inicio de março do mesmo ano, esgarçando o tecido social, notadamente pelo acirramento dos conflitos políticos entre as instituições e o Presidente da República e, ainda, entre este e seu próprio ministro da saúde, em razão das divergências de ponto de vista quanto ao combate e formas de contaminação e prevenção. Para o presidente, o vírus foi tratado como mera "gripezinha" e que todos iríamos "pegar". Logo, diversas medidas foram tomadas tanto no campo da limitação social, saúde e quanto da economia, atingindo inexoravelmente as relações capital e trabalho.

Entre as diversas normas de caráter emergencial, duas Medidas Provisórias têm assumido a centralidade nos debates jurídicos, são elas, a MP n. 927, de 20 de março de 2020 e a MP n. 936, de 1º de abril de 2020. Esta última, que mais de perto interessa à análise deste texto, traz em seus objetivos o programa emergencial de manutenção do emprego e da renda e redução dos impactos sociais, autorizando a redução da jornada de trabalho, mediante redução salarial e a suspensão do contrato, quando inexistir trabalho, com pagamento de benefício emergencial pela União, que terá como base o valor do seguro-desemprego.

Mas, a MP exclui a participação dos sindicatos profissionais nas negociações de acordo com faixa salarial do empregado, na medida em que autoriza o ajuste pela via individual, adotando o critério salarial como divisor e definidor. E, dentre esses três grupos está o empregado considerado pela Lei n. 13.467/2017, como hipersuficiente.

Portanto, analisar esse novo arranjo de contrato inserido na CLT pela citada lei chamada de reforma trabalhista, suas características e os parâmetros definidores dessa nova figura, bem como em quais matérias ele estaria autorizado a negociar de modo individual, sem a mediação ou ingerência de entidades coletivas, sobre o conteúdo de seu contrato de trabalho, é o ponto de partida para o diálogo com a MP n. 936/2020 e o princípio constitucional da igualdade de tratamento, sem deixar de permear a valorização negocial coletiva, como exigência de validade.

2. *Compreensão do novo contrato de empregado hipersuficiente*

Um dos motivos que levou à estruturação da chamada reforma trabalhista efetivada no ano de 2017 foi a inclusão do favoritismo pela maior obediência à autonomia privada no perímetro das pactuações regulares dos contratos de trabalho. Antes, a legislação trabalhista nacional regulamentava pouquíssimos casos em que os empregados com funções de maiores salários eram distintos dos demais.

A Lei n. 13.467/2017, no entanto, inovou ao criar a figura do empregado hipersuficiente no parágrafo único do art. 444 da CLT, destinando-lhe a sorte da maior autonomia nas negociações com o empregador.

(1) Doutora em Direito e Sociologia (UFF); mestre em Direito Público (FDC); professora graduação e pós-graduação *stricto sensu* do PPGD/UVA; professora convidada universidade de UNINI; advogada Trabalhista; membro da Escola Superior da ABRAT; membro da Comissão de Direito do Trabalho do IAB.

(2) Advogado e professor universitário.

Por novo, importa a transcrição para melhor fixação do leitor. Assim:

> Art. 444. As relações contratuais de trabalho podem ser objeto de livre estipulação das partes interessadas em tudo quanto não contravenha às disposições de proteção ao trabalho, aos contratos coletivos que lhes sejam aplicáveis e às decisões das autoridades competentes.

Parágrafo único. A livre estipulação a que se refere o *caput* deste artigo aplica-se às hipóteses previstas no art. 611-A desta Consolidação, com a mesma eficácia legal e preponderância sobre os instrumentos coletivos, no caso de empregado portador de diploma de nível superior e que perceba salário mensal igual ou superior a duas vezes o limite máximo dos benefícios do Regime Geral de Previdência Social.

Portanto, os requisitos trazidos para livre pactuação, são empregados que possuam, conjuntamente, diploma de graduação em nível superior e receba importância salarial igual ou superior ao valor de duas vezes o limite máximo dos benefícios outorgados pelo Regime Geral de Previdência Social.

O legislador reformista, inclinou-se pela criação de um modelo de empregado até então estranho nesse ramo jurídico pátrio, salvo, escasso exemplo como o da "Lei n. 4.950-A, de 1966, que estabelece um montante salarial diferenciado aos profissionais da Engenharia, Química, Arquitetura, Agronomia e Veterinária, que se formaram em cursos com duração de quatro anos ou mais".(3)

A CLT, no art. 444, *caput*, já autorizava a livre fixação das condições contratuais, desde que considerados os direitos do empregado determinados na legislação ou em outros dispositivos normativos. "Esta vedação demonstrava o caráter indisponível que esses direitos possuíam e tornava efetivo o princípio da imperatividade da legislação trabalhista".(4)

É certo que a imperatividade da norma foi, na mesma esteira, suplantada pela supremacia das negociações coletivas(5).

Assim, o empregado que atenda aos dois supramencionados critérios terá uma falsa autonomia para negociar sobre dimensões contratuais que poderão se sobrepor às normas trabalhistas, afastando a intervenção do sindicato profissional.

O certo é que as lesões e os limites, serão do domínio da jurisprudência.

3. *Os limites dos direitos negociáveis trazidos com a reforma*

A referida lei demarcou no parágrafo único quais são os conteúdos que, quando negociados pelo empregado hipersuficiente, justapor-se-ão às normativas trabalhistas, por intermédio da inclusão do artigo 611-A, que tem caráter para as negociações coletivas para os demais empregados:

> [...] a convenção coletiva e o acordo coletivo de trabalho terão prevalência sobre a lei quando dispuserem, entre outros temas, sobre a jornada de trabalho, banco de horas, intervalo intrajornada (desde que respeitado o limite mínimo de trinta minutos), adesão ao Programa Seguro-Desemprego, plano de cargos e salários, identificação de cargos de confiança, regulamento de empresa, representação de trabalhadores no local de trabalho, teletrabalho, regime de sobreaviso, trabalho intermitente, remuneração por produtividade (incluída a gorjeta), remuneração por desempenho individual, registro de jornada, troca dos dias de feriado, enquadramento do grau de insalubridade, prorrogação de jornada em locais insalubres, prêmios de incentivo, participação em lucros e resultado.(6)

Logo, somente estará autorizado legalmente a negociar diretamente com o empregador o conteúdo relacionado no artigo 611-A. Mas, o perigo está no fato de que a negociação pode ser "um instrumento de grande gravidade, pois, ao realizá-la, este acabará por sobrepor-se às negociações coletivas, entrando em rota de colisão com os artigos 7º, inciso XXVI e 8º, III, da Constituição Federal".(7)

Portanto se faz necessário, fazer uma análise das repercussões desse novo modelo do empregado hipersuficiente no direito fundamental da igualdade de tratamento.

(3) BOUCINHAS FILHO. Jorge Cavalcanti. Autonomia negocial dos trabalhadores hipersuficientes. In: DALLEGRAVE NETO, José Affonso (Coord.). *Reforma trabalhista ponto a ponto:* estudos em homenagem ao professor Luiz Eduardo Gunther. São Paulo: LTr, 2018.

(4) DELGADO, Mauricio Godinho. *Curso de direito do trabalho*. 17. ed. São Paulo: LTr, 2018.

(5) CLT. Art. 611-A. A convenção coletiva e o acordo coletivo de trabalho, observados os incisos III e VI do *caput* do art. 8º da Constituição, têm prevalência sobre a lei quando, entre outros, dispuserem sobre:

(6) CARVALHO, Augusto César Leite de. *Direito do trabalho:* curso e discurso. 2. ed. São Paulo: LTr, 2018.

(7) FRANCO FILHO, Georgenor de Sousa. *Curso de direito do trabalho*. 4.ed. São Paulo: LTr, 2018.

4. *O formato de contrato do hipersuficiente e o princípio da isonomia*

Os direitos fundamentais, direitos da personalidade e direitos humanos são utilizados, por diversas vezes, como expressões sinônimas, muito embora seja possível identificar algumas distinções entre eles. Os direitos da personalidade significam os que salvaguardam a intimidade do indivíduo e sua dignidade, preservam o espaço privado do sujeito. Direitos humanos são aqueles que contemplam o indivíduo com prerrogativas que lhe dão autonomia perante os possíveis abusos cometidos pelos poderes estatais instituídos. "Já os direitos fundamentais são os direitos humanos que passaram a ocupar espaço no texto das constituições, estando garantidos pelos ordenamentos jurídicos".[(8)]

É provável a indagação sobre a aplicabilidade dos direitos fundamentais nas relações privadas, no entanto a Constituição Federal favoreceu terminantemente assentir a sua aplicação, por exemplo, ostentando um rol de direitos trabalhistas, como os definidos nos artigos 7º, 8º e 9º da Constituição Federal. Tal intervenção na autonomia do direito privado foi uma escolha do legislador constituinte originário por compreender que a sociedade brasileira é, em sua natureza, desigual. Corroboram com esse entendimento do cenário social brasileiro os dados do IBGE, os quais apontam: "Em 2017, os 10% da população com os maiores rendimentos detinham 43,3% da massa de rendimentos do país, enquanto a parcela dos 10% com os menores rendimentos detinha 0,7% desta massa."[(9)]

Destarte, decidiu-se por introduzir esses direitos fundamentais no âmbito do direito privado para "viabilizar a construção de uma sociedade transformadora e trazer conquistas básicas à população, que, ao gozar de uma maior gama de direitos, poderá, efetivamente, exercer a sua autonomia privada diante das negociações que fizer parte".[(10)]

Ciente, dessa maneira, da significância que esses direitos passaram a existir também no domínio privado, segue-se à investigação do direito fundamental da igualdade, que se encontra disposto no artigo 5º da Constituição Federal, o qual determina que todos são iguais perante a lei, sem que se tenha qualquer modo de distinção[(11)]. Essa exposição trata-se, assim, do sentido primeiro que provém desse direito fundamental, salientando-se que ele vai além dessa acepção, "No Estado Social de Direito, o valor preponderante passou a ser o da igualdade, correspondente não apenas à igualdade formal, mas, sobretudo, à igualdade material, ou seja, as leis deveriam reconhecer materialmente as diferenças".[(12)]

Devido à quantidade de valores que envolvem o princípio da igualdade, esse direito não se encontra apenas no artigo 5º da CF, ele se irradia por toda a dimensão do texto constitucional, tendo sua relevância reforçada por intermédio de muitas outras normas sobre a igualdade ou buscando a igualização dos desiguais pela outorga de direitos sociais substanciais[(13)]. Confirma-se, pois, o compromisso com um projeto de sociedade igualitária conquistado por meio da inserção dos direitos fundamentais na Constituição Federal, sucedendo que "ela contém dezenas de dispositivos que, de modo expresso ou implícito, asseguram a igualdade"[(14)]. Amplo prestígio é dirigido à igualdade em razão de ela ser um dos princípios que, "quando devidamente efetivado e respeitado, dará substrato ao exercício das demais garantias fundamentais, possuindo essa função acompanhado dos direitos fundamentais à liberdade e ao respeito à dignidade da pessoa humana, também protegidos constitucionalmente"[(15)].

Celso Antônio Bandeira de Mello, ao abordar sobre o princípio da igualdade, observa: "O preceito

---

(8) GUNTHER, L. E. A aplicação dos direitos da personalidade ao Direito do Trabalho sob a ótica da teoria do reconhecimento. In: CAVALCANTE, Jouberto de Quadros Pessoa; VILLATORE, Marco Antônio César (Org.). *A teoria do reconhecimento sob a ótica do direito do trabalho*. 1. ed. São Paulo: LTr, 2016.

(9) IBGE. *PNAD Contínua:* 10% da população concentravam quase metade da massa de rendimentos do país em 2017. 2018. Disponível em: <https://agenciadenoticias.ibge.gov.br/agencia-sala-de-imprensa/2013-agencia-denoticias/releases/20843-pnad-continua-10-da-populacao-concentravam-quasemetade-da-massa-de-rendimentos-do-pais-em-2017.html>. Acesso em: jul. 2019.

(10) SARMENTO, Daniel. *Direitos fundamentais e relações privadas*. Rio de Janeiro: Lumen, 2008.

(11) Art. 5º Todos são iguais perante a lei, sem distinção de qualquer natureza, garantindo-se aos brasileiros e aos estrangeiros residentes no País a inviolabilidade do direito à vida, à liberdade, à igualdade, à segurança e à propriedade, nos termos seguintes

(12) DELGADO, Maurício Godinho. *Constituição da República e direitos fundamentais:* dignidade da pessoa humana, justiça social e direito do trabalho. 4. ed. São Paulo: LTr, 2017.

(13) SILVA, José Afonso da. *Curso de direito constitucional positivo*. 35. ed. São Paulo: Malheiros, 2012.

(14) FACHIN, Zulmar. *Curso de direito constitucional*. 5. ed. Rio de Janeiro: Forense, 2012.

(15) ROMITA, Arion Sayão. *Direitos fundamentais nas relações de trabalho*. 5. ed. São Paulo: LTr, 2014.

magno da igualdade, como já tem sido assinalado, é a norma voltada quer para o aplicador da lei quer para o próprio legislador"[(16)]. Ele acrescenta que "deveras, não só perante a norma posta se nivelam os indivíduos, mas a própria edição dela sujeita-se ao dever de dispensar tratamento equânime às pessoas"[(17)]. Enfatiza, assim, a vinculação do legislador à imprescindível obediência à igualdade na elaboração das normas, incluindo-se a legislação trabalhista.

No perímetro trabalhista, "a aplicação da igualdade de tratamento no direito individual é consequência direta do princípio geral da igualdade entre os cidadãos de um Estado, refletido no direito privado"[(18)]. Ao proteger as relações trabalhistas que se acham inseridas na lógica do presente sistema de produção prevalecente, "o Direito do Trabalho mostra-se um instrumento eficaz em possibilitar que, por meio da justiça social, a igualdade seja efetivada'[(19)].

> A igualdade em direitos se expressa pela vedação de discriminações injustificadas e se traduz pelo princípio de não discriminação. Significa, portanto, algo além de mera igualdade perante a lei, porque exclui a possibilidade de qualquer distinção não justificada. O princípio de não discriminação ou de igualdade nos direitos (ou igualdade na lei) envolve não somente o direito de ser considerado igual perante a lei, mas, também, a possibilidade de usufruir, sem qualquer discriminação, os direitos fundamentais.[(20)]

Com certa facilidade, se observam os reflexos positivos que esse direito proporcionou às relações laborais, por exemplo, a proibição de salários diferentes a empregados que trabalhem a mesma função, tempo e qualidade, impedindo qualquer forma de segregação entre eles. Isso também se dá com todas as dimensões afirmativas que visam introduzir no mercado de trabalho os trabalhadores que suportem dificuldades desmedidas na procura de um emprego. Essas condutas estão identificadas com os objetivos almejados pela aplicação do direito fundamental da igualdade, visto que Gunther e Gunther afirmam: "Constituem-se objetivos de o princípio da igualdade limitar o legislador, o intérprete (autoridade pública) e o particular. Por força da isonomia, existe um dever de não discriminar (discriminação negativa) e um dever de igualizar (discriminação positiva)".[(21)]

5. *A MP n. 936/2020 e o empregado hipersuficiente*

No dia 12 de março de 2020 a Organização Mundial de Saúde decreta estado de pandemia da COVID-19, vírus que se iniciara na china, tendo as primeiras notícias no mês de janeiro de 2020. No Brasil, foi o Decreto n. 6, de 20.2.2020 que decretou o estado de calamidade pública, abrindo-se grande clareira na sociedade, nas instituições e, no seio do próprio governo federal, em razão das divergências de visão quanto ao combate e formas de contaminação e prevenção e o impacto na economia. Diversas medidas foram tomadas tanto no campo da limitação social quanto da saúde e da economia, atingindo inexoravelmente, nas relações capital e trabalho.

Dentre as diversas Medidas Provisórias editadas, duas ganham realce no mundo do trabalho, quais seja, a n. 927, de 20 de março de 2020 e a MP n. 936, de 1º de abril de 2020. Esta última, traz uma série de medidas emergenciais para manutenção do emprego e da renda com redução dos impactos sociais, mediante pagamento de benefício pela União que terá como base o seguro-desemprego. A norma traz no artigo terceiro as propostas de alteração do contrato de trabalho, a partir da redução proporcional de jornada de trabalho e de salários e da suspensão temporária do contrato de trabalho, com garantia provisória de emprego por igual tempo após a cessação do ajuste estabelecido.

Para o aviamento do projeto emergencial, o governo federal disponibilizou auxílio, com base nos valores do benefício do seguro-desemprego. No entanto, dentre os diversos dispositivos, pontos e contrapontos a MP estabelece como forma e agente negociador, os empregados diretamente com seus empregadores ou segundo a faixa salarial, exclusivamente mediante a intermediação do sindicato da categoria profissional, portanto, pela via da negociação coletiva.

---

(16) MELLO, Celso Antônio Bandeira de. *O conteúdo jurídico do princípio da igualdade*. 3. ed. São Paulo: Malheiros, 1999.

(17) *Idem.*

(18) GUNTHER, L. E.; GUNTHER, N. G. S. A igualdade de direitos entre homens e mulheres nas relações de trabalho. In: FREDIANI, Yone; ALVARENGA, Rúbia Zanotelli de (Org.). *Direitos fundamentais nas relações de trabalho*. 1. ed. São Paulo: LTr, 2015.

(19) MAIOR, Jorge Luiz Souto. *Curso de direito do trabalho:* a relação de emprego. São Paulo: LTr, 2008. v. II.

(20) ROMITA, Arion Sayão. *Direitos fundamentais nas relações de trabalho*. 5. ed. São Paulo: LTr, 2014.

(21) GUNTHER, L. E.; GUNTHER, N. G. S. A igualdade de direitos entre homens e mulheres nas relações de trabalho. In: FREDIANI, Yone; ALVARENGA, Rúbia Zanotelli de (Org.). *Direitos fundamentais nas relações de trabalho*. 1. ed. São Paulo: LTr, 2015.

E assim o que dispõe o artigo 11º que, importa transcrever:

> Art. 11. As medidas de redução de jornada de trabalho e de salário ou de suspensão temporária de contrato de trabalho de que trata esta Medida Provisória poderão ser celebradas por meio de negociação coletiva, observado o disposto no art. 7º, no art. 8º e no § 1º deste artigo.

Esse dispositivo remete aos demais[(22)], mas, é no artigo 12 que identificamos o centro para esse debate e, por essa razão, merece transcrição:

> Art. 12. As medidas de que trata o art. 3º serão implementadas por meio de acordo individual ou de negociação coletiva aos empregados:
>
> I — com salário igual ou inferior a R$ 3.135,00 (três mil cento e trinta e cinco reais); ou
>
> II — portadores de diploma de nível superior e que percebam salário mensal igual ou superior a duas vezes o limite máximo dos benefícios do Regime Geral de Previdência Social.
>
> Parágrafo único. Para os empregados não enquadrados no *caput*, as medidas previstas no art. 3º somente poderão ser estabelecidas por convenção ou acordo coletivo, ressalvada a redução de jornada de trabalho e de salário de vinte e cinco por cento, prevista na alínea "a" do inciso III do *caput* do art. 7º, que poderá ser pactuada por acordo individual.

Eis o ponto: A norma permite a negociação por meio direto entre empregado e empregador para aqueles trabalhadores que ganham até três salários mínimos e também os empregados em estudo, chamados de hipersuficiente, diferentemente dos grupos de empregados dentro da faixa salarial do meio, que autoriza a participação dos sindicatos profissionais para as negociações, adotando-se assim, o critério salarial como divisor.

O ponto nodal aqui é a discriminação dos dois grupos de empregados das duas faixais salariais das pontas, com permissivo de negociação da alteração contratual de forma direta com seu empregador.

Além do princípio da discriminação prevista no artigo 5º da CRFB/88, induvidosamente que essa exceção posta pela MP, atravessa outros dispositivos constitucionais como o art. 7º, inc. VI e XIII e 8º, III,[(23)] que vem suscitando reações de diversas entidades defensoras dos direitos sociais, como ANAMATRA; IAB; OAB; ABRAT; ANPT, SINAI, centrais sindicais, com emissão de notas.

Mas, não foram somente notas que agitaram o cenário econômico, político e jurídico brasileiro, o partido REDE, ingressou com ação Direito de Inconstitucionalidade no STF que tomou o número 6.363, tendo como relator o Ministro Ricardo Lewandowski, cuja liminar concedida no dia 06 de abril de 2020 foi no sentido de oportunizar aos sindicados profissionais atuarem nas negociações como condição de validade do ato de alteração, salvo se inerte a entidade após provocada, mesmo naquelas faixas salariais.

No entanto, na votação dos dias 16 e 17 de abril, para referendo da liminar resultou por sete votos contrários e três a favor[(24)], sob os mais diversos argumentos e hermenêutica jurídica.

---

(22) Art. 8º Durante o estado de calamidade pública a que se refere o art. 1º, o empregador poderá acordar a suspensão temporária do contrato de trabalho de seus empregados, pelo prazo máximo de sessenta dias, que poderá ser fracionado em até dois períodos de trinta dias.
§ 1º A suspensão temporária do contrato de trabalho será pactuada por acordo individual escrito entre empregador e empregado, que será encaminhado ao empregado com antecedência de, no mínimo, dois dias corridos.
Art. 7º Durante o estado de calamidade pública a que se refere o art. 1º, o empregador poderá acordar a redução proporcional da jornada de trabalho e de salário de seus empregados, por até noventa dias, observados os seguintes requisitos:
I — preservação do valor do salário-hora de trabalho;
II — pactuação por acordo individual escrito entre empregador e empregado, que será encaminhado ao empregado com antecedência de, no mínimo, dois dias corridos

(23) Art. 7º São direitos dos trabalhadores urbanos e rurais, além de outros que visem à melhoria de sua condição social: [...]:
XIII — duração do trabalho normal não superior a oito horas diárias e quarenta e quatro semanais, facultada a compensação de horários e a redução da jornada, mediante acordo ou convenção coletiva de trabalho;
VI — irredutibilidade do salário, salvo o disposto em convenção ou acordo coletivo.
XIII — duração do trabalho normal não superior a oito horas diárias e quarenta e quatro semanais, facultada a compensação de horários e a redução da jornada, mediante acordo ou convenção coletiva de trabalho;
Art. 8º É livre a associação profissional ou sindical, observado o seguinte:
[...]
III — ao sindicato cabe a defesa dos direitos e interesses coletivos ou individuais da categoria, inclusive em questões judiciais ou administrativas.

(24) Ministros que entenderam pela participação dos sindicados nas negociações da MP n. 936/2020: Rosa Weber e Edson Fachin e contrários: Carmem Lucia, Gilmar Mendes, Dias Tóffoli, Roberto Barroso; Luiz Fux, Alexandre de Moraes e Marco Aurélio de Mello.

Como o objetivo deste texto não é um aprofundamento na análise constitucional pela perspectiva da decisão do STF, releva observar que mesmo sob a justificativa do caráter atípico e emergencial para transgredir direitos de segunda geração fixados na Constituição Federal de 1988, há uma forte tendência à maior liberdade nas negociações para aqueles trabalhadores considerados hipersuficiente sob o argumento de que, uma vez portadores de diploma de nível superior e com salários acima do patamar médio brasileiro, sua autonomia é maior.

O contexto de calamidade pública e pandemia é, efetivamente, inusitado desafiando medidas alternativas e de urgência. No entanto, é nesse panorama atípico que a proteção aos princípios e valores constitucionais devem ser resguardos, mormente, para proteção dos mais frágeis socialmente.

6. *O diálogo das normas com os princípios e valores constitucionais*

Vale aqui trazer as considerações de alguns juristas, acerca da ponderação de valores. Para Celso Antônio Bandeira de Melo, princípios, são pilares nucleares de um sistema e, que a violação de um princípio é muito mais grave do que transgredir uma norma." É uma grave forma de ilegalidade ou inconstitucionalidade, conforme o escalão do princípio atingido, porque representa insurgência contra todo o sistema, subversão de seus valores fundamentais. [...]".[25]

Não é demais relembrar que o ponto fundamental da Constituição é a sua supremacia em relação às demais normas do sistema, de sorte que, para que sobrevivam validamente no mundo jurídico, as leis e normas têm que se harmonizar com a Lei Maior, que contém o código de conduta dos três poderes do Estado.

Para Norberto Bobbio, a teoria do ordenamento jurídico se baseia em três fundamentos: "a unidade, a coerência, a completude; são essas três características que fazem com que o direito no seu conjunto seja um ordenamento e, portanto, uma entidade nova, distinta das normas singulares que o constituem".[26]

Por essa razão, o tratamento diferenciado tanto por meio de norma em caráter emergencial como é o caso da MP n. 936/2020 ou pela chamada reforma trazida com a Lei n. 13.467/2017, desarranja a noção de unidade e coerência do sistema.

Vale reproduzir Arion Sayão Romita segundo quem: "Não são consideradas discriminatórias as seguintes categorias de medidas: as baseadas nas qualificações exigidas para determinado trabalho; as que podem ser justificadas pela proteção da segurança do Estado; as que têm caráter de medidas de proteção e de assistência".[27]

E assim mesmo, admitindo a referida Medida Provisória como de caráter assistencial, deverá haver coerência e arrimo na CF/88 como também ausência de discriminação no tratamento dos tipos de trabalhadores conforme a faixa salarial.

Por outro lado, a alteração inserida na CLT no parágrafo único do artigo 444 não se adapta a nenhuma discriminação que legitime o distanciamento do princípio da isonomia. Ela se orienta somente na distinção de um empregado que se exporá a possíveis consequências desastrosas nas negociações realizadas por ele mesmo sem que haja a assistência de uma entidade sindical representativa para verificar as prováveis lesões.

7. *Violação ao princípio da proteção*

Ainda, tais ajustes hermenêuticos não afastam os princípios que norteiam o Direito do Trabalho.

Com a ampliação de possibilidades de negociação permitindo que o acordado suplante o legislado, e que, em caráter emergencial o acordado individual para redução de jornada e salário dispense a participação do diálogo com o sindicato profissional, há a transgressão de um dos principais fundamentos do Direito do trabalho: O princípio da proteção.

A compreender que o empregado que dispõe de formação em nível superior e salário mensal maior ou igual a duas vezes o limite máximo dos benefícios do Regime Geral de Previdência Social, atualmente no valor de R$ 12.202,21, pode contratar e promover alterações em condições paritárias com o empregador, depositário do poder econômico, é desconsiderar os poderes patronal e a situação cultural, política e econômica do país.

(25) MELLO, Celso Antônio Bandeira de. *Elementos de direito administrativo*. São Paulo: Revista dos Tribunais, 1986. p. 230.
(26) BOBBIO, Norberto. *O positivismo jurídico. Lições de filosofia do direito*. São Paulo: Ícone, 1999. p. 198.
(27) ROMITA, Arion Sayão. *Direitos fundamentais nas relações de trabalho*. 5. ed. São Paulo: LTr, 2014.

A julgar dessa forma torna-se forçoso dizer que esse empregado dispõe dos mesmos privilégios atribuídos aos altos executivos de empresas, que detêm "[...] ganhos anuais milionários e um poder diretivo gigantesco — este, sim, uma real projeção do próprio empregador, um verdadeiro órgão da empresa"[(28)].

A sujeição jurídica estará amparada tanto no caso do "empregado comum" como no caso do empregado hipersuficiente. Sendo assim, em que pese os outros empregados também acharem-se sujeitos a ter direitos diminuídos em consequência de negociação coletiva e negociação direta, os hipersuficientes não demonstram razões que justifiquem serem diferentes, fazendo com que se aplique uma regulamentação que irá, basicamente, prejudicá-lo. Isso afasta até mesmo a proteção negocial das entidades coletivas, desprezando o direito fundamental da igualdade, pois "sua aplicação ocasionará verdadeira revogação da proteção jurídico-trabalhista para empregados com maiores salários, em clara afronta ao princípio da isonomia, uma vez que empregados com salários menores ficarão, em tese, protegidos pela CLT".[(29)]

Essa situação incongruente requer a restauração da correta aplicação do direito fundamental da igualdade. Nesse momento, não se deve mais impor uma diferenciação para contrabalançar alguma diferença, mas, sim, aplicar a norma de forma igual para os empregados com reduzidos salários e os hipotéticos hipersuficientes, os quais, na essência, permanecem submetidos ao poder econômico da empresa.

Dessa forma, além do direito fundamental da igualdade, verifica-se tanto a Lei n. 13.467/2017 quanto a norma emergencial, MP n. 936/2017, com "quatro barreiras teóricas: a dos limites para a atuação individual, desconsiderando, assim, o fundamento básico do Direito do Trabalho, que é a desigualdade das partes; a da proteção; a da irrenunciabilidade; e a da melhoria da condição social dos trabalhadores"[(30)]. Constata-se, dessa forma, a incoerência dessa nova figura com as dimensões historicamente consolidadas e defendidas pelo Direito do Trabalho.

Do mesmo modo, quanto ao momento político e às contrariedades visíveis nas tratativas concernentes aos princípios e direitos constitucionais, Maurício Godinho Delgado analisa o contexto atravessado pelo Direito do Trabalho diante da reforma trabalhista:

> Por fim, cabe registrar que o princípio constitucional da igualdade em sentido material encontra-se sob forte assédio no período recente da ordem política, institucional e jurídica brasileira. Conforme se sabe, a proposta de reforma trabalhista aprovada pela Câmara dos Deputados no final do mês de abril de 2017 golpeia, de maneira frontal — e mediante vários artifícios indiretos de restrição ou comprometimento —, o relevante princípio constitucional da igualdade material, seja em seu plano substantivo (isto é, na regência normativa das relações de trabalho), seja em seu plano processual (ou seja, na regência normativa do Direito Processual do Trabalho). O aríete legislativo volta-se, de maneira clara e insofismável, contra os princípios humanísticos e sociais da Constituição da República Federativa do Brasil, em especial, no caso do presente projeto de lei, contra os princípios constitucionais do trabalho, inclusive a importante diretriz da igualdade em sentido material[(31)].

Na presença das dúvidas inseridas no âmbito da execução da legislação nacional, as Convenções da Organização Internacional do Trabalho serão alternativas para restaurar o direito fundamental da igualdade nas relações laborais.

Tudo isso sem falar o afronto a Convenção n. 111 da OIT, ratificada pelo Brasil em 1965, que dispõe sobre a discriminação no emprego e na profissão. Ela fomenta promover a igualdade de oportunidades e de tratamento e formular uma política nacional que elimine toda e qualquer discriminação no emprego"[(32)]. A convenção demonstra, em seu artigo 2º, a primordialidade dos países membros, adeptos à convenção, procurar, "por meio de políticas nacionais ou outros métodos, a igualdade de oportunidade e tratamento, almejando a erradicação de todo modo

(28) DELGADO, Mauricio Godinho; DELGADO, Gabriela. *A reforma trabalhista no Brasil:* com os comentários à Lei n. 13.467/2017. São Paulo: LTr, 2017.

(29) GOULART, Rodrigo Fortunato. Empregado Hipersuficiente e negociação individual. In: DALLEGRAVE NETO, José Affonso (Coord.). *Reforma trabalhista ponto a ponto:* estudos em homenagem ao professor Luiz Eduardo Gunther. São Paulo: LTr, 2018.

(30) MAIOR, Jorge Luiz Souto. *Curso de direito do trabalho: a relação de emprego.* São Paulo: LTr, 2008. v. II.

(31) DELGADO, Mauricio Godinho. *Princípios constitucionais do trabalho e princípios de direito individual e coletivo do trabalho.* 5. ed. São Paulo: LTr, 2017.

(32) ALVARENGA, Rúbia Zanotelli de. *A declaração de princípios e direitos fundamentais no trabalho e as convenções fundamentais da OIT comentadas.* São Paulo: LTr, 2018.

de discriminação nas relações de trabalho"[33]. No que se refere à definição de ato discriminatório:

> [...] podemos deduzir que um ato discriminatório é uma distinção desfavorável, fundada em um determinado motivo, de cunho antijurídico e desprovida de razoabilidade e racionalidade. Ele pressupõe alguns elementos. O primeiro deles é uma distinção entre pelo menos duas pessoas, ou uma pessoa e um grupo de pessoas ou entre grupos de pessoas, ou de uma pessoa ou grupo em relação a determinado modelo. Distinção pressupõe falta de tratamento igualitário, tanto no trato de iguais de forma desigual, seja no trato igual de pessoas ou grupos desiguais. O segundo elemento é a distinção desfavorável para uma das pessoas ou grupos em relação a outros, seja por meio de percepção de menores vantagens, seja pela imposição de maiores ônus comparativamente com os outros grupos.[34]

No caso do empregado hipersuficiente, o segundo elemento apontado pelo autor que caracteriza um ato discriminatório é plenamente identificável. O empregado hipersuficiente, em razão de seu maior nível salarial e de sua formação no ensino superior, acaba por sofrer a imposição de um ônus de maior intensidade em relação aos aplicados para os demais empregados. Com essa perspectiva, o hipersuficiente passará a suportar a negociação, anteriormente respaldada pelas ferramentas e instituições coletivas dos trabalhadores, de modo solitário e pela própria CLT. Colocando à disposição de um mero acordo individual a possível modificação da aplicação de todos os direitos elencados no artigo 611-A da CLT e aos princípios, consistindo na discriminação, que nem se pode dizer de forma indireta.

> [...] a formulação da regra contida na Convenção n. 111 da OIT se refere tanto à discriminação direta quanto à discriminação indireta. A primeira é arregimentada mediante cada tipo de disposição, legislativa ou não, que exclui ou que afeta, expressamente, determinadas categorias de trabalhadores, com base em características como idade, sexo, estado civil ou crenças políticas. Já a discriminação indireta é realizada por meio de qualquer tipo de acordo, que não aparenta em princípio ser discriminante; porém, em verdade, produz efeitos negativos para um grande número de trabalhadores integrantes de um grupo, independendo da sua capacidade para realizar um trabalho. Esse último tipo de discriminação ocorre em contextos diante dos quais são aplicados a todos os trabalhadores os mesmos critérios e os mesmos tratamentos ou as mesmas condições.[35]

Dessa forma, a reforma trabalhista é apresentada com o objetivo de estar "prestigiando a autonomia do trabalhador"[36], possibilitando que ele entre em acordos individuais com o empregador e possa estabelecer as diretrizes que nortearão a sua prestação laboral. Essa conduta, todavia, acaba por discriminar indiretamente o grupo de empregados hipersuficientes, pois, ao conceder uma maior autonomia negocial, sem nenhuma contrapartida para isso, acaba por contrapô-lo ao poder econômico do empregador, que poderá impor suas condições negociais, gerando, assim, um dano ao hipersuficiente que não se aplica aos demais empregados.

Esse regramento está estabelecido no parágrafo único do artigo 444 da CLT: "Trata-se, conforme se percebe, de regra de evidente discriminação entre empregados [...] largamente afastada da matriz constitucional de 1988 e do universo normativo internacional trabalhista vigorante no plano interno da sociedade e economia brasileiras."[37]. Apreende-se, assim, que a reforma inseriu novas figuras jurídicas contrárias às ordenações da Convenção n. 111 da Organização Internacional do Trabalho, propiciando o exercício de "[...] discriminação direta ou indireta dos empregados no contexto empregatício. Esse aspecto reporta-se, por exemplo, aos seguintes pontos: a) eliminação de proteções normativas ao empregado relativamente mais qualificado e relativamente melhor remunerado".[38]

Luiz Eduardo Gunther demonstra a necessidade de o Estado prezar pelo cumprimento da Convenção n. 111, estabelecendo uma política nacional para isso, em razão dos regramentos constantes da convenção serem considerados direitos fundamentais:

---

(33) *Idem*.

(34) LIMA, Firmino Alves. *Mecanismos antidiscriminatórios nas relações de trabalho*. São Paulo: LTr, 2006.

(35) ALVARENGA, Rúbia Zanotelli de. *A declaração de princípios e direitos fundamentais no trabalho e as convenções fundamentais da OIT comentadas*. São Paulo: LTr, 2018.

(36) MINISTÉRIO DO TRABALHO. *Reforma trabalhista não irá aumentar jornada de trabalho*. 2016. Disponível em: <http://www.brasil.gov.br/economia-eemprego/2016/09/reforma-trabalhista-nao-ira-aumentar-jornada-de-trabalho-garanteministro>. Acesso em: jul. 2019.

(37) DELGADO, Mauricio Godinho. *A reforma Trabalhista no Brasil:* com os comentários à Lei n. 13.467/2017. São Paulo: LTr, 2017.

(38) DELGADO, Mauricio Godinho. *Curso de Direito do Trabalho*. 17. ed. São Paulo, LTr, 2018.

A declaração da OIT de 1988 garante que eliminar a discriminação em matéria de emprego e ocupação, conforme estabelecido nas Convenções ns. 100 e 111, constitui direito fundamental. Pela primeira, o Estado-Membro deve garantir a aplicação do princípio da igualdade de remuneração entre a mão de obra masculina e a mão de obra feminina por trabalho de igual valor. Pela segunda, obriga-se o Estado-Membro a formular e aplicar uma política nacional que promova a igualdade de oportunidades e de tratamento com o fim de eliminar qualquer discriminação.[39]

Isso afasta a aplicação protetiva do Direito do Trabalho dos empregados com maior salário e com formação em nível superior. Essa discriminação, contudo, pode ser aventada também como um modo de discriminação a ter a sua aplicação removida, pois a Convenção n. 111 ainda determina: "outras formas de discriminação podem ser proibidas com a prévia consulta das organizações nacionais de empregadores e trabalhadores"[40].

A não tão sutil discriminação imposta a esse tipo de empregado, colocando-o em igualdade de condições negociais com o empregador, detentor do poder diretivo e econômico, afronta as condições de melhoria das relações laborais trazidas pelas diversas convenções da Organização Internacional do Trabalho, principalmente a Convenção n. 111. É evidente o embate dessa nova figura de empregado trazida pela reforma trabalhista e as propostas de diminuição da discriminação impostas pelo Direito Internacional do Trabalho e suas convenções.

E ao adotar uma norma de caráter emergencial, o tratamento discriminatório se mantém, sedimentando a compreensão de paridade entre esse empregado e o seu empregador.

8. Conclusão

A norma de caráter emergencial em razão do estado de pandemia da COVID-19 reacende o debate sobre discriminação no tratamento do empregado hipersuficiente inserido no ordenamento jurídico no ano de 2017 pela Lei n. 13.467, chamada de reforma trabalhista.

A MP n. 936 de 1º de abril de 2020, afasta a obrigatoriedade da participação do Sindicato da categoria profissional para as alterações contratuais que permitem suspensão do contrato de trabalho e redução do salário mediante a redução de jornada, o que não ocorre com outros empregados enquadrados em faixa salarial diversa.

Esse tipo de trabalhador alcunhado de hipersuficiente nasceu com a reforma trabalhista do ano de 2017, que alterou a CLT, e vem trazendo alerta ao princípio da isonomia de tratamento previsto na Constituição Federal, como também viola princípios norteadores do Direito do Trabalho, sobretudo o da proteção com que se irradia, dentre outros, para o da irrenunciabilidade de direitos. Colide com documentos internacionais, notadamente a Convenção n. 111 da OIT.

O empregado que atenda aos dois critérios de ser portador de diploma de nível superior e receber salário igual ou superior a duas vezes o valor máximo do benefício da previdência social tem autonomia para negociar sobre dimensões contratuais que poderão se sobrepor às normas e princípios protetores trabalhistas.

Ainda, afasta dessa negociação qualquer intervenção do agente sindical, traduzindo-se em acinte a dispositivos constitucionais, quais sejam, os artigos 7º, incs. VI e XIII e 8º, inc. III.

Há, também a transgressão de um dos principais fundamentos do direito do trabalho: o princípio da proteção, ao definir que o empregado que dispõe de formação em nível superior e salário mensal maior ou igual a duas vezes o limite máximo dos benefícios do Regime Geral de Previdência Social, atualmente no valor de R$ 12.202,21, pode contratar em condições paritárias com o empregador, depositário do poder econômico. Tal premissa é julgar que esse empregado hipersuficiente disponha dos mesmos poderes atribuídos aos altos executivos de empresas, mas há aí uma grande discrepância salarial e poder de mando entre os dois tipos de empregados.

Num país onde o nível de desemprego ultrapassa a casa dos treze milhões, e forçoso concluir que o empregado com esse patamar salarial vai aderir às

(39) GUNTHER, L. E.; GUNTHER, N. G. S. A igualdade de direitos entre homens e mulheres nas relações de trabalho. In: FREDIANI, Yone; ALVARENGA, Rúbia Zanotelli de (Org.). *Direitos fundamentais nas relações de trabalho*. 1. ed. São Paulo: LTr, 2015

(40) BERTOLIN, P. T. M.; KAMADA, F. L. A OIT e a Discriminação no Trabalho: análise dos Programas desenvolvidos no Brasil com a Cooperação Técnica da OIT. In: GOMES, Ana Virgínia Moreira; FREITAS JÙNIOR, Antonio Rodrigues de Freitas (Org.). *A Declaração de 1998 sobre princípios e direitos fundamentais no trabalho:* análise do seu significado e efeitos. 1. ed. São Paulo: LTr, 2014. v. 1.

cláusulas e condições impostas para manter ou obter o emprego, configurando-se induvidosamente a desproteção, acentuada nesses tempos de pandemia.

Sendo assim, em que pese os outros empregados também acharem-se sujeitos a ter direitos diminuídos em consequência de negociação coletiva e das medidas emergenciais, os hipersuficientes não demonstram razões que justifiquem serem diferentes, já que não há qualquer critério estabelecido na CRFB/88.

O certo é que as lesões e os limites, serão do domínio da jurisprudência, que caberá o importante papel de dialogar com a Constituição Federal, mormente o princípio da isonomia e os princípios informadores do Direito do Trabalho em anuncio desafiador.

9. Referências

BERTOLIN, P. T. M.; KAMADA, F. L. A OIT e a discriminação no trabalho: análise dos Programas desenvolvidos no Brasil com a Cooperação Técnica da OIT. In: GOMES, Ana Virgínia Moreira; FREITAS JÙNIOR, Antonio Rodrigues de Freitas (Org.). *A Declaração de 1998 sobre princípios e direitos fundamentais no trabalho:* análise do seu significado e efeitos. 1. ed. São Paulo: LTr, 2014. v. 1.

BOBBIO, Norberto. *O positivismo jurídico. Lições de filosofia do direito.* São Paulo: Ícone, 1999.

BOUCINHAS FILHO. Jorge Cavalcanti. Autonomia negocial dos trabalhadores hipersuficientes. In: DALLEGRAVE NETO, José Affonso (Coord.). *Reforma Trabalhista ponto a ponto:* estudos em homenagem ao professor Luiz Eduardo Gunther. São Paulo: LTr, 2018.

CARVALHO, Augusto César Leite de. *Direito do trabalho:* curso e discurso. 2. ed. São Paulo: LTr, 2018.

DELGADO, Mauricio Godinho. *Curso de direito do trabalho.* 17. ed. São Paulo, LTr, 2018.

______. *Constituição da República e direitos fundamentais:* dignidade da pessoa humana, justiça social e direito do trabalho. 4. ed. São Paulo: LTr, 2017.

DELGADO, Mauricio Godinho; DELGADO, Gabriela Neves. *A reforma trabalhista no Brasil:* com os comentários à Lei n. 13.467/2017. São Paulo: LTr, 2017.

FACHIN, Zulmar. *Curso de direito constitucional.* 5. ed. Rio de Janeiro: Forense, 2012.

FRANCO FILHO, Georgenor de Sousa. *Curso de direito do trabalho.* 4. ed. São Paulo: LTr, 2018.

SILVA, José Afonso da. *Curso de direito constitucional positivo.* 35. ed. São Paulo: Malheiros, 2012.

GUNTHER, L. E. A aplicação dos direitos da personalidade ao Direito do Trabalho sob a ótica da teoria do reconhecimento. In: CAVALCANTE, Jouberto de Quadros Pessoa; VILLATORE, Marco Antônio César (Org.). *A teoria do reconhecimento sob a ótica do direito do trabalho.* 1. ed. São Paulo: LTr, 2016.

GUNTHER, L. E.; GUNTHER, N. G. S. A igualdade de direitos entre homens e mulheres nas relações de trabalho. In: FREDIANI, Yone; ALVARENGA, Rúbia Zanotelli de (Org.). *Direitos fundamentais nas relações de trabalho.* 1. ed. São Paulo: LTr, 2015.

MAIOR, Jorge Luiz Souto. *Curso de direito do trabalho:* a relação de emprego. São Paulo: LTr, 2008. v. II.

MELLO, Celso Antônio Bandeira de. *O conteúdo jurídico do princípio da igualdade.* 3. ed. São Paulo: Malheiros, 1999.

______. *Elementos de direito administrativo*. São Paulo: Revista dos Tribunais, 1986.

ROMITA, Arion Sayão. *Direitos fundamentais nas relações de trabalho.* 5. ed. São Paulo: LTr, 2014.

SARMENTO, Daniel. *Direitos fundamentais e relações privadas.* Rio de Janeiro: Lumen, 2008.

Site consultado

<https://agenciadenoticias.ibge.gov.br/agencia-sala-de-imprensa/2013-agencia-denoticias/releases/20843-pnad-continua-10-da-populacao-concentravam-quasemetade-da-massa-de-rendimentos-do-pais-em-2017.html>. Acesso em: jul. 2019.

Organizações Coletivas e o Trabalho em Plataformas[1]

Natália Marques Abramides Brasil[2]
Rodrigo Borges Nicolau[3]
Guilherme Lima Juvino de Paula[4]
Vinicius Bugalho[5]

1. *Introdução*

São muitas as mudanças pelas quais passa o mundo do trabalho; todavia, nem todas em benefício dos trabalhadores. A velocidade do desenvolvimento das mais diversas tecnologias modifica rapidamente as formas de prestação de serviços. Desde o surgimento do que se se habituou chamar de globalização, as relações de trabalho sofrem constantes alterações. E com isso, surgem problemas relacionados à proteção e à tutela dos interesses dos trabalhadores.

Tema que há muito merece a atenção dos aplicadores do direito, especialmente do Direito do Trabalho, é a relação entre trabalhadores e empresas de plataformas digitais. O trabalho prestado por meio de plataformas digitais vem crescendo em todo mundo, fruto de novos modelos de negócios surgidos no contexto da revolução industrial 4.0, bem como do aprofundamento da crise econômica e da precarização das relações de trabalho.

A pandemia da COVID-19, por sua vez, fez aumentar ainda mais a demanda por esses serviços, em especial o delivery, tendo em vista o isolamento social. A título de exemplo, o aplicativo Rappi reportou um aumento de 30% na demanda durante a pandemia. Apesar disso, não houve o correspondente aumento da renda desses trabalhadores. De acordo com pesquisa realizada pela Rede de Estudos e Monitoramento da Reforma Trabalhista, 89,7% dos entregadores por aplicativos tiveram uma redução salarial durante a pandemia ou ganham o mesmo que antes, a despeito do maior número de horas laboradas (BBC BRASIL, 2020).

Nesse contexto, além das formas tradicionais de organização coletiva laboral (sindicatos e associações profissionais) já estabelecidas, começam a surgir novas formas de organização, representação, reivindicação e resistência à precarização do trabalho, como é o caso da paralisação denominada "#Brequedosapps", realizada por entregadores e motociclistas em 01/07/2020 e 25/07/2020 em diversas cidades do Brasil, que reivindicou melhores condições de trabalho, aumento do valor recebido pela quilometragem, o fim da extinção e dos bloqueios unilateral das contas dos trabalhadores, promovidas pelas plataformas, seguro de vida e recebimento de equipamentos de proteção individual (EPI), dentre outros direitos (CARVALHO; PEREIRA; SOBRINHO, 2020).

Não só em nosso país, mas também nos Estados Unidos as massas de trabalhadores rebelam-se contra a precarização do trabalho e da remuneração. Conforme noticiado no jornal norte americano The New York Times, de 19 de agosto de 2020, uma nova decisão judicial do estado da Califórnia exige que motoristas de aplicativos gozem dos mesmos benefícios e proteções concedidos aos funcionários

(1) Artigo produzido pelos integrantes do Subgrupo sobre Plataformas Digitais vinculados ao Grupo de Estudos "A Transformação do Direito do Trabalho na sociedade pós-moderna e seus reflexos no mundo do trabalho", da Faculdade de Direito de Ribeirão Preto da Universidade de São Paulo (FDRP/USP)

(2) Advogada. Mestre em Direito e Desenvolvimento pela Faculdade de Direito de Ribeirão Preto da Universidade de São Paulo (FDRP/USP). E-mail: nabramides@gmail.com.

(3) Advogado. Mestre em Direito do Trabalho e da Seguridade Social pela Faculdade de Direito da Universidade de São Paulo FD/USP. E-mail: rodrigonicolau13@yahoo.com.br.

(4) Advogado. Graduado em Direito na Universidade São Judas Tadeu. E-mail: guilhermelima1452@hotmail.com

(5) Advogado. Pós-graduado em direito tributário (lato sensu) pela Faculdade de Direito de Ribeirão Preto da Universidade de São Paulo (FDRP/USP). E-mail: vbugalho@netsite.com.br

regulares, o que representa uma conquista após inúmeras manifestações por parte dos trabalhadores (CONGER, 2020).

A Europa também assiste a uma onda de greves contra o sistema de trabalho por aplicativos: em Paris, Jérôme Pimot, ex-entregador do aplicativo *Deliveroo*, fundou o Coletivo de Entregadores Autônomos de Paris (CLAP) para negociar melhores condições de trabalho e remuneração para a categoria (SANSOM, 2017).

Vê-se que o fenômeno da precarização do trabalho digno e da remuneração via plataformas digitais não é nacional, mas também vem alcançando insatisfações sociais em outros países, o que evidencia, por parte dos trabalhadores, o surgimento, paulatino e não uniforme, de uma conscientização acerca da exploração laboral criada, gerenciada e utilizada por parte das empresas que adotam a *plataformização* como modelo de negócio (POELL, NIEBORG, VAN DIJCK, 2020).

Diante disso, verifica-se tendência de organização coletiva desses trabalhadores, a fim de compreender os dilemas laborais surgidos e/ou potencializados por esta "nova" forma de prestação laboral e, por conseguinte, fortalecer suas reivindicações frente às grandes empresas que atuam na economia de plataformas, tendo em vista que a judicialização de demandas individuais não tem surtido os resultados desejados para o reconhecimento de direitos pela categoria e a proteção do trabalho digno.

2. *Natureza jurídica do trabalho em aplicativos*

A discussão acerca da natureza jurídica do trabalho prestado por meio de plataformas digitais vem se consolidando nos últimos anos, tanto no ambiente acadêmico quanto no dos tribunais: seria o trabalhador em aplicativos um autônomo, como previsto no contrato de prestação de serviços firmado com tais empresas, ou um empregado?

Conforme Pasqualeto (2020), foram proferidos seis acórdãos sobre o tema no Tribunal Superior do Trabalho (TST), enquanto até o início de 2019 não havia sequer quaisquer processos acerca da existência ou não de vínculo empregatício entre os trabalhadores e as plataformas sob julgamento do TST.

Ocorre que o assunto ainda está longe de ser pacificado, ao menos no Brasil. Enquanto a produção acadêmica e doutrinária, tanto nacional quanto internacional, inclina-se a reconhecer a existência de uma nova forma de subordinação e, por consequência, a ocorrência de vínculo empregatício, os tribunais ainda resistem em reconhecer as novas relações de trabalho como subordinadas, entendendo-as como autônomas.

O trabalho passa por um momento de contradições: ao mesmo tempo em que assume posição central no processo político e de definição do indivíduo, o desenvolvimento tecnológico e as condições econômicas tornam o cenário mais precário, fazendo com que o trabalho humano se torne um importante vetor de criação e de aprimoramento dos processos de afirmação dos sujeitos perante à sociedade contemporânea (ANTUNES, 2020).

Nesse sentido, as contradições se revelam em progressivas camadas, mais amplo, envolvendo questões políticas e socioeconômicas, até o interior da própria relação de trabalho. Embora as empresas de aplicativos atuem em segmentos específicos, como é o caso de transporte e entregas, com toda sua publicidade e serviços destinados ao consumidor final, autodefinem-se como meras intermediadoras de serviços de tecnologia.

Mais uma vez, a contradição permeia o discurso atraente da economia colaborativa, em que pese o trabalho prestado por meio de aplicativos, da forma como tem se desenvolvido, não possa ser definido de tal modo. Tanto assim que o consumidor, ao contratar um serviço de entrega, contrata a empresa, e não o entregador, do qual muitas vezes sequer tem conhecimento do nome.

De tal modo, enquanto de um lado são postos como fundamentos da República Federativa do Brasil os valores sociais do trabalho (art. 1º, IV, CF), de outro o que se verifica é o rompimento do pacto constitucional e a precarização das relações. Se de um lado as empresas de aplicativos vendem aos consumidores o discurso de que prestam seus serviços com rapidez e eficiência, de outro firmam contratos com os trabalhadores impondo-lhes a condição de prestadores de serviços autônomos, como se a caracterização do vínculo de emprego dependesse do que fora formalmente documentado, e não da dinâmica das condições de trabalho observadas na realidade. Embora as empresas de aplicativos atuem em segmentos específicos, como é o caso de transporte e entregas, com toda sua publicidade e serviços destinados ao consumidor final, autodefinem-se como meras intermediadoras de serviços de tecnologia.

Da mesma forma, enquanto os próprios trabalhadores afirmam preferir a condição de autônomo em detrimento do vínculo empregatício, em decorrência da suposta liberdade para prestação dos serviços (DAS ACEVEDO, 2017), nunca foi tão possível, em qualquer outro momento histórico, controlar com tanta precisão, o desempenho e o comportamento do trabalhador.

Todavia, tal percepção parece começar a mudar com o despertar de uma incipiente organização coletiva de tais trabalhadores, que cada vez mais demandam por melhores condições de trabalho. A necessidade de proteção deve se estender a toda a cadeia, desde o consumidor até a outra ponta da relação, ou seja, o prestador do serviço, que deverá encontrar amparo adequado na legislação, com foco na pessoa humana (MISKULIN, 2019).

Não se trata de analisar simplesmente se o trabalhador possui ou não autonomia para determinar o início e o término da jornada, bem como a própria quantidade de horas trabalhadas, diante de inúmeros outros fatores que formam um complexo emaranhado de situações que limitam a aparente liberdade dos trabalhadores de aplicativo (DAVIDOV, 2017).

Assim, é necessário avaliar se há exercício de poder diretivo, o que pode ser avaliado por diversos critérios, tais como possibilidade de controle da jornada, propriedade dos meios de produção, assunção dos riscos do empreendimento; gerenciamento do mercado externo, captação e retenção de clientes; pessoalidade na prestação dos serviços; dependência econômica; possibilidade de vigilância dos atos praticados pelos trabalhadores; poder de iniciar e terminar a relação de forma unilateral, aplicação de punições, avaliações de desempenho, dentre outros.

No TST, os processos que chegaram a tal instância não lograram êxito em obter o reconhecimento do vínculo empregatício, sendo que, até o momento, a maior parte das sentenças de procedência ou parcial procedência foram proferidas pelas varas do trabalho, uma vez que os tribunais regionais também tendem ainda a adotar posição mais conservadora sobre o assunto.

De acordo com pesquisa realizada junto ao site de tal Tribunal, até 20/07/2020 constam sete acórdãos sobre o tema, verificando-se que em quatro dos casos houve aplicação da Súmula n. 126 do TST, segundo a qual o recurso de revista ou embargos não se presta ao reexame de fatos e provas (AIRR-11199-47.2017.5.03.0185, AIRR-10950-11.2017.5.03.0181, AIRR — 10575-49.2019.5.03.0113 e AIRR-1002011-63.2017.5.02.0048), de forma, portanto, que não ocorreu enfrentamento do mérito. Assim, não fora possível analisar as condições de fato do labor prestador e a consequente ocorrência ou não de trabalho subordinado.

Já no AIRR-10771-28.2018.5.03.0186 e no AIRR-10802-79.2018.5.03.0111, ambos de rito sumaríssimo, o mérito tampouco foi analisado tendo em vista que não restou reconhecido violação a súmula do TST ou a súmula vinculante do Supremo Tribunal Federal ou ainda violação direta à Constituição Federal.

Em outro caso, foi reconhecida a transcendência jurídica do assunto (RR-1000123-89.2017.5.02.0038), todavia se considerou que houve confissão quanto à autonomia na prestação de serviços com fundamentos no seguintes itens: possibilidade de ficar *off-line*, sem delimitação de tempo, o que significa ampla autonomia do trabalhador em determinar sua rotina de trabalho, afastando assim o elemento subordinação; existência de contrato de adesão de prestação de serviços de intermediação entre o reclamante e o aplicativo, com retenção pelo aplicativo de valor que não condiz com o liame de emprego.

Importante destacar que a decisão mais antiga do TST data de fevereiro de 2019, portanto o tema ainda é bastante recente e sequer teve a possibilidade de análise efetiva de mérito por parte do TST, não se podendo afirmar que existe posição consolidada sobre a natureza jurídica do trabalho prestado por meio de aplicativos, em que pese a tendência atual dos tribunais brasileiros quanto ao reconhecimento de relação de autonomia, que foge à tutela do Direito do Trabalho.

Ainda, verifica-se o predomínio da propositura de ações individuais, o que dificulta ainda mais a uniformização do entendimento sobre o assunto bem como o próprio reconhecimento da categoria. Diante desse cenário de incertezas, é que surge a necessidade da organização coletiva dos trabalhadores, a fim de reivindicar de forma adequada e mais assertiva a tutela de seus direitos.

3. *Sindicatos e organização coletiva dos trabalhadores em plataformas*

É nesse contexto, descrito no tópico anterior, que as organizações coletivas dos trabalhadores das plataformas digitais vêm sendo criadas com o objetivo de estabelecer um elo de negociação e representação nas relações entre capital e trabalho, bem como dialogar ou intermediar, perante o Poder Público, soluções relacionadas aos problemas enfrentados pela coletividade dos trabalhadores, e atuar dentro do "novo cenário" laboral brasileiro em contraposição ao poder econômico exercido pelas plataformas digitais, (KALIL, 2020).

No Brasil, a criação de sindicatos e associações encontra respaldo legal na Constituição Federal, na CLT e no Código Civil, que autorizam livremente, ainda que mediante a observância de alguns requisitos, a criação desses entes coletivos que objetivam tutelar os interesses dos trabalhadores inseridos na dinâmica da plataformização do trabalho.

No que diz respeito aos sindicatos, Amauri Mascaro Nascimento (1989, p. 14) os define como "*órgãos de primeiro grau, criados pelos próprios interessados, com prerrogativas de representar a categoria, de negociar convenções coletivas, de instaurar dissídios coletivos e de autorizar greves*". Ou seja, trata-se dos órgãos de base dentro da estrutura sindical brasileira[(6)], instituídos para proteger os interesses dos que o integram, no âmbito administrativo e jurídico.

Além de estarem situados como entidades de base, para representação dos trabalhadores, outro traço marcante do sindicato é sua autonomia em relação ao Estado, tendo em vista a vedação da interferência estatal na criação ou no decorrer da atuação da atividade sindical (DELGADO, 2017).

Os trabalhadores das plataformas digitais que objetivarem estreitar entre si seus lanços de classe, poderão, ainda, criar associações profissionais para "*fins de estudo, defesa e coordenação dos interesses econômicos e profissionais de seus associados*" (SILVA, 2005, p. 57).

Portanto, as associações profissionais possuem a finalidade precípua de defender direitos, interesses e prerrogativas apenas de seus associados, nos termos das disposições contidas em seu estatuto.

Dentro do cenário criado pelo trabalho prestado por meio de plataforma, constata-se que a iniciativa na criação dessas organizações coletivas laborais têm o intuito de conferir certas vantagens — ou estabelecer certa correlação de forças perante o capital — aos trabalhadores na medida em que haverá um deslocamento, das questões relacionadas as suas condições de trabalho em sentido amplo (saúde, segurança do trabalho, remuneração, seguro de vida e saúde etc.) do âmbito individual para o coletivo. Todavia, apesar dos benefícios que podem ser conquistados pela via coletiva, fruto do surgimento dessas organizações, tem-se que, paradoxalmente, essas mesmas organizações sofrerão com obstáculos relacionados a diversidade na forma de estruturação e exploração dos negócios por cada plataforma ou aqueles empecilhos criados pelas próprias plataformas, haja vista a falta de reconhecimento de vínculo empregatício, o que obsta, a princípio, a formação de uma categoria profissional homogênea (MACHADO, 2020).

Para a defesa dos interesses individuais e coletivos dos trabalhadores organizados em face das plataformas digitais — especialmente dos direitos trabalhistas já positivados na legislação, mas sem prejuízo de outros de outra natureza -, as associações e os sindicatos poderão se valer de ações judiciais; sendo que, os sindicatos também poderão valer-se dos dissídios coletivos e das negociações coletivas.

No que diz respeito à atuação judicial das associações laborais em favor dos trabalhadores, é certo que tal atuação apenas pode ocorrer após a outorga, pelos seus associados, de autorização expressa (individual ou feita em assembleia) destinada a essa finalidade (art. 5º, XXI, CF/88), tratando-se, pois, de atuação judicial restrita. Ademais, para possibilidade do exercício da referida atuação, por parte das associações profissionais, faz-se necessário a existência de previsão estatutária para legitimar representação do ente coletivo perante os órgãos do poder judiciário, notadamente aqueles que compõem a estrutura da Justiça do Trabalho.

Já os sindicatos, diferentemente das associações, possuem ampla liberdade de atuação judicial (art. 8º, III, CF/88), o que lhes permite, na condição de substituto processual, tutelar os interesses coletivos da categoria através do manejo dos meios processuais disponíveis (ação coletiva, ações plúrimas, mandado de segurança coletivo, entre outros) para obtenção de direitos sociais não observados espontaneamente pelas empresas exploradoras das plataformas digitais.

Em suma, enquanto os sindicatos atuam em juízo em substituição processual, de maneira irrestrita, em favor de toda a categoria; as associações o fazem por meio de representação, necessitando sempre

(6) A organização sindical brasileira é composta dos seguintes entes: sindicatos, federações, confederações e centrais sindicais.

de autorização expressa de seus associados para o ajuizamento de demandas coletivas.

Ainda no âmbito judicial, os sindicatos, após frustradas as tentativas de celebração de negociação coletiva ou de solução do conflito laboral pela via arbitral, poderão, para ver seus direitos reconhecidos, dirimir questões jurídico-materiais relacionada ao exercício de greve ou obter regulamentação de condições de trabalho (individuais ou coletivas) mínimas ou convencionais, ajuizar a ação de dissídio coletivo perante a Justiça do Trabalho, que com base no seu poder normativo (art. 114, § 2º, CF) irá julgar o conflito coletivo levado à sua jurisdição (SANTOS, 2019).

Apesar da possibilidade do ajuizamento do dissídio coletivo pelos sindicatos, ocorre que tal mecanismo processual encontra dificuldades em sua utilização prática, haja vista que para o ajuizamento desta ação se faz necessária a existência de "comum acordo" entre as partes, ou seja, a convergência de vontade entre os representantes dos trabalhadores e os sindicatos patronais e/ou empregadores para que as reivindicações dos trabalhadores sejam apreciadas pelo poder judiciário — o que torna pouco viável o desenvolvimento de tratativas dessa natureza nas relações coletivas de trabalho.

A par da atuação centrada nos meios processuais existentes, junto ao poder judiciário, aos sindicatos é conferida legalmente, a possibilidade de iniciar tratativas, com uma ou mais empresas ou com a categoria econômica representativa delas — se existente -, com vistas a negociação de acordo ou convenção coletiva de trabalho visando estabelecerem entre si, condições de trabalho aplicáveis aos trabalhadores daquela categoria laboral (SANTOS, 2018).

No que diz respeito as negociações coletivas de trabalho no contexto das relações laborais entre os trabalhadores e as plataformas digitais, alguns autores apontam pontos positivos e negativos quanto a adoção desse meio heterônomo de criação de normas trabalhistas não estatais.

Renan Bernardi Kalil amparado nas reflexões feitas por Hannah Johnston e Chris Land-Kazlauskas, destaca três limitações para o surgimento e fomento das negociações coletivas no cenário laboral do trabalho das plataformas digitais, quais sejam: i) capitalismo de plataforma estar em estágio incipiente, ou seja, trata-se em termos históricos, um "recente" meio de organização, controle e exploração do trabalho humano dentro do contexto do sistema capitalista; ii) o número de trabalhadores ainda não ser expressivo; e iii) algumas plataformas oferecerem resistência a dialogar de forma coletiva seja pela ausência de organizações coletivas que tutelem seus interesses econômicos, seja pela "posição confortável" que possuem frente aos trabalhadores na forma de "intermediadoras" do trabalho prestado por eles (KALIL, 2020).

De outro lado, vale destacar três aspectos benéficos da negociação coletiva em favor dos trabalhadores de plataformas, quais sejam: a) possibilidade de pactuar acerca da qualificação dos trabalhadores, prevendo capacitações de longo prazo, para que a introdução de novas máquinas nas empresas não enfrente dificuldades em sua implementação e para manter os empregados atualizados profissionalmente; b) regulação do uso de novas tecnologias no local de trabalho, como a inteligência artificial, o big data e o monitoramento eletrônico da performance, com enfoque na vedação de coleta de informações que extrapolem os limites da relação de trabalho; c) adaptação das condições de trabalho, uma vez que a negociação coletiva é o modo mais rápido e flexível para se dar respostas às mudanças que ocorrem no mundo do trabalho (KALIL, 2020).

No Brasil, ainda é embrionário o movimento de organização coletiva dos trabalhadores das plataformas digitais, porém, já existem algumas organizações coletivas, com atuação na reivindicação de direitos dos trabalhadores de plataformas.

Nesse sentido, destacam-se a Associação dos Motoristas de Aplicativo de São Paulo (AMASP); Sindicato dos Motoristas de Transporte Privado Individual de Passageiros por Aplicativo do Estado de Pernambuco e o Sindicato dos Motoristas de Transporte Privado e Particulares Individual de Passageiros por Aplicativos e Plataformas Digitais de Fortaleza (Sindiaplic), este último, inclusive, já tendo ajuizado ação coletiva (n. 0000295-13.2020.5.07.0003) em relação a empresas de aplicativos de transportes, no contexto da pandemia, a qual pleiteou-se em favor dos trabalhadores (motoristas vinculados às empresas Uber e 99 Tecnologia) que lhes fossem asseguradas, a título de ajuda compensatória, remuneração mínima por hora efetivamente trabalhada ou à disposição, entre outras disposições.

O movimento também é observado em outros países, em alguns casos envolvendo até mesmo precedentes exitosos de negociação coletiva entre os trabalhadores e plataformas, como é o caso da plataforma de transporte sueca Bzzzt, a qual firmou acordo com o Sindicato de Trabalhadores do Transporte Sueco para regular o contrato de trabalho dos motoristas (KALIL, 2020).

Assim, em que pesem as inúmeras dificuldades para formação dos sindicatos ou associações, decorrentes das limitações impostas pelas próprias plataformas, pela legislação trabalhista e ainda pelos entraves relacionados a instauração de diálogo entre os trabalhadores e as empresas, percebe-se que, cada vez mais, faz-se necessária uma análise crítica acerca das estratégias e da (re)organização dos trabalhadores das plataformas digitais, visando (re)inventar suas lutas contra capitalismo, agora em sua versão digital (ENGLERT; WOODCOCK; CANT, 2020).

4. *O Ministério Público do Trabalho e a tutela dos direitos coletivos*

O Ministério Público, enquanto instituição essencial ao Estado Democrático de Direito, ganhou relevância com a Constituição Federal de 1988, abrangendo também o Ministério Público do Trabalho (MPT), conforme se verifica dos artigos 127 e 128 da Constituição. Dessa forma, nota-se a crucial importância da atuação do MPT na garantia dos direitos e de melhores condições de trabalho, inclusive para aqueles que prestam serviços junto às empresas de plataforma digital.

O texto constitucional traz os meios de atuação desta instituição no sentido de concretizar suas atribuições. Dentre os itens expostos no art. 129 da CF, que estabelece as funções institucionais do MP, vale ressaltar seu inciso III, que traz a atribuição de promover o inquérito civil e a ação civil pública, para a proteção do patrimônio público e social, do meio ambiente e de outros interesses difusos e coletivos.

Por sua vez, dispõe o art. 7º, inciso XXII, também da Constituição, ser direito dos trabalhadores urbanos e rurais a redução dos riscos inerentes ao trabalho, por meio de normas de saúde, higiene e segurança. Referido inciso encampa o princípio protetor dos trabalhadores, na tentativa de garantir condições dignas para aqueles que trabalham, sejam eles empregados nos termos do art. 3º da CLT ou não.

Nesse sentido, vale ressaltar a importância da promoção e garantia do trabalho decente.

O trabalho decente tem sido objeto da preocupação dos países desenvolvidos, sobretudo porque impulsionado pelas diretrizes adotadas pela OIT. Não é de hoje que os direitos humanos de segunda dimensão — sociais e trabalhistas — são garantidos por normas de direito internacional. A Declaração Universal dos Direitos Humanos traz como lema que não haverá paz sem que haja justiça social.

A proteção a tais direitos ganha destaque com o Pacto Internacional dos Direitos Econômicos, Sociais e Culturais de 1966. No art. 7º deste documento, consta expressamente que os Estados Membros reconhecem o direito de toda pessoa gozar de condições de trabalho justas e favoráveis que lhe assegure, dentre outras condições de uma existência digna para ela e sua família, bem como de ter asseguradas condições de trabalho seguras e higiênicas.

Ensina Otávio Pinto e Silva (2007, p. 146-147):

> Diante dessa perspectiva de valorização dos direitos humanos ligados ao trabalho é que a Organização Internacional do Trabalho (OIT) vem pautando sua atuação desde 1998, quando aprovou a 'Declaração relativa aos Princípios Fundamentais no Trabalho.'
>
> (...)
>
> Na 87ª Reunião da Conferência Internacional do Trabalho foi aprovada uma proposta de atuação prioritária da OIT, que é a busca da disponibilidade de um trabalho decente para homens e mulheres em todo o mundo.
>
> O trabalho decente é visto como o ponto de convergência de quatro objetivos estratégicos da OIT que devem orientar sua atuação, a saber: a promoção dos Direitos Fundamentais no Trabalho; o emprego; a proteção social; o diálogo social.

Assim, é na estrita observância a estas diretrizes traçadas pela OIT e outros tratados internacionais que deve atuar o Direito do Trabalho e suas instituições afins, como o MPT, sempre na busca da efetivação desses princípios que tentam dar aos trabalhadores concretude suficiente ao princípio da dignidade da pessoa humana.

Uma vez citado o princípio da dignidade da pessoa humana, vale registrar aqui que a busca da efetivação deste princípio constitucional também pode se transformar em fundamento para a atuação do MPT na tentativa de garantir direitos sociais aos trabalhadores em plataformas digitais.

Voltando à Constituição Federal, devemos fazer referência ao disposto no art. 7º, inciso XXII, que, sem dúvida, trouxe uma densidade especial à proteção dos trabalhadores:

> Art. 7º São direitos dos trabalhadores urbanos e rurais, além de outros que visem à melhoria de sua condição social: (...)
>
> XXII — redução dos riscos inerentes ao trabalho, por meio de normas de saúde, higiene e segurança.

Da leitura deste dispositivo é possível detectarmos uma linha de atuação do MPT na defesa dos direitos dos trabalhadores em empresas de plataformas digitais, cuja argumentação poderá se estender à proteção de tantos outros direitos, sempre no sentido da garantia do mínimo existencial.

Referido inciso XXII da CF encampa um princípio protetor dos trabalhadores, na tentativa de garantir condições dignas para aqueles que trabalham, sejam eles empregados nos termos do art. 3º da CLT ou não.

Em recente artigo, registra Feliciano (2020) a importância do inciso XXII do art. 7º da CF:

> E como corolário do direito ao meio ambiente do trabalho equilibrado, a Constituição Federal consagrou, no seu artigo 7º, XXII, o direito social jusfundamental à "redução dos riscos inerentes ao trabalho", que: a) realiza no plano laboral o princípio jurídico-ambiental da melhoria contínua ou do risco mínimo regressivo; b) é titularizado por todos os trabalhadores, sejam ou não subordinados; e c) traduz-se, para os empresários, nos deveres de antecipação, de planejamento e de prevenção dos riscos labor-ambientais.

Assim, a redução dos riscos inerentes ao trabalho e a proteção aos trabalhadores, partindo-se da garantia do direito à sua saúde, higiene e segurança, comando externado no art. 7º, XXII, da CF, são fundamentos jurídicos para a atuação do MPT na busca por melhores condições para aqueles que exercem suas atividades laborais junto às empresas de plataformas digitais.

Mas não só a doutrina que tem ressaltado a importância do comando contido no art. 7º, XXII, da CF. O próprio Supremo Tribunal Federal, em recentes decisões, utilizou como fundamento jurídico referido mandamento constitucional, demonstrando que a preocupação atual com a melhoria constante das condições de trabalho está presente na mais alta Corte brasileira. Nesse sentido vale citar a ADIN 4.842 do ano de 2016, envolvendo questões atinentes a Lei n. 11.901/09 que dispõe sobre a profissão do bombeiro civil.

Igualmente, também merece destaque a aplicação da Convenção n. 155 da OIT, como fonte jurídica a embasar a busca pela implementação de melhores condições, conforme pontua, mais uma vez, a lição de Feliciano (2020):

> Em linha com tal diretriz constitucional, a Convenção n. 155 da OIT, ratificada pelo Brasil, estabelece em seus artigos 16 a 19 que as empresas são obrigadas a garantir a segurança de seus processos operacionais com relação à integridade psicofísica de seus trabalhadores, bem como a implementar todas as medidas cabíveis, segundo a melhor técnica disponível, para elidir ou minimizar os riscos existentes em seus ambientes de trabalho, incluindo-se, aí, a elaboração de procedimentos destinados a lidar com situações de urgência.

Assim, há farta normatização jurídica a garantir a atuação do MPT na proteção dos trabalhadores de empresas de plataformas digitais. Diante das já mencionadas dificuldades de organização coletiva dos trabalhadores de plataforma, cabe ao MPT assumir o protagonismo de zelar pela proteção de tal categoria, bem como pelo estrito cumprimento da lei e pela garantia da efetividade dos direitos constitucionais, em especial os relativos aos trabalhadores.

A título de exemplo, vale mencionar duas ações judicias propostas pelo MPT em face de empresas de plataformas digitais. Falamos das Ações Civis Públicas ns. 1000405-68.2020.5.02.0056 (56ª Vara do Trabalho da Capital do Estado de São Paulo, reclamada a empresa Rappi Brasil Intermediação de Negócios Ltda.) e 1000396-28.2020.5.02.008 2 (82ª Vara do Trabalho da Capital do Estado de São Paulo, reclamada a empresa Ifood.Com Agência de Restaurantes *on-line* S.A.), ambas propostas no contexto da pandemia causada pela transmissão da COVID-19, com o objetivo de proteger, em especial, a saúde dos trabalhadores que atuam por meio de plataformas digitais, o que revela a legitimidade da instituição.

Desse modo, verifica-se que os mesmos fundamentos jurídicos que permitem a atuação do MPT na proteção da saúde dos trabalhadores de forma geral devem ser aplicados às empresas de plataformas digitais, em especial quando estivermos diante da necessidade de proteção desses trabalhadores em qualquer grau, intensidade ou circunstância.

Qualquer direito de referidos trabalhadores deve ser protegido, pois devemos almejar a construção de relações de trabalho que garantam a dignidade dos trabalhadores, partindo da premissa amplamente defendida pela OIT de que todo trabalho há que ser decente, em todos os seus aspectos.

5. *Conclusão*

As plataformas digitais trouxeram uma nova dinâmica de prestação de serviços, que, por sua própria arquitetura, é capaz de gerar o aprofundamento da precarização das relações de trabalho, ao favorecer a exploração da mão de obra em condições incompatíveis com os patamares mínimos de proteção trabalhista. Diante disso, surgem novos desafios, cujas respostas devem ser perseguidas de forma constante, a fim de se obter a proteção adequada aos direitos de tais trabalhadores.

Considerando a baixa efetividade das tutelas prestadas por meio de ações individuais, até o momento, bem como a falta de interesse político na regulação do assunto, a organização coletiva dos trabalhadores de plataformas se mostra um caminho viável para a reivindicação de direitos. Nesse contexto, surge espaço ainda para atuação do MPT, tendo em vista os obstáculos encontrados para a constituição de sindicatos e associações dos trabalhadores de plataforma, por meio de sua vocação para atuar de forma coletiva em prol dos direitos dos trabalhadores.

Desse modo, revelou-se a imprescindibilidade da proteção dos direitos laborais dos trabalhadores das plataformas digitais por meio da tutela coletiva.

6. *Referências*

ANTUNES, Ricardo. *O privilégio da servidão:* o novo proletariado de serviços na era digital. São Paulo: Boitempo, 2020.

CARVALHO, Felipe S. E. de; PEREIRA, Súllivan dos Santos; SOBRINHO, Gabriela Sepúlveda. #BrequeDosApps e a organização coletiva dos entregadores por aplicativo no Brasil. *Revista Jurídica Trabalho e Desenvolvimento Humano*, Campinas, v. 3, p. 1-29, 2020.

COM pandemia, entregadores de app têm mais trabalho, menos renda e maior risco à saúde. *BBC Brasil,* 2020. Disponível em: < https://www.bbc.com/portuguese/brasil-53258465>. Acesso em: 3 ago. 2020.

CONGER, Kate. Uber and Lyft Get Reprieve After Threatening to Shut Down. *The New York Times*, 2020. Disponível em: <https://www.nytimes.com/2020/08/20/technology/uber-lyft-california-shutdown.html>. Acesso em: 31 ago. 2020.

DAS ACEVEDO, Deepa. Invisible bosses for invisible workers, or why the sharing economy is actually minimally disruptive. *University of Chicago Legal Forum*, v. 2017, art. 3. Disponível em: <https://chicagounbound.uchicago.edu/uclf/vol2017/iss1/3> Acesso em: 20 jul. 2020.

DAVIDOV, Guy. The status of uber drivers: a purposive approach. *Spanish Labour Law and Employment Relations Journal,* 2017. Disponível em <https://ssrn.com/abstract=2877134>. Acesso em: 10 ago. 2020.

DELGADO, Mauricio Godinho *Curso de direito do trabalho*. 16. ed. rev. e ampl. São Paulo: LTr, 2017.

ENGLERT, Sai; WOODCOCK, Jamie; CANT, Callum. Operaísmo Digital: tecnologia, plataformas e circulação das lutas dos trabalhadores. *Revista Fronteiras — Estudos Midiáticos*, São Leopoldo, v. 22. n. 1, p. 47-58, jan./abr. 2020. Tradução: Rafael Grohmann. Disponível em: <http://revistas.unisinos.br/index.php/fronteiras/article/view/fem.2020.221.05/60747738> Acesso em: 18 ago. 2020.

FELICIANO, Guilherme Guimarães. *Coronavírus e o meio ambiente do trabalho:* 'novo normal' no juslaboralismo. Disponível em: <https://www.conjur.com.br/2020-jun-01/feliciano-ebert-coronavirus-meio-ambiente-trabalho>. Acesso em: 2 jun. 2020.

KALIL, Renan Bernardi. Organização Coletiva dos Trabalhadores no Capitalismo de Plataforma. *Contracampo,* Niterói: v. 39, n. 2, ago./nov. 2020.

MACHADO, Sidnei. Representação coletiva dos trabalhadores em plataformas digitais. In: CARELLI, Rodrigo de Lacerda; CAVALCANTI Tiago Muniz; DA FONSECA, Vanessa Patriota (Org.). *Futuro do trabalho:* os efeitos da revolução digital na sociedade. Brasília: ESMPU, 2020.

MISKULIN, Ana Paula Silva Campos. Uber: da ficcção à realidade: considerações iniciais sobre a natureza de suas atividades e da relação jurídica que mantém com passageiros e motoristas. In: FELICIANO, Guilherme Guimarães; MISKULIN, Ana Paula Silva Campos (org.). *Infoproletários e a uberização do trabalho:* direito e justiça em um novo horizonte de possibilidades. São Paulo: LTr, 2019. v. 1.

PASQUALETO, Olívia de Quintana Figueiredo. *Retrato descritivo da jurisprudência sobre a intermediação do trabalho por aplicativos nos tribunais superiores brasileiros*. Direito Inovação Tecnologia — Escola Superior de Advocacia da Ordem dos Advogados do Brasil — Seção São Paulo, 2020. Disponível em: <http://ditec.esaoabsp.com/2020/06/15/retrato-descritivo-da-juris-

prudencia-sobre-a-intermediacao-do-trabalho-por--aplicativos-nos-tribunais-superiores-brasileiros/>. Acesso em: 3 ago. 2020.

NASCIMENTO, Amauri Mascaro. *Direito sindical.* São Paulo: Saraiva, 1989.

SANSOM, Anna. Bicycle couriers protest against takeaway food service Deliveroo. *France* 24, 2017. Disponível em: <https://www.france24.com/en/20170812-france-paris-protest-food-delivery-service--deliveroo-financial-insecurity-emmanuel-macron>. Acesso em 31 ago. 2020.

SANTOS, Enoque dos Ribeiro. *Negociação coletiva de trabalho.* Rio de Janeiro: Forense, 2018.

SANTOS, Ronaldo Lima dos. *Sindicatos e ações coletivas:* acesso à justiça, jurisdição coletiva e tutela dos interesses difusos, coletivos e individuais homogêneos. São Paulo: LTr, 2019.

SILVA, José Afonso da. *Comentário contextual à Constituição.* São Paulo: Malheiros, 2005.

SILVA, Otávio Pinto. A função do direito do trabalho no mundo atual. In: CORREIA. Marcus Orioni Gonçalves (Org.). *Curso de direito do trabalho.* São Paulo: LTr, 2007. v. 1. Teoria Geral do Direito do Trabalho.

POELL, Thomas; NIEBORG David; VAN DIJCK, José van. Plataformização. *Revista Fronteiras — Estudos Midiáticos*, São Leopoldo, v. 22. n. 1, p. 2-10, jan./abr. 2020. Tradução: Rafael Grohmann. Disponível em: <http://revistas.unisinos.br/index.php/fronteiras/article/view/fem.2020.221.01/60747734>. Acesso em: 18 ago. 2020.

Os Desafios Jurídicos e os Riscos do Transumanismo no Direito do Trabalho

Fábio Luis Santos Martins[1]
Cristina Moreira Pezzano Martins[2]

1. *Introdução*

O presente artigo tem como finalidade explorar as possíveis demandas e questões jurídicas a serem enfrentadas no futuro com o surgimento do transumanismo, sob a esfera da igualdade aplicada no direito do trabalho em relação aos demais trabalhadores.

O direito, juntamente com a bioética, irá enfrentar esse desafio de tentar prever e, quando for o momento, enfrentar questões inéditas como, por exemplo, a regulamentação do trabalhador transumano. As alterações no corpo humano já são realizadas há muito tempo, sendo cada vez mais precisas, modernas e ousadas.

Inclusive, existem pessoas que realizam modificações corporais extremas, alterando radicalmente sua imagem, com a colocação de próteses em locais diversos (como no rosto), piercings e tatuagens. A mexicana Maria José Cristema, também conhecida como "mulher vampiro", é uma tatuadora que entrou para o Guiness Book, sendo reconhecida como a mulher que realizou mais mudanças corporais das Américas. Entre as modificações, Maria colocou chifres de titânio na sua cabeça, modificando totalmente sua aparência.

Ocorre que, a era transumana não visa somente alterar o corpo humano para que ele melhore como ocorre com plásticas e engenharia genética, ou para que fique simplesmente diferente, mas, sim, visa alterá-lo de forma brusca, modificando sua essência, origem e formação.

O que antes era algo impensável visto somente nas telas de cinema, já está sendo estudado e colocado em prática para formação de uma nova era, a denominada era transumana, que tem como princípio a criação de super-humanos imortais, que não sofrerão com as mazelas do envelhecimento e, consequentemente, com o perecimento do corpo humano.

Tal movimento se baseia na ideia de que, como o corpo humano perece ao longo do tempo, a tecnologia irá auxiliar a substituir os órgãos e partes já defeituosas, além de melhorar sentidos e funções preexistentes no ser humano.

Com isso, o direito do trabalho precisa estar preparado para lidar com diversas questões novas que se apresentam com a inserção de transumanos no mercado de trabalho, como, a igualdade de tratamento e as garantias entre um ser humano comum e um transumano, que se autodenomina uma raça superior aos humanos.

Conforme entendimento do direito do trabalho, regulamentado pela Consolidação das Leis do Trabalho (CLT) no Brasil, diversos são os direitos e deveres do empregado e do empregador. Foi através da CLT que houve, por exemplo, a substancial regulação e sistematização da jornada de trabalho e dos direitos e deveres dos trabalhadores e empregadores.

Apresentada na forma do Decreto-lei n. 5.452, de 1º de maio de 1943, pelo então presidente do Brasil Getúlio Vargas, a CLT trouxe e traz em seu próprio nome seu objetivo primordial, qual seja, consolidação, que significa fortalecimento. No caso, o objetivo seria reunir todas as leis trabalhistas, fortalecendo a defesa dos direitos trabalhistas.

Assim sendo, a questão que se coloca é se o surgimento de uma era transumanista, inspirada em sua

---

(1) Doutorando em Ciências Jurídicas pela Universidade Autónoma de Lisboa. Mestrando em Ciências Jurídicas pela Universidade Autónoma de Lisboa. Pós-graduado em Direito Público e Direito Privado pela Universidade Estácio de Sá. Pós-graduado em Direito Civil pela Universidade Cândido Mendes. MBA em Regulação pela UNIBF Instituto Brasileiro de Formação e MBA em Gestão Pública pela UNIBF Instituto Brasileiro de Formação. Membro honorário do Instituto dos Advogados Brasileiros - IAB.

(2) Advogada Especialista em Compliance pelo Instituto Brasileiro de Compliance. Doutoranda em Ciências Jurídicas pela Universidade Autónoma de Lisboa. Mestranda em Ciências Jurídicas pela Universidade Autónoma de Lisboa. Pós-graduada em Direito Público pela Universidade Cândido Mendes.

pretensa superioridade sobre a raça humana, não iria de encontro ao sistema jurídico trabalhista tal qual concebido hodiernamente. Como por exemplo, no que toca a regulamentação acerca da carga horária de trabalho, prevista no art. 58 da CLT. Ou ainda, em relação ao descanso durante a jornada de trabalho, previsto na seção III da CLT. Estas, dentre outras garantias, são estabelecidas pelo legislador em favor do trabalhador por serem medidas necessárias para garantir sua integridade física, em respeito os limites do corpo humano.

Importante destacar que tais direitos levam em conta as limitações do corpo humano, por assim dizer, comum, e não do corpo transumano.

Porém, se o trabalhador é alterado tecnologicamente, justamente para ser um transumano e não se sujeitar à deterioração do corpo, poderá usufruir das mesmas garantias? Teria o transumano o mesmo direito ao descanso que um trabalhador ser humano? Outro ponto que merece destaque é a questão do empregador acabar optando por empregados transumanos, pela maior capacidade de resistência.

Até onde essa substituição poderia ser livremente suportada sem que houvesse uma crise no aumento do desemprego?

2. Do biodireito e da bioética

2.1. A Convenção de Oviedo e a preservação da Dignidade Humana face às aplicações da biologia e da medicina

Com o avanço dos anos e as novas descobertas tecnológicas, o biodireito e a bioética terão grandes desafios a enfrentar, dentre os quais se destaca a questão igualdade entre o ser humano e o transumano no direito do trabalho.

A bioética regulamenta os direitos e deveres éticos a serem seguidos, e o biodireito, por sua vez, é a materialização jurídica dessas garantias. Não se pode deixar de observar a aplicação dessas tecnologias mediante os olhos da ética, da ciência e, é claro, do direito, que através do biodireito visa tutelar agumas questões já existentes, dentre elas o entrave entre os bioconservadores, na linha de pensamento do filósofo Francis Fukuyama e os adeptos ao transumanismo.

Desde 1997, através da Convenção de Oviedo, o direito tenta regulamentar questões envolvendo Biomedicina. Tal Convenção teve como base para sua formação inúmeros tratados internacionais. Seu principal foco é a conservação dos direitos do homem e a preservação da aplicação eficaz da dignidade da pessoa humana em face da evolução tecnológica, à luz das aplicações da biologia e da medicina, na forma disposto no artigo 1° da referida convenção[(3)].

Com o passar do tempo, as pessoas tendem a se colocar cada vez mais à prova, tentando de todas as formas superar os seus limites e bater recordes. Com isso a tecnologia e a medicina estão sempre em constante desenvolvimento para poder acompanhar essa vontade do ser humano de se superar cada vez mais.

Se possível fosse que tais mudanças restringissem seus impactos à esfera unicamente privada do indivíduo, sem que isso tivesse relação com os demais, não traria grandes impactos, mas como o ser humano vive em comunidade, sempre se relacionando com outros, tal restrição não é possível, e, portanto, é inegável, em nossa sociedade de rede, o impacto coletivo de tais buscas.

Em que pese a igualdade entre os indivíduos ser garantia fundamental prevista na Constituição da República Federativa do Brasil de 1988[(4)], a concretização desta isonomia, muitas vezes, se mostra um grande desafio, pois segundo as lições de Ruy Barbosa, a igualdade é tratar desigualmente os desiguais na medida em que se desigualam[(5)].

2.2. O transumanismo e a busca de superação e abandono do *status* humano

Pioneiro da filosofia transumana, o biólogo Julian Huxley, no ensaio New Bottles for New Wines em 1957, conceituou o transumanismo como: "homem continuando homem, mas transcendendo, ao perceber novas possibilidades de e para sua natureza humana". Huxley acreditava que a manipulação bio-

(3) Artigo 1º Objecto e finalidade: As Partes na presente Convenção protegem o ser humano na sua dignidade e na sua identidade e garantem a toda a pessoa, sem discriminação, o respeito pela sua integridade e pelos seus outros direitos e liberdades fundamentais face às aplicações da biologia e da medicina.

(4) Art. 5º Todos são iguais perante a lei, sem distinção de qualquer natureza, garantindo-se aos brasileiros e aos estrangeiros residentes no País a inviolabilidade do direito à vida, à liberdade, à igualdade, à segurança e à propriedade.

(5) BARBOSA, Ruy. *Oração aos Moços*. Rio de Janeiro: Casa de Ruy Barbosa, 1999.

lógica em união aos movimentos de reforma seriam capazes de melhorar as condições dos trabalhadores.

A ideia transumanista é a criação de um novo ser, superior ao humano, não se tratando apenas de mera evolução, mas sim de verdadeira transformação tecnológica. Por este motivo, o seu símbolo é o H+, para demonstrar a condição de superioridade em relação aos seres humanos.

Essa ideologia busca, além da imortalidade, também a vida de forma sempre jovem, pois pretendem burlar o envelhecimento e suas consequências, através da substituição de órgão e de inovações e aprimoramento de sentidos e funções, sendo seu lema "Não limite seus desafios, desafie os seus limites".

Tal corrente ideológica conta inclusive com uma declaração transumana, contendo oito artigos, na qual afirmam que a via tecnológica é a mais nova forma de desenvolvimento do ser humano, que somente assim será possível transbordar os seus limites, sendo eles físicos ou mentais, a fim de transcender a *status* humano.

Ocorre, porém, que o ser humano é dotado de limites. E é justamente o reconhecimento da existência das limitações humanas do trabalhador o que enseja o direito do trabalho buscar normativamente garantir a integridade física e mental do trabalhador, por diversas disposições, dentre as quais a limitação da jornada de trabalho, o direito a férias, ao repouso, à alimentação, bem como o princípio da proteção do hipossuficiente, ou seja do trabalhador. Portanto, é a dignidade da natureza humana, de um ser humano dotado de limites, na qualidade de trabalhador, que permite o direito do trabalho garantir a integridade física e mental. Dessa forma, uma vez colocada em cheque a existência de limites e da própria natureza humana dos transumanos, parece estar de alguma forma também em cheque as próprias garantias trabalhistas destes pretensos "ex-humanos", transumanos.

O mundo corporativo é competitivo por natureza, sendo notório que diversas empresas e instituições visam a superação pessoal como forma de promoção. No entanto, como será essa competição entre funcionários, se entre eles houver um transumano, que foi alterado para poder superar os limites que o indivíduo comum não é capaz atingir? É evidente que a situação vai gerar mais desigualdade e exclusão. Seria legítima tal competição, devendo-se estender a ambos a mesma esfera de proteção, nos mesmos moldes, ou geraria uma injustiça? Diante desse cenário que se forma em decorrência das novidades transumanistas no uso da tecnologia, será possível garantir o devido respeito aos direitos fundamentais, notadamente à luz da isonomia?

3. *Da aplicação legítima e do uso abusivo das novas tecnologias*

Importante alertar que não se trata no presente capítulo de qualquer resistência reacionária ao progresso tecnológico.

A crítica é voltada para o uso desregrado das tecnologias, a ponto de influenciar na escolha dos desejos dos indivíduos pela busca de algo inalcançável, sendo diferente de buscar através da tecnologia a solução de problemas como, por exemplo, o uso das próteses, que são, genuinamente, a colocação de partes mecânicas em substituição de algum membro faltante ou defeituoso. Neste caso, o uso de uma prótese é de extrema importância para tratar a questão da reabilitação do indivíduo, que sofreu um acidente e teve a perda de uma parte do corpo, sendo uma situação distinta da anterior. Não importando em maiores questões seja para o ramo da bioética, quer para o do biodireito ou do direito do trabalho.

O que se pretende com o transumanismo é diferente do que já ocorre com o avanço da tecnologia. O legítimo avanço tecnológico, por exemplo, permitiu o desenvolvimento da criação de órgãos através de máquinas e impressões 3D, como é o caso do novo coração artificial desenvolvido na França, através da empresa Carmat. Esse coração, chamado de Aeson, imita o batimento cardíaco, possibilitando o bombeamento do sangue no corpo, sua capacidade de uso de forma ininterrupta é de 5 anos, devendo, após esse período, o paciente recarregar suas baterias.

Diversas tentativas de criação de órgãos artificiais já foram realizadas, mas essa promessa francesa é inovadora, pois seu material causa menos rejeição e demais complicações, visto que é utilizado material biológico, além dos materiais artificiais comuns, como o plástico e o metal. Outro diferencial apresentado nesse projeto inovador é a movimentação que o coração artificial cria, dando ao paciente a impressão de que seu coração está realmente batendo, o que acaba gerando um conforto maior pelo seu usuário.

É sabido que qualquer tipo de transplante é bem difícil de se concretizar com êxito, pois além de ter poucos doadores, as chances de rejeição são altas, por isso a utilização dessa técnica vai melhorar a qualidade de vida de muitos pacientes que se encontram na fila de espera. São inúmeros os benefícios, desde recuperar a capacidade se autodeterminar, até gozar uma sobrevida de alguns anos. Não se falando nesses casos, em se realizar tal intervenção na busca de passar do limite natural da finitude da vida de um ser humano. Trata-se de situações totalmente distintas.

Conforme visto acima, não se confunde a prótese, a utilização de partes do corpo impressos em 3D ou novas tecnologias utilizadas para reabilitação de pessoas com deficiência, com o uso desordenado da tecnologia com o objetivo de obter a pretensa imortalidade ou um maior desenvolvimento de uns em face da superação de outros.

Outro exemplo que demonstra essa diferença é o uso das córneas impressas, que são utilizadas para pessoas que perderam a visão e não podem realizar o transplante. O transplante de córneas naturais além de ter uma demanda muito alta e possuir poucos doadores, ainda é prejudicado pela fragilidade do tecido que a compõe, por isso a necessidade de buscar medidas alternativas à técnica já conhecida.

Cumpre esclarecer que tal uso das novas tecnologias é legítimo e recomendado, e não se classifica como transumanismo, pois o indivíduo não estaria buscando colocar uma visão além da humana, para superar e abandonar sua natureza, mas sim, apenas recuperando o sentido que perdera.

Essa pessoa, sendo um trabalhador que perdeu a sua visão, ao obter uma córnea que foi impressa mediante impressão 3D, não estaria em desigualdade em comparação com outro que não teve qualquer alteração na sua visão. O mesmo não se pode afirmar em relação aos transumanos que alteram sua visão com o implante de microchips, por exemplo.

O transumanismo, ao admitir e promover o processo de transformação irrestrito de toda natureza, incluindo a transformação da natureza humana, pela produção e consumo de novas tecnologias, retira o ser humano de sua então posição de senhor e centro da natureza, reduzindo-o a mero objeto da tecnologia, diminuindo seu valor e dignidade.

4. *O transumanismo e o risco ao sistema de proteção ao trabalhador*

Merece atenção a questão da regulamentação dos direitos e garantias do trabalhador em relação ao indivíduo e ao transumano, uma vez que o indivíduo tem necessidades e limitações, as quais os transumanos alegadamente podem sanar.

Mister se faz destacar que, com o uso de modernos recursos tecnológicos, as habilidades dos transumanos em relação às mesmas habilidades dos indivíduos comuns acabam sendo superiores. Vejamos alguns exemplos práticos: um trabalhador que tem como função alguma tarefa que utilize a visão, um pintor ou algo do gênero, a precisão da visão de uma pessoa é infinitamente mais limitada do que a visão de uma câmera. Também podemos citar como exemplo um funcionário administrativo que utilize dados, sendo que este terá a memória mais limitada que o transumano possuidor de um chip de armazenamento de dados, conseguindo acessar pelo computador.

Ainda mais grave é o caso daqueles candidatos que passam por processo seletivo de alguma empresa, em que os transumanos, com a ajuda da tecnologia, irão desempenhar um rendimento muito melhor do que um ser humano.

Enganam-se os que pensam que tais hipóteses são encontradas apenas na esfera futurística, pois atualmente há, por exemplo, o caso de um transumano que busca aumentar a capacidade dos seus sinais perceptivos e para tal instalou uma antena em sua cabeça, ligada ao seu cérebro. Este é um dos inúmeros exemplos que poderiam ser citados a fim de demonstrar que entre humanos e transumanos pode haver habilidades diferentes tanto quantitativa, quanto qualitativamente. Muitos casos começam a aparecer na vida real, o que muitos podem imaginar apenas existir nos cinemas em filmes como Venom, Elysium, Robocop, entre outros.

É notório que o mercado de trabalho está cada vez mais competitivo, e no futuro irá optar por trabalhadores que não estão tão sujeitos às mazelas da idade ou que tenham desempenhos superiores, gerando maior produtividade.

Assim sendo, em todo caso, o direito do trabalho deverá ocupar o papel de destaque nessa importante missão de equalizar estas e outras complexas questões, a fim de salvaguardar a observância de seus princípios basilares, notadamente o da igualdade entre os trabalhadores.

Importante salientar que, como dito, não se confunda a proposta transumana de busca de superação, abandono e repúdio à condição humana com a evolução natural humana, que ocorreria com o lento passar do tempo, totalmente diferente da evolução tecnológica e segregada, que é o caso do transumanismo.

É verdade que o tema transumanismo ainda não possui pensamento consolidado, por se tratar de algo novo, que não foi materializado substancialmente na realidade, ocorrendo ainda apenas certos casos isolados, mas merecem atenção, uma vez que, apesar de se tratar de uma realidade não tão recorrente em termos globais, sua proliferação é uma possibilidade já perseguida por alguns pretensos "futuros ex-humanos", os autointitulados transumanos.

Portanto, considerando que a discussão sobre o tema está longe de ser encerrada, o papel do direito do trabalho é de suma importância, visando garantir seus princípios regentes a todos, sendo seres humanos ou ditos transumanos, conforme será abordado a seguir.

Outro princípio muito importante do direito do trabalho, o princípio da proteção, que visa trazer ao trabalhador hipossuficiente uma compensação jurídica oriunda da desigualdade fática que este possui em sua relação com o empregador. Portanto, o direito laboral visa proteger e tutelar o trabalhador, parte hipossuficiente, ou seja, considerada a mais fraca da relação fático-jurídica.

Dada a existência de uma relação de desigualdade entre empregados e empregadores, é necessário que se traga equilíbrio na relação de ambos. Porém, quanto à condição de hipossuficiência, por exemplo, a questão que se coloca é se seria possível oferecer a mesma visão protetiva, na exata medida, e nos mesmos moldes, para o empregado humano e o transumano.

É indiscutível que o primeiro se encontra na condição de hipossuficiente, sendo, na linha dos tradicionais preceitos do direito trabalhista, a parte mais fraca da relação de emprego, necessitando de proteção, por exemplo, no que diz respeito às garantias de saúde, das mazelas que o trabalho pode causar e até quanto à própria resistência desse trabalhador. Ocorre que o mesmo não se pode dizer, com a mesma clareza, quanto ao trabalhador transumano, não podendo ser visto aprioristicamente da mesma forma.

O princípio da isonomia, previsto no art. 5º da Constituição, já citado, também está disposto no art. 461 da CLT, e estabelece que "sendo idêntica a função, a todo trabalho de igual valor, prestado a mesmo empregador, na mesma localidade, corresponderá igual salário, sem distinção de sexo, nacionalidade ou idade".

É indiscutível que o referido princípio merece observância quanto ao indivíduo humano comum, tanto que existe previsão na Constituição e na CLT. Porém, a título de exemplo, se na mesma empresa houver um empregado transumano, é razoável que se rediscuta a isonomia, considerando que o transumano exerceria melhor a função, abrindo uma oportunidade para se redimensionar o que poderia se considerar um trabalho de igual valor. Seria possível a diferenciação salarial em razão da diferença entre o humano e o transumano?

Seria o trabalho do transumano de maior valor, considerando que este possui habilidades melhoradas? Caso positivo, seria aberta uma lacuna para que se discuta sobre pagar um salário maior ao transumano? E, nesse caso, a isonomia restará violada?

O empregador poderia, ainda, substituir vários empregados humanos por apenas um transumano (dependendo da necessidade da empresa), por exemplo, reduzindo assim os custos com várias contratações?

E mais. Seria lícito condicionar a contratação apenas de transumanos, ou ainda, condicionar a contratação apenas de não transumanos?

Quanto à duração de trabalho, o art. 58 da CLT prevê que a duração normal do trabalho não excederá de oito horas, aos empregados de qualquer atividade privada. Será possível superar as já tão cantadas oito horas, desde de as greves de trabalhadores do século XIX na canção: *"Eigth hours to work; Eigth hours to play; Eigth hours to sleep; Eigth shillings a day"*, a fim de aumentar a jornada diária do trabalhador transumano?

Além da previsão de oito horas, o art. 71 da CLT, ressalta o descanso na jornada de trabalho, caso esta exceda a seis horas diárias, sendo obrigatório um intervalo para repouso ou alimentação, de, no mínimo uma hora. Restaria também afastada esta garantia da esfera de proteção dos trabalhadores transumanos?

E, ainda, considerado um direito ligado à saúde do trabalhador, o direito a férias possui previsão no art. 129 da CLT, e visa proporcionar descanso após um longo período de trabalho. A própria Bíblia, no livro de Gênesis, relata que Deus criou o mundo em seis dias, e no sétimo descansou[6], ou seja, a realidade é que todos precisam descansar após um certo período de trabalho, para repor suas energias.

Essas e outras disposições visam proteger a saúde do empregado. Estudos apontam que a alta carga de trabalho pode causar doenças crônicas, pois quanto maior a jornada, maiores são os riscos para a saúde. Os índices apontam mais chances de adquirir doenças cardíacas e câncer para aqueles que trabalham mais de 51 horas semanais, por exemplo.

Todos os referidos índices se aplicam ao ser humano, que sofre com o desgaste do corpo e mente. Porém, poder-se-ia aplicar o mesmo entendimento a um transumano, considerando que este como um ser transformado que além de alcançar a máxima potência do desenvolvimento humano, superou esta natureza e a transcendeu, abandonando-a, bem como não mais sendo sujeito a qualquer limitação.

Portanto, quanto ao trabalhador transumano, este direito teria de ser garantido? Teria este tal direito de se afastar de suas atividades laborais, considerando que alegadamente não sofre cansaço nem doença? Nos mesmos termos do trabalhador não transumano?

O fato de possuir mais resistência e de não ser atingido pelo cansaço como o ser humano, seria o suficiente para retirar ou reduzir o direito a férias do transumano?

Outra questão que se levanta é a de que o empregado transumano, considerando seu conceito e características, sendo mais resistente que o empregado ser humano, poderia ter suas habilidades livre e ilimitadamente exploradas pelo empregador, dispondo absolutamente de sua força de trabalho, alegadamente em benefício mútuo? O transumano jamais se cansaria de uma jornada de 51 horas semanais e não desenvolveria nenhuma doença crônica, por exemplo. Portanto, em razão de toda a ausência de limitação, ao fim e ao cabo, alguém poderia afirmar que, de certa forma, a relação laboral que envolta um trabalhador transumano não estaria submetida ao regime jurídico do direito do trabalho, inclusive em razão da ausência de hipossuficiência de um individuo que superou, transcendeu e abandonou a natureza humana e suas fraquezas.

Sendo assim, com o passar dos anos e com a inclusão dos transumanos no mercado de trabalho, o ser humano seria substituído, visto que este, além de todas as suas limitações, se encontra na condição de hipossuficiente. Parece indiscutível o fato de que será mais vantajoso para o empregador contratar um transumano do que um ser humano, especialmente se a este não se aplicarem as normas de proteção trabalhistas em face de seu empregador.

Com o desenvolvimento da tecnologia e o avanço acelerado da robotização, além de se buscar o crescimento da produtividade e a redução de custos, inúmeros estudos apontam a tendência de que muitos humanos já perderam e ainda perderão seus empregos para máquinas.

Portanto, não bastasse a questão da substituição dos homens pelas máquinas, que é uma realidade onde se estima que cerca de metade dos trabalhos já são exercidos por robôs, a humanidade enfrentaria outro problema, que seria sua substituição, novamente, mas dessa vez pelos transumanos.

O site "Will Robots Take My Job?", desenvolvido por Carl Benedikt Frey e Michael Osborne, da Universidade de Oxford, define em porcentagens, quais as chances para uma eventual substituição profissional. Por exemplo, os advogados dificilmente seriam substituídos por máquinas, sendo a hipótese para substituição de apenas 4%.

Apesar da substituição dos homens por máquinas, o objetivo deveria ser suprir as tarefas desgastantes aos homens, não devendo se considerar uma batalha entre homens e robôs.

Deve ser pontuado que, tanto em relação às máquinas quanto a possível existência de transumanos, somente a elaboração de uma grande discussão, em prol da coexistência harmônica entre trabalho, inovação e progresso sobre o uso de novas tecnologias, se poderá as evitar crises decorrentes de tais mudanças, principalmente em relação aos mais vulneráveis.

Para melhor ilustrar o perigo do transumanismo, pode-se dizer, em breve síntese, que tal ideologia une, sem dificuldade, duas famosas distopias: "Admirável Mundo Novo" e "1984". Pois, no mundo transumano, se, por um lado, não parece haver lugar para John, o Selvagem (quem não admite abrir mão da condição humana, com todas as suas tenções e limitações), por outro lado, parece que em muito se coaduna com a essência do sistema autoritário, qual seja, o desejo de regenerar ou evoluir o indivíduo humano, conforme o ideal do partido do Grande Irmão.

(6) Gênesis 2:3 Abençoou Deus o sétimo dia e o santificou, porque nele descansou de toda a obra que realizara na criação.

5. Conclusão

O transumanismo é duramente criticado pelo filósofo Francis Fukuyama, por acreditar se tratar de uma ideologia perigosa por fazer uso abusivo de intervenção tecnológica de forma a desumanizar o ser humano. O filósofo faz parte do grupo de bioconservadores, que defendem o ideal de que a sociedade não deve sofrer modificações radicais em sua espécie biológica de seres humanos.

A posição contrária ao movimento do transumanismo do filósofo é baseada nas consequências irreversíveis da raça humana, pois acredita que seus direitos e valores serão perdidos após a mudança.

Trata-se de um assunto extremamente delicado, sendo muito discutido e dividindo opiniões, uma vez que não se ignora que muitas dessas pesquisas sobre o transumanismo são financiadas por grandes corporações.

O que se discute é a que custo o movimento transumanista visa, através da modificação, ultrapassar os limites do ser humano (físico e biológico), a fim de se alcançar a pretensa imortalidade.

Partindo deste ponto, deveriam os direitos humanos abranger em sua esfera de proteção também os transumanos, uma vez que eles se diferem dos seres humanos, considerando-se seres superiores, diferentes dos seres humanos?

Outro ponto é a questão do potencial preconceito que os transumanos poderão sofrer, como a discriminação por serem diferentes dos seres humanos. Tudo isso poderá ser tutelado pelo direito, sendo um tema já abordado pelo II Congresso Internacional de Direitos Humanos realizado em Salamanca, na Espanha.

Observando a figura do transumanismo e sua filosofia, é possível perceber que a forma de utilização, ao invés de trazer benefícios ao ser humano, poderá trazer graves divisões, tendo em vista que a segregação das raças, por assim dizer, poderá ser bem severa, onde a raça superior (transumanos) iria se destacar da raça inferior (seres humanos), onde esta acabaria sucumbindo por não ser capaz ou por simplesmente não desejar fazer qualquer alteração. Ou, ao contrário, poderá haver uma resistência e perseguição em desfavor da nova raça por parte dos humanos mesmo. Sendo qualquer das hipóteses muito indesejada.

Certas técnicas são mascaradas pela legitimidade de melhoria de vida, mas não se sabe até quando a mudança genética e tecnológica terá efeitos colaterais futuros. Com isso, é necessário refletir sobre a que custo a referida evolução afetará a raça humana como um todo. A solução vislumbrada é voltar as atenções e cuidados, com vigilância e responsabilidade às diversas questões aqui levantadas no tocante ao emprego de novas tecnologias e seus impactos no direito do trabalho. Buscando, dessa forma, prever, identificar e sanar as demandas na medida de seus surgimentos.

As novas técnicas de melhoria de vida humana são uma realidade boa e esperada. Porém é preciso dispor de toda atenção e precaução possíveis para que tais inovações não subvertam o progresso da humanidade e criem divisões e disputas com o estabelecimento de alegadas raças. Deve-se valer de todos os meios hábeis, legítimos e éticos, a fim de se evitar, por meio do uso indevido da tecnologia, na linha de pensamento transumanista, o desenvolvimento divisões, por meio da criação de alegadas "novas raças" e "sub-raças".

No que toca, especificamente ao direito do trabalho, através da presente investigação foi possível concluir o perigo que o transumanismo oferece à própria existência do sistema de proteção do trabalhador, a partir da temerária relativização, superação e abandono da Dignidade Humana.

Neste cenário, destacam-se as seguintes questões, que surgiram ao longo desta investigação, do confronto entre a ideologia e cultura do transumanismo e o direito do trabalho, notadamente em relação ao princípio da igualdade, as quais convidamos à leitura e reflexão, a fim de melhor colaborar com essa empreitada.

Quanto ao princípio da proteção do trabalhador hipossuficiente seria possível oferecer a mesma visão protetiva, na exata medida, e nos mesmos moldes, para o empregado humano e o transumano?

Quanto ao princípio da isonomia salarial, seria possível a diferenciação salarial em razão da diferença entre o humano e o transumano?

Seria o trabalho do transumano de maior valor, considerando que este possui habilidades melhoradas? Caso positivo, seria aberta uma lacuna para que se discuta sobre pagar um salário maior ao transumano? E, nesse caso, a isonomia restará violada?

O empregador poderia, ainda, substituir vários empregados humanos por apenas um transumano (dependendo da necessidade da empresa), por exemplo, reduzindo assim os custos com várias contratações?

E mais. Seria lícito condicionar a contratação apenas de transumanos, ou ainda, condicionar a contratação apenas de não transumanos?

Quanto à duração de trabalho, será possível superar a garantia que prevê a duração normal do trabalho não excederá de oito horas, a fim de aumentar a jornada diária do trabalhador transumano?

Restaria também afastada a garantia de intervalo para repouso ou alimentação, em relação aos trabalhadores transumanos?

O trabalhador transumano, teria o direito de se afastar de suas atividades laborais, considerando que alegadamente não sofre cansaço nem doença? Nos mesmos termos do trabalhador não transumano?

O fato de possuir mais resistência e de não ser atingido pelo cansaço como o ser humano, seria o suficiente para retirar ou reduzir o direito a férias do transumano?

Outra questão que se levanta é a de que o empregado transumano, considerando seu conceito e características, sendo mais resistente que o empregado ser humano, poderia ter suas habilidades livre e ilimitadamente exploradas pelo empregador, dispondo absolutamente de sua força de trabalho, alegadamente em benefício mútuo?

Em razão de toda a ausência de limitação, ao fim e ao cabo, alguém poderia afirmar que, de certa forma, a relação laboral que envolve um trabalhador transumano não estaria submetida ao regime jurídico do direito do trabalho, inclusive em razão da ausência de hipossuficiência do individuo transumano, por ter superado, transcendido e abandonado a natureza humana e suas fraquezas.

Se o trabalhador é alterado tecnologicamente, justamente para ser um transumano e não se sujeitar à deterioração do corpo, poderá usufruir das mesmas garantias? Teria o transumano o mesmo direito ao descanso que um trabalhador ser humano? Outro ponto que merece destaque é a questão do empregador acabar optando por empregados transumanos, pela maior capacidade de resistência. Até onde essa substituição poderia ser livremente suportada sem que houvesse uma crise no aumento do desemprego?

Por todo exposto é de se concluir que incumbe a toda comunidade jurídica, incluindo notadamente os estudiosos do direito do trabalho, acompanhando de perto todas as mudanças, sem poupar esforços no sentido de equacionar os novos desafios trazidos pela inovação tecnológica, especialmente no que toca essa complicada ideologia transumanista e seus indesejáveis impactos no meio jurídico e social.

Finalmente, cumpre destacar que os juristas do trabalho têm a importante missão de equacionar inúmeras e complexas questões trazidas pela cultura transumanista, a fim de salvaguardar, mais do que a fiel aplicação de seus princípios basilares, notadamente o da igualdade entre os trabalhadores, mas a própria existência do sistema de proteção jurídico do trabalhador oriundo do direito do trabalho.

6. *Referências*

Schultz, Daniel; MATSUMOTO, Monica; JAYANTHI, Shridhar *et al. Impressão de córnea*: novas tecnologias podem recuperar a visão. Disponível em: <https://www.uol.com.br/tilt/colunas/para-onde-o-mundo-vai/2021/02/18/cada-vez-mais-complexas-novas-proteses-de-cornea-prometem-recuperar-visao.htm?cmpid=copiaecola>.

BARBOSA, Ruy. *Oração aos Moços*. Rio de Janeiro: Casa de Ruy Barbosa, 1999.

CANDEIAS, J. A. N. A engenharia genética. *Saúde Pública*, 25 (1), p. 3-10, 1991.

CASTILHO, Ricardo. *Direitos humanos*. 6. ed. São Paulo: Saraiva, 2019.

CHOI, D. J. *The ethics of genetic engineering*. 2014. Disponível em: <http://www.choibles.com/wp-content/uploads/2014/11/ER-24- Term-Paper.pdf>.

CONVENÇÃO para a Protecção dos Direitos do Homem e da Dignidade do Ser Humano face às Aplicações da Biologia e da Medicina. Adoptada e aberta à assinatura em Oviedo, a 4 de abril de 1997. Disponível em: <http://www.dhnet.org.br/direitos/sip/euro/principais instrumentos/16.htm>.

COSTA, Judith. Bioética e dignidade da pessoa humana: rumo à construção do Biodireito. In: *Estudos de direito da bioética.* Coimbra: Almedina, 2008. v. II.

DECLARAÇÃO Universal dos Direitos do Homem, proclamada pela Assembleia Geral das Nações Unidas em 10 de dezembro de 1948. Disponível em: <http://www.direitoshumanos.usp.br/index.php/Declara%C3%A7%C3%A3o-Universal-dos-Direitos-Humanos/declaracao-universal-dos-direitos-humanos.html>.

DELFIM, Marcio Rodrigo. *Noções básicas de bioética e biodireito.* Rio de Janeiro: Lumen Juris, 2017.

DINIZ, Maria Helena. *Curso de direito civil brasileiro* 24. ed. São Paulo: Saraiva, 2007. 1º v. teoria geral do direito civil.

DISCURSOS de professores em formação continuada acerca da relação entre a manipulação genética e a possibilidade de melhoramento em humanos. Disponível em: <http://www.scielo.br/scielo.php?script=sci_arttext&pid=S1516-73132016000300597>.

GRIFFITHS, A. J. F.; WESSLER, S. R.; LEWONTIN, R. C.; CARROLL, S. B. *Introdução à genética.* 9. ed. Rio de Janeiro: Guanabara Koogan, 2009.

INFORMAÇÃO e liberdade de expressão na internet e a violação de direitos fundamentais — Comentários em meios de comunicação *on-line. Textos do Colóquio na Procuradoria-Geral da República.* Disponível em: <https://www.ministeriopublico.pt/es/node/1701>.

LISTA REÚNE 'homem-lagarto', 'mulher-vampiro' e mais modificações radicais. Disponível em: <http://g1.globo.com/planeta-bizarro/noticia/2015/01/lista-reune-homem-lagarto-mulher-vampiro-e-mais-modificacoes-radicais.html>.

MAS AFINAL o que é o transumanismo? E quem são os transumanistas?. Disponível em: <http://www.jornalmapa.pt/2017/05/18/afinal-transumanismo-sao-os-transumanistas/>.

NAVES, Bruno Torquato de Oliveira; FIUZA. César; SÁ, Maria de Fatima Freire de (coord.). *Direito civil:* atualidades. Belo Horizonte: Del Rey, 2003.

ÓCULOS conectados ao cérebro fazem mulher voltar a enxergar após 16 anos. Disponível em: <https://www.uol.com.br/tilt/noticias/redacao/2020/02/11/implante- cerebral-faz-mulher-cega-voltar-a-enxergar-apos-16-anos.htm>.

RAPOSO, Mário, Bioética e biodireito. *Revista do Ministério Público,* ano 12, n. 45.

ROBÔS: mais de 800 milhões de trabalhadores serão substituídos em 20 anos com busca pela produtividade e redução de custos, mais de 800 milhões de trabalhadores serão substituídos por robôs em duas décadas, segundo estudo da consultoria McKinsey. Disponível em: <https://www.correiobraziliense.com.br/app/noticia/economia/2019/01/10/internas_economia,729968/robos-mais-de-800-milhoes-de-trabalhadores- serao-substituidos-em-20-a.shtml>.

SERRÃO, Daniel, Bioética. Perspectiva médica. *Revista da OA,* a. 51, n. 2, p. 419 jul. 1991.

SOARES, André Marcelo M.; PINEIRO, Walter Esteves. *Bioética e biodireito:* uma Introdução. 2. ed. São Paulo: Centro Universitário São Camilo — Loyola, 2006.

TECNOLOGIA ajuda nos direitos humanos, mas é preciso cuidado. Secretário-geral da Amnistia Internacional deixa aviso durante o Web Summit. Disponível em: <http://www.record.pt/fora-de-campo/detalhe/tecnologia-ajuda-nos- direitos-humanos-mas-e-preciso-cuidado.html>.

______ . Escritório de Direitos Humanos da ONU anuncia parceria pioneira com a Microsoft. Disponível em: <https://news.microsoft.com/pt-br/tecnologia-para-os- direitos-humanos-escritorio-de-direitos-humanos-da-onu-anuncia-parceria-pioneira-com-a-microsoft/>.

TRANSUMANISMO e pós-humanismo — descodificação política de uma problemática contemporânea. Disponível em: <https://estudogeral.sib.uc.pt/bitstream/10316/80671/1/Transumanismo% 20e%20pos%20humanismo.pdf>.

TRANSUMANIST Declaration. Disponível em: <https://humanityplus.org/philosophy/transumanist-declaration/>.

WILL Robots Take My Job? Disponível em: <https://willrobotstakemyjob.com/>.

Os Impactos Econômicos e Sociais do Contrato Intermitente na Previdência Social

Cristiane Miziara Mussi[(1)]
Carlos Vinicius Ribeiro Ferreira[(2)]

1. Introdução

Por contrato intermitente deve-se entender aquele em que de um lado há a figura do empregado, de outro do empregador, mas com regras mais brandas e flexíveis daquelas utilizadas nos contratos de emprego tradicionais, possibilitando que o empregador remunere o empregado apenas pelos dias e horas trabalhados, podendo o valor da remuneração ser, inclusive, inferior ao do salário mínimo ou do piso da categoria.

Com previsão na Consolidação das Leis do Trabalho (art. 452-A), o contrato intermitente foi introduzido no ordenamento jurídico brasileiro pela denominada Reforma Trabalhista (Lei n. 13.467/2017) sob o argumento de que representa meio moderno e adequado de formação e estímulo a novos vínculos de emprego.

Observe-se que, por ser relativamente recente (Lei n. 13.467, com vigência a partir de 11/11/2017), a utilização desse contrato ainda traz uma série de questões sociais e econômicas no mercado de trabalho brasileiro, sendo delimitado o estudo às discussões no âmbito previdenciário.

Com a possibilidade de se auferir renda inferior ao salário mínimo nessa modalidade contratual, questiona-se: 1) Nos meses em que a remuneração percebida for inferior ao salário mínimo mensal, devido à jornada reduzida, como deverá ser observado o recolhimento previdenciário? 2) É possível ou se refere a um dever a complementação desse recolhimento? E quem seria o responsável pela complementação: empregado ou empregador?

Diante dos questionamentos surgidos, a EC n. 103/2019 trouxe artigos expressos em seu texto relativos ao contrato intermitente, estabelecendo a necessidade de complementação do valor pelo segurado até o valor mínimo mensal para a previdência social, para que possa ter aquele tempo de contribuição e de carência computados para a obtenção de benefício previdenciário. Mas será que esse trabalhador conseguirá se aposentar? Será que ele terá conhecimento da necessidade de complementação da contribuição mensal quando inferior ao salário mínimo? E como complementar contribuição previdenciária sobre o valor de renda que efetivamente nem existiu?

Desenha-se, assim, um cenário feliz ao empregador, que passa a deter todo o controle da jornada à qual o empregado será submetido nessa formatação de vínculo. No entanto, para o empregado, a realidade dessa modalidade de contrato parece não ser adequada, mormente após as alterações trazidas pela Reforma da Previdência (EC n. 103/2019).

Para tanto, o estudo foi desenvolvido por meio do método hipotético-dedutivo, com utilização privilegiada da legislação, sem se abster do aproveitamento da doutrina. Trata-se de pesquisa descritiva do contrato de trabalho intermitente, aventando um problema prospectivo.

---

(1) Doutorado em Direito Previdenciário pela Pontifícia Universidade Católica de São Paulo (2007) e mestrado em Direito das Relações Sociais pela Pontifícia Universidade Católica de São Paulo (2004). Especialista em Direito do Consumidor pelo Centro Universitário de Rio Preto — UNIRP (2002). Professora Associada II na Universidade Federal Rural do Rio de Janeiro — UFRRJ, em Nova Iguaçu. Líder do Grupo de Pesquisa DIALOGOS certificado pela UFRRJ. Chefe do DCJUR — Departamento de Ciências Jurídicas da UFRRJ — IM — Nova Iguaçu. Integrante como membro fundadora da Academia Brasileira de Direito da Seguridade Social — ABDSS, como coordenadora científica, ocupando a cadeira de número 8. Parecerista. Autora de obras jurídicas.

(2) Bacharel em Direito pela Universidade Federal Rural do Rio de Janeiro, Campus Nova Iguaçu. Mestrando em Direito pelo Programa de Pós-Graduação em Direito da Universidade do Estado do Rio de Janeiro (PPGD/UERJ), na Linha de Pesquisa de Direito do Trabalho e Previdenciário. Integra o Grupo de Pesquisa DIALOGOS, certificado pela UFRRJ, na linha Direito da Seguridade Social Brasileiro.

2. *Contrato de trabalho*

Nas palavras de Mauricio Godinho Delgado (2019, p. 612), contrato é o "acordo tácito ou expresso mediante o qual ajustam as partes pactuantes direitos e obrigações recíprocas". O autor, em um exercício de resgate histórico, aponta que o contrato foi utilizado como forma de manifestação da liberdade e vontade do particular, mas que, inclusive no âmbito da origem do Direito do Trabalho, há um caráter falacioso e quimérico da referida equação no que se refere ao efetivo exercício da liberdade e vontade.

Como exemplo, destaca-se o afirmado por Bernard Edelman (2016, p. 48), ao afirmar que o contrato de trabalho reproduzia a empresa, ao permitir a extração de mais-valor pela venda do trabalho — tal qual o direito sanciona quem vende uma mercadoria falsificada, também sanciona o trabalhador que vende um mau trabalho. Tal citação deve-se, em grande parte, ao fato de a legislação protetora do trabalho surgir a reboque dos fatos, em regra.

Tanto é assim que Karl Marx *apud* Palomeque Lopez (2001, p. 30) em sua obra, O Capital, afirmou que a legislação sobre o trabalho era "encaminhada desde o primeiro momento à exploração do operário e sua inimiga desde o primeiro ao último momento". Nesse sentido, insta citar o que evidencia Manuel-Carlos Palomeque Lopez (2001, p. 30-31), segundo o qual a legislação operária responde, inicialmente, a uma solução defensiva do Estado burguês para conter o conflito social em conformidade com a permanência do sistema estabelecido, passando-se, com o tempo, a converter-se num pilar para o bem-estar das classes trabalhadoras.

Feito este breve apontamento epistemológico, em respeito ao rico histórico do direito do trabalho, que é uma "categoria de impossível apreensão sem o conhecimento cabal do seu passado" (LOPEZ, 2001, p. 31), impende tratar do contrato de trabalho no direito pátrio.

Nos termos do art. 442, da Consolidação das Leis do Trabalho, contrato individual de trabalho é o acordo tácito ou expresso, correspondente à relação de emprego.

Delgado (2019, p. 614) aponta três problemas técnicos no texto em questão: o texto não esclarece quais são os elementos integrantes do contrato empregatício; faz uma relação errônea de termos, já que o contrato não é a relação de emprego, mas a propicia; e cria um ciclo vicioso de afirmações. Cumpre ressaltar, porém, que as críticas doutrinárias não serão objeto de análise no presente estudo, tendo em vista não integrarem o campo do contrato intermitente. Desta forma, passar-se-á a destrinchar a morfologia do contrato de trabalho.

Preliminarmente, porém, ao referido assunto, insta salientar que antes mesmo de analisar a validade do contrato, devem ser analisados os elementos denunciadores de relação empregatícia: prestação de trabalho por pessoa física a outrem, com pessoalidade, não eventualidade, onerosidade e sob subordinação (DELGADO, 2001).

Ao tratar da morfologia do contrato de trabalho, será utilizada a divisão adotada por Mauricio Godinho Delgado (2019, p. 620), descrevendo-se os elementos essenciais, naturais e acidentais do contrato. No caso dos primeiros, sua ausência compromete a existência ou validade do contrato; em se tratando dos segundos, são quase inevitáveis; já os terceiros são classificados pelo autor como circunstanciais.

Os elementos essenciais (ou jurídicos-formais) são os enunciados pelo art. 104, I ao III, do Código Civil: capacidade das partes; objeto lícito, possível, determinado ou determinável; forma prescrita ou não vedada por lei. Segundo Delgado (2019, p. 622), "capacidade trabalhista é a aptidão reconhecida pelo Direito do Trabalho para o exercício de atos da vida laborativa". De igual forma, se o objeto for ilícito, o que se concretiza não é trabalho, mas uma atividade. Por fim, pode ser firmado de forma tácita, mas seu conteúdo não pode ser livremente estipulado pelas partes.

Em se tratando dos elementos naturais dos contratos, tem-se o exemplo da cláusula concernente à fixação da jornada de trabalho. São poucas as exceções quanto à precisão da jornada de trabalho. Uma delas, conforme se observará neste estudo, é a do contrato de trabalho intermitente. Por fim, no campo dos elementos circunstanciais, tem-se o termo e a condição, sendo o termo um prazo certo para a sua duração e a condição uma exceção incomum (DELGADO, 2019, p. 631).

O contrato de emprego é formado quando de um lado se tem um empregado[3], de outro o empre-

(3) Art. 3º da CLT, "considera-se empregado toda pessoa física que prestar serviços de natureza não eventual a empregador, sob a dependência deste e mediante salário".

gador[4] e a prestação do serviço pelo empregado, com o consequente pagamento de remuneração pelos serviços prestados por este pelo empregador.

A relação jurídica de emprego é, portanto, de natureza contratual, pressupondo a existência dos elementos caracterizadores da mesma: subordinação, remuneração, pessoalidade e continuidade.

O direito pátrio reconhece uma série de contratos de trabalhos que, se explorados, ocupariam uma obra inteira, de forma que foram escolhidos alguns, relacionados ao contrato de trabalho intermitente, para serem analisados.

2.1. Contrato de trabalho em regime de tempo parcial, trabalho temporário e contrato por tempo determinado

O contrato de trabalho em regime de tempo parcial foi regulamentado pela primeira vez pela Medida Provisória n. 1.709, de 06/08/1998, sendo o texto reeditado sucessivas vezes posteriormente. Nos termos do artigo 58-A pré-Reforma Trabalhista, considerava-se trabalho em regime de tempo parcial aquele cuja duração não viesse a exceder 25 (vinte e cinco) horas semanais.

Sendo um contrato específico, possuía algumas regras características, como a proporcionalidade salarial, o sistema de férias anuais remuneradas e a vedação dirigida à extrapolação da jornada laborativa pactuada. Em se tratando da primeira, por exemplo, a redação do art. 58-A, § 1º, afirma que "O salário a ser pago aos empregados sob o regime de tempo parcial será proporcional à sua jornada, em relação aos empregados que cumprem, nas mesmas funções, tempo integral".

A Lei n. 13.467/2017 alterou significativamente as regras do contrato de trabalho em regime de tempo parcial. Em sua definição, majorou o tempo máximo de jornada para 30 horas e impediu a possibilidade de horas suplementares semanais; outrossim, para aquele cuja duração não excedesse vinte e seis horas semanais, haveria a possibilidade de acréscimo de até seis horas suplementares semanais.

Mauriio Godinho Delgado (2019, p. 1112) afirma que o legislador acertadamente eliminou a tabela especial de férias do trabalho em regime de tempo parcial, constante anteriormente no art. 130-A da CLT, revogada nos termos do art. 5º, I, "*e*", da Lei n. 13.467/2017, passando a ser aplicada ao referido trabalhador o padrão constante no art. 130 da CLT, nos termos do art. 58-A, § 7º, da CLT.

No que se refere ao trabalho temporário, Mauricio Godinho Delgado (2019, p. 577) afirma que a Lei n. 6.019/1974, não apenas gerou um modesto rol de direitos para os trabalhadores temporários, mas sufragou a terceirização. Nos termos do texto original do art. 2º da referida Lei, trabalho temporário é "aquele prestado por pessoa física a uma empresa, para atender à necessidade transitória de substituição de seu pessoal regular e permanente ou a acréscimo extraordinário de serviços".

A despeito da nova redação, apresenta-se a definição apresentada por Delgado (2019, p. 578) sobre trabalhador temporário, sendo, *in verbis*,

> aquele que, juridicamente vinculado a uma empresa de trabalho temporário, de quem recebe suas parcelas contratuais, presta serviços a outra empresa, para atender a necessidade transitória de substituição do pessoal regular e permanente ou a acréscimo extraordinário dos serviços da empresa tomadora.

Quanto à pactuação, esta deve se tratar de atender à necessidade de substituição transitória de pessoal permanente ou à demanda complementar de serviços, nos termos do que dispõe o art. 2º da Lei n. 6.019/1973.

Dentro da proposta do referido artigo, resta delimitar o contrato por tempo determinado. Esta modalidade de contrato possui suas três hipóteses de pactuação previstas na CLT, especificamente no art. 443, § 2º. Mauricio Godinho Delgado (2019, p. 653-654) classifica ainda uma quarta e quinta hipóteses de pactuação: os contratos de duração prefixada tipificados por legislação extravagante à CLT, como nos contratos de artista profissional; e os contratos provisórios.

Em se tratando dos serviços cuja natureza ou transitoriedade justifique a predeterminação do prazo — primeira hipótese do art. 443, § 2º — tem-se que são as mesmas hipóteses em que se autoriza a contratação de um trabalhador temporário, como, por exemplo, para substituir um empregado perma-

(4) Art. 2º da CLT, onde: "considera-se empregador a empresa, individual ou coletiva, que, assumindo os riscos da atividade econômica, admite, assalaria e dirige a prestação pessoal de serviço".

nente, em gozo de férias ou licença previdenciária (DELGADO, 2019, p. 654).

Quanto às atividades empresariais de caráter transitório, segunda hipótese, trata-se, por exemplo, conforme narra Mauricio Delgado (2019, p. 655), de feiras industriais, comerciais ou agropecuárias, atividades circenses ou vendas de fogos de artifícios em período junino. A terceira e última hipótese prevista no referido artigo, por sua vez, é a do contrato de experiência.

Com a reforma trabalhista, foi acrescentada uma nova modalidade de contrato de emprego: contrato intermitente, como se analisará no tópico a seguir.

2.2. Conceito de contrato intermitente e a reforma trabalhista

O contrato de trabalho intermitente foi introduzido na CLT por meio da criação do art. 452-A e da alteração do art. 443. A Lei n. 13.467, de 2017, incluiu o conceito de contrato intermitente no art. 443, § 3º da CLT, nos seguintes termos: "Considera-se como intermitente o contrato de trabalho no qual a prestação de serviços, com subordinação, não é contínua, ocorrendo com alternância de períodos de prestação de serviços e de inatividade, determinados em horas, dias ou meses, independentemente do tipo de atividade do empregado e do empregador, exceto para os aeronautas, regidos por legislação própria".

Importa ressaltar que, após a última Reforma Trabalhista, foi feita outra tentativa de alteração nos dispositivos concernentes ao contrato de trabalho intermitente.

Segundo Vólia Bomfim Cassar (2017, p. 45), se aplica aos serviços "descontínuos, transitórios, com alternância de períodos de trabalho e de inatividade".

O art. 452-A trouxe as exigências legais para a utilização desse tipo de contratação:

> Art. 452-A, CLT. O contrato de trabalho intermitente deve ser celebrado por escrito e deve conter especificamente o valor da hora de trabalho, que não pode ser inferior ao valor horário do salário mínimo ou àquele devido aos demais empregados do estabelecimento que exerçam a mesma função em contrato intermitente ou não.
>
> § 1º O empregador convocará, por qualquer meio de comunicação eficaz, para a prestação de serviços, informando qual será a jornada, com, pelo menos, três dias corridos de antecedência.
>
> § 2º Recebida a convocação, o empregado terá o prazo de um dia útil para responder ao chamado, presumindo-se, no silêncio, a recusa.
>
> § 3º A recusa da oferta não descaracteriza a subordinação para fins do contrato de trabalho intermitente.
>
> § 4º Aceita a oferta para o comparecimento ao trabalho, a parte que descumprir, sem justo motivo, pagará à outra parte, no prazo de trinta dias, multa de 50% (cinquenta por cento) da remuneração que seria devida, permitida a compensação em igual prazo.
>
> § 5º O período de inatividade não será considerado tempo à disposição do empregador, podendo o trabalhador prestar serviços a outros contratantes.
>
> [...]

Nesta caracterização, contrato intermitente é aquele no qual o empregado fica à disposição do empregador, sendo acionado para o trabalho contratado apenas quando necessário ao empregador. Há, por certo, uma descontinuidade executiva na prestação dos serviços, embora haja relação de emprego, com todos os seus consectários legais.

Tal descontinuidade propicia flexibilidade no contrato de trabalho, tendo como uma de suas consequências a possibilidade de o empregado receber salário inferior ao mínimo legal, já que sua remuneração será de acordo com a necessidade da sua força de trabalho.

Nesta espécie de trabalho, não existe dia e nem horário de trabalho previamente fixados, vez que há uma maleabilidade da maneira tradicional de contrato de emprego, o que proporciona ao empregador facilidade na contratação, redução de custos e maior ingerência na gestão da mão de obra.

Prevê, por certo, a possibilidade de períodos de atividade e de inatividade do empregado, que, em contrapartida, somente receberá remuneração pelo período de efetiva prestação de serviço.

Nessa delimitação, o período de inatividade não será considerado tempo à disposição do empregador, não computando para fins remuneratórios. Caso haja remuneração pelo tempo à disposição do empregador, essa modalidade contratual restará descaracterizada, entendendo-se pela existência do modelo contratual clássico de emprego. Algumas exigências foram postas, como a necessidade de o mesmo se dar por escrito, não tendo validade sua forma verbal.

Nos termos do art. 452-A, a forma é uma exigência do contrato intermitente. Nesse sentido, se o empregado for contratado de forma tácita ou verbal, seu tempo será regido conforme o art. 4º da CLT (CASSAR, 2017, p. 46). Isso quer significar que será um contrato na modalidade padrão: prazo indeterminado, com habitualidade, subordinação, pessoalidade e carga horária plena.

Ademais, o valor do salário-hora deve ser previamente estabelecido e deve ter como base o salário mínimo ou ao daqueles que exercem a mesma função. Em que pese à necessidade de se ter como base o valor do salário mínimo, não existe no contrato intermitente a determinação legal de um número de horas mínimas mensais para este contrato de emprego, podendo o valor mensal de o empregado ficar bem aquém do referido mínimo legal.

Com relação ao número máximo de horas, o legislador se manteve silente. Diante disso, há que se entender que deverá ser estabelecida a regra do art. 7º, XIII, Constituição Federal de 1988, que limita a jornada semanal a 44 horas.

Para que o serviço seja executado, basta que o empregador convoque o empregado, por qualquer meio de comunicação eficaz, para a prestação de serviço, notificando da jornada, com antecedência mínima de 3 (três) dias corridos, nos termos do que dispõe o art. 452-A, § 1º, da CLT. Após a convocação, o empregado tem 1 (um) dia útil para responder, significando o seu silêncio como recusa, nos termos do § 2º.

Em caso de aceita a oferta de comparecimento ao trabalho e posteriormente descumprida, a parte que o fizer deverá proceder ao pagamento de multa de 50%, sendo cabível a compensação. Com relação à eventual multa devida pelo empregado que aceitou o trabalho e não compareceu sem motivo justificado, restará saber o que seria "justo motivo" para a ausência, já que a lei foi omissa nessa definição.

O § 5º prevê ainda que o período de inatividade não será considerado tempo à disposição do empregador, podendo o trabalhador prestar serviços a outros contratantes.

Portanto, nos termos do art. 452-A, § 5º da CLT o trabalhador contratado sobre a modalidade de contrato intermitente pode prestar serviços para outros empregadores, independentemente da modalidade de contrato e de ser ou não a mesma atividade econômica.

Nos termos do § 6º do art. 452-A:

> Art. 452-A.
>
> [...]
>
> § 6º Ao final de cada período de prestação de serviço, o empregado receberá o pagamento imediato das seguintes parcelas:
>
> I — remuneração;
>
> II — férias proporcionais com acréscimo de um terço;
>
> III — décimo terceiro salário proporcional;
>
> IV — repouso semanal remunerado; e
>
> V — adicionais legais.

No que se refere ao § 6º, Vólia Bomfim (2017, p. 46) destaca que o referido parágrafo afirma que, ao final de cada período de prestação de serviço, o empregado receberá o pagamento imediato de determinadas parcelas. Entretanto, não pode o empregado receber seu pagamento em período superior ao mensal, o que representaria uma afronta ao art. 459, da CLT, e de certo haverá prestação de serviços que durarão mais de 1 (um) mês.

Ao comentar o rol do § 6º do art. 452-A da CLT, Delgado (2017, p. 157) afirma que

> [...] é, porém, meramente exemplificativo. Outras parcelas podem incidir em benefício desse trabalhador institucionalmente precarizado. Ilustrativamente, sendo noturno o trabalho prestado, caberá se respeitar a hora ficta e se realizar o pagamento da hora noturna (art. 7º, IX, CF; art. 73, caput e § 1º, CLT). Da mesma maneira, se o tipo de trabalho ou circunstância laborativa ensejar a incidência de qualquer outra regra jurídica ou dispositivo conexo, será devida a respectiva parcela (adicional de insalubridade; adicional de periculosidade; etc.). Evidentemente que também o Vale Transporte é devido a esse trabalhador, relativamente a todos os dias em que for convocado para o trabalho, haja ou não trabalho efetivo (art. 1º da Lei n. 7.418/1985, conforme redação promovida pela Lei n. 7619/87). (DELGADO, 2017, p.157).

Há, ainda, outro questionamento. O art. 452-A, § 9º, estatui que a cada doze meses, o empregado adquire direito a usufruir, nos doze meses subsequentes, um mês de férias, período no qual não poderá ser convocado para prestar serviços pelo mesmo empregador. Nesse sentido, Vólia Bomfim (2017, p. 47) questiona o fato de um empregado que em um mês trabalha 3 dias e, noutro mês, 5 dias, isto é, menos de 14 dias em cada mês e em meses intercalados ou descontínuos. Como se procederá a contagem, por data de aniversário da vigência do contrato ou da soma dos dias trabalhados até somar 365 dias?

Para tentar esclarecer alguns questionamentos, a Portaria MTB n. 349, de 23/05/2018, estabeleceu regras voltadas à execução da Lei n. 13.467, de 13 de julho de 2017, no âmbito das competências normativas do Ministério do Trabalho, definiu em seu artigo 2º que:

> Art. 2º O contrato de trabalho intermitente será celebrado por escrito e registrado na Carteira de Trabalho e Previdência Social, ainda que previsto em acordo coletivo de trabalho ou convenção coletiva, e conterá:
>
> I — identificação, assinatura e domicílio ou sede das partes;
>
> II — valor da hora ou do dia de trabalho, que não poderá ser inferior ao valor horário ou diário do salário mínimo, nem inferior àquele devido aos demais empregados do estabelecimento que exerçam a mesma função, assegurada a remuneração do trabalho noturno superior à do diurno;
>
> III — o local e o prazo para o pagamento da remuneração.
>
> § 1º O empregado, mediante prévio acordo com o empregador, poderá usufruir suas férias em até três períodos, nos termos dos §§ 1º e 3º do art. 134 da Consolidação das Leis do Trabalho.
>
> § 2º Na hipótese de o período de convocação exceder um mês, o pagamento das parcelas a que se referem o § 6º do art. 452-A da Consolidação das Leis do Trabalho não poderá ser estipulado por período superior a um mês, devendo ser pagas até o quinto dia útil do mês seguinte ao trabalhado, de acordo com o previsto no § 1º do art. 459 da CLT.
>
> § 3º Dadas as características especiais do contrato de trabalho intermitente, não constitui descumprimento do inciso II do caput ou discriminação salarial pagar ao trabalhador intermitente remuneração horária ou diária superior à paga aos demais trabalhadores da empresa contratados a prazo indeterminado.
>
> § 4º Constatada a prestação dos serviços pelo empregado, estarão satisfeitos os prazos previstos nos §§ 1º e 2º do art. 452-A da Consolidação das Leis do Trabalho.

Como se verifica, a inserção do contrato intermitente no direito do trabalho trouxe consigo uma série de questões doutrinárias abarcadas. Trouxe, também, questões previdenciárias de extrema importância aos trabalhadores contratados sob essa modalidade de emprego, conforme se observará nos próximos tópicos.

3. *A utilização do contrato intermitente no mercado de trabalho brasileiro*

Como se pode constatar das características já apresentadas do contrato de trabalho intermitente neste estudo, referido contrato instituído pela Reforma Trabalhista (Lei n. 13.467/17) surgiu como opção menos onerosa aos empregadores, sendo apresentado à sociedade como medida de redução do desemprego e solução de trabalho ao empregador que precisa de um número maior de trabalhadores em determinados horários e dias da semana.

Conforme já se delimitou nesse estudo, por esta modalidade contratual, o trabalhador é chamado a desenvolver atividade laboral apenas quando necessário ao empregador, o que acarreta uma precarização do emprego e de uma oscilação salarial grande, podendo a remuneração do empregado não atingir o valor do salário mínimo mensal.

Há uma prestação de serviços não contínuos, embora exista relação de emprego entre as partes. Ao empregado é permitido prestar serviços a vários empregadores sob essa modalidade, de forma concomitante, sem qualquer prejuízo a esta espécie de contratação.

Se de um lado representou novidade muito bem recepcionada pelos empregadores, de outro trouxe uma série de incertezas aos trabalhadores brasileiros, que deixam de dispor nessa modalidade contratual da garantia de salário mínimo mensal, bem como do número mínimo de horas trabalhadas no dia, na semana ou no mês. Para agravar essa situação, houve a geração de outra problemática na seara previdenciária, já que não havendo remuneração mensal sobre o piso da previdência correspondente ao valor do salário mínimo, esse trabalhador se enquadra como segurado da previdência social e consequentemente poderá se aposentar ou receber qualquer outro benefício do Regime Geral de Previdência Social Brasileiro?

Em virtude da problemática apresentada com a utilização dessa forma de contratação trazida pela Reforma Trabalhista em 2017, a Segunda Jornada de Direito Material e Processual do Trabalho aprovou o Enunciado n. 73, definindo ser *"inconstitucional o regime de trabalho intermitente previsto na CLT, por violação do art. 7º, I e VII da Constituição da República e por afrontar o direito fundamental do trabalhador aos limites de duração do trabalho, ao décimo terceiro salário e às férias remuneradas"*.

Em verdade, de acordo com o já mencionado art. 452-A, *caput*, incluído pela Lei n. 13.467, de 2017, o contrato de trabalho intermitente deve ser celebrado por escrito e deve conter especificamente o valor da hora de trabalho, que não pode ser inferior ao valor horário do salário mínimo ou àquele devido aos demais empregados do estabelecimento que exerçam a mesma função em contrato intermitente ou não. No entanto, o salário mínimo é tido como base para fins de quantificação do valor da hora do trabalhador e não como valor mínimo garantido. O empregado contratado nestes termos pode ser chamado a trabalhar por poucas horas no mês e ter um salário bem inferior ao salário mínimo mensal.

Nos termos do art. 452-A, §§ 6º e 8º da CLT, a cada mês devem ser pagos o décimo terceiro salário e as férias proporcionais (de acordo com o art. 452-A, §§ 6º e 8º da CLT), havendo, por certo, contribuição previdenciária referente ao período de trabalho.

Sendo a contribuição mensal inferior ao salário mínimo, gerará impactos cruciais na vida do trabalhador.

Ocorre que a legislação brasileira, ao definir essa modalidade de contrato na Reforma Trabalhista (Lei n. 13.467/2017) e ter sido objeto da Reforma Previdenciária (EC n. 103/2019), parece não se preocupar com o amanhã desses trabalhadores, que provavelmente representarão um problema social futuro, quando dificilmente conseguirão se aposentar e provavelmente terão que ser amparados pela Assistência Social (Lei n. 8.742/1993).

Assim, embora o mercado de embora tenha recepcionado essa forma de contrato de emprego, muitos problemas futuros serão apresentados, delimitando nosso estudo à problemática na seara previdenciária.

3.1. A resistência à utilização do contrato intermitente: modelo de avanço estrutural ou retrocesso?

Com o propósito de resguardar as empresas que precisam de trabalhadores em momentos com demandas pontuais, sazonais, bem como sob a justificativa de que facilitaria a contratação formal de um número maior de pessoas — especialmente de estudantes que poderiam continuar desenvolvendo seu curso e exercendo atividade remunerada ante a flexibilização do contrato de trabalho na modalidade de intermitente — a reforma trabalhista trouxe essa modalidade de contrato, permitindo a flexibilização da jornada de trabalho, na qual o empregado contratado sob esta forma não sabe quais os dias e horário de trabalho, acarretando remuneração variável a ser paga conforme o rendimento mensal do trabalhador, sem a garantia do recebimento do salário mínimo.

O que pode parecer avanço legislativo e social para parte da doutrina e sociedade, é considerada como precarização das relações de trabalho, especialmente no que diz respeito aos novos vínculos de empregos trazidos pela utilização da modalidade contrato intermitente.

A Organização Internacional do Trabalho (OIT) prega a crítica de não aceitar a mercantilização do trabalho. A respeito, cite-se a Convenção n. 181 da OIT que regula a atividade das agências privadas de emprego, cujo artigo 7º estabelece: "1 — *As agências de emprego privadas não devem impor aos trabalhadores, directa ou indirectamente, no todo ou em parte, o pagamento de honorários ou outros encargos*".

O contrato intermitente contraria, ainda, a garantia contra irredutibilidade salarial e princípios inscritos na Constituição Federal de 1988 — a dignidade da pessoa humana, a valorização do trabalho e do emprego, a justiça social e a subordinação da propriedade à sua função social.

Ao longo da história, percebe-se no constituinte a preocupação com a proteção ao trabalhador. Tanto é assim que a atual Constituição Federal de 1988 eleva o valor social do trabalho como um dos fundamentos do Estado democrático de Direito (art. 1º, inciso IV).

No seu Título II, Capítulo II, a Constituição Federal de 1988 delimita os direitos sociais, dentre os quais se destacam os direitos dos trabalhadores urbanos e rurais, merecendo relevo o direito à relação de emprego. O art. 7º, por sua vez, protege as relações de emprego, resguardando constitucionalmente diversos direitos trabalhistas.

O art. 170, também da Constituição Federal de 1988, ao tratar da ordem econômica, assim estabelece, *in verbis*:

> A ordem econômica, fundada na valorização do trabalho humano e na livre iniciativa, tem por fim assegurar a todos existência digna, conforme os ditames da justiça social, observados os seguintes princípios:
>
> [...]
>
> VIII — busca do pleno emprego.

Observa-se a predominância de interesses econômicos numa questão afeta ao direito social, quando diz respeito à implementação dessa modalidade de contrato. Ao que parece, o contrato intermitente surgiu como uma precarização dos contratos de emprego, ao formalizar os chamados "bicos", possibilitando ao empregador manter empregados que, muito embora registrados, não possuem garantia de salário mínimo e de jornada mínima.

Nesta conjuntura, o princípio da irredutibilidade salarial perde a sua força como um dos pilares de sustentação do vínculo empregatício. O risco da atividade parece ter passado ao empregado, que perde garantias mínimas até então buscadas pela legislação trabalhista.

O caminho perseguido pela Reforma Trabalhista foi inverso ao daquele que durante anos se buscou no Direito do Trabalho: admitir atividades eventuais, com características de emprego, sem vínculo empregatício.

O que não se pode admitir é a contratação intermitente para atividades sem necessidade extraordinária, o que comprovaria a precarização dos contratos de emprego. Outra preocupação que se pode aventar é que muitos trabalhadores se declararão empregados sob essa modalidade, mas sem terem a garantia mínima para uma sobrevivência digna.

Num País em que se prega a doutrina do primado do trabalho como base da ordem social (art. 193, CF/88), esse contrato utilizado sem critério específico — quando deveria ocorrer estritamente em situações comprovadamente sazonais e com necessidade de acréscimo extraordinário do número de empregados — acaba representando retrocesso social.

A respeito do tema, o Tribunal Superior do Trabalho mostrou-se favorável a essa modalidade de emprego:

> [...] 8. Ora, a introdução de regramento para o trabalho intermitente em nosso ordenamento jurídico deveu-se à necessidade de se conferir direitos básicos a uma infinidade de trabalhadores que se encontravam na informalidade (quase 50% da força de trabalho do país), vivendo de "bicos", sem carteira assinada e sem garantia de direitos trabalhistas fundamentais. Trata-se de uma das novas modalidades contratuais existentes no mundo, flexibilizando a forma de contratação e remuneração, de modo a combater o desemprego. Não gera precarização, mas segurança jurídica a trabalhadores e empregadores, com regras claras, que estimulam a criação de novos postos de trabalho. 9. Nesses termos, é de se acolher o apelo patronal, para restabelecer a sentença de improcedência da reclamatória trabalhista. Recurso de revista conhecido e provido. (TST — RR: 104540620185030097, Relator: Ives Gandra Martins Filho, Data de Julgamento: 07/08/2019, 4ª Turma, Data de Publicação: DEJT 09/08/2019)

No entanto, em junho de 2019 foi ajuizada a Ação Direta de Inconstitucionalidade 6154, que trata do contrato intermitente, tramitando sob o rito do art. 12 da Lei n. 9.868/99. A ADI questiona os artigos 443, *caput* e § 3º, 452-A e 611-A, inciso VIII, da Consolidação das Leis do Trabalho (CLT), introduzidos pela Reforma Trabalhista, sob o argumento de violação de princípios constitucionais como o da dignidade humana e do valor social do trabalho.

O Relator, Ministro Edson Fachin, manifestou-se no sentido de apensar a ADI 6.154 à ADI 5.826, também de relatoria do Ministro, para tramitação conjunta com a referida ADI e com a ADI 5.829, pois todas versavam sobre a inconstitucionalidade de dispositivos trazidos pela Reforma Trabalhista (BRASIL, SUPREMO TRIBUNAL FEDERAL, 2020c).

Em julgamento realizado no dia 2 de dezembro de 2020, o Ministro Edson Fachin votou no sentido de conhecer parcialmente da ação e, na parte conhecida, julgou procedentes os pedidos, declarando a inconstitucionalidade dos artigos 443, *caput in line*; 452-A, §§ 1º ao 9º, e 611-A, VIII, sendo todos da CLT com redação pela Reforma Trabalhista (BRASIL, SUPREMO TRIBUNAL FEDERAL, 2020a).

Os Ministros Nunes Marques e Alexandre de Moraes votaram no sentido de conhecer parcialmente as ações diretas de inconstitucionalidade, mas divergiram do Relator, votando pela constitucionalidade dos dispositivos. O julgamento foi suspenso após o pedido de vista antecipado da Ministra Rosa Weber (BRASIL, SUPREMO TRIBUNAL FEDERAL, 2020a).

4. *As implicações da utilização do contrato intermitente na previdência social: análise da reforma trabalhista em conjunto com a reforma previdenciária*

O empregado contratado sobre essa modalidade de emprego é segurado obrigatório da previdência social, pois assim o é todo trabalhador que desenvolve atividade remunerada (art. 12 da Lei n. 8.212/1991).

Ocorre que mesmo não se atingindo o piso do Regime Geral de Previdência Social (salário mínimo), haverá desconto do empregado e repasse pelo empregador da contribuição previdenciária, o que trouxe polêmica e inquietação doutrinária após o advento da Reforma Trabalhista (Lei n. 13.467/2017), que antes mesmo de sua vigência (11/11/2017), foi alvo de discussões e críticas.

Dentre elas, infere-se acerca da contribuição previdenciária no contrato realizado de forma intermitente, quando inferior a um salário mínimo. Visando solucionar um dos muitos problemas trazidos na redação da Reforma Trabalhista, a Medida Provisória n. 808, na sequência desta reforma, veio no sentido de exigir complementação de contribuição por parte do segurado, quando inferior ao salário mínimo.

A Medida Provisória promovia alterações no art. 452-A, *caput* e incisos, bem como §§ 2º, 4º, 6º e 8º, além de lhe incluir os §§ 10 a 15; outrossim, incluiu os arts. 452-B, 452-C, 452-D, 452-E, 452-F, 452-G e 452-H. Ocorre que a MP n. 808, por não ter sido votada pelo Congresso Nacional, deixou de produzir seus efeitos em 23.4.2018. Além dos supramencionados, referida medida trazia o art. 911-A, *in verbis*:

> Art. 911-A O empregador efetuará o recolhimento das contribuições previdenciárias próprias e do trabalhador e o depósito do FGTS com base nos valores pagos no período mensal e fornecerá ao empregado comprovante do cumprimento dessas obrigações.
>
> § 1º Os segurados enquadrados como empregados que, no somatório de remunerações auferidas de um ou mais empregadores no período de um mês, independentemente do tipo de contrato de trabalho, receberem remuneração inferior ao salário mínimo mensal, poderão recolher ao regime geral de previdência social a diferença entre a remuneração recebida e o valor do salário mínimo mensal, em que incidirá a mesma alíquota aplicada à contribuição do trabalhador retida pelo empregador.
>
> § 2º Na hipótese de não ser feito o recolhimento complementar previsto no § 1º, o mês em que a remuneração total recebida pelo segurado de um ou mais empregadores for menor que o salário mínimo mensal não será considerado para fins de aquisição e manutenção de qualidade de segurado do regime geral de previdência social nem para cumprimento dos períodos de carência para concessão dos benefícios previdenciários. (NR)

Ressalte-se que embora não tenha sido convertida em lei, a MP n. 808/2017 teve aplicabilidade enquanto válida. A Medida Provisória expressamente trazia a possibilidade de complementação de contribuição para o cômputo do tempo de trabalho intermitente como tempo de contribuição e cumprimento de carência do trabalhador, quando inferior ao salário mínimo mensal.

À época, o ato declaratório interpretativo RFB n. 6, de 24 de novembro de 2017 estabeleceu que:

> Art. 1º A contribuição previdenciária complementar prevista no § 1º do art. 911-A da Consolidação das Leis do Trabalho (CLT), aprovada pelo Decreto-Lei n. 5.452, de 1º de maio de 1943, a ser recolhida pelo segurado empregado que receber no mês, de um ou mais empregadores, remuneração inferior ao salário mínimo mensal, será calculada mediante aplicação da alíquota de 8% (oito por cento) sobre a diferença entre a remuneração recebida e o valor do salário mínimo mensal.
>
> § 1º O recolhimento da contribuição previdenciária prevista no caput deverá ser efetuado pelo próprio segurado até o dia 20 (vinte) do mês seguinte ao da prestação do serviço.
>
> § 2º Não será computado como tempo de contribuição para fins previdenciários, inclusive para manutenção da condição de segurado do Regime Geral de Previdência Social (RGPS) e cumprimento de prazo de carência para concessão de benefícios previdenciários, o mês em que a remuneração recebida pelo segurado tenha sido inferior ao salário mínimo mensal e não tenha sido efetuado o recolhimento da contribuição previdenciária complementar prevista no *caput*.

Segundo este Ato Declaratório, o trabalhador intermitente, que não atingir a renda de um salário mínimo no mês, deveria recolher uma contribuição complementar, às suas expensas e sobre valor superior ao recebido, calculada mediante aplicação da alíquota de 8% sobre a diferença entre a remuneração total recebida e o valor do salário mínimo mensal. No entanto, em virtude de ter decaído a MP n. 808/2017, tal regra só teve vigência até 23 de abril de 2018.

A perda de validade da MP n. 808, de 2017 trouxe certa tranquilidade à situação dos trabalhadores contratados de forma intermitente, passando-se a entender pela aplicação do art. 54, § 3º da Instrução Normativa n. 971, de 2009, que antes da reforma da previdência (EC n. 103/2019), dispunha acerca da possibilidade de ser computado o tempo de trabalho do empregado, doméstico ou trabalhador avulso, ainda que recebesse durante o mês valor inferior ao salário mínimo.

A Receita Federal do Brasil chegou a regulamentar essa questão por meio da IN n. 1.867/2019, que assegura que o trabalhador intermitente é segurado obrigatório da Previdência. Segundo a norma, a contribuição deve ser recolhida no momento em que a remuneração for paga, devida ou creditada, o que ocorrer primeiro, estabelecendo que se o empregado contratado sob regime de trabalho intermitente receber valores inferiores a um salário mínimo, ele pode fazer a complementação do valor para que aquele período trabalhado conte como tempo de contribuição.

Com a EC n. 103/2019, passou a ser exigida[5] — como adiante se verá — expressamente a contribuição previdenciária sobre o piso exigido pela Previdência Social, que é de um salário mínimo, para que o trabalhador contratado sob a modalidade de contrato intermitente tenha computado aquele tempo de contribuição e para fins de carência para a obtenção de benefício previdenciário.

Assim, nos meses em que os ganhos do trabalhador contratado de forma intermitente forem menores que o salário mínimo, deverá haver uma complementação do recolhimento da contribuição previdenciária, realizada pelo próprio empregado, como se contribuinte individual fosse, quando se trata, em verdade, de contrato de emprego.

Não parece ser coerente com as regras tributárias da legislação brasileira em vigor. No contrato celebrado com formação de vínculo empregatício, ocorre a responsabilidade denominada por substituição. A lei, antes mesmo da ocorrência do fato gerador, substitui o responsável tributário, conferindo ao empregador a obrigação de retenção e repasse de contribuição previdenciária.

> Art. 121. CTN. Sujeito passivo da obrigação principal é a pessoa obrigada ao pagamento de tributo ou penalidade pecuniária.
>
> Parágrafo único. O sujeito passivo da obrigação principal diz-se:
>
> (...)
>
> II — responsável, quando, sem revestir a condição de contribuinte, sua obrigação decorra de disposição expressa de lei.

Trata-se, conforme a jurisprudência e a doutrina majoritária denominam, do instituto da substituição tributária, que ocorre quando a lei atribui a responsabilidade pelo crédito tributário à terceira pessoa vinculada ao fato gerador da respectiva obrigação (KERTZMAN, 2020).

A reforma da previdência social (EC n. 103/2019) trouxe dispositivo afirmando expressamente que não será computado para fins de carência, contribuição mensal sobre base de cálculo inferior ao salário mínimo. Tal inserção causou inquietação e preocupação com o futuro desses empregados regidos por esta nova modalidade contratual.

Nos termos do §14 do art. 195, incluído pela EC n. 103/2019 "o segurado somente terá reconhecida como tempo de contribuição ao Regime Geral de Previdência Social a competência cuja contribuição seja igual ou superior à contribuição mínima mensal exigida para sua categoria, assegurado o agrupamento de contribuições".

Tal regramento constitucionaliza a previsão inserta na MP n. 808/2017 — que decaiu pelo decurso de prazo sem aprovação — no que diz respeito ao trabalhador sob regime de contrato intermitente. Sendo assim, não havendo contribuição mensal sobre o piso do Regime Geral de Previdência Social, o segurado deverá recolher complementação de contribuição, sob pena de não computar o tempo de serviço para fins previdenciários.

Essa inserção traz uma série de questionamentos, especialmente pelo vínculo de emprego que existe no contrato intermitente; pela presunção de desconto e repasse que se aplica e pela força de trabalho efetivamente despendida pelo empregado, que foram ignorados pelas reformas trabalhista e previdenciária.

Primeiramente, cabe esclarecer que nos termos do artigo 28 da Lei n. 8.212/91, inciso I, entende-se por salário de contribuição para o empregado e trabalhador avulso,

> a remuneração auferida em uma ou mais empresas, assim entendida a totalidade dos rendimentos pagos, devidos ou creditados a qualquer título, durante o mês, destinados a retribuir o trabalho, qualquer que seja a sua forma, inclusive as gorjetas, os ganhos habituais sob a forma de utilidades e os adiantamentos decorrentes de reajuste salarial, quer pelos serviços efetivamente prestados, quer pelo tempo à disposição do empregador ou tomador de serviços nos termos

---

(5) Embora nas regras de transição se fale em possibilidade e não em exigência, a única forma de o segurado ter computado para fins de tempo de contribuição e carência o tempo de trabalhado no contrato intermitente sobre valor inferior ao salário mínimo, é se o mesmo completar sua contribuição até esse valor ou se utilizar das demais regras estabelecidas no art. 29 da EC n. 103/2019.

da lei ou do contrato ou, ainda, de convenção ou acordo coletivo de trabalho ou sentença normativa.

O salário de contribuição corresponde à base de cálculo utilizada para se obter o valor do salário de benefício dos segurados, à exceção dos segurados especiais, que possuem valor específico de benefício mensurado em um salário mínimo. O mesmo artigo 28, § 3º, da Lei 8.212/91 estabelece que

> o limite mínimo do salário de contribuição corresponde ao piso salarial, legal ou normativo, da categoria ou, inexistindo este, ao salário mínimo, tomado no seu valor mensal, diário ou horário, conforme o ajustado e o tempo de trabalho efetivo durante o mês".

Diante da presunção de desconto e repasse que existe em algumas situações como quando existe vínculo empregatício, comprovando o vínculo, mas sem conseguir a comprovação do valor da remuneração, o empregado teria direito à renda do período considerada conforme o salário mínimo:

> Art. 35. Lei n. 8.213/91. Ao segurado empregado, inclusive o doméstico, e ao trabalhador avulso que tenham cumprido todas as condições para a concessão do benefício pleiteado, mas não possam comprovar o valor de seus salários de contribuição no período básico de cálculo, será concedido o benefício de valor mínimo, devendo esta renda ser recalculada quando da apresentação de prova dos salários de contribuição.

A Reforma da Previdência (EC n. 103/2019), em suas regras de transição, estabeleceu:

> Art. 29. EC n. 103/2019. Até que entre em vigor lei que disponha sobre o § 14 do art. 195 da Constituição Federal, o segurado que, no somatório de remunerações auferidas no período de 1 (um) mês, receber remuneração inferior ao limite mínimo mensal do salário de contribuição poderá:
>
> I — complementar a sua contribuição, de forma a alcançar o limite mínimo exigido;
>
> II — utilizar o valor da contribuição que exceder o limite mínimo de contribuição de uma competência em outra; ou
>
> III — agrupar contribuições inferiores ao limite mínimo de diferentes competências, para aproveitamento em contribuições mínimas mensais.
>
> Parágrafo único. Os ajustes de complementação ou agrupamento de contribuições previstos nos incisos I, II e III do *caput* somente poderão ser feitos ao longo do mesmo ano civil.

Na hipótese do art. 29, I, da EC n. 103/2019, o empregado poderá complementar a sua contribuição até que possa alcançar o valor do salário mínimo (piso exigido para as contribuições previdenciárias). No entanto, mais parece um poder-dever, pois se não o fizer, não terá o tempo calculado para fins de carência/tempo de contribuição.

Observe-se que "a regra de transição não restringe, de modo que vai se aplicar a todos os segurados que contribuem sobre o salário de contribuição (inclusive empregados, trabalhadores avulsos e empregados domésticos) a partir da vigência da reforma constitucional" (AMADO, p. 291).

Antes da reforma da previdência, para estes trabalhadores, o sistema previdenciário calculava o salário mínimo para os meses nos quais o mínimo não era alcançado. Com a reforma da previdência (EC n. 103/2019), essa hipótese simplesmente deixa de existir.

Quanto à possibilidade de complementação, Ivan Kertzman delimita que "apesar de a redação do parágrafo único do art. 29 da EC n. 103 exigir que essa complementação também seja feita no mesmo ano civil, não entendemos que tal exigência seja razoável". E continua: "vejam que, como não se trata de ajuste de guia, passando de um mês para outro, não há aplicabilidade na exigência de que seja feita a complementação no mesmo ano civil, diferentemente do que deve ocorrer nas outras duas hipóteses" (2020, p. 209).

No tocante a matéria, Fábio Zambitte Ibrahim (2019), em seu artigo intitulado "Reforma da Previdência Social e a exclusão social", afirma que o texto não somente dispõe de uma atecnia legiferante, mas apresenta descompromisso com os fins do modelo previdenciário, com claro contraste à lógica adotada atualmente pelo plano de custeio.

Por certo, poderá o empregado complementar mesmo que transcorrido o ano civil, sob pena de ocasionar dano irreparável ao tempo de efetivo trabalho do empregado e inviabilização da sua aposentadoria.

O empregado nessa modalidade de contratação intermitente, também poderá utilizar o valor da contribuição que exceder o limite mínimo de contribuição de uma competência em outra (art. 29, II, EC n. 103/2019). Assim, se num mês houve contribuição que supera o valor do salário mínimo e no outro não, poderá haver uma compensação. Entretanto, há a restrição de que esse ajuste contributivo de forma a não se ter contribuições inferiores ao salário mínimo seja feito dentro do mesmo ano civil.

Há, ainda, a terceira possibilidade (art. 29, inciso III, EC n. 103/2019), que representa o agrupamento de contribuições inferiores ao limite mínimo de diferentes competências, para aproveitamento em contribuições mínimas mensais. Assim, pode ocorrer de ao longo do ano existirem 12 (doze) contribuições sobre valores inferiores ao mínimo e, nessa hipótese, fazer o agrupamento de contribuições. A cada agrupamento de contribuição sobre o salário mínimo formado, é um mês que será computado como carência para obtenção de benefício previdenciário.

Para Amado (2020) o texto não abordou a questão dos benefícios não programados, como auxílio incapacidade temporária, aposentadoria por incapacidade permanente, pensão por morte e auxílio-reclusão, bem como do salário-maternidade. Diante disso, acaba possibilitando complementações após o óbito, prisão em regime fechado ou parto/adoção, desde que realizados no mesmo ano civil.

A grande dificuldade reside no fato de que esse trabalhador dificilmente conseguirá se aposentar. Imagine se a cada 12 meses ele conseguir agrupar de forma a garantir quatro meses de contribuição. Para que atinja a carência mínima exigida, que para o homem é de 20 anos com ingresso a partir da EC n. 103/2019, seria completamente inviável. O mesmo se pode afirmar da trabalhadora, ainda que mantida pela reforma previdenciária a carência de 15 anos.

Com o fito de regulamentar alguns dispositivos advindos da última Reforma da Previdência, o Governo Federal editou o Decreto n. 10.410/2020, que promoveu diversas alterações no Regulamento da Previdência Social, Decreto n. 3.048/1999. As mudanças atingiram, também, o objeto deste estudo.

No tocante ao trabalho intermitente, foi incluído no rol de segurados obrigatórios do art. 9º, na categoria de segurado empregado, o contratado como trabalhador intermitente. O art. 36 do Regulamento estabelece o que será computado para fins de cálculo do valor da renda mensal inicial. O seu § 2º estabelece que, *in verbis*:

> No caso de segurado empregado, inclusive o doméstico, e de trabalhador avulso que tenham cumprido todas as condições para a concessão do benefício pleiteado, mas não possam comprovar o valor dos seus salários de contribuição no período básico de cálculo, será considerado, para o cálculo do benefício referente ao período sem comprovação do valor do salário de contribuição, o valor do salário mínimo e essa renda será recalculada quando da apresentação de prova dos salários de contribuição.

Nesse sentido, o § 3º afirma que, em se tratando do trabalhador de contrato intermitente, a aplicação do § 2º tem como condição a apresentação de contrato de trabalho em que conste "a remuneração contratada ou a demonstração das remunerações auferidas que possibilite a verificação do valor do salário de contribuição para fins de aplicação do disposto no art. 19-E".

O art. 19-E do Regulamento, com a redação do Decreto n. 10.410/2020, por sua vez, tem a seguinte redação:

> Decreto n. 3.048/1999
>
> Art. 19-E. A partir de 13 de novembro de 2019, para fins de aquisição e manutenção da qualidade de segurado, de carência, de tempo de contribuição e de cálculo do salário de benefício exigidos para o reconhecimento do direito aos benefícios do RGPS e para fins de contagem recíproca, somente serão consideradas as competências cujo salário de contribuição seja igual ou superior ao limite mínimo mensal do salário de contribuição.

A este respeito, algumas peculiaridades são observadas. Primeiro, o seu §1º tratou de repetir a essência do texto do art. 29, *caput* e incisos, da EC n. 103/2019. Entretanto, algumas distinções foram apresentadas. O parágrafo único do art. 29 da EC n. 103/2019 estabelece que os ajustes de complementação ou agrupamento de contribuições previstos nos incisos I, II e III do *caput* somente poderão ser feitos ao longo do mesmo ano civil.

A despeito disso, o art. 19-E, § 2º, do Regulamento da Previdência Social, contrastou com o dispositivo constitucional no sentido de que "os ajustes de complementação, utilização e agrupamento previstos no § 1º poderão ser efetivados, **a qualquer tempo**, por iniciativa do segurado, hipótese em que se tornarão irreversíveis e irrenunciáveis após processados [grifo nosso]".

O dispositivo constitucional estatui que até que lei sobre a temática entre em vigor, vigeria a regra estabelecida no art. 29 da EC n. 103/2019. Estivesse o art. 19-E presente na Lei n. 8.213/1991, restaria sanada a contradição. Entretanto, decreto não é lei. Assim, seria o § 2º do art. 19-E inconstitucional?

O § 4º do art. 19-E tem redação parecida, mas propósito distinto. Enquanto o parágrafo único do art. 29 da EC n. 103/2019 dispõe que os ajustes deveriam ser feitos ao longo do mesmo ano civil, o § 4º do art. 19-E, combinado com o § 2º, leva ao entendimento de que os ajustes poderão ser feitos a qualquer tempo, mas o segurado somente poderá agrupar ou utilizar excedentes de salários que sejam do mesmo ano civil.

Outra alteração interessante reside no § 7º do art. 19-E do Regulamento, com redação dada pelo Decreto n. 10.410/2020, que trata da morte do segurado, estatuindo que se o segurado vir a falecer, "os ajustes previstos no § 1º poderão ser solicitados por seus dependentes para fins de reconhecimento de direito para benefício a eles devidos até o dia quinze do mês de janeiro subsequente ao do ano civil correspondente, observado o disposto no § 4º".

Assim, tratou o decreto de tentar estabelecer um prazo para a tentativa de regularização das contribuições do segurado pelos seus dependentes. O ideal, porém, seria estabelecer um prazo de, *e.g.*, 1 ano da morte do segurado, pois os dependentes dos segurados que falecerem em janeiro terão maior tempo para regularizar as contribuições em relação aos dependentes dos segurados que falecerem em dezembro.

Nestes termos, narram Wagner Balera e Cristiane Mussi (2021, p. 468):

> O avanço indiscutível do preceito não explica limitação ao 15 do mês de janeiro subsequente ao do ano civil correspondente, enquanto os demais segurados podem formular o pleito a qualquer tempo, nos termos do § 2º do art. 19-E do Decreto n. 3.048/1999 com a redação conferida pelo Decreto n. 10.410, de 2020. [...]

Os dependentes daquele que viesse a falecer no dia 31.12.2020 só teriam até 15.01.2021, sob pena de perda do direito, para ingresso do pleito administrativo. O avanço do comando, de um lado, parece impor retrocesso de outro.

> O art. 100-B do Decreto n. 3.048/1999, com redação pelo Decreto n. 10.410/2020, tratou do salário-maternidade da empregada contratada sob forma intermitente, dispondo que será pago diretamente pela previdência social, observado o disposto no já mencionado art. 19-E, e o valor da contribuição previdenciária será deduzido da renda mensal do benefício, conforme tabela disposta no art. 198 do Regulamento e não aplicando-se o disposto no art. 94 do Regulamento.

Outrossim, o art. 201 do Regulamento, que trata da contribuição a cargo da empresa destinada à seguridade social, recebeu o § 23, que estabeleceu que a empresa deverá recolher as contribuições previdenciárias da empresa e do empregado e o valor devido ao FGTS, que deverá ser calculado com base nos valores pagos no período mensal. O referido parágrafo estabelece, ainda, a obrigação da empresa de fornecer comprovante ao empregado.

Possivelmente, o trabalhador ou trabalhadora só terá ciência de que não poderá se aposentar no momento de requerer sua aposentadoria e não terá meios para complementar os meses recebidos em valor inferior ao piso do regime geral de previdência social.

Algumas contradições se apresentam de imediato, visto que o empregado contratado na modalidade de contrato intermitente deverá contribuir sobre valor que não recebeu para conseguir ter seu tempo de contribuição computado para fins de tempo de contribuição e carência e, ainda, a dificuldade de se fazer essa complementação de recolhimento, diante da vulnerabilidade e hipossuficiência do trabalhador e da precariedade desse tipo de contrato.

Muitas questões possivelmente serão levadas ao judiciário diante da conjugação das reformas trabalhista e previdenciária. Não se pode olvidar também do fato de que o trabalhador terá enorme dificuldade de entender estas regras previdenciárias e mais: de calcular mês a mês a diferença contributiva, lançar e pagar isso junto à Receita Federal. Ademais, estará contribuindo sobre valor que não recebeu e que certamente fará falta diante da renda tão baixa auferida com esse tipo de contratação.

Em termos previdenciários, pode-se afirmar que a sociedade possui hipossuficiência técnica, desconhecendo, e muito, a complexa normatização previdenciária. Como se não bastasse toda essa problemática, existe a questão da manutenção da qualidade de segurado. Se esse tempo não será considerado como tempo de contribuição para fins de carência, o será para a manutenção da qualidade de segurado?

Ademais, a força de trabalho não é algo que seja passível de devolução. O empregado trabalhou, teve desconto da contribuição previdenciária e não fará jus a benefícios da previdência social? Não terá a qualidade de segurado? Dificilmente conseguirá se aposentar?

Imagine-se a hipótese de o trabalhador não ter nenhuma contribuição sobre o salário mínimo. A previdência o reconhecerá como segurado se ele se acidentar e ficar incapacitado no segundo mês de trabalho? Ou mesmo não sendo benefício que exige carência necessitará de complementação de contribuição previdenciária?

A este respeito, conforme demonstrado, o art. 19-E estabeleceu textualmente que somente serão consideradas as competências cujo salário de contribuição seja igual ou superior ao limite mínimo mensal do salário de contribuição para fins, inclusive, de aquisição e manutenção de qualidade de segurado. Mas há uma incongruência neste tópico.

Nos termos do que preceitua o art. 5º, II, da Constituição de 1988, o princípio da legalidade é um direito individual e, consequentemente, uma cláusula pétrea (conforme art. 60, § 4º, IV, CRFB/1988). A expressão "senão em virtude de lei" não foi inserida por mera eventualidade. Outrossim, o art. 83, IV, da Constituição de 1988, estabelece que compete ao Presidente da República "sancionar, promulgar e fazer publicar as leis, bem como **expedir decretos e regulamentos para sua fiel execução** [grifo nosso]". Novamente, a expedição dos decretos e regulamentos se dá para garantir a fiel execução da lei.

Assim, decretos não podem criar, modificar ou extinguir direitos. Nesse sentido, uma vez que não há Lei versando sobre o tema, nem previu a Constituição, em sua Emenda n. 103/2019, quanto a não manutenção ou aquisição da qualidade de segurado se as contribuições forem inferiores ao salário mínimo, a sua previsão no art. 19-E resta inconstitucional. O mesmo pode ser afirmado em relação à carência, uma vez que o § 14º do art. 195, CRFB/1988, faz menção expressa ao não cômputo para fins de tempo de contribuição.

Nesse sentido se dá o entendimento de Wagner Balera e Cristiane Mussi (2021, p. 72), *in verbis*:

> O regulamento funciona como instrumento de uniformização de procedimentos.
>
> Qualquer regulamento que intente incluir no sistema jurídico regra geradora de direito ou obrigação nova é inconstitucional. Cabe à lei, portanto, indicar as condições de aquisição e de restrição de determinado direito. Ao regulamento incumbe, tão somente, elencar as hipóteses previstas na lei.

Deve-se entender pelo reconhecimento da qualidade de segurado, sob pena de ferir o princípio da automaticidade da filiação:

> Art. 20. Decreto n. 3.048/99.
>
> § 1º A filiação à previdência social decorre automaticamente do exercício de atividade remunerada para os segurados obrigatórios, observado o disposto no § 2º, e da inscrição formalizada com o pagamento da primeira contribuição para o segurado facultativo.

Se automaticamente o trabalhador contratado na modalidade de contrato intermitente tem a relação de filiação à previdência social, como negar a ele o direito à proteção previdenciária? Deve-se, por certo, garantir ao menos a qualidade de segurado, ainda que sem nenhuma carência ao empregado contratado sob a modalidade de contrato intermitente, que não tenha vertido contribuição sob o valor mínimo legal.

As questões apontadas nesse estudo e muitas outras surgirão a partir das alterações trazidas pelas Reformas Trabalhista e Previdenciária no que tange ao contrato intermitente.

5. *Conclusões*

O contrato intermitente — introduzido na CLT por meio da criação do art. 452-A e da alteração do art. 443. A Lei n. 13.467, de 2017 — pela natureza da qual se reveste, propicia flexibilidade no contrato de emprego. No entanto, o trabalhador somente é convocado pelo empregador e em consequência, remunerado, quando necessária sua força de trabalho, recebendo exclusivamente pelo serviço prestado na relação dia e hora.

Sob o regime desse contrato — pela precariedade da contratação, pela falta de exigência do cumprimento de horas mínimas mensais, entre outros fatores — o empregado não tem a garantia de receber o salário mínimo mensal ou piso da categoria, tendo apenas a garantia de que o valor da hora de trabalho não poderá ser inferior a estas bases legais.

Nessa modalidade contratual, o empregado — como ocorre com qualquer trabalhador que desenvolve atividade remunerada — é segurado obrigatório da previdência social, devendo contribuir sobre o montante recebido mensalmente. No entanto, pode permanecer meses sem remuneração ou com remuneração inferior ao piso do Regime Geral de Previdência Social (salário mínimo ou piso da categoria).

Não bastassem as discussões trazidas pela Reforma Trabalhista ocorrida em 2017 (Lei n. 13.467) acerca dessa modalidade de contrato, a problemática foi acentuada com o fato de que a reforma da previdência publicada em 13 de novembro por meio da Emenda Constitucional n. 103 de 2019, coloca expressamente que o segurado contratado sob a forma intermitente que quiser ter seu tempo de trabalho computado para fins de tempo de contribuição e de carência pela previdência social, poderá complementar a contribuição referente aos meses de competência em que sua contribuição foi inferior ao piso do RGPS.

Crítica que se faz é que o "poderá complementar" na verdade mais parece um dever, pois a inércia do trabalhador na complementação acarretará não cômputo do tempo para fins de tempo de contribuição e carência. Tal regramento dificultará ou inviabilizará, em especial, a obtenção do benefício de aposentadoria, que exige um número grande de contribuições à previdência social por parte daqueles que exercem atividade laborativa remunerada. Dificilmente um trabalhador contratado sobre essa modalidade, conseguirá se aposentar espontaneamente, por não conseguir, muitas vezes, atingir a carência exigida pelo RGPS.

Ademais, as normas previdenciárias são muito técnicas e complexas. Diante da hipossuficiência do trabalhador, improvavelmente ocorrerá a complementação dessa contribuição, além da dificuldade econômica por parte do trabalhador, que precisará efetuar contribuição sobre um montante que sequer recebeu.

Ao que parece, esse será um dos problemas econômicos e sociais aos quais o Brasil terá que enfrentar no somatório das Reformas Trabalhista e Previdenciária. Econômico, porque esse trabalhador acabará se socorrendo da Assistência Social, para a qual toda a sociedade é chamada a contribuir (art. 203, CF) e social, pois esse trabalhador vendeu por muito pouco sua força de trabalho a qual não se resgata e ficará à margem da proteção previdenciária em situação de risco social.

6. Referências

AMADO, Frederico. *Curso de direito e processo previdenciário*. 12. ed. rev. ampl. e atual. Salvador: Juspodivm, 2020.

BALERA, Wagner; MUSSI, Cristiane Miziara. *Direito previdenciário:* seguridade social, regimes previdenciários, custeio, processo administrativo e benefícios em espécie. 12. ed. rev. atual. e ampl. Curitiba: Juruá, 2021.

BRASIL. [Consolidação das Leis do Trabalho (1943)]. *Decreto-Lei n. 5.452, de 1º de maio de 1943*. Rio de Janeiro: Presidência da República, [2020]. Disponível em: <http://www.planalto.gov.br/ccivil_03/decreto-lei/del5452.htm>. Acesso em: 28 fev. 2021.

______. [Constituição (1988)]. *Constituição da República Federativa do Brasil*, de 5 de outubro de 1988. Brasília: Presidência da República [2020].

______. *Decreto n. 10.410, de 30 de junho de 2020*. Altera o Regulamento da Previdência Social, aprovado pelo Decreto n. 3.048, de 6 de maio de 1999. Brasília: Presidência da República, [2020]. Disponível em: <http://www.planalto.gov.br/ccivil_03/_ato2019-2022/2020/decreto/D10410.htm>. Acesso em: 28 fev. 2021.

______. *Decreto n. 3.048, de 6 de maio de 1999*. Aprova o Regulamento da Previdência Social, e dá outras providências. Brasília: Presidência da República [2020]. Disponível em: <http://www.planalto.gov.br/ccivil_03/decreto/d3048.htm>. Acesso em: 28 fev. 2021.

______. *Emenda Constitucional n. 103, de 12 de novembro de 2019*. Altera o sistema de previdência social e estabelece regras de transição e disposições transitórias. Brasília: Congresso Nacional [2019]. Disponível em: <http://www.planalto.gov.br/ccivil_03/constituicao/emendas/emc/emc103.htm>. Acesso em: 28 fev. 2021.

______. *Lei n. 8.212, de 23 de julho de 1991*. Dispõe sobre a organização da Seguridade Social, institui Plano de Custeio, e dá outras providências. Brasília: Presidência da República [2021]. Disponível em: <http://www.planalto.gov.br/ccivil_03/leis/l8212cons.htm>. Acesso em: 28 fev. 2021.

______. *Lei n. 8.213, de 23 de julho de 1991*. Dispõe sobre os Planos de Benefícios da Previdência Social e dá outras providências. Brasília: Presidência da República [2021]. Disponível em: <http://www.planalto.gov.br/ccivil_03/leis/l8213cons.htm>. Acesso em: 28 fev. 2021.

______. SUPREMO TRIBUNAL FEDERAL. *Ação Direta de Inconstitucionalidade n. 5.826/DF*. Ata de Julgamento n. 35. "[...] Após o voto do Ministro Edson Fachin (Relator), que conhecia parcialmente das ações diretas n. 5.826, 5.829 e 6.154 e, na parte conhecida, julgava procedentes os pedidos formulados para declarar a inconstitucionalidade do artigo 443, *caput*, parte final, e § 3º; artigo 452-A, § 1º ao § 9º, e artigo 611-A, VIII, todos da CLT, com a redação dada pela Lei n. 13.467/2017, o julgamento foi suspenso. [...]". DJE n. 291, divulgado em 11/12/2020.

______. *Ação Direta de Inconstitucionalidade n. 5.826/DF.* Ata de Julgamento n. 37. "[...] Após os votos dos Ministros Nunes Marques e Alexandre de Moraes, que acompanhavam o voto do Ministro Edson Fachin (Relator) no tocante ao conhecimento parcial das ações diretas, mas divergiam no mérito e julgavam-nas improcedentes, declarando a constitucionalidade dos dispositivos impugnados, pediu vista antecipada dos autos a Ministra Rosa Weber. [...]". DJE n. 291, divulgado em 11/12/2020.

______. *Decisão Monocrática em Ação Direta de Inconstitucionalidade n. 6.154/DF.* "[...] Verifico que, conquanto não impugnado o art. 611-A na ADI 5.826, as razões expendidas na ADI 6.154 estendem-se a todos os artigos impugnados e correspondem aos fundamentos já trazidos e a ser enfrentados na ADI 5.826, não havendo, portanto, prejuízo no seu julgamento conjunto, razão pela qual determino o apensamento da presente ação à ADI 5.826 [...]". Requerente: Confederação Nacional dos Trabalhadores na Industria — CNTI. Relator: Ministro Edson Fachin, 4 de setembro de 2020. Disponível em: <http://portal.stf.jus.br/processos/downloadPeca.asp?id=15344320932&ext=.pdf>. Acesso em: 28 fev. 2021.

CASSAR, Vólia Bomfim. *Comentários à reforma trabalhista.* Rio de Janeiro: Forense, 2017.

DELGADO, Mauricio Godinho. *Curso de direito do trabalho:* obra revista e atualizada conforme a lei da reforma trabalhista e inovações normativas e jurisprudenciais posteriores. 18. ed. São Paulo: LTr, 2019.

______. *Introdução ao direito do trabalho.* 3. ed. São Paulo: LTr, 2001.

DELGADO, Gabriela Neves; DELGADO, Mauricio Godinho. *A reforma trabalhista no Brasil:* com os Comentários à Lei n. 13.467/2017. São Paulo: LTr, 2017.

EDELMAN, Bernard. *A legalização da classe operária.* Coord. Tradução: Marcos Orione. 1. ed. São Paulo: Boitempo, 2016. Disponível em: <http://www.planalto.gov.br/ccivil_03/constituicao/constituicao.htm>. Acesso em: 28 fev. 2021.

IBRAHIM, Fábio Zambitte. Reforma da Previdência Social e a exclusão social. In: *Previdencialhas,* 2019. Disponível em: <https://migalhas.uol.com.br/coluna/previdencialhas/315902/reforma-da-previdencia-social-e-a-exclusao-social>. Acesso em: 28 fev. 2021.

KERTZMAN, Ivan. *Curso prático de direito previdenciário.* 18. ed. rev. ampl. e atual. Salvador: Juspodivm, 2020.

LOPEZ, Manuel Carlos Palomeque. *Direito do trabalho e ideologia.* Coimbra: Almedina, 2011.

O Impacto das Novas Tecnologias na Categoria dos Bancários: adoecimento e o desemprego estrutural

Bruna de Sá Araújo[(1)]

1. *Introdução*

Ao longo da história, diversas revoluções industriais marcaram a vida do ser humano e causaram um avanço no desenvolvimento tecnológico, com mudanças profundas nos pilares e estruturas da sociedade.

O economista e fundador do Fórum Econômico Mundial, Klaus Schwab[(2)], defende a ideia de que nos encontramos na Quarta Revolução Industrial, que alterará profundamente a maneira como vivemos, trabalhamos e nos relacionamos. Essa nova revolução industrial seria marcada pelas tecnologias que fazem parte do conjunto da Indústria 4.0, tais como a nanotecnologia, neurotecnologia, biotecnologia, robótica, inteligência artificial e armazenamento de energia.

José Whitaker Wolf[(3)] afirma que a Indústria 4.0 representa uma descontinuidade do sistema de produção até então vigente, se concentrando em novos processos e produtos, misturando info, nano, bio e neurocogno tecnologias com todas as áreas do conhecimento, como a química, a física, a biologia, a medicina, a engenharia, a computação etc.

O Direito do Trabalho é um ramo do ordenamento jurídico que, pela sua própria natureza e razão de existir, sofre maiores influências das mudanças tecnológicas, de modo que tem sido fortemente influenciado pela Quarta Revolução Industrial.

O fenômeno da Internet em nível comercial desencadeou uma abrupta expansão tecnológica, o aperfeiçoamento das transmissões de dados, o compartilhamento de informações via computadores, o aparecimento de novas formas de comercialização de produtos e serviços, e deu início ao que se denominou de Internet *commerce*, comércio pela Internet, além de outras denominações (*e-commerce, e-business, digital markets*).

Na década de 1990, o sistema bancário brasileiro passou uma reestruturação e, como resultado dos processos de fusões e aquisições, houve uma maior concentração neste segmento. A abertura de mercado aos bancos estrangeiros propiciou uma mudança no perfil das instituições, trazendo inovações em termos de produtos, serviços e tecnologia disponível[(4)].

De modo específico, o setor bancário brasileiro passou por intenso processo de reestruturação e ocupou posição de liderança na incorporação de novas tecnologias e inovações organizacionais. A informatização do setor, aliada às novas formas de organizar o trabalho, resultou em mudanças consideráveis no arranjo laboral e na forma de prestação de serviços desta categoria profissional, que refletiu em dois pontos importantes, que serão objeto do presente artigo: o adoecimento e o desemprego estrutural.

No atual contexto bancário, aliado ao cenário de pandemia do novo coronavírus e isolamento social, houve uma busca de novas alternativas no que tange ao atendimento ao cliente de forma remota, criando soluções e evoluindo de um mercado que atende de forma padronizada seus clientes, para um ambiente

(1) MBA em Ciências e Legislação do Trabalho pelo IPOG. Especialista em Direito do Trabalho e Processo do Trabalho pela Universidade Federal de Goiás (UFG). Pós-graduada em Direito Previdenciário pela Faculdade Sul Americana (FASAM). Advogada trabalhista no escritório Lara Martins Advogados.

(2) SCHWAB, Klaus. *A quarta revolução industrial*. Tradução: Daniel Moreira Miranda. São Paulo: Edipro, 2016. p. 15.

(3) WOLF, José Whitaker. *Fórum Econômico Mundial*: os desafios da "Quarta Revolução Industrial". Disponível em: <http://www.ihu.unisinos.br/78-noticias/551051-forum-economico-mundial-os-desafios-da-qquarta-revolucao-industrialq>. Acesso em: 27 mar. 2021.

(4) CAMARGO, Po. *A evolução recente do setor bancário no Brasil*. São Paulo: UNESP, Cultura Acadêmica, 2009. Disponível em: <http://books.scielo.org/>. Acesso em: 27 mar. 2021.

personalizado, e isto só foi possível graças as novas tecnologias e serviços advindos da Quarta Revolução Industrial, interligando áreas diversas, para a busca de soluções também diversas.

Partindo desta perspectiva, o presente artigo fará breves considerações sobre as tecnologias advindas da Indústria 4.0, com ênfase naquelas aplicadas pelo setor bancário. Abordará como a competitividade do setor bancário alavancou a incorporação de novas tecnologias, bem como fará uma breve retrospectiva acerca da implementação tecnológica no setor bancário no cenário nacional, e um panorama do uso de tecnologia da informação pelos bancos no país. Por fim, o artigo buscará contextualizar duas principais consequências do rearranjo das relações laborais bancárias, são elas: adoecimento da categoria e o desemprego estrutural.

2. *Breves considerações sobre as tecnologias advindas da Quarta Revolução Industrial aplicadas no setor bancário*

Após avanços nas telecomunicações e integração de computadores em rede, na década de 70, diante da revolução tecnológica, levou-se a criação da internet, talvez o mais tecnológico meio da era da informação e isso só foi possível por consequência da estratégia militar, após grande cooperação científica de iniciativa tecnológica e inovação da época, através da agência de defesa dos Estados Unidos da América[5].

Segundo Castells[6], esta inovação que revolucionou o mundo, surgiu em meados dos anos 90, últimos anos do segundo milênio. No final do século XX houve a explosão do uso da Internet, denominada rede, tornando-se uma nova forma de sociedade interligada e com ela uma nova economia, levando a comunicação em escala global.

O fenômeno da Internet já desponta como uma das grandes inovações tecnológicas e organizacionais no mundo empresarial deste século. Uma pesquisa realizada pela TIC Domicílio 2019, revelou que três em quatro brasileiros acessam a Internet, o que equivale a 134 milhões de pessoas. De acordo com a pesquisa, 90% das pessoas relataram acessar a Internet todos os dias, 7% pelo menos uma vez por semana e 2% pelo menos uma vez por mês[7].

Essas inovações no campo da tecnologia da informação têm causado uma reviravolta na forma de atuar das organizações, que devem preparar-se para se ajustar à realidade emergente e reinventar seus negócios com base na *world wide web*[8]. Conforme apontam Fonseca, Meirelles e Diniz[9], apesar do serviço prestado ter sofrido relativamente pouca transformação ao longo do tempo, o setor dos bancários são os que lideram a utilização de Tecnologia da Informação (TI) no mundo.

A tecnologia de informação (TI) tem crescido em uso e desenvolvimento de duas formas primordiais: (1) como resultado do aumento da complexidade relativa à informação nas empresas; e (2) possibilitando processos, atividades, produtos e serviços, até então inviáveis com as tecnologias anteriores, constituindo-se em uma difusão desencadeada pelos produtores de equipamentos e sistemas, por criarem necessidades e usos de seus produtos.

No campo das transações comerciais e financeiras, trocas de documentos entre os diversos envolvidos (fornecedores, clientes, parceiros), mediante fax, avisos postais e malotes, estão sendo crescentemente substituídas por operações *on-line*, via computador, seja pelo intercâmbio eletrônico de dados (EDI), seja pela utilização da Web, que se denomina WebDI. Esta modalidade de fazer negócios, com base na Web, é o que se pode chamar de comércio eletrônico, transacionado em nível de mercado eletrônico (*e-market*), envolvendo empresa a empresa (*business-to-business*) ou da empresa para o cliente (*business to consumer*)[10].

(5) CASTELLS, Manuel. *A sociedade em rede*. Tradução de Roneide Venâncio Majer. São Paulo: Paz e Terra, 2008.

(6) CASTELLS, Manuel. *A galáxia da internet*: reflexões sobre a internet, os negócios e a sociedade. Rio de Janeiro: Zahar, 2003.

(7) AGÊNCIA BRASIL. *Brasil tem 134 milhões de usuários de internet, aponta pesquisa*. Disponível em: <https://agenciabrasil.ebc.com.br/geral/noticia/2020-05/brasil-tem-134-milhoes-de- usuarios-de-internet-aponta-pesquisa>. Acesso em: 27 mar. 2021.

(8) DONOVAN, J. J. *The second industrial revolution*: reinventing your business on the web. Englewood Cliffs: Prentice-Hall, 1997.

(9) FONSECA, Carlos Eduardo Corrêa; MEIRELLES, Fernando de Souza; DINIZ, Eduardo Henrique. *Tecnologia bancária no Brasil:* uma história de conquistas, uma visão de futuro. 1. ed. São Paulo: FGV RAE, 2010.

(10) RAMOS, Anatália Saraiva Martins; COSTA, Fabrício de São Paulo H. A. Rubim. Serviços bancários pela internet: um estudo de caso integrando a visão de competidores e clientes. *Rev. adm. contemp.*, Curitiba, v. 4, n. 3. p. 133-154, dec. 2000. Disponível em: <http://www.scielo.br/scielo.php?script=sci_arttext&pid=S1415-65552000000300008&lng =en&nrm=is>. Acesso em: 27 mar. 2021.

Segundo Albertin[(11)], o setor bancário continua sendo considerado como um dos que mais investem em TI, que causa redução de custos e considerável vantagem competitiva. Assim, seja pelo seu novo ambiente, seja por força dos concorrentes, o setor bancário é um dos mais afetados pela nova realidade do comércio eletrônico. Esta situação tem exigido grande esforço para a assimilação e utilização das TI referentes a comércio eletrônico, na sua operacionalização e na sua estratégia competitiva.

O Bradesco, por exemplo, tornou-se a primeira instituição financeira no Brasil a usar a Internet para oferecer serviços bancários. Em 1997 já atingia 1,5 milhão de acessos por mês, tendo sido o primeiro banco a disponibilizar aos clientes um canal para conferência de saldos, extratos, transferências, tendo ainda como estratégia de serviços incentivar o uso do Internet banking, oferecendo financiamentos de microcomputadores e convênios com provedores da rede. Foi também inovador em oferecer o acesso gratuito à Internet a seus correntistas[(12)].

3. *Competitividade do setor bancário e a incorporação de novas tecnologias*

Para se destacarem no mercado, as empresas buscam diversas alternativas, como criar mecanismos de inovação para gerar produtos e serviços diferenciados, ou criar redes empresariais para se tornarem mais fortes perante a concorrência e, com isto, conquistar uma fatia preciosa de seu segmento de atuação. Não obstante, o setor bancário é extremamente competitivo e monopolizado, o que enseja a constante aplicação de meios tecnológicos para atrair e manter o maior número possível de clientes.

Desde os primórdios do capitalismo, os bancos têm se mostrado como atores cruciais do desenvolvimento econômico. Isto ocorre porque os bancos concentram a capacidade de gerenciar tanto o fluxo de pagamento quanto o volume de crédito da economia. Os bancos comerciais são atores de um arranjo institucional articulado e organizado, orientados a partir de um banco central. As empresas dependem da interação com os bancos para um grande número de atividades econômicas. De forma equivalente, a pessoa física também mantém uma ligação estreita com instituições bancárias no seu cotidiano[(13)].

As instituições bancárias precisam constantemente estar atentas às tendências e mudanças no cenário tecnológico, visto que qualquer mudança poderá afetar a forma como seus clientes interagem com os bancos e, com isto, mudar de opinião sobre qual instituição deverão manter sua conta. Logo, as novas tecnologias implantadas no mercado são sempre monitoradas, pois os diferenciais apresentados podem e serão rapidamente copiados por outras instituições, e, se possível, será aprimorado para apresentar melhores soluções aos seus clientes.

A título exemplificativo, lembra-se que a tentativa de criação de aplicativos e soluções remotas para melhor atender seus clientes e reduzir a busca de soluções dos mesmos nas agências físicas foram rapidamente replicadas por outros bancos, onde um diferencial competitivo anteriormente criado, passa a ser interiorizado pelos concorrentes, criando vantagens meramente temporárias.

Diante deste cenário, qualquer inovação apresentada, mesmo que com grande diferencial e potencial de criação de vantagem competitiva, acaba se tornando meramente provisória, pois estes serão replicados pela concorrência do setor bancário em um curto período de tempo.

A busca por novas tecnologias pelo setor bancário, no atendimento ao cliente, se faz necessária para que seus sistemas de atendimento não se tornem obsoletos, ou ainda, que a concorrência se mostre mais eficiente neste atendimento remoto. Caso as instituições bancárias não consigam criar vantagens competitivas de longo prazo, a busca se limita a acompanhar às mudanças apresentadas pelo mercado, sob pena de expressiva desvantagem competitiva e redução de lucros.

Esta competitividade está ligada ao modelo defendido na década de 40 por Schumpeter[(14)], no sentido de que as instituições, visando a todo mo-

(11) ALBERTIN, A. L. Comércio eletrônico: um estudo no setor bancário. *XXII Encontro Anual da ANPAD. Anais Eletrônicos.* Foz do Iguaçu: ANPAD, 1998.

(12) RAMOS; COSTA, *op. cit.*

(13) DE OLIVEIRA, M. P.; MALAGOLLI, G. A. O impacto da tecnologia da informação na evolução dos serviços bancários. *Revista Interface Tecnológica, [S. l.],* v. 13, n. 1, p. 39-52, 2016. Disponível em: <https://revista.fatectq.edu.br/index.php/interfacetecnologica/article/view/124>. Acesso em: 27 mar. 2021.

(14) SCHUMPETER, Joseph Alois. A. *Capitalismo, socialismo e democracia.* Rio de Janeiro: Barra Funda, 1942.

mento reduzir custos e aumentar seus lucros, criam novas tecnologias para que seus clientes possam se atender, sem a necessidade de se dirigirem às redes bancárias, gerando um processo de destruição criadora, eliminando velhos conceitos com a inclusão de novos modelos operacionais.

Estas transações foram se aprimorando no decorrer dos anos, passando pelo atendimento exclusivo na rede de agências, para simples consultas de saldo via SMS. Posteriormente foram criados aplicativos simples que permitiam além da consulta de saldo, pagamento de contas e recarga de celulares pré-pagos, até se chegar aos aplicativos atuais, que além das funções acima, ainda fazem aplicações, cotações e efetivações de compra e venda de ações, abertura e encerramento de contas dentre outras funções, que fazem desta jornada de inovação uma constante[(15)].

4. *Retrospecto da tecnologia do setor bancário no Brasil*

Por uma série de circunstâncias históricas, o setor bancário brasileiro é reconhecido como um dos mais avançados no mundo no uso de tecnologia de informação (TI), caracterizando-se, ao longo das últimas décadas, por uma trajetória contínua de automação dos processos e de informatização das transações e relações entre clientes e instituições bancárias.

As origens dessa trajetória remontam à década de 60. Nessa época o Governo Federal iniciou uma política de incentivo à concentração bancária por meio de fusões e aquisições, com a qual esperava-se que os bancos se tornassem mais eficientes e tivessem condições de expandir as suas redes de agências, sobretudo pelo interior do país, e passassem a atuar na arrecadação de impostos e taxas de serviços públicos, e no pagamento de benefícios. Para cumprir esse papel com eficiência, os bancos se viram obrigados a buscar tecnologias que aumentassem sua capacidade produtiva[(16)].

A estrutura atual do setor bancário brasileiro originou-se na grande reforma financeira de 1964, com a criação da figura do Banco Central e a constituição do mercado de capitais. Os bancos de varejo foram resultado do aperfeiçoamento do mecanismo de captação e aplicação de recursos por parte dos bancos. Outra reforma financeira em 1988 permitiu a criação de bancos múltiplos, formalizando o modo de operação já adotado por muitas das organizações bancárias brasileiras, o que também gerou a concentração bancária, resultantes de fusões[(17)].

Outros incentivos também foram a política de reserva do mercado de informática que vigorou entre 1972 e 1990, incentivando os bancos a investirem capitais próprios no desenvolvimento de divisões de informática e automação, bem como os progressos verificados na infraestrutura de telecomunicações do país, nos anos 70[(18)].

O maior impulso, no entanto, veio com o surgimento do quadro de altas taxas de inflação, que caracterizaria a economia brasileira nos anos 80 e primeira metade da década de 1990. Neste período, os bancos obtinham grandes ganhos com receitas de *floating*, isto é, aplicando no mercado financeiro os recursos mantidos em depósitos à vista pelos clientes, tornando-se fundamental o uso de tecnologia de informação para agilizar os fluxos de informação, constituindo-se assim um grande incentivo à automação[(19)].

Como resultado destes incentivos, os bancos acabaram desenvolvendo uma expertise superior na área. Ao contrário do que ocorre em muitos países, onde os bancos costumam ser tomadores de tecnologias desenvolvidas em outras áreas, no Brasil o setor bancário "não é somente o maior usuário de TI, mas também um produtor de tecnologia"[(20)]. À título

(15) SIQUEIRA NETO, A. S.; BARCELOS, M. T. C.; COSTA, D. D. M. Perspectivas e percepções da inovação no mercado dos aplicativos bancários. *Desafio on-line*, v. 6, n. 1. p. 25-42, 2018. Disponível em: <https://periodicos.ufms.br/index.php/deson/article/view/3867/4253>. Acesso em: 27 mar. 2021.

(16) HENRIQUE, Jorge Luís. *Satisfação do usuário com as tecnologias de informação nos serviços bancários*. Dissertação de Mestrado. Universidade Federal do Rio Grande do Sul, Escola de Administração, 2001.

(17) ALVES, Vera Lúcia Medina Ferreira; GALEGALE, Napoleão Verardi. Serviços bancários, tecnologia da informação e technology acceptance model (TAM) – Um estudo bibliométrico. *Brazilian Journal of Development*, Curitiba, v. 6, n. 4. p. 18155-18170, 2020. Disponível em: <https://www.brazilianjournals.com/index.php/BRJD/article/view/8572>. Acesso em: 27 mar. 2021.

(18) *Idem*.

(19) TIGRE, Paulo Bastos. *E-commerce readiness and diffusion*: the case of Brazil. Relatório de pesquisa, University of California at Irvine, Center for Research on Information Technology and Organizations, 2003.

(20) *Idem*.

exemplificativo, pode-se citar a criação da Itautec, divisão tecnológica do grupo Itaú.

Em meados da década de 90, quando o país passava por um cenário de hiperinflação, o receio por uma crise sistêmica levou o governo a lançar o Programa de Estímulo à Reestruturação e ao Fortalecimento do Sistema Financeiro Nacional (PROER), visando a recuperação de instituições financeiras em crise. As medidas enfatizavam entre outros tópicos, o aumento da concentração bancária e entrada de bancos estrangeiros. Houve, portanto, várias fusões e aquisições de bancos de pequeno porte ou públicos, por bancos privados de maior porte, nacionais e estrangeiros. Desta forma, houve uma redução do número de bancos que se estendeu até a década de 2000. A partir deste momento, temos uma concentração dos clientes nas grandes marcas(21).

Este momento também preconiza a terceira geração do dinheiro, baseada no modelo atual, com o surgimento das novas tecnologias possibilitando a reinvenção do dinheiro como uma força globalizada, representada pelo dinheiro eletrônico e a economia virtual(22).

Em setembro de 2016, o Banco Central do Brasil(23) publicou o resultado de uma pesquisa sobre o uso e qualidade dos serviços financeiros, notadamente sobre a posse e o uso de contas bancárias, o planejamento financeiro e a poupança, o uso do crédito e os canais de atendimento aos usuários na Série Cidadania Brasileira. A pesquisa buscou, entre outros objetivos, avaliar o percentual de famílias que tem conta corrente e/ou conta poupança ativas. Segundo os dados da pesquisa, 72% dos respondentes têm conta em instituição financeira regulada (corrente e/ou poupança) ativa, dos quais 84% têm conta corrente, 52% têm conta poupança e 36% possuem ambos os tipos de conta.

Em maio de 2017, a FEBRABAN(24) divulgou os resultados da sua Pesquisa de Tecnologia Bancária, realizado pela consultoria Deloitte. Este estudo apresenta o mobile banking como o canal de atendimento digital preferido dos brasileiros, tendo sido responsável por 21,9 bilhões das transações bancárias realizadas no ano de 2016. Para este estudo foram consultadas 17 instituições financeiras do Brasil, que representam 91% do mercado. Em termos de participação, o mobile lidera com 34% do total das operações, seguido pela internet banking com 23%. Esta participação é resultante de uma maior migração dos serviços de outros canais tradicionais ou digitais para o mobile banking.

O estudo também indicou que os três tipos de transações mais realizadas no mobile banking foram: transferências bancárias (DOCs e TEDs), pagamentos de contas e consultas de saldo. Há, portanto, um entendimento que os bancos brasileiros vêm adotando tecnologias digitais em resposta a um uso crescente destes meios pelos clientes. Outra tecnologia em crescimento é a disponibilidade de contas totalmente digitais, desde a abertura, sem contato presencial entre a instituição financeira e os clientes. Os investimentos atuais em tecnologia estão se direcionando à adoção de novas tecnologias, tais como *analytics*, automação, computação cognitiva, entre outras(25).

5. Panorama do uso de tecnologia da informação pelos bancos no Brasil

O segmento bancário é o que mais investe em Tecnologia da Informação nas últimas três décadas e apresenta um nível de desenvolvimento local tecnológico avançado em relação a outros setores da economia e, até mesmo, aos seus equivalentes estrangeiros(26).

A difusão e barateamento da Internet possibilitou o surgimento do Internet banking, considerada uma das principais inovações tecnológicas assumidas pelas instituições bancárias, e que vem se tornando a principal ferramenta utilizada por seus clientes para realização de transações.

(21) PEREIRA NETO, João Basílio; PAULI, Rafael Camargo de. O setor bancário no Brasil: transformações recentes, rentabilidade e contribuições à atividade econômica. *Economia & Tecnologia*, Paraná, ano04, v.12, UFPF, 2008.
(22) WEATHERFORD, J. M. *A história do dinheiro*: do arenito ao cyberspace. 3. ed. São Paulo: Negócio, 2000.
(23) BANCO CENTRAL DO BRASIL. *Série cidadania financeira*: estudos sobre educação, proteção e inclusão. 3. ed. Brasília: Banco Central do Brasil, 2016.
(24) FEBRABAN. *Pesquisa FEBRABAN de tecnologia bancária*. 2017. Disponível em: <https://portal.febraban.org.br/pagina/3106/48/pt-br/pesquisa>. Acesso em: 27 mar. 2021.
(25) *Idem*.
(26) ALVES; GALEGALE, *op. cit.*

Neste sentido, uma pesquisa realizada pela Febraban[27] destacou o crescimento de mais de 100 vezes o número de transações feitas por Mobile Banking desde 2011, passando para 11,2 bilhões de transações em 2015, direcionando assim os esforços das instituições bancárias para a inclusão digital e o acesso de novos dispositivos, alcançando um investimento de R$ 19 bilhões em tecnologia.

Ainda, segundo a Febraban[28], uma série de fatores sustenta o avanço, sendo o aumento do acesso da população à internet, o uso crescente dos smartphones, a inserção da mobilidade nos hábitos e a maior sofisticação da disponibilidade de serviços via aplicativos para dispositivos digitais. As contas habilitadas no Mobile Banking (aplicativos para celular) cresceram 22% em 2015 alcançando a marca de 31,1 milhões de contas.

Atualmente, há uma evolução evidente no acesso dos clientes de banco aos serviços, tanto quanto à rapidez de transações quanto a facilidade de acesso através de um computador ou outro equipamento conectado à Internet. Todo um ecossistema foi desenvolvido e é composto por vários atores: fornecedores de serviços, consultores e analistas de negócios, legislações para regularizar os usos e as transações realizadas, sistemas de segurança, entre outros[29].

Houve sérias mudanças no cenário bancário que não só demandaram evolução tecnológica para atender aos requisitos de automação e racionalização do trabalho, como também levaram a inovações na constituição dos próprios serviços bancários.

Além disto, a pandemia do novo coronavírus em meados de 2020, acrescida do isolamento social e *lockdown* em diversos Estados do país, aceleraram tendências tecnológicas bancárias, diante da impossibilidade de locomoção às agências bancárias e restrição de abertura do comércio e estabelecimentos considerados não essenciais. Embora muitas instituições financeiras já estivessem digitalizando procedimentos que exigiam a presença física, como a verificação de identidade e as assinaturas manuais e biométricas, a pandemia tornou prioritárias tais mudanças.

6. O rearranjo das relações laborais bancárias em decorrência das novas tecnologias e seus reflexos na categoria profissional

Alguns autores costumam dividir o processo de trabalho bancário no Brasil em três etapas. Na primeira, que compreende até a década de 1960, o trabalhador exercia o controle sobre a execução do seu trabalho. Em um segundo momento, até a década de 1980, há o predomínio do padrão taylorista-fordista, baseado em rotinas pré-definidas e em programas de computadores, o que provocou desqualificação do bancário, à medida que o conhecimento exigido na fase anterior foi descartado[30].

A década de 1980 foi marcada pela difusão do uso de computadores no ambiente do trabalho bancário. Parte das atividades dos bancários foi sendo transferida aos clientes – o oferecimento de equipamentos de autoatendimento é emblemático — e grande parte das informações se tornaram disponíveis *on-line*. A última etapa, a partir de 1990, se caracterizou pelo aumento da automação e, consequentemente, acentuada redução e eliminação de postos de trabalho[31].

Diversos setores da economia brasileira sofreram rearranjos organizacionais decorrentes da reestruturação produtiva, intensificada principalmente nos anos 1990. No entanto, o setor bancário foi pioneiro na incorporação de novas tecnologias e inovações organizacionais e vivenciou intenso ajuste estrutural a partir da globalização do sistema financeiro, já em curso nos anos 1980 e intensificado na década de 1990[32].

(27) FEBRABAN. *Pesquisa FEBRABAN de tecnologia bancária*. 2015. Disponível em: <https://cmsportal.febraban.org.br/Arquivos/documentos/PDF/Relatorio%20- %20Pesquisa%20FEBRABAN%20de%20Tecnologia%20Banc%C3%A 1ria%202015.pdf>. Acesso em: 27 mar. 2021.

(28) *Idem*.

(29) ALVES; GALEGALE, *op. cit*.

(30) DAVID, M. L. *A transformação dos processos de trabalho e a descaracterização da profissão de bancário*. 4ª Semana de Ensino, Pesquisa e Extensão. Santa Catarina: UFSC; 2004.

(31) *Idem*.

(32) FILGUEIRAS, Luiz Antônio Mattos. Reestruturação produtiva e emprego bancário. In: *O Trabalho no séc. XXI*: considerações para o futuro do trabalho. São Paulo: Anita Garibaldi; 2001. p. 99.

Este processo de mudanças insere-se num contexto de acirramento da concorrência entre bancos nacionais e internacionais, mudanças institucionais, implantação de planos econômicos no país nos anos 1980 e 1990, particularmente, os Planos Cruzado e Real, bem como a redução dos índices inflacionários(33).

Liliana Rolfsen Petrilli Segnini defende que a base das novas exigências e qualificações requeridas no setor bancário se fundamenta em três fenômenos sociais característicos: o desemprego, a precarização do trabalho e a intensificação do ritmo laboral(34).

As mudanças substanciais operadas com o advento da reestruturação produtiva, ocorreram no sentido de implantar estratégias como a cobrança de maior diversidade de serviços e produtos de seus clientes, intensificação da terceirização e a exteriorização dos clientes das agências, flexibilização do trabalho, redefinindo tarefas e atividades bancárias tradicionais(35).

Os bancários passaram por momentos de redefinição em seus "traços constitutivos", transformaram-se em "bancários-vendedores", capacitados para atender integralmente os seus clientes, muitas vezes de forma individualizada, para cumprir metas a eles impostas de vendas de títulos, seguros, aplicações e demais produtos e serviços bancários(36).

A princípio, a caracterização do tradicional trabalho bancário se resumia em atividades realizadas nas agências bancárias. No entanto, esse método majoritariamente burocrático deu espaço para atribuições novas, como atividades de consultoria financeira e comercialização de novos produtos e serviços.

À medida em que a aplicação da tecnologia nas agências bancárias se tornou cada vez mais avançada, aumentaram os adoecimentos relacionados ao trabalho, bem como o desemprego estrutural pelo processo de automação. Sobre o assunto, Juliana Lemos Silva aponta que

> O crescente processo de automação e informatização do trabalho bancário acarretou mudanças na organização, nas condições e nas relações de trabalho. A adoção das novas tecnologias e as novas formas de gestão da força de trabalho resultaram, dentre outras coisas, em intensificação do ritmo, em sobrecarga de tarefas, em diminuição de postos de trabalho, em aumento da pressão e controle sobre os trabalhadores, que refletiram na saúde dos trabalhadores. (SILVA; NAVARRO, 2012)

Nise Jinkings(37) vaticina que o desenvolvimento tecnológico a serviço do capital, transforma grande parte da força de trabalho bancária em coisa descartável, tornada desnecessária ao processo avassalador de autovalorização do capital.

Com efeito, com a incorporação da tecnologia, o trabalho certamente evoluiu no sentido de alcançar cada vez mais a produtividade, fortalecida pela automatização e especialização(38). É esse contexto que obriga o bancário a trabalhar realizando movimentos inadequados, ditados pelo ritmo acelerado e sob condições que, frequentemente, estão relacionadas aos distúrbios musculoesqueléticos(39).

Além das doenças ocupacionais osteomusculares, corriqueiramente verificadas no setor dos bancários como LER/DORT, que inclusive possui nexo técnico epidemiológico reconhecido perante a Justiça do Trabalho(40), a problemática do desemprego estrutural também demanda crescente preocupação.

Os dados do Cadastro Geral de Empregados e Desempregados (Caged), compilados pelo Ministério da Economia, revelaram que o setor bancário brasileiro eliminou 9.463 postos de trabalho em 2019,

---

(33) SEGNINI, Liliana Rolfsen Petrilli. Reestruturação nos bancos no Brasil: desemprego, subcontratação e intensificação do trabalho. *Educ. Soc.*, Campinas, v. 20, n. 67. p. 183-209, 1999.

(34) *Idem.*

(35) FILGUEIRAS, *op. cit.*, p. 279.

(36) JINKINGS, Nise. As formas contemporâneas da exploração do trabalho nos bancos. In: ANTUNES, R.; MAM, Silva (org.). *O avesso do trabalho.* São Paulo: Expressão Popular, 2004. p. 207.

(37) JINKINGS, Nise. *O Mister de Fazer Dinheiro.* São Paulo: Boitempo; 1995. p. 136.

(38) BRANDÃO, A. G; HORTA, B. L; TOMASI, E. Sintomas de distúrbios osteomusculares em bancários de Pelotas e região: prevalência e fatores associados. *Rev. Bras. Epidemiol*, 2005. p. 295-305.

(39) *Idem.*

(40) À título exemplificativo, ver o seguinte precedente: ROT-0100624-70.2016.5.01.0284.

sendo que somente em dezembro foram extintas[41] 680 vagas[42].

Por sua vez, um levantamento feito pelo Dieese (Departamento Intersindical de Estatística e Estudos Socioeconômicos) atestou que os bancos extinguiram 78.155 postos de trabalho, de janeiro de 2013 a outubro de 2020. Os saldos totais de postos de todos os anos entre 2013 e 2020 foram negativos para o setor bancário. O destaque foi para o ano de 2016, que encerrou com 20,6 mil desligamentos a mais do que contratações[43].

Apesar da crise financeira vista no país entre 2014 e 2016 ter intensificado o volume de demissões em relação ao de contratações, é a transformação tecnológica e digital que tem levado ao enxugamento da estrutura nas instituições financeiras[44]. Outrossim, a pandemia da COVID-19 em 2020 pode ter acelerado esta tendência, a Presidente da Contraf-CUT (Confederação Nacional dos Trabalhadores do Ramo Financeiro) afirmou em entrevista para o Valor Econômico, que o cenário de mudanças se intensificou durante a pandemia do novo coronavírus, com o aumento da migração das agências bancárias físicas para o digital[45].

Sobre o assunto, Nise Jinkings[46] aponta que o uso generalizado da automação no setor bancário resultou em taxas crescentes de desemprego:

> Com o suporte teleinformático, desativam-se os grandes centros de processamento de dados, de serviços e de compensação dos bancos, que reuniam númerosos contingentes assalariados nas décadas de 60, 70 e 80. Paralelamente, o movimento de migração do tradicional atendimento nas agências bancárias para o atendimento eletrônico – através de centrais telefônicas, caixas automáticos, internet e sistemas homebanking – e a progressiva substituição do papel-dinheiro pelo cartão magnético, convertem as agências em lojas informatizadas de "produtos" e serviços financeiros.

O desemprego estrutural no setor bancário é feito em grande medida através de PDV's (Programa de Demissão Voluntária). Recentemente o Banco do Brasil realizou um PDV, e em fevereiro de 2021 já tinha a adesão de quase 5 mil funcionários, mesmo após ameaças do presidente da República, de suspender o programa de demissão aberto pelo banco[47].

Com o encerramento do PDV, o Banco do Brasil se dedicará ao processo de fechamento de postos de atendimento. Estão na lista 361 unidades, das quais, 112 são agências bancárias. Esse processo, porém, exigirá mais tempo, pois deve seguir uma série de burocracias, como afixar placas nos locais 30 dias antes do encerramento das operações e realocar a clientela[48].

A meta do Banco do Brasil, com o PDV e o fechamento de pontos de atendimento, é economizar R$ 353 milhões em 2021 e R$ 2,7 bilhões até 2025[49].

Por todo o exposto, resta demonstrado que o impacto das novas tecnologias ao setor bancário poderá ser benéfico aos correntistas, que aproveitarão novas ferramentas advindas dos meios tecnológicos, por outro lado, maléfico para a categoria profissional dos bancários, que sofrem e sofrerão com adoecimentos de ordem física por doenças ocupacionais, diretamente relacionadas à intensificação do trabalho, assim como o desemprego estrutural.

7. *Conclusões*

Economistas defendem a ideia de que nos encontramos na Quarta Revolução Industrial, ou Indústria 4.0, que alterará profundamente a maneira como vivemos, trabalhamos e nos relacionamos. O

(41) Fechamento de posto de trabalho caracteriza a extinção de uma vaga (demissão de um trabalhador sem que outro seja contratado para a mesma função).

(42) SP BANCÁRIOS. *Bancos eliminaram quase 10 mil postos de trabalho em 2019*. Disponível em: <https://spbancarios.com.br/01/2020/bancos-eliminaram-quase-10-mil-postos -de-trabalho-em-2019>. Acesso em: 27 mar. 2021.

(43) VALOR ECONÔMICO. *Bancos encolhem estrutura na década e extinguem quase 80 mil vagas*. Disponível em: <https://valor.globo.com/financas/noticia/2020/12/29/bancos-encolhem-estrutura-na -decada-e-extinguem-quase-80-mil-vagas.ghtml>. Acesso em: 27 mar. 2021.

(44) *Idem*.

(45) *Idem*.

(46) JINKINGS, *op. cit*.

(47) NUNES, Vicente. Plano de demissão voluntária do Banco do Brasil tem adesão de quase 5 mil funcionários. *Correio Braziliense*. Disponível em: <https://blogs.correiobraziliense.com.br/vicente/plano-de -demissao-voluntaria-do-banco-do-brasil-tem-adesao-de-quase-5-mil-funcionarios/>. Acesso em: 27 mar. 2021.

(48) *Idem*.

(49) *Idem*.

setor bancário é considerado como um dos que mais investem em TI e novas tecnologias, sendo pioneiro na implantação de diversas ferramentas advindas na Quarta Revolução Industrial.

O presente artigo demonstrou que o setor bancário precisa constantemente estar atento às tendências e mudanças no cenário tecnológico, visto que qualquer mudança poderá afetar a forma como seus clientes interagem com os bancos e, com isto, mudar de opinião sobre qual instituição deverão manter sua conta.

Com efeito, basta constatar que a criação de aplicativos e soluções remotas para atendimento aos clientes e redução de deslocamentos às agências físicas foram rapidamente replicadas por outros bancos. Isto mostra que qualquer inovação apresentada, mesmo que com grande diferencial e potencial de criação de vantagem competitiva, acaba se tornando meramente provisória, pois estes serão replicados pela concorrência do setor bancário em um curto período de tempo.

Também demonstrou-se certas peculiaridades que fizeram o setor bancário brasileiro ser reconhecido como um dos mais avançados no mundo no uso de tecnologia de informação (TI), como a grande reforma financeira de 1964, com a criação da figura do Banco Central e a constituição do mercado de capitais, assim como a política de reserva do mercado de informática que vigorou entre 1972 e 1990.

Além disto, nota-se que a pandemia do novo coronavírus em meados de 2020, acrescida do isolamento social e *lockdown* em diversos Estados do país, aceleraram tendências tecnológicas bancárias, diante da impossibilidade de locomoção às agências bancárias e restrição de abertura do comércio e estabelecimentos considerados não essenciais.

Entretanto, a reestruturação produtiva do setor bancário também desencadeou reflexos no meio laborativo, como o desemprego estrutural, a precarização do trabalho e a intensificação do ritmo laboral, que muitas vezes culmina em doenças ocupacionais, como LER/DORT.

A metodologia quantitativa revelou um aumento do número de demissões no setor bancário, tais demissões muitas vezes são feitas em massa, através da abertura de PDVs (Programas de Desligamento Voluntário), o que escancara o enxugamento da estrutura nas instituições financeiras nos últimos anos.

Conclui-se, portanto, que o impacto das novas tecnologias ao setor bancário poderá ser benéfico aos consumidores deste serviço, em contrapartida, ao que tudo indica será maléfico para a categoria profissional dos bancários, diante do aumento do adoecimento e do desemprego estrutural.

8. Referências

AGÊNCIA BRASIL. *Brasil tem 134 milhões de usuários de internet, aponta pesquisa*. Disponível em: <https://agenciabrasil.ebc.com.br/geral/noticia/2020-05/brasil-tem- 134-milhoes-de-usuarios-de-internet--aponta-pesquisa>. Acesso em: 27 mar. 2021.

ALBERTIN, A. L. Comércio eletrônico: um estudo no setor bancário. *XXII Encontro Anual da ANPAD. Anais Eletrônicos*. Foz do Iguaçu: ANPAD, 1998.

ALVES, Vera Lúcia Medina Ferreira; GALEGALE, Napoleão Verardi. Serviços bancários, tecnologia da informação e technology acceptance model (TAM) – um estudo bibliométrico. *Brazilian Journal of Development*, Curitiba, v. 6, n. 4, p. 18155-18170, 2020. Disponível em: <https://www.brazilianjournals.com/index.php/BRJD/article/view/8572>. Acesso em: 27 mar. 2021.

BANCO CENTRAL DO BRASIL. *Série Cidadania Financeira*: estudos sobre educação, proteção e inclusão. 3. ed. Brasília: Banco Central do Brasil, 2016.

BRANDÃO, A. G; HORTA, B. L; TOMASI, E. Sintomas de distúrbios osteomusculares em bancários de Pelotas e região: prevalência e fatores associados. *Rev Bras Epidemiol*, p. 295-305, 2005.

CAMARGO, PO. *A evolução recente do setor bancário no Brasil*. Editora UNESP, Cultura Acadêmica, 2009. Disponível em: <http://books.scielo.org/>. Acesso em: 27 mar. 2021.

CASTELLS, Manuel. *A galáxia da internet*: reflexões sobre a internet, os negócios e a sociedade. Rio de Janeiro: Zahar, 2003.

______ . *A sociedade em rede*. Tradução de Roneide Venâncio Majer. São Paulo: Paz e Terra, 2008.

DAVID, M. L. *A transformação dos processos de trabalho e a descaracterização da profissão de bancário*. 4ª Semana de Ensino, Pesquisa e Extensão. Santa Catarina: UFSC; 2004.

DE OLIVEIRA, M. P.; MALAGOLLI, G. A. O impacto da tecnologia da informação na evolução dos serviços bancários. *Revista Interface Tecnológica, [S. l.]*, v. 13, n.

1, p. 39-52, 2016. Disponível em: <https://revista.fatectq.edu. br/index.php/interfacetecnologica/ article/ view/124>. Acesso em: 27 mar. 2021.

DONOVAN, J. J. *The second industrial revolution*: reinventing your business on the web. Englewood Cliffs: Prentice-Hall, 1997.

FEBRABAN. *Pesquisa FEBRABAN de tecnologia bancária*. 2015. Disponível em: <https://cmsportal. febraban.org.br/Arquivos/documentos/PDF/ Relatorio%20- %20Pesquisa%20FEBRABAN%20de%20 Tecnologia%20Banc%C3% A1ria%202015.pdf>. Acesso em: 27 mar. 2021.

______ . *Pesquisa FEBRABAN de tecnologia bancária*. 2017. Disponível em: <https://portal.febraban.org. br/ pagina/3106/48/pt-br/pesquisa>. Acesso em: 27 mar. 2021.

FILGUEIRAS, Luiz Antônio Mattos. Reestruturação produtiva e emprego bancário. In: *O trabalho no séc. XXI*: considerações para o futuro do trabalho. São Paulo: Anita Garibaldi; 2001.

FONSECA, Carlos Eduardo Corrêa; MEIRELLES, Fernando de Souza; DINIZ, Eduardo Henrique. *Tecnologia bancária no Brasil:* uma história de conquistas, uma visão de futuro. 1. ed. São Paulo: FGV RAE, 2010.

HENRIQUE, Jorge Luís. *Satisfação do usuário com as tecnologias de informação nos serviços bancários*. Dissertação de Mestrado. Universidade Federal do Rio Grande do Sul, Escola de Administração, 2001.

JINKINGS, Nise. As formas contemporâneas da exploração do trabalho nos bancos. In: ANTUNES, R.; MAM, Silva (org.). *O avesso do trabalho*. São Paulo: Expressão Popular, 2004.

JINKINGS, Nise. *O mister de fazer dinheiro*. São Paulo: Boitempo, 1995.

NUNES, Vicente. Plano de demissão voluntária do Banco do Brasil tem adesão de quase 5 mil funcionários. *Correio Braziliense*. Disponível em: <https://blogs.correiobraziliense.com.br/vicente/ plano- de-demissao-voluntaria-do-banco-do-brasil--tem-adesao-de-quase-5-mil-funcionarios/>. Acesso em: 27 mar. 2021.

PEREIRA NETO, João Basílio; PAULI, Rafael Camargo de. O setor bancário no Brasil: transformações recentes, rentabilidade e contribuições à atividade econômica. *Economia & Tecnologia*, Paraná, ano 4, v.12, UFPF, 2008.

RAMOS, Anatália Saraiva Martins; COSTA, Fabrício de São Paulo H. A. Rubim. Serviços bancários pela internet: um estudo de caso integrando a visão de competidores e clientes. *Rev. Adm. Contemp.*, Curitiba, v. 4, n. 3, p. 133-154, dec. 2000. Disponível em: <http://www.scielo.br/scielo.p hp?script=sci_ arttext&pid=S1415-65552000000300008&lng=en&nrm=is>. Acesso em: 27 mar. 2021.

SCHUMPETER, Joseph Alois. A. *Capitalismo, socialismo e democracia*. Rio de Janeiro: Barra Funda, 1942.

SCHWAB, Klaus. *A quarta revolução industrial*. Tradução: Daniel Moreira Miranda. São Paulo: Edipro, 2016.

SEGNINI, Liliana Rolfsen Petrilli. Reestruturação nos bancos no Brasil: desemprego, subcontratação e intensificação do trabalho. *Educ. Soc.*, Campinas, v. 20, n. 67, p. 183-209, 1999.

SILVA, Juliana Lemos; NAVARRO, Vera Lucia. Organização do trabalho e saúde de trabalhadores bancários. *Rev. Latino-Am. Enfermagem* [*on-line*], v. 20, n. 2, p. 226-234, 2012.

SIQUEIRA NETO, A. S.; BARCELOS, M. T. C.; COSTA, D. D. M. Perspectivas e percepções da inovação no mercado dos aplicativos bancários. *Desafio on-line*, v. 6, n. 1, p. 25-42, 2018. Disponível em: <https:// periodicos.ufms.br/index.php/deson /article/view/ 3867/4253>. Acesso em: 27 mar. 2021.

SP BANCÁRIOS. *Bancos eliminaram quase 10 mil postos de trabalho em 2019*. Disponível em: <https:// spbancarios.com.br/01/2020/bancos-eliminaram-quase-10-mil-postos-de-trabalho-em-2019>. Acesso em: 27 mar. 2021.

TIGRE, Paulo Bastos. E-commerce readiness and diffusion: the case of Brazil. *Relatório de pesquisa*, University of California at Irvine, Center for Research on Information Technology and Organizations, 2003.

VALOR ECONÔMICO. *Bancos encolhem estrutura na década e extinguem quase 80 mil vagas*. Disponível em: <https://valor.globo.com/ financas/noticia/2020/ 12/29/bancos-encolhem-estrutura-na-decada-e-extinguem-quase- 80-mil-vagas.ghtml>. Acesso em: 27 mar. 2021.

WEATHERFORD, J. M. *A história do dinheiro*: do arenito ao cyberspace. 3. ed. São Paulo: Negócio, 2000.

WOLF, José Whitaker. *Fórum Econômico Mundial*: os desafios da “Quarta Revolução Industrial”. Disponível em: <http://www.ihu.unisinos. br/78-noticias/551051-forum- economico-mundial--os-desafios-da-qquarta- revolucao-industrialq>. Acesso em: 27 mar. 2021.

Reflexões sobre a Tecnologia Digital e o Mundo do Trabalho à Luz da Agenda 2030 da ONU

Valéria Tavares de Sant'Anna[1]

Estamos a destruir o planeta e o egoísmo de cada geração não se preocupa em perguntar como é que vão viver os que virão depois. A única coisa que importa é o triunfo do agora. É a isto que eu chamo a cegueira da razão.

José Saramago

1. *Inspiração*[2]

"Transformando Nosso Mundo: a Agenda 2030 para o Desenvolvimento Sustentável" definida pela Assembleia Geral da ONU[3] em 2015 com 17 Objetivos e 169 Metas para a comunidade global: *para as pessoas, para o planeta e para a prosperidade, através do fortalecimento da paz universal, com mais liberdade.* O principal desafio lançado pela Agenda 2030 é a erradicação da pobreza, incluindo a pobreza extrema[4]: requisito indispensável para o desenvolvimento sustentável.

A Agenda 2030 se originou a partir da observação do cumprimento dos Objetivos de Desenvolvimento do Milênio (ODM) e constatação de que apesar do desenvolvimento e progresso significativo em diversas áreas: "... o progresso tem sido desigual, particularmente na África, nos países menos desenvolvidos, nos países sem litoral em desenvolvimento e nos pequenos Estados insulares em desenvolvimento, e alguns dos Objetivos de Desenvolvimento do Milênio permanecem fora dos trilhos, em particular os relacionados com saúde materna, neonatal e infantil e a saúde reprodutiva."

Assim, a Agenda 2030 se estabelece através dos Objetivos de Desenvolvimento do Milênio e respectivas prioridades de desenvolvimento: erradicação da pobreza, saúde, educação e segurança alimentar e nutricional através de objetivos econômicos, sociais e ambientais para sociedades mais pacíficas e inclusivas, apontando meios de implementação.

A Agenda 2030 inspira a transversalidade entre os ODS (Objetivos de Desenvolvimento Sustentável) e, portanto, não há como objetivar impacto em apenas um dos ODS, ou seja, qualquer *framework* com foco sobre um deles, impõe a observação contínua de impacto sobre os demais ODS, a fim de verificação da existência de *input* ou *output* (causa ou consequência) imprevistos no planejamento, como no Rizoma de Deleuze e Guattari, onde as linhas são de intensidade e se ligam, se espalham, as conexões se multiplicam, logo, a intensidade também. Tal mobilidade nos capacita a criação de novos sentidos/percepções.

O rizoma é um caule que se desenvolve horizontalmente, geralmente subterrâneo — bananeira, espada de São Jorge e lírio da paz, mas, às vezes, aéreo — orquídea. Seu broto pode se ramificar em qualquer ponto, engrossar e transformar-se em bulbo ou tubérculo, pode funcionar como raiz, talo ou ramo, independentemente de sua localização na planta. Daí sua utilização para a referência do modelo descritivo (epistemológico) por Deleuze e Guattari: inexistem proposições ou afirmações mais fundamentais do que outras! Isto não implica que uma estrutura rizomática seja, necessariamente, flexível ou instável, porém exige que qualquer modelo de ordem possa ser modificado, pois existem, no rizoma, linhas de so-

(1) Presidente da Comissão Especial da Agenda 2030 do Instituto dos Advogados Brasileiros — IAB. Mediadora Empresarial do Centro Brasileiro de Mediação e Arbitragem. Pós-graduada em Políticas Públicas pela Escola de Políticas Públicas e Governo no IUPERJ — Instituto Universitário de Pesquisa do Rio de Janeiro. Pós-graduada em Relações Sindicais e Negociações Coletivas pela Universidade Cândido Mendes. MBA em Recursos Humanos pela Escola de Negócios da Pontifícia Universidade Católica do Rio de Janeiro, PUC/RJ. Advogada.

(2) Agenda 2030/ONU. Rizoma de Deleuze e Guattari. transversalidade, transdisciplinaridade e simultaneidade.

(3) Organização das Nações Unidas, ou simplesmente Nações Unidas, é uma organização intergovernamental criada para promover a cooperação internacional.

(4) Definição do Banco Mundial: "viver com menos um dólar americano, por dia".

lidez e organização fixadas por grupos ou conjuntos de *conceitos* afins. Tais conjuntos definem *territórios*, relativamente estáveis dentro do rizoma.

O Rizoma de Deleuze e Guattari é conceito filosófico que, em síntese: define a estrutura do conhecimento como não derivada de princípios primeiros, mas sim, de todos os pontos sob a influência de diferentes observações e conceitualizações, simultaneamente.

A transversalidade a partir do Rizoma inspira a reflexão sobre o excesso de fragmentação do conhecimento e conduz, portanto, ao processo dialógico (Habermas) e à transdisciplinaridade. Em tal cenário, observamos os cientistas, técnicos e pesquisadores das ciências denominadas como exatas ressignificando seu *modus operandi* através da apropriação de conceitos e métodos associados ao social, ao humano, ao filosófico.

A sustentabilidade se estabelece no cenário do século XXI como essencial e assim a Agenda 2030 define seu foco: Pessoas, Planeta, Prosperidade, Paz e Parcerias. Imediatamente, a evidência é do protagonismo das pessoas: a maioria dos objetivos de desenvolvimento sustentável estão diretamente afetos às gentes.

Recentemente, em debate, dois conhecidos pensadores da pós-modernidade indicaram, em exercício de futurologia quais vetores devem orientar a *transformação de nosso mundo* (Agenda 2030)(5). Slavoj Zizek, com o acirramento da crise, identifica duas possibilidades: "barbárie ou alguma forma de comunismo reinventado".

A "abordagem comunista" renovada seria assim, uma saída da encruzilhada através de Estados-nação colocados a serviço da defesa dos mais fracos. Zizek afirma que o vírus mostrou que convivíamos com outro vírus, naturalizado: o capitalismo. Considera que há oportunidade de libertação da "tirania do mercado" e que o conflito "cresça a solidariedade entre os povos" pois a solidariedade passa a *racional* e *egoísta*, já que atualmente caracterizada como *instinto de sobrevivência*.

Byung-Chul Han, diferentemente de Zizek que acredita que o golpe sofrido pelo capitalismo seria capaz de derrubar até mesmo o regime (paradoxal) chinês, em "A emergência viral e o mundo de amanhã" sustenta que após a pandemia, o capitalismo continuará com mais força. Segundo Han a revolução viral não vai acontecer: "Nenhum vírus é capaz de fazer a revolução".

Em relação às assimetrias produzidas pelo sistema econômico e hegemônico no Planeta, Han e Zizek não divergem. Han conclui e ressalta o protagonismo de um dos pilares da Agenda 2030 — Pessoas, Planeta, Prosperidade, Paz e Parcerias: "A globalização suprime todos esses limiares imunes para dar uma carona ao capital. Somos nós, pessoas dotadas de motivo, que temos que repensar radicalmente e restringir o capitalismo destrutivo, e também nossa mobilidade ilimitada e destrutiva, para nos salvar, salvar o clima e nosso belo planeta".

O protagonismo das gentes fica evidente. O cerne de tal protagonismo está na consciência. A consciência de que o que aqui se passa é de nossa responsabilidade, individual e coletiva. A consciência é algo que se realiza a partir do fim da transferência dessa responsabilidade à uma alteridade: pessoa, grupo instituição ou governos! Através dessa consciência não há espaço para vieses tão atuais em nossos tempos: polarização, demonização de: processos, atores sociais e estigmas.

Ao Estado cumpre oferecer a seus cidadãos de forma universal, um ambiente propício ao desenvolvimento de suas potencialidades. No entanto, o sucesso de qualquer empreitada, uma vez assegurada oportunidade a todos, deve depender única e exclusivamente do talento e do empenho de cada um.

O tão falado empoderamento pessoal deve ser a consequência consagradora do estudo e do trabalho desenvolvidos por uma pessoa, jamais resultar de um tratamento estatal privilegiado, sob pena de evoluirmos em direção a uma sociedade estamental e, na essência, injusta.(6)

Considerando assimetrias próprias de países de economia periférica, importante destacar os Objetivos 4, 5, e 12, bem como o papel decisivo dos jovens no processo para o desenvolvimento sustentável proposto pela Agenda 2030: *Objetivo 4* — Educação inclusiva, equitativa, de qualidade e ao longo da vida para todos; *Objetivo 5* — Alcançar a igualdade de gênero e empoderar todas as mulheres e meninas; *Objetivo 12* — consumo e produção responsáveis e,

(5) Disponível em: <https://teorcritico.wordpress.com/2020/03/28/o-que-nos-espera-pos-covid-19/>.

(6) BAILLY, Ricardo Eichler. *IAB Nacional* — Instituto dos Advogados Brasileiros, 2018: discurso em seu ingresso como membro.

finalmente, *Objetivo 16 — Paz, Justiça e Instituições Eficazes* que visa a promoção do respeito aos direitos humanos baseados no Estado de Direito e o efetivo acesso à justiça(7) como base para o desenvolvimento humano sustentável.

Outro objetivo de extrema relevância é o *Objetivo 8 — Trabalho Decente e Crescimento Econômico* que estabelece o trabalho decente, sustentado e sustentável, como a forma mais eficiente para a erradicação da desigualdade de renda e oportunidades e comprometida com o crescimento econômico(8).

Segundo a Comissão Nacional dos Objetivos de Desenvolvimento Sustentável(9): No cenário de diversidade que define o Brasil, a Agenda 2030 dos Objetivos de Desenvolvimento Sustentável (ODS) representa uma oportunidade para o aperfeiçoamento da gestão pública e a aplicação de políticas que consolidem avanços sociais e a recuperação econômica do País. É também uma oportunidade de convergência dos esforços do Governo e da sociedade civil para acabar com a pobreza e a fome, lutar contra as desigualdades e combater mudanças climáticas, dentre outros objetivos que nos movem.

2. *A tecnologia digital. Impactos no indivíduo, nas relações sociais, nas organizações e nos processos produtivos*

Tudo, na modernidade tardia, se resume em tecnologia e consumo, meios (instrumentos) que se transformaram em finalidade, deslocando objetivos mais amplos, às vezes, ao ponto de serem perdidos de vista, o que gera confusão e desalento entre os jovens. A revolução digital, através da disponibilização de uma quantidade de informação quase bizarra: impossível de ser captada, gerando efeito quase lisérgico e viciante, provoca atomização e isolamento.

O uso da tecnologia, a forma como a tecnologia digital se impõe determina pessoas cada vez mais isoladas, num processo de banalização da vida. Tal isolamento numa sociedade de consumo de massa produz zumbis, escravos da imagética, com pouco ou quase nenhum conteúdo, ocos zumbis da pós-modernidade, numa histeria de sobrevivência que substituiu a perspectiva da boa vida de outrora.(10)

O mercado costumava atender à demanda. Na pós-modernidade, há verdadeira inversão disso, o mercado informa o consumidor, cria, enfim, forja a demanda; viciados, portanto, o desejo, a vontade; em síntese: a liberdade do indivíduo! Grandes tribos ou coletivos constituídos a partir de valores associados ao consumo de produtos e serviços que vão determinar a identidade, o sucesso e a pertinência das pessoas.

A falta de consciência dessa manipulação, esvazia a pessoa do afeto, da empatia e da cooperação: afeta os sentimentos, permanecem apenas as emoções, já que viscerais. Daí a fácil escalada dos conflitos cada vez mais encontrados nos pequenos núcleos sociais.

Os direitos coletivos e difusos, no Brasil, por exemplo, são tratados de forma individualizada, pois as *class actions* não foram bem recepcionadas, sobretudo por conta de característica peculiar: capacidade de mudança do *status quo* e, consequentemente, inerente ameaça ao *stablishment* já que a união e cooperação criam impacto, aumentando a capacidade de resiliência dos menos favorecidos quando organizados, ainda que na qualidade de consumidores.

Exemplo do impacto: quando do acidente de Brumadinho ocorrido em janeiro de 2019 (Vale do Rio Doce/Brasil), no Estado da Flórida, três dias depois, considerando que dois desses dias foram fim de semana, os jornais anunciavam uma *class action* promovida pelos acionistas/investidores que se entenderam lesados pela referida empresa.

Costumávamos dizer que *a união faz a força,* talvez tenha sido por isso que o sistema tenha se autogerado de forma a atomizar, isolando o indivíduo, retirando-lhe a liberdade, através de uma ilusão (simulacro/simulação Baudrillard — como em MA-

(7) Meta 16.3 — Promover o Estado de Direito, em nível nacional e internacional, e garantir a igualdade de acesso à justiça, para todos.

(8) Objetivo 8 — Promover o crescimento econômico sustentado, inclusivo e sustentável, o emprego pleno e produtivo e o trabalho decente para todos.

(9) Decreto Presidencial n. 8.892, firmado em outubro de 2016, estabeleceu uma governança nacional ao processo de implantação da Agenda 2030 no país, criando a Comissão Nacional para os ODS. Disponível em <http://www4.planalto.gov.br/ods/noticias/comissao-nacional-dos-objetivos-de-desenvolvimento-sustentavel-lanca-plano-de-acao/plano-de-acao>. Acesso em: 19 jun. 2019.

(10) HAN, Byung-Chul. *Sociedade do Cansaço*. 2 ed. ampl. Tradução Enio Paulo Giachini. Petrópolis: Vozes. 2017.

TRIX[11] — a pílula vermelha e a azul levam à mesma direção) de excesso de liberdade, admitindo-a como quase exclusiva, num processo de apagamento da igualdade e da fraternidade (essa então: sepultada, simulada à exaustão, porque numa narrativa de ausência de confiança básica do indivíduo que desconfia até de sua própria sombra embora não a veja!). Nesse processo de manipulação o sistema/mercado explora vieses do humano: o narcísico, o exibicionista e, no relacional (em grupo) sobra a concorrência, numa cultura adversarial, lugar onde o *ter* substitui o *ser* e arraiga esse indivíduo no plano de imanência que caminha de forma horizontal, excluindo-se todo e qualquer valor ou conteúdo imaterial que leve à transcendência (Spinoza).

Como não herdamos o mundo de nossos antepassados, nós o pegamos emprestado dos nossos filhos[12], inequívoca a importância dos jovens no processo de transformação do mundo, conforme proposto pela Agenda 2030 da ONU.

A modernidade líquida se caracteriza por uma velocidade inumana, principalmente, quando do consumo das tecnologias da informação. Tais apropriações alteram o fato social, igualmente: na mesma velocidade.

Até mesmo a legalidade do algoritmo, da inteligência artificial pode ser questionada, durante anos, sem qualquer limitação à liberdade no uso, por parte dos consumidores.

O fato social, fonte do direito muda em progressão exponencial, enquanto sua normatização varia em progressão aritmética. Algoritmos são criados em algumas horas. *Hackathons* — definidos como maratonas são verdadeiras competições de pouco tempo de duração — 48 horas, que reúnem diversos programadores, designers, desenvolvedores de IA (inteligência artificial) que divididos em grupos disputam a venda de sua produção intelectual ao investidor da competição que previamente estabeleceu qual o objeto do concurso, ou seja, qual o objetivo da IA a ser criada. Como na distopia *Jogos Vorazes* inspirada em *1984* (Orwell) na qual agrega-se a histeria pela sobrevivência, absolutamente avessa à solidariedade e à cooperação, se desenvolve competição criada pelo poder central *Panem* (*Panem et circenses*[13]) que recepciona representantes (*tributos* — jovens de 12 a 18 anos) de territórios (*distritos*) marginais.

A pós-modernidade ressignifica, disruptiva, complexa e velozmente as funções de legisladores e intérpretes, a ponto dos próprios agirem, de acordo ou em desacordo com a mudança, sem qualquer reflexão ou compreensão do processo vivenciado sobre suas novas e respectivas funções, sendo comum haver extremada polarização no centro do debate, no qual soçobra a cacofonia das redes, inexistindo qualquer compromisso além da fala e do discurso com ações efetivas (reais) fora do mundo virtual.

A negação dos legisladores se traduz em posição orientada pelo interesse em adiar o desnude da inexorável obsolescência de processos inteiros de produção de bens e serviços, desaparecimento de instituições e ressignificação absoluta dos atores sociais, de signos, significantes e significados. O medo dessas mudanças no mundo da vida (Habermas) projetado nas organizações se traduz pela incapacidade do indivíduo atomizado e, portanto, desorganizado relativizar, criando, individual ou coletivamente novos modelos para serem vivenciados, adequados e alterados durante a experimentação. Nesse contexto, o papel dos intérpretes é fundamental e deve estar baseado em racionalidade dialógica que ressalte a irredutibilidade do indivíduo, numa dimensão relacional, a partir de ética de corresponsabilidade.

A *desilusão com a vida*[14] caracteriza a juventude da pós-modernidade, segundo Charles Taylor. Esse estado de ânimo surge a partir da perda do sentido heroico da vida, ou seja, de interesses coletivos, de fazer coisas em conjunto.

Nesse mesmo sentido, Athanasio Karanikolas em debate, após a exibição de SONAR[15]: "O jovem

(11) Filme australo-estadunidense de 1999, dos gêneros ação e ficção científica, dirigido por Lilly e Lana Wachowski e protagonizado por Keanu Reeves, Laurence Fishburne e Carrie-Anne Moss.

(12) Antigo provérbio indiano da Caxemira.

(13) Império romano. política: controle da plebe pelos imperadores através do pão (distribuição do trigo) e do circo (espetáculos).

(14) Taylor, Charles. *The Ethics of Authenticity*. Boston: Harvard University Press, 1995. Apud SEN, Amartya. As pessoas em primeiro lugar: a ética do desenvolvimento e os problemas do mundo globalizado/ Amartya Sen e Bernardo Kliksberg; tradução Bernardo Ajzemberg, Carlos Eduardo Lins da Silva. — São Paulo: Companhia das Letras, 2010.

(15) Athanasio Karanikolas, direção, roteiro e montagem. 2013, Alemanha. Festival do Rio. Mostra Foco Alemanha. Sinopse: Um ano depois da morte de um amigo em comum, um grupo de jovens se reúne numa casa de campo para homenageá-lo. Cada um a sua maneira tenta lidar com o fato de este amigo ter tirado a própria vida. O lamento do grupo desemboca numa explosão emocional

não tem motivo para morrer, falta-lhe assim, razão para viver!".

No sentido de desconstruir o mito de que a juventude latino-americana tem tendência para o conflito e inclusive, para violência, Kliksberg[16] percebe que os jovens da América Latina têm avidez por ideais e, ainda não disseram ao continente aquilo que podem lhe dizer: Todos esses males culturais estão presentes na região, e a juventude é, com efeito, particularmente sensível a eles. Se admitirmos a sua singularidade, se compreendermos que o que ela quer são justamente causas que resgatem esse sentido heroico, objetivos éticos claros, modelos de referência pessoais que impliquem condutas éticas. Se lhes forem facilitadas condições de família, educacionais, de saúde, de trabalho, que recomponham o seu contexto de oportunidades, ou seja, restaurada a sociabilidade será possível esperar por resultados espantosos.

Estamos conectados todo o tempo, os dispositivos móveis tornaram-se verdadeiras próteses metálicas, afetando, diretamente, não apenas as relações de trabalho, como as relações interpessoais.

Assim, outro desafio a ser enfrentado: a tecnologia, criação do homem para a humanidade, deve ser utilizada como aliada, como ferramenta que facilite a realização de trabalhos perigosos, enfadonhos, impensáveis, repetitivos, próprios das revoluções anteriores, ou seja, inumanos.

3. *Tecnologia, Trabalho e Consumo no processo civilizatório*

> *Então disse ele: Vai, e dize a este povo: Ouvis, de fato, e não entendeis, e vedes, em verdade, mas não percebeis.*
>
> *Engorda o coração deste povo, e faze-lhe pesados os ouvidos, e fecha-lhe os olhos; para que ele não veja com os seus olhos, e não ouça com os seus ouvidos, nem entenda com o seu coração, nem se converta e seja sarado.*
>
> Isaías 6:9-10

A tecnologia, tipos de maneiras (comportamento) humanas, desenvolvimento dos conhecimentos científicos, ideias religiosas e costumes são fatos compreendidos na análise do estágio do processo civilizatório, porém, no início da construção de tal conceito, sequer existia conceito para civilização. Embora o ocidente tenha um conceito de civilização que se pretenda único, é possível a identificação de diferentes conceitos em diferentes territórios, do próprio ocidente. Para franceses e ingleses, uma mesma palavra contém o significado do orgulho pela importância de suas nações para o progresso do Ocidente e da humanidade, enquanto que para os alemães (*Zivilization*) significa algo de fato útil, apenas um valor de segunda classe, uma aparência externa de seres humanos, a superfície da existência humana. Para alemães a significação de civilização de franceses e ingleses, ou seja, o orgulho de suas realizações se expressa numa outra palavra: (*Kultur*) que reflete a consciência de si mesma, uma nação que buscou incessantemente suas novas fronteiras, tanto no sentido político como no espiritual, e repetidas vezes perguntou a si mesma: *"Qual é realmente nossa identidade?"*[17]. Como estado moderno, a Alemanha foi, com a Itália, dos últimos a se unificar, o que determina ênfase especial às diferenças e respectivos detalhamentos, entre grupos.

Um pouco antes da 2ª Guerra Mundial, Norbert Elias descrevia momento que se assemelha ao alvorecer do século XXI quando destaca que: as grandes mudanças vivenciadas diferem em estrutura de todas as precedentes, por mais que possam prossegui-las e basear-se nelas. Não obstante, certas semelhanças estruturais com a mudança descrita são encontradas em nosso próprio tempo. Nesse caso, constata-se relaxamento dos padrões tradicionais de comportamento, a ascensão, a partir de baixo, de certos modos de conduta, e uma crescente interpretação dos padrões de classes diferentes. São identificadas maior severidade em algumas esferas e certa vulgaridade em outras. E continua: Em tais períodos — de transição há oportunidade de reflexão já que padrões mais antigos foram contestados, porém os novos ainda não surgiram. Assim, as pessoas se tornam mais incertas em matéria de conduta. A situação social transforma a conduta em problema agudo porque na transição ficam abertos debate e reflexão sobre muito do que

---

de amor, ódio, música, dança, sexo e álcool. Uma jornada intensa por um mundo de lamentações e verdades impiedosas. Num filme de observação, momentos de reflexão se alternam com as expressões individuais de tristeza. Mostra Fórum do Festival de Berlim 2013.

(16) SEN, Amartya; KLIKSBERG, Bernardo. *Op. cit.*, p. 256.

(17) ELIAS, Norbert. *O Processo Civilizador*. Tradução Ruy Jungmann. Revisão e apresentação Renato Janine Ribeiro. Rio de Janeiro: Jorge Zahar, 1994, 2v.

na conduta (comportamento) gerações anteriores consideravam como *certo* e *natural*.[18]

Em 2012, por ocasião da Feira de Hannover, na Alemanha, iniciou-se o movimento que viria a ser conhecido como Quarta Revolução Industrial — também conhecida como Indústria 4.0.[19] Caracterizada por um potencial muito mais agressivo do que as revoluções anteriores para mudar o rumo da sociedade, das coisas, das relações e do próprio sentido da vida, como, por exemplo: a diminuição dos postos de trabalho nas atividades que exigem pouca qualificação.

A grande novidade é a combinação e fusão das tecnologias dos mundos físicos, digital e biológico, produzindo efeito exponencial que tem a força de mudar o curso da humanidade, de forma tão rápida como nunca se viu, reformulando, às inteiras, conceitos relativos à produção, consumo, transporte, logística, e até mesmo o exercício dos direitos da personalidade[20], por exemplo: *civic technology*[21].

Segundo Célio Pereira Oliveira Neto[22] são profundas as mudanças que a tecnologia gerou e provoca nas relações do trabalho: "Se, no passado os empregos tinham a intenção de eternidade, na sociedade atual tudo é efêmero, líquido, dissolve-se no tempo e no espaço. A aceleração da sociedade da informação muda o modo de viver, trabalhar e se relacionar, e a fusão das tecnologias digital, física e biológica gera transformações até então inimagináveis, não se podendo estimar para onde a humanidade será levada."

No mundo do trabalho, a humanidade assiste à precarização do trabalho e a extinção de postos de trabalho a partir da implantação das inovações tecnológicas, numa narrativa de sacralização de algoritmos e da inteligência artificial, sem qualquer planejamento em relação a impactos socioeconômicos de curto e longo prazo, de modo que, muito rapidamente, logo no início dos anos 2000 começa formar o maior refugo humano conhecido na história da humanidade.

Nessa narrativa, a quarta revolução industrial se estabelece através de atores imaginários, como a tecnologia, o algoritmo, a inteligência artificial. É comum usarmos tais expressões como se fossem capazes de tomada de decisão, mas no sistema econômico hegemônico no planeta, todas as referidas coisas têm donos, são propriedade de alguém ou de grupos. Aos poucos, foram sendo regulamentadas as unidades autônomas de produção, indivíduos que estavam na economia informal ou no mercado de trabalho/emprego, num processo sempre continuo e ininterrupto de eliminação de postos de trabalho. Domenico de Masi no fim do século XX destaca sobre o Futuro de Trabalho ao discorrer sobre trabalharmos menos, na proposição de Guy Aznar[23] cita Deuteronômio 28:68: "E o Senhor te fará voltar ao Egito em navios, pelo caminho de que tenho dito: Nunca jamais o verás: e ali sereis vendidos por servos e servas aos vossos inimigos; mas não haverá quem vos compre." Nesse momento, Masi já estava em investigação sobre o ócio criativo que, cedeu à histeria da sobrevivência[24].

"Mas se a sociedade está disposta a pagar-lhes por horas de trabalho inutilmente economizar?" ... assim denuncia André Gorz em Prefácio de estudo de Guy Aznar[25].

A última década do século XX denuncia através da academia e de manifestações artísticas sobre o impacto da tecnologia robótica e digital nas relações de trabalho e a necessidade de sua ressignificação e adequação à inovação tecnológica.

(18) ELIAS, Norbert. *Op. cit.*

(19) OLIVEIRA NETO, Célio Pereira. *Trabalho em ambiente virtual*: causas, efeitos e conformação. São Paulo: LTr, 2018.

(20) OLIVEIRA NETO, *Op. cit.*

(21) Tradução livre: A *civic technology*, ou tecnologia cívica, é a tecnologia que permite o engajamento, participação ou melhora o relacionamento entre as pessoas e o governo, aprimorando as comunicações e a decisão pública dos cidadãos, melhorando a prestação de serviços pelo governo e a infraestrutura. Ela engloba principalmente tecnologia da informação e inclui aplicativos cívicos, plataformas de apoio a órgãos governamentais, instituições e outros *softwares* que possibilitam esses objetivos. A tecnologia cívica se apresenta como importante promessa. Na Era da Informação, as comunicações digitais tornaram-se a base para intercâmbios políticos e econômicos. À medida que as tecnologias avançadas se tornaram comuns na sociedade e estão disponíveis em toda a população, muitos governos e autoridades locais começaram a utilizá-las para divulgação pública e *feedback*. Especificamente, a Internet está sendo usada mais para a comunicação entre autoridades governamentais e cidadãos. Disponível em: <https://en.wikipedia.org/wiki/Civic_technology>. Acesso em: 22 jun. 2019.

(22) OLIVEIRA NETO. *Op. cit.*

(23) AZNAR, Guy. *Trabalhar menos para trabalharem todos*. Tradução Louise Ribeiro e Xerxes d'Almeida. Brasília: Página Aberta, 1995.

(24) HAN, Byung-Chul. *Op. cit.*

(25) AZNAR, Guy. *Op. cit.*

O filme "Antes do amanhecer"[(26)], de 1995 conta a história de um casal, Jesse e Celine, que, por acaso se encontram em um trem na Europa e decidem passar o dia juntos, conversando pelas ruas de Viena. Em um dado momento, o assunto se encaminha para a temática da tecnologia, sobre a qual Jesse tece um breve comentário, relacionando-a com as dinâmicas de trabalho no mundo moderno: "As pessoas falam muito sobre como a tecnologia é ótima e sobre quanto tempo ela nos economiza. Mas de que adianta esse tempo economizado se ninguém o aproveita? Ele apenas se transforma em mais horas de trabalho."

A fala do personagem retrata nossa relação com o tempo, o trabalho e a tecnologia. Nós usamos nossa força de trabalho em coletividade para desenvolver as novas tecnologias, para que possamos trabalhar menos, e, no entanto, desperdiçamos o tempo extra que nos é concedido e o convertemos em ainda mais trabalho. Será que, um dia, seremos capazes de, individualmente, desfrutar de um poder que nos permita ter acesso às tecnologias mais recentes e, hipoteticamente, vidas melhores, ou nos manteremos ocupados a ponto de não percebermos o tempo perdido, até que seja tarde demais para recuperá-lo?

4. *Reset global*[(27)] *Premissas e proposições*

4.1. Decrescimento econômico. Restabelecimento do atendimento de mercado à demanda empoderamento do consumidor responsável. ODS 12 — consumo e produção responsáveis

Através de inspiração transdisciplinar e minimalista, na Holanda se reuniram 170 intelectuais para definição dos pilares que orientarão o país, após a pandemia: decrescimento econômico. Bem adequado, já que há não como prospectar crescimento infinito num território finito (Planeta):

1) Mudança da economia focada no crescimento do PIB, através da diferenciação dos setores que podem crescer e exigir investimentos (setores públicos críticos, energia limpa, educação, saúde) e setores que devem diminuir radicalmente (petróleo, gás, mineração, publicidade).

2) Construção de uma estrutura econômica baseada na redistribuição. Estabelecendo-se a renda básica universal, sistema universal de serviços públicos, forte imposto sobre renda, lucro e riqueza, redução de horas de trabalho e empregos compartilhados, com destaque para o trabalho assistencial.

3) Transformação da agricultura em regenerativa. Com base na conservação da biodiversidade, sustentável e baseada na produção local e vegetariana, além de condições justas de empregos e salários agrícolas.

4) Redução do consumo em viagens. Com uma mudança drástica de viagens luxuosas e inúteis para consumo e viagens básicas, necessárias, sustentáveis e satisfatórias.

5) Cancelamento da dívida. Especialmente de trabalhadores e proprietários de pequenas empresas, bem como de países do hemisfério-Sul (dívida com países e instituições financeiras internacionais).

Há mais de três décadas a mensuração da sustentabilidade é objeto de ocupação de estudiosos, mas, recentemente, há um consenso sobre as bases que originarão tal índice. José Eli da Veiga[(28)] sugere os parâmetros: Primeiro, o desempenho econômico não poderá continuar a ser avaliado com o velho viés produtivista, e sim por medida da renda familiar disponível. Segundo, será necessária uma medida de qualidade de vida (ou bem-estar) que incorpore as evidências científicas desse novo ramo que é a economia da felicidade. Tais premissas resguardam a genuína essência da mensuração da dinâmica que objetiva a manutenção de "interesses" de pequenos grupos, não, necessariamente, empresariais que estabelecem indicadores que funcionam como uma representação de normatizado, legal e eficiente, porém descolados do mundo da vida.

Globalizada a economia, territorializadas as expectativas de cada continente ou Estado, cada vez mais massificado o consumo, mais uniformizadas as culturas.

A modernidade líquida[(29)] se caracteriza por uma velocidade inumana, principalmente, quando

(26) GUIMARÃES, Marco Aurélio; TEIXEIRA, Alexandre. Seminário-oficina Permanente Justiça, bem-estar e economia/2020. Trabalharmos menos para trabalharmos todos. *Quarto macaco* TV. Disponível em: <https://www.youtube.com/watch?v=G3E7757kIRQ>.
(27) JOB, Nelson; FERREIRA, Wilson. Seminário-oficina Permanente Justiça, bem-estar e economia/2020. *Guerra híbrida no grande reset global*. Brasil no roteiro das bombas semióticas. Quarto MACACO TV. Disponível em: <https://www.youtube.com/watch?v=Nz0mQzNJE3E>.
(28) INDICADORES DE SUSTENTABILIDADE. *Estudos Avançados*, 24 (68), 2010.
(29) BAUMAN, Zygmunt. *Modernidade Líquida*. Tradução Plínio Dentzien. Rio de Janeiro: Zahar, 2001.

das apropriações (consumo) das tecnologias da informação. Tais apropriações têm impacto no mundo da vida na mesma velocidade, alterando o fato social, igualmente, na mesma velocidade.

A tecnologia, portanto, vem conduzindo o processo histórico, deixando ao indivíduo o protagonismo, apenas no instante em que realiza uma *selfie: "as pessoas tiram selfies para tentar se lembrar de que existem fisicamente"*(30). Postada a *selfie* nas redes se confunde com os quase infinitos *pixels* que compõem as imagens dos bilhões de *celebridades* do planeta.

As instituições de ensino não promovem as mudanças necessárias no tempo da inovação, portanto, se formam profissionais adaptados para o passado que deverão se reinventar, antes mesmo de tentar se inserir no mercado.

No prognóstico apresentado pela ONU na Agenda 2030 para o Desenvolvimento Sustentável — ONU constata-se o seguinte:

> Nosso mundo hoje
>
> 14. Encontramo-nos num momento de enormes desafios para o desenvolvimento sustentável. Bilhões de cidadãos continuam a viver na pobreza e a eles é negada uma vida digna. Há crescentes desigualdades dentro dos e entre os países. Há enormes disparidades de oportunidades, riqueza e poder. A desigualdade de gênero continua a ser um desafio fundamental. O desemprego, particularmente entre os jovens, é uma grande preocupação. Ameaças globais de saúde, desastres naturais mais frequentes e intensos, conflitos em ascensão, o extremismo violento, o terrorismo e as crises humanitárias relacionadas e o deslocamento forçado de pessoas ameaçam reverter grande parte do progresso do desenvolvimento feito nas últimas décadas.

4.2. This is the world we built (Years and Years)(31). Consciência e responsabilidade

O impacto da inteligência artificial no que se refere ao trabalho, predominantemente, braçal, precariza as relações laborais, em relação ao trabalho, predominantemente intelectual: o algoritmo extirpa postos de trabalho!

É urgente deixarmos de caracterizar a tecnologia digital, o algoritmo, o aplicativo, bem como: sistema econômico, governos ou organizações como responsáveis exclusivos do estado de coisas, como se transcendessem ao humano, saíssem das nuvens. A tecnologia não é etérea, faz parte do sistema econômico, portanto, é propriedade de alguém (pessoa, grupo, organização, sociedade anônima, empresa) e seus respectivos impactos no mundo da vida devem ser mensurados conforme indicações da Agenda 2030/ONU: PESSOAS, PLANETA, PROSPERIDADE, PAZ, PARCERIAS.

Nas jovens democracias, o desafio é o amadurecimento dos indivíduos para assumir genuína e solidariamente sua responsabilidade com o atual estado de coisas e, consequentemente, com a construção, de forma colaborativa, de uma nova realidade.

A volatilidade, incerteza, complexidade e ambiguidade atuais que caracterizam o mundo VUCA(32) que percebemos como algo inumano, fazem parte do processo civilizatório e nossa percepção de incompreensão está relacionada às vésperas de uma expansão de consciência.

Sendo recorrente tal episódio na história da humanidade e ainda, a diminuição dos períodos de transição entre os ciclos, devemos cuidar de acelerar o acesso nesse novo estágio de consciência.

> *... tudo culpa de vocês!*
>
> *— O quê?*
>
> *Tudo!*
>
> *— Quem?*
>
> *Todos vocês!*
>
> *— Como assim?*
>
> *Os bancos, o governo, a recessão, os Estados Unidos, a Sra. Rook.*

---

(30) David Cronenberg: 'Eu sou muito otimista em relação à vida'. Entrevista concedida pelo cineasta David Cronenberg ao colunista André Miranda. *O Globo*. 20 de setembro de 2014: "Em "Consumidos", uma parte do debate é sobre o controle da realidade. A realidade é uma criação, nunca é absoluta, sempre é diferente para cada um. Com a internet, isso é mais claro: as pessoas criam para si novas realidades. É como se a internet fosse uma vida além da vida, como uma religião. Você deixa o espaço e o tempo, sai do seu corpo quando está conectado. Na internet, você pode morrer fisicamente e ninguém perceber que você morreu. Acho até que as pessoas tiram *selfies* para tentar se lembrar de que existem fisicamente — diz. — Então a ideia de se perder o controle de sua própria realidade, uma que você próprio criou, é um tanto assustadora, não?" Disponível em <https://oglobo.globo.com/cultura/david-cronenberg-eu-sou-muito-otimista-em-relacao-vida-13991894> Acesso em: 22 abr. 2021.

(31) Disponível em: <https://www.youtube.com/watch?v=jaIQj76l_00>. BBC One — Russell T Davies (HBO — Brazil).

(32) Disponível em: <https://de.wikipedia.org/wiki/VUCA>.

Absolutamente tudo que deu errado é culpa de vocês.

— O que foi que eu fiz?

— Levo a culpa por muita coisa, mas como eu sou responsável pelo mundo?

Porque nós somos, cada um de nós.

Podemos ficar aqui o dia todo culpando os outros.

Culpamos a economia,

Culpamos a Europa,

A oposição,

O clima...

E culpamos os grandes acontecimentos da História.

Como tudo está fora do controle, como somos desprotegidos,

Pequenos e frágeis.

Mas ainda é culpa nossa.

Vocês sabem por quê?

É a camiseta de uma libra.

A camiseta que custa uma libra.

Não conseguimos resistir.

Nenhum de nós.

Vemos uma camiseta de uma libra e achamos uma pechincha, adoramos e compramos.

Não porque é melhor, mas é uma boa camiseta para o inverno, para usar por baixo. Serve!

E o dono da loja ganha cinco míseros centavos pela camiseta.

E um camponês, em um campo qualquer, ganha 0,01 centavo.

E achamos que está bom.

Todos nós.

Damos o nosso dinheiro e participamos desse sistema a vida toda.

Eu vi que começou a dar errado nos supermercados, quando substituíram as mulheres dos caixas, pelos caixas automáticos.

— Isso não é nossa culpa. Sempre odiei essas coisas.

— Não suporto.

— Me deixa louca.

Sim, mas não fizeram nada.

Há 20 anos, quando apareceram, vocês protestaram?

Escreveram cartas de reclamação?

Compraram em outro lugar? Não!

Vocês acharam ruim, mas se conformaram.

E agora todas aquelas mulheres não existem mais.

E nós deixamos isso acontecer.

Mas ainda...

E eu acho que gostamos desses caixas. Queremos isso!

Porque podemos passar, pegar nossas compras sem ter que olhar nos olhos daquela mulher.

A mulher que ganha menos do que nós.

Ela não existe mais, foi despedida.

Muito bem!

Então, sim, é culpa nossa!

Este mundo fomos nós que construímos!

Parabéns. Saúde![33]

5. Expiração

Vivemos em uma sociedade ditada pela imposição de uma tecnologia que atomiza as pessoas produzindo verdadeiros escravos da imagética. Com pouco ou quase nenhum conteúdo. Ocos zumbis da pós-modernidade que passam por um processo de banalização da vida.

A sociedade de consumo e de massa assiste, como disse Bauman: à libertação do capital do trabalho[34], alterando-se o binômio capital-trabalho para capital-consumo, ou seja, o valor do trabalho passa ao consumo, trabalhadores se transformam em consumidores. Atualmente, forma-se o maior refugo humano que a humanidade já produziu!

Valores associados diretamente ao consumo determinam o sucesso e a relevância do indivíduo. Somos o que possuímos! Houve um tempo em que o mercado se adequava à demanda. Na pós-modernidade há uma verdadeira inversão disso, o mercado forja a vontade do indivíduo e, em síntese, sua liberdade. Num eterno *isso me define, aquilo não me define*[35],

(33) *Years and Years. Episode: 6 "This is the world we built". It's all your fault.* Disponível em: <https://www.youtube.com/watch?v=jaIQj76l_00>. BBC One — Russell T Davies (HBO — Brazil)

(34) BAUMAN, Zygmunt. *Legisladores e Intérpretes.* Tradução Renato Aguiar. Rio de Janeiro: Zahar, 2010.

(35) Nextel, subsidiária brasileira da NII Holdings, Inc. — referência associada à campanha marketing *"Ta nas suas mãos"*, 2016.

nos vemos cada vez mais polarizados e inconscientes da manipulação das redes que esvazia as pessoas da empatia e cooperação para o consenso. Conflitos escalam feroz e rapidamente. Todos gritam e ninguém ouve! Impera a cacofonia das redes sociais.

Um novo nível de consciência deve ser acessado e a partir dele com inspiração no ODS 4 (educação de qualidade) ao longo da vida, construída a cidadania global a fim de diminuir os efeitos da cultura adversarial que caracteriza as relações sociais orientadas por competição, combate, medo, insegurança e a atual e constante polarização.

A cidadania global deve se orientar por princípios de cooperação, empatia, acolhimento e solidariedade para busca do consenso[36] na proposição de Habermas: uma genuína cooperação inspirada pela cultura e capital social para o desenho de soluções orientado para o desenvolvimento sustentável através do protagonismo das pessoas no processo de mudança para a sustentabilidade, seguindo modelo de gestão *ESG*[37] (ASG — ambiente, social e governança) nas organizações para construção de novas formas de organização do trabalho bem como do capital ou incremento de modelos já conhecidos, desde que cooperativos, autogeridos e responsáveis.

Assim como legisladores e intérpretes, as instituições, através de suas representações deverão ter maturidade para assunção de seus respectivos colapsos, e promoção da ressignificação de métodos para que seus fins precípuos sejam alcançados em uma ambiência de paz, garantindo-se o acesso à justiça através das garantias aos direitos fundamentais.

A educação (ODS 4) tem como missão de orientação (orientação para o presente/futuro) da formação para garantir a reflexão através da investigação das causas do fenômeno atomização do indivíduo, ou seja, para aquém do fenômeno do atual momento no processo civilizatório. Analisá-lo de forma multidisciplinar, imediatamente e transdisciplinar, em breve, para a construção de criativos métodos que intervenham no processo a fim de que além do conflito, soçobrem suas respectivas e atuais consequências: permanente polarização e conflitos não explicitados que escalam muito rapidamente quando irrompem, restando, portanto, a paz e a justiça.

Quanto à eficácia projetada para as instituições (ODS 16), importante a definição de método que permita sejam as instituições, criativamente, desenhadas, dispensando-se posicionamento acima do conflito e legitimadas a partir de vivência que perceba o conflito e o enfrente de forma adequada, privilegiando-se a autocomposição, afinal a ONU estabelece os ODS (Objetivos de Desenvolvimento Sustentável), deixando a construção do caminho às nações que compõem a aldeia global.

6. *Referências*

AZNAR, Guy. *Trabalhar menos para trabalharem todos*. Tradução Louise Ribeiro e Xerxes d'Almeida. Brasília: Página Aberta, 1995.

BAUMAN, Zygmunt. *Legisladores e intérpretes*. Tradução Renato Aguiar. Rio de Janeiro/RJ: Zahar, 2010

______. *Modernidade líquida*. Tadução Plínio Dentzien. Rio de Janeiro: Zahar, 2001.

ELIAS, Norbert. *O processo civilizador*. Tradução Ruy Jungmann. Revisão e apresentação Renato Janine Ribeiro. Rio de Janeiro: Jorge Zahar, 1994. v. 2.

HABERMAS, Jürgen. *A inclusão do outro*, estudos de teoria política. Tradução George Sperber, Paulo Astor Soethe e Milton Camargo Mota. São Paulo: Loyola, 2004.

HAN, Byung-Chul. *Sociedade do cansaço*. 2. ed. ampl. Tradução Enio Paulo Giachini. Petrópolis: Vozes, 2017.

OLIVEIRA NETO, Célio Pereira. *Trabalho em ambiente virtual*: causas, efeitos e conformação. São Paulo: LTr, 2018.

SEN, Amartya; KLIKSBERG, Bernardo. *As pessoas em primeiro lugar*: a ética do desenvolvimento e os problemas do mundo globalizado. Tradução Bernardo Ajzemberg, Carlos Eduardo Lins da Silva. São Paulo: Companhia das Letras, 2010.

TAYLOR, Charles. The Ethics of Authenticity. Boston: Harvard University, 1995. *Apud* SEN, Amartya. *As pessoas em primeiro lugar*: a ética do desenvolvimento e os problemas do mundo globalizado. Tradução Bernardo Ajzemberg, Carlos Eduardo Lins da Silva. São Paulo: Companhia das Letras, 2010.

(36) HABERMAS, Jürgen. *A inclusão do outro*, estudos de teoria política. Tradução George Sperber, Paulo Astor Soethe e Milton Camargo Mota. São Paulo: Loyola, 2004.

(37) *Enviroment, social, governance.*

Scrum e o Risco do Acúmulo de Funções

Victor Dias Valente[1]

1. *Introdução*

A inovação é tema central na construção de teorias acerca do processo de desenvolvimento econômico. No âmbito da teoria de Schumpeter (1997)[2], a "destruição criativa" promovida por determinados indivíduos seria a força motriz do crescimento de longo prazo, pois provocaria a perturbação do equilíbrio do sistema por meio da criação de produtos, processos, práticas de marketing e métodos organizacionais capazes de gerar novas necessidades em pessoas e organizações (OECD, 2018).

No que concerne a elaboração e utilização de novos métodos organizacionais, apesar de aparentemente receberem menos destaque no campo da produção científica (SHIMA; HAIDUKI, 2019), sua aplicação prática é bastante procurada no âmbito da gestão de empresas, obtendo a mesma atenção que se dirige a inovações de produtos e processos, em razão do alto grau de impacto que exercem no aumento da produtividade e na vantagem competitiva das empresas (SUTHERLAND; SUTHERLAND, 2019).

Nesse contexto, os denominados métodos ágeis apresentam-se como a mais moderna forma de gestão do trabalho, concebidos com o objetivo de permitir que empresas possam se adaptar ao elevado grau de incerteza político e socioeconômico do pós-Guerra Fria[3]. O "Ágil", como é também chamado em seu gênero, apresenta valores, princípios e rotinas diferentes das adotadas pelo gerenciamento tradicional, baseado principalmente no planejamento estratégico em cascata e em métodos burocráticos de comando e controle (RIGBY *et al.*, 2016, 2020).

Dentre os diversos tipos de ferramentas ágeis desenvolvidas, o modelo *Scrum*, utilizado a princípio na gestão de projetos de tecnologia, tem sido elencado como o sistema mais adotado por empresas de variados setores econômicos, com ampla margem de utilização quando em comparação com outras práticas, tais como o *Kanban*, o *Lean Startup* e o *Extreme Programming*, segundo pesquisa apresentada no *14th Annual State of Agile Report*[4]. É de se considerar que, segundo Rigby *et al.* (2020, p. 58), a lista de empresas que *"aumentaram a escala e o escopo de seus times ágeis inclui 3M, Amazon, Bosch, Dell, Facebook, Google, Haier, ING, Lego, Microsoft, Netflix, PayPal, Royal Bank of Scotland, Riot Games, Salesforce, Spotify e Target"*.

Do ponto de vista sociológico, poder-se-ia dizer que os princípios que embasam o desenvolvimento dos métodos ágeis seriam os mesmos que dão suporte ao processo de intensificação e flexibilização do trabalho (DAL ROSSO, 2011). Entende-se que a política hegemônica neoliberal incentivaria a adoção de novas formas de gestão com o objetivo de aumentar o lucro e a produtividade das empresas em prejuízo dos trabalhadores. Pelo discurso político neoliberal, todavia,

---

(1) Advogado, CPC-A, CSM®. Membro da ANPPD®. Pós-graduando em Direito Digital (UERJ/ITS Rio). MBA em Gestão Empresarial Estratégica (UFF). Especialista em Direito e Processo do Trabalho (UCAM). Bacharel em Direito (UFF) com graduação sanduíche em *Droit et Sciences Politiques* (ULg).

(2) A Teoria do Desenvolvimento Econômico de Schumpeter é tida como contraponto à Teoria Estática da Economia. Para Schumpeter, o caráter evolutivo do sistema econômico não ocorreria de modo contínuo ou exclusivamente no intuito de maximização do lucro empresarial. De acordo com o autor, o desenvolvimento econômico deveria ser observado também do ponto de vista histórico e orgânico, pelo que se concluiria estar atrelado a ciclos contínuos de crescimento, estabilização e recessão, impulsionados mais pela vontade criativa natural de determinados indivíduos do que pelos anseios capitalistas.

(3) Em Administração, determinado período compreende o que se convencionou chamar mundo "VUCA", acrônimo para as palavras *volatility*, *uncertainty*, *complexity* e *ambiguity*. O contexto socioeconômico, portanto, estaria marcado por um cenário de volatilidade, incerteza, complexidade e ambiguidade das relações humanas como um todo.

(4) Segundo a empresa estadunidense Digital.ai Software, Inc., responsável pela elaboração do relatório, mais de 40.000 profissionais de diferentes organizações de todo o mundo participaram da pesquisa. Dentre os entrevistados, 58% afirmaram utilizar o método *Scrum*, enquanto que o segundo método mais aplicado, o *Kanban*, estaria sendo utilizado em apenas 7% das empresas.

os novos métodos de arranjo do trabalho deveriam ser implementados para permitir a inovação e o crescimento econômico, com a redução do desemprego e da informalidade, de modo que a flexibilização, a desregulamentação e a individualização do trabalho seriam benéficas para os próprios trabalhadores e para a economia no nível geral, pois permitiriam maior liberdade econômica para o desenvolvimento de empresas e novos negócios.

No Brasil, a flexibilização e a desregulamentação do trabalho ganharam maior destaque no campo do Direito a partir da Reforma Trabalhista promovida pela Lei n. 13.467, de 13 de julho de 2017. Sob o argumento de que o Direito do Trabalho criava obstáculos demais à livre gestão das relações econômicas (DELGADO, 2019), diversos dispositivos foram alterados para reduzir o papel que o Poder Público detém no poder-dever de manter o mínimo de equilíbrio diante da relação jurídica assimétrica existente entre empregados e empregadores (DELGADO; DELGADO, 2017).

Tendo isso em vista, o objetivo do presente artigo será o de explorar a evolução, a teoria e a dinâmica de aplicação da ferramenta *Scrum*, a fim de relacionar sua utilização indiscriminada ao risco de atração da tutela do Direito do Trabalho, especialmente por meio do instituto do acúmulo de funções. Conforme será registrado, apesar de não haver menção direta e literal na legislação aos trâmites do modelo, a interpretação correta e interdisciplinar dos campos da Administração e do Direito permite associar seus termos e práticas a situações já inseridas no ordenamento jurídico brasileiro.

Em virtude das limitações de escopo do presente trabalho, não será possível percorrer satisfatoriamente a evolução histórica dos diversos métodos de organização laboral, nem as possíveis causas dos movimentos de arrefecimento da proteção do trabalhador e os efeitos da flexibilização e da intensificação do labor na sociedade, apesar da inestimável produção acadêmica existente sobre os assuntos. Não obstante, apresenta-se uma breve introdução histórica e interdisciplinar do tema, de modo a destacar sua atualidade e importância na construção de métodos sustentáveis de organização, tanto para pessoas quanto para empresas.

2. *Desenvolvimento*

2.1. Métodos ágeis e scrum

Os métodos ágeis de gerenciamento de projetos[5] foram desenvolvidos com o propósito de aprimorar os tradicionais métodos de gestão, assentes no planejamento em cascata, *waterfall* ou *top-down*. De acordo seus principais defensores (SCHWABER; SUTHERLAND, 2020), o planejamento tradicional seria baseado em estruturas hierárquicas estanques, com planos de desenvolvimento muito longos e escopo estabelecido em momento muito anterior à execução do trabalho, não respondendo em tempo hábil às necessidades decorrentes das mudanças externas, aumentando o risco de depreciação do projeto original e das entregas realizadas.

Na lição de Rigby *et al.* (2020, p. 54):

> Quando comparado a abordagens de gestão tradicionais, o ágil traz vários benefícios importantes, todos já bastante estudados e documentados. Ele aumenta a produtividade das equipes e a satisfação dos profissionais, além de minimizar o desperdício inerente a reuniões redundantes, planejamento repetitivo, documentação excessiva, problemas de qualidade e funcionalidades de baixo valor em produtos. Ao dar mais visibilidade e garantir uma adaptação contínua a novas prioridades do cliente, o ágil aumenta o envolvimento e a satisfação do cliente, leva os mais valiosos produtos e funcionalidades ao mercado de forma mais rápida e previsível e reduz riscos, ao colocar gente de distintas áreas da empresa para colaborar em um time, como pares, o ágil amplia a experiência organizacional e gera confiança e respeito mútuos. E, ao reduzir drasticamente o tempo desperdiçado na microgestão de projetos, permite que a alta gerência se dedique mais ao trabalho de maior valor que só ela pode fazer: criar e ajustar a visão da empresa; priorizar iniciativas estratégicas; simplificar e focalizar o trabalho; atribuir atividades às pessoas certas; aumentar a colaboração entre distintas áreas; e remover obstáculos ao progresso.

(5) Segundo o Guia PMBOK (2017) de melhores práticas em gerenciamento de projetos, "projeto" é um esforço temporário que tem como finalidade um resultado único a partir de recursos delimitados. Por sua vez, "processo" é uma sequência repetitiva e contínua de atividades, com a finalidade de alcançar os resultados almejados pelos projetos estipulados. Os projetos são, enfim, diretamente influenciados por exigências externas, demandas de mercado, condições financeiras internas e conhecimentos e habilidades desenvolvidas e aplicadas pelos trabalhadores em prol da inovação e do aumento da produtividade empresarial.

Nessa esteira, preocupados em acompanhar a volatilidade econômica e encontrar meios de fomentar a inovação empresarial, 17 representantes de diferentes práticas ágeis reuniram-se no ano de 2001 em Utah, Estados Unidos, no intuito de elaborar as diretrizes do sistema ágil. Como resultado, surgiu o "Manifesto Ágil", documento que propunha alterações significativas na forma de gerenciar projetos. Inicialmente voltado aos projetos de desenvolvimento de *softwares*, a declaração sugeria a legitimação de valores diferentes dos até então preconizados, nos seguintes termos: (i) indivíduos e interações em vez de processos e ferramentas; (ii) *software* funcional em vez de documentação exaustiva; (iii) colaboração do cliente em vez de negociação de contratos; e (iv) resposta à mudança em vez do acompanhamento de planos[(6)].

Alterando o pêndulo das prioridades defendidas pela gestão tradicional, o pensamento ágil ficaria conhecido como a filosofia de trabalho pela qual times auto-organizados conseguiriam avançar em ritmo acelerado na busca de inovações (RIGBY *et al.*, 2020), por meio da implementação de uma cultura organizacional antiburocrática, focada na abordagem de teste e aprendizagem em lugar da hierarquia de comando e controle.

Dentre as técnicas desenvolvidas, o *Scrum* diferenciava-se por seu apelo generalista, que, ao contrário de outros métodos ágeis, focados em aspectos técnicos do desenvolvimento de *software*, abarcava também outros tipos de negócios. Logo, tornou-se o principal sistema ágil adotado por empresas de diferentes atividades econômicas, possibilitando uma abordagem iterativa e incremental dos projetos organizacionais no objetivo de otimizar a previsibilidade e melhor controlar os riscos de trabalhos complexos. A abordagem estaria apoiada na experiência empírica do trabalho realizado dentro de cada organização, com a redução constante de desperdícios a partir da inteligência coletiva e iniciativa dos próprios trabalhadores, sem necessidade de supervisão ou comando hierárquico aparente.

De acordo com o Guia do *Scrum* (2020)[(7)], três *pilares* devem ser respeitados por qualquer pessoa envolvida em sua aplicação, quais sejam: transparência, inspeção e adaptação. *Transparência*, pois o processo de trabalho deve ser visível tanto para quem o executa quanto para quem o recebe, permitindo a inspeção constante das atividades desenvolvidas. *Inspeção*, pois auxilia na detecção de variações ou problemas potencialmente indesejáveis. *Adaptação*, pois a própria equipe de trabalho deve se adaptar constantemente para resolver os problemas detectados durante a fase de inspeção dos processos.

Quanto às suas diretrizes, o sucesso na utilização do sistema dependeria da observância de cinco *valores* por parte das equipes: compromisso, foco, abertura, respeito e coragem. Nessa esteira, os trabalhadores precisariam estar comprometidos em atingir os objetivos estipulados, ter foco no trabalho para cumprimento das metas apresentadas, estar abertos a desafios e mudanças constantes, respeitar a capacidade e a independência dos demais integrantes da equipe, e ter coragem para trabalhar em problemas complexos e multidisciplinares.

Além dos *pilares* e *valores* estabelecidos, merecem destaque outros conceitos importantes que embasam todo o referencial teórico do *Scrum*, mas que não integram diretamente a terminologia empregada: o empoderamento, o autogerenciamento e a multidisciplinaridade. Isso porque, em contraposição aos métodos de gestão tradicionais, o *Scrum* apregoa a não existência de hierarquias dentro de uma equipe de trabalho, de modo que nenhum trabalhador possuiria poderes para exercer qualquer tipo de direção sobre as atividades de outro. Conforme a teoria, todos os trabalhadores deveriam possuir competências para supervisionar e corrigir quaisquer desvios encontrados, sem necessidade de subordinação às decisões de determinada figura hierárquica[(8)].

A equipe de trabalho, denominada Time Scrum, deve ser enxuta, com no máximo dez pessoas, dentre as quais: uma atuaria como *Scrum Master*, outra

---

(6) O manifesto completo pode ser acessado no sítio eletrônico <https://agilemanifesto.org>/. Aqui apresenta-se a tradução livre de partes do documento.

(7) O Guia do *Scrum* é o principal manual de consulta sobre as práticas do sistema. Foi elaborado em 2010 por seus criadores, Ken Schwaber e Jeff Sutherland, e hoje conta com diversas revisões e atualizações, traduzido em mais de 30 línguas diferentes.

(8) Apesar de não configurar tema objeto do presente estudo, cumpre registrar que, no Brasil, a *subordinação* é considerada um dos elementos caracterizadores da relação de emprego, de modo que as diretrizes de empoderamento e autogerenciamento individual podem indicar que o sistema *Scrum* se inclui nas tendências de flexibilização e individualização do trabalho no contexto interno das organizações.

como *Product Owner* e o restante como *Developers*[9]. A responsabilidade do *Scrum Master* seria a de garantir que as regras do sistema sejam entendidas por todas as pessoas envolvidas nos processos de trabalho. Além disso, este teria a obrigação de facilitar a comunicação entre os componentes da equipe, buscando remover eventuais impedimentos e dificuldades. O *Product Owner* seria o responsável por desenvolver e comunicar as metas a serem perseguidas durante os ciclos de trabalho, possuindo poder decisório apenas naquilo que tange o estabelecimento dos objetivos e prioridades de negócio, sem ingerência sobre o trabalho realizado posteriormente pelos *Developers*. Já os *Developers* seriam os profissionais técnicos responsáveis por executar o trabalho e efetuar as entregas e melhorias pretendidas, cabendo a eles traçar o plano de trabalho necessário e planejar em detalhe as atividades.

Quanto à dinâmica de trabalho, esta deve ser dividida em *eventos* ou *cerimônias*, oportunidades formais de inspecionar e adaptar os processos desenvolvidos conforme o progresso atingido até determinado momento. Tais eventos são programados com antecedência e devem ser seguidos com o mínimo de alterações, de modo a criar regularidade e minimizar a necessidade de reuniões não planejadas.

O evento principal é denominado *Sprint* e tem a duração fixa de no máximo um mês. A *Sprint* começa com a *Sprint Planning*, reunião com duração máxima de 8 horas, na qual participam todos os integrantes da equipe a fim de definir o plano de trabalho a ser executado. Nesta cerimônia, as metas de trabalho são selecionadas pelos próprios *Developers* a partir do plano de negócios elaborado anteriormente pelo *Product Owner*.

Durante a *Sprint*, devem ser realizadas pequenas reuniões diárias para inspeção do progresso do trabalho, denominadas *Daily*. Tais reuniões devem ter duração de no máximo 15 minutos e ser realizadas, de preferência, apenas por aqueles que estejam efetivamente desempenhando o trabalho técnico necessário. Na *Daily*, são os próprios *Developers* que inspecionam e ajustam o trabalho uns dos outros para atingimento das metas ajustadas.

Os últimos eventos da *Sprint* são também reuniões para entrega, inspeção e adaptação dos processos desenvolvidos.

Ao final da *Sprint*, realiza-se uma nova reunião entre a equipe de trabalho e os principais interessados. Tal reunião é chamada de *Sprint Review* e está aberta à participação de outros profissionais da organização, bem como clientes e fornecedores. Referida cerimônia deve ter duração máxima de 4 horas, oportunidade na qual também são apresentados os resultados obtidos durante a *Sprint*.

A última reunião da *Sprint* é a *Sprint Retrospective*, ocasião na qual participam apenas os componentes da equipe *Scrum*, a fim de serem identificados os acertos e desvios ocorridos na *Sprint* que se encerra. Nessa reunião, com duração máxima de 3 horas, o time reconhece os pontos de mudança necessários e conclui a *Sprint*, recomeçando um novo ciclo de trabalho com a mesma estrutura, a partir das melhorias atingidas durante o último ciclo.

A teoria apresenta também o conceito de *artefatos*, documentos necessários para maximizar a transparência das informações. São basicamente registros estabelecidos para documentar as decisões principais do grupo, conhecidos como *Product Backlog*, *Sprint Backlog* e *Incremento*. Tendo em vista não estarem relacionados diretamente com a organização do trabalho, no entanto, entendeu-se desnecessário maior aprofundamento de seus conceitos no presente estudo.

2.2. Acúmulo de funções

O *acúmulo de funções* é um instituto desenvolvido no âmbito da doutrina e jurisprudência do Direito do Trabalho, não possuindo previsão legal expressa, salvo por disposição relativa ao caso específico da categoria dos profissionais radialistas, a teor do disposto no art. 13 da Lei n. 6.615/1978.

Por não encontrar-se positivado no ordenamento jurídico, decorre da construção teórica de doutrinadores e decisões judiciais proferidas no julgamento de casos concretos, marcadamente nas hipóteses em que se verifica uma alteração prejudicial ao trabalhador das condições estipuladas nos contratos de trabalho.

O acúmulo de funções ocorreria quando um empregado passa a exercer outras funções além daquelas expressamente contratadas, sem, entretanto,

(9) Em tradução livre: Mestre do Scrum, Dono do Produto e Desenvolvedores. Optou-se por manter os termos no inglês original, tendo em vista que a sua utilização já é bastante disseminada na prática empresarial e na literatura.

aceitar a alteração das condições preestabelecidas ou receber contraprestação para tanto. Diferencia-se do instituto do *desvio de função*, haja vista que este ocorre quando o empregado é obrigado a exercer função diversa daquela para a qual foi contratado. Nesse caso, o trabalhador não acumula novas funções, mas executa atividades completamente diferentes das estipuladas inicialmente.

Nessa esteira de entendimento, importa delimitar o conceito de *função*, que, nas palavras de Delgado (2019, p. 1.219), corresponderia a um conjunto de *"atividades, atribuições e poderes laborativos, integrados entre si, formando um todo unitário no contexto da divisão do trabalho estruturada no estabelecimento ou na empresa"*.

Como tal, distingue-se de *tarefa*, a qual consistiria em uma atividade específica, estrita e delimitada dentro da função de trabalho. Mais uma vez, segundo Delgado (2019, p. 1.220), a função seria *"um conjunto de tarefas que se reúnem em um todo unitário, de modo a situar o trabalhador em um posicionamento específico no universo da divisão de trabalho da empresa"*.

O instituto tem relação direta com o poder que o empregador possui de alterar os objetivos de seu próprio empreendimento, conforme o exercício de seu *jus variandi*. Referido poder é reflexo da necessidade de modernização das técnicas e alteração da estrutura das organizações para fins de manutenção da competitividade empresarial. Portanto, está em constante processo de adaptação e mudança, razão pela qual submete-se aos riscos do negócio, dentre os quais o de sujeitar trabalhadores ao exercício de funções não anteriormente previstas. Nesse sentido, não obstante intrínseco à atividade de empresa, o *jus variandi* tende a interferir não só na organização dos projetos e processos corporativos, mas, como consequência, na organização das pessoas e do trabalho.

Assim, mesmo que seja razoável admitir-se certa indeterminação do conteúdo das tarefas a serem exercidas pelos trabalhadores, a especificação do cargo para o qual determinada pessoa é contratada tende a revelar as funções que serão prestadas. Para evitar o acúmulo de funções, eventual variação das tarefas a serem desempenhadas não poderia ser de tal monta que exceda os limites da função previamente acordada ou que não sejam condizentes com a denominação de seu cargo.

Nas lições de Süssekind (2002, p. 316), *"no exame da alteração das condições contratuais de trabalho, é mais importante a função que ao empregado incumbe executar do que o nome do cargo que lhe foi atribuído"*, de forma que, para que se reconheça qual o tipo de função exercida por determinado trabalhador, mais importam as tarefas que ele executa que o cargo que foi aposto em sua carteira de trabalho.

Diante disso, qualquer ampliação das funções de um empregado necessitaria de algum tipo de contraprestação, sob pena de ver-se rechaçada pelo ordenamento jurídico por violação ao princípio da inalterabilidade do contrato de trabalho em prejuízo do empregado, a teor do disposto no art. 468 da CLT. Caso contrário, o trabalhador poderia considerar rescindido seu contrato sem justa causa e por iniciativa do próprio empregador, em virtude de eventual exigência de *"serviços superiores às suas forças, defesos por lei, contrários aos bons costumes, ou alheios ao contrato"*, conforme art. 483, alínea "a", da CLT (BRASIL, 1943).

Corroborando o entendimento exposto, o art. 7ª da Constituição Federal, em seu inciso V, prevê que é direito dos trabalhadores urbanos e rurais o *"piso salarial proporcional à extensão e à complexidade do trabalho"* (BRASIL, 1988), indicando que toda atividade desempenhada deve ser de alguma forma quantificada e qualificada para fins de sua adequada retribuição.

Face ao exposto, restaria pacífico a inteligência de que o instituto do acúmulo de funções permite a atração da tutela do Direito do Trabalho, deixando as empresas expostas ao risco do reconhecimento judicial de rescisões indiretas e condenações ao pagamento pelo trabalho desempenhado a mais, bem como eventuais verbas rescisórias não adimplidas.

3. *Método*

O método adotado para a feitura do artigo possui natureza teórica e objetivo exploratório e descritivo da prática *Scrum* de gerenciamento de projetos, assim como sua possível relação com o instituto do acúmulo de funções originário do Direito do Trabalho, com base no procedimento técnico de revisão sistemática da literatura de caráter qualitativo (GALVÃO e RICARTE, 2019). A revisão de caráter qualitativo foi empregada para facilitar a análise dos estudos encontrados sobre ambos os temas, no intuito de interconectar os conhecimentos dos ramos da Administração e do Direito.

A seleção dos dados que embasam o trabalho se deu conforme as diretrizes apresentadas pelo fluxograma PRISMA (2015), por meio de pesquisa bibliográfica e documental da literatura nacional e estrangeira disponibilizada em livros e revistas de grande publicação e em artigos científicos encontrados na base de dados do buscador Google Acadêmico. Também se entendeu adequada a realização de pesquisa jurisprudencial nos endereços eletrônicos do Tribunal Superior do Trabalho e dos Tribunais Regionais do Trabalho de São Paulo, Rio de Janeiro e Rio Grande do Sul, a fim de revelar um possível entendimento dos magistrados sobre o assunto.

Foram realizadas buscas de estudos no Google Acadêmico com a inserção dos termos: "inovação organizacional"; "*scrum*"; "metodologias ágeis" e "*scrum*"; "métodos ágeis" e "*scrum*"; "acúmulo de funções" e "*scrum*"; "acúmulo de função" e "*scrum*"; "acúmulo de funções"; "acúmulo de função": "flexibilização do trabalho"; e "reforma trabalhista". Após a apresentação dos resultados pela ferramenta, o acesso aos documentos foi obtido diretamente nos endereços eletrônicos disponibilizados, pelas revistas especializadas e pelas universidades por intermédio das quais os estudos foram publicados.

No que concerne às decisões judiciais existentes sobre os temas, optou-se pela busca de acórdãos que resultassem da inserção em conjunto dos termos: "*scrum*" e "acúmulo de funções", no intervalo de até cinco anos antecedentes ao ano de 2021. Como era de se esperar, a pesquisa jurisprudencial não resultou em nenhuma saída, não podendo integrar o desenvolvimento do artigo, senão para fins de resultados e conclusão.

A análise dos dados levou em consideração, em um primeiro momento, a leitura dos títulos dos documentos, o grau de reconhecimento profissional e acadêmico dos autores e das instituições a que estavam vinculados os trabalhos e as editoras, revistas ou universidades pelas quais foram publicados. Em um segundo momento, foram analisados os resumos dos artigos e, após maior filtragem, procedeu-se à análise integral dos documentos, conforme fluxograma abaixo.

Figura 1 — Fluxograma PRISMA

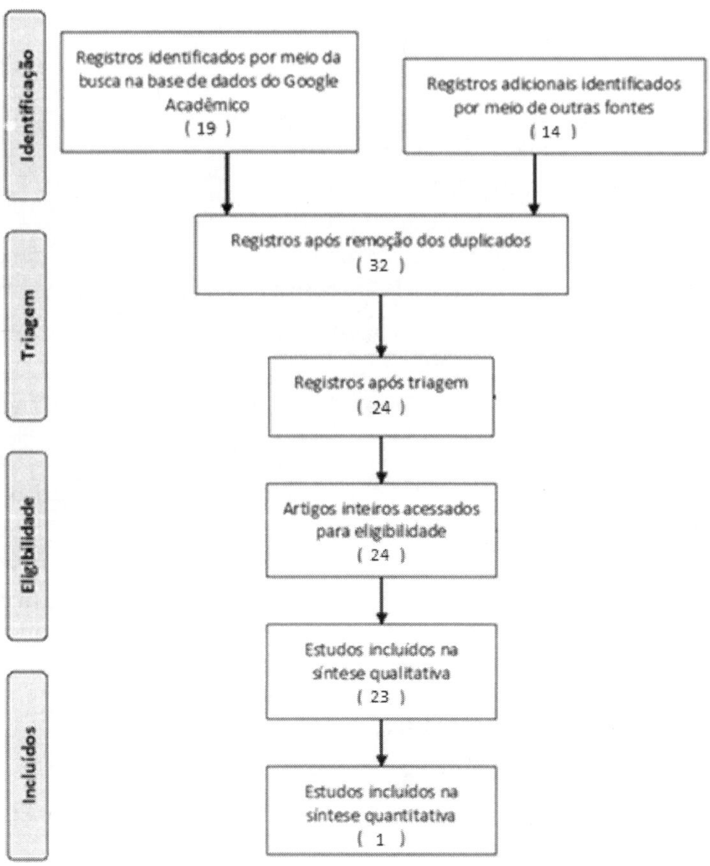

Fonte: Elaborado pelo autor com base em PRISMA (2015).

4. *Resultados*

A produção científica relativa a cada tema é dissonante. Os documentos que discorrem sobre o *Scrum* são mais novos e têm predominância no campo de estudo da Engenharia e Administração de empresas, enquanto o estudo do acúmulo de funções é mais antigo, sendo objeto quase que exclusivo do campo do Direito do Trabalho. O acúmulo de funções é contemplado apenas indiretamente na produção científica dos campos da Sociologia, História e Saúde Pública, quando investigam os processos de flexibilização e intensificação da mão de obra, pelo que se entende necessário maior diálogo entre os saberes para a construção de um entendimento mais prático e integrado.

Entre os 24 documentos selecionados, 7 são livros publicados por grandes editoras, 6 são artigos científicos publicados em periódicos, 4 são guias publicados de forma independente pelos próprios autores na *internet*, 2 são monografias de conclusão de cursos de graduação e pós-graduação, 2 são leis, 1 é um relatório independente de grande circulação na *internet*, 1 é um artigo publicado em congresso nacional e 1 é um artigo publicado em revista de grande circulação internacional.

Observa-se que os estudos referentes ao *Scrum* são mais recentes, com predominância de publicações nos últimos cinco anos, enquanto os estudos que dissertam sobre o instituto do acúmulo de funções são anteriores a cinco anos, ou o estudam apenas de forma indireta e em conjunto com outros assuntos, podendo indicar que a utilização do *Scrum* ainda não repercutiu no Direito, ou que seus termos e metodologia ainda não foram analisados no âmbito das relações justrabalhistas.

Em termos de metodologia empregada, a maioria dos documentos analisados são do tipo teórico e de análise qualitativa, salvo o relatório independente que tinha como escopo a análise quantitativa da utilização do *Scrum* em empresas.

Dentre os autores que analisaram o sistema, apenas dois são nacionais, enquanto todos os restantes são estrangeiros. No que se refere ao acúmulo de funções, apenas foram analisadas produções de autores brasileiros, uma vez que o objetivo do artigo era analisar sua aplicação em âmbito nacional, o que não quer dizer que o conceito é exclusivo do ordenamento jurídico brasileiro.

Por fim, interessante destacar que há bastante produção no país acerca das questões relativas à intensificação e à flexibilização do trabalho, mas apenas dois artigos encontrados abordavam tais movimentos em cotejo com a aplicação de novas práticas organizacionais em empresas. Não obstante, dados autores focam sua produção nos aspectos corporativos da inovação organizacional, talvez porque seus estudos fossem direcionados aos campos da Engenharia e da Administração. No ramo do Direito, não foi encontrado nenhum documento que abordasse as práticas da estrutura *Scrum*, tão somente trabalhos que discorriam sobre os processos de flexibilização do trabalho e possíveis alternativas e riscos jurídicos, dentre os quais figurava o acúmulo de funções.

5. *Conclusão*

A necessidade de acompanhamento das mudanças no cenário externo e adaptação às demandas dos clientes, fornecedores e interessados é condição imprescindível para a manutenção da competitividade das empresas. Com esse objetivo, as inovações aplicadas à gestão das organizações apresentam-se tão valiosas quanto novos produtos, processos ou práticas de marketing, pois permitem a melhora contínua dos processos de trabalho e a atualidade das entregas pretendidas.

Conforme restou registrado no artigo, os sistemas ágeis têm sido elencados como a mais inovadora ferramenta de gestão para empresas que buscam permanecer lucrativas no mundo "VUCA". Nessa toada, a estrutura *Scrum* apresenta novas formas de organizar projetos, processos e o próprio trabalho dentro das empresas, de modo a torná-las mais adaptáveis e responsivas.

Por outro lado, é importante observar que a prática se constrói com a inversão de práticas tradicionais de gerenciamento, resultando em um envolvimento ainda mais intenso dos trabalhadores no processo de produção e inovação corporativa. Com o lema de favorecer "indivíduos e interações em vez de processos e ferramentas", fomentando o discurso do empoderamento individual e do trabalho em equipes multifuncionais, poderes decisórios e analíticos são transferidos para trabalhadores que antes possuíam funções eminentemente técnicas.

Com isso em vista, torna-se mais fácil antever como a má utilização do sistema pode acabar se tornando ferramenta de flexibilização e intensificação do trabalho, prejudicando o trabalhador e as próprias empresas em prol de uma suposta necessidade de inovação organizacional. Ao tentar conferir mais autonomia aos trabalhadores e exigir que as equipes sejam multidisciplinares, seus adeptos correm o risco de exercer atividades diversas das que possuem domínio, o que pode gerar até mesmo a depreciação dos resultados pretendidos.

Por fim, espera-se que o *Scrum* contribua para o cenário de inovação e satisfação no trabalho, dando mais liberdade ao processo criativo individual no interior das empresas e contribuindo para o desenvolvimento econômico como um todo, entretanto, há que se ter cuidado com a aplicação de referidos métodos participativos de gestão.

Conforme restou demonstrado no artigo, a adoção imprecisa da prática *Scrum* teria o condão de atrair a tutela do Direito do Trabalho. O risco do acúmulo de funções decorre da atribuição de maiores poderes de decisão, autogerenciamento e multidisciplinaridade aos trabalhadores. A fim de diminuir tal risco, o cargo estipulado em contrato deve ser respeitado também durante a execução dos trabalhos, evitando-se que os trabalhadores realizem tarefas completamente distintas das quais foram contratados para realizar, salvo quando haja consentimento e contraprestação adequada.

6. Referências

14TH ANNUAL State of Agile Report. *State of Agile*, 2020. Disponível em: <https://stateofagile.com>/. Acesso em: 13 dez. 2020.

APPIO, Eduardo dos Santos. *O acúmulo de funções e a base objetiva do contrato de emprego.* Monografia (Pós-graduação *lato sensu*) — Faculdade de Direito — Universidade Federal do Rio Grande do Sul, Porto Alegre, 2015.

BECK, K. *et al. Manifesto for Agile Software Development.* 2001. Disponível em: <http://www.agilemanifesto.org>. Acesso em: 9 dez. 2020.

BRASIL. *Constituição da República Federativa do Brasil.* Brasília: Centro Gráfico, 1988.

______. *Decreto-Lei n. 5.452, de 1º de maio de 1943.* Consolidação das Leis do Trabalho. Brasília, maio 1943.

DAL ROSSO, S. Ondas de intensificação do labor e crises. *Perspectivas,* São Paulo, n. 39, p. 133-154, jun. 2011.

DE PAIVA, M. S.; CUNHA, G. H. M.; SOUZA JUNIOR, C. V. N.; CONSTANTINO, M. Inovação e os efeitos sobre a dinâmica de mercado: uma síntese teórica de Smith e Schumpeter. *Interações,* Campo Grande, n. 1, p. 155-170, mar. 2018.

DELGADO, Mauricio Godinho. *Curso de Direito do Trabalho:* obra revista e atualizada conforme a lei da reforma trabalhista e inovações normativas e jurisprudenciais posteriores. 18. ed. São Paulo: LTr, 2019.

DELGADO, Mauricio Godinho; DELGADO, Gabriela Neves. *A reforma trabalhista no Brasil:* com os comentários à Lei n. 13.467/2017. São Paulo: LTr, 2017.

GABARDO, João Paulo. *A intensificação do trabalho e o acúmulo de funções:* possibilidades de respostas por parte do Direito. Monografia (Graduação) — Ciências Jurídicas — Universidade Federal do Paraná, Curitiba, 2011.

GALVÃO, M. C. B.; RICARTE, I. L. M. Revisão sistemática da literatura: conceituação, produção e publicação. *Logeion: Filosofia da informação,* Rio de Janeiro, n. 1, p. 57-73, fev. 2020.

OECD. *Oslo Manual 2018:* Guidelines for collecting, reporting and using data on innovation. 4. ed. Paris: OECD, 2018.

PMI. *Guia PMBOK:* um guia do conhecimento em gerenciamento de projetos. 6. ed. Pensilvânia: Project Management Institute, Inc., 2017.

PRISMA. *Preferred Reporting Items for Systematic Reviews and Meta-Analyses.* University of Ottawa/Oxford University, 2015. Disponível em: <http://www.prisma-statement.org/>. Acesso em: 8 dez. 2020.

RIGBY, Darrell; ELK, Sarah; BEREZ, Steve. *Ágil do jeito certo:* transformação sem caos. São Paulo: Benvirá, 2020.

RIGBY, Darrell; SUTHERLAND, Jeff; TAKEUCHI, Hirotaka. Embracing Agile. *Harvard Business Review,* maio 2016. Disponível em: <https://hbr.org/2016/05/embracing-agile>. Acesso em 25 nov. 2020.

SHIMA, W.; HAIDUK, B. C. O uso do Scrum como estratégia de inovação organizacional.:*Encontro Nacional de Economia Industrial e Inovação,* n. 4, 2019, Inovação, Produtividade e os Desafios do Crescimento. Campinas, 2019.

SCHUMPETER, Joseph Alois. *Teoria do Desenvolvimento Econômico:* uma investigação sobre lucros, capital, crédito, juro e o ciclo econômico. São Paulo: Nova Cultural, 1997.

SCHWABER, Ken; SUTHERLAND, Jeff. *The Scrum Guide*. 2020. Disponível em: <https://www.scrumguides.org/docs/scrumguide/v2020/2020-Scrum-Guide-US.pdf>. Acesso em: 10 dez. 2020.

SOUZA, E. G. Sociedade da informação e reestruturação produtiva: crítica à dimensão utilitarista do conhecimento. *TransInformação*, Campinas, n. 23(3), p. 219-226, dez. 2011.

STOPA, G. R.; RACHID, C. L. Scrum: metodologia ágil como ferramenta de gerenciamento de projetos. *CES REVISTA*, Juiz de Fora, n. 1, p. 302-323, jul. 2019.

SUTHERLAND, Jeff; SUTHERLAND, J. J. *Scrum*: a arte de fazer o dobro do trabalho na metade do tempo. Rio de Janeiro: Sextante, 2019.

SÜSSEKIND, Arnaldo. *Curso de Direito do Trabalho*. Rio de Janeiro: Renovar, 2002.

TESSARINI JUNIOR, G.; SALTORATO, P. Impactos da indústria 4.0 na organização do trabalho: uma revisão sistemática da literatura. *Produção Online*, Florianópolis, n. 2, p. 743-769, 2018.

Tecnologia e Justiça do Trabalho: os Impactos da Pandemia Nas Garantias Processuais Constitucionais

Tamires Rastoldo Fernandes Mendes(1)

1. Introdução

O ano de 2020 ficou marcado na história mundial como o ano em que uma nova doença, altamente contagiosa, se espalhou rapidamente mundo afora. A COVID-19, doença causada pelo novo coronavírus (SARS-CoV-2), foi identificada ao final de 2019 em Wuhan, na província de Hubei, República Popular da China, e sua rápida disseminação já levou a vida de 2.360.280 pessoas ao redor do mundo, segundo dados atualizados até 12 de fevereiro de 2021 pela Organização Pan-Americana de Saúde — OPAS (2021, *on-line*).

As mudanças na forma de se relacionar causaram (e ainda causam) impactos diários em todas as áreas da vida humana e, no âmbito de atuação do Poder Judiciário, a situação não poderia ser diferente.

A pandemia impôs a necessidade de reinventar a maneira de conduzir os processos judiciais, a fim de que o jurisdicionado não fosse prejudicado pela imperiosa necessidade de isolamento e afastamento físico entre as pessoas. As portas da Justiça precisaram permanecer abertas, ainda que, fisicamente, boa parte dos tribunais tenha deixado de prestar atendimento presencial desde o ano passado, situação que ainda não foi normalizada até o momento.

Para manter as atividades jurisdicionais, o Judiciário em geral se socorreu dos meios tecnológicos, que permitiram a manutenção dos trabalhos de forma telepresencial.

Diante dessa nova realidade, o presente artigo se propõe a avaliar o uso da tecnologia pelo Poder Judiciário, focando nos Tribunais Regionais do Trabalho, para aplacar os efeitos do isolamento social causados pela pandemia, e os impactos causados às garantias processuais constitucionais, com destaque para o contraditório e a ampla defesa, a publicidade, o acesso à justiça e a duração razoável do processo.

2. O uso da tecnologia pela Justiça do Trabalho: o problema da exclusão digital

A natureza essencial da atividade jurisdicional levou o Conselho Nacional de Justiça (CNJ) a se preocupar com a garantia de condições mínimas para a continuidade dos serviços judiciários durante a pandemia, mantendo o necessário isolamento para preservar a saúde dos jurisdicionados, agentes públicos, advogados e magistrados.

A saída encontrada pelo CNJ foi lançar mão das ferramentas tecnológicas disponíveis para garantir a manutenção da atividade jurisdicional, com a atuação dos magistrados e servidores de forma remota, conforme Resolução n. 313, de 19 de março de 2020:

> Art. 1º Estabelecer o regime de Plantão Extraordinário, no âmbito do Poder Judiciário Nacional, para uniformizar o funcionamento dos serviços judiciários e garantir o acesso à justiça neste período emergencial, com o objetivo de prevenir o contágio pelo novo Coronavírus — Covid-19.
>
> (...)
>
> Art. 3º Fica suspenso o atendimento presencial de partes, advogados e interessados, que deverá ser realizado remotamente pelos meios tecnológicos disponíveis.
>
> § 1º Cada unidade judiciária deverá manter canal de atendimento remoto, a ser amplamente divulgado pelos tribunais.
>
> § 2º Não logrado atendimento na forma do parágrafo primeiro, os tribunais providenciarão meios para

(1) Mestranda em Direito Processual pela UERJ. Especialista em Direito e Processo do Trabalho pela Universidade Candido Mendes — UCAM. Bacharel em Direito pela UFRJ. Advogada no escritório Loureiro Maia Advogados.

> atender, presencialmente, advogados, públicos e privados, membros do Ministério Público e polícia judiciária, durante o expediente forense. (BRASIL, 2020, *on-line*)

A medida foi de grande importância para garantir o acesso remoto à justiça durante a pandemia. No entanto, algumas questões precisam ser debatidas, no que diz respeito ao acesso efetivo da população ao Poder Judiciário, que fica mitigado se o jurisdicionado não dispõe da tecnologia necessária para fazer valer os seus direitos em juízo.

A realidade de parcela da população brasileira é um acesso precário aos meios de comunicação, em especial à internet, e a pandemia apenas tornou mais evidente a exclusão digital de boa parte dos brasileiros.

Em pesquisa realizada pelo Centro Regional de Estudos para o Desenvolvimento da Sociedade da Informação (Cetic.br), a TIC Domicílios, divulgada em novembro de 2020, foi apresentado amplo panorama sobre o acesso domiciliar e individual a tecnologias de informação e comunicação (TIC) no Brasil.

Imagem 1 — Domicílios com acesso à internet, por classe (2015-2019)

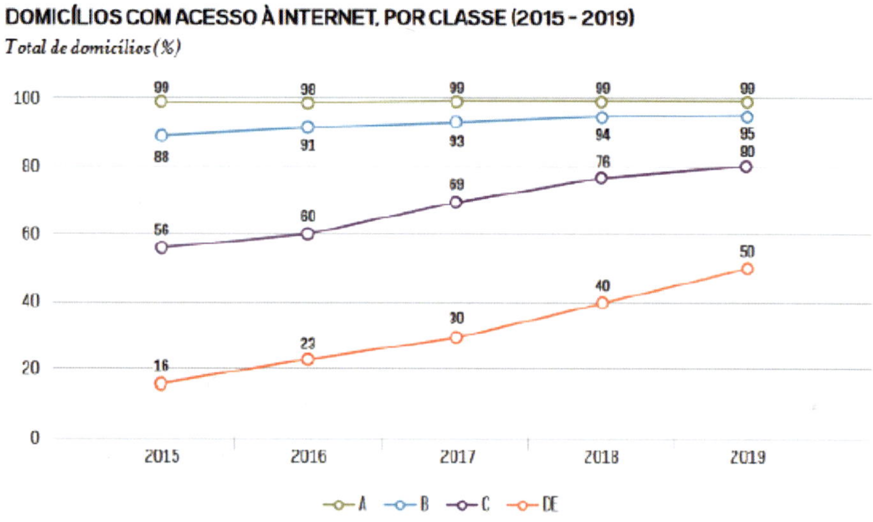

Fonte: TIC Domicílios 2019 (CETIC.Br, 2020).

A análise por classe social revelou, além dos dados indicados no gráfico anterior, que a presença de computadores está associada a fatores sociodemográficos, sendo que, em 2019, entre os mais ricos (classe A), eles estavam presentes em 95% dos domicílios, mas nas classes mais baixas (classes D e E), apenas 14% dos domicílios possuíam computadores (CETIC. Br., 2020, *on-line*). A pesquisa ainda mostra que, em 2019, uma em cada quatro pessoas com dez anos ou mais no país não era usuária de Internet.

Os resultados da pesquisa apontam que, em aproximadamente 20 milhões de lares brasileiros, não há acesso à internet, e que tal fenômeno é identificado de forma mais clara nas regiões Sudeste e Nordeste:

> A despeito do aumento do número de conectados, a TIC Domicílios aponta que, em 2019, cerca de 20 milhões de domicílios brasileiros não tinham acesso à Internet, fenômeno concentrado, em termos absolutos, nas regiões mais populosas do país: Sudeste (7,8 milhões de domicílios) e Nordeste (6,4 milhões de domicílios). Entre os segmentos socioeconômicos, nas classes DE foram registrados 13 milhões de domicílios sem acesso à Internet. Como em anos anteriores, em 2019, a barreira mais comum para a falta de Internet nos domicílios do país foi o valor do serviço, citado por 59% dos domicílios sem conexão de Internet, seguido pela falta de interesse (53%) e pelo fato de os moradores não saberem usar a rede (49%). (CETIC.Br., 2020, *on-line*)

Além do alto custo associado à manutenção dos serviços de internet de boa qualidade e compra de equipamentos, a ausência de conhecimento sobre o uso dos meios tecnológicos também foi apontada na pesquisa como barreira para o uso de internet, conforme o trecho destacado acima.

Essas informações deixam transparecer a realidade vivida por parte dos cidadãos brasileiros, para quem a pandemia criou um abismo ainda maior, não somente em relação ao acesso à justiça, mas, inclusive, aos meios de subsistência nos momentos mais agudos da pandemia.

Essa situação foi retratada por Inês Soares e Melina Fachin (2020, *on-line*), que identificaram a "exclusão digital dos hipervulneráveis", "milhões de invisíveis que seguem amontoadas em filas, inconvenientemente aglomeradas, dormindo nas calçadas nas proximidades das agências bancárias e casas lotéricas", pois não possuem os meios tecnológicos para acessar, de suas residências, o programa do Governo Federal de auxílio financeiro emergencial.

A manutenção dos serviços judiciários de forma remota permanece. Como mencionado, a situação ainda não foi regularizada no início de 2021. Ainda hoje, alguns Tribunais Regionais do Trabalho não retomaram o atendimento presencial ao público, como é o caso do Rio de Janeiro, na forma do Ato Conjunto n. 14/2020 (BRASIL, 2020, *on-line*), outros estão funcionando com a capacidade de atendimento reduzida, como o TRT de São Paulo (Capital), que no momento possui capacidade limitada a 20%, de acordo com a Resolução GP/CR n. 6/2020 (BRASIL, 2020, *on- line*).

Em alguns locais, como ocorreu no município de Belo Horizonte, após a reabertura da Justiça do Trabalho, foi necessário suspender, novamente, o atendimento presencial, diante do agravamento da pandemia, conforme Portaria Conjunta n. 13, de 18 de janeiro de 2021 (BRASIL, 2021, *on-line*).

O cenário apontado demonstra que, apesar dos esforços para que as atividades jurisdicionais retornem de forma plena, o aumento de casos de contaminação por COVID-19, após pouco mais de um ano da declaração de situação de emergência em saúde pública de importância internacional no Brasil, revela a necessidade de adaptação de todo o sistema judiciário para se adequar à nova realidade apresentada, sem precedentes, que não demonstra qualquer expectativa de se encerrar de forma breve.

Por outro lado, o uso inadvertido da tecnologia pelo Judiciário pode distanciar os jurisdicionados mais vulneráveis, excluídos digitalmente, e, portanto, mais necessitados de ter seus pleitos apreciados pelas instituições judiciais, dificultando o acesso à justiça e o pleno exercício dos direitos constitucionalmente garantidos.

3. *Os impactos da tecnologia nas garantias processuais constitucionais*

A par das ponderações feitas no tópico anterior, fato é que a tecnologia já faz parte do dia a dia dos advogados, serventuários e magistrados trabalhistas, que militam diuturnamente para manter abertas as portas da Justiça do Trabalho.

Contudo, a mudança abrupta na forma de conduzir os processos trabalhistas, marcado pela oralidade e simplicidade das formas no seu procedimento, trouxe alguns reflexos no respeito às garantias constitucionais do processo.

Com relação ao assunto, Leonardo Greco defende que,

> No Estado Democrático Contemporâneo, os direitos fundamentais constitucionalmente assegurados têm eficácia imediata, cumprindo ao Estado garantir a todos os cidadãos o respeito a esses direitos de modo concreto e efetivo, não obstante as inúmeras desigualdades e condições adversas que dificultam na prática o seu exercício. (GRECO, 2002, p. 197)

Desta forma, é imprescindível manter a prestação da atividade jurisdicional, observando, porém, as garantias processuais previstas na Constituição da República. Nas próximas linhas, serão tratadas as garantias do contraditório e da ampla defesa, da publicidade, do acesso à justiça e da duração razoável do processo, sob o enfoque das medidas práticas tomadas por diferentes Tribunais Regionais do Trabalho para minorar os impactos da pandemia no Judiciário.

3.1. Contraditório e ampla defesa

Uma das principais garantias processuais previstas na Constituição da República está presente no inciso LV, do art. 5º, e dispõe que "aos litigantes, em processo judicial ou administrativo, e aos acusados em geral são assegurados o contraditório e ampla defesa, com os meios e recursos a ela inerentes".

Segundo Leonardo Greco (2002, p. 23), o contraditório está insculpido na máxima de que "ninguém pode ser atingido por uma decisão judicial na sua esfera de interesses sem ter tido ampla possibilidade de influir eficazmente na sua formação".

Já a ampla defesa seria o direito da parte de

> (...) apresentar todas as alegações, propor e produzir todas as provas que, a seu juízo, possam militar a

favor do acolhimento da sua pretensão ou do não acolhimento da postulação do seu adversário. Esse direito abrange tanto o direito à auto-defesa quanto à defesa técnica por um advogado habilitado, e também o direito a não ser prejudicado no seu exercício por obstáculos alheios à sua vontade ou pela dificuldade de acesso às provas de suas alegações (GRECO, 2002, p. 18).

Para evitar prejuízo aos litigantes em processos judiciais, causados pela repentina determinação de isolamento social, o Conselho Nacional de Justiça (CNJ) publicou a Resolução n. 313, em 19 de março de 2020, no início da pandemia no Brasil, prevendo a suspensão dos prazos processuais em curso até 30 de abril de 2020:

> Art. 5º Ficam suspensos os prazos processuais a contar da publicação desta Resolução, até o dia 30 de abril de 2020. (BRASIL, 2020, *on-line*)

Em 20 de abril de 2020, o CNJ publicou a Resolução n. 314, estabelecendo a retomada dos prazos processuais a partir do dia 4 de maio de 2020, nos seguintes termos:

> Art. 3º Os processos judiciais e administrativos em todos os graus de jurisdição, exceto aqueles em trâmite no Supremo Tribunal Federal e no âmbito da Justiça Eleitoral, que tramitem em meio eletrônico, terão os prazos processuais retomados, sem qualquer tipo de escalonamento, a partir do dia 4 de maio de 2020, sendo vedada a designação de atos presenciais.
>
> § 1º Os prazos processuais já iniciados serão retomados no estado em que se encontravam no momento da suspensão, sendo restituídos por tempo igual ao que faltava para sua complementação (CPC, art. 221).
>
> § 2º Os atos processuais que eventualmente não puderem ser praticados pelo meio eletrônico ou virtual, por absoluta impossibilidade técnica ou prática a ser apontada por qualquer dos envolvidos no ato, devidamente justificada nos autos, deverão ser adiados e certificados pela serventia, após decisão fundamentada do magistrado.
>
> § 3º Os prazos processuais para apresentação de contestação, impugnação ao cumprimento de sentença, embargos à execução, defesas preliminares de natureza cível, trabalhista e criminal, inclusive quando praticados em audiência, e outros que exijam a coleta prévia de elementos de prova por parte dos advogados, defensores e procuradores juntamente às partes e assistidos, somente serão suspensos, se, durante a sua fluência, a parte informar ao juízo competente a impossibilidade de prática do ato, o prazo será considerado suspenso na data do protocolo da petição com essa informação. (BRASIL, 2020, *on-line*)

De imediato, o § 2º do art. 3º, da resolução citada chama a atenção, na medida em que exige a comprovação da impossibilidade técnica ou prática para os atos processuais que não puderem ser praticados por meio eletrônico ou virtual.

A exigência de prova de impossibilidade técnica, em um cenário de pandemia, em que boa parte dos advogados e partes estavam em isolamento social, muitos, como tratado acima, sem qualquer acesso à internet ou computador, pode apresentar grande dificuldade para o jurisdicionado.

O tema ainda se revela mais grave no que diz respeito às audiências virtuais. Nesse mesmo sentido, o Tribunal Regional do Trabalho da 1ª Região (RJ) publicou o Ato Conjunto n. 6, em 27 de abril de 2020, estabelecendo a adoção de meios telemáticos para a realização de audiências e sessões de julgamento, nos seguintes termos:

> Art. 5º A partir de 4 de maio e até ulterior deliberação, as audiências deverão ser realizadas por videoconferência nas Varas deste Tribunal, com a utilização da plataforma disponibilizada pelo Conselho Nacional de Justiça, observadas as disposições do art. 2º desta norma.
>
> (...)
>
> § 4º Quando intimadas acerca da realização da audiência virtual, os patronos e parte que não desejarem aderir à medida deverão informar o motivo da não adesão, que será submetido à análise prévia do magistrado responsável pela condução da audiência, que decidirá quanto à pertinência da recusa.
>
> Art. 6º A utilização da videoconferência, como ferramenta para a realização das audiências, deverá ser feita de forma paulatina, recomendando-se aos magistrados que selecionem os processos, adotando, a princípio, a prática do ato naqueles em que há manifesta intenção de acordo ou que não dependam da produção de provas, em especial os que digam respeito a verbas rescisórias. (BRASIL, 2020, *on-line*)

Em São Paulo, o Tribunal Regional do Trabalho da 2ª Região (SP) publicou o Ato GP n. 8, de 27 de abril de 2020, disciplinando sobre a adoção de meios virtuais e telepresenciais para a manutenção de sessões de julgamento e audiências:

> Art. 3º A partir de 11 de maio de 2020, observada a gradação estabelecida a seguir, as Varas do Trabalho, Turmas e Seções Especializadas deste Tribunal estão autorizadas a adotar os meios virtuais e telepresenciais definidos, neste Ato, para a realização de audiências e sessões de julgamento.

> (...)
>
> Art. 23. A quantidade diária de processos incluídos em pauta nas Varas deve ser reduzida, guardando proporcionalidade com as limitações advindas dos problemas de acesso e da inexperiência na utilização dos novos recursos tecnológicos disponibilizados.
>
> Parágrafo único. O Magistrado, na análise de cada caso e mediante provocação justificada das partes adiará, por decisão fundamentada, todos os atos processuais que eventualmente não puderem ser praticados pelo meio telepresencial ou virtual, por absoluta impossibilidade técnica ou prática. (BRASIL, 2020, *on-line*)

A falta de conhecimento, preparo e habilidade técnica de partes e advogados, aliados à necessidade de comprovação da dificuldade técnica de acesso às plataformas utilizadas por cada órgão judiciário, caminharam em sentido contrário ao contraditório e à ampla defesa, no sentido de que o jurisdicionado não sofra prejuízo no exercício de suas faculdades processuais por obstáculos alheios à sua vontade.

Diante de tal cenário, o Conselho Nacional de Justiça recebeu pedidos, movidos por diversas seccionais da Ordem dos Advogados do Brasil, para garantir que a manifestação unilateral dos advogados, no sentido da impossibilidade da prática de atos processuais, em especial de audiências telepresenciais, seja acolhida pelos juízes.

No Procedimento de Controle Administrativo (PCA) n. 0003753-91.2.00.0000, em que o requerente era a Ordem dos Advogados do Brasil — Seção Bahia, o CNJ firmou entendimento do seguinte sentido:

> JUÍZO DA 16ª VARA DO TRABALHO DE SALVADOR — BAHIA. MANUTENÇÃO DE AUDIÊNCIAS POR MEIO DE VIDEOCONFERÊNCIA QUANDO HOUVER MANIFESTAÇÃO CONTRÁRIA DAS PARTES POR DEFICIÊNCIA DA SUA FUNDAMENTAÇÃO. APLICAÇÃO DE PENALIDADES PROCESSUAIS ÀS PARTES QUE NÃO COMPARECEREM AO ATO OU TIVEREM O ACESSO INTERROMPIDO POR PROBLEMAS TÉCNICOS. IMPUTAÇÃO DE RESPONSABILIDADE ÀS PARTES PELO COMPARECIMENTO DE TESTEMUNHAS ÀS AUDIÊNCIAS VIRTUAIS. IMPOSSIBILIDADE. INTELIGÊNCIA DO ARTIGO 6º, *CAPUT* E § 4º, DO ATO CR TRT5 N. 21, DE 2020, E DO ARTIGO 6º, § 4º DA RESOLUÇÃO CNJ N. 314, DE 2020. NECESSIDADE DE ADEQUAÇÃO DO PROCEDER FUNCIONAL DO MAGISTRADO. PEDIDOS JULGADOS PROCEDENTES.
>
> 1. Os Tribunais, no exercício de sua autonomia Administrativa, podem editar normas complementares às Resoluções do CNJ relacionadas ao período excepcional de Pandemia. 2.
>
> 2. Havendo manifestação contrária de uma das partes ou de ambas, deve o Magistrado suspender a realização de audiências por meio de videoconferência, independentemente de juízo de valor quanto à fundamentação apresentada. Previsão expressa do artigo 6º, *caput*, do ATO CR TRT5 N. 21, DE 2020.
>
> 3. Em caso de não comparecimento das partes às audiências designadas por videoconferência por motivos técnicos, ou de interrupção do respectivo acesso, o Magistrado deve se abster de aplicar quaisquer penalidades processuais. Previsão expressa do art. 6º, § 4º, do ATO CR TRT5 N. 21, DE 2020.
>
> 4. Está o Magistrado proibido de imputar a responsabilidade pelo comparecimento de testemunhas às partes e advogados, consoante previsão expressa do art. 6º, § 4º, da Resolução CNJ n. 314, de 2020.
>
> 5. Pedidos julgados procedentes. (BRASIL, 2020, *on-line*)

Posteriormente, no Pedido de Providências 0003406-58.2020.2.00.0000, julgado em junho de 2020, o CNJ modificou seu posicionamento, passando a defender que a mera alegação do advogado sobre a impossibilidade de cumprir os atos processuais não seria suficiente para a suspensão automática do ato, dependendo de avaliação do magistrado:

> PEDIDO DE PROVIDÊNCIAS. PLANTÃO EXTRAORDINÁRIO IMPLANTADO COMO MEDIDA DE COMBATE À PROLIFERAÇÃO DO NOVO CORONAVÍRUS — COVID-19. SISTEMÁTICA DE SUSPENSÃO DE AUDIÊNCIAS POR VIDEOCONFERÊNCIA E DE JULGAMENTO DE PROCESSOS SUBMETIDOS À SESSÃO VIRTUAL. MANIFESTAÇÃO DE ADVOGADO SEM ANUÊNCIA DA PARTE ADVERSA. INDISPENSABILIDADE DE PEDIDO DEVIDAMENTE FUNDAMENTADO A SER SUBMETIDO À AVALIAÇÃO DO MAGISTRADO RESPONSÁVEL PELA CONDUÇÃO DO FEITO. I. Em uma audiência, ou sessão de julgamento, são produzidos diversos atos processuais. Logo, ainda que se admita que a impossibilidade técnica para a realização de alguns destes atos por uma das partes possa suspender automaticamente o prazo que lhe fora concedido, na forma do artigo 3º, § 3º, da Resolução CNJ n. 314/2020, persiste a circunstância de que a suspensão da audiência (ou do julgamento do feito), em si, depende da avaliação do magistrado responsável pela condução do processo, consoante o que dispõe o § 2º do mesmo dispositivo, a fim de se

evitar eventual prejuízo à parte adversa. II. Trata-se, em última análise, de medida destinada à proteção dos direitos e prerrogativas do próprio advogado, no exercício da defesa dos interesses da parte que representa, a serem preservados mesmo na situação emergencial vivenciada no País, em face da Pandemia pela COVID-19. III. Nada impede, entretanto, que, em havendo concordância da parte contrária, seja viabilizada a suspensão da audiência por videoconferência ou do julgamento por sessão virtual, ante a apresentação de requerimento conjunto expressando esta intenção ao Juiz da causa. Em contrapartida, a manifestação de apenas uma das partes enseja, impreterivelmente, a avaliação do pedido, devidamente fundamentado, pelo Magistrado responsável pela condução do processo, a fim de se preservar eventuais interesses contrários do adversário. IV. Pedido de Providências que se julga improcedente. (BRASIL, 2020, *on-line*)

Diante desse cenário, as alterações normativas propostas para viabilizar a realização de audiências e sessões de julgamento telepresenciais ou virtuais, em alguma medida, estabeleceram obstáculos ao exercício pleno do contraditório e da ampla defesa das partes no processo.

3.2. Publicidade processual

A garantia da publicidade processual está insculpida no art. 93, inciso IX, da Constituição da República, prevendo que "todos os julgamentos dos órgãos do Poder Judiciário serão públicos" (BRASIL, 1988, *on-line*), sob pena de nulidade, podendo a lei "limitar a presença, em determinados atos, às próprias partes e a seus advogados, ou somente a estes, em casos nos quais a preservação do direito à intimidade do interessado no sigilo não prejudique o interesse público à informação".

Sobre o tema, Leonardo Greco (2002, p. 41) também dispõe que a publicidade dos atos praticados no processo é "uma das mais importantes garantias do processo democrático", visto que seria "o único instrumento eficaz de controle da exação dos juízes no cumprimento dos seus deveres e no respeito à dignidade humana e aos direitos das partes". Nesse sentido, o autor defende que "dela depende a credibilidade e a confiança que a sociedade deve depositar na Justiça".

Sob essa ótica, o Tribunal Regional do Trabalho da 1ª Região (RJ) editou o Ato Conjunto n. 6/2020, prevendo, em seu artigo 4º, § 3º, que

> Art. 4º As sessões de julgamento e audiências telepresenciais têm valor jurídico equivalente às presenciais, asseguradas a publicidade dos atos praticados e todas as prerrogativas processuais de advogados e partes.
>
> [...]
>
> § 3º Para garantir a publicidade, as audiências e sessões de julgamento telepresenciais poderão ser acompanhadas por pessoas não relacionadas às demandas, ressalvados os casos de segredo de justiça, mediante solicitação de cadastro prévio como "espectador" solicitado por e-mail, até 2 (dois) dias úteis anteriores ao início da sessão, para a respectiva Secretaria, o que não lhe permitirá qualquer interação com os participantes, mas lhe resguardará o acompanhamento do evento. (BRASIL, 2020, *on-line*)

A despeito da previsão específica sobre a possibilidade de que as audiências sejam acompanhadas por terceiros, não relacionados aos casos, a medida limita o acesso às salas de audiências telepresenciais, estabelecendo um impedimento para o ingresso nas sessões, limitado às pessoas que realizarem cadastro prévio na respectiva secretaria, com dois dias de antecedência.

Ora, a publicidade processual somente pode ser suprimida em hipóteses específicas, como a proteção da intimidade e privacidade das pessoas e para causas que envolvam matéria de interesse público, precisamente determinado e comprovado (GRECO, 2002, p. 41).

Além disso, o ambiente de audiências telepresenciais ainda é novo e sujeito a total controle por parte do organizador da respectiva sala de audiências, que pode fechar o microfone e retirar da sala quaisquer dos participantes, sem qualquer possibilidade de manifestação em sentido contrário, experiência que chegou a ser relatada por alguns advogados.

Diante dessa nova realidade, é preciso coadunar a necessidade de organização e administração do espaço virtual de realização de audiências com a garantia constitucional da publicidade, na medida em que a impossibilidade de acesso a terceiros "deve ser excepcionalíssima, apenas para preservar a intimidade das partes e certos interesses gerais da coletividade precisamente determinados, sopesados com suporte no princípio da proporcionalidade" (GRECO, 2002, p. 41), sempre garantida a participação e presença das partes e dos seus advogados.

3.3. O acesso à justiça

A garantia do acesso à justiça, prevista no art. 5º, XXXV, da Constituição da República, já foi debatida em itens anteriores, mas, em resumo, significa, nas palavras de Leonardo Greco (2002, p. 14), que "todas as pessoas naturais e jurídicas, independentemente de qualquer condição, têm o direito de dirigir-se ao Poder Judiciário e deste receber resposta sobre qualquer pretensão".

O autor identifica que o acesso à justiça encontra três obstáculos para a sua plena efetividade: barreiras econômicas, geográficas e burocráticas (GRECO, 2002, p. 206-209). Partindo dos argumentos suscitados no presente trabalho, é possível identificar o surgimento de uma quarta barreira que impede ou dificulta o acesso à Justiça: as barreiras tecnológicas, que dizem respeito ao afastamento de parte da sociedade aos meios tecnológicos necessários para participar de atos jurisdicionais virtuais.

Analisando o tema sob a perspectiva do Direito do Trabalho, a situação se torna ainda mais grave, visto que é assegurado o *jus postulandi*, na forma dos artigos 791 e 840, § 2º, ambos da CLT:

> Art. 791. Os empregados e os empregadores poderão reclamar pessoalmente perante a Justiça do Trabalho e acompanhar as suas reclamações até o final.
>
> Art. 840. A reclamação poderá ser escrita ou verbal.
>
> (...)
>
> § 2º Se verbal, a reclamação será reduzida a termo, em duas vias datadas e assinadas pelo escrivão ou secretário, observado, no que couber, o disposto no § 1º deste artigo. (Redação dada pela Lei n. 13.467, de 2017)

Nesse sentido, a Corregedoria Geral da Justiça do Trabalho emitiu a Recomendação n. 8, de 23 de junho de 2020, orientando os tribunais a buscarem meios para viabilizar a atermação virtual e o atendimento remoto aos jurisdicionados:

> Art. 1º Recomendar às Corregedorias Regionais a implementação de ato normativo com medidas capazes de viabilizar a atermação de demandas pelo meio virtual, e de atendimento ao jurisdicionado carente, de forma não presencial, enquanto perdurarem as restrições decorrentes da pandemia da COVID-19.
>
> Art. 2º Recomendar aos Tribunais Regionais do Trabalho a disponibilização de serviço de atermação não presencial das petições iniciais de reclamações trabalhistas, e demais atos processuais necessários para que o *jus postulandi* possa ser exercido na plenitude.
>
> Parágrafo único. O serviço de que trata o caput deverá ser divulgado na página do Tribunal na internet e também nos Fóruns da Justiça do Trabalho da Região.
>
> Art. 3º Os atos mencionados no artigo 2º poderão ser realizados por meio de cadastro no sítio eletrônico do Tribunal, solicitação por meio virtual direcionada ao setor específico ou à unidade judiciária, podendo ser indicado outro meio idôneo de comunicação que não demande ato presencial.
>
> Parágrafo único. O meio de solicitação utilizado deverá possibilitar a identificação do jurisdicionado, recomendando-se a obrigatoriedade de apresentação dos seguintes documentos, devidamente digitalizados e encaminhados pelos meios especificados no caput, nos formatos pdf ou jpg:
>
> I — Documento oficial de identificação pessoal com foto;
>
> II — CPF e comprovante de residência atualizado;
>
> III — Carteira de Trabalho e Previdência Social, caso existente;
>
> IV — Documentos comprobatórios de representação de menor ou incapaz, se for o caso.
>
> Art. 4º Para o procedimento de redução a termo do ato processual, o jurisdicionado, por meio de formulário próprio criado para este fim, deverá fornecer seus dados pessoais, e descrever de maneira clara e objetiva os dados referentes à relação de trabalho havida (admissão, extinção,função, salário, jornada de trabalho), além de fornecer os dados que viabilizem a identificação e a citação da empresa ou pessoa jurídica para a qual prestou serviços, indicar as verbas solicitadas e o valor que atribui à causa, compatível com a pretensão.
>
> § 1º A descrição dos fatos deve se dar de maneira clara e objetiva, não se exigindo redação com linguagem jurídica ou técnica;
>
> § 2º O jurisdicionado é inteiramente responsável pelas informações por ele prestadas e pela atualização de seus dados perante o respectivo Tribunal Regional do Trabalho, recomendando-se que o formulário a que se refere o caput contemple expressamente tal responsabilidade.
>
> § 3º O não fornecimento dos dados citados no caput ou o não atendimento da descrição prevista no § 1º acarretará a não efetivação da redução a termo do ato processual, possibilitando-se aos Tribunais Regionais, segundo sua estrutura e peculiaridade, a previsão da possibilidade de coleta de dados

complementares nas hipóteses em que se entender necessário;

§ 4º Os Tribunais Regionais deverão estabelecer meio de comunicação hábil para informar ao jurisdicionado a confirmação da solicitação de redução a termo ou do atendimento realizado, com envio de cópia do formulário preenchido para registro;

Art. 5º O ato processual reduzido a termo deverá ser encaminhado ao protocolo do sistema PJe.

Parágrafo único. Após o protocolo referido no *caput*, as informações correspondentes à demanda, tais como a data, hora e meio de realização da audiência designada, deverão ser encaminhadas ao jurisdicionado, por meio eletrônico hábil, podendo apresentar a lista das entidades locais que prestam assistência judiciária ao beneficiário da gratuidade de justiça.

Art. 6º Os atos processuais realizados mediante a redução a termo de que trata a presente Recomendação terão valor jurídico equivalente ao dos atos praticados por meio presencial. (...) (BRASIL, 2020, *on-line*)

A iniciativa, digna de nota, foi encontrada em alguns tribunais, como o Tribunal Regional do Trabalho da 3ª Região (MG), que implementou o sistema de atermação virtual de petições iniciais, mediante o uso do aplicativo de celular *WhatsApp Business* como meio de comunicação entre a parte e a Vara do Trabalho. A medida foi tomada durante a pandemia, por meio da Resolução Conjunta n. 147, de 13 de julho de 2020, abaixo reproduzida:

> Art. 1º Esta Resolução Conjunta dispõe sobre a implantação do sistema de Atermação Virtual e o uso do aplicativo *WhatsApp Business* como meio de comunicação entre os peticionantes e as unidades judiciárias.
>
> Art. 2º A redução a termo da petição inicial das reclamações trabalhistas, prevista no § 2º do art. 840 da Consolidação das Leis do Trabalho (CLT), poderá ser realizada também no ambiente virtual na forma desta Resolução Conjunta.
>
> Art. 3º As reclamações a termo, no âmbito deste Tribunal, poderão ser realizadas virtualmente pelos jurisdicionados por meio do preenchimento de formulário próprio disponibilizado no sítio eletrônico. (BRASIL, 2020, *on-line*)

Além do TRT mineiro, o Tribunal Regional do Trabalho da 8ª Região (Pará e Amapá), por força do Ato Normativo CR n. 2, de 1º de julho de 2020, também aderiu à recomendação:

> Art. 1º Ficam permitidos os serviços virtuais de tomada de reclamação e prestação de informações via ambiente virtual, *whatsapp* e outros meios idôneos, na forma do presente normativo.
>
> Parágrafo único. Os serviços virtuais previstos no *caput* serão prestados pela Central de Atendimento e pelos Núcleos de Apoio às Varas do Trabalho. (BRASIL, 2020, *on-line*)

Uma outra medida foi tomada pelo Conselho Nacional de Justiça, que publicou a Resolução n. 372, de 12 de fevereiro de 2021, regulamentado a criação do "Balcão Virtual", uma plataforma de videoconferência para atendimento digital dos cidadãos pelo Poder Judiciário:

> Art. 1º Os tribunais, à exceção do Supremo Tribunal Federal, deverão disponibilizar, em seu sítio eletrônico, ferramenta de videoconferência que permita imediato contato com o setor de atendimento de cada unidade judiciária, popularmente denominado como balcão, durante o horário de atendimento ao público.
>
> Parágrafo único. Essa plataforma de videoconferência será doravante denominada "Balcão Virtual".
>
> Art. 2º O tribunal poderá utilizar qualquer ferramenta tecnológica que se mostre adequada para o atendimento virtual, ainda que diversa da solução empregada para a realização das audiências, sessões de julgamento ou, ainda, para a prática dos demais atos judiciais.
>
> § 1º O tribunal poderá, em unidades judiciárias localizadas em regiões do interior onde a deficiência de infraestrutura tecnológica for notória e inviabilizar o atendimento por videoconferência, prever o uso de ferramenta de comunicação assíncrona para o atendimento por meio do Balcão Virtual, hipótese em que a resposta ao solicitante deverá ocorrer em prazo razoável.
>
> § 2º O CNJ, por meio do Departamento de Tecnologia da Informação e Comunicação, poderá indicar, mediante requerimento dos tribunais interessados, solução de uso público e gratuito disponível, bem como manual de instalação e de utilização.
>
> Art. 3º O Balcão Virtual deverá funcionar durante todo o horário de atendimento ao público, de forma similar à do balcão de atendimento presencial.
>
> Art. 4º O servidor designado para atuar no Balcão Virtual prestará o primeiro atendimento aos advogados e às partes, podendo convocar outros servidores da unidade ou realizar agendamento, pelos meios eletrônicos disponíveis, para complementação do atendimento solicitado.
>
> Parágrafo único. O Balcão Virtual não substitui o sistema de peticionamento dos sistemas de processo eletrônico adotados pelos tribunais, sendo vedado o

> seu uso para o protocolo de petições, assim como não é aplicável aos gabinetes dos magistrados.
>
> Art. 5º O link de acesso ao Balcão Virtual da unidade deverá ser publicado no sítio eletrônico dos tribunais, preferencialmente junto aos telefones e endereços eletrônicos de cada unidade judiciária, com a expressa menção de que o atendimento por aquela via se dará apenas durante o horário de atendimento ao público estipulado por cada tribunal.
>
> Art. 6º Os Balcões Virtuais deverão ser regulamentados e instalados no prazo de trinta dias a contar da entrada em vigor desta Resolução, com a devida disponibilização dos links de acesso no sítio do tribunal e comunicação ao Conselho Nacional de Justiça.
>
> Art. 7º Esta Resolução entra em vigor na data de sua publicação. (BRASIL, 2021, *on-line*)

A proposta estabelece que os tribunais disponibilizarão um canal de acesso virtual, nos respectivos sítios eletrônicos, para o atendimento virtual dos jurisdicionados, que será realizado pelos serventuários de cada unidade judiciária.

Além do próprio Tribunal Superior do Trabalho (Ato TST.GP n. 32, de 25 de fevereiro de 2021), alguns Tribunais Regionais do Trabalho já adotaram a medida dobalcão de atendimento virtual, como o TRT da 10ª Região (Distrito Federal e Tocantins) pela Portaria Conjunta n. 3, de 22 de fevereiro de 2021, e o TRT da 12ª Região (Santa Catarina), conforme a Portaria Conjunta SEAP/SECOR n. 45, de 1º de março de 2021.

Sem trazer maiores considerações sobre as limitações processuais impostas ao jurisdicionado que atua desassistido de advogado, bem como as críticas suscitadas sobre tal instituto, fato é que as propostas aqui tratadas visam a facilitar o acesso dos cidadãos à Justiça durante a pandemia, com o atendimento aos jurisdicionados que optarem por não constituir advogado, pleiteando seus direitos pessoalmente perante a Justiça do Trabalho, através da troca de mensagens via aplicativo de celular ou atendimento no balcão virtual pelos serventuários da unidade judiciária.

3.4. Duração razoável do processo

De acordo com o art. 5º, LXXVIII, da Constituição da República, a garantia de razoável duração do processo significa que "a jurisdição deve assegurar a quem tem razão o pleno gozo do seu direito durante o máximo tempo possível" (GRECO, 2002, p. 43).

Diante da pandemia e do fechamento físico dos tribunais, sem dúvida, os processos levariam um tempo maior para serem solucionados. No entanto, algumas boas iniciativas foram implementadas para atender a essa garantia constitucional.

A CLT prevê, em seu art. 847, parágrafo único, que a contestação poderá ser apresentada de forma escrita, pelo sistema de processo judicial eletrônico, até a data da audiência. Com a redução do quantitativo de audiências designadas, diante das dificuldades técnicas para a realização de pautas telepresenciais, o prazo para protocolo de defesas seria postergado até a remarcação das audiências como presenciais ou híbridas.

Visando a evitar maior morosidade nos processos trabalhistas, a Corregedoria Geral da Justiça do Trabalho publicou, em 23 de abril de 2020, o Ato n. 11/2020, que disciplina a faculdade de uso da previsão do art. 335 do Código de Processo Civil que estabelece prazo de 15 dias para a apresentação de defesa, sob pena de revelia, com o início dos prazos em 4 de maio de 2020:

> Art. 6º Preservada a possibilidade de as partes requererem a qualquer tempo, em conjunto (art. 190 do CPC), a realização de audiência conciliatória, fica facultado aos juízes de primeiro grau a utilização do rito processual estabelecido no artigo 335 do CPC quanto à apresentação de defesa, inclusive sob pena de revelia, respeitado o início da contagem do prazo em 4 de maio de 2020.
>
> § 1º Na hipótese do *caput*, deverá o(a) magistrado(a) possibilitar vista à parte autora dos documentos apresentados com a(s) defesa(s), e assinalar prazo para que as partes especifiquem as provas que pretendem produzir, sua pertinência e finalidade, para então proferir julgamento conforme o estado do processo ou decisão de saneamento e, se necessário, audiência de instrução. (BRASIL, 2020, *on-line*)

Outras importantes medidas foram tomadas pelo Tribunal Regional do Trabalho da 1ª Região (RJ), que publicou o Ato Conjunto n. 2/2020, em 16 de março de 2020, estabelecendo a possibilidade de liberação de valores incontroversos dos autos mediante transferência bancária, nos seguintes termos:

> Art. 3º (...)
>
> § 8º As unidades de 1º grau deverão priorizar a liberação de numerário em processos aptos para tanto, cabendo aos magistrados avaliar a possibilidade de deferimento de liberação de valores incontroversos, inclusive com a devida triagem, pelas unidades

judiciárias, das petições pendentes de apreciação que possam importar em determinação judicial de liberação de crédito às partes, advogados e auxiliares da justiça.

§ 9º Recomenda-se aos magistrados que, excepcionalmente e em razão do fechamento das agências bancárias, sempre que houver indicação dos dados bancários do beneficiário ou de seu patrono nos autos, as liberações ocorram preferencialmente mediante transferência de crédito diretamente para a conta bancária do beneficiário ou do seu advogado, com poderes específicos para o ato. (BRASIL, 2020, *on-line*)

Por meio dessa previsão, é recomendado aos magistrados que, nos processos em que tiverem sido indicados os dados bancários do beneficiário ou do seu respectivo advogado, o crédito devido seja transferido diretamente para a conta bancária, sem a necessidade de aguardar a expedição de alvará judicial.

Diante disso, as medidas indicadas vão de encontro aos ditames constitucionais de prazo razoável, visando ao desenvolvimento regular do processo e a satisfação integral no menor tempo possível.

4. *Considerações finais*

A realidade implementada pela pandemia mudou a forma de ser, de pensar, de cumprimentar, enfim, de se relacionar de toda a população mundial. Os desafios impostos à toda a sociedade em decorrência da COVID-19 são inúmeros e os seus impactos gerarão importantes reflexos nas gerações futuras.

Por óbvio, esses impactos também foram sentidos pelo Poder Judiciário, que não está imune ao que ocorre no seio da sociedade, e que precisou se adaptar a essas mudanças.

A tecnologia, como todo instrumento utilizado pelo Direito Processual, possui vantagens e desvantagens. Por meio dela, foi possível manter a prestação jurisdicional nos momentos mais duros de isolamento social. Por outro lado, não se pode defender o uso inadvertido da tecnologia, sem quaisquer exceções ou alternativas, visto que parte da população brasileira ainda pode ser considerada excluída digitalmente.

Além disso, para que o processo passe a incorporar a nova realidade tecnológica, é necessário revisitar o conceito de devido processo legal para incorporar uma nova dimensão: o devido processo legal digital ou tecnológico (TUCCI, 2020, *on- line*), a fim de que as garantias processuais constitucionais sejam respeitadas dentro do modelo processual moderno inaugurado no século XXI.

5. *Referências*

BRASIL. Conselho Nacional de Justiça. *Pedido de Providências (PP) n. 0003406- 58.2020.2.00.0000.* Relator: Marcos Vinícius Jardim Rodrigues. 22ª Sessão Virtual Extraordinária. Data de julgamento: 10 de junho de 2020. Disponível em: <https://www.cnj.jus.br/InfojurisI2/Jurisprudencia.seam?jurisprudenciaIdJuris=51680 &indiceListaJurisprudencia=4&firstResult=8275&tipoPesquisa=BANCO>. Acesso em: 16 fev. 2021.

______. Conselho Nacional de Justiça. *Procedimento de Controle Administrativo (PCA) n. 0003753-91.2.00.0000.* Requerente: Ordem dos Advogados do Brasil (Seção Bahia). Requerido: Juízo da 16ª Vara do Trabalho de Salvador. Relator: André Godinho. 18ª Sessão Virtual Extraordinária. Data de julgamento: 8 de junho de 2020. Disponível em: <http://www.oab- ba.org.br/fotos/oab_noticias/26095/mg/CNJ_voto_OABBAx-16Vara_do_ Trabalho_Sal vador.pdf>. Acesso em: 16 fev. 2021.

______. Conselho Nacional de Justiça. *Resolução CNJ n. 313, de 19 de março de 2020.* Disponível em: <https://atos.cnj.jus.br/atos/detalhar/3249>. Acesso em: 17 fev. 2021.

______. Conselho Nacional de Justiça. *Resolução CNJ n. 314, de 20 de abril de 2020.* Disponível em: <https://atos.cnj.jus.br/atos/detalhar/3283>. Acesso em: 17 fev. 2021.

______. Conselho Nacional de Justiça. *Resolução CNJ n. 372, de 12 de fevereiro de 2021.* Disponível em: <https://atos.cnj.jus.br/atos/detalhar/3742>. Acesso em: 6 mar. 2021.

______. *Constituição (1988).* Brasília: Presidência da República. Disponível em: <http://www.planalto.gov.br/ccivil_03/constituicao/constituicao.htm>. Acesso em: 17 fev. 2021.

______. Tribunal Regional do Trabalho (1ª Região). *Ato Conjunto n. 6, de 27 de abril de 2020 (republicado).* Diário Eletrônico da Justiça do Trabalho, Caderno Administrativo, p. 1-6. 2020. Disponível em: <https://bibliotecadigital.trt1.jus.br/jspui/bitstream/1001/2253571/4/Ato 2020- 0006_Pres-Correg_Rep-C.htm>. Acesso em: 16 fev. 2021.

BRASIL. Tribunal Regional do Trabalho (1ª Região). Ato Conjunto n. 14, de 5 de novembro de 2020. Diário Eletrônico da Justiça do Trabalho, Caderno Administrativo, 2020. Disponível em: <https://bibliotecadigital.trt1.jus.br/jspui/bitstream/1001/2442835/15/Ato 2020- 0014_PresCorreg-C.htm>. Acesso em: 16 fev. 2021.

______. Tribunal Regional do Trabalho (2ª Região). *Ato n. 8/GP, de 27 de abril de 2020.* Diário Eletrônico da Justiça do Trabalho, Brasília. Disponível em: <https://www.trt2.jus.br/geral/tribunal2/Normas_Presid/Atos/2020/GP_08_20.html>. Acesso em: 16 fev. 2021.

______. Tribunal Regional do Trabalho (2ª Região). *Resolução GP/CR n. 6/2020.* Diário Eletrônico da Justiça do Trabalho: Caderno Administrativo [do] Tribunal Regional do Trabalho da 2ª Região, São Paulo, n. 3094/2020, p. 1, 5 nov. 2020. Retificação 1. Disponível em: <https://basis.trt2.jus.br/bitstream/handle/123456789/13771/Resolu%c3 %a7%c3%a3o_GPCR_06_20.html?sequence=1&isAllowed=y>. Acesso em: 16 fev. 2021.

______. Tribunal Regional do Trabalho (3ª Região). *Portaria Conjunta n. 13, de 18 de janeiro de 2021.* Diário Eletrônico da Justiça do Trabalho, Brasília, n. 3144, 18 jan. 2021. Caderno Administrativo, p. 4-5. Caderno Judiciário, p. 1-2. Disponível em: <http://as1.trt3.jus.br/bd-trt3/bitstream/handle/11103/61942 /PRCJ%20TRT3_GP_GCR_GVCR%2013_2020% 20ORIG.pdf?-sequence=1&isAllowed=y>. Acesso em: 16 fev. 2021.

______. Tribunal Regional do Trabalho (8ª Região). *Ato Normativo CR n. 2, de 1º de julho de 2020.* Diário Eletrônico da Justiça do Trabalho. Disponível em: <https://www.trt8.jus.br/sites/portal/files/roles/assessoria-de- comunicacao/ato_normativo_cr_02_2020_-_atermacao_virtual.pdf>. Acesso em: 16 fev. 2021.

______. Tribunal Regional do Trabalho (10ª Região). *Portaria Conjunta n. 3, de 22 de fevereiro de 2021.* Diário Eletrônico da Justiça do Trabalho. Disponível em: <http://docs.trt10.jus.br/docs/anexos/portariaconjunta_32021.pdf>. Acesso em: 6 mar. 2021.

______. Tribunal Regional do Trabalho (12ª Região). *Portaria Conjunta SEAP/SECOR n. 45, de 1º de março de 2021.* Diário Eletrônico da Justiça do Trabalho. Disponível em: <https://portal.trt12.jus.br/sites/default/files/2021- 03/portaria-conjunta-n%C2%BA--45-2021-bal%C3%A7%C3%A3o-virtual.pdf>. Acesso em: 6 mar. 2021.

______. Tribunal Superior do Trabalho. *Ato n. 11/GC-GJT, de 23 de abril de 2020.* Diário Eletrônico da Justiça do Trabalho: caderno judiciário do Tribunal Superior do Trabalho, Brasília, DF, n. 2960, p. 1-3, 27 abr. 2020. Disponível em: <https://juslaboris.tst.jus.br/bitstream/handle/20.500. 12178/171013/2020_ato0011_cgjt_compilado.pdf?sequence=2&isAllowed=y>. Acesso em: 16 fev. 2021.

______. Tribunal Superior do Trabalho. *Ato n. 32/TST.GP, de 25 de fevereiro de 2021.* Diário Eletrônico da Justiça do Trabalho: caderno administrativo [do] Tribunal Superior do Trabalho, Brasília, n. 3171, p. 1, 26 fev. 2021. Disponível em: <https://juslaboris.tst.jus.br/bitstream/handle/20.500.12178/182315/2021_ato0032.pd f?sequence=1&isAllowed=y>. Acesso em: 6 mar. 2021.

______. Tribunal Superior do Trabalho. *Recomendação n. 8/GCGJT, de 23 de junho de 2020.* Diário Eletrônico da Justiça do Trabalho: caderno judiciário do Tribunal Superior do Trabalho, Brasília, n. 3001, p. 1-2, 24 jun. 2020. Disponível em: <https://juslaboris.tst.jus.br/bitstream/handle/20.500.12178/ 173836/2020_rec0008_cgjt.pdf?sequence=1&isAllowed=y>. Acesso em: 16 fev. 2021.

CETIC.Br. *Pesquisa sobre o uso das tecnologias de informação e comunicação nos domicílios brasileiros:* TIC Domicílios 2019. Núcleo de Informação e Coordenação do Ponto BR. 1. ed. São Paulo: Comitê Gestor da Internet no Brasil, 2020. Disponível em: <https://cetic.br/media/docs/publicacoes/2/20201123121817/tic_dom_2019_ livro_elet ronico.pdf>. Acesso em: 16 fev. 2021.

GRECO, Leonardo. O acesso ao direito e à Justiça. In: *Estudos de direito processual.* Campos dos Goytacazes: Faculdade de Direito de Campos, 2005.

OPAS/OMS. Folha informativa COVID-19 — Escritório da OPAS e da OMS no Brasil. *Número de casos — 12 de fevereiro de 2021.* 2021. Disponível em: <https://www.paho.org/pt/covid19>. Acesso em: 17 fev. 2021.

SOARES, Inês Virgínia Prado Soares; FACHIN Melina Girardi. Auxílio-emergencial: existem vidas que pouco importam? *Revista Consultor Jurídico*, 26 de maio 2020. Disponível em: <https://www.conjur.com.br/2020-mai-26/soares-fachin-auxilio- emergencial>. Acesso em: 16 fev. 2021.

SOUZA, Cássio Bruno Castro; LEMOS, Vinícius da Silva. MM. Robot: um devido processo tecnológico para um processo civil automatizado. In: HECKTHEUER, Pedro Abib; LOURENÇO, Bruna Borges Moreira; HECKTHEUER, Márcia Abib (Org.). *Desafios socioambientais das sociedades de consumo, informacional e tecnológica.* 1. ed. Itajaí: Univali, 2018, v. 1.

TUCCI, José Rogério Cruz e. Em defesa do devido processo legal digital. *Revista Consultor Jurídico*, 6 de outubro 2020. Disponível em: <https://www.conjur.com.br/2020-out-06/paradoxo-corte-defesa-devido-processo- legal-digital>. Acesso em: 16 fev. 2021.

Tecnologia e Política Pública: Vantagens e Riscos do e-Social e a Promoção do Trabalho Digno no Brasil

Ilzver de Matos Oliveira[(1)]
William Timóteo[(2)]
Luiz Ismael Pereira[(3)]

1. *Introdução*

Sabe-se que a tecnologia, na contemporaneidade, tem se incorporado cada dia mais na forma como vem sendo conduzida a sociedade, na forma de se comunicar, nas relações sociais, nos meios de comunicação, na educação etc. No campo do mercado de trabalho e nas relações laborais, de forma crescente, ela tem sido conduzida com o intuito, dentre outras coisas, de baratear e intensificar a produção de mercadorias, simplificar o trabalho humano e monitorar os trabalhadores.

É característico no mundo do trabalho a busca pela sistematização e avaliação das ações, como forma de mensuração dos resultados, para que elas, por sua vez, venham a ser cada dia melhores e mais eficazes. Foi, supostamente, a partir do desenvolvimento dessa necessidade que emergiu na atualidade brasileira o Sistema de Escrituração Digital das Obrigações Fiscais, Previdenciárias e Trabalhistas (eSocial).

O sistema, de acordo com o Decreto n. 8.373/2014, da Presidência da República, é um "instrumento de unificação da prestação das informações referentes à escrituração das obrigações fiscais, previdenciárias e trabalhistas", que tem por finalidade "padronizar sua transmissão, validação, armazenamento e distribuição, constituindo um ambiente nacional" (BRASIL, 2014, s.p.), constituindo-se em traços caracterizadores das iminentes mudanças nas relações de trabalho no Brasil. Como apontam Silva e Fonseca (2019):

> O eSocial é definido como "uma nova era nas relações entre Empregado, Empregadores e Governo" pelos profissionais que inventaram esta ferramenta, os quais comparam o marco que essa implementação tem nas relações do trabalho, com o marco da magnitude da unificação de toda legislação trabalhista na CLT. Esse novo ponto de partida exige que os profissionais envolvidos executem seus trabalhos com zelo, precauções, de forma correta e precisa, no cumprimento da legislação vigente, principalmente, no mapeamento de riscos e ao seu saneamento (VELLUCCI; VENELLI-COSTA; CAPPELLOZZA, 2017).

Assim, tendo em vista as inovações impostas pelo eSocial, busca-se aqui problematizar as

(1) Pós-doutor em Direito (UFBA). Doutor em Direito (PUC RIO). Mestre em Direito (UFBA). Mestre Sanduíche em Direito e Sociologia (Universidade de Coimbra). Bacharel em Direito (UFS). Professor titular do Programa de Pós-graduação em Direitos Humanos e Políticas Públicas da PUC/PR e do Programa de Pós-graduação em Direitos Humanos da UNIT/SE. Editor-executivo da Revista Interfaces Científicas — Direito. Líder do Grupo de Pesquisa Políticas Públicas de Proteção aos Direitos Humanos. Presidente da Comissão da Verdade Sobre a Escravidão Negra da Ordem dos Advogados do Brasil — Seccional Sergipe (OAB/SE). Recebeu o Prêmio Direitos Humanos 2018, do Ministério dos Direitos Humanos. E-mail: ilzver.matos@souunit.com.br. Lattes: http://lattes.cnpq.br/4770751511233073

(2) Especializando em Direitos Humanos (PUC/PR). Especialista em Direito do Trabalho (PUC Minas). Bacharel em Direito (UNIT/SE). Membro do Núcleo Direitos Humanos no Mundo do Trabalho da Comissão de Direitos Humanos da OAB/SP. Integrante do Grupo de Pesquisa Políticas Públicas de Proteção aos Direitos Humanos — UNIT/CNPq e do Grupo de Estudos e Pesquisa Constituição, Democracia e Direitos Fundamentais. Advogado. E-mail: williamtimoteo@hotmail.com. Lattes: http://lattes.cnpq.br/5350232966936087

(3) Pós-doutorado em andamento no PPG em Difusão do Conhecimento da UFBA/UNEB/IFBA/UEFS/LNCC/SENAI-CIMATEC. Doutor em Direito Político e Econômico, pela Universidade Presbiteriana Mackenzie. Professor do Curso de graduação em Direito e Pós-Graduação em Administração, na Universidade Federal de Viçosa. Líder do Grupo de Pesquisa Direito e políticas na América Latina. Membro do GT CLACSO Crítica jurídica y conflictos sociopolíticos e do Núcleo Interdisciplinar de Estudos de Gênero — NIEG/UFV. E-mail: luiz.ismael@ufv.br. Lattes: http://lattes.cnpq.br/7398144875342498.

vantagens e os riscos dessa ferramenta, enquanto instrumento tecnológico e política pública, bem como a promoção do trabalho digno através da (in) viabilização de uma relação harmônica na tríade empregador-Estado-trabalhador.

Deste modo, levantam-se as seguintes questões: qual a real função que será desempenhada pelo Estado com a implementação do eSocial? O Estado está levando em consideração as relações de trabalho no atual contexto socioeconômico e vislumbrando o possível impacto negativo na economia que, em indesejada instância, poderia ferir os princípios fundamentais de trabalho e de dignidade? Quais reais vantagens poderiam ser obtidas através do novo sistema?

Assim, a temática aqui sugerida se justifica pela sua extrema relevância para o entendimento das relações de trabalho no atual contexto brasileiro, de ameaça aos direitos trabalhistas assegurados na Constituição Federal e em leis específicas.

Isso porque, de um lado, temos o Estado Democrático e Social de Direito conduzido por uma Constituição Dirigente objetivando superação de desigualdades e construção de uma sociedade justa. No campo laboral, o Estado diz ter por objetivos: a) viabilizar a garantia de direitos previdenciários e trabalhistas aos trabalhadores; b) simplificar o cumprimento de obrigações; e c) aprimorar a qualidade de informações das relações de trabalho, previdenciárias e fiscais. Mas como já indagado, não sabemos se serão estes mesmos os resultados efetivamente obtidos.

Em sentido contrário, há autores que entendem que as políticas públicas não são meios de realização dos direitos sociais, mas sim de atingimento dos objetivos da República de forma imediata. É o caso de Mastrodi e Ifanger (2019), para quem "[...] não existe um direito a uma sociedade livre, justa e solidária [...]; não existe um direito ao desenvolvimento nacional [...]; não existe contra a pobreza [...]; não existe um direito subjetivo à promoção do bem de todos [...]" (MASTRODI; IFANGER, 2019, p. 10). Entendemos que se trata de um posicionamento equivocado, pois as políticas públicas estão, sim, integradas funcionalmente com os objetivos republicanos, socialmente relevantes e imediatamente ligadas, portanto, à concretização de direitos.

De outro lado, deve-se levar em conta a realidade socioeconômica brasileira, como, por exemplo, a taxa de desemprego que, embora tenha caído para 13,9% no quarto trimestre de 2020, depois de atingir 14,6% no trimestre anterior, ainda assim representa uma média anual de 13,5%, a maior desde 2012, segundo dados da Pesquisa Nacional por Amostra de Domicílios Contínua (PNAD Contínua), do IBGE (BRASIL, 2020, s.p.).

Tal estatística, portanto, faz-nos questionar se a sustentabilidade das empresas nesse panorama, notoriamente criam mecanismos, nem sempre lícitos, para se manterem no mercado.

Além dessa, outra questão importante é que muito se diz a respeito do alcance e da eficácia do eSocial como ferramenta fiscalizadora. Entretanto, deixa-se de lado a função crucial do Estado enquanto mediador para a promoção do trabalho digno. Essa função mediadora poderia, pelo menos, seguir dois caminhos possíveis numa análise introdutória da questão: o Estado poderia se utilizar dos dados para poder decidir sobre as reais demandas e necessidades do setor, a fim de incrementar melhoras nas relações entre empregados e empregadores, através de políticas públicas contextualizas; e o poder judiciário, nos âmbitos do direito do trabalho, previdenciário e tributário, poderia facilitar a obtenção de provas nos processos de sua competência, assumindo assim uma posição ativa na mediação e relação de conflitos.

Um risco possível nesse enredo, seria que, ao invés de trazer uma melhoria, o Estado passasse a ser responsável pelo colapso da relação de trabalho, caso seu objetivo principal fosse o controle punitivo e de arrecadação, sem levar em consideração efetivamente a promoção do trabalho digno e a viabilização socioeconômica garantidora da existência da relação empregador-trabalhador.

Registre-se, nesse sentido, que a dignidade da existência humana está profundamente relacionada com a valorização do trabalho, de modo que a garantia plena da dignidade do homem jamais será possível sem a sua apreciação adequada, tendo em vista, principalmente, que a ausência de acesso ao trabalho digno reflete negativamente não apenas sobre o trabalhador, mas também sobre todo o seu grupo familiar e social.

2. Tecnologia como propulsora de um bem social

O presente trabalho norteia-se a partir dos seguintes eixos teóricos: a tecnologia, a relação organizacional entre Empregador-Estado-Trabalhador e o trabalho digno.

A tecnologia é uma força objetiva e externa que pode ter impactos deterministas nas propriedades organizacionais, tais como a sua estrutura. Há dois importantes aspectos necessários para que se possa entender o conceito de tecnologia: o primeiro é o escopo, o qual possui o seu material e social. O segundo é o papel da tecnologia.

O escopo material da tecnologia diz respeito a equipamentos, máquinas e instrumentos que as pessoas utilizam para as atividades produtivas. Este se torna abstrato por apresentar limitado valor discriminatório ou informacional. Já o escopo social é tido como a característica restritiva, a qual tende a possuir uma abordagem generalista, uma vez que a tecnologia cria ambiguidade de limites e medidas no âmbito social.

Quanto ao seu papel, há três correntes: a) o papel da tecnologia nas organizações; b) a oposição filosófica entre os domínios objetivos e subjetivos da tecnologia e; c) tecnologia como produto das interações e interpretações compartilhadas da ação humana (ORLIKOWSHI, 1991).

De acordo com o relato de Manuel Castells:

> No fim do segundo milênio da Era Cristã, vários acontecimentos de importância histórica transformaram o cenário social da vida humana. Uma revolução tecnológica concentrada nas tecnologias da informação começou a remodelar a base material da sociedade em ritmo acelerado. Economias por todo o mundo passaram a manter interdependência global, apresentando uma nova forma de relação entre economia, o Estado e a sociedade em um sistema de geometria variável. [...] O próprio capitalismo passa por um processo de profunda reestruturação caracterizado por maior flexibilidade de gerenciamento; descentralização das empresas; considerável fortalecimento do papel do capital vis-à-vis o trabalho, com declínio concomitante da influência de trabalhadores; individualização e diversificação cada vez maior das relações de trabalho; [...] intervenção estatal para desregular os mercados de forma seletiva e desfazer o estado do bem-estar social com diferentes intensidades e orientações, dependendo da natureza das forças e instituições políticas de cada sociedade; aumento da concorrência econômica global em um contexto de progressiva diferenciação dos cenários geográficos e culturais para a acumulação e a gestão de capital. (CASTELLS, 2004, p. 39-41).

No âmbito das relações de trabalho, como forma de ilustrar como os efeitos da tecnologia, são tão significativos que a Constituição Federal incluiu no dispositivo reservado ao elenco dos direitos sociais (inciso XXVII, artigo 7º) a proteção do trabalhador urbano e rural em face da automação.

A tecnologia é vista como a fonte de criação de novas estratégias, de novas estruturas nas inter-relações entre as partes envolvidas. A tecnologia pode ser entendida como sendo o fator de viabilização de integração, necessário para a execução dos processos em todas as esferas de atuação.

3. *Relação empregador-estado-trabalhador*

O conceito de empregador e empregado está na Consolidação das Leis do Trabalho, aprovada pelo Decreto-Lei n. 5.452, de 1º de maio de 1943, e reflete a realidade brasileira da primeira metade do Século XX.

Para Alice Monteiro de Barros:

> Os principais elementos da relação de emprego gerada pelo contrato de trabalho são: a) pessoalidade, ou seja, um dos sujeitos (o empregado) tem o dever jurídico de prestar os serviços em favor de outrem pessoalmente; b) a natureza não-eventual do serviço, isto é, ele deverá ser necessário à atividade normal do empregador; c) a remuneração do trabalho a ser executado pelo empregado; d) finalmente, a subordinação jurídica da prestação de serviços ao empregador. (BARROS, 2005, p. 32).

E no conceito legal, no artigo 3º da CLT, temos que "considera-se empregado toda pessoa física que prestar serviços de natureza não eventual a empregador, sob a dependência dele e mediante salários" (BRASIL, 1943, s.p.).

Quanto ao Estado, este atua como agente normativo, e nesta função encontra-se a obrigação de normatização das relações sociais, neste caso, as relações de trabalho. Essa normatização encontra-se regida pelo direito do trabalho, o qual deve ser entendido como o ordenamento jurídico voltado a sistematização das relações de trabalho, logo também pela Constituição Federal, a qual, como afirmado anteriormente, traz dispositivos específicos ao tema, bem como estabelece princípios que servem para guiar as ações de empregado e empregador.

Tais princípios constitucionais das relações de trabalho recolocam o cenário da contratação, estabelecimento de salários, política de meio ambiente laboral e recolhimento de tributos previdenciários para além das relações jurídicas entre particulares. Trata-se propriamente da instituição de limites ao próprio poder econômico.

Ademais, o Estado atua com o objetivo de proporcionar igualdade jurídica entre as figuras do trabalhador e do empregador, uma vez que a desigualdade econômica entre eles é fato. Esta atuação estatal visa, portanto, a garantir o princípio da isonomia entre o trabalho e o capital.

4. *Trabalho digno e ações governamentais*

Os direitos sociais — dos quais se incluem o direito do trabalho — compõem o catálogo de direitos fundamentais. Com isso, a sua transgressão abala a própria concepção de dignidade da pessoa humana, o que resulta em flagrante ofenda aos institutos da democracia e da organização da República brasileira. Nessa perspectiva, importante destacar que:

> [...] a realização do direito ao trabalho fará com que a dignidade humana assuma nítido conteúdo social, na medida em que a criação de melhores condições de vida resultar benéfica não somente para o indivíduo em seu âmbito particular, mas para o conjunto da sociedade. (LEDUR, 1998, p. 98)

Deste modo, importante se faz elucidar que é o trabalho digno que promove os mecanismos necessários para que o homem consiga desfrutar de uma vida digna. Assim, como todas as normas jurídicas constitucionais, o trabalho deve ser interpretado sob o prisma da dignidade da pessoa humana.

Diante disso, ao se explicar o valor-trabalho como pilar da República, leia-se "trabalho digno", tem-se que o labor em condições indignas onera o valor principal do Estado Democrático de Direito — a pessoa humana —, atingindo a própria democracia. Por isso, o artigo 1º, IV, da Constituição Federal consagra como um de seus fundamentos "os valores sociais do trabalho e da livre-iniciativa" (DELGADO, 2006).

Nesse aspecto, a garantia mínima a ser assegurada pelo Estado é o Direito do Trabalho. É por meio do trabalho digno que o homem se afirma e se insere na sociedade capitalista. Além disso, possibilita ao indivíduo o acesso às condições de uma vida digna para ele e para a sua família (DELGADO, 2006).

Nesse sentido, preceitua o artigo 23 da Declaração Universal dos Direitos do Homem, de 1948, que "todo homem que trabalha tem direito a uma remuneração justa e satisfatória, que lhe assegure, assim como à sua família, uma existência compatível com a dignidade humana" (ONU, 1948, s.p.).

Caminhando nessa perspectiva, para Ledur (1998, p. 103), a relação do princípio da dignidade da pessoa humana e a garantia de acesso ao trabalho digno tem como base:

> [...] as normas que garantem os direitos econômicos devem assegurar, de sua parte, o direito a um nível de vida decente, como expressão e realização desse princípio fundamental. [...] como primeiro princípio dos direitos fundamentais, ele (o princípio da dignidade da pessoa humana) não se harmoniza com a falta de trabalho justamente remunerado, sem o qual não é dado às pessoas prover adequadamente a sua existência, isto é, viver com dignidade.

Assim, forçoso reconhecer que a garantia da dignidade impossibilita que o homem seja aproveitado como um simples instrumento do sistema capitalista, mas um fim em si próprio, tendo em vista que o trabalho digno constituiu-se em um dos principais instrumentos de inclusão social (TIMÓTEO; BARBOSA, 2020).

O pensamento de Kant (1995, p. 76-77) segue de forma harmônica, ao lecionar que:

> No reino dos fins tudo tem ou um *preço* ou uma *dignidade*. Quando uma coisa tem preço, pode-se pôr em vez dela qualquer outra coisa como equivalente; mas quando uma coisa está acima de todo o preço, e, portanto, não permite equivalente então ela tem dignidade. [...] O que se relaciona com as inclinações e necessidades gerais do homem tem um preço venal; aquilo que, mesmo sem pressupor uma necessidade, é conforme a um certo gosto, isto é a uma satisfação no jogo livre e sem finalidade das nossas faculdades, anímicas, tem um preço de afeição ou de sentimento; aquilo, porém que constitui a condição só graças à qual qualquer coisa pode ser um fim em si mesma, não tem somente um valor relativo, isto é um preço, mas um valor íntimo, isto é, dignidade.

Assim, considerando que o ordenamento jurídico pátrio funda-se em princípios como o da valoração do trabalho e o da dignidade da pessoa humana, tem-se que o "comércio de trabalhadores" é algo terminantemente vedado pelo modelo de organização estatal instituído em nossa República, já que incompatível com os valores insculpidos na Carta Constitucional. "Esse fato exige dos Estados de Direito e de seus respectivos poderes, ações afirmativas em defesa do valor humano" (TIMÓTEO; BARBOSA, 2020, p. 469).

Informações do Radar da Secretaria de Inspeção do Trabalho — SIT, apontam que, no Brasil, entre os anos de 1995 e 2020, cerca de 55.252 (cinquenta e cinco mil, duzentos e cinquenta e dois) trabalhadores foram identificados em condições análogas à de escravo (TIMÓTEO; BARBOSA, 2020; BRASIL, 2021).

Portanto, depreende-se ser dever do Estado a manutenção de políticas públicas e sociais que garantam o acesso e a manutenção ao trabalho em condições dignas. Esse dever decorre diretamente, no campo jurídico, do conceito de políticas públicas como conjunto articulado e coordenado de ações governamentais que recebem os meios técnicos, econômicos e jurídicos postos à disposição do Estado para cumprir objetivos impostos de forma socialmente relevante e politicamente determinada:

> Política pública é o programa de ação governamental que resulta de um processo ou conjunto de processos juridicamente regulados — processo eleitoral, processo de planejamento, processo de governo, processo orçamentário, processo legislativo, processo administrativo, processo judicial — visando coordenar os meios à disposição do Estado e as atividades privadas, para a realização de objetivos socialmente relevantes e politicamente determinados. Como tipo ideal, a política pública deve visar a realização de objetivos definidos, expressando a seleção de prioridades, a reserva de meios necessários à sua consecução e o intervalo de tempo em que se espera o atingimento dos resultados. (BUCCI, 2006, p. 39).

Mais adiante, em trabalho posterior, afirma:

> Política pública, conforme definido em trabalho anterior, é programa de ação governamental. Seu núcleo de sentido reside na ação governamental, isto é, o movimento que se dá à máquina pública, conjugando competências, objetivos e meios estatais a partir do impulso do governo. A apresentação exterior da política pública se materializa num arranjo institucional, conjunto de iniciativas e medidas articulado por suportes e formas jurídicos diversos. (BUCCI, 2013, p. 38-39).

Alguns pontos devem ser destacados: (i) a política pública emana e é gerida, necessariamente, do Poder Público; (ii) resulta de um conjunto de processos com a participação de diferentes campos do direito, do administrativo ao judicial, do legislativo ao orçamentário, demonstrando a participação dos Poderes Executivo e Legislativo; (iii) o Estado deve se utilizar dos meios que lhe estão disponíveis, isto é, deve racionalizar sua atividade para que haja possibilidade de execução das medidas tomadas, ainda que utilize o apoio da iniciativa privada; (iv) tais atividades possuem um planejamento — e, por isso, necessariamente uma escolha política[(4)] — que envolve objetivos socialmente relevantes (o impacto disso será visto mais adiante); (v) por fim, a política pública tende a ser passageira, esperando que consiga diminuir o déficit democrático dos direitos sociais a que se destinam.

Vale lembrar que as políticas públicas nascem como categoria de estudo da ciência política no campo de análise das democracias estáveis no contexto da Guerra Fria, como meio de valorização da tecnocracia. Neste campo, a revisão da literatura proposta por Celina Souza abre oportunidade para conhecer a ontologia das políticas públicas (SOUZA, 2006, p. 20-45). Aos poucos a preocupação com essa categoria política vai surgindo como campo de análise do direito, em especial para a avaliação e superação de déficits democráticos dos Governos. Já nesse campo de preocupações, Maria Paula Dallari Bucci (2006) lançou elementos iniciais para a fundamentação jurídica de políticas públicas. Dando um passo adiante com certas modificações no conceito, a autora avançará na análise partindo para o caráter jurídico-institucional (BUCCI, 2013). Como dirá adiante, os olhares a partir das políticas públicas deverão considerar seu caráter jurídico-institucional a partir de seus aspectos de organização, papel institucional e finalidade pretendida (BUCCI, 2015, p. 9).

As políticas públicas, portanto, tem a tríade Estado-Governo-Administração-Pública na centralidade de seus processos reguladores, que incluem uma política econômica sustentável, um plano com metas bem definidas, um planejamento para atingir tais objetivos, a articulação da logística responsável pela regulação e a avaliação interna e externa à política. Apontar essa questão é importante para apontar como o caráter multidisciplinar das políticas públicas afetam, também, o caráter disciplinar do Direito: trata-se de pensar as relações de trabalho como contrato regulados por órgãos econômico-financeiro, onde a interpretação deve inserir os direitos sociais como diretriz interpretativa e mover a máquina pública.

(4) Conforme afirma Gilberto Bercovici, o comprometimento axiológico do planejamento é necessário. Trata-se de uma escolha política, filosófica, ideológica e econômica como qualquer ação estatal: "O processo de formação de políticas públicas, de acordo com Lourdes Sola, é o resultado de uma complexa e dinâmica interação de fatores econômicos, políticos e ideológicos. [...] O planejamento está, assim, sempre comprometido axiologicamente, tanto pela ideologia constitucional como pela busca da transformação do *status quo* econômico e social" (2006, p. 143-145).

Isso significa que a Abordagem Direito e Políticas Públicas (DPP) deve ser um campo importante metodologicamente para compreender a relação entre trabalho e ações governamentais (BUCCI, 2019; KREIS; CRISTENSEN, 2013).

Observe-se, por oportuno, que tal obrigação decorre de imposição constitucional, bem como dos instrumentos internacionais aderidos, os quais não dão margem para uma atuação meramente discricionária, quando o tema é direito fundamental. "Em vista disso, tem-se por inequívoco que defender o trabalho digno é, por consequência indissociável, defender os direitos humanos" (TIMÓTEO; BARBOSA, 2020, p. 486).

Outrossim, importante destacar que a dignidade da pessoa humana é qualidade própria do ser humano e, por isso, não está ligada apenas aos trabalhadores, considerando que o trabalho digno deve alcançar toda a coletividade. Esse conteúdo constitucional nos permite reconhecer que a existência e avaliação da política pública, quando judicializada, não está limitada, apenas, aos requisitos formais de validade, mas também à sua característica de efetivação de direitos materialmente internacionais e constitucionais.

5. *Metodologia de análise das políticas públicas de tecnologia para o trabalho*

Para Markoni e Lakatos (2008, p. 83) "[...] o método é o conjunto das atividades sistemáticas e racionais que, com maior segurança e economia, permite alcançar os objetivos [...], traçando o caminho a ser seguido, detectando erros e auxiliando as decisões do cientista".

Como aqui construído, a literatura jurídica, econômica, social, antropológica, isto é, multidisciplinar deve servir de fonte primária para a compreensão deste fenômeno atual, tanto nos cenários nacional, quanto internacional com o fim de identificar a recepção teórica e aplicada sobre a temática abordada.

> A pesquisa bibliográfica procura explicar um problema a partir de referências teóricas publicadas em documentos. [...] busca conhecer e analisar as contribuições culturais ou científicas do passado existentes sobre um determinado assunto, tema ou problema. (CERVO; BERVIAN, 2006, p. 65).

Como método, a dialética, a qual penetra o mundo dos fenômenos através de sua ação recíproca, da contradição inerente ao fenômeno e da mudança dialética que ocorre na natureza e na sociedade se mostra como a melhor forma, em especial para entender os interesses sociais e econômicos envolvidos na regulação das relações de trabalho (MARCONI; LAKATOS, 2008 p. 105).

Destarte, a pesquisa bibliográfica e de campo, podem ser executadas concomitantemente. Para que se possa realizar o mapeamento da implementação do eSocial nas entidades governamentais, através de documentos e diretrizes oficiais para a implementação da ferramenta. Desta forma, o que se lança aqui é uma proposta metodologia que deve incluir a percepção das empresas envolvidas, seu faturamento, as dificuldades enfrentadas como pesquisa de campo com o intuído te coletar dados e suscitar possíveis fontes de informações úteis (MARCONI; LAKATOS, 2008, p. 158).

Enquanto pesquisa de ciência fatual social, o que se propõe para a construção de trabalhos futuros é que este campo de análise, ou melhor, abordagem que leva em consideração a multidisciplinaridade, deve trabalhar com três eixos de estudo: a tecnologia, a relação organizacional entre Empregador-Estado-Trabalhador e o trabalho digno. A partir dos quais serão analisados as vantagens e os riscos no âmbito de cada eixo de estudo para fundamentação e validação das hipóteses levantadas.

Em consonância com Bunge (*apud* MARCONI; LAKATOS, 2018), caso necessárias, serão realizadas correções das hipóteses, teorias, procedimentos ou dados empregados na obtenção da solução incorreta.

A pesquisa de campo realizada em nível da investigação deve englobar cinco estágios: coleta de dados (coleta documental, análise de conteúdo e sociometria); Elaboração de dados (seleção, codificação e tabulação); análise e interpretação de dados (análise, interpretação, explicação, especificação, construção de tipos, modelos e esquemas, e ligação com a teoria); representação dos dados em tabelas quadros e gráficos informativos e analíticos e, por fim, a construção de conclusões através de relatório, o qual deverá fazer a apresentação do problema a qual se destina o estudo, descrever os processos da pesquisa, os resultados e as consequências deduzidas dos resultados. (MARCONI; LAKATOS, 2008, p. 164-171).

A DPP, como abordagem de compreensão de situações complexas que representam um déficit democrático a ser enfrentado, também fornece meios de estabelecer os 11 pontos seguintes pontos propostos por Ruiz e Bucci (2019): 1) situação-problema; 2) diagnóstico situacional; 3) solução hipotética; 4) contexto normativo; 5) processo decisório; 6) etapa do processo decisório; 7) arena institucional; 8) protagonistas (na tomada de decisão, no interesse de implementação, na regulação etc.); 9) antagonistas; 10) decisores; e 11) recursos de barganha. Como método complexo, encaixa-se na análise de outro igualmente complexo: o eSocial.

6. *Considerações finais*

Inicialmente, buscou-se contemplar as vantagens e riscos do projeto eSocial — Sistema de Escrituração Fiscal Digital das Obrigações Fiscais, Previdenciárias e Trabalhistas — enquanto instrumento tecnológico e política social para a promoção do trabalho digno. Diante disso, ao longo deste trabalho, foi possível analisar a tríplice relação empregador-Estado-empregado, a partir da implementação do sistema; avaliar o papel do eSocial no auxílio da criação de políticas públicas para o alcance da melhoria das relações de trabalho, bem como o papel do Estado enquanto provedor de provas na resolução de conflitos nos âmbitos do direito trabalhista, previdenciário e tributário.

Nessa esteira, foi possível perceber que, apenas através da realização do trabalho em situações dignas, nas quais seja possível garantir o respeito ao ser humano em sua acepção plena, o homem conseguirá enxergar-se inteiramente enquanto ser social dentro do mundo capitalismo.

Ademais, visualiza-se como atribuição precípua do Estado a consecução de mecanismos que promovam a concretização da dignidade da pessoa humana, especialmente por meio da concretização de direitos sociais, principalmente o direito do trabalho. Isso porque, a interferência do Ente estatal constitui-se em verdadeiro obstáculo à utilização desmedida do trabalho humano.

Nesse sentido, importante destacar que o princípio da dignidade da pessoa humana deve servir como norteador de toda ação social e governamental, com o intuito de assegurar a aplicação das normas em estrita conformidade com a Constituição, distanciando-se assim de qualquer interpretação que não esteja harmonizada com a proteção do bem maior perseguido pela República, isto é, o valor humano.

Deste modo, conclui-se que, para a promoção da dignidade da pessoa humana, é crucial o reconhecimento do trabalho, através da sua realização em condições dignas, como um direito fundamental a ser assegurado a todos.

7. *Referências*

BARROS, Alice Monteiro de. *Curso de direito do trabalho*. São Paulo: LTr, 2005.

BERCOVICI, Gilberto. Planejamento e políticas públicas: por uma nova compreensão do papel do Estado. In: BUCCI, Maria Paula Dallari (org.). *Políticas públicas:* reflexões sobre o conceito jurídico. São Paulo: Saraiva, 2006.

BRASIL. *Constituição Federal*. Constituição da República Federativa do Brasil. Brasília: Senado Federal: Centro Gráfico, 1988.

______. *Decreto n. 8.373*, de 11 de dezembro de 2014. Sistema de Escrituração Digital das Obrigações Fiscais, Previdenciárias e Trabalhistas — eSocial e dá outras providências. Disponível em: <http://www.planalto.gov.br/ccivil_03/_Ato2011-2014/2014/Decreto/D8373.htm>. Acesso em: 23-jan. 2021.

______. Secretaria de Inspeção do Trabalho. *Radar SIT:* Painel de informações e estatísticas da inspeção do trabalho no Brasil. Disponível em: <https://sit.trabalho.gov.br/radar/>. Acesso em: 9 mar. 2021.

BUCCI, Maria Paula Dallari. *Fundamentos para uma teoria jurídica das políticas públicas*. São Paulo: Saraiva, 2013.

______. Método e aplicações da abordagem Direito E Políticas Públicas (DPP). *REI — Revista Estudos Institucionais*, [S.l.], v. 5, n. 3, p. 791-832, dez. 2019. Disponível em: <https://www.estudosinstitucionais.com/REI/article/view/430>. Acesso em: 10 mar. 2021.

______. O conceito de políticas públicas em direito. In: BUCCI, Maria Paula Dallari (org.). *Políticas Públicas:* reflexões sobre o conceito jurídico. São Paulo: Saraiva, 2006.

______. Primeiras linhas de uma visão jurídico-institucional. In: SMANIO, Gianpaolo Poggio; BERTOLIN, Patrícia Tuma Martins; BRASIL, Patricia Cristina. *O direito na fronteira das políticas públicas*. São Paulo: Páginas & Letras, 2015.

CASTELLS, Manoel. *A sociedade em rede:* a era da informação: economia, sociedade e cultura. 8. ed. São Paulo: Paz e Terra, 2005. v. 1.

CERVO, Amado L.; BERVIAN, Pedro A. *Metodologia científica*. 5. ed. São Paulo: Pearson Prentice Hall, 2006.

CRUZ, Tadeu. *Sistemas de informações gerenciais:* tecnologia da informação e a empresa do século XXI. São Paulo: Atlas, 2000.

DELGADO, Gabriela Neves. *Direito fundamental ao trabalho digno*. São Paulo: LTr, 2006.

KANT, Immanuel. *Fundamentação da metafísica dos costumes*. Tradução de Paulo Quintela. Lisboa: Edições 70, 1995.

KREIS, Anthony Michael; CHRISTENSEN, Robert K. Law and public policy. *The Policy Studies Journal*, v. 41, n. S1, p. S38-52, 2013.

LEDUR, José Felipe. *A realização do direito ao trabalho*. Porto Alegre: Sergio Antônio Fabris, 1998.

MARCONI, Marina de Andrade; LAKATOS, Eva Maria. *Técnicas de pesquisa*. 7. ed. Atlas, 2008.

MASTRODI, Josué; IFANGER, Fernanda Carolina de Araujo. Sobre o conceito de políticas públicas. *Revista de Direito Brasileira*, [S.l.], v. 24, n. 9, p. 3-16, dez. 2019.

ORGANIZAÇÃO DAS NAÇÕES UNIDAS — ONU. *Declaração Universal dos Direitos Humanos*. Adotada e proclamada pela resolução 217 A (III) da Assembleia Geral das Nações Unidas em 10 de dezembro de 1948. Disponível em: <www.direitoshumanos.usp.br>. Acesso em: 29 jan. 2021.

ORLIKOWSHI, Wanda J. *The Duality of Technology:* Rethinking the Concept of Technology in Organizations. Massachusetts Institute of Technology, 1991.

RUIZ, Isabela; BUCCI, Maria Paula Dallari. Quadro de problemas de políticas públicas: uma ferramenta para análise jurídico-institucional. *REI — Revista Estudos Institucionais*, [S.l.], v. 5, n. 3, p. 1142-1167, dez. 2019. ISSN 2447-5467. Disponível em: <https://www.estudosinstitucionais.com/REI/article/view/443/449>. Acesso em: 9 mar. 2021.

SILVA, Renato Caldas da; FONSECA, Paulo Roberto Campelo e. As dificuldades encontradas na implantação do e-social em empresas do município de São Luís do Maranhão. *Revista Foco*. São Paulo, v. 12, n. 3, p. 65-81, dez. 2019. Disponível em: <http://revista.unicuritiba.edu.br/index.php/revistafoco/article/view/4851/0>. Acesso em: 10 mar. 2021.

SOUZA, Celina. Políticas públicas: uma revisão da literatura. *Sociologias*, n. 16, p. 20-45, 2006.

TIMÓTEO, William; BARBOSA, Renata Mendonça Morais. Trabalho escravo e direitos humanos: uma análise sob a perspectiva da ADPF n. 489. In: CARVALHO, Cândida *et al.* (Org.). *Dimensões dos direitos humanos e fundamentais*. Rio de Janeiro: Pembroke Collins, 2020. v. 1.

Teletrabalho em Tempos de Pandemia: uma Perspectiva à Luz da Legislação Luso Brasileira

Carolina Bonança Barbosa[1]

1. Introdução

Tendo em vista o avanço tecnológico ocorrido nos últimos anos, e os impactos decorrentes nas relações de trabalho, o qual fora ainda mais intenso durante a pandemia da Covid-19, especialmente no que diz respeito ao uso de tecnologias e meios de comunicação para manutenção do emprego e da renda, isto é, o uso do teletrabalho como alternativa, o presente artigo tratará de abordar uma perspectiva desta modalidade contratual no direito luso brasileiro.

A necessidade de isolamento social proporcionada pela crise sanitária mundial tornou o teletrabalho ferramenta de primeira necessidade para manutenção dos postos de trabalho, passando-se assim de uma modalidade contratual pouco utilizada, à alternativa típica no direito do trabalho português e brasileiro.

Visando tecer um comparativo do que é regulamentado no ordenamento jurídico lusitano e brasileiro, o presente artigo abordará aspectos gerais da legislação ordinária que regulamentou o teletrabalho em ambos os países, trazendo à tona a problemática das regras que foram instituídas ou, então, ressaltando a existência de lacunas normativas significativas a respeito do assunto e os impactos decorrentes.

Posteriormente, considerando que a modalidade de teletrabalho, antes pouco utilizada em ambos os sistemas, passou a ser uma das formas de enfrentamento à crise econômica e sanitária proporcionada pela pandemia da Covid-19 desde março de 2020, será feita abordagem das legislações extraordinárias promulgadas visando à regulamentação do teletrabalho durante o estado de emergência, e quais as medidas implementadas para que sua ocorrência fosse possibilitada de forma mais breve possível.

Traçando-se então um comparativo entre as legislações trabalhistas portuguesa e brasileira, buscar-se-á apresentar quais foram as novidades implementadas e como ambos os países se portaram face à crise econômica em contraponto à tutela dos direitos jus laborais, apontando por fim quais as perspectivas para o futuro para que se garanta os direitos fundamentais do trabalhador que anteriormente tinha como contrato típico aquele em que se localizava geograficamente dentro do espaço empresarial, e hoje vê-se conectado a este por meio de tecnologias da informação.

2. Noções Gerais: Teletrabalho ou trabalho a distância?

A fim de que se entenda as noções gerais de teletrabalho e o que vem a ser esta modalidade laboral, necessário primeiramente traçar qual é a diferença existente entre o que se denomina trabalho a distância e propriamente o teletrabalho.

O trabalho a distância pode ser compreendido como conceito mais abrangente, e, portanto, gênero, que englobaria a espécie contratual de teletrabalho.

Trabalhar a distância nada mais seria do que a execução, pelo empregado, de suas tarefas e responsabilidades fora das dependências da empresa, podendo-o ser realizado de forma alternada, em

(1) Pós-Graduanda em Direito do Trabalho pela Universidade de Coimbra. Pós-Graduanda em Direito do Trabalho e Processo do Trabalho pela PUCCAMP. Graduada em Direito pela Universidade Presbiteriana Mackenzie — São Paulo. Advogada Trabalhista com inscrição na OAB/SP. Membro da Comissão de Direitos Humanos da OAB/Campinas. Participante do Brazil Legal Symposium na Faculdade de Direito de Harvard no ano de 2019. Autora do livro "Refugiados e o trabalho em território brasileiro: uma análise das barreiras à empregabilidade e à efetivação dos direitos trabalhistas" e do artigo "O papel das instituições da garantia de trabalho decente a imigrantes no Brasil: uma perspectiva à luz da organização internacional do trabalho" publicado em revista da Escola Judicial do TRT da 15ª Região em comemoração aos 100 anos da OIT.

certos dias, conforme as determinações preestabelecidas pelo empregador[(2)], mas ainda sob sua direção e subordinação.

O trabalho a distância, sendo aquele realizado em parte fora das dependências da empresa, poderá ter qualquer local como critério geográfico, sendo o mais comum aquele realizado no domicílio do empregado, e popularmente nomeado de *Home Office*.

O teletrabalho por sua vez, seria a realização de trabalho habitual, fora das dependências do empregador, mas com o uso de elementos tecnológicos e de comunicação, de modo a predominar nesta modalidade preponderantemente as funções intelectuais, que possibilitam e demandam o uso de novas tecnologias, aplicativos e mídias sociais.

Ou seja, o notoriamente conhecido *Home Office* não necessariamente será uma forma de teletrabalho, sendo conceituado como aquele realizado pelo empregado a distância e especificamente em seu domicílio, enquanto o teletrabalho exige habitualidade, uso de meios de comunicação e tecnológicos, o podendo ser realizado no domicílio do empregado ou não.[(3)]

Diferenciar as nomenclaturas torna-se importante do ponto de vista da legislação, que por vezes é imprecisa quanto ao termo que teleologicamente quis designar, causando controversas de aplicabilidade em cada ordenamento jurídico.

Ainda, mais importante do que simplesmente diferenciar os dois conceitos, é enfatizar que as previsões jurídicas acerca do teletrabalho, principalmente, são relativamente recentes, justamente considerando o desenvolvimento das novas tecnologias e formas de comunicação à distância.

A necessidade de adaptação legislativa em princípio não parecia emergencial e era combatida por alguns doutrinadores, que entendiam ser desnecessária qualquer regulamentação específica, considerando ser apenas um tipo contratual de trabalho, um exemplo disto é o renomado jurista Rui Barbosa.[(4)]

No entanto, com o passar dos anos, e com o incremento das novas tecnologias, os tribunais passaram a confrontar-se com questões específicas do teletrabalho, as quais não possuíam qualquer regulamentação legal, tendo estes de aplicar as regras já existentes por intermédio dos recursos de integração normativa, isto é: analogia, equidade e princípios gerais de direito para solução das questões.

Frente a isto, a necessidade de regulamentação da matéria tornou-se questão vista como importante pelos legisladores, considerando principalmente que o regime de teletrabalho, como pontuou Liberal Fernandes:

> (...) rompe com os pressupostos típicos de organização do trabalho industrial — a unidade de tempo, de lugar e de ação — e, portanto, com os esquemas tradicionais de pensamento relacionados com a tutela do trabalhador.[(5)]

Logo, tão importante quanto a correta denominação a ser utilizada, é a própria regulamentação pelos ordenamentos jurídicos mundiais, que em face do desenvolvimento tecnológico viram-se em posição de prever normas específicas para o teletrabalho, modalidade esta que rompe paradigmas de tempo, espaço, pessoalidade, privacidade e comunicação entre empregado e empregador.

3. O Teletrabalho à luz do Código do Trabalho português

O Direito português passou a regulamentar a matéria do teletrabalho no ano de 2003, quando por meio de reforma legislativa inseriu no Código do Trabalho[(6)] as regulamentações legais para tanto,

---

(2) ²PACHECO, Ana Mikhaelly Gomes. *Teletrabalho e home office:* qual a diferença?.Disponível em:: <http://www.editoramagister.com/doutrina_27996291_TELETRABALHO_E_HOME_OFFICE_QUAL_A_DIFERENCA.aspx.>. Acesso em: 16 fev. 2021.

(3) ³BENITES, Giovana Corrêa Novello. *Diferença de teletrabalho, trabalho remoto e home Office*. Disponível em: <https://www.megajuridico.com/diferenca-de-teletrabalho-trabalho- remoto-e-home-office/>. Acesso em: 11 fev. 2021.

(4) BARBOSA, Rui Couto. *Organização do Teletrabalho.* Revista para Chefias. [S.I]. Ed.58, p. 32-36, 1998. *Apud.* DE ALMEIDA, Maria Eunice Lopes. *O Teletrabalho e o Direito a Teletrabalhar*. Dissertação de Mestrado em Direito. Faculdade de Direito. Escola do Porto, 2019.

(5) FERNANDES, Francisco Liberal. *Organização do Trabalho e Tecnologias de Informação e Comunicação (Exhausted but Unable to Disconnect).* Questões Laborais. [S.I]. Ano XXIV.n. 50. p. 7-17. 2017. *Apud.* DE ALMEIDA, Maria Eunice Lopes. *O Teletrabalho e o Direito a Teletrabalhar*. Dissertação de Mestrado em Direito. Faculdade de Direito- Escola do Porto. 2019.

(6) PORTUGAL. *Código do Trabalho. Lei n. 7, de 12 de fevereiro de 2009*. Disponível em: <ttps://dre.pt/web/guest/legislacao-consolidada/-/lc/123915628/202102181933/exportPdf/normal/1/cacheLevelPage?_LegislacaoConsolidada_WAR_drefrontofficeportlet_rp=indice>. Acesso em: 3 fev. 2021.

tendo sofrido posterior alteração por intermédio da Lei n. 120/2015.

À época de sua implementação, Portugal foi um dos pioneiros a regulamentar a matéria quando relacionada ao trabalho subordinado, e não autônomo, tendo se valido das previsões do Acordo-Quadro Europeu sobre o Teletrabalho.(7)

Atualmente o teletrabalho está previsto nos artigos 165 a 171 do Código do Trabalho(8), e dispõe dentre outros preceitos que o teletrabalho para ser assim configurado necessita que (artigo 165): seja habitualmente exercido fora das dependências da empresa, através do uso de tecnologias de informação e de comunicação.

Ou seja, parte-se da premissa que dois elementos são necessários: o geográfico — isto é, a prestação de labor exercida fora da empresa, e o tecnológico — com uso de ferramentas eletrônicas(9), justamente diferenciando- se neste quesito do trabalho a distância antes mencionado, que não depende de tal ferramenta para sua configuração.

Outro elemento ainda vislumbra-se essencial, o da habitualidade neste tipo de prestação de trabalho.

Para o estabelecimento do teletrabalho o CT enfatiza (artigo 166)(10) que deve ser realizado contrato escrito entre as partes, o qual contém alguns requisitos para sua plena eficácia e validade.

Ou seja, o Código do Trabalho previu que a regra para o regime do teletrabalho é o acordo entre as partes, o consenso, de modo que: "(...) o empregador não pode, arrimado apenas no seu poder de direção, converter uma relação laboral típica numa relação telelaboral".(11)

Não obstante a regra seja o mútuo acordo, existem duas exceções previstas no ordenamento lusitano, que admitem a possibilidade de teletrabalho como um direito potestativo do empregado, isto é, podendo ele requisitar ao empregador, de forma unilateral a modalidade contratual, sem que fosse este negado.

O direito encontra amparo no artigo 166 do Código do Trabalho(12), e faz referência àquelas pessoas vítimas de violência doméstica nos termos do n.1 do artigo 195(13) e para o trabalhador com filho de idade até 3 anos, admitindo- se o direito potestativo do empregado quando a atividade seja compatível com o regime, e para a segunda exceção dispõe a lei que deve ainda a entidade patronal dispor de recursos para sua efetiva concretude.

Segundo Maria Eunice Lopes de Almeida, em relação à possibilidade de teletrabalho por pais e mães com filhos até 3 anos de idade:

> O aludido direito, que encontra a sua justificação na proteção na parentalidade, corporiza uma medida cuja finalidade última é a de garantir a efetividade do princípio da conciliação da vida laboral com a vida familiar.(14)

O problema a este direito potestativo surge quando o empregador nega a possibilidade de realização de teletrabalho, seja por incompatibilidade da função, ou por não dispor de meios para tanto. Nestes casos a recusa deve sempre ser fundamentada, cabendo ao empregado, se insatisfeito, recorrer a Autoridade para as Condições de Trabalho (ACT)

(7) CANEIRO, Mariana. *Teletrabalho: a galinha dos ovos de ouro dos patrões*. Disponível em: <https://www.esquerda.net/artigo/teletrabalho-galinha-dos-ovos-de-ouro-dos- patroes/71423>. Acesso em: 9 fev. 2021.

(8) PORTUGAL. *Código do Trabalho. Lei n. 7, de 12 de fevereiro de 2009*. Disponível em: <https://dre.pt/web/guest/legislacao-consolidada/-/lc/123915628/202102181933/exportPdf/normal/1/cacheLevelPage?_LegislacaoConsolidada_ WAR_drefrontofficeportlet_rp=indice>. Acesso em: 3 fev. 2021.

(9) MOREIRA, Teresa Coelho. Teletrabalho em Tempos de Pandemia: Algumas Questões Teleworking In Pandemic Times: Some Issues. *Revista Internacional de Direito do Trabalho*.[S.I] ano I, n. 1, p. 1302, 2021.

(10) PORTUGAL. *Código do Trabalho. Lei n. 7, de 12 de devereiro de 2009*. Disponível em: <https://dre.pt/web/guest/legislacao-consolidada/-/lc/123915628/202102181933/exportPdf/normal/1/cacheLevelPage?_LegislacaoConsolidada_ WAR_drefrontofficeportlet_rp=indice>. Acesso em: 3 fev. 2021.

(11) AMADO, João Leal. *O teletrabalho: do Código à Covid-19*. Disponível em: <https://observatorio.almedina.net/index.php/2020/03/25/o-teletrabalho-do-codigo-a-covid-19/>. Acesso em: 15 fev. 2021.

(12) PORTUGAL. *Código do Trabalho. Lei n. 7, de 12 de fevereiro de 2009*. Disponível em: <https://dre.pt/web/guest/legislacao-consolidada/-/lc/123915628/202102181933/exportPdf/normal/1/cacheLevelPage?_LegislacaoConsolidada_ WAR_drefrontofficeportlet_rp=indice>. Acesso em: 3 fev. 2021.

(13) "O trabalhador vítima de violência doméstica tem direito a ser transferido, temporária ou definitivamente, a seu pedido, para outro estabelecimento da empresa, verificadas as seguintescondições."

(14) DE ALMEIDA, Maria Eunice Lopes. *O Teletrabalho e o Direito a Teletrabalhar*. Dissertação de Mestrado em Direito. Faculdade de Direito- Escola do Porto. 2019.

para efetiva fiscalização da justificativa fornecida pelo empregador.

Questão surge a despeito justamente desta justificativa pelo empregador, que não encontra qualquer respaldo ou regulamentação legal na legislação portuguesa acerca de quais poderiam ser esses argumentos para a impossibilidade do teletrabalho, se haveria necessidade de provas, por exemplo, configurando uma lacuna legislativa que certamente terá de ser solucionada no caso a caso em julgamentos pelos Tribunais *(informação verbal)*.[15]

Acerca das formas de implementação do teletrabalho em Portugal, o Código faz distinção entre aqueles trabalhadores que já tinham contratos ativos de trabalho subordinado com a empresa, e aqueles que passam a ser contratados nesta modalidade.

Segundo expõe de Almeida[16], há a diferenciação de regime no CT entre o trabalhador "típico" da empresa, e aquele, que *ab initio* fora contratado ao regime de teletrabalho (externo), podendo, neste último caso, o ser instituído por período determinado, ou indeterminado, além de prever a transferência ao ambiente típico presencial de trabalho, desde que por mútuo acordo entre as partes.

No entanto, em relação aos contratos já ativos, o legislador mostrou-se mais cauteloso, determinando que para estes deveria haver um prazo máximo de 3 anos para o regime de teletrabalho, ainda cabendo denúncia por qualquer uma das partes do contrato firmado no prazo de 30 dias (artigo 167 do CT)[17].

Ou seja, em não havendo adaptação aos novos meios, poderia o trabalhador voltar a sua rotina típica nas dependências da empresa, de modo que "a lei encara com mais reserva a passagem do trabalho típico para o teletrabalho do que a hipótese inversa"[18], que pode, como apontado, ser feita de forma unilateral por meio de denúncia.

De Almeida, no entanto, enxerga perante esta regulamentação uma lacuna legislativa, no que tange ao trabalhador contratado *ab initio* para o regime de teletrabalho, que por mútuo acordo passa a laborar então de forma típica presencial nas dependências da empresa, questionando então se passaria a ele ser aplicada as regras concernentes àquele trabalhador que já possuía contrato em curso, caso desejassem as partes, novamente, implementar o teletrabalho, ou seja, se a ele seria aplicada a regra de prazo determinado de no máximo de 3 anos de duração e podendo ser o contrato denunciado em 30 dias.[19]

A interpretação que se faz aqui, e realizando uma análise hermenêutica teleológica da questão, é que o legislador visou proteger neste caso os trabalhadores que estavam acostumados a desempenhar suas funções de forma presencial e típica — até os dias de hoje- dentro das dependências da empresa, impondo restrições para o estabelecimento do teletrabalho. Em havendo um trabalhador que inicialmente fora contratado para este novo regime, sendo posteriormente acordadas suas tarefas de forma presencial, não parece que seria ele incluído nas exceções postas aos trabalhadores *ab initio*, na medida em que já estaria familiarizado com a medida e a forma de teletrabalhar, não lhe sendo necessária a proteção prevista pelo Código do Trabalho português.

Logo, poderia este trabalhador ser novamente posto em regime de teletrabalho, desde que, por acordo mútuo, escrito, formalizado entre empregado e empregador.

Outro ponto importante que fora regulamentado fora a questão dos instrumentos de trabalho (artigo 168)[20], tendo previsto o CT que a disposição acerca da propriedade e manutenção devem integrar o acordo entabulado pelas partes, e em não havendo previsão expressa, presume-se que estes pertencem ao empregador.

---

(15) Informação fornecida pela Prof. Doutora Joana Vicente em aula sobre o tema "A Pandemia e o Teletrabalho" em 6 de fevereiro de 2021 no Curso de Pós-Graduação em Direito do Trabalho da Universidade de Coimbra-PT.

(16) DE ALMEIDA, Maria Eunice Lopes. *O Teletrabalho e o Direito a Teletrabalhar*. Dissertação de Mestrado em Direito. Faculdade de Direito- Escola do Porto. 2019.

(17) PORTUGAL. *Código do Trabalho. Lei n. 7, de 12 de fevereiro de 2009*. Disponível em: <https://dre.pt/web/guest/legislacao-consolidada/-/lc/123915628/202102181933/exportPdf/normal/1/cacheLevelPage?_LegislacaoConsolidada_WAR_drefrontofficeportlet_rp=indice>. Acesso em: 3 fev. 2021,

(18) AMADO, João Leal. *O teletrabalho: do Código à Covid-19*. Disponível em: <https://observatorio.almedina.net/index.php/2020/03/25/o-teletrabalho-do-codigo-a-covid-19/>.. Acesso em: 15 fev. 2021.

(19) DE ALMEIDA, Maria Eunice Lopes. *O Teletrabalho e o Direito a Teletrabalhar*. Dissertaçãode Mestrado em Direito. Faculdade de Direito- Escola do Porto. 2019.

(20) PORTUGAL. *Código do Trabalho. Lei n. 7, de 12 de devereiro de 2009*. Disponível em: <https://dre.pt/web/guest/legislacao-consolidada/-/lc/123915628/202102181933/exportPdf/normal/1/cacheLevelPage?_LegislacaoConsolidada_WAR_drefrontofficeportlet_rp=indice>. Acesso em: 3 fev. 2021.

A previsão do Código do Trabalho se limita então a trazer que o empregador será responsável pela instalação, manutenção e respectivas despesas atribuídas a tecnologias de informação e de comunicação, não havendo qualquer menção aos equipamentos de trabalho em si, dando-se margem para a seguinte interpretação:

> (...) os instrumentos de trabalho utilizados pelo trabalhador não têm que ser obrigatoriamente disponibilizados pelo empregador e a responsabilidade pela sua instalação e manutenção e pelo pagamento das inerentes despesas de consumo e de utilização não têm necessariamente que ser suportados pelo empregador.[21]

Ainda, para além dos instrumentos de trabalho, como o CT aborda apenas a manutenção e despesas quanto a ferramentas de tecnologia e comunicação, uma interpretação literal poderia significar que qualquer outra despesa, seja com energia, água e aquecimento não seriam obrigatoriamente custeadas pelo empregador. Lembrando que sempre poderão as partes pactuarem o referido por intermédio do acordo firmado.

Assim, surge-se a questão principalmente quanto à existência de despesas ordinárias do empregado — o que já seria por ele custeado no âmbito de sua residência, e o que seria então gastos extraordinários decorrentes do trabalho subordinado ao empregador.

A interpretação que se faz aqui, é de que, houve em verdade mera transferência do empregado do estabelecimento empresarial fixo da empresa, para o seu domicílio — na modalidade mais frequente hoje de teletrabalho que é o *Home Office* — de modo que, em sendo a empresa obrigada a custear em seu estabelecimento todos os gastos com luz, água e demais comodidades, teria ela que, em havendo gastos suplementares do empregado por estar laborando em sua residência, custeá-los da mesma maneira, sob pena de o teletrabalho ser extremamente vantajoso ao empregador e prejudicial ao empregado, que passa a ter despesas maiores do que as que tinha anteriormente *(informação verbal)*.[22]

A questão não fora ainda solucionada pela legislação, e em se tratando de regime jurídico que até os dias de hoje tinha pouca aplicação prática, a jurisprudência ainda não se debruçou sobre a questão, de modo que há uma verdadeira lacuna jurídica acerca do tema em comento.

Outro ponto trazido pelo legislador é acerca da privacidade do trabalhador em teletrabalho e o direito à fiscalização das atividades desempenhadas (artigo 170)[23], havendo previsão expressa de que deve haver respeito pelo empregador ao repouso e momentos de lazer de seu funcionário.

Aludindo-se ao poder fiscalizatório do empregador, o Código do Trabalho português assegurou a este o direito de fiscalizar a atividade laboral e os instrumentos de trabalho, o que por vezes torna-se uma situação complicada, pois em sua maioria estamos tratando do domicílio do trabalhador como local de trabalho, decorrente do notoriamente praticado *Home Office*.

De Almeida interpreta que a previsão legal deve ser lida da seguinte forma:

> (...) só deve ter por objeto o controlo da atividade laboral e o controlo dos instrumentos de trabalho que tenham sido disponibilizados, na íntegra ou em parte, pelo empregador". Na verdade, defendemos que o invocado direito não pode ter por objeto o controlo dos instrumentos de trabalho quando os mesmos são disponibilizados na íntegra pelo trabalhador.[24]

O CT ainda restringe esta fiscalização, que somente poderá ocorrer das 9h às 19h, com assistência do trabalhador ou de pessoa por ele designada, não havendo ainda qualquer menção na legislação sobre a qual local efetivamente poderia ser vistoriado, considerando estar o empregado por vezes na sua própria residência e não possuir ambiente apartado para a realização das atividades laborativas, que acabam por ser realizadas no quarto, na sala ou em mesa anexa a cômodos íntimos da casa.

Segundo a professora Dr. Teresa Coelho em palestra concedida no 20º Congresso Nacional de

---

(21) DE ALMEIDA, Maria Eunice Lopes. *O Teletrabalho e o Direito a Teletrabalhar*. Dissertação de Mestrado em Direito. Faculdade de Direito- Escola do Porto. 2019.

(22) Informação fornecida pela Prof. Doutora Joana Vicente em aula sobre o tema "A Pandemia e o Teletrabalho" em 06 de fevereiro de 2021 no Curso de Pós-Graduação em Direito do Trabalho da Universidade de Coimbra-PT.

(23) PORTUGAL. *Código do Trabalho. Lei n. 7, de 12 de fevereiro de 2009*. Disponível em: <https://dre.pt/web/guest/legislacao-consolidada/-/lc/123915628/202102181933/exportPdf/normal/1/cacheLevelPage?_LegislacaoConsolidada_WAR_drefrontofficeportlet_rp=indice>. Acesso em: 3 fev. 2021.

(24) DE ALMEIDA, Maria Eunice Lopes. *O Teletrabalho e o Direito a Teletrabalhar*. Dissertação de Mestrado em Direito. Faculdade de Direito- Escola do Porto. 2019.

Direito do Trabalho e Processual do Trabalho do Tribunal Regional do Trabalho da 15ª Região, o ideal seria que houvesse uma previsão limitando a fiscalização do empregador ao local específico de realização das atividades laborativas, de modo a garantir a privacidade do empregado e de sua família, que fica por vezes deturpada com a invasão do ambiente laboral em seu domicílio *(informação verbal)*.[25]

Em relação a outras formas de fiscalização, a professora enfatiza que não pode haver exigência do empregador no sentido de que se mantenha câmera webcam ligada a todo momento, devendo fiscalizar a atividade com imperativo de metas, *log-in/log-off* e horários pré agendados para reuniões, sob pena de ferir a dignidade humana e privacidade do empregado*(informação verbal)*.[26]

> Contudo, nesta modalidade, como em outras, a questão não está na existência do poder de controlo que é essencial, mas no estabelecimento de limites ao mesmo e, por isso, o empregador pode controlar, *v.g.*, através do estabelecimento de metas e objetivos que o trabalhador tem de cumprir e de relatar diariamente através de *e- mails*, de chamadas, assim como marcação de reuniões por teleconferência para ir acompanhando o trabalho e, até, como uma forma de evitar o isolamento social que é uma das grandes desvantagens associadas a esta modalidade de teletrabalho.[27]

Outra questão que não é abordada pela legislação atual portuguesa é sobre a ciência do empregado em relação aos meios de fiscalização, que deveriam ser expostos de forma clara no acordo firmado entre as partes sob pena de comprometer inclusive a dignidade humana, honra e moral desta pessoa.[28]

Por fim, nos artigos 169 e 171, o Código do Trabalho[29] faz alusão à igualdade de direitos e deveres dos empregados em regime de teletrabalho, não admitindo qualquer diferenciação neste sentido pelo empregador, e ainda enfatizando que o teletrabalhador integra o grupo de empregados da empresa para fins de representação coletiva.

A respeito deste último tópico, é inegável que há um enfraquecimento, com o regime de teletrabalho das representações coletivas, uma vez que o trabalhador passa a não se ver inserido diariamente e como pertencente a uma classe e um grupo específico, podendo a nova modalidade típica de trabalho gerar um empobrecimento dos instrumentos coletivos e da representação sindical.

Fato é que o Código do Trabalho português já se mostra preocupado com os impactos coletivos do teletrabalho, de modo que caberá então às próprias entidades representativas garantirem que não haja um enfraquecimento de sua representatividade, mantendo-se ativo o sentido de coletividade perante os trabalhadores, o que, certamente, é potencialmente mais difícil de ser alcançado à distância e por meios telemáticos de comunicação.

O que se vê, portanto, é que o Código do Trabalho português, que sofreu alteração legislativa sobre o tema em 2015, certamente não previu inúmeras questões que hoje são o cerne do mundo jurídico trabalhista, principalmente, como aludido pelo professor Dr. Joao Leal Amado[30], por tratar-se de uma modalidade de contrato de trabalho que era atípica e quase inexistente no cenário português, passando a estar mais em voga com a recente pandemia da Covid-19.

Ou seja, verifica-se que a legislação é defasada e escassa para regulamentar o que hoje se apresenta como o que chamou o professor de "novo normal"[31] do direito do trabalho lusitano, fazendo-se necessária

(25) Reflexão posta pela Prof. Dra. Teresa Coelho Moreira em palestra concedida no 20º Congresso Nacional de Direito do Trabalho e Processual do Trabalho promovido pelo Tribunal Regional da 15ª Região no dia 8 de outubro de 2020.

(26) Reflexão posta pela Prof. Dra. Teresa Coelho Moreira em palestra concedida no 20º Congresso Nacional de Direito do Trabalho e Processual do Trabalho promovido pelo Tribunal Regional da 15ª Região no dia 8 de outubro de 2020.

(27) MOREIRA, Teresa Coelho. Teletrabalho em Tempos de Pandemia: Algumas Questões Teleworking In Pandemic Times: Some Issues. *Revista Internacional de Direito do Trabalho*.[S.I] ano I, n. 1, p. 1320, 2021.

(28) Informação fornecida pela Prof. Doutora Joana Vicente em aula sobre o tema "A Pandemia e o Teletrabalho" em 6 de fevereiro de 2021 no Curso de Pós-Graduação em Direito do Trabalho da Universidade de Coimbra-PT.

(29) PORTUGAL. *Código do Trabalho. Lei n. 7, de 12 de fevereiro de 2009*. Disponível em: <https://dre.pt/web/guest/legislacao-consolidada/-/lc/123915628/202102181933/exportPdf/normal/1/cacheLevelPage?_LegislacaoConsolidada_ WAR_drefrontofficeportlet_p=indice>. Acesso em: 3 fev. 2021.

(30) AMADO, João Leal. *O teletrabalho:* do Código à Covid-19. Disponível em: <https://observatorio.almedina.net/index.php/2020/03/25/o-teletrabalho-do-codigo-a-covid-19/>. Acesso em: 15 fev. 2021.

(31) AMADO, João Leal. *O teletrabalho:* do Código à Covid-19. Disponível em: <https://observatorio.almedina.net/index.php/2020/03/25/o-teletrabalho-do-codigo-a-covid-19/>. Acesso em: 15 fev. 2021.

uma adaptação da legislação sobre o tema ou o enfrentamento das questões lacunosas pelos Tribunais quando forem estes invocados para tanto.

Não obstante as lacunas existentes na legislação portuguesa, diretiva recente da União Europeia, n. 1.158, de 2019(32), previu a necessidade de os Estados membros atenderem algumas questões postas acerca do teletrabalho, visando o aperfeiçoamento da medida face às novas tecnologias e o crescente número de trabalhadores nesta modalidade.

Dentre as recomendações, que frisa-se, não possuem caráter vinculativo, previu-se: atender a necessidade de trabalhadores com filhos de pelo menos até 8 anos de idade e cuidadores(33), como por exemplo que prestem assistência a pais e mães(34):

> (...) o direito previsto pela Diretiva a que ela respeita "está plasmado como um direito de solicitar, em vez de um direito de obter", com o que tal Diretiva "não cria um direito legal executório", ou seja, não cria um direito potestativo.(35)

Diferentemente do aludido, interpreta-se que em verdade, a recomendação da Diretiva é justamente no sentido de que as legislações regulamentem a questão, e que preferencialmente seja a possibilidade de regimes flexíveis de trabalho para pais e cuidadores um verdadeiro direito potestativo.

Assim, tratar-se-ia em verdade de extensão do direto potestativo já previsto no Código do Trabalho, para incluir a recomendação da Diretiva e alargar o direito a pais de filhos de até pelo menos 8 anos e daqueles que são cuidadores. A legislação ainda não fora adaptada nestes termos.

Outro aspecto que teria que ser revisto na legislação interna portuguesa seria a questão da recusa do empregador a este direito potestativo, que deveria constar como plenamente fundamentada e justificada.

Assim, o que se conclui do cenário português acerca do teletrabalho, é que a legislação é antiga, não tendo sido vislumbrada, até o presente momento, a necessidade de revisitá-la por justamente ter se tratado de forma atípica contratual, pouco usual, e consequentemente pouco enfrentada nos Tribunais.

No entanto, com a pandemia da COVID-19 e a necessidade de isolamento social, a modalidade de teletrabalho ganha forças, o que será analisado em parte específica deste artigo, de modo que, a regulamentação temporária da questão por meio de decretos, não se mostra mais suficiente à proteção do trabalhador e ao enfrentamento de questões diárias acerca do teletrabalho, o que, sem dúvidas, terá de ser então revisto de forma definitiva pela legislação.

Assim, no atual contexto mundial, a legislação mostra-se escassa e rasa para enfrentamento e regulamentação da matéria, sendo necessária uma reforma legislativa neste sentido a fim de assegurar a tutela juslaboral do teletrabalhador no país.

4. O teletrabalho na perspectiva do Direito brasileiro

O direito brasileiro por sua vez, somente passou a prever a modalidade contratual do teletrabalho formalmente no ano de 2017, com a Reforma Trabalhista (Lei n. 13.467/2017), que introduziu nos artigos 75-A e seguintes da Consolidação das Leis

---

(32) "A fim de incentivar os trabalhadores que são progenitores e cuidadores a permaneceremno ativo, é importante que possam adaptar os horários de trabalho às suas necessidades e preferências pessoais. Para o efeito, e com ênfase nas necessidades dos trabalhadores, eles deverão ter o direito de solicitar regimes de trabalho flexíveis, para adaptarem os seus ritmos de trabalho, nomeadamente, se possível, pela utilização de regimes de teletrabalho, horários de trabalho flexíveis ou uma redução das horas de trabalho para poderem prestar cuidados. Para responder às necessidades tanto dos trabalhadores como dos empregadores, os Estados-Membros deverão poder limitar a duração dos regimes de trabalho flexíveis, incluindo qualquer redução das horas de trabalho ou qualquer regime de teletrabalho. Embora o trabalho a tempo parcial se tenha revelado útil por permitir que algumas mulheres permaneçam no mercado de trabalho após-terem filhos ou de cuidar de familiares com necessidade de cuidados ou apoio, longos períodos de redução do horário de trabalho podem levar a uma redução das contribuições para a segurança social e, por conseguinte, a direitos de pensão reduzidos ou inexistentes."

(33) "Os Estados-Membros devem tomar as medidas necessárias para garantir que os trabalhadores, com filhos até uma determinada idade, de pelo menos oito anos, e os cuidadores tenham o direito de solicitar regimes de trabalho flexíveis para poderem ocupar-se da prestação de cuidados. A duração dos regimes de trabalho flexíveis pode estar subordinada a uma limitação razoável."

(34) DE ALMEIDA, Maria Eunice Lopes. *O Teletrabalho e o Direito a Teletrabalhar*. Dissertação de Mestrado em Direito. Faculdade de Direito-Escola do Porto, 2019

(35) DE ALMEIDA, Maria Eunice Lopes. *O Teletrabalho e o Direito a Teletrabalhar*. Dissertação de Mestrado em Direito. Faculdade de Direito-Escola do Porto, 2019

do Trabalho (CLT)[36] a regulamentação específica sobre a matéria.

A legislação brasileira, atrasada em relação aos demais ordenamentos jurídicos mundiais acerca do tema, quando passou então a regulamentá-lo o deixou de fazer por completo. Conforme expôs Raphael Miziara, tratou-se de legislação "(...) demasiadamente simplista, não conseguindo prever sequer as situações mais comuns (...)".[37]

Ou seja, apesar de ter sido regulamentada a modalidade de teletrabalho pelo ordenamento jurídico brasileiro, esta fora feita de maneira rasa e escassa, não abrangendo as principais dificuldades acerca do tipo contratual em questão.

Não obstante as lacunas do sistema, é certo que este definiu o que seria a modalidade de teletrabalho, para então o configurar como aquele realizado preponderantemente fora das dependências do empregador, com utilização de tecnologias da informação e que de alguma forma não configurem trabalho externo (artigo 75-B da CLT).[38]

Para a instituição da modalidade deverá ser realizado aditivo contratual escrito, sendo necessária para a modificação de regime presencial ao teletrabalho o mútuo acordo entre as partes (artigo 75-C, § 1º da CLT), enquanto que para a reversão ao regime presencial bastará a determinação do empregador neste sentido (artigo 75-C, § 2º da CLT).[39]

Quanto aos equipamentos para realização do trabalho, a lei dispõe que a aquisição, manutenção e reembolso de qualquer gasto deve ser prevista no aditivo contratual por escrito, não tecendo qualquer outro comentário ou determinação no sentido de fornecimento de condições aptas ao labor pelo empregador.

Segundo interpreta Miziara[40], a obrigatoriedade de prever-se a manutenção e gastos em contrato de trabalho, bem como o reembolso de despesas extraordinárias, não transferiu ao empregador o dever sobre o reembolso destes gastos, apenas devendo a matéria ser normatizada por negócio jurídico escrito. No entanto, interpretação mais plausível à legislação e ao direito tutelar do trabalho fora feita por intermédio do Enunciado n. 7.1 da 2ª Jornada de Direito Material e Processual do Trabalho:

> TELETRABALHO. CUSTEIO DE EQUIPAMENTOS. O contrato de trabalho deve dispor sobre a estrutura e sobre a forma de reembolso de despesas do teletrabalho, mas não pode transferir para o empregado seus custos, que devem ser suportados exclusivamente pelo empregador. Interpretação sistemática dos artigos 75-D e 2º da CLT à luz dos artigos 1º, IV, 5º, XIII e 170 da Constituição da República e do artigo 21 da Convenção n. 155 da OIT. *(Aglutinado n. 1 da Comissão 6)*[41]

Denise Fincato e Gilberto Stürmer em "Teletrabalho e COVID-19", também entendem que não obstante tenha sido atribuído a ambas as partes dispor sobre a manutenção, aquisição e fornecimento de equipamento, sendo cláusulas obrigatórias do contrato de teletrabalho, pela máxima prevista pelo Princípio da Proteção e da Alteridade dos riscos do negócio, ao empregador seria atribuído o dever de ressarcir os custos eventualmente tidos pelo trabalhador para realização da atividade de forma remota, inclusive no que diz respeito à infraestrutura necessária para tanto.[42]

Questão importante que surge e que não fora regulamentada é acerca da existência de despesas ordinárias e extraordinárias no teletrabalho, presumindo-se que: aquelas que já eram naturais do dia a dia do empregado e que não tenham ocorrido em mudança, por ele continuam a ser sustentadas, mas em sendo aumentadas, como por exemplo, consumo de eletricidade e internet, pelo empregador deverão

---

(36) BRASIL. *Decreto Lei n. 5.452, de 1º de maio 1943.* Disponível em: <http://www.planalto.gov.br/ccivil_03/decreto-lei/del5452.htm> Acesso em: 18 fev. 2021.

(37) MIZIARA, Raphael. A reforma sem acabamento: incompletude e insuficiência danormatização do teletrabalho no Brasil. *Revista Jurídica Luso Brasileira.* O futuro doTrabalho no mundo globalizado. [S.I] Ano 4, n. 6, p. 1007-1030, 2018.

(38) BRASIL. *Decreto Lei n. 5.452, de 1º de maio 1943.* Disponível em: <http://www.planalto.gov.br/ccivil_03/decreto-lei/del5452.htm> Acesso em: 18 fev. 2021.

(39) BRASIL. *Decreto Lei n. 5.452, de 1º de maio 1943.* Disponível em: <http://www.planalto.gov.br/ccivil_03/decreto-lei/del5452.htm> Acesso em: 18 fev. 2021.

(40) MIZIARA, Raphael. A reforma sem acabamento: incompletude e insuficiência danormatização do teletrabalho no Brasil. *Revista Jurídica Luso Brasileira. O futuro doTrabalho no mundo globalizado.* [S.I] Ano 4, n. 6. p. 1007-1030, 2018.

(41) ANAMATRA. *Enunciado n. 7.1 da 2ª Jornada de Direito Material e Processual do Trabalho.* Disponível em: <https://drive.google.com/file/d/1oZL9_JohYjNlnVvehEzYDp- bl0fcF6i6/view>. Acesso em: 18 fev. 2021.

(42) STÜRMER, Gustavo. FINCATO, Denise. *Teletrabalho e Covid-19.* [2020?].

ser ressarcidas, sob pena de o teletrabalho ser prejudicial financeiramente ao empregado.

Em matéria de saúde e segurança, a lei também se demonstrou escassa, se limitando a obrigar o empregador a fornecer orientações expressas visando a não ocorrência de acidentes de trabalho ou aquisição de doenças de cunho ocupacional (artigo 75-E da CLT).[(43)]

Duas interpretações poderão ser tecidas a este respeito, a primeira é de que o mero fornecimento de instruções expressas ao teletrabalhador eximiria o empregador de sua responsabilidade por acidentes de trabalho ou equiparados, o que iria de encontro ao Princípio da Dignidade Humana, além de confrontar-se com a impossibilidade de derrogação de normas de saúde e segurança laboral por norma coletiva estampada no inciso XVII do artigo 611-B da CLT,[(44)] o que analogicamente se aplicaria aos contratos de trabalho e seus aditivos, que sequer possuiriam o aval dos sindicatos representativos e tratam-se de normas hierarquicamente inferior.

Ou seja, entende-se que a simples instrução não exime o empregador de qualquer responsabilidade no tocante à matéria de acidentes de trabalho e equiparados ocorridos durante a realização do teletrabalho, cabendo a ele a fiscalização e zelo pela saúde e segurança do trabalhador, especialmente consubstanciado no risco da atividade econômica pela empresa.

No entanto, ainda que as instruções não eximam o empregador de diligências quanto à saúde e segurança do trabalho, é certo, que na prática, as questões de verificação de nexo causal e culpa serão certamente difíceis de serem analisadas conforme discorreu Mauricio Godinho Delgado e Gabriela Delgado:[(45)]

> Porém, não há dúvida de que, concretamente, embora não seja tão árdua a comprovação da configuração do dano, torna-se mais difícil do que o padrão usual a comprovação tanto do nexo causal como, especialmente, da culpa do empregador.

Quanto aos horários de trabalho e fixação de jornada, fora incluído o inciso III no artigo 62 da CLT[(46)], para admitir-se que a modalidade de teletrabalho não submeteria o empregado ao regime de duração do trabalho, ou seja, em não havendo possibilidade de controle, não haveria então o dever do empregador no pagamento de horas extraordinárias.

Importante aqui diferenciar, como expõe Miziara,[(47)] que a duração do trabalho é diferente de imposição de horas de trabalho (limítrofes), que poderiam ser pactuadas por meio do contrato de trabalho.

A duração do trabalho pressupõem um efetivo controle da jornada, o que ensejaria, portanto, o afastamento do artigo 62 da CLT, enquanto que a determinação de horas limites poderia ser usado pelo empregador a fim de respaldar questões de zelo no que tange à saúde e segurança do trabalho, ainda não eximindo-lhe de responsabilidade em casos de acidente.

> Se houver o controle do "horário de trabalho" o teletrabalhador passa a não mais se enquadrar na exceção legal. Mas, pode acontecer de o empregador, *com o objetivo de* tutelar o meio ambiente de trabalho e prevenir doenças do trabalho, passe a fixar um limite máximo de duração do trabalho dentro do dia ou da semana, sem que com isso ocorra o efetivo controle do horário de trabalho. Em outros termos, o que gera direito às horas extras é o controle do horário de trabalho, mas não a fixação ou estabelecimento de duração máxima com o fim de evitar doenças do trabalho.

O assunto é controverso, e tem sido interpretado apenas como uma presunção *júris tantum,*[(48)] cabendo prova em contrário de que a fiscalização e controle de jornada pelo empregador era possível, de modo

(43) BRASIL. *Decreto Lei n. 5.452, de 1º de maio 1943.* Disponível em: <http://www.planalto.gov.br/ccivil_03/decreto-lei/del5452.htm>. Acesso em: 18 fev. 2021.

(44) BRASIL. *Decreto Lei n. 5.452, de 1º de maio 1943.* Disponível em: <http://www.planalto.gov.br/ccivil_03/decreto-lei/del5452.htm>. Acesso em: 18 fev. 2021.

(45) DELGADO, Mauricio Godinho; DELGADO, Gabriela Neves. *A Reforma Trabalhista noBrasil:* l com os comentários à Lei n. 13.467/2017. São Paulo: LTr, 2017. p. 140.

(46) BRASIL. *Decreto Lei n. 5.452, de 1º de maio 1943.* Disponível em: <http://www.planalto.gov.br/ccivil_03/decreto-lei/del5452.htm>. Acesso em: 18 fev. 2021.

(47) MIZIARA, Raphael. A reforma sem acabamento: incompletude e insuficiência danormatização do teletrabalho no Brasil. *Revista Jurídica Luso Brasileira. O futuro doTrabalho no mundo globalizado.* [S.I] Ano 4, n. 6, p. 1007-1030, 2018.

(48) DELGADO, Mauricio Godinho; DELGADO, Gabriela Neves. *A Reforma Trabalhista noBrasil:* l com os comentários à Lei n. 13.467/2017. São Paulo: LTr, 2017. p. 140.

a aplicar ao teletrabalhador todos os direitos e deveres decorrentes da duração de jornada previstos na CLT.

> Logo, se o empregado, embora em regime de teletrabalho, estiver sujeito ao controle de horário de trabalho, como, por exemplo, por meio de sistemas de *log in* e *log off* no sistema, vigilância por câmeras ou qualquer outro meio de comando e fiscalização, surgirá o direito ao pagamento das horas extras, como, a propósito, sucede com as demais hipóteses do artigo 62 da CLT. Nesses casos, vale registrar, caberá ao empregado o ônus da prova quanto ao controle de horário.(49)

A questão, quando tratada do ponto de vista do teletrabalho especificamente, torna praticamente inaplicável o disposto no artigo 62 da CLT, na medida em que, sendo necessário o uso de tecnologia da informação para caracterização da modalidade, a fiscalização e controle pelo empregador da jornada e tarefas realizadas é praticamente inerente ao contrato, sendo passível de realização por diversas ferramentas de cunho eletrônico.

A contrário *sensu*, em sendo efetivamente demonstrado que este empregado possuía liberdade de jornada ou se demonstrada impossibilidade efetiva de controle, a aplicação e efeitos do artigo 62 tornam-se inevitáveis.

> Por fim, vale advertir que também gerará o direito ao pagamento das horas extras o controle indireto sobre os horários cumpridos pelo empregado, de modo que somente quando se revelar inteiramente impossível o controle, estará afastado o direito ao pagamento de horas extraordinárias, a exemplo do que já decidiu a SBDI-1 do TST em relação a hipótese do inciso I, do artigo 62 da CLT.

Logo, a aplicabilidade do previsto no inciso III do artigo 62 da CLT, tornar-se-á pouco usual quando possível de se demonstrar que o empregador possuía meios de controle da jornada e das atividades, estando o trabalhador sujeito ao regime de jornada de trabalho celetista.

Outro ponto que não é abordado pela norma brasileira é justamente como poderia então o empregador realizar este controle da duração da jornada, sem que isto atingisse a dignidade humana, vida privada, honra e moral do trabalhador.

Como não há previsão legislativa específica à fiscalização do teletrabalho, entende-se por analogia que esta fiscalização seria limitada justamente aos preceitos constitucionais, considerando que segundo Mauricio Godinho Delgado a fiscalização pelo empregador seria:

> (...) conjunto de prerrogativas dirigidas a propiciar o acompanhamento contínuo da prestação de trabalho e a própria vigilância efetivada ao longo do espaço empresarial interno.(50)

Verifica-se, portanto que a fiscalização seria do ambiente interno da empresa, que no caso fora transferido, em sua maioria das vezes, para o ambiente domiciliar do empregado, o que torna a questão ainda mais delicada.

Mas em suma, o poder de fiscalização seria inerente ao empregador, que assumindo os riscos do negócio tem o direito de fiscalizar e gerenciar sua propriedade, o andamento de sua produção, e consequentemente o trabalho executado por seus empregados, considerando que o acompanhamento das tarefas é de interesse intrínseco ao desenvolvimento de sua atividade fim, geração de lucros, alcance de resultados e metas.

O poder fiscalizatório, assim como os demais poderes do empregador não são ilimitados, e encontram justamente suas arestas e balizas no próprio ordenamento jurídico vigente, que segundo Godinho, não possui significativas normas explícitas acerca destes limites,(51) de modo que fica a cargo de princípios intitulados pela interpretação jurisprudencial e doutrinária fornecer quais serão as arestas aplicadas a este poder.

Assim, diante da lacuna legal acerca dos limites específicos do poder fiscalizatório, a jurisprudência atual e a doutrina valem-se de princípios gerais aplicáveis também ao Direito do Trabalho, como da dignidade da pessoa humana, estampada na Constituição Federal,(52) artigo 1º como um dos fundamentos da República, para verificar a legitimidade do ato praticado pelo empregador.

(49) MIZIARA, Raphael. A reforma sem acabamento: incompletude e insuficiência danormatização do teletrabalho no Brasil. *Revista Jurídica Luso Brasileira. O futuro doTrabalho no mundo globalizado.* [S.I] Ano 4, n. 6, p. 1007-1030, 2018.

(50) DELGADO, Mauricio Godinho. *Curso de Direito do Trabalho*. São Paulo: LTr, 2015. p. 736.

(51) DELGADO, Mauricio Godinho. *Curso de Direito do Trabalho*. São Paulo: LTr, 2015. p. 737.

(52) BRASIL. *Constituição da República Federativa do Brasil de 1988*. Disponível em: <http://www.planalto.gov.br/ccivil_03/constituicao/constituicao.htm>. Acesso em: 18 fev. 2021.

Outros preceitos constitucionais estampados no artigo 5º da Carta Magna[53], também podem ser utilizados como ferramenta para o limite do poder fiscalizatório do empregador, dentre eles a inviolabilidade do direito a vida, liberdade e igualdade, não submissão a tratamento desumano ou degradante e não violação da vida privada, honra e imagem.

Ou seja, em um contexto de teletrabalho, não poderia o empregador valer-se de câmeras de vigilância 24 horas no ambiente de trabalho, de obrigar o empregado a usar videoconferência durante toda a jornada sob pena de violação a vida privada, mas pactuar momento corretos para a fiscalização telemática, além de controle de metas, tarefas e horários (*log-in/log-off*).

Miziara ainda interpreta que a fiscalização nos termos da jurisprudência e doutrina brasileira somente poderia ocorrer:

> *(i)* com a anuência e presença do empregado ou de alguém por ele indicado; *(ii)* a visita ao local de trabalho só deve ter por objeto o controle da atividade laboral, bem como dos instrumentos de trabalho; *(iii)* em horário comercial segundo os usos e costumes do local; *(iv)* com respeito aos direitos fundamentais — intimidade e vida privada — do empregado (...)[54]

Outras questões ainda importantes que deixaram de ser abordadas dizem respeito à impossibilidade de conexão aos meios tecnológicos pelo empregado por fatos alheios a sua vontade, as punições decorrentes de tal fato, a possibilidade de exigência do empregador de local exclusivo para a realização das atividades e necessidade de indenização a respeito, bem como a depreciação de aparelhos eletrônicos usados pelo empregado que não fossem os fornecidos pelo empregador.

Ou seja, verifica-se que a legislação trabalhista brasileira, além de tratar da matéria de forma superficial, não abrange aspectos importantes da modalidade do teletrabalho, deixando lacunas legais que deverão ser preenchidas no momento de interpretação da lei, o que caberá então aos magistrados, que da análise do caso concreto, poderão socorrer-se à analogia, equidade e princípios gerais de direito para tanto nos termos do artigo 4º da LINDB[55].

5. *Tempos de pandemia: O que fora implementado em Portugal e no Brasil?*

A pandemia da COVID-19, que teve início aproximado em março de 2020, demandando dos países atitudes de isolamento sanitário, fora responsável por mudanças significativas no âmbito do Direito do Trabalho, visando, sobretudo, a preservação do emprego e da renda gerada pela crise pandêmica instaurada.[56]

Segundo relatório publicado pela Organização Internacional do Trabalho (OIT) em março de 2020 sobre o impacto da COVID-19 no mundo laboral, seria necessário que os países membros adotassem medidas consubstanciadas em três pilares: proteção dos trabalhadores e dos ambientes de trabalho, estímulo à economia e à demanda de trabalho, apoio aos empregos e à oferta de trabalho.[57]

No primeiro pilar fora expressamente englobada a previsão de "Encorajar acordos apropriados de trabalho flexível como o teletrabalho",[58] verificando-se assim, que a alternativa encontrada por muitos países e economias em submeter trabalhadores ao regime de *Home Office* (forma mais usual do teletrabalho como exposto) fora inclusive amparada e sugerida pela Organização Internacional do Trabalho.

Assim, os países que entenderam por cabível a modalidade, e visando justamente a necessidade de isolamento social, e consequentemente dos trabalhadores, isto é, afastar, quem poderia o ser, do ambiente físico tipicamente laboral empresarial, tomaram medidas visando à adaptação de suas legislações para o momento vivenciado.

As inovações legislativas promulgadas, portanto, tornaram a figura atípica e pouco usual do

(53) BRASIL. *Constituição da República Federativa do Brasil de 1988*. Disponível em: <http://www.planalto.gov.br/ccivil_03/constituicao/constituicao.htm>. Acesso em: 18 fev. 2021.

(54) MIZIARA, Raphael. A reforma sem acabamento: incompletude e insuficiência da normatização do teletrabalho no Brasil. *Revista Jurídica Luso Brasileira. O futuro do Trabalho no mundo globalizado.* [S.I] Ano 4, n. 6, p. 1007-1030, 2018.

(55) "Quando a lei for omissa, o juiz decidirá o caso de acordo com a analogia, os costumes e os princípios gerais de direito."

(56) STÜRMER, Gustavo. FINCATO, Denise. *Teletrabalho e Covid-19*. [2020?].

(57) ILO. COVID-*19 and the world of work: Impact and policy responses*. Disponível em: <https://www.ilo.org/wcmsp5/groups/public/---dgreports/--- dcomm/documents/briefingnote/wcms_738753.pdf>. Acesso em: 6 fev. 2021.

(58) ILO. COVID-*19 and the world of work: Impact and policy responses*. Disponível em: <https://www.ilo.org/wcmsp5/groups/public/---dgreports/--- dcomm/documents/briefingnote/wcms_738753.pdf>. Acesso em: 6 fev. 2021.

teletrabalho, em algumas localidades, como ponto central de discussão e regulamentação, considerando que possibilitou a manutenção e continuidade de uma série de atividades econômicas.

A este respeito, tanto Portugal, como o Brasil, traçaram medidas excepcionais acerca do teletrabalho, visando em suma facilitar a sua implementação em tempos de pandemia, considerando que ambos os países já possuíam ordenamentos jurídicos laborais que previam a modalidade contratual, não obstante fosse ainda pouco utilizada.

Trataremos primeiro das regras implementadas no contexto brasileiro, cujo teletrabalho sofrera medidas de facilitação por intermédio da Medida Provisória n. 927,(59) em que, sobretudo tornou a transferência de um trabalho presencial ao teletrabalho um direito potestativo do empregador, fruto de seu poder diretivo, não havendo que se falar durante o estado de calamidade, ou de vigência da medida em mútuo acordo entre as partes para sua implementação, o que segundo Denise e Gustavo não seria uma alteração contratual lesiva, "(...) uma vez que a autorização decorre de políticas públicas que visam conter possível contágio dos empregados com o vírus em ambientes com muitas pessoas".(60)

Da mesma forma determinara a Medida Provisória quanto ao retorno para o trabalho presencial, uma realidade esta que já era prevista na CLT, ou seja, sem que haja necessidade de consentimento do empregado. A explicação hermenêutica neste caso é de que, em sendo o labor presencial e na empresa o tipicamente ocorrido, não haveria necessidade de mútuo acordo para sua modificação, apenas o inverso, justamente por ser o teletrabalho modalidade atípica, pouco usual, com a qual poderia o trabalhador se opor.

A mesma MP também facilitou a sua implementação, não havendo necessidade de contrato escrito para tanto, mas apenas uma comunicação prévia do empregador ao empregado, no prazo de 48 horas, que poderia inclusive ser realizada por meio eletrônico.

Ou seja, buscou o legislador brasileiro facilitar a implementação do teletrabalho em momento de pandemia visando a necessidade de isolamento social, mantendo as demais disposições a respeito da matéria como já determinado pela CLT nos artigos 75-A e seguintes.

Quanto aos equipamentos eletrônicos manteve-se o mesmo raciocínio já exposto na CLT, de que a regulamentação acerca de sua disposição, aquisição e manutenção deveria ser firmada por meio de contrato escrito, estipulando neste caso o prazo de 30 dias, e que, acaso o empregado não possuísse infraestrutura para o teletrabalho, poderia o empregador fornecê-los em regime de comodato.

Ou seja, tem-se a mesma interpretação que fora dada ao dispositivo da CLT: que deverão as partes dispor sobre a aquisição e manutenção, não sendo obrigatoriamente um ônus do empregador, podendo este emprestar equipamentos caso ache cabível.

Ainda, poderia ocorrer a possibilidade de o empregador não possuir condições de fornecer os equipamentos ao trabalho e ainda assim determinar a modalidade:

> Neste caso, mesmo não havendo como realizar as atividades necessárias, o período caracterizar-se-á como tempo à disposição do empregador. Não poderia ser diferente, já que o risco da atividade econômica é do empregador.(61)

Logo, o regime de teletrabalho no Brasil em tempos de pandemia em verdade revelou-se uma opção à salvaguarda dos empregos, mas precarizou a tutela juslaboral, na medida em que a modalidade pode ser imposta pelo empregador a empregado que muitas vezes não detém condições e meios aptos para tanto, tendo de cumprir jornada em ambiente doméstico e familiar, conciliar sua vida privada e profissional e ainda atender às dinâmicas e necessidades da empresa, sob pena de ver seu contrato rescindido em meio a uma grave crise econômica, social e sanitária.(62)

Interpreta-se, pois, que o teletrabalho, pouco regulamentado pela CLT como visto, e pleno de la-

(59) BRASIL. *Medida Provisória n. 927, de 22 de março de 2020.* Disponível em: <http://www.planalto.gov.br/ccivil_03/_ato2019-2022/2020/mpv/mpv927.htm#:~:text=MPV%20927&text=Disp%C3%B5e%20sobre%20as%20m edidas%20trabalhistas,)%2C%20e%20d%C3%A1%20outras%20provid%C3%AAncias.>.Acesso em: 15 fev. 2021.

(60) STÜRMER, Gustavo; FINCATO, Denise. *Teletrabalho e Covid-19.* [2020?].

(61) STÜRMER, Gustavo; FINCATO, Denise. *Teletrabalho e Covid-19.* [2020?]

(62) Reflexão fornecida pelo Prof. Dr. Paulo Eduardo Vieira de Oliveira em palestra concedida sob o tema " Preservação da Dignidade do Trabalhador diante da pandemia" realizada na Conferência Luso Brasileira Direito do Trabalho e Pandemia em 12 de fevereiro de 2021.

cunas jurídicas, em tempos de pandemia revelou-se em verdade uma forma de enfraquecer a proteção juslaboral ao empregado, que viu-se sem opção sobre a implementação do regime, e ainda a imposição de uma verdadeira permeabilidade entre sua vida profissional e pessoal, que por vezes era invadida.

A invasão da vida privada do trabalhador ainda fora prevista pela MP n. 927,[(63)] que regulamentou no § 5º do artigo 4º que o uso de aplicativos de comunicação fora da jornada de trabalho não constituiria tempo à disposição do empregador, de modo a institucionalizar de forma legal o regime extraordinário de horas sem qualquer contrapartida, admitindo e possibilitando a permeabilidade entre vida doméstica e laboral, que em tempos de pandemia e isolamento social viu-se uma alternativa à perda do emprego, mas com sacrifício da vida privada e intimidade.

Em Portugal por sua vez, o regime de trabalho já era previsto na legislação ordinária desde 2003, sofrendo também alterações diante do estado de calamidade pública, visando a manutenção dos empregos e o isolamento social e profilático.

Até então o modelo de teletrabalho era pouco utilizado no país, sendo tratado pelo professor Dr. João Leal Amado como uma modalidade atípica de contrato de trabalho:

> Como quer que seja, o teletrabalho, que até agora não tinha experimentado o crescimento significativo, na prática, que muitos haviam prognosticado, consiste, seguramente, numa forma alternativa de prestar trabalho que vai ser estimulada pela COVID-19.[(64)]

Diferentemente do que ocorrera no Brasil, que somente contou com a MP n. 927 cuja vigência caducara em julho de 2020, Portugal contara com muitas medidas legislativas e decretos que foram evoluindo de acordo com o progresso da pandemia e necessidade de adoção de medidas sanitárias, de modo que é possível dividir a questão em períodos para melhor compreensão do que fora adotado durante a pandemia da Covid-19.

O primeiro período é o que fora implementado com o DL 10-A/2020 em 13 de março,[(65)] que admitia o teletrabalho de forma unilateral pelo empregador, ou a pedido do trabalhador sempre que as funções assim o permitissem. Ou seja, retirou-se a necessidade de mútuo acordo entre as partes.

> Nos termos da nova regra, estabelecida no contexto de uma grave situação epidemiológica que impõe um elevado grau de isolamento social, como forma de prevenir o contágio, o recurso ao teletrabalho no domicílio surge como expediente alternativo particularmente interessante e adequado, pelo que o legislador resolveu prescindir da necessidade de consenso das partes para que o trabalho passe a ser efetuado em regime de teletrabalho. Ao abrigo do novo preceito, o empregador poderá ordenar que o trabalhador passe a prestar a sua atividade em regime de teletrabalho, assim como o próprio trabalhador poderá requerer a passagem para tal situação telelaboral, sem necessidade de acordo da contraparte. Tudo isto, claro, desde que as funções em causa assim o permitam, pois, como se sabe, há atividades que, pela sua própria natureza, não podem ser efetuadas à distância (atividades manuais, em regra), (...).[(66)]

Exceção à obrigatoriedade fora imposta àqueles profissionais que exercessem atividades em serviços essenciais, como da área da saúde, forças armadas, serviços de segurança e socorro, além de serviços públicos essenciais de gestão e manutenção de infraestrutura (artigo 29, n. 2).[(67)]

O segundo período, marcado pelo Decreto n. 2-A/2020, de 20 março[(68)] tornou o teletrabalho de caráter obrigatório e imposto por lei, sempre que as funções assim o permitissem, visando de fato o isolamento profilático de trabalhadores e enfatizando a

(63) BRASIL. *Medida Provisória n. 927, de 22 de março de 2020.* Disponível em: <http://www.planalto.gov.br/ccivil_03/_ato2019-2022/2020/mpv/mpv927.htm#:~:text=MPV%20927&text=Disp%C3%B5e%20sobre%20as%20m edidas%20trabalhistas,)%2C%20e%20d%C3%A1%20outras%20provid%C3%AAncias.>. Acesso em: 15 fev. 2021.

(64) AMADO, João Leal. *O teletrabalho: do Código à Covid-19*. Disponível em: <https://observatorio.almedina.net/index.php/2020/03/25/o-teletrabalho-do-codigo-a-covid-19/>. Acesso em: 15 fev. 2021.

(65) PORTUGAL. *Decreto Lei n. 10-A/2020 de 13 de março.* Disponível em: <https://dre.pt/application/file/a/130251721>. Acesso em: 14 fev. 2021.

(66) AMADO, João Leal. *O teletrabalho: do Código à Covid-19*. Disponível em: <https://observatorio.almedina.net/index.php/2020/03/25/o-teletrabalho-do-codigo-a-covid-19/>. Acesso em: 15 fev. 2021.

(67) MOREIRA, Teresa Coelho. Teletrabalho em Tempos de Pandemia: Algumas Questões Teleworking In Pandemic Times: Some Issues. *Revista Internacional de Direito do Trabalho.*[S.I], ano I, n. 1, p. 1305, 2021.

(68) PORTUGAL. *Decreto n. 2-A/2020, de 20 de março.* Disponível em: <https://dre.pt/application/file/a/130519527>. Acesso em: 14 fev. 2021.

necessidade de que: quem pudesse evitar a circulação nas ruas o fizesse.

Posteriormente, com a pandemia mais controlada no continente europeu em 29 de maio por meio da Resolução do Conselho de Ministros n. 40-A/2020[69], o teletrabalho voltou a ser regido pelo Código do Trabalho português, isto é, por acordo realizado entre as partes.

O decreto no entanto, previu exceções ao mútuo acordo, isto é, poderia a modalidade ser requerida de forma unilateral por alguns empregados: (i) aqueles imunodeprimidos e doentes crônicos, (ii) trabalhador com grau de incapacidade igual ou superior a 60% e (iii) trabalhador com filho ou outro dependente a cargo menor de 12 anos ou, independentemente da idade, com deficiência ou doença crônica (artigo 4º da Resolução).

Previu ainda a medida a imposição do regime de teletrabalho quando a organização do trabalho não permitisse o cumprimento das orientações da Direção-Geral da Saúde (DGS) e da Autoridade para as Condições do Trabalho sobre a matéria.

Ou seja, vê-se que a partir de maio a legislação portuguesa mesclou as diversas normas de implementação do teletrabalho já previstas anteriormente, sendo a regra novamente por mútuo acordo nos termos do CT, por pedido unilateral do empregado em casos específicos ou imposto por lei para cumprimento de medidas sanitárias.

Posteriormente a isto, no chamado quarto período, a Resolução do Conselho de Ministros n. 51-A/2020, de 26 de junho manteve o regime anterior, apenas revogando as disposições relativas a trabalhadores com filhos ou dependentes.[70]

O quinto período, com o avanço da pandemia, instituído pelo DL n. 79-A/2020, em 1º de outubro,[71] previu pela primeira vez, no regime de teletrabalho em tempos de pandemia, que o empregador deveria disponibilizar os equipamentos de trabalho e de comunicação necessários à prestação de serviços em regime de teletrabalho".

Determinou ainda o regime obrigatório de teletrabalho para empresas com 50 trabalhadores[72] ou mais em locais com situação epidemiológica que o justificassem, ou naquelas determinadas pelo governo como imprescindíveis independente do número de trabalhadores, que residissem ou laborassem nestas áreas, isto sempre que as funções o permitissem e dispusesse o trabalhador condições de exercê-la e sem necessidade de acordo escrito.

Caso o empregador entendesse por não possuir a atividade condições para tanto, deveria comunicar ao empregado sua decisão de forma fundamentada por escrito, podendo o trabalhador impugnar a decisão perante a ACT para que verificasse o cumprimento das condições para a realização do teletrabalho. Ou seja, haveria uma fiscalização *a posteriori* do órgão quanto ao cumprimento de requisitos acaso não fosse o direito do trabalhador atendido.

Por fim, O Decreto n. 3-A/2021, de 14 janeiro de[73] tornou o teletrabalho novamente obrigatório sempre que compatível com a atividade e o trabalhador disponha de condições de exercê-lo, mantendo a obrigatoriedade pelo empregador de disponibilizar os equipamentos de trabalho e comunicação necessários à prestação da atividade.

Questões surgiram acerca da interpretação da legislação portuguesa especialmente no que diz respeito à expressão "sempre que as funções permitirem" que pode ser interpretada de modo diverso por empregado e empregador.

---

(69) PORTUGAL. *Resolução do Conselho de Ministros n. 40-A/2020, de 29 de maio*. Disponível em: <https://dre.pt/application/file/a/134889478>. Acesso em: 14 fev. 2021.

(70) MOREIRA, Teresa Coelho. Teletrabalho em Tempos de Pandemia: Algumas Questões Teleworking In Pandemic Times: Some Issues. *Revista Internacional de Direito do Trabalho*.[S.I], ano I, n. 1, p. 1305, 2021.

(71) PORTUGAL. *Decreto Lei n. 79-A/2020, de 1º de outubro*. Disponível em: <https://dre.pt/application/file/a/144153264>. Acesso em: 14 fev. 2021.

(72) "Assim, estabelece-se que, nas empresas com locais de trabalho com 50 ou mais trabalhadores situadas nas parcelas de território definidas pelo Governo, através de resolução do Conselho de Ministros, em função da evolução da situação epidemiológica, o empregador deve organizar de forma desfasada as horas de entrada e saída dos locais de trabalho. Norteando esta medida por um parâmetro de proporcionalidade, estabelece-se que os intervalos do desfasamento têm uma duração de trinta minutos a uma hora. Complementarmente, e de modo a garantir o distanciamento físico e a proteção da saúde dos trabalhadores, o presente diploma prevê que o empregador deve constituir equipas estáveis de modo a que o contacto entre trabalhadores aconteça apenas entre trabalhadores de uma mesma equipa. Com vista à redução do contágio, institui -se, ainda, a preferência pelo recurso ao regime de teletrabalho, sempre que a natureza da atividade o permita."

(73) PORTUGAL. *Decreto n. 3-A/2021 de 14 de janeiro*. Disponível em: <https://dre.pt/application/file/a/153958827>. Acesso em: 16 fev. 2021.

Em termos gerais a primeira interpretação que se faz sobre a questão é de que qualquer atividade que não necessite de manuseio de matéria prima, transformação de bens tangíveis ou maquinário próprio da empresa, poderiam ser realizadas por meio do teletrabalho, ou seja, aquelas entendidas como intelectuais. No entanto tem-se a questão de trabalhos sigilosos, segredos de empresa, que dificultariam o teletrabalho e impossibilitariam a realização da atividade em ambiente externo ao tipicamente empresarial.(74)

Logo caberia ao empregador justificar, principalmente em casos de direito potestativo do empregado previstos, os motivos que o levaram a não aceitar a transformação do regime presencial em teletrabalho, ainda que em tempos pandêmicos.

Assim, tem-se em suma que durante a fase de pandemia em Portugal, adotaram-se momentos diferentes quanto à implementação do teletrabalho, que passou da regra geral do acordo entre as partes, para a possibilidade de requerer a medida unilateralmente, novamente nos termos do CT e em alguns momentos sendo imposta por lei quando as atividades assim o permitissem. A discussão recai-se então sobre a forma que deveria ser adotada para implementação da modalidade, se necessariamente seria a escrita. O entendimento da professora Dra. Joana Vasconcelos é no sentido de que, deverá ser escrita quando requerida por uma das partes e sempre que for esta nos termos do Código do Trabalho, considerando ser a forma escrita a regra geral, mas não haver esta necessidade para àquelas atividades que por meio de decreto ou lei, lhe fora imposto o caráter obrigatório.(75)

Quanto à vigilância do trabalho, que fora prevista amplamente pelo CT, com regulamentações específicas, torna necessária a discussão se poderia, em tempos de pandemia, ser a fiscalização do ambiente laboral realizada da mesma maneira pelo empregador como previsto no Código.

Aqui, parte-se da interpretação em que, tendo as diversas fases e períodos legislativos durante a pandemia da Covid-19 buscado justamente o isolamento profilático, evitando a propagação do vírus, não haveria sentido em atender à disposição do Código do Trabalho português, autorizando o empregador a realizar visitas *in loco* no domicílio do empregado para fiscalização da atividade realizada, podendo estas o serem assim realizadas apenas quando o decreto definir que o teletrabalho voltaria a ser regido nos termos da legislação ordinária, isto é, quando considerado pelo legislador que a situação epidemiológica estaria controlada.

Nas demais fases, tratando-se de imposição de medidas excepcionais, a manutenção de regimes originários não encontraria respaldo lógico.(76)

Assim, o que se percebe é que tanto a legislação brasileira, quanto portuguesa, tiveram de se adaptar às mudanças trazidas pela necessidade de isolamento social, isto é, aperfeiçoando suas disposições acerca do teletrabalho, que tornou-se verdadeira modalidade contratual apta à manutenção do emprego e de uma gama de atividades econômicas.

Ocorre que, como visto, a legislação ordinária de ambos os países já se mostrava rasa acerca da regulamentação do teletrabalho, de modo que ao ser implementado regime extraordinário de urgência para controle da pandemia, algumas questões ainda permaneceram lacunosas, surgindo ainda novas inquietações e problemáticas principalmente acerca do trabalho em *Home Office*.

A afirmativa é possível de ser vislumbrada principalmente em relação à legislação brasileira, que já era escassa em relação à matéria de teletrabalho quando comparada ao Direito português, tornando a situação de lacuna jurídica e ausência da tutela juslaboral ainda mais grave em tempos de pandemia, considerando que a única legislação que tratava das medidas extraordinárias do teletrabalho já caducara (MP n. 927), contando hoje, o ordenamento brasileiro, apenas com a normativa ordinária da CLT acerca da matéria.

6. Conclusão

Tendo sido exposto o regime de teletrabalho adotado na legislação lusitana e brasileira, tanto aquele ordinariamente regulamentado, quanto as

(74) Informação fornecida pela Prof. Doutora Joana Vicente em aula sobre o tema "A Pandemia e o Teletrabalho" em 6 de fevereiro de 2021 no Curso de Pós-Graduação em Direito do Trabalho da Universidade de Coimbra-PT.

(75) Informação fornecida pela Prof. Doutora Joana Vicente em aula sobre o tema "A Pandemia e o Teletrabalho" em 6 de fevereiro de 2021 no Curso de Pós-Graduação em Direito do Trabalho da Universidade de Coimbra-PT.

(76) Informação fornecida pela Prof. Doutora Joana Vicente em aula sobre o tema "A Pandemia e o Teletrabalho" em 6 de fevereiro de 2021 no Curso de Pós-Graduação em Direito do Trabalho da Universidade de Coimbra-PT.

previsões extraordinária editadas e promulgadas durante os declarados estados de emergência face a pandemia da Covid-19, importante tecer algumas conclusões comparativas acerca dos dois sistemas.

Inicialmente quanto às regras ordinárias previstas em Portugal e no Brasil, a principal diferença reside na forma de aplicação da modalidade do teletrabalho, que na legislação lusitana tem como regra o acordo entre as partes, enquanto que na brasileira prevalece o mútuo acordo para a transformação do regime presencial ao teletrabalho, mas por ato unilateral do empregador quando ocorrer sua reversão.

Portugal teve a cautela de estabelecer que para contratos já ativos a adoção do regime obedeceria um prazo determinado máximo, e um período de possibilidade de denúncia do aditivo contratual, a fim de proteger e resguardar o direito do trabalhador que estava já habituado à modalidade até então típica de trabalho, qual seja, o presencial. A legislação brasileira não faz diferença entre os contratos *ab initio* e que já tenham sua vigência em andamento.

Outro ponto relevante é a proteção assegurada na legislação portuguesa quanto ao direito potestativo do empregado com filhos de até 3 anos ou vítimas de violência doméstica de requerer a modalidade de teletrabalho, podendo o empregador apenas opor-se caso a atividade não o permita ou não haja condições para tanto, no primeiro caso. A legislação brasileira não traz qualquer previsão neste sentido, demonstrando-se entre outros fatores que a proteção à parentalidade, ou então o convívio familiar não é uma das prioridades da legislação.

Quanto aos equipamentos ao teletrabalho ambos os ordenamentos preveem que isto deve ser estipulado contratualmente, trazendo interpretações divergentes sobre quem deve fornecer os materiais e a extensão destes como apontado alhures.

Acerca da formalização da modalidade de teletrabalho, a forma escrita é a consagrada por ambas as legislações requerendo-se como regra sempre um aditivo contratual.

Sobre fixação de horários, a CLT determina que o trabalhador em regime de teletrabalho não está sujeito a duração de jornada, enquanto que o Código do Trabalho enfatiza a necessidade de proteger-se o trabalhador, respeitar os horários de descanso, e qualidade de vida.

Por fim, e não menos importante, apenas no CT há menção á possibilidade de fiscalização direta do empregador no teletrabalho exercido pelo empregado, estabelecendo horários e certos limites para tanto. Omissa a lei brasileira neste sentido.

Assim, o que se percebe entre as legislações ordinárias, é que Portugal demonstra uma preocupação maior com o bem estar, qualidade de vida e proteção do trabalhador em regime de teletrabalho, estabelecendo que sempre o mútuo acordo será a regra, não havendo que se falar em imposições pelo empregador, prevendo ainda regimes de proteção à parentalidade, e enfatizando os limites de fiscalização pelo empregador, bem como adoção de medidas que respeitem o descanso e o convívio familiar.

A legislação brasileira por sua vez trata do teletrabalho como trabalho externo, cujo regime de duração celetista a ele não se aplica, desprotegendo o empregado que nesta modalidade labora, e ainda deixando a cargo do empregador o retorno para a forma presencial, condição esta que pode causar impactos negativos na vida e organização do trabalhador que já está por tempos acostumado ao novo regime.

Em relação às medidas extraordinárias implementadas durante o estado de emergência e a fim de combater uma crise econômica e sanitária instaurada pela pandemia da COVID-19, como visto, Portugal passou por diversas fases, de acordo com a evolução da pandemia e necessidade de ajuste da legislação aplicada, passando de regimes de obrigatoriedade do teletrabalho, à possibilidade de aplicação da regra geral por acordo entre as partes ou com ampliação de exceções de pedidos unilaterais.

No Brasil, no entanto, houve apenas a edição de uma única medida para tratar do teletrabalho, que perdera vigência em julho de 2020, em meio a crise pandêmica, sem que novas medidas fossem então adotadas.

Ainda, diferentemente da legislação lusitana, a brasileira pareceu visar somente a facilitação da implementação do regime às benesses do empregador, determinando que o teletrabalho por ele poderia ser imposto, não abrindo margem para o direito potestativo do empregado como fez Portugal.

Vê-se assim, que o país europeu mostrou-se preocupado, em tempos de pandemia, de efetivamente atender as necessidades de ambas as partes, empregado e empregador, tratando-se de medida de proteção sanitária para além da econômica, o que não se afigurou em território brasileiro, que enxergou o teletrabalho como medida apta a salvaguardar os regimes econômicos e interesses do empregador, sem possibilitar escolha pelo empregado, ou ainda, não impondo o regime quando a crise sanitária assim demandasse .

Verifica-se, portanto que a defasagem da legislação, especialmente da brasileira, em tempos de pandemia acerca de melhor regulamentação do teletrabalho, quando este tornou-se modalidade típica e presente na vida do trabalhador, ocasionou sobretudo um enfraquecimento ainda maior da tutela juslaboral, da preservação da dignidade humana, da proteção da privacidade e dos direitos inerentes ao trabalho.

Acredita-se que o distanciamento do trabalhador do espaço geográfico do empregador, o que é inevitável em tempos de avanço tecnológico, traz a flexibilidade tão pretendida por alguns, mas dificulta e distancia aspectos sociais próprios do Direito do Trabalho e a ele tão caros, como a dimensão de representação social e coletiva, apta a unir trabalhadores na garantia e efetivação de seus direitos.

Viu-se o trabalhador, isto em ambos os países, submetido a um regime que muitas vezes dificulta a conciliação entre vida privada e laboral, sacrifica tempos de descanso e lazer, impondo ainda a este empregado, que em meio a uma crise pandêmica, social e econômica, aceitasse a tudo que lhe fosse imposto, sob pena de perder, em tempos difíceis, a única salvaguarda da subsistência que lhe cabia.

Importante então traçar que, em ambos os países, haverá a necessidade de regulamentação e modificação da legislação, considerando que até o presente contexto mundial tratava-se de modalidade pouco usual de trabalho, de modo que as legislações luso-brasileira ainda comportam inúmeras lacunas jurídicas com necessidade de melhor regulamentação e aprimoramento, sob pena de ficarem as minúcias à cargo da jurisprudência e decisão dos Tribunais:

> A utilização mais frequente do teletrabalho pode ter chegado para ficar, mesmo quando a crise sanitária for superada e as pessoas puderem regressar aos seus tradicionais locais de trabalho. Por essa altura, talvez os hábitos já tenham mudado, talvez muitos trabalhadores e empregadores tenham descoberto que, realmente, há muito trabalho que pode ser prestado à distância, sem necessidade de deslocação quotidiana do trabalhador para a empresa. Talvez seja um efeito positivo, este. Como alguém escreveu, uma das coisas que a COVID-19 parece ter provado aos trabalhadores consiste em que "the job you were told couldn't me done remotely can be done remotely".[77]

Logo, a medida em que os trabalhadores e empregadores tem convivido mais de perto com a implementação do regime do teletrabalho, por cerca já de um ano desde o início dos estados de emergência, esta parece ser uma modalidade que passará a ser cada vez mais frequente na rotina do direito do trabalho, transformando-se de um meio atípico contratual para típico, requerendo assim que a tutela juslaboral seja ainda mais reforçada, a fim de evitar a defasagem de garantias fundamentais ao trabalhador alocado neste tipo de regime.

7. *Referências*

AMADO, João Leal. *O teletrabalho:* do Código à Covid-19. Disponível em: <https://observatorio.almedina.net/index.php/2020/03/25/o-teletrabalho--do- codigo-a-covid-19/>. . Acesso em: 15 fev. 2021.

ANAMATRA. *Enunciado n. 7.1 da 2ª Jornada de Direito Material e Processual do Trabalho.* Disponível em: <https://drive.google.com/file/d/1oZL9_JohYjNInV-vehEzYDp-bl0fcF6i6/view>. Acesso em: 18 fev. 2021.

BARBOSA, Rui Couto. *Organização do* Teletrabalho. *Revista para Chefias.* [S.I]. Ed. 58, p.32-36. 1998. *Apud* DE ALMEIDA, Maria Eunice Lopes. *O Teletrabalho e o Direito a Teletrabalhar*. Dissertação de Mestrado em Direito. Faculdade de Direito-Escola do Porto. 2019.

BENITES, Giovana Corrêa Novello. *Diferença de teletrabalho, trabalho remoto e home Office*. Disponível em: <https://www.megajuridico.com/diferenca-de-teletrabalho-trabalho-remoto-e- home-office/>. Acesso em: 11 fev. 2021.

BRASIL. *Medida Provisória n. 927, de 22 de março de 2020.* Disponível em: <http://www.planalto.gov.br/ccivil_03/_ato2019- 2022/2020/mpv/mpv927.htm#:~:text=MPV%20927&text=Disp%C3%B5e%20so bre%20as%20medidas%20trabalhistas,)%2C%20e%20d%C3%A1%20outras% 20provid%C3%AAncias.>. Acesso em 15 fev. 2021.

______. *Constituição da República Federativa do Brasil De 1988*. Disponível em: <http://www.planalto.gov.

(77) AMADO, João Leal. *O teletrabalho: do Código à Covid-19*. Disponível em: <https://observatorio.almedina.net/index.php/2020/03/25/o-teletrabalho-do-codigo-a-covid-19/>. Acesso em: 15 fev. 2021.

br/ccivil_03/constituicao/constituicao.htm>. Acesso em: 18 fev. 2021.

______. *Decreto Lei n. 5.452, de 1º de maio 1943*. Disponível em: <http://www.planalto.gov.br/ccivil_03/decreto-lei/del5452.htm>. Acesso em: 18 fev. 2021.

CANEIRO, Mariana. *Teletrabalho:* a galinha dos ovos de ouro dos patrões. Disponível em: <https://www.esquerda.net/artigo/teletrabalho-galinha-dos-ovos-de-ouro-dos-patroes/71423>. Acesso em: 9 fev. 2021.

DE ALMEIDA, Maria Eunice Lopes. *O Teletrabalho e o Direito a Teletrabalhar*. Dissertação de Mestrado em Direito. Faculdade de Direito-Escola do Porto, 2019.

DELGADO, Mauricio Godinho; DELGADO, Gabriela Neves. *A Reforma Trabalhista no Brasil:* com os comentários à Lei n. 13.467/2017. São Paulo: LTr, 2017.

DELGADO, Mauricio Godinho. *Curso de Direito do Trabalho*. São Paulo: LTr, 2015.

FERNANDES, Francisco Liberal. *Organização do Trabalho e Tecnologias de Informação e Comunicação (Exhausted but Unable to Disconnect)*. Questões Laborais. [S.I]. Ano XXIV, n. 50, p. 7-17, 2017. *Apud* DE ALMEIDA, Maria Eunice Lopes. *O Teletrabalho e o Direito a Teletrabalhar*. Dissertação de Mestrado em Direito. Faculdade de Direito-Escola do Porto, 2019.

ILO. COVID-*19 and the world of work: Impact and policy responses*. Disponível em: <https://www.ilo.org/wcmsp5/groups/public/---dgreports/--- dcomm/documents/briefingnote/wcms_738753.pdf>. Acesso em: 6 fev. 2021.

MIZIARA, Raphael. A reforma sem acabamento: incompletude e insuficiência da normatização do teletrabalho no Brasil. *Revista Jurídica Luso Brasileira*. O futuro do Trabalho no mundo globalizado. [S.I] ano 4, n. 6, p. 1007-1030, 2018.

MOREIRA, Teresa Coelho. Teletrabalho em Tempos de Pandemia: Algumas Questões Teleworking In Pandemic Times: Some Issues. *Revista Internacional de Direito do Trabalho*. [S.I], ano I, n. 1, p. 1305, 2021.

PACHECO, Ana Mikhaelly Gomes. *Teletrabalho e home office:* qual a diferença?. Disponível em: <http://www.editoramagister.com/doutrina_27996291_TELETRABALHO_E_HOME_OFFICE_QUAL_A_DIFERENCA.aspx.>. Acesso em: 16 fev. 2021.

PORTUGAL. *Código do Trabalho. Lei n. 7, de 12 de fevereiro de 2009*. Disponível em: <https://dre.pt/web/guest/legislacao-consolidada/-/lc/123915628/202102181933/exportPdf/normal/1/cacheLevelPage?_LegislacaoConsolidada_WAR_drefrontofficeportlet_rp=indice>. Acesso em: 3 fev. 2021.

______. *Decreto-Lei n. 10-A/2020, de 13 de março*. Disponível em: <https://dre.pt/application/file/a/130251721>. Acesso em: 14 fev. 2021.

______. *Decreto n. 2-A/2020, de 20 de março*. Disponível em: <https://dre.pt/application/file/a/130519527>. Acesso em: 14 fev. 2021.

______. *Resolução do Conselho de Ministros n. 40-A/2020 de 29 de maio*. Disponível em: <https://dre.pt/application/file/a/134889478>. Acesso em: 14 fev. 2021.

______ . *Resolução do Conselho de Ministros n. 70-A/2020, de 11 de setembro*. Disponível em: <https://dre.pt/application/file/a/142601219>. Acesso em: 14 fev. 2021.

______. *Decreto-Lei n. 79-A/2020, de 1º de outubro*. Disponível em: <https://dre.pt/application/file/a/144153264>. Acesso em: 14 fev. 2021.

______. *Decreto n. 3-A/2021 de 14 de janeiro*. Disponível em: <https://dre.pt/application/file/a/153958827>. Acesso em: 16 fev. 2021.

STÜRMER, Gustavo; FINCATO, Denise. *Teletrabalho e Covid-19*. [2020?].

Teletrabalho uma Recente Modalidade de Emprego: Preceitos e Discussões que Tangenciam a Nova Legislação Trabalhista

Mariana Florêncio dos Santos[(1)]

1. Introdução

A reforma trabalhista apresentada pelo Governo atual em meio a sua busca pelo atendimento às reformas ansiadas pelo mercado, mudou, de forma considerável, a Consolidação das Leis Trabalhistas (CLT), promovendo uma ruptura com um modelo, há muito, existente. É bem verdade que a CLT pecava por não se adequar à nova realidade do mundo moderno, principalmente a velocidade com que este se dá, principalmente se levarmos em consideração as mudanças implementadas pela revolução tecnológica.

Verifica-se a importância deste artigo uma vez que essas mudanças foram amplamente criticadas por setores da classe trabalhadora, já que estes a compreendem como uma alteração voltada unicamente para atender às demandas patronais, retirando direitos dos trabalhadores. Entretanto, o Governo Federal defende a modificação como uma forma de gerar empregos e favorecer também os trabalhadores. Assim nos cabe, como problematização, debater se o teletrabalho, como inovação legislativa, vai de fato conferir diretos aos empregados, ou apenas favorecer a classe empregadora.

O termo teletrabalho foi introduzido na legislação trabalhista com a Lei n. 13.467/2017 (Reforma Trabalhista). Será feito um paralelo com os demais regimes de emprego, com o objetivo de traçar as distinções da modalidade de trabalho a distância, tema da pesquisa, além de estabelecer e conceituar as especificidades mais marcantes desta atualização normativa. Serão especialmente estudados os benefícios e prejuízos a serem enfrentados por obreiros e empregadores, com o propósito de demonstrar a fragilidade da legislação no que tange o amparo ao empregado, historicamente definido como hipossuficiente e, agora, menos beneficiados em relação ao empresário empregador.

A metodologia aplicada neste artigo pauta-se em pesquisa bibliográfica jurídica especializada, de ilustres doutrinadores, como Mauricio Godinho Delgado e Vólia Bomfim Cassar, além de contribuições de juristas da atualidade e pesquisa de julgados, visando corroborar a tese deste artigo acadêmico, que trata de uma crítica à legislação vigente, onde pretendemos esclarecer a problemática de forma simples e objetiva, com o intuito de levar o conhecimento a quem se destina este artigo: o trabalhador.

Dessa forma, buscaremos demonstrar a aplicabilidade do teletrabalho nas relações trabalhistas atuais, observando a Lei n. 13.467/2017.

2. Teletrabalho: Conceituação e discussão da nova modalidade proposta na CLT

Buscaremos nesse capítulo melhor compreender e analisar a ideia do termo teletrabalho, apresentando um breve histórico sobre o tema e assim tornando possível compreender o modelo atual, visto que o trabalho a distância existe na legislação trabalhista desde a sua promulgação.

Em 1943, quando da sua introdução ao ordenamento jurídico pátrio, a Consolidação das Leis Trabalhistas (CLT) apenas previa o trabalho em domicílio como alternativa ao modelo tradicional (realizado nas dependências do empresário) no seu artigo 6º, em que expressamente declarava a paridade quanto ao trabalho desenvolvido no estabelecimento do empregador e o realizado no domicílio do em-

(1) Advogada especialista em Direito Militar pela Universidade Cândido Mendes.

pregado, desde que ambas atendam aos requisitos configuradores de uma relação de emprego.

Com a evolução do mercado, houve a necessidade de atualizações quanto às possibilidades de trabalho, e com elas, a legislação específica que garantisse direitos ao trabalhador. Assim, a Lei n. 12.551/2011[(2)], que trouxe alterações na CLT, modificou a redação do já mencionado artigo 6º[(3)] e introduziu um parágrafo único, possibilitando o reconhecimento do vínculo de emprego quando o trabalho fosse realizado de forma diversa ao disposto anteriormente.

Esta atualização conduziu a uma modernização no sentido para o conceito trabalho a distância que temos atualmente, que tem na subordinação sua característica marcante. Neste caso, a utilização de meios informatizados ou telemáticos, quando empregados com fim de supervisionar e direcionar o obreiro, configuraria a subordinação, requisito gerador de dúvidas quanto a sua concretização e que ao ser analisado em conjunto dos demais requisitos, tem o condão de estabelecer a relação de emprego.

Posteriormente, em 2016, a Proposta de Lei (PL) n. 6.787 trouxe uma proposta de reforma à legislação trabalhista, onde entre inúmeros temas abordados, debatia-se a questão do teletrabalho. Após, foi aprovada a reforma trabalhista, concretizada pela Lei n. 13.467, de 13 de julho de 2017, apesar de não ter havido tempo suficiente e mesmo discussões de verdade, observando-se que a redação original do Executivo foi totalmente alterada e super ampliada na Câmara. Esta nova redação trouxe um capítulo dedicado ao tema desta pesquisa, onde foi definido então o que viria a ser teletrabalho no art. 75-B[(4)], no qual se estabeleceu que esta modalidade se dá fora das dependências do empregador necessariamente utilizando-se tecnologia de informação. Além disto, foi expressamente relatada a distinção do trabalho externo, que vamos deslindar a seguir.

Feitas estas primeiras considerações, faz-se necessário distinguir os conceitos de trabalho externo e teletrabalho, uma vez que tais definições podem causar confusão em primeira análise.

O trabalhador externo, conforme Mauricio Godinho Delgado (2016), é aquele que desempenha suas funções contratuais efetivamente longe do empregador e de suas chefias, com singular liberdade de horário de prestação de serviços, tampouco frequenta assiduamente os estabelecimentos físicos da empresa e laborando no plano geográfico realmente externo[(5)]. Desta forma o ilustre jurista salienta que o trabalhador externo não tem jornada de trabalho preestabelecida, existindo então uma "presunção de que não se submetem a real e eficaz controle de horários"[(6)], o que tornaria inviável o controle patronal tradicional, sendo necessária a aplicação de outras medidas nesse sentido.

Vale a pena ressaltar que este não é um requisito do trabalho externo, que pode sim ser controlado, inclusive por disposição legal, como o caso dos Motoristas, constante na Lei n. 12.619/2012[(7)] depois revogada, para nova disciplina, pela Lei n. 13.103/2015[(8)].

Ao tratar do instituto do teletrabalho, Amauri Mascaro Nascimento (2002), corroborado por Vólia Bomfim Cassar (2017) afirma que:

> [...] teletrabalhador é aquele que trabalha perante a tela do computador ou outros equipamentos modernos (fotocopiadoras, internet, modem, telefones celulares, fax, site etc.), não exigindo a presença física do trabalhador na empresa. Afirma que o teletrabalhador pode ser empregado, autônomo, eventual ou trabalhar em seu domicílio(9).

Desta forma, podemos depreender que o teletrabalho é definido por ter no emprego as tecnologias de informação e comunicação característica principal para o labor, diversamente ao trabalho externo, acom-

---

(2) BRASIL, 2011.

(3) Art. 6º Não se distingue entre o trabalho realizado no estabelecimento do empregador, o executado no domicílio do empregado e o realizado a distância, desde que estejam caracterizados os pressupostos da relação de emprego.

Parágrafo único. Os meios telemáticos e informatizados de comando, controle e supervisão se equiparam, para fins de subordinação jurídica, aos meios pessoais e diretos de comando, controle e supervisão do trabalho alheio.

(4) Art. 75-B. Considera-se teletrabalho a prestação de serviços preponderantemente fora das dependências do empregador, com a utilização de tecnologias de informação e de comunicação que, por sua natureza, não se constituam como trabalho externo. BRASIL, 2017.

(5) DELGADO, 2016.

(6) DELGADO, 2016, p. 1001.

(7) BRASIL, 2012.

(8) BRASIL, 2015.

(9) NASCIMENTO, 2002, *apud* CASSAR, 2014, p. 709.

panhada da prestação à distância. Contudo, não há a necessidade de intercorrer na residência do empregado, podendo, como aponta Cassar, "ser desenvolvido em um escritório virtual ou alugado por hora para este fim aos interessados[...][(10)]", estratégia adotada atualmente por todo o globo como um espaço colaborativo, onde é disponibilizado um ambiente para uso compartilhado de profissionais que atuam em áreas afins, localizado estrategicamente de forma a otimizar a produção e trazer comodidade ao trabalhador.

A principal peculiaridade do teletrabalho é o emprego de tecnologia informática no desenvolvimento das funções, já que os dois modelos são exercidos fora do estabelecimento do empregador e com flexibilização da jornada de trabalho.

Assim, fica clara a distinção dos conceitos de trabalho externo e teletrabalho, sendo este uma nova modalidade laboral, que se adequa aos tempos modernos e se molda conforme as necessidades do empregado e do empregador.

Alice Monteiro de Barros (2017), apontada por Hilda Maria Francisca de Paula (2017), acrescenta que mais uma vez, é possível depreender a tendência moderna na produção ou prestação de serviços, onde de qualquer lugar do mundo pode-se desenvolver o labor.

> [...] essa nova forma de trabalhar transcende os limites territoriais e poderá ser transregional, transnacional e transcontinental. Ela permite até mesmo a atividade em movimento. Este tipo de trabalho é executado por pessoas com média ou alta qualificação, as quais se utilizam da informática ou da telecomunicação no exercício das atividades.[(11)]

Como consequência, podemos compreender o teletrabalho como o meio de trabalho da atualidade, onde o empregador tem a liberdade de escolher em qualquer lugar do globo o empregado mais adequado às suas necessidades e o empregado, da mesma forma, podem aplicar os seus conhecimentos numa tarefa que lhe traga um retorno recompensador e adequado às suas necessidades.

Pelo exposto, depreendemos que o trabalho a distância pode ser considerado gênero e, o teletrabalho, da mesma forma que o trabalho no domicílio e o trabalho externo, passa a ser espécie, que se desenvolve em locais físicos diversos do empregador[(12)], conforme parte da doutrina considera, e corrente a qual nos filiamos.

Contudo, em algumas funções há a necessidade, mesmo que ocasionalmente, do empregado se deslocar ao estabelecimento do empregador, o que poderia gerar dúvida quanto à caracterização da relação de emprego, porém o legislador, prevendo tal situação, incluiu o parágrafo único ao artigo 75-B dirimindo tal questionamento ao expor que de acordo com a particularidade de cada função, a mera frequência no espaço físico do empregador não descaracteriza o teletrabalho.

Ora, ao comparecer no espaço físico do empregador para reuniões ou em outras ocasiões específicas o teletrabalhador não perde a sua característica principal, pois permanece a maior parte da jornada em atividade a distância, não devendo ser entendida de forma diversa, já que ao empregador cabe o dever diretivo e por isso pode demandar a presença física do seu funcionário no estabelecimento funcional, desde que aplicado com razoabilidade.

Sobre o assunto, Bruno Gomes Borges da Fonseca (2017), confirma nosso entendimento quando relata que "o comparecimento do empregado às dependências do empregador para a realização de atividades específicas não descaracteriza o regime de teletrabalho"[(13)].

Desta forma, a *contrário sensu*, para ser desconsiderado o teletrabalho, são necessários mais argumentos que identifiquem o trabalho tradicional, como por exemplo uma jornada presencial proporcionalmente superior a teletrabalhada, controle de ponto presencial, comprovação fática da inexistência do teletrabalho, e assim por diante, conforme o caso concreto.

Em síntese, de forma introdutória, podemos chegar a uma compreensão quanto ao conceito do teletrabalho e suas diferenciações das demais espécies que compõem o gênero trabalho a distância.

3. *Especificidades do teletrabalho: conceituação acerca das características próprias*

Uma vez expostas as considerações iniciais acerca do tema, faz-se necessário tratar das peculiaridades

(10) CASSAR, 2014, p. 708.
(11) DE BARROS, 2017 *apud* DE PAULA 2017, p. 218.
(12) CASSAR, 2014.
(13) FONSECA, 2017, p. 231.

específicas do teletrabalho, de forma a esclarecer efetivamente as inovações trazidas pela reforma trabalhista.

4. *Jornada de Trabalho*

Em meio a diversas atualizações que o legislador introduziu na CLT, destaca-se o artigo 62, inciso III, que exclui os empregados em regime de teletrabalho ao controle de jornada. Isto se torna relevante quando se verifica a intenção de subtrair os pagamentos às horas extraordinárias que eventualmente ocorram. Preliminarmente tal observação aparenta ser aplicável, já que tal como os trabalhadores externos, a ausência do empregado nas instalações do empreendimento tornaria inviável o controle patronal quanto às horas efetivamente trabalhadas.

Porém, na verdade, conforme o próprio artigo 62, e seus incisos, da CLT(14), a condição de trabalho externo pode gerar uma presunção de impossibilidade de aferição de jornada a impedir, em consequência, o direito a horas extras; porém, com as possibilidades tecnológicas contemporâneas de controle, pode se dizer que a presunção não se sustenta. Há quem defenda, ainda, a inconstitucionalidade do dispositivo como impedimento a horas extras, como Jorge Luiz Souto Maior(15), podendo ser visualizado na proposta que deu origem ao Enunciado n. 17 aprovado na 1ª Jornada de Direito Material e Processual do Trabalho(16):

> A proteção jurídica ao limite da jornada de trabalho está consagrada, vale lembrar, no Tratado de Versalhes, de 1919, e na Declaração Universal dos Direitos do Homem, de 1948. Além disso, os incisos XIII e XV do art. 7º, da CF/88, conferiram, respectivamente, a todos os trabalhadores, indistintamente, os direitos ao repouso semanal remunerado e à limitação da jornada de trabalho, (...). Destaque-se que a Constituição anterior, em seu art. 165, inciso VI, fixava como direito dos trabalhadores uma "duração diária do trabalho não excedente a oito horas, com intervalo para descanso, salvo casos especialmente previstos", o que não faz a presente Constituição".(17)

Ainda, cabe acrescentar o julgado da Colenda turma do TRT 15, que aplica notavelmente o entendimento acima destacado:

> HORAS EXTRAS. LABOR EXTERNO. ART. 62, INCISO I, DA CLT. O fato de o empregado desempenhar atividade externa não o insere necessariamente na hipótese de exclusão da jornada legal contemplada no inciso I do artigo 62 da CLT. É preciso que exista incompatibilidade entre a natureza da atividade exercida pelo empregado e a fixação de seu horário. Dessa forma, não é o efetivo controle que gera direito às horas extras, mas o simples fato de a empresa poder exercer essa fiscalização. Em outras palavras, apenas a impossibilidade de fiscalização enseja o não pagamento de horas extras, não a mera opção do empregador em não fiscalizar. (TRT-15 — RO: 00121575320165150114 0012157-53.2016.5.15.0114, Relator: Helio Grasselli, 1ª Câmara, Data de Publicação: 14.05.2018)(18)

Alice Monteiro de Barros (2017), reforçada por Hilda Maria Francisca de Paula (2017) acrescenta a este entendimento a questão da tecnologia aliada ao empregador para monitorar seu empregado em regime de teletrabalho:

> É possível aplicar ao teletrabalhador as normas sobre jornada de trabalho, quando estiver em conexão permanente com a empresa que lhe controla a atividade e o tempo de trabalho mediante a utilização de um programa informático, capaz de armazenar na

---

(14) Art. 62. Não são abrangidos pelo regime previsto neste capítulo:
I. os empregados que exercem atividade externa incompatível com a fixação de horário de trabalho, devendo tal condição ser anotada na Carteira de Trabalho e Previdência Social e no registro de empregados; (Incluído pela Lei n. 8.966, de 27.12.1994)
II — os gerentes, assim considerados os exercentes de cargos de gestão, aos quais se equiparam, para efeito do disposto neste artigo, os diretores e chefes de departamento ou filial. (Incluído pela Lei n. 8.966, de 27.12.1994)
III — os empregados em regime de teletrabalho. (Incluído pela Lei n. 13.467, de 2017). BRASIL, 2017.

(15) Juiz do Trabalho, titular da 3ª Vara de Jundiaí/SP. Professor de Direito do Trabalho da Faculdade de Direito da USP.

(16) LIMITAÇÃO DA JORNADA. REPOUSO SEMANAL REMUNERADO. DIREITO CONSTITUCIONALMENTE ASSEGURADO A TODOS OS TRABALHADORES. INCONSTITUCIONALIDADE DO ART. 62 DA CLT. A proteção jurídica ao limite da jornada de trabalho, consagrada nos incisos XIII e XV do art. 7oda Constituição da República, confere, respectivamente, a todos os trabalhadores, indistintamente, os direitos ao repouso semanal remunerado e à limitação da jornada de trabalho, tendo-se por inconstitucional o art. 62 da CLT. Disponível em: <https://angelotto.jusbrasil.com.br/noticias/147964524/enunciados-aprovados-na-1-jornada-de-direito-material-e-processual-na-justica-do-trabalho>. Acesso em: 20 maio 2018.

(17) MAIOR, 2007 *apud* LEITE. Disponível em: < https://www.jusbrasil.com.br/diarios/80802410/trt-17-judiciario-25-11-2014-pg-472?ref=next_button>. Acesso em: 20 maio 2018.

(18) Disponível em: <https://trt-15.jusbrasil.com.br/jurisprudencia/577493767/recurso- ordinario-trabalhista-ro-121575320165150114-0012157-5320165150114>. Acesso em: 20 maio 2018.

memória a duração real da atividade, dos intervalos, ou do horário definido pela exigência dos clientes do empregador, sem que o teletrabalhador tenha a liberdade para escolher as horas que pretende trabalhar ao dia. Não há incompatibilidade entre o teletrabalho e a jornada extraordinária e, consequentemente, é possível também fixar o salário por unidade de tempo.(19)

Desta forma, após diversas demonstrações, podemos chegar ao entendimento de que é possível aplicar as normas trabalhistas tradicionais ao teletrabalho, uma vez que uma das caraterísticas do mesmo é o emprego de tecnologia, e estando conectado o funcionário pode manter contato com o empregador e ter sua rotina monitorada por este.

Por conseguinte, verificamos que o senso comum erra ao alegar que a jornada de trabalho do teletrabalhador seria infinita, pois a legislação pátria em sua carta maior não abre exceções ao limite de horas laboradas, independente do regime de trabalho. Logo, qualquer regulamentação infraconstitucional que tenda a ultrapassar as previstas 44 horas semanais, é passível de invalidação.

Concluindo o assunto, apoia nosso entendimento Bruno Gomes Borges da Fonseca (2017):

> Por corolário, a disposição, por si só, seria insuficiente para impedir o pagamento de horas extras, até porque há mecanismos tecnológicos de controle de jornada para o empregado em regime de teletrabalho. No caso, as novas dimensões da subordinação (objetiva e estrutural) abstêm-se de impedir o controle da atividade do empregado, embora exerça sua atividade a distância. Portanto, se houver extrapolação da jornada de trabalho será devido o pagamento de horas extras.(20)

Assim, podemos concluir que o pagamento de horas extras é exequível, uma vez que há a possibilidade de controle de jornada mesmo à distância, utilizando-se meios tecnológicos para tal, não podendo o empregador se escusar ao adimplemento deste direito trabalhista, uma vez que o teletrabalho tem como característica principal o uso de tecnologia.

Da mesma forma, é possível a aplicação das sanções ao empregador, face ao descumprimento dos limites da jornada de trabalho amplamente conhecidos e previstos na legislação trabalhista, no caso do teletrabalhador que tenha seus direitos a limitação de jornada e desconexão(21) atingidos.

5. *Formalização do contrato individual de trabalho*

Outro tópico bastante relevante é a formalização do contrato de teletrabalho, já que o artigo 75-C da CLT(22) tem particularidades para a sua validade quando insere na legislação trabalhista a obrigatoriedade de contrato de trabalho expresso, com descrição detalhada das funções a serem desempenhadas pelo teletrabalhador.

Ao explorar o contrato individual de trabalho convencional, verificamos que, tradicionalmente, este poderia ser tácito ou expresso, escrito ou verbal. Entretanto ao tratar do teletrabalho o legislador deixa clara a opção de só admitir o contrato expresso, uma vez que esta relação trabalhista se dá de forma singular, como expõe Roberto Dala Barba Filho (2018) quando diz que "a exigência de formalização do contrato se justifica porque as condições desta modalidade contratual efetivamente são *sui generis* em virtude do caráter mais rarefeito da subordinação e direção efetiva das atividades do trabalhador pelo empregador".(23)

De fato, este modelo de contrato é diverso do ordinário, onde mais facilmente podem ser percebidos os requisitos configuradores da relação de emprego quais sejam a subordinação, onerosidade, pessoalidade e não eventualidade, logo faz-se indispensável a adoção de um contrato expresso e escrito para proporcionar segurança jurídica as partes contratantes.

---

(19) DE BARROS, 2017 *apud* DE PAULA 2017, p. 218.

(20) FONSECA, 2017, p. 230.

(21) Entende-se por desconexão o direito que todo trabalhador possui de gozar o descanso diário, seja dentro da jornada ou término dela, e de estar totalmente desconectado com o ambiente de trabalho, servindo a restabelecer as forças, suprir as necessidades biológica e fisiológica, estando disposto para o próximo período de trabalho (DUTRA; VILLATORE, 2014).

(22) Art. 75-C. A prestação de serviços na modalidade de teletrabalho deverá constar expressamente do contrato individual de trabalho, que especificará as atividades que serão realizadas pelo empregado.

§ 1º Poderá ser realizada a alteração entre regime presencial e de teletrabalho desde que haja mútuo acordo entre as partes, registrado em aditivo contratual.

§ 2º Poderá ser realizada a alteração do regime de teletrabalho para o presencial por determinação do empregador, garantido prazo de transição mínimo de quinze dias, com correspondente registro em aditivo contratual. BRASIL, 2017.

(23) BARBA FILHO, 2018, p. 145.

Além deste ponto, merece comentário a alteração contratual, prevista nos parágrafos do artigo 75-C da CLT, que acompanhando o *caput* vaticinam a obrigatoriedade de aditivo expresso no caso de alterações contratuais. Contudo, tais mudanças são baseadas na liberdade de negociação, supondo que teletrabalhador e empregador se encontram em patamar igualitário na relação, o que é sabido não exprimir a realidade, já que a CLT foi promulgada com o objetivo de resguardar o trabalhador, hipossuficiente na relação laboral.

Outrossim, conforme Hilda Maria Francisca de Paula (2017), a redação dos dispositivos permanece carente em outras ocasiões, como quando não apresenta a necessidade de justificar a transição mutuamente acordada entre as partes, que consta no parágrafo primeiro, tampouco da transição determinada pelo empregador no parágrafo segundo. Ainda, também inexiste previsão de sanção em caso de descumprimento do prazo mínimo de 15 dias para adaptação da transição determinada pelo empregador.[(24)] Assim, concordamos com a autora ao apontar que:

> A desigual situação entre trabalhador e empregador, por si, já descaracteriza o pretenso 'mútuo acordo' na transição feita pelo empregador, já que corre o risco de perder o emprego. Da mesma forma, não tem o trabalhador nenhuma garantia de cumprimento do prazo mínimo para o retorno do teletrabalho ao presencial, o que se revela necessário em razão de possíveis adaptações a serem feitas em sua vida pessoal, além do planejamento do deslocamento, situação que pode até mesmo permitir a aplicação analógica do artigo 469 da CLT. (DE PAULA, 2017, p. 220).

O artigo 469 da CLT citado acima, trata sobre o poder diretivo do empregador quanto a mudança do local de trabalho do obreiro para domicilio diverso do atual, situação em que é proibida a transferência quando não houver previsão contratual e concordância das partes. Ainda, tal medida uma vez prevista, deve ser motivada, a fim de evitar sua aplicação como meio de punição.

Podemos inferir que a intenção do legislador, ao que parece, é ingenuamente confiar na boa-fé do empregador e esperar que seja praticada a liberdade contratual entre as partes, de forma isenta e favorável aos desejos do empregador e necessidades do obreiro. Boa-fé esta que é senso comum não ser regra nas relações trabalhistas, visto que o obreiro preocupado em manter ou conquistar uma vaga profissional, pode ser capaz de se sujeitar a condições inadequadas e até que coloquem sua saúde e vida em risco.

6. Equipamentos

Quanto ao trabalho ser executado através de meios tecnológicos, existe a indispensabilidade do uso de material informático, como computadores, internet, telefonia etc. Conforme artigo 75-D da CLT[(25)], a disponibilização e manutenção destes equipamentos deverão constar no contrato individual de trabalho, deixando a 'livre negociação' a cargo de dirimir prováveis embaraços. Ora, mais uma vez o legislador peca pela 'inocência', ao supor que o empregador espontaneamente irá fornecer todo mobiliário e tecnologia indispensáveis ao bom andamento do serviço ou ainda, irá por legítimo acordo escrito reembolsar o funcionário pelo uso dos recursos pessoais enredados a atividade empresarial.

Há de se considerar neste estudo o artigo 2º da CLT, que trata sobre o risco do negócio, que deve ser suportado pelo empresário e não o subordinado. Deste modo o dispositivo legal não deve dar margem a dúvida quando tratar dos custos do empreendimento, devendo ser arcados pelo empregador.

Novamente Hilda Maria Francisca de Paula (2017) se manifesta quanto a matéria de forma a embasar o nosso entendimento:

> [...] não é possível transferir para o empregado os custos com mobiliário, sistema de internet e quaisquer outros insumos necessários à consecução do trabalho, ainda que o empregado tenha a faculdade de utilizar tais instrumentos para uso particular, quando fora de serviço"[(26)].

Uma vez que estes equipamentos, como já dissemos, são essenciais para o perfeito desenvolvimento da atividade, deverão ser observados os artigos 457,

---

(24) DE PAULA, 2017.

(25) Art. 75-D. As disposições relativas à responsabilidade pela aquisição, manutenção ou fornecimento dos equipamentos tecnológicos e da infraestrutura necessária e adequada à prestação do trabalho remoto, bem como ao reembolso de despesas arcadas pelo empregado, serão previstas em contrato escrito.
Parágrafo único. As utilidades mencionadas no caput deste artigo não integram a remuneração do empregado. BRASIL, 2017.

(26) DE PAULA, 2017, p. 221.

§ 2º e 462, ambos da CLT[27], que versam sobre a legalidade de ajuda de custo e descontos ao salário do empregado, pois tais desconformidades podem gerar nulidade da cláusula contratual e efeitos indenizatórios em futura lide judicial.

Sobre a remuneração, o parágrafo único do artigo 75-D da CLT prevê que as verbas pagas a título de utilidades, ligadas aos insumos, não devem integrar a remuneração do obreiro. Faz sentido que tais verbas não integrem a remuneração do empregado, vez que são ferramentas de trabalho e a doutrina as conceitua como incapaz de integrar os cálculos remuneratórios, porém tal dispositivo somente tem valor legal se atendidas todas as condições discorridas anteriormente, caso negativo, compõem do salário do empregado e como tal devem repercutir no 13º salário, férias, FGTS e demais encargos previstos na legislação.

7. Meio ambiente

Dando continuidade ao conteúdo, faz-se mister explanar sobre o meio ambiente do teletrabalho. Consoante o artigo 75-E da CLT, que descreve que o empregador deve instruir os empregados de forma inequívoca com o objetivo de mitigar os riscos inerentes à atividade e colher um termo de responsabilidade assinado pelo trabalhador, onde este se compromete a cumprir as orientações de segurança e saúde.

Tal medida não tem razão de ser visto que é do empreendimento o ônus de instalar o ambiente de trabalho de forma adequada, e justamente por isso, não há como prosperar a intenção legislativa de, na prática, transferir ao empregado a responsabilidade de manter a própria segurança por meios individuais.

Além disto, como o teletrabalho pode se desenvolver em *home office*, a tendência é que o trabalhador aproveite as instalações e equipamentos já existentes para sua atividade, sem considerar que passará a utilizá-las por uma parcela de tempo bem superior a outrora. Desta maneira, o ambiente que antes era satisfatório, agora pode representar um risco à saúde do empregado, que sem o acompanhamento adequado, pode ter danos irreversíveis, prejudicando não só a carreira profissional, como a vida pessoal do obreiro.

Já existe jurisprudência manifestando-se neste sentido, confirmando o nosso entendimento:

> INDENIZAÇÃO POR DANOS MORAIS. DOENÇA PROFISSIONAL. CULPA DO EMPREGADOR. EMPREGADO EM DOMICÍLIO. O fato de o empregado trabalhar em domicílio não constitui, por si só, motivo para eximir o empregador da observância das normas de segurança e medicina do trabalho, colocando o trabalhador à margem da proteção legal que deve abranger "todos os locais de trabalho", sem distinção (artigo 154 da CLT). É certo que não há como exigir do empregador, em semelhante circunstância, a fiscalização cotidiana dos serviços prestados, inclusive quanto à efetiva observância pelo empregado das normas de segurança e medicina, mesmo porque a casa é asilo inviolável do indivíduo, ninguém nela podendo penetrar sem o consentimento do morador, salvo em caso de flagrante delito ou desastre, ou para prestar socorro, ou, durante o dia, por determinação judicial, nos termos da garantia estatuída no artigo 5º, inciso XI, da Constituição Federal. Essa particularidade, sem dúvida, constitui elemento que vai interferir na gradação da culpa do empregador em relação a eventual doença profissional constatada, mas não permite isentá-lo do cumprimento de obrigações mínimas, como a de instruir os empregados quanto às precauções a tomar no sentido de evitar acidentes do trabalho ou doenças ocupacionais, nos termos do artigo 157, II, da CLT, além de fornecer mobiliário adequado, orientando o empregado quanto à postura correta (artigo 199 da CLT), pausas para descanso etc. Verificado o descumprimento dessas obrigações primordiais pelo empregador, em face da sua omissão negligente no tocante aos cuidados com a saúde da empregada, é inegável a sua culpa no surgimento da doença profissional constatada, incidindo sua responsabilidade pela compensação do dano moral sofrido pela obreira. (TRT-3 — RO: 1626808 00208-2006-143-03-00-2, Relator: Heriberto de Castro, Turma Recursal de Juiz de Fora, Data de Publicação: 17.09.2008, DJMG. Página 14. Boletim: Sim.)[28]

(27) Art. 457, CLT. Compreendem-se na remuneração do empregado, para todos os efeitos legais, além do salário devido e pago diretamente pelo empregador, como contraprestação do serviço, as gorjetas que receber [...].
§ 2º As importâncias, ainda que habituais, pagas a título de ajuda de custo, auxílio-alimentação, vedado seu pagamento em dinheiro, diárias para viagem, prêmios e abonos não integram a remuneração do empregado, não se incorporam ao contrato de trabalho e não constituem base de incidência de qualquer encargo trabalhista e previdenciário. (Redação dada pela Lei n. 13.467, de 2017)
Art. 462, CLT. Ao empregador é vedado efetuar qualquer desconto nos salários do empregado, salvo quando este resultar de adiantamentos, de dispositivos de lei ou de contrato coletivo. [...]. BRASIL, 2000.

(28) DE PAULA, 2017, p. 223.

Desta forma é possível verificar que ao contrário do entendimento inicial, a carência de tipificação quanto a instrução e vigilância do meio ambiente do teletrabalhador não afasta a responsabilidade do empregador, vez que ocorrendo o dano, este deve demonstrar as atividades empregadas de forma a mitigar os prejuízos ao empregado.

A *"omissão negligente"* a que alude o julgado acima é de extrema importância, visto que o empregador tem o dever de orientar e prevenir doenças profissionais de seus trabalhadores e a ausência legislativa não é, mais uma vez, uma justificativa para inércia patronal.

Acrescentando ao entendimento jurisprudencial, Isabelli Gravatá (2017) relata muito bem o cenário internacional comparado à realidade brasileira no quesito saúde no ambiente de trabalho:

> Em alguns países como os Estados Unidos, onde a legislação relativa ao trabalho a distância é mais avançada, existem normas que tratam da ergonomia, bem como elementos para a constituição do escritório tais como mesas, cadeiras, computadores, sendo o mínimo para que se mantenha a qualidade para a prestação do serviço sem risco de eventuais doenças. Este tipo de norma ainda não apareceu de forma expressa no nosso ordenamento jurídico pátrio, ao contrário, permite-se a livre negociação entre empregador e empregado. [...] Observa-se, portanto, possível a disseminação de lesões por esforço repetitivo, considerando que não há normas de ergonomia nem fiscalização específicas para estes trabalhadores, gerando repercussões diretas na Previdência Social, que se verá forçada a fornecer auxílio a um maior número de trabalhadores(29).

Isto posto, é evidente que a conduta estabelecida no artigo 75-E da CLT(30) é insuficiente para normatizar o teletrabalho, a fim de garantir a segurança e saúde do empregado, vez que essa é omissa quanto aos termos práticos da questão, sendo essencial uma análise mais detalhada sobre a importância do ambiente adequado de trabalho por parte do poder legislativo e órgãos responsáveis pela fiscalização do trabalho.

Ainda, é necessário introduzir uma política orientacional voltada para o empregador no que se refere à diretrizes sobre o meio ambiente de trabalho, pois a ausência legislativa não pode ser utilizada como argumento para escusa de cumprimento da norma legal.

8. *Benefícios e pontos críticos*

Num estudo inicial o senso comum tende a interpretar a inclusão de um capítulo dedicado ao teletrabalho como um avanço, uma conquista para a classe trabalhadora e a sociedade como um todo(31).

É certo que disseminando o teletrabalho, os deslocamentos da residência para o estabelecimento do empregador e vice-versa, por vezes traumáticos, serão evitados, gerando benefícios as partes e inclusive a melhor fluidez do trânsito nos centros urbanos e consequentemente a diminuição da poluição.

Trará também maior autonomia ao empregado que poderá compatibilizar suas obrigações profissionais com a sua vida pessoal, facilitando o convívio familiar e propiciando a oportunidade de investimento em sua formação profissional. Vale a pena lembrar que o clima satisfatório tende a oportunizar uma maior e mais criativa produção, visto que esta modalidade é composta por profissionais, em sua maioria, intelectuais e de formação especializada.

Sob a ótica do empregador haverá uma redução significativa de gastos, uma vez que a descentralização produtiva permite um custo inferior com instalações físicas, aquisição de mobiliário e manutenção de equipamento. Também proporcionará a extinção de benefícios (utilidades) aos trabalhadores, agora desnecessários, como o pagamento do transporte de funcionários e horas extraordinárias e noturnas (em regra), bem como a possibilidade de contratação de mão de obra mais barata em qualquer lugar do globo, já que a tecnologia empregada pode ser utilizada em qualquer lugar, nacional ou estrangeiro.

---

(29) GRAVATÁ, 2017, p. 247.

(30) Art. 75-E. O empregador deverá instruir os empregados, de maneira expressa e ostensiva, quanto às precauções a tomar a fim de evitar doenças e acidentes de trabalho.

Parágrafo único. O empregado deverá assinar termo de responsabilidade comprometendo-se a seguir as instruções fornecidas pelo empregador. (Incluído pela Lei n. 13.467, de 2017). Disponível em: <http://www.planalto.gov.br/ccivil_03/_Ato2015-2018/2017/Lei/L13467.htm>. Acesso em: 4 abr. 2018.

(31) FONSCECA, 2017.

Contudo este distanciamento da sede acarretará em um afastamento do convívio da classe trabalhadora, podendo levar a um enfraquecimento sindical, e no pior cenário, a perda de conquistas sociais importantes para o grupo.[32]

Complementamos como ponto crítico, talvez o mais relevante, o abuso patronal no que se refere à jornada de trabalho e ao direito a desconexão. Há uma linha tênue que distingue os tempos de trabalho e tempo livre quando se trata do teletrabalho, pois o emprego da tecnologia, que hoje está presente inclusive nos celulares, deixa a impressão de que toda hora é hora de trabalhar, fazendo com que o empregado esteja permanentemente de sobreaviso, apenas esperando ser acionado a qualquer momento. Essa conduta compromete a vida privada do trabalhador, minando a maior vantagem de estar desenvolvendo suas funções longe do empregador, que é dispor de convívio familiar, podendo gerar insatisfação e stress que comprometem o bom andamento do serviço.

Diante do exposto, concluímos que as inovações legislativas acerca do teletrabalho são controversas, apresentando benefícios e pontos críticos relevantes e que merecem especial atenção antes de se optar por este modelo de trabalho.

9. *Conclusão*

O desenvolvimento do presente estudo possibilitou uma análise do teletrabalho, como este foi introduzido pela reforma trabalhista e como a mesma pode se adequar as relações de trabalho da atualidade.

Também buscamos elucidar o conceito de teletrabalho, de modo ser possível um melhor entendimento desse instituto e diferenciá-lo de outras modalidades de trabalho a distância, promovendo uma clara e transparente diferenciação entre essas ideias de trabalho, em domicílio e teletrabalho, a fim de possibilitar uma melhor percepção acerca desses pontos que são comumente confundidos.

Percorremos os exames das especificidades do teletrabalho, onde buscamos apresentar uma conceituação acerca as características próprias apresentadas pelo teletrabalho, a fim de compreender como este melhor se enquadra na realidade da sociedade atual.

Além disso, através de uma pesquisa jurisprudencial e bibliográfica da literatura atual, a maioria dos juristas expressa a insatisfação quanto as inovações trabalhistas, corrente a qual nos filiamos, pois estas majoritariamente trazem vantagens ao empregador, enquanto que a proposta da CLT é diametralmente oposta. Utilizando-se do princípio constitucional da igualdade, que objetiva tratar o trabalhador hipossuficiente de forma a mantê-lo em condições de negociação e de direitos iguais aos empresários empregadores, a reforma trabalhista, quanto ao tema desta pesquisa, cria um limbo legislativo, pois a norma é vazia quanto ao procedimentos a serem adotados, contando apenas com o bom senso e a livre negociação entre as partes, que sabemos ser ineficaz quando uma das partes está em condições inferiores em relação a outra.

Por fim, a legislação, no quesito teletrabalho, não atende ao fim que se destina, que é trazer segurança jurídica tanto ao empregador como ao empregado. Com o cenário atual, o trabalhador, consagrado como parte hipossuficiente na relação laboral, terá apenas o direito de ter seus danos recompostos na via judiciária, vez que é necessário tecer uma colcha de retalhos normativos para garantir um direito constitucional e irrenunciável, que é a dignidade da pessoa humana. Analisada a questão, fica claro que este é um ponto extremamente sensível e capaz de gerar danos não só ao trabalhador, como a toda a sociedade brasileira, pois diante do atual cenário político e econômico nacional, ignorar uma fonte potencial de gastos previdenciários públicos é uma imprudência.

10. *Referência*

BARBA FILHO, Roberto Dala. *Reforma trabalhista & direito material do trabalho:* atualizada de acordo com a MP n. 808, de 14.11.2017. Curitiba: Juruá, 2018.

BRASIL. *Consolidação das leis do trabalho.* Decreto-lei n. 5.452, de 1º de maio de 1943. Aprova a consolidação das leis do trabalho. 104. ed. São Paulo: Atlas, 2000.

______. *Lei n. 13.467, de 13 de julho de 2017.* Altera a Consolidação das Leis do Trabalho. Disponível em: <http://www.planalto.gov.br/ccivil_03/_Ato2015-018/2017/Lei/L13467.htm>. Acesso em: 4 abr. 2018.

______. *Lei n. 12.551, de 15 de dezembro de 2011.* Altera o artigo 6º da Altera a Consolidação das Leis do

(32) FONSCECA, 2017.

Trabalho. Disponível em: <http://www.planalto.gov.br/ccivil_03/_Ato2011-2014/2011/Lei/L12551.htm>. Acesso em: 3 abr. 2018.

ANGELOTTO, Sergio Jr. *Enunciados aprovados na 1ª jornada de direito material e processual na justiça do trabalho.* Disponível em: <https://angelotto.jusbrasil.com.br/noticias/147964524/enunciados-aprovados--na-1-jornada-de-direito-material-e-processual-na-justica-do-trabalho>. Acesso em: 24 maio 2018.

CASSAR, Vólia Bomfim. *Direito do Trabalho.* Rio de Janeiro: Forense; São Paulo: Método, 2014.

DE PAULA, Hilda Maria Francisca. Teletrabalho: Desafios, frente a uma nova realidade. In: *A reforma trabalhista e seus impactos.* Salvador: Juspodivm, 2017.

FONSECA, Bruno Gomes Borges da. Reforma trabalhista e teletrabalho: o velho dilema entre aparência e essência. In: MIESSA, Élisson (Org.). *A Reforma Trabalhista e seus Impactos.* Salvador: Juspodivm, 2017.

GRAVATÁ, Isabelli. O teletrabalho, o meio ambiente e os direitos fundamentais na perspectiva da reforma trabalhista. In: MIESSA, Élisson (Org.). *A Reforma Trabalhista e seus Impactos.* Salvador: Juspodivm, 2017.

Teletrabalho (ou Trabalho À Distância?) no Período Pós-Pandemia

Joana Nunes Vicente[1]

1. *Introdução*

A pandemia da COVID-19, que começou por ser uma crise de saúde pública, tem vindo a alastrar-se à economia e aos mercados de trabalho de todo o mundo, afectando empresas, trabalhadores e suas famílias. Logo em março de 2020, a Organização Internacional do Trabalho, no seu relatório preliminar de avaliação "COVID-19 and world of work: impacts and responses"[2], antecipando o impacto da pandemia no mundo do trabalho, salientava a necessidade de tomar medidas urgentes, em grande escala e coordenadas, em torno de três pilares: *proteger os trabalhadores nos locais de trabalho, apoiar o emprego e os rendimentos, estimular a economia e a oferta de trabalho.* Desde então, o Governo português, à semelhança do que vem sucedendo em outros ordenamentos jurídicos, tem vindo a adoptar medidas legislativas de emergência, excepcionais e temporárias, incidindo sobre os mais variados domínios do trabalho, do sector público ao sector privado.

No que à protecção dos trabalhadores do risco de infecção diz respeito, foram amplamente difundidas modalidades de organização do trabalho que garantissem o distanciamento físico entre pessoas como foi o caso do desfasamento dos horários de entrada e saída dos trabalhadores nos locais de trabalho e a adopção de regimes de "teletrabalho". Para efeitos de acesso e permanência no local de trabalho, as empresas foram autorizadas, excepcionalmente, a medir a temperatura dos seus colaboradores e, mais recentemente, a sujeitar os trabalhadores à realização de testes de diagnóstico de SARS-CoV-2. Ainda neste contexto de protecção, a crise pandémica reclamou a adopção de medidas de protecção social na doença e na parentalidade, tais como os regimes temporários de faltas justificadas motivadas pelo isolamento profilático dos trabalhadores ou motivadas pela assistência a familiares daqueles em isolamento, ou ainda decorrentes de encerramento temporário dos estabelecimentos escolares.

Mas, se a maioria das medidas vindas de elencar assumem, marcadamente, uma natureza transitória, algumas há que, pese embora o seu escopo inicial também ele conjuntural, terão seguramente implicações de cariz estrutural no domínio laboral, no período pós-pandemia. O fenómeno do teletrabalho — modalidade de trabalho doutrinalmente descrita por ser desenvolvida num local situado fora das instalações centrais da empresa, através da utilização de meios informáticos ou telemáticos que permitem, simultaneamente, a separação e a comunicação — é disso um bom exemplo.

Com efeito, no contexto da grave situação epidemiológica causada pelo novo Coronavírus, que impôs um elevado grau de isolamento social como forma de prevenir o contágio, o recurso ao teletrabalho surgiu como um expediente particularmente interessante e adequado à salvaguardar a saúde dos trabalhadores, evitando uma paralisia da actividade económica. A figura, que não era nova no ordenamento jurídico português (regulada nos artigos 165º e ss.), mas até agora de utilização bastante modesta, expandiu-se significativamente. Em determinados momentos desta crise pandémica, inclusivamente, o recurso ao teletrabalho volveu-se mesmo numa *obrigação ope legis* para ambos os sujeitos da relação laboral, prescindindo a lei do acordo das partes para a sua implementação, num desvio aquela que é a solução regra preconizada pelo Código do Trabalho actualmente.

(1) Professora Auxiliar da Faculdade de Direito da Universidade de Coimbra/Membro do Instituto Jurídico da Faculdade de Direito da Universidade de Coimbra.

(2) Disponível em: <https://www.ilo.org/wcmsp5/groups/public/---dgreports/--dcomm/documents/briefingnote/wcms_738753.pdf>.

Certo é que esta utilização mais frequentes do teletrabalho a que vimos assistindo — independentemente da sua base mais consensual ou autoritária — não deixará indiferentes as dinâmicas organizativas do universo empresarial, mesmo quando a crise sanitária for superada. Muitos trabalhadores terão descoberto nesta experiência de realização da prestação à distância um expediente que reduz os incómodos e as despesas com as deslocações, permite uma melhor conciliação e articulação entre a vida profissional e a vida familiar ou privada, do mesmo modo que, numa óptica patronal, a redução de custos operacionais também se afigura atractiva.

Paralelamente, porém, há que contrapor os inconvenientes e os riscos do teletrabalho, sobretudo do teletrabalho domiciliário, e que a crise pandémica veio evidenciar. Desde logo, o facto de existirem hoje equipamentos tecnológicos com um potencial de intrusão muito grande e que permitem controlar o trabalhador à distância de forma muito duvidosa. A isto acresce o processo de isolamento social provocado pelo trabalho à distância com efeitos preversos a dois níveis. Por um lado, a conexão permanente, que o teletrabalho permite, potencia abusos no que se refere aos limites da jornada de trabalho impostos por lei e/ou contratualmente fixados assim como pode diluir as fronteiras entre a vida profissional e a vida privada e familiar, acabando, afinal, por comprometer a conciliação entre as duas esferas, inclusivamente, com consequências graves na saúde mental e física dos trabalhadores. Por outro lado, a atomização decorrente do exercício de funções em teletrabalho enfraquece os laços colectivos e pode contribuir para acentuar o desequilíbrio de poderes numa relação como a de trabalho, estrutural e intrinsecamente assimétrica.

Nesse contexto, e estimando-se a manutenção do recurso à figura no período pós-pandemia, isto é, mesmo quando as pessoas puderem regressar aos seus tradicionais locais de trabalho, urge revisitar o enquadramento legal deste instituto, densificando e clarificando alguns aspectos do seu regime jurídico. Vamos, portanto, nas páginas que se seguem proceder a uma análise de algumas questões que a crise pandémica veio evidenciar e que deverão estar na mira dos futuros desenvolvimentos legislativos sobre a figura.

2. *Teletrabalho ou trabalho à distância?*

A primeira dificuldade que deverá merecer a atenção da doutrina e do legislador laboral será a de saber, afinal, qual a figura que carece de ser regulada e densificada: teletrabalho ou trabalho remoto, também chamado, trabalho à distância? A questão não é apenas de ordem terminológica. É também de ordem conceitual, ou seja, a questão não é apenas a de saber com que termo se há-de designar o fenómeno em causa, mas também a de saber que fenómeno se pretende regular no futuro.

Actualmente, à luz do Código do Trabalho, mais concretamente, no seu artigo 165º, "Considera-se teletrabalho a prestação laboral realizada com subordinação jurídica, habitualmente fora da empresa e através do recurso a tecnologias de informação e de comunicação"[(3)]. O preceito em questão identifica, pois, como prestação de teletrabalho subordinado a prestação laboral realizada em cumprimento de dois requisitos cumulativos[(4)]: *(i)* habitualmente fora da empresa (elemento geográfico ou topográfico); *(ii)* através do recurso a tecnologias de informação e de comunicação (elemento tecnológico ou instrumental).

Em relação ao primeiro elemento, impõe-se uma separação geográfica entre o local de trabalho e as instalações principais ou secundárias da organização do empregador, podendo fala-se em: *(i)* teletrabalho no domicílio (modalidade mais frequente de teletrabalho); *(ii)* teletrabalho prestado num centro satélite — estrutura que acolhe trabalhadores pertencentes à mesma empresa — ou num centro comunitário/ *telecottage* — unidade de teletrabalhadores vinculados a vários empregadores, podendo a exploração da unidade pertencer a uma entidade distinta dos utentes; *(iii)* teletrabalho prestado num telecentro (estrutura de acolhimento de meios informáticos e de comunicação aberta ao público em geral; *(iv)* teletrabalho nómada ou móvel (efectuado através de instrumentos portáteis). Entendeu o legislador português, porém, que o recurso ao teletrabalho

(3) A noção legal de teletrabalho não se afasta significativamente daquela outra constante do Acordo-Quadro Europeu sobre Teletrabalho (*Framework Agreement on Telework*) 2002, o qual considerava teletrabalho "uma forma de organizar e/ou de executar o trabalho, usando tecnologia de informação, no contexto de um contrato de trabalho ou de uma relação de trabalho, em que o trabalho, que podia também ser executado nas instalações do empregador, é regularmente realizado longe de tais instalações."

(4) AMADO, João Leal. *Contrato de trabalho* — noções básicas. 3. ed. Coimbra: Almedina, 2019. p. 132.

não tem de ser exclusivo em todos os momentos da prestação de trabalho, podendo as partes acordar um regime de carácter misto. Em todo o caso, parece ter de existir predominância do trabalho executado fora da empresa[(5)].

Quanto ao elemento tecnológico, tal compreende a utilização de um vasto tipo de ferramentas, amplamente difundidas na actividade económica, tais como os computadores e o acesso à internet assim como outros instrumentos portáteis (telemóveis, *tablets*, faxes, GPSs etc.). Tomando como critério a existência e a tipo de ligação estabelecida entre o prestador de atividade e o credor da mesma, é possível falar em: teletrabalho *off-line* (aquele em que não existe comunicação informática entre quem trabalha e quem recebe o resultado desse trabalho, hipótese menos frequente na prática); teletrabalho *on-line* (*one way line* ou *two way line*) — sendo a modalidade *two way line* aquele que, em princípio, mais nos interessa, pois existindo uma conexão permanente, em ambos os sentidos, entre o "computador periférico" do trabalhador e o "computador central" do empregador, isso permitirá um diálogo constante entres estes, potenciando as faculdades patronais de conformação e controlo da prestação [(6)].

Figura diferente, mais ampla e que não se esgota no teletrabalho, é o chamado trabalho à distância, também apelidado de trabalho remoto. Por exemplo, no Direito espanhol, o diploma que, recentemente, veio regular o trabalho à distância[(7)], *define* «trabajo a distancia» como: *forma de organización del trabajo o de realización de la actividad laboral conforme a la cual esta se presta en el domicilio de la persona trabajadora o en el lugar elegido por esta, durante toda su jornada o parte de ella, con carácter regular*, distinguido-o do «teletrabajo»: *"aquel trabajo a distancia que se lleva a cabo mediante el uso exclusivo o prevalente de medios y sistemas informáticos, telemáticos y de telecomunicación"*. Ou seja, nesta óptica, o teletrabalho constitui uma modalidade de trabalho à distância cujo elemento identificador é o recurso a tecnologias de informação, elemento que pode ou não estar presente noutras situações de trabalho à distância[(8)].

Ora, se observarmos atentamente alguns dados normativos recentes podemos antecipar que há boas razões para que, paralelamente ao teletrabalho, o olhar do legislador laboral português se dirija também a outras formas de trabalho remoto.

Desde logo, no contexto da crise epidemiológica que atravessamos, não foi particularmente evidente qual das figuras esteve na mira do legislador português. Confrontado com a necessidade de mandar os trabalhadores para casa e trabalharem a partir de casa, e havendo entre nós uma figura regulada no Código do Trabalho chamada teletrabalho, o legislador passou a utilizar essa expressão. Não era, porém, inequívoco que, com a expressão "teletrabalho" se estivesse a referir apenas ao teletrabalho em sentido estrito, mas outrossim, a um fenómeno mais abrangente de trabalho à distância[(9)]. Esta imprecisão foi particularmente evidente na primeira fase do contexto pandémico — *maxime* durante a vigência do Decreto-Lei n. 10-A/2020, de 13 de março e do Decreto-Lei n. 2-A/2020, de 20 de março — em que se estabelecia a obrigatoriedade do teletrabalho sempre que as funções assim o permitissem, com irrelevância

(5) Cfr., porém, SOUSA, Duarte Abrunhosa e. O enquadramento legal do teletrabalho em Portugal. *Revista de Derecho Social y Empresa*, n. 6, p. 5, 2016.

(6) Sobre a classificação, REDINHA, Regina. *Teletrabalho* — anotação aos artigos 233º a 243º do Código do Trabalho de 2003. Disponível em: <file:///Users/Joana/Downloads/Teletrabalho_anot%20(1).pdf>.

(7) Aprovado pelo Real Decreto-ley 28/2020, de 22 de setembro.

(8) Figura de contornos próximos é aquela que foi difundida em Itália, através da *Legge* n. 81, de 22 de Maio de 2017, o chamado "lavoro agile", expressão que pretende retratar uma nova filosofia de gestão baseada na restituição ao trabalhador da flexibilidade e autonomia na escolha do local, horário e instrumentos a utilizar, como contrapartida de uma maior responsabilização pelos resultados. Esta modalidade de execução da relação de trabalho subordinado resulta de acordo entre as partes e redefine de forma substancial as coordenadas geográficas e temporal da prestação. Assim, a prestação de trabalho é realizada, em parte, nas instalações do empregador e fora das mesmas, consignando-se a possibilidade (não a obrigatoriedade) de utilizar os instrumentos tecnológicos disponíveis para a prestação do trabalho. Por outro lado, não existe uma definição rigida das balizas temporais da prestação a observar for a das instalações da empresa, sendo o tempo, unidade de medida tradicional da prestação e da retribuição, substituído por objectivos que o trabalhador se vincula a alcançar. Para uma análise da figura, DAGNINO, Emanuele. *Lavoro agile:* una questione definitoria. Disponível em: <http://www.bollettinoadapt.it/lavoro-agile-una-questione-definitoria/>.

(9) A excepção a esta técnica legislativa muito ambígua foi o sector público em que logo *ab initio* o Despacho n. 3.614-D, de 23 de março de 2020, veio esclarecer que "são consideradas compatíveis com o teletrabalho todas as funções que possam ser realizadas fora do local de trabalho *e através do recurso a tecnologias de informação e de comunicação*" (itálico nosso).

em relação ao uso das tecnologias de informação.[10] A maior clareza em relação a este ponto só viria mais tarde, com o Decreto-Lei n. 79-A/2020, de 1 de outubro, a estabelecer a obrigatoriedade da adopção do regime de teletrabalho "sempre que as funções em causa o permitam e disponha de condições para o exercer", devendo, o empregador "disponibilizar os equipamentos de trabalho e de comunicação necessários à prestação de trabalho em regime de teletrabalho".

Acresce que existe um outro dado que constitui um sinal inequívoco da importância de repensar o(s) fenômeno(s) que se pretende(m) doravante disciplinar.

Em 2019, foi adoptada a Directiva n. 2019/1158, de 20 de junho de 2019, relativa à conciliação entre a vida profissional e a vida familiar, cujo escopo é a fixação de requisitos mínimos destinados a alcançar a igualdade entre homens e mulheres quanto às oportunidades no mercado de trabalho e ao tratamento no trabalho, facilitando a conciliação entre a vida profissional e a vida familiar dos trabalhadores que são progenitores ou cuidadores. Para esse efeito, a directiva em causa prevê o dever de os Estados-Membros tomarem as medidas necessárias para garantir que os trabalhadores, com filhos até uma determinada idade, de pelo menos oito anos, e os cuidadores tenham o direito de solicitar regimes de trabalho flexíveis para poderem ocupar-se da prestação desses cuidados (art. 9º). Entre esses regimes flexíveis, a versão portuguesa da Directiva menciona "regimes de teletrabalho". Contudo, quer-nos parecer que o objectivo do legislador comunitário terá sido o de abranger em termos omnicompreensivos regimes de trabalho à distância, e não apenas o teletrabalho em sentido estrito. Repare-se que a versão inglesa e espanhola da Directiva aludem respectivamente a "remote work arrangements" e a "trabajo a distancia"[11]. Ora, não sendo os dois conceitos, trabalho à distância e teletrabalho, inteiramente coincidentes pelas razões atrás expostas, esta é mais uma razão para que o legislador português pondere adequadamente qual o fenómeno que pretende revisitar futuramente.

3. *Teletrabalho por acordo ou um direito a teletrabalhar?*

Em princípio, o teletrabalho funda-se, necessariamente, no consenso de ambos os sujeitos, assim dispõe, o art. 166º do Código do Trabalho. Não obstante esta regra, o Código do Trabalho contempla duas hipóteses em que se reconhece a uma das partes, ao trabalhador, verificado determinado circunstancialismo, o direito ao exercício da actividade em regime de teletrabalho. Trata-se das situações previstas nos ns. 2 e 3 do art. 166º, a primeira respeitante ao trabalhador que tenha sido vítima de violência doméstica, a segunda referente ao trabalhador com filho com idade até três anos.

Com a utilização massiva a que vimos assistindo da figura no contexto da crise sanitária, estão, no entanto, criadas as condições para que, a médio prazo, se verifique um alargamento as situações em que se poderá reconhecer ao trabalhador o direito de optar pelo teletrabalho[12]. Esse alargamento poderá ocorrer por previsão em instrumentos de regulamentação colectiva de trabalho, como já sucede em convenções colectivas de trabalho de outros países europeus, assim como por via legal.

Aliás, por força da directiva acima referida, a Directiva n. 2.019/1158, um certo alargamento far-se-á forçosamente em relação a duas categorias de trabalhadores: os trabalhadores progenitores com filhos até uma determinada idade e os trabalhadores cuidadores. Na verdade, a Directiva mais recente em matéria de protecção da parentalidade reconhece aos trabalhadores a possibilidade de solicitarem a

(10) Alertando para esta ambiguidade conceitual no período de crise epidemiológica, REDINHA, Regina. Teletrabalho 2020 ou o encanto de Janos. In: ASSOCIAÇÃO PORTUGUESA DE DIREITO DO TRABALHO. Covid-19 e o Trabalho: o dia seguinte, Estudos Apodit 7. Coord. Maria Rosário Palma Ramalho e Teresa Coelho Moreira, Lisboa: AAFDL, 2020. p. 46 e ss. Dúvida semelhante parece ser suscitada por SOUSA, Duarte Abrunhosa e Breve viagem pelo regime de teletrabalho na "legislação COVID In: ASSOCIAÇÃO PORTUGUESA DE DIREITO DO TRABALHO. Covid-19 e o Trabalho: o dia seguinte, Estudos Apodit 7. Coord. Maria Rosário Palma Ramalho e Teresa Coelho Moreira, Lisboa: AAFDL, 2020. p. 56.

(11) Diversamente do que sucedeu a propósito do Acordo-Quadro Europeu sobre Teletrabalho de 2002, em que tanto na versão inglesa como espanhola do acordo se optou pela expressão "*telework*" e "*teletrabajo*", respectivamente.

(12) Sem prejuízo de outras estratégias que possam ser implementadas para incrementar a utilização da figura, e que podem passar por incentivos para a adesão à figura. A esse respeito, veja-se a recente iniciativa do Governo português (o Decreto-Lei n. 40/20, de 17 de julho) que no âmbito de uma política incentivos à fixação de trabalhadores com vínculo de emprego público no interior do país, lança mão do teletrabalho como mecanismo para promover a descentralização e desconcentração gradual da Administração Pública.

prestação de trabalho em regime de teletrabalho em dois círculos de hipóteses: *(i)* se os trabalhadores tiverem a seu cargo filho até uma determinada idade, de pelo menos oito anos; *(ii)* se forem cuidadores, isto é, "se prestarem cuidados pessoais ou apoio a um familiar ou a uma pessoa que viva no mesmo agregado familiar e que necessitem de cuidados ou de assistência significativos por uma razão médica grave"(13). Como no ordenamento jurídico português esta possibilidade apenas está prevista para trabalhadores com filhos até 3 anos de idade, a breve prazo(14), o estado português terá de proceder à transposição da directiva nesta matéria(15), ampliando o elenco de situações em que se prevê o direito de requerer a prestação em regime de teletrabalho(16).

Mas a questão mais delicada e controversa que o reconhecimento de um direito a teletrabalhar suscita tem que ver, porém, com os limites desse direito. Será este um direito absoluto que se impõe inelutavelmente ao empregador? Ou existe a possibilidade de oposição? Mas se assim for, em que circunstâncias poderá a entidade empregadora desatender o pedido do trabalhador? Qual o tipo de fundamentos que poderão legitimar a recusa?

Se observarmos atentamente o disposto no Código do Trabalho, facilmente se concluirá não estarmos perante um direito absoluto. Decerto, determina o n. 4 do art. 166º que o empregador não se pode opor ao pedido do trabalhador. Contudo, em bom rigor, para que o trabalhador goze do referido direito torna-se necessário que se verifiquem certos pressupostos. No primeiro caso, isto é, no caso das situações de violência doméstica, o direito do trabalhador só se efectiva verificados os requisitos do art. 195., n. 1 e desde que haja compatibilidade entre o regime de teletrabalho e a actividade desempenhada. No segundo, ou seja, em caso de trabalhador com responsabilidades parentais, a prestação de teletrabalho fica dependente de um juízo de compatibilidade com a actividade em questão e também da existência de recursos e meios por parte do empregador. Quer dizer, bem vistas as coisas, a possibilidade de recusa pode assentar em um de dois tipos de fundamentos: *(i)* ou porque existe incompatibilidade do teletrabalho com a actividade desempenhada; *(ii)* ou por indisponibilidade de recursos e meios por parte da entidade empregadora. No primeiro caso, trata-se de um fundamento objectivo relacionado com o modo de execução da prestação: o afastamento tanto poderá resultar da circunstância de as funções em causa implicarem a criação, manipulação ou transporte corpóreo de bens como também, no caso de tarefas intangíveis — sobretudo aquelas que se traduzem na consulta, análise e tratamento de dados ou informações — mas que não possam ser acedidas fora das instalações da empresa. No segundo caso, a recusa assenta em razões de ordem financeira ou técnica, o que só constitui um verdadeiro fundamento de recusa caso esteja previsto o dever de o empregador suportar os gastos com a aquisição e manutenção dos instrumentos de trabalho respeitantes a tecnologias de informação, pois de outro modo, julga-se, este argumento não poderá servir para o empregador se opor.

Mais recentemente, a Directiva n. 2.019/1158 veio introduzir alguma complexidade em relação a esta questão. Decerto, aí se estabelece a necessidade de atender ao pedido do trabalhador num prazo razoável, o que se afigura um aspecto procedimental

(13) Cf. art. 3º, 1, d, da Directiva n. 2019/1158.

(14) Por força do art. 20 da Directiva n. 2019/1158, a transposição deverá ocorrer até 2 de agosto de 2022, com excepção de algumas disposições relacionadas com remuneração e subsídios cujo prazo para transposição poderá ir até 2 de agosto de 2024.

(15) Refira-se que, no ordenamento jurídico espanhol, sistema que já procedeu à transposição da directiva em questão, o art. 34/8 do *Estatuto de los Trabajadores* estabelece que "*Las personas trabajadoras tienen derecho a solicitar las adaptaciones de la duración y distribución de la jornada de trabajo, en la ordenación del tiempo de trabajo y en la forma de prestación, incluida la prestación de su trabajo a distancia, para hacer efectivo su derecho a la conciliación de la vida familiar y laboral. (...) En el caso de que tengan hijos o hijas, las personas trabajadoras tienen derecho a efectuar dicha solicitud hasta que los hijos o hijas cumplan doce años.*"

(16) Recorde-se que já existe no sistema legal português um diploma, Estatuto do Cuidador Informal, aprovado pela Lei n. 100/2019, de 6 de setembro, que regula os direitos e os deveres do cuidador e da pessoa cuidada, estabelecendo as respectivas medidas de apoio. Nos termos do art. 2º do referido Estatuto, considera-se cuidador informal principal "o cônjuge ou unido de facto, parente ou afim até ao 4º grau da linha reta ou da linha colateral da pessoa cuidada, que acompanha e cuida desta de forma permanente, que com ela vive em comunhão de habitação e que não aufere qualquer remuneração de atividade profissional ou pelos cuidados que presta à pessoa cuidada" (n. 1), e cuidador informal não principal, "o cônjuge ou unido de facto, parente ou afim até ao 4º grau da linha reta ou da linha colateral da pessoa cuidada, que acompanha e cuida desta de forma regular, mas não permanente, podendo auferir ou não remuneração de atividade profissional ou pelos cuidados que presta à pessoa cuidada" (n. 2). A legislador laboral deverá lançar mão destes conceitos, em especial, deste último, o de cuidador informal não principal, para implementação do direito comunitário nesta matéria.

ajustado(17). No entanto, a ideia de que se está perante o reconhecimento de um direito a teletrabalhar parece retroceder. Na verdade, a Directiva, ao estabelecer que "O empregador deverá poder decidir se aceita ou recusa o pedido de um trabalhador relativamente a um regime de trabalho flexível"(18), "devendo justificar a recusa de um tal pedido ou qualquer adiamento da aplicação desses regimes"(19) revela, afinal, um quadro normativo mais tímido do que aquele que actualmente vigora entre nós. Desde logo, porque o empregador pode decidir se aceita ou recusa o pedido, o que não se encontra presente no nosso quadro normativo actual. Por outro, não são tipificados os fundamentos de recusa nem mesmo o critério que poderá servir de base a essa recusa, pese embora o preâmbulo da Directiva mencione alguns factores a ter em conta na tomada de decisão: a duração do regime flexível solicitado; os recursos da entidade empregadora; a capacidade operacional, entre outros(20).

De todo o modo, e independentemente do caminho que venha a ser trilhado pelo legislador português nesta matéria, julga-se que um lugar paralelo que pode vir a dar algum contributo na concretização das possibilidades de recusa por parte da entidade empregadora é a doutrina do dever de adaptação/acomodação razoável, instrumento que, até ao momento, tem tido tratamento legal e jurisprudencial sobretudo em matéria de igualdade de tratamento e não discriminação em razão da deficiência(21).

Efectivamente, o artigo 86º, n. 1 do Código do Trabalho consagra o dever do empregador adoptar medidas adequadas para que a pessoa com deficiência ou doença crónica possa ter acesso a um emprego, o possa exercer e nele progredir, excepto se tais medidas implicarem encargos desproporcionados. Através da referida norma, o legislador português deu cumprimento à transposição da Directiva n. 2000/78(22), mais concretamente ao disposto no artigo 5º da Directiva, o qual prevê que "Para garantir o respeito do princípio da igualdade de tratamento relativamente às pessoas deficientes, são previstas adaptações razoáveis" Não estamos, porém, perante uma obrigação ilimitada a cargo do empregador, já que o empregador só é obrigado a adoptar medidas de adaptação que forem de reputar por um lado, adequadas, isto é, apropriadas, eficazes, capazes de permitir ao trabalhador com deficiência ou doença crónica exercer a sua actividade, e por outro, que não impliquem encargos desproporcionados para o empregador. Com o intuito de ajudar o intérprete na densificação desta última fórmula, a Directiva n. 2000/78 enumera um conjunto exemplicativo de factores a ter em conta para apreciar o carácter (des)proporcionado da medida, entre os quais figuram: os custos financeiros e outros envolvidos, a dimensão e os recursos financeiros da organização ou empresa e a eventual disponibilidade de fundos públicos ou de outro tipo de assistência.

Existem, de resto, ordenamentos jurídicos, fora do espaço europeu, que justamente mobilizam o conceito de adaptação razoável na resolução do conflito entre empregador/trabalhador quando este último requer a prestação de regime em teletrabalho para permitir a conciliação com responsabilidades familiares. Veja-se o direito australiano, que através do *Equal Opportunitty Act* (2010) prevê expressamente o teletrabalho como um "work arrangement" para conciliar responsabilidades profissionais e familiares, e estatui que o empregador só poderá recusar a implementação do teletrabalho com base em fundamentos empresariais razoáveis (*"Reasonable business grounds"*)(23). Para o efeito, estabelece um conjunto

(17) Não quantificando a Directiva esse prazo, caberá a cada Estado-Membro fazê-lo. Refira-se que, no ordenamento jurídico espanhol, nos termos do art. 34/8 do *Estatuto de los Trabajadores*, cabe em primeira linha à negociação colectiva fixar os termos do exercício do direito. No entanto, na falta dessa regulação convencional, "la empresa, ante la solicitud de adaptación de jornada, abrirá un proceso de negociación con la persona trabajadora durante un periodo máximo de treinta días. Finalizado el mismo, la empresa, por escrito, comunicará la aceptación de la petición, planteará una propuesta alternativa que posibilite las necesidades de conciliación de la persona trabajadora o bien manifestará la negativa a su ejercicio. En este último caso, se indicarán las razones objetivas en las que se sustenta la decision".

(18) Considerando art. 36 da Directiva n. 2019/1158.

(19) Art. 9º da Directiva n. 2019/1158.

(20) Cf. Considerando art. 36 da Directiva n. 2019/1158.

(21) Embora tenha sido no contexto da discriminação com base na religião que a noção de acomodação razoável foi originariamente utilizada, nos EUA, coma aprovação do *Equal Employment Opportunity Act* de 1972.

(22) Directiva n. 2000/78/CE do Conselho, de 27 de novembro de 2000, que estabelece um quadro geral de igualdade de tratamento no emprego e na actividade profissional.

(23) Neste contexto, ficou célebre o caso *Deborah Schou*. Tratava-se de uma trabalhadora que solicitara ao empregador a possibilidade de trabalhar dois dias por semana a partir de casa para fazer face a problemas de saúde do filho durante um periodo de

de factores para avaliar se a recusa do empregador é razoável ou não (entre eles, as circunstâncias do trabalhador, a natureza das responsabilidades como pai/mãe, a natureza da adaptação requerida pelo trabalhador, as circunstâncias financeiras do empregador, a dimensão da empresa, o impacto da adaptação — do ponto de vista financeiro, do número de trabalhadores beneficiários, do número de potenciais trabalhadores a reclamar a adaptação —, as implicações do ponto de vista da eficiência e das exigências de segurança e confidencialidade na realização da prestação etc.).

4. *Teletrabalho e isenção de horário: uma dupla inseparável?*

Os problemas relacionados com a organização do tempo de trabalho são uma dimensão essencial do fenómeno do teletrabalho que a crise sanitária evidenciou e uma das principais razões justificativas de uma nova intervenção do legislador laboral.

Na verdade, a conexão permanente que o teletrabalho permite (sobretudo quando a conexão do trabalhador à rede do empregador é *on-line*) dilui as fronteiras tradicionais entre a vida profissional e a vida pessoal, sujeitando o trabalhador, na sugestiva expressão de Teresa Coelho Moreira(24), a uma verdadeira "trela eletrónica", e potenciando, claro está, abusos no que se refere à observância dos limites máximos da jornada de trabalho impostos por lei e/ou contratualmente fixados e no tocante ao respeito pelos períodos de descanso e repouso do trabalhador. No fundo, a figura pode colocar em crise algumas daquelas que são as preocupações que acompanham o Direito do Trabalho desde o seu nascimento: limitar o tempo de trabalho, proteger o equilíbrio físico e psíquico do trabalhador, tutelar a sua saúde, garantir períodos de repouso para este, salvaguardar a sua autodisponibilidade, assegurar a conciliação entre o trabalho e a vida pessoal e familiar(25), entre nós, com tutela constitucional (art. 59º, n. 1 da Costituição da República Portuguesa).

Ora, esta questão remete-nos, num primeiro nível de análise, para a importância de reconhecer na lei — e também através de convenção colectiva de trabalho — formas de garantir o tempo de desconexão profissional(26), designadamente através da não utilização de tecnologias de informação durante o período de descanso do trabalhador, aspecto que, diga-se, não é novo nem exclusivo do teletrabalho. Mas que será sempre insuficiente, acrescentamos nós, em matéria de teletrabalho, se não se proceder a uma outra alteração no actual sistema legal.

É que, repare-se, o Código do Trabalho parece estabelecer uma sobreposição — do nosso ponto de vista equívoca e perigosa — entre a figura da "isenção de horário", regulada pelo art. 218º do Código do Trabalho, e o teletrabalho, ao referir que pode ser isento de horário de trabalho o trabalhador que se encontre em "teletrabalho e outros casos casos de exercício regular de actividade fora do estabelecimento, sem controlo imediato do superior hierárquico" (al. c do n. 1 do art. 218º).

Como é sabido, a figura da isenção de horário envolve um acréscimo do poder patronal na gestão temporal da prestação que se traduz na possibilidade de o empregador poder contar com a disponibilidade do trabalhador à margem de um esquema cronológico previamente definido, não gozando, portanto,

---

tempo determinado que o médico estimara vir a ser de um ano. O empregador, que inicialmente concordara, acabaria por não instalar as necessárias tecnologias para o efeito. A trabalhadora intentou uma acção por discriminação por violação do *Equal Opportunity Act* (1995); as decisões dos tribunais inferiores deram razão à trabalhadora, mas os tribunais superiores não. À época ao empregador só seria legítimo recusar a implementação do teletrabalho com base em *"reasonable business grounds"*, mas não havia definição desses fundamentos nem dos factores a tomar em consideração nessa apreciação. Certo é que na sequência de uma evolução legislativa significativa, o direito australiano passou a prever expressamente o teletrabalho como um "work arrangement" para conciliar responsabilidades profissionais e familiares, contendo um conjunto de factores para avaliar a razoabilidade da recusa e reconhecendo a recusa irrazoável do empregador na adoptação de medidas de acomodação para fazer face a responsabilidades parentais como uma nova forma de discriminação — sobre o ponto, Anna Chapman, Reasonable accommodation, adverse action and the case of SCHOU, Deborah. *Adelaide Law Review*, 33, p. 39 e ss., 2012.

(24) MOREIRA, Teresa Coelho. Teletrabalho em tempos de pandemia: algumas questões. *Revista Internacional de Direito do Trabalho,* ano 1, n. 1, p. 1325, 2021.

(25) Nas palavras de AMADO, João Leal. Tempo de trabalho e tempo de vida: sobre o direito à desconexão profissional. *Revista do Tribunal Regional do Trabalho da 15ª Região,* Campinas, n. 52, p. 256.

(26) Sobre a questão de saber se o que se deve reconhecer é um novo "direito à desconexão" ou ao invés reforçar um "dever de não conexão do empregador", por todos, AMADO, João Leal. Tempo de trabalho e tempo de vida: sobre o direito à desconexão profissional. *Revista do Tribunal Regional do Trabalho da 15ª Região,* Campinas, n. 52, p. 263-264.

o trabalhador, da garantia da previsibilidade da distribuição nem, em algumas hipóteses, do respeito pelos limites máximos legais de duração diária e semanal da jornada.

Pois bem. Sendo os trabalhadores isentos de horário de trabalho aqueles aos quais não se aplicam as tradicionais balizas limitadoras da situação de heterodisponibilidade, e ao permitir a lei que um tal regime se aplique, por acordo, sem mais, aos teletrabalhadores, estão criadas as condições para que o *status* de hiperdisponibilidade se generalize junto dos teletrabalhadores.

Ora, a nosso ver, está por demonstrar esta ligação natural entre teletrabalho e isenção de horário. Se na base desta associação está a premissa de que o exercício da actividade em regime de teletrabalho não permite o controlo pelo empregador, o contexto actual encarregou-se de provar o contrário. Com efeito, como afirma Teresa Coelho Moreira[27], "é possível controlar a jornada de trabalho de um teletrabalhador, sobretudo se estiver na modalidade *on-line*, através do recurso aos *logs in* e *logs-off* que faz e das ligações *on-line* que realize. Só não estarão sujeitos a este controlo de jornada os teletrabalhadores que trabalhem completamente independentes de qualquer modalidade de vigilância por parte do empregador e que tenham de atingir metas e objetivos". Caso o empregador não disponha destas ferramentas, a Comissão Nacional de Protecção de Dados[28], já reconheceu ser possível o empregador "excecionalmente fixar a obrigação de envio de e-mail, SMS ou qualquer outro modo similar que lhe permita, para além de controlar a disponibilidade do trabalhador e os tempos de trabalho, demonstrar que não foram ultrapassados os tempos máximos de trabalho permitidos por lei. Do mesmo modo, nada impede que este controlo da disponibilidade do trabalhador e do cumprimento dos tempos de trabalho se faça por via de contacto telefónico ou eletrónico por parte do empregador". Acresce que, mesmo estando vedadas soluções tecnológicas de controlo à distância do desempenho do trabalhador, por força do art. 20º do Código do Trabalho (*v.g.* softwares que, para além do rastreamento do tempo de trabalho e de inatividade, registam as páginas de Internet visitadas, a localização do terminal em tempo real, as utilizações dos dispositivos periféricos, fazem captura de imagem do ambiente de trabalho, observam e registam quando se inicia o acesso a uma aplicação, controlam o documento em que se está a trabalhar e registam o respetivo tempo gasto em cada), o empregador mantém o poder de controlar a actividade do trabalhador, o que poderá fazer, designadamente, fixando objectivos, criando obrigações de reporte com a periodicidade que entenda, marcando reuniões em teleconferência.

Em suma, pelo exposto, parece haver boas razões para repensar a solução do actual art. 218º, n. 1, al. c, eventualmente, fazendo coincidir a hipótese legitimadora de celebração de acordo de isenção de horário apenas com aquela em que está ausente o controlo (ou a possibilidade de controlo) por parte do empregador, mormente em caso de trabalho à distância sem recurso a tecnologias de informação.

5. *Acidente de trabalho ou acidente doméstico?*

Uma última referência, ainda que breve, impõe-se em relação à tutela infortunístico-laboral. Em Portugal, a "justa reparação" dos trabalhadores, vítimas de acidentes de trabalho ou de doença profissional, e a reabilitação são direitos fundamentais, consagrados nos artigos 59º, n. 1, alínea f e 71º da Constituição da República Portuguesa. Em concretização deste direito fundamental, o regime jurídico de reparação de danos por acidentes de trabalho encontra-se fundamentalmente previsto e regulamentado na Lei n. 98/2009, de 4 de setembro (Lei dos Acidentes de Trabalho — LAT), diploma que também regula amplamente as chamadas doenças profissionais. Para que ocorra um dever de reparação a cargo da entidade empregadora é necessário estarmos perante um acidente de trabalho. Nos termos da referida legislação, pode dizer-se que o acidente de trabalho é o evento "que se verifique no local e no tempo de trabalho e produza directa ou indirectamente uma lesão corporal, perturbação funcional ou doença de que resulte redução na capacidade de trabalho ou de ganho ou a morte", entendendo-se por local de trabalho "todo o lugar em que o trabalhador se encontra ou deva dirigir-se em virtude do seu trabalho

(27) MOREIRA, Teresa Coelho. Teletrabalho em tempos de pandemia: algumas questões. *Revista Internacional de Direito do Trabalho,* ano 1, n. 1, p. 1324, 2021.

(28) Na Orientação de 17 de abril de 2020. Disponível em: <https://www.cnpd.pt/home/orientacoes/Orientacoes_controlo_a_distancia_em_regime_de_teletrabalho.pdf>.

e em que esteja, directa ou indirectamente, sujeito ao controlo do empregador" (artigo 8º da LAT).

Ora, ainda que a lei actual compreenda uma noção ampla de local de trabalho[29], a verdade é que a prestação de trabalho em regime de teletrabalho confronta o jurista com novas dificuldades aplicativas, sobretudo quando o infortúnio ocorra no domicílio do trabalhador. Para efeitos da lei, qual é o local de trabalho do trabalhador? Todo o domicílio? A divisão onde habitualmente presta a actividade? Como distinguir, afinal, um acidente de trabalho de um acidente doméstico? E *quid iuris*, se o acidente ocorre numa deslocação de uma divisão para outra no domicílio do trabalhador? Estaremos ainda perante um acidente *in itinere*, para efeitos do art. 9º, n. 2 da LAT? Estas e outras interrogações evidenciam, pois, a necessidade de repensar o quadro normativo actual, desde logo, avaliando da necessidade de criação de regras específicas para a disciplina de acidentes que ocorram em regime de teletrabalho (ou à distância).

6. Conclusão

Tendo passado em revista algumas das questões relacionadas com o regime jurídico do teletrabalho que a actual crise pandémica veio evidenciar, julgamos poder concluir, com segurança, que há muito a fazer no plano *de iure condendo*. Com efeito, a lei actual, que remonta a 2003, institui um regime muito modesto que não acautela devidamente os direitos dos trabalhadores. De todo o modo, pensa-se que a principal questão a enfrentar é a mesmo a da exacta delimitação do fenómeno que se pretende regular, já que este aspecto interfere, de forma indelével, com todos os traços regimentais que irão ser revisitados futuramente.

7. Referências

AMADO, João Leal. *Contrato de trabalho — noções básicas*. 3. ed. Coimbra: Almedina, 2019.

______. Tempo de trabalho e tempo de vida: sobre o direito à desconexão profissional. *Revista do Tribunal Regional do Trabalho da 15ª Região*, Campinas, n. 52, p. 256.

DAGNINO, Emanuele. *Lavoro agile:* una questione definitoria. Disponível em: <http://www.bollettinoadapt.it/lavoro-agile-una-questione-definitoria/>.

MOREIRA, Teresa Coelho. Teletrabalho em tempos de pandemia: algumas questões. *Revista Internacional de Direito do Trabalho*, ano 1, n. 1, p. 1325, 2021.

REDINHA, Regina. *Teletrabalho* — anotação aos artigos 233º a 243º do Código do Trabalho de 2003. Disponível em: <file:///Users/Joana/Downloads/Teletrabalho_anot%20(1).pdf>.

______. Teletrabalho 2020 ou o encanto de Janos. In: ASSOCIAÇÃO PORTUGUESA DE DIREITO DO TRABALHO. Covid-19 e o Trabalho: o dia seguinte, Estudos Apodit 7. Coord. Maria Rosário Palma Ramalho e Teresa Coelho Moreira, Lisboa: AAFDL, 2020.

SCHOU, Deborah. *Adelaide Law Review*, 33, p. 39 e ss., 2012.

SOUSA, Duarte Abrunhosa e. Breve viagem pelo regime de teletrabalho na "legislação COVID. In: ASSOCIAÇÃO PORTUGUESA DE DIREITO DO TRABALHO. Covid-19 e o Trabalho: o dia seguinte, Estudos Apodit 7. Coord. Maria Rosário Palma Ramalho e Teresa Coelho Moreira, Lisboa: AAFDL, 2020.

______. O enquadramento legal do teletrabalho em Portugal. *Revista de Derecho Social y Empresa*, n. 6, p. 5, 2016.

(29) Cf. art. 9º da LAT.

Tratamento de Dados Pessoais nas Principais Rotinas Pré-Contratuais Trabalhistas

Moisés de Castro Alves[(1)]

1. *Introdução*

A Lei Geral de Proteção de Dados (LGPD), sancionada em 14 de agosto de 2018, com entrada em vigor em 18 de setembro de 2020, dispõe sobre o tratamento de dados pessoais com o objetivo de proteger os direitos fundamentais de liberdade e de privacidade e o livre desenvolvimento da personalidade da pessoa natural.

A LGPD não possui dispositivos específicos sobre o tratamento de dados pessoais em rotinas contratuais trabalhistas. Contudo, sua aplicabilidade é bastante abrangente, englobando praticamente todos os setores da economia, bastando para tal que sejam utilizados dados pessoais de pessoas naturais, com algumas exceções expressas.

As rotinas pré-contratuais trabalhistas são marcadas pelo uso massivo de dados pessoais para criar o perfil dos candidatos e selecionar o trabalhador mais adequado, na perspectiva do empregador, utilizando-se de ferramentas como análise de currículo, testes psicológicos, análise documental, análise da vida pregressa e outros.

Nesse sentido, o presente trabalho tem como objetivo estudar de que maneira a LGPD se aplica às principais rotinas pré-contratuais trabalhistas. Para atingir esse objetivo será estudado o contexto da proteção de dados do trabalhador; a aplicação da referida lei nas rotinas pré-contratuais trabalhistas, em especial na coleta de dados diretamente do candidato; na coleta de dados a partir de banco de dados de terceiros; na coleta de dados sensíveis; no uso e no descarte dos dados.

Para atingir o objetivo será utilizado como metodologia, uma pesquisa exploratória, na qual utiliza-se levantamento bibliográfico e artigos já publicados. Buscará compreender a realidade e os fatos a partir da análise da legislação aplicada.

2. *A proteção de dados do trabalhador*

A expressão "proteção de dados pessoais do empregado" é pouco encontrada na doutrina e jurisprudência trabalhista brasileira. A LGPD, enquanto marco legal específico sobre proteção de dados pessoais, conforme dito, entrou em vigor em 18.9.2020, o que não significa, contudo, que os problemas associados à proteção de dados dos empregados numa relação de trabalho seja novidade e nenhum tipo de proteção tenha sido oferecida até então. O tema é usualmente tratado sob o prisma do direito à privacidade ou intimidade.[(2)]

Nas suas primeiras discussões jurídicas mais aprofundadas (1890), o tema privacidade era visto sob a ótica de um direito individual, como um "direito de estar só", que poderia ser violado pelo uso das novas tecnologias da época, tais como a máquina fotográfica.[(3)] Tratava-se de uma conotação elitista, que excluía do debate as classes operárias e marginalizadas.[(4)]

Essa característica individualista e elitista do direito à privacidade perdurou pelo menos até a

---

(1) Advogado. Aluno do Curso de Pós-Graduação em Direito Digital (ITS Rio/UERJ).

(2) SANDEN, Ana Francisca Moreira de Souza. *A proteção de dados pessoais do empregado no direito brasileiro:* um estudo sobre os limites na obtenção e no uso pelo empregador da informação relativa ao empregado. 2012. Tese (Doutorado em Direito do Trabalho). Faculdade de Direito, Universidade de São Paulo, São Paulo, 2012. p. 122-125.

(3) MALDONADO, Viviane Nóbrega (coord.). *LGPD:* Lei Geral de Proteção de Dados comentada. Coordenadores Viviane Nóbrega Maldonado e Renato Opice Blum. 2. ed. rev. atual. e ampl. São Paulo: Thomson Reuters Brasil, 2019. p. 25.

(4) SCHREIBER, *apud* ACCIOLY, C. L. A proteção de dados do trabalhador: o direito do trabalho constitucionalizado e seu diálogo com o direito à privacidade. *Revista dos Estudantes de Direito da Universidade de Brasília,* (15), p. 255-264, 2019. Disponível em: <https://periodicos.unb.br/index.php/redunb/article/view/22429>.

década de 1960, auge do modelo de Estado de Bem Estar Social, momento marcado por uma mudança no relacionamento entre o Estado e os cidadãos, pelo aumento das reivindicações da classe trabalhadora e do fluxo informacional trazido pelo avanço tecnológico.(5) Verifica-se, portanto, que a mudança do cenário social, fez com que o direito à privacidade saísse de uma lógica individualista para uma lógica coletiva.

No curso dessa alteração, segundo Stefano Rodotà, a privacidade deixou de se estruturar em torno do eixo "pessoa-informação-segredo", para se estruturar no eixo "pessoa-informação-circulação-controle".(6) Ainda nessa linha, os modelos de negócios desenvolvidos e o aumento da capacidade de processamento computacional permitiram que praticamente tudo que um indivíduo faça seja registrado em forma de dados e informação. Portanto, o atributo básico do direito à privacidade passou a ser a capacidade de o indivíduo controlar a circulação de informações a seu respeito(7). A necessidade de efetivar essa proteção deu origem a disciplina de proteção de dados pessoais.(8)

No contexto trabalhista, de antemão é importante destacar que não é mais possível estabelecer uma fronteira clara entre a vida pessoal e a vida profissional do empregado, bem como negar o impacto, seja ele positivo ou negativo, do fluxo de informações pessoais nas relações estabelecidas.(9) Essa ausência de fronteira, contudo, não retira os direitos de personalidade do trabalhador no ambiente de trabalho.(10)

O tratamento de dados realizado pelo empregador pode ser verificado desde a fase pré-contratual até a pós-contratual e tem como fundamento, por exemplo, a seleção de um candidato ideal para um cargo, a melhoria dos processos de trabalho e a exigência de uma legislação.

No entanto, com o avanço da tecnologia, o empregador teve um considerável aumento na sua capacidade de tratamento de dados que trouxe inegáveis facilidades, mas, igualmente, significativos riscos e conflitos resultantes do uso das informações do empregado em situações contrárias a uma finalidade legítima.(11)

Esse conflito, segundo maior parte da doutrina e precedentes dos tribunais trabalhistas, está localizado no campo da colisão de direitos fundamentais.(12) De um lado o direito a intimidade e vida privada do empregado.(13) Do outro lado o direito de propriedade e livre-iniciativa do empregador.(14)

Nesse cenário de discussões no âmbito trabalhista, a proteção da privacidade é estruturada como uma tutela de lesão ou de ameaça de lesão, principalmente em questões relacionadas a possibilidade de discriminação e pedidos de pagamento de dano moral.(15)

No entanto, o que se espera é a consolidação do direito à autodeterminação informativa, ou seja, um controle pessoal sobre o trânsito de dados relativos ao próprio titular nos mais variados meios em que possa circular.(16) Segundo Stefano Rodotà, um "poder permanente de controle sobre seus próprios dados".(17)

Com a entrada em vigor de uma lei específica sobre proteção de dados, que traz princípios, regras e características próprias a serem integradas na interpretação de todo ordenamento jurídico, o tema privacidade, inclusive nas relações de trabalho, passa a ser analisado de forma mais abrangente, relacionando diversos interesses e formas de controle.(18)

Importante destacar que não se pode pressupor o mau uso de dados pelo empregador, tampouco que a LGPD é uma lei que apenas dificulta a atividade empresarial. A adoção de um programa de *Compliance Trabalhista* com aplicação da lei geral de proteção

(5) DONEDA, Danilo. *Da privacidade à proteção de dados pessoais:* elementos da formação da Lei Geral de Proteção de Dados. 2. ed. São Paulo: Thomson Reuters Brasil, 2019.
(6) RODOTÀ, apud DONEDA. *Op. cit.*, p.41.
(7) LEONARDI, apud MALDONADO. *Op. cit.*, p. 26.
(8) DONEDA. *Op. cit.*, p. 44.
(9) SANDEN. *Op. cit.*, p. 93.
(10) BARROS *apud* SANDEN. *Op. cit.*, p. 143.
(11) SANDEN. *Op. cit.*, p. 181.
(12) SANDEN. *Op. cit.*, p. 142.
(13) Art. 5º, X da CRFB/88.
(14) Art. 1º, IV e art. 5º, XXII da CRFB/88.
(15) SANDEN. *Op. cit.*, p. 184.
(16) MALDONADO. *Op. cit.*, p. 27.
(17) RODOTÀ, *apud* MALDONADO, p. 27.
(18) DONEDA. *Op. cit.*

de dados eleva a entidade a um patamar de integridade não apenas do ponto de vista legal e ético, mas sociológico[19], ao promover o livre desenvolvimento da personalidade da pessoa natural.[20]

3. *A proteção de dados e as rotinas pré-contratuais trabalhistas*

A grande capacidade computacional ao mesmo tempo que viabilizou e acelerou a coleta, armazenamento, tratamento e compartilhamento de dados pessoais, contribui para surgir a necessidade de uma regulação do direito à privacidade focada no fluxo de dados.[21]

A LGPD foi inspirada na *General Data Protection Regulation* (GDPR), norma Europeia sobre o assunto.

É comum associarmos a necessidade de regulação sobre o uso de dados à grandes empresas de tecnologia, com alta capacidade computacional, bem como a um fluxo de dados digitais. No entanto, a lei tem um escopo maior e para garantir a proteção de dados pessoais,[22] regula o tratamento realizado em qualquer meio, inclusive físico, por pessoas naturais ou pessoas jurídicas de direito público ou privado, independentemente do seu porte.[23]

Mesmo sem adentrar no conceito de contrato de trabalho ou nos seus requisitos (já que esse não é o escopo dessa pesquisa), resta claro que ao menos a qualificação das partes é fundamental na formação dessa relação. Portanto, não há dúvida que aquele que pretende firmar um contrato de trabalho, em algum momento, realizará o tratamento de dado pessoal de uma pessoa natural e estará sujeito às normas da LGPD, conforme interpretação do seu artigo 1º.

O contrato de trabalho, segundo uma ótica sistemática do Direito, se desenvolve em três etapas: pré-contratual; contratual e pós-contratual. A fase pré-contratual se inicia com as negociações preliminares se estendendo, numa sucessão de atos, até o acordo entre as partes. Nesse momento, as partes realizam pesquisas, reflexões, examinam dados e informações com o objetivo de avaliar se irão implementar ou não a relação jurídica.[24]

No desdobrar natural de uma relação de emprego, o primeiro processo que se vislumbra dentro dessa fase pré-contratual é o da seleção. Trata-se de um momento carregado de intensa atividade em busca de informação relativa ao candidato.[25] Apesar de ainda não haver obrigações trabalhistas, o uso de dados pessoais dos candidatos implica na análise dessa etapa quanto à aplicação da LGPD.

A prática comum na iniciativa privada é que o processo de seleção, realizado pela própria empresa empregadora ou por terceiros que agem em seu nome, colete informações diretamente do candidato por meio do recebimento de currículos, aplicação de questionários e entrevistas; ou através de terceiros, como órgãos públicos, bancos de dados de terceiros, redes sociais e ex-empregadores.[26]

Diante do cuidado com o tema proteção de dados acrescentado pela LGPD, a regra geral passa a ser que qualquer pessoa que trate dados deverá fundamentar essa operação em pelo menos uma das dez bases legais[27] previstas no art. 7º da lei[28], bem como

---

(19) FERREIRA, V. S.; JUNIOR, C. A. P. V. *Impacto da Lei Geral de Proteção de Dados Pessoais nas Relações de Trabalho:* a necessidade de implantação do programa de integridade (*compliance*). <https://uerjlabuta.com/2020/03/21/impacto-da-lei-geral-de-protecao-de-dados-pessoais-nas-relacoes-de-trabalho-a-necessidade-de-implantacao-do-programa-de-integridade-compliance/>. Acesso em: 20 out. 2020.

(20) Art. 1º, *caput*, Lei n. 13.709/2018.

(21) MALDONADO. *Op. cit.*, p. 22.

(22) BOTELHO, Marcos César. A LGPD e a Proteção ao Tratamento de Dados Pessoais de Crianças e Adolescentes. *Revista Direitos Sociais e Políticas Públicas*, v. 8, n. 2, 2020 Disponível em: <http://www.unifafibe.com.br/revista/index.php/direitos-sociais-politicas-pub/index>. Acesso em: 26 out. 2020.

(23) Art. 1º da Lei n. 13.709/2018.

(24) FARIAS, Cristiano Chaves de; ROSENVALD, Nelson; NETTO, Felipe Braga. *Manual de Direito Civil.* 2 ed. ver, atual e ampl. Salvador: Juspodivm, 2018. p. 1022. Vol. Único.

(25) SANDEN. *Op. cit.*, p .149.

(26) SANDEN. *Op. cit.*, p. 150.

(27) TEFFÉ, C. S. DE; VIOLA, M. Tratamento de dados pessoais na LGPD: estudo sobre as bases legais. *Civilistica*.com, v. 9, n. 1, p. 1-38, 9 maio 2020. Disponível em <https://civilistica.emnuvens.com.br/redc/article/view/510>. Acesso em: 28 out. 2020.

(28) "Art. 7º O tratamento de dados pessoais somente poderá ser realizado nas seguintes hipóteses: I — mediante o fornecimento de consentimento pelo titular; II — para o cumprimento de obrigação legal ou regulatória pelo controlador; III — pela administração pública, para o tratamento e uso compartilhado de dados necessários à execução de políticas públicas previstas em leis e regulamentos ou respaldadas em contratos, convênios ou instrumentos congêneres, observadas as disposições do Capítulo IV desta Lei; IV — para

atender aos demais princípios e direitos previstos no seu texto para conduzir o tratamento de maneira lícita e legitimada, ressaltando a importância da adoção de medidas de segurança das informações.[(29)]

3.1. A coleta de dados diretamente do candidato

Ao participar de um processo seletivo, o indivíduo naturalmente fornece suas informações àquele que ofertou a vaga de trabalho para permitir sua identificação e demonstrar suas habilidades profissionais. Nesse caso, o candidato, de forma ativa e voluntária, preenche formulários disponibilizados pela empresa empregadora em canal próprio, participa de entrevistas, testes etc.

Contudo, conforme já mencionado, o direito à privacidade evoluiu para um direito à autodeterminação informativa, que representa a possibilidade da pessoa natural controlar todas as etapas do tratamento dos seus dados pessoais. Nesse sentido, não há mais espaço para um consentimento implícito (situação em que se entende que a pessoa consentiu com o fornecimento dos seus dados em razão de sua conduta), e sim para um consentimento informado, onde o titular participa ativamente do processo de consentimento.[(30)]

Dessa forma, o tratamento de dados para o processo seletivo exige que o ofertante da vaga obtenha um consentimento do candidato (titular dos dados) que, segundo o art. 5º, XII da LGPD, caracteriza-se por ser uma "manifestação livre, informada e inequívoca pela qual o titular concorda com o tratamento de seus dados pessoais para uma finalidade determinada".

Uma manifestação livre significa que o titular pode escolher entre aceitar ou recusar a utilização do seu dado, sem situações que viciem seu consentimento. Informado quer dizer que foram fornecidas as informações necessárias, de maneira clara e adequada, para o titular avaliar sobre o tratamento dos seus dados. Inequívoca pressupõe que se trata de uma manifestação evidente, que ocorre de forma clara.[(31)]

Quanto à finalidade, trata-se de um princípio previsto no art. 6º, I, da LGPD. Juntamente com os princípios da adequação, necessidade e transparência forma o cerne dessa norma jurídica[(32)] e deve ser respeitado independentemente da base legal utilizada.

Segundo o princípio da finalidade, o motivo da coleta deve ser compatível com o objetivo final do tratamento dos dados, ou seja, a sua utilização sempre deverá estar vinculada ao motivo que fundamentou essa coleta.[(33)]

O princípio da adequação reforça essa perspectiva e estabelece que deve existir uma compatibilidade entre o tratamento dos dados e a finalidade informada ao titular.[(34)]

Na mesma linha, o princípio da necessidade tem como característica principal a limitação do tratamento ao mínimo necessário para atingir a finalidade pretendida, ou seja, deve-se avaliar quais dados realmente são imprescindíveis (pertinentes e não excessivos)[(35)].

Já a transparência garante ao titular, informações claras, precisas e acessíveis sobre o tratamento dos dados e quem são os agentes responsáveis por ele.[(36)]

O processo seletivo também pode ser realizado por terceiros que agem em nome do empregador. Ainda que não haja uma relação direta entre o candidato e a empresa empregadora, é importante destacar

a realização de estudos por órgão de pesquisa, garantida, sempre que possível, a anonimização dos dados pessoais; V — quando necessário para a execução de contrato ou de procedimentos preliminares relacionados a contrato do qual seja parte o titular, a pedido do titular dos dados; VI — para o exercício regular de direitos em processo judicial, administrativo ou arbitral, esse último nos termos da Lei n. 9.307, de 23 de setembro de 1996 (Lei de Arbitragem) ; VII — para a proteção da vida ou da incolumidade física do titular ou de terceiro; VIII — para a tutela da saúde, exclusivamente, em procedimento realizado por profissionais de saúde, serviços de saúde ou autoridade sanitária; IX — quando necessário para atender aos interesses legítimos do controlador ou de terceiro, exceto no caso de prevalecerem direitos e liberdades fundamentais do titular que exijam a proteção dos dados pessoais; ou X — para a proteção do crédito, inclusive quanto ao disposto na legislação pertinente.

(29) CAITLIN, Mulholhand. *A LGPD e o novo marco normativo no Brasil*. Porto Alegre: Arquipélago, 2020.

(30) TEFFE, C. S. de; TEPEDINO, G. *Consentimento e Proteção de Dados Pessoais na LGPD*. 2019.

(31) TEFFE; VIOLA. *Op. cit.*, p. 7.

(32) MALDONADO. *Op. cit.*, p.138.

(33) DONEDA, *apud*, MALDONADO. *Op. cit.*, p. 138.

(34) Art. 6º, II, da Lei n. 13.709/2018.

(35) MALDONADO. *Op. cit.*, p. 144.

(36) Art. 6º, VI, da Lei n. 13.709/2018.

as responsabilidades desta quanto à proteção dos dados trazidas pela LGPD.

Nessa modalidade de seleção, verifica-se a presença de dois agentes de tratamento de dados: o controlador (empresa empregadora) e o operador (terceiro responsável pelo processo seletivo). A referida lei define controlador como sendo "a pessoa a quem compete as decisões referentes ao tratamento de dados"[(37)] e operador como sendo "a pessoa que realiza o tratamento de dados em nome do controlador"[(38)].

O operador deve tratar os dados pessoais de acordo com as instruções fornecidas pelo controlador, sem discricionaridade para realizar qualquer outra operação que não tenha sido indicada. Porém, atuar em nome do controlador não significa que o operador não deva ter o mesmo cuidado de realizar o tratamento de dados em conformidade com a LGPD.[(39)]

Isso porque o operador responde solidariamente ao controlador pelos danos causados pelo tratamento quando age em desacordo a legislação de proteção de dados ou quando não segue as instruções lícitas do controlador. Nessa última hipótese, inclusive, o operador responde pelo dano como se controlador fosse.[(40)]

3.2. A coleta de dados a partir de banco de dados de terceiros

Durante os processos seletivos de empregados, outra prática existente é a realização de um *background check*, ou seja, uma análise da vida pregressa do candidato. Para essa análise são tratados dados pessoais provenientes de banco de dados de terceiros (órgãos públicos, instituições bancárias, redes sociais, ex-empregador etc.).

Inicialmente, na seara trabalhista, antes mesmo da entrada em vigor da lei de proteção de dados, o entendimento era de que a busca por informações do candidato, tais como antecedentes criminais[(41)], informações financeiras[(42)] e creditícia[(43)] viola a sua vida privada, e só se justifica quando houver previsão legal ou relação com a natureza do ofício.

Integrando à análise a LGPD, ainda que a obtenção da informação seja justificável, o tratamento de dados, reitera-se, deve ser fundamentado em uma das dez bases legais do art. 7º da referida lei, bem como atender a seus princípios e direitos.

Caso exista determinação legal ou regulatória, o controlador poderá realizar o tratamento de dados pessoais com fundamento no cumprimento de uma obrigação legal.[(44)] Assim, por exemplo, ao realizar a seleção para o cargo de vigilante, que exige a negativa de antecedentes criminais por disposição expressa da lei[(45)], o controlador poderá justificar o tratamento desses dados com base no cumprimento de uma obrigação legal, sem prejuízo aos demais princípios e direitos, bem como atendendo todas as medidas de segurança dessa informação.

Segundo Marcel Leonardi[(46)], o tratamento de dados para realização do *background check* pode, ainda, ser justificado com base no interesse legítimo[(47)] do empregador. Trata-se de "hipótese que visa possibilitar o tratamento de dados importantes, vinculadas ao escopo de atividades praticadas pelo controlador, e que encontrem justificativa legítima"[(48)].

A utilização dessa base legal pressupõe um teste de ponderação que tem como objetivo verificar se há tanto um interesse legítimo de quem trata os dados, quanto se estão sendo respeitadas as legítimas expectativas e os direitos e liberdades fundamentais dos titulares.[(49)]

---

(37) Art. 5º, VI, da Lei n. 13.709/2018.
(38) Art. 5º, VII, da Lei n. 13.709/2018.
(39) MALDONADO. *Op. cit.*, p. 314.
(40) Art. 42, § 1º, I, da Lei n. 13.709/2018.
(41) TST — RR: 3348820185070032, Relator: Douglas Alencar Rodrigues, 5ª Turma, Publicação: DEJT 4.10.2019.
(42) TST — RR: 11096820125100020, Relator: Delaíde Miranda Arantes Publicação: DEJT 1º.2.2018.
(43) TST — RR: 1170-75.2010.5.02.0066, Relator: José Roberto Freire Pimenta, Publicação: DEJT 13.11.2020.
(44) Art. 7º, II da Lei n. 13.709/2018.
(45) Art. 12 da Lei n. 7.102/1983.
(46) LEONARDI, Marcel. Principais bases legais de tratamento de dados pessoais no setor privado. *Caderno Especial LGPD*, São Paulo: RT, p. 83, nov. 2019.
(47) Art. 7º, X da Lei n. 13.709/2018
(48) TEFFE; VIOLA. *Op. cit.*, p. 14.
(49) TEFFE; VIOLA. *Op. cit.*, p. 16.

Segundo Leonardi, o teste percorre três etapas[(50)]:

i. "Teste da finalidade: identificação de qual é o interesse legítimo e se esse interesse é próprio ou de terceiros;

ii. Teste da necessidade: demonstração de que o tratamento dos dados pessoais é necessário para alcançar esse interesse legítimo;

iii. Teste de proporcionalidade: balanceamento desse interesse legítimo com os direitos e as liberdades fundamentais do titular que exijam a proteção dos dados pessoais."

O mesmo autor ressalta que na análise prática do legítimo interesse, as autoridades europeias de proteção de dados atribuem um peso relevante às expectativas do titular[(51)].

Assim, nas relações pré-contratuais de trabalho, quando há busca de informações em banco de dados de terceiros e supondo que esse banco de dados seja legítimo, deve-se analisar o caso concreto e avaliar se existe uma expectativa do titular que os seus dados sejam usados para um processo seletivo de trabalho. Como exemplo, quando houver a busca de informações nas redes sociais do candidato, tendo como base o legítimo interesse do empregador, deve-se avaliar se há uma expectativa do candidato em relação ao uso de seus dados das redes sociais para fins de criação de um perfil para um processo seletivo de trabalho.

3.3. A coleta de dados sensíveis

Independentemente da forma de coleta, as rotinas pré-contratuais de trabalho podem resultar no tratamento de dados pessoais considerados sensíveis. Segundo a lei geral de proteção de dados[(52)], dado sensível se refere à "origem racial ou étnica, convicção religiosa, opinião política, filiação a sindicato ou a organização de caráter religioso, filosófico ou político, dado referente à saúde ou à vida sexual, dado genético ou biométrico, quando vinculado a uma pessoa natural."

Indo além da disposição trazida na lei, os dados sensíveis são aqueles que de alguma forma podem trazer algum tipo de discriminação quando do seu tratamento, ou seja, são dados que podem trazer riscos e vulnerabilidades potencialmente mais gravosas aos direitos e liberdades fundamentais dos titulares[(53)]. Como exemplo, informações creditícias de um candidato a emprego não está no rol trazido pela lei geral de proteção de dados como dado sensível, porém utilizar esse dado como forma de impedir o acesso ao emprego pode ser considerada uma atitude discriminatória conforme decisão recente do TST[(54)], cabendo portanto trata-lo como dado sensível no caso concreto.

A utilização, portanto, de dados com potencialidade discriminatória impõe a necessidade do tratamento de dados segundo as regras restritivas, previstas na legislação de proteção de dados, que vedam ou limitam a sua utilização.[(55)]

Há duas hipóteses que autorizam o tratamento de dados pessoais sensíveis previstas no art. 11 da LGPD. Uma em caso de consentimento qualificado do titular e outra em situações excepcionalíssimas previstas de forma expressa que dispensa o consentimento.[(56)]

Além de livre, informado e inequívoco (conforme exigido no art. 7º, I, da LGPD), o consentimento, no caso de dados pessoais sensíveis, deve ser específico e destacado, para finalidades específicas.[(57)]

A especificidade irá se concretizar quando houver a delimitação do objeto ou da finalidade do tratamento. Ainda para a validade desse consentimento, é necessária que a declaração autorizativa seja destacada, ou seja, o consentimento deve ser dado de modo independente para os dados pessoais sensíveis. Por fim, a finalidade específica, reitera-se, pressupõe que o tratamento de dados, para ser legítimo, possui um objetivo específico, não genérico.[(58)]

Por outro lado, sem o consentimento do titular, o tratamento de dados sensíveis somente poderá

(50) LEONARDI. *Op. cit.*, p. 79.
(51) LEONARDI. *Op. cit.*, p. 79.
(52) Art. 5º, II da Lei n. 13.709/2018.
(53) MALDONADO. *Op. cit.*, p. 92.
(54) TST — RR: 1170-75.2010.5.02.0066, Relator: José Roberto Freire Pimenta, Publicação: DEJT 13.11.2020.
(55) CAITLIN. *Op. cit.*, p. 122.
(56) CAITLIN. *Op. cit.*, p. 137.
(57) Art. 11, I, da Lei n. 13.709/2018.
(58) CAITLIN. *Op. cit.*, p. 135.

ocorrer quando indispensável para os interesses previstos nos itens "a" a "g" do inciso II, art. 11 da LGPD. Trata-se em sua maior parte de atividades com características de proteção e tutela de interesses de natureza pública ou coletiva e podem ser divididas em: "(i) cumprimento de obrigações relacionadas a exigências do poder público; (ii) fornecimento de dados para pesquisa; (iii) exercício regular de direitos; (iv) proteção da vida e saúde do titular dos dados; e (v) proteção à fraude e segurança do titular dos dados."(59)

Importante destacar que, no tratamento de dados pessoais sensíveis, a ótica do legítimo interesse se inverte.(60) A hipótese de tratamento de dados baseado no legítimo interesse do controlador não se aplica aos dados sensíveis que, apenas, será justificado quando o tratamento de dados se realizar por um legítimo interesse do titular dos dados.(61)

3.4. O uso e o descarte dos dados

Uma vez iniciado o tratamento de dados pessoais a lei estabelece direitos ao titular dos dados, bem como medidas de segurança que devem ser tomadas pelo controlador.

O titular dos dados pode, voluntariamente, disponibilizar integralmente seus dados pessoais, ainda que publicamente, e ainda assim subsistirá sua plena titularidade(62) e os direitos previstos na LGPD, destacados os previstos nos seus arts. 18(63) e 20(64).

Assim, durante o tempo que se estenderem as rotinas pré-contratuais e, consequentemente, o tratamento de dados pessoais dos candidatos, o futuro empregador deverá estabelecer rotinas administrativas que viabilizem o exercício desses direitos, sob pena de ser demandado judicialmente.(65)

Além disso, o controlador ou o operador deverá oferecer proteção adequada a esses dados com a utilização de medidas de segurança eficientes e razoáveis, de acordo com o avanço tecnológico da época.(66)

Com o fim das atividades inerentes as rotinas pré-contratuais, a finalidade do tratamento de dados deixa de existir ou é alterada, como por exemplo, quando passa a ser utilizado na relação contratual de trabalho.

A alteração da finalidade do tratamento requer a atualização da base legal que o fundamenta, bem como a adoção das rotinas inerentes. Por exemplo, se durante o processo seletivo de trabalho a utilização do nome e CPF do candidato tivesse como finalidade apenas promover a sua identificação pessoal, no momento que esse candidato firma um contrato de trabalho, o tratamento desses mesmos dados se torna uma obrigação legal. Cabe ressaltar que a finalidade pode ser alterada mesmo sem a mudança da base legal que fundamenta o tratamento.

Já quando a finalidade do tratamento foi atingida e os dados deixaram de ser necessários ou pertinentes, a exemplo do candidato que não foi selecionado para a vaga, qualquer que for a base legal utilizada, não haverá mais justificativa jurídica para a sua manutenção, devendo ser encerrado o tratamento e os dados eliminados(67), salvo as exceções previstas no art. 16 da LGPD(68).

(59) CAITLIN. *Op. cit.*, p. 138.
(60) CAITLIN. *Op. cit.*, p. 147.
(61) Art. 11, II, "g", "e", "f" da Lei n. 13.709/2018.
(62) MALDONADO. *Op. cit.*, p. 220.
(63) "Art. 18. O titular dos dados pessoais tem direito a obter do controlador, em relação aos dados do titular por ele tratados, a qualquer momento e mediante requisição: I — confirmação da existência de tratamento; II — acesso aos dados; III — correção de dados incompletos, inexatos ou desatualizados; IV — anonimização, bloqueio ou eliminação de dados desnecessários, excessivos ou tratados em desconformidade com o disposto nesta Lei; V — portabilidade dos dados a outro fornecedor de serviço ou produto, mediante requisição expressa, de acordo com a regulamentação da autoridade nacional, observados os segredos comercial e industrial; VI — eliminação dos dados pessoais tratados com o consentimento do titular, exceto nas hipóteses previstas no art. 16 desta Lei; VII — informação das entidades públicas e privadas com as quais o controlador realizou uso compartilhado de dados; VIII — informação sobre a possibilidade de não fornecer consentimento e sobre as consequências da negativa; IX — revogação do consentimento, nos termos do § 5º do art. 8º desta Lei."
(64) "Art. 20. O titular dos dados tem direito a solicitar a revisão de decisões tomadas unicamente com base em tratamento automatizado de dados pessoais que afetem seus interesses, incluídas as decisões destinadas a definir o seu perfil pessoal, profissional, de consumo e de crédito ou os aspectos de sua personalidade."
(65) Art. 22 da Lei n. 13.709/2018.
(66) MALDONADO. *Op. cit.*, p. 330.
(67) MALDONADO. *Op. cit.*, p. 140.
(68) Art. 16. Os dados pessoais serão eliminados após o término de seu tratamento, no âmbito e nos limites técnicos das atividades, autorizada a conservação para as seguintes finalidades: I — cumprimento de obrigação legal ou regulatória pelo controlador; II —

4 Conclusão

A proteção de dados pessoais nas rotinas que envolvem os contratos de trabalho não é uma novidade. Contudo, a LGPD estabeleceu princípios e regras com objetivo de avançar no tema e promover um controle sobre todo o ciclo de dados por parte dos titulares e, consequentemente, aumentar o grau de proteção.

As rotinas pré-contratuais trabalhistas são baseadas no uso massivo de dados, com uma tendência de aumento justificada pelos modelos de negócios baseados em dados pessoais e a busca pelo perfil "ótimo" de trabalhador.

A transversalidade da LGPD aplicada aos diversos setores da economia e da sociedade impõe a necessidade de observância de seus dispositivos nas referidas rotinas, com aplicação de boas práticas de proteção de dados, garantindo respeito aos direitos dos titulares e segurança jurídica para desenvolvimento do negócio.

5. Referências

ACCIOLY, C. L. A Proteção de Dados do Trabalhador: o direito do trabalho constitucionalizado e seu diálogo com o direito à privacidade. *Revista dos Estudantes de Direito da Universidade de Brasília,* (15), p. 255-264, 2019. Recuperado de <https://periodicos.unb.br/index.php/redunb/article/view/22429>.

BOTELHO, Marcos César. A LGPD e a Proteção ao Tratamento de Dados Pessoais de Crianças e Adolescentes. *Revista Direitos Sociais e Políticas Públicas*, v. 8, n. 2, 2020. Disponível em: <http://www.unifafibe.com.br/revista/index.php/direitos-sociais-politicas-pub/index>. Acesso em: 26 out. 2020.

BRASIL. Constituição (1988). *Constituição da República Federativa do Brasil.* Brasília: Senado Federal, 1988.

______ . Lei n. 7.102/1983. Dispõe sobre segurança para estabelecimentos financeiros, estabelece normas para constituição e funcionamento das empresas particulares que exploram serviços de vigilância e de transporte de valores, e dá outras providências. *Poder Executivo,* Brasília, 20 jun. 1983.

______ . Lei n. 13.709/2018. *Lei Geral de Proteção de Dados Pessoais.* Poder Executivo, Brasília, 14 ago. 2018.

CAITLIN, Mulholhand. *A LGPD e o novo marco normativo no Brasil.* Porto Alegre: Arquipélago, 2020.

DONEDA, Danilo. *Da privacidade à proteção de dados pessoais:* elementos da formação da Lei Geral de Proteção de Dados. 2. ed. São Paulo: Thomson Reuters Brasil, 2019.

FARIAS, Cristiano Chaves de; ROSENVALD, Nelson; BRAGA NETTO, Felipe. *Manual de Direito Civil.* 2. ed. rev. atual e ampl. Salvador: Juspodivm, 2018. Vol. Único.

FERREIRA, V. S.; JUNIOR, C. A. P. V. *Impacto da Lei Geral de Proteção de Dados Pessoais nas Relações de Trabalho:* a necessidade de implantação do programa de integridade (*Compliance*). Disponível em: <https://uerjlabuta.com/2020/03/21/impacto-da-lei-geral-de-protecao-de-dados-pessoais-nas-relacoes-de-trabalho-a-necessidade-de-implantacao-do-programa-de-integridade-compliance/>. Acesso em: 20 out. 2020.

LEONARDI, Marcel. Principais bases legais de tratamento de dados pessoais no setor privado. *Caderno Especial LGPD*, São Paulo: RT, nov. 2019.

MALDONADO, Viviane (coord.). *LGPD:* Lei Geral de Proteção de Dados comentada. 2. ed. rev. atual. e ampl. São Paulo: Thomson Reuters Brasil, 2019.

SANDEN, Ana Francisca Moreira de Souza. *A proteção de dados pessoais do empregado no direito brasileiro:* um estudo sobre os limites na obtenção e no uso pelo empregador da informação relativa ao empregado. 2012. Tese (Doutorado em Direito do Trabalho). Faculdade de Direito, Universidade de São Paulo, São Paulo, 2012.

TEFFÉ, C. S. de; VIOLA, M. Tratamento de dados pessoais na LGPD: estudo sobre as bases legais. *Civilistica*.com, v. 9, n. 1, p. 1-38, 9 maio 2020. Disponível em <https://civilistica.emnuvens.com.br/redc/article/view/510>. Acesso em: 28 out. 2020.

TEFFE, C. S. de; TEPEDINO, G. Consentimento e Proteção de Dados Pessoais na LGPD. In: TEPEDINO, G.; FRAZÃO, A.; OLIVA, M. D. (coord.). *Lei Geral de Proteção de Dados Pessoais e suas repercussões no Direito Brasileiro.* 2. tir. São Paulo: Thomson Reuters Brasil, 2019.

estudo por órgão de pesquisa, garantida, sempre que possível, a anonimização dos dados pessoais; III — transferência a terceiro, desde que respeitados os requisitos de tratamento de dados dispostos nesta Lei; ou IV — uso exclusivo do controlador, vedado seu acesso por terceiro, e desde que anonimizados os dados.

Tutela da Integridade Física e Mental dos Trabalhadores Expostos as Novas Tecnologias

Rodrigo Coimbra[1]

1. Introdução

O presente artigo trata do tema das novas tecnologias e seus impactos nas relações de trabalho, tendo por delimitação a tutela da integridade física e mental dos trabalhadores.

A pesquisa se justifica em razão do cenário de incertezas acerca dos riscos que as novas tecnologias e a inteligência artificial podem gerar na saúde e qualidade de vida do trabalhador e do posicionamento do Direito do Trabalho frente a essas inquietantes questões ocorridas no mundo dos fatos.

Essa matéria ganha importância quando relacionada aos efeitos das novas tecnologias e da inteligência artificial, pois muitos dos supostos efeitos são ainda desconhecidos.

Trata-se de assunto de alta complexidade e que se relaciona com outros âmbitos do conhecimento, além das normas jurídicas, exigindo um diálogo transdisciplinar com noções de Medicina e Segurança do Trabalho, Direito Ambiental, Direito do Trabalho, Direito Constitucional, Economia e Sociologia, entre outros.

O estudo está dividido, no desenvolvimento, em duas partes, iniciando pela abordagem sistemática e transdisciplinar da globalização da economia, do pluralismo e das novas tecnologias e da inteligência artificial, relacionando essas matérias de alta complexidade de modo a contextualizar os importantes reflexos dessa conjuntura para o meio ambiente do trabalho.

Na segunda parte do desenvolvimento defende-se que o meio ambiente do trabalho equilibrado e sadio é um direito fundamental do trabalhador no Brasil, propondo-se que seja efetivado a partir da perspectiva objetiva dos direitos fundamentais.

Como método científico de abordagem do assunto será utilizado o método sistemático. A abordagem da pesquisa se dará pelo modelo qualitativo na medida em que se buscará o entendimento do fenômeno em seu próprio contexto. Em função das peculiaridades da pesquisa qualitativa a mesma tende a ser menos estruturada, de modo a trabalhar com o que é importante para os indivíduos, sistemas sociais, políticos, jurídicos e econômicos, utilizando-se para tanto, da investigação profunda sobre o tema proposto na presente pesquisa. Desta forma a mesma parte de questões ou focos de interesses amplos, que vão se definindo à medida que o estudo se desenvolve.

2. Globalização da economia, pluralismo, novas tecnologias e inteligência artificial

A globalização, ou "os processos de globalização", na expressão que dá maior dinâmica a este fenômeno que segue em andamento nos dias atuais, cunhada por Boaventura de Souza Santos[2], é um tema que tem adquirido grande importância, sobretudo nas últimas décadas, tendo se caracterizado mais recentemente por um fenômeno multifacetado com dimensões econômicas, sociais, políticas, culturais e jurídicas interligadas de modo complexo.

---

(1) Professor Permanente no Programa de Pós-Graduação em Direito da Universidade Federal do Rio Grande do Sul (UFRGS), no qual desenvolve pesquisa, ministra disciplinas e orienta na linha de pesquisa Fundamentos Dogmáticos da Experiência Jurídica — ênfase V (Direito do Trabalho). Professor Adjunto da Faculdade de Direito da UFRGS. Coordenador da especialização de Direito do Trabalho da UFRGS. Na graduação leciona as Disciplinas de Direito do Trabalho e Direito Processual do Trabalho. Doutor em Direito pela PUC-RS e Mestre em Direito pela UFRGS. Titular da Cadeira n. 20 da Academia Sul-Rio-Grandense de Direito do Trabalho. Advogado. E-mail: rodrigo.coimbra@terra.com.br

(2) SANTOS, Boaventura de Sousa. Os processos de globalização. In: SANTOS, Boaventura de Sousa (Org.).*A globalização e as ciências sociais.* 3. ed. São Paulo: Cortez, 2005. p. 25.

O sociólogo português acrescenta que a globalização das últimas três décadas, em vez de encaixar no padrão moderno ocidental de globalização, parece combinar a universalização e a eliminação das fronteiras nacionais, por um lado, o particularismo, da diversidade local, a identidade étnica e o regresso ao comunitarismo, por outro[(3)].

Impulsionada por elementos econômicos e por fatores políticos neoliberais, a globalização tem reclamado um dos ajustes estruturais mais selvagens, conforme Rodolfo Capón Filas[(4)], modificando toda ordem econômica e social e gerando o deslocamento do trabalho (desemprego crescente em alguns países e aumento de postos de trabalho em outros), precarização de trabalho, deterioração da qualidade de vida, entre outros reflexos, como o crescimento da dívida externa nos países periféricos.

Os processos de globalização têm exigido outros tipos de observação a partir da constatação de que há muitas outras possibilidades de produção de direitos na sociedade. E, o Direito, nesse cenário, necessariamente deve ser observado de uma forma diferente — não apenas normativista —, a fim de promover uma visão plural do mundo (pluralismo)[(5)].

No Direito do Trabalho, em particular, a ideia de pluralismo está presente desde sua formação histórica até os dias atuais, manifestando-se de diversos modos[(6)], dentre os quais se destacam os princípios da proteção[(7)], da autonomia coletiva[(8)] e da não discriminação[(9)].

Nesse quadro de alta complexidade evidencia-se a grande importância da realização de diferentes formas de observação sobre os reflexos das novas tecnologias no ambiente de trabalho.

O meio ambiente do trabalho passou por muitas mudanças nos últimos trinta anos. A produção industrial encolheu, enquanto o setor de serviços ganhou maior importância. Este efeito se faz sentir não só no número total de empresas de serviço e de produção, mas também pelo fato de que no setor produtivo tradicional diminuiu a importância relativa do trabalho na máquina em relação ao trabalho administrativo e organizacional[(10)].

Essa mudança encontra sua expressão na redução do número de operários em relação aos empregados administrativos nos escritórios, um fato de grande importância nos sistemas jurídicos que preveem diferenças significativas quanto aos direitos desses tipos de trabalhadores[(11)].

A introdução da informática modificou as atividades em todas as áreas, levando ao mesmo tempo a uma redução do quadro de pessoal, o uso do computador facilitou o controle dos empregados e a introdução de novas tecnologias exigiu dos empregados um grande esforço de adaptação. As novas tecnologias trouxeram, além disso, uma nova divisão dos trabalhos entre as empresas[(12)].

---

(3) SANTOS, Boaventura de Sousa. Os processos de globalização. In: SANTOS, Boaventura de Sousa (Org.).*A globalização e as ciências sociais*. 3. ed. São Paulo: Cortez, 2005. p. 26.

(4) FILAS, Rodolfo Capón. Trabajo y globalizacion propuesta para una praxis popular alternativa. *Justiça do Trabalho*. Porto Alegre: HS, ano 18, n. 205. p. 10, jan. 2001.

(5) ROCHA, Leonel Severo. Observações sobre autopoiese, normativismo e pluralismo jurídico. *Constituição, Sistemas Sociais e Hermenêutica:* Programa de Pós-Graduação em Direito da UNISINOS: mestrado e doutorado. Porto Alegre: Livraria do Advogado, 2008. p. 177.

(6) Sobre a matéria, por exemplo: MARTINS, Sérgio Pinto. *O pluralismo do Direito do Trabalho*. São Paulo: LTr, 2001.

(7) O princípio da proteção também chamado de princípio protetivo e princípio tutelar é o mais importante entre os princípios específicos de Direito do Trabalho, e provavelmente o mais universal, por isso é chamado de *mega* princípio ou princípio *mater;* sobre a matéria ver: PLÁ RODRIGUEZ, Américo. *Princípios do Direito do Trabalho*. Tradução de Wagner Giglio. 3. ed. São Paulo: LTr, 2000. p. 61; DELGADO, Maurício Godinho. *Princípio de Direito Individual e Coletivo do Trabalho*. 3. ed. São Paulo: LTr, 2010. p. 73; SÜSSEKIND, Arnaldo *et al*. *Instituições de Direito do Trabalho*. 20. ed. São Paulo: LTr, 2002. v. 1. p. 146-147.

(8) O princípio da autonomia coletiva privilegia a autonomia negocial dos entes coletivos (sindicato dos empregados, sindicato dos empregadores ou uma ou mais empresas), concretizado por meio da negociação coletiva de trabalho, sendo um dos diferenciais do Direito do Trabalho, na medida que possibilita a criação de normas jurídicas, pelos próprios destinatários da norma, de modo a proporcionar a melhoria das condições de trabalho de forma mais adequada, dinâmica e eficaz.

(9) O princípio da não discriminação talvez seja aquele que mais espelha atualmente a idéia de pluralismo nas relações de trabalho. O princípio da não-discriminação é um consectário, no Direito do Trabalho, do princípio da igualdade. Conforme Mallet, "discriminação supõe desigualdade" (MALLET, Estêvão. *Igualdade e discriminação em Direito do Trabalho*. São Paulo: LTr, 2013. p. 20); Nas palavras de Américo Plá Rodriguez o princípio de não discriminação "leva a excluir todas aquelas diferenciações que põem um trabalhador numa situação de inferioridade ou mais desfavorável que o conjunto, e sem razão válida nem legítima" (PLÁ RODRIGUEZ, Américo. *Princípios do Direito do Trabalho*. Tradução de Wagner Giglio. 3.ed. São Paulo: LTr., 2000. p. 445).

(10) COIMBRA, Rodrigo; ARAÚJO, Francisco Rossal de. *Direito do Trabalho* — I. São Paulo: LTr, 2014. p. 37.

(11) WOLFANG, Daubler. *O mundo do trabalho* — crise e mudança no final do século. São Paulo: Scritta, 1994. p. 42.

(12) WOLFANG, Daubler. *O mundo do trabalho* — crise e mudança no final do século. São Paulo: Scritta, 1994. p. 42.

A terceirização de serviços, da limpeza à entrega de componentes na indústria automobilística, revelou-se mais econômica e uma tendência mundial. Muitas empresas passaram a limitar-se a funções básicas, avançando para a terceirização de qualquer atividade, com consequências sobre o número de funcionários. No Brasil, a partir de 2017, é permitida a terceirização de quaisquer atividades da empresa tomadora dos serviços, inclusive de sua atividade principal (atividade-fim), de acordo com as Leis ns. 13.429/17 e 13.467/17[13].

As trajetórias das mudanças técnicas e os novos paradigmas de produção e organização do trabalho vêm revolucionando o perfil do trabalhador e as relações de produção.

Conforme estudo de Baiardi e Mendes[14], além das inovações tecnológicas surgem as gerenciais como a flexibilização funcional (trabalhadores ocupantes de postos estáveis desempenhando várias funções) e a flexibilização numérica (fazer gravitar em torno de um núcleo um número muito maior de trabalhadores temporários), que reforçam a tendência ao desemprego estrutural e que ensejam novas relações de trabalho para os trabalhadores que permanecem diretamente ligados às plantas industriais.

No contexto, das novas tecnologias merece destaque especial atualmente a inteligência artificial.

A inteligência artificial tem ampla aplicação podendo salvar vidas (como o freio automático em carros), prever falhas, melhorar a eficiência e reduzir desperdícios ao meio ambiente, dentre outros.

Kai-Fu Lee[15] exemplifica que pesquisadores chineses estão aplicando algoritmos de código de abertura de ponta a produtos de inteligência artificial: estão planejando rotas de caminhões sem motoristas, instalando sistemas de reconhecimento facial no transporte público, dirigir carros, traduzir textos, fazer empréstimos, drones autônomos, entre outros.

São exemplos, dentro de tantas outras possibilidades de áreas de atuação, que dizem respeito ao mundo do trabalho e suas transformações atuais. Uma das maiores preocupações é com a perda de postos de trabalho substituídos e/ou superados pela inteligência artificial aplicada.

Em análise sobre a China e o Estados Unidos da América, Kai-Fu Lee[16] diz que a revolução da evolução artificial está inaugurando uma era de forte aumento da produtividade e de perturbações generalizadas nos mercados de trabalho com "grandes efeitos sociopsicológicos nas pessoas — à medida em que a inteligência artificial tomar conta dos empregos humanos em toda as indústrias".

Além da perda de postos de trabalho e das mudanças na forma de trabalho dos trabalhadores que permanecerem, a inteligência artificial pode influir no controle da jornada de trabalho e na privacidade da pessoa do trabalhador. Conforme adverte Álvaro Sanchez Bravo[17] as modernas tecnologias permitem espiar de maneira mais eficaz, mais global e mais intrusiva. Isso se aplica as relações de trabalho. São algumas das muitas questões que envolvem a matéria.

Os reflexos das novas tecnologias no ambiente de trabalho, na atualidade, possuem muito mais perguntas do que respostas, tendo em vista que ainda sabe-se muito pouco acerca dos possíveis riscos e impactos à saúde humana e ambiental de muitas das novas tecnologias.

Para a avaliação desses impactos é necessário que sejam desenvolvidas pesquisas com objetivo de identificar, em relação a cada tipo de nova tecnologia ainda não catalogada utilizada no meio ambiente de trabalho, pelo menos: suas propriedades físico-químicas; seu potencial de degradação e de acumulação no meio ambiente, entre os quais o meio ambiente de trabalho; sua toxicidade ambiental: e sua toxicidade com relação aos seres humanos.

Nesse contexto é fundamental o prévio, adequado e reiterado treinamento dos empregados para lidar com as inovações tecnológicas. A essa questão deve ser conjugada, numa visão mais ampla do

(13) COIMBRA, Rodrigo; BASTOS, João Rafael Gabbi Bastos. Terceirização de serviços e a responsabilidade subsidiária da Administração Pública após a decisão do STF no RE 760.931. *Revista de Direito do Trabalho e Seguridade Social.* São Paulo: Revista dos Tribunais, p. 286-304, jan./fev. 2020.

(14) BAIARDI, Amilcar; MENDES, Janúzia. *Inovação tecnológica e trabalho:* evolução e um breve enfoque sobre a contemporaneidade do relacionamento. Disponível em: <http://www.sep.org.br/artigo/9_congresso_old/ixcongresso60.pdf>. Acesso em: 10 mar. 2020.

(15) KAI-FU, Lee. *Inteligência artificial:* como os robôs estão mudando o mundo, a forma como amamos, nos comunicamos e vivemos. Rio de Janeiro: Globo Livros, 2019. p. 105, 106 e 108.

(16) KAI-FU, Lee. *Inteligência artificial:* como os robôs estão mudando o mundo, a forma como amamos, nos comunicamos e vivemos. Rio de Janeiro: Globo Livros, 2019. p. 18.

(17) BRAVO, Álvaro A. Sánchez. Control tecnológico en el ciberespacio: de redes y espías. In: BAEZ, Narciso Leandro Xavier *et al.* (Orgs.). *O impacto das novas tecnologias nos direitos fundamentais.* Joaçaba: Unioesc, 2015. p. 65.

fenômeno, a existência de uma efetiva proteção a saúde e a segurança do trabalhador e de uma atuante representação sindical[(18)].

Para que o Direito do trabalho permaneça na sua função de elevação da dignidade dos trabalhadores, é preciso um consenso mínimo sobre sua importância na esfera pública, e não exclusivamente privada. Relações de Trabalho com dignidade são também um interesse do Estado, para diminuir tensões sociais e diminuir o peso das prestações previdenciárias[(19)].

Existe também o interesse do próprio sistema econômico capitalista, pois o Direito do Trabalho funciona como regulador indireto da concorrência e competitividade das empresas, além de ser um poderoso elemento motivador para ganhos de produtividade.

Do encontro dos interesses públicos e privados é que surge o consenso da necessidade de um direito que regule com eficácia as relações de trabalho num novo ambiente de trabalho repleto de novas tecnologias das quais muito pouco se conhece sobre muitos dos seus potenciais reflexos na saúde do trabalhador.

3. *O meio ambiente do trabalho equilibrado como um direito fundamental e humano efetivado a partir da perspectiva objetiva dos direitos e deveres fundamentais e da concretização do direito objetivo*

O direito à saúde representa uma consequência constitucional indissociável do direito à vida[(20)], não se constituindo uma proteção ao trabalhador em si mesmo, mas sim uma proteção ao cidadão. O direito público subjetivo à saúde representa prerrogativa jurídica indisponível assegurada à generalidade das pessoas pela própria Constituição da República Federativa do Brasil de 1988 (art. 196[(21)]).

Não obstante, a condição de trabalhador, dentro das condições específicas da prestação de trabalho, enseja um tratamento jurídico especial, mais detalhado do que a proteção jurídica dada a qualquer cidadão. Proteger a vida, a saúde e dignidade são ideais perseguidos de um modo geral para toda a cidadania, contudo adquirem um matiz especial no tocante ao trabalho, em função das condições de risco em que se encontram determinadas atividades laborais. Por essa razão, o tema da saúde do trabalhador foi elevado ao nível constitucional no Brasil[(22)], tanto no que diz respeito às proteções aos riscos inerentes ao trabalho quanto no tange à seguridade social e às indenizações decorrentes de acidentes de trabalho e doenças profissionais.[(23)]

Essa matéria ganha importância quando relacionada aos efeitos das novas tecnologias presentes na sociedade de risco, pois muitos dos supostos efeitos são ainda desconhecidos.

Outrossim, quando a Constituição Federal dispõe que "todos têm direito ao meio ambiente ecologicamente equilibrado" (art. 225[(24)]) está se referindo ao meio ambiente em sentido amplo, contemplando a proteção do ambiente no qual o homem, normalmente, passa a maior parte de sua vida produtiva, qual seja, o trabalho.[(25)]

---

(18) WOLFANG, Daubler. *O mundo do trabalho* — crise e mudança no final do século. São Paulo: Scritta, 1994. p. 43.

(19) COIMBRA, Rodrigo; ARAÚJO, Francisco Rossal de. *Direito do Trabalho — I.* São Paulo: LTr, 2014. p. 40.

(20) Conforme esclarece Hesse entre os direitos fundamentais há uniões sistemáticas, na medida em que podem se associar numa relação de especialidade, "quando um direito fundamental concretiza as garantias de outro direito fundamental", relação que o autor define como de "coordenação material". HESSE, Konrad. *Elementos de Direito Constitucional da República Federal da Alemanha.* Porto Alegre: Sergio Antônio Fabris, 1998. p. 245.

(21) CF, art. 196: "A saúde é direito de todos e dever do Estado, garantido mediante políticas sociais e econômicas que visem à redução do risco de doença e de outros agravos e ao acesso universal e igualitário às ações e serviços para sua promoção, proteção e recuperação".

(22) ARAÚJO, Francisco Rossal de. A saúde do trabalhador como direito fundamental (no Brasil). *Justiça do Trabalho, n.* 317. p. 7-32, em especial p. 7, maio 2010.

(23) CF, art. 7º: "São direitos dos trabalhadores urbanos e rurais, além de outros que visem à melhoria de sua condição social:
XXII — redução dos riscos inerentes ao trabalho, por meio de normas de saúde, higiene e segurança;
XXVIII — seguro contra acidentes de trabalho, a cargo do empregador, sem excluir a indenização a que este está obrigado, quando incorrer em dolo ou culpa."

(24) CF, art. 225: "Todos têm direito ao meio ambiente ecologicamente equilibrado, bem de uso comum do povo e essencial à sadia qualidade de vida, impondo-se ao Poder Público e à coletividade o dever de defendê-lo e preservá-lo para as presentes e futuras gerações".

(25) PADILHA, Norma Sueli. *Do meio ambiente do trabalho equilibrado.* São Paulo: LTr, 2002. p. 32.

Reconhecendo a importância e as peculiaridades do meio ambiente do trabalho a Constituição Federal expressa no artigo 200, VIII, quando estabelece que uma das atribuições do sistema único de saúde consiste em colaborar na proteção do ambiente, nele compreendido o do trabalho.(26)

O ordenamento jurídico brasileiro evoluiu muito no que diz respeito à proteção à saúde do trabalhador. De um sistema exclusivamente privatista — no início do séc. XX — chegou-se a um sistema misto com normas de obrigação pública e normas de obrigação privada, que dão uma razoável proteção no que diz respeito a benefícios de natureza previdenciária e indenizações civis pela perda da capacidade laboral. Por outro lado, as Normas Regulamentadoras do Poder Executivo, exercendo competência derivada da lei, atuam fortemente na prevenção de acidentes e na criação de uma consciência de meio ambiente de trabalho.(27) Assim, a preocupação com a saúde dos trabalhadores deixou de ser assunto exclusivamente privado, discutido apenas entre empresas e trabalhadores, para também ser uma questão de interesse coletivo, por meio da intervenção do Estado tutelando pela via legislativa o trabalho e a saúde dos trabalhadores de forma específica, conforme ressalta Francisco Rossal de Araújo(28).

De acordo com Norma Sueli Padilha(29) que houve uma mudança de perspectiva normativa: da proteção da saúde do trabalhador (desde a afirmação do Constitucionalismo Social a partir da Constituição Mexicana de 1917) para a proteção do meio ambiente do trabalho, principalmente em decorrência da influência exercida pelas Convenções e Recomendações da Organização Internacional do Trabalho que trata do tema segurança e saúde do trabalhador, destacando o avanço marcante dado pela Convenção n. 155 da OIT que se refere especificamente à segurança e saúde dos trabalhadores no ambiente de trabalho (aprovada em Genebra em 22.06.1981, ratificada pelo Brasil em 18.05.1992 e promulgada por meio do Decreto n. 1.254/94(30)).

A saúde é considerada um direito fundamental no Brasil, assim prevista pela Constituição Federal de 1988 (art. 6º(31)), fruto de uma longa luta e ampliação de consciência, que desemboca no surgimento do moderno Estado constitucional(32).

De acordo com concepção amplamente consagrada, os direitos fundamentais expressam uma ordem de valores objetivada na e pela Constituição (explícita ou implicitamente). Um determinado direito é fundamental "não apenas pela relevância do bem jurídico tutelada em si mesma (por mais importante que o seja), mas pela relevância daquele bem jurídico na perspectiva das opções do Constituinte, acompanhada da atribuição da hierarquia normativa correspondente e do regime jurídico-constitucional assegurado pelo Constituinte às normas de direitos fundamentais", conforme explica Ingo Wolfgang Sarlet(33).

(26) SILVA, Jose Afonso da. *Direito ambiental constitucional*. 3. ed. São Paulo: Malheiros, 2000. p. 23.

(27) Para um estudo aprofundado sobre a evolução normativa sobre o tema da proteção do meio ambiente do trabalho sadio e equilibrado ver: PADILHA, Norma Sueli. Meio ambiente do trabalho equilibrado: um direito fundamental do trabalhador. In: SARLET, Ingo Wolfgang; MELO FILHO, Luiz Philippe Vieira de; FRAZÃO, Ana de Oliveira (Coords.). *Diálogos entre o Direito Trabalho e o Direito Constitucional:* estudos em homenagem a Rosa Maria Weber. São Paulo: Saraiva, 2014. p. 507; ARAÚJO, Francisco Rossal de. A saúde do trabalhador como direito fundamental (no Brasil). *Justiça do Trabalho*, n. 317. p. 7-32, maio 2010.

(28) ARAÚJO, Francisco Rossal de. A saúde do trabalhador como direito fundamental (no Brasil). *Justiça do Trabalho,* n. 317. p. 7-32, em especial p. 12, maio 2010.

(29) PADILHA, Norma Sueli. Meio ambiente do trabalho equilibrado: um direito fundamental do trabalhador. In: SARLET, Ingo Wolfgang; MELO FILHO, Luiz Philippe Vieira de; FRAZÃO, Ana de Oliveira (Coords.). *Diálogos entre o Direito Trabalho e o Direito Constitucional:* estudos em homenagem a Rosa Maria Weber. São Paulo: Saraiva, 2014. p. 507.

(30) SÜSSEKIND, Arnaldo. *Convenções da OIT e outros Tratados*. 3. ed. São Paulo: LTr, 2007. p. 273.

(31) CF, art. 6º "São direitos sociais a educação, a saúde, o trabalho, a moradia, o lazer, a segurança, a previdência social, a proteção à maternidade e à infância, a assistência aos desamparados, na forma desta Constituição".

(32) SARLET, Ingo Wolfgang. *A eficácia dos direitos fundamentais:* uma teoria geral dos direitos fundamentais na perspectiva constitucional. 10. ed. Porto Alegre: Livraria do Advogado, 2011. p. 36-37. Para o estudo da perspectiva histórica dos direitos naturais do homem aos direitos fundamentais constitucionais e a problemática das dimensões dos direitos fundamentais ver p. 36-57; Nesse sentido é a proposta de Zagrebelky, reconduzindo o Estado Constitucional ao direito "miite", "dúctil", maleável, moldável, fluído, a fim de que se encontre a solução mais justa para o caso concreto (ZAGREBELSKY, Gustavo. *El derecho dúctil.* Madrid: Trotta, 2007. p. 17-18).

(33) SARLET, Ingo Wolfgang. *A eficácia dos direitos fundamentais:* uma teoria geral dos direitos fundamentais na perspectiva constitucional. 10. ed. Porto Alegre: Livraria do Advogado, 2011. p. 76; sobre a exigibilidade em juízo ("justicialidade") dos direitos fundamentais a prestações positivas do Estado ver TALAMINI, Eduardo. Concretização jurisdicional de direitos fundamentais a

É por essa razão que um direito pode ser fundamental em um país e não ser em outro. Todavia, isso não significa dizer que seja possível reduzir a noção de direitos fundamentais a um conceito meramente formalista ou mesmo nominal, como sendo apenas os direitos expressamente consagrados como tais, o que leva ao tema da abertura material do catálogo de direitos fundamentais no direito constitucional positivo brasileiro.

Da norma contida no § 2º do art. 5º da CF de 1988[(34)], seguindo a tradição do nosso direito constitucional republicado, desde a Constituição de fevereiro de 1891, pode-se extrair o entendimento de que, "para além do conceito formal de Constituição (e de direitos fundamentais), há um conceito material, no sentido de existirem direitos que, por seu conteúdo, por sua substância, pertencem ao corpo fundamental da Constituição de um Estado, mesmo não constando no catálogo"[(35)].

De acordo com Ingo Wolfgang Sarlet[(36)] todos os direitos dos trabalhadores expressa ou implicitamente positivados pelo texto constitucional são direitos fundamentais.

O direito do trabalhador ao meio ambiente do trabalho equilibrado e sadio está dentro do catálogo de direito e liberdades positivadas que compõem o conjunto de direitos fundamentais na Constituição Brasileira, tanto no que diz respeito ao seu individualista — o direito à vida e à integridade física da pessoa humana do trabalhador (art. 5º[(37)], direitos fundamentais de primeira e segunda dimensões) — quanto ao seu aspecto social/coletivo/transindividual: direito à saúde e ao meio ambiente de trabalho sadio (direitos fundamentais de terceira dimensão[(38)]). Além disso, a título de reparação, o sistema constitucional brasileiro oferece um sistema duplo, constituído de benefícios previdenciários (aposentadoria, pensões e auxílio-acidente) e indenizações civis (responsabilidade civil do empregador), no art. 7º, XXVIII.[(39)]

O Brasil além de ter elevado o direito à saúde do trabalhador à condição de direito fundamental por disposição expressa da Constituição, também o considera como direito humano, ao ser signatário das principais Convenções da Organização Internacional do Trabalho sobre o tema[(40)].

De acordo com Ingo Wolfgang Sarlet[(41)] os direitos sociais, e expressamente o direito à saúde e os direitos dos trabalhadores, são direitos fundamentais constitucionalmente assegurados e direitos humanos pelo seu forte vínculo (pelo menos em boa parte

---

prestações positivas do Estado. In: *Instrumentos de coerção e outros temas de direito processual civil:* estudos em homenagem aos 25 anos de docência do Professor Dr. Araken de Assis. Rio de Janeiro: Forense, 2007. p. 151-155.

(34) CF, art. 5º, § 2º: "Os direitos e garantias expressos nesta Constituição não excluem outros decorrentes do regime e dos princípios por ela adotados, ou dos tratados internacionais em que a República Federativa do Brasil seja parte".

(35) SARLET, Ingo Wolfgang. *A eficácia dos direitos fundamentais:* uma teoria geral dos direitos fundamentais na perspectiva constitucional. 10. ed. Porto Alegre: Livraria do Advogado, 2011. p. 76. Nesse sentido, ainda que a luz de norma semelhante contida na Constituição portuguesa de 1976 (art. 16, n. 1), CANOTILHO, José Joaquim Gomes. *Direito Constitucional.* 5. ed. Coimbra: Almedina, 1991. p. 539.

(36) SARLET, Ingo Wolfgang. Os direitos dos trabalhadores como direitos fundamentais na Constituição Federal. In: SARLET, Ingo Wolfgang; MELO FILHO, Luiz Philippe Vieira de; FRAZÃO, Ana de Oliveira (Coords.). *Diálogos entre o Direito Trabalho e o Direito Constitucional:* estudos em homenagem a Rosa Maria Weber. São Paulo: Saraiva, 2014. p. 20-28.

(37) CF, art. 5: "Todos são iguais perante a lei, sem distinção de qualquer natureza, garantindo-se aos brasileiros e aos estrangeiros residentes no País a inviolabilidade do direito à vida, à liberdade, à igualdade, à segurança e à propriedade, nos termos seguintes: (...)".

(38) Os direitos fundamentais de terceira dimensão são direitos de titularidade coletiva atribuídos, genericamente, e de modo difuso, a todos os integrantes dos agrupamentos sociais, consagrando o princípio da solidariedade, conforme COIMBRA, Rodrigo. Os direitos transindividuais como direitos fundamentais de terceira dimensão e alguns desdobramentos. In: *Direitos Fundamentais e Justiça.* Porto Alegre: Hs, n. 16. p. 64-94, jul./set. 2011.

(39) Nesse sentido, o direito ao meio ambiente de trabalho saudável, essencial à sadia qualidade de vida do trabalhador, pode ser reconhecido como materialmente um direito fundamental, conforme SANTOS, Adelson Silva dos. *Fundamentos do direito ambiental do trabalho.* São Paulo: LTr, 2010. p. 81.

(40) Convenções ns. 102, 113, 115, 119, 120, 124, 127, 134, 136, 139, 148, 152, 155, 159, 161, 163 e 182.

(41) "Os direitos sociais (tanto na sua condição de direitos humanos, quanto como direitos fundamentais constitucionalmente assegurados), já pelo seu forte vínculo (pelo menos em boa parte dos casos) com a dignidade da pessoa humana e o correlato direito (e garantia) a um mínimo existencial, [20] surgiram e foram incorporados ao direito internacional dos direitos humanos e ao direito constitucional dos direitos fundamentais como direitos referidos, em primeira linha, à pessoa humana individualmente considerada, muito embora também esteja em causa a tutela de indivíduos integrantes de determinados grupos de pessoas em situação de desvantagem social, econômica e cultural" (SARLET, Ingo Wolfgang. Direitos fundamentais e processo: o direito à proteção e promoção da saúde entre tutela individual e transindividual. *Revista de Processo.* São Paulo, v. 199, p. 13-39, em especial p. 19, set. 2011).

dos casos) com a dignidade da pessoa humana[(42)] e o correlato direito (e garantia) a um mínimo existencial, possuindo titularidade individual e coletiva (assim como difusa) em relação de coexistência e complementariedade.

Os direitos e os deveres fundamentais vinculam-se ao que passou a ser denominado de perspectiva ou dimensão objetiva dos direitos fundamentais (ainda que essa vinculação não seja exclusiva), que os considera não apenas sob o ponto de vista da pessoa individual e sua posição perante o Estado (perspectiva subjetiva), mas também valoriza o ponto de vista da sociedade, da comunidade na sua totalidade (perspectiva objetiva), quando se tratar de valores e fins que ultrapassem a esfera do indivíduo tanto em direitos como em deveres[(43)], como no caso estudado no presente trabalho.

No que tange ao aspecto transindividual difuso do meio ambiente do trabalho propõe-se o seu estudo a partir da perspectiva objetiva dos direitos e deveres fundamentais, a fim de dar maior efetividade a essa classe de direitos de tamanha repercussão para a sociedade[(44)].

A regra que dispõe sobre a proteção dos riscos inerentes ao trabalho tem caráter prospectivo (art. 7º, XXII, CF), pois se constitui um comando para o legislador futuro observar em termos de desenvolvimento normativo[(45)], não obstante nenhuma norma Constitucional seja puramente programática ou prospectiva, sempre possuindo um mínimo de eficácia. Assim, a palavra "risco" pode ser interpretada como a adoção de uma postura mais objetiva em relação às consequências dos acidentes de trabalho. Senão, o legislador constituinte poderia ter redigido "proteção contra os danos inerentes ao trabalho", e não "proteção contra os riscos inerentes ao trabalho". Esse segundo tipo de interpretação tem sido utilizado para confrontar a teoria objetiva da reparação do dano com a teoria subjetiva, calcada no art. 7º, XXVIII, da mesma Constituição. [(46)]

Sublinhe-se que a redução dos riscos inerentes ao trabalho prevista na Constituição preconiza não somente a redução quantitativa dos riscos, mas a eliminação dos agentes nocivos, explicitando um princípio de proteção à saúde do trabalhador, representando a concreção do princípio constitucional da dignidade da pessoa humana de modo evitando a sua degradação.[(47)]

A busca pela redução de riscos para a saúde laboral é anterior à promulgação da Constituição de 1988 e que hodiernamente convencionou-se denominar a matéria de "Direito Ambiental do Trabalho"[(48)] ou "meio ambiente do trabalho"[(49)].

A busca pela redução de riscos para a saúde laboral é anterior à promulgação da Constituição de

(42) Nesse sentido, Rubia Zanotelli de Alvarenga, defende que os direitos trabalhistas ligados diretamente à dignidade da pessoa humana têm natureza de direitos humanos (ALVARENGA, Rúbia Zanotelli de. *O direito do trabalho como dimensão dos direitos humanos.* São Paulo: LTr, 2009. p. 43 e 172); Especificamente em relação ao meio ambiente do trabalho equilibrado como direito humano e fundamental do trabalhador ver PADILHA, Norma Sueli. Meio ambiente do trabalho equilibrado: um direito fundamental do trabalhador. In: SARLET, Ingo Wolfgang; MELO FILHO, Luiz Philippe Vieira de; FRAZÃO, Ana de Oliveira (Coords.). *Diálogos entre o Direito Trabalho e o Direito Constitucional:* estudos em homenagem a Rosa Maria Weber. São Paulo: Saraiva, 2014. p. 517-524; Cabe observar que essa matéria não é pacífica na doutrina. Vicente de Paulo Barreto sustenta que os direitos humanos têm a ver com a defesa da liberdade do indivíduo contra as arbitrariedades do poder do Estado e que a dignidade humana situa-se noutro plano epistemológico tendo por essência a humanidade: "A dignidade humana situa-se no cerne da luta conta o risco de desumanização, consequência do desenvolvimento desmesurado da tecnociência e do mercado. O inimigo não é mais unicamente e exclusivamente o poder do estado, mas também o próprio produto do conhecimento humano e do sistema produtivo". A partir disso conclui que "a dignidade humana encontra-se fora da esfera dos direitos humanos" (BARRETTO, Vicente de Paulo. *O fetiche dos direitos humanos e outros temas.* 2. ed. Porto Alegre: Livraria do Advogado, 2013. p. 66 e 68).

(43) SARLET, Ingo Wolfgang. *A eficácia dos direitos fundamentais: uma teoria geral dos direitos fundamentais na perspectiva constitucional.* 10. ed. Porto Alegre: Livraria do Advogado, 2011. p. 141.

(44) Para um estudo aprofundado dos direitos e deveres com objeto difuso a partir da perspectiva objetiva dos direitos fundamentais ver COIMBRA, Rodrigo. Direitos e deveres com objeto difuso a partir da perspectiva objetiva dos direitos fundamentais. *Revista de Direito Ambiental.* São Paulo: Revista dos Tribunais. p. 117-138, jul./set. 2013.

(45) Nesse sentido BRANDÃO, Cláudio. Ob. cit., p. 108.

(46) ARAÚJO, Francisco Rossal de. A saúde do trabalhador como direito fundamental (no Brasil). *Justiça do Trabalho,* n. 317. p. 7-32, em especial p. 14, maio 2010.

(47) BRANDÃO, Claudio Mascarenhas. Proteção jurídica à saúde do trabalhador: uma necessária (re)leitura constitucional. *Revista LTr,* São Paulo, v. 74, n. 1. p. 24-29, jan. 2010.

(48) Por exemplo: STURMER, Gilberto. *Direito constitucional do trabalho no Brasil.* São Paulo: Atlas, 2014. p. 65.

(49) Por exemplo: PADILHA, Norma Sueli. *Do meio ambiente do trabalho equilibrado.* São Paulo: LTr, 2002. p. 32.

1988 e que hodiernamente convencionou-se denominar a matéria de "Direito Ambiental do Trabalho" (50) ou "meio ambiente do trabalho"(51).

A saúde do trabalhador e o meio do ambiente de trabalho equilibrado são direitos fundamentais, todavia devem ser efetivados na forma mais ampla. A reparação dos danos ao trabalhador e a punição das empresas é apenas um meio de se cumprir o comando da norma constitucional, mas não é o melhor. Políticas públicas preventivas contra riscos no ambiente de trabalho são muito mais eficazes. Não basta a criação de normas ou de teorias que visem reparar os danos causados ao trabalhador, o melhor é que tais danos não ocorram. (52)

Na trilha atual de reaproximação entre o direito material e processual(53), ainda que em planos claramente distintos (ou seja, autônomos, mas relacionados), a jurisdição coletiva trabalhista precisa avançar rumo ao desiderato de concretização da Constituição e dos direitos fundamentais(54), não obstante já atenda a uma das mais profundas diferenças entre o Judiciário do Estado liberal e o Judiciário do Estado Constitucional: não mais somente a de resguardar os direitos subjetivos, mas a de concretizar o Direito objetivo, bem como criá-lo, regulamentá-lo e estendê-lo.

Nesse sentido, em relação ao aspecto difuso do meio ambiente do trabalho propõe-se que seja efetivado a partir da perspectiva objetiva dos direitos e deveres fundamentais e da concretização do Direito objetivo, concentrando-se ações nas medidas ligadas a precaução e a prevenção dos danos ao meio ambiente de trabalho.

3. *Conclusão*

A integridade física e mental dos trabalhadores expostos as novas tecnologias somente poderão ser alcançadas com a efetividade do direito a um meio ambiente de trabalho equilibrado e sadio que concretize o princípio da dignidade da pessoa humana.

Frente a essa realidade, cabe ao empregador que utilizar novas tecnologias e inteligência artificial em sua produção, considerar o trabalhador que está direta e habitualmente exposto aos riscos potenciais, tomando as medidas necessárias, dentre as conhecidas, para preservar a saúde destes e agir sempre sob o manto da precaução.

Além da participação comprometida de empregados e empregadores no desiderato de manter um meio ambiente do trabalho sadio e equilibrado, o Estado precisa intervir de modo adequado e efetivo em termos de conscientização, regulamentação e fiscalização.

O princípio da precaução é (e deve ser) um forte aliado na busca da efetivação do direito à saúde e ao meio ambiente adequado, impondo-se a utilização deste princípio frente à falta de legislação específica, de modo que se preserve a integridade da saúde dos envolvidos e do meio ambiente, e assim, garantir a efetivação do princípio da dignidade da pessoa humana, vetor do nosso sistema jurídico.

O meio ambiente do trabalho de um lado constitui-se em parte do meio ambiente em sentido amplo e como tal recebe a incidência de princípios e regras de Direito Ambiental no que tange a proteção do ser humano trabalhador contra qualquer forma de degradação do ambiente onde exerce sua atividade laborativa, e de outro lado, recebe a incidência dos princípios e regras de Direito do Trabalho no que concerne as relações havidas entre empregado e empregador, enquanto sujeitos do contrato de emprego.

O ordenamento jurídico brasileiro evoluiu no que diz respeito à proteção à saúde do trabalhador. De um sistema exclusivamente privatista chegou-se a um sistema misto com normas de obrigação pública e normas de obrigação privada, que dão uma razoável proteção no que diz respeito a benefícios de natureza previdenciária e indenizações civis pela

(50) STURMER, Gilberto. *Direito constitucional do trabalho no Brasil.* São Paulo: Atlas, 2014. p. 65.

(51) PADILHA, Norma Sueli. *Do meio ambiente do trabalho equilibrado.* São Paulo: LTr, 2002. p. 32.

(52) ARAÚJO, Francisco Rossal de. A saúde do trabalhador como direito fundamental (no Brasil). *Justiça do Trabalho,* n. 317. p. 7-32, em especial p. 31, maio 2010.

(53) TESHEINER, José Maria. Reflexões Politicamente Incorretas sobre Direito e Processo. *Revista da Ajuris.* Porto Alegre: Ajuris, n. 110, p. 192, jun. 2008; MARINONI, Luiz Guilherme. *Tutela Inibitória: individual e coletiva.* 2. ed. São Paulo: Revista dos Tribunais, 2000. p. 395-396; CAPPELLETTI, Mauro. *Juízes Legisladores?* Porto Alegre: Fabris, 1993. p. 13.

(54) CANOTILHO, José Joaquim Gomes. *Direito Constitucional.* 5. ed. Coimbra: Almedina, 1991. p. 384; SARLET, Ingo Wolfgang. *A Eficácia dos Direitos Fundamentais.* 5. ed. Porto Alegre: Livraria do Advogado, 2005. p. 254-258.

perda da capacidade laboral. Da proteção da saúde do trabalhador evoluiu-se para a proteção do meio ambiente do trabalho. Todavia, as normas existentes não são adequadas para as novas tecnologias.

O direito do trabalhador ao meio ambiente do trabalho equilibrado e sadio no Brasil é um direito fundamental e humano, pois além de estar previsto expressamente na Constituição Federal no capítulo dos direitos e garantias fundamentais, é reconhecido pelas normas internacionais, destacando-se o avanço marcante dado pela Convenção n. 155 da OIT que se refere especificamente à segurança e saúde dos trabalhadores no ambiente de trabalho.

A redução dos riscos inerentes ao trabalho prevista na Constituição (art. 7º, XXII), preconiza não somente a redução quantitativa dos riscos, mas a eliminação dos agentes nocivos, explicitando um princípio de proteção à saúde do trabalhador, representando a concreção do princípio constitucional da dignidade da pessoa humana de modo evitando a sua degradação. A saúde do trabalhador e o meio do ambiente de trabalho equilibrado são direitos fundamentais no Brasil e precisam ser efetivados na forma mais ampla.

Nesse sentido, em relação ao aspecto difuso do meio ambiente do trabalho propõe-se que seja efetivado a partir da perspectiva objetiva dos direitos e deveres fundamentais e da concretização do Direito objetivo, concentrando-se ações nas medidas ligadas a precaução e a prevenção dos danos ao meio ambiente de trabalho.

4. Referências

ALVARENGA, Rúbia Zanotelli de. *O direito do trabalho como dimensão dos direitos humanos.* São Paulo: LTr, 2009.

ARAÚJO, Francisco Rossal de. A saúde do trabalhador como direito fundamental (no Brasil). *Justiça do Trabalho*, n. 317, p. 7-32, maio 2010.

BAIARDI, Amilcar; MENDES, Janúzia. *Inovação tecnológica e trabalho:* evolução e um breve enfoque sobre a contemporaneidade do relacionamento. Disponível em: <http://www.sep.org.br/artigo/9_congresso_old/ixcongresso60.pdf>. Acesso em: 10 mar. 2020.

BARRETTO, Vicente de Paulo. *O fetiche dos direitos humanos e outros temas.* 2. ed. Porto Alegre: Livraria do Advogado, 2013.

BRAVO, Álvaro A. Sánchez. Control tecnológico en el ciberespacio: de redes y espías. In: BAEZ, Narciso Leandro Xavier *et al.* (Orgs.). *O impacto das novas tecnologias nos direitos fundamentais.* Joaçaba, Unioesc, 2015.

BRANDÃO, Claudio Mascarenhas. Proteção jurídica à saúde do trabalhador: uma necessária (re)leitura constitucional. *Revista LTr,* São Paulo, v. 74, n. 1, p. 24-29, jan. 2010.

CAPPELLETTI, Mauro. *Juízes Legisladores?* Porto Alegre: Fabris, 1993.

CANOTILHO, José Joaquim Gomes. *Direito Constitucional.* Coimbra: Almedina, 5. ed. 1991.

COIMBRA, Rodrigo. *Efetivação dos direitos com objeto difuso.* São Paulo: LTr, 2015.

______ . Os direitos transindividuais como direitos fundamentais de terceira dimensão e alguns desdobramentos. *Direitos Fundamentais e Justiça.* Porto Alegre: HS, n. 16, p. 64-94, jul./set. 2011.

COIMBRA, Rodrigo; ARAÚJO, Francisco Rossal de. *Direito do Trabalho — I.* São Paulo: LTr, 2014.

COIMBRA, Rodrigo; ARAÚJO, Francisco Rossal de; BASTOS, João Rafael Gabbi. Terceirização de serviços e a responsabilidade subsidiária da Administração Pública após a decisão do STF no RE 760.931. *Revista de Direito do Trabalho e Seguridade Social.* São Paulo: Revista dos Tribunais, jan./fev. 2020.

DELGADO, Mauricio Godinho. *Princípio de Direito Individual e Coletivo do Trabalho.* 3.ed. São Paulo: LTr, 2010.

FILAS, Rodolfo Capón. Trabajo y globalizacion propuesta para una praxis popular alternativa. *Justiça do Trabalho.* Porto Alegre: HS, ano 18, n. 205, jan. 2001.

KAI-FU, Lee. *Inteligência artificial:* como os robôs estão mudando o mundo, a forma como amamos, nos comunicamos e vivemos. Rio de Janeiro: Globo Livros, 2019.

MALLET, Estevão. *Igualdade e discriminação em Direito do Trabalho.* São Paulo: LTr, 2013.

MARTINS, Sergio Pinto. *O pluralismo do Direito do Trabalho.* São Paulo: LTr, 2001.

MARINONI, Luiz Guilherme. *Tutela Inibitória:* individual e coletiva. 2. ed. São Paulo: Revista dos Tribunais, 2000.

PADILHA, Norma Sueli. Meio ambiente do trabalho equilibrado: um direito fundamental do trabalhador. In: SARLET, Ingo Wolfgang; MELO FILHO, Luiz Philippe Vieira de; FRAZÃO, Ana de Oliveira (coords.). *Diálogos entre o Direito Trabalho e o Direito Constitucional:* estudos em homenagem a Rosa Maria Weber. São Paulo: Saraiva, 2014.

______. *Do meio ambiente do trabalho equilibrado.* São Paulo: LTr, 2002.

PLÁ RODRIGUEZ, Américo. *Princípios do Direito do Trabalho.* Tradução de Wagner Giglio. 3. ed. São Paulo: LTr, 2000.

ROCHA, Leonel Severo. Observações sobre autopoiese, normativismo e pluralismo jurídico. *Constituição, Sistemas Sociais e Hermenêutica:* Programa de Pós-Graduação em Direito da UNISINOS: mestrado e doutorado. Porto Alegre: Livraria do Advogado, 2008.

SANTOS, Adelson Silva dos. *Fundamentos do direito ambiental do trabalho.* São Paulo: LTr, 2010.

SANTOS, Boaventura de Souza. Os processos de globalização. In: SANTOS, Boaventura de Sousa (Org.). *A globalização e as ciências sociais.* 3. ed. São Paulo: Cortez, 2005.

SARLET, Ingo Wolfgang. Direitos fundamentais e processo: o direito à proteção e promoção da saúde entre tutela individual e transindividual. *Revista de Processo.* São Paulo, v. 199, p. 13-39, set. 2011.

______. *A eficácia dos direitos fundamentais:* uma teoria geral dos direitos fundamentais na perspectiva constitucional. 10. ed. Porto Alegre: Livraria do Advogado, 2011.

SILVA, José Afonso da. *Direito ambiental constitucional.* 3. ed. São Paulo: Malheiros, 2000.

STURMER, Gilberto. *Direito constitucional do trabalho no Brasil.* São Paulo: Atlas, 2014.

SÜSSEKIND, Arnaldo. *Convenções da OIT e outros Tratados.* 3. ed. São Paulo: LTr, 2007.

SÜSSEKIND, Arnaldo *et al. Instituições de Direito do Trabalho.* 20. ed. São Paulo: LTr, 2002. v. 1.

TALAMINI, Eduardo. Concretização jurisdicional de direitos fundamentais a prestações positivas do Estado. In: *Instrumentos de coerção e outros temas de direito processual civil:* estudos em homenagem aos 25 anos de docência do Professor dr. Araken de Assis. Rio de Janeiro: Forense, 2007.

TESHEINER, José Maria. Reflexões Politicamente incorretas sobre Direito e Processo. *Revista da Ajuris.* Porto Alegre: Ajuris, n. 110, jun. 2008.

WOLFANG, Daubler. *O mundo do trabalho* — crise e mudança no final do século. São Paulo: Scritta, 1994.

ZAGREBELSKY, Gustavo. *El derecho dúctil.* Madrid: Trotta, 2007.

Uberização e Crise Econômica: um Exame à Luz do Direito do Trabalho de Exceção

Gabriela Sepúlveda[(1)]
João Vítor Cunha[(2)]

1. Introdução

A partir do ano de 2014, com a retração do Produto Interno Bruto do país, o Brasil passou a conviver com uma grave crise econômica. Os anos de 2016 a 2020 prosseguem marcados, dentre outros motivos, pela continuidade dessa crise e o crescimento demasiado do desemprego entre a população.

No último ano de 2020, após a pandemia do novo coronavírus, a taxa de desocupados aumentou ainda mais, quando comparados com os anos de 2017 e 2018, tendo a PNAD-C indicado que, no trimestre de outubro a dezembro de 2020, houve um aumento para 13,9% da taxa no Brasil[(3)].

Num contexto do senso-comum de que a criação de postos de trabalho depende necessariamente da redução de direitos trabalhistas[(4)], muitas alterações na legislação laboral e no entendimento jurisprudencial foram propostas com o objetivo de reduzir ainda mais o "custo" com os trabalhadores — e não "dos" trabalhadores — e, por conseguinte, tentar aumentar as ofertas de trabalho e superar a crise econômica que assola o país.

Frise-se que, neste momento de crise os principais afetados e a principal medida proposta é a redução e flexibilização dos direitos trabalhistas, como se esta fosse a única saída para os problemas do capitalismo hoje vivenciado. Então, nota-se que nestes momentos de crise há uma transferência de responsabilidade das alterações econômicas para o obreiro, o que provoca um intenso processo de reestruturação da produção e do trabalho[(5)], na tentativa de "salvar a economia do país".

Contudo, é necessário indagar se a adoção de medidas austeras, precarizantes e de negação de direitos trabalhistas é de fato o único mecanismo para a recuperação da economia e crescimento dos empregos ou, ao menos, a diminuição da taxa de desocupação do Brasil.

Neste sentido, o presente artigo propõe analisar o papel dos poderes públicos para a disseminação e incentivo às medidas precarizantes do direito do trabalho, com um maior enfoque no caso dos entregadores por aplicativo. Para tanto, primeiramente, será abordada a crise financeira vivenciada no território brasileiro, com enfoque nas medidas trabalhistas

(1) Mestranda e graduada pela Universidade Federal da Bahia, integrante do Grupo de Pesquisa Transformações no Trabalho, Democracia e Proteção Social (CNPq/UFBA), advogada, sócia do Borges e Sepúlveda Advocacia e Consultoria. Contato: gabriela.sepulveda.08@gmail.com.

(2) Mestrando e graduado pela Universidade Federal da Bahia, integrante do Grupo de Pesquisa Transformações no Trabalho, Democracia e Proteção Social (CNPq/UFBA), advogado. Contato: joaoscunha22@gmail.com.

(3) IBGE. Pesquisa Nacional por Amostra de Domicílios Contínua Trimestre Móvel, out./dez. 2020. Disponível em: <https://biblioteca.ibge.gov.br/visualizacao/periodicos/3086/pnacm_2020_dez.pdf>. Acesso em: 1º mar. 2021.

(4) Segundo o site de notícias "Valor Econômico" do grupo Globo, "O presidente eleito, Jair Bolsonaro, reiterou que considera difícil empregar no Brasil e que será preciso novas mudanças trabalhistas. Segundo Bolsonaro, o setor produtivo tem reclamado que as atuais leis tornam o Brasil 'um país de direitos, mas que não tem emprego'. 'Isso tem que ser equacionado um dia', disse. 'Eles (empregadores) têm dito, não sou eu, 'um pouquinho menos de direito e emprego' ou 'todos os direitos e menos emprego'. É a palavra de quem emprega no Brasil', completou". (VALOR ECONÔMICO. Bolsonaro: Trabalhador terá de escolher entre mais direitos ou emprego. Disponível em: <https://valor.globo.com/politica/noticia/2018/12/04/bolsonaro-trabalhador-tera-de-escolher-entre-mais-direitos-ou-emprego.ghtml>. Acesso em: 27 fev. 2021).

(5) DRUCK, Maria da Graça. Trabalho, precarização e resistências: novos e velhos desafios? *Cadernos CRH*, Salvador, v. 24, p. 37-57, 2011.

realizadas e impactos no âmbito social, justificados por pautas econômicas.

Em seguida, partindo da premissa de que a crise financeira gerou reflexos no mundo do trabalho, será realizada uma análise acerca do processo de flexibilização das relações trabalhistas ocorrido no Brasil, sob o argumento da necessidade de sobrevivência do exército de desempregados criado pela crise.

Por fim, dentre as diversas formas de precarização vivenciadas na atualidade, será objeto de estudo o caso dos entregadores por aplicativo. Nesta oportunidade, será feita uma análise sobre o modelo de negócios das plataformas que realizam a "suposta intermediação da mão de obra", bem como será abordado o papel do poder público na manutenção e promoção deste novo modelo de negócios.

2. *A crise financeira e as transformações sociais: reflexos no trabalho*

A partir do ano de 2014, com a retração do Produto Interno Bruto do país, o Brasil passou a conviver com uma grave crise econômica. Os anos de 2016 a 2020 estão marcados, dentre outros motivos, pela continuidade dessa crise e o crescimento demasiado do desemprego entre a população.

Segundo a Pesquisa Nacional por Amostra de Domicílios Contínua (PNAD-C), realizada pelo Instituto Brasileiro de Geografia e Estatística (IBGE), o país acumulava, no trimestre de dezembro de 2017 a fevereiro de 2018, uma taxa de desocupados 12,6% da população, totalizando cerca de 13,1 milhões de pessoas em busca de alguma ocupação(6).

No último ano de 2020, após a pandemia do novo coronavírus, esses números aumentaram ainda mais, tendo a PNAD-C indicado que, no trimestre de outubro a dezembro de 2020, houve um aumento para 13,9% da taxa de desocupados no Brasil(7).

Num contexto do senso comum de que a criação de postos de trabalho depende necessariamente da redução de direitos trabalhistas(8), muitas alterações na legislação trabalhista foram propostas com o objetivo de reduzir ainda mais o "custo" com os trabalhadores — e não "dos" trabalhadores — e, por conseguinte, tentar aumentar as ofertas de trabalho e superar a crise econômica que assola o país.

Em 2017, foi promulgada a Lei n. 13.467/2019, que ficou conhecida como "reforma trabalhista", a qual alterou inúmeros dispositivos da Consolidação das Leis do Trabalho (CLT), bem como das Leis ns. 6.019/1974, 8.036/1990 e 8.212/1991, com o objetivo de adaptar "a CLT às modernizações verificadas no mundo nesses mais de 70 anos que separam o nascimento da CLT deste momento"(9).

Em pouco mais de 6 (seis) meses de tramitação legislativa, a "reforma trabalhista" provocou mais de 200 (duzentas) alterações nos dispositivos da CLT e da referida Lei n. 6.019/1974(10), sem qualquer diálogo social amplo entre os principais entes afetados com essas alterações, quais sejam, os representantes da classe trabalhadora, dos empregadores e do Estado, na contramão do fundamento básico exposto pela Organização Internacional do Trabalho (OIT) quanto

(6) AGÊNCIA IBGE NOTÍCIAS. Desemprego volta a crescer com 13,1 milhões de pessoas em busca de ocupação. Disponível em: <https://agenciadenoticias.ibge.gov.br/agencia-noticias/2012-agencia-de-noticias/noticias/20674-desemprego-volta-a-crescer-com-13-1-milhoes-de-pessoas-em-busca-de-ocupacao>. Acesso em: 27 fev. 2021.

(7) IBGE. Pesquisa Nacional por Amostra de Domicílios Contínua Trimestre Móvel, out./dez. 2020. Disponível em: <https://biblioteca.ibge.gov.br/visualizacao/periodicos/3086/pnacm_2020_dez.pdf>. Acesso em: 1º mar. 2021.

(8) Segundo o site de notícias "Valor Econômico" do grupo Globo, "O presidente eleito, Jair Bolsonaro, reiterou que considera difícil empregar no Brasil e que será preciso novas mudanças trabalhistas. Segundo Bolsonaro, o setor produtivo tem reclamado que as atuais leis tornam o Brasil 'um país de direitos, mas que não tem emprego'. 'Isso tem que ser equacionado um dia', disse. 'Eles (empregadores) têm dito, não sou eu, 'um pouquinho menos de direito e emprego' ou 'todos os direitos e menos emprego'. É a palavra de quem emprega no Brasil', completou". (VALOR ECONÔMICO. Bolsonaro: Trabalhador terá de escolher entre mais direitos ou emprego. Disponível em: <https://valor.globo.com/politica/noticia/2018/12/04/bolsonaro-trabalhador-tera-de-escolher-entre-mais-direitos-ou-emprego.ghtml>. Acesso em: 27 fev. 2021).

(9) BRASIL. Câmara dos Deputados. Parecer da Comissão Especial destinada a proferir parecer ao Projeto de Lei n. 6.787, de 2016, do Poder Executivo, que "altera o Decreto-Lei n. 5.452, de 1º de maio de 1943 — Consolidação das Leis do Trabalho, e a Lei n. 6.019, de 3 de janeiro de 1974, para dispor sobre eleições de representantes dos trabalhadores no local de trabalho e sobre trabalho temporário, e dá outras providências". Disponível em <www.camara.gov.br/proposicoesWeb/prop_mostrarintegra?codteor=1544961> Acesso em: 27 fev. 2021.

(10) SEVERO, Valdete Souto; SOUTO MAIOR, Jorge Luiz. *Manual da reforma trabalhista*: pontos e contrapontos. São Paulo: Sensus, 2017.

ao procedimento específico de criação/alteração da legislação do trabalho[11].

Em verdade, essa nova legislação trabalhista, como adverte Valdete Souto Severo e Jorge Luiz Souto Maior, nada teve de "reforma", mas representa uma balbúrdia jurídica, de modo que evidencia mais um episódio do movimento histórico de negativa de efetividade da legislação social, "sendo um dos maiores ataques desferidos contra os trabalhadores"[12].

Aliado a isso, além de inconstitucional em diversos pontos[13], a Lei n. 13.467/2017, ao contrário do seu suposto objetivo, promoveu uma legislação totalmente descolada da realidade brasileira, como se verifica, por exemplo, na dispensa do teletrabalhador do regime de duração do trabalho, agravando ainda mais as condições de sustento da classe operária nacional[14].

Posteriormente, diante do pouco resultado provocado pela promulgação da Lei n. 13.467/2017[15] e com vistas a dar um resultado imediato ao agravamento do desemprego no país, o Presidente da República editou a Medida Provisória (MP) n. 905, de 11 de novembro de 2019.

Coberta de críticas desde a sua edição[16], a referida medida provisória tinha como principal objetivo criar postos de trabalho para as pessoas entre 18 (dezoito) e 29 (vinte e nove) anos de idade, a fim de registro do primeiro emprego com carteira assinada[17], a partir da criação de uma nova figura contratual para as relações de emprego, qual seja, o contrato de trabalho verde e amarelo.

Tal modalidade de contrato de trabalho, buscou, em certa medida, institucionalizar a mão de obra barata e desprotegida, ao possibilitar a redução do percentual da multa pela despedida sem justa causa do empregado verde e amarelo, bem como do percentual do adicional de periculosidade. Contudo, não seguiu em frente, ante a não conversão em lei, pelo Congresso Nacional, da Medida Provisória n. 905/2019.

Recentemente, visando atenuar os efeitos da catástrofe proporcionada pela pandemia do novo coronavírus, o Governo Federal, também por meio de Medida Provisória — a MP n. 936/2020 —, instituiu o Programa Emergencial de Manutenção do Emprego e da Renda, posteriormente convertida na Lei n. 14.020/2020.

Com os objetivos de preservar o emprego e a renda, garantir a continuidade das atividades laborais e empresariais, bem como de reduzir o impacto social decorrente das consequências do estado de calamidade pública e da emergência de saúde pública vivenciado no país[18], a referida alteração legislativa possibilitou

(11) SEVERO, Valdete Souto; SOUTO MAIOR, Jorge Luiz. *Manual da reforma trabalhista*: pontos e contrapontos. São Paulo: Sensus, 2017.

(12) SEVERO, Valdete Souto; SOUTO MAIOR, Jorge Luiz. Por que atacam a Justiça do Trabalho e por que é necessário defendê-la? In: SOUTO MAIOR, Jorge Luiz; SEVERO, Valdete Souto (orgs.). *Resistência 2*: defesa e crítica da justiça do trabalho. São Paulo: Expressão Popular, 2018.

(13) Tanto que, desde 2017, foram ajuizadas perante o Supremo Tribunal Federal 34 ações diretas de inconstitucionalidade (ADIs), muitas delas ainda aguardando julgamento. (CONSULTOR JURÍDICO. Ações sobre a reforma trabalhista, 3 anos, repousam no Supremo. Disponível em: <https://www.conjur.com.br/2020-nov-28/acoes-reforma-trabalhista-anos- caducam-supremo>. Acesso em: 27 fev. 2021).

(14) SILVA, Daniel Teixeira. E se o direito do trabalho não existisse? In: SOUTO MAIOR, Jorge Luiz; SEVERO, Valdete Souto (orgs.). *Resistência 2*: defesa e crítica da justiça do trabalho. São Paulo: Expressão Popular, 2018.

(15) Segundo reportagem do UOL Notícias, após a reforma trabalhista, o saldo de vagas com carteira assinada entre outubro de 2017 e setembro de 2019 é de 961 (novecentos e sessenta e um) mil, de acordo com o Cadastro Geral de Empregados e Desempregados (CAGED). Aliado a isso, a taxa geral de desemprego era, em outubro de 2017, de 12,2% e em setembro de 2019 era de 11,8%. (UOL NOTÍCIAS. Mais mudanças no emprego. Nova CLT completa 2 anos sem cumprir promessa de gerar vagas e prestes a ser reformada de novo. Disponível em: <https://economia.uol.com.br/reportagens-especiais/reforma-trabalhista-completa -dois-anos-/index.htm#mais-mudancas-no-emprego>. Acesso em: 27 fev. 2021).

(16) Segundo o Departamento Intersindical de Estatística e Estudos Socioeconômicos (Dieese), a medida adotada pelo governo federal, em verdade, tem potencial para aumentar o desemprego e a precarização. BRASIL DE FATO. Dieese: 12 pontos para entender por que Carteira Verde e Amarela não criará empregos. Disponível em: <https://www.brasildefato.com.br/2019/11/15/dieese-12-pontos-para-entender-por-que-carteira-verde-e-amarela-nao-criara-empregos/>. Acesso em: 27 fev. 2021.

(17) Art. 1º Fica instituído o Contrato de Trabalho Verde e Amarelo, modalidade de contratação destinada à criação de novos postos de trabalho para as pessoas entre dezoito e vinte e nove anos de idade, para fins de registro do primeiro emprego em Carteira de Trabalho e Previdência Social. BRASIL. Medida Provisória n. 905. Diário Oficial. Brasília. 2019. Disponível em: <http://www.planalto.gov.br/ccivil_03/_Ato2019-2022/2019/Mpv/mpv905.htm>. Acesso em: 27 fev. 2021.

(18) Art. 2º Fica instituído o Programa Emergencial de Manutenção do Emprego e da Renda, com aplicação durante o estado de calamidade pública a que se refere o art. 1º desta Lei e com os seguintes objetivos: I — preservar o emprego e a renda; II —

a suspensão temporária do contrato de emprego, bem como a redução proporcional de jornada de trabalho e de salário por meio de acordo individual escrito entre empregado e empregador, sem necessidade de observação da negociação coletiva.

Concomitantemente a essa crise econômica e as soluções propostas pelos Poderes Executivo e Legislativo, verificou-se no Brasil, à margem de qualquer regulamentação, o crescimento da utilização de trabalhadores que buscam a sua ocupação, ou mesmo uma complementação de sua renda familiar, a partir da utilização de plataformas digitais, quais sejam, aplicativos para transporte de passageiros (como o Uber, o 99POP, a 4Move e a Yet Go), bem como para entregas de produtos (como o Ifood, o Uber Eats e o Rappi).

De acordo com a pesquisa do Instituto Locomotiva, tais aplicativos de serviços em 2019, ante a ausência de retorno das alterações legislativas promovidas pelo governo, representavam o maior "empregador" do país, totalizando cerca de 5,5 milhões de trabalhadores que utilizam das plataformas digitais como fonte de renda e superando, inclusive, a maior empresa estatal do Brasil (o Correios)(19).

Para além disso, verifica-se ainda o incremento de trabalhadores nesses aplicativos em decorrência da pandemia. Segundo dados da Pesquisa Nacional por Amostra de Domicílios (PNAD), o número de motociclistas ocupados, entre os primeiros trimestres de 2015 e 2020, passou de 459 mil para 693 mil, tendo esse incremento se intensificado com a pandemia, quando, em maio de 2020, motoboys e entregadores, somaram 917 mil postos(20).

A realidade brasileira, portanto, evidencia que o insucesso das respostas dos Poderes Executivo e Legislativo para solucionar ou minimizar a crise econômica proporcionaram a utilização, pelos desocupados, dessas plataformas de serviços com o objetivo de sustento próprio de sua família, ante a ausência de criação suficiente de postos de trabalho formais.

3. *A flexibilização nas relações de trabalho: única alternativa?*

Em momentos de crise, algumas questões latentes na sociedade são agravadas(21) e, com a tensão entre capital e trabalho não seria diferente. Neste sentido, em períodos de estagnação econômica, como os narrados em linhas anteriores, muitas vezes são pautados e promovidos pelos poderes públicos a retirada de direitos trabalhistas ou a flexibilização dos direitos já existentes.

Na história recente do Brasil, existem diversos exemplos de Leis, Decretos e julgamentos que promovem a fragmentação do trabalho, em razão da preservação do capital. A título de exemplo, tem-se na história recente do Brasil a sanção da Lei n. 13.467/2019, conhecida como Reforma Trabalhista, que alterou diversos institutos do ramo do direito do trabalho(22) sob o argumento de que seriam aprimoradas as relações de trabalho e valorizados os processos de negociação(23).

Além das mudanças legislativas, sob a justificativa da necessidade de atualização das normas trabalhistas, tem-se o comportamento do poder judiciário, que, através das suas decisões, também promovem interpretações que possuem o condão de flexibilizar o manto protetivo trabalhista, na tentativa

garantir a continuidade das atividades laborais e empresariais; e III — reduzir o impacto social decorrente das consequências do estado de calamidade pública e da emergência de saúde pública. BRASIL. Lei n. 14.020. Diário Oficial. Brasília. 2020. Disponível em: <http://www.planalto.gov.br/ccivil_03/_ato2019-2022/2020/Lei/L14020.htm>. Acesso em: 27 fev. 2021.

(19) ESTADÃO. 5,5 milhões usam apps de transporte para trabalhar. Disponível em: <https://economia.estadao.com.br/noticias/geral,5-5-milhoes-usam-apps-de-transporte-para-trabalhar,70002807114>. Acesso em: 27 fev. 2021.

(20) DUTRA, Renata; FILGUEIRAS, Vitor. *Os entregadores e o falso dilema da CLT*. Disponível em: < http:// jornalggn.com.br/artigos/os-entregadores-e-o-falso-dilema-da-clt-por-vitor-filgueiras-e-renata-dutra/>. Acesso em: 27 fev. 2021.

(21) DUTRA, Renata; LIMA, Renata. Relações de trabalho, reformas neoliberais e a pandemia do Covid-19: as políticas para o trabalho no epicentro da estratégia de saúde coletiva. *RDP*, Brasília, v. 17, n. 94, 465-492, jul./ago. 2020

(22) A título de exemplo, destaca-se a retirada do direito às horas *in itinere*, a retirada da obrigatoriedade da homologação da rescisão pelos sindicatos, entre outros.

(23) BRASIL. Câmara dos Deputados. Parecer da Comissão Especial destinada a proferir parecer ao Projeto de Lei n. 6.787, de 2016, do Poder Executivo, que "altera o Decreto-Lei n. 5.452, de 1º de maio de 1943 — Consolidação das Leis do Trabalho, e a Lei n. 6.019, de 3 de janeiro de 1974, para dispor sobre eleições de representantes dos trabalhadores no local de trabalho e sobre trabalho temporário, e dá outras providências". Disponível em: <www.camara.gov.br/proposicoesWeb/prop_mostrarintegra?codteor=1544961>. Acesso em: 27 fev. 2021.

de preservar ao menos a remuneração de parte da população(24).

Sucede que todas estas medidas, por mais que sejam tomadas no intuito de preservar a economia e empregos, se mostram, em última instância, um mecanismo de favorecer os interesses patronais(25). A racionalidade neoliberal, por justificativas diversas (seja pela crise econômica, financeira, pela iminência do desemprego ou até mesmo pela tentativa de gerar novos postos de trabalho), vende a necessidade de desmonte da legislação protetiva trabalhista(26).

Sob a luz desta racionalidade, o Direito do Trabalho e o próprio vínculo de emprego figuram enquanto um empecilho para a ordem econômica vigente e para a recuperação das empresas, sob o fundamento de que essas regras "rígidas, protetivas e desatualizadas" dificultam a inserção, recuperação e crescimento das empresas no mercado mundial.

Conforme frisa Graça Druck(27) o neoliberalismo, nos momentos de crise, transfere as responsabilidades das alterações econômicas para o obreiro, o que provoca um intenso processo de reestruturação da produção e do trabalho, gerando uma dinâmica da precarização social.

Neste sentido, os Estados, através de Leis, Decretos e Decisões Judiciais, movidos pelo interesse do mercado moderno(28), passa a pressionar o trabalho, impondo medidas e soluções econômicas que promovem a precarização e transferem para o trabalhador o ônus pela crise vivenciada.

A implantação dessa reorganização empreendida pelo Estado e Mercados Modernos necessita da antiga estratégia capitalista de utilização do exército de reserva como mecanismo de pressão sobre os setores formais do mercado de trabalho(29). Isto é, a viabilidade desta nova lógica de precarização depende da dependência econômica dos trabalhadores, o que os induz a se adequar a essa nova realidade, sob o risco de ficar sem sustento.

Conforme elucida Murilo Sampaio(30), a apropriação pelo Capital sobre o resultado do trabalho permite e impele os trabalhadores a alienar-se para sobreviver, em razão de receberem valor inferior ao que produzem e estarem ligados pelos fios invisíveis do despossuimento. Assim, em razão do temor do desemprego e em decorrência da dependência econômica, os trabalhadores se submetem a situações mais precárias e indignas de remuneração, patrocinadas e movidas pelos interesses do Mercado Moderno e Estado.

No Brasil, considerando o atual contexto de desemprego e de crise econômica e social, há um terreno fértil para a instalação de um projeto econômico, social e político com o objetivo de reconfigurar a precarização histórica e estrutural do trabalho. Frise-se, contudo, que, apesar deste "momento propício", a precarização não é algo inédito ou vivenciado apenas na atualidade, mas sim um fenômeno já existente em território nacional, que pode ser verificado em outras oportunidades e momentos históricos.

A tentativa de anular a relação de trabalho e por consequência a condição de sujeito de direitos dos trabalhadores, acontece ao longo da história brasileira de diversas formas, através da camuflagem do assalariamento. Então, apesar de se estar vivendo uma crise econômica, financeira e na atualidade também sanitária, a lógica do trabalho e a figura do trabalhador já está em crise há muito tempo(31).

Há uma lógica de mercado que é reiterada e repetida, sendo reproduzida e reinventada em dife-

(24) Congresso Virtual UFBA, ano II, 2021, Salvador. SALA D, 13:30. Disponível em <https://www.youtube.com/watch?app=desktop&v=_-WS0yhtkLg>. Acesso em: 27 fev. 2021.

(25) Congresso Virtual UFBA, ano II, 2021, Salvador. SALA D, 13:30. Disponível em <https://www.youtube.com/watch?app=desktop&v=_-WS0yhtkLg>. Acesso em 27 fev. 2021.

(26) DUTRA, Renata; LIMA, Renata. Relações de trabalho, reformas neoliberais e a pandemia do Covid-19: as políticas para o trabalho no epicentro da estratégia de saúde coletiva. *RDP*, Brasília, v. 17, n. 94, 465-492, jul./ago. 2020.

(27) DRUCK, Maria da Graça. Trabalho, precarização e resistências: novos e velhos desafios? *Cadernos CRH*, Salvador, v. 24, p. 37-57, 2011.

(28) DARDOT, Pierre; LAVAL, Christian. *A nova razão do mundo:* ensaio sobre a sociedade neoliberal. São Paulo: Boitempo, 2016.

(29) DE CARVALHO, Felipe Santos Estrela; DOS SANTOS PEREIRA, Súllivan; SOBRINHO, Gabriela Sepúlveda. # BrequeDosApps e a organização coletiva dos entregadores por aplicativo no Brasil. *Revista Jurídica Trabalho e Desenvolvimento Humano*, v. 3, 2020.

(30) OLIVEIRA, Murilo Carvalho Sampaio. O retorno da dependência econômica no direito do trabalho. *Rev. TST*, Brasília, v. 79, n. 3, jul./set. 2013.

(31) Congresso Virtual UFBA, ano II, 2021, Salvador. SALA R, 17:30. Disponível em: <https://www.youtube.com/watch?v=txPdwVF6c2A&feature=youtu.be>. Acesso em: 27 fev. 2021.

rentes oportunidades da história do capitalismo[32]. No caso do Brasil, podemos citar como exemplo: "ganhadores", "trabalhadores avulsos", "diaristas", "pejotização", "trabalhadores intermitentes", "empreendedores", "uberizados" entre outros que possuem suas relações de trabalho camuflados[33]. Todos estes grupos, colocados à margem da proteção trabalhista e das normas do direito do trabalho, são fruto de uma política intencional de retirada de direitos, flexibilização e precarização, promovida pela racionalidade neoliberal.

Medidas de flexibilização e precarização não vêm sendo enxergadas como únicas alternativas apenas nas crises de 2014, 2019 e no ano de 2020. Já existe uma política brasileira, que, sob o argumento da necessidade do assalariamento, pobreza e miséria, impõe a determinados grupos de trabalhadores (avulsos, intermitentes, diaristas, uberizados) não apenas a retirada de direitos, mas até mesmo a perda da condição de sujeito de direitos[34].

Então, a precarização e flexibilização promovida neste momento histórico não se trata de uma "exceção", tampouco "a única alternativa" diante da crise econômica vivenciada na atualidade. Em verdade, há um vetor precarizante nas relações de trabalho, reiterado e impulsionado pela lógica neoliberal, que, apesar das críticas ao intervencionismo, demanda do Estado ações e políticas (através das suas instituições e normas jurídicas) em favor dos mercados modernos[35].

Assim, após o advento do neoliberalismo, a precarização passou a ser um projeto realizado pelos Estados, em favor dos interesses do capital e do mercado moderno[36]. De modo que os países assistem a uma desvinculação progressiva do econômico ao social "através de um processo de legitimação das opções políticas assente na indexação dos direitos laborais e sociais aos ciclos econômicos"[37].

A precarização não é "a única alternativa" ou medida de "exceção" em períodos de crise económica e financeira, sendo uma prática reiterada e reinventada em território nacional. A estratégia empresarial nos últimos anos tem se aproveitado do cenário político e econômico para fomentar contratações informais e precarizadas, sob o pretexto de geração de renda para parcela da população[38].

4. *As novas formas de trabalho: o caso da uberização*

O direito do trabalho e os trabalhadores, nas últimas duas décadas, têm vivenciado um ciclo crítico, cada vez mais tensionado pela hegemonia neoliberal, sendo continuamente desafiados a capturar e a, quiçá, responder a esse fenômeno de precarização e ataque ao trabalho.

Dentre os exemplos de grupos de trabalhadores que vêm sofrendo mais fortemente com este processo de pressão e precarização, listados anteriormente, considerando o cenário brasileiro, tem-se a "uberização" como o grande "modelo". Entende-se que a uberização do trabalho tem se revelado como o fenômeno mais emblemático deste processo de retirada de direitos e da negação da condição de sujeito de direito do trabalhador.

Abílio[39] entende que a uberização se refere a um novo estágio da exploração global do trabalho que implicou em mudanças qualitativas tanto no estatuto do trabalhador, na configuração das empresas, bem como nas formas de controle, gerenciamento e expropriação do trabalho. O fenômeno atualmente vivenciado trata-se de um novo estágio nas estratégias de externalização dos riscos e obrigações trabalhistas que retira as garantias sociais trabalhistas, na medida

(32) DE CARVALHO, Felipe Santos Estrela; DOS SANTOS PEREIRA, Súllivan; SOBRINHO, Gabriela Sepúlveda. # BrequeDosApps e a organização coletiva dos entregadores por aplicativo no Brasil. *Revista Jurídica Trabalho e Desenvolvimento Humano*, v. 3, 2020.

(33) DE CARVALHO, Felipe Santos Estrela; DOS SANTOS PEREIRA, Súllivan; SOBRINHO, Gabriela Sepúlveda. # BrequeDosApps e a organização coletiva dos entregadores por aplicativo no Brasil. *Revista Jurídica Trabalho e Desenvolvimento Humano*, v. 3, 2020.

(34) DUTRA, Renata; SEPULVEDA, Gabriela. O trabalho nos aplicativos de entrega de mercadorias: a desconstrução do sujeito de direitos trabalhistas. *Revista Estudos Institucionais*, v. 6, n. 3, p. 1230-1252, set./dez. 2020.

(35) DARDOT, Pierre; LAVAL, Christian. *A nova razão do mundo:* ensaio sobre a sociedade neoliberal. São Paulo: Boitempo, 2016.

(36) DARDOT, Pierre; LAVAL, Christian. *A nova razão do mundo:* ensaio sobre a sociedade neoliberal. São Paulo: Boitempo, 2016.

(37) FERREIRA, António Casimiro. A sociedade da austeridade: poder, medo e direito do trabalho de exceção. *Revista Crítica de Ciências Sociais. On-line*, 95, 2011.

(38) SABINO, André Monici; ABÍLIO, Ludmila Costhek. Uberização-o Empreendedorismo como novo nome para a exploração. *Revista Jurídica Trabalho e Desenvolvimento Humano*, v. 2, n. 2, 2019.

(39) ABÍLIO, Ludmila. *Uberização do trabalho*: subsunção real da viração. Campinas: Passa Palavra, 2017. Disponível em: <https://passapalavra.info/2017/02/110685/>. Acesso em: 2 set. 2020.

em que a subordinação se reestrutura em razão da operação e dominação pelo algoritmo.

Neste sentido, considerando a atualidade do tema e a precarização vivenciada pelos entregadores por aplicativo, será estudado o modelo de negócios e mecanismos de precarização da plataforma, bem como o papel dos poderes legislativo, executivo e judiciário na promoção e manutenção desta precarização.

4.1. A precarização do trabalho enquanto estratégia de mercado

A discussão de transformações do trabalho, em razão do advento de novas tecnologias ou mudanças econômicas não é algo novo: é uma discussão bastante antiga e podemos citar como exemplo, inclusive, a revolução industrial. Todavia, as mudanças tecnológicas vivenciadas na atualidade, mais especificamente com o advento da indústria 4.0, possibilitou não apenas alterações no mundo do trabalho, como também propiciou a criação de um novo modelo de negócios, fundado na exclusão do trabalhador enquanto sujeito de direitos[40].

Antes de tratar especificamente sobre este novo modelo de negócios das empresas-plataformas, seja de transporte de passageiros (como o Uber, o 99POP, a 4Move e a Yet Go), bem como para entregas de produtos (como o Ifood, o Uber Eats e o Rappi), cumpre tecer um breve esclarecimento do que seria a indústria 4.0 e quais as mudanças promovidas que permitem esta transformação no mundo do trabalho.

A denominada quarta revolução industrial, ou simplesmente indústria 4.0, se caracteriza pelo manejo de redes inteligentes aptas a programar e conectar processos produtivos que envolvem a inteligência artificial, internet das coisas, nanotecnologia e outros recursos que aprofundam os avanços da terceira revolução industrial, de modo acelerado[41]. Ou seja, o desenvolvimento da tecnologia permite que ocorra uma interligação entre os insumos, mão de obra, fábrica e trabalhadores de modo automatizado e imediato, causando uma metamorfose nos processos de produção.

Então, as modificações introduzidas pela indústria 4.0 permitem a informatização de todos os processos produtivos, o que, por um lado, gera a eliminação de postos clássicos de trabalho e, por outro, cria novas formas de operação de empresas. Essas disrupções possibilitam a modificação tanto na forma de organizar as empresas, quanto novos arranjos no modo de trabalhar por meio dessas plataformas digitais[42] .

A partir desta revolução tecnológica, torna-se possível o surgimento de empresas-plataformas, nas quais os meios de produção basicamente se caracterizam pela capacidade de processamento de dados e informações[43]. Neste sentido, considerando as mudanças tecnológicas e a possibilidade de subordinação por meio do algoritmo, as empresas-aplicativo criam novas ocupações, gerenciadas por novos meios[44].

As atividades em si — em termos práticos — dos entregadores por aplicativo e dos motoristas por aplicativo não se diferem muito das atividades de motoboys e motoristas. Contudo, as empresas plataformas reelaboram as estratégias de gestão, viabilizadas pelo algoritmo e tecnologia que escamoteiam os pressupostos para a relação de trabalho, a qual, ao fundo, não se difere do trabalho assalariado em sua essência[45].

Estas plataformas se autoclassificam enquanto empresas de gestão de informação, como meras intermediadoras entre as pessoas que desejam ser transportadas (no caso de transporte de passageiros) ou pessoas que querem transportar objetos (no caso

(40) ABILIO, Ludmila Costhek. Uberização do trabalho: Uberização: do empreendedorismo para o autogerenciamento subordinado. *Revista Psicoperspectivas:* individuo y sociedad. v. 18, n. 3, p. 1-11, 2019.

(41) SCHWAB, Klaus. *The fourth industrial Revolution. World Economic Forum*: Cologny/Geneva, Switzerland, 2016.

(42) OLIVEIRA, Murilo Carvalho Sampaio. Formas de contratação do trabalhador na prestação de serviços sob plataformas. In: CARELLI, Rodrigo de Lacerda; CAVALCANTI, Tiago M.; FONSECA, Vanessa Patriota da. *Futuro do trabalho: os efeitos da revolução digital na sociedade.* Brasília: ESMPU, 2020.

(43) DE CARVALHO, Felipe Santos Estrela; DOS SANTOS PEREIRA, Súllivan; SOBRINHO, Gabriela Sepúlveda. # BrequeDosApps e a organização coletiva dos entregadores por aplicativo no Brasil. *Revista Jurídica Trabalho e Desenvolvimento Humano*, v. 3, 2020.

(44) SABINO, André Monici; ABÍLIO, Ludmila Costhek. Uberização-o Empreendedorismo como novo nome para a exploração. *Revista Jurídica Trabalho e Desenvolvimento Humano*, v. 2, n. 2, 2019.

(45) FILGUEIRAS, Vitor; CAVALCANTE, Sávio. O trabalho no século XXI e o novo adeus a classe trabalhadora. *Revista princípios*, n. 159, jul./out. 2020.

de transportes de objetos) e os motoristas/entregadores, sem qualquer ingerência ou vinculação entre as partes.

Então, tanto aqueles que solicitam o serviço por meio da plataforma, como aqueles que vendem sua mão de obra na plataforma não possuem relação com esta, a qual se coloca enquanto intermediadora do processo de compra e venda do serviço de transporte, sem ter a transportação/entrega como sua atividade principal.

Inclusive, ao ser questionada judicialmente a empresas Uber (voltada tanto para o ramo de transporte de passageiros quanto para o transporte de objetos) se defendeu alegando que seria uma plataforma voltada para os motoristas, sendo uma facilitadora do contato entre o motorista e o cliente(46).

Neste sentido, pela lógica das empresas-plataformas, que operam os aplicativos, os trabalhadores fazem uso e se beneficiam da plataforma, vez que ela conecta o cliente ao motorista, o qual é contratado pela via digital para a prestação do serviço presencial. A ideia que tenta ser vendida é que o entregador/motorista é um usuário da plataforma, um "empreendedor" que faz negócios, gerando conexões, sem a ingerência ou interferência da plataforma nos negócios do homem-empresa(47). Esse motorista/entregador é entendido e visto como "empreendedor", que utiliza da plataforma para organizar seu trabalho, criar conexões e ter acesso a clientes que possam usufruir dos seus serviços.

Sucede que, todo o discurso de "empreendedorismo", "conexão entre entregadores e consumidores/motoristas e passageiros" e "troca de informação" trata-se de um mecanismo para transformar toda a precarização e exploração dos trabalhadores em uma dinâmica palatável. Todavia, sabe-se que não há uma verdadeira autonomia e independência por parte dos motoristas/entregadores por aplicativo vinculados a esta plataforma, os quais se situam em uma zona cinzenta sem autonomia e sem vinculação(48).

Conforme dito em linhas anteriores, o modelo de negócio das plataformas visa afastar os requisitos da relação de emprego, mais especificamente a subordinação, afirmando que o trabalhador possui autonomia quanto e quando irá trabalhar(49). Apesar da tentativa de retirar os elementos das relações de emprego, principalmente a subordinação entre trabalhador e plataforma, entende-se que esta pode se manifestar de diversas formas: seja pela gestão do algoritmo, avaliação dos usuários e implementação de sanções.

Isto é, apesar de as empresas-plataformas não possuírem uma organização hierárquica, com supervisão e gerentes coordenando o trabalho dos motoristas por aplicativo e entregadores por aplicativo, há, em verdade, um sistema muito mais complexo de distribuição de jornada de trabalho, controle de qualidade e precificação de serviço(50).

O sistema do aplicativo permite avaliação e comentários dos usuários de serviço, os quais podem sinalizar inadequações ou críticas aos entregadores para as empresas plataformas, estas, por sua vez, a partir das observações feitas pelos próprios consumidores podem manter um sistema contínuo de vigilância das atividades dos entregadores(51).

Considerando este banco de dados e as informações dadas pelos próprios consumidores, as empresas-plataformas podem suspender e até mesmo desligar o entregador/motorista da plataforma, seja em razão de alguma conduta noticiada pelos consumidores que esteja em desacordo com as políticas da instituição ou pela informação de envolvimento com manifestações políticas contra o aplicativo(52).

Portanto, os consumidores se tornam o mecanismo de vigilância e do controle de qualidade,

---

(46) JONES, Rubert. Uber driver earned less than minimum wage, tribunal told. *The Guardian*, Londres, 20 de jul. de 2016. Disponível em: <www.theguardian.com/business/2016/jul/20/uber-driver-employment-tribunal-minimum-wage>. Acesso em: 13 set. 2020.

(47) DARDOT, Pierre; LAVAL, Christian. *A nova razão do mundo:* ensaio sobre a sociedade neoliberal. São Paulo: Boitempo, 2016.

(48) FILGUEIRAS, Vitor; CAVALCANTE, Sávio. O trabalho no século XXI e o novo adeus a classe trabalhadora. *Revista princípios*, n. 159, jul./out. 2020.

(49) SABINO, André Monici; ABÍLIO, Ludmila Costhek. Uberização-o Empreendedorismo como novo nome para a exploração. *Revista Jurídica Trabalho e Desenvolvimento Humano*, v. 2, n. 2, 2019.

(50) SABINO, André Monici; ABÍLIO, Ludmila Costhek. Uberização-o Empreendedorismo como novo nome para a exploração. *Revista Jurídica Trabalho e Desenvolvimento Humano*, v. 2, n. 2, 2019.

(51) ABÍLIO, Ludmila. *Uberização do trabalho*: *subsunção real da viração*. Campinas: Passa Palavra, 2017. Disponível em: <https://passapalavra.info/2017/02/110685/>. Acesso em: 27 set. 2020.

(52) ABÍLIO, Ludmila. Uberização do trabalho: Uberização: do empreendedorismo para o autogerenciamento subordinado. *Revista Psicoperspectivas*: individuo y sociedad. Vol. 18, n. 3, p.1-11, 2019.

porém, quem define o que é qualidade e as regras de produtividade é a empresa plataforma[53].

Então, existe um grau de subordinação e vinculação entre o motorista/entregador e o aplicativo gerenciado pela empresa-plataforma, realizado por meio do controle de qualidade dos próprios usuários e do algoritmo. Contudo, por não se enquadrar nas formas clássicas de subordinação e de organização empresarial, estas plataformas se negam a reconhecer a vinculação dos trabalhadores ao aplicativo, os quais se veem com jornadas acima das constitucionalmente permitidas, sem equipamentos individuais de proteção, sem garantias previdenciárias e sem o reconhecimento da sua própria condição de sujeito de direitos[54].

Os aplicativos de entrega, intencionalmente, ocultam a subordinação estrutural e a forma de assalariamento estabelecida entre o entregador e o aplicativo. Logo, todo o modelo de negócios das empresas-plataformas é no sentido de desvincular e de esvaziar a figura do trabalhador, os quais se encontram no que Filgueiras e Cavalcante[55] chamam de zona cinzenta, onde não há a efetiva autonomia do empreendedor, tampouco a proteção mínima das Leis Trabalhistas outorgada ao trabalhador, o que gera uma situação de limbo, desregulação e precarização deste grupo de trabalhadores.

4.2. O processo de legitimação das novas formas de trabalho: Flexibilização, Direito do trabalho de exceção e política estatal de austeridade

As novas formas de trabalho surgem, como sinalizado anteriormente, num contexto de busca incessante pela flexibilização do ramo juslaboral com o objetivo de eliminar a suposta rigidez jurídica e, assim, proporcionar a redução do custo dos direitos dos trabalhadores — o famigerado "custo Brasil"[56] — e tentar superar a crise econômica, a despeito de inexistir uma relação clara entre a fraca regulação laboral e um crescimento econômico e de emprego mais rápido[57].

E nesse esforço para promover a flexibilização, o Estado tem um papel essencial, na medida em que detém o monopólio da "austeridade legítima", ou seja, o poder de adotar medidas, por mais rigorosas que sejam, para impedir a "bancarrota nacional, e de proteger os indivíduos da incerteza face ao futuro"[58].

Diferentemente da falácia de que o neoliberalismo é sinônimo de não atuação do ente estatal[59], é o próprio Estado neoliberal o responsável por propagar a ideia de que "não há alternativa" para crise econômica, a não ser a partir do esforço dos cidadãos, sendo eles os culpados pela situação em que se encontra o país, "fazendo-os 'pagar' e acreditar que foram as suas ações e o seu modo de vida imprudente que contribuíram para a situação atual"[60].

Com a perspectiva de "salvador da pátria", a atuação estatal neoliberal tem ocorrido através do esvaziamento das entidades públicas, da instauração de instrumentos avaliadores dos servidores estatais, e, especialmente, da revogação de normas que impunham limites à exploração da força de trabalho em favor da plena acumulação financeira[61].

E, é nesse contexto, que as dificuldades enfrentadas pelos trabalhadores por aplicativos se sobressaem ainda mais. Eles acabam se apresentando, ao mesmo tempo, como solução e problema na perspectiva de superação da crise econômica.

Solução, pois representam o modelo de trabalhador desejado numa sociedade neoliberal, um

---

(53) ABÍLIO, Ludmila. *Uberização do trabalho: subsunção real da viração.* Campinas: Passa Palavra, 2017. Disponível em: <https://passapalavra.info/2017/02/110685/>. Acesso em: 27 set. 2020.

(54) DUTRA, Renata; SEPULVEDA, Gabriela. O trabalho nos aplicativos de entrega de mercadorias: a desconstrução do sujeito de direitos trabalhistas. *Revista Estudos Institucionais*, v. 6, n. 3, p. 1230-1252, set./dez. 2020.

(55) FILGUEIRAS, Vitor; CAVALCANTE, Sávio. O trabalho no século XXI e o novo adeus a classe trabalhadora. *Revista princípios*, n. 159, jul./out. 2020.

(56) DRUCK, Maria da Graça. Trabalho, precarização e resistências: novos e velhos desafios? *Cadernos CRH*, Salvador, v. 24, 2011.

(57) FERREIRA, António Casimiro. A sociedade da austeridade: poder, medo e direito do trabalho de exceção. *Revista Crítica de Ciências Sociais. On-line*, 95, 2011.

(58) FERREIRA, António Casimiro. A sociedade da austeridade: poder, medo e direito do trabalho de exceção. *Revista Crítica de Ciências Sociais. On-line*, 95, 2011.

(59) DARDOT, Pierre; LAVAL, Christian. *A nova razão do mundo*: ensaio sobre a sociedade neoliberal. São Paulo: Boitempo, 2016.

(60) FERREIRA, António Casimiro. A sociedade da austeridade: poder, medo e direito do trabalho de exceção. IN: *Revista Crítica de Ciências Sociais. On-line*, 95, 2011.

(61) DUTRA, Renata; LIMA, Renata. Relações de trabalho, reformas neoliberais e a pandemia do Covid-19: as políticas para o trabalho no epicentro da estratégia de saúde coletiva. *RDP*, Brasília, v. 17, n. 94, 465-492, jul./ago. 2020.

trabalhador-empreendedor competitivo, que assume todos os riscos de sua atividade laboral e que tem a "plena consciência" de que o seu sucesso depende exclusivamente dele[(62)].

Por sua vez, também podem se apresentar como um problema, no momento em que o trabalhador por aplicativo busca a garantia de direitos e uma mínima proteção social.

Não por outro motivo é que as empresas-plataformas argumentam que o reconhecimento da relação de emprego e da condição de trabalhador dos aplicativos inviabilizaria o modelo de negócios da empresa, o que traria consequências negativas para economia e para os próprios entregadores[(63)].

Corroborando com esse discurso do medo, com o objetivo de reestruturar negativamente o estatuto do emprego e propagar a ideia de que é necessário aceitar, independentemente de sua precarização, as ofertas para o desenvolvimento do homem-empreendedor[(64)], tem-se o depoimento de um dos sócios fundadores de uma das plataformas digitais no Brasil, a Rappi, por meio do qual indica que o maior obstáculo da empresa para instalação no país não foi a concorrência com as demais companhias do ramo, mas sim como evitar a aplicação da legislação trabalhista e se precaver, por meio dos "melhores advogados", de eventual reconhecimento de vínculo de emprego dos trabalhadores por aplicativos[(65)].

E, a fim de evitar a concretização do possível problema gerado pelos trabalhadores por aplicativos, os poderes estatais assumem papel fundamental na legitimação das novas formas de trabalho surgidas com a utilização de plataformas digitais.

Como já sinalizado, essa nova forma de trabalho não apresenta, até então, qualquer regulamentação legislativa. Recentemente, foi apresentado pela Deputada Federal Tabata Amaral o Projeto de Lei n. 3748/2020, com o objetivo de enquadrar tais trabalhadores por aplicativos num regime de trabalho sob demanda.

Contudo, sob o viés de garantir uma proteção social mínima, a proposta apresentada acaba por provocar uma finalidade diversa, qual seja, afastar o enquadramento de tais trabalhadores no vínculo empregatício[(66)].

Para além do Poder Legislativo, o Poder Executivo também tem adotado posturas intervenientes com o intuito de promover o sucesso do modelo de negócio proposto pelas empresas-plataformas.

Ao promulgar a Lei n. 14.010/2020, que dispõe sobre o Regime Jurídico Emergencial e Transitório das relações jurídicas de Direito Privado (RJET) no período da pandemia do coronavírus (Covid-19), o Presidente da República, no uso de suas atribuições constitucionais, vetou o dispositivo legal que previa a redução da taxa cobrada dos motoristas pelos aplicativos de transporte e dos serviços de táxi, sob o argumento de que a medida violaria a livre-iniciativa, veto que foi mantido pelo Congresso Nacional[(67)].

Aliado a isso, antes visto como um empecilho para o desenvolvimento econômico do país, verifica-se também o apoio do Poder Judiciário na chancela das novas formas de trabalho e na garantia do seu sucesso. No contexto de crise, contudo, a atividade dos tribunais se apresenta a partir de uma jurisprudência da "austeridade" que tem por objeto o direito de exceção[(68)].

---

(62) DARDOT, Pierre; LAVAL, Christian. *A nova razão do mundo*: ensaio sobre a sociedade neoliberal. São Paulo: Boitempo, 2016.

(63) OITAVEN, Juliana Carreiro Corbal; CARELLI, Rodrigo de Lacerda; CASAGRANDE, Cássio Luís. *Empresas de transporte, plataformas digitais e a relação de emprego:* um estudo do trabalho subordinado sob aplicativos. Brasília: Ministério Público do Trabalho, 2018.

(64) DUTRA, Renata; LIMA, Renata. Relações de trabalho, reformas neoliberais e a pandemia do Covid-19: as políticas para o trabalho no epicentro da estratégia de saúde coletiva. *RDP*, Brasília, v. 17, n. 94, 465-492, jul./ago. 2020.

(65) HBO BRASIL. *Greg News — Delivery*. 2020. Disponível em: <https://www.youtube.com/watch?v=v3B9w6wWNQA>. Acesso em: 28 fev. 2021.

(66) BBC NEWS. *Nem CLT, nem autônomo:* o projeto de lei que quer 'regrar' a relação de aplicativos com trabalhadores. Disponível em: <https://www.bbc.com/portuguese/geral-53411585>. Acesso em: 28 fev. 2021.

(67) AGÊNCIA SENADO. *Bolsonaro sanciona lei que cria regime jurídico emergencial na pandemia*. Disponível em: <https://www12.senado.leg.br/noticias/materias/2020/06/12/bolsonaro-sanciona-lei-que-cria-regime-juridico-emergencial-na-pandemia>. Acesso em: 28 fev. 2021.

(68) FERREIRA, António Casimiro. A sociedade da austeridade: poder, medo e direito do trabalho de exceção. IN: *Revista Crítica de Ciências Sociais. On-line*, 95, 2011.

Não bastassem as decisões judiciais nacionais recentes que barram qualquer tentativa de reconhecimento de vínculo empregatício, os tribunais pátrios têm corroborado com o entendimento de repasse unilateral dos riscos da utilização das plataformas digitais ao trabalhador-empreendedor.

O Tribunal Regional do Trabalho da 2ª Região, por exemplo, suspendeu decisão proferida por magistrado singular, que havia determinado que a iFood garantisse aos entregadores itens mínimos de higienização e de segurança frente ao risco de contágio pelo novo coronavírus, sob o entendimento de que a atividade econômica realizada através da plataforma digital é "compartilhada", de modo que não poderia "amarrado a modelos tradicionais" de compartilhamento de riscos dessa atividade empresarial(69).

Em tempos de crise econômica, portanto, a atuação do Estado neoliberal volta as suas forças para a tão almejada flexibilização das relações laborais como resposta para tal problema.

Por sua vez, num contexto de crescimento dos trabalhadores por aplicativos, sujeitos que tendem a propagar o ideário do empreendedor, na lógica do "cada um por si e ninguém por todos"(70), os Poderes Executivo, Legislativo e Judiciário assumem um papel ainda mais preponderante na busca pela legitimação de um direito do trabalho de exceção para proporcionar o sucesso das empresas-plataformas.

5. *Conclusão*

O Brasil, nos últimos anos, tem vivido uma crise econômica sem precedentes que tende a se agravar ainda mais em razão das consequências proporcionadas pela pandemia do novo coronavírus.

Neste cenário de crise, os Poderes Públicos, juntamente com os atores do mercado pensam em soluções para superar a realidade econômica do país, sendo, usualmente, intentadas respostas para a crise econômica por meio do corte de direitos sociais, principalmente trabalhistas.

Assim, em um contexto do senso comum, argumenta-se que a criação de postos de trabalho e recuperação da economia depende necessariamente da redução de direitos trabalhistas(71) e da redução do "custo" com os trabalhadores — e não "dos" trabalhadores.

Contudo, é necessário refletir se a adoção de medidas austeras, precarizantes e de negação de direitos trabalhistas é de fato o único mecanismo para a recuperação da economia e crescimento dos empregos ou, ao menos, a diminuição da taxa de desocupação do Brasil.

A racionalidade neoliberal, por justificativas diversas (seja pela crise econômica, financeira, pela iminência do desemprego ou até mesmo pela tentativa de gerar novos postos de trabalho), vende a necessidade de desmonte da legislação protetiva trabalhista(72), o que já fora verificado não apenas nas atuais crises brasileiras, mas também em outros momentos e contextos históricos.

Na história recente, surge no país uma nova forma de trabalho, representada pelos trabalhadores por aplicativos, que sofrem com esse processo de precarização do labor e são o grande exemplo do que pode estar por vir no mundo do trabalho.

As empresas-plataformas exigem longas jornadas, baixa remuneração e produtividade, através do controle exercido tanto diretamente pela empresa, quanto indiretamente por meio dos consumidores.

Diante do discurso de que o reconhecimento da relação de emprego e da condição de trabalhador dos aplicativos inviabilizaria o modelo de negócios desenvolvido, o que também traria consequências negativas para economia e para os próprios entre-

(69) CONSULTOR JURÍDICO.*TRT-2 suspende decisão que obrigava iFood a pagar entregadores infectados*. Disponível em: <https://www.conjur.com.br/2020-abr-07/suspensa-decisao-obrigava-ifood-pagar- entregadores-infectados>. Acesso em: 28 fev. 2021.

(70) DUTRA, Renata; LIMA, Renata. Relações de trabalho, reformas neoliberais e a pandemia do Covid-19: as políticas para o trabalho no epicentro da estratégia de saúde coletiva. *RDP*, Brasília, v. 17, n. 94, 465-492, jul./ago. 2020.

(71) Segundo o site de notícias "Valor Econômico" do grupo Globo, "O presidente eleito, Jair Bolsonaro, reiterou que considera difícil empregar no Brasil e que será preciso novas mudanças trabalhistas. Segundo Bolsonaro, o setor produtivo tem reclamado que as atuais leis tornam o Brasil 'um país de direitos, mas que não tem emprego'. 'Isso tem que ser equacionado um dia', disse. 'Eles (empregadores) têm dito, não sou eu, 'um pouquinho menos de direito e emprego' ou 'todos os direitos e menos emprego'. É a palavra de quem emprega no Brasil', completou". (VALOR ECONÔMICO. Bolsonaro: Trabalhador terá de escolher entre mais direitos ou emprego. Disponível em: <https://valor.globo.com/politica/noticia/2018/12/04/bolsonaro-trabalhador- tera-de-escolher-entre-mais-direitos-ou-emprego.ghtml>. Acesso em: 27 fev. 2021).

(72) DUTRA, Renata; LIMA, Renata. Relações de Trabalho, Reformas Neoliberais e a Pandemia do Covid-19: as Políticas para o Trabalho no Epicentro da Estratégia de Saúde Coletiva. *RDP*, Brasília, v. 17, n. 94, p. 465-492, jul./ago. 2020.

gadores[73], os Poderes Públicos assumem papel essencial na busca pela legitimação de um direito do trabalho de exceção para proporcionar o sucesso das empresas-plataformas.

Por outro lado, esse mesmo modelo de negócios inviabiliza o reconhecimento da condição de sujeitos de direitos de grande parcela da população brasileira, a qual necessita se submeter a jornadas extenuantes, sem equipamentos de proteção e sem direitos trabalhistas mínimos.

Neste sentido, entende-se que a flexibilização do trabalho não é a solução (para a crise econômica, taxa de desocupação e miséria), mas sim, mais um problema do Brasil, enquanto nação, que, movido pelos interesses dos Mercados Modernos[74] colabora para a criação de um exército de assalariados digitais e de mais uma forma de precarização do trabalho.

6. *Referências*

ABÍLIO, Ludmila. *Uberização do trabalho*: subsunção real da viração. Passa Palavra: Campinas, 2017. Disponível em: <https://passapalavra.info/2017/02/110685/>. Acesso em: 27 set. 2020.

______. Uberização: a era do trabalhador just-in-time. *Estudos Avançados*, ed. 34, v. 98, 2020.

______. Uberização do trabalho: Uberização: do empreendedorismo para o autogerenciamento subordinado. *Revista Psicoperspectivas:* individuo y sociedad. Vol. 18, n. 3, p.1-11, 2019.

ABÍLIO, Ludmila Costhek; SABINO, André Monici. Uberização — o Empreendedorismo como novo nome para a exploração. *Revista Jurídica Trabalho e Desenvolvimento Humano*, Campinas, v. 2, n. 2, dez. 2019. Disponível em: <http://www.revistatdh.org/index.php/Revista-TDH/article/view/53>. Acesso em: 16 fev. 2020.

AGÊNCIA IBGE NOTÍCIAS. *Desemprego volta a crescer com 13,1 milhões de pessoas em busca de ocupação.* Disponível em: <https://agenciadenoticias.ibge.gov.br/agencia-noticias/2012-agencia-de-noticias/noticias/20674-desemprego-volta-a-crescer-com-13-1-milhoes-de-pessoas-em-busca-de-ocupacao>. Acesso em: 27 fev. 2021.

AGÊNCIA SENADO. *Bolsonaro sanciona lei que cria regime jurídico emergencial na pandemia.* Disponível em: <https://www12.senado.leg.br/noticias/materias/2020/06/12/bolsonaro-sanciona-lei-que-cria-regime-juridico-emergencial-na-pandemia>. Acesso em: 28 fev. 2021.

ANTUNES, Ricardo. *O privilégio da servidão.* São Paulo: Boitempo, 2018.

______. Qual é o futuro do trabalho na era digital? *Revista Laborare*, ano III, n. 4, jan./jun. 2020.

______. *Riqueza e miséria do trabalho no Brasil IV:* trabalho digital, autogestão e expropriação da vida: o mosaico da exploração. Org. Ricardo Antunes. 1. ed. São Paulo: Boitempo, 2019.

ANTUNES, Ricardo; BRAGA, Ruy (Orgs.). *Infoproletários:* degradação real do trabalho virtual. São Paulo: Boitempo, 2009.

ARAÚJO, Marina Martins de. Reforma trabalhista em tempos de "uberização": Qual o papel do Estado frente às tendências de precarização do trabalho? *Trabalho de Conclusão de Curso apresentado ao Curso de Gestão Pública Para o Desenvolvimento Econômico e Social da Universidade Federal do Rio de Janeiro*, 2018.

BBC NEWS. *Nem CLT, nem autônomo:* o projeto de lei que quer 'regrar' a relação de aplicativos com trabalhadores. Disponível em: <https://www.bbc.com/portuguese/geral-53411585>. Acesso em: 28 fev. 2021.

BRASIL. Câmara dos Deputados. Parecer da Comissão Especial destinada a proferir parecer ao Projeto de Lei n. 6.787, de 2016, do Poder Executivo, que "altera o Decreto-Lei n. 5.452, de 1º de maio de 1943 — Consolidação das Leis do Trabalho, e a Lei n. 6.019, de 3 de janeiro de 1974, para dispor sobre eleições de representantes dos trabalhadores no local de trabalho e sobre trabalho temporário, e dá outras providências". Disponível em <www.camara.gov.br/proposicoesWeb/prop_mostrarintegra?codteor=1544961> Acesso em: 27 fev. 2021.

BRASIL DE FATO. *Dieese:* 12 pontos para entender por que Carteira Verde e Amarela não criará empre-

(73) OITAVEN, Juliana Carreiro Corbal; CARELLI, Rodrigo de Lacerda; CASAGRANDE, Cássio Luís. *Empresas de transporte, plataformas digitais e a relação de emprego:* um estudo do trabalho subordinado sob aplicativos. Brasília: Ministério Público do Trabalho, 2018. p. 21-24.
(74) DARDOT, Pierre; LAVAL, Christian. *A nova razão do mundo:* ensaio sobre a sociedade neoliberal. São Paulo: Boitempo, 2016.

gos. Disponível em: https://www.brasildefato.com.br/2019/11/15/dieese-12-pontos-para-entender-por-que-carteira-verde-e-amarela-nao-criara-empregos/. Acesso em 27 fev. 2021.

CONGRESSO VIRTUAL UFBA, ano II, 2021, Salvador. SALA R, 17:30. Disponível em <https://www.youtube.com/watch?v=txPdwVF6c2A&feature=youtu.be>., Acesso em: 27 fev. 2021.

______ . ano II, 2021, Salvador. SALA D, 13:30. Disponível em <https://www.youtube.com/watch?app=desktop&v=_-WS0yhtkLg>. Acesso em: 27 fev. 2021.

CONSULTOR JURÍDICO. *Ações sobre a reforma trabalhista, 3 anos, repousam no Supremo*. Disponível em: <https://www.conjur.com.br/2020-nov-28/acoes-reforma-trabalhista-anos-caducam-supremo>. Acesso em: 27 fev. 2021.

______ . *TRT-2 suspende decisão que obrigava iFood a pagar entregadores infectados*. Disponível em: <https://www.conjur.com.br/2020-abr-07/suspensa-decisao-obrigava-ifood-pagar-entregadores-infectados>. Acesso em: 28 fev. 2021.

DARDOT, Pierre; LAVAL, Christian. *A nova razão do mundo:* ensaio sobre a sociedade neoliberal. São Paulo: Boitempo, 2016.

DE CARVALHO, Felipe Santos Estrela; DOS SANTOS PEREIRA, Súllivan; SOBRINHO, Gabriela Sepúlveda. # BrequeDosApps e a organização coletiva dos entregadores por aplicativo no Brasil. *Revista Jurídica Trabalho e Desenvolvimento Humano*, v. 3, 2020.

DELGADO, Gabriela Neves. *Direito fundamental ao trabalho digno.* São Paulo: LTr, 2012.

DRUCK, Maria da Graça. Trabalho, precarização e resistências: novos e velhos desafios? *Cadernos CRH*, Salvador, v. 24, p. 37-57, 2011.

DUTRA, Renata; COUTINHO, Raiane. Aceleração social, uberização e pandemia: quem precisa do direito do trabalho? *Revista Direito UnB*, v. 4, n. 2, p. 198-223, maio/ago. 2020.

DUTRA, Renata; FILGUEIRAS, Vitor. *Os entregadores e o falso dilema da CLT*. Disponível em: <http://jornalggn.com.br/artigos/os-entregadores-e- o-falso-dilema-da-clt-por-vitor-filgueiras-e-renata-dutra/>. Acesso em: 27 fev. 2021.

DUTRA, Renata; LIMA, Renata. Relações de trabalho, reformas neoliberais e a pandemia do Covid-19: as políticas para o trabalho no epicentro da estratégia de saúde coletiva. *RDP*, Brasília, v. 17, n. 94, 465-492, jul./ago. 2020.

DUTRA, Renata; SEPULVEDA, Gabriela. O trabalho nos aplicativos de entrega de mercadorias: a desconstrução do sujeito de direitos trabalhistas. *Revista Estudos Institucionais*, v. 6, n. 3, p. 1230-1252, set./dez. 2020.

ESTADÃO. *5,5 milhões usam apps de transporte para trabalhar*. Disponível em: <https://economia.estadao.com.br/noticias/geral,5-5-milhoes-usam-apps-de-transporte-para-trabalhar,70002807114>. Acesso em: 27 fev. 2021.

FERREIRA, António Casimiro. A sociedade da austeridade: poder, medo e direito do trabalho de exceção. *Revista Crítica de Ciências Sociais. On-line*, 95, 2011.

FILGUEIRAS, Vitor; ANTUNES, Ricardo. Plataformas, digitais, uberização do trabalho e regulação no capitalismo contemporâneo. *Bazilian Journal of Communication*, PPGCOM-UFF. v. 39, n. 1, 2020.

FILGUEIRAS, Vitor *et al. Projeto caminhos do trabalho:* tendências, dinâmicas e interfaces, do local ao global. Universidade Federal da Bahia, Salvador, 2020. Disponível em: <http://abet-trabalho.org.br/wp-content/uploads/2020/08/Relato%CC%81rio-de-Levantamento-sobre-Entregadores-por-Aplicativos-no-Brasil.pdf>.

FILGUEIRAS, Vitor; CAVALCANTE, Sávio. O trabalho no século XXI e o novo adeus à classe trabalhadora. *Revista Princípios*, n. 159, jul./out. 2020.

IBGE. *Pesquisa Nacional por Amostra de Domicílios Contínua Trimestre Móvel.* out./dez. 2020. Disponível em: <https://biblioteca.ibge.gov.br/visualizacao/periodicos/3086/pnacm_2020_dez.pdf>. Acesso em: 1º mar. 2021.

HBO BRASIL. *Greg News — Delivery*. 2020. Disponível em: <https://www.youtube.com/watch?v=v3B9w6wWNQA>. Acesso em: 28 fev. 2021.

OITAVEN, Juliana Carreiro Corbal; CARELLI, Rodrigo de Lacerda; CASAGRANDE, Cássio Luís.

Empresas de transporte, plataformas digitais e a relação de emprego: um estudo do trabalho subordinado sob aplicativos. Brasília: Ministério Público do Trabalho, 2018.

OLIVEIRA, Murilo Carvalho Sampaio. Formas de contratação do trabalhador na prestação de serviços sob plataformas. In: CARELLI, Rodrigo de Lacerda; CAVALCANTI, Tiago M.; FONSECA, Vanessa Patriota da. *Futuro do trabalho:* os efeitos da revolução digital na sociedade. Brasília: ESMPU, 2020.

______ . O retorno da dependência econômica no direito do trabalho. *Rev. TST*, Brasília, v. 79, no 3, jul./set. 2013.

OLIVEIRA, Murilo Carvalho Sampaio; SANTOS, Tácio da Cruz Souza; ROCHA, Wendy Santos. Os entregadores das plataformas digitais: controvérsias judiciais, autonomia, dependência e controle. *Revista Direito. UnB*, v. 4, n. 2, p. 63-84, maio/ago. 2020.

SABINO, André Monici; ABÍLIO, Ludmila Costhek. Uberização-o empreendedorismo como novo nome para a exploração. *Revista Jurídica Trabalho e Desenvolvimento Humano*, v. 2, n. 2, 2019.

SCHWAB, Klaus. *The fourth industrial Revolution. World Economic Forum*: Cologny/Geneva, Switzerland, 2016.

SEVERO, Valdete Souto; SOUTO MAIOR, Jorge Luiz. *Manual da reforma trabalhista*: pontos e contrapontos. São Paulo: Sensus, 2017.

SEVERO, Valdete Souto; SOUTO MAIOR, Jorge Luiz. Por que atacam a Justiça do Trabalho e por que é necessário defendê-la? In: SOUTO MAIOR, Jorge Luiz; SEVERO, Valdete Souto (orgs.). *Resistência 2*: defesa e crítica da justiça do trabalho. São Paulo: Expressão Popular, 2018.

SILVA, Daniel Teixeira. E se o direito do trabalho não existisse? In: SOUTO MAIOR, Jorge Luiz; SEVERO, Valdete Souto (orgs.). *Resistência 2:* defesa e crítica da justiça do trabalho. São Paulo: Expressão Popular, 2018.

SOUSA, Euzébio; MEINBERG, Márcio. A "uberização e o aprofundamento da flexibilização do trabalho. Dossiê trabalho e proletariado no século XXI. *Revista Princípios*, n. 159, jul./out. 2020.

UOL NOTÍCIAS. Mais mudanças no emprego. *Nova CLT completa 2 anos sem cumprir promessa de gerar vagas e prestes a ser reformada de novo.* Disponível em: <https://economia.uol.com.br/reportagens-especiais/reforma-trabalhista-completa-dois-anos-/index.htm#mais-mudancas-no-emprego>. Acesso em: 27 fev. 2021.

VALOR ECONÔMICO. Bolsonaro: trabalhador terá de escolher entre mais direitos ou emprego. Disponível em: <https://valor.globo.com/politica/noticia/2018/12/04/bolsonaro-trabalhador-tera-de-escolher-entre-mais-direitos-ou-emprego.ghtml>. Acesso em: 27 fev. 2021.

(Yout)Uberização e Ensino Remoto Emergencial à Luz de uma Geo-história da Educação

Fabíola Alice dos Anjos Durães(1)
Cleberson Henrique de Moura(2)

1. Introdução

No que diz respeito ao trabalho docente em tempos de cultura digital, dois termos emergiram nos últimos anos: youtuberização e Ensino Remoto Emergencial (ERE). Mas o que esses termos significam? Para além da dimensão terminológica, neste trabalho investigamos quais as conceituações que têm sido dadas a essas expressões no contexto da literatura científica no campo da educação brasileira.

O ERE é uma realidade atual da educação mundial situada no contexto da pandemia da Covid-19 que se fundamenta principalmente nas tecnologias digitais da informação e comunicação (TDICs) e a plataforma YouTube tem sido uma das principais ferramentas de uso para os professores hospedarem videoaulas na internet. Recentemente, nota-se o emprego do termo youtuberização em conversas, palestras e textos jornalísticos. Em 2020, esses termos começaram a ser empregados no campo acadêmico, compondo argumentos e discursos em artigos científicos na área de Humanidades.

No entanto, apesar das TDICs serem uma das melhores ferramentas para a educação na atualidade, alguns cuidados são necessários a fim de evitar uma ampliação da precarização do trabalho docente. Neste sentido, ao analisarmos os conceitos de youtuberização e ERE, é possível observar uma vigilância quanto às relações e condições de trabalho dos professores.

Assim, este ensaio tem como objetivo realizar uma análise da literatura científica na área de educação visando responder às perguntas: O que é youtuberização? O que é ERE? Em qual contexto geográfico e histórico brasileiro emergem esses conceitos? Para tanto, realizamos uma pesquisa bibliográfica a partir de artigos científicos brasileiros, embasada nos descritores "youtuberização" e "ERE".

A fim de uma melhor compreensão da youtuberização e do ERE, trazemos uma perspectiva teórica que leva em consideração a complexidade dos fenômenos abordados. Ao investigarmos esses dois conceitos, nos fundamentamos epistemologicamente em Oliveira (1999) por concordarmos que devemos evitar uma concepção estática dos conceitos que não inclua o seu processo histórico, pelo contrário, empregamos uma concepção dinâmica/dialética que considera uma evolução dos conceitos, bem como procura relações causais, buscando encontrar e estabelecer possíveis forças motrizes ao investigar o seu desenvolvimento. Isso nos leva a uma necessária contextualização no espaço e no tempo que toma como referência as lentes teóricas da geo-história inspiradas em Fernand Braudel (1997) em que destacamos que a precarização do trabalho docente ocorre desde o início da formalização da educação brasileira. Evidenciando, assim, que a profissão docente já nasceu desvalorizada em sua constituição no Brasil.

O artigo foi divido em três partes: na primeira, apresentamos o arcabouço teórico sobre a teoria da geo-história aplicada à história da educação brasileira a fim de argumentarmos que o desmonte da profissão docente é um elemento duradouro na história nacional. Na segunda parte, trazemos detalhes sobre a youtuberização e o ERE. Por fim, na terceira parte, concluímos que youtuberização e ERE são conceitos que evidenciam novas formas de precarização do trabalho docente na contemporaneidade.

2. O desmonte permanente da profissão docente à luz de uma geo-história da educação pública brasileira

Os saberes/conceitos não são objetos inatos, imutáveis e pertencentes ao mundo das ideias, são

(1) Mestranda em Educação pela Universidade de São Paulo. Contato: fabiola.duraes@usp.br.
(2) Graduando em Pedagogia pela Universidade de São Paulo. Contato: cleberson.moura@usp.br.

produções humanas, e sendo o ser humano um sujeito necessariamente histórico e geográfico e, portanto, político, social e econômico, os saberes/conceitos também o são. Ou seja, os saberes/conceitos são construídos pela humanidade num tempo e espaço determinados, portanto, pertencem a um tempo geográfico.

Foi pensando nisso que Fernand Braudel (1997) construiu a teoria da geo-história, que refere-se a uma defesa do estudo das Ciências Humanas de forma integrada, não separando, portanto, a História, Geografia e Sociologia em disciplinas para a compreensão da realidade em sua complexidade. Dessa forma, parte-se da noção de que todos fenômenos ocorrem em determinado tempo, espaço e condições políticas, sociais e econômicas. Isso corresponde ao que esse autor denomina como geo-história.

Segundo Lira (2018, p. 97), a geo-história surgiu no seguinte contexto:

> Aos pesquisadores em História da Geografia, abriu-se a possibilidade de se situarem em torno de tendências com princípios mais claros no âmbito da história da ciência: uma arqueologia do saber, uma história das ideias, uma abordagem latouriana, uma história intelectual, entre outras. A abordagem mais recorrente constituía-se em uma história social das ciências. [...] Uma das possibilidades manifestava-se pela possibilidade de incorporar um raciocínio propriamente espacial no campo da reflexão histórica das ideias.

A mesma autora indica que a teoria da geo-história passou a ser mais consolidada a partir da obra *Putting Science in its place*, de David Livingstone (2004), autor que "inaugurou um campo de reflexão sobre a ciência liderado pela Geografia. [Assim,] Uma geografia da ciência passava a legitimar o confronto das ideias com o espaço em que se desenvolviam" e "entender a formação dessas ideias como condicionadas por espaços, ou por um 'tempo geográfico', como Braudel resumiu ser a formulação que dava direito de entrada à Geografia na nova História" (LIRA, 2018, p. 98).

Destacamos que a geo-história trata-se de uma abordagem que procura "identificar as lógicas particulares da configuração do território em suas formas mais duráveis" (DROULERS, 2001, p. 273 *apud* LIRA, 2019, p. 650). Por isso, temos que ter uma noção de que "para a geo-história, a determinação dos espaços é um ponto de partida" (LIRA, 2018, p. 105) e nos atentarmos que nessa teoria "o espaço vem antes do tempo" (LIRA, 2018, p. 108). Isso quer dizer que o termo "geo" foi colocado como prefixo do verbete de forma estratégica e seu significado evidencia que podemos associar essa questão à metáfora do teatro, em que o espaço é o palco e o cenário que interfere no desenrolar dos acontecimentos (tempo), isto é, a Geografia representa o palco e o cenário de onde ocorre a História. Em síntese, não há História sem uma Geografia constituinte e que a situe.

Porém, há de se destacar que

> a geo-história não é apenas uma duração longa, ela é também um tempo geográfico, um tempo de longa duração produzido por uma determinação espacial e uma intersecção entre outros tempos, ou seja, conjunturas (sociais e econômicas), e acontecimentos (normalmente políticos) que avançam, recuam, e redirecionam, muitas vezes até em sinal contrário, o tempo dessa estrutura. Portanto, a geo-história deve ser necessariamente associada a uma história intelectual total, que incorpora dinâmicas sociais, intelectuais e políticas em função da organização do espaço. Para além da longa duração e da determinação do espaço, seria preciso incorporar a ideia de que as conjunturas floreiam, resistem, tentam muitas vezes girar o sentido dos movimentos profundos, e se perguntar, como questão fundadora, quais seriam os movimentos lentos que afetam qualquer problema de ordem intelectual. (LIRA, 2018, p. 105).

A partir desses argumentos, Lira (2018) une a história intelectual e a história social e cria a noção de geo-história dos saberes, que é definida, de forma sucinta, da seguinte maneira: "a geo-história dos saberes é uma história em que os lugares também produzem ideias" (LIRA, 2018, p. 108).

Para esse ensaio adaptamos o uso do termo geo-história dos saberes para geo-história dos conceitos por julgarmos mais pertinente para a temática aqui trabalhada. Dessa forma, a partir da teoria da geo-história, nota-se que para compreensão da complexidade dos conceitos eles devem ser investigados de forma contextualizada.

Assim, para cumprirmos nossa proposta de realizar uma investigação dos termos youtuberização e ERE a partir de uma geo-história dos conceitos, buscamos evidenciar essas estruturas duradouras que caracterizam um geo-história da educação pública brasileira aqui discutida, trazemos elementos históricos e geográficos fornecidos por diversos autores.

Lugli e Giglio (2019) fazem uma análise da prática do professorado, situada em meados do século

XIX, referente ao início da formalização da educação na província de São Paulo. Nessa análise, as autoras apontam que já neste momento da história da educação brasileira iniciam elementos de medição da prática docente a fim de controlar os professores: "é preciso que o Estado compreenda a dinâmica geral do sistema de ensino o que, na magnitude que tem atualmente, é feito pela via das estatísticas educacionais" (LUGLI; GIGLIO, 2019, p. 291). Além disso, apontam um fato interessante: naquela época não existia a escola enquanto espaço físico construído para tal fim, como conhecemos hoje. O que existia eram as cadeiras para os professores. Sendo assim, o professor adquirindo uma cadeira passava então a ser responsável por montar a escola em sua residência ou em um local alugado, adquirir mobiliário e demais ferramentas de trabalho, algo que Lugli e Giglio (2019, p. 304) ilustram ao citar um trecho do Relatório sobre a Instrução Pública de São Paulo, de 1864:

> Comumente os professores não moram nas povoações onde são chamados a servir. Chegados alugam uma casa, e compram ou pedem emprestados alguns trastes, é nessa casa e com esses trastes que a cadeira vai se instalar. A fora a capital, a província não os fornece; o professor vence ordenados diminutos. Não importa; a ele incumbe dar local e móveis e utensílios.

Ou seja, no início da constituição formal da educação brasileira o professor era literalmente a escola e tinha que arcar com todas as despesas para poder exercer sua profissão, mesmo tendo um salário extremamente baixo.

Além da necessidade de possuir um local, mobiliário e ferramentas de trabalho, outra questão que a profissão docente demandava era que os próprios professores também buscassem alunos para ensinar. Dessa forma, absolutamente tudo era de responsabilidade do professorado.

Venco (2019) faz uma análise das relações e condições de trabalho da rede estadual de São Paulo e verifica que desde o final do século XIX a legislação desse Estado já trazia elementos de flexibilização das relações de trabalho. A autora destaca o art. 23 da Lei n. 81, de 2 de abril de 1887 (SÃO PAULO, 1887), que trazia de forma explícita a possibilidade de contratação docente fora de concursos públicos: "Salvo o caso de exame e approvação perante o conselho superior, os actuaes professores não vitalícios serão dispensados da regência de suas cadeiras depois de quatro annos da publicação da presente lei e as cadeiras declaradas vagas".

Diante do exposto, podemos dizer que esses dados evidenciam que a profissionalização docente no setor público brasileiro possui em seu cerne a flexibilização das relações e condições de trabalho, tendo como elemento constituinte a precariedade, cuja definição feita por Castel (1998) e aprimorada por Linhart (2009)

> sintetiza a temporariedade no trabalho, a jornada de tempo parcial, o trabalho desprotegido de direitos e o conjunto de outras formas que sugerem a vulnerabilidade dos contratos e conduzem a uma precarização das condições de vida, dada a instabilidade no emprego. (VENCO, 2019, p. 3).

Ao longo do tempo, as condições de trabalho docente foram mudando, escolas foram construídas — ainda que os incentivos públicos demoraram para ocorrer, segundo Lugli e Giglio (2019) —; as cadeiras foram abolidas; houve a Consolidação das Leis do Trabalho (CLT), o que possibilitou algumas melhoras.

No entanto, há de se destacar que durante o Regime Militar, iniciaram-se investimentos na educação pública estruturados na lógica neoliberal. Lógica esta que, a partir da década de 1970, configurou metamorfoses no mundo do trabalho a partir da reestruturação do capitalismo via capital financeiro que gerou uma nova morfologia em nível mundial, o que efetivou o que ficou conhecido como precarização do trabalho.

No campo educacional, no Estado de São Paulo, por exemplo, a partir do Decreto n. 49.532, de 26 de abril de 1968, já observa-se uma maior flexibilidade nas contratações do professorado para aulas excedentes. Segundo Venco (2019), isso se tornou uma tendência na rede estadual deste Estado e foi aprimorada cada vez mais a precarização da profissão docente ao longo do tempo, com ausência de concursos públicos e contratação de profissionais com licenciatura não concluída. Medidas como esta fez com que fossem se configurando novas conjunturas na realidade educacional pública brasileira, atingindo aspectos trabalhistas dos profissionais desse campo que perduram até a atualidade. Questões que evidenciam que a profissão docente nunca foi devidamente valorizada no Brasil.

A situação dos professores tem piorado nas últimas décadas, especialmente a partir de meados dos anos 1990, com as reformas educacionais sob a perspectiva da intensificação de ideais neoliberais em todo o mundo que veem e tornam a educação uma mercadoria na expansão do capital. Esses ideais e valores foram e estão sendo liderados e difundidos pelo Banco Mundial e seus efeitos têm sido avassaladores principalmente nos países da América Latina (SILVA, 2020a).

Voltando ao caso do exemplo do Estado de São Paulo, a Portaria DRHU n. 12, de 14 de dezembro de 1999 (SÃO PAULO, 1999), no Inciso III do art. 9º menciona que poderia ocorrer a contratação de "aluno de qualquer ano da licenciatura correspondente às aulas a serem atribuídas", isto é, poderia ser contratado um estudante que estava cursando até mesmo o primeiro semestre. A partir dessa portaria constata-se que, em 1999, no Estado de São Paulo, 72% dos professores não eram efetivos, compondo, portanto, um quadro onde a maioria dos docentes estavam sob condições de contratos temporários que se caracterizam por não terem os mesmos direitos dos professores estatutários, como "estabilidade no emprego, licença-prêmio de 90 dias a cada período de cinco anos trabalhados, faltas abonadas, entre outros" (VENCO, 2019, p. 3).

Essa autora aponta, ainda, que a legislação concernente às formas de contratação docente de 2000 a 2017 versam sobre a manutenção de uma média permanente de 50% de contratações sem concurso público. Essa situação não tem sido recorrente apenas na realidade paulista. Segundo Colemarx (2020), Gomes (2017) e Silva (2018), existem mais de dez estados brasileiros em que o índice de professores temporários ultrapassa 50%.

Nota-se que a situação trabalhista no Brasil tem sofrido diversas modificações nos últimos anos. Um marco geo-histórico foi o *impeachment* da presidenta Dilma Rousseff, em 2016, que ocasionou uma série de reformas que afetaram substancialmente os direitos trabalhistas. Contexto este que permitiu uma precarização estrutural do trabalho legitimada por meio da Lei n. 13.429, de 31 de março de 2017 (BRASIL, 2017a) — Lei da Terceirização -, bem como da Lei 13.467, de 13 de julho de 2017 (BRASIL, 2017b) — Lei da Reforma Trabalhista — e da Emenda Constitucional n. 103, de 13 de novembro de 2019 (BRASIL, 2019) — Reforma da Previdência. Esses dispositivos legais deram margem para a concretização de uma nova forma de trabalho que está ancorada na ideia de trabalhador como empresário de si mesmo. Isso viabilizou a ampliação da flexibilização das leis trabalhistas via terceirização, incentivo à pejotização (contratação via pessoa jurídica) e à intensificação da ausência de contratos de trabalho.

Diante desse cenário somado a altos índices de desemprego, podemos mencionar que no Brasil tem acontecido diversas manobras para encaixar a profissão docente nas lógicas do que tem sido denominado por especialistas como uberização, que significa a ausência de direitos trabalhistas de modo que os custos e riscos, que deveriam ser de responsabilidade das empresas/organizações, são transferidos para os trabalhadores, gerando cada vez mais lucros para os detentores de capital, uma vez que é só pago estritamente o trabalho realizado, excluindo, portanto, o direito ao descanso/folga, à saúde, às férias remuneradas, ao vale-transporte, evolução funcional, gratificações por tempo de serviço etc. (ABÍLIO, 2017; 2019; 2020; ANTUNES, 2018; 2019; FONTES, 2017; SLEE, 2017; VENCO, 2019). Abílio (2017, *on-line*) tem uma passagem que retrata bem como a uberização afeta não só as condições trabalhistas objetivas, mas também subjetivas:

> ser um trabalhador-perfil em um cadastro da multidão significa na prática ser um trabalhador por conta própria, que assume os riscos e custos de seu trabalho, que define sua própria jornada, que decide sobre sua dedicação ao trabalho e, também, que cria estratégias para lidar com uma concorrência de dimensões gigantescas que paira permanentemente sobre sua cabeça.

Assim, a uberização é a ampliação da extração de mais-valia pelos detentores do capital por meio da exploração/espoliação do trabalhador, colocando a carga de responsabilização inteiramente no indivíduo e configurando uma situação de precarização extrema do trabalho na contemporaneidade sob uma lógica de relação trabalhista bastante perversa, pois traz a noção de uma suposta liberdade, autonomia e independência para o trabalhador montar sua jornada de trabalho conforme lhe convém; tenha ganhos a partir de seu esforço; que quanto mais ele trabalhar, melhor remuneração terá; entre outras falácias. Lógica esta que implica uma sobrecarga laboral para conseguir obter os rendimentos necessários à sobrevivência.

No entanto, segundo Venco (2019), apesar de o termo uberização ser recente, tendo surgido da junção da empresa Uber com um aplicativo móvel (App) em 2013, a partir do exemplo de uma breve geo-história da rede pública estadual paulista aqui mencionada, com a atribuição de contratos de professores temporários, eventuais, de tempo parcial, por hora etc. — o que Silva (2020b) denomina como "precariado professoral", que representa a parcela mais precarizada do professorado —, podemos afirmar que o conceito de uberização pode ser entendido como um fenômeno que não é novo nas relações e condições de trabalho docente. Ao refletir sobre a uberização em termos práticos, Venco (2019, p. 7) menciona que:

> O serviço cadastra motoristas sem formação específica, bastando contar com a ferramenta de trabalho: um carro e um celular com acesso à Internet. Seus serviços são vendidos a preços inferiores aos praticados por taxistas, que obrigatoriamente devem pagar impostos, ser certificados e cumprir uma série de normas atinentes à legislação de cada país e/ou localidade. Um diferencial apresentado pela empresa aos clientes como positivo é informar previamente os dados do automóvel e motorista, assim como o valor da viagem. Pode-se concluir a partir de Slee [2017] que a lógica da Uber não se opõe às empresas de táxis, mas são, de fato, uma ferramenta na batalha em favor da desregulamentação do mercado de uma forma geral.
>
> De fato, extrapolou o transporte individual e alçou outros segmentos do mercado de trabalho e tornou-se a expressão máxima da agudização da desregulamentação do trabalho.

Apesar de não ser um processo predominante na área de educação, temos visto algumas tentativas de que a uberização se torne ainda mais explícita, ou até mesmo literal, na contratação de professores. Um exemplo disso aconteceu em 2017, quando a prefeitura de Ribeirão Preto (interior do Estado de São Paulo), pretendia criar um aplicativo "Uber do Professor", uma proposta que tinha como finalidade chamar professores substitutos via App, os quais teriam 30 minutos para responder e chegar na escola (MOREIRA, 2017, *on-line*). A proposta foi recebida com muita crítica e resistência pela categoria e o Conselho Municipal vetou o projeto.

As condições contratuais de terceirização que o professorado tem sido submetido atualmente evidenciam o quão a conjuntura que temos vivido tem implicado na diminuição considerável de garantias e direitos sociais, desmanche de sindicatos e desarticulação política da categoria.

> No fordismo e até mesmo no toyotismo havia uma concepção de classe trabalhadora [...]. O que nós passamos a ter na verdade é uma transição para esta ideia não mais de trabalhador, mas de empreendedor. Você pode ganhar como trabalhador, mas tem os anseios de classe média consumista. É uma disputa ideológica. Se você não admite ser trabalhador, as lutas dos trabalhadores vão se perdendo. (ANTUNES, 2016, *on-line*).

Somado a isso, no trabalho docente vemos crescentes formas de avaliação de desempenho dos professores, bonificações e rotatividade. Essas ações são realizadas de forma intencional para que os profissionais da educação incorporem cada vez mais a lógica de competitividade e individualidade, bem como criando um ambiente de impossibilidade de estabelecimento de vínculos com as escolas e de continuidade do trabalho pedagógico. Isso reduz as resistências e a capacidade de organização coletiva frente às novas artimanhas para a exploração do trabalho; características que são ideais para a engrenagem da lógica neoliberal.

Com o surgimento da pandemia em 2020, a situação para os profissionais da educação se tornou ainda mais grave. Foram tomadas diversas medidas legais por prefeituras e Estados embasadas na Medida Provisória n. 936, de 1º de abril de 2020 (BRASIL, 2020a), convertida na Lei n. 14.020, de 6 de julho de 2020 (BRASIL, 2020b), que tem como principal elemento a suspensão temporária de contratos. Com isso, professores em regime temporário foram consideravelmente afetados, chegando a ocorrer várias demissões logo no início da pandemia, como na rede municipal de Goiânia/GO e na rede Estadual do Rio de Janeiro, por exemplo; e casos de não efetivação de contratos, como aconteceu no Estado de Mato Grosso com mais de 12 mil docentes temporários que não tiveram renovação de contrato (SILVA, 2020a). A condição de professores eventuais é ainda pior, pois são convocados apenas esporadicamente para substituição dos efetivos e são remunerados estritamente pelas aulas que efetivamente ministram. Assim, com a pandemia, esses profissionais foram descartados. Há de se destacar que, apesar de não terem vínculos oficiais, os professores temporários e eventuais possuem um contrato com o Estado e, devido a isso, não puderam receber o auxílio emergencial. Dessa forma, esses profissionais ficaram sem nenhum tipo de remuneração.

Quanto aos professores que continuaram a trabalhar, podemos dizer que, assim como no século XIX, o professor voltou a ser a escola. O que mudou é que a relação professor-aluno passou a ser exclusivamente mediada pelas TDIC's. Como elementos semelhantes temos que o professor precisa bancar todas as despesas necessárias para exercer sua profissão. Atualmente isso configura-se em aluguel, mobília e equipamentos apropriados, bem como internet de qualidade — que possui um valor alto no Brasil — e conta de energia — que passou a ser mais cara, dado o acúmulo de atividades desenvolvidas no ambiente residencial.

Nesse cenário, a youtuberização e o ERE se tornaram as principais soluções adotadas para a continuidade do trabalho docente que passou a ter uma sobrecarga sem precedentes. Ou seja, o contexto que temos vivido na pandemia está gerando mais despesas para o professorado e sobrecarga de trabalho, o que prejudica ainda mais a saúde física e mental desses profissionais que já eram tão afetados. Essas questões precisam ser denunciadas e debatidas amplamente.

A partir do exposto, sabendo que a História e a Geografia são elementos da realidade que influenciam na construção empírica de saberes/conceitos, trazemos neste artigo a ideia de que para a compreensão de elementos contemporâneos que atingem os processos de ensino-aprendizado torna-se necessária a construção de uma geo-história da educação brasileira. Apontamos que o elemento de longa duração, continuidade e permanência da geo-história da educação brasileira é a precarização do trabalho docente. Portanto, a novidade reside apenas nas formas como esse processo tem ocorrido, agora envolvendo as TDICs.

Diante disso, compreendemos que é imprescindível desenvolver qualquer análise sobre os saberes/conceitos prescindindo de uma abordagem contextualizada histórica e geograficamente. Assim, na próxima seção, iremos nos deter a uma investigação sobre os conceitos de youtuberização e ERE na perspectiva da geo-história da educação brasileira.

3. *Uma geo-história dos conceitos youtuberização e ERE*

Podemos dizer que o início do século XXI é a era da internet e, em tempos digitais, o exercício da docência tem comumente se estendido para além da sala de aula até os vídeos hospedados, em sua grande maioria, na plataforma de distribuição de vídeos mais conhecida da *web*, o *YouTube*.

A pandemia da Covid-19 obrigou professores e estudantes a migrarem massiva e intensamente para o mundo virtual. Isso levou, em muitos casos, a uma youtuberização da profissão docente, que define-se pelo fato de que os professores foram forçadamente

> inseridos em rotinas de gravação de vídeos, acessos a plataformas virtuais para ministrar aulas síncronas, construção de fóruns e outros elementos que adapte o conteúdo do ensino tradicional com as possibilidades tecnológicas, de modo a prender cada vez mais a atenção do aluno, transmitindo conteúdo [...]. (CARDOSO, 2020, p. 36).

Para alguns autores, a youtuberização, enquanto processo ou acontecimento social, apresenta desdobramentos preocupantes em termos trabalhistas:

> Tais mudanças inseridas no processo de precarização do trabalho, em que docentes não têm vínculos com escolas e universidades [...] avançam para novas características, a qual denominado como a "youtuberização" da educação, cuja invisibilidade sobre roteirizar, produzir e dirigir vídeos, cuidando da luz, do cenário, do som e da edição, dos atendimentos de chats e mensagens que chegam com comentários e dúvidas, obriga professoras(es) a cumprir múltiplos papéis, imbricando trabalho e vida pessoal, sem contar com apoio das instituições de ensino, liberando ainda mais o Estado no provimento da educação. (CARDOSO; MENDONÇA, 2020, p. 650)

Além da ameaça às condições e direitos trabalhistas, outros autores denunciam uma possível consequência em nível mais profundo e simbólico de ressignificação da concepção de professor/educador — envolvendo a dimensão da subjetividade docente, inclusive — como podemos notar neste alerta:

> a internet será o opressor do trabalhador digital no capitalismo do meio técnico-cientifico informacional. [...] Projeta-se que o ambiente educacional será ressignificado, com a educação à distância ganhando cada vez mais destaque em comparação ao ensino tradicional-presencial e a ampliação da "youtuberização" do profissional da educação se tornando tão violenta a esse assalariado que, é possível, que percamos nossa identidade como educadores e sejamos denominados de instrutores, mediadores, articuladores, ou, ainda mais dramaticamente, colaboradores. (RODRIGUES; LANDIM; SANTOS, 2020, p. 4).

Sobre essa preocupação, Tenório (2020, p. 107) traz um argumento que consideramos como geo-histórico ao mostrar que tal precarização não é uma novidade:

> Essa precarização, iniciada no começo da década de 1970, com o surgimento da flexibilização organizacional intensificada pelo crescimento vertiginoso da tecnologia da informação, vem promovendo de forma acelerada [...] Acrescentemos a essas mudanças no mundo da produção, de bens ou serviços pelo menos dois neologismos nas condições de trabalho: a "uberização" e a "youtuberização".

Dado que os vídeos são verdadeiros documentos disponíveis na internet e o *YouTube* possui ferramentas que permitem um ranqueamento de popularidade mediante a contabilização de "curtidas", Silva (2020a, p. 599-600) chama-nos a atenção para o potencial da youtuberização em contribuir para uma ampliação do gerencialismo e a perseguição do trabalho docente aos moldes do Movimento Escola Sem Partido, ao destacar que:

> as formas de gerencialismo não são novidades dentro das escolas e das redes públicas de educação, os sistemas de reputação se colocam como um mecanismo de controle mais rígido para estilos disciplinares centralizados. Nesse sentido, a uberização combinada com a youtuberização do trabalho docente poderá contribuir para o ranqueamento de professores que atuam nas redes públicas. Assim, os próprios "consumidores do serviço" fiscalizariam as supostas "más condutas" dos professores.

Assim, Tenório (2020) e Silva (2020a) ao situarem geo-historicamente o conceito de youtuberização, tecem uma articulação com o contexto de uberização — ainda que não limitado a apenas esta conjuntura — da profissão docente no Brasil. Nisso reside o motivo de propormos o termo "(yout)uberização" empregado neste trabalho.

Ainda no que diz respeito à prática do ensino de forma remota e *on-line*, temos a emergência de outra discussão estritamente situada no contexto da pandemia, como podemos verificar nas palavras de Rodrigues (2020, *on-line*):

> desde que a pandemia da Covid-19 chegou ao Brasil, as discussões sobre EaD e ensino remoto têm ocupado a cena e recebido maior destaque na área da educação. Nessa direção, a primeira coisa importante que precisamos registrar é a diferença entre EaD e atividades remotas pela internet. (RODRIGUES, 2020, *on-line*).

A EaD é uma modalidade de ensino que pressupõe uma ampla e robusta infraestrutura técnica e tecnológica, além de demandar conhecimentos e profissionais de design instrucional. Como destaca Rodrigues (2020, *on-line*), nesta modalidade

> desde o planejamento até a execução de um curso ou de uma disciplina, há um modelo subjacente de educação que ampara as escolhas pedagógicas e organiza os processos de ensino e de aprendizagem. Existem concepções teóricas, fundamentos metodológicos e especificidades que sustentam, teórica e praticamente, essa modalidade.

Há de se destacar que em tempos de pandemia o que temos visto não é a prática de uma EaD *stricto sensu*. O que tem se estabelecido é um improviso muito precarizado e desestruturado que passa ao largo da definição de EaD. Para evitar o risco de que a EaD passe a ser redefinida e/ou implementada tomando como referência essa situação de calamidade didática, foi criado e tem sido reforçado o conceito de ERE, conforme nota-se na afirmação de Hodges *et al.* (2020, *on-line*, tradução nossa):

> queremos oferecer uma discussão importante em torno da terminologia e propor formalmente um termo específico para o tipo de instrução que está sendo ministrada nestas circunstâncias urgentes: ensino remoto emergencial.

Convém destacar que o ERE consiste em uma adaptação de currículo e de meio de comunicação em caráter temporário como estratégia emergencial que busca garantir a manutenção de atividades escolares ou acadêmicas devido à conjuntura de crise sanitária, envolvendo, para tanto, o emprego de soluções remotas ou híbridas de ensino como substituto do que era desenvolvido presencialmente, visando retornar ao formato presencial tão logo a crise se arrefeça (HODGES *et al.*, 2020; SILUS; FONSECA; JESUS, 2020).

Desta forma, em síntese, podemos dizer que o conceito de ERE é ao mesmo tempo um esforço descritivo para dar nome à uma prática educativa remota mediada pelas TDIC's, tal como a EaD, porém, diferencia-se desta última dado seu caráter emergencial e, consequentemente, metodologicamente improvisado. O ERE se constitui ainda como um termo que viabiliza a comunicação de uma preocupação com a possível instauração de um aprofundamento da precarização das práticas didáticas e do trabalho docente, de modo que também presta-se a um discurso que sustenta que o ERE deve ser temporário e abandonado tão logo a pandemia nos permita.

Já a palavra youtuberização é um significante empregado para descrever a situação atual da prática docente baseada na produção e distribuição de vídeos na internet. Do ponto de vista linguístico, podemos inferir que é um exercício de síntese que encapsula algumas ideias sob uma única palavra. Mas, para além deste uso representacionista, se tomarmos o registro desse termo em seu contexto de uso discursivo, nota-se que na maioria dos artigos publicados até o momento o emprego do léxico youtuberização é apresentado como um conceito dotado de um sentido crítico que presta-se à produção de discursos de denúncia, vigilância ou militância a uma ampliação da precarização do trabalho docente mediada pelas TDIC's.

O fato desses conceitos estarem associados a uma preocupação/vigilância das relações e condições de trabalho do professorado, mostra que esses termos se articulam em meio a uma geo-história da educação brasileira pautada na precariedade do trabalho dessa categoria profissional.

4. *Conclusão*

Conforme apontado neste ensaio, a partir de uma construção teórica sob as lentes de uma geo-história da educação brasileira, compreendemos que o elemento de longa duração, continuidade e permanência que define a profissão docente no Brasil é a sua precarização constante a partir, principalmente, de dispositivos legais.

Reconhecendo que os conceitos não são estáticos, e sim que se desenvolvem a partir e ao longo de um contexto histórico e geográfico, podemos concluir que, enquanto recurso linguístico de natureza descritiva, a youtuberização e o ERE são termos que representam as novas configurações do trabalho docente atual situado em um tempo geográfico estruturado nas TDIC's. Porém, enquanto um recurso de ação sobre o mundo, tratam-se de duas ferramentas de cunho sociolinguístico que operacionalizam denúncias ao proporem uma interpretação da realidade contemporânea como mais um processo de intensificação da precarização do trabalho docente que está ocorrendo atualmente, inclusive, prestando-se até a uma proposição de resistência a tal conjuntura.

Assim, tomando esses conceitos sob a ótica da geo-história da educação, essa abordagem nos ajuda a entender que o ERE e a youtuberização representam uma novidade apenas enquanto forma de manifestação da histórica precarização das condições do trabalho docente no Brasil dada a série de desmontes intencionais que os profissionais desse setor sofrem desde os primórdios da formalização da educação pública nacional.

Concluímos, assim, que esses dois termos enunciam uma descrição, uma crítica materialista e simbólica, além de uma atuação na forma de uma resistência à condição atual do trabalho docente.

Dado que tratamos neste ensaio de um fenômeno muito recente, há poucos trabalhos acadêmicos que discutem a questão da (yout)uberização de forma concomitante com o ERE. Dessa forma, somente com o decorrer dos anos poderemos ter pesquisas e conhecimentos mais aprofundados sobre essa questão.

5. *Referências*

ABÍLIO, Ludmila Costhek. Uberização do trabalho: subsunção real da viração. *Passa Palavra*. 19.02.2017. Disponível em: <https://passapalavra.info/2017/02/110685/>. Acesso em: 24 jan. 2021.

______ . Uberização: do empreendedorismo para o autogerenciamento subordinado. *Psicoperspectivas*, Valparaíso, v. 18, n. 3, p. 41-51, 2019. Disponível em: <https://scielo.conicyt.cl/pdf/psicop/v18n3/0718-6924-psicop-18-03-41.pdf>. Acesso em: 24 jan. 2021.

______ . Uberização: a era do trabalhador just-in--time? *Estudos Avançados*, São Paulo, v. 34, n. 98, p. 111-126, jan./abr. 2020. Disponível em: <https://www.scielo.br/pdf/ea/v34n98/0103-4014-ea-34-98-111.pdf>. Acesso em: 24 jan. 2021.

ANTUNES, André. A uberização leva à intensificação do trabalho e da competição entre os trabalhadores. *EPSJV/Fiocruz*, 9.11.2016. Disponível em: <https://cutt.ly/tzWwTGB>. Acesso em: 30 jan. 2021.

ANTUNES, Ricardo. *O privilégio da servidão:* o novo proletariado de serviços na era digital. 1. ed. São Paulo: Boitempo, 2018.

______ . Proletariado digital, serviços e valor. In: *Riqueza e miséria do trabalho no Brasil IV:* trabalho digital, autogestão e expropriação da vida. São Paulo: Boitempo, 2019.

BRASIL. *Emenda Constitucional n. 103, de 12 de novembro de 2019*. Altera o sistema de previdência social e estabelece regra de transição e disposições transitórias. Diário Oficial da União. Publicado em: 13/11/2019, 2019. Disponível em: <https://cutt.ly/BzWwFpr>. Acesso em: 9 mar. 2021.

______ . *Lei n. 13.429, de 31 de março de 2017*. Altera dispositivos da Lei n. 6.019, de 3 de janeiro de 1974, que dispõe sobre o trabalho temporário nas empresas urbanas e dá outras providências; e dispõe sobre as relações de trabalho na empresa de prestação de serviços a terceiros, 2017a. Disponível em: <https://cutt.ly/rzWeg6C>. Acesso em: 9 mar. 2021.

______ . *Lei n. 13.467, de 13 de julho de 2017.* Altera a Consolidação das Leis do Trabalho (CLT), aprovada pelo Decreto-Lei n. 5.452, de 1º de maio de 1943, e as Leis ns. 6.019, de 3 de janeiro de 1974, 8.036, de 11 de maio de 1990, e 8.212, de 24 de julho de 1991, a fim de adequar a legislação às novas relações de trabalho, 2017b. Disponível em: <https://cutt.ly/NzWedU2>. Acesso em: 9 mar. 2021.

______. *Lei n. 14.020, de 6 de julho de 2020.* Institui o Programa Emergencial de Manutenção do Emprego e da Renda; dispõe sobre medidas complementares para enfrentamento do estado de calamidade pública reconhecido pelo Decreto Legislativo n. 6, de 20 de março de 2020, e da emergência de saúde pública de importância internacional decorrente do coronavírus, de que trata a Lei n. 13.979, de 6 de fevereiro de 2020; altera as Leis ns. 8.213, de 24 de julho de 1991, 10.101, de 19 de dezembro de 2000, 12.546, de 14 de dezembro de 2011, 10.865, de 30 de abril de 2004, e 8.177, de 1º de março de 1991; e dá outras providências, 2020b. Disponível em: <https://cutt.ly/ozWeiqb>. Acesso em: 9 mar. 2021.

______. *Medida Provisória n. 936, de 1º de abril de 2020.* Institui o Programa Emergencial de Manutenção do Emprego e da Renda e dispõe sobre medidas trabalhistas complementares para enfrentamento do estado de calamidade pública reconhecido pelo Decreto Legislativo n. 6, de 20 de março de 2020, e da emergência de saúde pública de importância internacional decorrente do coronavírus (covid-19), de que trata a Lei n. 13.979, de 6 de fevereiro de 2020, e dá outras providências, 2020a. Disponível em: <https://cutt.ly/0zWw80Q>. Acesso em: 09 mar. 2021.

BRAUDEL, Fernand. Géohistoire: la société, l'espace et le temps. In: BRAUDEL, Fernand. *Les ambitions de l'histoire.* Paris: Éditions de Fallois, 1997.

CASTEL, Robert. *As metamorfoses da questão social:* uma crônica do salário. Petrópolis: Vozes, 1998.

COLEMARX/UFRJ – Coletivo de Estudos em Marxismo e Educação da Universidade Federal do Rio de Janeiro. *Em defesa da educação pública comprometida com a igualdade social:* porque os trabalhadores não devem aceitar aulas remotas, 2020. Disponível em: <https://esquerdaonline.com.br/wp-content/uploads/2020/04/Colemarx-texto-cr%C3%ADtico-EaD-vers%C3%A3o-final-b-1.pdf>. Acesso em: 15 fev. 2020.

FONTES, Virgínia. Capitalismo em tempos de uberização: do emprego ao trabalho. *Marx e o Marxismo,* v. 5, n. 8, jan./jun. 2017. Disponível em: <http://www.niepmarx.blog.br/revistadoniep/index.php/MM/article/view/220>. Acesso em: 5 fev. 2021.

GOMES, Thayse Ancila Maria de Melo. *Contratação temporária de professores nas redes estaduais de ensino no Brasil:* implicações para a categoria docente. Dissertação (Mestrado) – Faculdade de Educação, Universidade Federal do Rio de Janeiro, Rio de Janeiro, 2017.

HODGES, Charles; MOORE, Stephanie; LOCKEE, Barb; TRUST, Torrey; BOND, Aaron. The difference between emergency remote teaching and online learning. *EducaseReview,* 2020. Disponível em: <https://cutt.ly/tzWrhfq>. Acesso em: 15 jan. 2021.

LINHART, Danièle. Modernisation et précarisation de la vie au travail. *Papeles del CEIC,* n. 43, p. 1-19, mar. 2009. Disponível em: <http://www.ehu.eus/ojs/index.php/papelesCEIC/article/view/12241>. Acesso em 5 fev. 2021.

LIRA, Larissa Alves de. Geo-história dos saberes. *Boletim Paulista de Geografia,* v. 98, p. 96-110, 2018. Disponível em: <https://agb.org.br/publicacoes/index.php/boletim-paulista/article/view/1076>. Acesso em: 23 fev. 2021.

LIRA, Larissa Alves de. Pierre Monbeig e a geo-história do Brasil. *História, Ciências, Saúde – Manguinhos,* Rio de Janeiro, v. 26, n. 2, p. 649-656, abr./jun. 2019. Disponível em: <http://dx.doi.org/10.1590/s0104-59702019000200016>. Acesso em: 23 fev. 2021.

LIVINGSTONE, David N. *Putting science in its place:* geographies of scientific knowledge. London, Chicago: The University of Chicago, 2004.

LUGLI, Rosário Silvana Genta; GIGLIO, Célia Maria Benedicto. Quando o mapa produz o território: o conhecimento estatal sobre o ensino. In: CATANI, Denice Barbara; GATTI JÚNIOR, Décio (Orgs.). *O que a escola faz? Elementos para a compreensão da vida escolar.* Uberlândia: EDUFU, 2019.

MOREIRA, Rene. Prefeitura de Ribeirão Preto planeja criar 'Uber do Professor'. *O Estado de S. Paulo,* 22.07.2017. Disponível em: <https://cutt.ly/lzWePr0>. Acesso em: 26 jan. 2021.

OLIVEIRA, Marcos B. *Da ciência cognitiva à dialética.* São Paulo: Discurso Editorial. Coleção Filosofia da Ciência & Epistemologia, 1999.

RODRIGUES, A. Ensino remoto na Educação Superior: desafios e conquistas em tempos de pandemia. *SBC Horizontes,* jun. 2020. Disponível em: <https://cutt.ly/TzWeNV1>. Acesso em: 28 fev. 2020.

SÃO PAULO (Estado). *Lei n. 81, de 2 de abril de 1887.* Disponível em: <https://www.al.sp.gov.br/repositorio/legislacao/lei/1887/lei-81-06.04.1887.html>. Acesso em: 20 jan. 2021.

SECRETARIA da Educação do Estado de São Paulo. *Decreto n. 49.532, de 26 de abril de 1968.* Disponível em: <https://governo-sp.jusbrasil.com.br/legislacao/223807/decreto-49532-68>. Acesso em: 20 jan. 2021.

______. *Portaria DRHU n. 12, de 14 de dezembro de 1999.* Disponível em: <https://cutt.ly/tzWeHbn>. Acesso em: 20 jan. 2021.

SILUS, Alan; FONSECA, Angelita Leal de Castro; JESUS, Djanires Lageano Neto de. Desafios do ensino superior brasileiro em tempos de pandemia da Covid-19: repensando a prática docente. *Liinc em Revista,* Rio de Janeiro, v. 16, n. 2, p. 1-17, dez. 2020. Disponível em: <http://revista.ibict.br/liinc/article/view/5336>. Acesso em: 15 jan. 2021.

SILVA, Amanda Moreira da. Da uberização à youtuberização: a precarização do trabalho docente em tempos de pandemia. *RTPS — Revista Trabalho, Política e Sociedade,* Rio de Janeiro, v. 5, n. 9, p. 587-610, 2020a. Disponível em: <https://doi.org/10.29404/rtps-v5i9.698>. Acesso em: 23 jan. 2021.

______. *Dimensões da precarização do trabalho docente no século XXI:* o precariado professoral e o professorado estável-formal sob a lógica privatista empresarial nas redes públicas brasileiras. Tese (Doutorado em Educação) – Faculdade de Educação, Universidade Federal do Rio de Janeiro, Rio de Janeiro, 2018.

______. *Formas e tendências de precarização do trabalho docente:* o precariado professoral e o professorado estável-formal nas redes públicas brasileiras. Curitiba: Editora CRV, 2020b.

SLEE, Tom. *Uberização:* a nova onda do trabalho precarizado. São Paulo: Elefante, 2017.

TENÓRIO, Fernando Guilherme. A Questão Social Acrescida. *NAU Social,* Salvador, v. 11, n. 20, p. 105-109, maio/out. 2020. Disponível em: <http://dx.doi.org/10.9771/ns.v11i20.36634>. Acesso em: 23 jan. 2021.

VENCO, Selma. Uberização do trabalho: um fenômeno de tipo novo entre os docentes de São Paulo, Brasil? *Cad. Saúde Pública,* Rio de Janeiro, v. 35, supl. 1, 2019. Disponível em: <https://www.scielo.br/pdf/csp/v35s1/1678-4464-csp-35-s1-e00207317.pdf>. Acesso em: 23 jan. 2021.